언어와 매체
기출 총망라

전문항
해설 강의
탑재

언매 전영역
필수 개념
탑재

언어 필수 개념의
체계적 구성

언매 천재
30일 프로젝트

언매 천재?

언매 1000제

솔빛국어팀

솔빛국어연구소

이 책을 내면서

반갑습니다. 이렇게 『**언매 1000제**』를 통해 여러분과 만나게 되어 참 기쁘고 가슴 벅찹니다. 많은 학생들이 수능 국어 영역에서 언어(문법) 영역을 어려워하며 올바른 길을 찾지 못하고 있습니다. 이에 저는 수능 국어를 대비하여 개정 수능 언어(문법)에 대해 가장 많이 고민했으며, 학생들에게 언어(문법)를 강의하면서 가장 많은 호응을 얻었습니다.

국어 언어(문법)라고 하면 내용이 딱딱하고 어려워서 재미없고 지루해하는 학생들이 매우 많습니다. 그 이유는 언어(문법) 내용이 매우 생소하고, 시중의 기출 문제집 역시 대부분 연도별 모의고사 형태로 편집되어 있기 때문입니다. 저는 다년간의 연구와 강의를 통해 학생들이 어떻게 하면 재미있고 흥미롭게 언어(문법)를 공부할 수 있을까 연구했으며, 그 결실이 『**언매 1000제**』라는 책으로 탄생한 것입니다.

한국교육과정평가원에서 밝힌 바에 따르면, 수능 언어(문법) 영역에서 '언어의 본질, 국어 단위의 체계, 국어의 역사에 대한 이해를 바탕으로 국어 자료를 탐구하여 국어의 특징을 파악하는 능력'을 평가 목표로 제시하고 있습니다. 따라서 문법은 필수 개념을 숙지한 뒤 이를 사례에 적용하는 능력이 중요합니다. 이러한 능력을 기르려면 반복 학습을 통해 개념을 확실하게 머릿속에 저장해야 합니다. 솔빛국어연구소는 학생들이 문법 필수 개념을 정확하게 이해하고 기억하며 적용할 수 있도록 책에 여러 가지 장치를 마련했습니다.

1. 『언어와 매체』 교과서에 제시된 필수 개념부터 심화 개념까지 철저하게 분석했습니다.
2. 기존의 언어(문법) 교재와 달리 '단어, 문장, 음운, 의미 및 담화, 국어의 규범, 국어의 변천, 문법 비문학'의 순서로 단원을 배열하여, 학습자 입장에서 문법 개념의 유기적 연결성을 최우선으로 고려했습니다.
3. 12개년 수능, 평가원 및 교육청 모의고사 문제를 총망라하여 최신 수능 경향을 모두 반영했습니다.
4. 언어(문법) 영역별로 제시하여 기출 문제를 보는 '눈'을 기를 수 있도록 구성했습니다. 기출 문제의 분석을 통해 수능에서 요구하는 용어와 개념을 익힐 수 있고, 향후 출제될 새로운 문제를 풀고 분석할 수 있는 능력을 길러줍니다.

또한 수능 국어에 새롭게 등장한 **매체 영역**에 대한 대비도 확실히 할 수 있도록 했습니다. 매체 영역의 기본 개념은 물론 실전 문제까지 모두 수록하여 학생들이 생소한 매체에서 빠르고 정확하게 정답을 고를 수 있도록 『**언매 1000제**』를 구성했습니다. 이 책 한 권으로 수능 국어 '언어와 매체'에 대한 개념과 실전 능력이 완벽하게 완성되리라 믿습니다. 이 책에 수록된 1000 전문항에 대해 솔빛국어연구소 현직 강사의 해설 영상도 함께 제공하고 있으니, 대한민국의 수많은 수험생들이 이 책을 통해 수능 국어에서 최고의 성과를 거두길 진심으로 기원합니다.

마지막으로 이 교재의 구성과 편집 그리고 해설 강의 촬영에 도움을 주신 ㈜솔빛국어연구소의 아름다운 식구들, 윤관수 선생님, 송현정 선생님, 임주연 선생님, 도영훈 선생님, 서주희 선생님, 정재민 선생님, 이진혁 선생님, 이다영 선생님, 최민식 선생님, 박정훈 선생님, 진수빈 선생님, 김소윤 선생님, 김도성 선생님, 김병섭 팀장, 최재호 팀장, 이윤성 연구원, 하유빈 연구원, 임수민 연구원, 최슬기 연구원, 전성은 디자이너, 권은정 실장, 강미주, 강윤지, 공하연, 김도유, 김서연, 김연주, 김이준, 나슬린, 박서현, 박선정, 박소현, 박정윤, 박지원, 박찬울, 송승희, 신학선, 안서진, 안지민, 안효원, 양다은, 양지웅, 이나연, 이다빈, 이민주, 이윤솔, 이채윤, 이하경, 전은수, 전진영, 정용재, 조수경, 조유진, 차현승, 홍예은, 황유정 조교에게 진심으로 고맙다는 말을 전합니다.

찬란한 너의 1교시를 위하여

찬바람이 부는 겨울 밤

솔빛국어연구소에서

방동진

이 책의 구성과 특징

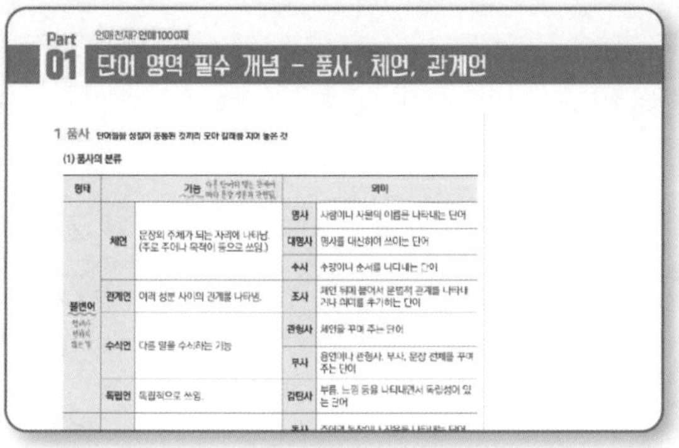
Part 01 단어 영역 필수 개념 – 품사, 체언, 관계언

| 필수 개념

- 『언어와 매체』 교과서에 제시된 필수 개념부터 심화 개념까지 철저하게 분석했습니다.
- 언어(문법)와 매체의 기출 문제를 분석하여 지문과 발문에서 자주 등장하는 핵심 개념을 익힐 수 있습니다.

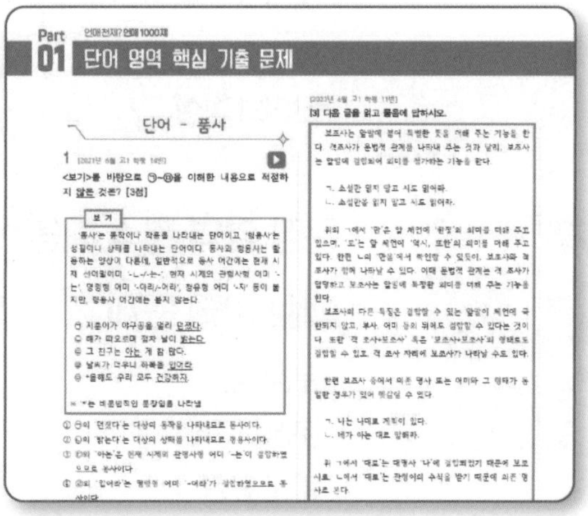
Part 01 단어 영역 핵심 기출 문제

핵심 기출 문제 |

- 12개년 수능, 평가원 및 교육청 모의고사 문제를 총망라하여 최신 수능 경향을 모두 반영했습니다.
- 언어(문법) 영역별로 제시하여 기출 문제를 보는 '눈'을 기를 수 있도록 구성했습니다. 이를 통해 향후 출제될 새로운 문제를 풀고 분석할 수 있는 능력을 기를 수 있습니다.

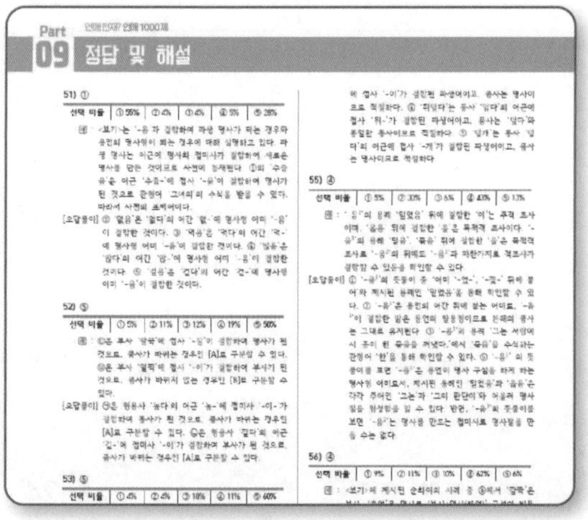
Part 09 정답 및 해설

| 정답 및 해설

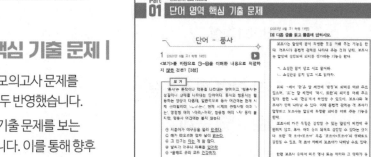

- 단순 되풀이식의 해설이 아닌, 학생 혼자서도 해설만을 보고 이해할 수 있도록 문항 선지에 정답과 오답이 되는 이유를 상세하게 서술했습니다.
- 시험에 응시했던 학생들의 문항별 정답률과 선지 선택 비율을 제시하여 문항의 난이도를 체감할 수 있습니다.

전문항 해설 영상 |

- 이 책에 수록된 1000 전문항에 대해 솔빛국어연구소 현직 강사의 자세한 해설 영상을 제공합니다.
- **전자책 :** 문항 번호 우측에 위치한 아이콘을 터치하면 해설 영상을 시청할 수 있습니다.
  종이책 : 문항 번호 우측에 위치한 QR 코드를 스캔하면 해설 영상을 시청할 수 있습니다.

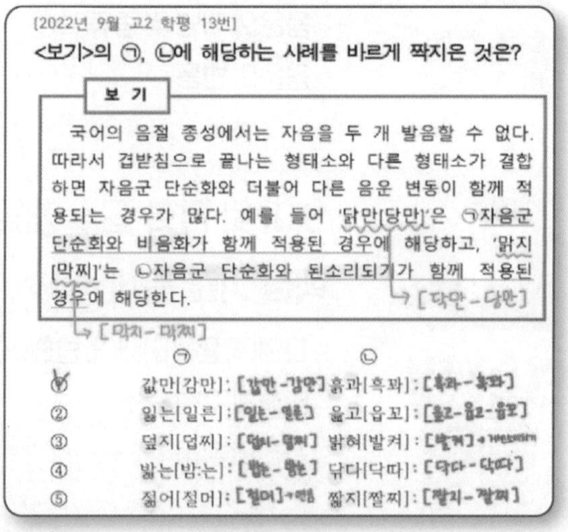
[2022년 9월 고2 학평 13번]

<보기>의 ㉠, ㉡에 해당하는 사례를 바르게 짝지은 것은?

보 기

국어의 음절 종성에서는 자음을 두 개 발음할 수 없다. 따라서 겹받침으로 끝나는 형태소와 다른 형태소가 결합하면 자음군 단순화와 더불어 다른 음운 변동이 함께 적용되는 경우가 많다. 예를 들어 '닭만[당만]'은 ㉠자음군 단순화와 비음화가 함께 적용된 경우에 해당하고, '맑지[막찌]'는 ㉡자음군 단순화와 된소리되기가 함께 적용된 경우에 해당한다.

	㉠	㉡
①	값만[감만]	흙과[흑꽈]
②	읽는[잉는]	읊고[읍꼬]
③	덮지[덥찌]	밝혀[발켜]
④	밟는[밤ː는]	닮다[담따]
⑤	젊어[절머]	짧지[짤찌]

차례 Contents

언매 1000제

Part 05
국어의 규범

Part 06
국어의 변천

Part 07
문법 비문학

Part 08
매체

정답 및 해설

'언매 천재'가 되기 위한

30일 '매일 혁명' 프로젝트

- 『언매 1000제』를 통해 수능 국어 '언어와 매체' 영역에서 1등급을 받을 수 있도록 도와주는 학습 계획표입니다. 아래의 계획표를 활용하여 자신만의 학습 일정을 계획하고 학습 결과를 체크해 보세요!
- 날짜별로 정해진 분량에 맞춰 꾸준히 공부하되, 개인의 학습 상황에 따라 자신만의 학습 일정을 계획하여 공부해도 돼요!
- 매일 문제를 풀기 전, 해당하는 파트의 '필수 개념' 부터 공부한 후 '핵심 기출 문제'를 풀어 보세요. 매일 공부한 개념과 문제를 완전히 자신의 것으로 만들겠다는 각오로 학습을 시작한다면 반드시 좋은 성적을 받을 수 있을 거예요!

Day	공부 날짜	공부한 내용	문항 번호	학습 결과	복습
1일차	월 일	1. 단어 - 품사, 본용언/보조 용언	001~025	×틀림 : 개	☐
2일차	월 일	1. 단어 - 규칙/불규칙 활용, 어미, 형태소	026~058	×틀림 : 개	☐
3일차	월 일	1. 단어 - 단어의 형성	059~094	×틀림 : 개	☐
4일차	월 일	2. 문장 - 문장 성분, 문장의 짜임 ①	095~123	×틀림 : 개	☐
5일차	월 일	2. 문장 - 문장의 짜임 ②	124~168	×틀림 : 개	☐
6일차	월 일	2. 문장 - 종결 표현, 높임 표현, 시간 표현	169~201	×틀림 : 개	☐
7일차	월 일	2. 문장 - 부정 표현, 피동/사동 표현	202~227	×틀림 : 개	☐
8일차	월 일	2. 문장 - 정확한 문장 표현, 3. 음운 - 음운의 개념 및 종류	228~262	×틀림 : 개	☐
9일차	월 일	3. 음운 - 음운의 변동 ①	263~295	×틀림 : 개	☐
10일차	월 일	3. 음운 - 음운의 변동 ②	296~327	×틀림 : 개	☐
11일차	월 일	3. 음운 - 음운의 변동 ③	328~359	×틀림 : 개	☐
12일차	월 일	3. 음운 - 음운의 변동 ④	360~391	×틀림 : 개	☐
13일차	월 일	4. 의미 및 담화 - 의미 관계, 담화의 구성	392~424	×틀림 : 개	☐
14일차	월 일	4. 의미 및 담화 - 사전의 활용	425~466	×틀림 : 개	☐
15일차	월 일	5. 국어의 규범 - 한글 맞춤법, 로마자 표기법	467~512	×틀림 : 개	☐
16일차	월 일	6. 국어의 변천 - 음운, 단어, 문법의 변화 ①	513~550	×틀림 : 개	☐
17일차	월 일	6. 국어의 변천 - 음운, 단어, 문법의 변화 ②	551~588	×틀림 : 개	☐
18일차	월 일	7. 문법 비문학 ① - 단어	589~616	×틀림 : 개	☐
19일차	월 일	7. 문법 비문학 ② - 단어	617~644	×틀림 : 개	☐
20일차	월 일	7. 문법 비문학 ③ - 문장	645~688	×틀림 : 개	☐
21일차	월 일	7. 문법 비문학 ④ - 음운	689~722	×틀림 : 개	☐
22일차	월 일	7. 문법 비문학 ⑤ - 의미 및 담화, 국어의 규범	723~742	×틀림 : 개	☐
23일차	월 일	7. 문법 비문학 ⑥ - 국어의 규범	743~772	×틀림 : 개	☐
24일차	월 일	7. 문법 비문학 ⑦ - 국어의 변천	773~802	×틀림 : 개	☐
25일차	월 일	7. 문법 비문학 ⑧ - 국어의 변천	803~832	×틀림 : 개	☐
26일차	월 일	8. 매체 ①	833~865	×틀림 : 개	☐
27일차	월 일	8. 매체 ②	866~898	×틀림 : 개	☐
28일차	월 일	8. 매체 ③	899~934	×틀림 : 개	☐
29일차	월 일	8. 매체 ④	935~970	×틀림 : 개	☐
30일차	월 일	8. 매체 ⑤	971~1000	×틀림 : 개	☐

MEMO

언매
1000제

Part 01

단어

단어 영역 필수 개념

핵심 기출 문제

- 품사
- 본용언, 보조 용언
- 규칙/불규칙 활용
- 어미
- 형태소
- 단어의 형성

단어 영역 필수 개념 – 품사, 체언, 관계언

1 품사 단어들을 성질이 공통된 것끼리 모아 갈래를 지어 놓은 것

(1) 품사의 분류

형태	기능 (다른 단어와 맺는 관계에 따라 문장 성분과 관련됨.)		의미	
불변어 (형태가 변하지 않는 말)	체언	문장의 주체가 되는 자리에 나타남. (주로 주어나 목적어 등으로 쓰임.)	명사	사람이나 사물의 이름을 나타내는 단어
			대명사	명사를 대신하여 쓰이는 단어
			수사	수량이나 순서를 나타내는 단어
	관계언	여러 성분 사이의 관계를 나타냄.	조사	단어(주로 체언) 뒤에 붙어서 문법적 관계를 나타내거나 의미를 추가하는 단어
	수식언	다른 말을 수식하는 기능	관형사	체언을 꾸며 주는 단어
			부사	용언이나 관형사, 부사, 문장 전체를 꾸며 주는 단어
	독립언	독립적으로 쓰임.	감탄사	부름, 느낌 등을 나타내면서 독립성이 있는 단어
가변어 (형태가 변하는 말)	용언	문장의 주어를 서술하는 기능	동사	주어의 동작이나 작용을 나타내는 단어
			형용사	주어의 성질이나 상태를 나타내는 단어
	유의+ **서술격 조사 '이다'** : 관계언에 속하지만 다른 조사와 달리 형태가 변한다는 점에서 가변어에 속함. 예 학생**이다.**			

2 체언 문장에서 주어 따위의 기능을 하는 명사, 대명사, 수사를 통틀어 이르는 말

(1) 체언의 특징

① 체언은 그 뒤에 조사가 붙어서 '주어, 목적어, 보어, 서술어, 관형어, 부사어, 독립어'의 다양한 문장 성분으로 쓰일 수 있다.

② 체언은 관형어의 수식을 받는다.

(2) 명사 : 사람이나 사물, 장소의 이름을 나타내는 말

사용 범위에 따라	고유 명사	특정한 하나의 개체를 다른 개체와 구별하기 위해 붙인 이름으로 인명, 지역명, 상호명 등이 고유 명사에 속함. 예 세종, 인천, 철수
	보통 명사	어떤 속성을 지닌 대상에 두루 쓰이는 이름 예 나무, 꽃
자립 여부에 따라	자립 명사	혼자서 자립적으로 쓰이는 명사 예 하늘, 이름
	의존 명사*	관형어의 꾸밈을 받아야만 쓰일 수 있는 단어 예 먹을 **것,** 나는 할 **수** 있다, 사과 두 **개**

* 의존 명사의 특징
- 관형어의 수식을 받음.
- 자립할 수 없음.
- 문장의 첫머리에 위치하지 못함.
예 웃을 뿐, 먹는 대로, 연필 한 자루

(3) 대명사 : 명사를 대신하여 쓰이는 말

지시 대명사	사물 지시	이(것), 그(것), 저(것)
	처소 지시	여기, 거기, 저기
인칭 대명사	1인칭	나, 저, 우리, 저희, 소인, 짐
	2인칭	너, 너희, 당신, 자네, 그대, 임자
	3인칭	그, 이분, 그분, 저분, 이이, 그이, 저이
	재귀칭	앞에 한 번 나온 명사를 다시 가리킬 때 쓰이는 인칭 대명사 (자기, 저, 저희, 당신) 예 애들이 어려서 **자기**밖에 모른다. / 할머니께서는 **당신**이 젊었을 때 미인이셨다.
미지칭 대명사		모르는 사람, 사물, 장소 따위를 가리키는 대명사 예 **누구**의 얼굴이 먼저 떠오르냐?
부정칭 대명사		정해지지 아니한 사람, 물건, 방향, 장소 따위를 가리키는 대명사 예 **누구**든지 할 수 있으면 해라! / **아무**라도 응시할 수 있다.

(4) 수사 : 사물의 수량이나 순서를 나타내는 말

양수사	수량을 나타내는 수사 예 **둘**에 **셋**을 더하면 **다섯**이다.
서수사	순서를 나타내는 수사 예 우리의 이념은 **첫째**는 진리이고, **둘째**는 정의이다.

3 관계언

(1) 조사 : 자립성 있는 말에 붙어 그 말과 다른 말의 문법적 관계를 표시하거나 특별한 의미를 더해 주는 말

격조사	앞에 오는 체언이 문장 안에서 일정한 자격을 가지도록 하는 조사 ① 주격 조사 : 이/가, 께서, 에서 ② 목적격 조사 : 을/를 ③ 보격 조사 : 이/가 ('되다', '아니다' 앞에 오는 (주어 이외의) 필수 성분) ④ 서술격 조사 : 이다 (활용 가능) ⑤ 관형격 조사 : 의 ⑥ 부사격 조사 : 에, 에게, 에서, (으)로, 와/과, 처럼 등 ⑦ 호격 조사 : 아/야, 이여
접속 조사	두 단어를 같은 자격으로 이어 주는 구실을 하는 조사 (와/과*, 랑, 하고) 예 봄이 되면 개나리**와** 진달래가 가장 먼저 핀다.
보조사	앞말에 특별한 뜻을 더하여 주는 조사 예 은/는(대조), 도(역시), 만(한정), 요(상대 높임), 조차(더함), 까지(범위의 끝, 더함), (이)라도(차선의 선택), 밖에(그것 말고는, 그것 이외에는), 야말로(강조, 확인), 부터(시작, 먼저), (이)나(선택)

* '와/과'의 기능
· **접속 조사** : 같은 자격의 두 단어가 곧바로 연결되어 '주어와 목적어' 등으로 쓰일 때만 접속 조사가 쓰인다. 두 개의 문장으로 나눌 수 있음.
예 서희와 나경이는 대학생이다.
· **부사격 조사** : 부사어로 쓰여 뒷말을 꾸며주는 단어에 붙는다. 두 개의 문장으로 나눌 수 없음.
예 철수는 영희와 사귄다.

조사 vs 의존 명사

- **만큼, 대로, 뿐**
  ① 나도 너**만큼** 공부했다, 너**뿐**이야, 너**대로** – 조사 (체언 뒤에 곧바로 붙음.)
  ② 노력한 **만큼** 결과가 나왔다, 웃을 **뿐**, 먹는 **대로** – 의존 명사 (관형어의 수식을 받고 앞말과 띄어 씀.)

단어 영역 필수 개념 - 용언, 용언의 활용

1 용언 문장의 주어를 서술하는 기능을 가진 단어의 묶음

(1) 용언의 특징 : 문장에서 그 쓰임에 따라 형태가 변하며 부사어의 꾸밈을 받을 수 있다.

(2) 동사 : 사람이나 사물의 움직임이나 작용을 나타내는 말

종류	개념	예시
자동사	동사의 움직임이나 작용이 그 주어에만 그쳐서 목적어가 필요 없는 동사	예 철수가 집에 **간다.**
타동사	동사의 움직임이나 작용이 다른 대상에 미쳐서 목적어가 필요한 동사	예 철수가 밥을 **먹는다.**

(3) 형용사 : 사람이나 사물의 성질이나 상태를 나타내는 말

종류	개념	예시
성상 형용사	성질이나 상태를 나타내는 형용사	예 노랗다, 아름답다, 길다, 많다
지시 형용사	성상 형용사의 의미를 대신 가리키는 형용사	예 이러하다, 그러하다, 저러하다

동사와 형용사의 구분

1. 형용사는 성질이나 상태를 나타내는 말이기 때문에 대체로 동사처럼 행동이나 움직임을 요구하는 명령이나 청유형 문장에서 쓸 수 없다.
   예 형용사 '예쁘다'를 청유형 '*얼굴이 예쁘자.'나 명령형 '*얼굴이 예뻐라.'로 쓸 수 없다. 단, '얼굴이 예뻐라.'와 같이 감탄의 의미일 경우 사용할 수 있다.

2. 동사의 어간에는 현재 시제 선어말 어미 '-ㄴ/는-'이 사용되지만 형용사에는 쓸 수 없다.
   예 '*얼굴이 예쁜다.'라는 문장은 쓸 수 없다. 현재를 나타내려면 기본형 그대로 '예쁘다'를 쓰면 된다.

2 용언의 활용 용언의 어간에 다양한 어미가 붙어서 문법적 기능을 바꾸는 것을 말한다. 용언이 활용할 때 변하지 않는 부분이 '어간'이고, 변하는 부분이 '어미'이다.

(1) 규칙 활용 : 용언이 활용할 때 어간과 어미의 기본 형태 변화가 없거나, 있어도 보편적인 음운 규칙 ('ㄹ' 탈락*, 'ㅡ' 탈락)으로 설명되는 경우

(2) 규칙 활용의 종류

① 어간과 어미의 기본 형태가 바뀌지 않는 경우
예 얻다 : 얻- + -어 → 얻어 / 솟다 : 솟- + -아 → 솟아

② 어간과 어미의 기본 형태가 바뀌는 모습을 일정한 규칙으로 설명할 수 있는 경우

종류	용례
'ㅡ' 탈락	어간의 끝 모음 'ㅡ' 뒤에 모음으로 시작하는 어미가 오면 'ㅡ'가 탈락함. 예 담그다 : 담그- + -아 → 담가, 따르다 : 따르- + -아 → 따라, 쓰다 : 쓰- + -어 → 써
'ㄹ' 탈락	어간 받침 'ㄹ' 뒤에 'ㄴ, ㅂ, ㅅ'으로 시작하는 어미나 '-오' 앞에서, 'ㄹ'이 탈락함. 예 길다 - 기니, 깁니다, 기오 갈다 - 가니, 갑시다, 가시오, 가오 쓸다 - 쓰니, 씁니다, 쓰세요, 쓰오
동음 탈락	'ㅏ/ㅓ'로 끝나는 어간의 모음이 'ㅏ/ㅓ'로 시작하는 어미와 결합할 때 'ㅏ/ㅓ'가 탈락함. 예 가다 : 가- + -아서 → 가서

* 단어 형성 과정에서 일어나는 'ㄹ' 탈락
① 'ㄹ'이 'ㄴ, ㄷ, ㅅ, ㅈ' 앞에서 탈락하는 현상
예 다달이 : 달 + 달 + -이
따님 : 딸 + -님
마소 : 말 + 소
바느질 : 바늘 + -질
부삽 : 불 + 삽
여닫이 : 열- + 닫- + -이
우짖다 : 울- + 짖다
화살 : 활 + 살
② 한자 '불(不)'이 첫소리 'ㄷ, ㅈ' 앞에서 탈락하는 현상
예 부득이(不得已), 부정(不正), 부조리(不條理), 부주의(不注意)

(3) 불규칙 활용 : 용언이 활용할 때 뒤에 붙는 어미에 따라 어간과 어미의 형태가 변하는 경우

(4) 불규칙 활용의 종류

기준	종류	용례
어간이 변하는 경우	'ㅅ' 불규칙	ㅅ 받침 + 모음 어미 → ㅅ 탈락 예 짓다 : 짓- + -어 → 지어 낫다 : 낫- + -아 → 나아
	'ㄷ' 불규칙	ㄷ 받침 + 모음 어미 → 'ㄷ → ㄹ'로 교체 예 묻다(問) : 묻- + -어 → 물어 듣다[聞] : 듣- + -어 → 들어
	'ㅂ' 불규칙	ㅂ 받침 + 모음 어미 → 'ㅂ → 오/우'로 교체 예 곱다 : 곱- + -아 → 고와 굽다 : 굽- + -어 → 구워
	'르' 불규칙	르 + 모음 어미 → '르 → ㄹㄹ'로 교체 예 흐르다 : 흐르- + -어 → 흘러 오르다 : 오르- + -아 → 올라 거르다 : 거르- + -어서 → 걸러서
	'우' 불규칙	우 + 모음 어미 → '우' 탈락 예 푸다 : 푸- + -어 → 퍼
어미가 변하는 경우	'여' 불규칙	하- + -아/어 → '-아/어 → -여'로 교체 예 하다 : 하- + -어 → 하여
	'러' 불규칙	르 + -어 → '-어 → -러'로 교체 예 이르다[至] : 이르- + -어 → 이르러 푸르다 : 푸르- + -러 → 푸르러 → '르'로 끝나는 어간 뒤에 어미 '-어'가 '-러'로 바뀜
	'오' 불규칙	달- + -아라 → '-아라 → -오'로 교체 (달다 : 〈동사〉 '요구하다'의 뜻) 예 달- + -아라 → 다오
어간과 어미 모두 변하는 경우	'ㅎ' 불규칙	ㅎ 받침 + '-아/-어' → ㅎ 탈락(어간)과 동시에 어미 변화 예 파랗다 : 파랗- + -아 → 파래 까맣다 : 까맣- + -아 → 까매 하얗다 : 하얗- + -아서 → 하얘서

• 혼동되는 활용
- 따르- + -아 → 따라(규칙)
- 치르- + -어 → 치러(규칙)
- (그곳에) 이르- + -어 → 이르러 (어미가 바뀌는 불규칙)
- 우러르- + -어 → 우러러(규칙)
- (시간이) 이르- + -어 → 일러 (어간이 바뀌는 불규칙)

단어 영역 필수 개념 - 어미의 종류, 본용언과 보조 용언

1 어미의 종류*

(1) 어말 어미 : 단어의 끝에 붙는 어미

종류	개념	예시
종결 어미	문장을 끝맺어 주는 어미	평서형, 의문형, 명령형, 청유형, 감탄형 어미 → '-다, -느냐, -아/어라, -자, -구나' 등
연결 어미	앞 문장과 뒤 문장 또는 본용언과 보조 용언을 연결해 주는 어미	① 대등적 연결 어미(두 문장을 대등적으로 이어 주는 연결 어미) : '-고, -며, -지만, -(으)나' 등 ② 종속적 연결 어미 (앞의 문장을 뒤의 문장에 종속시키는 연결 어미) : '-아/어서, -러, -면, -니까' 등 ③ 보조적 연결 어미(본용언에 보조 용언을 이어 주는 어미) : '-아/어, -게, -지, -고'
전성 어미	용언의 서술 기능을 다른 기능으로 바꾸어 주는 어미	① 명사형 전성 어미 : -(으)ㅁ, -기 ② 관형사형 전성 어미 : -(으)ㄴ, -는, -(으)ㄹ, -던 ③ 부사형 전성 어미 : -게, -도록

(2) 선어말 어미 : 어말 어미의 앞자리에 붙는 어미

주체 높임 선어말 어미	주체의 높임을 나타내는 선어말 어미	-(으)시-
시제 선어말 어미	어간 뒤에 비교적 자유롭게 나타나는 어미 가운데 하나로, '과거/ 현재/ 미래'를 나타내는 어미	① 과거 시제 선어말 어미: -았/었- ② 현재 시제 선어말 어미: -는/ㄴ- ③ 미래 시제 선어말 어미: -겠-, -리-
공손 선어말 어미	상대방에게 공손의 뜻을 표시할 때 쓰이는 어미	-옵-, -오-

* 어미의 종류
- 어미 : 어간 뒤에 붙어서 변화하는 부분
- 어말(語末) 어미 : 단어의 끝에 오는 어미(반드시 있어야 함.)
  예 가라, 가냐, 가고, 가지
- 선어말(先語末) 어미 : 어말 어미의 앞에 오는 어미
  가- + -겠- + -다 = 가겠다
  (어간) (선어말 어미) (어말 어미)
  가- + -ㄴ- + -다 = 간다
  (어간) (선어말 어미) (어말 어미)

2 본용언과 보조 용언*

본용언	보조 용언의 앞에 쓰이면서 문장에서 핵심적 의미를 지닌 용언
보조 용언	본용언에 연결되어 의존적으로 쓰이면서 문장에 문법적 의미를 더해 주는 용언

예 '나는 웃고 싶다.'에서 '싶다'는 앞에 나온 본용언 '웃고'에 하고자 한다는 의미를 더해 줌.
*서술어가 '본용언+보조 용언'의 구성일 때 두 용언 사이에 어미 '-서'나 다른 문장 성분을 넣을 수 없음.
  예 책을 사(서) 읽다.
    → 두 용언 사이에 어미 '-서'가 들어갈 수 있다면 '읽다'는 본용언임.
  예 국수를 먹어서 버리다.(X)
    → 이때 '버리다'는 보조 용언으로 '앞 본용언이 나타내는 행동이 이미 끝났음'이라는 문법적 의미를 더해 줌.

* 본용언과 보조 용언의 띄어쓰기
- 보조 용언은 띄어 씀을 원칙으로 하되, 경우에 따라서는 붙여 씀도 허용한다.
  예 불이 꺼져 간다.(원칙)
     불이 꺼져간다.(허용)
- 앞말에 조사가 붙는 경우에는 그 뒤에 오는 보조 용언은 띄어 쓴다.
  예 밥을 먹지는 않았다.
- 중간에 조사가 들어갈 적에는 그 뒤에 오는 보조 용언은 띄어 쓴다.
  예 아는 척만 한다.
- 앞말(본용언)이 합성어일 경우는 그 뒤에 오는 보조 용언은 띄어 쓴다.
  예 덤벼들어 보아라.

MEMO

단어 영역 필수 개념 - 수식언, 독립언, 품사의 통용

1 수식언 다른 말을 수식하는 기능을 하는 단어

관형사	체언 앞에 놓여 주로 명사를 꾸며 주는 역할을 하는 말	
	지시 관형사	어떤 대상을 가리키는 관형사 예 이, 그, 저
	수 관형사	수량이나 순서를 나타내는 관형사 예 한, 두, 첫째
	성상 관형사	명사의 성질이나 상태를 꾸며 주는 관형사 예 헌, 모든, 새
부사*	용언이나 다른 부사, 문장 전체를 꾸며 주는 역할을 하는 말	
	성분 부사	문장의 한 성분만을 수식하는 부사 예 아주, 바로, 너무, 많이, 빨리
	문장 부사	뒤에 오는 문장이나 절을 수식하는 부사 예 설마, 과연, 의외로

체언과 관형사의 구분

① **하나**에 **둘**을 더하다. **이**는 매우 중요한 일이다. - 체언 (체언 뒤에는 조사가 붙을 수 있다.)
② **한** 사람, **두** 사람, **이** 사람은 내 친구이다. - 관형사 (관형사는 체언을 수식하고 조사가 붙을 수 없다.)

* 부사의 수식
부사는 일반적으로 용언이나 다른 부사, 문장 전체를 수식하지만, 경우에 따라서는 관형사나 체언을 수식할 수도 있다.
예 내가 좋아하는 음식은 바로 치킨이야. / 겨우 둘만 동아리에 들어왔다. - 체언 수식
예 여기서 어떤 책이 가장 새 책이니? / 그 집은 아주 외딴 곳에 있다. - 관형사 수식

2 독립언 다른 문장 성분과 관계를 맺지 않고, 독립성을 가진 단어

① 놀람, 느낌, 부름, 대답 등을 나타내는 말로, 다른 말과 떨어져 홀로 쓰임.
예 앗, 어머나, 여보세요, 네, 아니요
② 문장 성분과 달리 독립적인 성격을 가진다는 것을 드러내기 위해 대개 감탄사 뒤에는 쉼표나 느낌표를 사용함.
예 '여보세요.', '이봐!'

3 품사의 통용 하나의 단어가 둘 이상의 문법적 성질을 함께 가지고 있는 것

① ㄱ. 야구를 좋아하는 사람 **다섯**이 모였어요. (수사)
ㄴ. 야구를 좋아하는 **다섯** 사람이 모였어요. (수관형사)
② ㄱ. 노력한 **만큼** 성과를 거두었다. (의존 명사)
ㄴ. 명주는 무명**만큼** 질기지 못하다. (조사)
③ ㄱ. 본 **대로** 말하십시오. (의존 명사)
ㄴ. 선생님 말**대로** 하면 좋아. (조사)
④ ㄱ. 그는 **평생**을 바쳐 봉사하였다. (명사)
ㄴ. **평생** 놀고 먹었다. (부사)
⑤ ㄱ. 오늘은 **아니** 온다더라. (부사)
ㄴ. **아니**! 벌써 갔어? (감탄사)

MEMO

단어 영역 필수 개념 - 형태소, 단어

1 형태소

일정한 뜻을 지닌 가장 작은 말의 단위(이때의 '뜻'은 실질적 의미뿐만 아니라 조사나 어미, 접사 등의 문법적 의미도 포함한다.

(1) 형태소의 분류

기준	종류	성격	예시
'자립성 여부'에 따라	자립 형태소	홀로 쓰이는 형태소	명사, 대명사, 수사, 관형사, 부사, 감탄사
	의존 형태소	반드시 다른 말에 붙어 쓰이는 형태소	조사, 용언의 어간·어미, 접사
'실질적 의미의 유무'에 따라	실질 형태소	실질적 의미를 지닌 형태소	명사, 대명사, 수사, 관형사, 부사, 감탄사, 용언의 어간
	형식 형태소	문법적 의미만을 나타내는 형태소	조사, 용언의 어미, 접사

(2) 형태소 분석의 예

문장	나는 밥을 먹었다.					
형태소	나	는	밥	을	먹-	-었-	-다
분석	화자가 자기를 가리키는 1인칭 대명사	보조사로, 문법적 의미를 지님.	'끼니로 먹는 음식물'이라는 의미를 지닌 명사임.	목적격 조사로, 문법적 의미를 지님.	용언 '먹다'의 어간으로, '입으로 씹거나 하여 뱃속으로 들여보내다'라는 의미를 지님.	과거시제 선어말 어미로, 과거에 일어난 일임을 드러냄.	종결 어미로, 문장의 마침을 드러냄.

2 단어

단어
• 홀로 쓰일 수 있는 말의 최소 단위 예 햇밤, 밤나무 • 조사는 홀로 쓰일 수 없지만, 홀로 쓰일 수 있는 말에 쉽게 붙어 분리될 수 있다는 점에서 단어로 분류하고 있다.

어근	접사*
실질적 의미를 나타내는 중심이 되는 부분 예 '햇밤'에서 '밤', '밤나무'에서 '밤'과 '나무'	어근에 뜻을 더함으로써 새로운 단어를 만드는 데 쓰이는 형태소 예 '햇밤'에서 '햇-'

* 위치에 따른 접사의 구분
- 접두사 (+어근) : 어근 앞에 결합하는 접사로, 어근의 뜻을 한정하는 의미적 기능을 함.
  예 '햇밤'에서 '햇-'('그해에 새로 재배한'의 뜻을 더함.)
- (어근+) 접미사 : 어근 뒤에 결합하는 접사로, 어근의 뜻을 한정하는 의미적 기능과 함께 어근의 품사를 바꾸기도 함.
  예 '멋쟁이'에서 '-쟁이'('그러한 특성을 가진 사람'이라는 뜻을 더함.)

접사와 어미의 차이

이것은 참 재미있는 ㉠놀이이구나. / 우리 놀이터에 가서 ㉡놀자.

㉠ '놀이'는 동사 '놀다'의 어근에 명사를 만드는 접미사 '-이'가 붙어 파생된 단어이다. ㉡ '놀자'는 청유형 어미 '-자'가 붙어 활용한 것으로 '놀다'와 문법적 기능만 다를 뿐 같은 단어이다. 즉, 접사가 붙은 말은 어미가 붙은 말과 달리 새로운 단어가 될 수 있다. 한편, 접사는 일부 어근과만 결합하는 분포의 제한성을 보이지만(예 놀이(○), 잡이(×), 웃이(×)) 어미는 모든 어간 뒤에 결합할 수 있다.

MEMO

단어 영역 필수 개념 - 단어의 형성

1 단어의 형성

단일어		하나의 어근만으로 이루어진 단어 예 바다, 나무, 사과, 먹다
복합어	파생어	'어근+접사'로 이루어진 단어 예 생고기, 덧신, 나무꾼, 장난꾸러기, 지우개
	합성어	'어근+어근'으로 이루어진 단어 예 사과나무, 새해, 벗어나다, 척척박사

(1) 파생어

접두 파생어	접두사+어근 예 생고기, 덧신, 강마르다 : 생-(익히지 않은), 덧-(겹쳐 입는), 강-(매우, 심하게)
접미 파생어	어근+접미사 예 나무꾼, 지우개, 잡히다 : -꾼(어떤 일에 능숙한 사람), -개('그러한 행위를 하는 간단한 도구'의 뜻을 더하고 명사를 만드는 접미사), -히-('피동'의 뜻을 더하는 접미사)

(2) 합성어

① 어근의 의미 관계에 따른 합성어 분류

대등 합성어	두 어근의 결합 방식이 대등한 합성어 예 앞뒤, 손발, 뛰놀다, 까막까치, 똥오줌
종속 합성어	앞 어근이 뒤 어근에 종속되어 있는 합성어 예 가죽신, 손수레, 나뭇가지, 덮밥, 돌다리
융합 합성어	두 어근과는 완전히 다른 제3의 의미가 도출되어 나오는 합성어 예 밤낮, 돌아가시다, 피땀, 쥐뿔, 물불

② 국어의 통사적 구성 방식과의 일치 여부에 따른 합성어 분류

• 통사적 합성어 : 합성어의 배열법이 우리말의 일반적인 단어 형성 방법과 일치하는 합성어

명사+명사	예 구멍+가게, 손+발
부사+부사	예 잘+못, 곧+잘, 이리+저리
관형사+명사	예 새+색시, 첫+사랑
용언의 어간+관형사형 어미+명사	예 작-+-은+아버지, 크-+-ㄴ+집
주어(주격 조사 생략 가능)+서술어	예 그늘+지다, 힘+들다
목적어(목적격 조사 생략 가능)+서술어	예 겁+먹다, 본+받다
용언의 어간+연결 어미+용언의 어간	예 돌-+-아+가다, 벗-+-어+나다

• 비통사적 합성어 : 합성어의 배열법이 우리말의 일반적인 단어 형성 방법과 일치하지 않는 합성어

용언의 어간+명사 (전성 어미가 없는 경우)	예 덮-+밥, 꺾-+쇠
용언의 어간+용언의 어간 (연결 어미가 없는 경우)	예 열-+닫다, 오-+가다
부사+체언	예 척척+박사, 부슬+비

MEMO

단어 영역 핵심 기출 문제

단어 - 품사

1 [2014년 6월 고1 학평 12번]

<보기>를 바탕으로 '조사'의 특징을 이끌어낸 것으로 적절하지 않은 것은?

보 기

ㄱ. 동생이 책을 읽는다. / 여기가 천국이다.
ㄴ. 엄마와 나는 영화를 보았다. / 나랑 동생은 학교로 갔다.
ㄷ. 오늘은 물만 마셨다. / 오늘은 물도 마셨다.
ㄹ. 꽃이 예쁘게도 피어 있다. / 천천히만 가거라.
ㅁ. 이것이 좋다. / 이것 좋다. / 이것만으로도 좋다.

① ㄱ : 앞의 체언이 문장에서 일정한 자격을 갖도록 해 준다.
② ㄴ : 두 체언을 같은 자격으로 이어 준다.
③ ㄷ : 앞의 체언을 다른 품사로 만들어 준다.
④ ㄹ : 체언 이외에 용언이나 부사 뒤에 붙어 쓰이기도 한다.
⑤ ㅁ : 생략하거나 둘 이상 겹쳐 쓰이기도 한다.

2 [2017년 11월 고1 학평 11번]

다음은 문법 수업의 내용을 정리한 학생의 노트이다. 이를 바탕으로 <보기>를 탐구한 내용으로 적절하지 않은 것은?

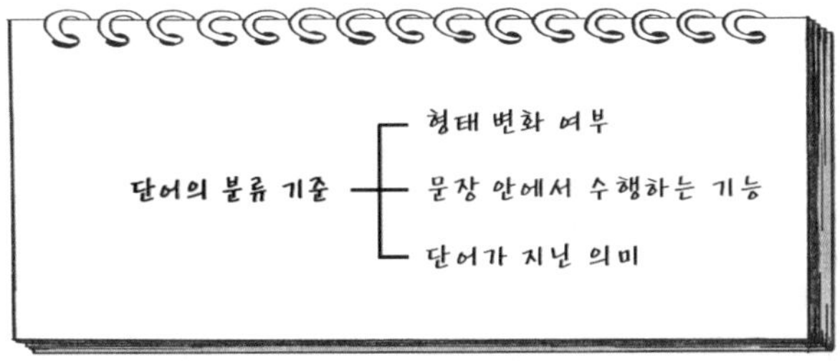

보 기

◦ 우리도 두 팔을 넓게 벌려 원 하나를 이루었다.
◦ 동생이 나무로 된 탁자에 그린 꽃만 희미하다.

① '도'와 '만'은 형태가 변하지 않는 단어이다.
② '이루었다'와 '그린'은 형태가 변하는 단어이다.
③ '두'와 '하나'는 문장 안에서 수식의 기능을 하는 단어이다.
④ '나무'와 '꽃'은 사물의 이름을 나타내는 단어이다.
⑤ '넓게'와 '희미하다'는 대상의 상태를 나타내는 단어이다.

3 [2021년 6월 고1 학평 14번]

<보기>를 바탕으로 ㉠~㉤을 이해한 내용으로 적절하지 않은 것은? [3점]

보 기

'동사'는 동작이나 작용을 나타내는 단어이고, '형용사'는 성질이나 상태를 나타내는 단어이다. 동사와 형용사는 활용하는 양상이 다른데, 일반적으로 동사 어간에는 현재 시제 선어말어미 '-ㄴ-/-는-', 현재 시제의 관형사형 어미 '-는', 명령형 어미 '-아라/-어라', 청유형 어미 '-자' 등이 붙지만, 형용사 어간에는 붙지 않는다.

㉠ 지훈이가 야구공을 멀리 던졌다.
㉡ 해가 떠오르며 점차 날이 밝는다.
㉢ 그 친구는 아는 게 참 많다.
㉣ 날씨가 더우니 하복을 입어라.
㉤ *올해도 우리 모두 건강하자.

※ '*'는 비문법적인 문장임을 나타냄.

① ㉠의 '던졌다'는 대상의 동작을 나타내므로 동사이다.
② ㉡의 '밝는다'는 대상의 상태를 나타내므로 형용사이다.
③ ㉢의 '아는'은 현재 시제의 관형사형 어미 '-는'이 결합하였으므로 동사이다.
④ ㉣의 '입어라'는 명령형 어미 '-어라'가 결합하였으므로 동사이다.
⑤ ㉤의 '건강하자'의 기본형 '건강하다'는 청유형 어미 '-자'가 결합할 수 없으므로 형용사이다.

4 [2022년 3월 고1 학평 14번]

<보기 1>의 밑줄 친 부분에 해당하는 단어를 <보기 2>에서 있는 대로 모두 고른 것은?

보기 1

선생님 : 하나의 단어가 수사로 쓰이기도 하고 수 관형사로도 쓰이는 경우가 많습니다. 그런데 수 관형사로만 쓰이는 단어도 있습니다.

보기 2

◦ 나는 필통에서 연필 하나를 꺼냈다.
◦ 그 마트는 매월 둘째 주 화요일에 쉰다.
◦ 이번 학기에 책 세 권을 읽는 게 내 목표야.
◦ 여섯 명이나 이 일에 자원해서 정말 기쁘다.

① 하나 ② 세 ③ 하나, 여섯
④ 둘째, 세 ⑤ 둘째, 여섯

[2023년 6월 고1 학평 11번]

[5] 다음 글을 읽고 물음에 답하시오.

보조사는 앞말에 붙어 특별한 뜻을 더해 주는 기능을 한다. 격조사가 문법적 관계를 나타내 주는 것과 달리, 보조사는 앞말에 결합되어 의미를 첨가하는 기능을 한다.

ㄱ. 소설만 읽지 말고 시도 읽어라.
ㄴ. 소설만을 읽지 말고 시도 읽어라.

위의 ㄱ에서 '만'은 앞 체언에 '한정'의 의미를 더해 주고 있으며, '도'는 앞 체언에 '역시, 또한'의 의미를 더해 주고 있다. 한편 ㄴ의 '만을'에서 확인할 수 있듯이, 보조사와 격조사가 함께 나타날 수 있다. 이때 문법적 관계는 격 조사가 담당하고 보조사는 앞말에 특정한 의미를 더해 주는 기능을 한다.

보조사의 다른 특징은 결합할 수 있는 앞말이 체언에 국한되지 않고, 부사, 어미 등의 뒤에도 결합할 수 있다는 것이다. 또한 '격 조사+보조사' 혹은 '보조사+보조사'의 형태로도 결합할 수 있고, 격 조사 자리에 보조사가 나타날 수도 있다.

한편 보조사 중에서 의존 명사 또는 어미와 그 형태가 동일한 경우가 있어 헷갈릴 수 있다.

ㄱ. 나는 나대로 계획이 있다.
ㄴ. 네가 아는 대로 말해라.

위 ㄱ에서 '대로'는 대명사 '나'에 결합되었기 때문에 보조사로, ㄴ에서 '대로'는 관형어의 수식을 받기 때문에 의존 명사로 본다.

5

윗글을 참고하여 <보기>의 ㉠~㉢을 이해한 것으로 적절하지 <u>않은</u> 것은? [3점]

보 기

㉠ 라면마저도 품절됐네.
㉡ 형도 동생만을 믿었다.
㉢ 그는 아침에만 운동했다.

① ㉠ : 격 조사 뒤에 '역시, 또한'의 의미를 더해 주는 보조사가 덧붙고 있다.
② ㉡ : 주격 조사 자리에 '도'라는 보조사가 나타나고 있다.
③ ㉡ : 보조사 '만'과 격 조사 '을'이 함께 나타나고 있다.
④ ㉢ : '에'는 체언에 결합하여 문법적 관계를 나타낸다.
⑤ ㉢ : '만'은 보조사가 결합할 수 있는 앞말이 체언에 국한되지 않음을 보여 준다.

6

[2024년 6월 고1 학평 13번]

<보기>를 바탕으로 탐구한 내용으로 적절하지 <u>않은</u> 것은?

보 기

○ 동사와 형용사의 특징
▸ 동사는 선어말 어미 '-는-/-ㄴ-'의 결합으로, 형용사는 기본형으로 현재 시제를 나타냄.
▸ 관형사형 어미 '-(으)ㄴ'이 결합했을 때, 동사는 과거 시제를 나타내지만, 형용사는 현재 시제를 나타냄.

① '감이 떫다.'에서는 기본형으로 현재 시제를 나타내고 있기 때문에 '떫다'는 형용사이군.
② '책을 읽는다.'에서는 선어말 어미 '-는-'이 결합하여 현재 시제를 나타내고 있기 때문에 '읽다'는 동사이군.
③ '친구와 논다.'에서는 선어말 어미 '-ㄴ-'이 결합하여 현재 시제를 나타내고 있기 때문에 '놀다'는 동사이군.
④ '집에 간 사람'에서는 관형사형 어미 '-(으)ㄴ'이 결합하여 과거 시제를 나타내고 있기 때문에 '가다'는 동사이군.
⑤ '우리가 이긴 시합'에서는 관형사형 어미 '-(으)ㄴ'이 결합하여 현재 시제를 나타내고 있기 때문에 '이기다'는 형용사이군.

7

[2016년 6월 고2 학평 12번]

<보기>의 [가]를 바탕으로 [나]를 분석한 내용으로 적절하지 <u>않은</u> 것은? [3점]

보 기

[가] 품사는 단어를 '형태', '기능', '의미'를 기준으로 분류한 것이다. ㉠'<u>형태</u>'에 따라 불변어, 가변어로, ㉡'<u>기능</u>'에 따라 체언, 용언, 수식언, 관계언, 독립언으로 나뉜다. 그리고 ㉢'<u>의미</u>'에 따라 명사, 대명사, 수사, 동사, 형용사, 관형사, 부사, 조사, 감탄사로 나뉜다.

[나] 열에 아홉은 매우 착실한 학생이다.

① ㉠에 따라 나누면 '착실한'과 '이다'는 가변어이다.
② ㉡에 따라 나누면 '열'과 '학생'은 체언이다.
③ ㉡에 따라 나누면 '은'과 '이다'는 관계언이다.
④ ㉢에 따라 나누면 '아홉'과 '학생'은 같은 품사이다.
⑤ ㉢에 따라 나누면 '매우'와 '착실한'은 다른 품사이다.

단어 영역 핵심 기출 문제

8 [2016년 9월 고2 학평 12번]

<보기>의 ㉠~㉢에 해당하는 것을 바르게 분류한 것은?

> **보 기**
>
> ㉠관형사, ㉡대명사, ㉢부사 중에는 '이, 그, 여기, 이리, 그리' 등과 같이 '지시성'을 지닌 단어들이 있다. 이들은 지시성이라는 공통점 때문에 구별이 쉽지 않으므로 문장 내에서의 기능을 통해 단어의 품사를 파악해야 한다.
>
> ⓐ 이 사과는 맛있게 생겼다.
> ⓑ 그 책 좀 나에게 빌려줄 수 있어?
> ⓒ 여기가 바로 우리의 고향입니다.
> ⓓ 이리 가까이 오게.
> ⓔ 그리 물건을 보내겠습니다.

	㉠	㉡	㉢
①	ⓐ	ⓑ, ⓒ	ⓓ, ⓔ
②	ⓐ, ⓑ	ⓒ	ⓓ, ⓔ
③	ⓑ, ⓒ	ⓓ, ⓔ	ⓐ
④	ⓑ, ⓓ	ⓔ	ⓐ, ⓒ
⑤	ⓒ, ⓓ	ⓐ	ⓑ, ⓔ

9 [2017년 11월 고2 학평 13번]

<보기>에 대한 설명으로 가장 적절한 것은?

> **보 기**
>
> 부사는 수식하는 범위에 따라 문장의 한 성분을 수식하는 성분 부사와 문장 전체를 수식하는 문장 부사로 나뉜다. 이 중 성분 부사는 주로 용언을 수식하지만 때로는 체언을 수식하거나 관형사, 부사를 수식하는 경우도 있다.
>
> ㄱ. 그녀는 매우 빨리 달린다.
> ㄴ. 설마 나에게 맞는 옷이 없을까?
> ㄷ. 우리 학교 바로 옆에 우체국이 있다.
> ㄹ. 내 차는 얼마 전까지 아주 새 차였다.
> ㅁ. 과연 그 아이는 재능이 정말 뛰어나군.

① ㄱ에서 '매우'는 용언을 수식하고 있다.
② ㄴ에서 '설마'는 체언을 수식하고 있다.
③ ㄷ에서 '바로'는 부사를 수식하고 있다.
④ ㄹ에서 '아주'는 관형사를 수식하고 있다.
⑤ ㅁ에서 '과연'과 '정말'은 문장을 수식하고 있다.

10 [2018년 3월 고2 학평 11번]

밑줄 친 말 중 ㉠의 예로 적절하지 않은 것은?

> **보 기**
>
> 조사는 주로 체언에 붙어서, 그 체언이 문장 중의 다른 단어와 맺는 관계를 나타내거나 특별한 뜻을 더해 주는 단어이다. 조사는 체언이 문장 속에서 다른 말과 맺는 관계를 표현하는 격조사, 둘 이상의 체언을 같은 자격으로 이어서 하나의 명사구를 형성하는 접속 조사, ㉠앞말에 특별한 뜻을 더해 주는 보조사로 구분된다.

① 오직 새소리만 들렸다.
② 시험까지 한 달도 안 남았다.
③ 나는 개와 고양이를 좋아한다.
④ 할아버지께서는 신문을 보셨다.
⑤ 그는 평생 가족밖에 모르고 살았다.

11 [2022년 11월 고2 학평 13번]

<보기>는 문법 수업의 일부이다. 선생님의 설명에 따라 밑줄 친 단어를 이해한 내용으로 적절하지 않은 것은?

> **보 기**
>
> **선생님** : 관형사는 체언을 꾸며 주는 품사로 뒤에 오는 체언의 성질이나 상태를 분명하게 해주는 성상 관형사, 구체적인 대상을 지시해 주는 지시 관형사, 수량을 나타내는 수 관형사로 구분할 수 있습니다. 이러한 관형사는 형태가 변하지 않고 어떤 조사와도 결합하지 않는 특징이 있습니다.
>
> ㄱ. 이 상점, 두 곳에서는 헌 물건을 판다.
> ㄴ. 우리 다섯이 새로 산 구슬을 나눠 가지자.
> ㄷ. 나는 오늘 어머니께 드릴 새 옷 한 벌을 샀다.

① ㄱ에서 '이'는 '상점'을 꾸며 주는 지시 관형사이다.
② ㄱ에서 '헌'은 체언인 '물건'의 상태를 드러내 준다.
③ ㄴ의 '다섯'은 조사와 결합하는 것을 보니 관형사가 아니다.
④ ㄱ의 '두'와 ㄷ의 '한'은 수량을 나타내는 수 관형사이다.
⑤ ㄴ의 '새로'와 ㄷ의 '새'는 형태가 변하지 않는 성상 관형사이다.

12 [2024년 10월 고2 학평 14번]

<보기>의 [A]에 들어갈 예로 적절하지 않은 것은?

> **보 기**
>
> **선생님** : 우리말에서는 동일한 형태의 한 단어가 문법적 환경에 따라 다양한 품사로 사용되기도 합니다. 그래서 어떤 품사로 사용되었는지 구분하기 어려울 때가 있죠. 이럴 때 품사의 특성을 고려하면 쉽게 구분할 수 있어요. 그럼 관련된 사례를 발표해 볼까요?
>
> **학생** : 동일한 형태의 한 단어가 체언과 수식언으로 사용되는 사례로는 ___[A]___가 있습니다.

① 노력한 만큼 대가를 얻다.
나도 너만큼은 할 수 있다.

② 잘 익은 사과 다섯 개를 샀다.
둘에 다섯을 더하면 일곱이다.

③ 회의실에 아직 아무도 안 왔다.
아무 사람이나 만나서는 안 된다.

④ 그 일은 모두에게 책임이 있다.
형이 그릇에 담긴 물을 모두 쏟았다.

⑤ 이 나무는 모양새가 아주 좋군요.
이는 또한 우리가 생각하던 바입니다.

13 [2013년 6월 고3 모평 A형 12번]

<보기 1>을 바탕으로 ㉠과 품사가 같은 것을 <보기 2>에서 고른 것은?

> **보기 1**
>
> **문 장**
>
> ◦ 아침에 하는 ㉠달리기는 건강에 매우 좋다.
> ◦ 나는 모임에 늦지 않으려고 더 빨리 ㉡달리기 시작했다.
>
> **설 명**
>
> ㉠과 ㉡은 형태는 같으나 품사가 다르다. ㉠은 '달리-'에 접미사가 붙은 명사로서 관형어의 수식을 받고 있다. 이에 반해, ㉡은 '달리-'에 명사형 어미가 붙은 동사로서 부사어의 꾸밈을 받으며 서술하는 기능을 유지하고 있다.

> **보기 2**
>
> ◦ 그는 멋쩍게 ㉮웃음으로써 답변을 회피했다.
> ◦ 그 가수는 현란한 ㉯춤을 추며 노래를 불렀다.
> ◦ 오늘따라 학생들의 ㉰걸음이 가벼워 보였다.
> ◦ 자기 소개서에 "만화를 잘 ㉱그림."이라고 썼다.

① ㉮, ㉯　② ㉮, ㉱　③ ㉯, ㉰
④ ㉯, ㉱　⑤ ㉰, ㉱

14 [2014년 3월 고3 학평 A형 12번]

<보기>의 ㉠을 설명할 수 있는 사례로 가장 적절한 것은?

> **보 기**
>
> 동사는 움직임이나 작용을 나타내고, 형용사는 성질이나 상태를 나타낸다. 그런데 ㉠하나의 단어가 하나 이상의 문법적 성질을 가지고 있어 동사와 형용사 두 가지로 사용되는 경우가 있다. '밝다'의 경우, '달이 밝다.'에서는 '환하다'의 의미로 쓰여 형용사가 되고 '날이 밝는다.'에서는 '밤이 지나고 환해지다'의 의미로 쓰여 동사가 된다.

① 그녀의 속눈썹은 길다.
긴 겨울방학이 끝났다.

② 나이보다 얼굴이 젊다.
젊은 나이에 성공을 했다.

③ 봄바람이 따뜻하다.
따뜻한 마음씨를 가져야 한다.

④ 나는 너에 대한 기대가 크다.
우리 아들은 키가 쑥쑥 큰다.

⑤ 외출하기에는 시간이 너무 늦다.
그는 늦은 나이에 대학에 진학했다.

15 [2014년 6월 고3 모평 A형 12번]

다음의 밑줄 친 부분에 해당하는 예로 적절하지 않은 것은?

> 국어의 조사 중에는 결합하는 앞말과 다른 말과의 문법적인 관계를 표시하는 격 조사와 특별한 뜻을 더해주는 보조사가 있다. 격 조사는 특정한 문장 성분에만 쓰인다. 가령 주격 조사는 주어에, 목적격 조사는 목적어에 쓰인다. 반면 보조사는 하나의 문장 성분에만 쓰이는 것이 아니라 여러 문장 성분에 쓰일 수 있다.

① '삼촌이 밤에만 글을 썼다.'에서의 '만'.

② '선수들이 오늘은 간식을 먹었다.'에서의 '은'.

③ '내가 친구한테 가방을 선물했다.'에서의 '한테'.

④ '아이들이 유치원에서 악기도 연주한다.'에서의 '도'.

⑤ '누나가 일기를 책으로까지 만들었다.'에서의 '까지'.

16 [2015년 9월 고3 모평 A형 13번]

밑줄 친 부분이 <보기>의 ㉠에 해당하지 않는 것은?

> **보 기**
>
> 국어에서는 의존 명사가 수량을 표현하는 말 뒤에 쓰여 수효나 분량 따위의 단위를 나타내는 경우가 일반적이지만, ㉠자립 명사가 단위를 나타내는 경우도 있다. 예를 들이 '사람'은 자립 명사로 쓰이기도 하지만 수량을 표현하는 말 뒤에 쓰여 사람을 세는 단위를 나타낼 수도 있다.
>
> · 의존 명사 : 그 아이는 올해 아홉 살이다.
> · 자립 명사 : 그는 사람을 부리는 재주가 있다.
> · 자립 명사가 단위를 나타내는 경우
> : 친구 다섯 사람과 함께 도서관에 갔다.

① 이 글에는 여러 군데 잘못이 있다.
② 앉은자리에서 밥 두 그릇을 다 먹었다.
③ 시장에서 수박 세 덩어리를 사 가지고 왔다.
④ 할아버지께서는 밥을 몇 숟가락 겨우 뜨셨다.
⑤ 나는 서너 발자국 뒤로 물러서다가 냅다 도망쳤다.

17 [2016년 7월 고3 학평 12번]

<보기>의 밑줄 친 부분에 해당하는 예로 적절하지 않은 것은? [3점]

> **보 기**
>
> 국어의 조사 중에는 주로 체언 뒤에 결합하여 문법적인 관계를 나타내는 격 조사와 체언, 부사, 활용 어미 따위에 붙어서 어떤 특별한 의미를 더해주는 보조사가 있다.

① '국수라도 먹으렴.'에서의 라도
② '영어야 철수가 도사지.'에서의 야
③ '그 과자를 먹어는 보았다.'에서의 는
④ '일을 빨리만 하면 안 된다.'에서의 만
⑤ '그는 아이처럼 순진하다.'에서의 처럼

18 [2017년 3월 고3 학평 13번]

<보기>를 참고할 때, 밑줄 친 부분이 바르게 쓰인 것은?

> **보 기**
>
> **채** 「의존 명사」
> 이미 있는 상태 그대로 있다는 뜻을 나타내는 말.
>
> **체** 「의존 명사」
> 그럴듯하게 꾸미는 거짓 태도나 모양.
>
> **-째** 「접사」
> '그대로', 또는 '전부'의 뜻을 더하는 접미사.

① 사과를 껍질째로 먹었다.
② 나는 앉은 체로 잠이 들었다.
③ 그녀는 혼자 똑똑한 채를 한다.
④ 사나운 멧돼지를 산 째로 잡았다.
⑤ 곰이 다가오자 그는 죽은 채를 했다.

19 [2019년 10월 고3 학평 14번]

<보기>의 밑줄 친 단어의 품사에 대한 이해로 적절하지 않은 것은?

> **보 기**
>
> ㄱ. 그곳에서는 빵을 아주 쉽게 구울 수 있다.
> ㄴ. 그 사람은 자기가 잠을 잘 잤다고 말했다.
> ㄷ. 멋진 형이 근처 식당에서 밥을 지어 왔다.

① ㄱ의 '그곳'과 ㄴ의 '그'는 어떤 처소나 대상을 지시하는 대명사이다.
② ㄱ의 '아주'와 ㄴ의 '잘'은 용언 앞에 놓여서 그 뜻을 한정하는 부사이다.
③ ㄱ의 '구울'과 ㄷ의 '지어'는 용언의 어간이 불규칙적으로 활용되는 동사이다.
④ ㄱ의 '쉽게'와 ㄷ의 '멋진'은 어떤 대상의 성질이나 상태를 나타내는 형용사이다.
⑤ ㄴ의 '가'와 ㄷ의 '에서'는 앞말과 다른 말과의 문법적인 관계를 나타내는 조사이다.

20 [2022년 3월 고3 학평 37번]

<보기>의 [A]에 들어갈 말로 적절하지 <u>않은</u> 것은? [3점]

보 기

선생님 : 단어는 다음과 같이 세 가지 기준으로 분류될 수 있습니다.

기준	분류
㉠	가변어, 불변어
㉡	용언, 체언, 수식언, 관계언, 독립언
㉢	동사, 형용사, 명사, 대명사, 수사, 관형사, 부사, 조사, 감탄사

자, 이제 아래 문장의 단어들을 탐구해 봅시다.

음, 우리가 밝은 곳에서 그 나비 하나를 또 잡았어.

학생 : [A]

선생님 : 네, 맞아요.

① '나비 하나를 또 잡았어'는 ㉠에 따라 분류하면 가변어 한 개, 불변어 네 개를 포함합니다.

② '나비 하나를'은 ㉡에 따라 분류하면 체언 두 개, 관계언 한 개를 포함합니다.

③ '음, 우리가 밝은 곳에서 그 나비 하나를 또 잡았어'는 ㉢에 따라 분류하면 아홉 개의 품사를 모두 포함합니다.

④ '밝은'과 '잡았어'는 ㉡이나 ㉢ 중 어느 것에 따라 분류하더라도 서로 다른 부류로 분류됩니다.

⑤ '그'와 '또'는 ㉡에 따라 분류하면 수식언이고, ㉢에 따라 분류하면 각각 관형사, 부사입니다.

단어 - 본용언, 보조 용언

21 [2014년 6월 고3 모평 A형 14번]

다음은 띄어쓰기 문제를 해결하는 과정이다. ㉠~㉢의 띄어쓰기가 바르게 된 것은?

문제

다음 문장의 밑줄 친 부분을 맞춤법에 맞게 띄어 써 보자.

- 열심히 삶을 ㉠<u>살아가다</u>.
- 주문한 물건을 ㉡<u>받아가다</u>.
- 딸이 엄마를 ㉢<u>닮아가다</u>.

확인 사항

- 단어와 단어는 띄어 쓴다.
- 단어는 사전에 표제어로 실린다.
- 보조 용언은 띄어 씀을 원칙으로 하되 붙여 씀도 허용한다.
- '-아'를 '-아서'로 바꿔 쓸 수 있으면 '본용언+본용언' 구성이고, 그렇지 않으면 한 단어이거나 '본용언+보조 용언' 구성이다.

문제 해결 과정

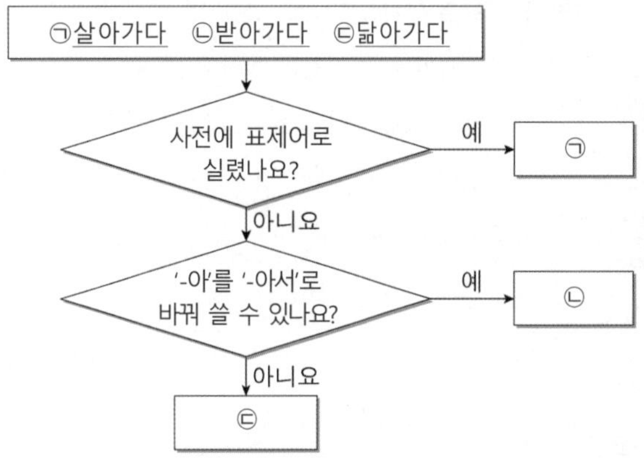

	㉠	㉡	㉢
①	살아가다	받아 가다	닮아 가다 또는 닮아가다
②	살아가다	받아 가다 또는 받아가다	닮아 가다
③	살아가다	받아가다	닮아 가다
④	살아 가다	받아 가다 또는 받아가다	닮아가다
⑤	살아 가다	받아가다	닮아 가다 또는 닮아가다

22 [2015년 수능 A형 13번]

<보기>의 ⓐ~ⓒ에 해당하는 예로 적절하지 않은 것은?

보 기

보조 용언 구성 '-고 있-'은 크게 두 가지 의미를 지닌다.

(가) 민수는 지금 떡국을 먹고 있다.
(나) 선생님은 너를 믿고 있다.
(다) 지혜는 모자를 쓰고 있다.

(가)에서처럼 ⓐ'어떤 동작이 진행되고 있음'을 나타내기도 하고, (나)에서처럼 ⓑ'어떤 상태가 지속되고 있음'을 나타내기도 한다. (가)의 '-고 있-'은 '-는 중이-'로 교체하여도 ⓐ의 의미가 유지되지만, (나)의 '-고 있-'은 교체하면 부자연스러운 문장이 되거나 ⓑ의 의미가 유지되지 않는다. 한편 (가), (나)에서는 특정한 문맥이 주어지지 않아도 그 의미를 확정할 수 있는 데 반해, (다)에서는 문맥이 충분히 주어지지 않으면 '-고 있-'이 ⓒ두 가지 의미 모두로 해석될 수 있다.

① ⓐ
A : 아빠 들어오실 때 형은 뭐 하고 있었니?
B : 형은 양치질을 하고 있었어요.

② ⓑ
A : 오빠가 너한테 화가 많이 났나 봐.
B : 오빠는 지금 날 오해하고 있는 것 같아.

③ ⓑ
A : 내일이 고모님 생신이라고 하네.
B : 아, 나 그거 이미 알고 있어.

④ ⓒ
A : 너 안경 잃어버렸다며? 괜찮아?
B : 눈이 아주 나쁘진 않아서 안경 벗고 있어도 괜찮아.

⑤ ⓒ
A : 저 중에 신입 사원이 누구야?
B : 저기에 있잖아. 넥타이를 매고 있네.

23 [2017년 4월 고3 학평 12번]

(가)는 학생의 메모이고, (나)는 추가로 조사한 자료이다. (가)와 (나)를 참고하여 <보기>에 대해 탐구한 것으로 적절하지 않은 것은? [3점]

(가) 두 용언이 연결 어미로 이어진 경우

유 형	특 징
본용언 + 본용언	·각각의 용언이 주어와 호응한다. ·두 용언 사이에 다른 문장 성분이 올 수 있다. ·반드시 띄어 쓴다.
본용언 + 보조 용언	·앞의 용언만으로 문장이 성립되고, 뒤의 용언만으로는 문장이 성립되지 않는다. ·보조 용언은 띄어 쓰는 것이 원칙이지만 경우에 따라 붙여 쓰는 것도 허용한다.
합성 동사	·국어사전에 하나의 단어로 등재되어 있다. ·반드시 붙여 쓴다.

(나) 표준국어대사전 검색 결과

검색

▾ 표준국어대사전 검색

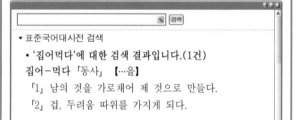

• '집어먹다'에 대한 검색 결과입니다.(1건)
집어-먹다 「동사」 【…을】
「1」 남의 것을 가로채어 제 것으로 만들다.
「2」 겁, 두려움 따위를 가지게 되다.

• '잊어먹다'에 대한 검색 결과입니다.(0건)

보 기

○ 온순했던 청년들은 지레 겁을 ㉠집어먹었다.
○ 나는 시험 준비를 하느라 잠자는 것도 ㉡잊어 먹었다.
○ 그는 그녀에게 진 빚을 갚기 위해 공금을 ㉢집어먹었다.
○ 그는 굶주림에 지쳐 땅 위에 버려진 빵을 ㉣집어 먹었다.
○ 그들은 서로 만나기로 했던 사실을 새까맣게 ㉤잊어먹었다.

① ㉠은 국어사전에 단어로 등재되어 있는 합성 동사이므로 두 용언을 붙여 쓴 것이겠군.
② ㉡은 뒤의 용언만으로 문장이 성립되지 않으므로 원칙에 따라 두 용언을 띄어 쓴 것이겠군.
③ ㉢은 각각의 용언이 모두 주어인 '그는'과 호응하고 있으므로 두 용언을 붙여 쓴 것이겠군.
④ ㉣은 두 용언 사이에 '허겁지겁'과 같이 다른 문장 성분이 올 수 있으므로 두 용언을 띄어 쓴 것이겠군.
⑤ ㉤은 사전에 등재된 단어가 아니고, 뒤의 용언만으로 문장이 성립하지 않으므로 두 용언을 띄어 써야 하지만 붙여 쓴 것을 허용한 것이겠군.

24 [2020년 4월 고3 학평 15번]

<보기 1>을 바탕으로 <보기 2>의 ㉠~㉤에 대해 이해한 내용으로 적절하지 않은 것은?

보기 1

보조 용언도 하나의 단어이므로 띄어 쓰는 것이 원칙이나 경우에 따라서는 붙여 쓰는 것도 허용한다. 다만 본용언에 조사가 붙거나 본용언이 합성 용언인 경우, 본용언이 파생어인 경우는 그 뒤에 오는 보조 용언은 붙여 쓰지 않는다. 그런데 본용언이 합성어나 파생어라도 그 활용형이 2음절인 경우에는 본용언과 보조 용언을 붙여 쓰는 것도 허용한다. 그리고 본용언 뒤에 보조 용언이 거듭 나타나는 경우는 앞의 보조 용언만을 본용언에 붙여 쓸 수 있다.

보기 2

- 그가 이 자리를 ㉠빛내 준다.
- 오늘 일은 일기에 ㉡적어 둘 만하다.
- 나는 어제 그 책을 ㉢읽어는 보았다.
- 아마도 이런 기회는 ㉣다시없을 듯하다.
- 이번에는 제발 열심히 ㉤공부해 보아라.

① ㉠은 본용언이 합성어이지만 활용형이 2음절인 경우이므로 '빛내'와 '준다'를 붙여 쓸 수 있다.

② ㉡은 본용언 뒤에 보조 용언이 거듭 나타나는 경우이므로 '둘'과 '만하다'를 붙여 쓸 수 있다.

③ ㉢은 본용언에 조사가 붙은 경우이므로 '읽어는'과 '보았다'를 붙여 쓰지 않는다.

④ ㉣은 본용언이 합성 용언인 경우이므로 '다시없을'과 '듯하다'를 붙여 쓰지 않는다.

⑤ ㉤은 본용언이 파생어인 경우이므로 '공부해'와 '보아라'를 붙여 쓰지 않는다.

25 [2022년 7월 고3 학평 39번]

<보기>의 [A]에 들어갈 말로 적절하지 않은 것은?

보 기

선생님 : 화자의 다양한 심리적 태도는 '보조적 연결 어미와 보조 용언'의 구성을 통해 나타낼 수 있습니다. ㉠~㉤의 '보조적 연결 어미와 보조 용언'에 대해 탐구해 봅시다.

지혜 : 쉬고 있는 걸 보니 안무를 다 ㉠짰나 본데?
세희 : 아니야, 잠시 쉬고 있어. 춤이 어려워서 친구들이 공연 중에 동작을 ㉡잊을까 싶어 걱정이야.
지혜 : 그렇구나. 동작은 너무 멋있던데?
세희 : 그렇게 말해줘서 고마워. 근데 구성까지 어려우니까 몇몇 친구들은 그만 ㉢포기해 버리더라고.
지혜 : 그럼 내가 내일 좀 ㉣고쳐 줄까?
세희 : 괜찮아. 고맙지만, 오늘까지 ㉤마쳐야 해.

학생 : [A]

① ㉠에는 화자가 어떠한 행동에 대해 추측하고 있음이 나타나 있습니다.

② ㉡에는 화자가 뜻하는 행동을 하고자 하는 의도가 나타나 있습니다.

③ ㉢에는 어떠한 행동이 이루어진 결과에 대해 화자가 아쉬운 감정을 갖게 되었음이 나타나 있습니다.

④ ㉣에는 화자가 상대를 위해 무언가를 베푼다는 심리적 태도가 나타나 있습니다.

⑤ ㉤에는 화자가 어떠한 행동을 하는 것이 필요함을 나타내고 있습니다.

단어 - 규칙/불규칙 활용

26 [2018년 6월 고1 학평 13번]

<보기>는 '용언의 활용'에 대한 설명이다. ㉠의 예로 적절하지 않은 것은? [3점]

보 기

용언이 활용할 때 어간이나 어미의 기본 형태가 바뀌지 않거나 바뀌어도 일반적인 음운 규칙으로 설명할 수 있는 경우를 '규칙 활용'이라고 한다. 반면, 어간이나 어미의 기본 형태가 바뀌는 것을 일반적인 음운 규칙으로 설명할 수 없는 경우를 ㉠'불규칙 활용'이라고 한다.

(가) 그녀가 모자를 벗는다.
그녀가 모자를 벗으며 방으로 들어간다.
(나) 그는 시골에 집을 짓고 있다.
그는 시골에 집을 지으며 행복해 했다.

(가)는 어간 '벗-' 뒤에 어미 '-으며'가 붙었을 때 어간의 형태가 바뀌지 않는 규칙 활용을 하는 반면, (나)는 어간 '짓-' 뒤에 어미 '-으며'가 붙었을 때 어간의 형태가 '지-'로 바뀌는 불규칙 활용을 한다.

① 그는 우물에서 물을 퍼 먹었다.
② 그는 형의 말을 비밀로 묻어 두었다.
③ 그녀는 음악을 들으면서 공부를 한다.
④ 그녀는 어머니를 도와 집안일을 하였다.
⑤ 그녀는 옥상에 올라 하늘을 바라보았다.

27 [2015년 6월 고2 학평 12번]

<보기>를 이해한 내용으로 적절하지 않은 것은?

보 기

용언이 활용할 때 어간이나 어미의 기본 형태가 바뀌지 않거나 바뀌어도 일반적인 음운 규칙으로 설명할 수 있는 경우를 '규칙 활용'이라 하고, 어간이나 어미의 기본 형태가 바뀌는 것을 일반적인 음운 규칙으로 설명할 수 없는 경우를 '불규칙 활용' 이라 한다. 불규칙 활용은 ㉠어간이 바뀌는 경우, ㉡어미가 바뀌는 경우, ㉢어간과 어미가 모두 바뀌는 경우로 나누어 살펴볼 수 있다.

① '솟다'가 '솟아'로 활용하는 것과 달리, '낫다'는 '나아'로 활용하므로 ㉠에 해당한다.
② '얻다'가 '얻어'로 활용하는 것과 달리, '엿듣다'는 '엿들어'로 활용하므로 ㉠에 해당한다.
③ '먹다'가 '먹어'로 활용하는 것과 달리, '하다'는 '하여'로 활용하므로 ㉡에 해당한다.
④ '치르다'가 '치러'로 활용하는 것과 달리, '흐르다'는 '흘러'로 활용하므로 ㉡에 해당한다.
⑤ '수놓다'가 '수놓아'로 활용하는 것과 달리, '파랗다'는 '파래'로 활용하므로 ㉢에 해당한다.

28 [2017년 3월 고2 학평 13번]

<보기>의 밑줄 친 부분에 해당하는 예로 적절하지 않은 것은?

보 기

어간에 관형사형 어미 '-ㄴ'을 결합하고자 할 때, 어간의 끝소리가 'ㄹ'인 경우에는 'ㄹ'을 탈락시키고 '-ㄴ'을 붙여야 한다. 그러나 실생활에서는 'ㄹ'을 탈락시키지 않고 '-은'을 잘못 붙여 사용하는 경우가 많다.

■ 녹슬- + -ㄴ → 녹슨(O)
→ 녹슬은(X)

① 언니는 시들은 꽃다발을 부여잡고 눈물을 흘렸다.
② 자신의 잘못임을 깨달은 형은 누나에게 사과했다.
③ 낯설은 땅에 정착한 주민들은 모든 것이 새로웠다.
④ 나는 차창 밖으로 내밀은 어머니의 손을 붙잡았다.
⑤ 석양빛을 받아 붉게 물들은 구름이 꽤 아름다웠다.

29 [2013년 4월 고3 학평 A형 13번]

<보기>는 '용언의 불규칙 활용'에 대한 설명이다. ㉠에 해당하는 것은?

보 기

용언의 활용에서 용언의 어간이나 어미의 기본 형태가 불규칙적으로 달라지는 것을 '불규칙 활용'이라고 하는데, 불규칙 활용에는 다음과 같은 세 가지 유형이 있다.

· 어간만 바뀌는 경우

<예시> 어간		어미의 기본형태		
걷-	+	-고	→	**걷고**
	+	-아/어	→	**걸어**
	+	-아라/어라	→	**걸어라**
		⋮		

· 어미만 바뀌는 경우

<예시> 어간		어미의 기본형태		
이르(至)-	+	-고	→	**이르고**
	+	-아/어	→	**이르러**
	+	-아서/어서	→	**이르러서**
		⋮		

· 어간과 어미가 모두 바뀌는 경우 ………….. ㉠

① 우리는 피자를 여덟 조각으로 갈라 먹었다.
② 하늘이 파래서 기분이 좋다.
③ 그런 식으로 말을 지어 내지 마라.
④ 지나가는 사람에게 길을 물어 봐라.
⑤ 공부를 열심히 하여 좋은 결과를 얻자.

30 [2013년 10월 고3 학평 B형 13번]

다음의 탐구 과정에서 ㉠과 ㉡에 들어갈 내용으로 옳은 것은?

자료

◦ 차에 실은(○) 것이 뭐니?
◦ 시들은(×) / 시든(○) 꽃 한 송이가 있다.
* ○ : 어문 규정에 맞음. × : 어문 규정에 어긋남.

의문

◦ 어문 규정에 따를 때, '싣다'처럼 어간 끝이 'ㄷ'인 용언과 '시들다'처럼 어간 끝이 'ㄹ'인 용언에 관형사형 어미가 결합하면 어떻게 될까?

탐구

1 '실은', '시든'이 어떻게 만들어진 것인지 분석해 본다.
◦ 실은 → 싣-(어간) + -은(어미)
◦ 시든 → 시들-(어간) + -ㄴ(어미)

2 유사한 사례를 찾아 분석해 본다.

예문	기본형	활용형	형태소 분석
이것이 바로 내가 들은(○) 소리다.	듣다	들은	듣-+-은
정성을 쏟은(○) 일은 실패하지 않는다.	쏟다	쏟은	쏟-+-은

예문	기본형	활용형	형태소 분석
그가 내밀은(×) / 내민(○) 손을 잡지 못했다.	내밀다	내민	내밀-+-ㄴ
부풀은(×) / 부푼(○) 꿈을 안고 왔다.	부풀다	부푼	부풀-+-ㄴ

결과

◦ 어간 끝이 'ㄷ'인 용언은, 관형사형 어미 '-은'이 결합하면 'ㄷ'이 그대로 유지되거나, ___㉠___.
◦ 어간 끝이 'ㄹ'인 용언은, 관형사형 어미 '-ㄴ'이 결합하면 ___㉡___.

	㉠	㉡
①	'ㄷ'이 'ㄹ'로 교체됨	'-으-'가 삽입됨
②	'ㄷ'이 'ㄹ'로 교체됨	'ㄹ'이 탈락함
③	어미의 형태가 바뀜	어미의 형태가 바뀜
④	'ㄷ'이 탈락함	'ㄹ'이 탈락함
⑤	어간의 형태가 바뀜	어미의 형태가 바뀜

31 [2014년 7월 고3 학평 B형 11번]

다음 탐구 과정에서 ㉠에 들어갈 사례로 적절한 것은?

의문	'자리를 바꿔(○) 앉았다.'와 '잔금을 치뤄(×) 두었다.'에서 '바꿔'와 달리 '치뤄'의 표기가 어문 규정에 어긋나는 이유는 무엇일까?
탐구	(1) 각 단어의 기본형을 찾아 활용 형태를 분석해 본다. ◦ 바꾸-(다) + -어 → 바꾸어 → 바꿔 ◦ 치르-(다) + -어 → 치러 (2) '치러'와 같은 형태로 활용하는 사례를 찾아본다. ㉠
결과	'치르다'를 '바꾸다'와 같이 어간이 'ㅜ'로 끝나는 사례와 혼동하였기 때문이다. '치르-'는 어간이 'ㅡ'로 끝나는 용언이므로 모음으로 시작하는 어미와 결합할 때, 'ㅡ'가 탈락한다.

① 할머니께서 아침에 동생을 깨워 주셨다.
② 그는 자물쇠로 책상 서랍을 잠가 놓았다.
③ 오늘은 가족과 함께 고기를 구워 먹었다.
④ 언니의 얼굴이 오늘따라 몹시 하얘 보였다.
⑤ 오빠가 하는 이야기를 자세히 들어 보았다.

32 [2020년 4월 고3 학평 14번]

<보기 1>의 ㉠~㉣에 해당하는 가장 적절한 예를 <보기 2>에서 고른 것은?

보기 1

용언의 활용은 규칙 활용과 불규칙 활용으로 나눌 수 있다. ㉠규칙 활용은 용언이 활용될 때 어간과 어미의 기본 형태가 바뀌지 않거나, 어간이나 어미의 기본 형태가 바뀌는 모습을 일정한 규칙으로 설명할 수 있다. 한편 불규칙 활용은 용언이 활용될 때 어간이나 어미의 기본 형태가 바뀌는 이유를 일정한 규칙으로 설명할 수 없다. 불규칙 활용에는 ㉡어간이 불규칙적으로 바뀌는 경우, ㉢어미가 불규칙적으로 바뀌는 경우, ㉣어간과 어미가 모두 불규칙적으로 바뀌는 경우가 있다.

보기 2

○ 놀이터에서 놀다 보니 옷에 흙이 묻었다.
○ 나는 동생에게 출발 시간을 일러 주었다.
○ 우리는 한라산 정상에 이르러 잠시 쉬었다.
○ 드디어 사람들은 그를 우러러 섬기게 되었다.
○ 하늘은 맑고 강물은 파래 기분이 정말 상쾌했다.

	㉠	㉡	㉢	㉣
①	묻었다	이르러	일러, 우러러	파래
②	일러	이르러, 파래	묻었다	우러러
③	이르러	묻었다, 우러러	파래	일러
④	묻었다, 우러러	일러	이르러	파래
⑤	일러, 우러러	묻었다	파래	이르러

33 [2020년 수능 13번]

ⓐ~ⓔ는 잘못된 표기를 바르게 고친 것이다. 고치는 과정에서 해당 단어에 적용된 용언 활용의 예로 적절하지 않은 것은?

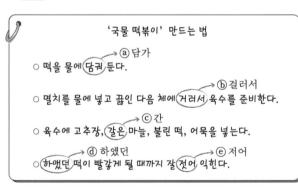

'국물 떡볶이' 만드는 법

○ 떡을 물에 담궈(→ ⓐ 담가) 둔다.
○ 멸치를 물에 넣고 끓인 다음 체에 거러서(→ ⓑ 걸러서) 육수를 준비한다.
○ 육수에 고추장, 갈은(→ ⓒ 간) 마늘, 불린 떡, 어묵을 넣는다.
○ 하얬던(→ ⓓ 하였던) 떡이 빨갛게 될 때까지 잘 젖어(→ ⓔ 저어) 익힌다.

① ⓐ : 예쁘- + -어도 → 예뻐도
② ⓑ : 푸르- + -어 → 푸르러
③ ⓒ : 살- + -니 → 사니
④ ⓓ : 동그랗- + -아 → 동그래
⑤ ⓔ : 긋- + -은 → 그은

34 [2021년 7월 고3 학평 38번]

<보기>를 참고할 때, 밑줄 친 단어의 활용이 적절하지 않은 것은?

보 기

'다양한 기능을 갖은 물건이다.'에서 '갖은'은 '가진'을 잘못쓴 예이다. '갖다'는 본말 '가지다'의 준말로, '갖다'와 '가지다'는 모두 표준어이다. 그런데 '갖다'는 '갖고', '갖지만'과 같이 활용할 수 있지만 '갖아', '갖으며'와 같이 활용할 수는 없는데, 이는 모음으로 시작하는 어미가 연결될 때에는 준말의 활용형을 인정하지 않기 때문이다. '내디디다/내딛다, 서투르다/서툴다, 머무르다/머물다, 서두르다/서둘다, 건드리다/건들다' 등도 모음으로 시작하는 어미 앞에서는 본말의 활용형만 쓴다.

① 그녀는 새로운 삶에 첫발을 내딛었다.
② 아저씨가 농사일에 서투른 줄 몰랐다.
③ 우리는 여기에 머물면서 쉴 생각이다.
④ 서두르지 않으면 출발 시간에 늦겠다.
⑤ 조금만 건드려도 방울 소리가 잘 난다.

35 [2022년 10월 고3 학평 39번]

<보기>의 '학습 활동'을 수행한 결과로 적절하지 않은 것은?

보 기

[학습 활동] 용언의 어간에 어미가 결합하는 것을 활용이라고 한다. 용언의 활용에는 규칙 활용과 불규칙 활용이 있다. 다음 예문에서 밑줄 친 말의 기본형을 생각해 보면서 용언의 활용 양상을 설명해 보자.

[예문]

	ⓐ 규칙 활용의 예	ⓑ 불규칙 활용의 예
㉠	형은 교복을 입어 보았다.	꽃이 아름다워 보였다.
㉡	나는 언니에게 죽을 쑤어 주었다.	오빠는 나에게 밥을 퍼 주었다.
㉢	누나는 옷을 벽에 걸어 두었다.	삼촌은 눈길을 걸어 집에 갔다.
㉣	동생은 그릇을 씻어 쟁반에 놓았다.	이 다리는 섬과 육지를 이어 주는 역할을 한다.
㉤	우리는 짐을 쌓아 놓았다.	하늘이 파래 예뻤다.

① ㉠ : ⓐ에서는 어간의 형태가 유지되었지만, ⓑ에서는 어간의 'ㅂ'이 달라졌다.
② ㉡ : ⓐ에서는 어간의 형태가 유지되었지만, ⓑ에서는 어간의 'ㅜ'가 없어졌다.
③ ㉢ : ⓐ에서는 어간의 형태가 유지되었지만, ⓑ에서는 어간의 'ㄷ'이 달라졌다.
④ ㉣ : ⓐ에서는 어간의 형태가 유지되었지만, ⓑ에서는 어간의 'ㅅ'이 없어졌다.
⑤ ㉤ : ⓐ에서는 어간과 어미의 형태가 유지되었지만, ⓑ에서는 어간의 'ㅎ'과 어미가 모두 없어졌다.

36 [2023년 수능 37번]

<보기>를 바탕으로 'ㅎ' 말음 용언의 활용 유형을 탐구한 내용으로 적절하지 않은 것은?

보 기

다음은 어간의 말음이 'ㅎ'인 용언이 '아/어'로 시작하는 어미와 만날 때 보이는 활용의 유형을 정리한 것이다. 이들은 활용의 규칙성뿐만 아니라 모음소와 색용 여부나 활용형의 줄어듦 가능 여부에 따라 그 유형이 구분된다.

불규칙 활용 유형		규칙 활용 유형	
㉠-1	노랗- + -아 → 노래	㉢-1	닿- + -아 → 닿아(→ *다)
㉠-2	누렇- + -어 → 누레		
㉡	어떻- + -어 → 어때	㉢-2	놓- + -아 → 놓아(→놔)

('*'은 비문법적임을 뜻함.)

① '조그맣-, 이렇-'은 '조그매, 이래서'로 활용하므로 ㉠-1과 활용의 유형이 같겠군.
② '꺼멓-, 뿌옇-'은 '꺼메, 뿌옜다'로 활용하므로 ㉠-2와 활용의 유형이 같겠군.
③ '둥그렇-, 멀겋-'은 '둥그렜다, 멀게'로 활용하므로 ㉡과 활용의 유형이 같지 않겠군.
④ '낳-, 땋-'은 활용형인 '낳아서, 땋았다'가 '*나서, *땄다'로 줄어들 수 없으므로 ㉢-1과 활용의 유형이 같겠군.
⑤ '넣-, 쌓-'은 활용형인 '넣어, 쌓아'가 '*너, *싸'로 줄어들 수 없으므로 ㉢-2와 활용의 유형이 같지 않겠군.

단어 - 어미

37 [2017년 6월 고1 학평 12번]

<보기>의 ⓐ에 해당하는 예로 적절한 것은?

보 기

미래 시제를 나타내는 선어말 어미 '-겠-'은 용언의 어간에 붙어 화자의 추측이나 ⓐ의지, 가능성의 의미로 쓰인다.

① 나는 이번 시험에 합격하고야 말겠다.
② 그렇게 쉬운 것은 삼척동자도 알겠다.
③ 이 많은 일을 어떻게 혼자 다 하겠니?
④ 오늘 눈이 많이 와서 길이 미끄럽겠다.
⑤ 지금 떠나면 내일 새벽에 도착하겠구나.

38 [2014년 3월 고2 학평 B형 12번]

다음은 선어말 어미 '-겠-'에 대해 탐구 활동을 하기 위한 자료이다. 탐구한 내용으로 적절하지 않은 것은?

ㄱ. 구름이 낀 걸 보니 내일은 비가 오겠다.
ㄴ. 서울에는 지금쯤 눈이 내리겠다.
ㄷ. 설악산에는 벌써 단풍이 들었겠다.
ㄹ. 그 목표를 (제가 / 형이*) 꼭 이루겠습니다.
ㅁ. 그 정도는 어린애도 (알겠다. / 할 수 있겠다.)
*는 비문 표시임.

① ㄱ을 통해 '-겠-'이 미래뿐만 아니라 말하는 사람의 추측을 나타낸다는 것을 알 수 있다.
② ㄴ을 통해 '-겠-'이 현재의 사실에 대해 말하는 사람의 추측을 나타낸다는 것을 알 수 있다.
③ ㄷ을 통해 '-겠-'이 의지를 나타내는 문장에서 '-었-'과 함께 쓰일 수 있다는 것을 알 수 있다.
④ ㄹ을 통해 '-겠-'이 의지를 나타내는 문장에서는 말하는 사람과 주어가 일치해야 한다는 것을 알 수 있다.
⑤ ㅁ을 통해 '-겠-'이 가능성이나 능력을 나타낸다는 것을 알 수 있다.

39 [2024년 11월 고2 학평 B형 12번]

<보기 1>을 참고하여 <보기 2>의 ⓐ~ⓔ를 분류하고자 한다. ㉠~㉢이 사용된 용언을 올바르게 짝지은 것은?

보기 1

㉠대등적 연결 어미와 ㉡종속적 연결 어미는 앞문장과 뒷문장을 연결해 주는 기능을 하고, ㉢보조적 연결 어미는 본용언에 보조 용언을 이어 주는 기능을 한다. 이때, 대등적 연결 어미는 두 문장을 '나열', '대조', '선택' 등의 의미 관계로 이어 주고, 종속적 연결 어미는 앞의 문장이 뒤의 문장의 '배경', '원인', '조건', '양보', '결과', '목적' 등의 의미를 가지도록 이어 준다.

보기 2

선생님 : 안녕? 일찍 등교했구나.
학생 : 네. 달리기 ⓐ연습하려고 일찍 왔어요. 체육 대회에 ⓑ출전하게 됐거든요.
선생님 : 그래? 그러면 기록을 확인할 수 ⓒ있게 내가 좀 도와줄까?
학생 : 정말요? 안 그래도 기록 측정을 해 줄 사람이 없어서 ⓓ고민하고 있었는데, 정말 감사합니다.
선생님 : 고맙긴. 너처럼 ⓔ연습하고 준비하면 좋은 결과가 있을 거야. 그럼 초시계 가져올 테니, 잠깐 기다려.

	㉠	㉡	㉢
①	ⓑ	ⓐ, ⓔ	ⓒ, ⓓ
②	ⓓ	ⓐ, ⓒ	ⓑ, ⓔ
③	ⓓ	ⓑ, ⓒ	ⓐ, ⓔ
④	ⓔ	ⓐ, ⓒ	ⓑ, ⓓ
⑤	ⓔ	ⓒ, ⓓ	ⓐ, ⓑ

40 [2016년 3월 고2 학평 13번]

<보기>의 사례를 통해 '의도'의 의미를 나타내는 연결 어미 '-(으)려고'의 쓰임에 대해 탐구한 내용으로 적절하지 않은 것은? [3점]

보 기

ㄱ. 도서관에 가려고 철호가 집을 나섰다.
　*영희가 도서관에 가려고 철호가 집을 나섰다.
ㄴ. 철호가 도서관에 가려고 집을 나섰다.
　도서관에 가려고 철호가 집을 나섰다.
　철호가 집을 나섰다, 도서관에 가려고.
ㄷ. 철호야, 공부하려고 도서관에 가니?/*가라./*가자.
ㄹ. 할머니께서는 병원에 가시려고/*가셨으려고/*가시겠으려고 버스를 타셨다.
ㅁ. 할머니께서는 운동을 하려고 공원에 가셨다.
　할머니께서는 *건강하려고 공원에 가셨다.
　(*는 문법적으로 잘못된 것.)

① ㄱ을 보니, '-(으)려고'로 연결된 문장은 앞 절과 뒤 절의 주어가 다르면 문법적으로 잘못된 문장이 되는 경우가 있군.
② ㄴ을 보니, '-(으)려고'가 포함된 절은 문장에서의 위치 이동이 가능하군.
③ ㄷ을 보니, '-(으)려고'는 명령형이나 청유형이 이어지면 문법적으로 잘못된 문장이 될 수 있군.
④ ㄹ을 보니, '-(으)려고'는 선어말 어미와 결합하지 못하는군.
⑤ ㅁ을 보니, '-(으)려고'는 동사 어간과는 결합하지만 형용사 어간과는 결합하지 않는군.

41 [2013년 6월 고3 모평 B형 13번]

다음의 탐구 과정에서 ㉠에 들어갈 내용으로 적절하지 않은 것은?

자료	•(선생님께) "아니요, 모르겠습니다." •(친구에게) "아니, 몰라."	•"나는 주인공이 아니오."
의문점	'아니요'의 '요'와 '아니오'의 '오'는 어떤 차이가 있을까?	
문제 탐구	자료에서 '아니요'의 쓰임을 확인한다. ☞ 윗사람이 묻는 말에 부정으로 대답할 때 쓰이는데, '아니'에 '요'가 붙어서 된 말이다.	자료에서 '아니오'의 쓰임을 확인한다. ☞ 보어를 취하는 서술어로 쓰이는데, '아니-'에 '-오'가 붙어서 된 말이다.
	자료와 다음 사례를 통해 '요'의 문법적 특성을 알아본다. • 뭘 할까요? 뭘 할까? • 어서요, 빨리요. ☞ 단어, 어말 어미 등에 붙어 높임의 뜻을 더해 주는 보조사인데, '요'가 빠지더라도 문장이 성립한다.	자료와 다음 사례를 통해 '-오'의 문법적 특성을 알아본다. • 얼마나 기쁘오? 얼마나 기쁘니? • 일단 멈추시오. ☞ ______㉠______
적용	"그러면 안 되□."의 □ 안에는 '오'가 들어간다.	

① 어간에 붙는다.
② 선어말 어미에 붙는다.
③ 평서문에는 쓰이지 않는다.
④ '-오'가 빠지면 문장이 성립하지 않는다.
⑤ 상대방을 보통으로 높이는 종결 어미이다.

42 [2013년 9월 고3 모평 A형 12번]

<보기>를 바탕으로 어미를 분류한 것 중, 적절하지 않은 것은?

> **보 기**
>
> 단어의 끝에 들어가는 어말 어미는 그 기능에 따라 다음과 같이 분류할 수 있다.
>
> ㉠ 문장을 끝맺어 주는 기능을 하는 어미.
> 예 '동생은 책을 읽었다.'의 '-다'
> ㉡ 두 문장을 연결해 주는 기능을 하는 어미.
> 예 '이것은 장미꽃이고, 저것은 국화꽃이다.'의 '-고'
> ㉢ 용언을 명사, 관형사, 부사처럼 기능하게 하는 어미.
> 예 '내일 읽을 책을 미리 준비해라.'의 '-을'

① '지금쯤 누나는 집에 도착했겠구나.'의 '-구나'는 ㉠에 해당한다.
② '할아버지께서는 어디 갔다 오시지?'의 '-지'는 ㉠에 해당한다.
③ '이렇게 일찍 가는 이유가 뭐니?'의 '-는'은 ㉡에 해당한다.
④ '형은 밥을 먹었으나, 누나는 밥을 먹지 않았다.'의 '-으나'는 ㉡에 해당한다.
⑤ '지금은 운동하기에 좋은 시간이다.'의 '-기'는 ㉢에 해당한다.

43 [2014년 수능 A형 12번]

밑줄 친 부분이 <보기>의 ⓐ~ⓒ에 해당하는 예로 적절하지 않은 것은?

> **보 기**
>
> 선어말 어미 '-았-/-었-'은 여러 가지 의미를 지닌다.
>
> (가) 오늘 아침에 누나는 밥을 안 먹었어요.
> (나) 들판에 안개꽃이 아름답게 피었습니다.
> (다) 이렇게 비가 안 오니 농사는 다 지었다.
>
> (가)에서와 같이 ⓐ사건이나 상태가 과거의 것임을 나타내기도 하고, (나)에서와 같이 ⓑ과거에 일어난 사건의 결과 상태가 현재까지 지속되고 있음을 나타내기도 한다. (가)의 경우와 달리 (나)의 경우에는 '-았-/-었-'을 보조 용언 구성 '-아/-어 있-'이나 '-고 있-'으로 교체하여도 의미가 달라지지 않는다. 또한 (다)에서와 같이 ⓒ미래의 일을 확정적인 사실로 받아들임을 나타내기도 한다.

① ⓐ A : 어제 뭐 했니?
B : 하루 종일 텔레비전만 보았어.

② ⓐ A : 너 아까 집에 없더라.
B : 할머니 생신 선물 사러 갔어.

③ ⓑ A : 감기 걸렸다며?
B : 응, 그래서인지 아직도 목이 잠겼어.

④ ⓑ A : 소풍날 날씨는 괜찮았어?
B : 아주 나빴어.

⑤ ⓒ A : 너 오늘도 바빠?
B : 응, 과제 준비하려면 오늘도 잠은 다 잤어.

44 [2015년 9월 고3 모평 A형 12번]

밑줄 친 부분이 <보기>의 ㉠에 해당하지 않는 것은?

> **보 기**
>
> 동사의 어간에 연결 어미 '-(으)며'가 결합할 때, ㉠앞 문장과 뒤 문장의 주어가 서로 같고, '-(으)며'를 연결 어미 '-(으)면서'로 바꾸어 쓸 수 있는 경우에 '-(으)며'는 앞뒤 문장의 동작이 동시에 일어남을 나타낸다.
>
> 예 철수가 음악을 듣는다. + 철수가 커피를 마신다.
> → 철수가 음악을 들으며(들으면서) 커피를 마신다.

① 우리는 함께 걸으며 희망에 대해 이야기했다.
② 모두들 음정에 주의하며 노래를 제대로 부르자.
③ 아는 사람 하나가 미소를 지으며 내게 다가왔다.
④ 마라톤 선수가 가쁜 숨을 몰아쉬며 결승선을 통과했다.
⑤ 출근할 때, 일부는 버스를 이용하며 일부는 지하철을 이용한다.

45 [2016년 9월 고3 모평 13번]

<보기>의 ㉠~㉤에 쓰인 ⓐ, ⓑ에 대한 설명으로 옳지 않은 것은?

> **보 기**
>
> 용언은 어간에 어미가 붙어 다양한 의미를 나타내며 활용된다. 어미는 ⓐ선어말 어미와 ⓑ어말 어미로 나뉜다. 어말 어미는 다시 종결 어미, 연결 어미, 전성 어미로 나뉜다. 용언의 활용형에서 선어말 어미는 없는 경우가 있어도 어말 어미는 반드시 있어야 한다.
>
> ㉠ 민수가 그 나무를 심었구나!
> ㉡ 저기서 청소하는 아이가 내 동생이야.
> ㉢ 그 친구가 설마 그 음식을 다 먹었겠니?
> ㉣ 그가 나에게 권한 책은 이미 읽은 책이다.
> ㉤ 주말에 바람은 불겠지만 비는 오지 않을 것이다.

① ㉠에는 과거 시제를 나타내는 '-었-'이 ⓐ로 쓰였고, 감탄형 종결 어미 '-구나'가 ⓑ로 쓰였다.
② ㉡에는 ⓐ는 없고 동사의 현재 시제를 나타내는 관형사형 전성 어미 '-는'이 ⓑ로 쓰였다.
③ ㉢에는 과거 시제를 나타내는 '-었-'과 주체의 의지를 나타내는 '-겠-'이 ⓐ로 쓰였고, 의문형 종결 어미 '-니'가 ⓑ로 쓰였다.
④ ㉣에는 ⓐ는 없고 동사의 과거 시제를 나타내는 관형사형 전성 어미 '-은'이 ⓑ로 쓰였다.
⑤ ㉤에는 추측의 의미를 나타내는 '-겠-'이 ⓐ로 쓰였고, 대등적 연결 어미 '-지만'이 ⓑ로 쓰였다.

46 [2017년 9월 고3 모평 15번]

밑줄 친 말에 주목하여 <보기>의 ㉠~㉤에 대해 탐구한 결과로 적절하지 않은 것은?

> **보 기**
>
> ㉠ 거기에는 눈이 왔겠다.
> 지금 거기에는 눈이 오겠지.
> ㉡ 그가 집에 갔다.
> 막차를 놓쳤으니 나는 집에 다 갔다.
> ㉢ 내가 떠날 때 비가 올 것이다.
> 내가 떠날 때 비가 왔다.
> ㉣ 그는 지금 학교에 간다.
> 그는 내년에 진학한다고 한다.
> ㉤ 오늘 보니 그는 키가 작다.
> 작년에 그는 키가 작았다.

① ㉠을 보니, 선어말 어미 '-겠-'이 미래의 사건을 추측하는 데에 쓰이고 있군.
② ㉡을 보니, 선어말 어미 '-았-'이 과거시제를 나타내지 않는 경우도 있군.
③ ㉢을 보니, 관형사형 어미 '-ㄹ'이 붙을 때 미래의 사건을 나타내지 않는 경우도 있군.
④ ㉣을 보니, 현재 시제 선어말 어미 '-ㄴ-'이 미래의 사건을 나타낼 때도 쓰이고 있군.
⑤ ㉤을 보니, 형용사에서 현재 시제를 나타낼 때 시제 선어말 어미가 나타나지 않고 있군.

47 [2018년 6월 고3 모평 15번]

<보기>의 ㉠~㉤의 예로 적절하지 않은 것은?

보 기

선어말 어미 '-더-'는 시간 표현, 주어의 인칭, 용언의 품사, 문장 종결 표현 등과 다양하게 관련을 맺는다.
예컨대 '아까 달력을 보니 내일이 언니 생일이더라.'와 같이 ㉠새삼스럽거나 새롭게 알게 된 내용이 비록 미래의 일이라도 그것을 안 시점이 과거이면 '-더-'가 쓰일 수 있다. 또한 '-더-'가 쓰인 문장에는 특정 인칭의 주어만 나타나는 경우가 있다. 가령, ㉡본인만이 직접 느껴 알 수 있는 감정이나 감각을 표현하는 형용사가 서술어일 때, 평서문에는 1인칭 주어만이 '-더-'와 함께 쓰인다. ㉢이 경우, 의문문에는 2인칭 주어만이 '-더-'와 함께 쓰인다. 단, ㉣이때도 수사 의문문에는 '-더-'와 함께 1인칭 주어가 나타날 수 있다. 한편, '꿈에서 내가 하늘을 날더라.'처럼 ㉤꿈속의 일이나 무의식중에 일어난 일을 말할 때, 화자가 자신의 행동이나 상태를 타인이 관찰하듯이 진술할 경우 '-더-'가 1인칭 주어와 쓰일 수 있다.

① ㉠ : 아까 수첩을 보니 다음 주에 약속이 있더라.
② ㉡ : 나는 그의 합격이 놀랍더라.
③ ㉢ : 영수야, 넌 내가 그리 말했는데도 안 밉더냐?
④ ㉣ : 기어이 우승한 그날, 우리 어찌 아니 기쁘더냐?
⑤ ㉤ : 내가 어제 마신 약은 생각보다 안 쓰더라.

48 [2019년 3월 고3 학평 14번]

사전 자료의 일부인 <보기>를 바탕으로 어미의 쓰임을 탐구한 학습지 활동의 결과로 적절하지 않은 것은?

보 기

-ㄴ-「어미」
이야기하는 시점에서 볼 때 사건이나 행위가 현재 일어남을 나타내는 어미.
¶ 일을 마치고 집으로 간다.

-ㄴ「어미」
[1] 사건이나 행위가 과거 또는 말하는 이가 상정한 기준 시점보다 과거에 일어남을 나타내는 어미.
¶ 이것은 털실로 짠 옷이다.
[2] 현재의 상태를 나타내는 어미.
¶ 누나는 유명한 성악가이다.

[학습지]
각 질문에 대해 '예'는 ○, '아니요'는 ×로 표시하시오.

질문	-ㄴ-	-ㄴ [1]	-ㄴ [2]	
○ 다른 어미 앞에 붙을 수 있는가?	○	×	×	㉠
○ 어미 '-(으)시-' 뒤에 붙을 수 있는가?	○	○	○	㉡
○ 어간에 붙어 관형어 구실을 하게 하는가?	×	○	○	㉢
○ 받침 없는 용언의 어간 뒤에 붙어 현재 시제를 나타내는가?	○	×	○	㉣
○ 예문으로 '흰 눈이 내립니다.'를 추가할 수 있는가?	○	×	×	㉤

① ㉠　② ㉡　③ ㉢　④ ㉣　⑤ ㉤

49 [2022년 4월 고3 학평 37번]

<보기 1>의 ㉠~㉢에 해당하는 예만을 <보기 2>에서 고른 것은?

보기 1

연결 어미 '-고'의 쓰임은 다양하다. 먼저 ㉠앞 절과 뒤 절의 사실을 대등하게 벌여 놓는 경우가 있다. 또한 ㉡앞 뒤 절의 두 사실 간에 계기적인 관계가 있음을 나타내는 경우나, ㉢앞 절의 동작이 이루어진 그대로 지속되는 가운데 뒤 절의 동작이 일어남을 나타내는 경우도 있다.

보기 2

- 그들은 서로 손을 쥐고ⓐ 팔씨름을 했다.
- 어머니는 나를 업고ⓑ 병원으로 달려갔다.
- 나는 그가 정직하고ⓒ 성실하다는 것을 알고 있었다.
- 눈 깜짝할 사이에 다리가 벌에 쏘이고ⓓ 퉁퉁 부었다.
- 그 책은 내가 읽을 책이고ⓔ 이 책은 내가 읽은 책이다.

① ㉠ : ⓐ, ⓒ ② ㉡ : ⓑ, ⓔ ③ ㉡ : ⓓ, ⓔ
④ ㉢ : ⓐ, ⓑ ⑤ ㉢ : ⓒ, ⓓ

50 [2022년 9월 고3 모평 37번]

<보기>의 ⓐ~ⓔ에 대한 이해로 적절한 것은? [3점]

보 기

국어의 어미는 용언 어간에 붙어 여러 가지 문법적인 기능을 수행한다. 어미는 선어말 어미와 어말 어미로 나누어진다. 선어말 어미는 용언 어간과 어말 어미 사이에 들어가는 것으로 시제나 높임과 같은 문법적 의미를 나타낸다. 선어말 어미는 하나 혹은 둘 이상이 쓰일 수도 있고 아예 쓰이지 않을 수도 있다. 한편 어말 어미에는 종결 어미, 연결 어미, 전성 어미가 있다. 어말 어미는 선어말 어미와 달리 하나만 붙고, 반드시 있어야 한다.

- 머무시는 동안 ⓐ즐거우셨길 바랍니다.
- 이 부분에서 물이 ⓑ샜을 가능성이 높다.
- ⓒ번거로우시겠지만 서류를 챙겨 주세요.
- 시원한 식혜를 먹고 갈증이 싹 ⓓ가셨겠구나.
- 항구에 ⓔ다다른 배는 새로운 항해를 준비했다.

① ⓐ : 선어말 어미 두 개와 연결 어미가 사용되었다.
② ⓑ : 선어말 어미 없이 전성 어미가 사용되었다.
③ ⓒ : 선어말 어미 세 개와 연결 어미가 사용되었다.
④ ⓓ : 선어말 어미 두 개와 종결 어미가 사용되었다.
⑤ ⓔ : 선어말 어미 한 개와 전성 어미가 사용되었다.

단어 - 형태소

51 [2014년 11월 고1 학평 11번]

<보기>는 문법 수업 장면의 일부이다. 이에 대한 학생의 반응으로 적절하지 않은 것은? [3점]

보 기

선생님 : 단어는 자립할 수 있는 말이나 자립할 수 있는 형태소에 붙으면서 쉽게 분리할 수 있는 말이고, 형태소는 일정한 의미를 지닌 가장 작은 말의 단위를 뜻합니다. 다음 문장을 단어와 형태소로 분류하면 다음과 같습니다.

문장	나는 풋사과를 먹었다.							

⇓

단어	나	는	풋사과	를	먹었다

⇓

형태소	나	는	풋	사과	를	먹	었	다

① '는', '를'의 경우는 자립성이 없는 형태소이지만 단어로 인정되고 있군.
② '었'은 자립할 수 없는 형태소로 자립할 수 있는 형태소와 결합하고 있군.
③ '는', '를', '었', '다'를 보니, 문법적 기능을 하는 말도 형태소에 해당함을 알 수 있군.
④ '풋사과', '먹었다'는 단어 중에서 더 작은 단위인 형태소로 분석되는 경우로군.
⑤ '먹'을 보니, 실질적 의미가 있는 형태소 중에서 단어에 해당하지 않는 경우가 있음을 알 수 있군.

단어 영역 핵심 기출 문제

52 [2018년 6월 고1 학평 12번]

<보기>의 설명을 참고할 때, ㉠을 분석한 내용으로 적절하지 <u>않은</u> 것은?

보 기

'형태소'는 뜻을 가진 말의 가장 작은 단위이다. 형태소는 의미의 유무에 따라 구체적인 대상이나 동작, 상태를 표시하는 실질적인 의미를 지닌 실질 형태소와 문법적인 기능을 수행하는 형식 형태소로 나눌 수 있다. 그리고 자립성의 유무에 따라 다른 말에 기대어 쓰이지 않고 홀로 사용될 수 있는 자립 형태소와 다른 말에 기대어 사용되는 의존 형태소로 나눌 수 있다.

㉠<u>하늘이 매우 높고 푸르다.</u>

① 자립 형태소는 모두 4개이다.
② 형식 형태소는 모두 3개이다.
③ 의존 형태소는 모두 5개이다.
④ 실질 형태소이면서 의존 형태소는 모두 2개이다.
⑤ 실질 형태소이면서 자립 형태소는 모두 2개이다.

53 [2020년 6월 고1 학평 13번]

<보기>에서 선생님의 질문에 대한 학생의 대답으로 가장 적절한 것은?

보 기

선생님 : 형태소는 뜻을 가진 가장 작은 말의 단위를 뜻하는 말입니다. 형태소는 다음의 두 기준에 따라 자립 형태소와 의존 형태소, 실질 형태소와 형식 형태소로 나눌 수 있습니다.

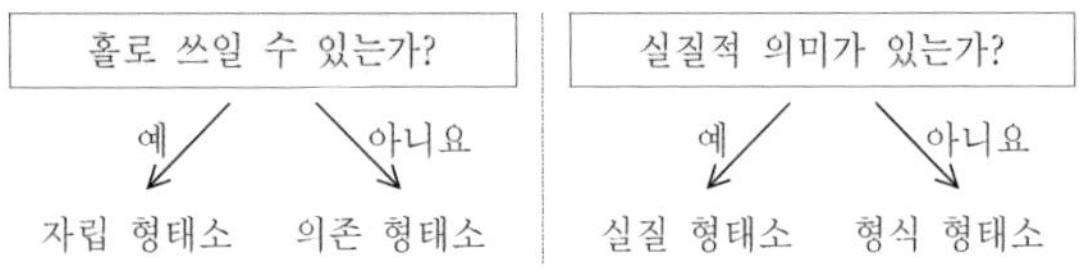

다음은 아래 '예문'을 형태소 단위로 나누고, 위 기준에 따라 분석한 결과입니다.

○ 예문 : 경찰이 도둑을 잡았다.
○ 형태소 분석 결과 :

형태소 / 구분 기준	경찰	이	도둑	을	잡-	-았-	-다
홀로 쓰일 수 있는가?	예	아니요	예	㉡	아니요	아니요	아니요
실질적 의미가 있는가?	㉠	아니요	예	아니요	㉢	아니요	아니요

㉠~㉢에 들어갈 대답을 모두 바르게 짝지어 볼까요?

	㉠	㉡	㉢
①	예	예	예
②	예	아니요	예
③	예	아니요	아니요
④	아니요	예	예
⑤	아니요	아니요	아니요

54 [2022년 6월 고1 학평 13번]

<보기>의 설명을 참고할 때, ㉠을 분석한 내용으로 적절하지 않은 것은?

> **보 기**
>
> 형태소란 뜻을 가진 가장 작은 말의 단위이다. 가장 작은 말의 단위라는 것은 더 이상 나눌 수 없으며, 더 나눌 경우 원래의 뜻이 사라지는 것을 말한다.
>
> ㉠우리 아기만 맨발로 잔디밭에서 놀았다.

① '우리'는 '우'와 '리'로 나누면 뜻이 사라지므로 하나의 형태소이다.
② '아기만'은 '아기'와 '만'으로 나눌 수 있으므로 두 개의 형태소이다.
③ '맨발'은 '맨-'과 '발'로 나눌 수 있으므로 두 개의 형태소이다.
④ '잔디밭'은 '잔디'와 '밭'으로 나눌 수 있으므로 두 개의 형태소이다.
⑤ '놀았다'는 '놀았-'과 '-다'로 나눌 수 있으므로 두 개의 형태소이다.

55 [2023년 11월 고2 학평 14번]

<보기>는 학습지의 일부이다. [학습 활동]을 수행한 결과로 적절하지 않은 것은?

> **보 기**
>
> 형태소는 자립성 여부에 따라 자립 형태소와 의존 형태소로 구분되고, 실질적인 의미를 갖느냐 문법적인 의미를 갖느냐에 따라 실질 형태소와 형식 형태소로 구분된다. 이러한 기준에 따라 형태소는 ㉠실질 형태소이자 자립 형태소인 것, ㉡실질 형태소이자 의존 형태소인 것, ㉢형식 형태소이자 의존 형태소인 것으로 나눌 수 있다.
>
> **[학습 활동]**
> 다음 문장의 형태소를 분석해 보자.
>
> 비로소 바라던 것을 이루자 형은 기쁨에 젖어 춤을 추었다.

① '비로소'와 '것'은 ㉠에 속한다.
② '바라던'의 '바라-'와 '이루자'의 '이루-'는 ㉡에 속한다.
③ '기쁨'과 '춤'에는 ㉠에 속하는 형태소만 있다.
④ '형은'에는 ㉠, ㉢에 속하는 형태소만 있다.
⑤ '젖어'와 '추었다'에는 ㉡, ㉢에 속하는 형태소만 있다.

56 [2015년 수능 A형 12번]

다음의 (가)에 들어갈 말로 가장 적절한 것은?

> **선생님** : 지금까지 형태소의 개념 및 유형 그리고 특성에 대해 공부했지요? 그럼, 다음 자료에서 밑줄 친 말들이 가진 공통점이 무엇인지 한번 찾아보세요.
>
> · 하늘은 맑고 바다는 푸르다.
> · 그의 말은 듣지 말고 내 말을 들어라.
> · 나는 물고기를 잡았지만 놓아주었다.
>
> **학생** : 밑줄 친 말들은 모두 [(가)]

① 실질적 의미가 아닌 문법적 의미를 나타내고 반드시 다른 말과 결합하여 쓰이는군요.
② 음운 환경에 따라 형태가 바뀌고 실질적 의미가 아닌 문법적 의미를 나타내는군요.
③ 반드시 다른 말과 결합하여 쓰이고 음운 환경에 따라 그 형태가 바뀌는군요.
④ 단어의 자격을 가지고 실질적 의미가 아닌 문법적 의미를 나타내는군요.
⑤ 단어의 자격을 가지고 반드시 다른 말과 결합하여 쓰이는군요.

57 [2019년 3월 고3 학평 13번]

<보기>의 선생님 물음에 대한 답으로 가장 적절한 것은?

보 기

선생님 : 지난 시간에 형태소와 단어에 대해 공부했는데, 이를 바탕으로 다음 자료에서 ㉠, ㉡, ㉢의 공통점과 차이점이 무엇인지 말해볼까요?

[자료]
- 이 문제는 나한테 묻지 말고 그에게 물어라. (묻지 ~ 물어라: ㉠)
- 귀로는 음악을 들었고 눈으로는 풍경을 보았다. (었 ~ 았: ㉡)
- 나는 산으로 가자고 했지만 동생은 바다로 갔다. (는 ~ 은: ㉢)

① 공통점은 단어의 자격을 가진다는 것이고, 차이점은 ㉠만 실질적 의미를 나타낸다는 것입니다.
② 공통점은 문법적 의미를 나타낸다는 것이고, 차이점은 ㉢만 단어의 자격을 가진다는 것입니다.
③ 공통점은 단어의 자격을 갖지 못한다는 것이고, 차이점은 ㉡, ㉢만 문법적 의미를 나타낸다는 것입니다.
④ 공통점은 음운 환경에 따라 그 형태가 바뀐다는 것이고, 차이점은 ㉡, ㉢만 문법적 의미를 나타낸다는 것입니다.
⑤ 공통점은 반드시 다른 말과 결합하여 쓰인다는 것이고, 차이점은 ㉡, ㉢만 음운 환경에 따라 그 형태가 바뀐다는 것입니다.

58 [2022년 6월 고3 모평 38번]

<학습 활동>을 수행한 결과로 적절한 것은?

학습 활동

형태소는 자립성의 유무와 의미의 유형에 따라 다음과 같이 구분된다.

자립성의 유무 / 의미의 유형	자립 형태소	의존 형태소
실질 형태소	㉠	㉡
형식 형태소		㉢

다음 문장의 형태소를 ㉠, ㉡, ㉢으로 분류한 후, 그 결과를 정리해 보자.

> 우리는 비를 맞고 바람에 맞서다가 드디어 길을 찾아냈다.

① '우리는'의 '우리'와 '드디어'는 ㉡에 속한다.
② '비를'과 '길을'에는 ㉠과 ㉡에 속하는 형태소만 있다.
③ '맞고'의 '맞-'과 '맞서다가'의 '맞-'은 모두 ㉢에 속한다.
④ '바람에'에는 ㉡과 ㉢에 속하는 형태소만 있다.
⑤ '찾아냈다'에는 ㉡과 ㉢에 속하는 형태소만 있다.

단어 - 단어의 형성

59 [2014년 3월 고1 학평 12번]

<보기 1>의 설명을 참고할 때, <보기 2>의 ㉠~㉣ 중 합성어에 해당하는 말을 바르게 고른 것은?

보기 1

하나의 형태소로 이루어진 단어를 단일어라고 하고, 둘 이상의 형태소로 이루어진 단어를 복합어라고 한다. 복합어에는 두 종류가 있다. '손(어근) + 수레(어근)'와 같이 둘 이상의 어근으로 이루어진 단어는 합성어이고, '사냥(어근) + 꾼(접사)'과 같이 어근에 접사가 결합되어 만들어진 단어는 파생어이다.

보기 2

㉠물고기가 그려진 ㉡지우개가 어디로 갔을까? ㉢심술쟁이 동생이 또 ㉣책가방에 숨겼을 거야. 그래 보았자 이 누나는 금방 찾는데.

① ㉠, ㉡　② ㉠, ㉣　③ ㉡, ㉢
④ ㉡, ㉣　⑤ ㉢, ㉣

60 [2016년 3월 고1 학평 15번]

<보기>의 설명에 따라 '달리기'를 도식화한 것으로 적절한 것은?

보 기

선생님 : 어근은 단어에서 실질적인 의미를 나타내는 중심이 되는 부분을, 접사는 어근이나 단어에 붙어 새로운 단어를 구성하는 부분을 말합니다. 어근과 접사의 결합 관계를 쉽게 구별해 보기 위해 어근을 □로, 접사를 ◯로 나타내 보겠습니다. 예를 들어 '하늘'은 하나의 어근으로 이루어져 있고, '먹이'는 어근 '먹-'과 접사 '-이'로 이루어져 있으므로 다음과 같이 도식화할 수 있습니다.

○ 하늘 : [하늘]　○ 먹이 : [먹-](-이)

① [달리기]　② (달-)[-리기]
③ [달리-](-기)　④ (달리-)[-기]
⑤ [달-](-리-)(-기)

61 [2016년 6월 고1 학평 12번]

<보기>를 바탕으로 단어 형성에 대해 이해한 내용으로 적절하지 않은 것은? [3점]

보 기

단어의 실질적인 의미를 나타내는 중심 부분을 어근이라 하고, 일부 어근에 붙어서 그 의미를 제한하며 어근과 달리 독립적으로 쓰이지 못하는 주변 부분을 접사라고 한다. 단어는 구성 방식에 따라 하나의 어근으로 이루어진 단일어, 어근과 어근이 결합한 합성어, 어근과 접사가 결합한 파생어로 구분할 수 있다.

① '새해'는 접사와 어근이 결합한 파생어이다.
② '밤낮'은 어근과 어근이 결합한 합성어이다.
③ '구경꾼'은 어근과 접사가 결합한 파생어이다.
④ '이슬비'는 어근과 어근이 결합한 합성어이다.
⑤ '민들레'는 하나의 어근으로 이루어진 단일어이다.

62 [2017년 6월 고1 학평 15번]

<보기>를 바탕으로 단어 형성법에 대해 탐구한 것으로 적절하지 않은 것은?

보 기

단어에서 실질적 의미를 나타내는 중심 부분을 어근이라 하고, 어근에 붙어 그 뜻을 더하는 부분을 접사라고 한다. 단어는 형성 방법에 따라 단일어와 파생어, 합성어로 나누어진다. 단일어는 '바다', '놀다'와 같이 하나의 어근으로 이루어진 말이고, 파생어는 '군살'이나 '멋쟁이'처럼 어근과 접사의 결합으로 이루어진 말이다. 합성어는 어근과 어근이 결합한 말로 '달빛'이나 '뛰놀다'와 같은 말이 이에 해당한다.

① '치솟다'는 접사가 어근에 붙어 뜻을 더하고 있으므로 파생어이군.
② '밤하늘'은 실질적 의미를 지닌 어근끼리 결합하였으므로 합성어이군.
③ '지우개'는 어근에 접사가 결합한 파생어이고, '닭고기'는 어근끼리 결합한 합성어이군.
④ '나무꾼'과 '검붉다'는 모두 실질적인 뜻을 가진 어근끼리 결합하였으므로 합성어이군.
⑤ '개살구'와 '부채질'은 모두 어근에 접사가 결합하여 이루어진 단어이므로 파생어에 해당하는군.

63 [2019년 3월 고1 학평 11번]

다음은 학생들이 '-쟁이'와 '-장이'에 대해 탐구한 내용이다. ㄱ~ㅁ에 제시된 탐구 결과 중 적절하지 않은 것은? [3점]

탐구 목표	어근의 뒤에 붙어 새로운 단어를 만드는 접미사 중 '-쟁이'와 '-장이'의 의미와 쓰임을 구분해 사용할 수 있다.
↓	
탐구 자료	(1) 고집쟁이 : 고집이 센 사람. 거짓말쟁이 : 거짓말을 잘하는 사람. (2) 노래쟁이 : '가수(歌手)'를 낮잡아 이르는 말. 그림쟁이 : '화가(畫家)'를 낮잡아 이르는 말. (3) 땜장이 : 땜질을 직업으로 하는 사람. 옹기장이 : 옹기 만드는 일을 직업으로 하는 사람.
↓	
탐구 결과	○ (1)의 '-쟁이'의 의미는 '어떤 속성을 많이 가진 사람'으로 볼 수 있다. ······ ㄱ ○ (2)와 (3)은 둘 다 직업과 관련된 말이지만, '기술자'를 의미할 때는 '-장이'를 쓴다. ······ ㄴ ○ (1)~(3)을 볼 때, '-쟁이'와 '-장이'는 모두 명사와 결합하여 새로운 단어를 만든다. ······ ㄷ ○ (1)~(3)을 볼 때, '-쟁이'와 '-장이'는 모두 어근의 품사를 변화시키지 않는 접미사이다. ······ ㄹ ○ (1), (2), (3)의 예로 '욕심쟁이', '대장쟁이', '중매장이'를 각각 추가할 수 있다. ······ ㅁ

① ㄱ ② ㄴ ③ ㄷ ④ ㄹ ⑤ ㅁ

64 [2014년 6월 고2 학평 B형 14번]

<보기>의 ㉠, ㉡에 해당하는 예로 적절한 것은? [3점]

보 기

합성어는 어근과 어근이 결합하여 만들어진 단어를 말한다. 합성어가 만들어질 때 결합하는 어근은 형태가 바뀌기도 하고 원래의 의미가 변하기도 하는데, 의미의 변화는 문맥 속에서 파악할 수 있다.

아래 표는 형태 변화와 의미 변화에 따라 합성어가 만들어지는 양상의 일부를 도식화한 것이다.

형태 변화	의미 변화	
+	-	……………㉠
-	+	……………㉡

※ '+' : 변화 있음, '-' : 변화 없음.

① ㉠ : 상황이 나빠진 게 어제오늘의 일이 아니다.
② ㉠ : 사람의 안팎을 속속들이 알 수는 없다.
③ ㉠ : 우리 집은 오랫동안 마소를 길렀다.
④ ㉡ : 서너 명이 모여 모둠을 만들었다.
⑤ ㉡ : 소나무의 꽃은 5월에 핀다.

65 [2015년 3월 고2 학평 12번]

<보기>의 ㉠~㉤에 들어갈 어휘의 예로 적절하지 않은 것은?

보 기

합성어는 어근의 배열 양상에 따라 통사적 합성어와 비통사적 합성어로 나뉜다. 어근의 배열이 우리말의 일반적인 문장 구성 방식과 일치하는 것을 통사적 합성어라 하고, 그렇지 않은 것을 비통사적 합성어라 한다. 합성어에서 어근의 구체적 결합 양상은 다음과 같다.

< 통사적 합성어의 유형과 예 >
- 체언 + 체언 : 밤낮
- 체언 + 용언 : [㉠]
- 관형사 + 체언 : [㉡]
- 용언의 관형사형 + 체언 : [㉢]

< 비통사적 합성어의 유형과 예 >
- 부사 + 체언 : 보슬비
- 용언의 어간 + 체언 : [㉣]
- 용언의 어간 + 용언의 어간 : [㉤]

① ㉠ : 낯설다　② ㉡ : 첫사랑　③ ㉢ : 뜬소문
④ ㉣ : 덮밥　⑤ ㉤ : 앞서다

66 [2016년 3월 고2 학평 12번]

<보기>의 선생님 물음에 대한 답으로 가장 적절한 것은?

보 기

학생 : 선생님, '젊음'은 사전의 표제어인데, 왜 '늙음'은 사전의 표제어가 아닌가요?

선생님 : 사전의 표제어인 '젊음'은 파생 명사입니다. 반면에 '늙음'은 파생 명사가 아니라 동사 '늙다'의 명사형입니다. '늙음'은 '늙다'의 활용형이기 때문에 표제어가 아닙니다.

학생 : 둘 다 '-음'으로 끝나는데, 무엇이 다른가요?

선생님 : 사전의 표제어 '젊음'은 어근 '젊-'에 명사를 만드는 접미사 '-음'이 결합하여 만들어진 말로 관형어의 꾸밈을 받을 수 있어요. 그런데 '늙음'은 어간 '늙-'에 명사형 어미 '-음'이 결합한 말로 문장에 쓰이면 서술하는 기능이 있고 부사어의 꾸밈을 받을 수 있어요. 다음 문장의 밑줄 친 말들 중에서 사전의 표제어가 되는 것은 무엇일까요?

① 그녀의 수줍음은 늘 티가 났다.
② 나는 가진 돈이 전혀 없음을 깨달았다.
③ 그녀가 많이 먹음은 새삼스러운 일이 아니다.
④ 그는 경력이 남들보다 많음을 자랑스러워했다.
⑤ 내가 늘 빨리 걸음은 건강을 유지하기 위해서이다.

67 [2019년 3월 고2 학평 13번]

<보기>의 탐구 활동을 수행한 결과로 적절한 것만 고른 것은?

보 기

[탐구 과제]

다음을 참고하여 [탐구 자료] ㉠ ~ ㉣을 [A], [B]로 구분하고, 그렇게 구분한 근거를 적어 보자.

> 어근에 파생 접사가 결합하여 새로운 단어가 형성될 때 [A]품사가 바뀌는 경우도 있고, [B]품사가 바뀌지 않는 경우도 있다. 예를 들어, 명사 '마음'에 접사 '-씨'가 결합하여 '마음씨'가 될 때는 품사가 바뀌지 않지만, 형용사 '넓다'의 어근 '넓-'에 접사 '-이'가 결합하여 '넓이'가 될 때는 품사가 명사로 바뀐다.

[탐구 자료]

· 예술에 대한 안목을 ㉠높이다.
· 그는 모자를 ㉡깊이 눌러썼다.
· 오랫동안 ㉢딸꾹질이 멈추지 않았다.
· 그런 일은 ㉣일찍이 경험하지 못했던 일이다.

[탐구 결과]

탐구 자료	구분	근거	
㉠	[B]	형용사 '높다'의 어근 '높-'에 접사 '-이-'가 결합하여 형용사가 됨.	…ⓐ
㉡	[A]	형용사 '깊다'의 어근 '깊-'에 접사 '-이'가 결합하여 명사가 됨.	…ⓑ
㉢	[A]	부사 '딸꾹'에 접사 '-질'이 결합하여 명사가 됨.	…ⓒ
㉣	[B]	부사 '일찍'에 접사 '-이'가 결합하여 부사가 됨.	…ⓓ

① ⓐ, ⓑ ② ⓐ, ⓓ ③ ⓑ, ⓒ
④ ⓑ, ⓓ ⑤ ⓒ, ⓓ

68 [2019년 6월 고2 학평 14번]

<보기>의 ㉠~㉣에 대한 이해로 적절하지 않은 것은?

보 기

접두사는 단어의 앞에 붙어 특정한 뜻을 더하거나 강조하면서 새로운 단어를 만들어 낸다. ㉠접두사가 명사에 결합하여 생성된 단어도 있고, ㉡접두사가 용언에 결합하여 생성된 단어도 있다. ㉢특정한 접두사는 둘 이상의 품사에 결합하여 새로운 단어를 만들어 내기도 한다. 대개의 접두사는 형태가 고정되어 있지만, '찰-/차-'가 붙어 만들어진 '찰옥수수', '차조'처럼 ㉣주위 환경에 따라 형태가 다른 접두사가 붙어 만들어진 단어도 있다.

① ㉠에 해당하는 사례로는 '군기침, 군살'이 있다.
② ㉡에 해당하는 사례로는 '빗나가다, 빗맞다'가 있다.
③ ㉢에 해당하는 사례로는 '헛디디다, 헛수고'가 있다.
④ ㉡, ㉣에 모두 해당하는 사례로는 '새빨갛다, 샛노랗다'가 있다.
⑤ ㉢, ㉣에 모두 해당하는 사례로는 '수꿩, 숫양'이 있다.

69 [2019년 11월 고2 학평 14번]

<보기>는 '사전 활용하기' 수업의 한 장면이다. 학생들의 활동 결과로 적절하지 않은 것은?

보 기

선생님 : 파생어란 어근에 접사가 결합하여 형성된 단어입니다. 그런데 파생어는 접사에 의해 본래 단어의 품사가 변화되는 경우와 변화되지 않는 경우로 나뉩니다. 다음은 사전에서 찾은 단어들입니다. 제시된 단어들에 접사가 결합된 파생어를 찾아보고 분석해 봅시다.

> **더욱** 뷔 정도나 수준 따위가 한층 심하거나 높게.
> **넓다** 형 면이나 바닥 따위의 면적이 크다.
> **덮다** 동 물건 따위가 드러나거나 보이지 않도록 넓은 천 따위를 얹어서 씌우다.

① '더욱이'는 '더욱'의 어근에 접사 '-이'가 결합된 파생어로 '더욱'과 품사가 다르겠군.
② '드넓다'는 '넓다'의 어근에 접사 '드-'가 결합된 파생어로 '넓다'와 품사가 같겠군.
③ '넓이'는 '넓다'의 어근에 접사 '-이'가 결합된 파생어로 '넓다'와 품사가 다르겠군.
④ '뒤덮다'는 '덮다'의 어근에 접사 '뒤-'가 결합된 파생어로 '덮다'와 품사가 같겠군.
⑤ '덮개'는 '덮다'의 어근에 접사 '-개'가 결합된 파생어로 '덮다'와 품사가 다르겠군.

70 [2020년 3월 고2 학평 13번]

<보기>에 대한 이해로 적절하지 않은 것은?

보 기

-음^1 「어미」 ('ㄹ'을 제외한 받침 있는 용언의 어간이나 어미 '-었-', '-겠-' 뒤에 붙어) 그 말이 명사 구실을 하게 하는 어미.
- 그는 그 말을 믿었음이 분명하다.
- 나는 그의 판단이 옳음을 믿는다.

-음^2 「접사」 ('ㄹ'을 제외한 받침 있는 용언의 어간 뒤에 붙어) 명사를 만드는 접미사.
- 그는 나의 믿음을 저버렸다.
- 그는 서랍에서 종이 한 묶음을 꺼냈다.

① '-음^1'은 선어말 어미와 결합할 수 있군.
② '-음^1'이 붙은 말은 본래의 품사를 유지하는군.
③ '-음^2'가 붙은 말은 관형어의 수식을 받을 수 있군.
④ '-음^1'은 '-음^2'와 달리 뒤에 격조사가 올 수 있군.
⑤ '-음^2'는 '-음^1'과 달리 명사절을 만들 수 없군.

71 [2020년 3월 고2 학평 14번]

<보기>의 ㉠에 해당하는 예로 적절한 것만을 ⓐ~ⓓ에서 고른 것은?

보 기

선생님 : 합성어 중에는 어근의 배열이 우리말의 일반적인 문장 구성 방식에 맞는 것도 있고, 그렇지 않은 것도 있어요. 일반적으로 '체언+체언', '용언의 관형사형+체언', '용언의 연결형+용언' 등의 형태는 통사적 합성어라 하고, '용언의 어간+체언', '부사+체언', '용언의 어간+용언의 어간' 등의 형태는 우리말의 일반적인 문장 구성 방식에 맞지 않으므로 ㉠비통사적 합성어라고 하지요. 외국어나 외래어를 대체하는 순화어에서도 통사적 합성어와 비통사적 합성어가 발견됩니다. 그럼 몇 가지 사례를 살펴볼까요?

- 핫 플레이스 ⇨ 뜨는곳 ………… ⓐ
- 카메오 ⇨ 깜짝출연 ………… ⓑ
- 마인드맵 ⇨ 생각그물 ………… ⓒ
- 캐노피 ⇨ 덮지붕 ………… ⓓ

① ⓐ, ⓑ ② ⓐ, ⓓ ③ ⓑ, ⓒ
④ ⓑ, ⓓ ⑤ ⓒ, ⓓ

72 [2021년 11월 고2 학평 13번]

<보기>에 따라 탐구한 내용으로 적절한 것은?

보 기

직접 구성 요소란 어떤 말을 둘로 나누었을 때 나누어진 두 구성 요소 각각을 일컫는다. '먹이통'과 같이 세 개의 구성 요소로 이루어진 단어의 직접 구성 요소 분석은 아래의 그림과 같이 두 단계를 통해 이루어진다. 첫 번째 단계에서는 어근 '먹이'와 어근 '통'으로 나눌 수 있고, 두 번째 단계에서는 '먹이'를 어근 '먹-'과 접사 '-이'로 나눌 수 있다. 이를 통해 복잡하게 이루어진 단어의 짜임을 보다 쉽게 이해할 수 있다.

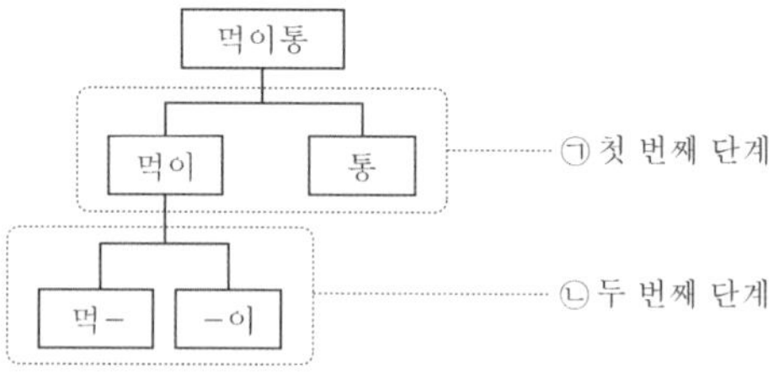

① '울음보'는 ㉠에서 어근과 접사로 분석되고, ㉡에서 어근과 접사로 분석된다.
② '헛웃음'은 ㉠에서 어근과 어근으로 분석되고, ㉡에서 어근과 접사로 분석된다.
③ '손목뼈'는 ㉠에서 어근과 접사로 분석되고, ㉡에서 어근과 어근으로 분석된다.
④ '얼음길'은 ㉠에서 어근과 접사로 분석되고, ㉡에서 어근과 어근으로 분석된다.
⑤ '물놀이'는 ㉠에서 어근과 어근으로 분석되고, ㉡에서 어근과 어근으로 분석된다.

73 [2022년 9월 고2 학평 14번]

<보기 1>의 ㉠에 해당하는 것만을 <보기 2>에서 있는 대로 고른 것은?

보기 1

합성어는 명사와 명사의 결합, 용언의 관형사형과 명사의 결합, 부사와 용언의 결합처럼 어근과 어근의 연결이 우리말의 어순이나 단어 배열법과 일치하는 ㉠통사적 합성어와 용언의 어간과 명사의 결합, 용언의 어간에 용언의 어간이 직접 결합한 것처럼 우리말의 어순이나 단어 배열법과 일치하지 않는 비통사적 합성어로 나눌 수 있다.

보기 2

덮밥, 돌다리, 하얀색, 높푸르다, 잘생기다

① 돌다리, 높푸르다
② 덮밥, 돌다리, 하얀색
③ 덮밥, 하얀색, 높푸르다
④ 돌다리, 하얀색, 잘생기다
⑤ 돌다리, 하얀색, 높푸르다, 잘생기다

74 [2023년 3월 고2 학평 13번]

<보기>의 ㉠에 해당하는 예로 적절한 것은?

보 기

셋 이상의 형태소로 이루어진 단어의 구조를 파악하기 위해서는 먼저 그 단어를 직접 이루고 있는 두 요소를 파악해야 한다. 예컨대 '볶음밥'은 의미상 '볶음'과 '밥'으로 먼저 나뉜다. '볶음'은 다시 '볶-'과 '-음'으로 나뉜다. 따라서 '볶음밥'은 ㉠'(어근+접미사)+어근'의 구조로 된 합성어이다.

① 집안일 ② 내리막 ③ 놀이터
④ 코웃음 ⑤ 울음보

75 [2024년 3월 고2 학평 13번]

<보기>의 ㉠에 해당하는 예로 적절하지 않은 것은?

보 기

파생어는 어근에 접사가 붙어 이루어진 단어이다. 파생어 중에는 어근에 특정한 뜻을 더하는 접사가 붙어 이루어진 단어가 있다. 예를 들어 '풋사과'는 어근 '사과' 앞에 '아직 덜 익은'이라는 뜻을 가진 접사 '풋-'이 붙어 이루어진 단어이다. 또한 파생어 중에는 ㉠어근의 품사를 바꾸는 접사가 붙어 이루어진 단어도 있다. 예를 들어 명사 '웃음'은 동사 '웃다'의 어근 '웃-'에 접사 '-음'이 붙어 명사가 된 것이다.

① 일찍이 ② 마음껏 ③ 가리개
④ 높이다 ⑤ 슬기롭다

76 [2013년 10월 고3 학평 A형 13번]

<보기>의 '뜨개질'과 단어의 구조가 동일한 것은?

보 기

'뜨개질'의 형태소를 분석해 보면 '어근 + 접미사 + 접미사'의 구조로 되어 있음을 알 수 있다. 그런데 이 세 가지 구성 요소는 동일한 층위에서 결합된 것이 아니라 계층적으로 결합된 것이다. 즉, 어근 '뜨-'에 접미사 '-개'가 붙어 먼저 '뜨개'가 만들어지고, 여기에 다시 접미사 '-질'이 붙어 '뜨개질'이 된 것이다. 따라서 '뜨개질'은 '(어근 + 접미사) + 접미사'의 구조로 된 파생어이다.

① 싸움꾼 ② 군것질 ③ 놀이터
④ 병마개 ⑤ 미닫이

77 [2015년 3월 고3 학평 A형 12번]

<보기>의 ㉠~㉢에 들어갈 말로 적절한 것은?

보 기

선생님 : 어간은 용언의 활용 시 변하지 않는 부분을, 어근은 단어 분석 시 실질적 의미를 나타내는 중심 부분을 가리킵니다.

용언	어간	어근
솟다 (단일어)	솟-	솟-
치솟다 (파생어)	치솟-	솟-
샘솟다 (합성어)	샘솟-	샘, 솟-

위의 예에서 알 수 있듯이 어떤 용언이 단일어일 경우 어간과 어근이 일치합니다. 하지만, 용언이 파생어나 합성어일 경우 어간과 어근이 일치하지 않습니다. 그렇다면 이번에는 다음 세 단어의 어간과 어근을 분석해 볼까요?

용언	어간	어근
줄이다	줄이-	㉠
힘들다	힘들-	㉡
오가다	오가-	㉢

	㉠	㉡	㉢
①	줄이-	힘들-	오가-
②	줄이-	힘들-	오-, 가-
③	줄-	힘들-	오가-
④	줄-	힘, 들-	오-, 가-
⑤	줄-	힘, 들-	오가-

78 [2016년 3월 고3 학평 12번]

밑줄 친 말 가운데 <보기>의 [A]의 사례로 추가하기에 적절하지 않은 것은?

보 기

합성어의 품사는 합성어를 구성하는 어근의 품사와 관계없이 새로운 품사가 되기도 하지만, [A]일차적으로 직접 구성 성분* 분석을 했을 때 맨 끝 구성 성분의 품사에 따라 결정되는 경우가 많다. 그 사례는 아래와 같다.

단어	직접 구성 성분 분석	단어의 품사
큰집	큰(형용사) + 집(명사)	명사
본받다	본(명사) + 받다(동사)	동사
⋮	⋮	⋮

* 직접 구성 성분 : 어떤 언어 단위를 층위를 두고 분석할 때 일차적으로 분석되어 나오는 성분.

① 입학했던 때가 엊그제 같은데 어느새 3학년이구나.
② 그는 농구는 몰라도 축구 실력만큼은 남달랐다.
③ 아침에 늦잠이 들어 하마터면 지각할 뻔했다.
④ 길을 가는데 낯선 사람이 알은척을 했다.
⑤ 하루빨리 여름방학이 왔으면 좋겠다.

79 [2016년 6월 고3 모평 15번]

<보기>의 ㉠에 해당하는 예로 적절한 것은?

보 기

합성어는 어근과 어근이 결합하여 형성되는데, 어근들의 결합 방식에 따라 다음과 같이 둘로 나눌 수 있다.

◦ 통사적 합성어 : 어근들의 결합 방식이 일반적인 문장 구성 방식과 같은 합성어
◦ ㉠비통사적 합성어 : 어근들의 결합 방식이 일반적인 문장 구성 방식과 다른 합성어

① 아이들이 뛰노는 소리가 밖에서 들렸다.
② 서로 몰라볼 정도로 세월이 많이 흘렀다.
③ 저마다의 타고난 소질을 계발하는 것이 중요하다.
④ 지난달부터 공부를 열심히 했더니 자신감이 생겼다.
⑤ 망치질을 자주 하다 보니 손바닥에 굳은살이 박였다.

80 [2017년 3월 고3 학평 11번]

<보기>의 ⓐ, ⓑ가 사용된 예를 ㉠~㉤에서 바르게 고른 것은?

보 기

선생님 : 여러분이 헷갈려 하는 것들 중 ⓐ용언의 어간과 결합하는 명사형 어미 '-(으)ㅁ', '-기'와 ⓑ어근과 결합하여 명사를 만드는 접미사 '-이', '-음', '-기'가 있어요. 전자는 용언의 품사를 바꾸지 않으며, 전자가 결합해 활용된 용언은 서술하는 기능이 유지되고 부사어의 수식을 받을 수 있어요. 한편 후자가 결합하여 만들어진 명사는 관형어의 수식을 받을 수 있어요.

◦ 세상은 홀로 ㉠살기가 어렵다.
◦ 형은 충분히 ㉡잠으로써 피로를 풀었다.
◦ 날씨가 더워 시원한 ㉢얼음이 필요하다.
◦ 우리에게 건전한 ㉣놀이 문화가 필요하다.
◦ 이곳은 풍경이 매우 ㉤아름답기로 유명하다.

	ⓐ	ⓑ
①	㉠, ㉡	㉢, ㉣, ㉤
②	㉠, ㉤	㉡, ㉢, ㉣
③	㉢, ㉣	㉠, ㉡, ㉤
④	㉠, ㉡, ㉤	㉢, ㉣
⑤	㉡, ㉢, ㉣	㉠, ㉤

81 [2018년 3월 고3 학평 13번]

<보기>의 밑줄 친 부분과 관련한 탐구로 적절하지 않은 것은?

보 기

선생님 : 지난 시간에 모둠별로 <그림>의 대상을 지칭하는 새말을 만드는 활동을 했어요. 이번 시간에는 지난 시간에 만든 새말들의 단어 구조에 대해 탐구해 봅시다.

◦ **모둠 활동 결과**

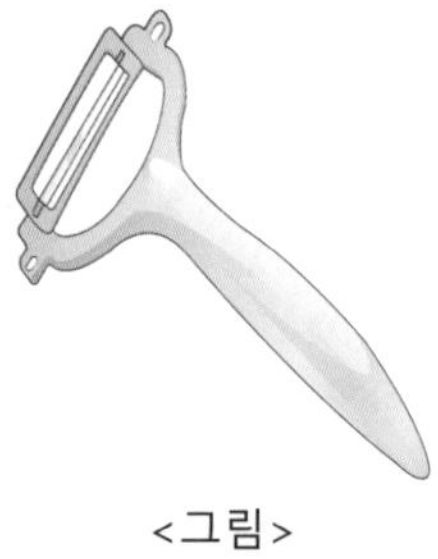

<그림>

	새말
㉠	오이칼, 껍질칼
㉡	갉작갉작칼, 사각사각칼
㉢	까개, 깎개
㉣	긁도구, 밀도구
㉤	박박이, 쓱쓱이

① ㉠은 명사 어근들을 결합하여 만든 통사적 합성어입니다.
② ㉡은 부사 어근과 명사 어근을 결합하여 만든 비통사적 합성어입니다.
③ ㉢은 동사 어근에 접사를 결합하여 만든 파생어입니다.
④ ㉣은 명사 어근에 접사를 결합하여 만든 파생어입니다.
⑤ ㉤은 부사 어근에 접사를 결합하여 만든 파생어입니다.

82 [2018년 4월 고3 학평 12번]

<보기>의 ㉠과 ㉡에 모두 해당하는 단어로 적절한 것은?

보 기

복합어는 어근과 어근이 결합되거나 어근에 접사가 결합되어 만들어진다. 이런 결합 관계는 여러 번에 걸쳐 일어나기도 해서, ㉠어근과 어근이 결합한 데 다시 접사가 붙는 경우도 있고, 어근과 접사가 결합한 데 다시 접사가 붙는 경우도 있다. 이때 ㉡접사가 결합되어 어근의 품사가 변하는 경우도 있다.

① 군것질 ② 바느질 ③ 겹겹이
④ 다듬이 ⑤ 헛웃음

83 [2018년 10월 고3 학평 12번]

<보기>에 제시된 ㉮와 ㉯의 사례를 올바르게 짝지은 것은?

보 기

파생어는 어근에 접사가 붙어 이루어진 말이다. 파생어 형성의 결과 품사가 달라지는 경우가 있고, 문장에 사용된 어떤 단어가 파생어로 바뀌면 그 파생어로 인해 문장 구조가 달라지는 경우도 있다. 예컨대 형용사 '괴롭다'는 동사 '괴롭히다'로 파생된다. 또한 '마음이 괴롭다.'의 '괴롭다'를 '괴롭히다'로 바꾸면 '마음을 괴롭히다.'와 같이 문장 구조가 달라진다.

품사	문장 구조	
○	○	㉮
○	×	
×	○	㉯
×	×	

(○ : 달라짐. × : 달라지지 않음.)

	㉮	㉯
①	(풀을) 깎다 → (풀이) 깎이다	(발을) 밟다 → (발이) 밟히다
②	(풀을) 깎다 → (풀이) 깎이다	(불이) 밝다 → (불을) 밝히다
③	(방이) 넓다 → (방을) 넓히다	(책을) 팔다 → (책이) 팔리다
④	(방이) 넓다 → (방을) 넓히다	(굽이) 높다 → (굽을) 높이다
⑤	(음이) 낮다 → (음을) 낮추다	(문을) 밀다 → (문을) 밀치다

84 [2019년 9월 고3 모평 14번]

<보기>의 ㉠과 ㉡을 모두 충족하는 예로 적절한 것은?

보 기

'붙잡다'의 어간 '붙잡-'은 어근 '붙-'과 어근 '잡-'으로 나뉘고, '잡히다'의 어간 '잡히-'는 어근 '잡-'과 접사 '-히-'로 나뉜다. 이렇듯 어떤 말을 둘로 나누었을 때 나누어진 두 요소 각각을 직접 구성 요소라 하는데, 어근과 어근으로 분석되는 말을 합성어라 하고 어근과 접사로 분석되는 말을 파생어라 한다.

그런데 ㉠어간이 3개 이상의 구성 요소로 이루어진 경우가 있다. 이때 ㉡직접 구성 요소가 먼저 어근과 어근으로 분석되면 합성어이고 어근과 접사로 분석되면 파생어이다. 예컨대 '밀어붙이다'는 직접 구성 요소가 먼저 어근과 어근으로 분석되므로 합성어이다.

① 밤새 거센 비바람이 내리쳤다.
② 책임을 남에게 떠넘기면 안 된다.
③ 차바퀴가 진흙 바닥에서 헛돌았다.
④ 거리에는 매일 많은 사람이 오간다.
⑤ 그들은 끊임없이 짓밟혀도 굴하지 않았다.

85 [2020년 3월 고3 학평 13번]

<보기 1>을 바탕으로 <보기 2>의 ㉠~㉤에 대해 설명한 내용으로 적절하지 않은 것은?

보기 1

합성 명사의 구성 요소 중 선행 요소는 다양한 품사의 단어이지만 후행 요소는 일반적으로 명사이다.

보기 2

㉠새해를 맞이하여 오랜만에 할머니 댁에 갔다. 할머니께서 점심으로 ㉡굵은소금 위에 새우를 올려놓고 구워 주셨고, 저녁에는 ㉢산나물을 넣은 비빔밥을 해 주셨다. 내가 할머니께 스마트폰의 여러 기능을 알려 드리자 "㉣척척박사로구나."라며 ㉤어린아이처럼 좋아하셨다.

① ㉠은 관형사와 명사가 결합한 합성 명사이다.
② ㉡은 동사의 활용형과 명사가 결합한 합성 명사이다.
③ ㉢은 명사와 명사가 결합한 합성 명사이다.
④ ㉣은 부사와 명사가 결합한 합성 명사이다.
⑤ ㉤은 형용사의 활용형과 명사가 결합한 합성 명사이다.

86 [2020년 10월 고3 학평 15번]

<보기>의 ㉠~㉣을 바르게 분류한 것은? [3점]

보 기

※ 다음 밑줄 친 단어를 통해 합성어의 형성 과정을 탐구해 보자.

- 이곳은 ㉠이른바 우리나라의 곡창 지대이다.
- 붕대로 ㉡감싼 상처가 정말 심각해 보였다.
- 집행부가 질서를 ㉢바로잡을 계획을 세웠다.
- 대학교에 가려면 ㉣건널목을 건너야만 한다.

[탐구 과정]

어근의 배열이 우리말의 일반적인 문장 구성 방식에 맞습니까? → 아니요 → [A]
↓ 예
합성어의 품사와 합성어를 이루는 뒤 어근의 품사가 일치합니까? → 아니요 → [B]
↓ 예
[C]

	[A]	[B]	[C]
①	㉠	㉡, ㉣	㉢
②	㉠, ㉢	㉡	㉣
③	㉡	㉠	㉢, ㉣
④	㉡	㉢	㉠, ㉣
⑤	㉡, ㉣	㉢	㉠

87 [2021년 3월 고3 학평 35번]

[학습 활동]을 수행한 결과로 적절하지 않은 것은?

선생님 : 형용사 형성 파생법은 크게 접두사에 의한 파생법과 접미사에 의한 파생법으로 나누어 볼 수 있습니다. 일반적으로 접두사에 의한 파생법은 ㉠형용사 어근 앞에 뜻을 더하는 접사가 붙은 것이고, 접미사에 의한 파생법은 대체로 ㉡명사 어근 뒤에 어근의 품사를 형용사로 바꾸는 접사가 붙은 것입니다. 그럼 아래를 참고하여, [학습 활동]을 해결해 볼까요?

[접두사] 새-, 시-
[접미사] -롭다, -되다, -답다, -스럽다

[학습 활동] 다음에서 ㉠, ㉡에 해당하는 예를 찾아보자.

나는 바닷가 산책로를 따라 걸었다. 바로 코끝에서 **시퍼런** 바닷물이 철썩거리고 있었다. 늘 걷던 길이 오늘따라 **새롭게** 느껴지는 것은 곧 이곳을 떠나야 한다는 사실 때문일 것이다. 여기 머문 지도 어느새 삼 년이 되어 간다. 돌이켜 보면 **복된** 나날이었다. 이웃들과 매일 **정답게** 인사를 주고받았으며, 어디서든 아이들의 **사랑스러운** 웃음소리를 들을 수 있었다.

① '시퍼런'은 접두사 '시-'가 형용사 어근 앞에 붙어 형성된 말의 활용형으로, ㉠에 해당하는 예이다.
② '새롭게'는 접두사 '새-'가 형용사 어근 앞에 붙어 형성된 말의 활용형으로, ㉠에 해당하는 예이다.
③ '복된'은 접미사 '-되다'가 명사 어근 뒤에 붙어 형성된 말의 활용형으로, ㉡에 해당하는 예이다.
④ '정답게'는 접미사 '-답다'가 명사 어근 뒤에 붙어 형성된 말의 활용형으로, ㉡에 해당하는 예이다.
⑤ '사랑스러운'은 접미사 '-스럽다'가 명사 어근 뒤에 붙어 형성된 말의 활용형으로, ㉡에 해당하는 예이다.

88 [2021년 4월 고3 학평 38번]

<보기>는 학생들이 작성한 탐구 보고서의 일부이다. [가]에 들어갈 내용으로 적절한 것은?

보 기

○ 탐구 개요

학생들은 형태가 동일한 두 형태소가 하나는 어근, 하나는 접사로 사용되는 경우 이를 구분할 때 어려움을 겪는 경향이 있다. 그래서 우리 반 학생들을 대상으로 관련 사례에 대한 반응을 조사한 후 이를 토대로 결과를 분석하고 추가 예시 자료를 제시하여 학생들의 이해를 돕고자 한다.

○ 사례

1. 마당 [한]가운데 꽃이 폈다. (㉠: 한)
2. 그가 이 책의 지은[이]이다. (㉡: 이)
3. 커다란 [알]밤을 주웠다. (㉢: 알)

○ 학생들의 반응

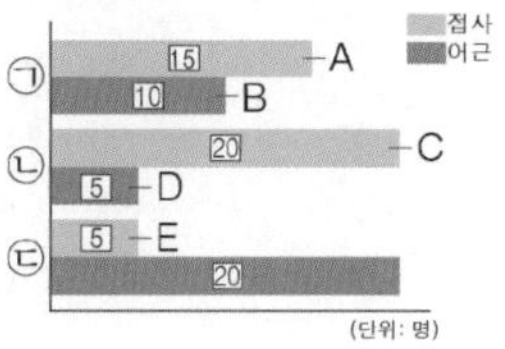

○ 결과 분석 및 추가 예시 자료 제시

[가]

① '사례 1'에 대해 ㉠을 잘못 알고 있는 학생들이 더 많다. 이에 따라 'A 집단'의 이해를 돕기 위해 ㉠이 쓰인 예로 '한번'을 제시한다.

② '사례 1'에 대해 ㉠을 잘못 알고 있는 학생들이 더 적다. 이에 따라 'B 집단'의 이해를 돕기 위해 ㉠이 쓰인 예로 '한복판'을 제시한다.

③ '사례 2'에 대해 ㉡을 잘못 알고 있는 학생들이 더 많다. 이에 따라 'C 집단'의 이해를 돕기 위해 ㉡이 쓰인 예로 '먹이'를 제시한다.

④ '사례 2'에 대해 ㉡을 잘못 알고 있는 학생들이 더 적다. 이에 따라 'D 집단'의 이해를 돕기 위해 ㉡이 쓰인 예로 '미닫이'를 제시한다.

⑤ '사례 3'에 대해 ㉢을 잘못 알고 있는 학생들이 더 적다. 이에 따라 'E 집단'의 이해를 돕기 위해 ㉢이 쓰인 예로 '알사탕'을 제시한다.

89 [2021년 9월 고3 모평 37번]

<보기>의 ㉮에 들어갈 말로 적절하지 않은 것은?

보 기

선생님 : 다음은 접사의 특징을 확인하기 위해 수집한 파생어들이에요. ㉠~㉤에서 각각 확인되는 접사의 공통점을 설명해 보세요.

㉠ 넓이, 믿음, 크기, 지우개
㉡ 끄덕이다, 출렁대다, 반짝거리다
㉢ 울보, 낚시꾼, 멋쟁이, 장난꾸러기
㉣ 밀치다, 살리다, 입히다, 깨뜨리다
㉤ 부채질, 풋나물, 휘감다, 빼앗기다

학생 : 예, 접사가 [㉮]는 공통점이 있습니다.

① ㉠에서는 용언에 결합하여 명사를 만든다
② ㉡에서는 부사에 결합하여 동사를 만든다
③ ㉢에서는 사람을 가리키는 의미의 단어를 만든다
④ ㉣에서는 주동사에 결합하여 사동사를 만든다
⑤ ㉤에서는 어근과 품사가 동일한 단어를 만든다

90 [2022년 10월 고3 학평 37번]

<보기>의 '복합어'를 '분류 과정'에 따라 분류할 때, ㉠과 ㉡에 들어갈 말을 바르게 짝지은 것은? [3점]

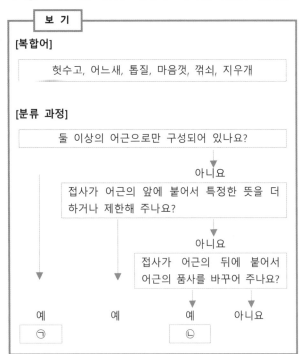

보 기

[복합어]

헛수고, 어느새, 톱질, 마음껏, 꺾쇠, 지우개

[분류 과정]

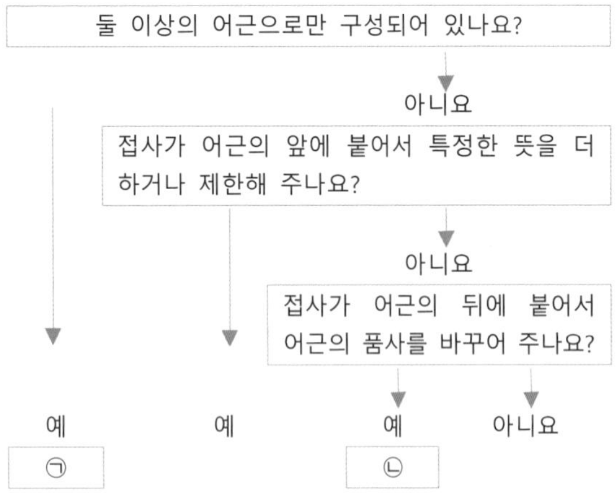
둘 이상의 어근으로만 구성되어 있나요?
아니요
접사가 어근의 앞에 붙어서 특정한 뜻을 더하거나 제한해 주나요?
아니요
접사가 어근의 뒤에 붙어서 어근의 품사를 바꾸어 주나요?
예
예
예
아니요
㉠
㉡

	㉠	㉡
①	어느새, 꺾쇠	마음껏, 지우개
②	헛수고, 어느새	지우개
③	톱질, 꺾쇠	헛수고, 마음껏
④	톱질, 마음껏, 꺾쇠	헛수고
⑤	어느새, 톱질, 꺾쇠	지우개

91 [2023년 7월 고3 학평 38번]

<보기>의 ㉠에 들어갈 말로 적절한 것은?

보 기

선생님 : 우리말에서 '새-, 샛-, 시-, 싯-'은 색채를 나타내는 형용사에 붙어 '매우 짙고 선명하게'의 뜻을 더하는 접두사입니다. 이 접두사들은 결합하는 형용사의 어두음과 첫음절의 모음에 따라 각각 다르게 사용되는데요, 다음의 자료를 바탕으로 '새-, 샛-, 시-, 싯-'에 대해 탐구해 보세요.

자료

	㉮	㉯
ⓐ	새까맣다	시꺼멓다
ⓑ	새파랗다	시퍼렇다
ⓒ	새하얗다	시허옇다
ⓓ	샛노랗다	싯누렇다
ⓔ	샛말갛다	싯멀겋다

학생 : ______________㉠______________

① ⓐ를 보니, '새-'와 달리 '시-'는 결합하는 형용사의 어두음이 된소리일 때에 붙었어요.

② ㉮를 보니, '샛-'과 달리 '새-'는 결합하는 형용사의 첫음절의 모음이 양성 모음일 때에 붙었어요.

③ ㉯를 보니, '시-'와 달리 '싯-'은 결합하는 형용사의 첫음절의 모음이 음성 모음일 때에 붙었어요.

④ ㉮와 ㉯를 보니, '새-, 샛-'과 달리 '시-, 싯-'은 결합하는 형용사의 어두음이 거센소리일 때에 붙었어요.

⑤ ⓐ~ⓒ와 ⓓ~ⓔ를 보니, '새-, 시-'와 달리 '샛-, 싯-'은 결합하는 형용사의 어두음이 울림소리일 때에 붙었어요.

92 [2023년 10월 고3 학평 38번]

<보기>의 ⓐ~ⓒ에 들어갈 말을 바르게 짝지은 것은?

> **보 기**
>
> **학생 1** : 우리 스무고개 할래? [자료]에 있는 단어 중에서 내가 무얼 생각하는지 맞혀 봐.
>
> **[자료]**
> 높이다 접히다 여닫다
>
> **학생 2** : 좋아. 그 단어는 어근과 어근으로 구성되었니?
> **학생 1** : 아니, 어근과 접사로 이루어져 있어.
> **학생 2** : 그렇다면 [ⓐ]는 아니겠군. 그러면 단어의 품사가 어근의 품사와 같니?
> **학생 1** : 아니, 이 단어의 품사는 어근의 품사와 달라.
> **학생 2** : [ⓑ]는 접사가 결합하며 품사가 달라지지 않았고, [ⓒ]는 접사가 결합하며 품사가 달라졌네. 그렇다면 네가 생각하는 단어는 [ⓒ]이구나!
> **학생 1** : 맞아, 바로 그거야.

	ⓐ	ⓑ	ⓒ
①	여닫다	접히다	높이다
②	여닫다	높이다	접히다
③	높이다	여닫다	접히다
④	높이다	접히다	여닫다
⑤	접히다	여닫다	높이다

93 [2024년 3월 고3 학평 38번]

<보기>를 읽고 이해한 내용으로 적절하지 <u>않은</u> 것은?

> **보 기**
>
> 합성어 중에는 ㉮두 어근이 대등하게 결합하는 것이 있고, ㉯한 어근이 다른 어근을 수식하는 것도 있다. 한편 ㉰각각의 어근이 원래 지닌 의미와는 다른 새로운 의미를 가지는 것도 있다.
>
> ㄱ. 시냇물 주위로 논밭이 펼쳐진 경치가 아름답다.
> ㄴ. 오늘 오랜만에 점심으로 보리밥 한 그릇을 먹었다.
> ㄷ. 버스가 돌다리를 건너 우리 마을로 들어서고 있었다.
> ㄹ. 지난밤 폭설로 인해 눈이 얼어 길바닥이 미끄러워졌다.
> ㅁ. 그는 피땀을 흘려 모은 재산을 장학금으로 기부하였다.

① ㄱ의 '논밭'은 두 어근이 대등하게 결합하고 있으므로 ㉮에 해당한다.
② ㄴ의 '보리밥'은 두 어근이 대등하게 결합하고 있으므로 ㉮에 해당한다.
③ ㄷ의 '돌다리'는 앞의 어근이 뒤의 어근을 수식하고 있으므로 ㉯에 해당한다.
④ ㄹ의 '길바닥'은 앞의 어근이 뒤의 어근을 수식하고 있으므로 ㉯에 해당한다.
⑤ ㅁ의 '피땀'은 두 어근의 의미와 다른 새로운 의미를 가지므로 ㉰에 해당한다.

94 [2024년 10월 고3 학평 38번]

<보기>의 ㉠~㉥에 대한 이해로 적절한 것은?

> **보 기**
>
> 용언은 활용을 하기 때문에 어간과 어미로 나눌 수 있으며 어미에는 어말 어미와 선어말 어미가 있다. 용언이 복합어인 경우에 합성어 용언의 어간은 '어근+어근'으로 구성되어 있고, 파생어 용언의 어간은 '접두사+어근' 혹은 '어근+접미사'로 구성되어 있다.
>
> ○ 뛰는 토끼 잡으려다 잡은 토끼 ㉠<u>놓친다</u>.
> ○ 치료 시기를 ㉡<u>넘기면</u> 건강을 ㉢<u>되찾기</u> 어렵다.
> ○ 책임자는 건물의 완공일을 일주일 정도 ㉣<u>앞당겼다</u>.
> ○ 그는 흙과 모래를 ㉤<u>뒤섞는</u> 일을 혼자 ㉥<u>끝마치곤</u> 했다.

① ㉠과 ㉥은 동일한 선어말 어미가 쓰였다.
② ㉡과 ㉣은 어간에 동일한 접사가 쓰였다.
③ ㉢과 ㉤의 어간은 접두사와 어근으로 구성되었다.
④ ㉣은 두 개의 선어말 어미와 한 개의 어말 어미가 쓰였다.
⑤ ㉥의 어간은 어근과 접미사로 구성되었다.

MEMO

MEMO

연매 1000제

Part 02

문장

문장 영역 필수 개념

핵심 기출 문제

문장 영역 필수 개념 – 문장 성분

1 문장 성분

(1) 주성분 : 문장을 이루는 데 골격이 되는 부분

주어	서술어에 의해 표현되는 동작, 상태, 성질의 주체가 되는 문장 성분 ① 체언 + 주격 조사('이/가, 께서, 에서') 예 **연우**가 밥을 먹는다. ② 체언 + 주격 조사 생략 예 **연우** 밥을 먹는다. ③ 체언 + 보조사('은/는, 도, 만, …') 예 **연우**도 밥을 먹는다.
목적어	서술어가 표현하는 동작의 대상이 되는 문장 성분 ① 체언 + 목적격 조사('을/를') 예 연우가 **밥을** 먹는다. ② 체언 + 목적격 조사 생략 예 연우가 **밥** 먹는다. ③ 체언 + 보조사('은/는, 도, 만, …') 예 연우가 **밥만** 먹는다.
보어	서술어를 보충해 주는 부분으로 '되다, 아니다' 앞에 오는 문장 성분 ① 체언 + 보격 조사('이/가') 예 연우가 **의사가** 되었다. 연우는 **학생이** 아니다. ② 체언 + 보격 조사 생략 예 연우가 **의사** 되었다. 연우는 **학생** 아니다. ③ 체언 + 보조사('은/는, 도, 만, …') 예 연우가 **의사는** 되었다. 연우는 **학생은** 아니다.
서술어	주어의 동작, 상태, 성질 등을 풀이하는 기능을 하는 문장 성분 ① 동사 예 연우가 학교에 **간다.** ② 형용사 예 연우도 **예쁘다.** ③ 체언 + 서술격 조사('이다') 예 연우는 **고등학생이다.**

문장의 기본 골격

	주어	서술어	서술어의 성격	예시
문장의 기본 구조	누가/무엇이	어찌하다	대상의 움직임을 나타냄.	연하가 뛰어간다.
	누가/무엇이	어떠하다	대상의 상태나 성질을 나타냄.	연서가 예쁘다.
	누가/무엇이	무엇이다	대상을 지정함.	오늘은 수요일이다.

(2) 부속 성분 : 주성분의 내용을 수식하는 부분

관형어	체언을 수식하는 문장 성분 ① 관형사 예 서윤이가 **새** 신발을 샀다. ② 체언 + 관형격 조사('의') 예 **서윤이의** 공책이 탐난다. ③ 체언 단독 예 **서윤이** 공책이 탐난다. ④ 용언 어간 + 관형사형 어미('-(으)ㄴ, -는, -(으)ㄹ, -던') 예 서윤이가 **예쁜** 옷을 샀다.
부사어	용언이나 관형어, 다른 부사어 또는 문장 전체를 수식하는 문장 성분 ① 부사 예 건우는 기분이 **매우** 좋다. ② 체언 + 부사격 조사('에, 에게, 에서, 으로, …') 예 건우가 **집에** 간다. ③ 용언 어간 + 부사형 어미('-게, -도록') 예 건우는 밥을 **빠르게** 먹는다.

(3) 독립 성분 : 다른 문장 성분과는 직접적인 관련이 없는 부분

독립어	다른 문장 성분과 직접적인 관련이 없는 문장 성분 ① 감탄사 예 **아!** 숙제를 안 했구나. ② 체언 + 호격 조사('아, 야') 예 **서윤아,** 지금 어디 가니? ③ 제시어 (강조하기 위하여 따로 내세우는 말) 예 **청춘,** 그 찬란한 희망의 이름이여!

(4) 서술어 자릿수 : 서술어가 요구하는 필수 성분의 개수

한 자리 서술어	대부분의 자동사와 형용사처럼 주어 하나만을 필수적으로 가지는 서술어 예 진희가 **운다.** 진희는 **예쁘다.** 진희가 **공부한다.** 진희는 **학생이다.**
두 자리 서술어	주어 외에 또 다른 한 성분을 필수적으로 요구하는 서술어 예 경아는 연극을 **보았다.** ('보다'는 주어와 목적어를 필요로 하는 두 자리 서술어) 예 민지는 미녀가 **아니다.** ('아니다'는 주어와 보어를 필요로 하는 두 자리 서술어) 예 노력은 성공과 **같다.** ('같다'는 주어와 부사어를 필요로 하는 두 자리 서술어)
세 자리 서술어	주어를 포함하여 세 성분을 필수적으로 요구하는 서술어 예 할머니께서 우리들에게 세뱃돈을 **주셨다.** 예 경아가 편지를 우체통에 **넣었다.** ('주다, 넣다, 삼다, 여기다' 등은 모두 주어, 목적어, 부사어를 필요로 하는 세 자리 서술어)

문장 영역 필수 개념 - 문장의 짜임

1 문장의 짜임

(1) 문장의 종류

홑문장	주어와 서술어의 관계가 한 번만 나타나는 문장 예 봄이 온다.	
겹문장	주어와 서술어의 관계가 두 번 이상 나타나는 문장	
	안은문장	주어와 서술어를 갖춘 안긴문장(=절)을 하나의 문장 성분으로 안고 있는 문장 예 지금은 집에 가기에 이르다.
	이어진문장	둘 이상의 홑문장이 연결 어미에 의해 결합된 문장 예 겨울이 가고, 봄이 온다.

(2) 안은문장

명사절을 안은문장	① 주어, 목적어, 보어, 부사어 등의 기능을 하는 명사절을 안고 있는 문장 ② 용언의 어간에 명사형 어미 '-(으)ㅁ, -기'가 붙어 이루어지는 절 예 경아는 **돈이 없음**을 깨달았다. 예 시간이 **학교에 가기**에는 이르다.
관형절*을 안은문장	① 관형어의 기능을 하는 관형절을 안고 있는 문장 ② 용언의 어간에 관형사형 어미 '-는, -(으)ㄴ, -(으)ㄹ, -던'이 붙어 이루어지는 절 예 경아는 **돈이 없는** 사람을 좋아한다. 예 나는 **이마에 흐르는** 땀을 닦았다.
부사절을 안은문장	① 부사어의 기능을 하는 부사절을 안고 있는 문장 ② 용언의 어간에 부사형 어미 '-게, -도록'이나 부사 파생 접미사 '-이'가 붙어 이루어지는 절 (※ '-이'는 '다르다, 같다, 없다' 등에 제한적으로 결합) 예 경아는 **돈이 없이** 가게에 갔다. 예 나는 **눈썹이 휘날리게** 뛰었다.
서술절을 안은문장*	서술어의 기능을 하는 서술절을 안고 있는 문장 예 경아는 **돈이 없다.** 예 선생님은 **성격이 좋으시다.**
인용절을 안은문장	① 다른 사람의 말이나 글을 인용한 인용절을 안고 있는 문장 ② 남의 말을 직접이나 간접으로 인용하면서 인용 부사격 조사 '고'(간접), '라고'(직접)가 붙어 이루어지는 절 예 철수는 선생님께 **돈이 없다고** 말했다. 예 철수는 선생님께 **"돈이 없어요."라고** 말했다.

* 관형절의 종류

관계 관형절	관형절과 주절의 동일 대상이 생략됨. 예 내가 어제 본 영화가 재미있었다. → 내가 어제 (영화를) 보다. + 영화가 재미있었다.
동격 관형절	관형절과 관형절의 수식을 받는 체언의 의미 동일 → 문장 성분 생략 없음. 예 나는 그녀가 대학에 합격했다는 소식을 들었다. → 그녀가 대학에 합격했다. + 나는 소식을 들었다.

* 서술절을 안은문장의 주어

서술절을 안은문장은 한 문장에 주어가 두 개 있는 것처럼 보인다. 이때 앞에 나오는 주어를 제외한 나머지 부분이 서술절에 해당한다.

예 코끼리는 코가 길다.

(3) 이어진문장

대등하게 이어진문장	① 앞 절과 뒤 절의 의미가 대등한 관계로 결합된 문장 ② 대등적 연결 어미 '-고, -(으)며, -(으)나, -지만' 등에 의하여 이어진 문장 예 인생은 짧으나, 예술은 길다.
종속적으로 이어진문장	① 앞 절과 뒤 절의 의미가 종속적인 관계로 결합된 문장 ② 종속적 연결 어미 '-면, -(어)서/(아)서, -는데, -일지라도, -(으)니' 등으로 이어진 문장 예 비가 오면, 기온이 내려간다.

MEMO

문장 영역 필수 개념 - 종결, 높임, 시간 표현

1 종결 표현

종류	종결 어미	특징
평서문	-다, -네, -ㅂ니다 등	말하는 이가 듣는 이에 대해서 특별히 요구하는 일 없이 자신의 생각만을 단순하게 진술하는 문장 예 주형이가 학교에 **간다.**
의문문	-니, -는가, -ㅂ니까 등	말하는 이가 듣는 이에게 질문하여 그 대답을 요구하는 문장 ① 판정 의문문: 단순한 긍정, 부정의 대답을 요구하는 의문문 예 주형이가 학교에 **갔니?** ② 설명 의문문: 의문사를 사용하여 일정한 설명을 요구하는 의문문 예 주형이가 왜 **갔니?** ③ 수사 의문문 : 대답을 요구하지 않고 서술, 명령, 감탄의 효과를 내는 의문문 예 노을이 얼마나 **아름다운가?**
명령문	-어라/-아라, -거라 등	말하는 이가 듣는 이에게 어떤 행동을 하게 하거나, 하지 않도록 요구하는 문장 예 성후야, 학교에 **가거라.**
청유문	-자, -세, -ㅂ시다 등	말하는 이가 듣는 이에게 어떤 행동을 함께하도록 요청하는 문장 예 성후야, 학교에 **가자.**
감탄문	-구나, -구려, -도다 등	말하는 이가 듣는 이를 별로 의식하지 않고, 거의 독백하는 상태에서 자신의 느낌을 표현하는 문장 예 성후가 학교에 **가는구나!**

2 높임 표현

주체 높임법	말하는 이가 문장의 주어(서술의 주체)를 높이는 방법 ① 주체 높임 선어말 어미 '-(으)시-' 예 할아버지께서 **오셨습니다.** ② 주격 조사 '께서' 예 할아버지**께서** 식사를 하신다. ③ 특수 어휘 (계시다, 잡수시다, 주무시다 등) 예 할아버지께서 집에 **계신다.**
객체 높임법	문장의 목적어나 부사어가 나타내는 대상(서술의 객체)을 높이는 방법 ① 부사격 조사 '께' 예 할아버지**께** 여쭈어 보았다. ② 특수 어휘 (모시다, 뵙다, 여쭙다, 드리다) 예 할아버지를 **모시고** 집으로 왔다.
상대 높임법	문장의 종결 어미를 통해 듣는 이(청자)를 높이거나 낮추어 말하는 방법

상대 높임의 등분		평서법	의문법	명령법	청유법	감탄법
격식체	하십시오체 (아주 높임)	합니다	합니까?	하십시오	하시지요	
	하오체 (예사 높임)	하(시)오	하(시)오?	하(시)오, 하구려	합시다	하는구려
	하게체 (예사 낮춤)	하네, 함세	하는가?, 하나?	하게	하세	하는구먼
	해라체 (아주 낮춤)	한다	하니?, 하느냐?	하(거)라, 하렴	하자	하는구나
비격식체	해요체 (두루 높임)	해요, 하지요	해요?, 하지요?	하(세/셔)요	해요, 하지요	하는군요
	해체(반말) (두루 낮춤)	해, 하지	해?	해, 하지	해, 하지	하는군

• 간접 높임
주체를 직접 높이는 것이 아니라 주체와 관련된 다른 대상(신체의 일부분이나 소유물, 관련된 사물이나 일)을 높여 간접적으로 주체를 높이는 방법
예 선생님께서는 걱정거리가 많으시다.
예 교장 선생님의 말씀이 있으시겠습니다.

• 압존법
문장에서 주체가 말하는 이보다는 높은 사람이지만 듣는 이보다는 낮아서 그 주체를 높이지 않는 어법
예 할아버지, 아버지가 자요. (원칙)
할아버지, 아버지가/께서 주무셔요. (허용)

3 시간 표현

(1) 시제 : 말하는 순간(발화시)을 기준으로 어떤 사건이 일어난 순간(사건시)의 시간적 위치를 나타내는 문법 요소

과거 시제	사건시가 발화시보다 앞섬. 사건시 ▽ → ▲ 발화시	① 과거 시제 선어말 어미 '-았/었-, -았었/었었-, -더-' 예 서윤이가 빵을 **먹었다.** ② 동사의 어간 + 관형사형 어미 '-(으)ㄴ, -던' 예 서윤이가 **먹은** 빵은 맛있었다. ③ 형용사, 서술격 조사 + 관형사형 어미 '-던' 예 **푸르던** 하늘이 어두워졌다.
현재 시제	사건시와 발화시가 일치함. 사건시 ▽ → ▲ 발화시	① 현재 시제 선어말 어미 '-ㄴ-/-는-' (형용사는 기본형 자체가 현재 시제) 예 서윤이가 빵을 **먹는다.** / 서윤이는 아주 **예쁘다.** ② 동사의 어간 + 관형사형 어미 '-는' 예 서윤이가 **먹는** 빵은 정말 맛있다. ③ 형용사, 서술격 조사 + 관형사형 어미 '-(으)ㄴ' 예 **푸른** 하늘에 구름이 많다.
미래 시제	사건시가 발화시보다 이후임. ▲ 발화시 → 사건시 ▽	① 미래 시제 선어말 어미 '-겠-, -(으)리-' 예 나는 오늘부터 국어 공부를 열심히 **하겠다.** ② 관형사형 어미 '-(으)ㄹ, -(으)ㄹ 것' 예 내가 오늘부터 **공부할 것이다.**

(2) 동작상 : 발화시를 기준으로 어떤 동작이 진행 중인지 아니면 완료되었는지를 표현하는 것

진행상	시간의 흐름 속에서 어떤 동작이 진행되고 있음을 표현하는 것 예 비가 세차게 **내리고 있다.** / 준호는 밥을 **먹으면서** 시계를 본다.
완료상	시간의 흐름 속에서 어떤 동작이 이미 완료되었음을 표현하는 것 예 나영이는 의자에 **앉아 있다.** / 나영이가 밥을 다 **먹어 버렸다.**

선어말 어미의 기능

1. 선어말 어미 '-았-/-었-'의 다양한 기능

① 일반적으로 과거 시제를 나타낸다. 예 나는 어제 친구와 함께 학교에 갔다.
② 완결된 상황의 지속을 나타낸다. 예 저는 엄마를 닮았어요.
③ 미래 현실의 확신을 나타낸다. 예 책이 너무 재미있어. 오늘 밤 잠은 다 잤다.

2. 선어말 어미 '-았었-/-었었-'의 기능

: -았었-/-었었-'도 과거 시제를 나타내는 선어말 어미이지만, 발화시보다 전에 발생하여 현재와 '단절'된 사건을 표현한다는 점에서 '-았-/-었-'과 구별된다.
예 작년만 해도 이 저수지에는 물고기가 많았었다. → 올해는 저수지에 물고기가 많지 않다는 의미

3. 선어말 어미 '-겠-'의 의미

: 미래 시제 선어말 어미 '-겠-'은 추측, 의지, 가능성 등의 다양한 의미를 나타낸다.
예 내일은 눈이 오겠다. (추측)
예 내 힘으로 숙제를 하겠다. (의지)
예 나도 그 정도는 하겠다. (가능성)

문장 영역 필수 개념 - 피동, 사동, 부정 표현

1 피동 표현

능동과 피동 : 주어가 동작을 제힘으로 하는 문장을 능동문이라 하고, 다른 주체에 의해 동작이 이루어지거나 영향을 받는 문장을 피동문이라고 한다.

파생적 피동	피동 접미사 '-이-, -히-, -리-, -기-, -되다' 예 경찰이 도둑을 잡았다. (능동) → 도둑이 경찰에게 **잡혔다.** (피동)
통사적 피동	-게 되다, -어지다 예 영희가 철수의 오해를 풀었다. (능동) → 철수의 오해가 영희에 의해 **풀어졌다.** (피동)

이중 피동

피동 접미사 '-이-, -히-, -리-, -기-'와 '-어지다'를 함께 사용하는 경우로 문법에 어긋난 표현이 됨.
예 어려운 문제가 드디어 풀려졌다(풀-+-리-+-어지-+-었-+-다). (X)
→ 어려운 문제가 드디어 풀렸다(풀-+-리-+-었-+-다). (O)

2 사동 표현

주동과 사동 : 주어가 행위를 직접 하는 문장을 주동문이라고 하고, 주어가 다른 주체에게 행위를 하게 하는 문장을 사동문*이라고 한다.

파생적 사동	사동 접미사 '-이-, -히-, -리-, -기-, -우-, -구-, -추-, -시키다' 예 아기가 옷을 입었다. (주동) → 아빠가 아기에게 옷을 **입혔다.** (사동)
통사적 사동	-게 하다 예 아기가 옷을 입었다. (주동) → 아빠가 아기에게 옷을 **입게 하였다.** (사동)

* 사동문의 의미 차이
· 접사에 의한 사동문(파생적 사동문) : 두 가지 뜻으로 해석이 가능하다.
예 어머니께서 동생에게 약을 먹이셨다.
→ 약을 입에 직접 넣어 주어 먹였다. (직접적)
→ 동생이 스스로 약을 먹도록 시키셨다. (간접적)
· '-게 하다'에 의한 사동문(통사적 사동문) : 주로 간접적 의미를 드러낸다.
예 어머니께서 동생에게 약을 먹게 하셨다. (간접적)

피동사와 사동사의 형태가 같은 경우

문맥을 통해 구별하거나 목적어의 유무로 판단
예 멀리 바다가 **보였다.** (피동), 누나가 나에게 사진을 **보였다.** (사동)
예 엄마의 품에 **안겼다.** (피동), 나에게 선물을 **안겼다.** (사동)

3 부정 표현

부정문 : 부정 부사 '안, 못(짧은 부정)' 혹은 부정 용언 '아니하다, 못하다, 말다(긴 부정)' 등이 사용된 문장

안 부정문	① 부정 부사 '안', 부정 용언 '아니하다'를 사용한다. (의지 부정, 상태 부정) ② '안'에 의한 부정문을 짧은 부정문, '아니하다'에 의한 부정문을 긴 부정문이라고 한다. 예 나는 그 영화를 **안** 보았다. 나는 그 영화를 **보지 않았다.**
못 부정문	① 부정 부사 '못', 부정 용언 '못하다'를 사용한다. (능력 부정, 외부 원인에 의한 부정) ② '못'에 의한 부정문을 짧은 부정문, '못하다'에 의한 부정문은 긴 부정문이라고 한다. 예 나는 그 영화를 **못** 보았다. 나는 그 영화를 **보지 못했다.**
말다 부정문	① 명령문에서는 '마/마라', 청유문에서는 '말자'를 사용한다. ② 명령문과 청유문에서만 사용된다. 예 순대를 **먹지 마라.** (명령문) 호박죽을 **먹지 말자.** (청유문)

MEMO

문장 - 문장 성분

95 [2014년 6월 고1 학평 14번]

<보기>의 밑줄 친 부분에 해당하는 것만을 ㉠~㉣ 중에서 있는 대로 고른 것은?

> **보 기**
>
> 하나의 문장이 문법적으로 완전한 문장을 이루기 위해서는 서술어가 반드시 요구하는 문장 성분을 갖추어야 한다. 이때 대상이 되는 문장 성분은 주어 이외에 목적어, 보어, 필수 부사어가 있다.
>
> ○ 철수는(㉠) 어제(㉡) 민규에게(㉢) 책을(㉣) 돌려주었다.

① ㉠, ㉡
② ㉠, ㉣
③ ㉡, ㉢
④ ㉠, ㉢, ㉣
⑤ ㉡, ㉢, ㉣

96 [2015년 6월 고1 학평 14번]

<보기>를 바탕으로 관형어에 대해 탐구한 내용으로 적절하지 않은 것은?

> **보 기**
>
> ㉠ 그녀는 파란 옷을 입었다.
> ㉡ 이 우산은 새 것이다.
> ㉢ 시골 풍경은 마음을 편안하게 해.
> ㉣ 영희는 내가 읽은 책을 읽을 계획이다.

① ㉠을 보니 관형어는 체언의 의미 범위를 축소하고 있음을 알 수 있군.
② ㉡을 보니 관형어가 없으면 올바른 문장이 되지 않을 수도 있군.
③ ㉢을 보니 관형격 조사가 붙지 않은 체언은 관형어가 될 수 없군.
④ ㉣을 보니 관형사형 어미를 통해 시제를 표현할 수 있군.
⑤ ㉣을 보니 하나의 문장이 다른 문장 안에서 관형어의 기능을 할 수 있군.

97 [2016년 11월 고1 학평 13번]

<보기>는 문장 성분을 이해하기 위한 학습활동의 일부이다. [A]에 들어갈 내용으로 적절하지 않은 것은?

> **보 기**
>
> **[탐구 방법]**
> 1. 특정 문장 성분을 생략할 경우 문장이 성립하는가를 확인하고 그 성분이 문장 구성에 필수적인지를 판단한다.
> 2. 특정 문장 성분이 어떤 기능을 하는가를 문장 내 다른 성분과의 관계를 고려해서 판단한다.
>
> **[탐구 대상]**
> ㄱ. 꼼꼼한 소윤이가 가위로 색종이를 잘랐다.
> ㄴ. 경민이는 옆집의 효빈이를 동생으로 삼았다.
>
> **[탐구 결과]**
> [A]

① ㄱ의 '색종이를'은 필수적인 성분으로, '잘랐다'라는 행위의 대상으로 기능한다.
② ㄱ의 '꼼꼼한'과 ㄴ의 '옆집의'는 필수적이지 않은 성분으로, 문장 내에서 동일한 기능을 한다.
③ ㄱ의 '소윤이가'와 ㄴ의 '경민이는'은 필수적인 성분으로, 문장 안에서 행위의 주체로 기능을 한다.
④ ㄱ의 '잘랐다'와 ㄴ의 '삼았다'는 필수적인 성분으로, 문장 안에서 주체의 행위를 표현하는 기능을 한다.
⑤ ㄱ의 '가위로'와 ㄴ의 '동생으로'는 필수적이지 않은 성분으로, 문장 내의 특정 단어를 수식하는 기능을 한다.

98 [2017년 6월 고1 학평 14번]

<보기>의 ㉠에 해당하는 예로 적절한 것은?

> **보 기**
>
> 부사어는 문장 내에서 다른 성분을 꾸며 주는 부속성분이므로 생략할 수 있다. 그러나 부사어 중에는 문장을 구성하는 데 꼭 필요한 부사어도 있는데 이를 ㉠'필수 부사어'라고 한다. 예를 들어 '그는 비겁하게 굴었다.'에서 '비겁하게'는 부사어이지만 이 말이 빠지면 문법적으로 완전한 문장을 이루지 못하므로 '비겁하게'는 필수 부사어이다.

① 철수가 매우 빨리 달렸다.
② 나는 철수에게 선물을 주었다.
③ 그녀는 마침내 꿈을 이루었다.
④ 정원에 장미가 예쁘게 피었다.
⑤ 나는 오후에 할머니 댁을 방문했다.

99 [2018년 3월 고1 학평 13번]

<보기>의 [자료]를 근거로 할 때, [활동]에 대한 답으로 적절한 것은? [3점]

> **보 기**
>
> **[자료]**
>
> '구문 도해'는 문장의 짜임을 그림으로 풀이한 것이다. 국어학자 최현배는 아래 그림과 같이 문장의 구문 도해를 나타내었다.
>
> 이 구문 도해는 '그가 새 옷을 드디어 입었다.'라는 문장을 나타낸 것이다. 중간에 내리그은 세로줄 왼편에는 주성분인 주어(그가), 목적어(옷을), 서술어(입었다)를, 오른편에는 부속 성분인 관형어(새), 부사어(드디어)를 배치하였다. 그리고 서로 다른 두 성분 사이에는 가로로 외줄을 그었는데, 특히 주어 부분과 그 외의 부분을 구분할 때에는 가로로 쌍줄을 그었다. 또한 조사는 앞말과의 사이에 짧은 세로줄을 그어 표시하였다.
>
> 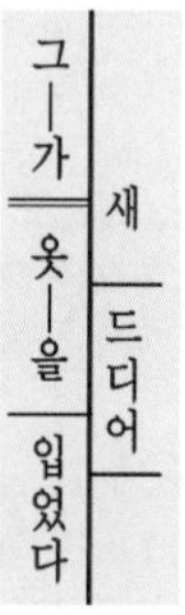
>
>
> **[활동]**
>
> 다음 문장의 구문 도배를 나타내시오.
>
> 나는 그 책도 샀다.

①

②
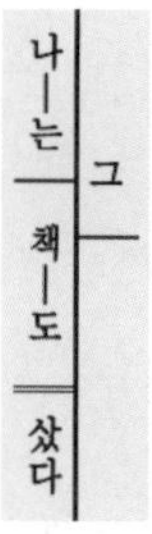

③

④
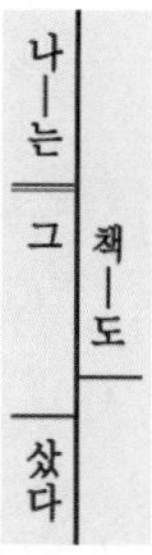

⑤

100 [2020년 3월 고1 학평 15번]

<보기>에 있는 '자료'의 밑줄 친 부분에 ㄱ~ㄷ에 해당하는 예를 찾아 넣으려고 할 때, 적절하지 않은 것은?

> **보 기**
>
> 목적어는 문장에서 주로 서술어가 나타내는 동작의 대상이 되는 문장 성분이다. 문장에서 목적어는 다음과 같은 형태로 나타난다.
>
> ○ 체언+목적격 조사 '을/를'
> ○ 체언+특정한 의미를 더해 주는 보조사 .... ㄱ
> ○ 체언 단독 .... ㄴ
> ○ 체언+보조사+목적격 조사 .... ㄷ
>
> **[자료]**
>
> 그는 ＿＿＿＿＿ 갔어.

① ㄱ의 예로 '산책을'을 넣을 수 있다.
② ㄱ의 예로 '이사도'를 넣을 수 있다.
③ ㄴ의 예로 '꽃구경'을 넣을 수 있다.
④ ㄴ의 예로 '배낭여행'을 넣을 수 있다.
⑤ ㄷ의 예로 '한길만을'을 넣을 수 있다.

101 [2017년 3월 고2 학평 12번]

제시된 탐구 과정을 고려할 때, [A], [B]에 들어갈 ㉠~㉣을 바르게 분류한 것은? [3점]

탐구 주제	밑줄 친 말을 문장 성분과 품사를 기준으로 분류하시오. · 이것은 ㉠새로운 글이다. · 이것은 ㉡새 글이다. · 그는 ㉢빠르게 달린다. · 그는 ㉣빨리 달린다.	
탐구 관련 지식	· 관형어는 체언을, 부사어는 용언을 한정하는 기능을 함.	· 형용사는 관형사나 부사와 달리 활용을 함. · 관형사는 명사를, 부사는 동사를 수식함.
탐구 결과	문장 성분에 따라 [A] 로 분류할 수 있다.	품사에 따라 [B] 로 분류할 수 있다.

	[A]	[B]
①	㉠, ㉡ / ㉢, ㉣	㉠, ㉡ / ㉢ / ㉣
②	㉠, ㉡ / ㉢, ㉣	㉠, ㉢ / ㉡ / ㉣
③	㉠, ㉡ / ㉢, ㉣	㉠, ㉣ / ㉡ / ㉢
④	㉠, ㉢ / ㉡, ㉣	㉠, ㉡ / ㉢ / ㉣
⑤	㉠, ㉢ / ㉡, ㉣	㉠, ㉢ / ㉡ / ㉣

102 [2017년 6월 고2 학평 14번]

<보기>의 수업 상황에서, 밑줄 친 물음에 대한 학생의 대답으로 적절하지 않은 것은? [3점]

> **보 기**
>
> 이번 시간에는 문장을 구성할 때 반드시 있어야 하는 성분인 주성분에 대해 살펴보겠습니다. 주성분에는 주어, 서술어, 목적어, 보어가 있습니다. 주어는 문장에서 동작 또는 상태나 성질의 주체를 나타내는 것입니다. 서술어는 주어의 동작, 상태, 성질 따위를 풀이하는 기능을 하는 성분입니다. 서술어의 동작 대상이 되는 문장 성분을 목적어라고 하고, 서술어 '되다, 아니다'가 필요로 하는 문장 성분 중에서 주어를 제외하고 조사 '이/가'가 붙은 것을 보어라고 합니다.
> 자, 그럼 다음 문장의 주성분에 대해 알아볼까요?
>
> ㄱ. 철수의 동생이 사진을 찍었다.
> ㄴ. 언니는 올해 대학생이 되었다.

① ㄱ의 '찍었다'는 '동생'의 동작을 풀이하는 서술어입니다.
② ㄴ의 '올해'는 '되었다'가 꼭 필요로 하므로 주성분입니다.
③ ㄱ에는 목적어가 있지만, ㄴ에는 목적어가 없습니다.
④ ㄱ과 ㄴ에는 주어가 하나씩 있습니다.
⑤ ㄱ과 ㄴ에는 주성분의 종류가 세 가지씩 있습니다.

103 [2024년 6월 고2 학평 14번]

<보기>의 설명을 참고할 때, ㉠을 분석한 내용으로 적절하지 않은 것은?

> **보 기**
>
> 부사어는 서술어, 관형어, 다른 부사어 등을 수식한다. 또한 절이나 문장 전체를 수식하는 역할을 하거나 문장과 문장을 연결하는 역할을 한다. 부사어는 부사 단독으로 쓰이거나 체언에 조사가 결합된 형태, 용언의 활용형으로 나타난다.
>
> ㉠그는 처음과 같은 마음으로 공부를 했다. 그래서 아주 쉽게 원하는 대학에 합격했다.

① '처음과'는 체언에 조사가 결합된 형태로 관형어를 수식한다.
② '마음으로'는 체언에 조사가 결합된 형태로 서술어를 수식한다.
③ '그래서'는 부사 단독으로 문장과 문장을 연결한다.
④ '아주'는 부사 단독으로 다른 부사어를 수식한다.
⑤ '쉽게'는 용언의 활용형으로 관형어를 수식한다.

104 [2015년 9월 고3 모평 B형 13번]

<보기>를 참고할 때 밑줄 친 서술어의 문형 정보를 바르게 추출한 것은?

> **보 기**
>
> 서술어의 필수적 문장 성분은 사전의 문형 정보에 제시되어 있다. 이러한 문형 정보를 추출하는 과정을 '지내다'의 예로 간략히 보이면 아래와 같다.
>
> ['지내다'의 문형 정보 추출 과정]
>
> | | |
> |---|---|
> | 예문 | • 민수가 요즘에 조용하게 지낸다.
• 할아버지가 노년에 편하게 지내신다. |
> | ↓ | |
> | 문장 성분 분석 | • 주어: 민수가, 할아버지가
• 부사어: 요즘에, 조용하게, 노년에, 편하게 |
> | ↓ | |
> | 필수적 문장 성분 추출 | • 주어: 민수가, 할아버지가
• 필수적 부사어: 조용하게, 편하게 |
> | ⬇ | ← 주어 제외 |
> | 문형 정보 | 【-게】 |

	예문		문형 정보
①	• 이 나라는 국토가 대부분 산으로 되어 있다. • 요즘에 가죽으로 된 지갑이 인기다.	➡	【…으로】
②	• 모두 그 속임수에 아무렇지 않게 넘어갔다. • 제 꾀에 자기가 자연스럽게 넘어간 꼴이다.	➡	【-게】
③	• 나는 언니와 옷 때문에 다투기도 했다. • 그는 누군가와 한밤중에 다투곤 했다.	➡	【…에】
④	• 가방에 지갑이 사은품으로 딸려 있다. • 그 책에 단어장이 부록으로 딸려 있다.	➡	【…으로】
⑤	• 옷에서 때가 깨끗하게 빠졌다. • 청바지에서 물이 허옇게 빠졌다.	➡	【-게】

105 [2017년 10월 고3 학평 11번]

㉠~㉣에 대해 이해한 내용으로 적절한 것은?

> ㉠ 드디어 나도 일을 끝냈다.
> ㉡ 벌써 바깥이 칠흑같이 어둡다.
> ㉢ 신임 장관은 이번 회의에 참석한다.
> ㉣ 새 컴퓨터가 순식간에 고물이 되었다.

① ㉠과 ㉡에서 주어는 명사구에 조사가 붙은 형태이다.
② ㉠과 ㉢에서 격조사가 문장의 주어를 나타내 주고 있다.
③ ㉡과 ㉢에서 주어는 서술어가 나타내는 동작의 주체이다.
④ ㉢과 ㉣에서 주어는 체언 구실을 하는 구에 조사가 붙은 형태이다.
⑤ ㉣에서는 상태의 변화를 의미하는 서술어의 영향으로 주어가 두 번 쓰였다.

106 [2017년 수능 13번]

다음은 부사어에 대해 탐구한 것이다. 탐구 내용으로 적절하지 <u>않은</u> 것은?

①	· 하늘이 눈이 부시게 푸른 날이다.
	⇨ 절인 '눈이 부시게'가 부사어로 쓰였군.
②	· 함박눈이 하늘에서 펑펑 내리고 있다.
	⇨ 부사격 조사가 결합한 '하늘에서'와 부사 '펑펑'이 부사어로 쓰였군.
③	· 그는 너무 헌 차를 한 대 샀다.
	⇨ 부사어 '너무'가 서술어 '샀다'를 수식하는군.
④	㉠ 영이는 엄마와 닮았다. / *영이는 닮았다. ㉡ 영이는 취미로 책을 읽는다. / 영이는 책을 읽는다.
	⇨ ㉠의 '엄마와', ㉡의 '취미로'는 둘 다 부사어인데, ㉠의 '엄마와'는 ㉡의 '취미로'와 달리 필수 성분이군.
⑤	㉠ 모든 것이 재로 되었다. / *모든 것이 되었다. ㉡ 모든 것이 재가 되었다. / *모든 것이 되었다.
	⇨ ㉠의 '재로'는 부사어이고 ㉡의 '재가'는 보어로서, 문장 성분은 서로 다르지만 서술어가 반드시 필요로 하는 성분이라는 점에서는 같군.

※ '*'는 비문임을 나타냄.

107 [2020년 9월 고3 모평 14번]

<학습 활동>을 수행한 결과로 적절한 것은?

> **학습 활동**
>
> 품사는 다양한 방식을 통해 문장 성분으로 실현된다. 품사가 어떻게 문장 성분으로 실현되는지 다음 밑줄 친 부분을 중심으로 알아보자.
>
> ⓐ <u>빵은</u> 동생이 간식으로 제일 좋아한다.
> ⓑ 형은 <u>아주</u> 옛 물건만 항상 찾곤 했다.
> ⓒ 나중에 <u>어른</u> 돼서 우리 다시 만나자.
> ⓓ 친구가 내게 준 선물은 <u>장미였다</u>.
> ⓔ 다람쥐 <u>세</u> 마리가 나무를 오른다.

① ⓐ : 명사가 격 조사와 결합해 목적어로 쓰였다.
② ⓑ : 부사가 관형사를 수식하는 부사어로 쓰였다.
③ ⓒ : 명사가 조사와 결합 없이 주어로 쓰였다.
④ ⓓ : 명사가 어미와 직접 결합해 서술어로 쓰였다.
⑤ ⓔ : 수사가 명사를 수식하는 관형어로 쓰였다.

108 [2020년 10월 고3 학평 14번]

<보기>의 밑줄 친 관형어에 대해 탐구한 내용으로 적절하지 <u>않은</u> 것은?

> **보 기**
>
> <u>나의</u> 일기장에는 "일에는 <u>정해진</u> 시기가 <u>있는</u> 법이니 <u>그</u> 시기를 놓치면 안 된다."라고 적혀 있다. <u>이</u> 구절은 <u>온갖</u> 시련으로 <u>방황했던</u> <u>사춘기의</u> 나를 반성하게 만든다.

① '그', '이', '온갖'은 관형사가 그대로 관형어로 쓰인 경우에 해당한다.
② '정해진', '있는', '방황했던'은 용언의 관형사형이 관형어로 쓰인 경우에 해당한다.
③ '그', '이'는 앞에서 이미 언급된 것을 가리키며 뒤에 있는 말을 꾸며 주는 역할을 한다.
④ '나의', '사춘기의'는 체언에 관형격 조사가 결합된 형태가 관형어로 쓰인 경우에 해당한다.
⑤ '정해진', '있는', '온갖', '방황했던'은 각각 문장에서 생략할 수 없는 필수 성분에 해당한다.

문장 영역 핵심 기출 문제

109 [2021년 수능 38번]

밑줄 친 서술어가 요구하는 필수 성분의 개수와 종류가 <보기>의 문장과 같은 것은?

> **보 기**
>
> 이곳의 지형은 외적의 침입을 막기에 <u>유리하다</u>.

① 그 광물이 원래는 귀금속에 <u>속했다</u>.
② 그는 바람이 불기에 옷깃을 <u>여몄다</u>.
③ 우리는 원두막을 하루 만에 <u>지었다</u>.
④ 나는 시간이 남았기에 <u>그와 걸었다</u>.
⑤ 나는 구호품을 수해 지역에 <u>보냈다</u>.

110 [2023년 수능 39번]

<학습 활동>을 수행한 결과로 적절한 것은? [3점]

> **학습 활동**
>
> 부사어는 부사, 체언+조사, 용언 활용형 등으로 실현된다. 부사어로써 수식하는 문장 성분은 부사어, 관형어, 서술어 등이다. 일례로 '차가 간다.'의 서술어 '간다'를 수식하기 위해 부사 '잘'을 부사어로 쓰면 '차가 잘 간다.'가 된다. [조건] 중 두 가지를 만족하도록, 주어진 문장에 부사어를 넣어 수정해 보자.
>
> **[조건]**
> ㉠ 부사어를 수식하기 위해 부사를 부사어로 쓴 문장
> ㉡ 관형어를 수식하기 위해 용언 활용형을 부사어로 쓴 문장
> ㉢ 관형어를 수식하기 위해 부사를 부사어로 쓴 문장
> ㉣ 서술어를 수식하기 위해 '체언+조사'를 부사어로 쓴 문장
> ㉤ 서술어를 수식하기 위해 용언 활용형을 부사어로 쓴 문장
>
> ⋮

	조건	수정 전 ⇨ 수정 후
①	㉠, ㉡	웃는 아기가 귀엽게 걷는다.
		⇨ 방긋이 웃는 아기가 참 귀엽게 걷는다.
②	㉠, ㉢	화가가 굵은 선을 쭉 그었다.
		⇨ 화가가 조금 굵은 선을 세로로 쭉 그었다.
③	㉡, ㉤	그를 싫어하는 사람이 있다.
		⇨ 그를 무턱대고 싫어하는 사람이 많이 있다.
④	㉢, ㉣	딴 사람이 그 문제를 해결했다.
		⇨ 전혀 딴 사람이 그 문제를 한순간에 해결했다.
⑤	㉣, ㉤	영미는 그 일을 처리했다.
		⇨ 영미는 그 일을 원칙대로 깔끔히 처리했다.

111 [2014년 3월 고1 학평 15번]

<보기 1>을 참고하여, <보기 2>의 문장을 탐구한 내용으로 적절한 것은? [3점]

> **보기 1**
>
> 문장의 성립을 위해서 서술어가 반드시 필요로 하는 문장 성분의 개수를 '서술어의 자릿수'라고 한다. 다음의 예문을 통해 이를 탐구해 보자.
>
> <u>윤아는</u> <u>맑은</u> <u>하늘을</u> <u>좋아한다</u>.
> ㉠ ㉡ ㉢ 서술어
>
> **[탐구 과정]**
> 1) ㉠이 없을 경우 : '좋아한다'의 주체(주어)가 빠져서 문장이 성립되지 않는다.
> 2) ㉡이 없을 경우 : '하늘'을 꾸며 주는 말(관형어)이므로, 문장의 성립 여부에 영향을 주지 않는다.
> 3) ㉢이 없을 경우 : '윤아'가 좋아하는 대상(목적어)이 빠져서 문장이 성립되지 않는다.
>
> **[탐구 결과]**
> '좋아한다'는 주어(㉠)와 목적어(㉢)를 반드시 필요로 하는 두 자리 서술어이다.

> **보기 2**
>
> ㄱ. 희선이는 맛있는 빵을 먹었다.
> ㄴ. 빨간 장미꽃이 활짝 피었다.

① ㄱ은 '희선이는'을 생략해도 문장이 성립한다.
② ㄴ은 '빨간'과 '장미꽃이'를 생략해도 문장이 성립한다.
③ ㄱ의 '먹었다'와 ㄴ의 '피었다'는 모두 목적어를 반드시 필요로 한다.
④ ㄱ의 '맛있는'과 ㄴ의 '활짝'은 서술어가 반드시 필요로 하는 문장 성분이다.
⑤ ㄱ의 '먹었다'는 두 자리 서술어이고, ㄴ의 '피었다'는 한 자리 서술어이다.

112 [2016년 9월 고2 학평 13번]

다음과 같이 서술어의 자릿수를 파악하는 활동을 해 보았다. 이를 이해한 내용으로 적절하지 않은 것은? [3점]

문장에서 서술어는 그 성격에 따라 필요로 하는 문장 성분의 개수가 다른데 이를 서술어의 자릿수라고 한다. 그런데 같은 형태의 서술어라도 필요로 하는 문장 성분의 개수가 다른 경우가 있는데, 문장 성분을 생략해 봄으로써 이를 파악할 수 있다.

탐구자료 [A]	◦ 콩쥐가 옷을 예쁘게 **만들었다.** ◦ 어머니는 아들을 의사로 **만들었다.**
탐구활동	문장 성분을 생략해 보며, 문법적으로 올바른 문장인지를 파악한다.

◦ 콩쥐가 옷을 예쁘게 **만들었다.**
☞ '콩쥐가', '옷을', '예쁘게'를 각각 생략해 본다.
◦ 어머니는 아들을 의사로 **만들었다.**
☞ '어머니는', '아들을', '의사로'를 각각 생략해 본다.

⇩

탐구결과	서술어 '만들었다'는 필수적으로 요구하는 문장 성분의 수에 따라 두 자리 서술어가 되기도 하고, 세 자리 서술어가 되기도 한다.

⇩

적용자료 [B]	◦ 친구는 내 손을 살며시 **잡았다.** ◦ 철수가 물고기를 많이 **잡았다.**

① [A]에서 '콩쥐가'와 '어머니는'은 서술어의 주체가 되는 말이므로 꼭 필요한 성분이겠군.
② [A]에서 '옷을'과 '아들을'은 서술어가 필수적으로 요구하는 문장 성분이므로 생략할 수 없겠군.
③ [A]에서 '예쁘게'는 '의사로'와 달리 서술어가 필수적으로 요구하는 문장 성분이 아니기 때문에 생략할 수 있겠군.
④ [B]에서 '친구는'과 '손을'을 생략했을 때 문장이 성립되지 않으므로 '잡았다'는 두 자리 서술어이겠군.
⑤ [B]에서 '많이'는 생략할 수 없는 문장 성분이므로 '잡았다'는 세 자리 서술어이겠군.

113 [2021년 3월 고2 학평 14번]

<보기>의 '선생님'의 질문에 대한 답으로 적절한 것은?

보 기

선생님 : 서술어의 자릿수란 서술어가 필요로 하는 성분의 개수를 의미합니다. 그런데 다의어의 경우 의미에 따라 서술어의 자릿수가 달라질 수 있습니다. 가령 '밝다'의 경우, '달이 밝다.'에서는 한 자리 서술어, '그는 지리에 밝다.'에서는 두 자리 서술어입니다. 그럼, 학습지에 제시된 다의어 '가다'와 '생각하다'의 의미와 예문을 보고, ㉠~㉤ 중에서 두 자리 서술어로 쓰인 경우를 모두 골라 볼까요?

가다
1. 한 곳에서 다른 곳으로 장소를 이동하다.
¶ 친구가 내일 서울로 간다. ……… ㉠
2. 금, 줄, 주름살, 흠집 따위가 생기다.
¶ 바지에 구김이 너무 간다. ……… ㉡
3. 기계 따위가 제대로 작동하다.
¶ 낡은 괘종시계가 잘 간다. ……… ㉢

생각하다
1. 사물을 헤아리고 판단하다.
¶ 학생이 진로를 생각한다. ……… ㉣
2. 어떤 일에 대한 의견이나 느낌을 가지다.
¶ 우리가 투표를 의무로 생각한다. ……… ㉤

① ㉠, ㉣ ② ㉡, ㉢ ③ ㉠, ㉡, ㉣
④ ㉠, ㉢, ㉤ ⑤ ㉡, ㉢, ㉤

114 [2014년 수능 B형 12번]

<보기>의 내용을 근거로 하여 잘못된 문장을 수정한 예로 적절하지 않은 것은?

보 기

서술어의 자릿수는 문법적으로 정확하지 못한 문장을 수정하는 데 고려해야 할 중요한 기준이다. 서술어의 자릿수란 서술어가 반드시 갖추어야 하는 문장 성분의 수를 의미하는데, 다음과 같은 예를 들 수 있다.

○ 한 자리 서술어 : 꽃이 피었다.
○ 두 자리 서술어 : 고양이가 쥐를 잡았다.
○ 세 자리 서술어 : 동생은 나에게 책을 주었다.

서술어가 요구하는 문장 성분이 빠져 있으면 문법적으로 정확하지 못한 문장이 되므로 그 성분을 보충하여야 한다.

① 그들은 양식이 다 떨어지자 식량 공급을 요청했다.
→ 그들은 양식이 다 떨어지자 정부에 식량 공급을 요청했다.
② 문제는 우리가 예의를 지키지 못하는 경우가 많다.
→ 문제는 우리가 예의를 지키지 못하는 경우가 많다는 사실이다.
③ 나는 오늘 점심을 먹으면서 내 친구를 소개하였다.
→ 나는 오늘 점심을 먹으면서 내 친구를 누나에게 소개하였다.
④ 우리는 전화위복의 계기로 삼아 지금보다 강해질 것이다.
→ 우리는 그 일을 전화위복의 계기로 삼아 지금보다 강해질 것이다.
⑤ 형은 이곳에 온 지 얼마 되지 않아 어두울 수밖에 없다.
→ 형은 이곳에 온 지 얼마 되지 않아 동네 지리에 어두울 수밖에 없다.

115 [2017년 3월 고3 학평 12번]

<보기>의 ㉠~㉤에 대한 탐구로 적절하지 않은 것은? [3점]

보 기

서술어의 자릿수란 서술어가 필수적으로 요구하는 문장 성분의 개수를 의미한다. 그런데 서술어는 문장에서 사용되는 의미에 따라 필수적으로 요구하는 문장 성분이 달라지기도 한다.

	의미	예문
살다	불 따위가 타거나 비치고 있는 상태에 있다.	바람 때문에 불씨가 다시 ㉠살았다.
	본래 가지고 있던 특징 따위가 그대로 있거나 뚜렷이 나타나다.	이 한 구절로 글이 ㉡살았다.
	어떤 직분이나 신분의 생활을 하다.	그는 조선 시대에 오랫동안 벼슬을 ㉢살았다.
놓다	계속해 오던 일을 그만두고 하지 아니하다.	그는 잠시 일손을 ㉣놓았다.
	잡거나 쥐고 있던 물체를 일정한 곳에 두다.	형은 책을 책상 위에 ㉤놓았다.

① ㉠은 주어만 필수적으로 요구하는 한 자리 서술어이군.
② ㉡은 주어와 부사어를 필수적으로 요구하는 두 자리 서술어이군.
③ ㉢은 주어와 목적어를 필수적으로 요구하는 두 자리 서술어이군.
④ ㉣은 주어와 목적어를 필수적으로 요구하는 두 자리 서술어이군.
⑤ ㉤은 주어, 목적어, 부사어를 필수적으로 요구하는 세 자리 서술어이군.

116 [2024년 6월 고3 모평 37번]

밑줄 친 서술어가 필수적으로 요구하는 문장 성분의 개수 및 종류가 같은 것끼리 짝지어진 것은?

①
- 할아버지는 형님 댁에 계신다.
- 여객선이 도착한 항구엔 안개가 꼈다.

②
- 저 친구는 불평이 그칠 날이 없다.
- 그는 배에서 내리는 장면을 상상했다.

③
- 나는 이 호박을 죽으로 만들 것이다.
- 아버지는 뜬눈으로 밤을 새웠다.

④
- 얼음으로 된 성이 나타났다.
- 그는 남이 아니고 가족이다.

⑤
- 그의 신중함은 아무래도 지나쳤다.
- 언니는 간이역만 지나치는 기차를 탔다.

문장 - 문장의 짜임

117 [2016년 3월 고1 학평 13번]

<보기 1>을 바탕으로 <보기 2>를 탐구한 결과로 적절하지 않은 것은?

보기1

이어진문장

둘 이상의 홑문장이 이어져 있는 문장으로, 주어가 같은 홑문장이 이어질 때는 주어를 하나만 사용할 수도 있음.

○ **대등하게 이어진 문장**
둘 이상의 홑문장이 동등한 자격으로 이어진 문장으로, 앞 절과 뒤 절이 '나열, 대조, 선택' 등의 의미 관계를 가짐.

○ **종속적으로 이어진 문장**
앞 홑문장과 뒤 홑문장의 의미가 독립적이지 못하고 종속적으로 이어진 문장으로, 앞 절과 뒤 절이 '원인, 조건, 의도' 등의 의미 관계를 가짐.

보기2

ㄱ. 암벽 등반은 힘들고 재미있다.
ㄴ. 암벽 등반은 힘들어서 재미있다.
ㄷ. 암벽 등반은 힘들지만 재미있다

① ㄱ, ㄴ, ㄷ은 '암벽 등반은 힘들다.'와 '암벽 등반은 재미있다.'라는 두 홑문장이 이어진 문장이군.
② ㄱ, ㄴ, ㄷ은 앞 절과 뒤 절의 순서를 바꾸어도 의미에 변화가 생기지 않는 이어진 문장이군.
③ ㄱ, ㄴ, ㄷ에서 뒤 절의 주어가 없는 것은 앞 절과 주어가 같기 때문이군.
④ ㄱ, ㄷ은 두 홑문장이 각각 나열, 대조의 의미를 갖는 어미 '-고'와 '-지만'으로 연결된 대등하게 이어진 문장이군.
⑤ ㄴ은 두 홑문장이 원인의 의미를 갖는 어미 '-어서'로 연결된 종속적으로 이어진 문장이군.

118 [2016년 6월 고1 학평 13번]

<보기>의 ㉠에 해당하는 예로 적절한 것은?

보 기

◦ 재희는 봉사활동에 아무도 모르게 참여한다.

위 문장에서 '아무도 모르게'는 단어가 아니라 주어인 '아무도'와 서술어인 '모르다'로 이루어진 문장이다. 이 문장은 '재희는 봉사활동에 참여한다.'라는 문장에서 서술어 '참여한다'를 수식하여 '어떻게'라는 의미를 더해 주면서 수식하고 있다. 이런 역할을 하면서 안겨 있는 문장을 ㉠ 부사절이라 한다.

① 이 일은 하기가 쉽지 않다.
② 빙수는 이가 시리도록 차가웠다.
③ 은기는 꼭 꿈을 이루겠다고 말했다.
④ 승희는 마음이 따뜻한 사람을 좋아한다.
⑤ 민우는 우리가 어제 돌아온 사실을 모른다.

119 [2019년 9월 고1 학평 14번]

<보기>를 참고할 때, ㉠~㉢을 이해한 내용으로 적절하지 않은 것은?

보 기

다른 사람의 말이나 생각 등을 원래의 내용과 형식 그대로 옮겨 표현하는 것을 '직접 인용', 원래의 내용을 전달하되 말하는 사람의 관점에서 표현하는 것을 '간접 인용'이라 한다.

직접 인용은 큰따옴표와 종결 표현에 따른 문장 부호를 사용하고, 조사 '라고'를 붙여 표현한다. 간접 인용은 문장 부호 없이, 앞말의 종결 어미에 조사 '고'를 붙여 표현한다. 간접 인용문은 화자의 관점에서 표현하기 때문에 직접 인용문과 비교할 때 인칭, 지시 표현, 높임 표현, 시간 표현, 종결 표현 등에서 변화가 나타나기도 한다.

㉠ 어제 진우는 "내일 떠나고 싶다."라고 했다.
→ 어제 진우는 오늘 떠나고 싶다고 했다.
㉡ 아들이 나에게 "잠시만 집에 계세요."라고 했다.
→ 아들이 나에게 잠시만 집에 있으라고 했다.
㉢ 그 바다에서 아영이는 "나는 이곳이 마음에 들어."라고 했다.
→ 그 바다에서 아영이는 자기는 그곳이 마음에 든다고 했다.

① ㉠ : 직접 인용문에서 쓰인 조사 '라고'가 간접 인용문에서 '고'로 달라졌다.
② ㉠ : 직접 인용문에서 쓰인 시간 표현 '내일'이 간접 인용문에서 '오늘'로 달라졌다.
③ ㉡ : 직접 인용문에서 실현된 주체 높임 표현이 간접 인용문에서 객체 높임 표현으로 바뀌었다.
④ ㉢ : 직접 인용문에서 쓰인 1인칭이 간접 인용문에서 3인칭으로 바뀌었다.
⑤ ㉢ : 직접 인용문에서 쓰인 지시 표현 '이곳'이 간접 인용문에서 '그곳'으로 달라졌다.

120 [2021년 3월 고1 학평 13번]

㉠~㉤에 대한 설명으로 적절하지 않은 것은?

보 기

㉠ 그는 우리와 함께 일하기를 거부했다.
㉡ 개는 사람보다 후각이 훨씬 예민하다.
㉢ 나는 그가 우리를 도와 준 일을 잊지 않았다.
㉣ 날이 추워지면 방한 용품이 필요하다.
㉤ 수만 명의 관객들이 공연장을 가득 메웠다.

① ㉠ : '우리와 함께 일하기를'이 안은문장에서 목적어의 역할을 하고 있군.
② ㉡ : '후각이 훨씬 예민하다'가 안은문장에서 서술어의 역할을 하고 있군.
③ ㉢ : '그가 우리를 도와 준'이 안은문장에서 관형어의 역할을 하고 있군.
④ ㉣ : '날이 추워지다.'와 '방한 용품이 필요하다.'가 대등하게 이어진 문장이군.
⑤ ㉤ : '관객들이'가 주어이고 '메웠다'가 서술어인 홑문장이군.

121 [2022년 6월 고1 학평 14번]

<보기>의 설명을 참고하여 ⓐ~ⓒ의 밑줄 친 안긴문장에 대해 이해한 것으로 적절한 것은?

보 기

다른 문장 속에 들어가 하나의 문장 성분처럼 쓰이는 문장을 안긴문장이라고 하며, 이 안긴문장을 포함하는 문장을 안은문장이라고 한다.

ⓐ 그가 <u>소리도 없이</u> 밖으로 나갔다.
ⓑ 나는 <u>그가 이 사건의 범인임</u>을 깨달았다.
ⓒ <u>어머니께서 시장에서 산</u> 수박은 매우 달았다.

① ⓐ의 안긴문장에는 주어가 생략되어 있다.
② ⓑ의 안긴문장은 조사와 결합하여 부사어의 기능을 한다.
③ ⓒ의 안긴문장에는 체언을 수식하는 관형어가 있다.
④ ⓐ의 안긴문장은 용언을 수식하고, ⓒ의 안긴문장은 체언을 수식한다.
⑤ ⓑ의 안긴문장에는 목적어가 있고, ⓒ의 안긴문장에는 목적어가 생략되어 있다.

122 [2024년 3월 고1 학평 15번]

<보기>의 '학습 자료'를 바탕으로 '학습 과제'를 수행한 결과로 적절하지 않은 것은?

보 기

[학습 자료]
○ 직접 인용 : 원래의 말이나 글을 그대로 큰따옴표(" ")에 넣어 인용하는 것. 조사 '라고'를 사용함.
○ 간접 인용 : 인용된 말이나 글을 자신의 관점에서 다시 서술하여 표현하는 것. 조사 '고'를 사용함.

[학습 과제]
밑줄 친 부분에 주목하여 직접 인용을 간접 인용으로 바꾸어 보자.

ㄱ. 지아가 "꽃이 벌써 <u>폈구나!</u>"라고 했다.
→ 지아가 꽃이 벌써 <u>폈다</u>고 했다.
ㄴ. 지아가 "버스가 벌써 <u>갔어요.</u>"라고 했다.
→ 지아가 버스가 벌써 <u>갔다</u>고 했다.
ㄷ. 나는 어제 지아에게 "<u>내일</u> 보자."라고 했다.
→ 나는 어제 지아에게 <u>오늘</u> 보자고 했다.
ㄹ. 전학을 간 지아는 "<u>이</u> 학교가 좋다."라고 했다.
→ 전학을 간 지아는 <u>그</u> 학교가 좋다고 했다.
ㅁ. 지아는 나에게 "민지가 <u>너</u>를 불렀다."라고 했다.
→ 지아는 나에게 민지가 <u>자기</u>를 불렀다고 했다.

① ㄱ ② ㄴ ③ ㄷ ④ ㄹ ⑤ ㅁ

123 [2024년 9월 고1 학평 14번]

<학습 활동>을 수행한 결과로 적절하지 않은 것은? [3점]

학습 활동

직접 인용을 간접 인용으로 바꿀 때는 인용 조사, 인용절의 종결 어미, 대명사, 시간 표현, 높임 표현 등에서 변화가 생길 수 있다. 다음 직접 인용 문장을 간접 인용 문장으로 바꿀 때 어떤 변화가 생길지 분석해 보자.

ㄱ. 그는 나에게 "당신은 제 책을 보셨습니까?"라고 물었다.
ㄴ. 나는 어제 그에게 "그녀는 내일 도착합니다."라고 말했다.

① ㄱ은 인용절의 높임 표현이 바뀐다.
② ㄴ은 인용절의 시간 표현이 바뀐다.
③ ㄱ은 ㄴ과 달리 인용절의 대명사가 바뀐다.
④ ㄴ은 ㄱ과 달리 인용절의 종결 어미가 바뀐다.
⑤ ㄱ과 ㄴ은 모두 인용절에 연결된 인용 조사가 바뀐다.

124 [2014년 9월 고2 학평 B형 14번]

<보기 1>의 자료를 읽고 <보기 2>를 탐구한 내용으로 적절하지 않은 것은?

보기 1

절(節)은 두 개 이상의 어절이 주어와 서술어의 관계로 결합되어, 전체 문장 속에 한 성분으로 들어 있는 형식을 말한다. 서술절은 전체 문장에서 서술어의 기능을 한다. 서술절을 포함한 전체 문장은 겹문장으로 주어와 서술어가 2개 이상 나오는 문장이며, 문장 전체의 주어 이외에 서술절(주어+서술어)을 지니고 있다.

보기 2

ㄱ. 토끼는 앞발이 짧다.
ㄴ. 이 산은 나무가 많다.
ㄷ. 우리 오빠는 대학생이 되었다.

① ㄱ~ㄷ은 모두 주어와 서술어를 갖추고 있다.
② ㄱ의 '토끼는'은 전체 문장의 주어이다.
③ ㄴ의 '나무가 많다'는 전체 문장 속에서 서술어의 기능을 한다.
④ ㄱ과 ㄴ은 서술절이 전체 문장 속에 포함되어 있는 형식이다.
⑤ ㄴ의 '나무가'와 ㄷ의 '대학생이'는 서술절에서 주어의 역할을 한다.

125 [2015년 6월 고2 학평 13번]

<보기>의 ㉠~㉤에 대한 설명으로 적절하지 않은 것은? [3점]

보기

'안긴문장'은 다른 문장 속에 들어가 하나의 성분처럼 쓰이는 문장을 말하며, '안은문장'은 안긴문장을 포함하고 있는 문장을 말한다. 안긴문장은 기능에 따라 명사절, 관형절, 부사절, 서술절, 인용절로 나뉜다.

㉠ 영수는 키가 매우 크다.
㉡ 영수는 꽃이 핀 사실을 몰랐다.
㉢ 영수는 말도 없이 학교로 가 버렸다.
㉣ 영수는 공원을 산책하기를 좋아한다.
㉤ 영수는 영희에게 빨리 오라고 외쳤다.

① ㉠의 안긴문장은 안은문장의 서술어 기능을 한다.
② ㉡의 안긴문장은 체언의 뜻을 제한하는 기능을 한다.
③ ㉢의 안긴문장은 안은문장의 부사어를 수식한다.
④ ㉣의 안긴문장의 주어는 안은문장의 주어와 동일하다.
⑤ ㉤의 안긴문장은 안은문장의 주어가 한 말을 인용한 것이다.

126 [2016년 6월 고2 학평 13번]

<보기 >의 ㉠에 해당하는 문장으로 적절한 것은?

보기

'종속적으로 이어진 문장'은 두 개 이상의 문장이 연결 어미로 이어져 있다. 이때 앞의 절과 뒤의 절은 인과, ㉠ 조건, 의도, 양보, 배경 등의 의미 관계를 나타낸다.

① 책을 많이 읽으면 생각이 깊어진다.
② 책을 읽으려고 학교 도서관으로 갔다.
③ 책을 아무리 읽어도 이해가 되지 않는다.
④ 책을 읽고 있는데 친구가 나를 자꾸 불렀다.
⑤ 책을 다양하게 읽어서 그는 지식이 풍부하다.

127 [2016년 11월 고2 학평 12번]

<보기>의 ㄱ~ㄹ을 활용하여 만든 겹문장을 이해한 내용으로 적절하지 않은 것은?

보기

ㄱ. 바람이 분다.
ㄴ. 바람이 차갑다.
ㄷ. 단풍잎이 빨갛다.
ㄹ. 단풍잎이 흔들린다.

① '바람이 불어서 단풍잎이 흔들린다.'는 ㄱ과 ㄹ이 종속적으로 이어진 문장이다.
② '차가운 바람이 분다.'는 ㄴ이 ㄱ에 안기면서 ㄴ의 주어가 생략된 문장이다.
③ '바람이 차갑고 단풍잎이 빨갛다.'는 ㄴ과 ㄷ이 대등적으로 이어진 문장이다.
④ '단풍잎이 바람이 불면 흔들린다.'는 ㄹ이 관형절로 바뀐 ㄱ을 안고 있는 문장이다.
⑤ '흔들리는 단풍잎이 빨갛다.'는 ㄹ이 관형절의 형태로 ㄷ에 안겨 있는 문장이다.

128 [2018년 6월 고2 학평 14번]

<보기>의 (가)~(다)에 대한 설명으로 적절하지 않은 것은? [3점]

보 기

겹문장 속에서 하나의 '주어+서술어' 관계가 이루어진 부분을 '절'이라고 한다. '절'은 전체 문장의 한 성분으로 안기거나 서로 이어지거나 한다.

(가) 봄이 오면(㉠) 꽃이 핀다(㉡).

(나) 눈이 내린(㉢) 마을은 고요했다(㉣).

(다) 나는 그가 왔음(㉤)을 몰랐다.

① (가)에서 ㉠과 ㉡의 위치를 바꾸면 의미가 달라진다.
② (나)에서 ㉢은 ㉣의 주어를 꾸며 주는 역할을 한다.
③ (다)의 ㉤을 생략하면 전체 문장의 의미가 불완전해진다.
④ (나)와 달리 (다)는 절이 전체 문장의 한 성분으로 안겨 있다.
⑤ (가), (나), (다)는 모두 '주어+서술어' 관계가 두 번 나타난다.

129 [2018년 9월 고2 학평 13번]

다음은 '문장의 짜임'에 대해 활동한 것이다. ㉠에 들어갈 내용으로 적절한 것은?

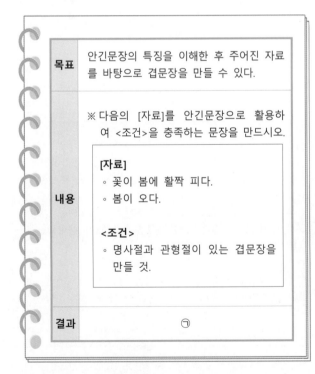

목표	안긴문장의 특징을 이해한 후 주어진 자료를 바탕으로 겹문장을 만들 수 있다.
내용	※ 다음의 [자료]를 안긴문장으로 활용하여 <조건>을 충족하는 문장을 만드시오. **[자료]** ◦ 꽃이 봄에 활짝 피다. ◦ 봄이 오다. **<조건>** ◦ 명사절과 관형절이 있는 겹문장을 만들 것.
결과	㉠

① 봄이 오면 꽃이 활짝 핀다.
② 꽃이 활짝 피는 봄이 온다.
③ 나는 봄이 오고 꽃이 활짝 피기를 바란다.
④ 나는 꽃이 활짝 핀 봄이 오기를 기다린다.
⑤ 나는 봄이 와서 꽃이 활짝 피기를 소망한다.

130 [2019년 3월 고2 학평 14번]

<보기>의 ㉠에 해당하는 예로 적절하지 않은 것은?

보 기

학생 : 한 문장 안에 주어와 서술어의 관계가 한 번 나타나는 문장을 홑문장, 두 번 이상 나타나는 문장을 겹문장이라고 하잖아요. 그런데 '나는 따뜻한 차를 마셨다.'라는 문장의 경우 주어 '나는'과 서술어 '마셨다'의 관계가 한 번만 나타나는 것 같은데 왜 겹문장인가요?

선생님 : '나는 따뜻한 차를 마셨다.'라는 문장은 겹문장으로, 관형절을 안은 문장이야. 관형절 '따뜻한'의 주어가 관형절이 수식하는 명사 '차'와 중복되어 생략된 것이지. 이처럼 ㉠한 문장이 다른 문장 속에 관형절로 안길 때 두 문장에 중복된 단어가 있으면, 관형절에서 그 단어가 포함된 문장 성분이 생략되기도 한단다.

① 그녀는 그가 여행을 간 사실을 몰랐다.
② 내가 사는 마을은 무척이나 아름답다.
③ 그는 책장에 있던 소설책을 꺼냈다.
④ 나는 동생이 먹을 딸기를 씻었다.
⑤ 골짜기에 흐르는 물이 깨끗하다.

131 [2020년 9월 고2 학평 14번]

<학습 활동>을 수행한 결과로 적절한 것은?

학습 활동

다른 문장에 들어가 하나의 성분처럼 쓰이는 문장을 안긴문장이라고 하고, 이 문장을 포함한 문장을 안은문장이라고 한다. 안긴문장을 절이라고 하는데 그 종류로는 명사절, 관형절, 부사절, 서술절, 인용절이 있다. 예를 들어 관형절은 안은문장 안에서 절 전체가 관형어의 기능을 한다. 다음 자료에서 안긴문장의 종류와 기능을 파악해 보자.

[자료]
㉠ 누나가 주인임이 밝혀졌다.
㉡ 삼촌은 농담을 던짐으로써 분위기를 풀었다.
㉢ 형은 동생이 고향으로 돌아오기만 기다렸다.

① ㉠~㉢에서 안긴문장의 종류가 모두 동일하고 ㉠에서 안긴문장은 안은문장 안에서 목적어의 기능을 하는군.
② ㉠~㉢에서 안긴문장의 종류가 모두 동일하고 ㉡에서 안긴문장은 안은문장 안에서 부사어의 기능을 하는군.
③ ㉠~㉢에서 안긴문장의 종류가 모두 동일하고 ㉢에서 안긴문장은 안은문장 안에서 주어의 기능을 하는군.
④ ㉠~㉢에서 안긴문장의 종류가 모두 다르고 ㉠에서 안긴문장은 안은문장 안에서 주어의 기능을 하는군.
⑤ ㉠~㉢에서 안긴문장의 종류가 모두 다르고 ㉡에서 안긴문장은 안은문장 안에서 부사어의 기능을 하는군.

132 [2020년 11월 고2 학평 15번]

<보기>는 문법 수업의 일부이다. 탐구 과제를 수행한 결과로 적절하지 않은 것은?

보 기

선생님 : 문장에서 체언을 수식하는 관형어로 쓰이는 절을 관형절이라고 합니다. 오늘은 관형절을 안은 문장의 두 유형에 대해 배워 봅시다.

안긴문장		안은문장
내가 책을 읽는다.	+	형이 책을 가져갔다.

↓

Ⓐ	관형절을 안은 문장
	형이 [내가 책을 읽는] 책을 가져갔다.

안긴문장		안은문장
지구가 둥글다.	+	나는 사실을 안다.

↓

Ⓑ	관형절을 안은 문장
	나는 [지구가 둥글다는] 사실을 안다.

위에서 보듯이, Ⓐ의 유형처럼 안은문장과 공통된 체언이 생략된 관형절을 안은 문장이 있고, Ⓑ의 유형처럼 생략된 성분 없이 문장의 필수 성분을 완전하게 갖춘 관형절을 안은 문장이 있습니다.

[탐구 과제]

○ 다음의 관형절을 안은 문장들을 탐구해 보자.

ㄱ. 그가 지은 시는 감동적이었다.
ㄴ. 나는 벽에 걸려 있던 사진을 떠올렸다.
ㄷ. 나는 그가 한국에 돌아왔다는 소문을 들었다.
ㄹ. 그 사람이 나를 속일 가능성은 매우 낮다.
ㅁ. 나는 수건으로 이마에 흐르는 땀을 닦았다.

① ㄱ은 안긴문장의 체언을 생략하여 관형절을 만들었다는 점에서 Ⓐ와 같은 유형이다.
② ㄴ은 안긴문장과 안은문장의 공통된 체언이 생략되지 않고 관형절이 만들어졌다는 점에서 Ⓑ와 같은 유형이다.
③ ㄷ은 '그가 한국에 돌아왔다.'라는 안긴문장이 생략된 성분 없이 관형어로 쓰이고 있다는 점에서 Ⓑ와 같은 유형이다.
④ ㄹ은 관형절이 문장의 필수 성분을 모두 갖추고 있다는 점에서 Ⓑ와 같은 유형이다.
⑤ ㅁ은 안긴문장과 안은문장의 공통된 체언인 '땀'이 관형절에서 생략되어 있다는 점에서 Ⓐ와 같은 유형이다.

133 [2021년 9월 고2 학평 14번]

<보기>의 ㄱ~ㄹ을 탐구한 내용으로 적절하지 않은 것은? [3점]

보 기

ㄱ. 나는 키가 크다.
ㄴ. 나는 여름만 좋아한다.
ㄷ. 그녀는 시인이자 선생님이다.
ㄹ. 그녀가 사과를 먹고 나는 배를 먹는다.

① ㄱ과 ㄷ을 구성하는 문장 성분의 종류는 동일하군.
② ㄱ과 ㄹ은 모두 주어와 서술어의 관계가 두 번 나타나는군.
③ ㄴ과 ㄷ의 서술어의 개수는 동일하군.
④ ㄴ과 ㄹ은 모두 주어와 목적어를 포함하고 있군.
⑤ ㄷ과 ㄹ은 모두 연결 어미를 포함하고 있군.

134 [2023년 3월 고2 학평 14번]

<보기>의 ㄱ~ㄹ에 대한 설명으로 적절하지 않은 것은?

보 기

안은문장은 한 절이 다른 절을 문장 성분의 일부로 안고 있는 문장으로, 이때 안겨 있는 절을 안긴문장이라고 한다. 안긴문장의 종류에는 명사절, 관형사절, 부사절, 서술절, 인용절이 있다. 안긴문장은 문장의 필수 성분을 일부 갖추지 않기도 하는데, 안은문장이 만들어지는 과정에서 안긴문장과 안은문장에 공통되는 요소는 생략되기 때문이다.

ㄱ. 여행을 가기 전에 나는 짐을 챙겼다.
ㄴ. 우리는 그녀가 착함을 아주 잘 안다.
ㄷ. 학생들은 수업이 끝나기를 기다렸다.
ㄹ. 조종사가 된 소년이 고향을 방문했다.

① ㄱ의 안긴문장에는 주어가 생략되어 있다.
② ㄴ의 안긴문장의 주어는 안은문장의 주어와 다르다.
③ ㄴ과 ㄷ의 안긴문장은 조사와 결합하여 목적어로 쓰이고 있다.
④ ㄷ과 ㄹ의 안긴문장에는 필수 성분이 생략되어 있다.
⑤ ㄱ과 ㄹ의 안긴문장은 종류는 다르지만 안은문장에서의 문장 성분은 같다.

135 [2023년 9월 고2 학평 13번]

<보기>의 ㉠~㉤에 대한 설명으로 적절하지 않은 것은?

> **보 기**
>
> ㉠ 예쁜 아이가 활짝 웃는다.
> ㉡ 나는 어제 새 가방을 샀다.
> ㉢ 지금 이곳은 동화 속 세상처럼 아름답다.
> ㉣ 작년에는 날씨가 추웠으나 올해에는 따뜻하다.
> ㉤ 설령 눈이 올지라도 우리는 어김없이 밖에 나간다.

① ㉠에는 주어가 생략된 안긴문장이 있다.
② ㉡은 주어와 서술어의 관계가 한 번 나타나는 문장이다.
③ ㉢에는 하나의 문장 성분처럼 쓰이는 안긴문장이 있다.
④ ㉣은 두 개의 홑문장이 대등하게 연결된 이어진문장이다.
⑤ ㉤은 주어와 서술어의 관계가 두 번 이상 나타나는 문장이다.

136 [2024년 9월 고2 학평 15번]

<보기>의 ㉠~㉤에 대한 설명으로 적절하지 않은 것은?

> **보 기**
>
> ㉠ 그는 영수가 집에 간다고 했다.
> ㉡ 이것은 어제 그녀가 산 책이다.
> ㉢ 개나리꽃이 흐드러지게 피었다.
> ㉣ 영철이는 마음씨가 매우 착하다.
> ㉤ 나는 아이들이 행복하기를 바란다.

① ㉠은 인용절을 가진 안은문장으로, 안긴문장의 주어가 생략되어 있다.
② ㉡은 관형사절을 가진 안은문장으로, 안은문장의 주어는 '이것은'이고 안긴문장의 주어는 '그녀가'이다.
③ ㉢은 부사절을 가진 안은문장으로, 안긴문장의 주어가 생략되어 있다.
④ ㉣은 서술절을 가진 안은문장으로, 안은문장의 주어는 '영철이는'이고 안긴문장의 주어는 '마음씨가'이다.
⑤ ㉤은 명사절을 가진 안은문장으로, 안은문장의 주어는 '나는'이고 안긴문장의 주어는 '아이들이'이다.

137 [2014년 7월 고3 학평 A형 13번]

<보기>를 참고할 때, 밑줄 친 부분에 대한 설명으로 적절하지 않은 것은?

> **보 기**
>
> 안긴문장은 문장에서 기능에 따라 명사절, 관형절, 부사절, 인용절, 서술절로 나누어진다. 명사절은 '-(으)ㅁ', '-기', 관형절은 '-(으)ㄴ', '-는', 부사절은 '-이', '-게', '-도록', 인용절은 '고', '라고' 등이 붙어서 만들어지며 서술절은 절 표지가 따로 없이 절 전체가 서술어의 기능을 한다.

용례		설명
○ 코끼리는 코가 길다.	⇨	'코끼리는'이라는 주어를 서술하는 서술절이다. ……………①
○ 친구가 소리도 없이 내 뒤로 다가왔다.	⇨	'다가왔다'라는 서술어를 수식하는 부사절이다. ……………②
○ 지금은 학교에 가기에 늦은 시간이다.	⇨	'-기'라는 명사형 어미를 사용하여 만든 명사절이다.………③
○ 오늘 급식을 일찍 먹기는 힘들겠다.	⇨	'우리'라는 주어가 생략된 관형절이다. ………………………④
○ 현태는 자기가 옳다고 주장했다.	⇨	'현태'의 말을 인용하여 쓴 인용절이다. ………………………⑤

138 [2016년 3월 고3 학평 13번]

<보기>를 참고할 때, 다음 중 '이어진문장'에 해당하지 않는 것은?

> **보 기**
>
> '우리는 자유와 평화를 원한다.'라는 문장은 서술어가 하나뿐이어서 홑문장처럼 보이지만, 실제로는 '우리는 자유를 원한다.'와 '우리는 평화를 원한다.'라는 두 홑문장이 결합된 **이어진문장**이다. 이때의 '와/과'는 접속 조사로, '자유'와 '평화'를 같은 자격으로 이어준다. 한편, '와/과'는 '빠르기가 번개와 같다.'나 '그는 당당히 적과 맞섰다.'처럼 비교의 대상이나 행위의 상대임을 나타내는 격 조사로도 쓰이는데, 이때는 서술어가 하나이면 홑문장이 된다.

① 나는 시와 소설을 좋아한다.
② 그녀는 집과 도서관에서 공부했다.
③ 고향의 산과 하늘은 예전 그대로였다.
④ 성난 군중이 앞문과 뒷문으로 들이닥쳤다.
⑤ 그 사람과 나는 오래 전부터 서로 사귀어 왔다.

139 [2016년 4월 고3 학평 14번]

<보기>의 ㉠~㉤에 대한 설명으로 옳지 않은 것은?

> **보 기**

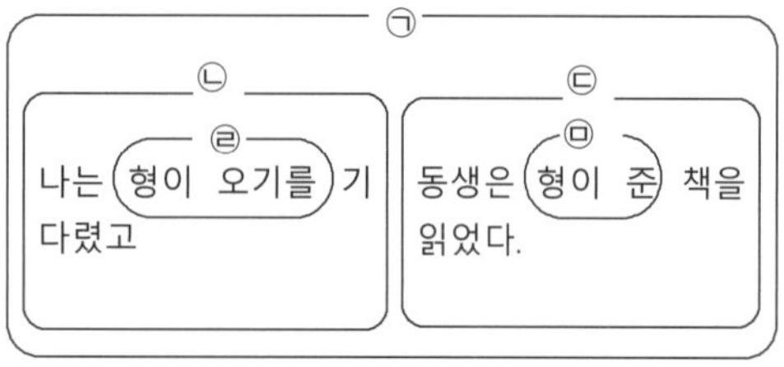

① ㉠은, ㉡과 ㉢이 대등하게 연결된 이어진 문장이다.
② ㉡은, '나는'의 서술어인 ㉣을 안고 있다.
③ ㉡과 ㉢은, 각각 '주어-서술어'의 관계가 두 번 이상 나타난다.
④ ㉣과 ㉤은, '주어-서술어'의 관계가 한 번씩만 나타난다.
⑤ ㉤은, '책'을 수식하는 관형어 역할을 하면서 ㉢에 안겨 있다.

140 [2016년 6월 고3 모평 14번]

<보기>의 ㉠~㉢에 해당하는 예로 적절하지 않은 것은?

> **보 기**
>
> (가)~(다)는 관형절을 안은 문장이고 [A]~[C]는 안긴 문장인 관형절을 완결된 문장으로 바꾼 것이다. 이를 보면 (가)의 '동생', (나)의 '책', (다)의 '도서관'은 완결된 문장 [A], [B], [C]에서 뒤에 붙는 조사와 함께 각각 ㉠주어, ㉡목적어, ㉢부사어로 기능을 하고 있다.
>
> **(가)** 어제 책만 읽은 동생에게 오늘은 쉬라고 했다.
> [A] 동생이 어제 책만 읽었다.
> **(나)** 아이가 읽은 책은 동화책이다.
> [B] 아이가 책을 읽었다.
> **(다)** 형이 책을 읽은 도서관은 집 근처에 있다.
> [C] 형이 도서관에서 책을 읽었다.

① ㉠ ┌ 어제 결혼한 그들에게 나는 미리 선물을 주었다.
　　　└ 누나를 많이 닮은 친구를 우리는 오늘도 만났다.

② ㉠ ┌ 나무로 된 탁자에 동생이 낙서를 하고 있다.
　　　└ 그들은 시대에 뒤떨어진 생각을 여전히 하고 있다.

③ ㉡ ┌ 두 사람이 어제 헤어진 공원이 지금 공사 중입니다.
　　　└ 나는 어제 부모님이 시키신 일을 오늘에야 다 끝냈다.

④ ㉡ ┌ 친구가 나에게 준 옷이 나는 마음에 든다.
　　　└ 누나는 털실로 짠 장갑도 내게 주었습니다.

⑤ ㉢ ┌ 아이들이 운동장에서 공을 찬 주말을 기억해 보세요.
　　　└ 그는 관중이 쓰레기를 남긴 경기장을 열심히 청소했다.

141 [2016년 9월 고3 모평 14번]

<보기>의 ⓐ~ⓓ에 들어갈 말을 올바르게 짝지은 것은? [3점]

보 기

㉠ 영희 어머니께서는 "네 동생은 착해."라고 말씀하셨다.
㉡ 영희 어머니께서는 내 동생이 착하다고 말씀하셨다.

㉠은 영희 어머니의 발화를 그대로 옮긴 직접 인용이고, ㉡은 영희 어머니의 발화를 풀어 쓴 간접 인용이다. 그런데 직접 인용을 간접 인용으로 바꿀 때나 간접 인용을 직접 인용으로 바꿀 때는 인용절 속의 어미, 인용 조사, 대명사, 지시 표현, 높임 표현 등에 변화가 생길 수 있다.

직접 인용	아들이 어제 저에게 "내일 사무실에 계십시오."라고 말했습니다.

⇩

간접 인용	아들이 어제 저에게 (ⓐ) 사무실에 (ⓑ) 말했습니다.

직접 인용	언니는 어제 "나의 휴대 전화에 메시지를 꼭 남겨라."라고 나에게 말했다.

⇩

간접 인용	언니는 어제 (ⓒ) 휴대 전화에 메시지를 꼭 (ⓓ) 나에게 말했다.

	ⓐ	ⓑ	ⓒ	ⓓ
①	오늘	있으라고	자기의	남기라고
②	어제	계시라고	자기의	남겨라고
③	오늘	있으라고	나의	남겨라고
④	오늘	계시라고	자기의	남겨라고
⑤	어제	계시라고	나의	남기라고

142 [2016년 10월 고3 학평 13번]

<보기>의 ㄱ~ㅁ에 대한 설명으로 적절하지 <u>않은</u> 것은?

보 기

ㄱ. 그가 이 사건의 범인임이 밝혀졌다.
ㄴ. 언니가 빵을 먹은 사실이 드러났다.
ㄷ. 오빠가 동생이 가게에서 산 빵을 먹었다.
ㄹ. 나는 집에 가기만을 기다렸다.
ㅁ. 누나가 집에 가기에 바쁘다.

① ㄱ과 ㄴ의 안긴문장은 각각의 안은문장에서 다른 문장 성분으로 쓰인다.
② ㄴ과 ㄷ의 안긴문장은 각각의 안은문장에서 동일한 문장 성분으로 쓰인다.
③ ㄴ의 안긴문장은 ㄷ의 안긴문장과 달리 안긴문장 속에 생략된 필수 성분이 없다.
④ ㄷ과 ㅁ의 안긴문장의 주어는 각각의 안은문장의 주어와 다르다.
⑤ ㄹ과 ㅁ의 안긴문장은 각각의 안은문장에서 다른 문장 성분으로 쓰인다.

문장 영역 핵심 기출 문제

143 [2017년 4월 고3 학평 13번]

<보기>는 '학습 활동'에 대해 짝토론을 한 것이다. ㉠~㉢에 알맞은 말을 골라 바르게 연결한 것은?

[학습 활동] 다음 문장의 짜임에 대해 알아보자.
그가 아끼던 제자가 상을 받았음을 그녀가 알려 줬다.

보 기

학생 1 : 어제 보았던 거꾸로 수업 동영상 강의에서 문장 속에 들어가 있는 절을 '안긴문장'이라고 하고, 절을 포함하고 있는 문장을 '안은문장'이라고 했지?
학생 2 : 그래. 그리고 어떤 문장의 짜임을 이해하려면 그 문장의 주어와 서술어를 파악하는 것이 중요하다고 했어. 그럼, 먼저 주어를 서술하는 기능을 가진 단어부터 찾아보자. 음……. '알려 줬다'와 '받았음' 이렇게 두 개인가?
학생 1 : 아니야. '아끼던'도 서술 기능이 있잖아.
학생 2 : 그렇구나. 그러면 그중에서 문장 전체의 서술어는 '알려줬다'이고, 그것의 주어는 (㉠)이겠다.
학생 1 : 맞아. 그럼 '받았음'의 주어는 (㉡)이겠지?
학생 2 : 응. 명사절이 문장 전체의 목적어 역할을 하며 안겨 있는 거지.
학생 1 : 명사절 외에 관형절도 있잖아. 그러면 이 관형절의 주어는 (㉢)이겠다.
학생 2 : 그래. 국어의 안은문장은 이렇게 여러 개의 안긴 문장으로 이루어질 수 있는 거구나.

	㉠	㉡	㉢
①	그녀가	제자가	그가
②	그녀가	그가	제자가
③	그가	그녀가	제자가
④	그가	제자가	그녀가
⑤	제자가	그녀가	그가

144 [2017년 6월 고3 모평 14번]

㉠~㉣의 문장 성분과 문장 구조에 대한 설명으로 적절하지 않은 것은? [3점]

㉠ 그녀는 따뜻한 봄이 빨리 오기를 기다린다.
㉡ 내가 만난 친구는 마음이 정말 착하다.
㉢ 피곤해하던 동생이 엄마가 모르게 잔다.
㉣ 그가 시장에서 산 배추는 값이 비싸다.

① ㉠과 ㉡은 체언을 수식하는 안긴문장이 있다.
② ㉢과 ㉣은 서술어의 기능을 하는 안긴문장이 있다.
③ ㉠은 명사절 속에 부사어가 있고, ㉡은 서술절 속에 부사어가 있다.
④ ㉠은 주어가 생략된 안긴문장이 있고, ㉣은 목적어가 생략된 안긴문장이 있다.
⑤ ㉢은 부사어의 기능을 하는 안긴문장이 있고, ㉣은 관형어의 기능을 하는 안긴문장이 있다.

145 [2017년 7월 고3 학평 12번]

<보기>의 [A]에 들어갈 말로 적절한 것은?

보 기

선생님 : 두 개의 홑문장을 하나의 겹문장으로 만들 때, 두 홑문장 중 한 문장에서 특정 성분이 생략되는 경우가 있습니다. 다음은 홑문장 ㉠, ㉡을 하나의 겹문장 ㉢으로 만든 예인데요, ㉢에 대해 설명해 볼까요?

㉠ 철수가 공원에서 산책을 하였다.
+
㉡ 공원은 학교 뒤에 있다.
↓
㉢ 철수가 산책을 한 공원은 학교 뒤에 있다.

학생 : ________[A]________

① ㉠이 ㉡에 관형절로 안기면서 ㉠의 목적어가 생략되었습니다.
② ㉠이 ㉡에 관형절로 안기면서 ㉠의 부사어가 생략되었습니다.
③ ㉠이 ㉡에 부사절로 안기면서 ㉠의 부사어가 생략되었습니다.
④ ㉠이 ㉡에 부사절로 안기면서 ㉡의 주어가 생략되었습니다.
⑤ ㉠이 ㉡에 명사절로 안기면서 ㉡의 주어가 생략되었습니다.

146 [2018년 3월 고3 학평 14번]

㉠~㉣의 문장 성분과 문장 구조에 대한 설명으로 적절하지 않은 것은?

> ㉠ 내가 빌린 자전거는 내 친구의 것이다.
> ㉡ 우리는 공연이 시작되기 전에 극장에 도착했다.
> ㉢ 피아노를 잘 치는 영수는 손가락이 누구보다 길다.
> ㉣ 파수꾼이 마을에 사는 사람들을 속였음이 드러났다.

① ㉠, ㉢에는 모두 서술어의 기능을 하는 안긴문장이 있다.
② ㉠, ㉣에는 모두 체언을 수식하는 안긴문장이 있다.
③ ㉡의 안긴문장에는 부사어가 없지만, ㉢의 안긴문장에는 부사어가 있다.
④ ㉡에는 관형어의 기능을 하는 안긴문장이 있고, ㉣에는 조사와 결합하여 주어의 기능을 하는 안긴문장이 있다.
⑤ ㉢, ㉣에는 모두 주어가 생략된 안긴문장이 있다.

147 [2018년 9월 고3 모평 15번]

<보기>의 자료를 탐구한 결과로 적절한 것은?

> **보 기**
>
> ○ **탐구 과제**
> 하나의 문장이 안긴문장으로 다른 문장에 안길 때, 원래 있던 문장 성분이 생략되는 경우가 있다. 아래의 각 문장에서 안긴문장을 파악한 후, 생략된 문장 성분이 있다면 무엇인지 확인해 보자.
>
> ○ **자료**
> ㉠ 부모님은 자식이 건강하기를 바란다.
> ㉡ 그 친구는 연락도 없이 그곳에 안 왔다.
> ㉢ 동생은 자신의 판단이 옳았음을 깨달았다.
> ㉣ 그는 내가 늘 쉬던 공원에서 산책을 했다.
> ㉤ 그 사람들은 아주 어려운 과제를 금방 끝냈다.

		안긴문장의 종류	생략된 문장 성분
①	㉠	부사절	없음
②	㉡	명사절	없음
③	㉢	명사절	주어
④	㉣	관형절	부사어
⑤	㉤	관형절	목적어

148 [2018년 수능 14번]

<보기>의 ⓐ~ⓒ를 이해한 내용으로 적절하지 않은 것은?

> **보 기**
>
> ⓐ 그는 위기를 좋은 기회로 삼았다.
> ⓑ 바다가 눈이 부시게 파랗다.
> ⓒ 동주는 반짝이는 별을 응시했다.

① ⓐ의 '삼았다'는 주어 이외에도 두 개의 문장 성분을 필수적으로 요구하는군.
② ⓑ의 '바다가'와 '눈이'는 각각 다른 서술어의 주어이군.
③ ⓒ의 '별을'은 안긴문장의 목적어이면서 안은문장의 목적어이군.
④ ⓐ의 '좋은'과 ⓒ의 '반짝이는'은 안긴문장의 서술어이군.
⑤ ⓑ의 '눈이 부시게'와 ⓒ의 '반짝이는'은 수식의 기능을 하는군.

149 [2019년 3월 고3 학평 15번]

<보기>의 ㉮~㉰에 대한 설명으로 적절하지 않은 것은?

> **보 기**
>
> ㉮ 그 사람이 범인임이 확실히 밝혀졌다.
> ㉯ 부상을 당한 선수는 장애물 달리기를 포기하였다.
> ㉰ 학생들은 성적이 많이 오르기를 마음속으로 빌었다.

① ㉮는 명사절 속에 관형어가 한 개 있다.
② ㉮에는 주어의 기능을 하는 안긴문장이 있다.
③ ㉯에는 주어가 생략된 안긴문장이 있다.
④ ㉰는 ㉮와 달리 안긴문장 속에 부사어가 있다.
⑤ ㉯와 ㉰에는 목적어의 기능을 하는 안긴문장이 있다.

문장 영역 핵심 기출 문제

150 [2019년 9월 고3 모평 15번]

<보기>의 ㉠~㉤에 해당하는 문장으로 적절하지 않은 것은?

보 기

[학습 활동]

겹문장은 홑문장보다 복잡한 생각을 효과적으로 표현할 수 있는 장점이 있다. <자료>에 제시된 홑문장을 활용하여 <조건>에 해당하는 겹문장을 만들어 보자.

<자료>	<조건>
• 날씨가 춥다. • 형은 물을 마셨다. • 동생은 얼음을 먹었다. • 동생은 추위와 상관없다. • 형은 동생에게 불평을 했다.	㉠ 명사절을 안은 문장 ㉡ 관형절을 안은 문장 ㉢ 부사절을 안은 문장 ㉣ 인용절을 안은 문장 ㉤ 대등하게 이어진 문장

① ㉠ : 동생은 추운 날씨에도 얼음을 먹었다.
② ㉡ : 형은 얼음을 먹는 동생에게 불평을 했다.
③ ㉢ : 동생은 추위와 상관없이 얼음을 먹었다.
④ ㉣ : 형은 동생에게 날씨가 춥다고 불평을 했다.
⑤ ㉤ : 형은 물을 마셨지만 동생은 얼음을 먹었다.

151 [2020년 3월 고3 학평 12번]

<보기>는 문법 수업의 일부이다. 선생님의 설명에 따라 ㉠~㉤을 이해한 내용으로 적절하지 않은 것은?

보 기

선생님 : 관형절은 안은문장에서 관형어로 쓰이는데 관형절에는 주어가 생략된 관형절, 목적어가 생략된 관형절, 부사어가 생략된 관형절 등이 있어요. 그리고 명사절은 안은문장에서 조사와 결합하여 주어, 목적어, 부사어 등으로 쓰일 수 있어요. 그럼 다음 문장에 대해 관형절과 명사절에 주목하여 분석해 볼까요?

㉠ 약속 시간에 늦은 친구들이 많았다.
㉡ 마지막 문제를 풀기가 생각보다 어렵다.
㉢ 나는 아버지께서 주신 빵을 형과 함께 먹었다.
㉣ 그는 지금 사는 집에서 계속 머무르기를 희망했다.
㉤ 그들은 우리가 어제 목적지에 도착했음을 이미 알았다.

① ㉠에는 주어가 생략된 관형절이 있고, 명사절은 없습니다.
② ㉡에는 관형절이 없고, 주어로 쓰인 명사절이 있습니다.
③ ㉢에는 목적어가 생략된 관형절이 있고, 명사절은 없습니다.
④ ㉣에는 부사어가 생략된 관형절이 있고, 부사어로 쓰인 명사절이 있습니다.
⑤ ㉤에는 관형절이 없고, 목적어로 쓰인 명사절이 있습니다.

152 [2020년 6월 고3 모평 14번]

<보기>의 ㉠~㉤과 관련된 설명으로 적절한 것은? [3점]

보 기

주기적으로 운동하기가 ㉠건강의 첫걸음이다. 그것을 꾸준하게 ㉡실천하기 ㉢원한다면 제대로 ㉣된 계획 세우기가 ㉤선행되어야 한다.

① ㉠이 서술어인 문장에서 명사절이 주어 기능을 하고 있다.
② ㉡이 서술어인 문장에서 명사절이 목적어 기능을 하고 있다.
③ ㉢이 서술어인 문장에서 명사절이 부사어 기능을 하고 있다.
④ ㉣이 서술어인 문장에서 명사절이 보어 기능을 하고 있다.
⑤ ㉤이 서술어인 문장에서 명사절이 관형어 기능을 하고 있다.

153 [2020년 수능 14번]

<학습 활동>을 수행한 결과로 적절하지 않은 것은? [3점]

학습 활동

겹문장은 다른 문장 속에 들어가 안긴문장으로 쓰일 수 있다. 또한 겹문장은 안은문장에서 다양한 문장 성분으로도 쓰인다. 다음 밑줄 친 겹문장 ⓐ~ⓔ의 쓰임을 설명해 보자.

◦ 기상청은 ⓐ내일은 따뜻하지만 비가 온다는 예보를 했다.
◦ 시민들은 ⓑ공원이 많고 거리가 깨끗한 도시를 만들었다.
◦ ⓒ바람이 거세지고 어둠이 내리기 전에 산에서 내려갔다.
◦ 나는 나중에야 ⓓ그녀는 왔으나 그가 안 왔음을 깨달았다.
◦ 삼촌은 주말에 ⓔ꽃이 피고 새가 지저귀는 들판을 거닐었다.

① ⓐ는 인용절로 쓰이고 있다.
② ⓑ는 관형절로 쓰이고 있다.
③ ⓒ는 명사절로 쓰이고 있다.
④ ⓓ는 조사와 결합하여 주성분으로 쓰이고 있다.
⑤ ⓔ는 조사와 결합 없이 부속 성분으로 쓰이고 있다.

154 [2021년 3월 고3 학평 36번]

<보기>의 ㉠~㉢에 대한 설명으로 적절하지 않은 것은?

보 기

㉠ 우리는 봄이 어서 오기를 기다렸다.
㉡ 나는 그가 범인이 아니었음에 안도했다.
㉢ 우유를 마신 아이가 마루에서 잠들었다.

① ㉠에는 목적어의 기능을 하는 안긴문장이 있다.
② ㉡에는 서술어의 기능을 하는 안긴문장이 있다.
③ ㉢에는 관형어의 기능을 하는 안긴문장이 있다.
④ ㉢과 달리 ㉠에는 안긴문장 속에 부사어가 있다.
⑤ ㉡과 달리 ㉢에는 주어가 생략된 안긴문장이 있다.

155 [2021년 6월 고3 모평 37번]

<학습 활동>을 수행한 결과로 적절한 것은?

학습 활동

아래 그림에 따라 [자료]의 ㉮~㉱를 분류할 때, ⓒ에 해당하는 것만을 있는 대로 찾아보자.

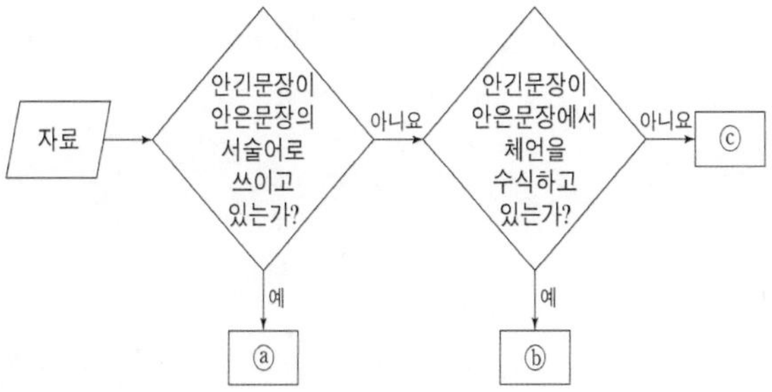

[자료]

㉮ 노래를 부르기가 쉽지가 않다.
㉯ 마당에 아무도 모르게 꽃이 피었다.
㉰ 나는 동생이 오기 전에 학교에 갔다.
㉱ 내 동생은 누구보다 마음씨가 착하다.

① ㉮ ② ㉮, ㉯ ③ ㉰, ㉱
④ ㉮, ㉯, ㉰ ⑤ ㉯, ㉰, ㉱

156 [2021년 7월 고3 학평 39번]

<보기>의 ㉠에 들어갈 예로 적절한 것은?

보 기

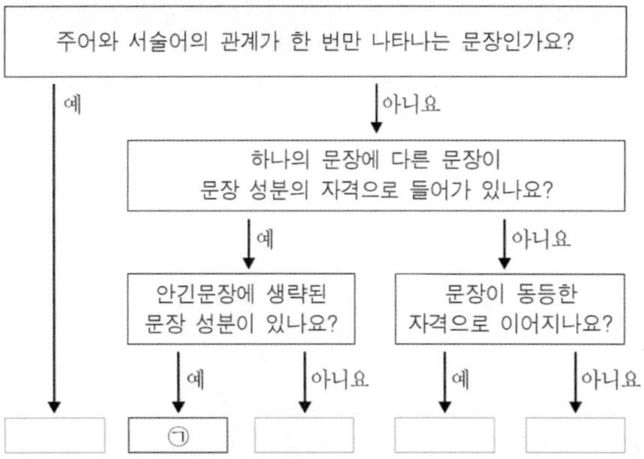

① 아버지가 만든 책꽂이가 제일 멋지다.
② 어머니는 그 일이 끝나기를 기다렸다.
③ 그녀는 지난주에 고향 집으로 떠났다.
④ 창밖에는 비가 내리고 바람이 불었다.
⑤ 형은 개를 좋아하지만 나는 싫어한다.

157 [2021년 10월 고3 학평 37번]

<보기>의 선생님의 질문에 대한 답으로 옳은 것은?

보 기

선생님 : 문장에서 부사어는 다양한 형태로 실현됩니다. 명사에 부사격 조사가 결합하여 부사어로 쓰이는 경우도 그중 하나입니다. 다음의 ⓐ~ⓔ 중 관형사절이 꾸미고 있는 명사에 부사격 조사가 붙은 형태를 찾아볼까요?

◦ 오늘의 행복은 ⓐ내일의 성공만큼 중요하다.
◦ 이곳의 토양은 ⓑ토마토 농사를 짓기에 적합하다.
◦ 너는 ⓒ너에게 주어진 문제만 해결해서는 안 된다.
◦ 형은 ⓓ머리가 덜 마른 상태로 국어 교과서를 읽었다.
◦ ⓔ열심히 공부하는 친구들은 나에게 많은 자극을 주었다.

① ⓐ ② ⓑ ③ ⓒ
④ ⓓ ⑤ ⓔ

158 [2022년 3월 고3 학평 36번]

<보기>를 모두 충족하는 문장으로 적절한 것은?

보 기

○ 서술어의 자릿수가 한 자리인 용언이 포함될 것.
○ 관형사절 속에 보어가 포함될 것.

① 화단도 아닌 곳에 진달래꽃이 피었다.
② 대학생이 된 누나가 주인공을 맡았다.
③ 학생이었던 삼촌은 마흔 살이 되었다.
④ 큰언니는 성숙했지만 성인이 아니었다.
⑤ 나무로 된 책상을 나는 그에게 주었다.

159 [2022년 4월 고3 학평 38번]

<보기>의 ㄱ~ㄷ을 이해한 내용으로 적절한 것은?

보 기

ㄱ. 신중한 그는 고민을 가족들과 의논했다.
ㄴ. 너는 밥 먹기 전에 손을 좀 씻어!
ㄷ. 네가 들은 소문은 정말 사실이 아니다.

① ㄱ의 '신중한'은 안은문장의 필수 성분이군.
② ㄱ의 '가족들과'와 ㄷ의 '정말'은 생략이 가능한 성분이군.
③ ㄴ의 '먹기'는 안긴문장의 부속 성분이군.
④ ㄴ의 '너는'은 안긴문장의 주어이면서 안은문장의 주어이군.
⑤ ㄷ의 '네가'와 '사실이'는 각각 다른 서술어의 주어이군.

160 [2022년 7월 고3 학평 38번]

<보기>의 ⓐ~ⓒ에 대해 탐구한 내용으로 적절하지 않은 것은?

보 기

[탐구 과제] 직접 인용절을 가진 안은문장이 간접 인용절을 가진 안은문장으로 바뀌었을 때의 높임 표현, 지시 표현, 인용 조사 등의 변화 탐구하기

[탐구 자료]

직접 인용절을 가진 안은문장		간접 인용절을 가진 안은문장	
그가 어제 나에게 "내일 서울에 갑니다."라고 말했다.	⇨	그가 어제 나에게 오늘 서울에 간다고 말했다.	…ⓐ
희수가 민주에게 "힘든 일은 나에게 맡겨라."라고 말했다.	⇨	희수가 민주에게 힘든 일은 자기에게 맡기라고 말했다.	…ⓑ
부산에 간 친구가 나에게 "이곳이 참 아름답구나."라고 말했다.	⇨	부산에 간 친구가 나에게 그곳이 참 아름답다고 말했다.	…ⓒ

① ⓐ : '오늘'을 보니, 직접 인용절의 시간 부사가 간접 인용절에서는 바뀌어 나타났군.
② ⓐ : '간다고'를 보니, 직접 인용절에서 '그'가 '나'를 고려해 사용한 높임 표현이 간접 인용절에서는 바뀌어 나타나는군.
③ ⓑ : '맡기라고'를 보니, 직접 인용절이 명령문일 때 간접 인용절의 인용 조사는 '고'가 사용되었군.
④ ⓒ : '그곳이'를 보니, 직접 인용절의 발화자인 '친구'의 관점으로 지시 표현이 바뀌어 나타나는군.
⑤ ⓒ : '아름답다고'를 보니, 직접 인용절의 감탄형 종결 어미는 간접 인용절에서 평서형 종결 어미로 바뀌어 나타났군.

161 [2022년 10월 고3 학평 38번]

<보기>의 ㉠~㉢에 대한 설명으로 적절하지 않은 것은?

> **보 기**
>
> ㉠ 어머니는 아들이 비로소 대학생이 되었음을 실감했다.
> ㉡ 파수꾼이 경계 초소에서 본 동물은 늑대는 아니었다.
> ㉢ 감독이 그 선수를 야구부 주장으로 삼기로 결심했다.

① ㉠에는 안긴문장에 보어가 있고, ㉡에는 안은문장에 보어가 있다.
② ㉠은 안긴문장이 안은문장의 목적어로 사용되고, ㉢은 안긴문장이 안은문장의 부사어로 사용된다.
③ ㉡과 달리 ㉢의 안긴문장의 서술어는 부사어를 필수 성분으로 요구한다.
④ ㉢과 달리 ㉡의 안긴문장에는 목적어가 생략되어 있다.
⑤ ㉠~㉢은 모두 안긴문장의 주어와 안은문장의 주어가 다르다.

162 [2022년 수능 39번]

㉠~㉣의 문장 성분과 문장 구조에 대한 설명으로 적절한 것은?

> ㉠ 나는 내 친구가 보낸 책을 제시간에 받기를 바란다.
> ㉡ 나는 테니스 배우기가 재미있다고 친구에게 말했다.
> ㉢ 이 식당은 우리 가족이 점심을 먹은 식당이 아니다.
> ㉣ 그녀는 아름다운 관광지를 신이 닳도록 돌아다녔다.

① ㉠에는 필수적 부사어가 생략된 안긴문장이 있고, ㉡에는 주어가 생략된 안긴문장이 있다.
② ㉠과 ㉡에는 모두, 주어 기능을 하는 명사절이 있다.
③ ㉠과 ㉢에는 모두, 주어가 생략된 안긴문장이 있다.
④ ㉢에는 보어 기능을 하는 안긴문장이 있고, ㉣에는 부사어 기능을 하는 안긴문장이 있다.
⑤ ㉢과 ㉣에는 모두, 목적어가 생략된 관형사절이 있다.

163 [2023년 4월 고3 학평 38번]

<보기>의 ㉠이 사용된 문장으로 적절한 것은?

> **보 기**
>
> 주어와 서술어를 갖추었으나 독립하여 쓰이지 못하고 다른 문장의 성분으로 쓰이는 의미 단위를 절이라 한다. 문장에서 부속 성분으로 쓰인 절은 수식의 기능을 하여 생략될 수 있지만, ㉠<u>부속 성분이면서도 서술어가 필수적으로 요구하는 성분으로 쓰여 생략될 수 없는 절</u>도 있다.

① 우리는 밤이 새도록 토론을 하였다.
② 나는 그가 있는 가게로 저녁에 갔다.
③ 그는 어느 날 갑자기 말도 없이 떠나 버렸다.
④ 부지런한 동생은 나와는 달리 일찍 일어난다.
⑤ 저기 서 있는 아이가 특히 재주가 있게 생겼다.

164 [2023년 6월 고3 모평 37번]

<학습 활동>의 ㉠~㉢에 들어갈 예문으로 적절한 것은?

> **학습 활동**
>
> <보기>의 조건이 실현된 예문을 만들어 보자.
>
> **보 기**
>
> ⓐ 현재 시제만 쓰일 것.
> ⓑ 서술어의 자릿수가 둘일 것.
> ⓒ 안긴문장이 부사어로 기능할 것.

실현 조건	예문
ⓐ, ⓑ	㉠
ⓐ, ⓒ	㉡
ⓑ, ⓒ	㉢

① ㉠ : 그 집 마당에는 감나무 한 그루가 자란다.
② ㉠ : 선생님께서는 여전히 학교 근처에 사시는지요?
③ ㉡ : 산중에 있으므로 여기는 도시보다 조용합니다.
④ ㉡ : 오늘부터 아침으로 과일만 먹기로 마음먹었니?
⑤ ㉢ : 오래전 큰아버지께 받은 책에 곰팡이가 슬었어.

165 [2023년 10월 고3 학평 39번]

<보기>에 대한 설명으로 적절하지 않은 것은?

> **보 기**
>
> ㄱ. 동생이 내가 읽던 책을 가져갔다.
> ㄴ. 그는 자신이 그 일의 적임자임을 주장했다.
> ㄷ. 무장 강도가 은행에 침입한 사건이 발생했다.
> ㄹ. 이곳의 따뜻한 기후는 옥수수가 자라기에 적합하다.

① ㄱ은 목적어가 생략된 안긴문장이 있다.
② ㄴ은 조사와 결합하여 목적어의 기능을 하는 안긴문장이 있다.
③ ㄱ과 ㄷ은 체언을 수식하는 기능을 하는 안긴문장이 있다.
④ ㄴ과 ㄹ은 명사형 어미가 결합된 안긴문장이 있다.
⑤ ㄷ은 ㄹ과 달리 문장 성분이 생략된 안긴문장이 있다.

문장 영역 핵심 기출 문제

166 [2024년 3월 고3 학평 39번]

<보기>의 (가)~(다)에 들어갈 내용을 바르게 짝지은 것은?

보 기

선생님 : 관형사절은 안은문장에서 관형어로 쓰이는데 이 때 관형사절의 문장 성분이 생략되어 나타날 수 있습니다. [자료]를 아래의 그림에 따라 분류해 봅시다.

안긴문장이 안은문장에서 관형어의 기능을 하는가? — 아니요 → (가)

↓ 예

안긴문장에서 생략된 성분이 있는가? — 아니요 → (나)

↓ 예

(다)

[자료]

ㄱ. 나는 동생이 좋아하는 음식을 준비했다.
ㄴ. 책의 내용을 모두 암기하기는 불가능하다.
ㄷ. 교실에 있던 학생들이 운동장으로 나갔다.
ㄹ. 악어가 물 밖으로 나온다는 사실을 알았다.
ㅁ. 형이 내게 아홉 시까지 집에 오라고 말했다.
ㅂ. 나는 그 사람이 너를 속일 줄은 꿈에도 몰랐다.

	(가)	(나)	(다)
①	ㄱ, ㄴ	ㄹ, ㅂ	ㄷ, ㅁ
②	ㄱ, ㄷ	ㄴ, ㅁ	ㄹ, ㅂ
③	ㄴ, ㅁ	ㄹ, ㅂ	ㄱ, ㄷ
④	ㄴ, ㅂ	ㄷ, ㄹ	ㄱ, ㅁ
⑤	ㄹ, ㅁ	ㄴ, ㅂ	ㄱ, ㄷ

167 [2024년 10월 고3 학평 37번]

<보기>의 ㄱ~ㅁ을 이해한 내용으로 적절하지 않은 것은?

보 기

ㄱ. 마을 사람들은 그가 가족과 만나기를 바란다.
ㄴ. 그들은 옛 친구가 살던 동네에서 시간을 보냈다.
ㄷ. 어제 동생은 무역 회사에 다니는 사람을 만났다.
ㄹ. 나는 문득 그가 나에게 호의를 가졌음을 느꼈다.
ㅁ. 뒷산에서 다리를 다친 언니는 병원에 입원하였다.

① ㄱ과 ㄷ의 안긴문장에는 모두, 필수적 부사어가 있다.
② ㄱ의 안긴문장은 목적어 기능을 하고, ㅁ의 안긴문장은 관형어 기능을 한다.
③ ㄴ의 안긴문장에는 필수적 부사어가 생략되어 있고, ㄹ의 안긴문장에는 생략된 필수 성분이 없다.
④ ㄴ과 ㄷ의 안긴문장은 모두, 체언을 수식하는 기능을 한다.
⑤ ㄹ과 ㅁ의 안긴문장에는 모두, 필수적 부사어와 목적어가 있다.

168 [2024년 수능 39번]

<보기>를 바탕으로 <자료>를 이해한 내용으로 적절한 것은?

보 기

간접 인용될 때 원 발화의 인칭·지시·시간 표현 등은 맥락에 따라 조정되며, 상대 높임 종결 어미는 격식체든 비격식체든, 높임이든 낮춤이든, 문장의 종류별로 한 가지로 한정된다. '보다'를 예로 들면 '본다고'(평서), '보냐고'(의문), '보라고'(명령), '보자고'(청유)처럼 나타난다. 감탄형 어미는 평서형으로 실현된다(예 보는구나→본다고). 이런 이유로 서로 다른 발화라도 간접 인용될 때 같은 형식을 가질 수 있다.

자 료

○ 그는 그제 우리에게 ㉠오늘은 청소를 같이 하자고 말했다.
○ 김 선생은 ㉡자기도 시를 좋아한다고 학생들에게 말했다.
○ 어제 나한테 ㉢네가 내일 퇴원을 할 수 있겠냐고 물었지?

① ㉠은 '모레는'이라는 부사어를 가진 발화를 인용한 것일 수 없다.
② ㉠의 '하자'는 '해요'를 간접 인용한 것일 수 있다.
③ ㉡은 2인칭 주어를 가진 발화를 인용한 것일 수 있다.
④ ㉡의 '좋아한다'는 '좋아합니다'를 간접 인용한 것일 수 없다.
⑤ ㉢은 미래 시제 선어말 어미를 가진 발화를 인용한 것일 수 없다.

문장 - 종결 표현

169 [2023년 6월 고1 학평 14번]

밑줄 친 ㉠의 예로 적절한 것은?

> 우리말의 문장 유형은 평서문, 의문문, 명령문, 청유문, 감탄문으로 나뉘는데, 대개 특정한 종결 어미를 통해 실현된다. 그런데 경우에 따라 ㉠동일한 형태의 종결 어미가 서로 다른 문장 유형을 실현하기도 한다.

① -니 ┌ 너는 무엇을 먹었니?
　　　 └ 아버님은 어디 갔다 오시니?

② -ㄹ게 ┌ 오늘은 내가 먼저 나갈게.
　　　 └ 내가 나중에 다시 전화할게.

③ -구나 ┌ 그것 참 그럴듯한 생각이구나.
　　　 └ 올해도 과일이 많이 열리겠구나.

④ -ㅂ시다 ┌ 지금부터 함께 청소를 합시다.
　　　 └ 밥을 먹고 공원에 놀러 갑시다.

⑤ -어라 ┌ 늦을 것 같으니까 어서 씻어라.
　　　 └ 그 사람을 몹시도 만나고 싶어라.

170 [2016년 9월 고2 학평 15번]

밑줄 친 부분이 <보기>의 ㉠에 해당하는 예로 적절하지 않은 것은?

> **보 기**
>
> 일반적으로 의문문은 화자가 청자에게 질문에 대한 대답을 요청할 때, 청유문은 화자가 청자에게 함께 행동할 것을 요청할 때 쓰인다. 그런데 담화 상황에 따라 의문문과 청유문 모두 ㉠화자가 청자에게 행동을 요청할 때 쓰이기도 한다.

① A : 얘들아, 영화 좀 보자.
　B : 알았어. 떠들어서 미안해.

② A : 환기가 필요하구나. 창문 좀 열자.
　B : 네. 알겠습니다.

③ A : 잠깐, 내가 안경을 어디다 뒀더라?
　B : 너 혼자 거기서 뭐하니? 빨리 나와.

④ A : 방 청소를 해야 하는데, 좀 비켜줄래?
　B : 네, 엄마. 바로 나갈게요.

⑤ A : 기사님! 저 신호등 앞에서 세워 주시겠어요?
　B : 네, 저기에 세우겠습니다.

171 [2015년 9월 고3 모평 A, B형 15번]

밑줄 친 부분이 <보기>의 ㉠에 해당하는 예로 적절하지 않은 것은?

> **보 기**
>
> 일반적으로 의문문은 화자가 청자에게 질문에 대한 대답을 요청하는 문장인데, 화자가 청자에게 행동을 요청할 때 쓰이기도 한다. 청유문은 화자가 청자에게 함께 행동할 것을 요청하는 문장이다. 그러므로 이 문장 유형들은 ㉠화자가 청자에게 요청을 할 때 쓰이는 것이라는 점에서 공통적이다.

① ┌ A : 괜찮다면, 우리 여기서 잠깐 기다릴래요?
　 └ B : 좋아요. 10분만 더 기다려요.

② ┌ A : 다친 곳은 어떤가? 한번 보세.
　 └ B : 보시다시피 많이 좋아졌습니다.

③ ┌ A : 저기요. 먼저 좀 내립시다.
　 └ B : 아, 예. 저도 여기서 내려요.

④ ┌ A : 저 혹시, 모자를 벗어 주실 수 있을까요?
　 └ B : 제가 방해가 되었군요. 미안합니다.

⑤ ┌ A : 어디 보자. 내가 다 챙겼나?
　 └ B : 거기서 혼자 뭐 해요. 빨리 나와요.

문장 영역 핵심 기출 문제

문장 - 높임 표현

172 [2017년 3월 고1 학평 14번]

ⓐ~ⓔ 중 <보기>의 ㉠에 해당하지 않는 것은?

보 기

높임 표현에는 말하는 이가 듣는 이에 대하여 높이거나 낮추어 말하는 상대 높임, 서술의 주체를 높이는 주체 높임, 목적어나 부사어가 나타내는 대상, 즉 서술의 객체를 높이는 ㉠객체 높임이 있다

선생님 : 지은아, 방학은 잘 보냈니?
지은 : 네. 제 용돈으로 할머니께 ⓐ드릴 선물을 사서 할머니 댁에 다녀왔어요.
선생님 : 기특하다. 할머니를 ⓑ뵙고 왔구나. 가서 무엇을 했니?
지은 : 아버지께서 할머니를 ⓒ모시고 병원에 가신 사이에 저는 ⓓ큰아버지께 인사를 드리고 왔어요.
선생님 : 저런, 할머니께서 ⓔ편찮으셨나 보다.

① ⓐ ② ⓑ ③ ⓒ ④ ⓓ ⑤ ⓔ

173 [2018년 6월 고1 학평 15번]

<보기>의 밑줄 친 부분에 해당하는 예로 적절한 것은?

보 기

객체 높임은 문장의 목적어나 부사어가 지시하는 대상, 곧 객체에 대한 높임의 태도를 나타내는 표현이다. 객체 높임은 주로 '모시다, 여쭙다' 등 높임의 의미가 있는 특수 어휘에 의해 실현되거나 부사격 조사 '께'를 통해 실현되기도 한다.

① 선생님께서는 댁에 계십니다.
② 형은 어머니께 그 책을 드렸다.
③ 할아버지께서는 눈이 밝으십니다.
④ 할머니, 아버지가 지금 막 도착했어요.
⑤ 윤우야, 선생님께서 빨리 교무실로 오라고 하셔.

174 [2019년 3월 고1 학평 15번]

<보기>의 [A]~[C]에 들어갈 예를 바르게 짝지은 것은?

보 기

○ ㄱ~ㄷ은 높임 표현이 사용된 문장들이다. 아래의 순서도에 따라 ㄱ~ㄷ을 분류해 보자.

ㄱ. 나는 할아버지께 선물을 드렸다.
ㄴ. 할아버지께서 지금 우리 집에 계신다.
ㄷ. 어머니께서는 할아버지를 모시고 집에 가셨다.

⇩

주어가 나타내는 대상인 주체를 높이는가? → 아니오 → [A]
↓ 예
문장의 목적어나 부사어가 나타내는 대상인 객체를 높이는가? → 아니오 → [B]
↓ 예
[C]

	[A]	[B]	[C]
①	ㄱ	ㄴ	ㄷ
②	ㄱ	ㄷ	ㄴ
③	ㄴ	ㄱ	ㄷ
④	ㄴ	ㄷ	ㄱ
⑤	ㄷ	ㄴ	ㄱ

175 [2019년 6월 고1 학평 15번]

다음은 높임 표현에 대한 탐구 학습지이다. ㉮에 들어갈 내용으로 적절하지 않은 것은? [3점]

▶ 높임 표현의 종류와 실현 방식에 대해 이해하고 <보기> 문장에 나타난 높임 표현을 설명해 보자.

종류	실현 방식
상대 높임	· 대화의 상대, 즉 듣는 이를 높이거나 낮춤 · 종결어미 '-습니다', '-다', '-(으)십시오', '-(아/어)라' 등을 사용
주체 높임	· 서술의 주체, 즉 문장의 주어를 높임 · 선어말 어미 '-(으)시-' 결합 · 주격 조사 '께서' 사용 · 특수 어휘 '계시다', '주무시다' 등 사용
객체 높임	. 서술의 객체, 즉 문장의 목적어나 부사어를 높임 . 부사격 조사 '께' 사용 . 특수 어휘 '드리다', '뵙다' 등 사용

보 기

㉠ 채윤아, 할아버지께 물 좀 갖다 드려라.
㉡ 선생님, 어제 부모님께서 할머니를 모시고 여행을 가자고 말씀을 하셨습니다.

㉮ ______________________

① ㉠은 종결어미 '-어라'를 사용하여 대화 상대인 '채윤'을 낮추고 있다.
② ㉠은 부사격 조사 '께'를 사용하여 서술의 객체인 '할아버지'를 높이고 있다.
③ ㉡은 특수 어휘 '말씀'을 사용하여 서술의 객체인 '할머니'를 높이고 있다.
④ ㉡은 종결어미 '-습니다'를 사용하여 대화 상대인 '선생님'을 높이고 있다.
⑤ ㉡은 주격 조사 '께서'와 선어말 어미 '-시-'를 사용하여 서술의 주체인 '부모님'을 높이고 있다.

176 [2019년 11월 고1 학평 13번]

<보기 1>을 바탕으로 <보기 2>에서 사용된 높임의 양상을 바르게 분석한 것은?

보기 1

주체 높임법은 서술의 주체에 해당하는 문장의 주어를 높이는 방법이고, 객체 높임법은 서술의 객체에 해당하는 목적어나 부사어가 지시하는 대상을 높이는 방법이다. 이러한 높임을 실현하기 위해서는 선어말 어미, 조사, 특수 어휘를 사용한다.

보기 2

어머니께서는 할머니를 모시고 공원에 가셨다.

	주체 높임법			객체 높임법	
	선어말 어미	조사	특수 어휘	조사	특수 어휘
①	O	X	O	O	O
②	O	O	X	O	X
③	O	O	X	X	O
④	X	X	O	X	O
⑤	X	O	X	O	X

177 [2020년 6월 고1 학평 15번]

<보기>의 '학습 활동'을 수행한 결과로 적절한 것은?

보 기

[학습 활동]
다음 담화 상황에 등장하는 ㉠, ㉡이 달라질 때, 언어 예절에 적합한 높임 표현을 사용해 보자.

[담화 상황]
(내가 철수에게)
"어제 ㉠영희가 ㉡경희에게 선물을 주는 것을 보았어."

※ 말하는 사람인 '나'와 철수, 영희, 경희는 서로 대등한 관계임.

① ㉠이 높임의 대상인 '선생님'으로 바뀌면 조사 '가'를 '께서'로 고쳐 말해야 한다.
② ㉠이 높임의 대상인 '선생님'으로 바뀌면 조사 '에게'를 '께'로 고쳐 말해야 한다.
③ ㉡이 높임의 대상인 '선생님'으로 바뀌면 '주는'을 '주시는'으로 고쳐 말해야 한다.
④ ㉡이 높임의 대상인 '선생님'으로 바뀌면 '보았어'를 '보셨어'로 고쳐 말해야 한다.
⑤ ㉡이 높임의 대상인 '선생님'으로 바뀌면 '보았어'를 '보았습니다'로 고쳐 말해야 한다.

178 [2021년 11월 고1 학평 14번]

<보기 1>을 바탕으로 <보기 2>에 대해 설명한 내용으로 적절하지 않은 것은?

보기 1

주체 높임법은 문장의 주어인 서술의 주체에 대하여 높임의 태도를 나타내는 방법이다. 객체 높임법은 문장의 목적이나 부사어가 지시하는 내상, 곧 서술의 객체에 대하여 높임의 태도를 나타내는 방법이다. 주체 높임과 객체 높임의 대상은 문장에서 표면적으로 드러나기도 하고 생략되기도 한다. 한편, 상대 높임법은 화자가 청자인 상대방에 대하여 높이거나 낮추는 태도를 나타내는 방법이다. 한 문장 안에서도 다양한 높임법이 쓰일 수 있다.

보기 2

<아들과 아버지의 통화>
아들 : ⓐ아버지, 집에 언제 도착하시나요?
아버지 : 무슨 일 있니?
아들 : ⓑ할머니께서 아버지께 전화해 보라고 하셨어요. ⓒ아버지께 드릴 말씀도 있어서요.
아버지 : 그래, 거의 다 왔으니 집에 가서 얘기하자. 그런데 할머니 아직 안 주무시니?
아들 : ⓓ아직 안 주무셔요. ⓔ방금 어머니께서 할머니 모시고 나가셨어요.

① ⓐ는 주체 높임과 상대 높임의 대상이 같다.
② ⓑ는 객체 높임과 상대 높임의 대상이 다르다.
③ ⓒ는 객체 높임과 상대 높임의 대상이 같다.
④ ⓓ는 주체 높임과 상대 높임의 대상이 다르다.
⑤ ⓔ는 주체 높임, 객체 높임, 상대 높임의 대상이 모두 다르다.

179 [2023년 11월 고1 학평 14번]

<보기>의 ㄱ~ㄷ에 대한 설명으로 옳지 않은 것은?

보 기

주체 높임은 문장의 주체를 높이는 것으로, 선어말 어미나 조사, 특수 어휘 등을 통해 실현된다. 또한 주체의 신체 부분, 소유물, 생각 등을 높여 주체를 간접적으로 높이기도 한다. 그리고 객체 높임은 목적어나 부사어가 지시하는 대상, 즉 문장의 객체를 높이는 것으로, 조사나 특수 어휘를 통해 실현된다. 또한 상대 높임은 청자를 높이거나 낮추는 것으로, 주로 종결 어미를 통해 실현된다.

ㄱ. (어머니가 아들에게) 범서야, 할아버지께 과일 좀 갖다 드려라.
ㄴ. (아들이 아버지에게) 아버지, 할머니는 제가 모시러 가겠습니다.
ㄷ. (동생이 언니에게) 언니, 어머니가 우리에 대한 걱정이 많으셔.

① ㄱ은 종결 어미 '-어라'를 사용하여 청자인 '범서'를 낮추고 있다.
② ㄱ은 격 조사 '께'를 사용하여 문장의 주체인 '할아버지'를 높이고 있다.
③ ㄴ은 종결 어미 '-습니다'를 사용하여 청자인 '아버지'를 높이고 있다.
④ ㄴ은 특수 어휘 '모시다'를 사용하여 문장의 객체인 '할머니'를 높이고 있다.
⑤ ㄷ은 선어말 어미 '-으시-'를 사용하여 '어머니'의 생각인 '걱정'을 높여 주체를 간접적으로 높이고 있다.

180 [2024년 10월 고1 학평 13번]

<보기>의 ㉠~㉤에 사용된 문법 요소를 분석한 내용으로 적절한 것은?

보 기

㉠ 삼촌께서 내가 드린 신문을 읽고 계시다.
㉡ 어머니께서 동생에게 멋진 생일 선물을 사 주셨다.
㉢ 언니가 할머니를 모시러 가던 길에 나와 마주쳤다.
㉣ 나는 친구에게 선생님께 여쭤본 내용을 공유하였다.
㉤ 동생이 할아버지께서 편히 주무시도록 이부자리를 살폈다.

	문장	주체 높임			객체 높임	
		격조사	특수 어휘	선어말 어미	격조사	특수 어휘
①	㉠	O	X	O	X	O
②	㉡	X	X	O	O	X
③	㉢	X	X	X	O	O
④	㉣	X	X	X	X	O
⑤	㉤	O	O	X	X	X

181 [2015년 3월 고2 학평 14번]

<보기 1>을 바탕으로 <보기 2>에 쓰인 높임의 양상을 바르게 표시한 것은?

보기 1

국어의 높임법은 높임의 대상이 무엇이냐에 따라 크게 셋으로 나뉜다. 주체 높임법에서는 문장의 주어가 가리키는 인물, 객체 높임법에서는 문장의 목적어나 부사어가 지시하는 대상, 상대 높임법에서는 말을 듣는 상대, 즉 청자가 높임의 대상이 된다. 그런데 실제로는 대개 두세 가지의 높임법이 동시에 사용된다. 존대를 [+]로 비존대를 [-]로 나타낸다면, '철수야, 할아버지 오셨어.'와 같은 문장은 [주체 높임 +], [상대 높임 -]로 표시할 수 있다.

보기 2

영희가 할머니를 모시고 공원에 갔어요.

① [주체 높임 -], [객체 높임 +], [상대 높임 +]
② [주체 높임 -], [객체 높임 +], [상대 높임 -]
③ [주체 높임 -], [객체 높임 -], [상대 높임 -]
④ [주체 높임 +], [객체 높임 +], [상대 높임 +]
⑤ [주체 높임 +], [객체 높임 -], [상대 높임 -]

182 [2015년 6월 고2 학평 14번]

<보기>의 [가]에 들어갈 문장으로 적절한 것은?

보 기

선생님 : 우리말의 높임 표현에는 다음과 같이 세 종류가 있습니다.

◦ 상대 높임법 : 화자가 청자, 즉 상대를 높이거나 낮추는 방법(종결 어미에 의해 실현)
◦ 주체 높임법: 문장에서 서술의 주체를 높이는 방법(조사, 선어말 어미, 특수 어휘에 의해 실현)
◦ 객체 높임법: 문장에서 목적어나 부사어가 지시하는 대상, 즉 객체를 높이는 방법(조사, 특수 어휘에 의해 실현)

그런데 실제 언어생활에서 '높임 표현'이 실현되는 양상은 복합적입니다. 예문을 볼까요? '영희야, 선생님께서 찾으셔.'는 상대는 낮추고 주체는 높여서 표현한 것입니다. 그리고 ___[가]___는 상대를 높이고 객체도 높여서 표현한 것입니다.

① 내일 우리 같이 밥 먹어요.
② 제가 할머니를 모시고 왔습니다.
③ 이 손수건 좀 할아버지께 갖다 드려.
④ 요즘 여러 가지 일로 많이 바쁘시죠?
⑤ 어머니께서 아버지의 바지를 만드셨어.

183 [2020년 6월 고2 학평 14번]

<보기 1>을 바탕으로 <보기 2>의 높임 표현을 바르게 분석한 것은?

보기 1

우리말의 높임법은 주어가 나타내는 대상을 높이는 주체 높임, 목적어나 부사어가 나타내는 대상을 높이는 객체 높임, 청자를 높이거나 낮추는 상대 높임으로 구분할 수 있다. 이러한 높임법은 조사, 특수 어휘, 선어말 어미, 종결 어미 등에 의해 실현된다.

보기 2

영희야, 아버지께서는 할머니를 모시고 먼저 나가셨어.

	주체 높임	객체 높임	상대 높임
①	O	O	높임
②	O	O	낮춤
③	O	X	높임
④	X	O	낮춤
⑤	X	X	높임

184 [2021년 11월 고2 학평 14번]

<보기>의 ㉠~㉤을 수정하고자 할 때, 적절하지 않은 것은?

보 기

㉠ (아들이 아버지에게) 아버지, 무슨 고민이 계신가요?
㉡ (형이 동생에게) 삼촌께서 할머니를 데리고 식당으로 가셨어.
㉢ (사원이 다른 사원에게) 부장님이 이제 회의실로 온다고 하셨어.
㉣ (손녀가 할아버지에게) 언니가 할아버지한테 안경을 갖다주라고 했어요.
㉤ (학생이 다른 학생에게) 문제를 풀다가 어려운 것이 있으면 선생님한테 물어봐.

① ㉠ : '아버지'를 간접적으로 높이도록 '아버지, 무슨 고민이 있으신가요?'로 수정한다.
② ㉡ : '삼촌'을 간접적으로 높이도록 '삼촌께서 할머니를 모시고 식당으로 가셨어.'로 수정한다.
③ ㉢ : '부장님'을 직접적으로 높이도록 '부장님께서 이제 회의실로 오신다고 하셨어.'로 수정한다.
④ ㉣ : '할아버지'를 직접적으로 높이도록 '언니가 할아버지께 안경을 갖다 드리라고 했어요.'로 수정한다.
⑤ ㉤ : '선생님'을 직접적으로 높이도록 '문제를 풀다가 어려운 것이 있으면 선생님께 여쭤봐.'로 수정한다.

185 [2023년 3월 고2 학평 15번]

<보기 1>을 참고하여 <보기 2>의 ㉠~㉤을 이해한 내용으로 적절하지 않은 것은?

보기 1

높임 표현은 높임 대상에 따라 주어의 지시 대상을 높이는 주체 높임, 목적어나 부사어의 지시 대상을 높이는 객체 높임, 청자를 높이거나 낮추는 상대 높임으로 나뉜다. 높임 표현은 크게 문법적 수단과 어휘적 수단에 의해 실현된다. 문법적 수단은 조사나 어미를, 어휘적 수단은 특수 어휘를 사용하는 것이다.

보기 2

[대화 상황]
손님 : ㉠어머니께 선물로 드릴 신발을 찾는데, ㉡편하게 신으실 수 있는 제품이 있을까요?
점원 : ㉢부모님을 모시고 오시는 손님들께서 이 제품을 많이 사 가셔요. ㉣할인 중이라 가격도 저렴합니다.
손님 : 좋네요. ㉤저도 어머니를 뵙고, 함께 와야겠어요.

① ㉠ : 문법적 수단과 어휘적 수단을 통해 부사어가 지시하는 대상을 높이고 있다.
② ㉡ : 선어말 어미 '-으시-'와 조사 '요'는 같은 대상을 높이기 위해 쓰이고 있다.
③ ㉢ : 동사 '모시다'와 조사 '께서'는 서로 다른 대상을 높이기 위해 쓰이고 있다.
④ ㉣ : 문법적 수단을 통해 대화의 상대방을 높이고 있다.
⑤ ㉤ : 어휘적 수단을 통해 목적어가 지시하는 대상을 높이고 있다.

186 [2014년 9월 고3 모평 B형 13번]

<보기>의 ㉠~㉤에 대한 설명으로 적절하지 않은 것은?

보기

영희 : 경준아, 선생님께서 다음 국어시간에 있을 모둠과제 발표는 네가 주도해서 ㉠준비하시라고 하셔.
경준 : 시인 소개 모둠과제 말이지?
영희 : 응.
경준 : 그런데 어떤 시인을 주제로 발표하는 게 좋을지에 대해서도 말씀 ㉡있으셨니?
영희 : 아니. 그건 시간이 날 때 네가 직접 선생님께 ㉢물어서 알아봐.
경준 : 아무래도 그래야겠어.
영희 : 그런데 선생님께서 저번 수업 시간에 김소월의 시가 ㉣자기의 애송시라고 ㉤말했잖아. 김소월은 우리나라 사람들이 좋아하는 시인이기도 하니까 김소월의 시 세계를 주제로 하여 발표해 보는 건 어때?

① ㉠ : 주체가 '경준'이므로 '준비하라고'로 바꿔 말해야 한다.
② ㉡ : 주어가 '말씀'이므로 '있었니'로 바꿔 말해야 한다.
③ ㉢ : 윗사람인 '선생님'께 묻는 것이므로 '여쭤서'로 바꿔 말해야 한다.
④ ㉣ : '선생님'을 높이는 것이므로 '당신'으로 바꿔 말해야 한다.
⑤ ㉤ : 주체가 '선생님'이므로 '말씀하셨잖아'로 바꿔 말해야 한다.

187 [2016년 7월 고3 학평 13번]

<보기>의 ㉠~㉤에 대한 설명으로 옳지 않은 것은?

보 기

높임법은 화자가 높이려는 대상이 누구인지에 따라 주체 높임법, 상대 높임법, 객체 높임법으로 구분된다. 주체 높임법은 주어가 나타내는 대상인 주체를 높이는 것이며, 상대 높임법은 대화의 상대인 청자를 높이거나 낮추는 것이고, 객체 높임법은 문장의 목적어나 부사어가 나타내는 대상인 객체를 높이는 것이다.

㉠ 할머니께서 책을 읽고 계신다.
㉡ 누나는 어머니께 모자를 선물로 드렸다.
㉢ 할아버지께서 월요일 오후에 병원에 가신다.
㉣ (선생님과의 대화 중) 선생님, 제가 드릴 말씀이 있습니다.
㉤ (아버지와의 대화 중) 아버지, 저는 아버지를 예전부터 존경해 왔습니다.

① ㉠은 주체인 '할머니'를 높이는 데에 '께서'와 '계시다'를 사용하고 있다.
② ㉡은 객체인 '어머니'를 높이는 데에 '께'와 '드리다'를 사용하고 있다.
③ ㉢은 주체인 '할아버지'를 높이는 데에 '께서'와 '-시-'를 사용하고 있다.
④ ㉣은 주체인 '선생님'을 높이는 데에 '말씀'을 사용하고 있다.
⑤ ㉤은 상대인 '아버지'를 높이는 데에 '-습니다'를 사용하고 있다.

188 [2021년 9월 고3 모평 38번]

<학습 활동>의 ㉠에 들어갈 예로 적절한 것은?

학습 활동

높임 표현이 홑문장에서 실현될 수도 있지만, 겹문장의 안긴문장 속에서도 실현될 수 있다. 다음 조건에 해당하는 예문을 만들어 보자.

조건	예문
안긴문장에서의 주체 높임의 대상이 안은문장에서 주어로 실현된 겹문장	공원에서 산책하시던 할아버지께서 활짝 웃으셨다.
안긴문장에서의 객체 높임의 대상이 안은문장에서 목적어로 실현된 겹문장	㉠
⋮	⋮

① 편찮으시던 어르신께서는 좀 건강해지셨나요?
② 오빠는 고향에 계신 부모님을 집으로 모시고 갔다.
③ 나는 할아버지께서 선물을 주신 날짜를 아직도 기억해.
④ 누나는 다음 주에 인사를 드릴 할머니께 편지를 썼어요.
⑤ 형은 동생이 찾아뵈려던 선생님을 학교에서 만났습니다.

189 [2021년 10월 고3 학평 39번]

<보기>의 ㉠과 ㉡이 모두 사용된 문장으로 적절한 것은?

보 기

국어의 높임 표현은 조사나 어미로 실현되기도 하지만 ㉠그 자체에 높임의 의미가 담긴 특수 어휘를 통해 실현되기도 한다. 또한 국어에는 대상을 높이는 것이 아니라 자신을 낮추는 겸양의 표현도 존재한다. 겸양의 표현은 일부 어미로 실현되기도 하지만 ㉡그 자체에 낮춤의 의미가 있는 특수 어휘를 통해 실현되기도 한다.

① 저희가 어머니께 드렸던 선물이 여기 있네요.
② 연세가 지긋하신 할아버지께서 걸어가신다.
③ 제 말씀은 그런 의도가 아니었어요.
④ 이 문제는 아버지께 여쭈어보자.
⑤ 지나야, 가서 할머니 모시고 와.

문장 영역 핵심 기출 문제

190 [2023년 3월 고3 학평 37번]

<보기>의 ㄱ~ㄷ을 이해한 내용으로 적절한 것은?

보 기

주체 높임은 화자가 문장의 주체, 곧 주어가 지시하는 대상에 대해 높임의 태도를 나타내는 표현으로, 선어말 어미, 조사나 특수한 어휘 등을 통해 실현된다. 그리고 상대 높임은 화자가 청자, 곧 말을 듣는 상대에게 높임이나 낮춤의 태도를 나타내는 표현으로, 주로 종결 어미를 통해 실현된다. 또한 객체 높임은 화자가 문장의 객체, 곧 목적어나 부사어가 지시하는 대상에 대해 높임의 태도를 나타내는 표현으로, 조사나 특수한 어휘를 통해 실현된다.

ㄱ. (아버지가 아들에게) 네가 할머니께 여쭈러 가거라.
ㄴ. (점원이 손님에게) 제가 손님을 모시고 가겠습니다.
ㄷ. (동생이 형님에게) 저 기다리지 마시고 형님은 먼저 주무십시오.

① ㄱ에서는 부사어가 지시하는 대상을 높이기 위해, 조사와 특수한 어휘가 사용되었다.
② ㄷ에서는 주어가 지시하는 대상을 높이기 위해, 조사와 선어말 어미가 사용되었다.
③ ㄱ과 ㄴ에서는 모두 주어가 지시하는 대상을 높이기 위해, 특수한 어휘가 사용되었다.
④ ㄴ과 ㄷ에서는 모두 말을 듣는 상대를 높이기 위해, 조사와 종결 어미가 사용되었다.
⑤ ㄱ~ㄷ에서는 모두 목적어가 지시하는 대상을 높이기 위해, 특수한 어휘가 사용되었다.

191 [2023년 9월 고3 모평 38번]

<보기>의 ㉠~㉢에 들어갈 수 있는 내용으로 적절하지 <u>않은</u> 것은? [3점]

보 기

선생님 : 능동·피동 표현과 주동·사동 표현에서 높임 표현과 시간 표현이 어떻게 나타나는지 알아봅시다.

ⓐ 형이 동생을 업었다.
ⓑ 동생이 형에게 업혔다.
ⓒ 나는 동생에게 책을 읽혔다.
ⓓ 나는 동생이 책을 읽게 했다.

먼저 ⓐ, ⓑ에서 '형'을 높임의 대상인 '어머니'로 바꿀 때, 서술어에는 어떤 차이가 생기는지 말해 볼까요?

학생 : [㉠]

선생님 : 맞아요. 그럼 ⓒ나 ⓓ에서 '동생'을 '할머니'로 바꾸면 어떻게 될까요?

학생 : [㉡]

선생님 : '-(으)시-'가 어떻게 나타나는지를 잘 이해하고 있네요. 그럼 ⓐ, ⓑ, ⓒ의 서술어에서 '-었-'을 '-고 있-'으로 바꾸면 어떤 의미를 나타낼까요? ⓐ와 ⓑ의 차이점이나 ⓐ와 ⓒ의 공통점을 말해 볼까요?

학생 : [㉢]

선생님 : '-고 있-'의 의미가 어떻게 나타나는지도 잘 이해하고 있군요.

① ㉠ : ⓐ에서는 서술어에 '-으시-'를 넣어야 하지만, ⓑ에서는 '-시-'를 넣지 않습니다.
② ㉡ : ⓒ에서는 '동생에게'를 '할머니께'로 바꾸고, '읽혔다'에 '-시-'를 넣어야 합니다.
③ ㉡ : ⓓ에서는 '동생이'를 '할머니께서'로 바꾸고, '읽게'에 '-으시-'를 넣어야 합니다.
④ ㉢ : ⓐ는 동작의 완료 후 상태 지속의 의미를 나타낼 수 있지만, ⓑ는 그럴 수 없습니다.
⑤ ㉢ : ⓐ와 ⓒ는 모두 동작의 진행 의미를 나타낼 수 있습니다.

192 [2024년 5월 고3 학평 37번]

<보기>의 ㉠에 해당하는 문장으로 적절한 것은?

보 기

선생님 : 오늘은 주체 높임과 객체 높임에서 특수 어휘로 높임 표현을 실현하는 방법에 대해 배웠습니다. 지난 시간에 겹문장에 대해 배운 내용을 활용하여, ㉠<u>안긴 문장 내에서 특수 어휘를 통해 주체 높임을 표현하고 있는 문장</u>을 찾아봅시다.

① 나는 친척 어르신께 안부를 여쭙기가 쑥스러웠다.
② 아버지께서는 오랜만에 뵌 은사님과 저녁을 잡수셨다.
③ 고향에 계신 할머니께서 앞마당에 감나무를 심으셨다.
④ 머리가 하얗게 세신 할아버지께서 멋진 옷을 입으셨다.
⑤ 어머니는 삼촌이 편하게 쉬시도록 침구를 바꿔 드렸다.

문장 - 시간 표현

193 [2020년 9월 고1 학평 14번]

밑줄 친 부분에 주목하여 <보기>의 ㄱ~ㅁ을 탐구한 내용으로 적절하지 <u>않은</u> 것은?

보 기

ㄱ. 그는 <u>어제</u> 고향을 떠났다.
ㄴ. 지난겨울에는 정말 <u>춥더라</u>.
ㄷ. 친구와 함께 <u>본</u> 영화는 재미있었다.
ㄹ. 작년만 해도 이곳에는 나무가 <u>적었었다</u>.
ㅁ. 축제 준비를 하려면 오늘 밤 잠은 다 <u>잤네</u>.

① ㄱ을 보니, 시간 부사어를 사용하여 과거를 나타내고 있군.
② ㄴ을 보니, 선어말 어미 '-더-'를 사용하여 과거의 경험을 회상하고 있군.
③ ㄷ을 보니, 동사는 관형사형 어미 '-(으)ㄴ'을 사용하여 과거에 일어난 일을 나타내는군.
④ ㄹ을 보니, 선어말 어미 '-었었-'을 사용하여 현재까지 지속되는 과거의 상황을 나타내는군.
⑤ ㅁ을 보니, 선어말 어미 '-았-'이 과거에 일어난 일을 나타내지 않기도 하는군.

194 [2023년 9월 고1 학평 14번]

<학습 활동>을 수행한 결과로 적절하지 <u>않은</u> 것은?

학습 활동

시제는 말하는 때인 발화시를 기준으로 동작이나 상태가 일어난 때인 사건시와의 선후 관계를 따져 과거 시제, 현재 시제, 미래 시제로 나뉘며, 선어말 어미나 관형사형 어미, 부사어 등을 통해 실현된다. 다음 자료를 분석해 보자.

ㄱ. 창밖에는 눈이 내린다.
ㄴ. 곧 강연을 시작하겠습니다.
ㄷ. 이것은 그가 내일 입을 옷이다.
ㄹ. 내가 만든 빵을 형이 맛있게 먹더라.

① ㄱ은 사건시와 발화시가 일치한다.
② ㄴ은 사건시가 발화시보다 앞선다.
③ ㄴ과 ㄷ 모두 부사어를 활용한 시간 표현이 나타난다.
④ ㄷ과 ㄹ 모두 관형사형 어미를 활용한 시간 표현이 나타난다.
⑤ ㄱ, ㄴ, ㄹ 모두 선어말 어미를 활용한 시간 표현이 나타난다.

195 [2024년 10월 고1 학평 14번]

<보기>의 선생님의 설명을 바탕으로 ㉠~㉤에 대해 학생이 발표한 내용으로 적절하지 <u>않은</u> 것은?

보 기

선생님 : 시제란 문장이 나타내는 사건의 시간적 위치를 나타내는 문법 요소로, 발화시와 사건시의 선후 관계에 따라 과거 시제, 현재 시제, 미래 시제로 나뉩니다. 시간 표현은 선어말 어미, 관형사형 어미, 시간 부사어 등으로 실현되는데 문장에 따라 여러 요소를 동시에 쓰기도 합니다.

○ 이곳이 우리가 함께 ㉠<u>살</u> 집이다.
○ 교정이 ㉡<u>곧</u> 코스모스로 가득 차겠다.
○ 아이들이 모여서 모래 장난을 ㉢<u>한다</u>.
○ 나를 본 친구의 입가에 미소가 ㉣<u>번졌다</u>.
○ 우리가 함께 ㉤<u>간</u> 바다는 노을이 무척 아름다웠다.

① ㉠은 관형사형 어미 '-ㄹ'을 통해 발화시를 기준으로 사건시가 나중인 시제를 나타냅니다.
② ㉡은 시간 부사어로, 발화시를 기준으로 사건시가 나중인 시제를 나타냅니다.
③ ㉢은 선어말 어미 '-ㄴ-'을 통해 발화시와 사건시가 일치하는 시제를 나타냅니다.
④ ㉣은 선어말 어미 '-었-'을 통해 발화시를 기준으로 사건시가 앞선 시제를 나타냅니다.
⑤ ㉤은 관형사형 어미 '-ㄴ'을 통해 발화시와 사건시가 일치하는 시제를 나타냅니다.

196 [2013년 9월 고2 학평 B형 13번]

<보기>를 바탕으로 할 때, 영화가 시작된 시각으로 예상되는 시점은?

보 기

엄마 : 아까 낮에 형과 전화하던데, 무슨 이야기 했니?
아들 : 형이 영화를 보러 갔는데, 영화관에 도착해 보니까 영화가 곧 시작하겠다고 제게 말했어요.
엄마 : 그래? 늦지 않게 영화를 봤겠지?
아들 : 네, 그럴 거예요.

(a) 형이 영화관에 도착한 시점
(b) 형이 영화 시작 시간표를 확인한 시점
(c) 형이 동생에게 말한 시점
(d) 아들이 엄마에게 말한 시점

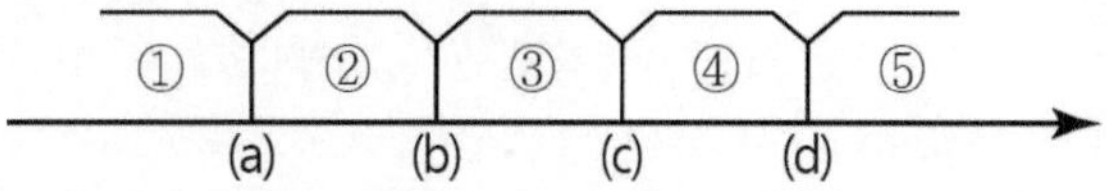

197 [2022년 6월 고2 학평 14번]

<보기>의 ㉡, ㉢이 모두 ㉠을 실현하고 있는 문장으로 적절한 것은?

보 기

선생님 : 국어의 시제는 화자가 말하는 시점인 발화시와 동작이나 상태가 나타나는 시점인 사건시를 기준으로, ㉠발화시보다 사건시가 앞서는 경우, 발화시와 사건시가 일치하는 경우, 발화시보다 사건시가 나중인 경우로 나뉩니다. 이 때 시제는 ㉡선어말 어미, ㉢관형사형 어미, 시간 부사어 등을 통해 실현됩니다.

① 지난번에 먹은 귤이 맛있었다.
② 이것은 내일 내가 읽을 책이다.
③ 이미 한 시간 전에 집에 도착했다.
④ 작년에는 겨울에 함박눈이 왔었다.
⑤ 친구는 지금 독서실에서 공부를 한다.

198 [2013년 10월 고3 학평 A, B형 15번]

<보기>의 ㉠~㉤에 대한 설명으로 옳지 않은 것은?

보 기

시간을 표현하는 방법에는 시제와 동작상이 있다. 시제는 화자가 말하는 시점인 발화시와 동작이나 사건이 일어나는 시점인 사건시의 관계에 따라 과거 시제, 현재 시제, 미래 시제로 나뉜다. 동작상은 발화시를 기준으로 동작이 일어나고 있는 모습을 표현한 것인데, 동작이 진행되고 있음을 표현하는 진행상과 동작이 이미 완결되었음을 표현하는 완료상이 있다.

어머니 : 방 정리를 ㉠하고 있구나.
아들 : 네. 필요 없는 물건은 다 ㉡내놓았어요.
어머니 : 잘 했구나. 그런데 얼마 전에 ㉢산 책은 어디 있니?
아들 : 아, 그 책은 이미 다 읽어서 동생에게 ㉣줘 버렸어요.
어머니 : 그래 잘 했다. 아참, 오늘 네 친구가 오기로 했지.
아들 : 네. 조금 있다 저하고 같이 ㉤공부할 친구가 오기로 했어요.
어머니 : 그래. 깨끗한 방에서 친구랑 재미있게 놀면 되겠구나.

① ㉠ : '-고 있구나'는 동작이 진행되고 있음을 나타내고 있다.
② ㉡ : '-았-'은 사건시가 발화시에 앞선다는 것을 나타내고 있다.
③ ㉢ : '-ㄴ'은 발화시가 사건시에 앞선다는 것을 나타내고 있다.
④ ㉣ : '-어 버렸어요'는 동작이 이미 완결되었음을 나타내고 있다.
⑤ ㉤ : '-ㄹ'은 발화시가 사건시에 앞선다는 것을 나타내고 있다.

199 [2017년 10월 고3 학평 13번]

다음의 학습 활동을 수행한 결과로 적절하지 않은 것은?

학습 활동 : 어떠한 두 사건을 '-다가'나 '-아서/-어서'에 의해 연결할 때, 두 사건의 시제가 문장에서 어떻게 나타나고, 두 사건의 의미가 어떠한 관계를 맺게 되는지 (가)~(라)에서 살펴봅시다.

(가) 찌개를 먹다가 혀를 데었다.
(나) 찌개를 끓였다가 다시 식혔다.
(다) 그는 종이를 접어서 주머니에 넣었다.
(라) 내가 문을 쾅 닫아서 동생이 잠을 깼다.

① (가)와 (나)에서는 앞 절과 뒤 절의 사건이 모두 과거에 일어났지만, (가)에는 (나)와 달리 '-다가'로 연결된 앞 절에 현재 시제 선어말 어미가 나타났어.
② (가)와 (다)에서는 뒤 절의 시제가 과거임을 확인해야 '-다가'와 '-아서/-어서'가 쓰인 앞 절의 사건이 과거에 일어났음을 알 수 있어.
③ (가)와 (라)에서는 모든 사건이 과거에 일어났는데도, '-다가'와 '-아서/-어서'가 쓰인 앞 절에 과거 시제 선어말 어미를 사용하지 않았어.
④ (나)와 (다)에서는 '-다가'와 '-아서/-어서'가 쓰인 앞 절의 사건이 끝난 후 뒤 절의 사건이 일어나고 있어.
⑤ (다)와 (라)에서는 앞 절과 뒤 절이 모두 '-아서/-어서'로 이어졌지만, (라)는 (다)와 달리 앞 절의 사건이 뒤 절의 사건의 원인이나 이유로 이해될 수 있어.

200 [2019년 수능 14번]

<학습 활동>을 해결한 내용으로 적절한 것은?

학습 활동

관형사형 어미의 형태는 시제 및 단어의 품사에 의해 결정된다. [자료]에서 밑줄 친 단어의 품사와 시제를 분석하여 그 단어에 쓰인 어미가 [표]의 ㉠ ~ ㉢ 중 어느 것에 해당하는지 확인해 보자.

[자료]

ⓐ 하늘에 뜬 태양
ⓑ 우리가 즐겨 부르던 노래
ⓒ 늘 푸르던 하늘
ⓓ 운동장에 남은 아이들
ⓔ 네가 읽는 소설
ⓕ 이미 아이들로 가득 찬 교실
ⓖ 달리기가 제일 빠른 친구

[표] 관형사형 어미 체계

	동사	형용사
현재	-는	㉠
과거	㉡	㉢
	-던	
미래	-(으)ㄹ	-(으)ㄹ

① ⓐ의 '뜬'에 쓰인 어미 '-(으)ㄴ'은 ㉠에 해당한다.
② ⓑ의 '부르던'과 ⓒ의 '푸르던'에 쓰인 어미 '-던'은 ㉢에 해당한다.
③ ⓓ의 '남은'과 ⓕ의 '찬'에 쓰인 어미 '-(으)ㄴ'은 ㉡에 해당한다.
④ ⓔ의 '읽는'에 쓰인 어미 '-는'은 ㉡에 해당한다.
⑤ ⓖ의 '빠른'에 쓰인 어미 '-(으)ㄴ'은 ㉢에 해당한다.

201 [2024년 7월 고3 학평 38번]

<학습 활동>의 ㉠~㉢에 들어갈 예문으로 적절한 것은?

학습 활동

<보기>의 조건이 실현된 예문을 만들어 보자.

보 기

ⓐ 과거 시제가 나타날 것.
ⓑ 객체 높임 표현이 나타날 것.
ⓒ 명사절이 문장 안에 안겨 있을 것.

조건	예문
ⓐ, ⓑ	㉠
ⓐ, ⓒ	㉡
ⓑ, ⓒ	㉢

① ㉠ : 날씨가 좋으면 형이 할머니를 모시고 나올 것이다.
② ㉠ : 아버지께서 옷을 들고 저를 마중하러 나오셨습니다.
③ ㉡ : 그가 아침에 수영장에 갔음을 친구에게 전해 들었다.
④ ㉡ : 동생은 우산이 없어서 비가 그치기를 기다리고 있다.
⑤ ㉢ : 저는 어머니께 식사를 차려 드리고 학교에 갔습니다.

문장 - 부정 표현

202 [2020년 3월 고1 학평 12번]

<보기>의 ㉠과 ㉡이 모두 적용된 예로 적절한 것은?

보 기

부정 표현이란 부정의 뜻을 나타내는 표현을 말한다. 부정 표현은 부사인 '안'과 '못'을 사용해서 짧게 표현할 수도 있고, ㉠'-지 아니하다'와 '-지 못하다' 등을 사용해서 길게 표현할 수도 있다. 부정 표현은 능력을 부정하거나 의지를 부정하는 것 이외에 ㉡단순히 사실이나 상태를 부정하는 의미로도 해석된다.

① 우리가 묵은 방은 두 평이 채 못 된다.
② 나는 저녁을 먹으려고 간식을 안 먹었다.
③ 그는 용기가 없어서 발표를 잘하지 못했다.
④ 다행히 소풍을 가는 날 비가 내리지 않았다.
⑤ 동생은 숙제를 한다며 놀이터에 나가지 않았다.

203 [2022년 3월 고2 학평 15번]

<보기>의 ㉠에 해당하는 예로 가장 적절한 것은?

보 기

부정 표현 '-지 않다'는 줄여서 '-잖다'로 적을 수 있다. '시답다'에 '-지 않다'가 결합하여 '시답잖다'로 줄어든 것이 그 예이다. 그런데 '-잖다'는 특정한 상황에서 부정을 표현하는 것이 아닌, ㉠사실을 확인하는 의미로 사용되기도 한다.

① 사촌 동생의 지나친 장난은 달갑잖아.
② 그때 거기 소나무 한 그루가 있었잖아.
③ 당신을 믿기에 이번 도전도 두렵잖아요.
④ 작지만 소소한 행복이 있다면 남부럽잖아.
⑤ 힘들었지만 배운 게 많아 성과가 적잖아요.

204 [2014년 4월 고3 학평 A형 12번]

다음은 학교 홈페이지의 '질의-응답 게시판'의 일부이다. 이를 바탕으로 <보기>의 과제를 수행했을 때, 적절하지 않은 것은?

국어 학습 Q&A

질 문

학 생 오늘 문법 시간에 부정문에 대해 배웠는데, '아니(안), 못'이 쓰이면 짧은 부정문이고, '아니다, 아니하다(않다), 못하다'가 쓰이면 긴 부정문이라는 내용은 이해가 돼요. 그런데 의지 부정과 능력 부정, 상태 부정은 구분이 잘 안 돼요.

↳ **선생님** 의지 부정은 '안, 아니하다' 등을 사용하여 행동 주체의 의지가 작용할 수 있는 행위를 부정하는 것이며, 능력 부정은 '못, 못하다' 등을 사용하여 행동 주체의 능력이나 그 외의 다른 외부의 원인 때문에 그 행위가 일어나지 못하는 것을 뜻합니다. 그리고 상태 혹은 단순 부정이란 '정화는 키가 작지 않다.'와 같이 의지 부정이나 능력 부정이 아니라 단순히 사실을 부정하는 것입니다.

↳ **선생님** 그리고 긴 부정문인 경우, 명령문에서는 '마/마라'를 사용하고 청유문에서는 '말자'를 사용합니다.

보 기

문법 과제

'가다, 던지다, 먹다, 어둡다, 예쁘다'를 활용하여 다양한 부정문을 만들어 봅시다.

① '가다'를 사용하여 긴 부정문의 명령문을 만들면 '위험한 곳에는 가지 마라.'가 됩니다.
② '던지다'를 사용하여 능력 부정의 긴 부정문을 만들면 '민지는 공을 던지지 못했다.'가 됩니다.
③ '먹다'를 사용하여 능력 부정의 짧은 부정문을 만들면 '나는 밥을 못 먹었다.'가 됩니다.
④ '어둡다'를 사용하여 상태 부정의 긴 부정문을 만들면 '하늘이 어둡지 않다.'가 됩니다.
⑤ '예쁘다'를 사용하여 의지 부정의 짧은 부정문을 만들면 '꽃이 안 예쁘다.'가 됩니다.

205 [2018년 7월 고3 학평 14번]

<보기>의 사례를 탐구한 내용으로 적절하지 않은 것은?

보 기

㉠ 똑같은 일을 반복하니 지루하다 못해 졸리다.
㉡ 나는 자전거를 {못 탄다 / 타지 못한다}.
㉢ 컴퓨터를 너무 오래하지 {*않아라 / *못해라 / 마라}.
㉣ 시간이 {*못 넉넉하다 / 넉넉하지 못하다}.
㉤ ┌그녀는 결코 거짓말을 {*했다 / 하지 않았다}.
└그녀는 분명히 거짓말을 {했다 / 하지 않았다}.

'*' 는 비문법적 표현임.

① ㉠을 보니, '못하다'는 앞말의 상태에 미치지 아니함을 나타내어 뒷말을 부정하기도 하는구나.
② ㉡을 보니, 부정 표현은 부정 부사를 통해 실현되기도 하고, 부정 용언을 통해 실현되기도 하는구나.
③ ㉢을 보니, 명령문의 부정 표현에서는 '않다'나 '못하다'가 아니라 '말다'를 사용하는 것이 자연스럽구나.
④ ㉣을 보니, 서술어가 형용사인 경우에는 부정 부사 대신 부정 용언을 사용하는 것이 자연스럽구나.
⑤ ㉤을 보니, 부사에 따라 반드시 부정 표현이 함께 쓰여야 하는 경우가 있겠구나.

206 [2020년 수능 예시문항 38번]

<보기>의 ㉠에 들어갈 예로 적절한 것은?

보 기

선생님 : 우리는 지난 시간에 부정 부사를 사용하는 짧은 부정문과 보조 용언을 사용하는 긴 부정문에 대해 배웠어요. 그리고 '못' 부정문은 능력 부정을 나타낸다는 것도 기억하죠? 그런데 '안' 부정문은 의지 부정을 나타내기도 하고, 주체의 의지와 무관하게 긍정문을 단순히 부정하는 단순 부정을 나타낼 수도 있어요. 오늘은 제시된 조건에 맞게 부정문을 만들어 보는 활동을 해 보겠어요.

조건		부정문
짧은 부정문, 능력 부정	➔	동생은 발을 다쳐 등산을 못 갔다.
긴 부정문, 단순 부정	➔	㉠

① 올해는 장마철에도 비가 많이 안 왔다.
② 환기를 하기 위해 창문을 닫지 않았다.
③ 심한 어지럼증으로 몸을 잘 가누지 못했다.
④ 나무가 많아 여기는 낮에도 볕이 잘 들지 않는다.
⑤ 충치 때문에 탄산음료는 당분간 못 마시게 되었다.

207 [2022년 9월 고3 모평 38번]

<보기>의 ㉠, ㉡에 해당하는 예끼리 묶인 것으로 적절한 것은?

보 기

국어의 부정에는 '안'이나 '-지 않다'를 사용하는 '의지 부정'과 '못'이나 '-지 못하다'를 사용하는 '능력 부정'이 있다고 알려져 있다. 그러나 '안'이나 '-지 않다'가 사용된 부정문이 주어의 의지와 무관한 '단순 부정'을 나타내는 경우도 많다. ㉠형용사가 서술어로 쓰이면 '안'이나 '-지 않다'는 단순 부정을 나타낸다. 형용사가 나타내는 성질이나 상태에는 주어의 의지가 작용할 수 없기 때문이다. ㉡동사가 서술어로 쓰이는 경우에도 주어가 의지를 가지지 못하는 무정물이면 '안'이나 '-지 않다'가 단순 부정을 나타낸다. 또한 동사가 서술어로 쓰이고 주어가 유정물이더라도 '나는 깜빡 잊고 약을 안 먹었다.'에서와 같이 '안'이 단순 부정을 나타낼 수 있다.

① ㉠ : 옛날엔 통신 기술이 발달하지 않았다.
㉡ : 주문한 옷이 아직도 도착하지 않았다.
② ㉠ : 이 문제집은 별로 어렵지 않더라.
㉡ : 저는 이 은혜를 잊지 않겠습니다.
③ ㉠ : 나는 그 이야기가 궁금하지 않아.
㉡ : 동생이 오늘 우산을 안 가져갔어.
④ ㉠ : 내 얘기에 고모는 놀라지 않았다.
㉡ : 이 물질은 전기가 통하지 않는다.
⑤ ㉠ : 밤바다가 그리 고요하지는 않네.
㉡ : 아주 오래간만에 비가 안 온다.

208 [2024년 9월 고3 모평 39번]

<보기>의 [조건]이 모두 실현된 문장으로 적절한 것은? [3점]

보 기

[조건]
◦ 안긴절이 한 번만 나타날 것.
◦ 안긴절에는 짧은 부정 표현이 나타날 것.
◦ 안은문장은 사건시가 발화시보다 앞설 것.

① 그는 한동안 차갑지 않은 음식만 먹었었다.
② 그는 바쁜 업무들이 안 끝났다고 통보했다.
③ 나는 결코 포기를 하지 않겠다고 결심했다.
④ 나는 그 버스가 제때 못 올 것을 예상한다.
⑤ 나는 그가 못 읽은 소설을 이미 다 읽었다.

문장 - 피동/사동 표현

209 [2014년 3월 고1 학평 14번]

<보기>를 참고할 때, 피동 표현의 예로 적절한 것은?

보 기

○ 능동 표현 : 주어가 동작을 제 힘으로 하는 것을 나타냄.
예) 호랑이가 토끼를 잡다.
○ 피동 표현 : 주어가 다른 주체에 의해서 동작을 당하게 되는 것을 나타냄.
예) 토끼가 호랑이에게 잡히다.

① 동생에게 사탕을 빼앗기다.
② 운동장에서 친구를 만나다.
③ 친구가 기쁜 소식을 전하다.
④ 교장 선생님께 고개를 숙이다.
⑤ 할머님께 공손하게 허리를 굽히다.

210 [2019년 11월 고1 학평 14번]

<보기>는 수업 장면의 일부이다. ㉠에 해당하는 예로 적절한 것은?

보 기

선생님 : 주어가 스스로 행동하지 않고 다른 주체에 의해 어떤 동작을 당하거나 영향을 받는 것을 피동이라고 합니다. 피동문을 만들 때는 능동사의 어근에 피동 접미사 '-이-, -히-, -리-, -기-'를 붙여서 짧은 피동을 만들거나, '-아/-어지다'와 같은 표현을 사용하여 긴 피동을 만듭니다. 그런데 ㉠일부 능동사의 어근에는 피동 접미사가 결합하지 못하여 짧은 피동을 만들 수 없는 경우도 있습니다.

① 물고기가 낚싯줄을 끊었다.
② 경민이가 아기의 볼을 만졌다.
③ 민수가 동생의 이름을 불렀다.
④ 다람쥐가 도토리를 땅에 묻었다.
⑤ 요리사가 음식을 접시에 담았다.

211 [2020년 11월 고1 학평 13번]

<보기>의 학습 과제를 수행한 결과로 적절하지 않은 것은?

보 기

[학습 내용] 주어가 자기 힘으로 동작하는 것을 능동이라고 하고, 주어가 다른 주체에 의해 동작을 당하는 것을 피동이라고 한다. 피동 표현은 주로 어근에 접사 '-이-', '-히-', '-리-', '-기-', '-되다' 등이 결합하여 실현된다.

[학습 과제] 다음의 어근 목록을 활용하여 피동문을 만드시오.

풀-	읽-	안-	깎-	이용

① 이번 시험 문제는 지난번보다 잘 풀렸다.
② 그의 글은 오직 나에게만 아름답게 읽혔다.
③ 친구는 버스에서 자기 짐까지 나에게 안겼다.
④ 날카로운 칼날에 무성하던 잔디가 모두 깎였다.
⑤ 우리 학교 운동장은 가끔 주차장으로도 이용되었다.

212 [2022년 11월 고1 학평 15번]

다음은 문법 수업의 내용을 정리한 학생의 노트이다. 이를 바탕으로 <보기>의 ㉠~㉤을 이해한 내용으로 적절하지 않은 것은?

1. 피동의 개념
 주어가 다른 주체에 의해 어떤 동작을 당하거나 영향을 받는 것
2. 피동 표현의 실현
 ◦ '-이-, -히-, -리-, -기-'와 같은 피동 접사에 의해 단형 피동으로 실현되거나 '-아/-어지다' 등에 의해 장형 피동으로 실현됨.
 ◦ 피동 접사와 '-아/-어지다'를 같이 쓰는 이중 피동 표현은 잘못된 표현임.

보 기

◦ 그녀의 손등이 고양이에게 ㉠긁혔다.
◦ 형이 동생에게 아끼던 인형을 ㉡빼앗겼다.
◦ 비가 내려서 운동장에 천막이 ㉢세워졌다.
◦ 도화지의 질이 좋아서 그림이 잘 ㉣그려졌다.
◦ 커다란 빵이 순식간에 여러 조각으로 ㉤나뉘었다.

① ㉠은 '긁-'에 접사 '-히-'가 결합하여 피동의 의미를 나타내는군.
② ㉡은 주어인 '형'이 '동생'에 의해 행위를 당하는 것을 표현하고 있군.
③ ㉢은 '세우-'에 '-어지다'가 결합하여 장형 피동으로 실현되었군.
④ ㉣은 접사 '-리-'와 함께 '-어지다'가 결합한 이중 피동 표현이군.
⑤ ㉤은 '나누-'에 접사 '-이-'가 결합하여 줄어든 형태가 나타난 피동 표현이군.

213 [2016년 11월 고2 학평 13번]

<보기>를 바탕으로 피동문과 사동문에 대해 이해한 내용으로 적절하지 않은 것은?

보 기

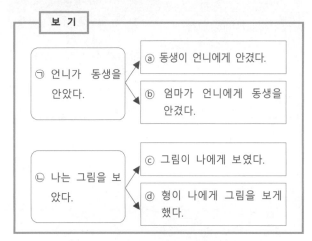

㉠ 언니가 동생을 안았다.
→ ⓐ 동생이 언니에게 안겼다.
→ ⓑ 엄마가 언니에게 동생을 안겼다.

㉡ 나는 그림을 보았다.
→ ⓒ 그림이 나에게 보였다.
→ ⓓ 형이 나에게 그림을 보게 했다.

① ㉠과 ⓐ를 보니 능동문의 주어는 피동문에서 부사어가 되는군.
② ㉡과 ⓒ를 보니 능동문의 목적어는 피동문에서도 목적어가 되는군.
③ ㉡과 ⓓ를 보니 주동문이 사동문으로 바뀌면 새로운 주어가 나타나는군.
④ ⓐ와 ⓑ를 보니 피동사와 사동사의 형태가 같을 수 있군.
⑤ ⓑ와 ⓓ를 보니 사동사나 '-게 하다'를 활용하여 사동문을 만들 수 있군.

214 [2018년 3월 고2 학평 13번]

<보기>의 ㉠과 ㉡에 해당하는 예로 적절한 것은?

보 기

피동문은 서술어가 형성되는 방법에 따라서, '파생적 피동문'과 '통사적 피동문'으로 나뉜다. 파생적 피동문은 능동사 어간을 어근으로 하여 파생 접사 '-이-, -히-, -리-, -기-'가 붙어 만들어진 피동사를 서술어로 하는 문장이다. 한편 통사적 피동문은 서술어로 쓰이는 타동사의 어간에 '-아 / 어지다' 등이 결합되어 만들어진다.

그런데 동사의 성격에 따라서는 ㉠피동사로 파생되지 않는 동사도 있다. 또 ㉡능동문의 서술어로 쓰인 동사의 피동사가 존재함에도 불구하고 파생적 피동문으로 바꿀 수 없는 문장도 있다.

	㉠	㉡
①	주다	고양이가 쥐를 잡았다.
②	먹다	사람들이 열심히 풀을 뽑았다.
③	돕다	동생이 부모님께 칭찬을 들었다.
④	만나다	학생들이 벽화를 멋지게 그렸다.
⑤	나누다	누나가 일부러 문을 세게 닫았다.

문장 영역 핵심 기출 문제

215 [2018년 11월 고2 학평 14번]

다음 ㉠~㉢에 대한 설명으로 적절하지 않은 것은?

	주동문	사동문
㉠	철수가 집에 가다.	내가 철수를 집에 가게 하다.
㉡	동생이 밥을 먹다.	누나가 동생에게 밥을 먹이다
㉢	*이삿짐이 방으로 옮다. ('*'는 비문임을 나타냄.)	인부들이 이삿짐을 방으로 옮기다.

① ㉠의 주동문은 ㉡과 달리 사동 접미사를 활용하여 사동문을 만들 수 없다.

② ㉢의 사동문에서 사동 접미사 대신 '-게 하다'를 활용할 경우 어색한 문장이 된다.

③ ㉠과 ㉡은 모두 주동문의 주어가 사동문의 목적어로 바뀐 경우이다.

④ ㉠과 ㉡은 모두 주동문이 사동문이 될 때, 사동문에는 새로운 주어가 생겼다.

⑤ ㉠, ㉡과 달리 ㉢은 사동문에 대응하는 주동문이 없는 경우이다.

216 [2020년 3월 고2 학평 15번]

<보기>의 주동문 ㉠~㉢을 탐구 과정에 따라 분류하고자 한다. A~C에 해당하는 사례를 바르게 짝지은 것은?

보 기

사동문은 주어가 다른 대상을 동작하게 하거나 특정한 상태에 이르도록 하는 문장을 가리킨다. 파생적 사동문은 주동문의 서술어로 쓰인 용언의 어간을 어근으로 삼아 사동 접미사가 붙어 이루어진 문장이며, 통사적 사동문은 주동문의 서술어로 쓰인 용언의 어간에 '-게 하다'가 붙어서 이루어진 문장이다.

[주동문]

㉠ 물통에 물이 가득 찼다.

㉡ 그는 한여름에 더위를 먹었다.

㉢ 아이가 방바닥에 흩어진 구슬을 모았다.

[탐구 과정]

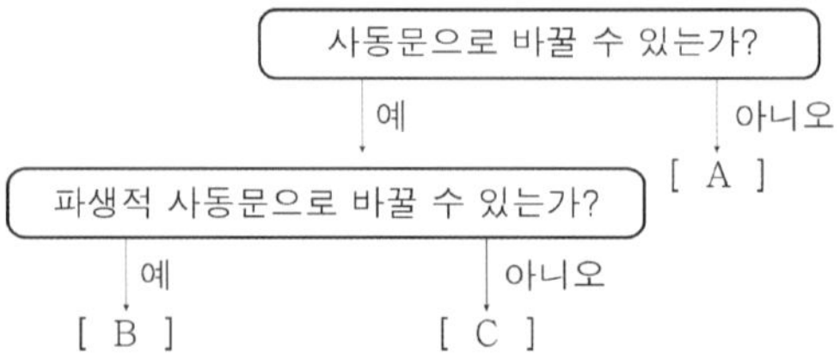

	A	B	C
①	㉠	㉡	㉢
②	㉡	㉠	㉢
③	㉡	㉢	㉠
④	㉢	㉠	㉡
⑤	㉢	㉡	㉠

217 [2020년 11월 고2 학평 14번]

<보기>를 이해한 내용으로 적절하지 않은 것은?

보 기

피동문	사동문
ㄱ. 아기가 엄마에게 안겼다.	ㄴ. 이모가 엄마에게 아기를 안겼다.
ㄷ. 하늘이 건물 사이로 보였다.	ㄹ. 선생님이 학생들에게 사진첩을 보였다.

① ㄱ을 능동문으로 바꾸면, 바뀐 문장의 서술어가 필요로 하는 문장 성분의 개수는 2개이다.

② ㄴ을 주동문으로 바꾸면, 바뀐 문장의 서술어가 필요로 하는 문장 성분의 개수는 2개이다.

③ ㄱ과 ㄷ은 서술어가 필요로 하는 문장 성분의 개수가 서로 같다.

④ ㄴ과 ㄹ을 각각 주동문으로 바꾸면, 바뀐 문장의 서술어가 필요로 하는 문장 성분의 개수는 서로 같다.

⑤ ㄷ과 ㄹ은 서술어가 필요로 하는 문장 성분의 개수가 서로 다르다.

218 [2021년 6월 고2 학평 15번]

<보기>를 참고할 때, ⓐ의 예로 적절하지 않은 것은?

보 기

학생 : 선생님, '잊혀진 계절'과 '잊힌 계절'의 차이점이 뭔가요?

선생님 : '잊혀진'은 피동 표현을 두 번 겹쳐 쓴 ⓐ이중 피동 표현이야. 피동 접미사 '-이-', '-히-', '-리-', '-기-'와 '-아/어지다'를 같이 쓰는 경우가 많이 있어. '잊혀진'의 경우 기본형 '잊다'의 어근 '잊-'에 피동 접미사 '-히-'만 붙어도 피동의 의미를 드러낼 수 있는데, '-어지다'까지 불필요하게 붙여 쓰고 있는 거지.

① 안개에 가려진 풍경이 서서히 드러났다.

② 칠판에 쓰여진 글씨가 잘 보이지 않는다.

③ 예쁜 그릇에 담겨진 음식이 먹음직스럽다.

④ 아이는 살짝 열려진 문틈에 바짝 다가섰다.

⑤ 스크린을 통해 보여진 그 풍경은 아름다웠다.

219 [2021년 9월 고2 학평 13번]

<보기>의 [A]에 들어갈 말로 적절하지 않은 것은?

보 기

학생 : 선생님, 피동 표현은 어떤 경우에 사용하나요?

선생님 : 피동 표현은 행위의 주체보다 대상을 부각하고 싶을 때, 행위의 주체를 분명하게 밝히지 않고자 할 때, 행위의 주체가 중요하지 않거나 누구나 아는 사람이어서 말할 필요가 없을 때 사용해요. 또한 행위의 주체를 분명히 설정하기 어려운 경우에 사용하기도 해요. 이제 아래 자료를 보고 피동 표현에 대해 탐구해 봅시다.

㉠ 벌이 그를 쏘았다. / 그가 벌에 쏘였다.

㉡ 내가 편지를 찢었다. / 편지가 찢어졌다.

㉢ 기자가 내 이야기를 신문에 실었다. / 내 이야기가 신문에 실렸다.

㉣ 국민들이 대통령을 뽑았다. / 대통령이 뽑혔다.

㉤ *A가 추웠던 날씨를 풀었다. / 추웠던 날씨가 풀렸다.

※ '*'는 문법에 맞지 않음을 나타냄.

학생 : [A]

선생님 : 네, 맞아요.

① ㉠을 보니, 피동 표현을 통해 행위의 대상인 '그'를 부각할 수 있겠군요.

② ㉡을 보니, 피동 표현을 통해 '편지'를 찢은 주체를 분명하게 밝히지 않을 수 있겠군요.

③ ㉢을 보니, 행위의 주체인 '기자'가 중요하지 않을 때 피동 표현을 사용할 수 있겠군요.

④ ㉣을 보니, 행위의 주체인 '대통령'이 누구나 아는 사람일 때 피동 표현을 사용할 수 있겠군요.

⑤ ㉤을 보니, 행위의 주체를 분명히 설정하기 어려워 피동 표현을 사용했겠군요.

문장 영역 핵심 기출 문제

220 [2023년 11월 고2 학평 13번]

<보기>의 ㉠, ㉡에 해당하는 예끼리 묶은 것으로 적절한 것은?

보 기

선생님 : 피동은 주어가 다른 주체에 의해 어떤 동작을 당하거나 영향을 받는 것이고, 사동은 주어가 다른 대상에게 어떤 동작을 하게 하는 것을 의미합니다. 피동 표현과 사동 표현은 접미사에 의해 실현되기도 하는데, 피동 접미사와 사동 접미사가 같은 형태인 경우 문장에서의 쓰임을 바탕으로 그 접미사가 피동 접미사인지 사동 접미사인지를 파악해야 합니다.

학생 : 선생님, 그럼 [㉠]는 피동 접미사가 쓰인 경우이고, [㉡]는 사동 접미사가 쓰인 경우이겠군요.

선생님 : 네, 맞습니다.

① ㉠ : 욕심 많은 사람들은 제 배만 불렸다.
　㉡ : 나는 아이들에게 돌아가며 노래를 불렸다.
② ㉠ : 우리 직원들은 다른 부서에 약점을 잡혔다.
　㉡ : 그는 마지못해 은행에 주택마저 담보로 잡혔다.
③ ㉠ : 어머니는 집을 나서는 딸의 손에 책을 들렸다.
　㉡ : 팔에 힘을 주니 무거운 가방이 번쩍 들렸다.
④ ㉠ : 저녁을 준비하던 형은 나에게 찌개 맛부터 보였다.
　㉡ : 그 일이 있고 난 뒤부터 그가 다시 예전처럼 보였다.
⑤ ㉠ : 직원이 일을 잘못 처리해서 회사에 손해만 안겼다.
　㉡ : 막냇동생은 자기가 들고 있던 짐마저 나에게 안겼다.

221 [2014년 6월 고3 모평 A형 13번]

<보기>의 ㉠, ㉡에 해당하는 것은? [3점]

보 기

우리말의 용언 중에는 피동사와 사동사의 형태가 동일한 것이 있다. 예를 들어, '보다'는 사동사와 피동사가 모두 '보이다'로 그 형태가 같다. 이때 ㉠사동사로 쓰인 경우와 ㉡피동사로 쓰인 경우는 다음과 같이 문장에서의 쓰임을 통해 구별된다.

• 동생이 새 시계를 내게 보였다. (사동사로 쓰인 경우)
• 구름 사이로 희미하게 해가 보였다. (피동사로 쓰인 경우)

① ㉠ : 운동화 끈이 풀렸다.
　㉡ : 아빠의 칭찬에 피로가 금세 풀렸다.
② ㉠ : 우는 아이가 엄마 등에 업혔다.
　㉡ : 누나가 이모에게 아기를 업혔다.
③ ㉠ : 나는 젖은 옷을 햇볕에 말렸다.
　㉡ : 동생은 집에 가겠다는 친구를 말렸다.
④ ㉠ : 새들이 따뜻한 곳에서 몸을 녹였다.
　㉡ : 햇살이 고드름을 천천히 녹였다.
⑤ ㉠ : 형이 친구에게 꽃다발을 안겼다.
　㉡ : 아기 곰이 어미 품에 포근히 안겼다.

222 [2015년 3월 고3 학평 A, B형 15번]

<보기>를 참고하여 ㉠~㉣에 대해 탐구한 결과로 적절하지 않은 것은? [3점]

보 기

문장은 동작이나 행위를 누가 하느냐에 따라 능동문과 피동문으로 나누어진다. 주어가 동작을 제 힘으로 하는 문장을 능동문이라고 하고, 다른 주체에 의해 동작이 이루어지거나 영향을 받는 문장을 피동문이라고 한다.

	능동문	피동문
㉠	눈이 온 세상을 덮었다.	온 세상이 눈에 덮였다.
㉡	두 학생이 참새 네 마리를 잡았다.	참새 네 마리가 두 학생에게 잡혔다.
㉢	낙엽이 바람에 난다.	낙엽이 바람에 날린다.
㉣	해당 사례 없음.	오늘은 날씨가 갑자기 풀렸다.

① ㉠의 피동문은 능동문에 비해 주어의 동작성이 잘 드러나지 않는다.
② ㉠과 ㉡은 모두 능동문의 주어가 피동문에서 부사어로 나타나는 사례이다.
③ ㉡과 ㉢은 모두 능동문과 달리 피동문이 여러 가지 의미로 해석될 수 있다.
④ ㉢은 자동사를 피동사로 만들 수 있음을 보여 주는 사례이다.
⑤ ㉣은 피동문에 대응하는 능동문을 상정할 수 없는 경우가 있음을 보여 주는 사례이다.

223 [2015년 6월 고3 모평 A, B형 15번]

담화 상황을 고려할 때, <보기>의 ㉠~㉤에 대한 이해로 적절하지 않은 것은?

보 기

A : 어제 낮엔 많이 바빴니? 전화를 바로 끊더라.
B : 아니야, 끊은 게 아니라 ㉠끊어진 거야. 바로 전화 못 해서 미안해. 표정이 심각해 보이는데 무슨 일 있었어?
A : 아니, ㉡저기, 심각한 건 아니고. 어제 점심에 도서관에서 만나기로 했잖아. 기다려도 안 오길래 말이야.
B : ㉢아차! 내가 먼저 얘기하려고 했는데 깜빡했네. 가려고 했는데 ㉣못 갔어.
A : ㉤자세히 말해 볼래?
B : 동생이 갑자기 아파서 병원에 데리고 가야 했거든.
A : 그런 일이 있었구나. 동생은 좀 괜찮니?

① ㉠ : 피동 표현을 사용하여 상황이 B의 의지와 무관하게 일어났음을 나타낸다.
② ㉡ : 지시 대명사를 사용하여 B로부터 멀리 떨어져 있는 곳으로 관심을 유도한다.
③ ㉢ : 감탄사를 사용하여 A의 발화를 듣고 어떤 것을 갑자기 깨달았음을 나타낸다.
④ ㉣ : 부정 부사 '못'을 사용하여 B에게 일어난 상황이 불가피했음을 나타낸다.
⑤ ㉤ : 의문 표현을 사용하여 B에게 일의 까닭을 상세히 말해 달라고 요청한다.

224 [2019년 4월 고3 학평 13번]

<보기>는 문법 수업의 일부이다. 선생님의 설명에 따라 ㉠~㉣을 이해한 내용으로 가장 적절한 것은?

보 기

선생님 : 오늘은 사동문과 피동문의 서술어 자릿수에 대해 공부해 봅시다. 주동문이 사동문으로 바뀔 때나, 능동문이 피동문으로 바뀔 때는 서술어 자릿수가 변하기도 합니다. 이 점을 고려하면서 다음 문장들을 살펴봅시다.

㉠ 얼음이 매우 빠르게 녹았다.
㉡ 아이들이 얼음을 빠르게 녹였다.
㉢ 사람들은 산을 멀리서 보았다.
㉣ 그 산이 잘 보였다.

① ㉠은 피동문이며, ㉣과 서술어 자릿수가 서로 같다.
② ㉡은 사동문이며, ㉢과 서술어 자릿수가 서로 같다.
③ ㉡은 피동문이며, ㉣과 서술어 자릿수가 서로 다르다.
④ ㉣은 피동문이며, ㉡과 서술어 자릿수가 서로 같다.
⑤ ㉣은 사동문이며, ㉢과 서술어 자릿수가 서로 다르다.

225 [2019년 6월 고3 모평 15번]

<보기>의 ㉠, ㉡에 해당하는 예끼리 묶인 것으로 적절한 것은? [3점]

보 기

[선생님의 설명]

여러분, '쓰이다'라는 단어를 어떻게 해석해야 할까요? 우선 '쓰이다'는 피동사이기도 하고 사동사이기도 하므로 이를 구별해야겠죠? 또한 '쓰다'는 동음이의어나 다의어이므로 그 의미에도 유의해야 합니다. 단어를 이해할 때, 이러한 점들을 모두 고려해야 해요. 그럼 이와 관련된 학습 활동을 해 볼까요?

[학습 활동]

다음은 국어사전의 일부이다. 제시된 단어의 의미에 유의하여 각각의 피동사와 사동사가 포함된 예를 들어 보자.

갈다¹ 동 【…을 …으로】 ② 어떤 직책에 있는 사람을 다른 사람으로 바꾸다.
깎다 동 1 【…을】 ③ 값이나 금액을 낮추어서 줄이다.
묻다¹ 동 【…에】 ① 가루, 풀, 물 따위가 그보다 큰 다른 물체에 들러붙거나 흔적이 남게 되다.
물다² 동 1 【…을】 ② 윗니와 아랫니 사이에 끼운 상태로 상처가 날 만큼 세게 누르다.
쓸다² 동 【…을】 ① 비로 쓰레기 따위를 밀어내거나 한데 모아서 버리다.

피동문	사동문
㉠	㉡

① ㉠ : 학생회 임원이 새 친구로 갈렸다.
　㉡ : 삼촌이 형에게 그 텃밭을 갈렸다.
② ㉠ : 용돈이 이달에 만 원이나 깎였다.
　㉡ : 나는 저번 실수로 점수를 깎였다.
③ ㉠ : 내 친구는 가래떡에 꿀만 묻혔다.
　㉡ : 누나는 붓에 먹물을 듬뿍 묻혔다.
④ ㉠ : 아빠가 아이 입에 사탕을 물렸다.
　㉡ : 큰형이 동네 개에게 발을 물렸다.
⑤ ㉠ : 큰 마당의 눈이 빗자루에 쓸렸다.
　㉡ : 내 동생에게 거실 바닥만 쓸렸다.

226 [2019년 7월 고3 학평 11번]

<보기>의 ㉠~㉤에 대한 이해로 적절하지 않은 것은?

보 기

㉠ 담장이 낮다. → 동네 사람들이 담장을 낮춘다.
㉡ 아이가 옷을 입었다. → 엄마가 아이에게 옷을 입히었다.
㉢ 사람들이 방으로 이삿짐을 옮긴다.
㉣ 선생님께서 철수에게 책을 [읽히셨다 / 읽게 하셨다]
㉤ 아기가 웃는다. → 아빠가 아기를 웃긴다
철수가 짐을 졌다. → 형이 철수에게 짐을 지웠다.

① ㉠ : 형용사에 사동 접사가 결합되어 사동사가 되었군.
② ㉡ : 주동문이 사동문으로 바뀌면 서술어가 필요로 하는 문장 성분의 개수가 달라지는군.
③ ㉢ : 사동문 중에는 대응하는 주동문을 만들 수 없는 경우가 있군.
④ ㉣ : 접사에 의한 사동 표현은 직접 사동의 의미로, '-게 하다'에 의한 사동 표현은 간접 사동의 의미로 해석되는군.
⑤ ㉤ : 주동문의 서술어가 자동사인지 타동사인지에 따라 주동문의 주어는 사동문에서 그 문장 성분이 달라지는군.

227 [2022년 6월 고3 모평 39번]

<보기>의 ㉠~㉤에 해당하는 예로 적절한 것은? [3점]

보 기

피동문은 대응하는 능동문과 일정한 문법적 관련을 맺는다. 그중 피동문의 서술어는 능동문의 서술어에 피동의 문법 요소를 결부하여 만드는데, 국어에서는 ㉠동사 어근에 피동 접사 '-히-', '-이-', '-리-', '-기-'를 결합하는 방법(접-/접히-), ㉡접사 '-하-'를 접사 '-받-', '-되-', '-당하-' 등으로 교체하는 방법(사랑하-/사랑받-), ㉢동사 어간에 '-아지-/-어지-'를 결합하는 방법(주-/주어지-) 등이 쓰인다. 단, '날씨가 풀리다'에서 처럼 ㉣자연적으로 발생하는 사태를 표현할 때에는 피동문에 대응하는 능동문을 상정하기 어려운 경우가 있다.

한편 '없어지다'나 '거긴 잘 가지지 않는다.'처럼 ㉤'-아지-/-어지-'는 형용사나 자동사에 변화의 의미를 더하는 데 쓰이기도 하는데 이런 용법일 때는 피동문을 이루지 않는다.

① ㉠ : 아버지가 아이에게 두터운 점퍼를 입혔다.
② ㉡ : 내 몫의 일거리는 형에게 건네받았다.
③ ㉢ : 언론에 의해 사건의 전모가 자세히 밝혀졌다.
④ ㉣ : 그 사람은 많은 사람들에게 존경받는다.
⑤ ㉤ : 모두가 바라던 소원이 드디어 이루어졌다.

문장 - 정확한 문장 표현

228 [2014년 11월 고1 학평 15번]

<보기>의 ㉠에 들어갈 예로 적절한 것은?

보 기

효과적인 의사소통을 하기 위해서는 문장을 정확하게 구사해야 한다. "이 옷은 참 잘 어울린다."는 서술어인 '어울린다'가 필요로 하는 부사어가 빠져 의미가 제대로 전달되지 않는 문장이다. 이와 같이 문장에 필요한 성분이 빠져 있는 또 다른 문장의 예는 다음과 같다.

㉠

① 내 친구 영수는 얼굴이 닮았다.
② 그는 하얀색 운동화를 신고 있었다.
③ 기상청에서는 눈이 내릴 것이라고 미리 예고했다.
④ 저희는 소중한 고객님의 의견을 기다리고 있습니다.
⑤ 그는 절대로 그가 하고 싶은 일을 결국에는 하고야 말았다.

229 [2015년 3월 고1 학평 14번]

<보기>의 밑줄 친 부분에 해당하는 예로 적절한 것은?

보 기

"나는 멋진 오빠의 친구를 보았다."는 수식하는 말의 수식 범위가 불분명하여 두 가지 이상의 의미로 해석되는 문장이다. 즉, '오빠'가 멋진 것인지, '오빠의 친구'가 멋진 것인지 분명하지 않아 중의적으로 해석된다.

① 귀여운 동생의 강아지가 있다.
② 형은 나보다 등산을 좋아한다.
③ 할머니께서 신발을 신고 계신다.
④ 나와 그녀는 올해 결혼을 하였다.
⑤ 그는 나에게 사과와 귤 두 개를 주었다.

230 [2015년 6월 고1 학평 15번]

<보기>에서 잘못된 문장을 고쳐 쓴 것 중, 적절하지 않은 것은?

보 기

○ **중의적 문장을 사용한 경우**
㉮ 나는 형과 누나가 추천한 영화를 보았다.
→ 나는 형과 누나가 추천한 영화를 집에서 보았다. … ㉠

○ **의미를 중복하여 사용한 경우**
㉮ 그 문제는 다시 재론할 필요가 없다.
→ 그 문제는 재론할 필요가 없다. …… ㉡

○ **사동 표현이 잘못된 경우**
㉮ 내가 친구 한 명을 소개시켜 줄게.
→ 내가 친구 한 명을 소개해 줄게. …… ㉢

○ **호응 관계가 잘못된 경우**
㉮ 내일은 구름과 비가 내리겠습니다.
→ 내일은 구름이 끼고 비가 내리겠습니다. …… ㉣

○ **높임 표현이 잘못된 경우**
㉮ 손님께서 주문하신 아메리카노 나오셨습니다.
→ 손님께서 주문하신 아메리카노 나왔습니다. …… ㉤

① ㉠ ② ㉡ ③ ㉢ ④ ㉣ ⑤ ㉤

231 [2015년 11월 고1 학평 13번]

다음은 학생의 자기주도학습 노트이다. <과제 수행>에 들어갈 수 있는 내용으로 적절하지 않은 것은?

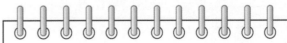

<오늘 배운 내용>
• 다음의 경우 잘못된 문장이 된다.
- 문장 성분 간의 호응이 이루어지지 않은 경우
- 반드시 필요한 문장 성분이 생략된 경우
- 문장이 중의적으로 해석되는 경우

<과제>
• 다음 문장이 올바르지 못한 이유를 생각해 보고 문장들을 올바른 문장으로 고쳐 보세요.
ㄱ. 철수는 노래하는 것을 전혀 싫어한다.
ㄴ. 이곳의 풍부한 일조량은 키우기에 적합하다.
ㄷ. 만약 민수가 아파서 너는 그를 돌봐줘야 한다.
ㄹ. 인간은 운명을 개척하기도 하고 순응하기도 한다.
ㅁ. (아버지가 용감한 경우) 용감한 영호의 아버지는 위기에 처한 사람을 구했다.

<과제 수행>

① ㄱ의 '전혀'는 서술어와 호응하지 않으므로 '전혀'를 '매우'로 바꿔야 한다.
② ㄴ에는 반드시 필요한 목적어가 생략되어 있으므로 '키우기에'의 대상이 될 수 있는 '농작물을'과 같은 말을 넣어야 한다.
③ ㄷ의 '아파서'는 '만약'과 호응하지 않으므로 '아프니'로 바꿔야 한다.
④ ㄹ에는 반드시 필요한 문장 성분이 생략되어 있으므로 '순응하기도' 앞에 '운명에'를 추가해야 한다.
⑤ ㅁ은 수식 관계가 불분명하여 중의적으로 해석되므로 '용감한'을 '아버지는'의 앞으로 옮겨야 한다.

문장 영역 핵심 기출 문제

232 [2016년 6월 고1 학평 15번]

<보기>의 ㉠~㉤에 대해 탐구한 내용으로 적절하지 않은 것은?

> **보 기**
>
> ㉠ 경준이는 손이 크다.
> ㉡ 효정이는 구두를 신고 있다.
> ㉢ 성호는 아름다운 그녀의 어머니를 만났다.
> ㉣ 어머니께서 나에게 사과와 귤 두 개를 주셨다.
> ㉤ 지훈이는 웃으면서 들어오는 소민이를 맞이했다.

① ㉠은 '손이 크다'의 의미가 신체의 손이 큰지 씀씀이가 큰지 모호하기 때문에 명확하게 해석하기 어렵군.
② ㉡은 '신고 있다'의 의미가 구두를 신는 중인지 구두를 신은 상태인지가 모호하기 때문에 명확하게 해석하기 어렵군.
③ ㉢은 '아름다운'이 수식하는 대상이 '어머니'인지 '그녀'인지 모호하기 때문에 명확하게 해석하기 어렵군.
④ ㉣은 '사과'와 '귤'의 결합에 따라 '사과'와 '귤'이 각각 몇 개인지가 모호하기 때문에 명확하게 해석하기 어렵군.
⑤ ㉤은 '웃으면서'의 주체가 '지훈이'인지 '지훈이와 소민이'인지가 모호하기 때문에 명확하게 해석하기 어렵군.

233 [2016년 9월 고1 학평 15번]

<보기>의 ㉠의 예로 적절한 것은?

> **보 기**
>
> '[㉠]'처럼 둘 이상의 의미로 해석되는 경우를 중의적 표현이라 하고, 이런 문장들을 '중의문'이라고 한다. 문장이 중의성을 띠게 되면 정확한 의미 전달에 방해가 되므로 중의성을 해소하는 것이 좋다.

① 그는 그녀와 작년에 결혼을 했다.
② 형은 나보다 어머니를 더 좋아한다.
③ 나를 보고 싶어 하는 친구들이 많다.
④ 그녀는 사과 한 개와 배 두 개를 샀다.
⑤ 그는 고향의 아름다운 바다를 생각한다.

234 [2018년 6월 고1 학평 14번]

다음 문장들을 수정할 때 고려한 사항으로 적절하지 않은 것은?

㉠	그녀는 학교에서 되었다. ↳ 그녀는 학교에서 회장이 되었다.
㉡	그는 나보다 낚시를 더 좋아한다. ↳ 그는 내가 낚시를 좋아하는 것보다 더 낚시를 좋아한다.
㉢	우리 집의 특징은 앞마당이 넓다. ↳ 우리 집의 특징은 앞마당이 넓다는 것이다.
㉣	우리는 환경을 개선시켜야 할 의무가 있다. ↳ 우리는 환경을 개선해야 할 의무가 있다.
㉤	그들은 조용히 정숙을 유지하고 있었다. ↳ 그들은 정숙을 유지하고 있었다.

① ㉠ : 서술어가 요구하는 문장성분인 주어를 추가한다.
② ㉡ : 문장의 중의성을 해소한다.
③ ㉢ : 주어와 서술어가 호응이 될 수 있도록 한다.
④ ㉣ : 불필요한 사동 표현을 사용하지 않는다.
⑤ ㉤ : 의미가 중복되는 어휘를 삭제한다.

235 [2023년 3월 고1 학평 14번]

다음 '탐구 학습지' 활동의 결과로 적절하지 않은 것은?

> **[탐구 학습지]**
>
> 1. 문장의 중의성
>   ○ 하나의 문장이 둘 이상의 의미로 해석되는 것
>
> 2. 중의성 해소 방법
>   ○ 어순 변경, 쉼표나 조사 추가, 상황 설명 추가 등
>
> 3. 중의성 해소하기
>   - 과제 : 빈칸에 적절한 말 넣기
>   ㄱ. (**조사 추가**) ……………… a
>   ○ 중의적 문장 : 관객들이 다 도착하지 않았다.
>   ○ 전달 의도 : (**관객 중 일부가 도착하지 않음.**) ……… b
>   ○ 수정 문장 : 관객들이 다는 도착하지 않았다.
>   ㄴ. (**어순 변경**) ……………… c
>   ○ 중의적 문장 : 우리는 어제 전학 온 친구와 만났다.
>   ○ 전달 의도 : (**전학 온 친구와 만난 때가 어제임.**) …d
>   ○ 수정 문장 : 우리는 전학 온 친구와 어제 만났다.
>   ㄷ. 상황 설명 추가
>   ○ 중의적 문장 : 민우는 나와 윤서를 불렀다.
>   ○ 전달 의도 : '나와 윤서'를 부른 사람이 '민우'임.
>   ○ 수정 문장 : (**민우는 나와 둘이서 윤서를 불렀다.**) ……………… e

① a ② b ③ c ④ d ⑤ e

236 [2014년 3월 고2 학평 B형 15번]

수업 시간에 어법에 맞지 않는 문장을 고치는 연습을 하였다. 고친 이유가 적절하지 않은 것은?

어법에 맞지 않는 문장		고친 문장	
가던지 오던지 마음대로 해라.	→	가든지 오든지 마음대로 해라.	… ㉠
재해 지역 선포를 대통령에 요구했다.	→	재해 지역 선포를 대통령에게 요구했다.	… ㉡
그는 하루도 쉬지 않고 열심히 하고 있다.	→	그는 하루도 쉬지 않고 운동을 열심히 하고 있다.	… ㉢
하시는 모든 일이 좋은 결실을 맺기를 기원합니다.	→	하시는 모든 일이 좋은 결실을 거두기를 기원합니다.	… ㉣
정든 친구와 헤어지려니 여간 슬펐다.	→	정든 친구와 헤어지려니 여간 슬프지 않았다.	… ㉤

① ㉠ : 시간 표현이 잘못되어서
② ㉡ : 조사를 잘못 사용해서
③ ㉢ : 필요한 문장 성분을 누락해서
④ ㉣ : 의미가 중복되어서
⑤ ㉤ : 문장 성분 간의 호응이 이루어지지 않아서

237 [2014년 6월 고2 학평 B형 13번]

<보기>는 중의적 표현의 예이다. 이에 대한 설명으로 적절하지 않은 것은?

> **보 기**
> ㄱ. 예쁜 영희의 동생이 다가왔다.
> ㄴ. 그는 나보다 음악을 더 좋아한다.
> ㄷ. 영수가 보고 싶은 친구들이 많다.
> ㄹ. 학생들이 학교에 다 오지 않았다.
> ㅁ. 진우는 새로 산 바지를 입고 있다.

① ㄱ : 예쁜 사람이 '영희'인지, '영희의 동생'인지 알 수 없다.
② ㄴ : 비교 대상이 '그'와 '음악'인지, '나'와 '음악'인지 불분명하다.
③ ㄷ : '보고 싶은'의 주체가 '영수'인지, '친구들'인지 명료하지 않다.
④ ㄹ : 학교에 일부의 학생들만 왔는지, 아무도 오지 않았는지 의미가 모호하다.
⑤ ㅁ : 바지를 입는 동작이 진행 중인지, 입은 상태가 지속되고 있는지가 분명하지 않다.

238 [2014년 9월 고2 학평 B형 13번]

㉠~㉤ 중 수정한 문장으로 적절하지 않은 것은?

검토 사항	원래 문장	수정한 문장
시제 표현이 적절한가?	철수는 어제 자료를 찾으러 도서관에 간다.	㉠
피동 표현의 사용은 적절한가?	그가 다쳤다고는 믿기지 않는다.	㉡
조사의 쓰임이 적절한가?	언니는 자식으로써 마땅히 할 도리를 했다.	㉢
대상을 높이는 표현이 적절한가?	나는 아버지에게 선물을 주었다.	㉣
의미가 중복되는 어휘가 있는가?	그녀는 사진을 보며 어린 시절을 돌이켜 회상했다.	㉤

① ㉠ : 철수는 어제 자료를 찾으러 도서관에 갔다.
② ㉡ : 그가 다쳤다고는 믿겨지지 않는다.
③ ㉢ : 언니는 자식으로서 마땅히 할 도리를 했다.
④ ㉣ : 나는 아버지께 선물을 드렸다.
⑤ ㉤ : 그녀는 사진을 보며 어린 시절을 회상했다.

239 [2014년 11월 고2 학평 B형 13번]

<보기>를 참고할 때, ㉠~㉤에 들어갈 문장으로 적절하지 않은 것은?

보 기

언어 표현은 문장을 단위로 하여 이루어진다. 그러므로 문장에는 말하고자 하는 내용이 완전하게 담겨 있어야 한다. 그뿐만 아니라 각각의 요소들이 문법적으로 정확하게 연결되어 있어야 한다. 그러므로 정확한 표현을 위해서는 ⓐ필수적인 문장 성분을 생략하였거나, ⓑ호응 관계가 잘못 되었거나, 또는 ⓒ문장 안에서 의미상 중복된 표현이 있는지 살펴보아야 한다.

수정 전 문장		수정 이유		수정 후 문장
우물 속에 빠진 여우가 골똘히 궁리하고 있었습니다.	⇨	ⓐ	⇨	㉠
어머니는 종종 동그랗고 하얀 내 얼굴이 닮았다고 하셨다.	⇨	ⓐ	⇨	㉡
왜냐하면 우리는 아직 그 사실을 알지 못했다.	⇨	ⓑ	⇨	㉢
비록 네가 나의 입장이라면, 그런 상황에서 어떻게 했을지 궁금하다.	⇨	ⓑ	⇨	㉣
우리가 정신적 도약을 이루기 위해서는 이미 가지고 있던 기존의 사고방식을 바꾸어야 한다.	⇨	ⓒ	⇨	㉤

① ㉠ : 우물 속에 빠진 여우가 빠져나갈 방법을 골똘히 궁리하고 있었습니다.
② ㉡ : 어머니는 종종 동그랗고 하얀 내 얼굴이 이모와 닮았다고 하셨다.
③ ㉢ : 왜냐하면 우리는 아직 그 사실을 알지 못했다는 것이다.
④ ㉣ : 만약 네가 나의 입장이라면, 그런 상황에서 어떻게 했을지 궁금하다.
⑤ ㉤ : 우리가 정신적 도약을 이루기 위해서는 이미 가지고 있던 사고방식을 바꾸어야 한다.

240 [2015년 3월 고2 학평 13번]

수업 시간에 문장을 다듬는 연습을 하였다. 고친 이유가 적절하지 않은 것은?

고쳐야 할 문장		고친 문장	
가던지 말던지 맘대로 해.	⇨	가든지 말든지 맘대로 해.	…㉠
기차가 이른 속도로 달렸다.	⇨	기차가 빠른 속도로 달렸다.	…㉡
내가 하고 싶은 말은 언제나 최선을 다해라.	⇨	내가 하고 싶은 말은 언제나 최선을 다하라는 것이다.	…㉢
한결같이 어려운 이웃을 돕는 사람이 많다.	⇨	어려운 이웃을 한결같이 돕는 사람이 많다.	…㉣
남에게 고통을 주거나 마음을 상하게 하면 안 돼.	⇨	남에게 고통을 주거나 남의 마음을 상하게 하면 안 돼.	…㉤

① ㉠ : 어미의 쓰임이 적절하지 않아서
② ㉡ : 단어의 쓰임이 적절하지 않아서
③ ㉢ : 주어와 서술어가 호응하지 않아서
④ ㉣ : 문장이 중의적으로 해석되어서
⑤ ㉤ : 문장 사이의 접속 표현이 어색해서

241 [2015년 9월 고2 학평 12번]

<보기>의 검토 내용을 고려하여 ㉠~㉤을 수정한 결과로 적절하지 않은 것은?

보 기

	원래의 문장	검토 내용
㉠	약은 약사에게 상의하십시오.	조사를 잘못 사용함.
㉡	뜰에 핀 꽃이 여간 탐스러웠다.	문장 성분의 호응이 적절하지 않음.
㉢	그의 장점은 모든 일에 성실하다.	
㉣	철수는 사과와 배 두 개를 먹었다.	문장이 중의적으로 해석됨.
㉤	기태는 아름다운 은영이의 목소리를 좋아한다.	

① ㉠ : 약은 약사께 상의하십시오.
② ㉡ : 뜰에 핀 꽃이 여간 탐스럽지 않았다.
③ ㉢ : 그의 장점은 모든 일에 성실하다는 것이다.
④ ㉣ : 철수는 사과 한 개와 배 한 개를 먹었다.
⑤ ㉤ : 기태는 은영이의 아름다운 목소리를 좋아한다.

242 [2015년 11월 고2 학평 15번]

㉠~㉤의 잘못된 문장을 수정한 이유로 적절하지 않은 것은?

	잘못된 문장 → 수정한 문장
㉠	할아버지께서 세뱃돈을 주셨다. → 할아버지께서 우리에게 세뱃돈을 주셨다.
㉡	그의 말이 정말 믿겨지지 않았다. → 그의 말이 정말 믿기지 않았다.
㉢	그는 공연장에서 춤과 노래를 불렀다. → 그는 공연장에서 춤을 추고 노래를 불렀다.
㉣	연서는 "내가 요리를 잘한다."고 말했다. → 연서는 "내가 요리를 잘한다."라고 말했다.
㉤	주변 사람들에게 따뜻한 온정을 베풀어야 한다. → 주변 사람들에게 온정을 베풀어야 한다.

① ㉠ : 서술어 '주셨다'가 요구하는 목적어가 없다.
② ㉡ : 이중 피동 표현을 사용하였다.
③ ㉢ : 목적어의 하나인 '춤'과 호응하는 서술어가 없다.
④ ㉣ : 조사가 잘못 사용되었다.
⑤ ㉤ : 의미가 중복된 표현을 사용하였다.

243 [2016년 3월 고2 학평 15번]

<보기>를 고친 이유에 따라 짝지은 결과로 적절한 것은?

> **보 기**
>
> (가) 지원이의 꿈은 국어 교사가 되고 싶다.
> → 지원이의 꿈은 국어 교사가 되는 것이다.
> (나) 인간은 한편으로는 자연에 순응하면서, 다른 한편으로는 이용하면서 살아왔다.
> → 인간은 한편으로는 자연에 순응하면서, 다른 한편으로는 자연을 이용하면서 살아왔다.
> (다) 형은 어떤 사람이든지 만나고 싶어 한다.
> → 어떤 사람이든지 형을 만나고 싶어 한다.

	문장의 중의성	주어와 서술어 간의 불호응	필요한 문장 성분 누락
①	(가)	(나)	(다)
②	(나)	(가)	(다)
③	(나)	(다)	(가)
④	(다)	(가)	(나)
⑤	(다)	(나)	(가)

244 [2019년 9월 고2 학평 14번]

<보기>의 [자료]를 탐구한 내용으로 적절하지 않은 것은? [3점]

> **보 기**
>
> 문장의 중의성은 하나의 문장이 둘 이상의 의미로 해석되는 것이다. 이와 같은 중의성은 문장의 통사구조나 특정 어휘가 갖는 영향 범위 등에 의해서 발생한다. 중의성을 해소하기 위해서는 어순을 바꿔 주거나, 문장부호나 보조사 '은/는'을 사용한다.
>
> **[자료]**
> ㄱ. 친구가 모두 오지 않았다.
> ㄴ. 그가 울면서 떠나는 그녀를 안아 주었다.
> ㄷ. 나는 사랑스러운 그녀의 강아지를 보았다.

① ㄱ은 수량과 부정을 나타내는 말이 함께 사용되어 중의성이 생겼겠군.
② ㄴ은 행위의 주체가 불분명하여 중의성이 생겼겠군.
③ ㄷ은 수식을 받는 대상이 불분명하여 중의성이 생겼겠군.
④ ㄱ과 ㄴ은 모두 보조사 '는'을 사용하는 방법을 통해 중의성을 해소할 수 있겠군.
⑤ ㄴ과 ㄷ은 모두 어순을 바꾸는 방법을 통해 중의성을 해소할 수 있겠군.

245 [2013년 9월 고3 모평 A, B형 15번]

다음의 ㉠~㉤에 대해 검토한 것으로 적절하지 않은 것은?

◆ 문장의 중의성 해소방법 학습 활동지 ◆

중의성 있는 문장	중의성 해소방법
예쁜 모자의 장식물이 돋보였다.	'장식물'이 예쁜 경우에는 ㉠"예쁜, 모자의 장식물이 돋보였다."로 고친다.
손님들이 다 오지 않았어.	손님들 중 일부만 온 경우에는 ㉡"손님들 중 일부가 오지 않았어."로 고친다.
언니가 교복을 입고 있다.	교복을 입는 동작이 진행 중인 경우에는 ㉢"언니가 교복을 입는 중이다."로 고친다.
형은 나보다 동생을 더 좋아한다.	'나'와 '동생'이 비교대상인 경우에는 ㉣"형은 나를 좋아하는 것보다 동생을 더 좋아한다."로 고친다.
나는 웃으면서 매장에 들어오는 손님에게 인사했다.	'나'가 웃으면서 인사하는 경우에는 ㉤"나는 매장에 들어오는 손님에게 웃으면서 인사했다."로 고친다.

① ㉠은 "모자의 예쁜 장식물이 돋보였다."로도 고칠 수 있다.
② ㉡은 "손님들이 다는 오지 않았어."로도 고칠 수 있다.
③ ㉢은 "언니가 지금 교복을 입고 있다."로도 고칠 수 있다.
④ ㉣은 "형은 나와 동생 중에서 동생을 더 좋아한다."로도 고칠 수 있다.
⑤ ㉤은 "매장에 들어오는 손님에게 나는 웃으면서 인사했다."로도 고칠 수 있다.

246 [2013년 수능 B형 13번]

<보기>의 ㉠에 들어갈 예로 가장 적절한 것은?

보 기

"확실한 사실은 그가 지금까지 성실하게 살아왔다."는 주어인 '사실은'과 호응하는 서술어가 없어서 잘못된 문장이다. 이와 같이 주어와 서술어 사이에 호응이 이루어지지 않은 또 다른 문장의 예는 다음과 같다.

㉠

① 회원들은 상품 구매를 싸게 구입할 수 있다.
② 이 글의 특징은 길이가 짧지만 인상은 강하다.
③ 아들의 성공 소식은 부모님께 여간한 기쁨이었다.
④ 새 기계는 유해 물질과 연료 효율을 높여 주었다.
⑤ 그는 자신의 행복한 마음을 형언할 방법을 찾았다.

247 [2015년 3월 고3 학평 B형 13번]

<보기>의 ㉠~㉤의 사례로 적절하지 않은 것은?

보 기

문장을 어법에 어긋나거나 부자연스럽게 사용한 대표적 유형으로는, ㉠주어와 서술어가 호응하지 않는 경우, ㉡부사어와 서술어가 호응하지 않는 경우, ㉢서술어가 요구하는 문장 성분이 부적절하게 생략된 경우, ㉣서술어가 부적절하게 생략된 경우, ㉤불필요하게 의미가 중복되는 경우 등이 있다.

① ㉠ : 내가 하고 싶은 말은 다른 사람을 배려해서 행동하자.
② ㉡ : 새벽에 잠을 깬 사람은 비단 나뿐이었다.
③ ㉢ : 나는 집에 오자마자 들고 있던 가방을 두었다.
④ ㉣ : 새로 산 자동차에 짐과 동생을 태우고 여행을 떠났다.
⑤ ㉤ : 착한 너의 후배를 나한테 빨리 소개해 주었으면 좋겠다.

248 [2015년 6월 고3 모평 A, B형 14번]

<보기 1>의 ㉠~㉣ 중 <보기 2>와 같이 문장을 수정하는 데에 반영된 것만을 있는 대로 고른 것은?

보기 1

문장을 수정할 때는 아래와 같은 사항을 점검해야 한다.
㉠ 문장의 필수 성분이 다 갖추어져 있는가?
㉡ 조사가 적절하게 사용되었는가?
㉢ 어미가 적절하게 사용되었는가?
㉣ 불필요한 의미 중복 표현이 사용되지는 않았는가?

보기 2

수정 전	지난여름 청소년 문화 교류단에 참여하려는 학생들은 각 지역에 청소년들과 소통하고 답사함으로써 즐거운 추억을 만들 수 있었다.

⬇

수정 후	지난여름 청소년 문화 교류단에 참여한 학생들은 각 지역의 청소년들과 소통하고 유적지를 답사함으로써 즐거운 추억을 만들 수 있었다.

① ㉠, ㉢ ② ㉠, ㉣ ③ ㉡, ㉣
④ ㉠, ㉡, ㉢ ⑤ ㉡, ㉢, ㉣

249 [2015년 9월 고3 모평 A, B형 14번]

<자료>와 같이 문장을 수정할 때 고려한 사항을 <보기>의 ㉠~㉣에서 고른 것은?

보 기

㉠ **주어와 서술어의 호응**
· 너희가 기억할 것은 좋은 지도자는 실패하더라도 좌절하지 않는다.
→ 너희가 기억할 것은 좋은 지도자는 실패하더라도 좌절하지 않는다는 점이다.

㉡ **부사어와 연결 어미의 호응**
· 그는 아무리 돈이 많아서 그것을 쓸 줄 모른다.
→ 그는 아무리 돈이 많아도 그것을 쓸 줄 모른다.

㉢ **목적어의 누락**
· 상대방의 함정에 빠진 그들은 머리를 모아 궁리하기 시작했다.
→ 상대방의 함정에 빠진 그들은 머리를 모아 탈출 방법을 궁리하기 시작했다.

㉣ **피동의 중복**
· 그것은 오래전에 불려지던 노래이다.
→ 그것은 오래전에 불리던 노래이다.

자 료

· 그 프로그램을 쓰면 비록 초보자일수록 누구나 쉽게 표와 그래프 등을 그려서 작성할 수 있다.
→ 그 프로그램을 쓰면 비록 초보자일지라도 누구나 쉽게 표와 그래프 등을 그려서 문서를 작성할 수 있다.

① ㉠, ㉡　② ㉠, ㉢　③ ㉡, ㉢
④ ㉡, ㉣　⑤ ㉢, ㉣

250 [2015년 10월 고3 학평 A, B형 15번]

<보기>의 ㉠~㉤은 모두 중의적인 문장이다. 괄호의 의미만을 나타내도록 수정한 방법으로 적절하지 않은 것은?

보 기

㉠ 교실에 학생들이 다 오지 않았다.
(→ 학생들이 한 명도 오지 않았다는 의미로)
㉡ 현규와 숙희는 어제 결혼하였다.
(→ 현규가 숙희의 남편이 되었다는 의미로)
㉢ 이것은 선생님의 그림이다.
(→ 그림 속 인물이 선생님이라는 의미로)
㉣ 아버지께서 귤과 사과 두 개를 가져오셨다.
(→ 과일 세 개 중 두 개가 사과라는 의미로)
㉤ 그녀는 밝은 표정으로 환영하는 사람들에게 인사했다.
(→ 표정이 밝은 사람은 그녀라는 의미로)

① ㉠ : '않았다'를 '못했다'로 바꾼다.
② ㉡ : '현규와 숙희는'을 '현규는 숙희와'로 교체한다.
③ ㉢ : '선생님의'를 '선생님을 그린'으로 교체한다.
④ ㉣ : '귤과 사과 두 개'를 '귤 한 개와 사과 두 개'로 바꾼다.
⑤ ㉤ : '밝은 표정으로'를 '사람들에게'의 뒤로 옮긴다.

251 [2015년 수능 A, B형 15번]

다음 중 문법적으로 가장 정확한 문장은?

① 그는 자기가 창안한 사회 이론을 더욱 발전해 사회 문제의 해결에 기여하고자 하였다.
② 참관인 자격으로 회의에 참석한 두 사람은 눈짓을 주고받은 후 조용히 회의장을 빠져나갔다.
③ 유럽은 18세기 후반부터 약 100년 동안 생산 기술의 발달과 그에 따라 사회 조직의 큰 변화를 겪었다.
④ 이 책의 저자가 독자에게 말하려는 요점은 모름지기 사람은 남을 위하여 자기를 희생할 줄도 알아야 한다.
⑤ 그의 작품들은 엇비슷해서 학생들이 작품 이름의 혼동이나 각 작품의 이야기 줄거리를 잘 기억하지 못했다.

252 [2016년 3월 고3 학평 15번]

<보기>는 문법적으로 바르지 않은 문장 유형 중 일부이다. <보기>의 어느 경우에도 해당하지 않는 것은?

보 기
◦ 높임 표현이 적절하게 사용되지 않은 경우 ◦ 연결어미가 의미에 맞게 사용되지 않은 경우 ◦ 피동 표현이 중복되어 과도한 피동이 된 경우 ◦ 목적어에 대응하는 서술어가 잘못 생략된 경우

① 고등학생이라면 모름지기 그 정도는 다 할 줄 안다.
② 예상치 못했던 결과가 나온다면 실망할 필요가 없다.
③ 그 복지 시설은 지금 민간에 위탁 운영되어지고 있다.
④ 특별한 일이 없을 때는 텔레비전이나 라디오를 듣는다.
⑤ 이것은 어머니가 외할머니한테 생신 선물로 드린 것이다.

253 [2016년 7월 고3 학평 15번]

다음은 잘못된 문장 표현을 고쳐 쓴 것이다. 적절하지 않은 것은?

◦ 단어의 사용이 잘못된 경우
예 나이가 많고 작음은 큰 의미가 없다.
→ 나이가 크고 작음은 큰 의미가 없다. ……………… ①
◦ 조사의 쓰임이 잘못된 경우
예 우리는 아버지에 생신을 축하하려고 모였다.
→ 우리는 아버지의 생신을 축하하려고 모였다. …… ②
◦ 어미의 사용이 잘못된 경우
예 집에 가던지 학교에 가던지 해라.
→ 집에 가든지 학교에 가든지 해라. …………………… ③
◦ 문장 성분 간의 호응이 잘못된 경우
예 그것은 결코 우연한 일이었다.
→ 그것은 결코 우연한 일이 아니었다. ………………… ④
◦ 문장 성분이 과도하게 생략된 경우
예 그녀는 노래와 춤을 추고 있다.
→ 그녀는 노래를 부르며 춤을 추고 있다. ………… ⑤

MEMO

언매 1000제

Part 03

음운

음운 영역 필수 개념

핵심 기출 문제

음운의 개념 및 종류

음운의 변동

음운 영역 필수 개념 - 음운, 음절

1 음운 말의 뜻을 구별해 주는 소리의 가장 작은 단위(최소 의미 변별 단위)

분절 음운	소리마디의 경계를 그을 수 있으며, 의미의 차이를 가져오는 자음과 모음을 말한다. ① 자음: 공기가 장애를 받아서 나오며 홀로 쓰이지 못함. ② 모음: 공기가 장애를 받지 않고 나오며 홀로 쓰일 수 있음.
비분절 음운	정확히 소리마디의 경계를 그을 수 없지만, 의미의 차이를 가져오는 '소리의 장단' 등을 말한다. 예 눈(目) ⇔ 눈:(雪), 말(馬) ⇔ 말:(言)

(1) 자음

조음 방식 \ 조음 위치*		입술소리 (양순음)	잇몸소리 (치조음)	센입천장소리 (경구개음)	여린입천장소리 (연구개음)	목청소리 (후음)
파열음	예사소리	ㅂ	ㄷ		ㄱ	
	된소리	ㅃ	ㄸ		ㄲ	
	거센소리	ㅍ	ㅌ		ㅋ	
파찰음	예사소리			ㅈ		
	된소리			ㅉ		
	거센소리			ㅊ		
마찰음	예사소리		ㅅ			ㅎ
	된소리		ㅆ			
비음		ㅁ	ㄴ		ㅇ	
유음			ㄹ			

* 발음 기관 단면도

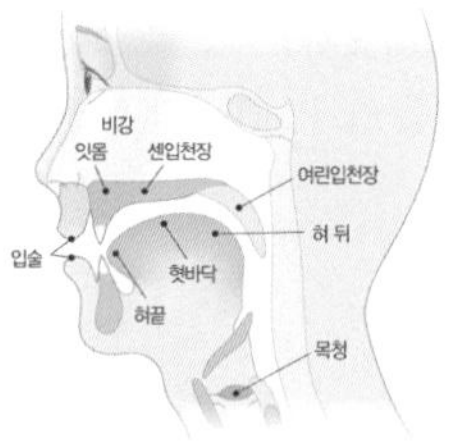

(2) 모음

① 단모음: 발음하는 동안 입술 모양이나 혀의 위치가 고정되어 바뀌지 않는 모음

혀의 높낮이 \ 입술 모양 \ 혀의 위치	전설 모음		후설 모음	
	평순 모음	원순 모음	평순 모음	원순 모음
고모음	ㅣ	ㅟ	ㅡ	ㅜ
중모음	ㅔ	ㅚ	ㅓ	ㅗ
저모음	ㅐ		ㅏ	

② 이중 모음: 단모음과 반모음이 합해져 발음되는 소리로, 발음하는 동안 입술 모양이나 혀의 위치가 고정되어 있지 않고 달라지는 모음

- 반모음 'j' + 단모음 : ㅑ, ㅕ, ㅛ, ㅠ, ㅒ, ㅖ
- 반모음 'w' + 단모음 : ㅘ, ㅝ, ㅙ, ㅞ
- 단모음 + 반모음 'j' : ㅢ

2 음절 한 번에 소리 낼 수 있는 소리마디

특징	국어에서 음절은 모음이 있어야 만들어지므로 음절의 수는 모음의 수와 일치한다. 따라서 국어의 경우 모음을 성절음(成節音)이라고도 한다.
구조	① 모음 단독 : 이, 어, 애, 예, 왜, 와 ② 모음 + 자음 : 악, 언, 옥, 운, 왕 ③ 자음 + 모음 : 가, 나, 다, 라, 노 ④ 자음 + 모음 + 자음 : 각, 달, 산, 광

MEMO

음운 영역 필수 개념 - 음운의 변동

1 음운의 변동 어떤 음운이 놓이는 환경, 인접하는 음운의 영향을 받아 발음이 달라지는 현상

교체	한 음운이 다른 음운으로 바뀌는 현상 ① 음절의 끝소리 규칙 ② 된소리되기 ③ 비음화 ④ 유음화 ⑤ 구개음화 ⑥ 반모음화
축약	두 음운이 결합해서 제3의 음운으로 바뀌는 현상 ① 거센소리되기
탈락	원래 있던 음운이 없어지는 현상 ① 'ㄹ' 탈락 ② 'ㅎ' 탈락 ③ 'ㅡ' 탈락 ④ 동음 탈락 ⑤ 자음군 단순화
첨가	없던 음운이 새로 생기는 현상 ① 'ㄴ' 첨가 ② 반모음 첨가

(1) 교체

음절의 끝소리 규칙	음절의 끝에 일곱 개의 자음 'ㄱ, ㄴ, ㄷ, ㄹ, ㅁ, ㅂ, ㅇ' 이외의 자음이 오면 이 일곱 자음 중 하나로 바뀌어 발음되는 현상 ① 어말 또는 자음 앞: 음절의 끝소리 규칙을 적용하여 대표음으로 발음 ② 모음으로 시작하는 실질 형태소 앞: 대표음으로 바뀐 뒤 다음 음절의 첫소리로 발음 예 옷 안[오단] ③ 모음으로 시작하는 형식 형태소 앞: 대표음으로 바꾸지 않고 연음*함. 예 옷이[오시]
된소리되기	예사소리가 특정 음운 환경에서 된소리로 바뀌는 현상 ① 받침 'ㄱ, ㄷ, ㅂ' 뒤에 연결되는 'ㄱ, ㄷ, ㅂ, ㅅ, ㅈ' 예 국밥[국빱] ② 어간 받침 'ㄴ(ㄵ), ㅁ(ㄻ)' 뒤에 결합되는 어미의 첫소리 'ㄱ, ㄷ, ㅅ, ㅈ' 예 신고[신:꼬] ③ 한자어에서 'ㄹ' 받침 뒤에 연결되는 'ㄷ, ㅅ, ㅈ' 예 갈등[갈뜽] ④ 관형사형 '-(으)ㄹ' 뒤에 연결되는 'ㄱ, ㄷ, ㅂ, ㅅ, ㅈ' 예 할 것을[할꺼슬]
비음화	비음 아닌 것이 비음을 만나서 비음으로 변하는 현상 ① 'ㄱ, ㄷ, ㅂ'이 비음 앞에서 비음인 'ㅇ, ㄴ, ㅁ'으로 바뀌는 현상 예 국물[궁물], 닫는[단는], 잡는[잠는] ② 'ㅁ, ㅇ' 뒤에 'ㄹ'이 올 때, 'ㄹ'이 'ㄴ'으로 바뀌는 현상 예 침략[침냑], 종로[종노] ③ 'ㄱ, ㄷ, ㅂ' 뒤에 'ㄹ'이 올 때, 먼저 'ㄹ'이 'ㄴ'으로 바뀐 후 'ㄴ'에 의해 'ㄱ, ㄷ, ㅂ'이 'ㅇ, ㄴ, ㅁ'으로 바뀌는 현상 예 독립[독닙 → 동닙], 백로[백노 → 뱅노]
유음화	'ㄴ'이 'ㄹ'의 앞 또는 뒤에서 유음인 'ㄹ'로 바뀌는 현상 예 신라[실라], 설날[설랄]
구개음화	'ㄷ, ㅌ'이 'ㅣ'나 반모음 'j'로 시작하는 형식 형태소와 만날 때 'ㅈ, ㅊ'으로 바뀌는 현상 예 해돋이[해도지], 같이[가치], 굳히다[구티다 → 구치다]
반모음화	용언 어간 뒤에 '-아/어'로 시작하는 어미가 결합할 때, 단모음이 반모음으로 교체되는 현상 예 오+아 → 와

* 연음과 절음
① 연음 : 받침 + 모음으로 시작하는 형식 형태소 → 받침 연음
예 옷이[오시], 닭을[달글]
② 절음 : 받침 + 모음으로 시작하는 실질 형태소 → 받침이 대표음화 후 연음
예 옷 안[옫안 → 오단], 닭 안[닥안 → 다간]

(2) 축약

거센소리되기	‘ㅎ’과 예사소리 ‘ㅂ, ㄷ, ㄱ, ㅈ’이 만나 거센소리 ‘ㅍ, ㅌ, ㅋ, ㅊ’이 되는 현상 예 낳다 → [나:타], 많지 → [만:치], 국화 → [구콰], 입학 → [이팍]

(3) 탈락

① ‘ㄹ’ 탈락 : 두 단어가 합쳐져서 새 단어가 생성될 때나 자음 ‘ㄹ’로 끝나는 용언의 어간이 몇몇 어미와 결합할 때 ‘ㄹ’이 탈락하는 경우
예 말+소 → 마소, 딸+님 → 따님, 둥글+니 → 둥그니

② ‘ㅎ’ 탈락 : 어간의 끝소리 ‘ㅎ’이 모음으로 시작하는 형식 형태소와 결합할 때 탈락하는 현상
예 놓아 → [노아], 많아 → [마나]

③ ‘ㅡ’ 탈락 : 어간의 끝소리 ‘ㅡ’가 ‘ㅏ, ㅓ’로 시작하는 어미 앞에서 탈락하는 현상
예 담그+아라 → 담가라, 쓰+어서 → 써서

④ 동음 탈락 : 어간 끝 모음 ‘ㅏ, ㅓ’ 뒤에서 ‘ㅏ, ㅓ’로 시작하는 어미가 탈락하는 현상
예 가+아 → 가, 서+어 → 서

⑤ 자음군 단순화 : 음절 끝에 겹받침이 오면 두 자음 중 하나가 탈락하고 하나만 발음되는 현상

‘ㄳ, ㄵ, ㄽ, ㄾ, ㅄ’ → 첫째 자음[ㄱ, ㄴ, ㄹ, ㅂ]	‘ㄻ, ㄿ’ → 둘째 자음 [ㅁ, ㅂ]	‘ㄺ, ㄼ’ → 불규칙적으로 발음
넋[넉] 앉다[안따] 외곬[외골] 핥다[할따] 값[갑]	삶[삼] 옮기다[옴기다] 읊다[읖다→읍따]	닭[닥], 읽지[익찌], 읽다[익따], 읽고[일꼬], 맑고[말꼬], 늙게[늘께], 엷다[열따], 넓다[널따], 밟다[밥따], 밟소[밥쏘], 넓죽하다[넙쭈카다], 넓둥글다[넙뚱글다]

(4) 첨가

‘ㄴ’ 첨가	합성어나 파생어의 앞말이 자음으로 끝나고 뒷말이 ‘ㅣ’나 반모음 ‘j’로 시작할 때 ‘ㄴ’이 그 사이에 덧붙는 현상 예 솜이불[솜니불], 맨입[맨닙]
반모음 첨가	주로 모음으로 끝나는 용언의 어간 뒤에 ‘-아/-어’로 시작하는 어미와 결합하거나 체언 뒤에 조사 ‘에’가 결합할 때 반모음 ‘j’가 덧생기는 현상 예 피어[피여], 되어[되여]

음운 영역 핵심 기출 문제

음운 - 음운의 개념 및 종류

254 [2014년 9월 고1 학평 12번]

<보기>를 참고하여 외국 학생이 정확한 발음을 하도록 조언한 내용으로 알맞은 것은? [3점]

보 기

조음방법 \ 조음위치		두 입술	윗잇몸	센 입천장	여린 입천장	목청
안울림 소리	파열음	ㅂㅃㅍ	ㄷㄸㅌ		ㄱㄲㅋ	
	파찰음			ㅈㅉㅊ		
	마찰음		ㅅㅆ			ㅎ
울림 소리	비음	ㅁ	ㄴ		ㅇ	
	유음		ㄹ			

① '불'은 '둘'처럼 혀끝을 윗잇몸에 닿게 해서 소리 내야 해.
② '불'은 '굴'처럼 혓바닥을 여린입천장에 밀착시켜 소리 내야 해.
③ '불'은 '눌'과 달리 두 입술을 맞닿게 하면서 목청을 울리지 않고 소리 내야 해.
④ '불'은 '둘', '굴'과 달리 폐에서 나오는 공기의 흐름을 일단 막았다가 터뜨리면서 소리 내야 해.
⑤ '불'은 '둘', '눌'과 달리 코로 공기를 내보내며 목청을 울리며 소리 내야 해.

255 [2017년 9월 고1 학평 13번]

다음 표를 참고할 때, <보기>의 놀이에서 승리할 수 있는 카드는?

혀의 앞뒤	전설 모음		후설 모음	
혀의 높이 \ 입술의 모양	평순	원순	평순	원순
고모음	ㅣ	ㅟ	ㅡ	ㅜ
중모음	ㅔ	ㅚ	ㅓ	ㅗ
저모음	ㅐ		ㅏ	

보 기

◎ 한글 모음 놀이의 승리 조건
- 아래의 조건을 모두 만족하는 모음 카드를 제시할 것
· 입천장의 중간점을 기준으로 혀의 가장 높은 부분을 앞쪽에 둔 상태로 발음하는 모음
· 입술을 평평하게 해서 발음하는 모음
· 입을 조금 벌리고 혀가 입천장에 닿을 만큼 높은 상태로 발음하는 모음

① ㅖ ② ㅜ ③ ㅣ
④ ㅟ ⑤ ㅏ

256 [2017년 9월 고1 학평 14번]

다음은 자음 습득에 관한 탐구 자료이다. 이에 대한 이해로 적절하지 <u>않은</u> 것은?

'엄마'와 '아빠' 중에 어느 단어가 상대적으로 낮은 연령에서 발음하기가 쉬울까? 자음은 발음을 할 때 공기의 흐름이 방해를 받기 때문에 제약이 많아 연령에 따라 습득되는 자음들이 다르다. 연령에 따른 자음의 발달 단계를 살펴보면 우선 두 입술 사이에서 나는 소리가 가장 먼저 발달한다. 그 중에서도 코로 공기를 내보내는 비음이자 울림소리인 'ㅁ'이 2세 때 습득된다. 그 후 3세 때에는 파열음이자 안울림소리인 'ㅃ'을 습득하게 된다. 따라서 'ㅁ'을 'ㅃ'보다 먼저 습득하게 되므로 아동들은 부모의 호칭 중 음성학적으로 '아빠'보다 '엄마'를 보다 쉽게 발음할 수 있는 것이다.

① 'ㅁ'은 'ㅃ'보다 강하게 파열되며 나는 소리구나.
② 'ㅁ'은 'ㅃ'과 달리 목청을 울리면서 소리를 내게 되는구나.
③ 'ㅁ'은 'ㅃ'과 달리 코로 공기를 내보내면서 소리를 내게 되는구나.
④ 'ㅁ'과 'ㅃ'은 모두 두 입술 사이에서 나는 소리구나.
⑤ 'ㅁ'과 'ㅃ'은 모두 공기의 흐름이 방해를 받는 소리구나.

257 [2023년 3월 고1 학평 13번]

<보기>의 '학습 과제'를 바르게 수행하였다고 할 때, ㉠에 들어갈 단어로 적절한 것은? [3점]

보 기

[학습 자료]
음운은 단어의 뜻을 구별해 주는 소리의 가장 작은 단위이다. 특정 언어에서 어떤 소리가 음운인지 아닌지는 최소 대립쌍을 통해 확인할 수 있다. 최소 대립쌍이란, 다른 모든 소리는 같고 단 하나의 소리 차이로 의미가 구별되는 단어의 쌍을 말한다. 예를 들어, 최소 대립쌍 '감'과 '잠'은 [ㄱ]과 [ㅈ]의 차이로 인해 의미가 구별되므로 'ㄱ'과 'ㅈ'은 서로 다른 음운이다.

[학습 과제]
앞사람이 말한 단어와 최소 대립쌍인 단어를 말해 보자.

① 꿀 ② 답 ③ 둘 ④ 말 ⑤ 풀

258 [2017년 6월 고2 학평 13번]

<보기 1>을 활용하여 <보기 2>의 음운 변동을 설명한 내용으로 적절한 것은?

보기 1

조음 위치 / 조음 방법	입술소리	잇몸소리	센입천장소리	여린입천장소리
파열음	ㅂ, ㅍ	ㄷ, ㅌ		ㄱ, ㅋ
파찰음			ㅈ, ㅊ	
비음	ㅁ	ㄴ		ㅇ
유음		ㄹ		

보기 2

㉠국민→[궁민] ㉡물난리→[물랄리] ㉢굳이→[구지]

① ㉠은 첫음절 끝의 파열음이 뒤의 자음과 결합하여 유음으로 바뀌었다.
② ㉡은 유음이 앞뒤 비음의 영향을 받아 비음으로 바뀌었다.
③ ㉢은 여린입천장소리가 뒤의 자음을 닮아 센입천장소리로 바뀌었다.
④ ㉠과 ㉡에서 변동된 음운은 조음 방법이 변하였다.
⑤ ㉡과 ㉢에서 변동된 음운은 조음 위치가 변하였다.

259 [2014년 6월 고3 모평 A형 11번]

다음 <자료>를 바탕으로 국어의 '음절'에 대해 설명한 내용으로 적절하지 않은 것은?

자 료

음운이 모여서 이루어지는 소리의 결합체를 음절이라고 한다. 현대 국어의 음절 유형은 다음 네 가지로 나눌 수 있다.

ㄱ. '중성'으로 이루어진 음절 (예 아, 야, 와, 의)
ㄴ. '초성+중성'으로 이루어진 음절 (예 끼, 노, 며, 소)
ㄷ. '중성+종성'으로 이루어진 음절 (예 알, 억, 영, 완)
ㄹ. '초성+중성+종성'으로 이루어진 음절 (예 각, 녹, 딸, 형)

① 초성에는 최대 두 개의 자음이 온다.
② 중성에 올 수 있는 음운은 모음이다.
③ 종성에 올 수 있는 음운은 자음이다.
④ 초성 또는 종성이 없는 음절도 있다.
⑤ 모든 음절에는 중성이 있어야 한다.

260 [2014년 9월 고3 모평 A형 11번]

<보기>의 ㉠에 들어갈 내용으로 알맞은 것은?

보 기

학생 : '식물'이 [싱물]로 발음되는데, 두 자음이 만나서 발음될 때 조음 위치나 방식 중 무엇이 바뀐 것인가요?
선생님 : 아래의 자음 분류표를 보면서 그 답을 찾아봅시다.

조음 위치 / 조음 방식	양순음	치조음	연구개음
파열음	ㅂ	ㄷ	ㄱ
비음	ㅁ	ㄴ	ㅇ

이 표는 국어 자음을 조음 위치와 조음 방식에 따라 분류한 자음 체계의 일부입니다. '식'의 'ㄱ'이 '물'의 'ㅁ' 앞에서 [ㅇ]으로 발음되지요. 이와 비슷한 예들로는 '입는[임는]', '뜯는[뜬는]'이 있는데, 이 과정에서 무엇이 달라졌나요?

학생 : 세 경우 모두 두 자음이 만나서 발음될 때, ___㉠___ 이/가 변했네요.

① 앞 자음의 조음 방식
② 뒤 자음의 조음 방식
③ 두 자음의 조음 방식
④ 앞 자음의 조음 위치
⑤ 뒤 자음의 조음 위치

음운 영역 핵심 기출 문제

261 [2018년 수능 11번]

<보기>의 ㉠에 들어갈 말로 적절하지 않은 것은?

보 기

선생님 : 최소 대립쌍이란 하나의 소리로 인해 뜻이 구별되는 단어의 짝을 말해요. 가령 최소 대립쌍 '살'과 '쌀'은 'ㅅ'과 'ㅆ'으로 인해 뜻이 달라지는데, 이때의 'ㅅ', 'ㅆ'은 음운의 자격을 얻게 되죠. 이처럼 최소 대립쌍을 이용해 음운들을 추출하면 음운 체계를 수립할 수 있어요. 이제 고유어들을 모은 [A]에서 최소 대립쌍들을 찾아 음운들을 추출하고, 그 음운들을 [B]에서 확인해 봅시다.

[A] 쉬리, 마루, 구실, 모래, 소리, 구슬, 머루

[B] 국어의 단모음 체계

혀의 전후 위치 / 입술 모양 / 혀의 높낮이	전설 모음		후설 모음	
	평순	원순	평순	원순
고모음	ㅣ	ㅟ	ㅡ	ㅜ
중모음	ㅔ	ㅚ	ㅓ	ㅗ
저모음	ㅐ		ㅏ	

[학생의 탐구 내용]
추출된 음운들 중 [㉠] 을 확인할 수 있군.

① 2개의 전설 모음 ② 2개의 중모음
③ 3개의 평순 모음 ④ 3개의 고모음
⑤ 4개의 후설 모음

262 [2020년 4월 고3 학평 13번]

<보기>를 바탕으로 단모음의 변별적 자질을 탐구한 내용으로 적절하지 않은 것은?

보 기

변별적 자질이란 한 음소를 이루는 여러 음성적 특성들을 별개의 단위로 독립하여 표시한 것이다. 하나의 변별적 자질은 오로지 두 부류로만 구별해 주며, 해당 변별적 자질이 나타내는 특성을 가진 부류는 '+', 그렇지 않은 부류는 '-'로 표시한다.

[자료 1] 단모음의 변별적 자질
- **[후설성]** : 혀의 전후 위치와 관련된 자질로 혀의 최고점이 중립적 위치보다 뒤에 놓이는 성질. 후설 모음은 [+후설성], 전설 모음은 [-후설성]이다.
- **[고설성]** : 혀의 높낮이와 관련된 자질로 혀의 최고점이 중립적 위치보다 높아지는 성질. 고모음은 [+고설성], 중모음과 저모음은 [-고설성]이다.
- **[저설성]** : 혀의 높낮이와 관련된 자질로 혀의 최고점이 중립적 위치보다 낮아지는 성질. 저모음은 [+저설성], 중모음과 고모음은 [-저설성]이다.
- **[원순성]** : 입술을 동그랗게 오므리는 성질. 원순 모음은 [+원순성], 평순 모음은 [-원순성]이다.

[자료 2] 단모음 체계표

혀의 전후 위치 / 입술 모양 / 혀의 높낮이	전설 모음		후설 모음	
	평순	원순	평순	원순
고모음	ㅣ	ㅟ	ㅡ	ㅜ
중모음	ㅔ	ㅚ	ㅓ	ㅗ
저모음	ㅐ		ㅏ	

① 'ㅡ'는 [+후설성]으로, 'ㅣ'는 [-후설성]으로 표시한다.
② 'ㅏ'와 'ㅓ'는 [저설성]을 나타내는 변별적 자질의 특성이 서로 다르다.
③ 'ㅚ'와 'ㅜ'의 동일한 변별적 자질의 특성은 [+원순성]과 [-저설성]이다.
④ 'ㅔ'와 'ㅗ'는 [저설성]을 나타내는 변별적 자질의 특성은 동일하고, [고설성]을 나타내는 변별적 자질의 특성은 서로 다르다.
⑤ 'ㅐ'와 'ㅟ'는 [후설성]을 나타내는 변별적 자질의 특성은 동일하고, [고설성]을 나타내는 변별적 자질의 특성은 서로 다르다.

음운 - 음운의 변동

263 [2014년 6월 고1 학평 11번]

다음은 '받침의 발음'에 대한 의문을 해결한 과정이다. ㉠과 ㉡에 들어갈 내용을 짝지은 것으로 적절한 것은? [3점]

의문	'옷에'의 경우 '옷'의 받침 'ㅅ'이 뒤 음절 첫소리로 연음되어 [오세]로 발음되는 데 비해, '옷 안'은 왜 [오단]으로 다르게 발음될까?
활동	1. 교과서에서 관련 내용을 찾아본다. 자음으로 끝나는 말 뒤에 모음으로 시작하는 형식 형태소가 올 때는 앞 음절의 받침을 그대로 뒤 음절의 첫소리로 옮겨 발음한다. 다만, 뒤에 모음으로 시작하는 실질 형태소가 연결되는 경우에는 앞 음절의 받침을 대표음으로 바꾸어서 뒤 음절의 첫소리로 옮겨 발음한다. 2. '대표음'에 관한 표준 발음법 규정을 찾아본다. 제9항 받침 'ㄲ, ㅋ', 'ㅅ, ㅆ, ㅈ, ㅊ, ㅌ', 'ㅍ'은 어말 또는 자음 앞에서 각각 대표음 [ㄱ, ㄷ, ㅂ]으로 발음한다.
결론	'옷 안'이 [오단]으로 발음되는 이유는 '옷 안'의 '안'이 '에'와 달리 ___㉠___ 이기 때문이군. 이 원리대로라면 '숲 위'는 ___㉡___ 로 발음해야겠군.

	㉠	㉡
①	실질 형태소	[수뷔]
②	실질 형태소	[수퓌]
③	실질 형태소	[숩퓌]
④	형식 형태소	[수뷔]
⑤	형식 형태소	[수퓌]

264 [2014년 11월 고1 학평 12번]

<보기 1>을 참고하여 <보기 2>에 대해 보인 반응으로 적절하지 <u>않은</u> 것은?

보기 1

음운 변동이란 어떤 음운이 일정한 환경에서 변하는 현상을 말합니다. 음운 변동의 유형으로는 한 음운이 다른 음운으로 바뀌는 교체, 한 음운이 단순히 없어지는 탈락, 인접한 두 음운이 합쳐져서 제3의 음운으로 바뀌는 축약, 없던 음운이 새로 생기는 첨가가 있습니다.

보기 2

[학습 활동] 단어의 음운 변동 현상에 해당하는 용례를 쓰시오.
[활동 결과]

유형	용례
음운 교체	신라[실라], 낫[낟] ··········· ㉠
음운 탈락	좋아[조:아] ··········· ㉡
음운 축약	국화[구콰], 부엌에[부어케] ··········· ㉢
음운 첨가	담요[담:뇨] ··········· ㉣

① ㉠ : '신라'는 '낫'과 달리 인접 음운의 영향을 받아 음운이 교체되는 경우군.
② ㉡ : '좋아'는 'ㅎ'이 모음으로 시작하는 어미 앞에서 탈락하는 경우군.
③ ㉢ : '국화'는 'ㄱ'이 'ㅎ'과 합쳐져 'ㅋ'으로 축약된 경우군.
④ ㉢ : '부엌에'는 'ㅋ'이 첨가되므로 음운 첨가의 용례로 옮겨야 해.
⑤ ㉣ : '담요'처럼 'ㄴ'이 첨가되는 용례는 '눈요기'를 들 수 있어.

음운 영역 핵심 기출 문제

265 [2015년 3월 고1 학평 11번]

<보기>의 설명에 따를 때, [㉠]에 들어갈 수 있는 단어로 적절한 것은?

보 기

자음 두 개가 음절 끝에 놓일 때, 둘 중에서 하나의 자음이 탈락하는 현상을 '자음군 단순화'라고 한다. 다음 그림은 '칡'([칡] →[칙])과 같이 끝소리에 위치한 두 자음 중 앞에 있는 자음(**자음²**)이 탈락하여 뒤에 있는 자음(**자음³**)만 발음되는 현상을 시각화한 것이다.

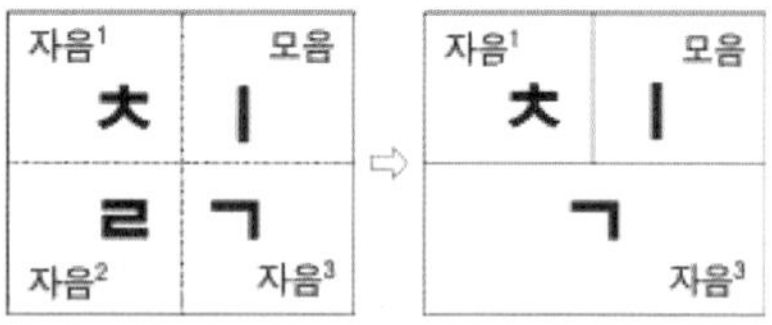

반면, 다음 그림은 [㉠]과 같이 끝소리에 위치한 두 자음 중 뒤에 있는 자음(**자음³**)이 탈락하여 앞에 있는 자음(**자음²**)만 발음되는 현상을 시각화한 것이다.

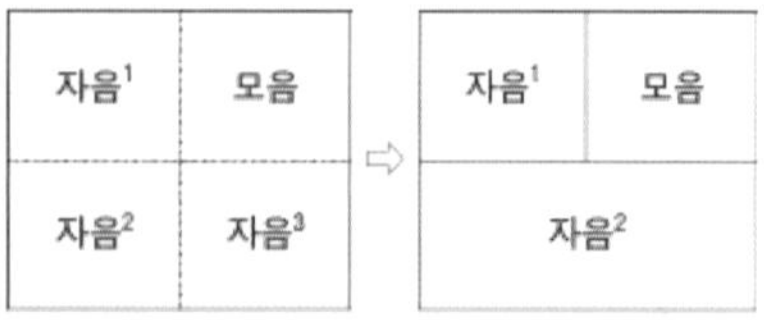

① 값, 넋　　② 값, 닭　　③ 값, 삶
④ 넋, 삶　　⑤ 닭, 삶

266 [2015년 6월 고1 학평 11번]

<보기>는 자음 동화와 관련한 국어 수업의 한 장면이다. ㉠, ㉡에 들어갈 예를 바르게 짝지은 것은?

보 기

선생님 : 두 개의 자음이 이어서 소리가 날 때, 소리 내기 쉽도록 어느 한 쪽이 다른 쪽의 소리를 닮거나, 서로 닮는 방향으로 변동하는 것을 '자음 동화'라고 합니다. 다음 현상이 일어나는 예를 찾아볼까요?

'ㄱ, ㄷ, ㅂ'이 비음 'ㄴ, ㅁ'의 앞에서 비음 'ㅇ, ㄴ, ㅁ'으로 바뀌는 현상	㉠
비음 'ㄴ'이 유음 'ㄹ' 앞뒤에서 'ㄹ'로 바뀌는 현상	㉡

	㉠	㉡
①	먹물 [멍물]	중력 [중녁]
②	국밥 [국빱]	설날 [설랄]
③	입는 [임는]	막내 [망내]
④	닫는 [단는]	권리 [궐리]
⑤	솜이불 [솜니불]	물난리 [물랄리]

267 [2015년 11월 고1 학평 11번]

다음은 국어 수업 중 일부이다. Ⓐ에 들어갈 말로 적절하지 않은 것은?

선생님 : 국어 모음에는 단모음과 이중 모음이 있는데, 이중 모음은 단모음과 달리 발음할 때 입술 모양이나 혀의 위치가 바뀝니다. 그런데 이중 모음 가운데 'ㅢ'는 이중 모음으로 발음하는 것이 원칙이지만, 조사로 쓰일 경우에는 단모음 [ㅔ]로, 단어에서 첫음절이 아닐 경우에는 단모음 [ㅣ]로 발음하는 것도 허용합니다. 그러면 칠판의 예시를 보고 'ㅢ'가 각각 어떻게 발음될 수 있는지 말해 봅시다.

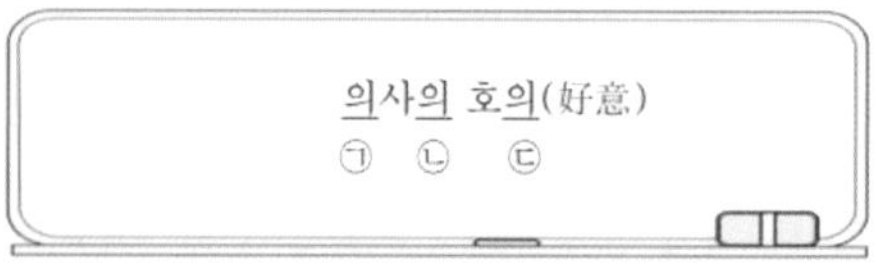

학생 : (Ⓐ)

① ㉠의 'ㅢ'는 입술 모양이나 혀의 위치가 바뀌면서 발음되겠군요.
② ㉡은 조사이므로 ㉡의 'ㅢ'는 이중 모음뿐만 아니라 단모음으로도 발음할 수 있겠군요.
③ ㉢은 단어의 첫음절이 아니므로 ㉢의 'ㅢ'는 [ㅣ]로 발음하는 것도 가능하겠군요.
④ ㉠과 ㉡의 'ㅢ'는 서로 다른 소리로 발음할 수도 있겠군요.
⑤ ㉡과 ㉢의 'ㅢ'는 단모음으로 발음될 때 동일한 소리로 발음되겠군요.

268 [2016년 3월 고1 학평 11번]

<보기>를 참고할 때 동화의 양상이 다른 것은?

보 기

◦ 순행 동화 : 뒤의 음운이 앞의 음운의 영향을 받아 그와 비슷하거나 같게 소리 나는 현상.
　예) 칼날[칼랄], 강릉[강능]
◦ 역행 동화 : 앞의 음운이 뒤의 음운의 영향을 받아 그와 비슷하거나 같게 소리 나는 현상.
　예) 편리[펼리], 까막눈[까망눈]

① 종로　② 작년　③ 신라　④ 밥물　⑤ 국민

269 [2016년 6월 고1 학평 11번]

<보기>의 ㉠, ㉡에 해당하는 단어로 적절한 것은?

> **보 기**
>
> 된소리되기는 'ㄱ, ㄷ, ㅂ, ㅅ, ㅈ'과 같은 예사소리가 'ㄲ, ㄸ, ㅃ, ㅆ, ㅉ'과 같은 된소리로 바뀌어 소리 나는 음운 현상이다. 된소리되기의 유형은 다음과 같다.
> - 받침 'ㄱ, ㄷ, ㅂ' 뒤에 연결되는 자음 'ㄱ, ㄷ, ㅂ, ㅅ, ㅈ'을 된소리로 발음하는 유형
> - 어간 받침 'ㄴ(ㄵ), ㅁ(ㄻ)' 뒤에 결합되는 어미의 첫소리 'ㄱ, ㄷ, ㅅ, ㅈ'을 된소리로 발음하는 유형 ····· ㉠
> - 한자어에서 'ㄹ' 받침 뒤에 결합되는 자음 'ㄷ, ㅅ, ㅈ'을 된소리로 발음하는 유형 ························ ㉡

	㉠	㉡
①	신다	굴곡(屈曲)
②	앉다	불법(不法)
③	넓다	갈등(葛藤)
④	담다	발전(發展)
⑤	끊다	월세(月貰)

270 [2016년 9월 고1 학평 11번]

다음 질문에 대한 답변으로 적절하지 않은 것은?

> [질문] 다음 밑줄 친 부분을 어떻게 읽어야 하는지 발음 원리와 함께 설명해 주세요.
>
> ㉠한여름, ㉡대관령에 올라 ㉢좋은 것만 가지려는 ㉣욕망을 버리고 나니, ㉤그렇게 마음이 편할 수 없었다.
>
> [답변]

① ㉠은 앞말이 자음으로 끝나고 뒷말이 반모음 'j'로 시작할 때, 'ㄴ' 소리를 첨가하므로 [한녀름]이라고 읽습니다.

② ㉡은 'ㄴ'이 'ㄹ' 앞에서 'ㄹ'의 영향을 받으므로 [대관녕]이라고 읽습니다.

③ ㉢은 받침 'ㅎ'이 모음과 모음 사이에서 탈락하므로 [조은]이라고 읽습니다.

④ ㉣은 'ㄱ'이 비음 앞에서 발음이 바뀌므로 [용망]이라고 읽습니다.

⑤ ㉤은 'ㅎ'과 'ㄱ'이 어울려 거센소리가 되므로 [그러케]라고 읽습니다.

271 [2016년 11월 고1 학평 11번]

다음은 표준 발음에 대한 수업 장면의 일부이다. 각 예에 적용된 내용과 그 발음이 모두 바른 것은? [3점]

> **학생** : 선생님, 저번 시간에 ⓐ홑받침이나 쌍받침이 모음으로 시작된 조사나 어미, 접미사와 결합되는 경우에는, 제 음가대로 뒤 음절 첫소리로 옮겨 발음한다고 하셨으니까 '막일'은 [마길]로 발음해야 하나요?
>
> **선생님** : 그렇지 않아요. ⓑ합성어 및 파생어에서, 앞 단어나 접두사의 끝이 자음이고 뒤 단어나 접미사의 첫음절이 '이, 야, 여, 요, 유'인 경우에는, [ㄴ] 소리를 첨가하여 [니, 냐, 녀, 뇨, 뉴]로 발음해야 하기 때문에 '막일'은 [망닐]로 발음해야 해요.
>
> **학생** : 그러면 '막일'에서 '일'이 [닐]로 발음되는 건 이해가 되는데, '막'은 왜 [망]으로 발음이 되는 거죠?
>
> **선생님** : 그것은 ⓒ받침소리 [ㄱ, ㄷ, ㅂ]은 [ㄴ, ㅁ] 소리 앞에서 [ㅇ, ㄴ, ㅁ]으로 발음되는 현상 때문입니다. 그래서 [막닐]이 아니라 [망닐]로 발음해야 됩니다.
>
> **학생** : 아, 그렇군요. 말씀해 주신 것 말고도 제가 더 알아둬야 할 것이 있나요?
>
> **선생님** : ⓓ[ㄴ] 소리가 첨가된 후, 이 [ㄴ] 소리가 받침소리 [ㄹ] 뒤에서 [ㄹ]로 발음되는 현상도 있습니다. '물약'을 [물략]으로 발음하는 것이 이에 해당해요.

	예	적용 내용	발음
①	눈 + 요기	ⓐ	[눈뇨기]
②	내복 + 약	ⓑ, ⓒ	[내:봉냑]
③	색 + 연필	ⓑ, ⓒ	[색년필]
④	들 + 일	ⓑ, ⓓ	[들:닐]
⑤	칼 + 날	ⓑ, ⓓ	[칼랄]

272 [2017년 3월 고1 학평 13번]

다음은 음운 변동에 대한 선생님의 설명이다. 질문에 대한 답으로 적절한 것은?

> **선생님** : 음운 변동에는 한 음운이 다른 음운으로 바뀌는 현상인 '교체', 있던 음운이 없어지는 현상인 '탈락', 없던 음운이 새로 생기는 현상인 '첨가', 두 음운이 하나의 음운으로 합쳐지는 현상인 '축약'이 있습니다.
> 그러면 '국물[궁물]'과 '몫[목]'에서는 각각 어떤 음운 변동이 일어날까요?

	국물	몫
①	교체	탈락
②	교체	첨가
③	탈락	축약
④	첨가	교체
⑤	첨가	탈락

음운 영역 핵심 기출 문제

273 [2017년 6월 고1 학평 11번]

<보기>의 (ㄱ)과 (ㄴ)에 나타나는 음운 변동으로 적절한 것은? [3점]

보 기

음운 변동은 한 음운이 다른 음운으로 바뀌는 '교체', 원래 있던 음운이 없어지는 '탈락', 없던 음운이 추가되는 '첨가', 두 개의 음운이 합쳐져서 하나로 되는 '축약'으로 분류할 수 있다.

단어에 따라 아래 예와 같이 한 단어에서 두 가지 음운 변동이 일어나는 경우도 있다.

(예) 물약 → [물냑] → [물략]
(ㄱ) (ㄴ)

	(ㄱ)	(ㄴ)
①	첨가	교체
②	첨가	탈락
③	탈락	교체
④	교체	첨가
⑤	교체	축약

274 [2017년 11월 고1 학평 12번]

다음은 표준 발음법의 일부이고, <보기>는 이를 학습하는 과정에서 학생들이 나눈 대화이다. ㉠~㉤ 중 적절하지 <u>않은</u> 것은? [3점]

제23항 받침 'ㄱ(ㄲ, ㅋ, ㄳ, ㄺ), ㄷ(ㅅ, ㅆ, ㅈ, ㅊ, ㅌ), ㅂ(ㅍ, ㄼ, ㄿ, ㅄ)' 뒤에 연결되는 'ㄱ, ㄷ, ㅂ, ㅅ, ㅈ'은 된소리로 발음한다.

제24항 어간 받침 'ㄴ(ㄵ), ㅁ(ㄻ)' 뒤에 결합되는 어미의 첫소리 'ㄱ, ㄷ, ㅅ, ㅈ'은 된소리로 발음한다.

제26항 한자어에서, 'ㄹ' 받침 뒤에 연결되는 'ㄷ, ㅅ, ㅈ'은 된소리로 발음한다.

보 기

학생 1 : '국밥'의 표준 발음은 [국밥]이야, [국빱]이야?

학생 2 : 표준 발음법 제23항에 따르면, [국빱]이 맞아. … ㉠

학생 3 : '아무리 뻗대도 소용이 없다.'에서 '뻗대도'는 받침 'ㄷ' 뒤에 'ㄷ'이 연결되기 때문에 [뻗대도]로 발음하겠네 …… ㉡

학생 2 : '그가 집에 간다.'에서 '간다'는 [간다]로 발음하는데, '껴안다'는 왜 [껴안따]로 발음하지?

학생 3 : '간다'의 기본형이 '가다'이므로 'ㄴ'은 어간 받침이 아니야. 그래서 표준 발음법 제24항을 적용할 수 없어.

학생 1 : 표준 발음법 제24항에 따르면, '껴안다'는 [껴안따]로 발음하는 것이 맞아. …… ㉢

학생 2 : 그러면 '그녀를 수양딸로 삼고 싶었다.'에서 '삼고'는 어간 받침 'ㅁ' 뒤에 'ㄱ'이 결합되어 [삼:꼬]로 발음해야겠네 …… ㉣

학생 3 : '결과(結果)'는 [결과]로 발음하는데, '갈등(葛藤)'은 왜 [갈뜽]으로 발음하지?

학생 1 : '갈등(葛藤)'은 표준 발음법 제26항에 따라 [갈뜽]으로 발음하지만, '결과(結果)'는 여기에 해당되지 않아. …… ㉤

① ㉠ ② ㉡ ③ ㉢ ④ ㉣ ⑤ ㉤

275 [2018년 6월 고1 학평 11번]

<보기>는 음운 변동에 대한 선생님의 설명이다. 질문에 대한 답으로 적절한 것은?

보 기

· **선생님** : 음운 변동은 결과에 따라 한 음운이 다른 음운으로 바뀌는 교체, 두 개의 음운이 하나의 음운으로 합쳐지는 축약, 두 개의 음운 중 하나의 음운이 없어지는 탈락, 원래 없던 음운이 새로 덧붙는 첨가가 있습니다.
· 다음 '잡일'과 동일한 음운 변동 과정이 일어나는 단어는 무엇일까요?

잡일 → [잡닐] → [잠닐]
첨가 교체

① 법학[버팍] ② 담요[담뇨]
③ 국론[궁논] ④ 색연필[생년필]
⑤ 한여름[한녀름]

276 [2018년 9월 고1 학평 13번]

<보기 1>의 표준 발음법에 따라 <보기 2>의 ㉠~㉤을 발음한다고 할 때, 적절하지 않은 것은?

보기 1

표준 발음법
제9항 받침 'ㄲ, ㅋ', 'ㅅ, ㅆ, ㅈ, ㅊ, ㅌ', 'ㅍ'은 어말 또는 자음 앞에서 각각 대표음 [ㄱ, ㄷ, ㅂ]으로 발음한다.
제12항 'ㅎ(ㄶ, ㅀ)' 뒤에 'ㄱ, ㄷ, ㅈ'이 결합되는 경우에는, 뒤 음절 첫소리와 합쳐서 [ㅋ, ㅌ, ㅊ]으로 발음한다.
제14항 겹받침이 모음으로 시작된 조사나 어미, 접미사와 결합되는 경우에는, 뒤엣것만을 뒤 음절 첫소리로 옮겨 발음한다.(이 경우, 'ㅅ'은 된소리로 발음함.)
제23항 받침 'ㄱ(ㄲ, ㅋ, ㄳ, ㄺ), ㄷ(ㅅ, ㅆ, ㅈ, ㅊ, ㅌ), ㅂ(ㅍ, ㄼ, ㄿ, ㅄ)' 뒤에 연결되는 'ㄱ, ㄷ, ㅂ, ㅅ, ㅈ'은 된소리로 발음한다.

보기 2

주름이 ㉠많던 그 이마에는
㉡젊어 품었던 꿈들 사라졌지만
너희가 없으면 나도 ㉢없단다.
㉣꽃처럼 ㉤웃던 우리 어머니

① ㉠은 제12항 규정에 따라 [만턴]으로 발음해야겠군.
② ㉡은 제14항 규정에 따라 [절머]로 발음해야겠군.
③ ㉢은 제14항, 제23항 규정에 따라 [업딴다]로 발음해야겠군.
④ ㉣은 제9항 규정에 따라 [꼳]으로 발음해야겠군.
⑤ ㉤은 제9항, 제23항 규정에 따라 [운떤]으로 발음해야겠군.

277 [2018년 11월 고1 학평 11번]

<보기>를 바탕으로 사례들을 분석한 내용 중 적절하지 않은 것은?

보 기

음운의 교체는 특정한 음운 환경에서 한 음운이 다른 음운으로 바뀌는 음운 변동 현상이다. 두 음절이 인접한 경우 ㉠앞말의 끝소리와 뒷말의 첫소리가 만나는 상황이나 ㉡앞말의 끝소리가 연음되어 뒷말의 가운뎃소리와 만나는 상황에서 음운이 교체될 때, 발음의 결과 ⓐ앞의 음운만 변한 경우나 ⓑ뒤의 음운만 변한 경우도 있지만 ⓒ두 음운이 모두 변한 경우도 있다.

① '마천루[마철루]'는 ㉠이면서 ⓐ에 해당한다.
② '목덜미[목떨미]'는 ㉠이면서 ⓑ에 해당한다.
③ '박람회[방남회]'는 ㉠이면서 ⓒ에 해당한다.
④ '쇠붙이[쇠부치]'는 ㉡이면서 ⓐ에 해당한다.
⑤ '땀받이[땀바지]'는 ㉡이면서 ⓒ에 해당한다.

278 [2019년 3월 고1 학평 14번]

<보기>의 '활동1'과 '활동 2'를 연결하여 '활동 자료'의 단어를 탐구한 내용으로 적절한 것은?

보 기

[활동 자료]
국민[궁민], 글눈[글룬], 명랑[명낭], 신랑[실랑], 잡념[잠념]
[활동 1] 음운 변동이 있는 음운은 '1', 없는 음운은 '0'으로 표시하면 '국물[궁물]'은 '001000'으로 표시할 수 있습니다. '활동 자료'의 단어는 어떻게 표시될까요?

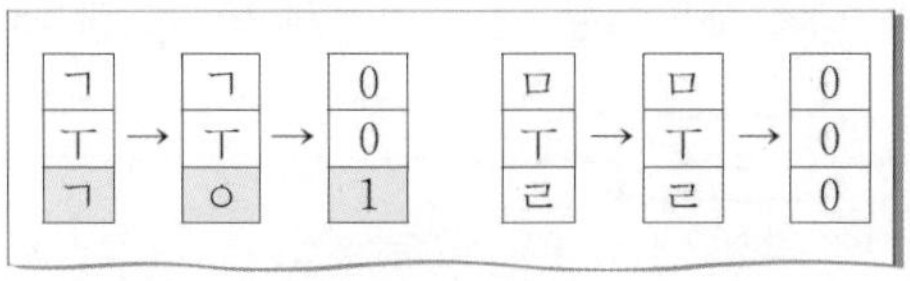

[활동 2] '활동 자료'의 단어를 발음할 때 순행 동화가 일어 나는지 역행 동화가 일어나는지 알아봅시다.

◦ 순행 동화 : 뒤의 음운이 앞의 음운의 영향을 받아 그와 비슷하거나 같게 소리 나는 현상.
◦ 역행 동화 : 앞의 음운이 뒤의 음운의 영향을 받아 그와 비슷하거나 같게 소리 나는 현상.

① '국민'은 '001000'으로 표시할 수 있으므로 순행 동화이다.
② '글눈'은 '000100'으로 표시할 수 있으므로 역행 동화이다.
③ '명랑'은 '001000'으로 표시할 수 있으므로 순행 동화이다.
④ '신랑'은 '000100'으로 표시할 수 있으므로 역행 동화이다.
⑤ '잡념'은 '001000'으로 표시할 수 있으므로 역행 동화이다.

279 [2019년 6월 고1 학평 13번]

<보기>를 참고하여 음운 변동 사례에 대해 이해한 것으로 적절하지 않은 것은?

보 기
음운의 변동은 어떤 음운이 다른 음운으로 바뀌는 **교체**, 어떤 음운이 없어지는 **탈락**, 새로운 음운이 생기는 **첨가**, 두 음운이 하나의 음운으로 합쳐지는 **축약**으로 구분된다.

① '밥물[밤물]'이 발음될 때에는 'ㅂ'이 'ㅁ'의 영향을 받아 'ㅁ'으로 교체되는 현상이 일어난다.
② '광한루[광:할루]'가 발음될 때에는 'ㄴ'이 'ㄹ'의 영향을 받아 'ㄹ'로 교체되는 현상이 일어난다.
③ '좋아[조:아]'가 발음될 때에는 모음으로 시작되는 어미와 만나 'ㅎ'이 탈락하는 현상이 일어난다.
④ '색연필[생년필]'이 발음될 때에는 첨가되는 'ㄴ'으로 인해 'ㄱ'이 'ㅇ'으로 교체되는 현상이 일어난다.
⑤ '옷 한 벌[오탄벌]'이 발음될 때에는 'ㅅ'이 탈락한 후 첨가되는 'ㄷ'이 'ㅎ'과 만나 'ㅌ'으로 축약되는 현상이 일어난다.

280 [2019년 9월 고1 학평 13번]

<보기>는 표준 발음법의 된소리되기 중 일부이다. ㉠과 ㉡에 해당하는 예가 바르게 짝지어진 것은?

보 기
㉠ 받침 'ㄱ(ㄲ, ㅋ, ㄳ, ㄺ), ㄷ(ㅅ, ㅆ, ㅈ, ㅊ, ㅌ), ㅂ(ㅍ, ㄼ, ㄿ, ㅄ)' 뒤에 연결되는 'ㄱ, ㄷ, ㅂ, ㅅ, ㅈ'은 된소리로 발음한다. ㉡ 어간 받침 'ㄴ(ㄵ), ㅁ(ㄻ)' 뒤에 결합되는 어미의 첫소리 'ㄱ, ㄷ, ㅅ, ㅈ'은 된소리로 발음한다.

	㉠	㉡
①	늦게[늗께]	얹다[언따]
②	옆집[엽찝]	있고[읻꼬]
③	국수[국쑤]	늙다[늑따]
④	묶어[무꺼]	껴안다[껴안따]
⑤	앉다[안따]	머금다[머금따]

281 [2020년 3월 고1 학평 11번]

<보기>의 '선생님'의 마지막 질문에 대한 '학생'의 대답에서 ㉠, ㉡에 들어갈 내용으로 적절한 것은? [3점]

보 기

선생님 : 음운 변동이 여러 번 일어날 때 최종적으로 음운의 수가 얼마나 바뀌었는지 파악하기 어려웠죠? 오늘은 좌표를 이용해서 이를 쉽게 확인해 볼게요. 이 좌표 평면에서 0인 별표(★)를 기준으로, 음운의 수가 늘어나는 '첨가'는 늘어난 음운 수만큼 위쪽으로, 음운의 수가 줄어드는 '탈락'과 '축약'은 줄어든 음운 수만큼 아래쪽으로 이동합니다. 그리고 음운의 수가 변하지 않는 '교체'는 교체 횟수만큼 오른쪽으로 이동합니다.

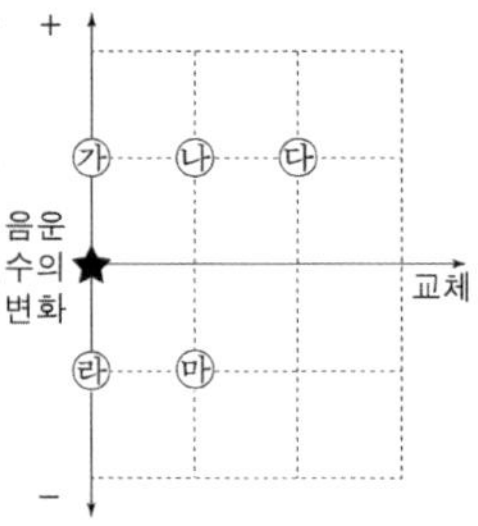

예를 들어 '걷히다'는 거센소리되기에 의해 [거티다]가 된 후 구개음화에 의해 [거치다]가 되므로, 축약과 교체가 한 번씩 일어나 ㉲로 이동합니다. 그 결과 음운의 수가 한 개 줄어든 것을 알 수 있어요.

그러면 '색연필'의 음운 변동 양상은 어떻게 될까요?

학생 : 제 생각에는 '색연필'이 '[색년필 → 생년필]'로 바뀌므로, (㉠)이/가 한 번씩 일어나 (㉡) 로 이동합니다. 그 결과 음운의 수가 한 개 늘어납니다.

	㉠	㉡
①	첨가와 교체	㉮
②	첨가와 교체	㉯
③	첨가와 탈락	㉰
④	탈락과 교체	㉱
⑤	탈락과 교체	㉲

282 [2020년 6월 고1 학평 14번]

<보기>의 <표준 발음법>을 참고할 때, ㉠과 ㉡의 사례가 모두 바르게 짝지어진 것은?

보 기

<표준 발음법>

제23항

받침 'ㄱ(ㄲ, ㅋ, ㄳ, ㄺ), ㄷ(ㅅ, ㅆ, ㅈ, ㅊ, ㅌ), ㅂ(ㅍ, ㄼ, ㄿ, ㅄ)' 뒤에 연결되는 'ㄱ, ㄷ, ㅂ, ㅅ, ㅈ'은 된소리로 발음한다.

국밥[국빱] 솥전[솓쩐] 옆집[엽찝] (㉠)

제24항

어간 받침 'ㄴ(ㄵ), ㅁ(ㄻ)' 뒤에 결합되는 어미의 첫소리 'ㄱ, ㄷ, ㅅ, ㅈ'은 된소리로 발음한다.

신고[신:꼬] 얹다[언따] 닮고[담:꼬] (㉡)

	㉠	㉡
①	옷고름[옫꼬름]	젊고[점:꼬]
②	문고리[문꼬리]	감고[감:꼬]
③	갈등[갈뜽]	앉다[안따]
④	덮개[덥깨]	언짢게[언짠케]
⑤	술잔[술짠]	더듬지[더듬찌]

283 [2021년 6월 고1 학평 11번]

<보기>의 ㉠과 ㉡이 모두 일어나는 단어로 적절한 것은?

보 기

음운의 변동에는 한 음운이 다른 음운으로 바뀌는 ㉠'교체', 원래 있던 음운이 없어지는 '탈락', 두 개의 음운이 하나로 합쳐지는 ㉡'축약', 없던 음운이 새로 생기는 '첨가'가 있다.

① 굳히다[구치다] ② 미닫이[미다지]
③ 빨갛다[빨가타] ④ 솜이불[솜니불]
⑤ 잡히다[자피다]

284 [2021년 9월 고1 학평 11번]

<보기>의 (가)에 들어갈 말로 적절한 것은?

보 기

선생님 : 음운 변동에는 한 음운이 다른 음운으로 바뀌는 교체, 있던 음운이 없어지는 탈락, 없던 음운이 새로 더해지는 첨가, 두 음운이 합쳐져 하나의 음운으로 줄어드는 축약이 있습니다. 그럼 아래 단어들에 나타난 음운 변동의 유형을 파악해 봅시다.

㉠맨입[맨닙] ㉡쌓아[싸아] ㉢입학[이팍] ㉣칼날[칼랄]

학생 : ______(가)______

선생님 : 네, 맞습니다.

① ㉠은 '첨가'에 해당하고, ㉢은 '축약'에 해당합니다.
② ㉠은 '교체'에 해당하고, ㉣은 '첨가'에 해당합니다.
③ ㉡은 '탈락'에 해당하고, ㉢은 '교체'에 해당합니다.
④ ㉡은 '교체'에 해당하고, ㉣은 '축약'에 해당합니다.
⑤ ㉢은 '탈락'에 해당하고, ㉣은 '첨가'에 해당합니다.

285 [2021년 11월 고1 학평 13번]

<보기>는 수업의 일부이다. 선생님의 질문에 대한 답으로 적절한 것은?

보 기

선생님 : 음운 변동 중 교체가 일어날 때 앞 음절의 종성과 뒤 음절의 초성 자리에 놓인 두 음운이 만나서 그 중 하나가 바뀌는 경우가 있습니다. ㉠은 뒤 음절의 초성 자리에 놓인 음운이 바뀌는 경우이고, ㉡은 앞 음절의 종성 자리에 놓인 음운이 바뀌는 경우를 나타냅니다.

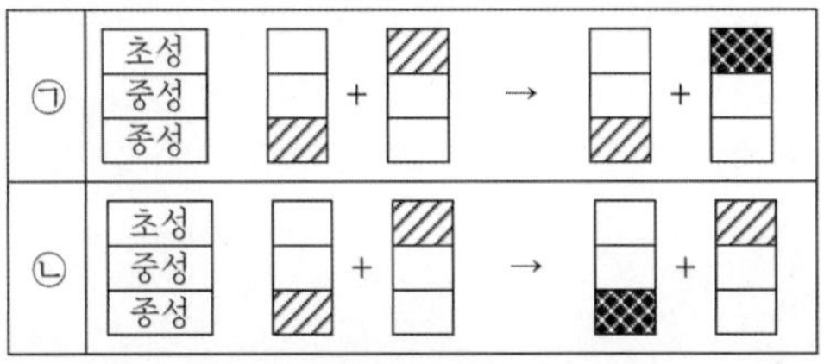

그럼, 표준 발음에 따라 다음 단어들을 ㉠과 ㉡으로 나눠 볼까요?

먹물, 중력, 집념, 칼날, 톱밥

	㉠	㉡
①	먹물, 칼날	중력, 집념, 톱밥
②	중력, 집념	먹물, 칼날, 톱밥
③	먹물, 집념, 톱밥	중력, 칼날
④	먹물, 중력, 집념	칼날, 톱밥
⑤	중력, 칼날, 톱밥	먹물, 집념

음운 영역 핵심 기출 문제

286 [2022년 3월 고1 학평 13번]

<보기 1>의 '표준 발음법'에 따라 <보기 2>의 ㉠~㉤을 발음한다고 할 때, 적절하지 않은 것은?

보기 1

표준 발음법

제10항 겹받침 'ㄳ', 'ㄵ', 'ㄼ, ㄽ, ㄾ', 'ㅄ'은 어말 또는 자음 앞에서 각각 [ㄱ, ㄴ, ㄹ, ㅂ]으로 발음한다.

제11항 겹받침 'ㄺ, ㄻ, ㄿ'은 어말 또는 자음 앞에서 각각 [ㄱ, ㅁ, ㅂ]으로 발음한다. 다만, 용언의 어간 말음 'ㄺ'은 'ㄱ' 앞에서 [ㄹ]로 발음한다.

제14항 겹받침이 모음으로 시작된 조사나 어미, 접미사와 결합되는 경우에는, 뒤엣것만을 뒤 음절 첫소리로 옮겨 발음한다.

제23항 받침 'ㄱ(ㄲ, ㅋ, ㄳ, ㄺ), ㄷ(ㅅ, ㅆ, ㅈ, ㅊ, ㅌ), ㅂ(ㅍ, ㄼ, ㄿ, ㅄ)' 뒤에 연결되는 'ㄱ, ㄷ, ㅂ, ㅅ, ㅈ'은 된소리로 발음한다.

보기 2

책장에서 ㉠읽지 않은 시집을 발견했다. 차분히 ㉡앉아 마음에 드는 시를 예쁜 글씨로 공책에 ㉢옮겨 적었다. 소리 내어 시를 ㉣읊고, 시에 대한 감상을 적어 보기도 했다. 마음이 평온해지는 ㉤값진 경험이었다.

① ㉠은 제11항, 제23항 규정에 따라 [일찌]로 발음해야겠군.
② ㉡은 제14항 규정에 따라 [안자]로 발음해야겠군.
③ ㉢은 제11항 규정에 따라 [옴겨]로 발음해야겠군.
④ ㉣은 제11항, 제23항 규정에 따라 [읍꼬]로 발음해야겠군.
⑤ ㉤은 제10항, 제23항 규정에 따라 [갑찐]으로 발음해야겠군.

287 [2022년 9월 고1 학평 11번]

<학습 활동>을 수행한 결과로 적절하지 않은 것은?

학습 활동

음운 변동에는 교체, 첨가, 탈락, 축약이 있는데 음운 변동의 결과로 음운의 개수가 변화하기도 한다. 분절 음운인 자음과 모음은 모여서 음절을 이루는데, 음절은 발음할 수 있는 최소의 단위로 음절의 유형은 크게 '모음', '자음+모음', '모음+자음', '자음+모음+자음'으로 나눌 수 있다. [자료]의 밑줄 친 부분을 중심으로 음운의 개수 변화와 음절의 유형을 탐구해 보자.

[자료]

○ 책상에 놓인 책을 한여름이 지나서야 읽기 시작했다.
○ 독서를 즐기기 위해서는 자기에게 맞는 책을 골라야 한다.

① '놓인[노인]'은 탈락의 결과로 음운의 개수가 줄었으며, [노]는 음절 유형이 '자음+모음'이다.
② '한여름[한녀름]'은 첨가의 결과로 음운의 개수가 늘었으며, [녀]는 음절 유형이 '자음+모음'이다.
③ '읽기[일끼]'는 탈락의 결과로 음운의 개수가 줄었으며, [일]은 음절 유형이 '모음+자음'이다.
④ '독서[독써]'는 첨가의 결과로 음운의 개수가 늘었으며, [써]는 음절 유형이 '자음+모음'이다.
⑤ '맞는[만는]'은 교체의 결과로 음운의 개수는 변동이 없고, [만]은 음절 유형이 '자음+모음+자음'이다.

288 [2022년 11월 고1 학평 14번]

다음은 문법 학습지의 일부이다. ⓐ~ⓒ에 들어갈 내용으로 적절한 것은?

○ **구개음화**: 받침의 'ㄷ', 'ㅌ'이 'ㅣ'나 반모음 'ㅣ'로 시작하는 형식 형태소와 만나 [ㅈ], [ㅊ]으로 발음되는 현상

1. '끝인사'의 표준 발음이 [끄딘사]인 이유를 알아보자.
   '끝인사'에서 '끝'의 받침 'ㅌ' 뒤에 'ㅣ'로 시작하는 (ⓐ)가 오기 때문에 [끄딘사]로 발음된다.

2. '곧이'와 '곧이어'의 표준 발음은 무엇인지 알아보자.
   '곧이'의 '-이'는 부사를 만들어 주는 접사이다. 따라서 '곧이'의 표준 발음은 (ⓑ)이다. '곧이어'의 '이어'는 '앞의 말이나 행동 따위에 잇대어'라는 뜻을 지닌 부사이다. 따라서 '곧이어'의 표준 발음은 (ⓒ)이다.

	ⓐ	ⓑ	ⓒ
①	실질 형태소	[고지]	[고지어]
②	실질 형태소	[고디]	[고지어]
③	실질 형태소	[고지]	[고디어]
④	형식 형태소	[고디]	[고지어]
⑤	형식 형태소	[고지]	[고디어]

289 [2023년 6월 고1 학평 13번]

<보기>의 [활동]을 수행한 결과로 적절하지 않은 것은?

> **보 기**
>
> **[활동]** 제시된 단어의 발음을 [자료]와 연결해 보자.
>
> 신라, 칼날, 생산량, 물난리, 불놀이
>
> **[자료]**
>
> ㉠ 'ㄹ'의 앞에서 'ㄴ'이 [ㄹ]로 발음되는 경우
> ㉡ 'ㄹ'의 뒤에서 'ㄴ'이 [ㄹ]로 발음되는 경우
> ㉢ 'ㄴ'의 뒤에서 'ㄹ'이 [ㄴ]으로 발음되는 경우

① '신라'는 ㉠에 따라 [실라]로 발음하는군.
② '칼날'은 ㉡에 따라 [칼랄]로 발음하는군.
③ '생산량'은 ㉢에 따라 [생산냥]으로 발음하는군.
④ '물난리'는 ㉠, ㉡에 따라 [물랄리]로 발음하는군.
⑤ '불놀이'는 ㉡, ㉢에 따라 [불로리]로 발음하는군.

290 [2023년 9월 고1 학평 13번]

다음은 수업 장면의 일부이다. ⓐ와 ⓑ에 들어갈 말로 적절한 것은? [3점]

> **선생님** : 음운의 변동에는 어떤 음운이 다른 음운으로 바뀌는 교체, 두 음운이 합쳐져 하나가 되는 축약, 원래 있던 한 음운이 없어지는 탈락, 없던 음운이 추가되는 첨가의 유형이 있습니다. 이러한 음운의 변동은 한 단어에서 두가지 이상이 함께 나타나기도 합니다. 또한 음운의 변동 결과가 표기에 반영되기도 하고, 음운의 변동 후에 음운의 개수가 달라지기도 합니다. 그러면 다음 자료에 나타난 음운의 변동을 탐구해 봅시다.
>
> 국밥[국빱], 굳히다[구치다], 급행열차[그팽녈차]
>
> 위 자료를 '국밥', 그리고 '굳히다, 급행열차'로 나눈다면, 그 기준은 무엇일까요?
>
> **학생** : (ⓐ)를 기준으로 나누었습니다.
>
> **선생님** : 맞습니다. 그럼, '굳히다'와 '급행열차'에 공통으로 나타나는 음운의 변동은 무엇일까요?
>
> **학생** : (ⓑ)입니다.
>
> **선생님** : 네, 맞습니다.

	ⓐ	ⓑ
①	음운의 변동이 두 가지 이상 일어났는지	축약
②	음운의 변동이 두 가지 이상 일어났는지	교체
③	음운의 변동 결과 음운의 개수가 줄었는지	탈락
④	음운의 변동 결과 음운의 개수가 줄었는지	교체
⑤	음운의 변동 결과가 표기에 반영되었는지	축약

291 [2023년 11월 고1 학평 13번]

<보기>를 바탕으로 음운 변동을 바르게 분석한 것은?

> **보 기**
>
> 음운의 변동은 어떤 음운이 다른 음운으로 바뀌는 교체, 어떤 음운이 없어지는 탈락, 새로운 음운이 생기는 첨가, 두 음운이 하나의 음운으로 합쳐지는 축약이 있다. 또한 음운 변동에 따라 음운의 개수가 변하기도 한다.

	단어	음운 변동 종류	음운 개수 변화
①	샅샅이[산싸치]	교체, 탈락	늘어남
②	넓히다[널피다]	탈락, 첨가	늘어남
③	교육열[교ː융녈]	교체, 첨가	줄어듦
④	해맑다[해막따]	교체, 탈락	줄어듦
⑤	국화꽃[구콰꼳]	탈락, 축약	줄어듦

음운 영역 핵심 기출 문제

292 [2024년 3월 고1 학평 13번]

<보기>는 수업의 일부이다. '학습 활동'의 결과로 가장 적절한 것은?

보 기

선생님 : 단어를 발음할 때, 어떤 음운이 앞이나 뒤의 음운의 영향으로 바뀌어 달라지는 경우가 있습니다. 그 결과, 조음 방법만 바뀌거나 조음 방법과 조음 위치가 모두 바뀝니다. 아래 자료를 참고해 '학습 활동'을 수행해 봅시다.

조음 방법 \ 조음 위치	입술 소리	잇몸 소리	센입천장 소리	여린입천장 소리
파열음	ㅂ, ㅍ	ㄷ, ㅌ		ㄱ, ㅋ
파찰음			ㅈ, ㅊ	
비음	ㅁ	ㄴ		ㅇ
유음		ㄹ		

영향의 방향	음운이 바뀌는 양상	
달→님 (앞 음운의 영향)	달님[달림]	조음 방법의 변화
작←문 (뒤 음운의 영향)	작문[장문]	조음 방법의 변화
해돋이 (뒤 음운의 영향)	해돋이[해도지]	조음 방법과 조음 위치의 변화

[학습 활동]

뒤 음운의 영향을 받아서 앞 음운이 조음 방법만 바뀌는 단어를 ㄱ~ㄹ에서 골라 보자.

ㄱ. 난로[날로]　　ㄴ. 맏이[마지]
ㄷ. 실내[실래]　　ㄹ. 톱날[톰날]

① ㄱ, ㄴ　② ㄱ, ㄹ　③ ㄴ, ㄷ
④ ㄴ, ㄹ　⑤ ㄷ, ㄹ

293 [2024년 6월 고1 학평 14번]

<보기>의 학습 활동을 수행한 결과로 적절한 것은?

보 기

[학습 활동] ㉠과 ㉡에 들어갈 알맞은 사례를 찾아 보자.

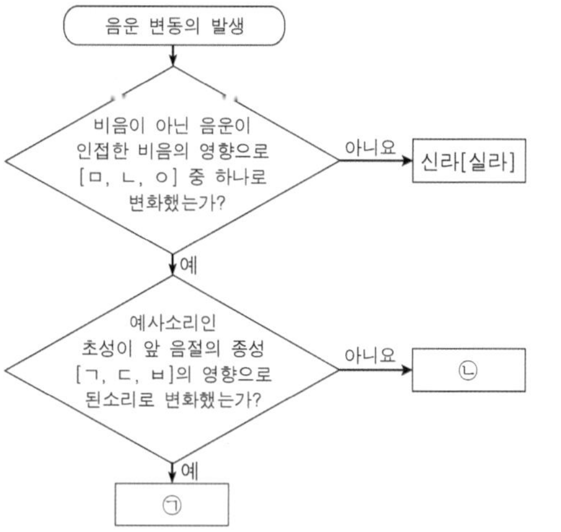

	㉠	㉡
①	웃맵시[운맵씨]	꽃말[꼰말]
②	덮개[덥깨]	묵념[뭉념]
③	부엌문[부엉문]	앞날[암날]
④	광안리[광알리]	권력가[궐력까]
⑤	귓속말[귇쏭말]	습득물[습뜽물]

294 [2024년 9월 고1 학평 13번]

<보기>의 활동을 모든 학생이 바르게 수행했을 때, '학생 2'가 쓴 단어로 적절한 것은?

보 기

음운 변동에는 어떤 음운이 다른 음운으로 바뀌는 교체, 있던 음운이 없어지는 탈락, 두 음운이 합쳐져 새로운 하나의 음운으로 줄어드는 축약, 없던 음운이 새로 생기는 첨가가 있다.

[활동]

앞 학생이 제시한 단어에서 일어나지 않는 음운 변동이 일어나는 단어를 쓰시오.

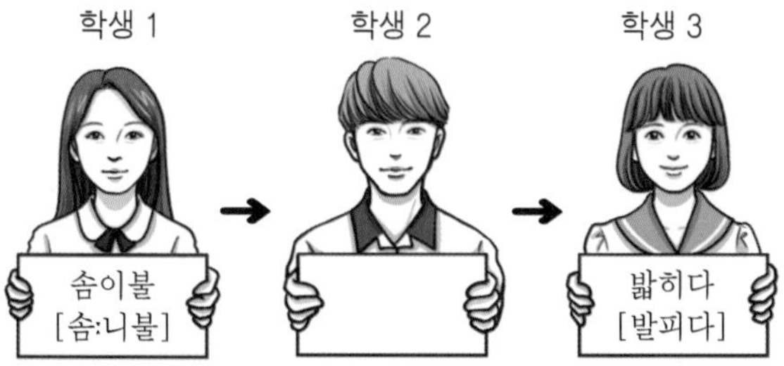

① 삯일[상닐]　② 옷맵시[온맵씨]
③ 겉핥기[거탈끼]　④ 색연필[생년필]
⑤ 넓죽하다[넙쭈카다]

295 [2014년 6월 고2 학평 B형 11번]

<보기>와 동일한 과정을 거쳐 발음되는 단어는?

보 기

꽃잎 — 표준 발음법 조항

⇩

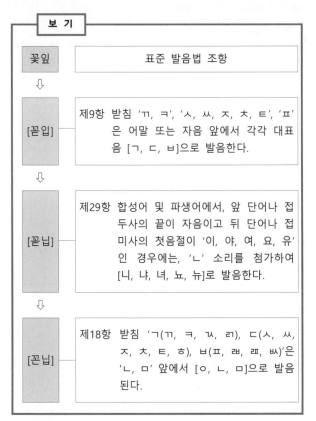

[꼳입] — 제9항 받침 'ㄲ, ㅋ', 'ㅅ, ㅆ, ㅈ, ㅊ, ㅌ', 'ㅍ'은 어말 또는 자음 앞에서 각각 대표음 [ㄱ, ㄷ, ㅂ]으로 발음한다.

⇩

[꼳닙] — 제29항 합성어 및 파생어에서, 앞 단어나 접두사의 끝이 자음이고 뒤 단어나 접미사의 첫음절이 '이, 야, 여, 요, 유'인 경우에는, 'ㄴ' 소리를 첨가하여 [니, 냐, 녀, 뇨, 뉴]로 발음한다.

⇩

[꼰닙] — 제18항 받침 'ㄱ(ㄲ, ㅋ, ㄳ, ㄺ), ㄷ(ㅅ, ㅆ, ㅈ, ㅊ, ㅌ, ㅎ), ㅂ(ㅍ, ㄼ, ㄿ, ㅄ)'은 'ㄴ, ㅁ' 앞에서 [ㅇ, ㄴ, ㅁ]으로 발음된다.

① 못난이[몬나니] ② 부엌문[부엉문]
③ 색연필[생년필] ④ 옷맵시[온맵씨]
⑤ 홑이불[혼니불]

296 [2014년 9월 고2 학평 B형 12번]

다음은 표준 발음법 조항의 일부이다. ㉠에 해당하는 것은?

제10항 ㉠겹받침 'ㄳ', 'ㄵ', 'ㄼ, ㄽ, ㄾ', 'ㅄ'은 어말 또는 자음 앞에서 각각 [ㄱ, ㄴ, ㄹ, ㅂ]으로 발음한다.

다만, '밟-'은 자음 앞에서 [밥]으로 발음하고, '넓-'은 다음과 같은 경우에 [넙]으로 발음한다.

넓-죽하다 [넙쭈카다] 넓-둥글다 [넙뚱글다]

제14항 겹받침이 모음으로 시작된 조사나 어미, 접미사와 결합되는 경우에는, 뒤엣것만을 뒤 음절 첫소리로 옮겨 발음한다. (이 경우, 'ㅅ'은 된소리로 발음함.)

① 사과가 여덟 개 있다.
② 넋을 놓고 앉아 있었다.
③ 삼각형의 넓이를 구했다.
④ 동생이 발을 밟고 지나갔다.
⑤ 좋은 물건을 사느라고 비싼 값을 치렀다.

297 [2014년 11월 고2 학평 B형 11번]

다음의 표준 발음 규정을 바탕으로 설명한 내용으로 적절하지 않은 것은?

[제10항] 겹받침 'ㄳ', 'ㄵ', 'ㄼ, ㄽ, ㄾ', 'ㅄ'은 어말 또는 자음 앞에서 각각 [ㄱ, ㄴ, ㄹ, ㅂ]으로 발음한다.
[제13항] 홑받침이나 쌍받침이 모음으로 시작된 조사나 어미, 접미사와 결합되는 경우에는, 제 음가대로 뒤 음절 첫소리로 옮겨 발음한다.
[제14항] 겹받침이 모음으로 시작된 조사나 어미, 접미사와 결합되는 경우에는, 뒤엣것만을 뒤 음절 첫소리로 옮겨 발음한다. (이 경우, 'ㅅ'은 된소리로 발음함.)

① '넋도'는 [넉또]로, '넋이'는 [넉씨]로 발음해야 하는 것은 동일한 규정이 적용되기 때문이다.
② '없을'은 [업쓸]로, '읊어'는 [을퍼]로 발음해야 하는 것은 모두 제14항의 규정이 적용되기 때문이다.
③ '꽃을'을 [꼬들]이 아니라 [꼬츨]로 발음해야 하는 것은 홑받침이 모음으로 시작하는 조사와 결합했기 때문이다.
④ '있어'는 [이써]로, '앉아'는 [안자]로 발음해야 하는 것은 각각 쌍받침과 겹받침이 모음으로 시작되는 어미와 결합했기 때문이다.
⑤ '값'을 [갑]으로 발음해야 하는 것은 제10항의 규정이, '값을'을 [갑쓸]로 발음해야 하는 것은 제14항의 규정이 적용되기 때문이다.

음운 영역 핵심 기출 문제

298 [2014년 11월 고2 학평 B형 14번]

다음의 탐구 학습 과정에서 ㉠에 들어갈 수 있는 내용으로 적절하지 않은 것은? [3점]

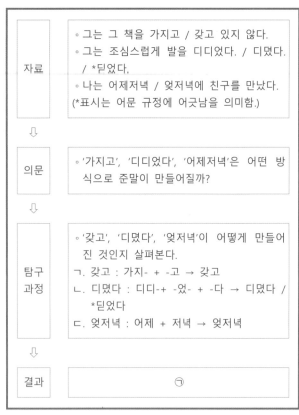

자료	◦그는 그 책을 가지고 / 갖고 있지 않다. ◦그는 조심스럽게 발을 디디었다. / 디뎠다. / *딛었다. ◦나는 어제저녁 / 엊저녁에 친구를 만났다. (*표시는 어문 규정에 어긋남을 의미함.)
⇩	
의문	◦'가지고', '디디었다', '어제저녁'은 어떤 방식으로 준말이 만들어질까?
⇩	
탐구 과정	◦'갖고', '디뎠다', '엊저녁'이 어떻게 만들어진 것인지 살펴본다. ㄱ. 갖고 : 가지- + -고 → 갖고 ㄴ. 디뎠다 : 디디-+ -었- + -다 → 디뎠다 / *딛었다 ㄷ. 엊저녁 : 어제 + 저녁 → 엊저녁
⇩	
결과	㉠

① '갖고'는 어간의 끝음절 모음을 탈락시켜 준말을 만든 경우로군.

② '디뎠다'는 어간의 끝음절 모음과 모음으로 시작하는 어미가 축약되어 준말을 만든 경우로군.

③ '엊저녁'을 보면, 앞 어근의 끝음절 모음이 탈락하고 자음만 남는 경우, 그 자음을 앞 음절의 받침으로 올려붙여 준말을 만들었군.

④ '딛었다'와 '갖고'를 보면, 어간에 자음으로 시작하는 어미가 결합할 때에는 준말이 만들어지지 않는군.

⑤ '디뎠다'와 '딛었다'를 보면, 어간에 모음으로 시작하는 어미가 결합하여 준말이 될 때, 어간의 끝음절 자음이 바로 앞 음절의 받침으로 쓰일 수 없군.

299 [2015년 3월 고2 학평 11번]

<보기>를 바탕으로 표준 발음법에 대해 탐구한 내용으로 적절하지 않은 것은?

> **보 기**
>
> <표준 발음법 규정>
>
> **제23항** 받침 'ㄱ(ㄲ, ㅋ, ㄳ, ㄺ), ㄷ(ㅅ, ㅆ, ㅈ, ㅊ, ㅌ), ㅂ(ㅍ, ㄼ, ㄿ, ㅄ)' 뒤에 연결되는 'ㄱ, ㄷ, ㅂ, ㅅ, ㅈ'은 된소리로 발음한다.
>
> **제24항** 어간 받침 'ㄴ(ㄵ), ㅁ(ㄻ)' 뒤에 결합되는 어미의 첫소리 'ㄱ, ㄷ, ㅅ, ㅈ'은 된소리로 발음한다. 다만, 피동, 사동 접미사 '-기-'는 된소리로 발음하지 않는다.
>
> **제25항** 어간 받침 'ㄼ, ㄾ' 뒤에 결합되는 어미의 첫소리 'ㄱ, ㄷ, ㅅ, ㅈ'은 된소리로 발음한다.

① '따뜻한 국밥'에서 '국밥'은 제23항을 적용하여 [국빱]으로 발음해야겠군.

② '우리 집 닭장'에서 '닭장'은 제23항을 적용하여 [닥짱]으로 발음해야겠군.

③ '의자에 앉도록'에서 '앉도록'은 제24항을 적용하여 [안또록]으로 발음해야겠군.

④ '아이에게 신발을 신기다'에서 '신기다'는 제24항을 적용하여 [신기다]로 발음해야겠군.

⑤ '여덟과 아홉'에서 '여덟과'는 제25항을 적용하여 [여덜꽈]로 발음해야겠군.

300 [2015년 6월 고2 학평 11번]

<보기 1>의 두 조항이 모두 적용된 사례를 <보기 2>에서 찾아 바르게 묶은 것은?

보기 1

제18항 받침 'ㄱ(ㄲ, ㅋ, ㄳ, ㄺ), ㄷ(ㅅ, ㅆ, ㅈ, ㅊ, ㅌ, ㅎ), ㅂ(ㅍ, ㄼ, ㄿ, ㅄ)'은 'ㄴ, ㅁ' 앞에서 [ㅇ, ㄴ, ㅁ]으로 발음한다.

제29항 합성어 및 파생어에서, 앞 단어나 접두사의 끝이 자음이고 뒤 단어나 접미사의 첫음절이 '이, 야, 여, 요, 유'인 경우에는, 'ㄴ' 음을 첨가하여 [니, 냐, 녀, 뇨, 뉴]로 발음한다.

보기 2

㉠ 어느새 진달래 꽃잎[꼰닙]도 져 버렸구나.
㉡ 아기가 색연필[생년필]로 낙서를 마구 해 댔다.
㉢ 엄마는 고구마를 식용유[시공뉴]에 튀기고 계셨다.
㉣ 그녀는 아무 말 없이 직행열차[지캥녈차]를 타고 떠났다.

① ㄱ, ㄴ ② ㄱ, ㄷ ③ ㄴ, ㄷ ④ ㄴ, ㄹ ⑤ ㄷ, ㄹ

301 [2015년 9월 고2 학평 11번]

<보기>는 표준 발음법의 일부이다. 각 항에 해당하는 사례를 바르게 짝지은 것은?

보 기

제19항 받침 'ㅁ, ㅇ' 뒤에 연결되는 'ㄹ'은 [ㄴ]으로 발음한다.

제29항 합성어 및 파생어에서, 앞 단어나 접두사의 끝이 자음이고 뒤 단어나 접미사의 첫음절이 '이, 야, 여, 요, 유'인 경우에는, 'ㄴ' 음을 첨가하여 [니, 냐, 녀, 뇨, 뉴]로 발음한다.

	제19항	제29항
①	심리[심니]	두통약[두통냑]
②	점령[점녕]	상록수[상녹쑤]
③	콩엿[콩녇]	한여름[한녀름]
④	국물[궁물]	눈요기[눈뇨기]
⑤	종로[종노]	물난리[물랄리]

302 [2015년 11월 고2 학평 11번]

<보기>의 '선생님'의 질문에 대한 대답으로 적절한 것은? [3점]

보 기

선생님 : 음운 변동은 그 결과에 따라 교체, 탈락, 첨가, 축약으로 분류할 수 있습니다. 교체는 한 음운이 다른 음운으로 바뀌는 현상이며, 탈락은 두 음운 중에서 어느 하나가 없어지는 현상입니다. 첨가는 없던 음운이 추가되는 현상이며, 축약은 두 음운이 합쳐져서 하나의 음운으로 줄어드는 현상입니다. 그럼 다음 학습 자료들은 각각 음운 변동의 어떤 유형에 해당하는지 그 이유를 들어 설명해 볼까요?

[학습 자료]
㉠ 줍+고→[줍꼬] ㉡ 넣+은→[너:은]
㉢ 먹+는→[멍는] ㉣ 쌓+지→[싸치]
㉤ 논+일→[논닐]

① ㉠은 첨가에 해당합니다. 왜냐하면 'ㅂ'의 영향을 받아 'ㄱ'에 'ㄱ'이 추가되어 'ㄲ'이 되었기 때문입니다.
② ㉡은 축약에 해당합니다. 왜냐하면 'ㅎ'으로 끝나는 어간과 모음으로 시작하는 어미가 결합하여 하나의 모음으로 줄어들었기 때문입니다.
③ ㉢은 탈락에 해당합니다. 왜냐하면 'ㄴ'의 영향을 받아 'ㄱ'이 없어졌기 때문입니다.
④ ㉣은 교체에 해당합니다. 왜냐하면 'ㅈ'이 'ㅎ'의 영향을 받아 'ㅊ'으로 바뀌었기 때문입니다.
⑤ ㉤은 첨가에 해당합니다. 왜냐하면 'ㄴ'으로 끝나는 형태소와 'ㅣ'모음으로 시작하는 형태소가 결합할 때 'ㄴ'이 추가되었기 때문입니다.

음운 영역 핵심 기출 문제

303 [2016년 3월 고2 학평 11번]

<보기>에 따라 표준 발음에 대하여 학습하였다. 각 예에 적용된 내용과 그 발음이 바르지 못한 것은?

보 기

○ 합성어 및 파생어에서, 앞 단어나 접두사의 끝이 자음이고 뒤 단어나 접미사의 첫음절이 '이, 야, 여, 요, 유'인 경우에는, 'ㄴ' 음을 첨가하여 [니, 냐, 녀, 뇨, 뉴]로 발음함. 그리고 'ㄹ' 받침 뒤에 첨가되는 'ㄴ' 음은 [ㄹ]로 발음함. ………… ⓐ
○ 받침 'ㄱ, ㄷ, ㅂ'은 'ㄴ, ㅁ' 등의 비음 앞에서 [ㅇ, ㄴ, ㅁ]으로 발음함. ………… ⓑ
○ 받침 'ㅁ, ㅇ' 뒤에 연결되는 'ㄹ'은 [ㄴ]으로 발음함. ‥ ⓒ
○ 'ㄴ'은 'ㄹ'의 앞이나 뒤에서 [ㄹ]로 발음함. ………… ⓓ

	예	적용 내용	발음
①	색연필	ⓐ, ⓑ	[생년필]
②	물약	ⓐ, ⓒ	[물냑]
③	잡는다	ⓑ	[잠는다]
④	강릉	ⓒ	[강능]
⑤	물난리	ⓓ	[물랄리]

304 [2016년 6월 고2 학평 14번]

<보기>의 ㉠~㉣에 대한 이해로 적절한 것은?

보 기

음운의 변동 중 ㉠축약은 두 음운이 합쳐져서 하나의 음운으로 줄어드는 현상을 말한다. 반면 ㉡탈락은 두 음운이 만나면서 한 음운이 사라져 소리가 나지 않는 현상을 말한다. 이러한 축약과 탈락은 ㉢자음에서 일어나는 경우와 ㉣모음에서 일어나는 경우가 있다.

① '싫다[실타]'는 ㉠과 ㉣에 해당된다.
② '좋아요[조아요]'는 ㉡과 ㉣에 해당한다.
③ '울-+-는 → 우는'은 ㉠과 ㉢에 해당된다.
④ '크-+-어서 → 커서'는 ㉡과 ㉣에 해당한다.
⑤ '나누-+-었다 → 나눴다'는 ㉠과 ㉢에 해당한다.

305 [2016년 9월 고2 학평 11번]

<보기>의 표준 발음법을 참고하여 단어의 올바른 발음을 탐구한 내용으로 적절하지 않은 것은?

보 기

[표준 발음법]

제13항 홑받침이나 쌍받침이 모음으로 시작된 조사나 어미, 접미사와 결합되는 경우에는, 제 음가대로 뒤 음절 첫소리로 옮겨 발음한다.

제14항 겹받침이 모음으로 시작된 조사나 어미, 접미사와 결합되는 경우에는, 뒤엣것만을 뒤 음절 첫소리로 옮겨 발음한다.

① '깎아'는 [깍가]로 발음해야 한다.
② '읊어'는 [을퍼]로 발음해야 한다.
③ '여덟을'은 [여덜블]로 발음해야 한다.
④ '덮이다'는 [더피다]로 발음해야 한다.
⑤ '부엌이'는 [부어키]로 발음해야 한다.

306 [2016년 11월 고2 학평 11번]

<보기 1>은 표준 발음법 규정의 일부이다. 이를 바탕으로 <보기 2>를 탐구한 내용으로 적절하지 않은 것은?

보기 1

제9항 받침 'ㄲ, ㅋ', 'ㅅ, ㅆ, ㅈ, ㅊ, ㅌ', 'ㅍ'은 어말 또는 자음 앞에서 각각 대표음 [ㄱ, ㄷ, ㅂ]으로 발음한다.

제13항 홑받침이나 쌍받침이 모음으로 시작된 조사나 어미, 접미사와 결합되는 경우에는, 제 음가대로 뒤 음절 첫소리로 옮겨 발음한다.

제18항 받침 'ㄱ(ㄲ, ㅋ, ㄳ, ㄺ), ㄷ(ㅅ, ㅆ, ㅈ, ㅊ, ㅌ, ㅎ), ㅂ(ㅍ, ㄼ, ㄿ, ㅄ)'은 'ㄴ, ㅁ' 앞에서 [ㅇ, ㄴ, ㅁ]으로 발음한다.

제20항 'ㄴ'은 'ㄹ'의 앞이나 뒤에서 [ㄹ]로 발음한다.

제23항 받침 'ㄱ(ㄲ, ㅋ, ㄳ, ㄺ), ㄷ(ㅅ, ㅆ, ㅈ, ㅊ, ㅌ), ㅂ(ㅍ, ㄼ, ㄿ, ㅄ)' 뒤에 연결되는 'ㄱ, ㄷ, ㅂ, ㅅ, ㅈ'은 된소리로 발음한다.

보기 2

㉠ 들녘이 ㉡ 들녘도 ㉢ 들녘만

① ㉠에서 '들녘'의 'ㅋ'은 제13항이 적용되어 [ㄱ]으로 발음되겠군.
② ㉡에서 '들녘'의 'ㅋ'은 제9항이 적용되어 [ㄱ]으로 발음되겠군.
③ ㉡에서 '도'의 'ㄷ'은 제23항이 적용되어 [ㄸ]으로 발음되겠군.
④ ㉢에서 '들녘'의 'ㅋ'은 제18항이 적용되어 [ㅇ]으로 발음되겠군.
⑤ ㉠~㉢에서 '들녘'의 'ㄴ'은 제20항이 적용되어 [ㄹ]로 발음되겠군.

307 [2017년 3월 고2 학평 11번]

<보기>의 설명에 따를 때, 음운 변동 ⓐ, ⓑ가 모두 일어나는 단어로 적절한 것은?

보 기

다음은 '맨입'과 '국민'을 발음할 때에 일어나는 음운 변동을 나타낸 것이다. '맨입'은 음운 변동 ⓐ가 일어나 [맨닙]으로 발음되고, '국민'은 음운 변동 ⓑ가 일어나 [궁민]으로 발음된다.

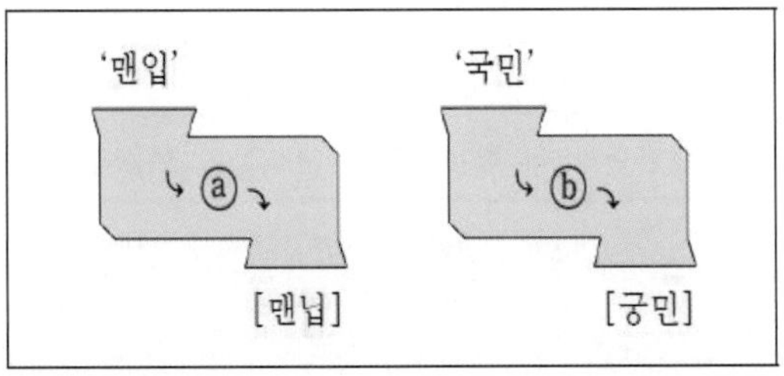

① 막일 ② 담요 ③ 낙엽 ④ 곡물 ⑤ 강약

308 [2017년 9월 고2 학평 13번]

<보기>의 활동 과제를 수행한 결과로 적절한 것은?

보 기

[활동 과제]

음운 변동의 유형에는 '교체', '첨가', '탈락', '축약'이 있다.

ⓐ : 교체 - 한 음운이 다른 음운으로 바뀌는 현상

ⓑ : 첨가 - 없던 음운이 새로 생기는 현상

ⓒ : 탈락 - 한 음운이 없어지는 현상

ⓓ : 축약 - 두 음운이 합쳐져 다른 음운으로 바뀌는 현상

㉠과 ㉡에 해당하는 음운 변동을 ⓐ~ⓓ 중에서 골라보자.

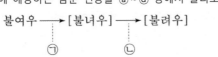

불여우 ⟶ [불녀우] ⟶ [불려우]
(㉠: 불여우 ⟶ [불녀우], ㉡: [불녀우] ⟶ [불려우])

	㉠	㉡
①	ⓐ	ⓐ
②	ⓐ	ⓑ
③	ⓑ	ⓐ
④	ⓑ	ⓒ
⑤	ⓒ	ⓓ

309 [2017년 11월 고2 학평 11번]

<보기>는 음운 변동에 대한 수업의 한 장면이다. 학생들의 활동 결과로 적절한 것은?

보 기

선생님 : 지난 시간에는 음운 변동 현상인 교체, 탈락, 축약, 첨가에 대해서 배웠습니다. 오늘은 음운 변동이 두 가지 이상 나타나는 단어를 통해 지난 시간에 배운 내용을 적용해 보겠습니다. 모둠별로 칠판에 제시한 단어에서 일어나는 음운 변동 현상을 분석한 후, 분석 결과에 따라 해당 항목에 알맞은 단어 카드를 붙여 볼까요?

	ⓐ	ⓑ	ⓒ	ⓓ
①	급행열차	깨끗하다	맛없다	영업용
②	맛없다	급행열차	영업용	깨끗하다
③	맛없다	깨끗하다	영업용	급행열차
④	깨끗하다	영업용	맛없다	급행열차
⑤	깨끗하다	맛없다	급행열차	영업용

310 [2018년 3월 고2 학평 12번]

<보기>의 선생님의 질문에 답한 내용으로 적절하지 않은 것은? [3점]

> 보 기
>
> **선생님** : 우리말에서 어근과 어근이 결합하여 합성 명사를 이룰 때, 뒤 어근의 예사소리가 된소리로 바뀌거나 두 어근 사이에 'ㄴ'이 첨가되기도 합니다. 다음은 이와 관련된 표준발음법의 규정을 정리한 것입니다.
>
> ㉮ 'ㄱ, ㄷ, ㅂ, ㅅ, ㅈ'으로 시작하는 단어 앞에 사이시옷이 올 때는 이들 자음만을 된소리로 발음하는 것을 원칙으로 하되, 사이시옷을 [ㄷ]으로 발음하는 것도 허용한다.
> ㉯ 사이시옷 뒤에 'ㄴ, ㅁ'이 결합되는 경우에는 [ㄴ]으로, '이' 음이 결합되는 경우에는 [ㄴㄴ]으로 발음한다.
>
> ㉮는 앞 어근의 끝소리가 울림소리이고 뒤 어근의 첫소리가 안울림 예사소리이면 뒤의 예사소리가 된소리로 바뀌는 현상과 관련된 규정입니다. 그리고 ㉯는 앞 어근이 모음으로 끝나고 뒤 어근이 'ㄴ, ㅁ'으로 시작되면 앞 어근의 끝소리에 'ㄴ' 소리가 첨가되는 현상, 혹은 앞 어근이 모음으로 끝나고 뒤 어근이 모음 'ㅣ'나 반모음 'ㅣ'로 시작되면 앞 어근의 끝소리와 뒤 어근의 첫소리에 각각 'ㄴ'이 첨가되는 현상과 관련된 규정입니다.
> 그러면, 이를 바탕으로 다음 단어들에 대해 설명해 볼까요?
>
> 빨랫돌[빨래똘 / 빨랟똘], 옷깃[옫낃],
> 홑이불[혼니불], 뱃머리[밴머리], 깻잎[깬닙]

① '빨랫돌'은 합성 명사로, 앞 어근의 끝소리가 울림소리이고 뒤 어근의 첫소리가 된소리로 바뀌므로 ㉮의 예로 볼 수 있어요.

② '옷깃'은 합성 명사이고 예사소리가 된소리로 바뀌는 현상이 나타나므로 ㉮의 예로 볼 수 있어요.

③ '홑이불'은 'ㄴ'의 첨가가 나타나지만, '홑-'이 접사이므로 ㉯의 예로 볼 수 없어요.

④ '뱃머리'는 합성 명사로, 앞 어근이 모음으로 끝나고 뒤 어근이 'ㅁ'으로 시작하는 음운 환경에서 앞 어근의 끝소리에 'ㄴ'이 첨가되므로 ㉯의 예로 볼 수 있어요.

⑤ '깻잎'은 합성 명사로, 앞 어근이 모음으로 끝나고 뒤 어근이 'ㅣ'로 시작되는데 앞 어근의 끝소리와 뒤 어근의 첫소리에 각각 'ㄴ'이 첨가되므로 ㉯의 예로 볼 수 있어요.

311 [2018년 6월 고2 학평 13번]

<보기>의 '표준 발음법'을 바르게 적용하지 못한 것은?

> 보 기
>
> **제10항** 겹받침 'ㄳ', 'ㄵ', 'ㄼ, ㄽ, ㄾ', 'ㅄ'은 어말 또는 자음 앞에서 각각 [ㄱ, ㄴ, ㄹ, ㅂ]으로 발음한다. 다만, '밟-'은 자음 앞에서 [밥]으로 발음한다.
> **제11항** 겹받침 'ㄺ, ㄻ, ㄿ'은 어말 또는 자음 앞에서 각각 [ㄱ, ㅁ, ㅂ]으로 발음한다. 다만, 용언의 어간 말음 'ㄺ'은 'ㄱ' 앞에서 [ㄹ]로 발음한다.
> **제14항** 겹받침이 모음으로 시작된 조사나 어미, 접미사와 결합되는 경우에는, 뒤엣것만을 뒤 음절 첫소리로 옮겨 발음한다.(이 경우, 'ㅅ'은 된소리로 발음함.)

① '넓지'는 제10항에 의거하여 [널찌]로 발음해야겠군.
② '옮겨'는 제11항에 의거하여 [옴겨]로 발음해야겠군.
③ '읽고'는 제11항에 의거하여 [일꼬]로 발음해야겠군.
④ '값이'는 제14항에 의거하여 [갑시]로 발음해야겠군.
⑤ '훑어'는 제14항에 의거하여 [훌터]로 발음해야겠군.

312 [2018년 9월 고2 학평 14번]

<보기>의 ㉠~㉤을 활용하여 현대의 '구개음화'를 탐구한 것으로 적절하지 않은 것은? [3점]

> 보 기
>
> ㉠ 맏이[마지], 같이[가치]
> ㉡ 밭이[바치], 밭을[바틀]
> ㉢ 굳히다[구치다], 닫히다[다치다]
> ㉣ 밑이[미치], 끝인사[끄딘사]
> ㉤ 해돋이[해도지], 견디다[견디다]

① ㉠을 보니, 'ㄷ'이나 'ㅌ'이 끝소리일 때 구개음화가 일어나는군.

② ㉡을 보니, 'ㅌ'이 특정한 모음과 만날 때 구개음화가 일어나는군.

③ ㉢을 보니, 'ㄷ' 뒤에서 'ㅎ'이 탈락할 때 구개음화가 일어나는군.

④ ㉣을 보니, 'ㅌ' 뒤에 실질 형태소가 올 때는 구개음화가 일어나지 않는군.

⑤ ㉤을 보니, 하나의 형태소 내부에서는 구개음화가 일어나지 않는군.

313 [2018년 11월 고2 학평 13번]

<보기>의 ㉠~㉣에서 설명한 음운 변동이 일어난 예로 적절한 것은?

> **보 기**
>
> ㉠ 원래 없던 음운이 새로 생긴다.
> ㉡ 한 음운이 다른 음운으로 바뀐다.
> ㉢ 두 개의 음운 중 한 음운이 없어진다.
> ㉣ 두 음운이 합쳐져 하나의 음운으로 바뀐다.

① ㉠ : 설날[설:랄], 한여름[한녀름]
② ㉢ : 놓아[노아], 없을[업:쓸]
③ ㉣ : 앉히다[안치다], 끓이다[끄리다]
④ ㉠ + ㉡ : 구급약[구:금냑], 물엿[물렫]
⑤ ㉡ + ㉢ : 읊조리다[읍쪼리다], 꿋꿋하다[꾿꾸타다]

314 [2019년 6월 고2 학평 13번]

<보기>는 문법 수업의 일부이다. 선생님의 질문에 대한 대답으로 적절한 것은? [3점]

> **보 기**
>
> **선생님** : 음운의 변동은 발음 결과에 따라 한 음운이 다른 음운으로 바뀌는 ㉠교체, 원래 있던 음운이 없어지는 ㉡탈락, 없던 음운이 추가되는 ㉢첨가, 두 음운이 합쳐져서 하나의 음운으로 바뀌는 ㉣축약으로 나눌 수 있습니다.
>
> **[질문]** 다음 밑줄 친 부분에서 일어나는 음운의 변동 양상을 설명해 볼까요?
>
> 나는 어제 사 온 책을 **읽느라** 밤을 꼬박 새웠다. 목차만 **훑고서** 사 온 책은 기대보다 훨씬 재미있었다. 장시간 책을 봐서인지 머리가 아팠다. 그러나 **예삿일**로 생각해 어머니께서 챙겨 주신 **알약을** 먹지 않고 있다가 결국 몸살을 **앓았다**.

① '읽느라[잉느라]'에서 ㉠과 ㉡이 일어납니다.
② '훑고서[훌꼬서]'에서 ㉠과 ㉢이 일어납니다.
③ '예삿일[예산닐]'에서 ㉠과 ㉣이 일어납니다.
④ '알약을[알랴글]'에서 ㉡과 ㉢이 일어납니다.
⑤ '앓았다[아랃따]'에서 ㉡과 ㉣이 일어납니다.

315 [2019년 9월 고2 학평 13번]

<보기>의 ㄱ~ㄹ에 대해 탐구한 것으로 적절하지 않은 것은?

> **보 기**
>
> ㄱ. 신라[실라] ㄴ. 국물[궁물]
> ㄷ. 올여름[올려름] ㄹ. 해돋이[해도지]

① ㄱ과 ㄴ은 모두 앞의 음운이 뒤의 음운의 성질을 닮아 변동된 것이군.
② ㄱ과 ㄷ은 모두 하나의 음운이 다른 음운으로 바뀌는 현상이 일어났군.
③ ㄱ과 ㄹ은 모두 음운의 변동이 일어나기 전과 후의 음운의 개수에 변화가 없군.
④ ㄴ과 ㄷ은 모두 두 형태소가 결합할 때 음운 변동이 일어났군.
⑤ ㄷ과 ㄹ은 모두 두 번 이상의 음운 변동이 일어났군.

316 [2019년 11월 고2 학평 11번]

<보기 1>을 바탕으로 <보기 2>의 ㉠과 ㉡에 대해 설명한 내용으로 가장 적절한 것은?

> **보기 1**
>
> 음운의 변동은 크게 네 가지로 나눌 수 있다. 어떤 음운이 다른 음운으로 바뀌는 '교체', 새로운 음운이 생기는 '첨가', 어떤 음운이 없어지는 '탈락', 두 음운이 하나의 음운으로 합쳐지는 '축약'이 그것이다.

> **보기 2**
>
> **[학생이 작성한 학습지]**
> ※ 빈칸에 ⓐ~ⓓ의 표준 발음을 채우시오.
>
> 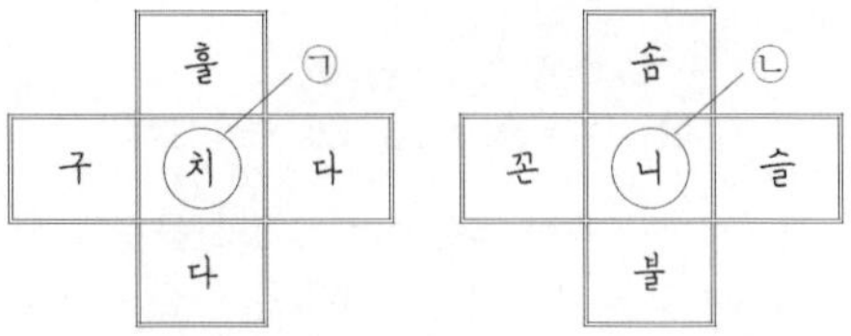
>
>
> ○ 가로: ⓐ 굳히다 ○ 가로: ⓒ 꽃이슬
> ○ 세로: ⓑ 훑이다 ○ 세로: ⓓ 솜이불

① ㉠은 ⓐ에서 '교체'가, ⓑ에서 '탈락'이 일어나 발음된 것이다.
② ㉡은 ⓒ에서 '첨가'가, ⓓ에서 '축약'이 일어나 발음된 것이다.
③ ㉠은 ⓐ와 ⓑ에서 공통적으로 '축약'이 일어나 발음된 것이다.
④ ㉡은 ⓒ와 ⓓ에서 공통적으로 '교체'가 일어나 발음된 것이다.
⑤ ㉡은 ⓒ와 ⓓ에서 공통적으로 '첨가'가 일어나 발음된 것이다.

음운 영역 핵심 기출 문제

317 [2020년 6월 고2 학평 13번]

<보기>의 ㉠에 들어갈 내용으로 적절한 것은? [3점]

보 기

아래의 단어들을 음운 변동 양상에 따라 둘로 분류할 때, 어떤 질문이 적절한지 알아봅시다.

놓는[논는], 닳아[다라], 막일[망닐], 칼날[칼랄]

질문	㉠	
대답	예	아니요
	놓는[논는], 칼날[칼랄]	닳아[다라], 막일[망닐]

① 음운 변동 전후 음운의 수가 동일한가?
② 자음과 모음의 변동이 모두 일어났는가?
③ 음운 변동의 결과가 표기에 반영되었는가?
④ 음운 변동이 앞 음절에서만 발생하였는가?
⑤ 조음 방법이 같아지는 음운 변동이 일어났는가?

318 [2020년 9월 고2 학평 13번]

<보기>의 ㉠~㉣에 들어갈 말로 적절한 것은?

보 기

선생님 : 음운 변동 중에는 한 음운이 앞이나 뒤의 음운의 영향을 받아 다른 음운으로 교체되는 현상이 있는데, 이때 조음 방법이나 조음 위치가 변하게 됩니다. 예를 들면 '밥물[밤물]'은 'ㅂ'이 뒤의 음운 'ㅁ'의 영향으로 비음인 'ㅁ'으로 바뀌어 조음 방법이 달라졌지요. 그럼 다음 단어들에서는 어떤 변화가 일어나는지 탐구해 봅시다.

달님[달림], 공론[공논], 논리[놀리]

학생 : (㉠)은/는 한 음운이 (㉡)의 음운의 영향을 받아 (㉢)으로 바뀌어 (㉣)이/가 바뀐 사례입니다.

	㉠	㉡	㉢	㉣
①	달님	앞	유음	조음 방법
②	달님	뒤	비음	조음 위치
③	공론	앞	비음	조음 위치
④	공론	뒤	비음	조음 방법
⑤	논리	뒤	유음	조음 위치

319 [2020년 11월 고2 학평 13번]

다음은 수업 장면의 일부이다. ㉠과 ㉡에 해당하는 예로 적절한 것은?

보 기

선생님 : 음운의 변동에는 인접한 두 음운 중 어느 한쪽이 다른 쪽 음운의 영향을 받아 이와 비슷하거나 같은 소리로 바뀌는 현상이 있습니다. 이때 바뀌게 되는 음운을 'A', 바뀌어 나타난 음운을 'B', 영향을 준 음운을 'C'라고 생각해 본다면 다음과 같이 도식화해 볼 수 있습니다.

	도식	설명
㉠	A→B/_C	A가 C의 영향을 받아 C 앞에서 B로 바뀌는 경우
㉡	A→B/C_	A가 C의 영향을 받아 C 뒤에서 B로 바뀌는 경우

	㉠	㉡
①	겹눈	맨입
②	실내	국물
③	작년	칼날
④	백마	잡히다
⑤	끓이다	물놀이

320 [2021년 3월 고2 학평 15번]

<보기>의 ㉠이 일어나는 사례로 적절한 것은?

보 기

음운 변동에는 ㉠교체, 탈락, 첨가 등이 있는데, 용언의 활용에서 단모음과 단모음이 만날 때에도 이러한 현상이 일어날 수 있다. 이러한 모음의 음운 변동을 이해하기 위해서는 아래의 모음 종류를 참고할 필요가 있다.

○ 단모음 : ㅏ, ㅐ, ㅓ, ㅔ, ㅗ, ㅚ, ㅜ, ㅟ, ㅡ, ㅣ
○ 반모음 : ㅣ̆, ㅗ̆/ㅜ̆
○ 이중 모음(반모음 + 단모음) : ㅑ, ㅕ, ㅛ, ㅠ, ㅘ, ㅝ...

예를 들어 '오-+-아'가 [와]로 되는 음운 변동을 설명하면,

	(변동 전)	(변동 후)
오- + -아 → [와]	ㅗ + ㅏ	ㅘ

와 같이 교체되는 것을 알 수 있다.

	사례	변동 전	변동 후
①	뛰- + -어 → [뛰여]	ㅟ + ㅓ	ㅟ + ㅕ
②	살피- + -어 [살펴]	ㅣ + ㅓ	ㅕ
③	치르- + -어 → [치러]	ㅡ + ㅓ	ㅓ
④	끼- + -어 → [끼여]	ㅣ + ㅓ	ㅣ + ㅕ
⑤	자- + -아서 → [자서]	ㅏ + ㅏ	ㅏ

321 [2021년 6월 고2 학평 13번]

<보기>의 ⓐ와 ⓑ에 해당하는 음운 변동이 모두 일어나는 것은?

> **보 기**
>
> '팥빵'은 ____ⓐ____이/가 일어나서 [팓빵]으로 발음되고, '많던'은 ____ⓑ____이/가 일어나서 [만턴]으로 발음된다.

① 낯설고 ② 놓더라 ③ 맞는지
④ 먹히는 ⑤ 애틋한

322 [2021년 11월 고2 학평 15번]

<보기>의 선생님의 설명을 바탕으로 ㉠~㉢에 대해 학생이 발표한 내용으로 적절한 것은?

> **보 기**
>
> **선생님** : 음운의 변동은 한 음운이 다른 음운으로 바뀌는 교체, 한 음운이 없어지는 탈락, 새로운 음운이 생기는 첨가, 두 음운이 하나의 음운으로 합쳐지는 축약으로 구분됩니다. 음운의 변동이 일어날 때 음운의 개수가 늘어나기도 하고 줄어들기도 합니다. 다음 예시에 나타난 음운의 변동에 대해 발표해 봅시다.
>
> ㉠꽃잎→ [꼰닙]
> ㉡맑지→ [막찌]
> ㉢막힘없다→ [마키멉따]

① ㉠과 ㉡은 첨가 현상이 일어났습니다.
② ㉠과 ㉢은 탈락 현상이 일어났습니다.
③ ㉡과 ㉢은 축약 현상이 일어났습니다.
④ ㉠과 ㉡은 음운의 개수가 늘었습니다.
⑤ ㉡과 ㉢은 음운의 개수가 줄었습니다.

323 [2022년 3월 고2 학평 13번]

<보기>의 ㉮, ㉯에 들어갈 예로 적절한 것은?

> **보 기**
>
> 'ㅎ'은 다양한 음운 변동이 일어나기 때문에 표준 발음법에 별도의 규정을 두고 있다. 'ㅎ'의 음운 변동에는 'ㅎ'이 다른 음운으로 바뀌는 교체, 'ㅎ'이 다른 음운과 합쳐져 새로운 음운이 되는 축약, 'ㅎ'이 없어져 발음되지 않는 탈락이 있다. 가령 '놓친[녿친]'은 'ㅎ'이 'ㄷ'으로 바뀌어 발음되므로 교체의 예에 해당한다.

	'ㅎ'의 음운 변동		
유형	교체	축약	탈락
예	놓친[녿친]	㉮	㉯

	㉮	㉯
①	좋고[조:코]	닿아[다아]
②	좋고[조:코]	쌓네[싼네]
③	넣는[넌:는]	닿아[다아]
④	넣는[넌:는]	쌓네[싼네]
⑤	좁힌[조핀]	닳지[달치]

324 [2022년 6월 고2 학평 13번]

<보기>는 표준 발음법 중 '받침 'ㅎ'의 발음'의 일부이다. 이를 바탕으로 표준 발음을 이해한 내용으로 적절하지 않은 것은?

> **보 기**
>
> ㉠ 'ㅎ(ㄶ, ㅀ)' 뒤에 'ㄱ, ㄷ, ㅈ'이 결합되는 경우에는, 뒤 음절 첫소리와 합쳐서 [ㅋ, ㅌ, ㅊ]으로 발음한다.
> ㉡ 'ㅎ' 뒤에 'ㄴ'이 결합되는 경우에는, [ㄴ]으로 발음한다.
> ㉢ 'ㅎ(ㄶ, ㅀ)' 뒤에 모음으로 시작된 어미나 접미사가 결합되는 경우에는, 'ㅎ'을 발음하지 않는다.

① '물이 끓고 있다.'의 '끓고'는 ㉠에 따라 [끌코]로 발음한다.
② '벽돌을 쌓지 마라.'의 '쌓지'는 ㉠에 따라 [싸치]로 발음한다.
③ '배가 항구에 닿네.'의 '닿네'는 ㉡에 따라 [단네]로 발음한다.
④ '마음이 놓여.'의 '놓여'는 ㉢에 따라 [노여]로 발음한다.
⑤ '이유를 묻지 않다.'의 '않다'는 ㉢에 따라 [안타]로 발음한다.

음운 영역 핵심 기출 문제

325 [2022년 9월 고2 학평 13번]

<보기>의 ㉠, ㉡에 해당하는 사례를 바르게 짝지은 것은?

> **보 기**
>
> 국어의 음절 종성에서는 자음을 두 개 발음할 수 없다. 따라서 겹받침으로 끝나는 형태소와 다른 형태소가 결합하면 자음군 단순화와 더불어 다른 음운 변동이 함께 적용되는 경우가 많다. 예를 들어 '낡반[낭반]'은 ㉠자음군 단순화와 비음화가 함께 적용된 경우에 해당하고, '맑지[막찌]'는 ㉡자음군 단순화와 된소리되기가 함께 적용된 경우에 해당한다.

	㉠	㉡
①	값만[감만]	흙과[흑꽈]
②	잃는[일른]	읊고[읍꼬]
③	덮지[덥찌]	밝혀[발켜]
④	밟는[밤ː는]	닦다[닥따]
⑤	젊어[절머]	짧지[짤찌]

326 [2022년 11월 고2 학평 14번]

다음은 음운 변동에 대해 학습하기 위한 활동지이다. 활동의 결과로 적절한 것은?

> 학습 활동지
>
> 1. 학습 자료
>
> ㄱ. 목화솜[모콰솜] ㄴ. 흙덩이[흑떵이] ㄷ. 새벽이슬[새병니슬]
>
> 2. 학습 활동
>
> ㄱ ~ ㄷ에 대한 질문에 대해 '예'는 '○', '아니요'는 '×'로 표시하시오.

질문	답변 ㄱ	답변 ㄴ	답변 ㄷ	
두 개의 음운 중 하나의 음운이 없어지는 현상이 일어났는가?	×	○	○	······ ⓐ
기존에 있던 음운이 다른 음운으로 바뀌는 현상이 일어났는가?	×	○	×	······ ⓑ
두 개의 음운이 하나의 음운으로 합쳐지는 현상이 일어났는가?	○	×	×	······ ⓒ
원래 없던 음운이 새로 더해지는 현상이 일어났는가?	○	×	○	······ ⓓ
음운 변동이 총 2번 일어났는가?	○	×	○	······ ⓔ

① ⓐ ② ⓑ ③ ⓒ ④ ⓓ ⑤ ⓔ

327 [2023년 6월 고2 학평 13번]

<보기>는 음운 변동에 대한 수업의 한 장면이다. 학생들의 활동 결과로 적절한 것은?

> **보 기**
>
> **선생님** : 음운 변동은 한 음운이 다른 음운으로 바뀌는 '교체', 원래 있던 음운이 없어지는 '탈락', 새로운 음운이 생기는 '첨가', 두 음운이 하나의 음운으로 합쳐지는 '축약'이 있습니다. 음운의 변동이 일어날 때 음운 개수가 변하기도 하는데요. 제시된 단어들에서 일어나는 음운 변동을 있는 대로 모두 찾고 음운 개수의 변화를 정리해 볼까요?

	단어	음운 변동 종류	음운 개수의 변화
①	국밥[국빱]	첨가	하나가 늘어남.
②	뚫는[뚤른]	교체, 탈락	하나가 줄어듦.
③	막내[망내]	교체, 축약	하나가 줄어듦.
④	물약[물략]	첨가	하나가 늘어남.
⑤	밟힌[발핀]	축약	변화 없음.

328 [2024년 3월 고2 학평 14번]

<보기>의 ⓐ~ⓒ에 들어갈 말을 바르게 짝지은 것은?

보 기

학생 : 선생님, '바람이 일고'의 '일고'는 [일고]로 발음되는데, '책을 읽고'의 '읽고'는 왜 [일꼬]로 발음되나요?

선생님 : '읽고'가 [일꼬]로 발음되는 현상은 자음군 단순화 및 된소리되기와 관련이 있습니다. '읽고'가 어떤 과정을 거쳐 [일꼬]로 발음되는지 자료를 토대로 탐구해 볼까요?

[자료]

㉠ 자음군 단순화 : 어말 또는 자음 앞에서 음절 종성의 두 자음 중 하나가 탈락하는 현상.

㉡ 된소리되기 : 예사소리가 일정한 환경에서 된소리로 바뀌는 현상. 종성 'ㄱ, ㄷ, ㅂ' 뒤에 연결되는 'ㄱ, ㄷ, ㅂ, ㅅ, ㅈ'은 된소리로 발음함.

[탐구 과정]

1. '읽고'의 발음으로 보아 ㉠과 ㉡이 모두 일어났다.
2. ㉠이 먼저 일어난다고 가정할 때, 첫째 음절 종성의 두 자음 중 뒤의 자음이 탈락하여 음절 종성은 [ㄹ]로 발음된다. 그런데 '일고'의 발음을 참고할 때, 종성 [ㄹ] 뒤에 'ㄱ'이 연결된다는 것은 ㉡이 반드시 일어나는 ⓐ
3. ㉡이 먼저 일어난다고 가정할 때, 첫째 음절 종성의 두 자음 중 뒤의 자음인 'ㄱ'으로 인해 둘째 음절의 초성이 ⓑ 로 발음된다. 그 후 ㉠이 일어난다고 하면 '읽고'의 발음을 설명할 수 ⓒ

[탐구 결과]

'읽고'는 된소리되기 후 자음군 단순화가 일어나 [일꼬]로 발음된다.

	ⓐ	ⓑ	ⓒ
①	조건이다.	[ㄱ]	없다.
②	조건이다.	[ㄲ]	있다.
③	조건이 아니다.	[ㄱ]	있다.
④	조건이 아니다.	[ㄲ]	있다.
⑤	조건이 아니다.	[ㄲ]	없다.

329 [2024년 6월 고2 학평 13번]

<보기>의 ㉠에 들어갈 내용으로 적절한 것은?

보 기

선생님 : 아래의 단어들을 음운 변동 양상에 따라 두 부류로 분류해 볼까요?

맏형, 짧다, 불나방, 붙이다, 색연필

학생 : 네. ______㉠______ 에 따라 '맏형[마텽], 짧다[짤따], 색연필[생년필]'과 '불나방[불라방], 붙이다[부치다]'로 나눌 수 있습니다.

① 음운 변동이 두 번 일어났는가
② 음운 변동의 결과가 표기에 반영되었는가
③ 모음의 영향을 받는 음운 변동이 일어났는가
④ 음운 변동의 결과로 음운 개수가 달라졌는가
⑤ 음운 변동의 결과로 인접한 두 음운이 완전히 같아졌는가

330 [2024년 9월 고2 학평 14번]

<보기>에 대한 이해로 적절하지 <u>않은</u> 것은?

보 기

㉠닭장[닥짱] ㉡끓는[끌른] ㉢홑이불[혼니불]

① ㉠, ㉡에는 음절 끝에 둘 이상의 자음이 오지 못하기 때문에 일어나는 음운 변동이 있군.
② ㉡, ㉢에서는 앞의 자음이 뒤의 자음에 동화되는 음운 변동이 일어났군.
③ ㉠에서 탈락된 음운과 ㉢에서 첨가된 음운은 서로 다르군.
④ ㉢에서는 ㉠, ㉡과 달리 음운 변동의 결과 음운 개수가 하나 늘었군.
⑤ ㉡, ㉢에서는 ㉠과 달리 인접한 자음과 조음 방법이 같아지는 음운 변동이 일어났군.

331 [2024년 10월 고2 학평 13번]

<보기>의 음운 변동을 이해한 것으로 적절한 것은?

보 기

㉠ 흙장난[흑짱난]
㉡ 부엌문[부엉문]
㉢ 벼훑이[벼훌치]

① ㉠, ㉡, ㉢에서 일어난 음운 변동의 횟수는 같군.
② ㉠, ㉡에서 음운의 개수가 달라지는 음운 변동이 일어났군.
③ ㉠, ㉢에서 공통적으로 일어난 음운 변동은 탈락이군.
④ ㉡, ㉢에서 공통적으로 일어난 음운 변동은 교체이군.
⑤ ㉢에서는 새로운 음운이 첨가되는 음운 변동이 일어났군.

332 [2013년 3월 고3 학평 B형 11번]

다음은 '안다'의 표준 발음에 관해 어느 학생이 수행한 탐구 과정이다. ⓐ에 들어갈 내용으로 가장 적절한 것은? [3점]

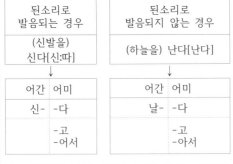

의문	"아기를 안다[안:따]."와 "그 사람을 잘 안다[안:다]."에서 '안다'의 표준 발음이 다른 이유는 뭘까?
탐구	(1) 음운 환경이 유사한 단어를 된소리 발음 여부에 따라 분류한 후 그 특성을 분석한다. [된소리로 발음되는 경우] (신발을) 신다[신:따] ↓ 어간 신- / 어미 -다, -고, -어서 [된소리로 발음되지 않는 경우] (하늘을) 난다[난다] ↓ 어간 날- / 어미 -다, -고, -아서 (2) 표준발음법 규정을 확인하여 분석 결과와 비교한다. **제24항** 어간 받침 'ㄴ(ㄵ), ㅁ(ㄻ)' 뒤에 결합되는 어미의 첫소리 'ㄱ, ㄷ, ㅅ, ㅈ'은 된소리로 발음한다.
결론	"그 사람을 잘 안다."의 '안다'가 표준 발음법의 된소리되기 규정의 적용을 받지 않은 것은 ____ⓐ____

된소리로 발음되는 경우	된소리로 발음되지 않는 경우
(신발을) 신다[신:따]	(하늘을) 난다[난다]

어간	어미
신-	-다
	-고
	-어서

어간	어미
날-	-다
	-고
	-아서

① '안다'에 대한 개인의 발음 습관 차이 때문이다.
② '안'이 길게 발음되어 '다'에 영향을 주었기 때문이다.
③ '안다'의 의미를 명확히 전달하려는 표현 의도 때문이다.
④ '안다'에서 '다'의 'ㄷ'이 모음 사이에 있지 않기 때문이다.
⑤ '안다'에서 '안'의 'ㄴ'이 어간 받침에 해당하지 않기 때문이다.

333 [2013년 4월 고3 학평 A, B형 12번]

다음은 문법 수업의 일부이다. 이를 바탕으로 <보기>의 밑줄 친 부분을 이해한 내용으로 적절하지 않은 것은? [3점]

> **지난 시간에 공부한 내용**
>
> * 자음 동화
>
> 자음 동화에는 자음 'ㄱ, ㄷ, ㅂ'이 비음 'ㄴ, ㅁ' 앞에서 비음의 영향을 받아 각각 'ㅇ, ㄴ, ㅁ'으로 발음되는 '비음화'와 자음 'ㄴ'이 유음 'ㄹ'의 앞이나 뒤에서 유음의 영향을 받아 'ㄹ'로 발음되는 '유음화'가 있다. '국물[궁물]'은 'ㄱ'이 'ㅁ' 앞에서 'ㅇ'으로 발음되는 비음화의 사례이며 '난리[날리]'는 'ㄴ'이 'ㄹ' 앞에서 'ㄹ'로 발음되는 유음화의 사례이다.
>
> **선생님의 설명**
>
> '음운의 첨가'란 원래는 없던 소리가 첨가되어 발음되는 것을 말합니다. 예를 들어 '맨입으로는 알려줄 수 없다'에서 '맨입'은 '[맨닙]'으로 발음됩니다. 합성어나 파생어에서 앞말의 끝이 자음이고 뒷말이 '이, 야, 여, 요, 유'로 시작하는 경우에는 뒷말의 첫소리에 'ㄴ' 소리가 첨가되기 때문이지요. 또 합성어에서 앞말이 모음으로 끝나고 뒷말이 'ㄴ, ㅁ'으로 시작되는 경우에도 앞말의 끝소리에 'ㄴ' 소리가 첨가됩니다. 이때에는 '뒷문[뒨문]'의 경우처럼 앞말에 사이시옷('ㅅ')을 넣어서 이를 표시해 준답니다.

> **보기**
>
> ㄱ. 그는 날렵한 ⓐ콧날[콘날]이 매우 인상적이다.
> ㄴ. 나는 아끼던 ⓑ색연필[생년필]을 잃어버려 속이 상했다.
> ㄷ. 그 사람은 회사의 ⓒ막일[망닐]을 도맡아 하고 있었다.
> ㄹ. 아이가 아직 알약을 먹지 못해서 ⓓ물약[물략]을 지어갔다.
> ㅁ. 그녀는 ⓔ잇몸[인몸]이 약해져서 정기적으로 치료를 받았다.

① ⓐ는 앞말이 모음으로 끝나고 뒷말이 'ㄴ'으로 시작되는 합성어이므로 앞말의 끝소리에 'ㄴ' 소리가 첨가된 경우라고 할 수 있군.
② ⓑ에서 'ㄴ' 소리가 첨가된 이유는 앞말의 끝이 자음이고 뒷말이 '여'로 시작하는 합성어이기 때문이군.
③ ⓒ는 'ㄴ' 소리가 첨가된 후 'ㅁ'의 영향으로 'ㄱ'이 비음화된 경우라고 할 수 있군.
④ ⓓ는 'ㄴ' 소리가 첨가되어 '[물냑]'으로 바뀐 후 'ㄹ'의 영향으로 유음화가 일어난 경우라고 할 수 있군.
⑤ ⓔ는 사이시옷을 넣어서 'ㄴ' 소리가 첨가됨을 표시한 경우라고 할 수 있군.

334 [2013년 6월 고3 모평 A형 11번]

다음의 ㉠~㉤에 들어갈 내용으로 적절한 것은?

※ 다음 단어들을 발음해 보고 단계별 활동을 수행해 보자.

부엌, 간, 옷, 빛, 달, 섬, 앞, 창

(1) 음절 끝의 자음이 바뀌는 것과 그렇지 않은 것을 구분해 보자.
(㉠)
(2) 음절 끝의 자음이 안 바뀌는 경우는 어떤 경우인지 알아보자.
(㉡)
(3) 음절 끝의 자음이 바뀌는 경우에는 어떤 자음으로 변하는지 정리해 보자.
(㉢)
(4) (3)과 동일한 음운 변동이 일어난 예들을 더 찾아보자.
(㉣)
(5) 이상의 활동을 바탕으로 음절 끝에서 발음되는 자음의 목록을 정리해 보자.
(㉤)

① ㉠ : 음절 끝의 자음이 바뀌지 않는 경우는 '부엌, 간, 달, 섬, 창'이다.
② ㉡ : 음절 끝의 자음이 예사소리일 때에는 바뀌지 않는다.
③ ㉢ : 음운 변동이 일어나면 'ㄱ, ㄹ, ㅂ' 중 하나로 바뀐다.
④ ㉣ : '밖'과 '밑'을 음운 변동의 예로 추가할 수 있다.
⑤ ㉤ : 음절 끝에서는 'ㄱ, ㄴ, ㄹ, ㅁ, ㅂ, ㅅ, ㅇ'만 발음된다.

335 [2013년 9월 고3 모평 B형 11번]

<보기>는 사이시옷 표기 조건에 관한 학습 활동지의 일부이다. 학습한 결과를 정리한 것으로 적절하지 <u>않은</u> 것은? [3점]

보 기

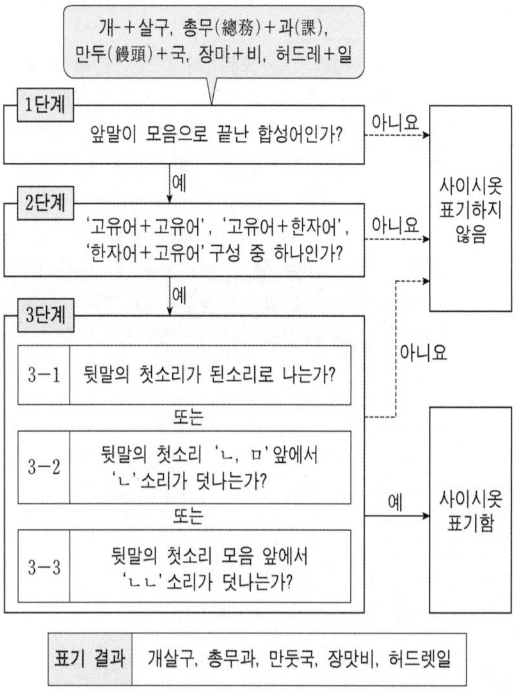

① '개-+살구' 구성은 1단계를 만족시키지 못하므로 '개살구'라고 쓴다.
② '총무+과' 구성은 2단계를 만족시키지 못하므로 '총무과'라고 쓴다.
③ '만두+국' 구성은 1, 2, 3-1단계를 만족시키므로 '만둣국'이라고 쓴다.
④ '장마+비' 구성은 1, 2, 3-2단계를 만족시키므로 '장맛비'라고 쓴다.
⑤ '허드레+일' 구성은 1, 2, 3-3단계를 만족시키므로 '허드렛일'이라고 쓴다.

336 [2013년 9월 고3 모평 B형 12번]

다음은 표준 발음에 관한 인터넷 게시판의 질문과 답변이다. (가)에 들어갈 내용으로 적절한 것은?

> **질문** : '앞앞이'는 [아바피]로 발음하는 게 맞나요? 같은 받침 'ㅍ'인데 [ㅍ]과 [ㅂ]으로 그 발음이 달라지는 이유가 궁금해요.
>
> **답변** : '앞앞' 뒤에 모음으로 시작되는 형식 형태소가 올 때는 마지막 받침 'ㅍ'을 ㉠제 음가대로 뒤 음절의 첫소리로 옮겨 발음합니다. 반면, '앞'과 '앞'이 결합한 '앞앞'처럼 받침이 있는 말 뒤에 모음 'ㅏ, ㅓ, ㅗ, ㅜ, ㅟ'들로 시작되는 실질 형태소가 오게 되면 그 받침을 ㉡대표음으로 바꾸어서 뒤 음절의 첫소리로 옮겨 발음합니다. 그래서 '앞앞이'는 [아바피]로 발음됩니다. ㉠과 ㉡에 해당하는 구체적인 예를 살펴보면 다음과 같습니다.
>
> (가)

① '무릎이야'는 ㉠에 해당하고 '무릎 아래'는 ㉡에 해당합니다.
② '서녘이나'는 ㉠에 해당하고 '서녘에서'는 ㉡에 해당합니다.
③ '겉으로'와 '겉아가미'는 모두 ㉠에 해당합니다.
④ '배꽃이'와 '배꽃위'는 모두 ㉡에 해당합니다.
⑤ '빛에'와 '빛이며'는 모두 ㉡에 해당합니다.

337 [2013년 수능 A형 11번]

다음 ㉠~㉢의 음운 변동에 대한 설명으로 적절한 것은?

> ㉠ 빗→[빋], 앞→[압], 안팎→[안팍]
> ㉡ 약밥→[약빱], 잡다→[잡따]
> ㉢ 놓지→[노치], 맏형→[마텽]

① ㉠과 ㉡은 음절 종성에 놓인 자음이 바뀌는 변동이다.
② ㉠은 거센소리를 예사소리로, ㉢은 거센소리를 된소리로 바꾸는 변동이다.
③ ㉠과 ㉢의 변동이 모두 일어난 예로 '따뜻하다→[따뜨타다]'를 들 수 있다.
④ ㉡과 ㉢의 변동은 뒤의 자음이 앞의 자음에 동화된 것이다.
⑤ ㉡은 음운의 첨가에, ㉢은 음운의 축약에 속한다.

338 [2014년 수능 A형 11번]

다음의 ⓐ에 해당하는 것을 ㉠~㉣ 중에서 고른 것은?

> **[모음의 변동]**
> 단모음으로 끝나는 어간과 단모음으로 시작하는 어미가 결합하면 모음의 변동이 자주 일어난다. 모음 변동의 결과 두 개의 단모음 중 하나가 없어지기도 하고, ⓐ두 개의 단모음이 합쳐져 이중모음이 되기도 하며, 단모음 사이에 반모음이 첨가되기도 한다.
>
> **[모음 변동의 사례]**
> ㉠ 기+어→ [기여]
> ㉡ 살피+어→ [살펴]
> ㉢ 배우+어→ [배워]
> ㉣ 나서+어→ [나서]

① ㉠, ㉡ ② ㉠, ㉢ ③ ㉡, ㉢
④ ㉡, ㉣ ⑤ ㉢, ㉣

339 [2014년 수능 B형 11번]

<보기>의 표준 발음 자료를 탐구한 내용으로 적절하지 않은 것은?

> **보 기**
>
> **표준 발음법 제8항**
> 받침소리로는 'ㄱ, ㄴ, ㄷ, ㄹ, ㅁ, ㅂ, ㅇ'의 7개 자음만 발음한다.
>
> **해설**
> 이 조항은 ⓐ받침 발음의 원칙을 규정한 것이다. 어말이나 자음 앞에서 모든 받침은 제시된 7개의 자음 중 하나로만 발음할 수 있을 뿐이다. 이 원칙을 지키기 위해 두 가지 음운 변동이 적용된다. 하나는 ㉠자음이 탈락되는 것이고 다른 하나는 ㉡자음이 다른 자음으로 교체되는 것이다.
>
> **표준 발음 자료**
> 읽다[익따], 옮는[옴:는], 닦지[닥찌], 읊기[읍끼], 밟는[밤:는]

① '읽다[익따]'는 ⓐ를 지키기 위해 ㉠이 적용되었다.
② '옮는[옴:는]'은 ⓐ를 지키기 위해 ㉠이 적용되었다.
③ '닦지[닥찌]'는 ⓐ를 지키기 위해 ㉡이 적용되었다.
④ '읊기[읍끼]'는 ⓐ를 지키기 위해 ㉠, ㉡이 모두 적용되었다.
⑤ '밟는[밤:는]'은 ⓐ를 지키기 위해 ㉠, ㉡이 모두 적용되었다.

340 [2015년 3월 고3 학평 A형 11번]

<보기>와 같은 활동 과제를 수행한 결과로 적절한 것은?

보 기

[활동 과제]

음운 변동의 유형에는 '교체', '탈락', '첨가', '축약'이 있다.

ⓐ : 교체 - 한 음운이 다른 음운으로 바뀌는 현상
ⓑ : 탈락 - 한 음운이 없어지는 현상
ⓒ : 첨가 - 없던 음운이 새로 생기는 현상
ⓓ : 축약 - 두 음운이 합쳐져 다른 음운으로 바뀌는 현상

다음 사례가 ⓐ~ⓓ 중, 어떤 음운 변동에 해당하는지 생각해 보자.

옷하고[오타고]　　　홑이불[혼니불]

	옷하고[오타고]	홑이불[혼니불]
①	ⓐ, ⓒ	ⓐ, ⓑ
②	ⓐ, ⓓ	ⓐ, ⓒ
③	ⓐ, ⓓ	ⓑ, ⓒ
④	ⓑ, ⓒ	ⓑ, ⓓ
⑤	ⓑ, ⓒ	ⓒ, ⓓ

341 [2015년 3월 고3 학평 B형 11번]

<보기>는 겹받침 'ㄺ'의 표준 발음 규정을 정리한 것이다. ㉠~㉤ 각각에 해당하는 표준 발음의 예로 적절하지 <u>않은</u> 것은?

보 기

㉠ 'ㄺ'은 어말 또는 자음 앞에서 [ㄱ]으로 발음한다.
㉡ 용언의 어간 말음 'ㄺ'은 'ㄱ' 앞에서 [ㄹ]로 발음한다.
㉢ 받침 'ㄺ'이 뒤 음절 첫소리 'ㅎ'과 결합되는 경우에는 뒤엣것과 'ㅎ'을 합쳐서 [ㅋ]으로 발음한다.
㉣ 'ㄺ'이 모음으로 시작된 조사나 어미, 접미사와 결합되는 경우에는, 뒤엣것만을 뒤 음절 첫소리로 옮겨 발음한다.
㉤ 받침 'ㄺ'은 'ㄴ, ㅁ' 앞에서 [ㅇ]으로 발음한다.

① ㉠ : 햇살이 눈부시게 <u>밝다[박따]</u>.
② ㉡ : <u>밝게[발께]</u> 웃으며 인사하다.
③ ㉢ : 그는 진실을 세상에 <u>밝혔다[발켜따]</u>.
④ ㉣ : 전등의 <u>밝기[발끼]</u>를 낮추다.
⑤ ㉤ : 동쪽에서 날이 <u>밝는다[방는다]</u>.

342 [2015년 6월 고3 모평 A형 11번]

<보기>의 [가]에 들어갈 말로 가장 적절한 것은?

보 기

선생님 : 어떤 음운이 주위에 있는 다른 음운의 영향을 받아 그것과 동일한 음운으로 바뀌거나, 조음 위치 또는 조음 방법이 그것과 같은 음운으로 바뀌는 현상을 동화라고 합니다. 그럼 ㉠~㉤ 중에서 하나를 골라 그것이 동화인지 아닌지 판단해 보고 그 이유를 말해 봅시다.

㉠ 듣+고 → [듣꼬]
㉡ 놓+고 → [노코]
㉢ 훑+네 → [훌레]
㉣ 뽑+느라 → [뽐느라]
㉤ 넓+더라 → [널떠라]

학생 : ＿＿＿＿＿＿[가]＿＿＿＿＿＿

① ㉠은 동화입니다. 왜냐하면 'ㄱ'이 'ㄷ'의 영향을 받아 'ㄱ'과 같은 위치에서 소리 나는 'ㄲ'으로 바뀌기 때문입니다.
② ㉡은 동화입니다. 왜냐하면 'ㅎ'이 'ㄱ'의 영향을 받아 'ㅎ'과 거센소리라는 점이 같은 'ㅋ'으로 바뀌기 때문입니다.
③ ㉢은 동화입니다. 왜냐하면 'ㄴ'이 'ㅌ'의 영향을 받아 'ㅌ'과 같은 위치에서 소리 나는 'ㄹ'로 바뀌기 때문입니다.
④ ㉣은 동화입니다. 왜냐하면 'ㅂ'이 'ㄴ'의 영향을 받아 'ㄴ'과 콧소리라는 점이 같은 'ㅁ'으로 바뀌기 때문입니다.
⑤ ㉤은 동화입니다. 왜냐하면 'ㅂ'이 'ㄷ'의 영향을 받아 'ㄷ'과 동일한 소리인 'ㄷ'으로 바뀌기 때문입니다.

음운 영역 핵심 기출 문제

343 [2015년 6월 고3 모평 B형 11번]

<보기>에 따라 표준 발음을 이해한 내용으로 적절한 것은? [3점]

> **보 기**
>
> **<표준 발음법의 '된소리되기' 중 일부>**
>
> ㉠ 어간 받침 'ㄴ(ㄵ), ㅁ(ㄻ)' 뒤에 결합되는 어미의 첫소리 'ㄱ, ㄷ, ㅅ, ㅈ'은 된소리로 발음한다.
>
> ㉡ 어간 받침 'ㄼ, ㄾ' 뒤에 결합되는 어미의 첫소리 'ㄱ, ㄷ, ㅅ, ㅈ'은 된소리로 발음한다.
>
> ㉢ 관형사형 '-(으)ㄹ' 뒤에 연결되는 'ㄱ, ㄷ, ㅂ, ㅅ, ㅈ'은 된소리로 발음한다. '-(으)ㄹ'로 시작되는 어미의 경우도 이에 준한다.

① '(가슴에) 품을 적에'와 '(며느리로) 삼고'에서의 된소리되기는 모두 ㉠에 따른 것이다.

② '(방이) 넓거든'과 '(두께가) 얇을지라도'에서의 된소리되기는 모두 ㉡에 따른 것이다.

③ '(신을) 신겠네요'와 '(땅을) 밟지도'에서의 된소리되기는 모두 ㉢에 따른 것이다.

④ '(남들이) 비웃을지언정'과 '(먼지를) 훑던'에서의 된소리되기는 각각 ㉠, ㉡에 따른 것이다.

⑤ '(물건을) 얹지만'과 '(자리에) 앉을수록'에서의 된소리되기는 각각 ㉠, ㉢에 따른 것이다.

344 [2015년 9월 고3 모평 A형 11번]

<보기>의 ㉠~㉤의 밑줄 친 부분과 동일한 음운 변동이 일어난 예가 모두 바르게 제시된 것은? [3점]

> **보 기**
>
> 국어에는 거센소리되기, 자음군 단순화, 된소리되기, 비음화, 유음화 등의 음운 변동이 있다.
>
> ㉠ 내가 좋아하는 음식은 <u>밥하고</u>[바파고] 떡이다.
>
> ㉡ 옷에 <u>흙까지</u>[흑까지] 묻히고 시내를 쏘다녔다.
>
> ㉢ 우리는 손을 <u>잡고</u>[잡꼬] 마냥 즐거워하였다.
>
> ㉣ 그는 고전 음악을 즐겨 <u>듣는다</u>[든는다].
>
> ㉤ <u>칼날</u>[칼랄]에 다치지 않도록 조심하여야 한다.

① ㉠의 예 : 먹히다, 목걸이

② ㉡의 예 : 값싸다, 닭똥

③ ㉢의 예 : 굳세다, 솜이불

④ ㉣의 예 : 겁내다, 맨입

⑤ ㉤의 예 : 잡히다, 설날

345 [2015년 9월 고3 모평 B형 11번]

<보기>의 표준 발음법을 바르게 적용한 것은?

> **보 기**
>
> ㉠ 받침 'ㄷ, ㅌ'이 조사의 모음 'ㅣ'와 결합되는 경우에는, [ㅈ, ㅊ]으로 바꾸어서 뒤 음절 첫소리로 옮겨 발음한다. 예) 밭이[바치]
>
> ㉡ 받침 'ㄷ, ㅌ(ㄾ)'이 접미사의 모음 'ㅣ'와 결합되는 경우에는, [ㅈ, ㅊ]으로 바꾸어서 뒤 음절 첫소리로 옮겨 발음한다. 예) 미닫이[미다지]
>
> ㉢ 받침 'ㄷ' 뒤에 접미사 '히'가 결합되어 '티'를 이루는 것은 [치]로 발음한다. 예) 묻히다[무치다]

① '같이 걷다'의 '같이'는 ㉠에 따라 'ㅌ'을 [ㅊ]으로 바꿔 [가치]로 발음해야겠군.

② '솥이나 냄비를 준비하다'의 '솥이나'는 ㉠에 따라 'ㅌ'을 [ㅊ]으로 바꿔 [소치나]로 발음해야겠군.

③ '그것은 팥이다'의 '팥이다'는 ㉡에 따라 'ㅌ'을 [ㅊ]으로 바꿔 [파치다]로 발음해야겠군.

④ '자전거에 받히다'의 '받히다'는 ㉡에 따라 '티'를 [치]로 바꿔 [바치다]로 발음해야겠군.

⑤ '우표를 붙이다'의 '붙이다'는 ㉢에 따라 '티'를 [치]로 바꿔 [부치다]로 발음해야겠군.

346 [2015년 10월 고3 학평 B형 13번]

<보기 1>을 참고할 때, <보기 2>의 ㉠~㉤ 중, 표준 발음에 해당하지 <u>않는</u> 것은?

> **보기 1**
>
> **표준 발음법**
>
> 제5항 'ㅑ ㅒ ㅕ ㅖ ㅘ ㅙ ㅛ ㅝ ㅞ ㅠ ㅢ'는 이중 모음으로 발음한다.
>
> 다만 1. 용언의 활용형에 나타나는 '져, 쪄, 쳐'는 [저, 쩌, 처]로 발음한다.
>
> 다만 2. '예, 례' 이외의 'ㅖ'는 [ㅔ]로도 발음한다.
>
> 다만 3. 자음을 첫소리로 가지고 있는 음절의 'ㅢ'는[ㅣ]로 발음한다.
>
> 다만 4. 단어의 첫음절 이외의 '의'는 [ㅣ]로, 조사 '의'는 [ㅔ]로 발음함도 허용한다.

> **보기 2**
>
> ㅇ 긍정적인 마음을 ㉠<u>가져야[가저야]</u>한다.
>
> ㅇ ㉡<u>협의[혀비]</u>를 거쳐서 결정한 사안이다.
>
> ㅇ 젊은이들에게 ㉢<u>희망[희망]</u>과 용기를 불어넣다.
>
> ㅇ 문화 유적에는 조상들의 ㉣<u>지혜[지헤]</u>가 담겨 있다.
>
> ㅇ ㉤<u>우리의[우리에]</u> 힘을 합치면 못할 일이 뭐가 있겠어요?

① ㉠ ② ㉡ ③ ㉢ ④ ㉣ ⑤ ㉤

347 [2015년 수능 A형 11번]

다음 ㉠~㉤에서 일어나는 음운 변동에 대한 설명으로 적절한 것은? [3점]

> ㉠ 옳지 → [올치], 좁히다 → [조피다]
> ㉡ 끊어 → [끄너], 쌓이다 → [싸이다]
> ㉢ 숯도 → [숟또], 옷고름 → [옫꼬름]
> ㉣ 닦는 → [당는], 부엌문 → [부엉문]
> ㉤ 읽지 → [익찌], 훑거나 → [훌꺼나]

① ㉠, ㉡ : 'ㅎ'과 다른 음운이 결합하여 한 음운으로 축약되는 현상이 일어난다.

② ㉠, ㉢, ㉤ : 앞 음절의 종성에 따라 뒤 음절의 초성이 된소리로 되는 현상이 일어난다.

③ ㉢, ㉣ : '깊다 → [깁따]'에서처럼 음절 끝에서 발음되는 자음이 7개로 제한되는 현상이 일어난다.

④ ㉣ : '겉모양 → [건모양]'에서처럼 앞 음절의 종성이 뒤 음절의 초성과 조음 위치가 같아지는 현상이 일어난다.

⑤ ㉣, ㉤ : '앉고 → [안꼬]'에서처럼 받침 자음의 일부가 탈락하는 현상이 일어난다.

348 [2015년 수능 B형 11번]

<보기>에 따라 겹받침의 표준 발음에 대하여 단계별로 학습하였다. 각 예에 적용된 내용과 그 발음이 모두 바른 것은? [3점]

> **보 기**
>
> ○ 겹받침이 모음으로 시작된 조사나 어미, 접미사와 결합되는 경우에는 뒤엣것만을 뒤 음절 첫소리로 옮겨 발음한다. 이 경우, 'ㅅ'은 [ㅆ]으로 발음한다. ……ⓐ
>
> ○ 겹받침 'ㄳ, ㄺ', 'ㄼ', 'ㅄ'은 어말 또는 자음 앞에서 각각 [ㄱ, ㄹ, ㅂ]으로 발음한다. ……ⓑ
>
> **이 후에는 다음과 같이 발음한다.**
> • [ㄱ, ㅂ]은 'ㄴ, ㅁ' 앞에서 각각 [ㅇ, ㅁ]으로 발음한다. ……ⓒ
> • [ㄱ, ㅂ] 뒤에 연결되는 'ㄱ, ㄷ, ㅂ, ㅅ, ㅈ'은 각각 [ㄲ, ㄸ, ㅃ, ㅆ, ㅉ]으로 발음한다. ……ⓓ
> • [ㄱ, ㅂ]은 'ㅎ'과 결합되는 경우, 두 음을 합쳐서 각각 [ㅋ, ㅍ]으로 발음한다. ……ⓔ

	예	적용 내용	발음
①	여덟+이	ⓐ	[여더리]
②	몫+을	ⓐ	[목슬]
③	흙+만	ⓑ, ⓒ	[흑만]
④	값+까지	ⓑ, ⓓ	[갑까지]
⑤	닭+하고	ⓑ, ⓔ	[다카고]

349 [2016년 3월 고3 학평 11번]

<보기>의 (가)~(다)에 들어갈 내용으로 적절한 것은? [3점]

> **보 기**
>
> **선생님** : 지난 시간에 배운 음운의 변동에 대해 잘 기억하는지 질문 하나 하겠습니다. '낫다'와 '낳다'가 활용될 때 공통적으로 일어나는 음운 변동은 무엇일까요?
> **학생** : 둘 다 음운의 ___(가)___ 현상이 일어납니다.
> **선생님** : 맞아요. 그래서 사람들이 가끔 혼동해서 틀리곤 하지요. ___(가)___ 현상이 일어나는 용언들 가운데 불규칙 활용을 하는 것은 모두 음운 변동이 표기에 반영되는 반면, 규칙 활용을 하는 것은 표기에 반영되기도 하고 반영되지 않기도 합니다. '낫다'와 '낳다'는 다음 중 어떤 유형에 해당할까요?

표기 반영 여부 / 활용 유형	반영	미반영
규칙 활용	Ⓐ	Ⓑ
불규칙 활용	Ⓒ	

> **학생** : '낫다'는 ___(나)___, '낳다'는 ___(다)___에 해당됩니다.

	(가)	(나)	(다)
①	축약	Ⓐ	Ⓒ
②	탈락	Ⓑ	Ⓐ
③	탈락	Ⓒ	Ⓑ
④	교체	Ⓑ	Ⓒ
⑤	교체	Ⓒ	Ⓑ

350 [2016년 6월 고3 모평 13번]

<보기>의 ㉠~㉣에 대한 설명으로 적절하지 않은 것은? [3점]

> **보 기**
>
> ㉠ 맑+네 → [망네]　㉡ 낮+일 → [난닐]
> ㉢ 꽃+말 → [꼰말]　㉣ 긁+고 → [글꼬]

① ㉠ : '값+도→[갑또]'에서처럼 음절 끝에 둘 이상의 자음이 오지 못하기 때문에 일어난 음운 변동이 있다.

② ㉠, ㉢ : '입+니→[임니]'에서처럼 인접하는 자음과 조음 방법이 같아진 음운 변동이 있다.

③ ㉡ : '물+약→[물략]'에서처럼 자음이 교체된 음운 변동이 있다.

④ ㉡, ㉢ : '팥+죽→[판쭉]'에서처럼 음절 끝에 올 수 있는 자음이 제한되어 있기 때문에 일어난 음운 변동이 있다.

⑤ ㉣ : '잃+지→[일치]'에서처럼 자음이 축약된 음운 변동이 있다.

음운 영역 핵심 기출 문제

351 [2016년 7월 고3 학평 11번]

<보기>의 ㉠~㉤의 밑줄 친 부분과 동일한 음운 변동이 일어나는 예가 모두 바르게 제시된 것은?

보 기

국어에는 자음군 단순화, 구개음화, 비음화, 된소리되기, 거센소리되기 등의 음운 변동이 있다.

㉠ 우리는 자리를 옮겨서[옴겨서] 밥을 먹었다.
㉡ 그녀는 내 말을 굳이[구지] 따지려 들지는 않았다.
㉢ 그는 정계에 입문하여[임문하여] 활동을 시작했다.
㉣ 나는 말을 더듬지[더듬찌] 않고 또박또박 대답했다.
㉤ 그는 듬직한[듬지칸] 성품으로 주변에 친구가 많았다.

① ㉠의 예 : 굶기다, 급하다
② ㉡의 예 : 미닫이, 뻗대다
③ ㉢의 예 : 집문서, 맏누이
④ ㉣의 예 : 껴안다, 꿈같이
⑤ ㉤의 예 : 굽히다, 한여름

352 [2016년 수능 12번]

<보기>의 (가), (나)를 중심으로 음운 변동을 이해한 내용으로 적절한 것은? [3점]

보 기

국어의 음운 변동은 교체, 탈락, 첨가, 축약으로 구분된다. 이 중에는 음절의 종성과 관련된 음운 변동이 있다.

(가) 음절의 종성에 마찰음, 파찰음이 오거나 파열음 중 거센소리나 된소리가 올 경우, 모두 파열음의 예사소리로 교체된다. 이는 종성에서 발음될 수 있는 자음의 종류가 제한됨을 알려 준다.

(나) 또한 음절의 종성에 자음군이 올 경우, 한 자음이 탈락한다. 이는 종성에서 하나의 자음만이 발음될 수 있음을 알려 준다.

① '꽃힌[꼬친]'에는 (가)에 해당하는 음운 변동이 있다.
② '몫이[목씨]'에는 (나)에 해당하는 음운 변동이 있다.
③ '비옷[비옫]'에는 (나)에 해당하는 음운 변동이 있다.
④ '앓고[알코]'에는 (가), (나) 모두에 해당하는 음운 변동이 있다.
⑤ '읊고[읍꼬]'에는 (가), (나) 모두에 해당하는 음운 변동이 있다.

353 [2017년 4월 고3 학평 11번]

<보기 1>을 참고하여 <보기 2>의 ㉠~㉤에 대해 설명한 내용으로 가장 적절한 것은?

보기 1

[구개음화]
교체 현상의 하나로, 받침이 'ㄷ', 'ㅌ'인 형태소가 모음 'ㅣ'나 반모음 'ㅣ[j]'로 시작되는 형식 형태소와 만나면 그것이 각각 구개음 [ㅈ], [ㅊ]이 되거나, 'ㄷ' 뒤에 형식 형태소 '-히-'가 올 때 'ㅎ'과 결합하여 이루어진 [ㅌ]이 [ㅊ]이 되는 현상.

보기 2

◦ 나는 벽에 ㉠붙인 게시물을 떼었다.
◦ 교수는 문제의 원인을 ㉡낱낱이 밝혔다.
◦ 그녀는 평생 ㉢밭이랑을 일구며 살았다.
◦ 그의 말소리는 소음에 ㉣묻히고 말았다.
◦ 그는 겨울에도 방에서 ㉤홑이불을 덮고 잤다.

① ㉠의 '붙-'은 접미사의 모음 'ㅣ'와 만나므로 구개음화 현상이 일어나지 않는다.
② ㉡의 '-이'는 실질 형태소이므로 '낱'의 받침 'ㅌ'은 [ㅊ]으로 발음되지 않는다.
③ ㉢의 '이랑'은 모음 'ㅣ'로 시작되는 형식 형태소이므로 '밭'의 'ㅌ' 은 [ㅊ]으로 발음된다.
④ ㉣의 '묻-'은 접미사 '-히-'와 만나므로 'ㄷ'이 'ㅎ'과 결합하여 이루어진 [ㅌ]은 [ㅊ]으로 발음된다.
⑤ ㉤의 '홑-'과 결합한 '이불'은 모음 'ㅣ'로 시작되는 실질 형태소이므로 '홑-'의 받침 'ㅌ'은 구개음화 현상이 일어난다.

354 [2017년 6월 고3 모평 13번]

<보기>를 바탕으로 음운 변동 사례에 대해 이해한 내용으로 적절한 것은?

보 기

교체, 탈락, 축약, 첨가의 음운 변동이 일어나는 경우 음운 개수의 변화가 나타나기도 한다.

먼저 '집일[짐닐]'은 첨가 및 교체가 일어나 음운의 개수가 늘었다. 그런데 '닭만[당만]'은 탈락 및 교체가 일어나 음운의 개수가 줄었고, '뜻하다[뜨타다]'는 교체 및 축약이 일어나 음운의 개수가 줄었다. 한편 '맡는[만는]'은 교체가 두 번 일어나 음운의 개수가 변하지 않았다.

① '흙하고[흐카고]'는 탈락 및 축약이 일어나 음운의 개수가 두 개 줄었군.
② '저녁연기[저녕년기]'는 첨가 및 교체가 일어나 음운의 개수가 두 개 늘었군.
③ '부엌문[부엉문]'과 '볶는[봉는]'은 교체가 한 번 일어나 음운의 개수가 변하지 않았군.
④ '얹지[언찌]'와 '묽고[물꼬]'는 교체 및 축약이 일어나 음운의 개수가 각각 한 개 줄었군.
⑤ '넓네[널레]'와 '밝는[방는]'은 탈락 및 교체가 일어나 음운의 개수가 각각 두 개 줄었군.

355 [2017년 7월 고3 학평 11번]

<보기>의 ㉠에 해당하는 예로 적절한 것은?

보 기

음운 변동의 유형으로는 교체, 탈락, 축약, 첨가가 있다. 한 단어가 발음될 때, 이러한 음운 변동 유형들 중 ㉠한 가지 유형만 나타나는 경우가 있고, 두 가지 이상의 유형이 나타나는 경우가 있다. 가령 '꽃밭[꼳빧]'은 교체 한 가지만 나타나지만, '꽃잎[꼰닙]'은 교체와 첨가 두 가지가 나타난다.

① 깎다[깍따] ② 막일[망닐] ③ 색연필[생년필]
④ 값하다[가파다] ⑤ 설익다[설릭따]

356 [2017년 10월 고3 학평 12번]

<보기>를 참조하여 단어의 발음을 설명한 내용으로 적절하지 않은 것은?

보 기

연음은 앞 음절의 종성에 있던 자음이 모음으로 시작하는 뒤 음절의 초성으로 옮겨 가 발음되는 현상이다. 뒤에 모음으로 시작하는 형식 형태소가 오면 곧바로 연음이 일어나지만, 'ㅏ, ㅓ, ㅗ, ㅜ, ㅟ'들로 시작되는 실질 형태소가 올 때에는 '홑옷[호돋]'처럼 음절의 끝소리 규칙이 먼저 적용된 후 연음이 일어난다.

① '밭은소리'는 용언의 활용형인 '밭은'과 명사 '소리'가 결합된 단어이므로 [바든소리]로 발음한다.
② '낱'에 조사 '으로'가 붙으면 [나트로]라고 발음하지만, 어근 '알'이 붙으면 [나달]로 발음한다.
③ '앞어금니'는 어근 '앞'과 '어금니'가 결합된 단어이므로 [아버금니]로 발음한다.
④ '겉웃음'은 '웃-'이 어근이고, '-음'이 접사이므로 [거두슴]으로 발음한다.
⑤ '밭' 뒤에 조사 '을'이 붙으면 연음되어 [바틀]로 발음한다.

357 [2017년 수능 14번]

<보기>의 음운 변동을 분석한 것으로 적절하지 않은 것은?

보 기

㉠ 흙일 → [흥닐]
㉡ 닳는 → [달른]
㉢ 발야구 → [발랴구]

① ㉠~㉢은 각각 2회 이상의 음운 변동이 일어났다.
② ㉠~㉢에 공통적으로 일어난 음운 변동은 첨가이다.
③ 음운 변동의 결과 음운의 개수에 변화가 없는 것은 ㉠이다.
④ ㉡과 ㉢에서 일어난 음운 변동의 횟수는 같다.
⑤ ㉢에서 첨가된 음운은 ㉠에서 첨가된 음운과 같다.

음운 영역 핵심 기출 문제

358 [2018년 4월 고3 학평 11번]

<보기>의 ㉠~㉣에 대한 설명으로 적절한 것은?

보 기

음운의 변동은 한 음운이 다른 음운으로 바뀌는 교체, 한 음운이 없어지는 탈락, 새로운 음운이 생기는 첨가, 두 음운이 하나의 음운으로 합쳐지는 축약으로 구분된다. 한 단어가 발음될 때 이 네 가지 변동 중 둘 이상이 나타나는 경우도 있고, 하나의 음운이 두 번 이상의 음운 변동을 겪기도 한다.

㉠ 낱낱이→[난:나치]
㉡ 넋두리→[넉뚜리]
㉢ 입학식→[이팍씩]
㉣ 첫여름→[천녀름]

① ㉠과 ㉣에서는 공통적으로 음운이 첨가되는 현상이 나타난다.
② ㉡과 ㉢에서 공통적으로 나타나는 음운의 변동은 탈락이다.
③ ㉠에서 발음된 'ㅊ'과 ㉢에서 발음된 'ㅍ'은 공통적으로 음운이 축약된 것이다.
④ ㉠에서 'ㅌ'이 'ㄴ'으로, ㉣에서 'ㅅ'이 'ㄴ'으로 발음될 때 일어나는 음운 교체의 횟수는 같다.
⑤ ㉡에서 'ㄳ'이 'ㄱ'으로, ㉢에서 'ㅅ'이 'ㅆ'으로 발음될 때 일어나는 음운 변동의 횟수는 다르다.

359 [2018년 6월 고3 모평 13번]

<보기>의 1가지 조건으로 적절하지 않은 것은?

보 기

'한글 맞춤법'에 따르면, 사이시옷은 아래의 조건 ⓐ~ⓓ가 모두 만족되어야 표기된다. 단, '곳간, 셋방, 숫자, 찻간, 툇간, 횟수'는 예외이다.

○ **사이시옷 표기에 고려되는 조건**
ⓐ 단어 분류상 '합성 명사'일 것.
ⓑ 결합하는 두 말의 어종이 다음 중 하나일 것.
　· 고유어+고유어　　· 고유어+한자어
　· 한자어+고유어
ⓒ 결합하는 두 말 중 앞말이 모음으로 끝날 것.
ⓓ 두 말이 결합하며 발생하는 음운 현상이 다음 중 하나일 것.
　· 앞말 끝소리에 'ㄴ' 소리가 덧남.
　· 앞말 끝소리와 뒷말 첫소리에 각각 'ㄴ' 소리가 덧남.
　· 뒷말 첫소리가 된소리로 바뀜.

㉠~㉤ 각각의 쌍은 위 조건 ⓐ~ⓓ 중 1가지 조건만 차이가 나서 사이시옷 표기 여부가 갈린 예이다.

	사이시옷이 없는 단어	사이시옷이 있는 단어
㉠	도매가격[도매까격]	도맷값[도매깝]
㉡	전세방[전세빵]	아랫방[아래빵]
㉢	버섯국[버섣꾹]	조갯국[조개꾹]
㉣	인사말[인사말]	존댓말[존댄말]
㉤	나무껍질[나무껍찔]	나뭇가지[나무까지]

① ㉠ : ⓐ　② ㉡ : ⓑ　③ ㉢ : ⓒ
④ ㉣ : ⓓ　⑤ ㉤ : ⓓ

360 [2018년 6월 고3 모평 14번]

<보기>의 ⓐ~ⓒ에 들어갈 말로 적절한 것은?

보 기

○ **탐구 과제**

겹받침을 가진 용언을 발음할 때 어떤 음운 변동이 나타나야 표준 발음에 맞는지 혼동되는 경우가 있다. 자음군 단순화, 된소리되기, 비음화, 유음화, 거센소리되기 등의 음운 변동으로 비표준 발음과 표준 발음을 설명해 보자.

○ **탐구 자료**

	비표준 발음	표준 발음
㉠ 굵는	[글른]	[궁는]
㉡ 짧네	[짬네]	[짤레]
㉢ 끊기고	[끈기고]	[끈키고]
㉣ 뚫지	[뚤찌]	[뚤치]

○ **탐구 내용**

㉠의 비표준 발음과 ㉡의 표준 발음에는 자음군 단순화 후 (ⓐ)가 나타난다. 이에 비해, ㉠의 표준 발음과 ㉡의 비표준 발음에는 자음군 단순화 후 (ⓑ)가 나타난다. ㉢과 ㉣의 표준 발음은 (ⓒ)만 일어난 발음이다.

	ⓐ	ⓑ	ⓒ
①	유음화	비음화	거센소리되기
②	유음화	비음화	된소리되기
③	비음화	유음화	거센소리되기
④	비음화	유음화	된소리되기
⑤	비음화	된소리되기	거센소리되기

361 [2018년 7월 고3 학평 13번]

<보기>는 표준 발음법 중 '된소리되기'의 일부이다. 이를 바탕으로 표준 발음을 이해한 내용으로 적절하지 않은 것은?

보 기

㉠ 받침 'ㄱ(ㄲ, ㅋ, ㄳ, ㄺ), ㄷ(ㅅ, ㅆ, ㅈ, ㅊ, ㅌ), ㅂ(ㅍ, ㄼ, ㄿ, ㅄ)' 뒤에 연결되는 'ㄱ, ㄷ, ㅂ, ㅅ, ㅈ'은 된소리로 발음한다.
㉡ 어간 받침 'ㄴ(ㄵ), ㅁ(ㄻ)' 뒤에 결합되는 어미의 첫소리 'ㄱ, ㄷ, ㅅ, ㅈ'은 된소리로 발음한다.
㉢ 어간 받침 'ㄼ, ㄾ' 뒤에 결합되는 어미의 첫소리 'ㄱ, ㄷ, ㅅ, ㅈ'은 된소리로 발음한다.
㉣ 관형사형 '-(으)ㄹ' 뒤에 연결되는 'ㄱ, ㄷ, ㅂ, ㅅ, ㅈ'은 된소리로 발음한다. '-(으)ㄹ'로 시작되는 어미의 경우에도 이에 준한다.

① '국밥'과 '(계란을) 삶고'에서의 된소리되기는 각각 ㉠, ㉡에 따른 것이다.
② '꽃다발'과 '(그릇을) 핥지만'에서의 된소리되기는 각각 ㉠, ㉢에 따른 것이다.
③ '(시를) 읊조리다'와 '(죽을) 먹을지언정'에서의 된소리되기는 각각 ㉠, ㉣에 따른 것이다.
④ '(바닥에) 앉을수록'과 '(몸을) 기댈 곳이'에서의 된소리되기는 각각 ㉡, ㉣에 따른 것이다.
⑤ '(샅샅이) 훑다'와 '(내가) 떠날지라도'에서의 된소리되기는 각각 ㉢, ㉣에 따른 것이다.

362 [2018년 10월 고3 학평 11번]

<보기>의 자료에 나타난 음운 변동을 탐구한 내용으로 적절하지 않은 것은?

보 기

ⓐ 놓고[노코], 낳던[나:턴], 쌓지[싸치]
ⓑ 닿소[다:쏘], 좋소[조:쏘]
ⓒ 놓는[논는], 쌓네[싼네]
ⓓ 않는[안는], 많네[만:네]
ⓔ 낳은[나은], 놓아[노아], 쌓이다[싸이다]

① ⓐ를 보니, 받침 'ㅎ' 뒤에 'ㄱ, ㄷ, ㅈ'이 오는 경우에는 축약이 일어나는군.
② ⓑ를 보니, 받침 'ㅎ' 뒤에 'ㅅ'이 오는 경우에는 교체와 축약이 일어나는군.
③ ⓒ를 보니, 받침 'ㅎ' 뒤에 'ㄴ'이 오는 경우에는 교체가 두 번 일어나는군.
④ ⓓ를 보니, 받침 'ㄶ' 뒤에 'ㄴ'이 오는 경우에는 탈락이 일어나는군.
⑤ ⓔ를 보니, 받침 'ㅎ' 뒤에 모음으로 시작하는 형식 형태소가 오는 경우에는 탈락이 일어나는군.

363 [2019년 4월 고3 학평 14번]

<보기 1>의 탐구 과정을 바탕으로 <보기 2>의 ㉠~㉥을 바르게 분류한 것은?

보기 1

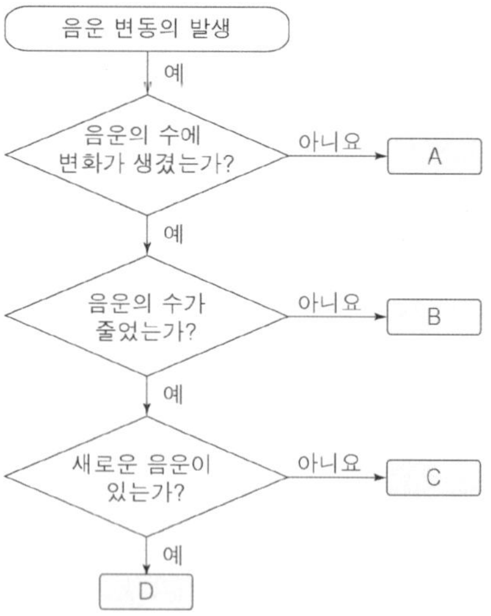

보기 2

- 그는 열심히 ㉠집안일을 했다.
- 그녀는 기분 ㉡좋은 웃음을 지었다.
- 그는 나에게 말을 하지 ㉢않고 떠났다.
- 세월이 화살과 ㉣같이 빠르게 지나간다.
- 집이 추워서 오래된 ㉤난로에 불을 지폈다.
- 면역력이 떨어지면 병이 ㉥옮는 경우가 있다.

	A	B	C	D
①	㉠	㉢	㉣, ㉤	㉡, ㉥
②	㉡, ㉥	㉠	㉣, ㉤	㉢
③	㉡, ㉥	㉣, ㉤	㉠	㉢
④	㉣, ㉤	㉠	㉡, ㉥	㉢
⑤	㉣, ㉤	㉡, ㉥	㉢	㉠

364 [2019년 6월 고3 모평 14번]

<보기>에 대한 이해로 적절하지 않은 것은?

보 기

㉠ 풀잎[풀립] ㉡ 읊네[음네] ㉢ 벼훑이[벼훌치]

① ㉠, ㉡에서는 음운 변동이 각각 세 번씩 일어났군.
② ㉠, ㉡에서는 인접한 자음과 조음 방법이 같아지는 음운 변동이 일어났군.
③ ㉠에서 첨가된 음운과 ㉡에서 탈락된 음운은 서로 다르군.
④ ㉠, ㉢에서는 음운 개수가 달라지는 음운 변동이 일어났군.
⑤ ㉠은 'ㄹ'로 인해, ㉢은 모음 'ㅣ'로 인해 동화되는 음운 변동이 일어났군.

365 [2019년 7월 고3 학평 12번]

<보기>의 ㉠, ㉡에 해당하는 예로 적절한 것은?

보 기

국어에서 'ㄴ'과 'ㄹ' 소리를 연달아 내는 것은 어려운 일이다. 그래서 'ㄹ'과 'ㄴ'이 연쇄적으로 발음될 때 순행적 유음화가 일어나고, 반대로 'ㄴ'과 'ㄹ'이 연쇄적으로 발음될 때 ㉠역행적 유음화가 일어난다. 그런데 표면적으로 순행적 유음화나 역행적 유음화가 일어날 조건이 충족된다고 하더라도 용언의 활용이나 합성어, 파생어 형성 과정에서 순행적 유음화가 아닌 'ㄹ' 탈락이 일어나기도 하고, 역행적 유음화가 아닌 ㉡'ㄹ'의 비음화가 일어나기도 한다.

	㉠	㉡
①	산란기	표현력
②	줄넘기	입원료
③	결단력	생산량
④	의견란	향신료
⑤	대관령	물난리

366 [2019년 9월 고3 모평 13번]

<보기>의 ㉠에 들어갈 말로 적절한 것은? [3점]

보 기

선생님 : 오늘은 일상생활에서 흔하게 들을 수 있는 부정확한 발음에 대해 알아볼까요? 우선 아래 표에서 부정확한 발음과 정확한 발음을 확인해 보세요.

예	찰흙이	안팎을	넋이	끝을	숲에
부정확한 발음	[찰흐기]	[안파글]	[너기]	[끄츨]	[수베]
	⬇	⬇	⬇	⬇	⬇
정확한 발음	[찰흘기]	[안파끌]	[넉씨]	[끄틀]	[수페]

다 봤나요? 그럼 정확한 발음을 참고하여, 부정확한 발음을 하게 된 이유를 말해 볼까요?

학생 : ㉠

선생님 : 네, 맞아요. 그럼 이제 정확한 발음을 일상생활에서 실천해 보세요.

① '찰흙이'는 자음군 단순화를 적용하고 연음해야 하는데, [찰흐기]는 자음군 단순화를 적용하지 않고 연음을 했습니다.
② '안팎을'은 음절의 끝소리 규칙을 적용하지 않고 연음해야 하는데, [안파글]은 음절의 끝소리 규칙을 적용하고 연음을 했습니다.
③ '넋이'는 연음을 하고 된소리되기를 적용해야 하는데, [너기]는 음절의 끝소리 규칙을 적용하고 연음을 했습니다.
④ '끝을'은 연음을 하고 구개음화를 적용해야 하는데, [끄츨]은 구개음화를 적용하고 연음을 했습니다.
⑤ '숲에'는 거센소리되기를 적용하지 않고 연음해야 하는데, [수베]는 거센소리되기를 적용하고 연음을 했습니다.

367 [2019년 10월 고3 학평 11번]

<보기>의 ⓐ~ⓓ를 발음할 때 일어나는 음운 변동을 탐구한 내용으로 적절한 것은?

보 기

◦ ⓐ<u>밭일</u>을 하며 발에 ⓑ<u>밟힌</u> 벌을 보았다.
◦ ⓒ<u>숱한</u> 시련을 이겨 내 승리를 ⓓ<u>굳혔다</u>.

① ⓐ에서는 뒷말의 초성이 앞말의 종성과 조음 방법이 같아지는 비음화가 일어난다.
② ⓐ에서는 '일'이 실질 형태소이기 때문에 구개음화가 일어나지 않고 'ㅌ'이 연음된다.
③ ⓑ와 ⓒ에서는 모두 음운 변동의 결과 전체 음운의 개수가 줄어든다.
④ ⓑ와 ⓓ에서는 모두 어떤 음운이 다른 음운으로 바뀌는 교체 현상이 일어난다.
⑤ ⓒ와 ⓓ에서는 모두 거센소리되기가 먼저 일어난 후 구개음화가 일어난다.

368 [2019년 수능 13번]

<보기>의 [A]에 들어갈 말로 적절한 것은?

보 기

선생님 : 음절은 발음할 수 있는 최소의 언어 단위인데, 음절의 유형은 크게 분류하면 '1 모음, 2 자음+모음, 3 모음+자음, 4 자음+모음+자음'이 있어요. 예를 들면 '꽃[꼳]'은 4, '잎[입]'은 3에 속하지요. 그런데 복합어 '꽃잎'은 음운 변동이 일어나 [꼰닙]으로 발음돼요. 이때 [닙]은 4에 해당되며 음운의 첨가로 음절 유형이 바뀐 것이지요.
이제 아래 단어들을 탐구해 봅시다.

밥상(밥+상), 집일(집+일), 의복함(의복+함),
국물(국+물), 화살(활+살)

학생 : [A]

선생님 : 네, 맞아요.

① '밥상[밥쌍]'에서의 [쌍]은 첨가의 결과이고, 음절 유형이 단일어인 '상[상]'과 달라졌어요.
② '집일[짐닐]'에서의 [닐]은 교체의 결과이고, 음절 유형이 단일어인 '일[일]'과 달라졌어요.
③ '의복함[의보캄]'에서의 [캄]은 축약의 결과이고, 음절 유형이 단일어인 '함[함]'과 달라졌어요.
④ '국물[궁물]'에서의 [궁]은 교체의 결과이고, 음절 유형이 단일어인 '국[국]'과 같아요.
⑤ '화살[화살]'에서의 [화]는 탈락의 결과이고, 음절 유형이 단일어인 '활[활]'과 같아요.

369 [2020년 3월 고3 학평 11번]

<보기>의 학습 과제를 수행한 결과로 가장 적절한 것은?

> **보 기**
>
> ○ **학습 내용** : 음운 변동의 유형에는 교체, 탈락, 첨가, 축약이 있다. 음운 변동은 한 단어를 단독으로 발음하는 경우에만 일어나는 것이 아니라 둘 이상의 단어를 이어서 한 마디로 발음하는 경우에도 일어날 수 있다. 예를 들어 '낮'과 '한때'를 각각 단독으로 발음하는 경우에 '낮[낟]'은 교체가 일어나고 '한때[한때]'는 음운 변동이 일어나지 않는다. 그런데 '낮'과 '한때'를 이어서 한 마디로 발음하는 경우에는 교체와 축약이 일어나 '낮 한때[나탄때]'로 발음된다.
>
> ○ **학습 과제** : 아래의 ㄱ과 ㄴ에서 두 단어를 이어서 한 마디로 발음하는 경우 공통적으로 일어나는 음운 변동의 유형을 찾고, 그 유형의 적절한 예를 제시하시오.
>
> ㄱ. 잘 입다[잘립따]
> ㄴ. 값 매기다[감매기다]

	공통적인 음운 변동의 유형	예
①	교체	책 넣는다 [챙넌는다]
②	교체	좋은 약 [조:은냑]
③	교체	잘한 일 [잘한닐]
④	첨가	슬픈 얘기 [슬픈내기]
⑤	첨가	먼 옛날 [먼:녠날]

370 [2020년 7월 고3 학평 11번]

<보기>의 음운 변동을 분석한 것으로 적절하지 않은 것은?

> **보 기**
>
> ㉠ 밭일[반닐] ㉡ 훑는[훌른] ㉢ 같이[가치]

① ㉠에는 음절 끝에 올 수 있는 자음이 제한되어 있기 때문에 일어난 음운 변동이 있다.
② ㉠과 ㉡은 음운 변동의 결과 음운의 개수에 변화가 생겼다.
③ ㉠은 실질 형태소끼리 결합할 때, ㉢은 실질 형태소와 형식 형태소가 결합할 때 음운 변동이 일어났다.
④ ㉡은 자음으로 인한, ㉢은 모음으로 인한 음운 변동이 일어났다.
⑤ ㉠, ㉡, ㉢에 공통적으로 일어난 음운 변동은 탈락과 교체이다.

371 [2020년 9월 고3 모평 11번]

<보기>의 ㉮에 들어갈 말로 적절한 것은?

> **보 기**
>
> **선생님** : 용언 어간 뒤에 '-아/어'로 시작하는 어미가 결합할 때, 단모음이 반모음으로 교체되는 음운 변동이 일어날 수 있어요. 가령, 어간 '오-'와 어미 '-아'가 결합해 [와]로 발음될 때, 단모음 'ㅗ'가 반모음 'w'로 교체되는 것이지요. 우리말의 반모음은 'j'도 있으니까 반모음 'j'로 교체되는 예도 있겠죠? 그럼 용언 어간의 단모음이 '-아/어'로 시작하는 어미와 결합할 때 반모음 'j'로 교체되는 예를 들어 볼까요?
> **학생** : 네, [㉮] 로 발음되는 예를 들 수 있어요.

① 어간 '뛰-'와 어미 '-어'가 결합해 [뛰여]
② 어간 '차-'와 어미 '-아도'가 결합해 [차도]
③ 어간 '잠그-'와 어미 '-아'가 결합해 [잠가]
④ 어간 '견디-'와 어미 '-어서'가 결합해 [견뎌서]
⑤ 어간 '키우-'와 어미 '-어라'가 결합해 [키워라]

372 [2020년 10월 고3 학평 13번]

<보기>에 제시된 '선생님'의 질문에 대한 답으로 적절한 것은?

> **보 기**
>
> **선생님** : 음운 변동이 일어날 때에는 조음 위치 및 조음 방법이 변하기도 합니다. 다음 단어를 발음할 때 일어나는 변화를 자음 체계를 참고하여 설명해 볼까요?
>
> 맏이[마지], 꽃눈[꼰눈], 강릉[강능], 실내[실래], 앞날[암날]

조음 위치 / 조음 방법	양순음	치조음	경구개음	연구개음	후음
파열음	ㅂ/ㅃ/ㅍ	ㄷ/ㄸ/ㅌ		ㄱ/ㄲ/ㅋ	
파찰음			ㅈ/ㅉ/ㅊ		
마찰음		ㅅ/ㅆ			ㅎ
비음	ㅁ	ㄴ		ㅇ	
유음		ㄹ			

① '맏이'를 발음할 때 일어나는 음운 변동에서는 조음 위치만 한 번 변합니다.
② '꽃눈'을 발음할 때 일어나는 음운 변동에서는 조음 위치만 두 번 변합니다.
③ '강릉'을 발음할 때 일어나는 음운 변동에서는 조음 방법만 한 번 변합니다.
④ '실내'를 발음할 때 일어나는 음운 변동에서는 조음 위치가 변한 후 조음 방법이 변합니다.
⑤ '앞날'을 발음할 때 일어나는 음운 변동에서는 조음 방법이 변한 후 조음 위치가 변합니다.

373 [2020년 수능 예시문항 37번]

<보기>의 [A]에 들어갈 말로 적절하지 않은 것은? [3점]

보 기

수영 : 내일이 방송부 아나운서를 선발하는 날인데, 잘할 수 있을지 걱정이야.

진수 : 너무 걱정 마. 내가 대본에다가 발음에 주의해야 할 단어들의 표준 발음을 표시해 봤어. 확인해 봐.

> **[방송 대본]**
> 어제는 책을 열심히 ㉠읽는[잉는] 친구에게 선물할 책을 사려고 ㉡서울역[서울력] 안에 있는 서점에 갔어요. ㉢복잡한[복짜판] 인파를 헤치고 서점 ㉣깊숙이[깁쑤기] 들어가서 친구에게 줄 시집을 드디어 찾아냈지요. 시집을 펼쳐 마음에 드는 시를 ㉤읊다가[읍따가] 약속 시간에 늦었지만 친구는 제 선물을 받고 정말 기뻐했어요.

수영 : 그런데 왜 이 발음이 표준 발음이지? 내가 아는 것과는 다른데...... 우리가 배운 음운 변동과 관련이 있는 거야?

진수 : 맞아. 각 단어에서 일어난 음운 변동을 모두 살펴보면, ______________ [A] ______________

수영 : 그렇구나. 고마워.

① ㉠에서는 탈락과 교체가 한 번씩 일어나 [잉는]으로 발음돼.
② ㉡에서는 한 번의 첨가가 일어나 [서울력]으로 발음돼.
③ ㉢에서는 축약과 교체가 한 번씩 일어나 [복짜판]으로 발음돼.
④ ㉣에서는 두 번의 교체가 일어나 [깁쑤기]로 발음돼.
⑤ ㉤에서는 한 번의 탈락과 두 번의 교체가 일어나 [읍따가]로 발음돼.

374 [2021년 4월 고3 학평 37번]

다음의 ⓐ에 해당하는 것을 ㉠~㉣ 중에서 바르게 고른 것은?

원격 수업에서 활용하기 위해 우리말 음성을 한글로 변환하는 프로그램이 개발되고 있다. 아래는 이 프로그램의 개발자가 쓴 일지의 일부이다.

○ 프로그램의 원리

사용자가 한글 맞춤법에 맞게 표기된 자료를 표준 발음법에 따라 발음하면, 프로그램은 그 발음에 나타난 음운 변동 현상을 분석해 본래의 표기된 자료로 출력한다.

○ 확인된 문제

프로그램이 입력된 발음을 본래의 자료로 출력하지 못한 사례가 확인되었다. 아래의 잘못 출력된 사례에서 한글 맞춤법에 맞게 표기된 자료와 출력된 자료를 대조해 ㉠교체, ㉡탈락, ㉢첨가, ㉣축약 중 ⓐ프로그램이 분석하지 못한 음운 변동 현상이 무엇인지 알아봐야겠다.

표기된 자료	표준 발음	출력된 자료
끊어지다	[끄너지다]	끄너지다
없애다	[업:쌔다]	업쌔다
피붙이	[피부치]	피부치
웃어른	[우더른]	우더른
암탉	[암탁]	암탁

① ㉠, ㉡ ② ㉠, ㉣ ③ ㉡, ㉢ ④ ㉡, ㉣ ⑤ ㉢, ㉣

375 [2021년 7월 고3 학평 37번]

<보기>를 바탕으로 음운 변동에 대해 이해한 내용으로 적절하지 않은 것은?

보 기

한 음운이 다른 음운과 만날 때 환경에 따라 다른 음운으로 바뀌어서 소리 나는 현상을 음운 변동이라고 한다. 음운 변동은 그 양상에 따라 교체, 축약, 탈락, 첨가로 나눌 수 있다. 이러한 음운 변동은 한 단어에서 두 가지 이상이 함께 나타나기도 한다.

① '물약[물략]'에서는 첨가와 교체의 음운 변동이 일어난다.
② '읊는[음는]'에서는 탈락과 교체의 음운 변동이 일어난다.
③ '값하다[가파다]'에서는 탈락과 축약의 음운 변동이 일어난다.
④ '급행요금[그팽뇨금]'에서는 탈락과 축약과 첨가의 음운 변동이 일어난다.
⑤ '넓죽하다[넙쭈카다]'에서는 탈락과 교체와 축약의 음운 변동이 일어난다.

376 [2021년 10월 고3 학평 38번]

<보기>의 ㉠과 ㉡에 들어갈 말로 바르게 짝지어진 것은?

보 기

탐구 주제 : '훑다'는 어떤 과정을 거쳐서 [훌따]로 발음될까?

[자료]

(1) 종성의 'ㄲ, ㅋ', 'ㅅ, ㅆ, ㅈ, ㅊ, ㅌ', 'ㅍ'은 어말 또는 자음 앞에서 각각 대표음 [ㄱ, ㄷ, ㅂ]으로 발음한다.
(2) 어말 또는 자음 앞에서 음절 종성에 두 개의 자음이 놓이면 두 개의 자음 중 하나만 발음한다.
(3) 종성의 'ㄱ, ㄷ, ㅂ' 뒤에 연결되는 'ㄱ, ㄷ, ㅂ, ㅅ, ㅈ'은 된소리로 발음한다.
(4) 갈다[갈다], 날겠다[날겓따], 거칠더라도[거칠더라도]

탐구 과정 :

가설 1 : 어간의 종성에서 탈락이 일어난 후에 어미의 초성에서 교체가 일어난다.
→ '[자료] (4)'에서 확인되듯이, 어간이 (㉠) 끝날 때 그 어간 바로 뒤에 오는 어미의 초성에서는 된소리되기가 일어나지 않음.

가설 2 : 어간의 종성과 어미의 초성에서 교체가 일어난 후에 어간의 종성에서 탈락이 일어난다.
→ '[자료] (1)'의 현상이 어간 종성에서 일어나 어간 종성의 'ㅌ'이 (㉡), '[자료] (3)'의 현상이 일어날 수 있음. 이후 '[자료] (2)'의 현상이 일어났다고 볼 수 있음.

탐구 결과 : '가설 1'을 기각하고 '가설 2'를 받아들인다.

	㉠	㉡
①	'ㄷ'으로	'ㄷ'으로 교체된 후
②	'ㄷ'으로	탈락하게 된 후
③	'ㄹ'로	'ㄷ'으로 교체된 후
④	'ㄹ'로	탈락하게 된 후
⑤	'ㅆ'으로	'ㄷ'으로 교체된 후

377 [2022년 3월 고3 학평 35번]

<보기>에 대한 설명으로 적절하지 <u>않은</u> 것은?

보 기

[활동] 제시된 단어의 발음을 [자료]에 근거하여 탐구해 보자.

훑이[훌치]	훑어[훌터]	얹는[언는]
끓고[끌코]	끓는[끌른]	

[자료]

○ 자음군 단순화만 일어나는 경우도 있지만, 자음군 단순화가 일어난 후에 비음화나 유음화와 같은 음운 변동이 일어나는 경우도 있음.
○ 자음군 단순화는, 두 자음 중 뒤의 자음이 구개음화되거나 뒤의 자음과 그다음 음절의 처음에 놓인 자음이 축약되면 일어나지 않음.
○ 자음군 단순화는 모음으로 시작하는 형식 형태소가 와서 뒤의 자음이 연음되면 일어나지 않음.

① '훑이[훌치]'는 모음으로 시작하는 접사 '-이'가 와서 'ㅌ'이 'ㅊ'으로 교체된 후 자음군 단순화가 일어난 것이군.
② '훑어[훌터]'는 모음으로 시작하는 어미 '-어'가 와서 'ㅌ'이 연음되어 자음군 단순화가 일어나지 않은 것이군.
③ '얹는[언는]'은 'ㄵ' 중 뒤의 자음인 'ㅈ'이 탈락되어 자음군 단순화만 일어난 것이군.
④ '끓고[끌코]'는 'ㅎ'과 그다음 음절의 'ㄱ'이 축약되어 자음군 단순화가 일어나지 않은 것이군.
⑤ '끓는[끌른]'은 자음군 단순화가 일어난 후 남은 'ㄹ'로 인해 'ㄴ'이 'ㄹ'로 교체된 것이군.

378 [2022년 7월 고3 학평 37번]

<학습 활동>을 수행한 결과로 적절한 것은?

학습 활동

[자료]의 단어들은 음운 변동 중 탈락이 일어난 예이다. 단어들을 [분류 과정]에 따라 분류할 때 ㉮, ㉯, ㉰에 들어갈 단어를 바르게 짝지은 것은?

[자료]

ⓐ뜨-+-어서 → 떠서[떠서]　ⓑ둥글-+-ㄴ →둥근[둥근]
ⓒ좋-+-아 → 좋아[조:아]

[분류 과정]

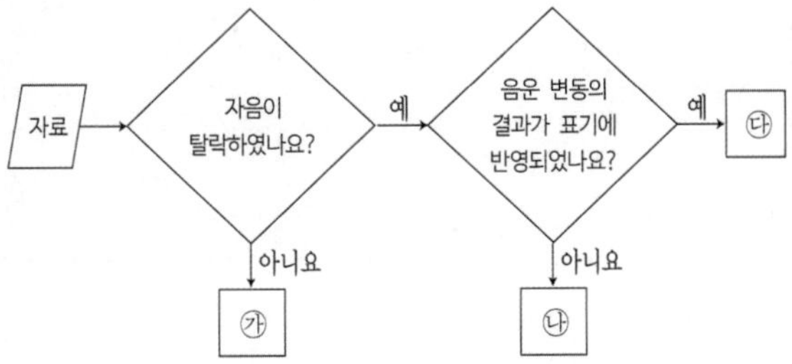

	㉮	㉯	㉰
①	ⓐ	ⓒ	ⓑ
②	ⓐ	ⓑ	ⓒ
③	ⓒ	ⓐ	ⓑ
④	ⓒ	ⓑ	ⓐ
⑤	ⓑ	ⓐ	ⓒ

379 [2022년 9월 고3 모평 39번]

[A]에 들어갈 말로 적절한 것은?

학생 : 선생님, 표준 발음법 제18항을 보다가 궁금한 점이 생겼어요. 이 조항에서 'ㄱ, ㄷ, ㅂ' 옆의 괄호 안에 다른 받침들이 포함된 것은 무엇을 나타내나요?

제18항 받침 'ㄱ(ㄲ, ㅋ, ㄳ, ㄺ), ㄷ(ㅅ, ㅆ, ㅈ, ㅊ, ㅌ, ㅎ), ㅂ(ㅍ, ㄼ, ㄿ, ㅄ)'은 'ㄴ, ㅁ' 앞에서 [ㅇ, ㄴ, ㅁ]으로 발음한다.

선생님 : 좋은 질문이에요. 그건 받침이 'ㄱ, ㄷ, ㅂ'이 아니더라도, 음운 변동의 결과로 그 발음이 [ㄱ, ㄷ, ㅂ]으로 바뀌면 비음화 현상이 적용될 수 있다는 사실을 나타낸 거예요.

학생 : 아, 그렇다면 [A] 비음화 현상이 적용된 거네요?

선생님 : 네, 맞아요.

① '밖만[방만]'은 자음군 단순화가 적용된 후
② '폭넓다[퐁널따]'는 자음군 단순화가 적용된 후
③ '값만[감만]'은 음절의 끝소리 규칙이 적용된 후
④ '겉늙다[건늑따]'는 음절의 끝소리 규칙이 적용된 후
⑤ '호박잎[호방닙]'은 음절의 끝소리 규칙이 적용된 후

380 [2022년 수능 38번]

다음은 된소리되기와 관련한 수업의 일부이다. [A]에 들어갈 말로 적절하지 않은 것은? [3점]

선생님 : 오늘은 표준 발음을 대상으로 용언의 활용에서 나타나는 된소리되기를 알아봅시다. '(신발을) 신고[신:꼬]'처럼 용언의 활용에서는 마지막 소리가 'ㄴ, ㅁ'인 어간 뒤에 처음 소리가 'ㄱ, ㄷ, ㅅ, ㅈ'인 어미가 결합하면 어미의 처음 소리가 된소리로 바뀌어요.

학생 : 아, 그렇군요. 그런데 선생님, 국어에서 'ㄱ, ㄷ, ㅅ, ㅈ'이 'ㄴ, ㅁ' 뒤에 이어지면 항상 된소리로 바뀌나요?

선생님 : 항상 그런 것은 아니에요. 표준 발음에서는 용언 어간에 피·사동 접사가 결합하거나 어미끼리 결합하거나 체언과 조사가 결합하는 경우에는 된소리되기가 일어나지 않아요. 그리고 '먼지[먼지]'처럼 하나의 형태소 안에서 'ㄴ, ㅁ' 뒤에 'ㄱ, ㄷ, ㅅ, ㅈ'이 있는 경우에도 된소리되기가 일어나지 않아요. 그럼 다음 ⓐ~ⓔ의 밑줄 친 말에서 'ㄴ'이나 'ㅁ' 뒤의 소리가 된소리로 바뀌지 않는 이유를 설명해 볼까요?

ⓐ 피로를 <u>푼다[푼다]</u>　ⓑ 더운 <u>여름도[여름도]</u>
ⓒ 대문을 <u>잠가[잠가]</u>　ⓓ 품에 <u>안겨라[안겨라]</u>
ⓔ 학교가 <u>큰지[큰지]</u>

학생 : 그 이유는 [A] 때문입니다.

선생님 : 네, 맞아요.

① ⓐ의 'ㄴ'과 'ㄷ'이 모두 어미에 속해 있는 소리이기
② ⓑ의 'ㅁ'과 'ㄷ'이 체언과 조사가 결합하면서 이어진 소리이기
③ ⓒ의 'ㅁ'과 'ㄱ'이 모두 하나의 형태소 안에 속해 있는 소리이기
④ ⓓ의 'ㄴ'과 'ㄱ'이 어미끼리 결합하면서 이어진 소리이기
⑤ ⓔ의 'ㄴ'과 'ㅈ'이 어간과 어미가 결합하면서 이어진 소리가 아니기

381 [2023년 3월 고3 학평 38번]

<보기>에 제시된 ⓐ~ⓔ의 발음에 대한 탐구 내용으로 적절하지 않은 것은?

보 기

ⓐ 옷고름[옫꼬름] ⓑ 색연필[생년필] ⓒ 꽃망울[꼰망울]
ⓓ 벽난로[병날로] ⓔ 벼훑이[벼훌치]

① ⓐ : 음운의 개수가 변하지 않는 음운 변동이 첫째 음절의 종성 위치와 둘째 음절의 초성 위치에서 각각 한 번씩 일어난다.
② ⓑ : 첨가된 자음으로 인해 조음 방법이 변하는 음운 변동이 일어난다.
③ ⓒ : 첫째 음절의 종성 위치에서 두 번의 음운 변동이 순차적으로 일어난다.
④ ⓓ : 둘째 음절의 초성 위치에서 음운 변동이 일어난 후 둘째 음절의 종성 위치에서 음운 변동이 일어난다.
⑤ ⓔ : 조음 위치와 조음 방법이 모두 변하는 음운 변동이 일어난다.

382 [2023년 4월 고3 학평 37번]

다음은 음운 변동과 관련된 활동에 대한 설명이다. 이를 적용한 내용으로 적절한 것은?

<음운의 변동 이해하기 활동>

- ○ 카드에는 한 개의 단어와 그 단어의 표준 발음이 적혀 있다.
- ○ 카드에 적힌 단어에서 일어나는 음운 변동의 유형과 유형별 횟수가 같은 카드끼리는 짝을 이룬다.
- ○ 단, 음운 변동 유형은 교체, 축약, 탈락, 첨가로만 구분하고, 음운 변동의 순서는 고려하지 않는다. 예를 들어, '흙빛[흑삗]'이 적힌 카드는 교체가 두 번, 탈락이 한 번 일어나는 단어가 적힌 카드와 짝을 이룬다.

국화꽃 [구콰꼳]	옆집 [엽찝]	칡넝쿨 [칭넝쿨]	삯일 [상닐]	호박엿 [호:방녇]
ⓐ	ⓑ	ⓒ	ⓓ	ⓔ

① '백합화[배카퐈]'가 적힌 카드는 축약이 두 번 일어나는 단어가 적힌 ⓐ와 짝을 이룬다.
② '샅샅이[삳싸치]'가 적힌 카드는 교체가 두 번 일어나는 단어가 적힌 ⓑ와 짝을 이룬다.
③ '값없이[가법씨]'가 적힌 카드는 교체와 탈락이 한 번씩 일어나는 단어가 적힌 ⓒ와 짝을 이룬다.
④ '몫몫이[몽목씨]'가 적힌 카드는 교체가 두 번, 탈락이 한 번 일어나는 단어가 적힌 ⓓ와 짝을 이룬다.
⑤ '백분율[백뿐뉼]'이 적힌 카드는 교체가 두 번, 첨가가 한 번 일어나는 단어가 적힌 ⓔ와 짝을 이룬다.

383 [2023년 6월 고3 모평 38번]

<보기>의 ㉮, ㉯에 들어갈 수 있는 단어로 적절한 것은?

보 기

선생님 : 지난 시간에 음운의 변동 가운데 ⓐ음절의 끝소리 규칙, ⓑ자음군 단순화, ⓒ된소리되기를 학습했는데요. 이번 시간에는 음운 변동의 적용 유무를 기준으로 단어를 분류하는 활동을 진행해 볼게요. 그럼, 표준 발음을 고려해서 다음 단어들을 분류해 보죠.

분류 전: 넓디넓다, 높푸르다, 늦깎이, 닭갈비, 쑥대밭, 앞장서다, 읊다, 있다, 짓밟다, 흙빛

ⓐ	ⓑ	ⓒ	분류 후
○	○	○	㉮
○	×	○	㉯
○	×	×	
×	○	○	

○: 해당 음운 변동이 일어난 것.
×: 해당 음운 변동이 일어나지 않은 것.

	㉮	㉯
①	짓밟다	늦깎이
②	넓디넓다	있다
③	읊다	높푸르다
④	흙빛	쑥대밭
⑤	닭갈비	앞장서다

384 [2023년 7월 고3 학평 37번]

<학습 활동>을 수행한 결과로 적절하지 않은 것은? [3점]

학습 활동

다음은 국어의 음운 변동과 관련된 내용이다. 자료에서 ⓐ~ⓔ를 확인할 수 있는 예를 모두 골라 묶어 보자.

ⓐ [ㄱ, ㄷ, ㅂ]으로 발음되는 종성은 'ㄴ, ㅁ' 앞에서 [ㅇ, ㄴ, ㅁ]으로 발음한다.
ⓑ [ㄱ, ㄷ, ㅂ]으로 발음되는 종성 뒤에 연결되는 'ㄱ, ㄷ, ㅂ, ㅅ, ㅈ'은 된소리로 발음한다.
ⓒ 'ㄱ, ㄴ, ㄷ, ㄹ, ㅁ, ㅂ, ㅇ' 이외의 자음이 종성에 놓일 때에는 [ㄱ, ㄴ, ㄷ, ㄹ, ㅁ, ㅂ, ㅇ] 중 하나로 발음한다.
ⓓ 받침 뒤에 모음 'ㅏ, ㅓ, ㅗ, ㅜ, ㅟ' 들로 시작되는 실질 형태소가 연결되는 경우에는, 대표음으로 바꾸어서 뒤 음절 첫소리로 옮겨 발음한다.
ⓔ 합성어 및 파생어에서 앞 단어나 접두사의 끝이 자음이고 뒤 단어나 접미사의 첫음절이 '이, 야, 여, 요, 유'인 경우에는, 'ㄴ' 음을 첨가하여 [니, 냐, 녀, 뇨, 뉴]로 발음한다.

자료 겉옷[거돋], 국밥만[국빰만], 백분율[백뿐뉼]
색연필[생년필], 헛일[헌닐]

① ⓐ : 국밥만, 색연필, 헛일
② ⓑ : 국밥만, 백분율
③ ⓒ : 겉옷, 헛일
④ ⓓ : 겉옷, 백분율
⑤ ⓔ : 백분율, 색연필, 헛일

385 [2023년 9월 고3 모평 37번]

<학습 활동>을 수행한 결과로 적절한 것은?

학습 활동

'교체, 탈락, 첨가, 축약'과 같은 네 가지 유형의 음운 변동을 탐구해 보면, 한 단어에서 서로 다른 유형의 음운 변동이 일어나기도 하고 같은 유형의 음운 변동이 두 번 이상 일어나기도 한다.

- 한 단어에 음운 변동이 한 번 일어난 예
  예 빗[빋], 여덟[여덜], 맨입[맨닙], 축하[추카]
- 한 단어에 서로 다른 유형의 음운 변동이 일어난 예
  예 밟는[밤:는], 닭장[닥짱]
- 한 단어에 같은 유형의 음운 변동이 두 번 이상 일어난 예
  예 앞날[암날], 벚꽃[벋꼳]

이를 참고하여 ㉠~㉤에 해당하는 예를 두 개씩 생각해 보자.
㉠ '교체가 한 번, 탈락이 한 번' 일어난 것
㉡ '교체가 한 번, 첨가가 한 번' 일어난 것
㉢ '교체가 한 번, 축약이 한 번' 일어난 것
㉣ '교체가 두 번, 탈락이 한 번' 일어난 것
㉤ '교체가 두 번, 첨가가 한 번' 일어난 것

① ㉠ : 재밌는[재민는], 얽매는[엉매는]
② ㉡ : 불이익[불리익], 견인력[겨닌녁]
③ ㉢ : 똑같이[똑까치], 파묻힌[파무친]
④ ㉣ : 읊조려[읍쪼려], 겉늙어[건늘거]
⑤ ㉤ : 버들잎[버들립], 덧입어[던니버]

음운 영역 핵심 기출 문제

386 [2023년 10월 고3 학평 37번]

㉠과 ㉡에 모두 해당하는 예만을 <보기>의 탐구 자료에서 고른 것은?

보 기

[탐구 내용]

국어의 음운 변동은 교체, 탈락, 첨가, 축약의 네 가지 유형으로 나눌 수 있다. 어떤 단어는 여러 음운 변동이 일어나는데 위의 네 가지 유형 중 ㉠두 유형 이상의 음운 변동이 일어나는 경우, ㉡한 유형의 음운 변동이 여러 번 일어나는 경우도 있다.

[탐구 자료]

꽃향기[꼬탕기], 똑같이[똑까치],
흙냄새[흥냄새], 첫여름[천녀름],
넓죽하다[넙쭈카다], 읊조리다[읍쪼리다]

① 꽃향기, 똑같이
② 꽃향기, 흙냄새
③ 첫여름, 넓죽하다
④ 첫여름, 읊조리다
⑤ 넓죽하다, 읊조리다

387 [2024년 3월 고3 학평 37번]

<학습 활동>을 수행한 결과로 적절한 것은?

학습 활동

아래의 단어들을 발음할 때에는 음절의 끝소리 규칙, 된소리되기, 거센소리되기, 자음군 단순화가 일어난다. ㉠~㉣에 해당하는 음운 변동이 각각 무엇인지 찾고, ㉠~㉣ 중 두 가지가 일어나는 예를 생각해 보자.

흙화덕[흐콰덕], 드넓다[드널따]
끊겼다[끈켣따], 겉치레[걷치레]

○ '흙화덕'과 '드넓다'에서 공통적으로 일어나는 음운 변동 : ㉠
○ '흙화덕'과 '끊겼다'에서 공통적으로 일어나는 음운 변동 : ㉡
○ '끊겼다'와 '겉치레'에서 공통적으로 일어나는 음운 변동 : ㉢
○ '끊겼다'와 '드넓다'에서 공통적으로 일어나는 음운 변동 : ㉣

① ㉠, ㉡이 모두 일어난 예 : 밝히다[발키다]
② ㉠, ㉢이 모두 일어난 예 : 닭고기[닥꼬기]
③ ㉠, ㉣이 모두 일어난 예 : 깎고서[깍꼬서]
④ ㉡, ㉢이 모두 일어난 예 : 숱하다[수타다]
⑤ ㉡, ㉣이 모두 일어난 예 : 단팥죽[단팓쭉]

388 [2024년 6월 고3 모평 38번]

<보기>의 [A]에 들어갈 말로 적절한 것은?

보 기

선생님 : 한 단어에서 둘 이상의 음운 변동이 일어날 때 이들 간에 순서가 있을 수 있어요. 경우에 따라 먼저 일어난 음운 변동 결과로 다른 음운 변동이 일어날 조건이 마련되기도 하지요. 예컨대, '찾는'은[찬는]으로 발음되는데, 음절의 끝소리 규칙이 일어나 비음화가 일어날 조건이 마련된 것이에요. ㉠~㉤에서 이런 순서나 조건을 확인할 수 있으니 ⓐ자음군 단순화, ⓑ된소리되기, ⓒ비음화, ⓓ음절의 끝소리 규칙을 활용해 설명해 봅시다.

㉠ 실없네[시럼네]	㉡ 깊숙이[깁쑤기]
㉢ 짓밟지[진빱찌]	㉣ 꺾는[껑는]
㉤ 훑고[훌꼬]	

학생 : [A]
선생님 : 네, 맞아요.

① ㉠은 ⓐ가 일어나 ⓒ가 일어날 조건이 마련된 것이네요.
② ㉡은 ⓑ가 일어나 ⓓ가 일어날 조건이 마련된 것이네요.
③ ㉢은 ⓓ가 일어나 ⓐ가 일어날 조건이 마련된 것이네요.
④ ㉣은 ⓒ가 일어나 ⓓ가 일어날 조건이 마련된 것이네요.
⑤ ㉤은 ⓑ가 일어나 ⓐ가 일어날 조건이 마련된 것이네요.

389 [2024년 7월 고3 학평 37번]

다음은 수업 상황의 일부이다. ㉠에 들어갈 말로 적절하지 않은 것은?

선생님 : 표준 발음법을 살펴보고 [자료]처럼 된소리로 발음 해야 하는 이유를 발표해 볼까요?

표준 발음법
제24항 어간 받침 'ㄴ(ㄵ), ㅁ(ㄻ)' 뒤에 결합되는 어미의 첫소리 'ㄱ, ㄷ, ㅅ, ㅈ'은 된소리로 발음한다.
제25항 어간 받침 'ㄼ, ㄾ' 뒤에 결합되는 어미의 첫소리 'ㄱ, ㄷ, ㅅ, ㅈ'은 된소리로 발음한다.
제27항 관형사형 '-(으)ㄹ' 뒤에 연결되는 'ㄱ, ㄷ, ㅂ, ㅅ, ㅈ'은 된소리로 발음한다.
[붙임] '-(으)ㄹ'로 시작되는 어미의 경우에도 이에 준한다.

[자료]
할게[할께] 훑고[훌꼬] 신다[신:따]
다듬지[다듬찌] 만날 사람[만날싸람]

학생 : (㉠)
선생님 : 네, 잘했어요.

① '할게'는 관형사형 '-ㄹ' 뒤에 'ㄱ'이 오기 때문에 제27항에 따라 된소리로 발음해야 해요.
② '훑고'는 어간 받침 'ㄾ' 뒤에 어미의 첫소리 'ㄱ'이 오기 때문에 제25항에 따라 된소리로 발음해야 해요.
③ '신다'는 어간 받침 'ㄴ' 뒤에 어미의 첫소리 'ㄷ'이 오기 때문에 제24항에 따라 된소리로 발음해야 해요.
④ '다듬지'는 어간 받침 'ㅁ' 뒤에 어미의 첫소리 'ㅈ'이 오기 때문에 제24항에 따라 된소리로 발음해야 해요.
⑤ '만날 사람'은 관형사형 '-ㄹ' 뒤에 'ㅅ'이 오기 때문에 제27항에 따라 된소리로 발음해야 해요.

390 [2024년 9월 고3 모평 37번]

<학습 활동>을 수행한 결과로 적절하지 않은 것은?

학습 활동

국어에는 ㉠유음화, ㉡'ㄹ'의 비음화, ㉢구개음화, ㉣음절의 끝소리 규칙, ㉤ㄴ 첨가 같은 다양한 음운 변동이 있다. 대부분의 표준 발음에는 이러한 음운 변동이 적용돼 있다. 그런데 음운 변동이 잘못 적용되거나, 적용되지 않아 비표준 발음이 나타나기도 한다. 이를 고려하여 [자료]의 ⓐ~ⓔ가 비표준 발음이 되는 이유를 설명해 보자.

[자료]

예	표준 발음	비표준 발음
ⓐ 인류가	[일류가]	[인뉴가]
ⓑ 순환론	[순환논]	[순활론]
ⓒ 꼬끝이	[코끄치]	[코끄티]
ⓓ 들녘을	[들녀클]	[들녀글]
ⓔ 봄여름	[봄녀름]	[보며름]

① ⓐ는 ㉠이 적용돼야 하는데 ㉡이 적용되었기 때문이다.
② ⓑ는 ㉡이 적용돼야 하는데 ㉠이 적용되었기 때문이다.
③ ⓒ는 ㉢이 적용돼야 하는데 그렇지 않았기 때문이다.
④ ⓓ는 ㉣이 적용돼야 하는데 그렇지 않았기 때문이다.
⑤ ⓔ는 ㉤이 적용돼야 하는데 그렇지 않았기 때문이다.

음운 영역 핵심 기출 문제

391 [2024년 수능 38번]

<학습 활동>을 수행한 결과로 적절한 것은?

학습 활동

조음 방법 \ 조음 위치	양순음	치조음	경구개음	연구개음	후음
파열음	ㅂ/ㅃ/ㅍ	ㄷ/ㄸ/ㅌ		ㄱ/ㄲ/ㅋ	
파찰음			ㅈ/ㅉ/ㅊ		
마찰음		ㅅ/ㅆ			ㅎ
비음	ㅁ	ㄴ		ㅇ	
유음		ㄹ			

국어 자음은 조음 위치와 조음 방법에 따라 분류할 수 있다. 이를 정리한 위 표를 바탕으로 [자료]의 자음 교체 양상을 알아보자.

[자료]

ⓐ 덧쌓는[덛싼는] ⓑ 속력도[송녁또] ⓒ 읽었고[일걷꼬]
ⓓ 겉옷만[거돈만] ⓔ 맞붙임[맏뿌침]

① ⓐ에는 조음 위치와 조음 방법이 모두 변하는 자음 교체가 있다.

② ⓑ에는 조음 위치는 변하고 조음 방법은 변하지 않는 자음 교체가 있다.

③ ⓒ에 나타나는 자음 교체는 모두, 조음 위치와 조음 방법이 변한다.

④ ⓓ에 나타나는 자음 교체는 모두, 조음 위치와 조음 방법이 변하지 않는다.

⑤ ⓔ에 나타나는 자음 교체는 모두, 조음 위치는 변하지 않고 조음 방법만 변한다.

MEMO

언매 1000제

Part 04

의미 및 담화

의미 및 담화 필수 개념

핵심 기출 문제

다의어, 동음이의어, 반의어, 유의어
담화의 구성 요소
사전의 활용

의미 및 담화 필수 개념

1 단어의 의미

(1) 다의어와 동음이의어

다의어	여러 개의 의미를 지니고 있는 단어. 중심적 의미와 하나 이상의 주변적 의미를 가진다. ① 중심적 의미 : 가장 기본적이고 핵심적인 의미 예 아기의 귀여운 손, 손바닥, 손가락 → 손[手] ② 주변적 의미 : 중심적 의미에서 확장되어 사용된 의미 예 손이 모자란다. / 그 사람과 손을 끊겠다. / 손이 크다. (노동력) (관계) (씀씀이)
동음이의어	소리는 같지만 의미가 완전히 다른 단어들이 가지는 관계 예 배가 아프다. / 배가 주렁주렁 열렸다. / 배가 항구에 들어왔다. (사람의 복부) (열매) (선박)
구별 기준	다의어는 공시적으로 의미들이 서로 관련이 있는 반면, 동음이의어는 공시적으로 의미들이 관련이 없다. ⇒ 사전에서 다의어는 하나의 표제어로, 동음이의어는 다른 표제어로 삼는다.

(2) 유의 관계

개념	의미가 비슷한 둘 이상의 단어가 맺는 의미 관계 예 가난하다-빈곤하다-빈궁하다-어렵다-곤궁하다-궁핍하다
유의어가 발달한 이유	① 고유어와 함께 한자어나 외래어가 함께 사용됨. 예 아내-처-와이프, 가락-선율-멜로디 ② 높임법이 발달되어 있음. 예 나 / 저 / 본인 / 이 사람 ③ 감각어가 발달되어 있음. 예 노랗다 / 노르께하다 / 노르무레하다 / 노르스름하다 ④ 국어 순화로 인하여 새말이 생성됨. 예 세모꼴-삼각형 ⑤ 금기어에 대해 완곡어가 생성됨. 예 변소: 뒷간, 해우소, 화장실

유의어의 의미 차이 구별 방법

- 교체하기

  (가) 건물 {안/속}으로 들어가다. (나) 한 시간 {안/*속}으로 돌아올게.

  → (가)는 '안'과 '속'을 교체해도 되지만, (나)는 '안'과 '속'을 교체하면 부자연스러운 문장이 됨.
- 반의어 찾기

  선물을 받은 그는 무척 {기뻐했다 / 좋아했다}. ↔ 선물을 받은 그는 무척 {슬펴했다 / 싫어했다}.

  → 각각의 반의어를 통해 유의어인 '기뻐하다'와 '좋아하다'의 의미 차이를 알 수 있음.

(2) 반의 관계

① 개념 : 두 단어가 서로 상대되는 의미를 가지고 있는 관계를 반의 관계라 하고, 이런 단어들을 반의어라 한다. 예 남자 : 여자, 오다 : 가다, 살다 : 죽다, 결석하다 : 출석하다

② 반의 관계의 성립*

반의 관계는 어떤 비교 기준이 하나일 때 성립한다. '할아버지'와 '할머니'는 성(性) 하나만 다르므로 반의어가 된다. 그러나 '청년'과 '할머니'는 성 이외에 나이까지 다르므로 반의어가 될 수 없다. 반의 관계는 결국 단어가 가지고 있는 여러 의미 특질 중, 어느 한 특질에 의해 성립함을 알 수 있다.

* 반의 관계의 성립
- 소년-소녀

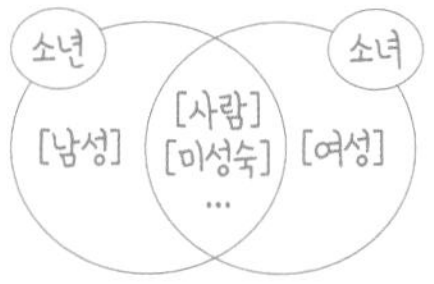

→ '남성-여성'이라는 성별 외의 나머지 요소들은 같으므로 반의 관계가 성립함.

- 소년-할머니

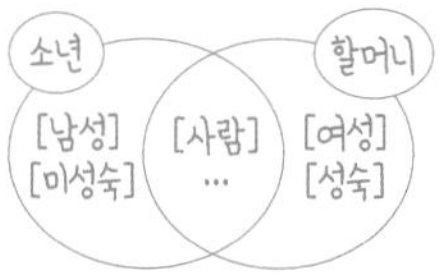

→ 성별 외에 성숙 여부에서도 차이가 있으므로 반의 관계가 성립하지 않음.

③ 종류

상보 반의어	개념적 영역이 상호 배타적이고 중간 항이 없는 반의어 예 살다 ↔ 죽다, 남자 ↔ 여자, 합격 ↔ 불합격
방향 반의어	방향상의 대립 관계를 나타내는 반의어 예 가다 ↔ 오다, 들어가다 ↔ 나오다, 머리 ↔ 발끝
등급 반의어	정도나 등급을 나타내는 반의어 예 길다 ↔ 짧다, 두껍다 ↔ 얇다, 좋다 ↔ 나쁘다

(4) 상하 관계

개념	의미 관계로 보아 한 단어가 다른 단어에 포함될 때에 하의 관계라 하고, 이 경우 포함되는 단어를 하의어, 포함하는 단어를 상의어라고 함.
특징	① 하의어는 상의어에 비해 의미가 더 구체적이다. ② 상의어와 하의어의 관계는 계층적 구조를 형성한다. 상의어는 여러 개의 하의어를 가질 수 있고, 반대로 하의어도 여러 개의 상의어를 가질 수 있다. 예 '물고기'의 하의어 → 민물고기, 붕어, 금붕어…… '금붕어'의 상의어 → 붕어, 민물고기, 물고기……

(5) 국어사전 활용하기

❶ 표제어 - 표제어는 기본형으로 제시됨.
붓다01 [붇ː따-] 부어, 부으니, 붓는[분ː-] ❷ 발음 정보 ❸ 활용 형태
❹ 품사 정보 「동사」 ❺ 문형 정보 (주어 하나만을 필수적으로 필요로 하므로, 한 자리 서술어임.)
㉠ 살가죽이나 어떤 기관이 부풀어 오르다.
❻ 예 ¶ 얼굴이 **붓다.** / 병으로 간이 **붓다.** — 다의 관계
㉡ (속되게) 성이 나서 뾰로통해지다.
¶ 왜 잔뜩 **부어** 있나?/ 약속 시간보다 늦게 갔더니 친구가 기다리다 지쳐 잔뜩 **부어** 있었다.

붓다01과 붓다02는 동음이의어 관계임.

❷ 발음 정보 ❸ 활용 형태
붓다02 [붇ː따-] 부어, 부으니, 붓는[분ː-]
❹ 품사 정보 「동사」【…에/에게 …을】 ❺ 문형 정보 (주어, 부사어, 목적어를 필수적으로 필요로 하므로, 세 자리 서술어임.)
㉠ 액체나 가루 따위를 다른 곳에 담다.
❻ 예 ¶ 자루에 밀가루를 **붓다.** / 가마솥에 물을 **붓다.** — 다의 관계
㉡ 모종을 내기 위하여 씨앗을 많이 뿌리다.
¶ 볍씨를 **붓다.** / 모판에 배추씨를 **붓다.**

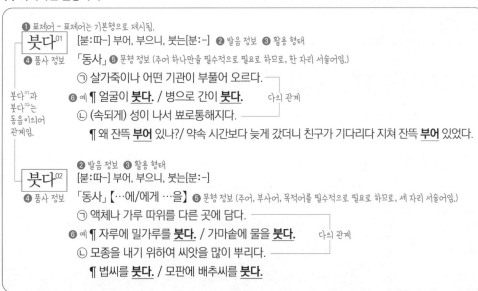

❶ **단어의 의미 관계 파악** → 동음이의어와 다의어 여부를 알 수 있음.
⇒ 사전에 실린 단어를 '표제어'라고 하며, 여기서 '붓다01, 붓다02'가 표제어이다. 붓다01에서 ㉠, ㉡은 다의 관계에 있으며, 붓다01과 붓다02 둘은 동음이의어 관계임을 알 수 있다.

❷ **발음 정보** → [ ]
⇒ 붓다01과 붓다02는 모두 발음이 [붇ː따-]로 발음되며, '붓-[붇ː-]'이 장음으로 발음됨을 알 수 있다.

❸ **활용 형태***
⇒ 활용의 양상(규칙/불규칙 활용)을 알 수 있다. 붓다01과 붓다02는 '부어, 부으니, 붓는[분ː-]'으로 활용하며, 둘 다 불규칙 활용을 하는 용언이다.

* '걷다1'과 '걷다2'의 활용형 비교

걷다1: 걷어 - 걷으니 - 걷는
→ 활용할 때 어간이나 어미의 형태가 달라지지 않음. (규칙 활용)

걷다2: 걸어 - 걸으니 - 걷는
→ 모음으로 시작하는 어미 앞에서 어간 받침 'ㄷ'이 'ㄹ'로 바뀜. (불규칙 활용)

❹ **품사 정보**

⇒ 각 표제어의 품사 정보를 알 수 있다.

❺ **문형 정보**

⇒ 각각의 표제어가 필요로 하는 문장 성분을 알 수 있다. 표제어가 서술어인 경우 서술어 자릿수를 알 수 있다. (붓다[01]은 주어만 필요로 하는 한 자리 서술어이고, 붓다[02]는 주어, 부사어, 목적어를 필요로 하는 세 자리 서술어이다.)

❻ **예문 → ¶**

⇒ 사전의 뜻풀이에 맞는 표제어의 용례를 알 수 있다.

2 담화

(1) 개념 : 국어 의사소통의 기본 단위인 '발화'가 모여 이루어진 것이다. 담화에 제시된 언어적 표현만으로는 그 의미가 명확하지 않은 경우도 있고 경우에 따라서는 비언어적 맥락을 고려해서 해석해야만 해당 담화의 의미가 드러나는 경우도 있다. 따라서 정확한 이해를 위해서는 화자(필자), 청자(독자)뿐만 아니라 맥락을 종합적으로 고려할 필요가 있다.

(2) 구성 요소

화자와 청자	메시지를 전달하는 사람과 전달 받는 사람
맥락	• 상황 맥락 : 의사소통이 이루어지는 구체적인 시간과 공간적 배경 • 사회·문화적 맥락 : 의사소통에 관여하는 사회·문화적인 상황
메시지	전달하고자 하는 내용

(3) 조건

통일성	발화들이 하나의 통일된 주제 아래 유기적으로 모여 있어야 함.
응집성	발화와 발화들이 형식적인 면에서 긴밀하게 연결되어야 함.

담화 맥락과 상황에 따른 다양한 의미

"엄마, 비가 와요."	
맥락	**의미**
밖에 빨래가 널려 있음.	"빨래 걷으세요."
학교에 가려고 함.	"우산 좀 주세요."
어머니가 심부름을 시킴.	"심부름을 가기 싫어요."

(4) 발화의 종류

① 직접 발화

• 문장 유형과 발화 의도가 일치한다. (명령형 어미를 사용하여 '명령' 행위를 함.)
• 상황보다 의도가 우선적으로 고려된다.
• 화자의 의도가 직접적으로 표현된다. 예 창문 좀 닫아라.

② 간접 발화

• 문장 유형과 발화 의도가 불일치한다. (의문형 어미를 사용하였지만 실제로는 '명령' 행위를 함.)
• 의도를 상황에 맞춰 표현한다.
• 화자의 의도가 간접적으로 표현된다. 예 창문 좀 닫을래?, 차가운 공기가 들어온다.

MEMO

의미 및 담화 핵심 기출 문제

다의어, 동음이의어, 반의어, 유의어

392 [2017년 3월 고1 학평 15번]

<보기>의 (가), (나)에 들어갈 내용으로 적절한 것은?

보 기

단어는 문맥에 따라 여러 가지 뜻을 가진다. 그래서 반의어도 여럿이 될 수 있다. 예를 들어 '시계가 서다.'에서 '서다'의 반의어는 '가다'인데, '기강이 서다.'에서 '서다'의 반의어는 '무너지다'가 된다. '벗다'도 문맥에 따라 여러 가지 뜻을 가지기 때문에 반의어가 여럿이다.

단어	예문	반의어
벗다	외투를 벗다.	입다
	(가)	쓰다
	배낭을 벗다.	(나)

	(가)	(나)
①	누명을 벗다.	메다
②	안경을 벗다.	끼다
③	장갑을 벗다.	차다
④	모자를 벗다.	걸다
⑤	허물을 벗다.	들다

393 [2021년 6월 고1 학평 15번]

<보기>를 바탕으로 단어의 의미를 이해하려 할 때, ㉠과 ㉡의 예로 바르게 짝지어진 것은?

보 기

다의어는 두 가지 이상의 뜻을 가진 단어를 가리킨다. 다의어는 단어가 원래 뜻하는 ㉠중심적 의미와 중심적 의미에서 파생된 ㉡주변적 의미를 갖는다. '날아가는 새를 보다'에서 '보다'는 '눈으로 대상의 존재, 형태를 알다'라는 중심적 의미로 사용되었다. 그러나 '의사가 환자를 보다'에서 '보다'는 '진찰하다'라는 주변적 의미로 사용되었다.

	㉠	㉡
①	창문을 열어 환기를 하자.	회의를 열어 그를 회장으로 추천하자.
②	마음을 굳게 먹고 열심히 연습했다.	국이 매워서 많이 먹지 못하겠다.
③	미리 숙소를 잡고 여행지로 출발했다.	오디션에 참가할 기회를 잡았다.
④	그는 이번 인사발령으로 총무과로 갔다.	그는 아침 일찍 일터로 갔다.
⑤	창밖을 내다보니 동이 트려면 아직도 멀었다.	학교에서 버스정류장까지가 매우 멀었다.

394 [2023년 3월 고1 학평 15번]

밑줄 친 부분이 <보기>의 ㉠, ㉡에 해당하는 예로 적절하지 않은 것은?

보 기

'위 - 아래'나 '앞 - 뒤'는 방향상 대립하는 반의어이다. '위 - 아래'나 '앞 - 뒤'가 단독으로 쓰이거나 다른 단어와 결합해서 쓰일 때, 문맥에 따라서 ㉠'위'나 '앞'이 '우월한'의 의미를, ㉡'아래'나 '뒤'가 '열등함'의 의미를 갖거나 강화하기도 한다.

① ㉠ : 그가 머리 쓰는 게 너보다 한 수 위다.
② ㉠ : 이 회사의 기술 수준은 다른 곳에 앞선다.
③ ㉡ : 이번 행사는 치밀한 계획 아래 진행되었다.
④ ㉡ : 그녀는 남에게 뒤떨어지지 않고자 노력했다.
⑤ ㉡ : 우리 팀의 승률이 조금씩 뒷걸음질 치고 있다.

395 [2015년 9월 고2 학평 13번]

<보기 1>은 '마음'의 유의어를 나타낸 것이다. 이를 참고하여 <보기 2>의 '마음'을 유의어로 바꿀 때 적절하지 않은 것은?

보기 1

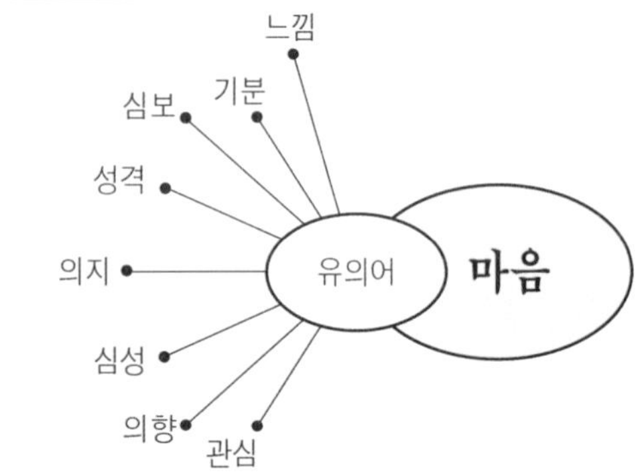

보기 2

○ 그는 ㉠마음이 곱고 바르다.
○ 아이가 공부에는 ㉡마음이 없고 노는 데만 정신이 팔렸다.
○ 그는 이번 일을 성사시키려는 ㉢마음을 보였다.
○ 그는 친구의 냉담한 태도에 ㉣마음이 상했다.
○ 나를 만날 ㉤마음이 있으면 여기로 와.

① ㉠은 '타고난 마음씨'를 의미하므로 '심성'으로 바꿀 수 있다.
② ㉡은 '어떤 것에 마음이 끌려 주의를 기울임'을 의미하므로 '관심'으로 바꿀 수 있다.
③ ㉢은 '마음을 쓰는 속 바탕'을 의미하므로 '심보'로 바꿀 수 있다.
④ ㉣은 '대상· 환경 따위에 따라 마음에 절로 생기며 한동안 지속되는 감정'을 의미하므로 '기분'으로 바꿀 수 있다.
⑤ ㉤은 '마음이 향하는 바. 또는 무엇을 하려는 생각'을 의미하므로 '의향'으로 바꿀 수 있다.

396 [2015년 6월 고3 모평 A형 13번]

<보기>의 ㉠, ㉡에 해당하는 예로 적절하지 않은 것은?

> **보 기**
>
> 단어는 다양한 맥락에서 사용되면서 ㉠중심적 의미가 ㉡주변적 의미로 확장되어 다의 관계를 이루기도 한다. 일례로 자연과 관련된 단어가 자연물이나 자연 현상을 그대로 나타내는 중심적 의미로 쓰이다가 비유적으로 확장되어 주변적 의미로 사용되기도 한다.
>
> (가) 여름이 오기 전에 홍수를 대비한다.
> (나) 우리는 정보의 홍수 시대에 살고 있다.
>
> (가)의 '홍수'는 중심적 의미로, (나)의 '홍수'는 주변적 의미로 사용되었다.

① ㉠ : 천체 망원경으로 밤하늘의 별을 관찰했다.
㉡ : 어제 물리학계의 큰 별이 졌다.

② ㉠ : 천둥과 번개를 동반한 비가 내렸다.
㉡ : 그는 도망가는 데만큼은 정말 번개야.

③ ㉠ : 그는 자신의 뿌리를 찾고자 노력한다.
㉡ : 잡초가 다시 자라지 않도록 뿌리를 뽑았다.

④ ㉠ : 일출을 기다리는 우리 앞에 붉은 태양이 떠올랐다.
㉡ : 그녀는 그가 자기 마음의 태양이라고 말했다.

⑤ ㉠ : 들판에는 풀잎마다 이슬이 맺혔다.
㉡ : 그녀의 두 눈에 맺힌 이슬이 뜨겁게 흘러 내렸다.

397 [2016년 3월 고3 학평 14번]

<보기>를 바탕으로 '속'과 '안'에 대해 탐구한 내용으로 적절하지 않은 것은?

> **보 기**
>
> ㄱ. 건물 {속/안}으로 들어가다.
> ㄴ. 한 시간 {*속/안}에 돌아올게.
> ㄷ. 벙어리 냉가슴 앓듯 혼자 {속/*안}을 썩였다.
> ㄹ. 오랜만에 과식했더니 {속/*안}이 더부룩하다. 외국에 살아도 우리나라 {*속/안}의 일을 훤히 안다.
> ㅁ. 겉으로는 태연한 척하지만 **속**으로는 겁을 먹었다. 어제는 바깥에 나가지 않고 온종일 집 **안**에 있었다.
>
> * 는 부자연스러운 쓰임

① ㄱ을 보니 '속'과 '안'은 '사물이나 영역의 내부'라는 공통 의미를 지닌 유의어로군.

② ㄴ을 보니 '속'과 달리 '안'은 시간적 범위를 한정할 때 쓰이는군.

③ ㄷ을 보니 '안'과 달리 '속'은 관용구에 사용되어 사람의 마음을 가리킬 때 쓰이는군.

④ ㄹ을 보니 '속'은 추상적인 대상, '안'은 구체적인 대상의 내부를 가리키는군.

⑤ ㅁ을 보니 '속'은 '겉', '안'은 '바깥'과 각각 반의 관계에 있군.

398 [2016년 수능 11번]

<보기>의 ㉠, ㉡에 해당하는 예로 적절한 것은?

> **보 기**
>
> **학생** : 선생님, 다음 두 문장을 보면 모두 '가깝다'가 쓰였는데 의미가 좀 다른 것 같아요.
>
> (1) 우리 집은 학교에서 가깝다.
> (2) 그의 말은 거의 사실에 가깝다.
>
> **선생님** : (1)의 '가깝다'는 "어느 한 곳에서 다른 곳까지의 거리가 짧음"을 뜻하고, (2)의 '가깝다'는 "성질이나 특성이 기준이 되는 것과 비슷함"을 뜻한단다. 이는 본래 ㉠공간과 관련된 중심적 의미를 지니던 것이 ㉡추상화되어 주변적 의미도 지니게 된 것이라고 할 수 있지.
> **학생** : 아, 그렇군요. 그러면 '가깝다'는 여러 의미를 지닌 단어로군요.
> **선생님** : 그렇지. 그래서 '가깝다'는 다의어란다.

	㉠	㉡
①	물은 낮은 곳으로 흐른다.	환경에 대한 관심도가 낮다.
②	그는 성공할 가능성이 크다.	힘든 만큼 기쁨이 큰 법이다.
③	두 팔을 최대한 넓게 벌렸다.	도로 폭이 넓어서 좋다.
④	내 좁은 소견을 말씀드렸다.	마음이 좁아서는 곤란하다.
⑤	작은 힘이라도 보태고 싶다.	우리 학교는 운동장이 작다.

의미 및 담화 핵심 기출 문제

399 [2020년 7월 고3 학평 15번]

<보기 1>을 참고하여 <보기 2>를 이해한 내용으로 적절하지 않은 것은?

보기 1

언어의 의미는 끊임없이 변화한다. 원래 '주책'은 '일정하게 자리 잡힌 주장이나 판단력'이라는 의미였다. 그런데 '주책없다'처럼 '주책'이 주로 '없다'와 함께 쓰이다 보니 부정적인 의미도 갖게 되었다. 즉, '주책'은 '일정한 줏대가 없이 되는 대로 하는 짓'이란 의미도 갖게 되어 '주책없다'와 '주책이다'가 같은 의미로 쓰이게 되었다. 한편 '에누리'는 상인과 소비자가 물건값을 흥정하는 상황에서 자주 쓰이다 보니 '값을 올리는 일'이라는 의미뿐만 아니라 '값을 내리는 일'이라는 의미로도 쓰이게 되었다.

보기 2

ㄱ. 다른 사람의 말에 쉽게 흔들리는 것을 보니 그는 주책이 없구나.
ㄴ. 뜬금없이 그런 말을 하다니 그도 참 주책이다.
ㄷ. 에누리를 해 주셔야 다음에 또 오지요.
ㄹ. 그 가게는 에누리 없이 장사를 해서 적게 팔고도 많은 이윤을 남긴다.

① ㄱ의 '주책'은 '일정하게 자리 잡힌 주장이나 판단력'의 의미로 쓰였군.
② ㄴ의 '주책'은 부정적인 의미로 쓰였군.
③ ㄴ의 '주책이다'는 '주책없다'로도 바꿔 쓸 수 있겠군.
④ ㄷ의 '에누리'는 '값을 올리는 일'의 의미로 쓰였군.
⑤ ㄹ의 '에누리'는 '값을 내리는 일'의 의미로 볼 수 있겠군.

400 [2021년 6월 고3 모평 39번]

<보기>를 바탕으로 할 때, ㉠~㉢에 해당하는 단어가 사용된 예로 적절한 것은?

보 기

선생님 : 신체 관련 어휘는 ㉠신체 부위를 나타내는 중심적 의미가 ㉡주변적 의미로 확장될 수 있어요. 이때 ㉢소리는 같지만 중심적 의미가 다른 단어와 잘 구분해야 합니다. 그럼 아래에서 이러한 의미 관계를 확인해 봅시다.

코[1]
◦ 포유류의 얼굴 중앙에 튀어나온 부분.
◦ 콧구멍에서 흘러나오는 액체.

코[2]
◦ 그물이나 뜨개질한 물건의 눈마다의 매듭.

① ㉠ : 묽은 코가 옷에 묻어 휴지로 닦았다.
② ㉠ : 어부가 쳐 놓은 어망의 코가 끊어졌다.
③ ㉡ : 코끼리는 긴 코를 자유자재로 사용한다.
④ ㉡ : 동생이 갑자기 코를 다쳐서 병원에 갔다.
⑤ ㉢ : 어머니께서 목도리를 한 코씩 떠 나가셨다.

401 [2024년 수능 37번]

밑줄 친 두 단어가 <보기>의 ㉠~㉤에 해당하는 것은?

보 기

동일한 모습의 단어가 다른 의미로 쓰일 때, 이들은 의미의 연관성이 없는 ㉠동음이의어 관계(㉾단풍 철 : 철 성분)나 연관성이 있는 ㉡다의어 관계(㉾머리를 깎다 : 배의 머리)에 놓인다. 다의어는 한 단어가 여러 의미를 지닌 것인데, 이때 그 구체적 의미가 달라 유의어나 반의어가 다른 경우가 있다. 용언이 다의어일 때는 ㉢필수 성분의 개수가 다르거나, 개수는 같고 종류가 다른 경우가 있다. 물론 다의어의 각 의미간에 유의어나 ㉣반의어가 같은 경우도 있고 ㉤필수 성분의 개수와 종류가 모두 동일한 경우도 있다.

① ㉠ ┌ 난로에 불을 피웠다.
　　 └ 그들의 사랑에 불이 붙었다.

② ㉡ ┌ 이곳엔 가위표를 치는 거야
　　 └ 구슬 치는 아이가 있다.

③ ㉢ ┌ 나는 종소리를 듣지 못했다.
　　 └ 충고까지 잔소리로 듣지 마.

④ ㉣ ┌ 배우가 엷은 화장을 했다.
　　 └ 아이가 엷은 잠에 들었다.

⑤ ㉤ ┌ 이곳은 벌써 따뜻한 봄이 왔다.
　　 └ 그의 성공은 부단한 노력에서 왔다.

담화의 구성 요소

402 [2014년 3월 고1 학평 11번]

<보기>의 ㉠~㉤에 대한 설명으로 적절하지 않은 것은?

보 기

지수 : 성모야, 내가 낀 장갑 어때?
성모 : ㉠그것 참 예쁘네. 어디서 샀어?
지수 : 우리 언니가 생일 선물로 준 건데, 우리 동네 시장에 있는 가게에서 샀대. 거기 가르쳐 줄까?
성모 : ㉡여기서 쉽게 찾아 갈 수 있을까?
지수 : ㉢저기 학교 앞 정류소에서 11번 버스를 타고 다섯 번째 정류소에서 내리면 편의점이 있을 거야. ㉣거기서 우측 골목으로 조금 더 가면 바로 ㉤그곳이야.

① ㉠은 '지수'가 끼고 있는 '장갑'을 가리키는 말이다.
② ㉡은 '성모'와 '지수'가 대화하고 있는 장소를 가르키는 말이다.
③ ㉢은 듣는 이인 '성모'와 가까이 있는 장소를 가리키는 말이다.
④ ㉣은 대화 상황에서 눈에 보이지 않는 장소로, '편의점'을 가리키는 말이다.
⑤ ㉤은 '지수'의 언니가 장갑을 산 '가게'를 가리키는 말이다.

403 [2014년 11월 고1 학평 14번]

㉠~㉤에 대한 설명으로 적절하지 않은 것은?

보 기

지완 : (밖에서 들어오며) 어휴, 춥다! (무릎 담요를 가리키며) ㉠그것 좀 줘봐.
원세 : (담요를 건네주며) 많이 추워? 그럼 ㉡저 난로 옆으로 가서 몸 좀 녹여. 일기예보에서는 날이 풀린다고 하던데.
지완 : 나도 ㉢그렇게 뉴스에서 들었거든. 그런데도 좀 춥네.
원세 : ㉣그나저나 너, 다음 주에 제출할 작품은 다 완성했니?
지완 : ㉤그거? 천천히 하면 되지 뭐.
원세 : (웃으며) 넌 여전히 발등에 불이 떨어져야 일을 하는구나.

① ㉠은 '지완'이 지시하는 대상이 '원세'에게 가까이 있음을 나타낸다.
② ㉡은 '원세'가 지시하는 대상을 '지완'이도 볼 수 있음을 전제로 한다.
③ ㉢은 '원세'가 직전에 한 말을 대신 표현하여 담화의 중복을 피한다.
④ ㉣은 지금까지 둘이 나눈 대화의 화제를 다른 데로 돌리는 기능을 한다.
⑤ ㉤은 '지완'이 지시하는 대상이 자신이 이미 언급했던 대상임을 나타낸다.

404 [2015년 11월 고1 학평 14번]

<보기>의 ㉠~㉤에 대한 설명으로 적절하지 않은 것은?

보 기

효준 : 여기 운동화 정말 많다. 뭘 사야 할지 모르겠어.
유로 : 그래? 그럼 내가 하나 골라 줄까? ㉠저건 어때?
효준 : ㉡저기 진열되어 있는 거 말이야?
유로 : 그래. 가서 한번 신어봐.
효준 : (진열대 앞으로 가서) ㉢이거 말하는 거지?
유로 : (뒤따라오며) 응, ㉣그거.
효준 : 디자인은 괜찮네. 근데 가격이 조금 비싼 것 같지 않아?
유로 : 그러면 전에 우리 같이 갔었던 □□매장에서 할인 행사 중이던데 ㉤거기 한번 가보자.
효준 : 좋아. 같은 물건이면 싼 것이 더 좋지.

① ㉠은 '효준'과 '유로' 모두에게 멀리 있는 사물을 가리키는 표현이다.
② ㉡을 사용하여 '효준'이 지시한 장소는 ㉤이 나타내는 장소와 동일하다.
③ ㉢은 '유로'보다 '효준'에게 가까이 있는 사물을 가리키는 표현이다.
④ ㉣을 사용하여 '유로'가 가리킨 사물은 ㉢이 나타내는 사물과 동일하다.
⑤ ㉤은 '효준'과 '유로'의 눈에 현재 보이지 않는 장소를 가리키는 표현이다.

405 [2016년 11월 고1 학평 14번]

<보기>의 ㉠~㉧에 대한 설명으로 적절하지 않은 것은?

보 기

학생 : 안녕하세요? 인터뷰 때문에 원장님을 ㉠뵈러 왔습니다.
직원 : 지금 ㉡계시긴 한데 혹시 미리 약속은 하셨나요?
학생 : ㉢이틀 전에 제가 원장님과 통화를 했는데, 오늘 오라고 ㉣말씀하셨어요.
직원 : 아, 그러세요? ㉤저쪽으로 들어가시면 됩니다.
학생 : (노크 후 방 안으로 들어서며) 원장님, 안녕하세요? 오늘 뵙기로 한 김○○입니다.
원장 : 아, ㉥김 선생님 따님이군요. ㉦지난번에 전화로 약속을 잡았었죠? 이쪽에 앉으세요.
학생 : 고맙습니다. 그럼 그때 ㉧말씀을 드렸던 주제로 인터뷰를 시작하겠습니다.

① ㉠과 ㉡은 동일한 인물을 높이기 위해 사용한 표현이다.
② ㉢과 ㉦은 동일한 날을 지칭하는 표현이다.
③ ㉣과 ㉧은 화자가 자신의 행위를 낮추기 위해 사용한 표현이다.
④ ㉤은 화자와 청자로부터 멀리 떨어진 곳을 지시하는 표현이다.
⑤ ㉥은 현재의 담화 상황에 참여하지 않는 인물을 지칭하는 표현이다.

406 [2022년 3월 고1 학평 15번]

㉠~㉦에 대한 설명으로 적절하지 <u>않은</u> 것은?

보 기

지현 : 저기 ㉠<u>버스</u> 온다. 얼른 타자. 우리가 오늘 영화를 볼 장소로 가는 버스야.
경준 : ㉡<u>차</u>에 사람이 많아 보여. 차라리 택시를 타자.
지현 : 좋아. 그런데 ㉢<u>이곳</u>이 원래 사람이 이렇게 많았나?
경준 : ㉣<u>여기</u>가 혼잡한 데는 아닌데 주말이라 그런 것 같아. 급하게 와서 그런지 목이 마르네. 물병 좀 꺼내 줄래? 배낭을 열면 물병이 두 개 있어.
지현 : 잠시만. ㉤<u>이</u> 중에서 더 작은 ㉥<u>것</u>을 주면 돼?
경준 : 응, 고마워. 그런데 ㉦<u>우리</u>가 오늘 보기로 한 영화는 누가 추천한 거야?
지현 : ㉧<u>자기</u>가 봤는데 재미있더라면서 민재가 추천해 줬어.

① ㉡은 '버스'의 상위어로서 ㉠을 가리킨다.
② ㉢과 ㉣은 다른 단어이지만, 같은 곳을 가리킨다.
③ ㉤은 '배낭'을, ㉥은 '물병'을 가리킨다.
④ ㉦은 화자와 청자를 모두 포함한다.
⑤ ㉧은 '민재'를 가리킨다.

407 [2024년 6월 고1 학평 15번]

<보기>의 ㉠~㉦에 대한 설명으로 적절하지 <u>않은</u> 것은?

보 기

(두 친구가 이전의 약속을 떠올리며 일정을 잡는 상황)
학생 1 : ㉠<u>우리</u> 저번에 놀자고 했던 거 있잖아. ㉡<u>그거</u> 내일이지?
학생 2 : 벌써 그렇게 됐네. ㉢<u>어디</u>서 보자고 했지?
학생 1 : 학교 앞 정류장에서 보자고 했잖아. ㉣<u>거기</u> 근처 식당에서 밥 먹고, 영화 보고, 문구점 가서 구경하기로 했잖아.
학생 2 : 맞아, 그랬지. 가서 둘러보다가 살 거 있으면 각자 사도 되고…… 사고 싶은 거 있어?
학생 1 : 아직은 ㉤<u>무엇</u>을 살지 모르겠어. ㉥<u>그때</u> 문구점 가서 봐야 알 것 같아. 아무튼, 그럼 내일 몇 시에 만날까?
학생 2 : 12시 어때? 그러면 딱 점심 먹기 좋을 시간인데.
학생 1 : 좋아. 그럼 ㉦<u>그때</u> 보자. 잘 자.

① ㉠은 화자와 청자를 모두 포함한다.
② ㉡은 이전에 화자와 청자가 한 약속을 가리킨다.
③ ㉣은 ㉢에 대한 답인 학교 앞 정류장을 가리킨다.
④ ㉤은 아직 정해지지 않은 대상을 가리킨다.
⑤ ㉥은 약속 시간인 내일 12시를 의미하며, ㉦과 같은 대상을 가리킨다.

408 [2014년 3월 고2 학평 B형 14번]

<보기 1>의 밑줄 친 부분의 예를 <보기 2>에서 고른다고 할 때, 가장 적절한 것은? [3점]

보기 1

발화(發話)는 발화자의 어떤 의도를 담고 있다. 따라서 발화자가 상대방(청자)에게 무엇인가를 요구할 때, 일반적으로 명령문을 사용하여 발화자의 의도를 직접 드러낸다. 하지만 담화 상황에 따라 <u>발화자가 요구하는 바를 평서문을 통해 상대방에게 간접적으로 표현</u>하거나 의문문을 통해 상대방에게 간접적으로 표현할 수도 있다.

보기 2

○ **모임에서 만나 둘이 이야기를 하는 상황**
남자 A : ㉠<u>저는 ○○ 고등학교에 다닙니다.</u>
남자 B : 그 학교는 어디에 있나요?

○ **병원에서 의사가 환자를 진료하는 상황**
의사 : ㉡<u>예전보다 많이 좋아지셨네요.</u>
환자 : 전부 의사 선생님 덕분입니다.

○ **개학 후 교사가 학생들을 처음 대면한 상황**
교사 : ㉢<u>여러분, 많이 보고 싶었어요.</u>
학생 : 선생님, 저희도 그래요.

○ **귀가한 아들이 어머니에게 말하는 상황**
아들 : ㉣<u>엄마, 배가 너무 고파요.</u>
엄마 : 그래, 금방 차려 줄게.

○ **여행객이 아름다운 경치를 보고 있는 상황**
여행객 A : ㉤<u>이곳은 정말 아름답습니다.</u>
여행객 B : 그래요. 정말 아름답네요.

① ㉠ ② ㉡ ③ ㉢
④ ㉣ ⑤ ㉤

409 [2014년 6월 고2 학평 B형 15번]

<보기>를 참고할 때, ㉠~㉤ 중 표현하는 방식이 나머지 넷과 다른 것은?

> **보 기**
>
> 화자는 자신의 의도를 직접적으로 표현할 수도 있고 간접적으로 표현할 수 있다. 예를 들어, 방이 지저분해서 청소하라고 말하고 싶을 때, 엄마가 아들에게 "방 정리 좀 해라."처럼 명령형 어미 '-(아/어)라'를 사용하여 의도를 직접적으로 표현할 수도 있고, "방이 너무 지저분하네."처럼 평서형 어미 '-네'를 사용하여 의도를 간접적으로 표현할 수도 있다.

① (자율학습 시간에 반장이 떠드는 학생에게)
반장 : ㉠시끄러워서 집중이 잘 안 되네.
학생 : 미안해. 조용히 할게.

② (밤늦게까지 게임을 하는 아들에게)
엄마 : ㉡내일 학교에 안 가니?
아들 : 그만하고 잘게요.

③ (소나기가 올 때 시어머니가 며느리에게)
시어머니 : ㉢우리 손자 우산 안 가져갔지?
며느리 : 제가 우산 들고 마중 갈게요.

④ (사장이 실수가 잦은 사원에게)
사장 : ㉣우리 회사에서 일한 지 몇 년이 되었죠?
사원 : 앞으로 조심하겠습니다.

⑤ (주말에 동생이 언니에게)
동생 : ㉤뮤지컬 함께 보러 가자.
언니 : 내일 시험 있어서 갈 수 없어.

410 [2014년 9월 고2 학평 B형 15번]

<보기>의 설명을 참고할 때, (가)~(마)에 대해 학생이 이해한 내용으로 적절하지 않은 것은?

> **보 기**
>
> 담화 상황에서는 문장의 필수 성분일지라도 화자와 청자가 상황 맥락을 공유하고 있는 경우, 생략이 가능할 때가 있다. 이때 성분 생략의 기본 요건은 복원 가능성이다. 즉 상황 맥락을 공유하여 원활한 의사소통이 이루어지는 대화에서는 생략된 성분을 다시 복원할 수 있어, 대화 참여자가 생략된 성분이 무엇인지 파악할 수 있다.
>
> **(가) 선생님** : (깨끗한 교실을 보며) 누가 이 일을 했어요?
> **반　장** : (철수가 청소한 것을 알고) 철수가요.
>
> **(나) 선생님** : (반장을 불러 심부름을 했는가를 확인하기 위해서) 누가 이 일을 했어요?
> **반　장** : (아무도 심부름을 하지 않은 상황에서) 안 했어요.
>
> **(다) 선생님** : (신발장의 신발이 어지럽게 놓여 있는 것을 보고) 좀 치워라.
> **반　장** : (선생님이 책상에 널려 있는 책을 치우라는 것으로 알고) 네, 선생님.
>
> **(라) 선생님** : (신발장의 신발이 어지럽게 놓여 있는 것을 보고) 좀 치워라.
> **반　장** : (신발장을 보며) 네, 선생님.
>
> **(마) 선생님** : (신발장의 신발이 어지럽게 놓여 있는 것을 보고) 좀 치워라.
> **반　장** : (신발장 정리를 끝내며) 끝냈어요.

① (가)와 (나)의 반장은 공통적으로 목적어를 생략하며 말하고 있군.
② (가), (나)를 보면 똑같은 형태의 질문에 대한 대답이라도 상황 맥락에 따라 생략된 문장 성분에 차이가 생길 수 있군.
③ (다)의 반장은 상황 맥락을 공유하여 원활한 의사소통을 하고 있군.
④ (라)의 반장은 주어, 목적어, 서술어를 생략하였다고 볼 수 있군.
⑤ (마)의 반장이 생략한 성분을 복원하여 말한다면 '제가 선생님께서 시키신 신발장 정리를 끝냈어요.' 정도로 볼 수 있겠군.

411 [2015년 6월 고2 학평 15번]

<보기>의 설명을 바탕으로 예문을 이해한 내용으로, 적절하지 않은 것은?

보 기

설명

하나 이상의 발화가 유기적으로 연결된 것을 담화(談話)라고 한다. 담화를 정확하고 적절하게 이해하기 위해서는 담화 내부의 ⓐ언어적 맥락뿐만 아니라 비언어적 맥락 또한 파악해야 한다. 비언어적 맥락에는 담화가 이루어지는 시간, 장소, 목적 등을 포함하는 ⓑ상황 맥락과 국가, 제도, 문화 등을 포함하는 사회·문화적 맥락이 있다.

예문

[가] 쌀쌀한 교실에서

선희 : 조금 춥구나!
철호 : 나도 조금 추워!
영수 : 창문 닫아줄까? ……… ㉠
철호 : 고마워. 일어나기가 귀찮아서 참고 있었어. ……… ㉡
선희 : 영수야, 난 그냥 조금 쌀쌀해서 한 말이었어. …… ㉢

[나] 사람들로 붐비는 버스에서

승객 1 : 내립시다.
승객 2 : 전 이번에 안 내리는데요. ……… ㉣
승객 1 : 좀 비켜 달라고요! ……… ㉤

① ㉠ : '영수'는 '선희'와 '철호'의 발화를 ⓑ를 중심으로 이해하였다.
② ㉡ : '철호'는 '영수'가 자신의 발화를 ⓑ를 중심으로 정확히 이해했음을 알려 주었다.
③ ㉢ : '선희'는 '영수'에게 앞선 자신의 발화가 ⓐ를 중심으로 이해되어야 함을 밝혔다.
④ ㉣ : '승객 2'는 '승객 1'의 발화를 ⓑ를 중심으로 이해하였다.
⑤ ㉤ : '승객 1'은 '승객 2'가 ⓐ를 중심으로 이해하도록 말하였다.

412 [2015년 11월 고2 학평 12번]

<보기>의 ㉠~㉤에 대한 설명으로 적절하지 않은 것은?

보 기

아버지 : (아이 방으로 들어오며) 은주야, ㉠이거 받아.
은주 : (선물을 보며) 어? 그게 뭐예요?
아버지 : 응. 스웨터야. 어제 고모를 만났는데, 곧 있으면 네 생일이라고 주시더라. 마음에 드니? ㉡저 옷이랑 같이 입으면 잘 어울릴 것 같은데.
은주 : 와! ㉢그러면 정말 예쁘겠네요. 내일 당장 입어야겠어요.
아버지 : 그래. 고모한테 고맙다고 전화 한 통 드려.
은주 : 네, 저도 ㉣그렇게 하려고 했어요.
아버지 : ㉤그런데 내일 아빠랑 영화나 보러 갈까?

① ㉠은 지시하는 대상이 청자인 은주에 비해 화자인 아버지에게 가까이 있음을 나타낸다.
② ㉡은 지시하는 대상을 청자인 은주도 볼 수 있음을 전제로 한다.
③ ㉢은 아버지가 앞에서 한 말과 관련된 세부 사항이 뒤에 추가될 것임을 나타낸다.
④ ㉣은 고모한테 고맙다고 전화 한 통 드리라는 말을 대신 표현하여 담화의 중복을 피한다.
⑤ ㉤은 아버지가 지금까지 은주와 나눈 대화의 화제를 다른 데로 돌리는 기능을 한다.

413 [2016년 6월 고2 학평 15번]

<보기>의 담화 상황을 고려할 때, ㉠~㉤에 대한 이해로 적절하지 않은 것은?

> **보 기**
>
> **엄마** : 너 지금 뭐하니? 늦었는데 빨리 학교 가야 하지 않니?
> **아들** : ㉠예, 가요. 뭐 좀 챙긴다구요.
> **엄마** : 그런데 네 방이 많이 어질러져 있더라. 평소에는 잘 하더니, ㉡어제는 청소 안 한 거니?
> **아들** : 저기, ㉢그게 어제 밤늦게까지 과제 발표를 준비하느라 시간이 없었어요.
> **엄마** : 그랬구나. 그래, 발표 준비는 다 했구?
> **아들** : 열심히 준비하긴 했는데, 친구들 앞에만 서면 떨려서 제대로 ㉣못 할 것 같아요.
> **엄마** : 아니야, 잘 할 수 있을 거야. 자신감을 가져. 그래도 너무 떨리면 발표 전에 심호흡을 세 번만 ㉤해 보자.
> **아들** : 네, 엄마. 그럴게요.

① ㉠ : 부정의 물음에 대해 긍정의 대답을 사용하여 학교에 갈 것이라는 의미를 나타내고 있다.
② ㉡ : 보조사를 사용하여 다른 날에는 '아들'이 청소를 했다는 사실과 대조하고 있다.
③ ㉢ : 지시 대명사를 사용하여 '엄마'의 이야기에 언급된 내용을 다시 언급하는 것이므로 '이게'와 바꿔 쓸 수 없다.
④ ㉣ : '못' 부정문을 사용하여 앞으로의 상황이 자신의 능력 부족 때문에 발생할 수 있음을 나타내고 있다.
⑤ ㉤ : 청유형 종결 어미를 사용하여 '엄마'가 '아들'에게 함께 심호흡할 것을 제안하고 있다.

414 [2022년 3월 고2 학평 14번]

<보기>에서 선생님이 제시한 과제를 수행한 결과로 적절하지 않은 것은?

> **보 기**
>
> **선생님** : 아래의 예문을 봅시다.
>
> (ㄱ) 외국에 있는 친구가 어제 전화로 나에게 "네가 오늘 말한 책이 여기 있어."라고 말했다.
>
> ⬇
>
> (ㄴ) 외국에 있는 친구가 어제 전화로 나에게 내가 어제 말한 책이 거기 있다고 말했다.
>
> (ㄱ)은 친구의 말을 그대로 전한 직접 인용이고, (ㄴ)은 친구의 말을 인용하는 화자의 관점으로 바꾸어 표현한 간접 인용입니다. (ㄱ)이 (ㄴ)으로 바뀌면서 인칭 대명사, 시간 표현, 지시 표현이 '나', '어제', '거기'로 바뀌었습니다. 또한 종결 어미 '-어'가 '-다'로, 직접 인용의 조사 '라고'가 간접 인용의 조사 '고'로 바뀌었습니다. 이를 바탕으로 [자료]의 직접 인용을 간접 인용으로 바르게 바꿨는지 분석해 볼까요?
>
> **[자료]**
>
> | | |
> |---|---|
> | **직접 인용** | 외국에 있는 형이 어제 전화로 "나는 내일 이곳에서 볼 시험 때문에 걱정이 많아."라고 말했다. |
> | ⬇ | |
> | **간접 인용** | 외국에 있는 형이 어제 전화로 자기는 오늘 그곳에서 볼 시험 때문에 걱정이 많다라고 말했다. |

① '나'는 앞서 언급한 형을 다시 가리키므로 인칭 대명사 '자기'로 바르게 바꿨군.
② '내일'은 인용을 하는 화자가 말한 시점을 기준으로 할 때, '오늘'이 아닌 '어제'로 바꿔야겠군.
③ '이곳'은 인용을 하는 화자의 관점에서 형이 있는 곳을 가리키므로 '그곳'으로 바르게 바꿨군.
④ 직접 인용에 쓰인 종결 어미 '-아'를 간접 인용에서 종결 어미 '-다'로 바르게 바꿨군.
⑤ '라고'는 직접 인용에 쓰이는 조사이므로 간접 인용에 쓰이는 조사 '고'로 바꿔야겠군.

의미 및 담화 핵심 기출 문제

415 [2015년 3월 고3 학평 A형 13번]

<보기>의 담화 상황으로 볼 때, ㉠~㉤에 대한 설명으로 적절하지 않은 것은?

보 기

A : 영희가 말도 없이 책을 가져갔다고 민수가 화가 많이 났더라. 그런데 ㉠그것이 사실이야?
B : 아니, 내가 영희에게 민수 말이 맞느냐고 물어봤는데, ㉡자기는 분명히 말하고 가져갔다고 그러더라.
A : 서로 의사소통이 잘 안됐나 보다. ㉢아무나 좋으니 일단 나서서 민수와 영희의 오해를 풀어주는 게 좋겠다. 그나저나 어제 저녁에 교실에 있었던 애들이 ㉣누구였는지 기억나?
B : 나도 ㉤거기에 누가 있었는지는 기억이 안 나네.

① ㉠은 '민수가 화가 많이 난 것'을 간단히 표현하려고 사용한 대명사이다.
② ㉡은 B가 앞서 언급한 '영희'를 도로 나타내기 위해 사용한 대명사이다.
③ ㉢은 화자가 불특정 대상을 가리키기 위해 사용한 대명사이다.
④ ㉣은 화자가 지시 대상을 정확히 모르고 있어서 사용한 대명사이다.
⑤ ㉤은 A가 앞서 언급한 '교실'을 가리키기 위해 사용한 대명사이다.

416 [2015년 수능 B형 13번]

<보기>의 ㉠~◎에 대한 설명으로 적절하지 않은 것은?

보 기

(엄마와 아들이 둘이서 걸어가며)
아들 : 엄마, 올해 마지막 날 엄마와 쇼핑 나와서 참 좋아요.
엄마 : ㉠엄마도 영수랑 같이 나오니까 참 좋다.
아들 : 어, 저거 뭐지? 엄마, 저 옷 가게 광고판 좀 보세요.
엄마 : 뭐? ㉡저거?
아들 : 네, ㉢저거요. '2015년 12월 30일, ㉣오늘 하루만 50% 할인'이라고 쓰여 있는데요.
엄마 : 그래? 그러면 ㉤어제였네. ㉥누나 옷 사야 되는데.
아들 : 엄마, 그 옆 가게는 오늘까지 할인하는데요. 그런데 제 옷도 사 주시면 안 돼요?
엄마 : 그래. 알았어, ㉦우리 아들. ◎영수도 옷 사 줘야지.
아들 : 와, 잘됐다. 다음 주 여행 갈 때 입고 가야겠다.

① ㉠과 ㉥은 청자의 관점에서 사용한 지칭어이다.
② ㉠과 ㉦은 현재의 담화 상황에 참여하고 있는 사람을 가리킨다.
③ ㉡과 ㉢은 동일한 대상을 가리킨다.
④ ㉣과 ㉤은 동일한 날을 가리킨다.
⑤ ㉥과 ◎은 화자와 청자를 제외한 제삼자를 가리킨다.

417 [2016년 4월 고3 학평 15번]

<보기 1>을 바탕으로 <보기 2>의 ㉠~㉤을 이해한 것으로 적절하지 않은 것은?

보기 1

선생님 : 담화에서 화자가 자신의 의도를 직접 드러내고자 하는 상황이라면 종결 표현과 화자의 의도를 일치시켜 명시적으로 표현합니다. 반면 명령이나 요청 등과 같이 청자에게 부담을 주거나 예의에 어긋날 수 있는 상황이라면 화자의 의도와는 다른 종결 표현을 사용하거나, '저기', '만', '좀'과 같은 언어 표현을 사용하여 완곡하게 표현합니다.

보기 2

어머니 : (지연을 토닥이며) ㉠저기, 지연아 이제 좀 일어나라.
지연 : (힘없이 일어나며) ㉡엄마, 선생님께 학교에 조금 늦을 거 같다고 전화해 주시겠어요?
어머니 : (걱정스러운 표정으로) 어디 아프니?
지연 : 네, 그런 것 같아요. 열도 좀 나고요.
어머니 : ㉢그럼 선생님께 전화 드리고 엄마랑 병원에 가자.
지연 : 네, 그렇게 해야 할 것 같아요.
소연 : (거실에서 큰 소리로) 지연아, 학교 늦겠다. ㉣빨리 가라.
어머니 : 소연아! ㉤동생이 아프다니까 조금만 작은 소리로 말해 주면 참 좋겠다.

① ㉠ : 명령의 의도를 '저기', '좀' 등의 언어 표현을 사용하여 표현함으로써 청자에게 부담을 주려 하지 않고 있군.
② ㉡ : 요청의 의도를 의문형 종결 표현을 사용하여 완곡하게 표현하고 있군.
③ ㉢ : 화자의 의도와 종결 표현을 일치시켜 청유의 의도를 직접 드러내고 있군.
④ ㉣ : 화자의 명령에 대한 청자의 부담을 덜어주기 위해 화자의 의도와 종결 표현을 일치시키지 않고 있군.
⑤ ㉤ : 명령의 의도를 평서형 종결 표현과 '만'과 같은 언어 표현을 사용하여 부드럽게 표현하고 있군.

418 [2017년 9월 고3 모평 13번]

<보기>의 담화 상황에서 ⓐ~ⓔ가 가리키는 대상이 같은 것끼리 바르게 짝지은 것은?

보 기

(수빈, 나경, 세은이 대화를 하고 있다.)
수빈 : 나경아, 머리핀 못 보던 거네. 예쁘다.
나경 : 고마워. ⓐ우리 엄마가 얼마 전 새로 생긴 선물 가게에서 사 주셨어.
세은 : 너희 어머니 참 자상하시네. 나도 그런 머리핀 하나 사고 싶은데 ⓑ우리 셋이 지금 사러 갈까?
수빈 : 미안해. 나도 같이 가고 싶은데 ⓒ우리 집에 일이 있어 못 갈 것 같아.
세은 : 그래? 그럼 할 수 없네. ⓓ우리끼리 가지, 뭐.
나경 : 그래, 수빈아. 다음엔 꼭 ⓔ우리 다 같이 가자.

① ⓐ - ⓑ ② ⓐ - ⓓ ③ ⓑ - ⓔ
④ ⓒ - ⓓ ⑤ ⓒ - ⓔ

419 [2021년 6월 고3 모평 38번]

<보기>의 ㉠~㉦에 대한 이해로 적절하지 않은 것은?

보 기

(같은 동아리에 소속된 후배 부원 둘과 선배 부원의 대화 장면)
선배 : ㉠학교에서 열린 회의는 잘 끝났니?
후배 1 : 네. 조금 전에 끝났어요.
선배 : 수고했어. ㉡학교에서 우리 동아리 활동 지원 예산안에 대해 뭐라고 해?
후배 2 : 지난번에 저희가 선배님과 함께 제안했던 예산안은 수용하기 힘들다고 했어요.
선배 : ㉢우리가 제안한 예산안이 그렇게 무리한 건 아니었을 텐데.
후배 1 : 그런데 학교에서는 ㉣자신의 형편을 감안해 달라는 동아리가 한둘이 아니라면서, ㉤우리의 제안을 수용하기 쉽지 않다고 했어요.
선배 : ㉥서로 만족할 만한 결과를 얻기가 쉽지 않겠구나. 고생했어. 지도 선생님께 말씀드려 볼게.
후배 2 : 네. 그럼 ㉦저희도 그렇게 알고 있을게요.

① ㉠과 ㉡은 문장 성분이 서로 다르군.
② ㉢에는 화자와 청자가 모두 포함되어 있군.
③ ㉣은 뒤에 있는 '동아리'를 가리키는 말이군.
④ ㉥은 ㉡의 '학교'와 ㉤의 '우리'를 모두 포함해서 가리키는 말이군.
⑤ ㉦은 화자가 청자와 자신을 모두 낮추기 위해 쓰는 말이군.

420 [2021년 수능 37번]

<보기>의 ㉠~㉥에 대한 설명으로 적절한 것은?

보 기

(두 사람이 공원에서 만난 상황)
민수 : 영이야, ㉠우리 둘이 뭐 하고 놀까? 이 강아지랑 놀까?
영이 : (민수 품에 안겨 있는 강아지를 가리키며) 아, 얘?
민수 : 응, 얘가 전에 말했던 봄이야. 봄이 동생 솜이는 집에 있고.
영이 : 봄이랑 뭐 하고 놀까? 우리 강아지 별이는 실뭉치를 좋아해서 ㉡우리 둘은 실뭉치를 자주 가지고 놀아. 너네 강아지들도 그래?
민수 : 실뭉치는 ㉢둘 다 안 좋아해. 그런데 공은 좋아해서 ㉣우리 셋은 공을 갖고 자주 놀아. 그래서 공을 챙겨오긴 했어.
영이 : 그렇구나. 별이는 실뭉치를 좋아하니까, 다음에 네가 혼자 나오고 내가 별이랑 나오면 그때 ㉤우리 셋은 실뭉치를 갖고 놀면 되겠다.
민수 : 그러자. 그럼 오늘 ㉥우리 셋은 공을 가지고 놀자.

① ㉠과 ㉡은 가리키는 대상이 동일하다.
② ㉡이 가리키는 대상은 ㉤이 가리키는 대상에 포함된다.
③ ㉢이 가리키는 대상은 ㉥이 가리키는 대상에 포함된다.
④ ㉣과 ㉤은 가리키는 대상이 동일하다.
⑤ ㉣과 ㉥은 가리키는 대상이 동일하다.

421 [2023년 6월 고3 모평 39번]

<보기>의 ㉠~㉩에 대한 이해로 적절한 것은?

보 기

(희철, 민수, 기영이 ○○서점 근처에서 만난 상황)
희철 : 얘들아, 잘 지냈어? 3일 만에 보니 반갑다.
민수 : 동해안으로 체험 학습 다녀왔다며? ㉠내일은 도서관에 가서 발표 준비하자. 기영인 어떻게 생각해?
기영 : ㉡네 말대로 하는 게 좋겠다. 그럼 정수도 부를까?
희철 : 그러자. ㉢저기 저 ○○서점에서 오전 10시에 만나서 다 같이 도서관으로 가자. ㉣정수한테 전할 때 서점 위치 링크도 보내 줘. 전에도 헤맸잖아.
민수 : 이제 아냐. ㉤어제 나랑 저기서 만났는데 잘 ㉥왔어.
희철 : 그렇구나. 어제 잘 ㉦왔었구나.
민수 : 아, 기영아! ㉧우리는 회의 가야 돼. ㉨네가 ㉩우리 셋을 대표해서 정수에게 연락을 좀 해 줘.

① ㉠은 ㉤과 달리 발화 시점과 관계없이 언제인지가 정해진다.
② ㉢은 ㉡과 달리 지시 표현이 이전 발화를 직접 가리킨다.
③ ㉣은 ㉨과 달리 담화 참여자에 따라 지시 대상이 달라진다.
④ ㉥은 ㉦과 달리 화자가 있던 장소로의 이동을 나타낸다.
⑤ ㉧은 ㉩과 달리 담화에 참여한 모든 사람들을 가리킨다.

422 [2023년 수능 38번]

<보기>의 ㉠~㉨에 대한 설명으로 적절한 것은?

> **보 기**
>
> (영민, 평화가 학교 앞에 함께 있다가 지혜를 만난 상황)
> **영민** : 너희들, 오늘 같이 영화 보기로 한 거 잊지 않았지?
> **평화** : 응, ㉠6시 걸로 세 장 예매했어. 근데 너, 어디서 와?
> **지혜** : 진로 상담 받고 오는 길이야. 너희 안 가?
> **평화** : 나는 어제 ㉡미리 받았어.
> **영민** : 나는 4시 반이야. 그거 마치고 영화관으로 직접 갈게.
> **지혜** : 알겠어. 그럼 우리 둘이는 1시간 ㉢앞서 만나자. 간단하게 저녁이라도 먹고 거기서 바로 ㉣가지 뭐.
> **평화** : 좋아. 근데 ㉤미리 먹는 건 좋은데 어디서 볼까?
> **지혜** : 5시까지 영화관 정문 ㉥왼쪽에 있는 분식집으로 와.
> **평화** : 왼쪽이면 편의점 아냐? 아, 영화관을 등지고 보면 그렇다는 거구나. 영화관을 마주볼 때는 ㉦오른쪽 맞지?
> **지혜** : 그러네. 아참! 영민아, 너 상담 시간 됐다. 이따 늦지 않게 영화 ㉧시간 맞춰서 ㉨와.

① ㉠과 ㉧은 가리키는 시간이 상이하다.
② ㉡과 ㉤은 발화 시점을 기준으로 과거를 가리킨다.
③ ㉢과 ㉤이 가리키는 시간대는 ㉧을 기준으로 정해진다.
④ ㉣과 ㉨은 이동의 출발 장소가 동일하다.
⑤ ㉥과 ㉦은 기준으로 삼은 방향이 달라 다른 곳을 의미한다.

423 [2024년 5월 고3 학평 38번]

<보기>의 ㉠~㉨에 대한 설명으로 적절한 것은?

> **보 기**
>
> [예은, 세욱, 나라가 만나서 조별 과제를 하는 상황]
> **예은** : 나라야, 괜찮아? 많이 피곤하니?
> **나라** : ㉠어제 밤을 새웠더니 나도 모르게 졸았나 봐.
> **세욱** : 그래? 조사할 자료가 많았구나. ㉡우리 다 같이 모여서 할걸.
> **나라** : 그게 아니라 나는 ㉢오늘까지 제출해야 할 과제가 더 있어서 ㉣그거 준비하다가 못 잤어.
> **예은** : 그랬구나. ㉤너 몸이 안 좋아 보이는데 ㉥지금 들어갈래?
> **나라** : 괜찮아. 오늘은 자료 정리만 하면 되잖아. 할 수 있어.
> **세욱** : 아니야. 거의 다 했는걸. 예은이랑 내가 ㉦이거 마무리할게. 끝나고 연락할 테니까 ㉧너는 집에서 쉬고 있어.
> **나라** : 정말 괜찮겠어?
> **예은** : 당연하지. ㉨우리만 믿어.

① ㉠은 ㉢과 달리 발화 시점과 관계없이 정해진다.
② ㉣이 지시하는 대상은 ㉦이 지시하는 대상과 같다.
③ ㉤이 지시하는 대상은 ㉧이 지시하는 대상과 다르다.
④ ㉥이 가리키는 시간은 ㉠을 기준으로 정해진다.
⑤ ㉨이 지시하는 대상은 ㉡이 지시하는 대상에 포함된다.

424 [2024년 7월 고3 학평 39번]

<보기>의 ㉠~㉦에 대한 설명으로 적절한 것은?

> **보 기**
>
> [승준, 아영, 민찬이 도서관 앞에서 만난 상황]
> **승준** : 다들 ㉠이미 와 있었네. 책 찾으러 들어갈까?
> **아영** : 서우가 아직 안 왔는데, 연락해 볼까?
> **민찬** : 어제 ㉡우리 회의할 때, 서우가 오늘 모임에 30분 정도 늦을 거 같다고 ㉢우리한테 미안한 표정으로 말했잖아.
> **승준** : 맞아, 회의하다가 ㉣자기 좀 늦는다고 말했잖아. 곧 올 거야.
> **아영** : 아, 깜빡했네. 그럼 내가 서우를 기다렸다가 같이 들어갈게. 휴대폰으로 ㉤미리 자료 좀 찾고 있어야겠다.
> **민찬** : 그래. 그럼 ㉥우리 ㉦먼저 들어가서 책 보고 있을게.

① ㉠과 ㉤은 발화 시점을 기준으로 과거를 가리킨다.
② ㉠이 가리키는 시간대는 ㉦이 가리키는 시간대보다 나중이다.
③ ㉡이 가리키는 대상은 ㉣이 가리키는 대상을 포함한다.
④ ㉡과 ㉥은 가리키는 대상이 동일하다.
⑤ ㉢과 달리 ㉥은 담화에 참여한 모든 사람들을 가리킨다.

사전의 활용

425 [2014년 6월 고1 학평 15번]

<보기>의 '타다'의 의미 학습을 위해 활용한 사전의 일부이다. 탐구 결과로 적절하지 않은 것은?

보 기

타다^1 동□
[1] 【…에】【…을】 탈것이나 짐승의 등 따위에 몸을 얹다.
¶ 버스에 타다. / 말을 타다.
[2] 【…을】
① 도로, 줄, 산, 나무, 바위 따위를 밟고 오르거나 그것을 따라 지나가다.
¶ 원숭이는 나무를 잘 탄다.
② 어떤 조건이나 시간, 기회 등을 이용하다.
¶ 대화가 끊긴 틈을 타 자리에서 일어섰다.

타다^2 동□
[1] 【…에서/에게서 …을】몫으로 주는 돈이나 물건 따위를 받다.
¶ 회사에서 월급을 타다. / 상을 타다.
[2] 【…을】복이나 재주, 운명 따위를 선천적으로 지니다.
¶ 좋은 팔자를 타고 태어나다

① 타다^{1}과 타다^{2}는 둘 다 다의어이군.
② 타다^{1}과 타다^{2}는 서로 동음이의 관계에 있군.
③ 타다^1-[2]와 타다^{2}는 문장 구조상 목적어를 필요로 하겠군.
④ 타다^1-[2]-②의 예문으로 '음악적 소질을 타고 태어났다.'를 추가할 수 있겠군.
⑤ 타다^2-[1]의 반의어로는 '주다'가 가능하겠군.

426 [2015년 6월 고1 학평 12번]

<보기>는 단어 학습을 위해 활용한 사전의 일부분이다. 이에 대한 이해로 가장 적절한 것은?

보 기

비다^1 동
㉠ 일정한 공간에 사람, 사물 따위가 들어 있지 아니하게 되다. ¶ 조금 있으면 자리 하나가 빈다.
㉡ 할 일이 없거나 할 일을 끝내서 시간이 남다.
¶ 내일은 시간이 빈다.

차다^1 동
㉠ (…에, …으로) 일정한 공간에 사람, 사물, 냄새 따위가 더 들어갈 수 없이 가득하게 되다.
¶ 버스에 사람이 차다.
㉡ (…에) 감정이나 기운 따위가 가득하게 되다.
¶ 실의에 차다.
㉢ (…에) 어떤 대상이 흡족하게 마음에 들다.
¶ 선을 본 사람이 마음에 차지 않는다.

① '비다^1'의 ㉠과 ㉡은 동음이의어이다.
② 속담 '빈 수레가 요란하다.'의 '빈'은 '차다^1' ㉢의 반의어를 이용한 것이다.
③ '비다^1'과 '차다^1'은 모두 목적어를 필요로 한다.
④ '차다^1' ㉠의 예로 '물이 가득 차다.'를 추가할 수 있다.
⑤ '차다^1' ㉡의 반의어는 '비다^1' ㉡이 된다.

427 [2016년 3월 고1 학평 12번]

<보기>의 국어사전 정보를 탐구한 것으로 적절하지 않은 것은?

보 기

되다^1 「동사」
[1] 【…이】
「1」 새로운 신분이나 지위를 가지다.
¶ 커서 선생님이 되고 싶다.
「2」 【…으로】 다른 것으로 바뀌거나 변하다.
¶ 물이 얼음이 되다. 물이 얼음으로 되다.
[2] 【 …으로 】 어떤 재료나 성분으로 이루어지다.
¶ 나무로 된 책상

되다^2 「형용사」
[1] 반죽이나 밥 따위가 물기가 적어 빡빡하다.
¶ 밥이 너무 되다.
[2] 일이 힘에 벅차다.
¶ 일이 되면 쉬어 가면서 해라.

① 되다^{1}과 되다^{2}는 형태가 같지만 의미는 다르다.
② 되다^{1}은 되다^{2}와 달리 주어 이외의 문장성분을 필요로 한다.
③ 되다^{2}는 되다^{1}과 달리 성질이나 상태를 나타내는 품사이다.
④ 되다^1 [1]-「2」의 용례로 '국토가 산으로 되어 있다.'를 추가할 수 있다.
⑤ 되다^2 [2]의 유의어로 '힘들다'를 쓸 수 있다.

428 [2016년 6월 고1 학평 14번]

다음은 '사전 활용하기' 학습 활동을 위한 자료이다. 이에 대한 이해로 적절하지 않은 것은?

> **들다[01] 「동사」**
> ㉠ 【…에】【…으로】 밖에서 속이나 안으로 향해 가거나 오거나 하다.
> ¶ 숲 속에 들자 시원한 바람이 불어왔다.
> ㉡ 【…에】 안에 담기거나 그 일부를 이루다.
> ¶ 어머니의 약이 노란 봉지에 들어 있다.
> ㉢ 어떤 때, 철이 되거나 돌아오다.
> ¶ 가을이 들면서 각종 문화 행사가 많이 열리고 있다.
>
> **들다[04] 「동사」**
> ㉠ 【…을 …에】 손에 가지다.
> ¶ 그녀는 차표를 손에 들었다.
> ㉡ 【 ⓐ 】 아래에 있는 것을 위로 올리다.
> ¶ 강아지가 앞발을 들었다.

① '들다[01]'과 '들다[04]'는 각각 다의어이다.
② '들다[01]㉠'의 예문으로 '그가 방으로 들자 잠자던 아이가 깨어났다'를 추가할 수 있다.
③ '들다[01]㉡'과 '들다[04]㉠'은 필요로 하는 문장성분의 수가 다르다.
④ '들다[01]㉢'과 '들다[04]㉠'은 각각 그 표제어의 중심적 의미이다.
⑤ '들다[04]㉡'의 ⓐ에 해당하는 것은 '…을'이다.

429 [2016년 9월 고1 학평 14번]

다음은 단어 학습을 위해 활용한 사전의 일부분이다. 탐구 결과로 적절하지 않은 것은?

> **끌다** [끌:-] 동
> 1 【…을】
> ㉠ 바닥에 댄 채로 잡아당기다.
> ¶ 의자를 끄는 소리가 시끄럽다.
> ㉡ 시간이나 일을 늦추거나 미루다.
> ¶ 시간을 끌지 말고 하렴.
>
> 2 【…에서 …을】
> 어느 곳에서 원하는 곳에 이르도록 전선 따위를 늘리다.
> ¶ 옆집에서 전기를 끌어 쓴다.

① '끌다'의 첫음절은 장음으로 발음되는군.
② '끌다'는 여러 가지 의미를 지니고 있는 다의어이군.
③ '끌다1-㉡'의 유의어로는 '지연하다'가 가능하겠군.
④ '끌다2'의 용례로 '주방에서 수도를 끌어 물을 받았다.'를 추가할 수 있겠군.
⑤ '끌다1'은 '끌다2'와 달리 문장 구조상 부사어를 필요로 하는군.

430 [2017년 6월 고1 학평 13번]

<보기>는 단어를 학습하기 위해 활용한 사전 자료이다. 이에 대한 탐구 내용으로 옳지 않은 것은?

> **보 기**
>
> **어리다[1] 「동사」**
> ㉠ 【…에】 눈에 눈물이 조금 괴다.
> ¶ 갑순이의 두 눈에 어느덧 눈물이 어리고 있었다.
> ㉡ 【…에】 어떤 현상, 기운, 추억 따위가 배어 있거나 은근히 드러나다.
> ¶ 밤을 새우고 난 그의 얼굴에 피로한 기색이 어렸다.
>
> **어리다[2] 「형용사」**
> ㉠ 나이가 적다. 10대 전반을 넘지 않은 나이를 이른다.
> ¶ 나는 어린 시절을 시골에서 보냈다.
> ㉡ 생각이 모자라거나 경험이 적거나 수준이 낮다.
> ¶ ______________________

① '어리다[1]'과 '어리다[2]'는 모두 다의어이다.
② '어리다[1]'은 목적어가 필요한 동사이다.
③ '어리다[1]'과 '어리다[2]'는 동음이의 관계에 있다.
④ '어리다[1]'의 ㉡에 해당하는 또 다른 용례로, '입가에 미소가 어리다.'를 추가할 수 있다.
⑤ '어리다[2]'의 ㉡에 들어갈 예로, '저의 어린 소견을 경청해 주셔서 고맙습니다.'와 같은 문장을 들 수 있다.

431 [2018년 3월 고1 학평 14번]

<보기>에 제시된 국어사전의 정보를 탐구한 내용으로 적절하지 않은 것은?

> **보 기**
>
> **없다** [업:따] 〔없어, 없으니, 없는〕
> 형 사람, 동물, 물체 따위가 실제로 존재하지 않는 상태이다. ¶ 각이 진 원은 없다.
>
> **있다** [읻따] 〔있어, 있으니, 있는〕
> (1) 동 【…에】 사람이나 동물이 어느 곳에서 떠나거나 벗어나지 아니하고 머물다. ¶ 그는 학교에 있다.
> (2) 형 사람, 동물, 물체 따위가 실제로 존재하는 상태이다. ¶ 날지 못하는 새도 있다.

① '없다'는 장음 부호(:)를 표시하여 어간이 긴소리로 발음된다는 것을 나타내고 있군.
② '있다'는 하나의 표제어 아래에 두 가지의 뜻을 제시한 것으로 보아 다의어라고 할 수 있군.
③ '있다 (1)'은 주어 외에 필수적으로 갖추어야 하는 문장 성분에 대한 정보를 나타내고 있군.
④ '없다'와 '있다 (2)'는 품사가 서로 같고, 의미상 반의 관계에 있음을 알 수 있군.
⑤ '없다'와 '있다'는 모두 활용할 때 어간의 형태가 불규칙적으로 변하는 단어에 해당하는군.

432 [2018년 9월 고1 학평 15번]

다음은 단어 학습을 위해 활용한 사전의 일부분이다. 탐구 결과로 적절하지 않은 것은?

> **무르다²** 「동사」
> 1 【…을】
> ㉠ 사거나 바꾼 물건을 원래 임자에게 도로 주고 돈이나 물건을 되찾다.
> ¶ 흠 있는 책을 돈으로 물렀다.
> ㉡ 이미 행한 일을 그 전의 상태로 돌리다.
> ¶ 한 수만 물러 주게.
> 2 【…으로】 있던 자리에서 뒤로 옮기다.
> ¶ 가운데 앉지 말고 뒤로 물러 벽 쪽으로 붙어 앉으렴.
>
> **무르다³** 「형용사」
> ㉠ 여리고 단단하지 않다.
> ¶ 무른 살
> ㉡ 마음이 여리거나 힘이 약하다.
> ¶ 성질이 무르다.

① 무르다²와 무르다³은 서로 동음이의 관계에 있군.
② 무르다²는 여러 가지 의미를 지니고 있는 다의어이군.
③ 무르다²의 1-㉠의 유의어로 '빼다'가 가능하겠군.
④ 무르다²는 무르다³과 달리 주어 이외의 문장 성분을 필요로 하는군.
⑤ 무르다³의 ㉡의 용례로 '그는 마음이 물러서 모진 소리를 못 한다.'를 추가할 수 있겠군.

433 [2019년 9월 고1 학평 15번]

<보기>는 단어 학습을 위해 활용한 사전의 일부이다. 탐구 결과로 적절하지 않은 것은?

> **보 기**
>
> **개다¹** 동
> 「1」 흐리거나 궂은 날씨가 맑아지다.
> ¶ 비가 개다.
> 「2」 (비유적으로) 언짢거나 우울한 마음이 개운하고 홀가분해지다.
> ¶ 마음이 활짝 개다.
>
> **개다²** 동 【…을】【…을 …에】
> 가루나 덩이진 것에 물이나 기름 따위를 쳐서 서로 섞이거나 풀어지도록 으깨거나 이기다.
>
> **개다³** 동 【…을】
> 옷이나 이부자리 따위를 겹치거나 접어서 단정하게 포개다.
> ¶ 이부자리를 개고 방을 청소하다.

① '개다¹', '개다²', '개다³'은 동음이의어이다.
② '개다¹' 「1」의 용례로 '기분이 개다.'를 추가할 수 있다.
③ '개다²'의 용례로 '가루약을 찬물에 개어 먹다.'를 들 수 있다.
④ '개다³'의 반의어로 '펴다'를 들 수 있다.
⑤ '개다³'은 '개다¹'과 달리 목적어를 필요로 한다.

434 [2019년 11월 고1 학평 15번]

다음은 사전 활용 수업 장면의 일부이다. 선생님의 설명을 참고하여 <보기>의 학습지를 탐구한 내용으로 적절하지 않은 것은?

> **선생님** : 우리는 '표준국어대사전'의 발음정보를 통해 음절의 끝소리 규칙이나 자음군 단순화가 일어나는 체언의 발음을 확인할 수 있습니다. 이러한 경우 연음될 때의 발음에 대한 이해를 돕기 위해 조사 '이'와의 결합형이 활용정보에 제시됩니다. 활용정보에는 비음화와 구개음화가 일어날 때의 발음도 제시되어 있으며, 구개음화의 경우에는 연음될 때의 발음에 대한 이해를 돕기 위해 조사 '을'과의 결합형도 제시됩니다.

보 기

낯 발음 : [낟]
활용 : 낯이[나치], 낯만[난만]
「명사」 눈, 코, 입 따위가 있는 얼굴의 바닥.

밭 발음 : [받]
활용 : 밭이[바치], 밭을[바틀], 밭만[반만]
「명사」 물을 대지 아니하거나 필요한 때에만 물을 대어서 야채나 곡류를 심어 농사를 짓는 땅.

흙 발음 : [흑]
활용 : 흙이[흘기], 흙만[흥만]
「명사」 지구의 표면을 덮고 있는, 무기물과 유기물이 섞여 이루어진 물질.

① '낯'의 경우 발음정보를 통해 음절의 끝소리 규칙이 일어나는 것을 확인할 수 있군.
② '흙'의 경우 발음정보를 통해 자음군 단순화가 일어나는 것을 확인할 수 있군.
③ '낯'과 '밭'은 모두, 활용정보를 통해 구개음화가 일어나는 것을 확인할 수 있군.
④ '밭'과 '흙'은 모두, 활용정보를 통해 연음될 때의 발음 양상을 확인할 수 있군.
⑤ '낯', '밭', '흙'은 모두, 활용정보를 통해 비음화가 일어나는 양상을 확인할 수 있군.

435 [2020년 9월 고1 학평 15번]

<보기>는 '사전 활용하기' 학습 활동을 위한 자료이다. 이에 대한 이해로 적절하지 않은 것은?

보 기

재다^1 「동사」
【…을】【-ㄴ지를】
[1] 자, 저울 따위의 계기를 이용하여 길이, 너비, 높이, 깊이, 무게, 온도, 속도 따위의 정도를 알아보다.
¶ 온도계로 기온을 재다.
[2] 여러모로 따져 보고 헤아리다.
¶ 일을 너무 재다가는 아무것도 못한다.

재다^2 「형용사」
[1] 동작이 재빠르다.
¶ ____________
[2] 참을성이 모자라 입놀림이 가볍다.
¶ 입이 재다.

① 재다^{1}과 재다^{2}는 모두 다의어이다.
② 재다^{1}과 재다^{2}는 서로 동음이의 관계이다.
③ 재다^{1}은 재다^{2}와 달리 문장 구조상 목적어를 필요로 한다.
④ 재다^1-[2]의 용례로 '길이가 얼마나 되는지를 재어 보아라.'를 추가할 수 있다.
⑤ 재다^2-[1]의 용례로 '발걸음이 재다.'를 들 수 있다.

436 [2021년 3월 고1 학평 14번]

<보기 1>은 국어사전의 일부이고, <보기 2>는 원고지에 쓴 글을 고친 것이다. <보기 1>을 바탕으로 <보기 2>의 ㉠~㉢을 이해한 내용으로 적절하지 않은 것은?

보기 1

드리다 [드리다] 동 〔드리어(드려), 드리니〕
【…에/ 에게 …을】
[1] '주다'의 높임말.
[2] 윗사람에게 그 사람을 높여 말이나, 인사, 부탁, 약속, 축하 따위를 하다.

들이다 [드리다] 동 〔들이어(들여), 들이니〕
[1] 【…을 …에】 밖에서 속이나 안으로 향해 가게 하거나 오게 하다.
[2] 【…에/ 에게 …을】 어떤 일에 돈, 시간, 노력, 물자 따위를 쓰다.

보기 2

새해 첫날 아침, 친구들과 함께 선생님 댁을 방문했다. 선생님께서는 (우리를) 사랑방에 ㉠들이면서 매우 기뻐하셨다. 우리는 함께 세배를 하고 선생님께 감사의 마음을 담은 편지를 ㉡드려 선생님을 흐뭇하게 했다. 정성을 ㉢~~드려~~(들여) 쓴 편지였다.

① ㉠은 '들이다'[1]의 의미로 사용되었군.
② ㉠을 포함한 문장에 '우리를'을 넣어야 하는 이유는 필요한 문장 성분이 빠졌기 때문이군.
③ ㉡과 '할머니께 말씀을 드리다.'의 '드리다'는 모두 '드리다'[1]의 의미로 사용되었군.
④ ㉢은 '들이다'[2]의 의미로 사용되었기 때문에 '들여'라고 고쳐 써야 하는군.
⑤ ㉠과 ㉡은 사전에서 각각의 표제어 아래 제시된 여러 의미 중 하나로 풀이되는군.

437 [2021년 9월 고1 학평 14번]

<보기>는 '사전 활용하기' 학습 활동을 위한 자료이다. 이에 대한 이해로 적절하지 않은 것은?

보 기

차다[1] 동
Ⅰ. 【…에】【…으로】
1. 일정한 공간에 사람, 사물, 냄새 따위가 더 들어갈 수 없이 가득하게 되다.
¶ 독에 물이 가득 차다. / 버스가 승객으로 가득 차다.
Ⅱ. 【…에】
1. 감정이나 기운 따위가 가득하게 되다.
¶ 기쁨에 찬 얼굴.

차다[2] 형
1. 몸에 닿은 물체나 대기의 온도가 낮다.
¶ 겨울 날씨가 매우 차다.
2. 인정이 없고 쌀쌀하다.
¶ 그는 성격이 차고 매섭다.

① '차다[1]-Ⅱ-1'의 용례로 '목소리가 확신에 차다.'를 추가할 수 있다.
② '차다[1]'과 '차다[2]'는 사전에 각각 다른 표제어로 등재되는 동음이의어이다.
③ '차다[1]'은 동작이나 작용을 나타내는 말이고, '차다[2]'는 성질이나 상태를 나타내는 말이다.
④ '차다[1]'과 '차다[2]'는 모두 하나의 단어가 여러 개의 의미를 지니고 있는 다의어이다.
⑤ '차다[1]'과 '차다[2]'는 모두 문장을 만들 때 주어 이외의 다른 문장 성분이 반드시 필요하다.

의미 및 담화 핵심 기출 문제

438 [2022년 6월 고1 학평 15번]

<보기>는 '사전 활용하기' 학습 활동을 위한 자료이다. 이에 대해 탐구한 내용으로 적절하지 않은 것은? [3점]

> 보 기
>
> **묻다²** 동 [묻고, 묻어, 묻으니]
> 1 【…에 …을】 물건을 흙이나 다른 물건 속에 넣어 보이지 않게 쌓아 덮다.
> ¶ 화단에 거름을 묻어 주다.
> 2 【…에 …을】 / 【…을 …으로】 일을 드러내지 아니하고 속 깊이 숨기어 감추다.
> ¶ 그는 자신이 한 일을 과거의 일로 묻어 두고 싶어 했다.
> 3 【…에 …을】 / 【…을 …으로】 얼굴을 수그려 손으로 감싸거나 다른 물체에 가리듯 기대다.
> ¶ 나는 베개에 얼굴을 묻었다.
>
> **묻다³** 동 [묻고, 물어, 물으니]
> 【…에/에게 …을】 무엇을 밝히거나 알아내기 위하여 상대편의 대답이나 설명을 요구하는 내용으로 말하다.
> ¶ 모르는 문제를 친구에게 물었다.

① '묻다²'는 목적어와 부사어를 필수적으로 요구하는 동사로군.
② '묻다²'와 '묻다³'은 별개의 표제어로 기술된 것을 보니 동음이의어겠군.
③ '묻다²-1'의 용례로 '아우는 형의 말을 비밀로 묻어 두었다.'를 추가할 수 있겠군.
④ '묻다²'와 '묻다³'은 모음으로 시작하는 어미가 결합할 때 활용 형태가 서로 다르게 나타나는군.
⑤ '묻다³'의 용례에서 '물었다'는 '질문했다'로 바꾸어 쓸 수 있겠군.

439 [2022년 11월 고1 학평 11번]

<보기>는 '사전 활용하기' 학습 활동을 위한 자료이다. 이에 대해 탐구한 내용으로 적절하지 않은 것은?

> 보 기
>
> **쓰다³** 동
> 1 【…에 …을】 어떤 일을 하는 데에 재료나 도구, 수단을 이용하다.
> ¶ 수염을 깎는 데 전기면도기를 쓴다.
> 2 【…에/에게 …을】
> 「1」 다른 사람에게 베풀거나 내다.
> ¶ 그는 취직 기념으로 친구들에게 한턱을 썼다.
> 「2」 어떤 일에 마음이나 관심을 기울이다.
> ¶ 선생님, 일부러 제게 마음을 쓰지 않으셔도 됩니다.
>
> **쓰다⁶** 형
> 1 혀로 느끼는 맛이 한약이나 소태, 씀바귀의 맛과 같다.
> ¶ 나물이 쓰다.
> 2 【…이】 몸이 좋지 않아서 입맛이 없다.
> ¶ 며칠을 앓았더니 입맛이 써서 맛있는 게 없다.

① '쓰다³ 2 「1」'의 용례로 '그는 들려오는 소문에 신경을 썼다.'를 추가할 수 있군.
② '쓰다³ 1'과 '쓰다³ 2'는 모두 문형 정보와 용례로 보아 목적어와 어울려 써야 함을 알 수 있군.
③ '쓰다³'과 '쓰다⁶'은 별개의 표제어로 기술되어 있으므로 동음이의 관계임을 알 수 있군.
④ '쓰다³'과 '쓰다⁶'은 각각 하나의 표제어 아래 여러 뜻을 지니고 있으므로 다의어라고 볼 수 있군.
⑤ '쓰다⁶'은 '쓰다³'과 달리 성질이나 상태를 나타내는 말임을 알 수 있군.

440 [2023년 6월 고1 학평 15번]

<보기>는 '사전 활용하기 학습 자료'의 일부이다. 이에 대해 탐구한 내용으로 적절하지 않은 것은?

> **보 기**
>
> **갈다**[1] ⓢ 갈아[가라] 가니[가니]
> 【…을, …을 …으로】 이미 있는 사물을 다른 것으로 바꾸다.
> ¶ 컴퓨터의 부속품을 좋은 것으로 갈았다.
>
> **갈다**[2] ⓢ 갈아[가라] 가니[가니]
> 「1」 【…을】 날카롭게 날을 세우거나 표면을 매끄럽게 하기 위하여 다른 물건에 대고 문지르다.
> ¶ 옥돌을 갈아 구슬을 만든다.
> 「2」 【…을】 잘게 부수기 위하여 단단한 물건에 대고 문지르거나 단단한 물건 사이에 넣어 으깨다.
> ¶ 무를 강판에 갈아 즙을 낸다.
>
> **갈다**[3] ⓢ 갈아[가라] 가니[가니]
> 「1」 【…을】 쟁기나 트랙터 따위의 농기구나 농기계로 땅을 파서 뒤집다.
> ¶ 논을 갈다.
> 「2」 【…을】 주로 밭작물의 씨앗을 심어 가꾸다.
> ¶ 밭에 보리를 갈다.

① '갈다[1]', '갈다[2]', '갈다[3]'은 동음이의어이군.
② '갈다[3]'은 여러 가지 뜻을 가지므로 다의어이군.
③ '갈다[2]-「2」'의 용례로 '무딘 칼을 날카롭게 갈다.'를 추가할 수 있겠군.
④ '갈다[1]'은 '갈다[2]', '갈다[3]'과 달리 부사어를 요구할 수도 있는 동사로군.
⑤ '갈다[1]', '갈다[2]', '갈다[3]'은 '갈-'에 '-니'가 결합할 때 표기와 발음이 같군.

441 [2023년 9월 고1 학평 15번]

다음은 '사전 활용하기' 학습 활동을 위한 자료이다. 이에 대한 이해로 적절하지 않은 것은?

> **바르다**[1] ⓢ
> 【…을 …에】【…을 …으로】
> 「1」 풀칠한 종이나 헝겊 따위를 다른 물건의 표면에 고루 붙이다.
> ¶ 아이들 방을 예쁜 벽지로 발랐다.
> 「2」 차지게 이긴 흙 따위를 다른 물체의 표면에 고르게 덧붙이다.
> ¶ 흙을 벽에 바르다.
>
> **바르다**[2] ⓗ
> 「1」 겉으로 보기에 비뚤어지거나 굽은 데가 없다.
> ¶ 길이 바르다.
> 「2」 말이나 행동 따위가 사회적인 규범이나 사리에 어긋나지 아니하고 들어맞다.
> ¶ 그는 인사성이 바른 사람이다.

① '바르다[1]'과 '바르다[2]'는 사전에 각각 다른 표제어로 등재되는 동음이의어이다.
② '바르다[1]'과 '바르다[2]'는 모두 여러 가지 의미가 있는 다의어이다.
③ '바르다[1]'은 '바르다[2]'와 달리 주어 이외의 다른 문장 성분을 필요로 한다.
④ '바르다[1]'은 동작이나 작용을 나타내는 말이고, '바르다[2]'는 성질이나 상태를 나타내는 말이다.
⑤ '바르다[2] 「1」'의 예로 '마음가짐이 바르다.'를 추가할 수 있다.

442 [2024년 3월 고1 학평 14번]

<보기>의 '탐구 과제'를 수행한 결과로 적절하지 <u>않은</u> 것은?

보 기

[탐구 과제]

'작다 / 적다' 중 적절한 말이 무엇인지 온라인 사전에서 '작다'를 검색한 결과를 근거로 하여 말해 보자.

ㄱ. 민수는 진서에 비해 말수가 (작다 / 적다).
ㄴ. 키가 커서 작년에 구매한 옷이 (작다 / 적다).
ㄷ. 오늘 일은 지난번에 비해 규모가 (작다 / 적다).
ㄹ. 그는 큰일을 하기에는 그릇이 아직 (작다 / 적다).
ㅁ. 백일장 대회의 신청 인원이 여전히 (작다 / 적다).

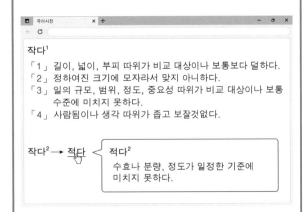

국어사전

작다^{1}
「1」 길이, 넓이, 부피 따위가 비교 대상이나 보통보다 덜하다.
「2」 정하여진 크기에 모자라서 맞지 아니하다.
「3」 일의 규모, 범위, 정도, 중요성 따위가 비교 대상이나 보통 수준에 미치지 못하다.
「4」 사람됨이나 생각 따위가 좁고 보잘것없다.

작다^{2} → 적다

적다^{2}
수효나 분량, 정도가 일정한 기준에 미치지 못하다.

* → : 'a→b'는 a를 b로 바꿔 써야 함을 나타냄.

① ㄱ : '작다^{1}'의 「1」을 고려할 때 '작다'가 맞겠군.
② ㄴ : '작다^{1}'의 「2」를 고려할 때 '작다'가 맞겠군.
③ ㄷ : '작다^{1}'의 「3」을 고려할 때 '작다'가 맞겠군.
④ ㄹ : '작다^{1}'의 「4」를 고려할 때 '작다'가 맞겠군.
⑤ ㅁ : '작다^{1}', '작다^{2}'와 '적다^{2}'를 고려할 때 '적다'가 맞겠군.

443 [2014년 11월 고2 학평 B형 15번]

다음은 '사전 활용하기' 학습 활동을 위한 자료이다. 이에 대해 탐구한 내용으로 적절하지 <u>않은</u> 것은?

이^{1} 의존명사
'사람'의 뜻을 나타내는 말.

이^{2}
[1] 대명사
1 말하는 이에게 가까이 있거나 말하는 이가 생각하고 있는 대상을 가리키는 지시 대명사.
¶ 이보다 더 좋을 수는 없다.
[2] 관형사
1 바로 앞에서 이야기한 대상을 가리킬 때 쓰는 말.
¶ 노력하는 사람은 실패하지 않는다. 이 점을 우리는 명심해야한다.

이^{3}
[1] 수사
1 일에 일을 더한 수, 아라비아 숫자로는 '2', 로마 숫자는 'Ⅱ'로 쓴다.
[2] 관형사 (일부 단위를 나타내는 말 앞에 쓰여)
그 수량이 둘임을 나타내는 말.

① '저 모자를 쓴 이가 누구지?'의 '이'는 사람을 뜻하므로 '이^{1}'의 용례가 되는군.
② 하나의 표제어에 여러 개의 뜻풀이가 있으므로 '이2'는 다의어에 해당하는군.
③ '이^{2} [1] '의 용례와 '이^{2} [2] '의 용례를 통해 '이^{2}'는 조사의 결합 가능 여부에 따라 품사를 구별할 수 있음을 확인할 수 있군.
④ '이 킬로미터를 걸어라.'에서 '이'는 단위를 나타내는 말 앞에 쓰이므로 '이^{3} [1] '의 용례로 들 수 있군.
⑤ '이^{1}', '이^{2}', '이^{3}'은 별개의 표제어로 기술된 걸 보니 서로 동음이의관계이군.

444 [2015년 9월 고2 학평 14번]

<보기>에 제시된 국어사전의 정보를 완성한다고 할 때, ㉠~㉤에 대한 설명으로 적절하지 않은 것은?

보 기

그리다[1] [㉠] 【…을】
사랑하는 마음으로 간절히 생각하다.
¶ 그가 꿈에도 그리던 어머님을 드디어 만났다.

그리다[2] [동사] 【 ㉡ 】
① 연필, 붓 따위로 어떤 사물의 모양을 그와 닮게 선이나 색으로 나타내다.
¶ 그가 약도를 그렸다. / ___㉢___
② ___㉣___
¶ 이순신 장군의 일대기를 그린 영화 / 이 소설은 서민 생활의 애환을 그리고 있다.

그립다 [형용사]
① 【…이】 보고 싶거나 만나고 싶은 마음이 간절하다.
¶ 고향에 계신 부모님이 그립다.
② 어떤 것이 매우 필요하거나 아쉽다.
¶ ___㉤___

① ㉠에 들어갈 말은 '동사'이다.
② ㉡에 들어갈 말은 '…을'이다.
③ ㉢에 '화살이 포물선을 그리며 날아간다.'를 넣을 수 있다.
④ ㉣에 '생각, 현상 따위를 말, 글, 음악 등으로 나타내다.'를 넣을 수 있다.
⑤ ㉤에 '한동안 쉬었더니 돈 몇 푼이 그립다.'를 넣을 수 있다.

445 [2015년 11월 고2 학평 14번]

<보기>에 제시된 국어사전의 정보를 완성한다고 할 때, ㉠~㉤에 대한 설명으로 적절하지 않은 것은?

보 기

늦다
[Ⅰ] 동사
[㉠] 정해진 때보다 지나다.
¶ 그는 약속 시간에 항상 늦는다. / 그는 버스 시간에 늦어 고향에 가지 못했다.
[Ⅱ] [㉡]
[1] 기준이 되는 때보다 뒤져 있다.
¶ 시계가 오 분 늦게 간다.
[2] 시간이 알맞을 때를 지나 있다. 또는 시기가 한창인 때를 지나 있다.
¶ 우리 일행은 예정보다 늦게 도착했다. / ___㉢___
[3] 곡조, 동작 따위의 속도가 느리다.
¶ 박자가 늦다. / ___㉣___

이르다 형용사
【…보다】【-기에】 대중이나 기준을 잡은 때보다 앞서거나 빠르다.
¶ 그는 여느 때보다 이르게 학교에 도착했다. / 아직 포기하기엔 이르다.

[반의어] ___㉤___

① ㉠에 들어갈 말은 '【 …에】'이다.
② ㉡에 들어갈 말은 '형용사'이다.
③ ㉢에는 '발걸음이 늦다.'를 넣을 수 있다.
④ ㉣에는 '그는 다른 사람보다 서류 작성이 늦다.'를 넣을 수 있다.
⑤ ㉤에 들어갈 말은 '늦다[Ⅱ] [1]'이다.

의미 및 담화 핵심 기출 문제

446 [2016년 3월 고2 학평 14번]

다음은 '사전 활용하기' 학습 활동을 위한 자료이다. 이에 대한 이해로 적절하지 않은 것은?

자료

우연 명 아무런 인과 관계가 없이 뜻하지 아니하게 일어난 일.
¶ 우연의 일치
「반」 필연01.

우연-적 관명 아무런 인과 관계 없이 뜻하지 아니하게 일어나는. 또는 그런 것.
¶ 우연적 만남 / 우연적 사건 ‖ 우연적으로 일어난 일

우연-하다 형 어떤 일이 뜻하지 아니하게 저절로 이루어져 공교롭다.
¶ 친구를 우연하게 만났다.

우연-히 부 어떤 일이 뜻하지 아니하게 저절로 이루어져 공교롭게.
¶ 동생의 비상금을 우연히 발견하였다.

① '우연'의 뜻풀이와 반의어를 보니, '우연적'의 반의어로 '필연적'이 존재할 수 있겠군.
② '우연적'의 품사 정보와 뜻풀이를 보니, '그들의 만남은 우연적이었다.'의 '우연적'은 관형사에 해당하겠군.
③ '우연하다'의 품사 정보와 뜻풀이를 보니, '우연하다'의 용례로 '우연한 계기'를 추가할 수 있겠군.
④ '우연'과 '우연하다'의 표제어 및 뜻풀이를 보니, '우연하다'는 '우연'에 '하다'가 결합한 복합어로군.
⑤ '우연하다'와 '우연히'의 뜻풀이 및 용례를 보니, '친구를 우연하게 만났다.'의 '우연하게'는 '우연히'로 교체하여 쓸 수 있겠군.

447 [2016년 6월 고2 학평 11번]

<보기>에 제시된 국어사전 정보를 완성한다고 할 때, ㉠~㉤에 대한 설명으로 적절하지 않은 것은?

보기

그르다[01]
[Ⅰ] 「 ㉠ 」
어떤 일이 사리에 맞지 아니한 면이 있다.
¶ 행실이 그르다. / 그른 일은 하지 말아야 한다.
[Ⅱ] 「동사」
「1」 (㉡) 어떤 일이나 형편이 잘못되다.
¶ 대세는 벌써 그른 지 오래다. / 이번 일도 이미 글렀다.
「2」 어떤 상태나 조건이 좋지 아니하게 되다.
¶ 이 환자는 회생하기에 그른 것으로 보인다.

바르다[03] 「형용사」
「1」 겉으로 보기에 비뚤어지거나 굽은 데가 없다. 반 굽다
¶ 선을 바르게 긋다.
「2」 말이나 행동 따위가 사회적인 규범이나 사리에 어긋나지 아니하고 들어맞다. ¶ 그는 생각이 바른 사람이다.
「3」 ___㉢___ ¶ 묻는 말에 바르게 대답해라.
「4」 그늘이 지지 아니하고 햇볕이 잘 들다. ¶ 양지 바른 곳

옳다[01] [올타] 「형용사」
「1」 사리에 맞고 바르다. ¶ 옳은 판단 반 ___㉣___
「2」 격식에 맞아 탓하거나 흠잡을 데가 없다.
¶ 옳은 상차림
「3」 차라리 더 낫다. ¶ ___㉤___

① ㉠에 들어갈 말은 '형용사'이다.
② ㉡에 들어갈 문형 정보는 '흔히 현재 시제에 쓰여'이다.
③ ㉢에는 '사실과 어긋남이 없다.'를 넣을 수 있다.
④ ㉣에 들어갈 말은 '그르다[01] [Ⅰ]'이다.
⑤ ㉤에는 '변명하느니 말을 않는 게 옳다.'를 넣을 수 있다.

448 [2017년 3월 고2 학평 15번]

<보기>는 '뿐'에 대한 남북한의 사전 풀이이다. 이를 탐구한 내용으로 적절하지 않은 것은?

> **보 기**
>
> **(가) 표준국어대사전(남한)**
>
> **뿐[01]** 「의존 명사」
>
> (1) (어미 '-을' 뒤에 쓰여) 다만 어떠하거나 어찌할 따름이라는 뜻을 나타내는 말.
>
> ¶ 소문으로만 들었을 뿐이네.
>
> (2) ('다 뿐이지' 구성으로 쓰여) 오직 그렇게 하거나 그러하다는 것을 나타내는 말.
>
> ¶ 시간만 보냈다 뿐이지 한 일은 없다.
>
> **뿐[02]** 「조사」 (체언이나 부사어 뒤에 붙어) '그것만이고 더는 없음' 또는 '오직 그렇게 하거나 그러하다는 것'을 나타내는 보조사.
>
> ¶ 이제 믿을 것은 오직 실력뿐이다.
>
> **(나) 조선말대사전(북한)**
>
> **뿐** 「불완전명사*」
>
> (1) (체언 아래에 쓰이여) 그것만이고 더는 없다는 뜻.
>
> | 소식을 듣고 기뻐한것은 나뿐이 아니였다.
>
> (2) (용언 아래에 쓰이여) 다만 어떠하거나 어찌할따름이라는 뜻.
>
> | 우리는 감격의 눈물을 삼켰을뿐이였다.
>
> * 불완전명사 : 북한에서 '의존 명사'를 가리키는 말.

① (가)의 '뿐[01]'은 (나)의 '뿐'과 달리 앞에 오는 말과 띄어서 쓰이는군.

② (가)의 '뿐[01]'과 (나)의 '뿐'은 모두 두 가지의 뜻을 가진 단어이군.

③ '내가 가진 것은 이것뿐이다.'에서 '뿐'은 (가)의 '뿐[02]', (나)의 '뿐' (1)의 뜻에 해당하는군.

④ (가)에서는 (나)에서와 달리 체언 뒤의 '뿐'과 용언 뒤의 '뿐'을 서로 다른 표제어로 등재하고 있군.

⑤ (나)에서는 (가)에서와 달리 '뿐'을 다른 말에 기대어 쓰이지 않고 자립하여 쓰일 수 있는 말로 보고 있군.

449 [2017년 9월 고2 학평 14번]

다음은 '사전 활용하기' 학습 활동을 위한 자료이다. 이에 대한 이해로 적절하지 않은 것은?

> **익다** 동
>
> ① 열매나 씨가 여물다.
>
> ¶ 배가 익다.
>
> ② 고기나 채소, 곡식 따위의 날것이 뜨거운 열을 받아 그 성질과 맛이 달라지다.
>
> ¶ 고기가 푹 익다.
>
> **익-히다** 동 【…을】
>
> ① '익다①'의 사동사.
>
> ¶ 잎사귀에 단풍이 든 콩들은 꼬투리를 더욱 단단하게 익히고 있었다.
>
> ② '익다②'의 사동사.
>
> ¶ 고기를 익히다.

① '익다'와 '익히다'는 모두 다의어로군.

② '익다'와 달리 '익히다'는 목적어를 필요로 하는군.

③ '익히다'는 '익다'에 사동 접미사가 결합된 단어로군.

④ '익다①'의 유의어로는 '김치가 잘 숙성되었다.'의 '숙성되다'가 있겠군.

⑤ '익히다②'의 용례로 '감자를 푹 익혀 먹으면 맛이 좋다.'가 있겠군.

450 [2017년 11월 고2 학평 12번]

<보기>는 '사전 활용하기' 학습 활동을 위한 자료이다. 이에 대해 탐구한 내용으로 적절하지 않은 것은?

> **보 기**
>
> **물리다^{1}**
> 동사
> 【…에/에게】
> 다시 대하기 싫을 만큼 몹시 싫증이 나다. ¶ 세 끼 꼬박 국수를 먹어서 이젠 국수에 물렸다.
>
> **물리다^{2}**
> 동사
> [1] 【…에/에게 …을】
> 「1」 '물다^{2}[1] 「2」'의 피동사. ¶ 사나운 개에게 팔을 물리다.
> 「2」 '물다^{2}[1] 「3」'의 피동사.
> ¶ 어젯밤 모기에게 코를 물렸다.
> [2] 【...에게】
> '물다^{2}[1] 「4」'의 피동사.
> ¶ 그놈들에게 잘못 물렸다가는 큰 일 치른다.
>
> **물리다^{3}**
> 동사
> [1] 【…을】
> 「1」 '무르다^{2}[1] 「1」'의 사동사.
> ¶ 친구는 새로 구입한 책을 모두 물렸다.
> [2] 【…을 …으로】
> 「1」 ______㉠______ ¶ 약속 날짜를 이틀 뒤로 물리다.

① 물리다^{1}, 물리다^{2}, 물리다^{3}은 서로 동음이의 관계이군.
② 물리다^{2}, 물리다^{3}은 각각 다의어임을 알 수 있군.
③ 물리다^{1}의 용례로 '버스가 고장이 나 승객들이 차표를 도로 물리는 소동이 있었다.'를 추가할 수 있군.
④ 물리다^{2}[1]은 물리다^{1}에 비해 서술어가 요구하는 필수적 문장 성분이 더 많다고 할 수 있군.
⑤ 물리다^{3}의 ㉠에는 '정해진 시기를 뒤로 늦추다.'가 들어갈 수 있겠군.

451 [2018년 6월 고2 학평 15번]

<보기>의 ㉠~㉤에 들어갈 예문으로 적절하지 않은 것은?

> **보 기**
>
> **바치다** 동
> ① 반드시 내거나 물어야 할 돈을 가져다주다. ¶ ㉠
>
> **받치다^{1}** 동
> ① 화 따위의 심리적 작용이 강하게 일어나다. ¶ ㉡
>
> **받치다^{2}** 동
> ① 어떤 물건의 밑이나 안에 다른 물건을 대다. ¶ ㉢
> ② 어떤 일을 잘 할 수 있도록 뒷받침해 주다. ¶ ㉣
>
> **밭치다** 동
> ① 건더기와 액체가 섞인 것을 거르기 장치에 따라서 액체만을 따로 받아 내다. ¶ ㉤

① ㉠ : 매년 국가에 성실하게 세금을 바치고 있다.
② ㉡ : 그는 설움에 받쳐서 끝내 울음을 터뜨렸다.
③ ㉢ : 그녀는 쟁반에 음료수 잔을 받치고 걸어갔다.
④ ㉣ : 그가 우산을 받쳐 들고 거리를 거닐고 있다.
⑤ ㉤ : 어머니께서 멸치젓을 체에 밭쳐 놓았다.

452 [2019년 3월 고2 학평 15번]

<보기>는 '사전 활용하기' 학습 활동을 위한 자료이다. 이에 대한 이해로 적절하지 않은 것은? [3점]

> **보 기**
>
> **그치다** 「동사」
> 「1」 【(…을)】 계속되던 일이나 움직임이 멈추거나 끝나다. 또는 그렇게 하다.
> ¶ 비가 그치다. / 울음을 그치다.
> 「2」 【…에】【…으로】 더 이상의 진전이 없이 어떤 상태에 머무르다. ¶ 출석률이 절반 정도에 그쳤다.
> 예감이 예감으로 그치지 않고 현실이 되는 경우가 있다.
>
> **멈추다** 「동사」
> [1] 「1」 사물의 움직임이나 동작이 그치다.
> ¶ 시계가 멈추다. / 울음소리가 멈추다.
> 「2」 비나 눈 따위가 그치다.
> ¶ 멈추었던 비가 다시 내리기 시작했다.
> [2] 【…을】 사물의 움직임이나 동작을 그치게 하다.
> ¶ 기계를 멈추다. / 발걸음을 멈추다.

① '그치다 「1」'의 문형 정보와 용례를 보니, '그치다 「1」'은 자동사로도 쓰일 수 있고 타동사로도 쓰일 수 있군.
② '그치다 「2」'의 문형 정보와 용례를 보니, '그치다 「2」'는 부사어를 반드시 필요로 하는군.
③ '멈추다 [2]'의 용례로 '차가 경적을 울리며 멈추다.'를 추가할 수 있겠군.
④ '그치다'와 '멈추다'는 두 가지 이상의 의미를 지니고 있는 다의어이군.
⑤ '그치다 「1」'과 '멈추다'의 뜻풀이와 용례를 보니, 두 단어는 유의 관계에 있군.

453 [2023년 6월 고2 학평 14번]

<보기>는 '사전 활용하기' 학습 활동을 위한 자료이다. 이에 대해 탐구한 내용으로 적절하지 않은 것은?

> **보 기**
>
> **가늘다** 형 1 물체의 지름이 보통의 경우에 미치지 못하고 짧다.
> 2 소리의 울림이 보통에 미치지 못하고 약하다.
> **굵다** 형 1 물체의 지름이 보통의 경우를 넘어 길다.
> ¶ 나뭇가지가 굵다.
> 2 밤, 대추, 알 따위가 보통의 것보다 부피가 크다.
> **두껍다** 형 1 두께가 보통의 정도보다 크다.
> ¶두꺼운 종이
> 2 층을 이루는 사물의 높이나 집단의 규모가 보통의 정도보다 크다.

① '가늘다', '굵다', '두껍다'는 모두 다의어이다.
② '가늘다2'의 용례로 '열차의 기적 소리가 가늘게 들려왔다.'를 추가할 수 있다.
③ '두껍다2'의 용례로 '그 책은 수요층이 두껍다.'를 들 수 있다.
④ '굵다1'의 용례에서 '굵다'를 '가늘다'로 바꾸면 '가늘다1'의 용례가 될 수 있다.
⑤ '굵다1'과 '두껍다1'의 의미에 의하면 '굵은 손가락'은 '두꺼운 손가락'으로 쓰는 것이 적절하다.

454 [2015년 3월 고3 학평 A, B형 14번]

다음은 '달다'에 관한 사전 자료의 일부분이다. 이를 탐구한 결과로 적절하지 않은 것은?

> **보 기**
>
> **달다¹** 동 【…에 …을】 [달아, 다니, 다오]
> ㉠ 물건을 일정한 곳에 걸거나 매어 놓다.
> 예 배에 돛을 달다.
> ㉡ 이름이나 제목 따위를 정하여 붙이다.
> 예 작품에 제목을 달다.
>
> **달다²** 형 [달아, 다니, 다오]
> ㉠ 꿀이나 설탕의 맛과 같다.
> 예 아이스크림이 달다. 속 달면 삼키고 쓰면 뱉는다.
> ㉡ 흡족하여 기분이 좋다.
> 예 나른한 식곤에 잠이 달았다.

① '달다¹'과 '달다²'는 별개의 표제어로 기술된 걸 보니 동음이의어에 해당하는군.
② '달다¹'과 '달다²'는 모두 연결 어미 '-니'가 결합되면 '다니'로 활용되는군.
③ '달다¹' ㉠의 용례로 '소금의 무게를 저울에 달아 보았다.'를 추가할 수 있겠군.
④ '달다²' ㉠의 속담은 '달다'와 '쓰다'의 반의 관계를 이용한 것이군.
⑤ '달다¹' ㉡은 '달다²' ㉡보다 서술어가 필수적으로 요구하는 문장 성분의 개수가 더 많군.

455 [2015년 6월 고3 모평 A형 12번]

<보기>에 제시된 국어사전 정보를 완성한다고 할 때, ㉠~㉤에 대한 설명으로 적절하지 않은 것은? [3점]

> **보 기**
>
> **과** 「조사」 (받침 있는 체언 뒤에 붙어)
>
> [1]
>
> ① 다른 것과 비교하거나 기준으로 삼는 대상임을 나타내는 격 조사. ¶ 막내는 큰형과 닮았다. / ___㉠___
>
> ② 일 따위를 함께 함을 나타내는 격 조사. ¶ 나는 방에서 동생과 조용히 공부했다. / ___㉡___
>
> ③ 상대로 하는 대상임을 나타내는 ___㉢___. ¶ 그는 거대한 폭력 조직과 맞섰다.
>
> [2] 둘 이상의 사물을 같은 자격으로 이어 주는 접속 조사. ¶ 닭과 오리는 동물이다. / 책과 연필을 가져와라.
>
> [유의어] 하고, ___㉣___
>
> [형태 정보] 받침 없는 체언 뒤에는 '___㉤___'가 붙는다.

① ㉠에는 '그는 낯선 사람과 잘 사귄다.'를 넣을 수 있다.
② ㉡에는 '그는 형님과 고향에 다녀왔다.'를 넣을 수 있다.
③ ㉢에 들어갈 말은 '격 조사'이다.
④ ㉣에 '이랑'이 들어갈 수 있다.
⑤ ㉤에 들어갈 말은 '와'이다.

456 [2015년 6월 고3 모평 B형 13번]

다음은 '사전 활용하기' 학습 활동을 위한 자료이다. 이에 대해 탐구한 내용으로 적절하지 않은 것은?

> 굳다 [굳어, 굳으니, 굳는]
>
> [I] [동]
>
> ㉠ 무른 물질이 단단하게 되다. ¶ 시멘트가 굳다
>
> ㉡ 근육이나 뼈마디가 뻣뻣하게 되다. ¶ 허리가 굳다
>
> [II] [형] 흔들리거나 바뀌지 아니할 만큼 힘이나 뜻이 강하다. ¶ 굳은 결심 / 성을 굳게 지키다
>
> [반의어] [I] ㉠ 녹다 [1] ㉠
>
> 녹다 [녹아, 녹으니, 녹는] [동]
>
> [1] ㉠ 얼음이나 얼음같이 매우 차가운 것이 열을 받아 액체가 되다. ¶ 얼음이 녹다 / 눈이 녹다
>
> ㉡ 고체가 열기나 습기로 말미암아 제 모습을 갖고 있지 못하고 물러지거나 물처럼 되다. ¶ 엿이 녹다
>
> [2] 【…에】
>
> ㉠ 결정체(結晶體) 따위가 액체 속에서 풀어져 섞이다. ¶ 소금이 물에 녹다
>
> ㉡ 어떤 물체나 현상 따위에 스며들거나 동화되다. ¶ 우리 정서에 녹아 든 외국 문화
>
> [반의어] [1] ㉡ 굳다 [I] ㉠

① '굳다'는 '녹다'와 달리 두 개의 품사로 쓰인다.
② '시멘트가 굳다'의 '굳다'와 '엿이 녹다'의 '녹다'는 반의 관계이다.
③ '굳다 [II]'의 용례로 '마음을 굳게 닫다'를 추가할 수 있다.
④ '녹다 [2] ㉡'의 용례로 '글에는 글쓴이의 생각이 녹아 있다.'를 추가할 수 있다.
⑤ '초콜릿이 순식간에 녹았다.'의 '녹다'는 '녹다 [2] ㉠'에 해당하므로 주어 외에도 다른 문장 성분을 필요로 한다.

457 [2015년 수능 A, B형 14번]

다음은 '사전 활용하기' 학습 활동을 위한 자료이다. 이에 대한 이해로 적절하지 않은 것은?

> **같이**[가치]
> 1부
> ① 둘 이상의 사람이나 사물이 함께.
> ¶친구와 **같이** 사업을 하다
> ② 어떤 상황이나 행동 따위와 다름이 없이.
> ¶예상한 바와 **같이** 주가가 크게 떨어졌다.
> 2조
> ① '앞말이 보이는 전형적인 어떤 특징처럼'의 뜻을 나타내는 격 조사.
> ¶**얼음장같이** 차가운 방바닥
> ② 앞말이 나타내는 그때를 강조하는 격 조사.
> ¶**새벽같이** 떠나다
>
> **같이-하다**[가치--]동 【(…과)…을】
> ① 경험이나 생활 따위를 얼마 동안 더불어 하다.
> =함께하다①.
> ¶친구와 침식을 **같이하다**/평생을 **같이한** 부부
> ② 서로 어떤 뜻이나 행동 따위를 동일하게 가지다.
> =함께하다②.
> ¶그와 의견을 **같이하다**/견해를 **같이하다**

① '같이'의 품사 정보와 뜻풀이를 보니, '같이'는 부사로도 쓰이고 부사격 조사로도 쓰이는 말이로군.
② '같이'의 뜻풀이와 용례를 보니, '같이2①'의 용례로 '매일 같이 지하철을 타다'를 추가할 수 있겠군.
③ '같이'와 '같이하다'의 표제어 및 뜻풀이를 보니, '같이하다'는 '같이'에 '하다'가 결합한 복합어로군.
④ '같이하다'의 문형 정보 및 용례를 보니, '같이하다'는 두 자리 서술어로도 쓰일 수 있고, 세 자리 서술어로도 쓰일 수 있군.
⑤ '같이하다'의 뜻풀이와 용례를 보니, '평생을 같이한 부부'의 '같이한'은 '함께한'으로 교체하여 쓸 수 있겠군.

458 [2016년 4월 고3 학평 13번]

다음은 '사전 활용하기' 학습 활동을 위한 자료이다. 이에 대한 이해로 옳지 않은 것은?

> 보 기
>
> **하다01**
> 1 「동사」【…을】
> ① 사람이나 동물, 물체 따위가 행동이나 작용을 이루다.
> ¶ 운동을 하다. / 사랑을 하다.
> ② 먹을 것, 입을 것, 땔감 따위를 만들거나 장만하다.
> ¶ 나무를 하다. / 밥을 하다.
> ③ 표정이나 태도 따위를 짓거나 나타내다.
> ¶ 어두운 얼굴을 하다.
> 2 「보조동사」
> ① (동사나 형용사 뒤에서 '-게 하다' 구성으로 쓰여) 앞말의 행동을 시키거나 앞말이 뜻하는 상태가 되도록 함을 나타내는 말.
> ¶ 숙제를 하게 하다. / 노래를 부르게 하다. / 몸을 청결하게 하다.
>
> **-하다02** 「접사」
> ① (일부 명사 뒤에 붙어) 동사를 만드는 접미사.
> ¶ 운동하다. / 사랑하다.
> ② (일부 명사 뒤에 붙어) 형용사를 만드는 접미사.
> ¶ 건강하다. / 순수하다.
> ③ (의성·의태어 이외의 일부 성상 부사 뒤에 붙어) 동사나 형용사를 만드는 접미사.
> ¶ 달리하다. / 빨리하다.
> ④ (몇몇 의존 명사 뒤에 붙어) 동사나 형용사를 만드는 접미사.
> ¶ 체하다. / 척하다. / 듯하다.

① '하다01 1'은 두 개 이상의 의미를 갖는 다의어이겠군.
② '하다01 2'는 '하다01 1'과는 달리 혼자 쓰이지 못하고 다른 용언 뒤에 붙어 사용되겠군.
③ '-하다02'는 앞 단어에 붙어 품사를 바꾸는 기능을 하겠군.
④ '하다01 1②'의 용례로 '새 옷을 한 벌 했다.'를 추가할 수 있겠군.
⑤ '물에 빠질 뻔하다.'의 '뻔하다'는 '-하다02②'의 용례라고 할 수 있겠군.

459 [2016년 7월 고3 학평 14번]

다음은 '사전 활용하기' 학습 활동을 위한 자료이다. 이에 대해 탐구한 내용으로 적절하지 않은 것은? [3점]

보 기

이르다[1] [이르러, 이르니] 동 【…에】
① 어떤 장소나 시간에 닿다. ¶ 목적지에 이르다
② 어떤 정도나 범위에 미치다. ¶ 결론에 이르다

이르다[2] [일러, 이르니] 동
① 【…에게 …을】【…에게 –고】 무엇이라고 말하다.
¶ 나는 아이들에게 내가 알고 있는 것을 모두 일러 주었다. ‖ 아이들에게 주의하라고 이르다.
② 【…을 –고】 어떤 대상을 무엇이라고 이름 붙이거나 가리켜 말하다.
¶ 이를 도루묵이라 이른다.

이르다[3] [일러, 이르니] 형 【…보다】【-기에】
대중이나 기준을 잡은 때보다 앞서거나 빠르다.
¶ 그는 여느 때보다 이르게 학교에 도착했다. ‖ 아직 포기하기엔 이르다.

① '이르다[1]①'과 '이르다[1]②'의 유의어로 '다다르다'가 있겠군.
② '이르다[1]'과 '이르다[2]'와 '이르다[3]'은 서로 동음이의 관계이겠군.
③ '이르다[1]'은 규칙 활용을 하지만 '이르다[2]'와 '이르다[3]'은 불규칙 활용을 하겠군.
④ '이르다[1]'과 '이르다[2]'는 움직임을 나타내는 단어이고, '이르다[3]'은 성질 혹은 상태를 나타내는 단어이겠군.
⑤ '이르다[3]'의 용례로 '올해는 예년보다 첫눈이 이른 감이 있다.'를 추가할 수 있겠군.

460 [2016년 10월 고3 학평 15번]

<보기>는 사전 자료의 일부분이다. 이에 대한 이해로 가장 적절한 것은?

보 기

크다 [커, 크니]
[Ⅰ] 형용사
사람이나 사물의 외형적 길이, 넓이, 높이, 부피 따위가 보통 정도를 넘다. 예 키가 크다.
[Ⅱ] 동사
동식물이 몸의 길이가 자라다.
예 날씨가 건조하면 나무가 크지 못한다.

키우다 【…을】 [키우어(키워), 키우니]
크다 [Ⅱ]의 사동사

① '크다'[Ⅰ]과 '크다'[Ⅱ]는 별도의 품사로 기술된 걸 보니 동음이의어이겠군.
② '크다'[Ⅰ]과 '크다'[Ⅱ]의 반의어로는 모두 '작다'가 가능하겠군.
③ '크다'[Ⅰ]의 용례로 '키가 몰라보게 컸구나.'를 추가할 수 있겠군.
④ '크다'[Ⅱ]는 사동사로 바뀌면 서술어의 자릿수가 하나 늘어나는군.
⑤ '크다'와 '키우다'는 모두 어미 '-어'가 결합하면 어간 끝의 모음이 탈락하는군.

461 [2017년 수능 15번]

<보기>는 사전의 개정 내용을 정리한 자료의 일부이다. ㉠~㉤에 대한 이해로 적절하지 않은 것은?

보 기

	개정 전	개정 후
㉠	**긁다** 동 「1」 손톱이나 뾰족한 기구 따위로 바닥이나 거죽을 문지르다. ⋮ 「9」 ……	**긁다** 동 「1」 손톱이나 뾰족한 기구 따위로 바닥이나 거죽을 문지르다. ⋮ 「9」 …… 「10」 물건 따위를 구매할 때 카드로 결제하다.
㉡	**김-밥**[김ː밥] 명 ……	**김-밥**[김ː밥/김ː빱] 명 ……
㉢	**냄새** 명 「1」 코로 맡을 수 있는 온갖 기운. 「2」 어떤 사물이나 분위기 따위에서 느껴지는 특이한 성질이나 낌새.	**냄새** 명 「1」 코로 맡을 수 있는 온갖 기운. 「2」 어떤 사물이나 분위기 따위에서 느껴지는 특이한 성질이나 낌새.
㉢	**내음** 명 '냄새'의 방언(경상).	**내음** 명 코로 맡을 수 있는 나쁘지 않거나 향기로운 기운. 주로 문학적 표현에 쓰인다.
㉣	**태양-계** 명 태양과 그것을 중심으로 공전하는 천체의 집합. 태양, 9개의 행성, ……	**태양-계** 명 태양과 그것을 중심으로 공전하는 천체의 집합. 태양, 8개의 행성, ……
㉤	(표제어 없음)	**스마트-폰** 명 휴대 전화에 여러 컴퓨터 지원 기능을 추가한 지능형 단말기.

※ 사전의 개정 내용은 표준어와 표준 발음의 최신 정보를 반영한 것임.

① ㉠ : 표제어의 뜻풀이가 추가되어 다의어의 중심적 의미가 수정되었군.
② ㉡ : 표준 발음이 추가로 인정되어 기존의 표준 발음과 함께 제시되었군.
③ ㉢ : 방언이었던 단어가 표준어의 지위를 얻고 뜻풀이도 새롭게 제시되었군.
④ ㉣ : 과학적 정보를 반영하여 뜻풀이 일부가 갱신되었군.
⑤ ㉤ : 새로운 문물을 지칭하는 신어가 표제어로 추가되었군.

462 [2018년 4월 고3 학평 13번]

<보기 1>은 '사전 활용하기' 학습 활동을 위한 자료이다. 이를 바탕으로 <보기 2>의 ㉠~㉤을 탐구한 내용으로 적절하지 않은 것은?

보기 1

1. 밖 명사
「1」 어떤 선이나 금을 넘어선 쪽.
¶ 이 선 밖으로 나가시오.
「2」 겉이 되는 쪽. 또는 그런 부분.
¶ 옷장 안은 깨끗했으나, 밖은 긁힌 자국으로 엉망이었다.
「3」 일정한 한도나 범위에 들지 않는 나머지 다른 부분이나 일.
¶ 예상 밖으로 일이 복잡해졌다.

2. 밖에 조사
(주로 체언이나 명사형 어미 뒤에 붙어) '그것 말고는', '그것 이외에는', '기꺼이 받아들이는', '피할 수 없는'의 뜻을 나타내는 보조사.
¶ 공부밖에 모르는 학생

3. 뜻밖-에 부사
생각이나 기대 또는 예상과 달리. ≒ 의외로.
¶ 아버지께 여행을 가겠다고 조심스럽게 말씀드렸는데 뜻밖에도 흔쾌히 허락하셨다.

보기 2

출입문 ㉠밖 복도는 시끌시끌하다. 이런 생기를 느낄 수 있는 날도 ㉡며칠 밖에 남지 않았다. 졸업이 가까워지면 후련할 줄 알았는데 ㉢뜻밖에도 아쉬움이 더 크다. 추억이 많으니 그럴 ㉣수밖에 없는 것 같다. 하지만 졸업 후 주어질 ㉤기대 밖의 선물 같은 시간들을 그려 보며 남은 시간을 잘 마무리해야겠다.

① ㉠은 <보기 1>의 1-「1」의 의미로 쓰인 것이군.
② ㉡은 <보기 1>의 2가 사용되었으므로 '며칠'과 '밖에'를 붙여 써야겠군.
③ ㉢은 <보기 1>의 3이 사용되었으므로 '의외로'라고 바꿔 쓸 수 있겠군.
④ ㉣은 <보기 1>의 1-「2」의 의미이므로 '수'와 '밖에'를 띄어 써야겠군.
⑤ ㉤은 <보기 1>의 1-「3」의 용례로 추가할 수 있겠군.

463 [2018년 수능 15번]

<보기>를 활용하여 국어사전을 만드는 활동을 하였다. 표제어 ⓐ와 예문 ⓑ, ⓒ에 들어갈 말로 적절한 것은?

보기

㉠ 약속 날짜를 너무 받게 잡았다.
㉡ 서로 받게 앉아 너위를 삼기 버려웠다.
㉢ 시간이 더 필요한데 제출 기한을 너무 바투 잡았다.
㉣ 어머니는 아들에게 바투 다가가 두 손을 움켜쥐었다.
⋮

ⓐ
1 두 대상이나 물체의 사이가 썩 가깝게.
¶ ⓑ
2 시간이나 길이가 아주 짧게.
⋮

받다 형
1 시간이나 공간이 다붙어 몹시 가깝다.
¶ ⓒ
2 길이가 매우 짧다.
¶ 새로 산 바지가 **받아** 발목이 다 보인다.
3 음식을 가려 먹는 것이 심하거나 먹는 양이 적다.
¶ 우리 아들은 입이 너무 **받아서** 큰일이야.
⋮

	ⓐ	ⓑ	ⓒ
①	받게 부	㉠	㉡
②	받게 부	㉡	㉢
③	받게 부	㉡	㉣
④	바투 부	㉢	㉠
⑤	바투 부	㉣	㉠

464 [2019년 4월 고3 학평 15번]

<보기 1>은 '사전 활용하기' 학습을 위한 자료이다. 이를 바탕으로 <보기 2>의 ㉠~㉤에 대해 탐구한 내용으로 적절하지 <u>않은</u> 것은?

보기 1

지1 「의존명사」
(어미 '-은' 뒤에 쓰여) 어떤 일이 있었던 때로부터 지금까지의 동안을 나타내는 말.

-지2 「어미」
「1」 (용언의 어간이나 어미 '-으시-', '-었-' 뒤에 붙어) 그 움직임이나 상태를 부정하거나 금지하려 할 때 쓰이는 연결 어미. '않다', '못하다', '말다' 따위가 뒤따른다.
「2」 상반되는 사실을 서로 대조적으로 나타내는 연결 어미.

-지3 「어미」
('이다'의 어간, 용언 어간이나 어미 '-으시-', '-었-', '-겠-' 뒤에 붙어) 어떤 사실을 긍정적으로 서술하거나 묻거나 명령하거나 제안하는 따위의 뜻을 나타내는 종결 어미. 서술, 의문, 명령, 제안 따위로 두루 쓰인다.

보기 2

○ 내일은 비가 오겠<u>지</u>(㉠)?
○ 눈길을 걸은 <u>지</u>(㉡)도 꽤 오래되었<u>지</u>(㉢).
○ 친구 사이는 대등한 관계이<u>지</u>(㉣) 종속 관계가 아니다.
○ 이곳에 쓰레기를 버리<u>지</u>(㉤) 마시오.

① ㉠은 어떤 움직임이나 상태를 부정하거나 금지하려 할 때 쓰이는 <보기 1>의 '-지2「1」'에 해당하겠군.
② ㉡은 어떤 일이 있었던 때부터 지금까지를 의미하는 것으로 보아 <보기 1>의 '지1'에 해당하겠군.
③ ㉢은 '-었-' 뒤에 붙어 쓰인 종결 어미에 해당하므로 <보기 1>의 '-지3'에 해당하겠군.
④ ㉣은 상반되는 사실을 서로 대조적으로 연결하는 것으로 보아 <보기 1>의 '-지2「2」'에 해당하겠군.
⑤ ㉤은 용언의 어간과 결합하고 '마시오'가 뒤따르는 것으로 보아 <보기 1>의 '-지2「1」'에 해당하겠군.

465 [2019년 7월 고3 학평 15번]

<보기 1>은 '사전 활용하기' 학습 활동을 위한 자료이다. <보기 1>을 바탕으로 <보기 2>의 ㉠~㉥을 이해한 내용으로 적절하지 않은 것은?

보기 1

한[01] 관

[1] (일부 단위를 나타내는 말 앞에 쓰여) 그 수량이 하나임을 나타내는 말.

[2] '어떤'의 뜻을 나타내는 말.

[3] '같은'의 뜻을 나타내는 말.

[4] (수량을 나타내는 말 앞에 쓰여) '대략'의 뜻을 나타내는 말.

한[02] 명

[1] ('-는 한이 있더라도' 또는 '-는 한이 있어도' 구성으로 쓰여) 어떤 일을 위하여 희생하거나 무릅써야 할 극단적 상황을 나타내는 말.

[2] (주로 '-는 한' 구성으로 쓰여) 조건의 뜻을 나타내는 말.

보기 2

결승점을 ㉠한 200미터 앞두고 달리고 있다. ㉡한 이불을 덮고 자며 훈련했던 동료 선수들의 응원 속에 나는 온 힘을 다해 ㉢한걸음씩 내딛고 있다. 쓰러지는 ㉣한이 있더라도 힘이 남아 있는 ㉤한 포기는 하지 말라고 외치던 ㉥한 친구의 말을 떠올리며 나는 힘을 낸다.

① ㉠은 '한[01] [4]'의 뜻으로, ㉡은 '한[01] [3]'의 뜻으로 쓰였겠군.

② 뒤에 오는 체언을 수식한다는 점에서 ㉠과 ㉤의 품사는 모두 관형사이겠군.

③ ㉡과 ㉣은 서로 동음이의 관계이겠군.

④ ㉢의 '한'은 '한[01] [1]'의 의미를 가지므로 '한∨걸음'으로 띄어 써야겠군.

⑤ '옛날 강원도의 한 마을에 효자가 살고 있었다.'의 '한'은 ㉥과 같은 의미로 쓰였겠군.

466 [2019년 10월 고3 학평 15번]

<보기>에 제시된 '선생님'의 질문에 대한 답으로 적절하지 않은 것은?

보 기

선생님 : 남북한의 사전을 탐구하는 활동을 하고자 합니다. (가)와 (나)의 자료를 비교해 볼까요?

(가) 표준국어대사전

대로[1] 「의존 명사」

(1) 어떤 모양이나 상태와 같이. ¶ 본 대로.

(2) (어미 '-는' 뒤에 쓰여) 어떤 상태나 행동이 나타나는 그 즉시. ¶ 집에 도착하는 대로 전화해라.

(3) (어미 '-는' 뒤에 쓰여) 어떤 상태나 행동이 나타나는 족족. ¶ 틈나는 대로 찾아 보다.

대로[10] 「조사」 (체언 뒤에 붙어)

(1) 앞에 오는 말에 근거하거나 달라짐이 없음을 나타내는 보조사. ¶ 처벌하려면 법대로 해라.

(2) 따로따로 구별됨을 나타내는 보조사. ¶ 큰 것은 큰 것대로 따로 모아 두다.

(나) 조선말대사전

대로[6] [명](불완전*)

(1) (앞에 오는 단어가 뜻하는것과) 다름없이. ‖ 명령대로 집행하다.

(2) (앞에 오는 단어가 나타내는 대상이나 현상과) 같은 모양대로. | 책이 그가 펼쳐놓은대로 있었다.

(3) 앞에 온 단어가 나타내는 행동이나 상태가 일어나는 족족. ‖ 생각나는대로 적다.

(4) 《서로 구별되게 따로따로》의 뜻을 나타낸다. | 우리는 우리대로 그들은 그들대로 초소는 달랐다.

* 불완전 : 의존 명사를 뜻하는 말.

① 용례를 보니 (가)의 '대로[10]'과 (나)의 '대로[6]'은 앞말에 붙여 사용되었습니다.

② 뜻풀이와 용례를 보니 (가)의 '대로[10]-(1)'은 (나)의 '대로[6]-(4)'와 쓰임이 유사합니다.

③ 품사 정보를 보니 (가)의 '대로[1]', '대로[10]'과 (나)의 '대로[6]'은 문장의 첫머리에 쓰일 수 없는 말입니다.

④ 뜻풀이를 보니 (가)의 '대로[1]', '대로[10]'과 (나)의 '대로[6]'은 하나의 표제어에 두 가지 이상의 뜻이 있는 말입니다.

⑤ 뜻풀이와 용례를 보니 '너는 너대로 나는 나대로 길을 가다.'의 '대로'는 (가)에서는 조사이지만, (나)에서는 명사입니다.

언매
1000제

Part 05

국어의 규범

국어의 규범 필수 개념

핵심 기출 문제

한글 맞춤법

로마자 표기법

국어의 규범 필수 개념

1 국어의 규범

(1) 한글 맞춤법- 표기 원칙

제1항 : 한글 맞춤법은 표준어를 소리대로 적되, 어법에 맞도록 함을 원칙으로 한다.	
표음주의 표기법	• **표준어를 소리대로 적는다.** 표준어의 발음 형태대로 적는다는 뜻이다. 맞춤법은 주로 음소(音素) 문자에 의한 표기 방식을 이르는데, 한글은 표음(表音) 문자이며 음소 문자이다. 따라서 자음과 모음의 결합 방식에 의하여 표준어를 소리대로 표기하는 것이 근본 원칙이다. 예 하늘, 놀다, 나무, 노름, 무덤 등
표의주의 표기법	• **표준어를 어법에 맞도록 한다.** 표준어를 소리대로 적는다는 원칙만을 적용하기 어려운 경우가 있다. '꽃이', '꽃나무', '꽃과' 등을 소리대로 적으면 '꼬치', '꼰나무', '꼳꽈' 등과 같이 적게 되어 그 뜻이 얼른 파악되지 않아 독서의 능률이 크게 저하된다. 이에 따라 어법에 맞도록 한다는 또 하나의 원칙이 붙은 것이다. 어법에 맞도록 한다는 것은 뜻을 파악하기 쉽도록 하기 위하여 각 형태소의 본 모양을 밝히어 적는 것이다. 즉 각 형태소가 지닌 뜻이 분명히 드러나도록 하기 위하여, 그 본 모양을 밝히어 적는 것을 또 하나의 원칙으로 삼은 것이다. 예 값만[감만], 값이[갑씨], 넘어지다[너머지다]

• 체언과 조사, 어간과 어미의 표기

제14항	체언은 조사와 구별하여 적는다. 예 옷이, 옷을, 옷에
제15항	용언의 어간과 어미는 구별하여 적는다. 예 먹다, 먹고, 먹어

모음의 표기 원칙

제8항	제9항
'계, 례, 몌, 폐, 혜'의 'ㅖ'는 'ㅔ'로 소리 나는 경우가 있더라도 'ㅖ'로 적는다. 예 **혜**택, 사**례**	'의'나, 자음을 첫소리로 가지고 있는 음절의 'ㅢ'는 'ㅣ'로 소리 나는 경우가 있더라도 'ㅢ'로 적는다. 예 본**의**, 무**늬**

(2) 한글 맞춤법 - 띄어쓰기 원칙

제2항	문장의 각 단어는 띄어 씀을 원칙으로 한다. ㉠ 오늘밤꽃이피었다. ㉡ 여기가방이많다. ① ㉠과 ㉡은 모두 띄어쓰기를 하지 않아서 문장의 뜻이 분명하지 않다. ② ㉠은 '오늘 밤 꽃이 피었다.'와 '오늘 밤꽃이 피었다.'의 두 가지로 해석된다. ③ ㉡은 '여기 가방이 많다.'와 '여기가 방이 많다.'의 두 가지로 해석된다. ④ 정확한 의미 전달을 위해 문장의 각 단어를 띄어 쓴다.
제41항	조사는 그 앞말에 붙여 쓴다. 예 꽃**이**, 꽃**마저**, 꽃**조차**, 꽃**에서부터**, 꽃**이나마**
제42항	의존 명사는 띄어 쓴다. 예 아는 **것**이 힘이다. / 나도 할 **수** 있다.
제44항	수를 적을 적에는 '만(萬)' 단위로 띄어 쓴다. 예 십이억 삼천사백오십육만 칠천팔백구십팔, 12억 3456만 7898
제47항	보조 용언은 띄어 씀을 원칙으로 하되, 경우에 따라 붙여 씀도 허용한다. 예 불이 꺼져 **간다**(원칙). / 불이 꺼져**간다**(허용).

(3) 외래어 표기법 – 표기의 기본 원칙

제1항	외래어는 국어의 현용 24 자모만으로 적는다. → 국어의 현용 24 자모만을 사용한다는 것은 [f, v]처럼 국어에 없는 외국어 소리를 적기 위하여 별도의 문자를 만들지 않겠다는 것이다. 자음 14개(ㄱ, ㄴ, ㄷ, ㄹ, ㅁ, ㅂ, ㅅ, ㅇ, ㅈ, ㅊ, ㅋ, ㅌ, ㅍ, ㅎ), 모음 10개(ㅏ, ㅑ, ㅓ, ㅕ, ㅗ, ㅛ, ㅜ, ㅠ, ㅡ, ㅣ)로만 적는다. 예 leadership 리더십(O), 리더쉽(X)
제2항	외래어의 1 음운은 원칙적으로 1 기호로 적는다. → 1 음운을 1 기호로 적는 것은 'f'를 'fighting'에서는 '화이팅'으로, 'film'에서는 '필름'으로 표기하면 'f'의 표기가 혼란스러울 수 있으므로 'ㅍ'으로만 적어 표기의 혼란을 막겠다는 것이다. 예 파이팅, 프라이팬, 파이어, 포크, 패밀리(O) 화이팅, 후라이팬, 화이어, 호크, 훼밀리(X)
제3항	받침에는 'ㄱ, ㄴ, ㄹ, ㅁ, ㅂ, ㅅ, ㅇ'만을 쓴다. → 외래어의 경우 모음으로 시작하는 조사 앞에서도 7개의 자음 중 하나로 발음된다는 점을 고려하여 원칙을 정한 것이다. 예 coffee shop → 커피숍(O) 커피숖(X) supermarket → 슈퍼마켓(O) 슈퍼마켇(X)
제4항	파열음 표기에는 된소리를 쓰지 않는 것을 원칙으로 한다. → 무성 파열음 [p, t, k]는 영어, 독일어에서는 'ㅍ, ㅌ, ㅋ'에 가깝게 들리고, 프랑스어, 러시아어, 이탈리아어에서는 'ㅃ, ㄸ, ㄲ'에 가깝게 들리는데 어떤 경우에는 거센소리로, 어떤 경우에는 된소리로 적는다면 혼란이 초래될 수 있기 때문에 파열음 표기에는 된소리를 쓰지 않는다는 원칙을 정한 것이다. 예 bus → 버스(O) 뻐스(X) fashion → 패션(O) 빼션(X) cafe → 카페(O) 까페(X)
제5항	이미 굳어진 외래어는 관용을 존중하되, 그 범위와 용례는 따로 정한다. → 이미 굳어진 외래어 중에 위의 원칙에 위배되는 것이 있더라도 관용을 중시해 존중한다는 것이다. 예 radio → 라디오(O) 레이디오(X) camera → 카메라(O) 캐머러(X)

• **외래어 표기 시 받침에 'ㄷ'이 아닌 'ㅅ'을 쓰는 이유**
'ㅅ' 받침을 포함한 단어를 단독으로 발음할 때 'ㅅ'은 [ㄷ]으로 발음되지만, 모음 앞에서는 [ㅅ]으로 발음됨. 따라서 외래어 표기 시에는 이를 적용하여 'ㄷ'이 아닌 'ㅅ'을 받침으로 씀.
예 로봇[로볻] → 로봇이[로보시], 로봇을[로보슬](불규칙 활용)

틀리기 쉬운 외래어 표기

틀린 표기	바른 표기	틀린 표기	바른 표기
까페	카페	알콜	알코올
도너츠	도넛	쵸콜렛	초콜릿
디지탈	디지털	칼라	컬러
메세지	메시지	커피숖	커피숍
바디	보디	컨셉	콘셉트
밧데리	배터리	케익/케잌	케이크
뱃지	배지	코메디	코미디
부페	뷔페	테입/테잎	테이프
슈퍼마켇	슈퍼마켓	프라자	플라자
악세사리	액세서리	화이팅	파이팅

(4) 로마자 표기법

제1장 표기 원칙

제1항 국어의 로마자 표기는 국어의 표준 발음법에 따라 적는 것을 원칙으로 한다.

국어의 로마자 표기법은 외국인이 한국어를 발음할 수 있도록 하기 위하여 만든 규정이다. 따라서 국어의 로마자 표기는 국어의 표준 발음법에 따라야 하는 것이다.

제2장 표기 일람

제1항 모음은 다음 각호와 같이 적는다.

ㅏ	ㅓ	ㅗ	ㅜ	ㅡ	ㅣ	ㅐ	ㅔ	ㅚ	ㅟ
a	eo	o	u	eu	i	ae	e	oe	wi

ㅑ	ㅕ	ㅛ	ㅠ	ㅒ	ㅖ	ㅘ	ㅙ	ㅝ	ㅞ	ㅢ
ya	yeo	yo	yu	yae	ye	wa	wae	wo	we	ui

[붙임 1] 'ㅢ'는 'ㅣ'로 소리 나더라도 ui로 적는다.

예 광희문 Gwanghuimun

제2항 자음은 다음 각호와 같이 적는다.

ㄱ	ㄲ	ㅋ	ㄷ	ㄸ	ㅌ	ㅂ	ㅃ	ㅍ
g, k	kk	k	d, t	tt	t	b, p	pp	p

ㅈ	ㅉ	ㅊ	ㅅ	ㅆ	ㅎ	ㄴ	ㅁ	ㅇ	ㄹ
j	jj	ch	s	ss	h	n	m	ng	r, l

[붙임 1] 'ㄱ, ㄷ, ㅂ'은 모음 앞에서는 'g, d, b'로, 자음 앞이나 어말에서는 'k, t, p'로 적는다. ([ ] 안의 발음에 따라 표기함.)

예 구미 Gumi, 옥천 Okcheon, 합덕 Hapdeok, 벚꽃[벋꼳] beotkkot

[붙임 2] 'ㄹ'은 모음 앞에서는 'r'로, 자음 앞이나 어말에서는 'l'로 적는다. 단, 'ㄹㄹ'은 'll'로 적는다.

예 구리 Guri, 칠곡 Chilgok, 대관령[대괄령] Daegwallyeong

제3장 표기상의 유의점

제1항 음운 변화가 일어날 때에는 변화의 결과에 따라 다음 각호와 같이 적는다.

1. 자음 사이에서 동화 작용이 일어나는 경우
   예 종로[종노] Jongno, 왕십리[왕심니] Wangsimni, 신라[실라] Silla
2. 'ㄴ, ㄹ'이 덧나는 경우
   예 학여울[항녀울] Hangnyeoul, 알약[알략] allyak
3. 구개음화가 되는 경우
   예 해돋이[해도지] haedoji, 같이[가치] gachi
4. 'ㄱ, ㄷ, ㅂ, ㅈ'이 'ㅎ'과 합하여 거센소리로 소리나는 경우
   예 좋고[조코] joko, 놓다[노타] nota

다만, 체언에서 'ㄱ, ㄷ, ㅂ' 뒤에 'ㅎ'이 따를 때에는 'ㅎ'을 밝혀 적는다.

예 묵호 Mukho, 집현전 Jiphyeonjeon

[붙임] 된소리되기는 표기에 반영하지 않는다.

예 압구정 Apgujeong, 낙동강 Nakdonggang, 울산 Ulsan

제3항 고유 명사는 첫 글자를 대문자로 적는다.

예 부산 Busan, 세종 Sejong

제4항 인명은 성과 이름의 순서로 띄어 쓴다. 이름은 붙여 쓰는 것을 원칙으로 하되 음절 사이에 붙임표(-)를 쓰는 것을 허용한다. (( ) 안의 표기를 허용함.)

예 민용하 Min Yongha (Min Yong-ha), 송나리 Song Nari (Song Na-ri)

(1) 이름에서 일어나는 음운 변화는 표기에 반영하지 않는다.

예 한복남 Han Boknam (Han Bok-nam), 홍빛나 Hong Bitna (Hong Bit-na)

(2) 성의 표기는 따로 정한다.

MEMO

국어의 규범 핵심 기출 문제

한글 맞춤법

467 [2014년 9월 고1 학평 15번]

<보기 1>을 참고하여 <보기 2>의 '밖에'를 탐구한 내용으로 적절하지 않은 것은?

보기 1

[한글맞춤법]
제2항 문장의 각 단어는 띄어 씀을 원칙으로 한다.
제41항 조사는 그 앞말에 붙여 쓴다.

보기 2

㉠ 우리는 웃을 수밖에 없었다.
㉡ 아이들은 잠시 밖에 나가 있어야 했다.

① ㉠의 '밖에'는 조사로 보아야겠군.
② ㉠의 '밖에'를 붙여 쓴 것은 부정을 나타내는 말과 함께 쓰일 때이군.
③ ㉡의 '밖에'는 명사와 조사의 결합으로 보아야겠군.
④ ㉡의 '밖'은 ㉠과 달리 '바깥'과 바꾸어 쓸 수 있겠군.
⑤ ㉠과 ㉡ 모두 '밖에'는 '밖'과 '에'의 두 단어로 보아야겠군.

468 [2015년 6월 고1 학평 13번]

다음은 인터넷 게시판의 질문과 답변이다. [가]와 [나]에 들어갈 내용을 바르게 짝지은 것은? [3점]

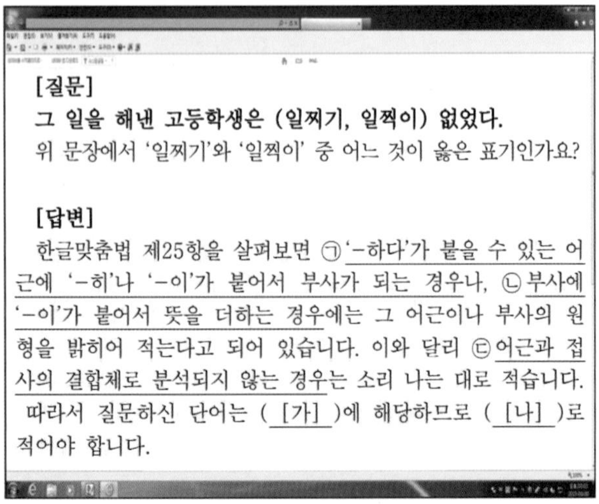
[질문]
그 일을 해낸 고등학생은 (일찌기, 일찍이) 없었다.
위 문장에서 '일찌기'와 '일찍이' 중 어느 것이 옳은 표기인가요?

[답변]
한글맞춤법 제25항을 살펴보면 ㉠ '-하다'가 붙을 수 있는 어근에 '-히'나 '-이'가 붙어서 부사가 되는 경우나, ㉡ 부사에 '-이'가 붙어서 뜻을 더하는 경우에는 그 어근이나 부사의 원형을 밝히어 적는다고 되어 있습니다. 이와 달리 ㉢ 어근과 접사의 결합체로 분석되지 않는 경우는 소리 나는 대로 적습니다.
따라서 질문하신 단어는 ([가])에 해당하므로 ([나])로 적어야 합니다.

	[가]	[나]
①	㉠	일찍이
②	㉡	일찌기
③	㉡	일찍이
④	㉢	일찌기
⑤	㉢	일찍이

469 [2015년 9월 고1 학평 13번]

다음 대화를 바탕으로 <보기>의 밑줄 친 단어에 대해 설명한 것으로 적절하지 않은 것은? [3점]

학생 : 선생님, 한글맞춤법 제1항에 표준어를 소리대로 적는다고 되어 있는데, 이건 표준어를 발음 형태대로 적는다는 뜻이에요?
선생님 : 맞아, 그러면 표기할 때 편하지. 그런데 뜻이 얼른 파악되지 않는 경우도 있어. 그래서 어법에 맞도록 한다는 또 하나의 원칙이 붙어 있어.
학생 : 어법에 맞도록 한다는 건 무슨 의미예요?
선생님 : 어근의 형태를 파악하기 쉽도록 각 형태소의 본 모양을 밝히어 적는다는 말이야.

보 기

가-1. 지리산은 전라, 충청, 경상도 어름에 있다.
가-2. 썰매를 타고 얼음을 지쳤다.
나-1. 자세를 반듯이 해라.
나-2. 오늘 반드시 다 마치도록 해라.

① 가-1은 소리대로 적어 표기하기에 편리하다.
② 가-2는 의미 파악이 쉽도록 어법에 맞게 적은 것이다.
③ 가-1, 가-2는 발음만으로는 의미를 구분할 수 없다.
④ 나-1처럼 형태소의 본 모양을 적으면 뜻이 쉽게 파악된다.
⑤ 나-2는 어근의 본뜻이 파악되도록 어법에 맞게 적은 것이다.

470 [2015년 11월 고1 학평 12번]

<보기 1>을 바탕으로 <보기 2>의 내용을 이해한 것으로 적절하지 <u>않은</u> 것은?

보기 1

학생 : 선생님 지난 시간에 문장의 각 단어는 띄어 쓰는 것을 원칙으로 한다고 가르쳐 주셨잖아요. 그런데 막상 띄어쓰기를 하려고 하니 헷갈리는 게 너무 많아요.

선생님 : 많이 헷갈리지? 앞에 수식어가 없으면 쓸 수 없는 의존 명사, 단위를 나타내는 명사, 그리고 두 말을 이어 주거나 열거할 때 쓰이는 말은 앞말과 띄어 써야 해. 그런데 조사는 단어이긴 하지만 예외적으로 앞말에 붙여 써야 한단다.

보기 2

승윤이는 ㉠<u>각종 토론</u> 대회에 ㉡<u>학교 및 지역</u> 대표로 ㉢<u>여러번</u> 참가해서 좋은 성적을 거둠으로써 학교뿐만 아니라 지역의 이름을 널리 ㉣<u>알리는데</u>에 ㉤<u>기여할수</u> 있었다.

	기호	띄어쓰기의 적절성	판단 근거
①	㉠	○	'각종'과 '토론'은 각각 별개의 단어이다.
②	㉡	○	'및'은 두 단어를 이어주는 말이다.
③	㉢	×	'번'은 단위를 나타내는 명사이다.
④	㉣	×	'데'는 의존 명사이다.
⑤	㉤	○	'수'는 조사이다.

471 [2016년 3월 고1 학평 14번]

다음은 '윗-', '위-', '웃-'의 표기에 관한 탐구 과정이다. ㉠에 들어갈 조건으로 적절한 것은? [3점]

탐구 과제	'윗-', '위-', '웃-'을 어떻게 구분하여 표기할까?	
수집 자료	윗사람, 윗집, 위쪽, 위층, 웃어른	
자료 분석	자료에서 '윗-'과 '웃-'의 쓰임의 차이를 확인한다. 윗사람(○), 웃사람(×) ↔ 아랫사람(○) 윗어른(×), 웃어른(○) ↔ 아랫어른(×)	자료에서 '위-'와 '윗-'의 쓰임의 차이를 확인한다. 위집(×), 윗집(○) 위쪽(○), 윗쪽(×) 위층(○), 윗층(×)
탐구 결과	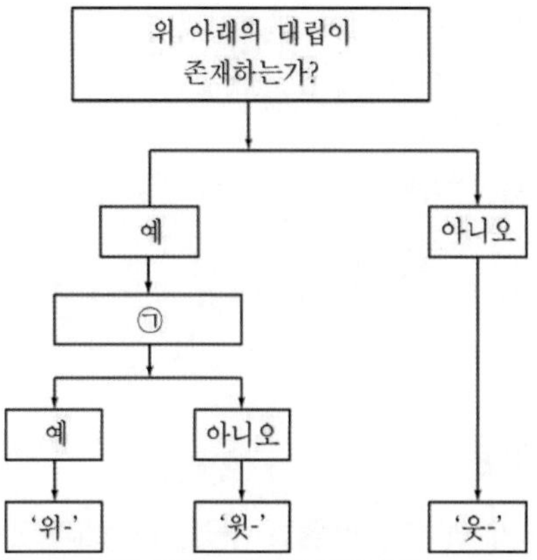	

① 합성어인가?

② 모음 앞에 위치하는가?

③ 울림소리 앞에 위치하는가?

④ 사물의 이름을 나타내는가?

⑤ 된소리나 거센소리 앞에 위치하는가?

472 [2016년 9월 고1 학평 12번]

<보기>의 한글 맞춤법 규정을 ⓐ~ⓔ와 바르게 연결한 것은?

보 기

ㄱ. 제14항 체언은 조사와 구별하여 적는다.

ㄴ. 제33항 체언과 조사가 어울려 줄어지는 경우에는 준대로 적는다.

- 너는 ⓐ<u>무얼</u> 좋아하니?
- ⓑ<u>이건</u> 값이 너무 비싸다.
- ⓒ<u>너희</u> 사진은 어디에 있니?
- 나는 항상 ⓓ<u>여기에</u> 있을게.
- ⓔ<u>그게</u> 바로 문제의 핵심이다.

① ⓐ - ㄱ ② ⓑ - ㄱ ③ ⓒ - ㄴ

④ ⓓ - ㄴ ⑤ ⓔ - ㄴ

국어의 규범 핵심 기출 문제

473 [2016년 9월 고1 학평 13번]

<보기>의 과제를 해결한 내용으로 적절하지 않은 것은? [3점]

> **보 기**
>
> ※ 과제 : 다음 예문은 띄어쓰기가 올바른 문장입니다. 이를 통해 띄어쓰기 규정을 알아볼까요?
>
> ㉠ 너는 일밖에 모르니?
> ㉡ 연필 두 자루가 있습니다.
> ㉢ 나는 그저 웃고만 있었다.
> ㉣ 너무 아는 척을 하지 말아야 해.
> ㉤ 청군 대 백군으로 나눠 경기를 했다.

① ㉠ : '일'과 '밖에'를 붙여 쓴 것을 보니, 조사는 붙여 쓰는군.
② ㉡ : '두'와 '자루'를 띄어 쓴 것을 보니, 단위를 나타내는 명사는 띄어 쓰는군.
③ ㉢ : '웃고만'과 '있었다'를 띄어 쓴 것을 보니, 본용언끼리는 띄어 쓰는군.
④ ㉣ : '아는'과 '척'을 띄어 쓴 것을 보니, 의존 명사는 띄어 쓰는군.
⑤ ㉤ : '청군', '대', '백군'을 각각 띄어 쓴 것을 보니, 두 말을 이어 줄 때에 쓰이는 말은 띄어 쓰는군.

474 [2016년 11월 고1 학평 12번]

<보기>는 한글 맞춤법 수업 중 준말과 관련한 학습지의 일부이다. 학생의 반응으로 적절하지 않은 것은?

> **보 기**
>
> **제40항** 어간의 끝음절 '하'의 'ㅏ'가 줄고 'ㅎ'이 다음 음절의 첫소리와 어울려 거센소리로 될 적에는 거센소리로 적는다. ……… ㉠
> 예 간편하게 → 간편케
>
> **[붙임 1]** 'ㅎ'이 어간의 끝소리로 굳어진 것은 받침으로 적는다. ……… ㉡
> 예 아무렇다, 어떻다
>
> **[붙임 2]** 어간의 끝음절 '하'가 아주 줄 적에는 준 대로 적는다. 이는 어간의 끝음절 '하'가 줄어진 형태로 관용되고 있는 형식으로, 안울림소리 받침 뒤에서 나타난다. ……… ㉢
> 예 넉넉하지 → 넉넉지

① '다정하다'를 '다정타'로 적는 것은 ㉠의 규정을 따른 결과라고 볼 수 있겠군.
② '분발토록'은 ㉠에 따라 '분발하도록'에서 '하'의 'ㅏ'가 줄고 'ㅎ'이 다음 음절의 'ㄷ'과 어울려 거센소리로 된 결과이겠군.
③ '이렇다'를 '이러타'로 적지 않는 것은 ㉡의 규정을 따른 결과라고 볼 수 있겠군.
④ '무심하지'는 ㉢의 규정에 따라 '하'가 줄어진 형태인 '무심지'로 적을 수 있겠군.
⑤ '깨끗하지'는 '하' 앞에 안울림소리 받침이 오는 것으로 보아 ㉢의 규정에 따라 '깨끗지'로 적을 수 있겠군.

475 [2018년 9월 고1 학평 14번]

<보기>를 참고할 때, 밑줄 친 부분이 한글 맞춤법에 맞게 쓰인 것은?

> **보 기**
>
> **한글 맞춤법**
> **제56항** '-더라, -던'과 '-든지'는 다음과 같이 적는다.
> 1. 지난 일을 나타내는 어미는 '-더라, -던'으로 적는다. (ㄱ을 취하고, ㄴ을 버림.)

ㄱ	ㄴ
깊던 물이 얕아졌다.	깊든 물이 얕아졌다.

> 2. 물건이나 일의 내용을 가리지 아니하는 뜻을 나타내는 조사와 어미는 '(-)든지'로 적는다. (ㄱ을 취하고, ㄴ을 버림.)

ㄱ	ㄴ
배든지 사과든지 마음대로 먹어라	배던지 사과던지 마음대로 먹어라.

① 영화나 보러 가던가.
② 그 사람 말 잘하든데!
③ 얼마나 깜짝 놀랐든지 몰라.
④ 어찌하던지 간에 나는 신경 안 써.
⑤ 무엇이든지 주저하지 말고 시작해 봐.

476 [2018년 11월 고1 학평 12번]

㉠~㉤에 대해 탐구한 내용으로 적절하지 않은 것은?

보기 1

<한글 맞춤법>

제15항 용언의 어간과 어미는 구별하여 적는다.
[붙임 1] 두 개의 용언이 어울려 한 개의 용언이 될 적에, 앞말의 본뜻이 유지되고 있는 것은 그 원형을 밝히어 적고, 그 본뜻에서 멀어진 것은 밝히어 적지 아니한다.

제19항 어간에 '-이'나 '-음/-ㅁ'이 붙어서 명사로 된 것과 '-이'나 '-히'가 붙어서 부사로 된 것은 그 어간의 원형을 밝히어 적는다.

제23항 '-하다'나 '-거리다'가 붙는 어근에 '-이'가 붙어서 명사가 된 것은 그 원형을 밝히어 적는다.

보기 2

○ 나는 모퉁이를 ㉠도라가다 예쁜 꽃을 보았다.
○ 바닷물이 빠지자 갯벌이 ㉡드러났다.
○ 날씨가 너무 더워서 ㉢얼음이 녹았다.
○ 건축 기사가 건물의 ㉣노피를 측량했다.
○ 요새 동생이 밥을 잘 먹지 못해 ㉤홀쭈기가 되었다.

① ㉠은 제15항 [붙임 1]을 적용해 '돌아가다'로 정정해야겠군.
② ㉡은 제15항 [붙임 1]을 적용해 '드러났다'로 표기한 것이 적절하군.
③ ㉢은 제19항을 적용해 '얼음'으로 표기한 것이 적절하군.
④ ㉣은 제23항을 적용해 '높이'로 정정해야겠군.
⑤ ㉤은 제23항을 적용해 '홀쭉이'로 정정해야겠군.

477 [2019년 6월 고1 학평 14번]

다음은 수업의 일부이다. 이를 참고할 때, 띄어쓰기가 바르게 된 문장은?

학생 : 선생님, '뿐'은 앞말에 붙여 쓰는 경우도 있고 띄어 쓰는 경우도 있던데 어떻게 띄어 써야 하나요?
선생님 : 품사에 따라 띄어쓰기가 달라져요. '나에게는 너뿐이야.'에서처럼 '너'라는 체언 뒤에 붙어서 한정의 뜻을 나타낼 때의 '뿐'은 조사이기 때문에 앞말에 붙여 써야 해요. 그런데 '그녀는 조용히 웃을 뿐이었다.'에서의 '뿐'은 체언을 수식하는 관형어 '웃을' 뒤에 붙어서 '따름'이라는 뜻을 나타내는 의존 명사이기 때문에 앞말과 띄어 써야 해요.
학생 : '뿐'과 같이 띄어쓰기가 달라지는 예가 더 있나요?
선생님 : 대표적인 예로 '대로, 만큼'이 있어요.

① 아는**대로** 모두 말하여라.
② 마음이 약해질**대로** 약해졌다.
③ 모든 것이 자기 생각 **대로** 되었다.
④ 손님들은 먹을 **만큼** 충분히 먹었다.
⑤ 그 사람은 말 **만큼**은 누구보다 앞선다.

478 [2020년 9월 고1 학평 13번]

<보기>는 한글 맞춤법 규정의 일부를 정리한 것이다. 이를 읽고 탐구한 내용으로 적절하지 않은 것은?

보기

제16항 어간의 끝음절 모음이 'ㅏ, ㅗ'일 때에는 어미를 '-아'로 적고, 그 밖의 모음일 때에는 '-어'로 적는다. .... ㉠

제18항 다음과 같은 용언들은 어미가 바뀔 경우, 그 어간이나 어미가 원칙에 벗어나면 벗어나는 대로 적는다.
1. '하다'의 활용에서 어미 '-아'가 '-여'로 바뀔 적 … ㉡
2. 어간의 끝음절 '르' 뒤에 오는 어미 '-어'가 '-러'로 바뀔 적 .... ㉢

① '시계를 보다.'에서 '보다'는 ㉠에 따라 어간 '보-'에 어미 '-아'가 결합해 '보아'로 적겠군.
② '간식을 먹다.'에서 '먹다'는 ㉠에 따라 어간 '먹-'에 어미 '-어'가 결합해 '먹어'로 적겠군.
③ '마당의 눈이 희다.'에서 '희다'의 어간 '희-'에 어미 '-아'가 결합하면 ㉡에 따라 '희여'로 적겠군.
④ '민수가 공부를 하다.'에서 '하다'의 어간 '하-'에 어미 '-아'가 결합하면 ㉡에 따라 '하여'로 적겠군.
⑤ '약속 장소에 이르다.'에서 '이르다'의 어간 '이르-'에 어미 '-어'가 결합하면 ㉢에 따라 '이르러'로 적겠군.

479 [2020년 11월 고1 학평 15번]

<보기 1>을 바탕으로 <보기 2>의 ㉠~㉤에 대해 탐구한 내용으로 적절한 것은?

보기 1

[한글 맞춤법]
제41항 조사는 그 앞말에 붙여 쓴다.
제42항 의존 명사는 띄어 쓴다.
제43항 단위를 나타내는 명사는 띄어 쓴다. 다만, 순서를 나타내는 경우나 숫자와 어울리어 쓰이는 경우에는 붙여 쓸 수 있다.
제46항 단음절로 된 단어가 연이어 나타날 적에는 붙여 쓸 수 있다.

보기 2

○ 꽃집에 꽃이 ㉠안개꽃 밖에 남아 있지 않았다.
○ 나도 ㉡너만큼 달리기를 잘했으면 좋겠다.
○ 남은 ㉢천 원짜리로 마땅히 살 것이 없었다.
○ 나는 그 사람이 그리워 ㉣어찌할 줄 몰랐다.
○ 기다리던 백신이 ㉤7 연구실에서 개발되었다.

① ㉠은 제41항을 적용해 '안개꽃밖에'로 정정해야겠군.
② ㉡은 제42항을 적용해 '너 만큼'으로 정정해야겠군.
③ ㉢은 제43항을 적용해 '천 원 짜리'로 정정해야겠군.
④ ㉣은 제43항을 적용해 '어찌할줄'로 정정해야겠군.
⑤ ㉤은 제46항을 적용해 '7연구실'로 정정해야겠군.

국어의 규범 핵심 기출 문제

480 [2021년 9월 고1 학평 15번]

<자료>의 ⓐ와 ⓑ는 한글 맞춤법 규정에 맞게 표기한 것이다. 적용된 원칙을 <보기>에서 찾아 바르게 짝지은 것은?

자 료

ⓐ지붕 공사가 ⓑ마감 단계에 있다.

보 기

<한글 맞춤법>

제19항 어간에 '-이'나 '-음/-ㅁ'이 붙어서 명사로 된 것과 '-이'나 '-히'가 붙어서 부사로 된 것은 그 어간의 원형을 밝히어 적는다. ……… ㉠

[붙임] 어간에 '-이'나 '-음' 이외의 모음으로 시작된 접미사가 붙어서 다른 품사로 바뀐 것은 그 어간의 원형을 밝히어 적지 아니한다. ……… ㉡

제20항 명사 뒤에 '-이'가 붙어서 된 말은 그 명사의 원형을 밝히어 적는다.

[붙임] '-이' 이외의 모음으로 시작된 접미사가 붙어서 된 말은 그 명사의 원형을 밝히어 적지 아니한다. ……… ㉢

① ⓐ - ㉠ ② ⓐ - ㉡ ③ ⓑ - ㉠
④ ⓑ - ㉡ ⑤ ⓑ - ㉢

481 [2022년 9월 고1 학평 14번]

<보기>의 ㉠~㉢에 들어갈 말로 적절한 것은?

보 기

학생 : 선생님, '-에요'와 '-예요'는 어떻게 구별하여 쓰면 되나요?

선생님 : '-에요'는 설명 · 의문의 뜻을 나타내는 종결 어미로, '이다'나 '아니다'의 어간 뒤에 붙는 것입니다. '-예요'는 '-이에요'의 준말로, 받침이 없는 체언에 붙어요.

학생 : 네. 그런데 '너는 어디에 있니?'에 대한 대답으로 '교실에요.'처럼 쓰는 경우가 있는데 이건 맞춤법에 맞는 표현인가요?

선생님 : 네, 그때의 '-에요'는 처소의 부사격 조사 '에'와 보조사 '요'가 결합한 것이므로 맞춤법에 맞는 표현입니다. 그럼, 아래의 괄호 안에 들어갈 말은 무엇일까요?

> 1. A : 책을 어디에 두고 왔니?
>   B : 집(   ).
> 2. 여기는 제가 갔던 식당이 아니(   ).
> 3. 그때 그를 도와준 건 이 학생(   ).

학생 : 1번은 (㉠), 2번은 (㉡), 3번은 (㉢)입니다.

선생님 : 모두 잘 이해했네요.

	㉠	㉡	㉢
①	에요	에요	이에요
②	에요	에요	예요
③	에요	예요	이에요
④	예요	이에요	예요
⑤	예요	에요	이에요

482 [2022년 9월 고1 학평 15번]

<보기>의 [자료]를 바탕으로 할 때, ㉠~㉥ 중 띄어쓰기가 바르게 된 것만을 [예문]에서 고른 것은?

보 기

[자료]

보다[1] 「동사」
「1」 눈으로 대상의 존재나 형태적 특징을 알다.
「2」 눈으로 대상을 즐기거나 감상하다.
「3」 책이나 신문 따위를 읽다.
보다[2] 「부사」 어떤 수준에 비하여 한층 더.
보다[3] 「조사」 서로 차이가 있는 것을 비교하는 경우, 비교의 대상이 되는 말에 붙어 '~에 비해서'의 뜻을 나타내는 격 조사.

[예문]

그는 그 책을 처음 <u>보다</u>. ……㉠
그는 그 책을 <u>처음보다</u>. ……㉡
그는 나 <u>보다</u> 두 살 위이다. ……㉢
그는 <u>나보다</u> 두 살 위이다. ……㉣
그는 자기부터 <u>보다</u> 용감해져야 한다고 생각했다. ……㉤
그는 <u>자기부터보다</u> 용감해져야 한다고 생각했다. ……㉥

① ㉠, ㉢, ㉤
② ㉠, ㉣, ㉤
③ ㉠, ㉣, ㉥
④ ㉡, ㉢, ㉥
⑤ ㉡, ㉣, ㉤

483 [2013년 9월 고2 학평 B형 15번]

<보기>의 '한글 맞춤법'을 탐구한 내용으로 적절하지 <u>않은</u> 것은? [3점]

보 기

제23항 '-하다'나 '-거리다'가 붙는 어근에 '-이'가 붙어서 명사가 된 것은 그 원형을 밝히어 적는다.
예) 깔쭉이, 홀쭉이

[붙임] '-하다'나 '-거리다'가 붙을 수 없는 어근에 '-이'나 또는 다른 모음으로 시작되는 접미사가 붙어서 명사가 된 것은 그 원형을 밝히어 적지 아니한다.
예) 깍두기, 뻐꾸기, 동그라미

[23항 해설] 접미사 '-하다'나 '-거리다'가 붙는 어근이란, 곧 동사나 형용사가 파생될 수 있는 어근을 말한다.

① '얼룩이'가 아니라 '얼루기'로 표기하는 이유는 '깍두기'와 같은 규정 때문이겠군.
② '오뚝이'로 표기하는 이유는 '깔쭉이'를 표기할 때 적용한 것과 같은 규정 때문이겠군.
③ '부스러기'가 '부스럭이'로 표기되지 않는 것은 '부스럭거리다'와 관련이 없기 때문이겠군.
④ '딱딱우리'가 아니라 '딱따구리'로 표기하는 것은 접미사 '-우리'가 사용되었기 때문이겠군.
⑤ '뻐꾹이'가 아니라 '뻐꾸기'로 표기하는 이유는 동사나 형용사가 파생될 수 있는 어근이 접미사와 결합했기 때문이겠군.

484 [2014년 3월 고2 학평 B형 11번]

<보기>의 규정을 <u>잘못</u> 적용한 것은? [3점]

보 기

<한글 맞춤법>

제35항 모음 'ㅗ, ㅜ'로 끝난 어간에 '-아/-어, -았-/-었-'이 어울려 'ㅘ/ㅝ, ㅘㅆ/ㅝㅆ'으로 될 적에는 준 대로 적는다.
[붙임 1] '놓아'가 '놔'로 줄 적에는 준 대로 적는다.
[붙임 2] 'ㅚ' 뒤에 '-어, -었-'이 어울려 'ㅙ, ㅙㅆ'으로 될 적에도 준 대로 적는다.

제36항 'ㅣ' 뒤에 '-어'가 와서 'ㅕ'로 줄 적에는 준 대로 적는다.

제37항 'ㅏ, ㅕ, ㅗ, ㅜ, ㅡ'로 끝난 어간에 '-이-'가 와서 각각 'ㅐ, ㅖ, ㅚ, ㅟ, ㅢ'로 줄 적에는 준 대로 적는다.

① '놓이어'를 '놓여'로 쓴 것은 제35항 [붙임 1]에 따른 것이다.
② '꾸었다'를 '꿨다'로 쓴 것은 제35항에 따른 것이다.
③ '누이니'를 '뉘니'로 쓴 것은 제37항에 따른 것이다.
④ '참되어'를 '참돼'로 쓴 것은 제35항 [붙임 2]에 따른 것이다.
⑤ '치이었다'를 '치였다'로 쓴 것은 제36항에 따른 것이다.

485 [2014년 6월 고2 학평 B형 12번]

<보기 1>을 바탕으로 <보기 2>를 탐구한 내용으로 적절하지 <u>않은</u> 것은?

보기 1

-대 : [Ⅰ] 어떤 사실을 주어진 것으로 치고, 그 사실에 대한 의문을 나타내는 종결 어미. 놀라거나 못마땅하게 여기는 뜻이 섞여 있음.
[Ⅱ] '-다고 해'가 줄어든 말로, 남이 말한 내용을 간접적으로 전달할 때 쓰임.

-데 : 과거 어느 때에 직접 경험하여 알게 된 사실을 현재의 말하는 장면에 그대로 옮겨 와서 말함을 나타내는 종결 어미. '-더라'와 같은 의미를 전달할 때 쓰임.

보기 2

ㄱ. A : 여보, 승우는 오늘도 야근이래요.
B : 회사에 무슨 일이 그렇게 많<u>대</u>?

ㄴ. A : 오늘은 날씨가 선선하고 좋네.
B : 기상 예보를 들었는데 내일부터 다시 덥<u>대</u>.

ㄷ. A : 너, 혜정이 노래 들은 적 있니?
B : 응, 노래 진짜 잘하<u>데</u>.

① ㄱ의 '-대'는 '승우는 회사에서 할 일이 많다.'는 사실을 바탕으로 하고 있군.
② ㄱ의 '-대'는 어떤 사실에 대한 의문을 나타내는 종결 어미로, 못마땅하게 여기는 뜻이 섞여 있군.
③ ㄴ의 '-대'는 남이 말한 내용을 간접적으로 전달할 때 쓰이는군.
④ ㄷ의 '-데'는 과거 어느 때 직접 경험한 사실을 현재로 옮겨 와서 말할 때 쓰이는군.
⑤ ㄴ의 '-대'는 '-다고 해'로, ㄷ의 '-데'는 '-더라'로 바꾸면 의미가 달라지는군.

486 [2014년 9월 고2 학평 B형 11번]

다음을 참고하여 <보기>의 <탐구 대상>을 과정에 따라 탐구했을 때, ㉠과 ㉡에 해당하는 것을 바르게 짝지은 것은?

<한글 맞춤법>

제23항 '-하다'나 '-거리다'가 붙는 어근에 '-이'가 붙어서 명사가 된 것은 그 원형을 밝히어 적는다.

[붙임] '-하다'나 '-거리다'가 붙을 수 없는 어근에 '-이'나 또는 다른 모음으로 시작되는 접미사가 붙어서 명사가 된 것은 그 원형을 밝히어 적지 아니한다.

보 기

<탐구 대상>
매미 깨끗이 곰곰이 홀쭉이

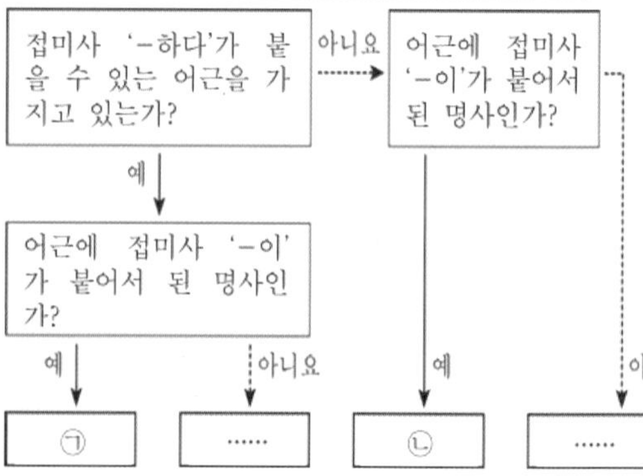

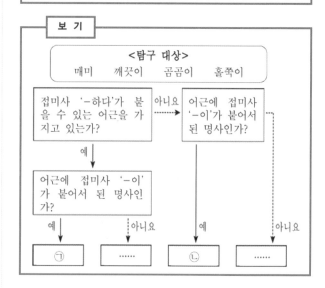

	㉠	㉡
①	홀쭉이	깨끗이
②	홀쭉이	매미
③	곰곰이	매미
④	깨끗이	홀쭉이
⑤	매미	홀쭉이

487 [2015년 11월 고2 학평 13번]

<보기>를 바탕으로 한글 맞춤법에 대해 탐구한 내용으로 적절하지 않은 것은?

보 기

제5항 한 단어 안에서 뚜렷한 까닭 없이 나는 된소리는 다음 음절의 첫소리를 된소리로 적는다.
1. 두 모음 사이에 나는 된소리 ··· ⓐ
2. 'ㄴ, ㄹ, ㅁ, ㅇ' 받침 뒤에서 나는 된소리 ··· ⓑ
다만, 'ㄱ, ㅂ' 받침 뒤에서 나는 된소리는, 같은 음절이나 비슷한 음절이 겹쳐 나는 경우가 아니면 된소리로 적지 아니한다. ··· ⓒ

① [으뜸]으로 소리 나는 말은 ⓐ에 따라 '으뜸'으로 표기해야겠군.
② [거꾸로]로 소리 나는 말은 ⓐ에 따라 '거꾸로'로 표기해야겠군.
③ [살짝]으로 소리 나는 말은 ⓑ에 따라 '살짝'으로 표기해야겠군.
④ [씩씩]으로 소리 나는 말은 ⓑ에 따라 '씩씩'으로 표기해야겠군.
⑤ [낙찌]로 소리 나는 말은 ⓒ에 따라 '낙지'로 표기해야겠군.

488 [2016년 9월 고2 학평 14번]

밑줄 친 부분이 한글 맞춤법에 맞게 쓰인 것은?

① 힘든 일은 제가 다 알아서 할게요.
② 무엇을 하던지 최선을 다했으면 좋겠어.
③ 오늘 소풍 가는 날인데 비가 와서 어떨해.
④ 네가 원하는 꿈을 꼭 이룰 수 있기를 바래.
⑤ 넉넉치 않은 살림이지만 어려운 사람을 돕자.

489 [2021년 6월 고2 학평 14번]

㉠~㉤에 해당하는 예로 적절하지 않은 것은?

다음은 <한글 맞춤법>의 '부록'에서 설명하고 있는 '쉼표(,)'의 대표적인 쓰임들이다.
○ 같은 자격의 어구를 열거할 때 그 사이에 쓴다. ··· ㉠
○ 문장의 연결 관계를 분명히 하고자 할 때 절과 절 사이에 쓴다. ··· ㉡
○ 같은 말이 되풀이되는 것을 피하기 위하여 일정한 부분을 줄여서 열거할 때 쓴다. ··· ㉢
○ 부르거나 대답하는 말 뒤에 쓴다. ··· ㉣
○ 문장 중간에 끼어든 어구의 앞뒤에 쓴다. ··· ㉤

① ㉠ : 근면, 검소, 협동은 우리 겨레의 미덕이다.
② ㉡ : 저 친구, 저러다가 큰일 한번 내겠어.
③ ㉢ : 여름에는 바다에서, 겨울에는 산에서 휴가를 즐겼다.
④ ㉣ : 네, 지금 가겠습니다.
⑤ ㉤ : 나는, 솔직히 말하면, 그 말이 별로 탐탁지 않아.

490 [2022년 9월 고2 학평 15번]

<보기>는 '사전 활용하기 학습 자료'의 일부이다. <보기>를 참고할 때, 밑줄 친 부분의 띄어쓰기가 적절하지 않은 것은?

보 기

데[1] 「의존 명사」
「1」 '곳'이나 '장소'의 뜻을 나타내는 말.
「2」 '일'이나 '것'의 뜻을 나타내는 말.

데[2] 「어미」
('이다'의 어간, 용언의 어간 또는 어미 '-으시-', '-었-', '-겠-' 뒤에 붙어) 해할 자리에 쓰여, 과거 어느 때에 직접 경험하여 알게 된 사실을 현재의 말하는 장면에 그대로 옮겨 와서 말함을 나타내는 종결 어미.

-는데 「어미」
('있다', '없다', '계시다'의 어간, 동사 어간 또는 어미 '-으시-', '-었-', '-겠-' 뒤에 붙어) 뒤 절에서 어떤 일을 설명하거나 묻거나 시키거나 제안하기 위하여 그 대상과 상관되는 상황을 미리 말할 때에 쓰는 연결 어미.

① 밥은 있는데 반찬이 없소.
② 지금 가는 데가 어디인가요?
③ 그 사람은 말을 아주 잘하데.
④ 그는 의지할 데 없는 사람이다.
⑤ 책을 다 읽는데만 이틀이 걸렸다.

491 [2023년 9월 고2 학평 14번]

다음은 수업 상황의 일부이다. ㉠에 들어갈 말로 적절하지 않은 것은?

보 기

학생 : 선생님, '회상하건대'를 줄이면 '회상컨대'와 '회상건대' 중 어떻게 적는 게 맞나요?
선생님 : 그럴 때는 한글 맞춤법 규정을 살펴봐야 해요.

> **제40항** 어간의 끝음절 '하'의 'ㅏ'가 줄고 'ㅎ'이 다음 음절의 첫소리와 어울려 거센소리로 될 적에는 거센소리로 적는다.
> [붙임] 어간의 끝음절 '하'가 아주 줄 적에는 준 대로 적는다.

'하' 앞의 받침의 소리가 [ㄱ, ㄷ, ㅂ]이면 '하'가 통째로 줄고, 그 외의 경우에는 'ㅎ'이 남아요. 그래서 '회상하건대'는 '하'의 'ㅏ'가 줄고 'ㅎ'이 'ㄱ'과 어울려 거센소리가 되어 '회상컨대'로 적어야 해요.
학생 : 네, 감사해요. 한글 맞춤법에도 준말 규정이 있었네요.
선생님 : 그럼 다음 자료를 규정에 맞게 준말로 바꿔 볼까요?

깨끗하지 않다	연구하도록	간편하게
생각하다 못해	답답하지 않다	

학생 : [㉠]
선생님 : 네, 잘했어요.

① '깨끗하지 않다'는 어간의 끝음절 '하'의 'ㅏ'가 줄기 때문에 '깨끗치 않다'로 써야 합니다.
② '연구하도록'은 어간의 끝음절 '하'의 'ㅏ'가 줄기 때문에 '연구토록'으로 써야 합니다.
③ '간편하게'는 어간의 끝음절 '하'의 'ㅏ'가 줄기 때문에 '간편케'로 써야 합니다.
④ '생각하다 못해'는 '하'가 통째로 줄기 때문에 '생각다 못해'로 써야 합니다.
⑤ '답답하지 않다'는 '하'가 통째로 줄기 때문에 '답답지 않다'로 써야 합니다.

492 [2014년 3월 고3 학평 B형 11번]

<보기>는 국어 수업 게시판의 문답 내용이다. ㉠과 ㉡에 들어갈 단어를 바르게 짝지은 것은?

보 기

[질문]
선생님, 안녕하세요? 제가 어제 동생이랑 밥을 먹는데 동생이 갑자기 왜 '젓가락'은 'ㅅ' 받침을 쓰는데, '숟가락'은 'ㄷ' 받침을 쓰느냐고 묻더라고요. 아무리 생각을 해 보아도 답을 찾기가 어려워서 이렇게 질문을 드립니다.
[답]
'젓가락'과 '숟가락'은 비슷한 합성어처럼 보이지만, 그 구성을 살펴보면 다른 점이 있어. 먼저, '젓가락'은 '저'와 '가락'이 결합된 말로, 합성어를 이룰 때 앞말이 모음으로 끝나고 뒷말의 첫소리가 된소리로 나기 때문에 사이시옷을 붙인 것이지. '___㉠___' 같은 단어도 같은 원리가 적용된 말이야. 그런데 '숟가락'은 '수'와 '가락'이 결합된 것이 아니라, '술'과 '가락'이 결합된 합성어야. 한글 맞춤법에서는 이처럼 끝소리가 'ㄹ'인 말이 딴 말과 어울릴 적에 'ㄹ' 소리가 'ㄷ' 소리로 나는 것은 'ㄷ'으로 적는 것을 원칙으로 하고 있어. '___㉡___' 같은 단어가 여기에 해당하지.

	㉠	㉡
①	첫째	삼짇날
②	맷돌	미닫이
③	혼삿길	섣달
④	나뭇잎	섣부르다
⑤	샛노랗다	맏며느리

493 [2014년 4월 고3 학평 B형 12번]

<보기>는 '문법 학습 게시판'에 올라온 자료이다. 이를 참고할 때, (가)~(마) 중 적절하지 않은 것은?

> **보 기**
>
> **[질문]**
> 선생님! 띄어쓰기와 관련해서 헷갈리는 것이 있어요. '만큼, 대로, 뿐'은 어떤 경우에 띄어 쓰고 어떤 경우에 붙여 쓰나요? 그리고 '못하다'와 '못 하다'의 차이는 무엇인가요?
>
> **[답변]**
> '만큼, 대로, 뿐'이 조사로 쓰일 때는 앞말에 붙여 쓰고, 의존 명사로 쓰일 때는 띄어 쓴단다. 그러니까 앞말이 체언일 경우에는 붙여 쓰고, 용언의 관형사형일 경우에는 띄어 쓴다고 생각하면 되는 거지. 그리고 '못 하다'는 부사인 '못'이 동사인 '하다'를 꾸미는 것이고, '못하다'는 형용사나 동사로 그 자체가 하나의 단어란다. 형용사일 때는 '정도가 극에 달한 나머지', '비교 대상에 미치지 아니함' 등의 뜻을 나타내지.

> (가) 공부를 할 만큼 했으니 성적이 오르겠지?
> (나) 나는 나대로 열심히 공부했어.
> (다) 지금까지 공부한 것이 고작 그것 뿐이야?
> (라) 배가 고프다 못해 아프다.
> (마) 실력이 예전보다 많이 못하구나.

① (가) ② (나) ③ (다)
④ (라) ⑤ (마)

494 [2014년 6월 고3 모평 B형 11번]

㉠~㉢에 대한 설명으로 적절하지 않은 것은?

> **보 기**
>
> <한글 맞춤법>에 따르면 표준어를 소리 나는 대로 적는 경우도 있지만, 어법에 맞게 적는 경우도 있다. 그런데 간혹 이 사실을 모르고 소리 나는 대로 적어서 틀릴 때가 있다.

올바른 표기	잘못된 표기	발음	
들어서다	드러서다	[드러서다]	…㉠
그렇지	그러치	[그러치]	…㉡
해돋이	해도지	[해도지]	…㉢

① ㉠은 연음 현상 때문에 잘못 적는 경우이다.
② ㉠과 같은 예로 '높이다'를 '높히다'로 잘못 적는 경우를 들 수 있다.
③ ㉡은 거센소리되기 때문에 잘못 적는 경우이다.
④ ㉡과 같은 예로 '얽혀'를 '얼켜'로 잘못 적는 경우를 들 수 있다.
⑤ ㉢과 같은 예로 '금붙이'를 '금부치'로 잘못 적는 경우를 들 수 있다.

495 [2014년 7월 고3 학평 B형 12번]

<보기>는 '끝말잇기' 놀이에서 제시된 단어들이다. 표준 발음법을 참고할 때, 단어의 표기대로만 발음해야 하는 것을 모두 고른 것은?

> **보 기**
>
> 예의 → 의의 → 의무 → 무예 → 예절 → 절의
>
> **표준 발음법**
> ◦ 'ㅑ, ㅒ, ㅕ, ㅖ, ㅘ, ㅙ, ㅛ, ㅝ, ㅞ, ㅠ, ㅢ'는 이중 모음으로 발음한다.
> ◦ 다만 2. '예, 례' 이외의 'ㅖ'는 [ㅔ]로도 발음한다.
> 예 지혜[지혜/지헤]
> ◦ 다만 4. 단어의 첫음절 이외의 '의'는 [ㅣ]로, 조사 '의'는 [ㅔ]로 발음함도 허용한다.
> 예 주의[주의/주이]

① 예의, 의의, 의무 ② 예의, 무예, 절의
③ 의무, 무예, 예절 ④ 의의, 의무, 무예
⑤ 무예, 예절, 절의

496 [2014년 수능 B형 13번]

밑줄 친 부분이 한글 맞춤법에 맞게 쓰인 것은?

① 엇저녁에는 고향 친구들과 만나서 식사를 했다.
② 그가 발의한 안건은 다음 회의에 부치기로 했다.
③ 적쟎은 사람들이 그 의견에 찬성의 뜻을 보였다.
④ 동생은 누나가 직접 만든 깍뚜기를 먹어보았다.
⑤ 저기 넙적하게 생긴 바위가 우리들의 놀이터였다.

497 [2015년 3월 고3 학평 B형 12번]

<보기>는 한글 맞춤법에 대한 설명이다. 한글 맞춤법 조항의 내용과 ㉠, ㉡을 적절하게 연결하지 못한 것은?

보 기

한글 맞춤법은 표준어를 ㉠소리대로 적되, ㉡어법에 맞도록 함을 원칙으로 한다. 표준어를 소리대로 적는다는 것은 표준어의 발음대로 적는다는 뜻이다. 그리고 각 형태소가 지닌 뜻이 분명히 드러나도록 하기 위하여, 그 본 모양을 밝혀 어법에 맞도록 적는다는 또 하나의 원칙이 추가되었다.

①	'ㄷ, ㅌ' 받침 뒤에 종속적 관계를 가진 '-이(-)'나 '-히-'가 올 적에는, 그 'ㄷ, ㅌ'이 'ㅈ, ㅊ'으로 소리 나더라도 'ㄷ, ㅌ'으로 적음. 예 맏이, 굳이, 묻히다	㉡
②	자음을 첫소리로 가지고 있는 음절의 'ㅢ'는 'ㅣ'로 소리 나는 경우가 있더라도 'ㅢ'로 적음. 예 희망, 하늬바람	㉠
③	체언은 조사와 구별하여 적음. 예 떡이, 손이, 팔이	㉡
④	어간에 '-이'나 '-음'이 붙어서 명사로 바뀐 것이라도 그 어간의 뜻과 멀어진 것은 원형을 밝히어 적지 아니함. 예 목거리(목병), 노름(도박)	㉠
⑤	둘 이상의 단어가 어울리거나 접두사가 붙어서 이루어진 말은 각각 그 원형을 밝히어 적음. 예 꽃잎, 헛웃음, 굶주리다	㉡

498 [2015년 6월 고3 모평 B형 12번]

<보기>의 선생님의 설명을 바탕으로 할 때, ㉠에 들어갈 말로 적절하지 않은 것은?

보 기

학생 : '되어요, 돼요, 되요' 중에서 어느 게 맞는지 궁금해요.
선생님 : "어간 모음 'ㅚ' 뒤에 '-어'가 붙어서 'ㅙ'로 줄어지는 것은 'ㅙ'로 적는다."라는 맞춤법 규정에 따르면 '되어요'는 어간 '되-'에 '-어요'가 결합된 것이므로 '돼요'로 줄어들 수 있어. 그러니까 '되어요, 돼요'는 맞는 말이지만 '되요'는 틀린 말이지. '(바람을) 쐬다, (턱을) 괴다, (나사를) 죄다, (어른을) 뵈다, (명절을) 쇠다' 등도 이 규정에 따라 적으면 돼.
학생 : 아, 그러면 ______㉠______

① '쐬어라'는 '쐬-'와 '-어라'가 결합된 것이므로 '쐐라'로 줄어들 수 있겠네요.
② '괴-'와 '-느냐'가 결합될 때는 '어'가 들어갈 수 없으므로 '괘느냐'는 틀린 말이겠네요.
③ '좨도'는 '죄-'와 '-어도'가 결합된 말이 줄어든 것이겠네요.
④ '뵈-'가 '-어서'와 결합되면 '봬서'로 줄어들 수 있겠네요.
⑤ '쇠-'와 '-더라도'가 결합될 때는 '쇄더라도'로 적으면 틀린 것이겠네요.

499 [2015년 9월 고3 모평 B형 12번]

<자료>의 밑줄 친 발음 표시 부분을 맞춤법에 맞게 표기할 때에 적용되는 원칙을 <보기>에서 찾아 바르게 짝지은 것은?

자 료

㉠ 이것은 유명한 책이 [아니요].
㉡ 영화 구경 [가지요].
㉢ 이것은 [설탕이요], 저것은 소금이다.

보 기

○ 용언의 어간과 어미는 구별하여 적는다.
· 종결형에서 사용되는 어미 '-오'는 '요'로 소리 나는 경우가 있더라도 그 원형을 밝혀 '오'로 적는다. ············ⓐ
이리로 오시오. (○) 이리로 오시요. (X)
· 연결형에서 사용되는 '이요'는 '이요'로 적는다. ············ⓑ
이것은 책이요, 저것은 붓이다. (○)
이것은 책이오, 저것은 붓이다. (X)
○ 어미 뒤에 덧붙는 조사 '요'는 '요'로 적는다. ············ⓒ
읽어 읽어요 먹을게 먹을게요

① ㉠-ⓐ ② ㉠-ⓑ ③ ㉡-ⓑ
④ ㉢-ⓐ ⑤ ㉢-ⓒ

500 [2015년 수능 B형 12번]

<보기>는 한글 맞춤법 제1항이 파생어와 합성어에 적용된 예를 찾아본 것이다. ㉠~㉤에 들어갈 예로 적절한 것은?

보 기

제1항 한글 맞춤법은 표준어를 ⓐ소리대로 적되, ⓑ어법에 맞도록 함을 원칙으로 한다.

	파생어	합성어
ⓐ만 충족한 경우	㉠	㉡
ⓑ만 충족한 경우	㉢	㉣
ⓐ, ⓑ 모두 충족한 경우	㉤	줄자(줄+자), 눈물(눈+물)

① ㉠ : 이파리(잎+아리), 얼음(얼+음)
② ㉡ : 마소(말+소), 낮잠(낮+잠)
③ ㉢ : 웃음(웃+음), 바가지(박+아지)
④ ㉣ : 옷소매(옷+소매), 밥알(밥+알)
⑤ ㉤ : 꿈(꾸+ㅁ), 사랑니(사랑+이)

501 [2016년 4월 고3 학평 12번]

<보기>의 한글 맞춤법 규정을 적용한 것으로 옳지 않은 것은?

보 기

제19항 어간에 '-이'나 '-음/-ㅁ'이 붙어서 명사로 된 것과 '-이' 나 '-히'가 붙어서 부사로 된 것은 그 어간의 원형을 밝히어 적는다. ······ ㉠
[붙임] 어간에 '-이'나 '-음' 이외의 모음으로 시작된 접미사가 붙어서 다른 품사로 바뀐 것은 그 어간의 원형을 밝히어 적지 아니한다. ······ ㉡

제20항 명사 뒤에 '-이'가 붙어서 된 말은 그 명사의 원형을 밝히어 적는다. ······ ㉢
[붙임] '-이' 이외의 모음으로 시작된 접미사가 붙어서 된 말은 그 명사의 원형을 밝히어 적지 아니한다. ··· ㉣

제21항 명사나 혹은 용언의 어간 뒤에 자음으로 시작된 접미사가 붙어서 된 말은 그 명사나 어간의 원형을 밝히어 적는다. ······ ㉤

① '다듬이'로 표기하는 것은 ㉠의 규정을 적용한 것이군.
② '마개'를 '막애'로 표기하지 않는 것은 ㉡의 규정을 적용한 것이군.
③ '삼발이'를 '삼바리'로 표기하지 않는 것은 ㉢의 규정을 적용한 것이군.
④ '귀머거리'로 표기하는 것은 ㉣의 규정을 적용한 것이군.
⑤ '덮개'로 표기하는 것은 ㉤의 규정을 적용한 것이군.

502 [2016년 10월 고3 학평 14번]

<보기>를 바탕으로 ㄱ~ㅁ을 이해한 내용으로 적절하지 않은 것은? [3점]

보 기

한글 맞춤법 제15항
용언의 어간과 어미는 구별하여 적는다.
[붙임 2] 종결형에서 사용되는 어미 '-오'는 '요'로 소리 나는 경우가 있더라도 그 원형을 밝혀 '오'로 적는다.
㉥ 이것은 책이오. / 이것은 책이 아니오.
[붙임 3] 연결형에서 사용되는 '이요'는 '이요'로 적는다.
㉥ 이것은 책이요, 저것은 붓이요, 또 저것은 먹이다.

선생님의 설명 : 제15항 [붙임 2]에서 설명하는 어미 '-오'는 하오체 종결 어미입니다. 이 어미 '-오'는 [오]로 발음하는 것이 원칙이지만 [요]로 발음할 수도 있습니다. 그리고 이 '-오'가 '이다', '아니다'의 어간 뒤에 붙어 '-이오'로 활용할 때, '차(車)'처럼 모음으로 끝나는 체언과 결합하는 경우 '차이오→차요'와 같이 '-이오'가 '-요'로 줄어 쓰이기도 합니다. 이때 '-이오'가 줄어든 형태인 '-요'는 청자에게 존대의 뜻을 나타내는 보조사 '요'와 그 형태나 발음이 동일하기 때문에 언어생활에서 주의가 필요합니다.

이제 다음 제시된 자료를 분석해 봅시다. 단, ㄹ과 ㅁ은 모두 말하는 도중에 상대 높임의 등급을 바꾸지 않는다고 가정합니다.

ㄱ. 이것은 들판이요, 저것은 하늘이오.
ㄴ. 선배 : 고향이 어디니? / 후배 : 서울요.
ㄷ. (고향을 묻는 물음에 대한 답) 부산이오.
ㄹ. 무얼 좋아하시오? 소설이오? 아니면 영화요?
ㅁ. 무얼 좋아하세요? 소설요? 아니면 영화요?

① ㄱ의 밑줄 친 '이오'는 [이요]로 발음할 수 있다.
② ㄴ의 밑줄 친 '요'를 '이요'로 바꾸어 적을 수 있다.
③ ㄷ의 밑줄 친 '부산이오'는 하오체 문장에 해당한다.
④ ㄹ의 밑줄 친 '요'는 모음으로 끝나는 체언 뒤에서 '-이오'가 줄어든 형태에 해당한다.
⑤ ㅁ의 밑줄 친 '요'는 둘 다 청자에게 존대의 뜻을 나타내는 보조사에 해당한다.

503 [2018년 10월 고3 학평 13번]

<보기>의 ㉠~㉤에 대한 수정 방안으로 적절하지 않은 것은?

보 기

결석해서 무엇을 공부해야 ㉠할 지 모르는 나에게 승호는 필기한 공책을 ㉡주고 갔다. 승호는 역시 듬직한 ㉢형같다. 이제 내가 심혈을 ㉣기울일것은 ㉤공부 뿐이다.

① ㉠ : '-ㄹ지'가 하나의 어미이기 때문에 '할'과 '지'를 붙여 '할지'로 수정한다.
② ㉡ : '갔다'가 본동사이기 때문에 '주고'와 '갔다'를 붙여 '주고갔다'로 수정한다.
③ ㉢ : '같다'가 형용사이기 때문에 '형'과 띄어 '형 같다'로 수정한다.
④ ㉣ : '것'이 의존 명사이기 때문에 '기울일'과 띄어 '기울일 것'으로 수정한다.
⑤ ㉤ : '뿐'이 조사로 쓰였기 때문에 '공부'와 붙여 '공부뿐이다'로 수정한다.

504 [2020년 6월 고3 모평 15번]

<보기>의 [A]에 들어갈 말로 적절한 것만을 있는 대로 고른 것은?

보 기

학생 : 선생님, 자기 소개서를 써 봤는데, 띄어쓰기가 맞는지 가르쳐 주시겠어요? 헷갈리는 부분을 표시해 왔어요.

> 양로원에 가서 봉사 활동을 했습니다. 사실 그 시간에 ㉠봉사 보다는 게임을 하고 싶었습니다. 그저 작은 일을 ㉡도울 뿐이었는데 ㉢너 밖에 없다며 행복해하시는 어르신들의 말씀을 들을 ㉣때 만큼은 마음이 뿌듯해졌습니다.

선생님 : 한글 맞춤법에 따르면, 문장의 각 단어는 띄어 써야 하지만, 조사는 예외적으로 그 앞말에 붙여 쓴단다.
학생 : 아, 그럼 [A] 은/는 앞말에 붙여 써야 하는군요.

① ㉠의 '보다', ㉢의 '밖에'
② ㉡의 '뿐', ㉢의 '밖에'
③ ㉡의 '뿐', ㉣의 '만큼'
④ ㉠의 '보다', ㉡의 '뿐', ㉣의 '만큼'
⑤ ㉠의 '보다', ㉢의 '밖에', ㉣의 '만큼'

505 [2020년 7월 고3 학평 14번]

<보기>의 대화에서 ㉠~㉢에 해당하는 예끼리 묶인 것으로 적절한 것은?

보 기

선생님 : 오늘은 '한글맞춤법 제21항'에 대해 알아보도록 하겠습니다. '빛깔'처럼 ㉠명사 뒤에 자음으로 시작된 접미사가 붙어서 된 것, '덮개'처럼 ㉡어간 뒤에 자음으로 시작된 접미사가 붙어서 된 것은 그 명사나 어간의 원형을 밝히어 적습니다.
학생 : 선생님, 그럼 '널찍하다'의 경우에는 왜 어간의 원형인 '넓-'을 밝히지 않고 소리대로 적나요?
선생님 : '널찍하다'처럼 ㉢겹받침의 끝소리가 드러나지 않는 경우와 '넙치'처럼 어원이 분명하지 않거나 본뜻에서 멀어진 경우에는 소리대로 적습니다.

	㉠	㉡	㉢
①	멋쟁이	굵기	얄따랗다
②	넋두리	값지다	말끔하다
③	먹거리	낚시	할짝거리다
④	오뚝이	굵적거리다	짤막하다
⑤	옆구리	지우개	길숙하다

506 [2021년 수능 39번]

<보기>는 준말에 관한 한글 맞춤법의 일부이다. 이를 적용한 내용으로 적절하지 않은 것은?

보 기

제34항 [붙임 1] 'ㅐ, ㅔ' 뒤에 '-어, -었-'이 어울려 줄 적에는 준 대로 적는다. ……㉠
제35항 모음 'ㅗ, ㅜ'로 끝난 어간에 '-아/-어, -았-/-었-'이 어울려 'ㅘ/ㅝ, ㅘㅆ/ㅝㅆ'으로 될 적에는 준 대로 적는다. ……㉡
제35항 [붙임 2] 'ㅚ' 뒤에 '-어, -었-'이 어울려 'ㅙ, ㅙㅆ'으로 될 적에도 준 대로 적는다. ……㉢
제36항 'ㅣ' 뒤에 '-어'가 와서 'ㅕ'로 줄 적에는 준 대로 적는다. ……㉣
제37항 'ㅏ, ㅕ, ㅗ, ㅜ, ㅡ'로 끝난 어간에 '-이-'가 와서 각각 'ㅐ, ㅖ, ㅚ, ㅟ, ㅢ'로 줄 적에는 준 대로 적는다. …㉤

① ㉠을 적용하면 '(날이) 개었다'와 '(나무를) 베어'는 각각 '갰다'와 '베'로 적을 수 있다.
② ㉡을 적용하면 '(다리를) 꼬아'와 '(죽을) 쑤었다'는 각각 '꽈'와 '쒔다'로 적을 수 있다.
③ ㉤을 적용할 때, 어간 '(발로) 차-'에 '-이-'가 붙은 '(발에) 차이-'에 '-었다'가 붙으면 '채었다'로 적을 수 있다.
④ ㉤을 적용한 후 ㉢을 적용할 때, 어간 '(벌이) 쏘-'에 '-이-'가 붙은 '(벌에) 쏘이-'에 '-어'가 붙으면 '쐐'로 적을 수 있다.
⑤ ㉤을 적용한 후 ㉣을 적용할 때, 어간 '(오줌을) 누-'에 '-이-'가 붙은 '(오줌을) 누이-'에 '-어'가 붙으면 '뉘여'로 적을 수 있다.

507 [2023년 7월 고3 학평 39번]

<보기 1>은 준말에 관한 한글 맞춤법의 일부이다. <보기 1>을 참고하여 <보기 2>의 ㉠~㉤을 이해한 내용으로 적절하지 않은 것은?

보기 1

제35항 모음 'ㅗ, ㅜ'로 끝난 어간에 '-아/-어, -았/-었-'이 어울려 'ㅘ/ㅝ, ㅘㅆ/ㅝㅆ'으로 될 적에는 준 대로 적는다.
제35항 [붙임2] 'ㅚ' 뒤에 '-어, -었-'이 어울려 'ㅙ, ㅙㅆ'으로 될 적에도 준 대로 적는다.
제38항 'ㅏ, ㅗ, ㅜ, ㅡ' 뒤에 '-이어'가 어울려 줄어질 적에는 준 대로 적는다.

보기 2

◦ 새끼줄을 열심히 ㉠꼬았다.
◦ 올해도 큰집에서 설을 ㉡쇠었다.
◦ 자전거 앞바퀴에 돌을 ㉢괴어 놓았다.
◦ 그의 표정에서 지친 기색이 ㉣보이어 안타까웠다.
◦ 산 정상에 올라가니 시야가 탁 ㉤트이어 상쾌했다.

① ㉠ : 모음 'ㅗ'로 끝난 어간에 '-았-'이 어울려 줄어들 수 있는 경우로, '꽜다'로도 적을 수 있겠군.
② ㉡ : 모음 'ㅚ' 뒤에 '-었-'이 어울려 줄어들 수 있는 경우로, '쇘다'로도 적을 수 있겠군.
③ ㉢ : 모음 'ㅚ' 뒤에 '-어'가 어울려 줄어들 수 있는 경우로, '괘'로도 적을 수 있겠군.
④ ㉣ : 모음 'ㅗ' 뒤에 '-이어'가 어울려 줄어들 수 있는 경우로, '뵈어'로도 적을 수 있겠군.
⑤ ㉤ : 모음 'ㅡ' 뒤에 '-이어'가 어울려 줄어들 수 있는 경우로, '틔어'로도 적을 수 있겠군.

로마자 표기법

508 [2014년 6월 고3 모평 B형 13번]

(가)에 들어갈 내용으로 적절하지 않은 것은?

선생님 : 로마자 표기법은 국제화 시대에 그 중요성이 더 커지고 있습니다. 로마자 표기법을 구체적으로 배우기 전에, 다음 자료로 탐구한 내용을 발표해 봅시다.

표기	표준 발음	올바른 로마자 표기	
가락	[가락]	garak	… ㉠
앞집	[압찝]	apjip	… ㉡
장롱	[장:농]	jangnong	… ㉢

학생 : ________(가)________

① ㉠에서 '가'의 'ㄱ'은 'g'로, '락'의 'ㄱ'은 'k'로 표기한 것을 보니, '가락'의 두 'ㄱ'은 같은 자음이지만 다른 로마자로 적었어요.
② ㉡에서 '앞'의 'ㅍ'과 '집'의 'ㅂ'을 모두 'p'로 표기한 것을 보니, '앞집'의 'ㅍ'과 'ㅂ'은 다른 자음이지만 동일한 로마자로 적었어요.
③ ㉢에서 장음을 표시하는 기호인 ':'가 로마자 표기에 없는 것을 보니, 장단의 구별은 로마자 표기에 반영하지 않았어요.
④ ㉠에서 '락'의 'ㄹ'은 'r'로, ㉢에서 '롱'의 'ㄹ'은 'n'으로 표기한 것을 보니, ㉢ '장롱'의 로마자 표기는 자음 동화를 반영하여 적었어요.
⑤ ㉡에서 '집'의 'ㅈ'과 ㉢에서 '장'의 'ㅈ'을 같은 로마자로 표기한 것을 보니, ㉡ '앞집'의 로마자 표기는 된소리되기를 반영하여 적었어요.

509 [2016년 4월 고3 학평 11번]

<보기 1>은 문법 수업의 한 장면이다. <보기 1>을 참고하여 <보기 2>를 탐구한 것으로 옳지 않은 것은?

보기 1

선생님 : 표준 발음법에 대한 이해는 올바른 발음 생활뿐만 아니라 국어를 로마자로 표기하려고 할 때도 많은 도움을 줍니다. 국어의 로마자 표기는 표준 발음에 따라 적는 것을 원칙으로 하기 때문입니다.

[표준 발음법]

제13항 홑받침이나 쌍받침이 모음으로 시작된 조사나 어미, 접미사와 결합되는 경우에는, 제 음가대로 뒤 음절 첫소리로 옮겨 발음한다.

제15항 받침 뒤에 모음 'ㅏ, ㅓ, ㅗ, ㅜ, ㅟ'들로 시작되는 실질 형태소가 연결되는 경우에는, 대표음으로 바꾸어서 뒤 음절 첫소리로 옮겨 발음한다.

제17항 받침 'ㄷ, ㅌ(ㄾ)'이 조사나 접미사의 모음 'ㅣ'와 결합되는 경우에는, [ㅈ, ㅊ]으로 바꾸어서 뒤 음절 첫소리로 옮겨 발음한다.

제18항 받침 'ㄱ(ㄲ, ㅋ, ㄳ, ㄺ), ㄷ(ㅅ, ㅆ, ㅈ, ㅊ, ㅌ, ㅎ), ㅂ(ㅍ, ㄼ, ㄿ, ㅄ)'은 'ㄴ, ㅁ' 앞에서 [ㅇ, ㄴ, ㅁ]으로 발음한다.

제29항 합성어 및 파생어에서, 앞 단어나 접두사의 끝이 자음이고 뒤 단어나 접미사의 첫 음절이 '이, 야, 여, 요, 유'인 경우에는, 'ㄴ' 소리를 첨가하여 [니, 냐, 녀, 뇨, 뉴]로 발음한다.

보기 2

덮이다, 웃어른, 굳이, 집일, 색연필

① '덮이다'를 로마자로 표기하려면, 표준 발음법 제13항에 대한 이해가 필요하겠군.
② '웃어른'을 로마자로 표기하려면, 표준 발음법 제15항에 대한 이해가 필요하겠군.
③ '굳이'를 로마자로 표기하려면, 표준 발음법 제17항에 대한 이해가 필요하겠군.
④ '집일'을 로마자로 표기하려면, 표준 발음법 제13항, 제18항에 대한 이해가 필요하겠군.
⑤ '색연필'을 로마자로 표기하려면, 표준 발음법 제18항, 제29항에 대한 이해가 필요하겠군.

510 [2018년 7월 고3 학평 15번]

<보기>는 수업의 한 장면이다. 선생님의 질문에 대한 답을 바르게 짝지은 것은?

보기

선생님 : 국어를 로마자로 표기할 때는 국어의 표준 발음법에 따라 적는 것을 원칙으로 합니다. 따라서 음운 변동의 결과를 표기에 반영하지요. 이때, 'ㄱ, ㄷ, ㅂ'은 모음 앞에서는 'g, d, b'로, 자음 앞이나 어말에서는 'k, t, p'로 적습니다. 'ㄹ'은 모음 앞에서는 'r'로, 자음 앞이나 어말에서는 'l'로 적으며, 'ㄹㄹ'은 'll'로 적지요.

그럼 아래의 표기 일람을 참고할 때, '독립문'과 '대관령'의 로마자 표기는 어떻게 될까요?

ㄱ	ㄴ	ㄷ	ㄹ	ㅁ	ㅂ	ㅇ
g, k	n	d, t	r, l	m	b, p	ng
ㅐ	ㅕ	ㅗ	ㅘ	ㅜ	ㅣ	
ae	yeo	o	wa	u	i	

	독립문	대관령
①	Dongnimmun	Daegwallyeong
②	Dongnimmun	Daegwalryeong
③	Dongrimmun	Daegwallyeong
④	Dongrimmun	Daegwanryeong
⑤	Doknipmun	Daegwanryeong

511 [2018년 9월 고3 모평 13번]

<보기>의 ㉠~㉤에 대한 설명으로 적절한 것은?

보 기

<로마자 표기 한글 대조표>

<table>
<tr><td colspan="2">자음</td><td>ㄱ</td><td>ㄷ</td><td>ㅂ</td><td>ㄸ</td><td>ㄴ</td><td>ㅁ</td><td>ㅇ</td><td>ㅈ</td><td>ㅊ</td><td>ㅌ</td><td>ㅎ</td></tr>
<tr><td rowspan="2">표기</td><td>모음 앞</td><td>g</td><td>d</td><td>b</td><td rowspan="2">tt</td><td rowspan="2">n</td><td rowspan="2">m</td><td rowspan="2">ng</td><td rowspan="2">j</td><td rowspan="2">ch</td><td rowspan="2">t</td><td rowspan="2">h</td></tr>
<tr><td>그 외</td><td>k</td><td>t</td><td>p</td></tr>
</table>

모음	ㅏ	ㅐ	ㅗ	ㅣ
표기	a	ae	o	i

<로마자 표기의 예>

	한글 표기	발음	로마자 표기
㉠	같이	[가치]	gachi
㉡	잡다	[잡따]	japda
㉢	놓지	[노치]	nochi
㉣	맨입	[맨닙]	maennip
㉤	백미	[뱅미]	baengmi

① ㉠에서 일어나는 음운 변동은 '땀받이[땀바지]'에서도 일어나고, 로마자 표기에 반영되었다.

② ㉡에서 일어나는 음운 변동은 '삭제[삭쩨]'에서도 일어나고, 로마자 표기에 반영되었다.

③ ㉢에서 일어나는 음운 변동은 '닳아[다라]'에서도 일어나고, 로마자 표기에 반영되었다.

④ ㉣에서 일어나는 음운 변동은 '한여름[한녀름]'에서도 일어나고, 로마자 표기에 반영되지 않았다.

⑤ ㉤에서 일어나는 음운 변동은 '밥물[밤물]'에서도 일어나고, 로마자 표기에 반영되지 않았다.

512 [2014년 3월 고2 학평 B형 13번]

다음은 학생들이 궁금해 하는 질문과 이와 관련된 외래어 표기법이다. 질문에 답하기 위해 참조해야 할 규정을 바르게 짝지은 것은?

[질문]

- 프랑스의 수도를 적을 때 '파리'로 적어야 할까, '빠리'로 적어야 할까? ………… ㉠
- 'racket'의 발음 [t]를 받침으로 표기할 때, 'ㄷ', 'ㅅ', 'ㅌ' 중 무엇으로 적어야 할까? ………… ㉡
- [f]를 표기하기 위한 새로운 기호를 만들어야 하지 않을까? ………… ㉢

<외래어 표기법>

제1장 표기의 기본 원칙

제1항 외래어는 국어의 현용 24 자모만으로 적는다.

제2항 외래어의 1 음운은 원칙적으로 1 기호로 적는다.

제3항 받침에는 'ㄱ, ㄴ, ㄹ, ㅁ, ㅂ, ㅅ, ㅇ'만을 쓴다.

제4항 파열음 표기에는 된소리를 쓰지 않는 것을 원칙으로 한다.

제5항 이미 굳어진 외래어는 관용을 존중하되, 그 범위와 용례는 따로 정한다.

	㉠	㉡	㉢
①	제1항	제3항	제2항
②	제1항	제4항	제5항
③	제4항	제3항	제1항
④	제4항	제5항	제2항
⑤	제5항	제4항	제3항

언매
1000제

Part 06

국어의 변천 (중세국어)

국어의 변천(중세 국어) 필수 개념

핵심 기출 문제

음운, 단어, 문법의 변화

국어의 변천(중세 국어) 필수 개념

1 훈민정음 제자 원리

초성*

① 상형의 원리 : 발음 기관의 모양을 본떠서 만들었다.
② 가획의 원리 : 기본자에 획을 더해 가획자를 만들었다. 가획을 할수록 소리가 더 세어진다.
③ 이체의 원리 : 소리의 세기와 상관없이 별도의 문자를 만들었다.

	기본자	가획자	이체자
아음(어금닛소리)	ㄱ	ㅋ	ㆁ
설음(혓소리)	ㄴ	ㄷ, ㅌ	ㄹ
순음(입술소리)	ㅁ	ㅂ, ㅍ	
치음(잇소리)	ㅅ	ㅈ, ㅊ	ㅿ
후음(목청소리)	ㅇ	ㆆ, ㅎ	

중성

① 상형의 원리 : 하늘(天), 땅(地), 사람(人)의 삼재(三才)를 모양을 본떠서 기본자를 만들었다.
② 합성의 원리 : 기본자를 합성하여 나머지 글자를 만들었다.

	① 기본자	② 초출자	③ 재출자
天(양성 모음)	ㆍ	ㅗ, ㅏ	ㅛ, ㅑ
地(음성 모음)	ㅡ	ㅜ, ㅓ	ㅠ, ㅕ
人(중성 모음)	ㅣ		

종성*

종성부용초성 : 종성자는 별도로 글자를 만들지 않고, 초성 글자를 다시 쓰도록 했다.

*초성의 제자 원리

상형의 원리	발음 기관을 본떠서 기본자 다섯 글자(ㄱ, ㄴ, ㅁ, ㅅ, ㅇ)를 만듦.
가획의 원리	소리의 세기에 따라 기본자에 획을 더하여 만듦. 예 ㄱ → ㅋ('ㅋ'이 'ㄱ'보다 소리가 셈.)

*종성의 제자 원리

· 종성부용초성(終聲復用初聲)
: 초성을 다시 종성으로 사용
→ 8종성법 'ㄱ, ㄴ, ㄷ, ㄹ, ㅁ, ㅂ, ㅅ, ㆁ'으로 바뀜.

15세기 훈민정음 창제	종성부용초성	예 곁 / 븥다
15세기 훈민정음 창제 ~ 16세기	8종성법(허용 → 원칙) (ㄱ, ㄴ, ㄷ, ㄹ, ㅁ, ㅂ, ㅅ, ㆁ)	예 겯 / 븓다
17세기 이후	7종성법 (ㄱ, ㄴ, ㄹ, ㅁ, ㅂ, ㅅ, ㅇ)	예 겻 / 븟다
20세기 (한글 맞춤법 통일안)	종성부용초성	예 곁 / 붙다

2 문자 운용법

병서 (나란히쓰기)	① 각자 병서 : 같은 자음끼리 결합 (ㄲ, ㄸ, ㅃ, ㅆ, ㅉ, ㆅ) ② 합용 병서 : 다른 자음끼리 결합 – ㅂ계(ㅲ, ㅄ), ㅅ계(ㅼ, ㅽ), ㅄ계(ㅴ, ㅵ)
연서 (이어쓰기)	입술소리 아래 'ㅇ'을 이어 쓰면 순경음을 만들 수 있다. 예 ㅸ, ㅱ, ㅹ, ㆄ
부서 (붙여쓰기)	중성이 초성과 합칠 때에는 초성의 아래쪽이나 오른쪽에 놓인다. 예 ᄀᆞ, 그, 고 / 기, 가, 거

3 표기법

표기법	정의	시기	특징	체언+조사	어간+어미
연철 (이어적기)	앞말의 종성을 뒷말의 초성에 적는 것	15세기에 철저히 지켜짐.	표음 위주 (소리 나는 대로 적음.)	니믈, 말ᄊᆞ미	기픈
중철 (거듭적기)	앞말의 종성을 적고 뒷말의 초성에 해당 종성 자음을 다시 적는 것	16세기부터 나타남.	과도기적 표기	님믈, 말ᄊᆞᆷ미	깁픈
분철 (끊어적기)	앞말의 종성을 적고 뒷말의 초성에는 'ㅇ'을 적는 것	1933년 이후 완전히 정착됨.	표의(형태) 위주 (어원을 밝혀 적음.)	님을, 말ᄊᆞᆷ이	깊은

4 음운의 변천

(1) 음운

소실 문자	명칭	변천 시기	변천 양상	용례
ㅸ	순경음 비읍	15세기 (세조)	'오/우'로 변함. (때로는 음가 사라짐.)	도ᄫᆞ 〉 도와 고ᄫᆡ 〉 고이
ㆆ	여린히읗	15세기 (세조)	없어짐.	① 동국정운식 한자음 표기 - 音ᅙᅳᆷ, 安한 ② 된소리 부호- ᄒᆞᇙ 배[홀빼] ③ 사잇소리(관형격 조사) 기능 - 하ᄂᆞᇙ ᄠᅳᆮ
ㅿ	반치음	임진왜란 이후	없어짐.	ᄀᆞᅀᆞᆯ 〉 ᄀᆞ을
ㆁ	옛이응	16세기 말 (임진왜란)	음가 없는 'ㅇ'으로 형태 바뀜. 종성의 음가는 남아 있음.	ᄆᆡᇰᄀᆞᆯ다 〉 ᄆᆡᆼᄀᆞᆯ다
·	아래아	16세기 말부터	첫 음절에서는 'ㅏ'로, 둘째 음절 이하에는 주로 'ㅡ'로 변함.	ᄆᆞᆰ다 〉 맑다 ᄀᆞᄋᆞᆯ 〉 가을 ᄉᆞ매 〉 소매

(2) 어두자음군

중세 국어에서는 음절 첫머리에 둘 이상의 자음을 둘 수 있었는데 현대에 와서는 대부분 된소리로 변함.

예 ᄠᅳᆮ〉뜻, ᄡᆞᆯ〉쌀, ᄣᅢ〉때

(3) 성조

16세기 중엽까지 글자 왼쪽에 방점을 찍어 소리의 높낮이를 나타내었으나 현대어에서는 소리의 길이로 변화하여 사라졌다.

성조	방점 수	의미	용례	변천 양상
평성	0	낮은 소리	곳(꽃)	짧은소리로 변화
거성	1	높은 소리	·플(풀)	짧은소리로 변화
상성	2	낮다가 높아지는 소리	:별	긴소리로 변화

5 음운 변동의 변천

	개념	변천
모음 조화	양성 모음(·, ㅗ, ㅏ)은 양성 모음끼리, 음성 모음(ㅡ, ㅜ, ㅓ)은 음성 모음끼리 어울려 사용하는 법칙 (중성 모음 'ㅣ'는 양성·음성 모음과 모두 어울린다.) 예 서르 〉 서로, 나ᄂᆞᆫ 〉 나는	현대 국어보다 중세 국어에서 잘 지켜짐.
두음 법칙	'ㄹ'과 'ㄴ'이 단어의 첫머리에 올 때, 'ㅣ, ㅑ, ㅕ, ㅛ, ㅠ' 앞에서는 'ㅇ'으로 변하고, 'ㄹ'이 단어의 첫머리에 올 때, 'ㅏ, ㅓ, ㅗ, ㅜ, ㅡ, ㅐ, ㅔ, ㅚ' 앞에서는 'ㄴ'으로 변하는 현상 예 니르고져 〉 이르고자, 닐러 〉 일러	현대 국어와 달리 중세 국어에서는 적용되지 않음.
구개음화	근대 국어(18세기) 이후 'ㅈ'과 'ㅊ'이 오늘과 같은 센입천장소리(경구개음)으로 조음 위치가 바뀌게 되어, 현대 국어와 같은 구개음화 현상이 일어나게 된다. 예 부텨 〉 부쳐 〉 부처	
원순 모음화	평순 모음 'ㅡ'가 순음 'ㅁ, ㅂ, ㅍ'을 만나 원순 모음 'ㅜ'로 변하는 현상 예 믈 〉 물, 블 〉 불	

6 체언의 형태 변화

	실현 조건	용례	현대 국어
'ㅎ' 종성 체언	단독형일 때는 'ㅎ' 없이 나타나지만, 모음과 'ㄱ, ㄷ' 등으로 시작되는 조사 앞에서 'ㅎ'이 나타난다.	하ᄂᆞᆯ+이 → 하ᄂᆞᆯ히 (=하늘이) 하ᄂᆞᆯ+과 → 하ᄂᆞᆯ콰 (=하늘과) 하ᄂᆞᆯ+ㅅ → 하ᄂᆞᆳ (=하늘의)	사라심.
'ㄱ' 덧생김 체언	단독형일 때는 그대로 나타나지만, 모음으로 시작하는 조사와 결합하면 끝모음이 떨어지고 대신 'ㄱ'이 덧생긴다.	나모+이 → 남기 (=나무가) 나모+ᄋᆞᆫ → 남ᄀᆞᆫ (=나무는)	

7 조사의 변천

	형태	실현 조건	용례	현대 국어
주격 조사	이	자음으로 끝난 체언 뒤	사ᄅᆞᆷ+이 → 사ᄅᆞ미(=사람이)	이/가
	ㅣ	'ㅣ'나 반모음 'j' 이외의 모음으로 끝난 체언 뒤	부텨+ㅣ → 부톄(=부처가)	
	Ø	'ㅣ'나 반모음 'j'으로 끝난 체언 뒤	불휘+Ø → 불휘(=뿌리가)	
목적격 조사	ᄋᆞᆯ/을	자음 뒤	ᄆᆞᅀᆞᆷ+ᄋᆞᆯ → ᄆᆞᅀᆞᄆᆞᆯ(=마음을) ᄠᅳᆮ+을 → ᄠᅳ들(=뜻을)	을/를
	ᄅᆞᆯ/를	모음 뒤	놀애+ᄅᆞᆯ → 놀애ᄅᆞᆯ(=노래를) 거우루+를 → 거우루를(=거울을)	
관형격 조사	ㅅ	높임 명사, 무정 명사 뒤	나랏 말씀(=나라의 말씀)	의
	ᄋᆡ	높임이 아닌 유정 명사 뒤 (+양성 모음 뒤)	도ᄌᆞᆨ+ᄋᆡ → 도ᄌᆞ기(=도적의)	
	의	높임이 아닌 유정 명사 뒤 (+음성 모음 뒤)	거붑+의 → 거부븨(=거북의)	
부사격 조사	애	양성 모음 뒤	바ᄅᆞᆯ+애 → 바ᄅᆞ래(=바다에)	에
	에	음성 모음 뒤	굴헝+에 → 굴허에(=구덩이에)	
	예	'ㅣ'나 반모음 'j' 뒤	ᄇᆡ+예 → ᄇᆡ예(=배에)	
호격 조사	아	평칭 뒤	文殊+아 → 文殊아(=문수야)	아/야, (이)여
	하	존칭 뒤	ᄃᆞᆯ+하 → ᄃᆞᆯ하(=달님이시여)	

비교 부사격 조사

형태	실현 방법	용례	현대 국어
비교 부사격 조사	애/에	나랏 말ᄊᆞ미 中國**에** 달아(우리나라의 말이 중국과 달라)	'와/과'에 해당
	이	古聖**이** 同符ᄒᆞ시니(고성과 일치하시니)	
	도곤	호박**도곤** 더 곱더라(호박보다 더 곱더라)	'보다'에 해당
	라와	널**라와** 시름 한 나(너보다 걱정이 많은 나)	

8 의문형 어미의 변천

	형태	실현 조건	용례	현대 국어
판정 의문문	의문 보조사 '가' 또는 종결 어미 '-녀, -니여'	물음말(의문사) 없이 긍정이나 부정의 대답을 요구하는 의문문	서경(西京)은 **편안ᄒᆞᆫ가**	의문문에 물음말이 있든 없든, 주어의 인칭이 어떠하든 의문형 어미를 구분하지 않음.
설명 의문문	의문 보조사 '고' 또는 종결 어미 '-뇨'	물음말(의문사)이 있고 구체적인 설명을 요구하는 의문문	고원ᄋᆞᆫ 이제 **엇더ᄒᆞᆫ고**	
2인칭 의문문	'-ㄴ다', '-눈다', '-ᇙ다'	주어가 2인칭인 의문문	네 엇뎨 **안다** (=네가 어찌 알았느냐?)	

9 높임 표현의 변천

	형태	실현 조건	용례	현대 국어
주체 높임 선어말 어미	-시-	자음 어미 앞	가**시**고, 가**시**니	주체 높임 선어말 어미 '-(으)시-'만 남음.
	-샤-	모음 어미 앞	가**샤**, 가**샴**	
객체 높임 선어말 어미	-ᄉᆞᆸ- (-ᄉᆞᄫ-/-ᄉᆞ오-)	어간의 끝소리 ㄱ, ㅂ, ㅅ, ㅎ 뒤	막**ᄉᆞᆸ**거늘(막다), 돕**ᄉᆞᄫᆞ**니(돕다)	객체 높임 선어말 어미는 소멸되고, 특수 어휘를 통해 실현됨.
	-ᄌᆞᆸ- (-ᄌᆞᄫ-/-ᄌᆞ오-)	어간의 끝소리 ㄷ, ㅌ, ㅈ, ㅊ 뒤	듣**ᄌᆞᆸ**게(듣다), 얻**ᄌᆞᄫᅡ**(얻다)	
	-ᅀᆞᆸ- (-ᅀᆞᄫ-/-ᅀᆞ오-)	어간의 끝소리 유성음 (모음, ㄴ, ㄹ, ㅁ) 뒤	보**ᅀᆞᆸ**게(보다), ᄀᆞ초**ᅀᆞᄫᅡ**(갖추다)	
상대 높임 선어말 어미	-이-	의문문 이외의 문장	德이여 福이라 호ᄂᆞᆯ 나ᅀᆞ라 오소**이**다 (=덕이며 복이라 하는 것을 바치러 오십시오)	상대 높임 선어말 어미는 소멸되고 종결 어미를 통해 실현됨.
	-잇-	의문문에서 쓰임.	므스므라 오시니**잇**고 (=무엇 때문에 오셨습니까)	

인칭 선어말 어미

문법의 변화	형태	실현 방법	용례	현대 국어
인칭 선어말 어미	'-오-'	주어가 1인칭일 때	내 하마 命終**호라**(ᄒᆞ오다) (나는 이미 목숨이 끝났다.)	사라짐.

국어의 변천(중세 국어) 필수 개념

10 시간 표현의 변천

	형태	실현 조건	용례	현대 국어
시제 선어말 어미	'-ᄂᆞ-'	현재	네 이제 또 묻<u>ᄂᆞ</u>다 (=네가 이제 또 묻는다.)	'-ㄴ-/-는-'
	기본형	과거	가다가 가다가 **<u>드로라</u>** (=가다가 가다가 들었나.)	'-았-/-었-'
	'-더-'	과거 (회상)	그듸 ᄯᆞᄅᆞᆯ 맛고져 ᄒᆞ**<u>더</u>**이다 (=그대의 딸을 맞고자 하더군요.)	'-더-'
	'-리-'	미래	敬天勤民ᄒᆞ샤ᅀᅡ 더욱 구드시**<u>리</u>**이다 (=경천근민하셔야 더욱 굳으시겠습니다.)	'-겠-', '-(으)리-'

11 단어 의미의 변천

양상	어휘	이전 의미	현재 의미
의미 확대	영감(令監)	벼슬을 지낸 사람	벼슬(관직)+일반 노인
	세수(洗手)	손을 씻는 행위	얼굴을 씻는 행위까지 포함
	겨레	친척	같은 핏줄을 이어받은 민족
	다리	사람이나 짐승의 다리	무생물에까지 적용
	방석	네모난 모양의 깔개만 지칭	네모지거나 둥근 깔개를 지칭
	핵	열매의 씨를 보호하는 속 껍데기	사물의 중심이 되는 알맹이, 원자의 핵
의미 축소	ᄉᆞ랑ᄒᆞ다	생각하다, 사랑하다	사랑하다
	즁ᄉᆡᆼ(衆生) 〉 짐승	유정물 전체	인간을 제외한 동물
	말ᄊᆞᆷ	말 전체	남의 말을 높이거나 자신의 말을 낮춤
	놈	일반적인 남자	일부 남자를 특정하여 낮잡아 부르는 말
	계집	일반적인 여자	일부 여자를 특정하여 낮잡아 부르는 말
의미 이동	싁싁ᄒᆞ다	엄하다	씩씩하다
	어리다	어리석다	나이가 어리다
	어엿브다	불쌍하다	아름답다

MEMO

국어의 변천(중세 국어) 핵심 기출 문제

음운, 단어, 문법의 변화

513 [2015년 11월 고1 학평 15번]

<보기>를 바탕으로 '훈민정음 자음의 제자원리'에 대해 탐구한 것으로 적절하지 않은 것은?

보 기

훈민정음의 자음은 발음 기관을 상형하여 기본자 'ㄱ, ㄴ, ㅁ, ㅅ, ㅇ'을 만들고, 기본자에 획을 더하여 기본자보다 소리가 더 세게 나는 가획자를 만들었다. 각각의 기본자와 가획자는 같은 위치에서 나는 소리를 나타낸다. 그런데 'ㆁ, ㄹ, ㅿ'은 각각 'ㄱ, ㄴ, ㅅ'과 소리 나는 위치는 같지만, 가획의 방법에 따라 만든 글자가 아니기 때문에 '이체자'라고 한다. 이를 표로 정리하면 다음과 같다.

구분	어금닛소리	혓소리	입술소리	잇소리	목청소리
기본자	ㄱ	ㄴ	ㅁ	ㅅ	ㅇ
가획자	ㅋ	ㄷ, ㅌ	ㅂ, ㅍ	ㅈ, ㅊ	ㆆ, ㅎ
이체자	ㆁ	ㄹ		ㅿ	

① 'ㅋ'은 기본자 'ㄱ'에 가획을 한 것이군.
② 'ㄴ, ㄹ'은 같은 위치에서 소리 나는 글자군.
③ 이체자 'ㅿ'은 기본자 'ㅅ'을 가획하여 만들었군.
④ 'ㅎ'은 가획자이므로 'ㅇ'보다 소리가 더 세게 나겠군.
⑤ 자음의 기본자는 모두 모양을 본뜨는 방식을 사용하여 만들었군.

514 [2017년 11월 고1 학평 15번]

<보기>를 바탕으로 ⓐ~ⓒ에 대해 이해한 내용으로 적절하지 않은 것은?

보 기

[자료]

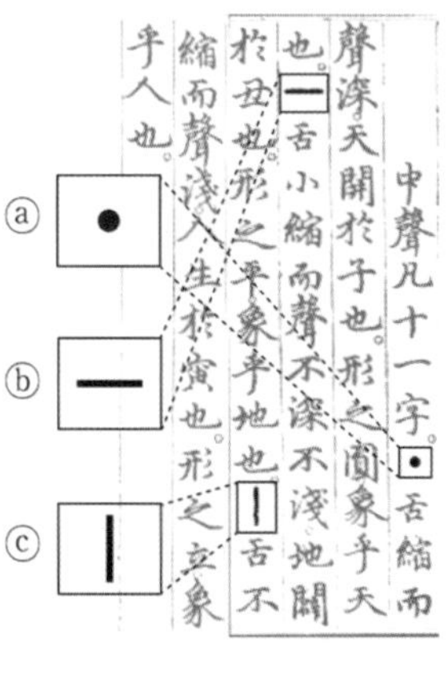

[현대어 해석]

가운뎃소리는 모두 열한 자(字)다. 'ㆍ'는 혀를 오그라지게 해서 조음하고 소리는 깊으니, …… 모양이 둥근 것은 하늘을 본뜬 것이다. 'ㅡ'는 혀를 조금 오그라지게 해서 조음하고 소리는 깊지도 얕지도 않으니, …… 모양이 평평함은 땅을 본뜬 것이다. 'ㅣ'는 혀를 오그라들지 않게 조음하고 소리가 얕으니, …… 그 모양이 서 있는 꼴은 사람을 본뜬 것이다.

- 「훈민정음 제자해(訓民正音 制字解)」

① ⓐ는 ⓒ와 달리 발음할 때 얕은 소리가 나겠군.
② ⓑ는 ⓐ와 달리 글자 모양이 평평하게 생겼군.
③ ⓒ는 ⓐ와 달리 발음할 때 혀가 오그라들지 않겠군.
④ ⓐ, ⓑ, ⓒ는 모두 가운뎃소리 열한 자에 포함되는군.
⑤ ⓐ, ⓑ, ⓒ는 대상의 모양을 본뜬 것이라는 공통점이 있군.

515 [2021년 3월 고1 학평 15번]

<보기>는 수업의 일부이다. 선생님의 설명을 참고할 때 ㉠에 해당하는 것은?

보 기

선생님 : 훈민정음의 초성 중 기본자는 발음 기관의 모양을 본뜨는 '상형'의 원리로 만들어졌어요. 'ㄱ'은 혀뿌리가 목구멍을 막는 모양을, 'ㄴ'은 혀가 윗잇몸에 닿는 모양을, 'ㅁ'은 입 모양을, 'ㅅ'은 이[齒] 모양을, 'ㅇ'은 목구멍 모양을 본뜬 것이에요. 기본자에 소리의 세기에 따라 획을 더하는 '가획'의 원리를 적용하여 가획자 'ㅋ, ㄷ, ㅌ, ㅂ, ㅍ, ㅈ, ㅊ, ㆆ, ㅎ'을 만들었고, 상형이나 가획의 원리를 적용하지 않고 별도로 이체자 'ㆁ, ㄹ, ㅿ'을 만들었지요. 중성은 하늘, 땅, 사람의 모양을 본떠서 기본자 'ㆍ, ㅡ, ㅣ'를 만들고, '합성'의 원리를 적용하여 초출자 'ㅗ, ㅏ, ㅜ, ㅓ'와 재출자 'ㅛ, ㅑ, ㅠ, ㅕ'를 만들었어요. 종성은 초성의 글자를 다시 사용했답니다. 그러면 선생님과 함께 카드놀이를 하며 훈민정음에 대하여 공부해 봅시다. <u>㉠아래의 카드 중 [조건]을 모두 만족하는 글자 카드</u>를 찾아볼까요?

[조건]
· 초성 : 이[齒] 모양을 본뜬 기본자에 가획하여 만든 글자
· 중성 : 초출자 'ㅗ'에 기본자 'ㆍ'를 결합하여 만든 글자
· 종성 : 상형이나 가획의 원리를 적용하지 않고 별도로 만든 글자

① 별 ② 죨 ③ 심 ④ 창 ⑤ ᄃᆈᇰ

516 [2014년 수능 B형 14번]

<보기 1>의 학생 의견과 관련된 한글의 제자 원리를 <보기 2>에서 찾아 바르게 짝지은 것은?

보기 1

학습 활동 : 오늘날 우리가 한글을 사용하면서 생각한 바를 각자 정리하여 발표해봅시다.

- **학생 1** : 'ㄱ'의 글자 모양이 그 소리를 낼 때 혀뿌리가 목구멍을 막는 모양과 관련된다니 한글은 정말 대단해요.
- **학생 2** : 휴대전화 자판 중에는 'ㆍ, ㅡ, ㅣ'를 나타내는 3개의 자판만으로 모든 모음자를 입력하는 것도 있어서 참 편리해요.
- **학생 3** : <예사소리>—<거센소리>—<된소리>의 관계가 <A>—<A에 획추가>—<AA>로 글자 모양에 나타나 있어서 참 체계적인 문자인 것 같아요.
- **학생 4** : 'ㅁ'과 'ㅁ'에 획을 추가해서 만든 자음자들은 'ㅁ' 모양을 공통으로 포함하고 있는데, 이때 포함된 'ㅁ' 모양은 이들 자음자들의 공통된 소리 특징을 반영한 것이에요.
- **학생 5** : 한글은 음절 단위로 모아쓰기를 하면서도 받침 글자를 따로 만들지 않았어요. 만약 그렇지 않았다면 지금보다 글자 수가 훨씬 많아졌을 거예요.

보기 2

한글의 제자 원리

가. 초성자와 중성자의 기본자는 상형의 원리로 만들었다.
나. 기본자에 가획하여 새로운 초성자를 만들었다.
다. 초성자를 나란히 써서 또 다른 초성자로 사용하였다.
라. 기본자 외의 8개 중성자는 기본자를 합하여 만들었다.

① 학생 1 - 가, 나　② 학생 2 - 다, 라
③ 학생 3 - 나, 다　④ 학생 4 - 나, 라
⑤ 학생 5 - 가, 라

517 [2016년 11월 고1 학평 15번]

<보기>의 ㉠~㉤을 탐구한 것으로 적절하지 <u>않은</u> 것은?

보 기

븕은 ㉠<u>긔운이</u> 명낭ᄒᆞ야 첫 ㉡<u>홍ᄉᆡᆨ을</u> 헤앗고 텬듕의 징반 ᄀᆞᄐᆞᆫ 것이 수레박희 ᄀᆞᄐᆞ야 믈속으로셔 치미러 밧치ᄃᆞ시 올나븟흐며 항 독 ㉢<u>ᄀᆞᄐᆞᆫ</u> 긔운이 스러디고 처엄 븕어 것ᄎᆞᆯ 빗최던 ㉣<u>거ᄉᆞᆫ</u> 모혀 소 혀텨로 드리워 믈속의 풍덩 ㉤<u>ᄲᅡ디ᄂᆞᆫ</u> 듯시브더라

- 의유당, 「동명일기」 (1772년)

[현대어 풀이]

붉은 기운이 명랑하여 첫 홍색을 헤치고, 하늘 한가운데 쟁반 같은 것이 수레바퀴 같아서 물속에서 치밀어 받치듯이 올라붙으며, 항아리, 독 같은 기운이 없어지고, 처음 붉게 겉을 비추던 것은 모여 소의 혀처럼 드리워 물속에 풍덩 빠지는 듯싶더라.

	탐구 대상	비교 자료	탐구 결과
①	㉠	기운이	'긔운'과 '이'를 끊어 적었군.
②	㉡	홍색을	현대 국어와 같은 형태의 '을'이 사용되었군.
③	㉢	같은	현대에는 소실된 'ㆍ'가 당시에는 사용되었군.
④	㉣	것은	앞 글자의 받침 'ㅅ'을 거듭 적었군.
⑤	㉤	빠지는	현대 국어에서 쓰이지 않는 'ㅄ'이 사용되었군.

518 [2018년 3월 고1 학평 15번]

<보기>의 ㉠~㉤에 나타난 중세 국어의 특징을 현대 국어와 비교하여 이해한 내용으로 적절하지 <u>않은</u> 것은?

보 기

나·랏:말ᄊᆞ·미㉠<u>中듕國·귁·에</u> 달·아文문字·ᄍᆞᆼ·와·로서르 ᄉᆞᄆᆞᆺ·디 아·니 ᄒᆞᆯ·ᄊᆡ·이런 젼·ᄎᆞ·로㉡<u>어·린</u> 百·ᄇᆡᆨ姓·셩·이 니르·고 ·져·홇·배이·셔·도ᄆᆞ·ᄎᆞᆷ:내 제㉢<u>·ᄠᅳ·들</u> 시·러펴·디:몯ᄒᆞᇙ·노·미하·니·라·내·이·ᄅᆞᆯ爲·윙·ᄒᆞ·야 :어엿·비너·겨·새 ·로·스·믈여·듧 字·ᄍᆞᆼ·ᄅᆞᆯ ᄆᆡᇰ·ᄀᆞ노·니 :사ᄅᆞᆷ:마·다:ᄒᆡ·ᅇᅧ:수 ·ᄫᅵ니·겨·날 ·로·ᄡᅮ·메㉣<u>便뼌安ᅙᅡᆫ·킈</u>ᄒᆞ·고·져ᄒᆞᇙ ㉤<u>ᄯᆞᄅᆞ·미니·라</u>

－『세종어제훈민정음(世宗御製訓民正音)』

[현대어 풀이]

우리나라의 말이 **중국과** 달라 한자와는 서로 통하지 아니하여서 이런 까닭으로 **어리석은** 백성이 말하고자 하는 바가 있어도 마침내 제 **뜻을** 능히 펴지 못하는 사람이 많다. 내가 이를 위하여 가엾게 여겨 새로 스물여덟 자를 만드니, 사람마다 하여금 쉽게 익혀 날마다 쓰는 데 **편하게** 하고자 할 **따름이다.**

① ㉠ : 조사 '에'는 앞말이 사건의 원인이 됨을 나타낸다.
② ㉡ : 현대 국어의 '어리다'와 단어의 의미가 서로 다르다.
③ ㉢ : 단어의 초성에 서로 다른 두 자음자를 나란히 적었다.
④ ㉣ : 현대 국어에서 사용되지 않는 자음자가 있었다.
⑤ ㉤ : 한 음절의 종성을 다음 자의 초성에 옮겨 표기하였다.

519 [2018년 11월 고1 학평 15번]

<보기 1>을 바탕으로 <보기 2>의 ㉠~㉤을 탐구한 내용으로 적절하지 <u>않은</u> 것은?

보기 1

조사와 어미는 앞말의 뒤에 붙어서 문장 안에서 문법적 의미를 표시한다는 점에서 유사한 특징을 지닌다.

보기 2

나랏 말ᄊᆞ미 ㉠<u>中듕國귁에</u> 달아 文문字ᄍᆞᆼ와로 서르 ᄉᆞᄆᆞᆺ디 ㉡<u>아니ᄒᆞᆯᄊᆡ</u> 이런 젼ᄎᆞ로 ㉢<u>어린</u> 百ᄇᆡᆨ姓셩이 니르고져 홇 ㉣<u>배</u>이셔도 ᄆᆞᄎᆞᆷ내 제 ㉤<u>ᄠᅳ들</u> 시러 펴디 몯ᄒᆞᇙ 노미 하니라

- 『훈민정음』 언해

[현대어 풀이]

우리나라의 말이 중국과 달라 문자와 서로 통하지 아니하므로 이런 까닭으로 어리석은 백성이 말하고자 하는 바가 있어도 마침내 제 뜻을 능히 펴지 못하는 사람이 많다.

	탐구 대상	비교 대상	탐구한 내용
①	㉠의 '에'	'중국과'의 '과'	'에'는 앞말이 장소임을 표시하는 조사이다.
②	㉡의 '-ㄹ씨'	'아니하므로'의 '-므로'	'-ㄹ씨'는 앞말이 뒤에 오는 내용과 인과 관계로 연결됨을 표시하는 어미이다.
③	㉢의 '-ㄴ'	'어리석은'의 '-은'	'-ㄴ'은 앞말이 뒤에 오는 말을 수식함을 표시하는 어미이다.
④	㉣의 'ㅣ'	'바가'의 '가'	'ㅣ'는 앞말이 문장의 주어임을 표시하는 조사이다.
⑤	㉤의 '을'	'뜻을'의 '을'	'을'은 앞말이 문장의 목적어임을 표시하는 조사이다.

520 [2020년 11월 고1 학평 14번]

<보기>를 바탕으로 중세 국어의 특징을 탐구한 내용으로 적절하지 않은 것은?

> **보 기**
>
> ᄒᆞᄅᆞᆫ 조심 아니 ᄒᆞ샤 브를 **ᄢᅳ긔** ᄒᆞ야시ᄂᆞᆯ 그 아비 그 **ᄯᆞ니ᄆᆞᆯ** 구짓고 北(북)녁 堀(굴)애 **브리ᅀᆞᄫᅡ** 블 가져오라 ᄒᆞ야ᄂᆞᆯ 그 ᄯᆞ니미 아ᄇᆡ 말 드르샤 北堀(북굴)로 **가시니 거름**마다 발 드르신 ᄡᅡ해다 蓮花(연화)ㅣ 나니 **자최ᄅᆞᆯ 조차**
>
> -「석보상절」
>
> **[현대어 풀이]**
>
> 하루는 조심하지 아니하시어 불을 꺼지게 하시거늘, 그 아비가 그 따님을 꾸짖고, 북녘 굴에 시켜서 불을 가져오라고 하거늘, 그 따님이 아비의 말을 들으시어 북굴로 가시니, 걸음마다 발을 드신 땅에 다 연꽃이 나니, 자취를 좇아

① 'ᄢᅳ긔'를 보니 현대 국어와 달리 초성에 어두 자음군이 쓰였음을 알 수 있군.

② 'ᄯᆞ니ᄆᆞᆯ, 자최ᄅᆞᆯ'을 보니 중세 국어에서도 앞말의 받침 유무에 따라 목적격 조사의 형태가 다르게 쓰였음을 알 수 있군.

③ '브리ᅀᆞᄫᅡ'를 보니 현대 국어와 달리 'ᅀ'과 'ᄫ'이 표기에 사용되었음을 알 수 있군.

④ '가시니'를 보니 중세 국어에서도 주체를 높이는 특수 어휘가 사용되었음을 알 수 있군.

⑤ '거름, 조차'를 보니 현대 국어와 달리 이어 적기를 하였음을 알 수 있군.

521 [2021년 11월 고1 학평 15번]

<보기>에 대한 이해로 적절하지 않은 것은?

> **보 기**
>
> ㄱ. **羅睺羅(라후라)ㅣ** 得道(득도)ᄒᆞ야 도라가ᅀᅡ **어미ᄅᆞᆯ** 濟渡(제도)ᄒᆞ야
> (라후라가 득도하여 돌아가서 어미를 제도하여)
>
> ㄴ. **瞿曇(구담)ᄋᆡ** 오ᄉᆞᆯ 니브샤 **深山(심산)애** 드러 **果實(과실)와** ᄆᆞᆯ와 좌시고
> (구담의 옷을 입으시어 깊은 산에 들어 과일과 물을 자시고)
>
> ㄷ. **南堀(남굴)ㅅ 仙人(선인)이** ᄒᆞᆫ **ᄯᆞᄅᆞᆯ** 길어 내니 …… **時節(시절)에** 자최마다 蓮花(연화)ㅣ 나ᄂᆞ니이다
> (남굴의 선인이 한 딸을 길러 내니 …… 시절에 자취마다 연꽃이 납니다.)
>
> ㄹ. 네가짓 受苦(수고)ᄂᆞᆫ 生(생)과 老(로)와 **病(병)과** 死(사)왜라
> (네 가지 괴로움은 태어남과 늙음과 병듦과 죽음이다.)

① ㄱ의 '羅睺羅(라후라)ㅣ'와 ㄷ의 '仙人(선인)이'에는 주어의 자격을 부여해 주는 조사의 형태가 서로 다르게 사용되었군.

② ㄱ의 '어미ᄅᆞᆯ'과 ㄷ의 'ᄯᆞᄅᆞᆯ'에는 목적어의 자격을 부여해 주는 조사의 형태가 서로 동일하게 사용되었군.

③ ㄴ의 '瞿曇(구담)ᄋᆡ'와 ㄷ의 '南堀(남굴)ㅅ'에는 모두 관형어의 자격을 부여해 주는 조사가 사용되었군.

④ ㄴ의 '深山(심산)애'와 ㄷ의 '時節(시절)에'에는 모두 부사어의 자격을 부여해 주는 조사가 사용되었군.

⑤ ㄴ의 '果實(과실)와'와 ㄹ의 '病(병)과'에는 모두 단어와 단어를 이어주는 조사가 사용되었군.

국어의 변천(중세 국어) 핵심 기출 문제

522 [2023년 11월 고1 학평 15번]

<보기>를 바탕으로 중세 국어의 특징을 탐구한 내용으로 적절하지 않은 것은?

보 기

녜 小學(소학)애 사ᄅᆞᆷ올 ᄀᆞᄅᆞ츄ᄃᆡ 믈 **ᄡᅳ리고 ᄡᅳᆯ며** 應(응)ᄒᆞ며 對(ᄃᆡ)ᄒᆞ며 【應(응)ᄋᆞᆫ 블러ᄃᆞᆫ ᄃᆡ답홈이오 對(ᄃᆡ)ᄂᆞᆫ 무러ᄃᆞᆫ ᄃᆡ답 홈이라】 나ᄋᆞ며 므르ᄂᆞᆫ 셜ᄎᆞ와 **어버이ᄅᆞᆯ ᄉᆞ랑ᄒᆞ며** 얼운을 공경ᄒᆞ며 스승을 존ᄃᆡᄒᆞ며 벋을 親(친)히 홀 道(도)로ᄡᅥ ᄒᆞ니 다 ᄡᅥ 몸표 닷ᄀᆞ며 집을 ᄀᆞᄌᆞ기 ᄒᆞ며 **나라ᄒᆞᆯ** 다ᄉᆞ리며 天下(텬하)ᄅᆞᆯ 平(평)히 홀 근본을 ᄒᆞ논 배니

[현대어 풀이]

옛날 소학에 사람을 가르치되, 물을 뿌리고 쓸며, 응하며 대하며 【응은 부르거든 대답하는 것이요, 대는 묻거든 대답하는 것이다.】 나아가며 물러나는 절차와, 어버이를 사랑하며 어른을 공경하며 스승을 존대하며 벗을 친히 할 도로써 하니, 다 그로써 몸을 닦으며 집을 가지런히 하며 나라를 다스리며 천하를 평히 할 근본을 하는 바이니

① ‘녜’를 보니 현대 국어와 달리 두음법칙이 적용되었음을 알 수 있군.
② ‘ᄡᅳ리고’와 ‘ᄡᅳᆯ며’를 보니 현대 국어와 달리 초성에 서로 다른 두 개의 자음이 함께 쓰였음을 알 수 있군.
③ ‘어버이ᄅᆞᆯ’을 보니 현대 국어와 달리 목적격 조사 ‘ᄅᆞᆯ’이 쓰였음을 알 수 있군.
④ ‘ᄉᆞ랑ᄒᆞ며’를 보니 현대 국어와 달리 ‘ᆞ’가 표기에 사용되었음을 알 수 있군.
⑤ ‘나라ᄒᆞᆯ’을 보니 현대 국어와 달리 ‘ㅎ’을 끝소리로 가진 체언이 있었음을 알 수 있군.

523 [2024년 9월 고1 학평 15번]

<보기>의 ㉠, ㉡에 들어갈 내용으로 적절한 것은?

보 기

선생님 : 중세국어에서 조사와 결합하면 ‘ㅎ’이 나타나는 체언이 있는데 이를 ‘ㅎ’ 종성 체언이라고 해요. ‘ㅎ’ 종성 체언 뒤에 어떤 조사가 결합하는지에 따라 ‘ㅎ’의 실현 양상이 달리지는데, [자료 1]을 참고하여 [자료 2]의 빈칸을 채워 볼까요?

[자료 1]

결합하는 조사	‘ㅎ’의 실현 양상
관형격 조사 ‘ㅅ’	‘ㅎ’은 나타나지 않는다.
모음으로 시작하는 조사	‘ㅎ’은 뒤따르는 모음에 이어 적는다.
‘ㄱ’ 또는 ‘ㄷ’으로 시작하는 조사	‘ㅎ’은 뒤따르는 ‘ㄱ’, ‘ㄷ’과 어울려 ‘ㅋ’, ‘ㅌ’으로 나타난다.

[자료 2]

예1 : [내ㅎ+이] 이러 → [ ] 이러(냇물이 이루어져)
예2 : 부텨 [우ㅎ+과] → 부텨 [ ](부처의 위와)

학생 : [자료 1]을 보면 [자료 2]의 예1은 (㉠) 라고 써야 하고, 예2는 (㉡) 라고 써야 합니다.
선생님 : 네, 맞아요.

	㉠	㉡
①	내히	우과
②	내히	우과
③	내이	우콰
④	내이	우과
⑤	내히	웋과

524 [2024년 10월 고1 학평 15번]

<보기>를 바탕으로 중세 국어의 특징을 탐구한 내용으로 적절하지 않은 것은?

보 기

解叔謙(해숙겸)의 어미 病(병)ᄒᆞ앳거늘 **바ᄆᆡ** ᄠᅳᆯ 가온ᄃᆡ 머리 **조ᅀᅡ** 비더니 虛空(허공)애셔 닐오ᄃᆡ 丁公藤(정공등)ᄋᆞ로 수을 **비저** 머그면 됴ᄒᆞ리라 ᄒᆞ야ᄂᆞᆯ **醫員(의원)ᄃᆞ려** 무르니 다 모ᄅᆞ거늘 두루 가 얻니더니 ᄒᆞᆫ 한아비 나모 버히거늘 므스게 ᄡᅳᇙ다 무른대 對答(대답)호ᄃᆡ 丁公藤(정공등)이라 ᄒᆞ야ᄂᆞᆯ 절ᄒᆞ고 울며 얻니논 **ᄠᅳ들** 니ᄅᆞᆫ대

[현대어 풀이]

해 숙겸의 어미 병들었기에 밤에 뜰 가운데 머리 조아려 빌더니, 허공에서 이르되, "정공등으로 술 빚어 먹으면 나으리라." 하기에, 의사한테 물으니 다 모르므로 두루 가서 얻으러 다니는데, 한 할아비가 나무 베기에 "무엇에 쓸 것인가?" 물으니, 대답하되, "정공등이다." 하기에 절하고 울며 얻으러 다니는 뜻을 말하니까

① '바ᄆᆡ'를 보니 현대 국어와 달리 체언과 조사가 결합할 때 모음 조화를 따르지 않았음을 알 수 있군.
② '조ᅀᅡ'를 보니 현대 국어와 달리 'ㅿ'이 표기에 사용되었음을 알 수 있군.
③ '비저'를 보니 현대 국어와 달리 이어 적기를 하였음을 알 수 있군.
④ '醫員(의원)ᄃᆞ려'를 보니 현대 국어와 다른 형태의 부사격 조사가 쓰였음을 알 수 있군.
⑤ 'ᄠᅳ들'을 보니 현대 국어와 달리 어두 자음군이 쓰였음을 알 수 있군.

525 [2014년 3월 고2 학평 B형 16번]

<보기>의 밑줄 친 부분에 해당하는 것은?

보 기

선생님 : 모음조화란 양성 모음은 양성 모음끼리, 음성 모음은 음성 모음끼리 어울리는 현상입니다. 양성모음으로는 'ㆍ, ㅏ, ㅗ'가, 음성모음으로는 'ㅡ, ㅓ, ㅜ'가 있었습니다. 모음조화는 15세기에는 비교적 엄격하게 지켜졌으나 그 이후로 지켜지지 않은 경우가 나타나게 됩니다.
여러분, 이제 18세기 문헌을 통해서 확인해 볼까요?

홍ᄉᆡᆨ이 거록ᄒᆞ야 ㉠븕은 긔운이 ㉡하ᄂᆞᆯ을 ᄲᅱ노더니 이랑이 ㉢소ᄅᆡᄅᆞᆯ 놉히 ᄒᆞ야 나를 불러 져긔 물밋ᄎᆞᆯ 보라 웨거ᄂᆞᆯ 급히 눈을 ㉣드러 보니 물밋 홍운을 헤앗고 큰 실오리 ㉤ᄀᆞᆺᄒᆞᆫ 줄이 븕기 더옥 긔이ᄒᆞ며

- 의유당, 「관북유람일기」(1772)

① ㉠ ② ㉡ ③ ㉢ ④ ㉣ ⑤ ㉤

526 [2014년 6월 고2 학평 B형 16번]

다음을 바탕으로 학생이 정리한 내용 중, 적절하지 않은 것은?

보 기

孔子ㅣ 曾子ᄃᆞ려 닐러 ᄀᆞᆯᄋᆞ샤ᄃᆡ 몸이며 얼굴이며 머리털이며 ᄉᆞᆯᄒᆞᆫ 父母ᄭᅴ 받ᄌᆞ온 거시라 敢히 헐워 샹히오디 아니홈이 효도ᄋᆡ 비르소미오 몸을 셰워 道를 行ᄒᆞ야 일홈을 後世예 베퍼 ᄡᅥ 父母ᄅᆞᆯ 현뎌케 홈이 효도ᄋᆡ ᄆᆞᄎᆞᆷ이니라

- 『소학언해』 (1587년)에서

(현대어 풀이)
공자께서 증자에게 일러 말씀하시기를, 몸과 형체와 머리털과 살은 부모께 받은 것이므로, 감히 헐게 하여 상하게 하지 아니함이 효도의 시작이고, 입신하여 도를 행하여 이름을 후세에 날려 이로써 부모를 드러나게 함이 효도의 끝이다.

『소학언해』에 나타난 중세 국어의 특징

①	曾子ᄃᆞ려	→	현대 국어에는 사용하지 않는 형태의 조사가 나타나고 있다.
②	거시라	→	'-라'가 문장을 종결하는 어미로 사용되고 있다.
③	샹히오디	→	'-게 하다'의 의미를 지니는 사동 표현이 나타나고 있다.
④	몸을	→	조사 선택에 모음조화가 지켜지지 않고 있다.
⑤	홈이	→	현대 국어에서와 같이 끊어적기 표기법이 사용되고 있다.

국어의 변천(중세 국어) 핵심 기출 문제

527 [2014년 9월 고2 학평 B형 16번]

<보기>의 설명을 바탕으로 학생이 탐구한 내용이다. 적절하지 <u>않은</u> 것은? [3점]

보 기

훈민정음의 초성은 발음 기관의 모양을, 중성은 하늘, 땅, 그리고 사람이 서 있는 모양을 본떠서 상형의 원리로 기본자를 만들었습니다. 여기에 초성은 '가획(加劃)'의 원리를 적용하여 가획자와 예외적인 글자인 이체자를 만들었고, 중성은 '합용(合用)'의 원리를 적용하여 초출자와 재출자를 만들었습니다. 종성은 따로 글자를 만들지 않고 초성의 글자를 다시 사용하였습니다. 이를 바탕으로 '연서(이어 쓰기)', '병서(나란히 쓰기)', '부서(붙여 쓰기)' 등의 방법으로 글자를 운용했습니다. 다음 예를 통해 그 특징을 파악해 보십시오.

	원리	예시		
㉠	가획	기본자	가획자	이체자
		ㄴ	ㄷ, ㅌ	ㄹ
㉡	합용	기본자	초출자	재출자
		ㆍ, ㅡ, ㅣ	ㅗ, ㅏ, ㅜ, ㅓ	ㅛ, ㅑ, ㅠ, ㅕ
㉢	연서	ᄫ, ᄝ, ᅗ, ᄬ		
㉣	병서	ㄲ, ㄸ, ㅃ, ㅆ, ㅉ, ㆅ, ᄭ, ᄩ, ᄣ		
㉤	부서	ᄀᆞ, 가, 고, 거		

① ㉠과 ㉡의 기본자는 모두 상형의 원리로 만들었지만, 초성은 가획의 방법으로, 중성은 합용의 방법으로 글자를 더 만들었겠군.
② ㉡의 초출자 'ㅗ'는 기본자 'ㆍ'와 'ㅡ'를 합해서 만들었겠군.
③ ㉢과 ㉣의 예를 보면 훈민정음 제작 당시는 현대 국어에는 사용하지 않는 자음도 사용했겠군.
④ ㉣의 예를 보면 병서는 같은 글자를 나란히 적기도 하고 다른 글자를 나란히 적어 운용하기도 했군.
⑤ ㉤의 예는 초성의 아래나 왼쪽에 중성을 붙여서 사용한 것으로 현대 국어도 사용하는 글자 운용 방법이군.

528 [2014년 11월 고2 학평 B형 16번]

다음을 참고하여 <보기>를 이해한 것으로 적절하지 <u>않은</u> 것은?

중세 국어에서 시제를 나타내는 선어말 어미에는 '-ᄂᆞ-, -더- ,-(으)리-' 등이 있다. 동사의 경우 과거 시제는 아무런 선어말 어미를 쓰지 않거나 선어말 어미 '-더-'를 써서 표현하였고, 현재 시제는 선어말 어미 '-ᄂᆞ-'를 써서 표현하였으며, 미래 시제는 '-(으)리-'를 써서 표현하였다. 한편 '-더-'는, 주어가 화자 자신일 때 사용되는 선어말 어미 '-오-'와 결합하여 '-다-'의 형태로 나타나기도 하였다.

보 기

ㄱ. 내 롱담ᄒᆞ다라 「석보상절」
ㄴ. 네 이제 ᄯᅩ묻ᄂᆞ다 「월인석보」
ㄷ. 네 아비 ᄒᆞ마 주그니라 「월인석보」
ㄹ. 그듸 ᄯᆞᄅᆞᆯ맛고져 ᄒᆞ더이다 「석보상절」
ㅁ. 내 願(원)을 아니 從(종)ᄒᆞ면 고ᄌᆞᆯ몯 어드리라 「월인석보」

① ㄱ은 '롱담ᄒᆞ다라'에 '-다-'의 형태가 나타나 있으므로 과거 시제이겠군.
② ㄴ은 '묻ᄂᆞ다'에 선어말 어미 '-ᄂᆞ-'가 사용되었으므로 현재 시제이겠군.
③ ㄷ은 '주그니라'에 시제 관련 선어말 어미가 사용되지 않았으므로 현재 시제이겠군.
④ ㄹ은 'ᄒᆞ더이다'에 선어말 어미 '-더-'가 사용되었으므로 과거 시제이겠군.
⑤ ㅁ은 '어드리라'에 선어말 어미 '-리-'가 사용되었으므로 미래 시제이겠군.

529 [2015년 3월 고2 학평 15번]

<보기>를 읽고 중세 국어에 대해 탐구한 내용으로 적절하지 <u>않은</u> 것은?

> **보 기**
>
> **[중세 국어]**
> 녯 ㉠<u>마ᄅᆡ</u> ㉡<u>닐오ᄃᆡ</u> ㉢<u>어딘</u> 일 ㉣<u>조초미</u> ㉤<u>노ᄑᆞᆫ</u> ᄃᆡ 올옴 ᄀᆞᆮ고 사오나온 일 조초미 아래로 믈어딤 ᄀᆞᆮᄒᆞ니라
> -『번역소학』(1518년)에서
>
> **[현대어 풀이]**
> 옛말에 이르되 어진 일 좇음이 높은 데 오름 같고, 사나운 일 좇음이 아래로 무너짐 같으니라.

① 현대 국어의 '말에'를 보니, ㉠은 이어 적기를 하였군.
② 현대 국어의 '이르되'를 보니, ㉡에는 두음 법칙이 적용되지 않았군.
③ 현대 국어의 '어진'을 보니, ㉢에는 구개음화가 일어나지 않았군.
④ 현대 국어의 '좇음이'를 보니, ㉣은 끊어 적기를 하였군.
⑤ 현대 국어의 '높은'을 보니, ㉤은 모음 조화가 지켜졌군.

530 [2015년 9월 고2 학평 15번]

<보기>의 ㉠~㉤에 나타난 중세 국어의 특징을 이해한 내용으로 옳지 <u>않은</u> 것은?

> **보 기**
>
> **世·솅宗종 御·ᅌᅥᆼ製·졩 訓·훈民민正·졍音ᅙᅳᆷ**
> 나·랏:말ᄊᆞ·미 ㉠<u>中듀ᇰ國·귁·에</u> 달·아 文문字·ᄍᆞᆼ·와·로 서르 ᄉᆞᄆᆞᆺ·디 아·니ᄒᆞᆯ·ᄊᆡ ·이런 젼·ᄎᆞ·로 어·린 百·ᄇᆡᆨ姓·셩·이 니르·고·져 ·ᄒᆞᇙ ·배 이·셔·도 ᄆᆞ·ᄎᆞᆷ:내 ㉡<u>제</u> ㉢<u>·ᄠᅳ·들</u> 시·러 펴·디 :몯ᄒᆞᇙ ㉣<u>·노·미</u> 하·니·라 ·내 ·이·ᄅᆞᆯ 爲·윙·ᄒᆞ·야 :어엿·비 너·겨 ·새·로 ·스·믈여·듧 字·ᄍᆞᆼ·ᄅᆞᆯ ᄆᆡᇰ·ᄀᆞ노·니 :사ᄅᆞᆷ:마·다 :ᄒᆡ·ᅇᅧ :수·ᄫᅵ 니·겨 ·날·로 ·ᄡᅮ·메 ㉤<u>便뼌安ᅙᅡᆫ·킈</u> ᄒᆞ·고·져 ᄒᆞᇙ ᄯᆞᄅᆞ·미니·라
> -『월인석보(月印釋譜)』, 세조(世祖) 5년(1459)
>
> **[현대어 풀이]**
> 나라의 말이 중국과 달라 한자와 서로 통하지 아니하여서 이런 까닭으로 어리석은 백성이 말하고자 하는 바가 있어도 마침내 자기의 뜻을 펴지 못하는 사람이 많다. 내가 이를 가엾게 생각하여 새로 스물여덟 글자를 만드니, 모든 사람으로 하여금 쉽게 익혀서 날마다 쓰는 데 편하게 하고자 할 따름이다.

① ㉠ : '에'가 비교의 의미로 사용되었군.
② ㉡ : 'ㅣ'가 주격조사로 사용되었군.
③ ㉢ : 단어의 첫머리에 서로 다른 자음이 함께 쓰였군.
④ ㉣ : 이어적기가 사용되었군.
⑤ ㉤ : 현대 국어에는 없는 자음이 쓰였군.

531 [2016년 9월 고2 학평 16번]

<보기>를 바탕으로 중세 국어의 특징을 탐구한 내용으로 적절하지 <u>않은</u> 것은?

> **보 기**
>
> **[중세 국어]** 잣 ㉠<u>ᄋᆞᇇ</u> ㉡<u>보ᄆᆡ</u> 플와 나모ᄲᅮᆫ
> **[현대 국어]** 성(城) 안의 봄에 풀과 나무만
>
> **[중세 국어]** 烽火ㅣ ㉢<u>석ᄃᆞᄅᆞᆯ</u> ㉣<u>니ᅀᅦ시니</u>
> **[현대 국어]** 봉화가 석 달을 이어지니
>
> **[중세 국어]** 첫소리ᄅᆞᆯ ㉤<u>ᄡᅳᄂᆞ니라</u>
> **[현대 국어]** 첫소리를 쓰느니라

① ㉠을 보니 'ㅅ'은 현대 국어의 '의'에 해당하는 관형격 조사로 쓰였군.
② ㉡을 보니 체언과 조사를 구분하여 그 형태를 밝혀 적었군.
③ ㉢을 보니 ᄃᆞᄅᆞᆯ은 현대 국어 '달을'과 달리 모음조화를 지켜 표기하였군.
④ ㉣을 보니 현대 국어에서 쓰이지 않는 자음을 사용하였군.
⑤ ㉤을 보니 첫 음절 초성에 서로 다른 자음을 가로로 나란히 붙여 썼군.

국어의 변천(중세 국어) 핵심 기출 문제

532 [2017년 3월 고2 학평 14번]

<보기>에 제시된 '선생님'의 질문에 대한 답으로 적절한 것은?

보 기

선생님 : 중세 국어에서는 각 글자의 왼편에 점을 찍어 소리의 높낮이를 표시하였습니다. 점이 없으면 낮은 소리, 점이 한 개면 높은 소리, 점이 두 개면 처음은 낮고 나중이 높은 소리를 나타냈습니다. 가령 ':말ᄊᆞ·미'는 다음과 같이 소리의 높낮이를 표시할 수 있습니다.

:말ᄊᆞ·미 →

자, 그럼 다음의 밑줄 친 ⓐ는 소리의 높낮이를 어떻게 표시할 수 있을까요?

불·휘기·픈남·ᄀᆞᆫᄇᆞᄅᆞ·매 ⓐ아·니:뮐·ᄊᆡ
- 『용비어천가(龍飛御天歌)』 제2장 중에서

①

②

③
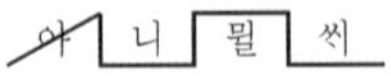

④

⑤
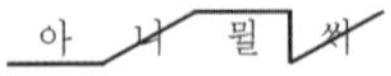

533 [2017년 6월 고2 학평 15번]

<보기>의 설명을 참고할 때, ㉠과 ㉡에 들어갈 단어로 적절한 것은?

보 기

중세 국어 의문문의 종결어미는 인칭의 종류와 물음말의 유무에 따라 달라진다. 주어가 1, 3인칭일 경우, 물음말이 있는 의문문에는 '-ㄴ고', '-ㄹ고'와 같은 '오'형 어미가 사용되었고, 물음말이 없는 의문문에는 '-ㄴ가', '-ㄹ가'와 같은 '아'형 어미가 사용되었다. 그리고 주어가 2인칭일 경우, 물음말의 유무와 상관없이 '-ㄴ다'가 사용되었다.

· 부톄 世間에 ____㉠____
(부처가 세간에 나신 것인가?)
· 네 뉘손ᄃᆡ 글 ____㉡____
(너는 누구에게서 글을 배웠는가?)
· 어느 사ᄅᆞ미 少微星이 잇다 니ᄅᆞ던고
(어떤 사람이 소미성이 있다고 말하던가?)

	㉠	㉡
①	나샤미신가	비혼다
②	나샤미신가	비호ᄂᆞ고
③	나샤미신고	비혼다
④	나샤미신다	비호ᄂᆞ고
⑤	나샤미신다	비호ᄂᆞ가

534 [2017년 9월 고2 학평 15번]

<보기>를 바탕으로 현대국어와 중세국어의 특징을 비교한 내용으로 적절하지 않은 것은? [3점]

보 기

◦ ㉠효도홈과 공슌호ᄆᆞᆯ
(효도함과 공손함을)
◦ 兄(형)ㄱ ㉡ᄠᅳ디 일어시ᄂᆞᆯ ㉢聖孫(성손)ᄋᆞᆯ ㉣내시니ᅌᅵ다
(형의 뜻이 이루어지시매 (하늘이) 성손을 내셨습니다.)
◦ 世尊(세존)ㅅ 安否(안부) ㉤묻ᄌᆞᆸ고 니르샤ᄃᆡ 므스므라 오시니잇고
(세존의 안부를 여쭙고 이르시되 무슨 까닭으로 오셨습니까?)

① ㉠을 보니 현대국어와 달리 명사형 어미 '-옴'이 사용되었군.
② ㉡을 보니 현대국어와 달리 어두자음군이 사용되었군.
③ ㉢을 보니 현대국어와 달리 목적격 조사 'ᄋᆞᆯ'이 사용되었군.
④ ㉣을 보니 현대국어와 마찬가지로 주체높임 선어말 어미 '-시-'가 사용되었군.
⑤ ㉤을 보니 현대국어와 마찬가지로 청자를 높이는 특수어휘가 사용되었군.

535 [2018년 9월 고2 학평 15번]

<보기>의 설명을 참고할 때, ㉠~㉢에 들어갈 말로 적절한 것은?

보 기

일반적으로 중세 국어의 주격 조사는 앞에 결합하는 체언의 끝소리에 따라 달라졌다. 체언의 끝소리가 자음일 때 '이'가 나타났고, 체언의 끝소리가 모음 'ㅣ'도, 반모음 'ㅣ'도 아닌 모음일 때는 'ㅣ'가 나타났다. 그런데 체언의 끝소리가 모음 'ㅣ'이거나, 반모음 'ㅣ'일 때는 아무런 형태가 나타나지 않았다.

◦ ____㉠____ 가칠 므러
(뱀이 까치를 물어)

◦ ____㉡____ 기픈 남ᄀᆞᆫ
(뿌리가 깊은 나무는)

◦ ____㉢____ 세상에 나매
(대장부가 세상에 나와)

	㉠	㉡	㉢
①	ᄇᆞ얌	불휘ㅣ	대장뷔
②	ᄇᆞ얌	불휘ㅣ	대장뷔ㅣ
③	ᄇᆞ야미	불휘	대장뷔
④	ᄇᆞ야미	불휘	대장뷔ㅣ
⑤	ᄇᆞ야미	불휘ㅣ	대장뷔

536 [2018년 11월 고2 학평 15번]

<보기 1>은 중세 국어를 학습하기 위한 자료이고, <보기 2>는 현대 국어사전의 일부이다. <보기 2>를 참고하여 ㉠~㉤을 탐구한 내용으로 적절하지 않은 것은?

보기 1

[중세 국어] 보살(菩薩)이 ㉠어느 나라해 ᄂᆞ리시게 ᄒᆞ려뇨
[현대 국어] 보살이 어느 나라에 내리시도록 하려는가?

[중세 국어] ㉡어늬 구더 병불쇄(兵不碎)ᄒᆞ리잇고
[현대 국어] 어느 것이 굳어 군대가 부수어지지 않겠습니까?

[중세 국어] 져믄 아ᄒᆡ ㉢어느 듣ᄌᆞ보리잇고
[현대 국어] 어린 아이가 어찌 듣겠습니까?

[중세 국어] 미혹(迷惑) ㉣어느 플리
[현대 국어] 미혹한 마음을 어찌 풀겠는가?

[중세 국어] 이 두 말ᄋᆞᆯ ㉤어늘 종(從)ᄒᆞ시려뇨
[현대 국어] 이 두 말을 어느 것을 따르시겠습니까?

보기 2

어느 01 「관형사」
둘 이상의 것 가운데 대상이 되는 것이 무엇인지 물을 때 쓰는 말.

어느 02 「대명사」『옛말』
어느 것.

어느 03 「부사」『옛말』
'어찌'의 옛말.

① 체언을 수식하는 역할을 하는 것으로 보아 ㉠은 <보기 2>의 '어느 01'과 품사가 같다고 할 수 있겠군.
② ㉡은 <보기 2>의 '어느 02'에 주어의 자격을 부여하는 조사가 결합한 것이라고 할 수 있겠군.
③ ㉢은 <보기 2>의 '어느 03'으로 쓰여 뒤에 오는 용언을 수식한다고 할 수 있겠군.
④ <보기 2>의 '어느 01'과 '어느 03'을 참고해 보니 ㉣과 '어느 01'은 품사가 서로 다르다고 할 수 있겠군.
⑤ ㉤에 사용된 '어느'는 둘 이상의 것 가운데 대상이 되는 것이 무엇인지 물을 때 쓰는 말인 <보기 2>의'어느 01'에 해당한다고 볼 수 있겠군.

537 [2019년 6월 고2 학평 15번]

<보기 1>을 바탕으로 <보기 2>를 분석한 것으로 적절하지 않은 것은?

보기 1

[중세 국어의 주체 높임법과 객체 높임법]

· **주체 높임법** : 문장의 주어에 해당하는 대상을 높이는 것이다. 주체 높임법은 주로 선어말 어미 '-시-/-샤-'를 통해 실현된다. 또한 특수 어휘나 조사에 의해 실현되기도 한다.
· **객체 높임법** : 문장의 목적어나 부사어에 해당하는 대상을 높이는 것이다. 객체 높임법은 주로 선어말 어미 '-ᅀᆞᆸ-/-ᄌᆞᆸ-/ -ᄉᆞᆸ-'을 통해 실현된다. 또한 특수 어휘나 조사에 의해 실현되기도 한다.

보기 2

㉠ 世尊(세존)ㅅ 安否(안부) 묻ᄌᆞᆸ고 니르샤ᄃᆡ - [A]
므스므라 오시니잇고 - [B]
[세존의 안부를 여쭙고 이르시되 무슨 까닭으로 오셨습니까?]
㉡ 네 아ᄃᆞ리 各各(각각) 어마님내 뫼ᅀᆞᆸ고
[네 아들이 각각 어머님을 모시고]

① ㉠의 [A]에서 주체 높임은 실현되었으나 그 주체가 생략되었다.
② ㉠의 [A]에서 선어말 어미를 사용하여 객체 높임이 실현되었다.
③ ㉠의 [B]에서는 주체를 높이기 위해 선어말 어미가 사용되었다.
④ ㉡에서 특수 어휘를 사용하여 주체인 '아ᄃᆞᆯ'을 존대하였다.
⑤ ㉡에서는 객체인 '어마님'을 높이기 위해 선어말 어미를 사용하였다.

국어의 변천(중세 국어) 핵심 기출 문제

538 [2019년 9월 고2 학평 15번]

<보기>를 참고할 때, ㉠과 ㉡에 해당하는 사례로 적절한 것은?

> **보 기**
>
> 중세국어에서 'ᄋᆡ/의'는 ㉠관형격 조사와 ㉡부사격 조사로 모두 사용되는 양상을 보인다. 대체로 높임을 나타내지 않는 유정 명사 뒤에서는 관형격 조사로 쓰이고, 시간이나 장소 등을 나타내는 일부 체언 뒤에서는 부사격 조사로 사용되었다. 한편 'ᄋᆡ/의'는 모음조화의 양상에 따라 'ᄋᆡ' 또는 '의'로 실현되었다.

	㉠	㉡
①	겨ᄐᆡ 서서 (곁에 서서)	거부븨 터리 ᄀᆞᆮ고 (거북의 털과 같고)
②	거부ᄇᆡ 터리 ᄀᆞᆮ고 (거북의 털과 같고)	겨틔 서서 (곁에 서서)
③	거부븨 터리 ᄀᆞᆮ고 (거북의 털과 같고)	바ᄆᆡ 비취니 (밤에 비치니)
④	바믜 비취니 (밤에 비치니)	사ᄅᆞᄆᆡ ᄠᅳ들 (사람의 뜻을)
⑤	사ᄅᆞᄆᆡ ᄠᅳ들 (사람의 뜻을)	겨ᄐᆡ 서서 (곁에 서서)

539 [2019년 11월 고2 학평 15번]

<보기>의 '교사가 제시한 과제'에 대해 학생들이 보인 반응으로 적절하지 않은 것은?

> **보 기**
>
> **<교사가 알려 준 내용>**
>
> 현대 국어와 마찬가지로 중세 국어에서도 어말 어미 앞에서 문법적인 기능을 하는 어미가 있었다. 그중 하나인 '-오-'는 현대 국어에서 쓰이지 않는 어미로 문장의 주어가 화자임을 표현하기 위해 쓰였는데, 음성 모음 뒤에서는 '-우-'로 나타났다. 또한 '-오-'는 과거 시제를 나타내는 '-더-'와 결합하면 '-다-'로, 현재 시제를 나타내는 '-ᄂᆞ-'와 결합하면 '-노-'로 나타났다.
>
> **<교사가 제시한 과제>**
>
> ※ 다음 예문들을 보고 ㉠~㉢의 어미에 대해 탐구해 보자.
>
> ◦ 내 어저ᄢᅴ 다ᄉᆞᆺ 가짓 ᄭᅮ믈 ㉠ᄭᅮ우니
> [내가 어제께 다섯 가지의 꿈을 꾸니]
>
> ◦ 내 이ᄅᆞᆯ 爲윙ᄒᆞ야 … 새로 스믈여듧 字ᄍᆞᆼᄅᆞᆯ ㉡ᄆᆡᇰᄀᆞ노니
> [내가 이를 위하여 … 새로 스물여덟 자를 만드니]
>
> ◦ 太子ㅣ 닐오ᄃᆡ 내 ㉢롱담ᄒᆞ다라
> [태자가 말하되, "내가 농담하였다."]

① ㉠의 '-우-'는 어간 'ᄭᅮ-'에 있는 음성 모음 때문에 나타난 형태이군.

② ㉡의 '-노-'는 '-ᄂᆞ-'와 '-오-'가 결합되어 나타난 형태이군.

③ ㉢의 '-다-'는 '-더-'가 어말 어미와 결합하여 나타난 형태이군.

④ ㉡과 ㉢에는 모두 문장의 시제를 나타내는 기능을 하는 어미가 사용되었군.

⑤ ㉠, ㉡, ㉢ 모두에는 주어가 화자임을 표현하기 위한 어미가 사용되었군.

540 [2020년 6월 고2 학평 15번]

<보기>의 중세 국어 자료에 나타난 특징을 탐구한 내용으로 적절하지 않은 것은?

> **보 기**
>
> **[중세 국어]** 불·휘**기·픈**남·ᄀᆞᆫᄇᆞᄅᆞ·매아·니**:뮐·ᄊᆡ**
> **[현대 국어]** 뿌리가 깊은 나무는 바람에 아니 움직이므로
> -「용비어천가」
>
> **[중세 국어]** ·쳣소·리·**ᄅᆞᆯ**어·울·워**ᄡᅳᇙ·디·면**ᄀᆞᆯ·ᄫᅡ·쓰·라
> **[현대 국어]** 첫소리를 합하여 쓸 것이면 나란히 쓰라.
> -「훈민정음언해」
>
> **[중세 국어]** ·몸·이며**얼굴**·이며머·리털·이·며·ᄉᆞᆯ·ᄒᆞᆫ
> **[현대 국어]** 몸과 형체와 머리털과 살은
> -「소학언해」

① '기·픈'은 '깊은'과 견주어 보니, 소리 나는 대로 적었음을 알 수 있군.
② ':뮐·ᄊᆡ'는 '움직이므로'에 대응하는 것을 보니, 현대 국어에서는 쓰이지 않는 단어임을 알 수 있군.
③ '·ᄅᆞᆯ'은 '를'과 견주어 보니, 현대 국어와 단어의 형태가 달랐음을 알 수 있군.
④ 'ᄡᅳᇙ·디·면'은 '쓸 것이면'에 대응하는 것을 보니, 초성에 서로 다른 두 개의 자음이 함께 사용되었음을 알 수 있군.
⑤ '얼굴'은 '형체'라는 의미였던 것을 보니, 현대 국어로 오면서 단어의 의미가 확대되었음을 알 수 있군.

541 [2020년 9월 고2 학평 15번]

<보기>의 ㉠~㉢에 들어갈 말로 적절한 것은?

> **보 기**
>
> 중세국어에는 용언의 어간에 붙어서 실현되는 의문형 어미와는 달리, 체언 뒤에 직접 실현되어서 의문의 뜻을 나타내면서 문장을 끝맺는 조사가 있다. 이를 '의문 보조사'라고 하는데, 의문 보조사로는 판정 의문문에 실현되는 '가/아'와 설명 의문문에 실현되는 '고/오'가 있다. 그런데 '가, 고'는 모음 또는 'ㄹ' 다음에는 '아, 오'로 쓰인다.
>
> ◦ 얻논 藥(약)이 (㉠)
> [얻는 약이 무엇인가?]
> ◦ 이 ᄯᆞ리 너희 (㉡)
> [이 딸이 너의 종인가?]
> ◦ 엇뎨 일훔이 (㉢)
> [어찌 이름이 선야인가?]

	㉠	㉡	㉢
①	므스것고	죵가	船若(선야)오
②	므스것고	죵가	船若(선야)고
③	므스것고	죵고	船若(선야)오
④	므스것가	죵고	船若(선야)오
⑤	므스것가	죵아	船若(선야)고

542 [2021년 3월 고2 학평 13번]

한글 맞춤법과 중세 국어 자료를 함께 참고하여 탐구한 결과로 적절하지 않은 것은? [3점]

한글 맞춤법	[제31항] 두 말이 어울릴 적에 'ㅎ' 소리가 덧나는 것은 소리대로 적는다. ◦ 수캐(O) / 수개(X) ◦ 살코기(O) / 살고기(X)
관련 자료	중세 국어에서는 '술ㅎ', '암ㅎ[雌]', '수ㅎ[雄]', '안ㅎ[內]', '나라ㅎ' 등의 'ㅎ 종성 체언'이 있었다. 'ㅎ 종성 체언'은 단독형으로 쓰일 때에는 'ㅎ'이 나타나지 않지만, 아래와 같은 경우 'ㅎ'이 나타나기도 하였다. (표 아래 참조) 현대 국어에서는 몇 개의 복합어에서만 'ㅎ' 종성 체언의 흔적이 남아 있는데, '수캐', '살코기', '암평아리' 등이 그에 해당한다.

'ㅎ'이 나타나는 경우	예
모음으로 시작하는 말과 결합하는 경우 'ㅎ'을 이어 적음.	하ᄂᆞᆯㅎ+이 →하ᄂᆞᆯ히(하늘이)
자음 'ㄱ, ㄷ, ㅂ'으로 시작하는 말과 결합하는 경우 'ㅋ, ㅌ, ㅍ'이 됨.	고ㅎ+기리 →고키리(코끼리)

① '안팎'은 'ㅎ 종성 체언'인 '안ㅎ'에 '밖'이 결합한 흔적이 남아 있는 경우이겠군.

② '수캐'는 'ㅎ'이 'ㄱ'과 어울려 'ㅋ'으로 되는 거센소리되기가 이루어진 것이겠군.

③ '살코기'의 '살'은 중세 국어에서 단독으로 쓰일 경우 '술ㅎ'의 형태로 사용되었겠군.

④ '나라'는 중세 국어에서 조사 '이'와 결합하는 경우 '나라히'의 형태로 사용되었겠군.

⑤ '암평아리'는 중세 국어에서 'ㅎ 종성 체언' '암ㅎ'에 '병아리'가 결합한 흔적일 수 있겠군.

543 [2021년 9월 고2 학평 15번]

<보기>의 ㉠~㉢에 들어갈 말로 바르게 짝지어진 것은?

> **보 기**
>
> 중세 국어에서 과거 시제는 선어말 어미 '-더-'를 사용하여, 미래 시제는 선어말 어미 '-리-'를 사용하여 표현하였다. 하지만 현재 시제는 품사에 따라 다르게 표현했는데, 동사는 선어말 어미 '-ᄂᆞ-'를 사용하였고 형용사와 '체언+이다'는 특정한 선어말 어미를 사용하지 않았다.
>
> ◦ 내 (㉠)
> [내가 가겠습니다.]
> ◦ 사ᄅᆞ미(㉡)
> [사람의 스승이시다.]
> ◦ 네 이제 ᄯᅩ(㉢)
> [네가 이제 또 묻는다.]

	㉠	㉡	㉢
①	가리이다	스스이시다	묻ᄂᆞ다
②	가리이다	스스이시다	묻다
③	가리이다	스스이시ᄂᆞ다	묻ᄂᆞ다
④	가더이다	스스이시다	묻ᄂᆞ다
⑤	가더이다	스스이시ᄂᆞ다	묻다

544 [2022년 6월 고2 학평 15번]

<보기>의 ㉠~㉤에 나타나는 중세 국어의 특징을 탐구한 내용으로 적절하지 않은 것은?

> **보 기**
>
> **[중세 국어]** 녯 마ᄅᆡ ㉠닐오ᄃᆡ 어딘 일 ㉡조초미 노ᄑᆞᆫ ᄃᆡ 올옴 ᄀᆞᆮ고
> **[현대 국어]** 옛말에 이르되 어진 일 좇음이 높은 데 오름 같고
>
> **[중세 국어]** 善쎤慧ᅘᅨᆼ ㉢對됭答답ᄒᆞ샤ᄃᆡ 부텻긔 받ᄌᆞᄫᆞ리라
> **[현대 국어]** 선혜가 대답하시되 "부처께 바치리라."
>
> **[중세 국어]** 烽火ㅣ ㉣석 ᄃᆞᄅᆞᆯ ㉤니ᅀᅦ시니
> **[현대 국어]** 봉화가 석 달을 이어지니

① ㉠에서 두음 법칙이 적용되지 않았음을 알 수 있군.

② ㉡에서 이어 적기가 사용되었음을 알 수 있군.

③ ㉢에서 객체를 높이는 선어말 어미가 사용되었음을 알 수 있군.

④ ㉣에서 체언에 조사가 결합할 때 모음 조화가 지켜지고 있음을 알 수 있군.

⑤ ㉤에서 현대 국어에서 쓰이지 않는 자음이 사용되었음을 알 수 있군.

545 [2022년 11월 고2 학평 15번]

<보기 1>을 참고하여 <보기 2>를 탐구한 내용으로 적절하지 않은 것은?

보기 1

중세 국어에서는 시제를 표현하기 위해 다음과 같이 선어말 어미를 사용하였다. 과거 시제를 표현할 때는 동사와 형용사 모두 '-더-'를 사용하였고, 동사의 경우에는 아무런 선어말 어미를 쓰지 않기도 했다. 현재 시제를 표현할 때는 동사의 경우 '-ᄂᆞ-'를 사용하였고, 형용사의 경우 선어말어미를 쓰지 않았다. 미래 시제를 표현할 때는 동사와 형용사 모두 '-리-'를 사용하였다.

보기 2

㉠ 分明(분명)히 너ᄃᆞ려 닐오리라
[분명하게 너한테 말하겠다.]
㉡ 네 이제 ᄯᅩ 묻ᄂᆞ다 [네가 이제 또 묻는다.]
㉢ 나리 ᄒᆞ마 西(서)의 가니 어엿브다
[날이 벌써 서쪽으로 저무니 불쌍하다.]
㉣ ᄆᆞᄋᆞᆯ 사ᄅᆞᆷ이 우디 아니리 업더라
[마을 사람들이 울지 않는 이가 없었다.]
㉤ 네 겨집 그려 가던다 [네가 아내를 그리워해서 갔느냐?]

① ㉠을 보니 동사의 경우 '-리-'를 사용하여 미래 시제를 표현했음을 확인할 수 있군.
② ㉡을 보니 동사의 경우 '-ᄂᆞ-'를 사용하여 현재 시제를 표현했음을 확인할 수 있군.
③ ㉢을 보니 형용사의 경우 아무런 선어말어미도 사용하지 않는 방식으로 현재 시제를 표현했음을 확인할 수 있군.
④ ㉣을 보니 형용사의 경우 '-더-'를 사용하여 과거 시제를 표현했음을 확인할 수 있군.
⑤ ㉤을 보니 동사의 경우 아무런 선어말어미도 사용하지 않는 방식으로 과거 시제를 표현했음을 확인할 수 있군.

546 [2023년 6월 고2 학평 15번]

<보기>의 ㉠~㉤에 나타나는 중세 국어의 특징을 탐구한 내용으로 적절하지 않은 것은?

보 기

[중세 국어] 자내 날 ㉠향ᄒᆡ ᄆᆞᄋᆞ믈 엇디 가지며 나ᄂᆞᆫ 자내 향ᄒᆡ ᄆᆞᄋᆞ믈 엇디 가지던고 믜양 자내ᄃᆞ려 ㉡내 닐오ᄃᆡ ᄒᆞᆫᄃᆡ 누어셔 이 보소 ᄂᆞᆷ도 우리ᄀᆞ티 서ᄅᆞ 에엿삐 녀겨 ᄉᆞ랑ᄒᆞ리 ᄂᆞᆷ도 우리 ㉢ᄀᆞᄐᆞᆫ가 ᄒᆞ야 자내ᄃᆞ려 ㉣니ᄅᆞ더니 엇디 그런 이ᄅᆞᆯ ㉤ᄉᆡᆼ각디 아녀 나ᄅᆞᆯ ᄇᆞ리고 몬져 가시ᄂᆞᆫ고

- 이응태 부인이 쓴 언간에서 -

[현대어 풀이] 당신이 나를 향하여 마음을 어찌 가지며, 나는 당신을 향하여 마음을 어찌 가지던가? 늘 당신에게 내가 이르되, 함께 누워서, "이 보소, 남도 우리 같이 서로 예쁘게 여겨서 사랑하리? 남도 우리 같은가?" 하여 당신에게 이르더니, 어찌 그런 일을 생각지 아니하여 나를 버리고 먼저 가시는가?

① ㉠에서 현대 국어에 쓰이지 않는 모음이 사용되었음을 알 수 있군.
② ㉡에서 주격조사가 생략되었음을 알 수 있군.
③ ㉢에서 이어적기가 사용되었음을 알 수 있군.
④ ㉣에서 두음법칙이 적용되지 않았음을 알 수 있군.
⑤ ㉤에서 구개음화가 일어나지 않았음을 알 수 있군.

547 [2023년 9월 고2 학평 15번]

<보기>를 참고하여 중세 국어를 이해한다고 할 때, ㉠과 ㉡의 사례로 바르게 짝지어진 것은?

보 기

모음 조화는 ㉠양성 모음은 양성 모음끼리 어울리고 ㉡음성 모음은 음성 모음끼리 어울리는 현상으로, 중세국어에서는 현대 국어보다 규칙적으로 적용되었다.

	㉠	㉡
①	ᄇᆞᄅᆞ매[바람에]	·ᄡᅮ·메[씀에]
②	·ᄡᅮ·메[씀에]	ᄠᅳ·들[뜻을]
③	ᄠᅳ·들[뜻을]	거부븨[거북의]
④	ᄆᆞᅀᆞᄆᆞᆯ[마음을]	바ᄂᆞᄅᆞᆯ[바늘을]
⑤	나ᄅᆞᆯ[나를]	도ᄌᆞᄀᆡ[도적의]

548 [2023년 11월 고2 학평 15번]

<보기>를 바탕으로 중세 국어의 특징을 탐구한 내용으로 적절하지 <u>않은</u> 것은?

보 기

王왕이 드르시고 즉자히 南남堀굻애 가샤 뎌 仙션人신ᄋᆞᆯ **보샤** 禮롕數숭ᄒᆞ시고 니ᄅᆞ샤ᄃᆡ ᄯᆞᆯᄅᆞᆯ 두겨시다 듣고 婚혼姻인ᄒᆞ표 求꿓ᄒᆞ노이다 仙션人신이 **ᄉᆞᆯᄫᆞᄃᆡ** 내 ᄒᆞᆫ ᄯᆞᆯᄅᆞᆯ 뒤쇼ᄃᆡ 져머 **어리오** 아ᄒᆡ ᄢᅴ브터 深심山산애 이셔 **사ᄅᆞ미** 이리 설우르고 플옷 **닙고** 나못 여름 먹ᄂᆞ니 王왕이 므슴 ᄒᆞ려 져주시ᄂᆞ니ᅌᆺ고

[현대어 풀이]

왕이 들으시고 즉시 남굴에 가시어 저 선인을 보시어, 예수하시고 이르시되 "딸을 두고 계시다 듣고 혼인을 구합니다." 선인이 사뢰되 "내가 한 딸을 두고 있되, 어려서 어리석고, 아이 때부터 심산에 있어서 사람의 일이 서투르고, 풀을 입고 나무의 열매를 먹나니, 왕이 무엇을 하려고 따져 물으십니까?"

① '보샤'를 보니, 현대 국어와 달리 객체를 높이기 위해 선어말 어미 '-샤-'가 사용되었음을 알 수 있군.

② 'ᄉᆞᆯᄫᆞᄃᆡ'를 보니, 현대 국어와 달리 'ㆍ', 'ㅸ'이 표기에 사용되었음을 알 수 있군.

③ '어리오'를 보니, '어리다'가 현대 국어와 다른 의미로 쓰였음을 알 수 있군.

④ '사ᄅᆞ미'를 보니, 현대 국어의 관형격 조사 '의'가 양성 모음 뒤에서 'ᄋᆡ'의 형태로 쓰였음을 알 수 있군.

⑤ '닙고'를 보니, 현대 국어와 달리 단어의 첫머리에서 두음법칙이 적용되지 않았음을 알 수 있군.

549 [2024년 3월 고2 학평 15번]

<보기 1>의 ㉠~㉢에 따라 <보기 2>의 ⓐ~ⓔ를 바르게 분류한 것은?

보기 1

중세 국어의 주격 조사는 음운 조건에 따라 다르게 실현되었다. ㉠<u>자음 다음에는 '이'가 나타났고</u>, ㉡<u>모음 '이'나 반모음 'ㅣ' 다음에는 나타나지 않았다</u>. 그리고 ㉢<u>모음 '이'도 반모음 'ㅣ'도 아닌 모음 다음에는 'ㅣ'가 나타났다</u>.

보기 2

孟宗(맹종)ᄋᆡ ⓐ<u>ᄆᆞᅀᆞ미</u> 至極(지극) 孝道(효도)ᄅᆞᆸ더니 ⓑ<u>어미</u> 늙고 病(병)ᄒᆞ야 이셔 ⓒ<u>겨ᅀᅳ리</u> 다ᄃᆞ라 오거늘 竹筍(죽순)을 먹고져 커늘 孟宗(맹종)이 대수페 가 운대 이ᅀᅳᆨ고 竹筍(죽순) 두ᅀᅥ ⓓ<u>줄기</u> 나거늘 가져다가 羹(갱) ᄆᆡᇰᄀᆞ라 이바ᄃᆞ니 어믜 病(병)이 됴커늘 사ᄅᆞ미 다 일ᄏᆞ로ᄃᆡ ⓔ<u>孝道(효도)ㅣ</u> 至極(지극)ᄒᆞ야 그러ᄒᆞ니라 ᄒᆞ더라

[현대어 풀이]

맹종의 마음이 지극히 효성스럽더니 어미가 늙고 병들어 있어 겨울이 다다라 오자 죽순을 먹고자 하니 맹종이 대숲에 가 우니 이윽고 죽순 두어 줄기가 나기에 가져다가 국 만들어 드리니 어미의 병이 나으니 사람들이 다 일컫기를 "효도가 지극해서 그렇다." 하더라.

	㉠	㉡	㉢
①	ⓐ	ⓒ, ⓔ	ⓑ, ⓓ
②	ⓐ, ⓒ	ⓓ	ⓑ, ⓔ
③	ⓐ, ⓒ	ⓑ, ⓓ	ⓔ
④	ⓑ, ⓔ	ⓒ, ⓓ	ⓐ
⑤	ⓔ	ⓑ, ⓓ	ⓐ, ⓒ

550 [2024년 6월 고2 학평 15번]

<보기>의 ㉠~㉤에서 알 수 있는 중세 국어의 특징으로 적절하지 않은 것은?

보 기

그 ㉠ᄢᅴ 世尊이 즉자히 化人ᄋᆞᆯ 보내샤 [化人ᄋᆞᆫ ㉡世尊ㅅ 神力으로 ᄃᆞ외의 ᄒᆞ샨 ㉢사ᄅᆞ미라] 虛空애셔 耶輸ᄭᅴ ㉣니ᄅᆞ샤ᄃᆡ 네 디나건 녜 뉫 時節에 盟誓 發願ᄒᆞᆫ 이ᄅᆞᆯ 혜ᄂᆞᆫ다 ㉤모ᄅᆞᄂᆞᆫ다

- 『석보상절』

[현대어 풀이]

그때에 세존이 즉시 화인을 보내시어 [화인은 세존의 신력으로 되게 하신 사람이다.] 허공에서 야수께 이르시되 "네가 지난 옛날 세상의 시절에 맹세하고 발원한 일을 생각하느냐 모르느냐?"

① ㉠을 보니, 어두자음군이 사용되었음을 알 수 있군.
② ㉡을 보니, 'ㅅ'이 관형격 조사로 사용되었음을 알 수 있군.
③ ㉢을 보니, 이어적기가 사용되었음을 알 수 있군.
④ ㉣을 보니, 객체 높임 선어말 어미가 사용되었음을 알 수 있군.
⑤ ㉤을 보니, '-ㄴ다'가 의문형 어미로 사용되었음을 알 수 있군.

551 [2024년 9월 고2 학평 13번]

<보기>의 ㉠~㉢에 들어갈 말로 적절한 것은?

보 기

중세 국어에서 목적격 조사는 여러 가지 형태로 실현되었다. 먼저, 앞말에 받침이 있는 경우에 'ᄋᆞᆯ'이나 '을'이, 받침이 없는 경우에는 'ᄅᆞᆯ'이나 '를'이 실현되었는데, 앞말에 받침이 있을 때에는 앞말의 받침을 뒤의 'ᄋᆞᆯ'이나 '을'에 이어 적기한 형태로 나타나기도 하였다. 또한, 앞말의 모음이 양성 모음일 때에는 'ᄋᆞᆯ'이나 'ᄅᆞᆯ'이, 음성 모음일 때에는 '을'이나 '를'이 실현되었다. 중세 국어의 목적격 조사가 실현되는 예는 아래와 같다.

◦(㉠) 손소 자ᄫᆞ샤
[손을 손수 잡으시어]
◦世尊ᄭᅴ 내 (㉡) 펴아 ᄉᆞᆯᄫᆞ쇼셔
[세존께 내 뜻을 펴 아뢰십시오.]
◦王이 (㉢) 請ᄒᆞᅀᆞᄫᆞ쇼셔
[왕이 부처를 청하십시오.]

	㉠	㉡	㉢
①	소ᄂᆞᆯ	ᄠᅳ들	부텨를
②	소ᄂᆞᆯ	ᄠᅳᄃᆞᆯ	부텨를
③	소ᄂᆞᆯ	ᄠᅳ들	부텨ᄅᆞᆯ
④	소늘	ᄠᅳᄃᆞᆯ	부텨ᄅᆞᆯ
⑤	소늘	ᄠᅳ들	부텨를

552 [2024년 10월 고2 학평 15번]

<보기>를 바탕으로 탐구 자료를 이해한 내용으로 적절하지 않은 것은?

보 기

중세 국어에서는 조사가 선행 체언의 환경에 따라 서로 다른 형태로 실현된 경우가 있다. 주격 조사는 자음 뒤에서는 '이', 모음 '이'나 반모음 'ㅣ' 이외의 모음 뒤에서는 'ㅣ', 모음 '이'나 반모음 'ㅣ' 뒤에서는 '∅(영형태)'로 나타났다. 목적격 조사는 자음 뒤에서는 'ᄋᆞᆯ/을', 모음 뒤에서는 'ᄅᆞᆯ/를'로 나타났으며, 모음 조화에 따라 양성 모음 뒤에서는 'ᄋᆞᆯ/ᄅᆞᆯ', 음성 모음 뒤에서는 '을/를'로 나타났다. 관형격 조사는 유정 체언 뒤에서는 'ᄋᆡ/의', 무정 체언이나 높임의 유정 체언 뒤에서는 'ㅅ'으로 나타났다.

[탐구 자료]

王薦(왕천)의 아비 病(병)이 되어늘 …… ᄒᆞᆫ神人(신인)이 날ᄃᆞ려 닐오ᄃᆡ네 **아ᄃᆞ리** 孝道(효도)ᄒᆞᆯᄊᆡ **하ᄂᆶ** 皇帝(황제) **너를** 열두 나ᄒᆞᆯ주시ᄂᆞ다 ᄒᆞ더라

[현대어 풀이]

왕천의 아버지가 병이 심하거늘 …… 한 신이 나더러 이르기를 네 아들이 효도하므로 하늘의 황제가 너를 열두 살을 주신다 하더라.

① '王薦(왕천)의'는 유정 체언 뒤에서 관형격 조사 '의'가 실현되었군.
② '아비'는 모음 '이'로 끝난 체언 뒤에서 주격 조사 'ㅣ'가 실현되었군.
③ '아ᄃᆞ리'는 자음으로 끝난 체언 뒤에서 주격 조사 '이'가 실현되었군.
④ '하ᇗ'은 무정 체언 뒤에서 관형격 조사 'ㅅ'이 실현되었군.
⑤ '너를'은 음성 모음 뒤에서 목적격 조사 '를'이 실현되었군.

553 [2013년 4월 고3 학평 B형 16번]

<보기>를 바탕으로 중세 국어의 음운 'ᄫ', 'ᅀ', 'ᆞ'에 대해 탐구한 내용으로 적절하지 않은 것은?

보 기

ㄱ. ᄆᆞᅀᆞᆯ > ᄆᆞᄋᆞᆯ > 마을
ᄀᆞᅀᆞᆯ > ᄀᆞᄋᆞᆯ > 가을
ㄴ. (날씨가) 덥(다) + -어; 더ᄫᅥ
ㄷ. (색깔이) 곱(다) + -아; 고ᄫᅡ > 고와
(고기를) 굽(다) + -어; 구ᄫᅥ > 구워

① ㄱ으로 보아, 중세 국어 'ᄆᆞᅀᆞᆯ'과 'ᄀᆞᅀᆞᆯ'의 'ᅀ'은 음운 변화 양상이 같았음을 알 수 있군.
② ㄱ으로 보아, 'ᆞ'는 현대 국어에서 첫째 음절과 둘째 음절에서 변화된 음운의 모습이 같았음을 알 수 있군.
③ ㄴ으로 보아, '덥다'의 'ㅂ'이 모음으로 시작하는 어미와 결합하여 'ᄫ'으로 바뀌는 것을 알 수 있군.
④ ㄷ으로 보아, 'ᄫ'에 결합되는 어미의 모음에 따라 현대 국어에서의 표기가 달라지는군.
⑤ ㄱ과 ㄷ으로 보아, 'ᅀ'과 'ᄫ'은 현대 국어에 표기되지 않게 되었음을 알 수 있군.

554 [2013년 수능 B형 16번]

<보기>의 (가)를 바탕으로 (나)를 이해한 것으로 적절하지 않은 것은?

보 기

(가) 15세기 국어의 음운과 표기의 특징
㉠ 자음 'ᅀ'과 'ᄫ'이 존재하였다.
㉡ 초성에 오는 'ㅳ'은 'ㅂ'과 'ㄷ'이, 'ㅄ'은 'ㅂ'과 'ㅅ'이 모두 발음되었다.
㉢ 종성에서 'ㄷ'과 'ㅅ' 이 다르게 발음되었다.
㉣ 평성, 거성, 상성의 성조를 방점으로 구분하였다.
㉤ 연철 표기(이어적기)를 하였다.

(나) 나·랏 :말ᄊᆞ·미 中듕國·귁·에 달·아 文문字·ᄍᆞᆼ ·와·로 서르 ᄉᆞᄆᆞᆺ·디 아·니ᄒᆞᆯ·ᄊᆡ ·이런 젼·ᄎᆞ·로 어·린 百·ᄇᆡᆨ姓·셩·이 니르·고·져 ·홇 ·배 이·셔·도 ᄆᆞ·ᄎᆞᆷ:내 제 **·ᄠᅳ·들** 시·러 펴·디 :몯ᄒᆞᇙ ·노·미 하·니·라 ·내 ·이·ᄅᆞᆯ 爲·윙·ᄒᆞ·야 **:어엿·비** 너·겨 ·새·로 ·스·믈 여·듧 字·ᄍᆞᆼ·ᄅᆞᆯ ᄆᆡᆼ·ᄀᆞ노·니 :사ᄅᆞᆷ:마·다 **:ᄒᆡ·ᅇᅧ :수·ᄫᅵ** 니·겨 ·날·로 **·ᄡᅮ·메** 便뼌安한·킈 ᄒᆞ·고·져 ᄒᆞᇙ ᄯᆞᄅᆞ·미니·라

① ㉠을 보니, ':수·ᄫᅵ'에는 오늘날에는 없는 자음이 들어 있군.
② ㉡을 보니, '·ᄠᅳ·들'의 'ㅳ'에서는 두 개의 자음이 발음되었군.
③ ㉢을 보니, ':어엿·비'에서 둘째 음절의 종성은 'ㄷ'으로 발음되었군.
④ ㉣을 보니, ':ᄒᆡ·ᅇᅧ'의 첫 음절과 둘째 음절은 성조가 달랐군.
⑤ ㉤을 보니, '·ᄡᅮ·메'에는 연철 표기가 적용되었군.

555 [2014년 3월 고3 학평 B형 16번]

<보기>에서 ㉠~㉣에 들어갈 목적격 조사로 옳은 것은?

보 기

15세기 국어의 모음 중 'ᆞ, ㅏ, ㅗ'는 양성모음, 'ㅡ, ㅓ, ㅜ'는 음성모음, 'ㅣ'는 중성모음에 해당한다. 당시에는 체언과 조사가 결합할 때 모음조화가 엄격하게 지켜졌는데, 모음조화란 양성모음은 양성모음끼리, 음성모음은 음성모음끼리 어울리는 현상이다. 15세기 국어에서 목적격 조사는 'ᄋᆞᆯ, 을, ᄅᆞᆯ, 를'이 있다. 이들 가운데 어떤 것이 선택되는가는 체언이 자음으로 끝나느냐 모음으로 끝나느냐와 함께 체언과의 모음조화에 따라서 결정되었다.

중세국어	현대국어	중세국어	현대국어
사ᄅᆞᆷ+㉠	사람+을	누+㉢	누구+를
천하+㉡	천하+를	ᄠᅳᆮ+㉣	뜻+을

	㉠	㉡	㉢	㉣
①	ᄋᆞᆯ	ᄅᆞᆯ	를	을
②	ᄋᆞᆯ	ᄅᆞᆯ	을	를
③	을	ᄋᆞᆯ	를	ᄅᆞᆯ
④	을	를	ᄅᆞᆯ	ᄋᆞᆯ
⑤	ᄅᆞᆯ	ᄋᆞᆯ	을	를

556 [2014년 6월 고3 모평 B형 16번]

<보기 1>을 참고하여 <보기 2>의 ㉠과 ㉡에 알맞은 것을 고른 것은?

보 기 1

현대 국어의 관형격 조사는 '의'만 있지만, 중세 국어의 관형격 조사는 'ᄋᆡ, 의, ㅅ, ㅣ'가 있었다. 이 중 'ᄋᆡ, 의, ㅅ'은 결합하는 명사의 특징에 따라 다음과 같이 구분되어 사용되었다.

명사			관형격 조사
의미 특징	끝 음절 모음		
사람이나 동물	양성 모음	+	ᄋᆡ
사람이나 동물	음성 모음	+	의
사람이면서 높임의 대상	양성 모음/ 음성 모음	+	ㅅ
사람도 아니고 동물도 아님	양성 모음/ 음성 모음	+	ㅅ

(예) **놈+ᄋᆡ** : ᄂᆞ미 ᄠᅳᆮ 거스디 아니ᄒᆞ거든
(남의 뜻 거스르지 아니하거든)
거붑+의 : 거부븨 터리 ᄀᆞᆮ고 (거북의 털과 같고)
大王+ㅅ : 大王ㅅ 말ᄊᆞ미ᅀᅡ 올커신마:ᄅᆞᆫ
(대왕의 말씀이야 옳으시지만)
나모+ㅅ : 나못 여름 먹ᄂᆞ니 (나무의 열매 먹으니)

보 기 2

○ 父母ㅣ 아ᄃᆞᆯ+㉠ 마ᄅᆞᆯ 드르샤(부모가 아들의 말을 들으시어)
○ 다ᄉᆞᆺ 술위+㉡ 글워ᄅᆞᆯ 닐굴 디니라(다섯 수레의 글을 읽어야 할 것이다)

	㉠	㉡
①	ᄋᆡ	ㅅ
②	ㅅ	ᄋᆡ
③	의	ㅅ
④	ㅅ	의
⑤	ᄋᆡ	의

557 [2014년 7월 고3 학평 B형 16번]

<보기>를 읽고 중세 국어의 의문문에 대해 탐구한 내용으로 적절하지 않은 것은?

보 기

의문문에는 청자에게 가부(可否)를 묻는 판정 의문문과 구체적인 설명을 요구하는 설명 의문문이 있다. 중세 국어의 경우, 판정 의문문에는 '-가', '-녀' 등의 어미가 쓰이고, 설명 의문문에는 '-고', '-뇨' 등의 어미가 쓰인다. 주어가 2인칭인 경우에는 '-ㄴ다'의 특수한 의문형 어미가 쓰인다.

ㄱ. 이 ᄯᆞ리 너희 죵가 (이 딸이 너희들의 종이냐?)
ㄴ. 이제 엇더ᄒᆞ고 (이제 어떠하냐?)
ㄷ. 네 모ᄅᆞ던다 (너는 모르느냐?)
ㄹ. 네 엇뎨 안다 (너는 어떻게 아느냐?)

① 'ㄱ'의 '이' 대신 '엇던'이 쓰이면, '죵가'를 '죵고'로 바꿔야겠군.
② 'ㄴ'의 '엇더' 대신 '평안'이 쓰이면, 'ᄒᆞ고'를 'ᄒᆞ가'로 바꿔야겠군.
③ 'ㄴ'과 'ㄹ'은 청자에게 구체적인 설명을 요구하는 의문문이군.
④ 'ㄷ'의 '너' 대신 3인칭인 '그'가 쓰이면, '모ᄅᆞ던다'를 '모ᄅᆞ던고'로 바꿔야겠군.
⑤ 'ㄷ'과 'ㄹ'을 보니, 주어가 2인칭인 경우의 의문형 어미는 판정 의문문과 설명 의문문에 따른 구분이 없군.

558 [2014년 수능 B형 16번]

[가]에 들어갈 내용으로 적절하지 않은 것은?

학습 자료	**[중세 국어]** ㉠부텻 마ᄅᆞᆯ ㉡듣ᄌᆞᄫᅩᄃᆡ **[현대 국어]** 부처의 말씀을 듣되 **[중세 국어]** 닐굽 ㉢거르믈 거르샤 ㉣니ᄅᆞ샤ᄃᆡ **[현대 국어]** 일곱 걸음을 걸으시며 이르시되 **[중세 국어]** 니르고져 호ᇙ ㉤배 이셔도 **[현대 국어]** 이르고자 할 바가 있어도
학습 활동	㉠~㉤을 현대 국어와 비교한 후 공통점과 차이점을 정리해 보자. ([가])

① ㉠ : 관형격 조사로 'ㅅ'이 쓰였다는 점에서 현대 국어와 차이가 있다.
② ㉡ : 객체를 높이는 선어말 어미가 쓰였다는 점에서 현대 국어와 차이가 있다.
③ ㉢ : 어근의 원형을 밝혀 적었다는 점에서 현대 국어와 공통적이다.
④ ㉣ : 주체를 높이는 선어말 어미가 쓰였다는 점에서 현대 국어와 공통적이다.
⑤ ㉤ : 모음으로 끝나는 체언에 주격 조사 'ㅣ'가 결합했다는 점에서 현대 국어와 차이가 있다.

국어의 변천(중세 국어) 핵심 기출 문제

559 [2015년 3월 고3 학평 B형 16번]

㉠~㉤을 현대 국어와 비교한 내용으로 적절하지 않은 것은?

보 기

[중세 국어] ㉠부톄 目連(목련)이ᄃᆞ려 ㉡니ᄅᆞ샤ᄃᆡ
[현대 국어] 부처가 목련에게 이르시되

[중세 국어] 耶輸(야수)ㅣ ㉢부텻 使者(사자) 왯다 ㉣드르시고
[현대 국어] 야수가 부처의 사자가 왔다는 말을 들으시고

[중세 국어] 내 ᄯᆞᆯ 勝鬘(승만)이 聰明(총명)ᄒᆞ니 부텨옷 ㉤보ᅀᆞᄫᆞ면
[현대 국어] 내 딸 승만이 총명하니 부처만 뵈면

-『석보상절』

① ㉠ : 모음으로 끝나는 체언에 주격 조사 'ㅣ'가 결합했다는 점에서 현대 국어와 차이가 있다.
② ㉡ : 고유어에서 두음 법칙이 적용되었다는 점에서 현대 국어와 공통적이다.
③ ㉢ : 관형격 조사로 'ㅅ'이 쓰였다는 점에서 현대 국어와 차이가 있다.
④ ㉣ : 주체를 높이는 선어말 어미가 쓰였다는 점에서 현대 국어와 공통적이다.
⑤ ㉤ : 객체를 높이는 선어말 어미가 쓰였다는 점에서 현대 국어와 차이가 있다.

560 [2015년 6월 고3 모평 B형 16번]

<보기 1>을 참고할 때, <보기 2>의 ㉠~㉢에 들어갈 말로 적절한 것은?

보 기 1

중세 국어 체언 중에는 'ㅎ'을 끝소리로 가진 것들이 있다. 이러한 체언을 'ㅎ' 종성 체언이라고 하는데 조사가 뒤따를 경우에 다음과 같이 나타난다.

뒤따르는 조사	'ㅎ' 종성 체언의 실현 양상
모음으로 시작하는 조사	'ㅎ'은 뒤따르는 모음에 이어 적는다. ㉮ **ᄯᅡ히** (ᄯᅡᇂ+**이**) 즐어늘 (**땅이** 질거늘)
'ㄱ, ㄷ'으로 시작하는 조사	'ㅎ'은 뒤따르는 'ㄱ', 'ㄷ'과 어울려 'ㅋ', 'ㅌ'으로 나타난다. ㉮ **ᄯᅡ토** (ᄯᅡᇂ+**도**) 뮈더니 (**땅도** 움직이더니)
관형격 조사 'ㅅ'	'ㅎ'은 나타나지 않는다. ㉮ 다른 **ᄯᅡᆺ** (ᄯᅡᇂ+**ㅅ**) 風俗은 (다른 **땅의** 풍속은)

보 기 2

중세 국어	현대 국어
[㉠](나랗+**ᄋᆞᆯ**) 아ᅀᆞ 맛디고	**나라를** 아우에게 맡기고
[㉡](긿+**ㅅ**) 네 거리예	**길의** 네거리에
[㉢](않+**과**) 밧	**안과** 밖

	㉠	㉡	㉢
①	나라ᄒᆞᆯ	긼	안콰
②	나라ᄒᆞᆯ	긿	안과
③	나라ᄒᆞᆯ	긿	안콰
④	나라ᄋᆞᆯ	긿	안과
⑤	나라ᄋᆞᆯ	긼	안콰

561 [2015년 9월 고3 모평 B형 16번]

<자료>에 나타난 중세 국어의 특징을 탐구한 내용으로 적절하지 않은 것은?

> **자 료**
>
> **[중세 국어]**
>
> **五欲ᄋᆞᆫ 누네 됴**ᄒᆞᆫ **빗 보고져 귀예** 됴ᄒᆞᆫ 소리 듣고져 고해 됴ᄒᆞᆫ 내 맏고져 이베 **됴**ᄒᆞᆫ 맛 **먹고져** 모매 됴ᄒᆞᆫ 옷 닙고져 ᄒᆞᆯ 씨라
>
> -『석보상절』
>
> **[현대어 풀이]**
>
> **오욕은 눈에 좋은 빛 보고자, 귀에** 좋은 소리 듣고자, 코에 좋은 냄새 맡고자, 입에 **좋은** 맛 **먹고자**, 몸에 좋은 옷 입고자 하는 것이다.

① '五欲ᄋᆞᆫ'이 '오욕은'에 대응되는 것을 보니, 보조사 'ᄋᆞᆫ'이 있었군.

② '누네 됴ᄒᆞᆫ 빗 보고져'가 '눈에 좋은 빛 보고자'에 대응되는 것을 보니, '누네 됴ᄒᆞᆫ 빗'은 목적어로 쓰였군.

③ '귀예'가 '귀에'에 대응되는 것을 보니, 부사격 조사 '예'가 있었군.

④ '됴ᄒᆞᆫ'이 '좋은'에 대응되는 것을 보니, '됴ᄒᆞᆫ'은 용언의 관형사형이었군.

⑤ '먹고져'가 '먹고자'에 대응되는 것을 보니, '-고져'는 종결 어미로 쓰였군.

562 [2015년 수능 B형 16번]

<보기>를 바탕으로 중세 국어의 특징을 탐구한 내용으로 적절하지 않은 것은?

> **보 기**
>
> 王(왕)이 니ᄅᆞ샤ᄃᆡ 大師(대사) ㉠ᄒᆞ샨 일 아니면 뉘 ᄒᆞᆫ 거시잇고 ㉡仙人(선인)이 ᄉᆞᆲᄫᆞᄃᆡ 大王(대왕)하 이 ㉢南堀(남굴)ㅅ 仙人(선인)이 ᄒᆞᆫ ᄯᆞᄅᆞᆯ 길어 내니 양ᄌᆡ 端正(단정)ᄒᆞ야 ㉣世間(세간)애 ㉤쉽디 몯ᄒᆞ니 그 ᄯᆞᆯ ᄒᆞᇝ ㉥時節(시절)에 자최마다 ㉦蓮花(연화)ㅣ 나ᄂᆞ니이다
>
> -「석보상절」
>
> [현대어 풀이]
>
> 왕이 이르시되 "대사 하신 일 아니면 누가 한 것입니까?" 선인이 아뢰되 "대왕이시여, 이 남굴의 선인이 한 딸을 길러내니 모습이 단정하여 세상에 (모습을 드러내기가) 쉽지 못하니 그 딸 움직일 시절에 자취마다 연꽃이 납니다."

① ㉠에서는 주체인 '대사'를 높이기 위한 선어말 어미가 쓰였군.

② ㉡의 '이'와 ㉦의 'ㅣ'는 격 조사의 종류가 달라서 서로 다른 형태로 나타난 것이군.

③ ㉢을 보니 'ㅅ'은 현대 국어의 '의'에 해당하는 관형격 조사로 쓰였군.

④ ㉣과 ㉥을 보니 모음 조화에 따라 형태를 달리하는 부사격 조사가 있었군.

⑤ ㉤과 현대 국어의 '쉽지'를 비교해 보니 '-디'에서는 구개음화가 확인되지 않는군.

563 [2016년 9월 고3 모평 15번]

<보기>의 밑줄 친 부분에서 알 수 있는 중세 국어의 문법적 특징을 설명한 것으로 적절하지 않은 것은?

> **보 기**
>
> **(가)** 하ᄂᆞᆳ 벼리 눈 ᄀᆞᆮ 디니이다 「용비어천가」
> (현대어 풀이 : 하늘의 별이 눈과 같이 떨어집니다.)
>
> **(나)** 王이 부텨를 請ᄒᆞᅀᆞᄫᆞ쇼셔 「석보상절」
> (현대어 풀이 : 왕이 부처를 청하십시오.)
>
> **(다)** 어마니ᄆᆞᆯ 아라보리로소니잇가 「월인석보」
> (현대어 풀이 : 어머님을 알아보겠습니까?)
>
> **(라)** 내 이ᄅᆞᆯ 위ᄒᆞ야 「훈민정음언해」
> (현대어 풀이 : 내가 이를 위해서)
>
> **(마)** 그 믈 미틔 金몰애 잇ᄂᆞ니 「월인석보」
> (현대어 풀이 : 그 물 밑에 금모래가 있는데)

① (가) : 무정 명사에 결합되는 관형격 조사 'ㅅ'이 쓰였다.

② (나) : 객체를 높이는 선어말 어미 '-ᅀᆞᆸ-'이 쓰였다.

③ (다) : 판정 의문문의 '-아' 계열 의문형 어미가 쓰였다.

④ (라) : 모음으로 끝나는 체언 뒤에 주격 조사 'ㅣ'가 쓰였다.

⑤ (마) : 높이지 않는 유정 명사에 결합되는 관형격 조사 '의'가 쓰였다.

국어의 변천(중세 국어) 핵심 기출 문제

564 [2016년 수능 13번]

<학습 활동>의 (가)에 들어갈 내용으로 적절한 것은?

학습 활동

동사는 목적어 필요 여부에 따라 타동사와 자동사로 구분된다. ⓐ와 ⓑ를 보고, 중세 국어 '열다', '흩다'의 타동사, 자동사로서의 쓰임과 이에 대응하는 현대 국어 동사들의 쓰임을 비교하여 그 변화를 탐구해 보자.

ⓐ
[중세 국어] 큰 ᄆᆞᅀᆞᄆᆞᆯ 여러
[현대 국어] 큰 마음을 열어

[중세 국어] 自然히 ᄆᆞᅀᆞ미 여러
[현대 국어] 자연히 마음이 열리어

ⓑ
[중세 국어] 번게 구르믈 흐터
[현대 국어] 번개가 구름을 흩어

[중세 국어] 散心ᆫ 흐튼 ᄆᆞᅀᆞ미라
[현대 국어] 산심은 흩어진 마음이다.

탐구 결과 : ⓐ와 ⓑ를 보니, ____(가)____

① 중세 국어 '열다', '흩다'는 타동사로만 쓰였고, 현대 국어 '열다', '흩다'도 타동사로만 쓰인다.
② 중세 국어 '열다', '흩다'는 자동사로만 쓰였고, 현대 국어 '열다', '흩다'도 자동사로만 쓰인다.
③ 중세 국어 '열다', '흩다'는 타동사 및 자동사로 쓰였고, 현대 국어 '열다', '흩다'는 타동사로만 쓰인다.
④ 중세 국어 '열다', '흩다'는 타동사 및 자동사로 쓰였고, 현대 국어 '열다', '흩다'는 자동사로만 쓰인다.
⑤ 중세 국어 '열다', '흩다'는 타동사 및 자동사로 쓰였고, 현대 국어 '열다', '흩다'도 타동사 및 자동사로 쓰인다.

565 [2017년 6월 고3 모평 15번]

<보기 1>을 참고할 때, <보기 2>의 ㉮~㉰에 들어갈 말로 적절한 것은?

보기 1

일반적으로 중세 국어에서는 서술격 조사가 앞에 결합하는 체언의 끝소리에 따라 달리 나타났다.

먼저 체언의 끝소리가 자음일 때 '이'가 나타났다.

○ 샹녜 쓰ᄂᆞᆫ 힛 일후미라(일훔+이라) (보통 쓰는 해의 이름이다)

체언의 끝소리가 모음 '이'이거나 반모음 'ㅣ'일 때는 아무런 형태가 나타나지 않았다.

○ 牛頭는 쇠 머리라(머리+라) (우두는 소의 머리이다)

그리고 체언의 끝소리가 모음 '이'도, 반모음 'ㅣ'도 아닌 모음일 때는 'ㅣ'가 나타났다.

○ 生佛은 사라 겨신 부톄시니라(부텨+ㅣ시니라) (생불은 살아 계신 부처이시다)

보기 2

○ 齒ᄂᆞᆫ [㉮] (치는 이이다)
○ 所ᄂᆞᆫ [㉯] (소는 바이다)
○ 樓는 [㉰] (누는 다락이다)

	㉮	㉯	㉰
①	니이라	바이라	다락라
②	니라	배라	다락ㅣ라
③	니이라	바라	다락ㅣ라
④	니라	배라	다라기라
⑤	니ㅣ라	바이라	다라기라

566 [2017년 7월 고3 학평 15번]

<보기>를 바탕으로 중세 국어의 특징을 탐구한 내용으로 적절하지 않은 것은?

> **보 기**
>
> ㉠나랏 말ᄊᆞ미 中듕國귁에 달아 文문字ᄍᆞᆼ와로 서르 ᄉᆞᄆᆞᆺ디 아니ᄒᆞᆯᄊᆡ 이런 젼ᄎᆞ로 어린 百ᄇᆡᆨ姓셩이 ㉡니르고져 ᄒᆞᇙ ㉢배 이셔도 ᄆᆞᄎᆞᆷ내 제 ᄠᅳ들 시러 ㉣펴디 몯ᄒᆞᇙ 노미 하니라 내 ㉤이ᄅᆞᆯ 爲윙ᄒᆞ야 어엿비 너겨 새로 스믈여듧 字ᄍᆞᆼᄅᆞᆯ ᄆᆡᇰᄀᆞ노니 사ᄅᆞᆷ마다 ᄒᆡᅇᅧ 수ᄫᅵ 니겨 날로 ᄡᅮ메 便뼌安한킈 ᄒᆞ고져 ᄒᆞᇙ ᄯᆞᄅᆞ미니라
>
> **[현대어 풀이]**
>
> 우리나라의 말이 중국과 달라 문자와 서로 통하지 아니하여서 이런 까닭으로 어리석은 백성이 말하고자 하는 바가 있어도 마침내 제 뜻을 능히 펴지 못하는 사람이 많다. 내가 이것을 위하여 가엾게 여겨 새로 스물여덟 자를 만드니, 모든 사람들로 하여금 쉽게 익혀 날마다 쓰는 데 편하게 하고자 할 따름이다.

① ㉠의 'ㅅ'은 현대 국어의 '의'에 해당하는 관형격 조사로 쓰였군.

② ㉡의 '-고져'는 현대 국어의 '-고자'에 해당하는 연결 어미로 쓰였군.

③ ㉢의 'ㅣ'는 주격 조사로, 모음으로 끝나는 체언에 결합했음을 알 수 있군.

④ ㉣과 현대 국어의 '펴지'를 비교해 보니 '-디'에서는 구개음화가 확인되지 않는군.

⑤ ㉤의 'ᄅᆞᆯ'은 목적격 조사로, 자음으로 끝나는 체언에 결합했음을 알 수 있군.

567 [2017년 9월 고3 모평 14번]

<보기 1>의 중세 국어의 특징을 바탕으로 <보기 2>의 ⓐ~ⓓ를 탐구하는 활동을 수행하였다. 학생들이 탐구한 내용으로 적절하지 않은 것은?

> **보 기 1**
>
> ㉠ 설명 의문문과 판정 의문문에서 쓰이는 종결 어미가 서로 달랐다.
> ㉡ 체언에 결합하는 조사의 형태는 모음조화에 따라 결정되었다.
> ㉢ 높임의 호격 조사로서 현대 국어에 없는 형태가 있었다.
> ㉣ 선어말 어미의 결합 순서가 현대 국어와 다른 경우가 있었다.
> ㉤ 듣는 이를 높이기 위한 선어말 어미가 사용되었다.

> **보 기 2**
>
> ⓐ 므슴 **마ᄅᆞᆯ 니ᄅᆞᄂᆞ뇨** [무슨 말을 말하느냐?]
> ⓑ 져므며 늘구미 **잇ᄂᆞ녀** [젊으며 늙음이 있느냐?]
> ⓒ 虛空과 **벼를 보더시니** [허공과 별을 보시더니]
> ⓓ **世尊하** 내 堂中에 이셔 몬져 如來 **보ᅀᆞᆸ고** [세존이시여, 내가 집 안에서 먼저 여래 뵙고]

① ⓐ의 '니ᄅᆞᄂᆞ뇨'와 ⓑ의 '잇ᄂᆞ녀'를 비교해 보면, ㉠을 확인할 수 있군.

② ⓐ의 '마ᄅᆞᆯ'과 ⓒ의 '벼를'을 비교해 보면, ㉡을 확인할 수 있군.

③ ⓓ의 '世尊하'를 보면, ㉢을 확인할 수 있군.

④ ⓒ의 '보더시니'를 보면, ㉣을 확인할 수 있군.

⑤ ⓓ의 '보ᅀᆞᆸ고'를 보면, ㉤을 확인할 수 있군.

국어의 변천(중세 국어) 핵심 기출 문제

568 [2018년 3월 고3 학평 15번]

<보기>의 (가)에 들어갈 내용으로 적절하지 않은 것은?

보 기

학습 활동	다음 자료를 보고, 중세 국어의 조사에 대해 탐구해 보자.
학습 자료	ㄱ. ᄃᆞ리 즈믄 ᄀᆞᄅᆞ매 비취요미 ᄀᆞᆮᄒᆞ니라 (달이 천 개의 강에 비침과 같으니라) ㄴ. 네 후(後)에 부톄 ᄃᆞ외야 (네가 후에 부처가 되어) ㄷ. 부텻 모미 여러 가짓 상(相)이 ᄀᆞᄌᆞ샤 (부처의 몸이 여러 가지의 상이 갖춰져 있으시어) ㄹ. 사ᄉᆞ미 등과 도ᄌᆞᄀᆡ 입과 눈 (사슴의 등과 도적의 입과 눈) ㅁ. 사ᄅᆞ미 모ᄆᆞᆯ 득(得)ᄒᆞ고 부텨를 맛나 잇ᄂᆞ니 (사람의 몸을 득하고 부처를 만나 있으니)
활동 결과	(가)

① ㄱ의 'ᄃᆞ리'와 '비취요미'에서 '이'가 각각 주격 조사와 부사격 조사로 사용되었다.
② ㄴ의 '네'에서 'ㅣ'가 주격 조사로, '부톄'에서 'ㅣ'가 보격 조사로 사용되었다.
③ ㄷ의 '부텻'과 '가짓'에서 'ㅅ'이 모두 관형격 조사로 사용되었다.
④ ㄹ의 '사ᄉᆞ미'와 '도ᄌᆞᄀᆡ'에는 'ᄋᆡ'가 각각 기준과 조건을 나타내는 부사격 조사로 사용되었다.
⑤ ㅁ의 '모ᄆᆞᆯ', '부텨를'에는 형태가 다른 목적격 조사가 사용되었다.

569 [2018년 9월 고3 모평 14번]

<보기>의 ㉠과 ㉡에 들어갈 말로 바르게 짝지어진 것은?

보 기

중세 국어에서는 객체를 높이기 위해 선어말 어미를 사용했는데, 이 선어말 어미는 음운 조건에 따라 다음과 같이 다양한 형태로 실현되었다.

어간 말음 조건	형태	용례
'ㄱ, ㅂ, ㅅ, ㅎ'일 때	-ᄉᆞᆸ-	돕ᄉᆞᆸ고
'ㄷ, ㅈ, ㅊ'일 때	-ᄌᆞᆸ-	묻ᄌᆞᆸ고
모음이나 'ㄴ, ㅁ, ㄹ'일 때	-ᅀᆞᆸ-	보ᅀᆞᆸ고

객체 높임 선어말 어미 뒤에 모음으로 시작하는 어미가 오면, 객체 높임 선어말 어미는 '-ᄉᆞᇦ-, -ᄌᆞᇦ-, -ᅀᆞᇦ-'으로 실현되었다.

· 아래 문장에서 객체 높임의 대상은 (㉠)이다.
- 王(왕)이 부텻긔 더욱 敬信(경신)ᄒᆞᆫ ᄆᆞᅀᆞᄆᆞᆯ 내ᅀᆞᄫᅡ
[왕이 부처께 더욱 공경하고 믿는 마음을 내어]

· 어간 '듣-'과 어미 '-ᄋᆞ며' 사이에 객체 높임 선어말 어미가 결합하면 다음과 같이 활용했다.
- 내 아래브터 부텻긔 이런 마ᄅᆞᆯ 몯 (㉡)
[내가 예전부터 부처께 이런 말을 못 들으며]

	㉠	㉡
①	王(왕)	듣ᄌᆞᄫᆞ며
②	王(왕)	듣ᄉᆞᄇᆞ며
③	부텨	듣ᄌᆞᄫᆞ며
④	부텨	듣ᄌᆞᄇᆞ며
⑤	ᄆᆞᅀᆞᆷ	듣ᅀᆞᄫᆞ며

570 [2019년 6월 고3 모평 13번]

<보기>의 ㉠~㉢에 들어갈 말로 적절한 것은?

보 기

중세 국어에서는 의문문의 종류에 따라 종결 어미나 보조사가 달리 쓰인다. 예를 들면 용언의 어간에 어미가 결합하여 서술어가 될 때 판정 의문문에서는 종결 어미 '-녀', 설명 의문문에서는 종결 어미 '-뇨'가 쓰인다. 반면, 체언에 보조사가 결합하여 서술어가 될 때 판정 의문문에서는 보조사 '가', 설명 의문문에서는 보조사 '고'가 쓰인다. 그런데 주어가 2인칭일 때에는 의문문의 종류와 관계없이 종결 어미 '-ㄴ다'가 쓰인다. 중세 국어 의문문의 예는 아래와 같다.

○ 이 일후미 (㉠)
[이 이름이 무엇인가?]
○ 네 엇뎨 아니 (㉡)
[네가 어찌 안 가는가?]
○ 그듸ᄂᆞᆫ 보디 (㉢)
[그대는 보지 않는가?]

	㉠	㉡	㉢
①	ᄆᆞ스고	가ᄂᆞ뇨	아니ᄒᆞᄂᆞᆫ다
②	ᄆᆞ스고	가ᄂᆞᆫ다	아니ᄒᆞᄂᆞᆫ다
③	ᄆᆞ스고	가ᄂᆞ뇨	아니ᄒᆞᄂᆞ녀
④	ᄆᆞ스가	가ᄂᆞᆫ다	아니ᄒᆞᄂᆞᆫ다
⑤	ᄆᆞ스가	가ᄂᆞ뇨	아니ᄒᆞᄂᆞ녀

571 [2019년 수능 15번]

<보기 1>의 ㉠~㉢에 해당하는 예만을 <보기 2>에서 고른 것은?

보기 1

중세 국어의 주격 조사는 음운 조건에 따라 '이', '∅(영형태)', 'ㅣ'로 실현되었다.

• 자음 다음에는 '이'가 나타났다. ……………… ㉠
예) 바비(밥+이) [밥이]
• 모음 '이'나 반모음 'ㅣ' 다음에는 '∅(영형태)'로 실현되어, 나타나지 않았다. ……………… ㉡
예) 활 쏘리(활 쏠 이+∅) [활 쏠 이가], 새(새+∅) [새가]
• 모음 '이'와 반모음 'ㅣ' 이외의 모음 다음에는 'ㅣ'가 나타났다.
예) 쇠(쇼+ㅣ) [소가]
• 음운 조건에 관계없이 생략되기도 했다. ……………… ㉢
예) 곶 됴코 [꽃 좋고], 나모 셋ᄂᆞᆫ [나무 서 있는]

보기 2

ⓐ : **나리** 져므러 [날이 저물어]
ⓑ : **太子** 오ᄂᆞ다 드르시고 [태자 온다 들으시고]
ⓒ : 내해 **ᄃᆞ리** 업도다 [개천에 다리가 없도다]
ⓓ : **아ᄃᆞ리** 孝道ᄒᆞ고 [아들이 효도하고]
ⓔ : **孔子ㅣ** 드르시고 [공자가 들으시고]

① ㉠ : ⓐ, ⓓ
② ㉠ : ⓐ, ⓔ
③ ㉡ : ⓑ, ⓒ
④ ㉡ : ⓑ, ⓓ
⑤ ㉢ : ⓒ, ⓔ

572 [2020년 6월 고3 모평 13번]

<학습 활동>을 수행한 결과로 적절하지 <u>않은</u> 것은?

학습 활동

현대 국어와 달리 중세 국어의 관형격 조사에는 여러 형태가 있다. 선행 체언이 무정물일 때는 'ㅅ'이 쓰이고, 유정물일 때는 모음 조화에 따라 'ᄋᆡ', '의' 등이 쓰인다. 다만 유정물이라도 존칭의 대상일 때는 이들 대신 'ㅅ'이 쓰인다. 이를 참고하여 선행 체언과 후행 체언이 관형격 조사로 연결되었을 때의 모습을 아래 표의 ㉠~㉤에 채워 보자.

선행 체언	아바님 (아버님)	그력 (기러기)	아ᄃᆞᆯ (아들)	수플 (수풀)	등잔 (등잔)
후행 체언	곁(곁)	목(목)	낳 (나이)	가온ᄃᆡ (가운데)	기름 (기름)
적용 모습	㉠	㉡	㉢	㉣	㉤

① ㉠ : 아바니믜(아바님+의) 곁
② ㉡ : 그려긔(그력+의) 목
③ ㉢ : 아ᄃᆞ릐(아ᄃᆞᆯ+ᄋᆡ) 낳
④ ㉣ : 수픐(수플+ㅅ) 가온ᄃᆡ
⑤ ㉤ : 등자ᇇ (등잔+ㅅ) 기름

573 [2020년 9월 고3 모평 15번]

<보기>에 대한 이해로 적절한 것은?

보 기

나·랏 **:말ᄊᆞ·미** 中듕國·귁·에 달·아 文문字·ᄍᆞᆼ·와·로 서르 ᄉᆞᄆᆞᆺ·디 아·니ᄒᆞᆯ·ᄊᆡ ·이런 젼·ᄎᆞ·로 어·린 百·ᄇᆡᆨ姓·셩·이 니르·고·져 **·ᄒᆞᇙ ·배** 이·셔·도 ᄆᆞ·ᄎᆞᆷ:내 제 ·ᄠᅳ·들 시·러 펴·디 :몯ᄒᆞᇙ ·노·미 **하·니·라** ·내 **·이·ᄅᆞᆯ** 爲·윙·ᄒᆞ·야 :어엿·비 너·겨 **·새·로** ·스·믈여·듧 字·ᄍᆞᆼ·ᄅᆞᆯ 밍·ᄀᆞ노·니 :사ᄅᆞᆷ:마·다 **:ᄒᆡ·ᅇᅧ** :수·ᄫᅵ 니·겨 ·날·로 **·ᄡᅮ·메 便뼌安한·킈 ᄒᆞ·고·져** ᄒᆞᇙ ᄯᆞᄅᆞ·미니·라

\- 『훈민정음』 언해, 세조 5년(1459)

○ **현대어 풀이**

우리나라의 말이 중국과 달라 문자와 서로 통하지 아니하여서 이런 까닭으로 어리석은 백성이 말하고자 하는 바가 있어도 마침내 제 뜻을 능히 펴지 못하는 사람이 많다. 내가 이를 위하여 가엾게 여겨 새로 스물여덟 자를 만드니, 모든 사람들로 하여금 쉽게 익혀 날마다 쓰는 데 편하게 하고자 할 따름이다.

① ':말ᄊᆞ·미'와 '·ᄒᆞᇙ ·배'에 쓰인 주격 조사는 그 형태가 동일하군.
② '하·니·라'의 '하다'는 현대 국어의 동사 '하다'와 품사가 동일하군.
③ '·이·ᄅᆞᆯ'과 '·새·로'에는 동일한 강약을 표시하는 방점이 쓰였군.
④ ':ᄒᆡ·ᅇᅧ'와 '便뼌安한·킈 ᄒᆞ·고·져'에는 모두 피동 표현이 쓰였군.
⑤ '·ᄡᅮ·메'에는 '사용하다'라는 의미를 지닌 동사 '쓰다'가 쓰였군.

574 [2020년 수능 예시문항 39번]

<학습 활동>의 [A]에 들어갈 말로 적절하지 <u>않은</u> 것은?

학습 활동

[자료]에 나타나는 중세 국어의 특징에 대해 알아보자.

[자료]

㉠<u>나랏</u> 말ᄊᆞ미 中듕國귁에 달아 文문字ᄍᆞᆼ와로 서르 ᄉᆞᄆᆞᆺ디 아니ᄒᆞᆯᄊᆡ 이런 젼ᄎᆞ로 어린 百ᄇᆡᆨ姓셩이 니르고져 ᄒᆞᇙ ㉡<u>배</u>이셔도 ᄆᆞᄎᆞᆷ내 제 ㉢<u>ᄠᅳ들</u> 시러 펴디 몯ᄒᆞᇙ ㉣<u>노미</u> 하니라 내 ㉤<u>이ᄅᆞᆯ</u> 爲윙ᄒᆞ야 어엿비 너겨 새로 스믈여듧 字ᄍᆞᆼᄅᆞᆯ 밍ᄀᆞ노니 사ᄅᆞᆷ마다 ᄒᆡᅇᅧ 수ᄫᅵ 니겨 날로 ᄡᅮ메 便뼌安한킈 ᄒᆞ고져 ᄒᆞᇙ ᄯᆞᄅᆞ미니라

\- 『훈민정음』 언해, 세조 5년(1459)

○ **현대어 풀이**

우리나라의 말이 중국과 달라 문자와 서로 통하지 아니하여서 이런 까닭으로 어리석은 백성이 말하고자 하는 **바가** 있어도 마침내 제 **뜻을** 능히 펴지 못하는 **사람이** 많다. 내가 **이를** 위하여 가엾게 여겨 새로 스물여덟 자를 만드니, 모든 사람들로 하여금 쉽게 익혀 날마다 쓰는 데 편하게 하고자 할 따름이다.

[활동 결과]

[A]

① ㉠을 보니, 'ㅅ'이 현대 국어의 관형격 조사 기능을 하는군.
② ㉡을 보니, 'ㅣ'가 현대 국어의 주격 조사 기능을 하는군.
③ ㉢을 보니, 현대 국어와 달리 서로 다른 두 개의 초성 글자가 나란히 쓰였군.
④ ㉣을 보니, '놈'이 현대 국어와 다른 의미로 쓰였군.
⑤ ㉤을 보니, 현대 국어와 달리 양성 모음 뒤에 목적격 조사 'ᄅᆞᆯ'이 쓰였군.

575 [2020년 수능 15번]

<보기>의 ㉠과 ㉡에 들어갈 말로 적절한 것은?

보 기

학생 : 현대 국어와는 달리 중세 국어의 'ㅔ', 'ㅐ'가 이중 모음이었다는 근거가 궁금해요.

선생님 : 'ㅔ', 'ㅐ'로 끝나는 체언과 결합하는 조사의 형태가 무엇인지 (가)를 참고하여 (나)를 살펴보면 알 수 있단다.

(가)

체언의 끝소리	조사의 형태	예
자음	이라	지비라[집이다]
단모음 '이'나 반모음 'ㅣ'	∅라	ᄉᆞᅀᅵ라[ᄉᆞᅀᅵ(사이)이다] 불휘라[불휘(뿌리)이다]
그 밖의 모음	ㅣ라	젼치라[젼ᄎᆞ(까닭)이다] 곡되라[곡도(꼭두각시)이다]

(나)

今(금)은 이제라[이제이다], 下(하)ᄂᆞᆫ 아래라[아래이다]

학생 : (가)의 [㉠]에서처럼 (나)의 '이제'와 '아래'가 [㉡] 형태의 조사를 취하는 것을 보니 'ㅔ', 'ㅐ'가 반모음 'ㅣ'로 끝나는 이중 모음이었음을 알 수 있어요.

	㉠	㉡
①	지비라	이라
②	ᄉᆞᅀᅵ라	∅라
③	불휘라	∅라
④	젼치라	ㅣ라
⑤	곡되라	ㅣ라

576 [2021년 3월 고3 학평 37번]

<보기>는 중세 국어를 학습하기 위한 자료이다. <보기>를 바탕으로 중세 국어의 특징을 탐구한 내용으로 적절하지 않은 것은?

보 기

太子ㅣ 앗겨 ᄆᆞᅀᆞ매 너교ᄃᆡ 비들 만히 니르면 몯 삸가 ᄒᆞ야 닐오ᄃᆡ **金으로** ᄭᆞ라 ᄯᅡ해 ᄭᆞ로ᄆᆞᆯ **ᄢᅳᆷ** 업게 ᄒᆞ면 이 東山ᄋᆞᆯ ᄑᆞ로리라 須達이 닐오ᄃᆡ **니ᄅᆞ샨 양ᄋᆞ로** 호리이다 太子ㅣ 닐오ᄃᆡ내 롱담ᄒᆞ다라 須達이 닐오ᄃᆡ **太子ㅅ** 法은 **거즛마ᄅᆞᆯ** 아니ᄒᆞ시ᄂᆞᆫ 거시니 구쳐 ᄑᆞᄅᆞ시리이…다

[현대어 풀이]

태자가 아껴 마음에 여기되 '값을 많이 이르면 못 살까.' 하여 이르되 "금으로 땅에 깔음을 틈 없게 하면 이 동산을 팔겠다." 수달이 이르되 "이르신 양으로 하겠습니다." 태자가 이르되 "내가 농담하였다." 수달이 이르되 "태자의 도리는 거짓말을 하시지 않는 것이니 하는 수 없이 파실 것입니다."

① '金으로'와 '양ᄋᆞ로'를 통해 모음 조화에 따라 형태를 달리하는 부사격 조사가 있었음을 확인할 수 있다.
② 'ᄢᅳᆷ'을 통해 단어 첫머리에 자음이 연속하여 올 수 있었음을 확인할 수 있다.
③ '니ᄅᆞ샨'을 통해 주체인 수달을 높이는 선어말 어미가 쓰였음을 확인할 수 있다.
④ '太子ㅅ'을 통해 'ㅅ'이 관형격 조사로 쓰였음을 확인할 수 있다.
⑤ '거즛마ᄅᆞᆯ'을 통해 자음으로 끝나는 체언에 모음으로 시작하는 조사가 결합할 때 이어적기를 하였음을 확인할 수 있다.

577 [2021년 4월 고3 학평 39번]

<보기>에 나타난 중세 국어의 특징을 탐구한 내용으로 적절하지 않은 것은?

> **보 기**
>
> **불휘** 기픈 남ᄀᆞᆫ **ᄇᆞᄅᆞ매** 아니 뮐씨 곶 됴코 여름 **하ᄂᆞ니**
> **ᄉᆡ미** 기픈 **ᄆᆞᄅᆞᆫ** **ᄀᆞᄆᆞ래** 아니 그츨씨 **내히** 이러 **바ᄅᆞ래** 가ᄂᆞ니
>
> **[현대어 풀이]**
> **뿌리가** 깊은 나무는 **바람에** 아니 움직이므로 꽃이 좋고 열매가 **많으니,**
> **샘이** 깊은 **물은** **가뭄에** 아니 그치므로 **내(川)가** 이루어져 **바다에** 가느니.
>
> -「용비어천가(龍飛御天歌)」<제2장>

① '불휘'와 'ᄉᆡ미'를 보니, '이' 모음으로 끝난 체언 뒤에 동일한 형태의 주격 조사가 사용되었음을 알 수 있군.
② 'ᄇᆞᄅᆞ매'와 'ᄀᆞᄆᆞ래'를 보니, '애'가 현대 국어의 부사격 조사와 같은 기능으로 사용되었음을 알 수 있군.
③ '하ᄂᆞ니'를 보니, '하다'가 현대 국어와 다른 의미로 쓰였음을 알 수 있군.
④ 'ᄆᆞᄅᆞᆫ'과 '바ᄅᆞ래'를 보니, 앞 형태소의 끝소리를 다음 형태소의 첫소리로 옮겨 적는 방식이 사용되었음을 알 수 있군.
⑤ '내히'를 보니, 체언이 모음으로 시작하는 조사와 결합할 때 체언의 끝소리 'ㅎ'이 연음되어 나타나는 경우가 있었음을 알 수 있군.

578 [2021년 9월 고3 모평 39번]

<보기>의 ㉠~㉤에 해당하는 예로 적절하지 않은 것은?

> **보 기**
>
> **[중세 국어 조사의 쓰임]**
> ㉠ 주격 조사 'ㅣ'는 모음 '이'나 반모음 'ㅣ' 이외의 모음으로 끝난 체언 뒤에 쓰였다.
> ㉡ 목적격 조사 'ᄋᆞᆯ' 또는 '을'은 자음으로 끝나는 체언 뒤에 쓰였다.
> ㉢ 관형격 조사 'ㅅ'은 사물이나 존대 대상인 체언 뒤에 쓰였다.
> ㉣ 부사격 조사 '로'는 모음이나 'ㄹ'로 끝나는 체언 뒤에 쓰였다.
> ㉤ 호격 조사 '하'는 존대 대상인 체언 뒤에 쓰였다.

① ㉠ : ᄃᆞ리 즈믄 ᄀᆞᄅᆞ매 비취요미 [달이 천 개의 강에 비치는 것이]
② ㉡ : 바ᄇᆞᆯ 머굶 대로 혜여 머굼과 [밥을 먹을 만큼 헤아려 먹음과]
③ ㉢ : 그 나못 불휘ᄅᆞᆯ ᄣᅢ혀[그 나무의 뿌리를 빼어]
④ ㉣ : ᄆᆞᆯᄀᆞᆫ 므르로 모ᄉᆞᆯ ᄆᆡᇰᄀᆞ노라 [맑은 물로 못을 만드노라]
⑤ ㉤ : 님금하 아ᄅᆞ쇼셔 [임금이시여, 아십시오]

579 [2022년 4월 고3 학평 39번]

<보기>를 바탕으로 중세 국어의 특징을 탐구한 내용으로 적절하지 않은 것은?

> **보 기**
>
> 羅雲(나운)이 져머 노ᄅᆞᄉᆞᆯ 즐겨 法(법) 드로ᄆᆞᆯ 슬히 너겨 ᄒᆞ거든 **부톄** ᄌᆞ로 **니ᄅᆞ샤도** **從(종)ᄒᆞᅀᆞᆸ디** 아니ᄒᆞ더니 後(후)에 부톄 羅雲(나운)이ᄃᆞ려 니ᄅᆞ샤ᄃᆡ 부텨 맛나미 **어려ᄫᅳ며** 法(법) 드로미 어려ᄫᅳ니 네 이제 **사ᄅᆞ미** 모ᄆᆞᆯ 得(득)하고 부텨를 맛나 잇ᄂᆞ니 엇뎨 게을어 法(법)을 아니 듣ᄂᆞᆫ다
>
> -「석보상절」
>
> **[현대어 풀이]**
> 나운이 어려서 놀이를 즐겨 법을 듣기를 싫게 여기니, 부처가 자주 이르셔도 따르지 아니하더니, 후에 부처가 나운이더러 이르시되, "부처를 만나기가 어려우며 법을 듣기 어려우니, 네가 이제 사람의 몸을 득하고 부처를 만나 있으니, 어찌 게을러 법을 아니 듣는가?"

① '부톄'를 통해 모음으로 끝나는 체언에 주격 조사가 결합했음을 확인할 수 있다.
② '니ᄅᆞ샤도'를 통해 두음 법칙이 적용되지 않았음을 확인할 수 있다.
③ '從(종)ᄒᆞᅀᆞᆸ디'를 통해 주체를 높이는 선어말 어미가 쓰였음을 확인할 수 있다.
④ '어려ᄫᅳ며'를 통해 현대 국어에 쓰이지 않는 음운이 존재했음을 확인할 수 있다.
⑤ '사ᄅᆞ미'를 통해 현대 국어와 다른 형태의 관형격 조사가 사용되었음을 확인할 수 있다.

580 [2022년 6월 고3 모평 37번]

<보기 1>을 참고하여 <보기 2>에서 밑줄 친 부분을 중심으로 ㉠~㉤을 이해한 내용으로 적절하지 <u>않은</u> 것은?

보기 1

객체 높임은 일반적으로 주체가 목적어나 부사어로 지시되는 대상인 객체보다 지위가 낮을 때 어휘적 수단이나 문법적 수단으로써 객체를 높이 대우하는 것이다. 전자는 **객체 높임의 동사**('ᄉᆞᆲ-', '아뢰-' 등)를 쓰는 방법이고, 후자는 **객체 높임의 조사**('ᄭᅴ', '께')를 쓰는 방법과 **객체 높임의 선어말 어미**('-ᅀᆸ-' 등)를 쓰는 방법이다. 중세 국어에서는 이 세 가지 방법을 다 썼으나 현대 국어에서는 객체 높임의 선어말 어미를 쓰지 않는다. 다음에서 중세 국어와 현대 국어를 비교해 보면 이를 확인할 수 있다.

이 말 다 **ᄉᆞᆲ**고 부텨**ᄭᅴ** 禮數ᄒᆞ**ᅀᆸ**고
[이 말 다 **아뢰**고 부처**께** 절 올리고]

보기 2

㉠ 나도 이제 너희 스승니믈 <u>보ᅀᆸ고져</u> ᄒᆞ노니
[나도 이제 너희 스승님을 뵙고자 하니]
㉡ 須達이 <u>舍利弗ᄭᅴ</u> 가 [수달이 사리불께 가서]
㉢ 내 이제 <u>世尊ᄭᅴ</u> <u>ᄉᆞᆲ노니</u> [내가 이제 세존께 아뢰니]
㉣ 여보, 당신이 <u>이모님께</u> 어머님 <u>모시고</u> 갔었어?
㉤ 선생님께서 그 아이에게 다친 덴 없는지 <u>여쭤</u> 보셨다.

① ㉠ : 어휘적 수단으로 객체인 '너희 스승님'을 높이 대우하고 있다.
② ㉡ : 문법적 수단으로 객체인 '舍利弗(사리불)'을 높이 대우하고 있다.
③ ㉢ : 조사 'ᄭᅴ'와 동사 'ᄉᆞᆲ노니'는 같은 대상을 높이기 위해 쓰이고 있다.
④ ㉣ : 조사 '께'와 동사 '모시고'는 서로 다른 대상을 높이기 위해 쓰이고 있다.
⑤ ㉤ : 주체와 객체의 관계를 고려하면 동사 '여쭤'의 사용은 부적절하다.

581 [2022년 수능 37번]

<학습 활동>을 수행한 결과로 적절하지 <u>않은</u> 것은?

학습 활동

다음은 중세 국어의 문자 및 표기와 관련된 내용이다. [자료]에서 ⓐ~ⓔ를 확인할 수 있는 예를 모두 골라 묶어 보자.

ⓐ 乃냉終즁ㄱ소리ᄂᆞᆫ 다시 첫소리ᄅᆞᆯ 쓰ᄂᆞ니라
[종성 글자는 따로 만들지 않고 다시 초성 글자를 사용한다]
ⓑ ㅇᄅᆞᆯ 입시울쏘리 아래 니ᅀᅥ 쓰면 입시울 가ᄇᆡ야ᄫᆞᆫ 소리 ᄃᆞ외ᄂᆞ니라
[ㅇ을 순음 글자 아래 이어 쓰면 순경음 글자가 된다]
ⓒ 첫소리ᄅᆞᆯ 어울워 ᄡᅳᆯ디면 ᄀᆞᆯᄫᅡ 쓰라 乃냉終즁ㄱ소리도 ᄒᆞᆫ가지라
[초성 글자를 합하여 사용하려면 옆으로 나란히 쓰라 종성 글자도 마찬가지이다]
ⓓ ㆍ와 ㅡ와 ㅗ와 ㅜ와 ㅛ와 ㅠ와란 첫소리 아래 브텨 쓰고
['ㆍ, ㅡ, ㅗ, ㅜ, ㅛ, ㅠ'는 초성 글자 아래에 붙여 쓰고]
ⓔ ㅣ와 ㅏ와 ㅓ와 ㅑ와 ㅕ와란 올ᄒᆞᆫ녀긔 브텨 쓰라
['ㅣ, ㅏ, ㅓ, ㅑ, ㅕ'는 초성 글자 오른쪽에 붙여 쓰라]

[자료] ᄢᅵ니, 붇, 사ᄫᅵ, ᄉᆞᄀᆞᄫᆞᆯ, ᄣᅡᆨ, ᄒᆞᆰ

① ⓐ : 붇, ᄣᅡᆨ, ᄒᆞᆰ
② ⓑ : 사ᄫᅵ, ᄉᆞᄀᆞᄫᆞᆯ
③ ⓒ : ᄢᅵ니, ᄣᅡᆨ, ᄒᆞᆰ
④ ⓓ : 붇, ᄉᆞᄀᆞᄫᆞᆯ, ᄒᆞᆰ
⑤ ⓔ : ᄢᅵ니, 사ᄫᅵ, ᄣᅡᆨ

국어의 변천(중세 국어) 핵심 기출 문제

582 [2023년 3월 고3 학평 39번]

<학습 활동>을 수행한 결과로 적절한 것은?

학습 활동

㉠ ~ ㉤을 통해 중세 국어의 격 조사가 실현된 양상을 탐구해 보자.

㉠ <u>太子ㅅ</u>(태자+ㅅ) 비들 사ᄆᆞ샤 時常 <u>겨틔</u>(곁+의) 이셔
(현대어 풀이 : 태자의 벗을 삼으시어 늘 곁에 있어)
㉡ <u>衆生ᄋᆡ</u>(중생+ᄋᆡ) <u>ᄆᆞᅀᆞᄆᆞᆯ</u>(ᄆᆞᅀᆞᆷ+ᄋᆞᆯ) 조차
(현대어 풀이: 중생의 마음을 따라)
㉢ 니르고져 홇 <u>배</u>(바+ㅣ) 이셔도 ᄆᆞᄎᆞᆷ내 제 <u>ᄠᅳ들</u>(ᄠᅳᆮ+을)
(현대어 풀이 : 이르고자 하는 바가 있어도 마침내 제 뜻을)
㉣ <u>바ᄅᆞ래</u>(바ᄅᆞᆯ+애) <u>ᄇᆞᄅᆞ미</u>(ᄇᆞᄅᆞᆷ+이) 자고
(현대어 풀이 : 바다에 바람이 자고)
㉤ <u>그르세</u>(그릇+에) 담고 버믜 고기란 <u>도ᄀᆡ</u>(독+ᄋᆡ) 다마
(현대어 풀이 : 그릇에 담고 범의 고기는 독에 담아)

	비교 자료	탐구 결과
①	㉠의 '太子ㅅ' ㉡의 '衆生ᄋᆡ'	체언이 무정 명사이냐 유정 명사이냐에 따라 관형격 조사의 형태가 다르게 나타난다고 볼 수 있겠군.
②	㉠의 '겨틔' ㉤의 '도ᄀᆡ'	체언 끝이 자음이냐 모음이냐에 따라 부사격 조사의 형태가 다르게 나타난다고 볼 수 있겠군.
③	㉡의 'ᄆᆞᅀᆞᄆᆞᆯ' ㉢의 'ᄠᅳ들'	체언 끝이 자음이냐 모음이냐에 따라 목적격 조사의 형태가 다르게 나타난다고 볼 수 있겠군.
④	㉢의 '배' ㉣의 'ᄇᆞᄅᆞ미'	체언의 모음이 양성 모음이냐 음성 모음이냐에 따라 주격 조사의 형태가 다르게 나타난다고 볼 수 있겠군.
⑤	㉣의 '바ᄅᆞ래' ㉤의 '그르세'	체언의 모음이 양성 모음이냐 음성 모음이냐에 따라 부사격 조사의 형태가 다르게 나타난다고 볼 수 있겠군.

583 [2023년 4월 고3 학평 39번]

<보기>의 자료에 나타나는 중세 국어의 특징을 탐구한 내용으로 적절하지 <u>않은</u> 것은?

보 기

[중세 국어] **부텻** 뎡바깃뼈**노ᄑᆞ샤** 뽄머리 **ᄀᆞᄐᆞ실씨**
[현대어 풀이] 부처님의 정수리뼈가 높으시어 튼 머리 같으시므로
[중세 국어] 大臣이 이 藥 ᄆᆡᇰᄀᆞ라 大王ᄭᅴ**받ᄌᆞᄫᆞᆫ대** 王이 **좌시고**
[현대어 풀이] 대신이 이 약을 만들어 대왕께 바치니 왕이 드시고

① '부텻'을 보니, 높임의 대상에 관형격 조사 'ㅅ'이 결합하였음을 알 수 있군.
② '노ᄑᆞ샤'를 보니, 대상의 신체 일부를 높이는 간접 높임이 실현되었음을 알 수 있군.
③ 'ᄀᆞᄐᆞ실씨'를 보니, 현대 국어와 같은 형태의 주체 높임 선어말 어미가 쓰였음을 알 수 있군.
④ '받ᄌᆞᄫᆞᆫ대'를 보니, 목적어가 지시하는 대상을 높이기 위한 객체 높임 선어말 어미가 쓰였음을 알 수 있군.
⑤ '좌시고'를 보니, 높임의 의미를 갖는 특수 어휘를 통해 주체를 높이고 있음을 알 수 있군.

584 [2023년 9월 고3 모평 39번]

<자료>를 바탕으로 <보기>의 ⓐ~ⓔ중 체언과 조사가 결합하여 이루어진 부속 성분이 있는 것만을 고른 것은?

보 기

ⓐ 내히 이러 바ᄅᆞ래 가ᄂᆞ니 [내가 이루어져 바다에 가니]
ⓑ 나랏 말ᄊᆞ미 中國에 달아 [우리나라의 말이 중국과 달라]
ⓒ 生人ᄋᆡ 소리 잇도소니 [생인(산 사람)의 소리가 있으니]
ⓓ 나혼 子息이 양ᄌᆡ 端正ᄒᆞ야 [낳은 자식이 모습이 단정하여]
ⓔ 내 닐오리니 네 이대 드르라 [내가 이르리니 네가 잘 들어라]

자 료

<보기>에 나타난 체언과 조사
· 체언 : 내ㅎ, 바ᄅᆞᆯ, 나라ㅎ, 말ᄊᆞᆷ, 中國, 生人, 소리, 子息, 양ᄌᆞ, 나, 너
· 조사 : 주격(이, ㅣ, ∅), 관형격(ㅅ, ᄋᆡ), 부사격(애, 에)

① ⓐ, ⓑ, ⓒ　② ⓐ, ⓑ, ⓓ　③ ⓐ, ⓓ, ⓔ
④ ⓑ, ⓒ, ⓔ　⑤ ⓒ, ⓓ, ⓔ

585 [2024년 5월 고3 학평 39번]

<보기>는 중세 국어를 학습하기 위한 자료이다. <보기>를 바탕으로 중세 국어의 특징을 탐구한 내용으로 적절하지 않은 것은?

보 기

ⓐ	◦ᄆᆡ햇 새 놀애 브르ᄂᆞ다 [들의 새가 노래를 부른다] ◦하ᄂᆶ童男이 잇ᄂᆞ이다 [하늘의 사내아이가 있습니다]
ⓑ	◦도ᄌᆞᄀᆡ 알ᄑᆞᆯ [도적의 앞을] ◦암ᄐᆞᆯ기 아ᄎᆞᄆᆡ 우러 [암탉이 아침에 울어]
ⓒ	◦님그믈 救ᄒᆞ시고 [임금을 구하시고] ◦種種앳 됴ᄒᆞᆫ 오ᄉᆞᆯ 어드며 [종종 좋은 옷을 얻으며]
ⓓ	◦반ᄃᆞ기 모매 잇ᄂᆞ녀 [마땅히 몸에 있느냐?] ◦究羅帝 이제 어듸 잇ᄂᆞ뇨 [구라제는 지금 어디 있느냐?]
ⓔ	◦盲龍이 눈 ᄠᅳ고 [눈 먼 용이 눈을 뜨고] ◦ᄢᅮᆯᄀᆞ티 ᄃᆞᆯ오 비치 ᄒᆡ더니 [꿀같이 달고 빛이 희더니]

① ⓐ를 통해, 선어말 어미 '-이'가 상대를 높이기 위해 사용되었음을 알 수 있군.
② ⓑ를 통해, 'ᄋᆡ'가 관형격 조사와 주격 조사로 모두 사용되었음을 알 수 있군.
③ ⓒ를 통해, 체언에 목적격 조사가 결합할 때 모음 조화가 지켜졌음을 알 수 있군.
④ ⓓ를 통해, 판정 의문문과 설명 의문문에서 쓰이는 종결 어미가 서로 달랐음을 알 수 있군.
⑤ ⓔ를 통해, 초성에 서로 다른 자음이 함께 쓰일 수 있었음을 알 수 있군.

국어의 변천(중세 국어) 핵심 기출 문제

586 [2024년 6월 고3 모평 39번]

<탐구 활동>의 ⓐ~ⓓ로 적절하지 않은 것은?

탐구 활동

차자 표기는 우리말을 한자로 표기하는 것이다. 차자 표기된 한자는 한자의 훈이나 음으로 읽게 된다. 이때 한자의 본뜻이 유지되기도 하고 그렇지 않기도 하다. 아래는 이러한 차자 표기 방식들을 '水(물-수)'로써 응용해 보인 것이다.

	훈으로 읽음	음으로 읽음
본뜻 유지	예) '水'를 '물'의 뜻으로 '물'로 읽음 ………㉠	예) '水'를 '물'의 뜻으로 '수'로 읽음
본뜻 무시	예) '水'를 '물'의 뜻과 상관 없이 '물'로 읽음 ………㉡	예) '水'를 '물'의 뜻과 상관 없이 '수'로 읽음 ………㉢

다음 한자(훈-음)를 이용해 차자 표기를 해 보고 그 방식을 설명해 보자.

火(불-화), 土(흙-토), 多(많다-다), 衣(옷-의), 乙(새-을)

예컨대, 고유어 표현 (ⓐ)의 밑줄 친 부분을 (ⓑ)로 표기하고 (ⓒ)(으)로 읽는다면 (ⓓ)의 방식을 이용한 것이다.

	ⓐ	ⓑ	ⓒ	ⓓ
①	불빛이 일다	火	불	㉠
②	진흙이 굳다	土	흙	㉠
③	웃음이 많다	多	다	㉡
④	시옷을 적다	衣	옷	㉡
⑤	찬물을 담다	乙	을	㉢

587 [2024년 9월 고3 모평 38번]

<보기>를 참고할 때, ㉠~㉢에 들어갈 말로 적절한 것은?

보 기

중세 국어에는 문장의 주체를 높이는 선어말 어미와 문장의 객체를 높이는 선어말 어미가 있었다. [자료]의 밑줄 친 높임 표현의 선어말 어미가 높이는 대상이 무엇인지 알아보자.

[자료]에 나타난 체언과 조사

- 체언 : 妙光(묘광), 녜, 燈明(등명), 然燈(연등), 스승, 釋迦(석가), 道(도), 나, 부텨, 말씀
- 조사 : 이, 을, ㅅ, ᄅᆞᆯ, ㅣ, ᄭᅴ, ᄋᆞᆯ

[자료]

○ 妙光이 녜 燈明을 돕ᄉᆞᄫᅡ 然燈ㅅ 스스이 ᄃᆞ외시고 이제 釋迦ᄅᆞᆯ 돕ᄉᆞᄫᅡ 燈明ㅅ 道ᄅᆞᆯ 니ᅀᅳ시며

[현대어 풀이 : 묘광이 옛적 등명을 도와 연등의 스승이 되시고 이제 석가를 도와 등명의 도를 이으시며]

○ 내 부텨ᄭᅴ 말ᄊᆞᄆᆞᆯ ᄒᆞᅀᆞᄫᅩᄃᆡ

[현대어 풀이 : 내가 부처께 말씀을 드리되]

높임 표현	높이는 대상
ᄃᆞ외시고(ᄃᆞ외-+-시-+-고)	㉠
니ᅀᅳ시며(니ᇫ-+-으시-+-며)	㉡
ᄒᆞᅀᆞᄫᅩᄃᆡ(ᄒᆞ-+-ᅀᆞᆸ-+-오ᄃᆡ)	㉢

	㉠	㉡	㉢
①	妙光(묘광)	妙光(묘광)	부텨
②	妙光(묘광)	妙光(묘광)	말씀
③	스승	妙光(묘광)	부텨
④	스승	스승	말씀
⑤	스승	스승	부텨

588 [2024년 10월 고3 학평 39번]

<보기>의 ㉠~㉣에 들어갈 말로 적절한 것은?

보 기

선생님 : 중세 국어의 체언 중에는 뒤에 오는 조사에 따라 형태가 달리 실현되는 것이 있었습니다. 현대 국어에서 '나무', '하루'를 의미하는 중세 국어의 단어는 자음으로 시작하는 조사나 조사 '와'와 결합할 때 '나모', 'ᄒᆞᄅᆞ'의 형태로 나타났고, '와'를 제외한 모음으로 시작하는 조사와 결합할 때 '낡', 'ᄒᆞᆯㄹ'의 형태로 나타났어요. [예문]에서 이 단어들은 조사 '마다', '와', '도', 'ᄋᆞᆫ'과 결합하고 있는데요, 그럼 이 단어들은 ㉠~㉣에서 어떻게 나타날까요?

[예문]

ㄱ. 나비 (㉠) ᄃᆞᆯ엿다 ᄒᆞᄂᆞ다
[원숭이가 나무마다 매달렸다 한다]

ㄴ. (㉡) ᄒᆞᆰᄀᆞ로 ᄒᆞ며
[나무와 흙으로 하며]

ㄷ. (㉢) 벋 업시 몯ᄒᆞ시더니라
[하루도 벗 없이 하지 못하셨다]

ㄹ. (㉣) 조심 아니ᄒᆞ샤
[하루는 조심하지 아니하셔]

	㉠	㉡	㉢	㉣
①	나모마다	나모와	ᄒᆞᄅᆞ도	ᄒᆞᄅᆞᆫ
②	나모마다	남과	ᄒᆞᆯᄅᆞ도	ᄒᆞᄅᆞᆫ
③	나모마다	나모와	ᄒᆞᄅᆞ도	ᄒᆞᆯᄅᆞᆫ
④	낡마다	남과	ᄒᆞᄅᆞ도	ᄒᆞᆯᄅᆞᆫ
⑤	낡마다	나모와	ᄒᆞᆯᄅᆞ도	ᄒᆞᄅᆞᆫ

언매
1000제

Part 07

문법 비문학

핵심 기출 문제

문법 비문학 - 핵심 기출 문제

[2020년 6월 고2 학평 11-12번]

[589-590] 다음 글을 읽고 물음에 답하시오.

국어에는 체언이나 부사, 어미 따위에 붙어 그 말과 다른 말과의 문법적 관계를 표시하거나 그 말의 뜻을 도와주는 품사가 있는데, 이를 조사라고 한다. 조사는 그 기능과 의미에 따라 격 조사, 보조사, 접속 조사로 분류한다.

격 조사는 앞에 오는 체언이 문장 안에서 일정한 자격을 가지도록 해 준다. '이/가'와 같이 문장 안에서 체언이나 체언 구실을 하는 말 뒤에 붙어 주어의 자격을 가지게 하는 주격 조사도 있고, '을/를'과 같이 목적어가 되게 하는 목적격 조사도 있다. 또 '의'와 같이 관형어가 되게 하는 관형격 조사도 있고, '이/가'와 같이 '되다', '아니다'와 함께 쓰여 보어가 되게 하는 보격 조사도 있다. 그밖에 '에', '에서', '(으)로', '와/과', '보다'처럼 체언이나 체언 구실을 하는 말 뒤에 붙어 부사어의 자격을 가지게 하는 부사격 조사와 '아/야'와 같이 독립어 가운데 부름말이 되게 하는 호격 조사 등도 격 조사에 속한다. 특히 체언에 붙어 서술어의 자격을 가지게 하는 '이다'는 서술격 조사라고 하는데, 마치 동사나 형용사처럼 활용하는 특징이 있다.

보조사는 체언, 부사, 활용 어미 따위에 붙어서 어떤 특별한 의미를 더해 주는 구실을 한다. 보조사에는 '은/는', '도', '만', '까지', '마저', '조차', '부터' 따위가 있다. '인생은 짧고 예술은 길다.'에 쓰인 '은'은 체언에 붙어서 어떤 대상이 다른 것과 대조됨을 나타내는 보조사이다. 또 '고구마는 구워도 먹고 삶아도 먹는다.'에 쓰인 '도'는 활용 어미 뒤에 붙어서 둘 이상의 대상이나 사태를 똑같이 아우름을 나타내는 보조사이다.

접속 조사는 둘 이상의 단어나 구 따위를 같은 자격으로 이어 주는 구실을 한다. 접속 조사에는 '와/과', '하고', '(이)나', '(이)랑' 등이 있다. '배하고 사과하고 감을 가져오너라.'에 쓰인 '하고'는 둘 이상의 사물을 같은 자격으로 이어 주는 접속 조사이다.

그런데 ⓐ<u>동일한 형태의 조사가 문장에서 서로 다른 기능을 하기도 한다</u>. 예를 들어 조사 '가'는 앞말이 주어임을 나타내는 격 조사로 쓰일 때도 있고, 앞말을 강조하는 뜻을 나타내는 보조사로 쓰일 때도 있다. '를'은 앞말이 목적어임을 나타내는 격 조사로 쓰일 때도 있고, 앞말을 강조하는 뜻을 나타내는 보조사로 쓰일 때도 있다. 또 '에'는 앞말이 부사어임을 나타내는 격 조사로 쓰일 때도 있고, 둘 이상의 사물을 같은 자격으로 이어 주는 접속 조사로 쓰일 때도 있다. '과'는 앞말이 부사어임을 나타내는 격 조사로 쓰일 때도 있고, 두 단어나 문장 따위를 이어 주는 접속 조사로 쓰일 때도 있다. 또 '에서'는 앞말이 부사어임을 나타내는 격 조사로 쓰일 때도 있고, 단체를 나타내는 명사 뒤에 붙어 앞말이 주어임을 나타내는 격 조사로 쓰일 때도 있다.

589

윗글을 바탕으로 <보기>의 ㉠~㉤을 탐구한 내용으로 적절하지 <u>않은</u> 것은?

> **보 기**
>
> ㉠ 그는 보통 인물<u>이</u> 아니다.
> ㉡ 철수야, 내일이 무슨 날<u>이니</u>?
> ㉢ 이번에 성적이 많이<u>도</u> 올랐구나!
> ㉣ 언니가 동생<u>의</u> 간식을 만들고 있다.
> ㉤ 백화점에 가서 구두<u>랑</u> 모자<u>랑</u> 샀어요.

① ㉠의 '이'는 체언인 '인물'에 붙어 주어의 자격을 갖게 한다.
② ㉡의 '이니'는 체언인 '날'에 붙어 서술어의 자격을 갖게 한다.
③ ㉢의 '도'는 부사인 '많이'에 붙어 특별한 의미를 더해 주는 구실을 한다.
④ ㉣의 '의'는 체언인 '동생'에 붙어 관형어의 자격을 갖게 한다.
⑤ ㉤의 '랑'은 '구두'와 '모자'를 같은 자격으로 이어주는 역할을 한다.

590

밑줄 친 조사 중 ⓐ의 사례로 적절한 것은?

① 방이 깨끗하지<u>가</u> 않다. / 친구마저 미덥지<u>가</u> 못하다.
② 그녀는 장미<u>를</u> 좋아한다. / 그는 도서관에서 잡지<u>를</u> 읽었다.
③ 그는 요란한 소리<u>에</u> 잠을 깼다. / 그까짓 일<u>에</u> 너무 마음 상하지 마라.
④ 친구들<u>과</u> 어울려 늦게까지 놀았다. / 그는 다섯 살 아래의 여성<u>과</u> 결혼했다.
⑤ 너는 부산<u>에서</u> 몇 시에 출발 예정이냐? / 우리 학교<u>에서</u> 올해도 우승을 차지했다.

[2021년 3월 고2 학평 11-12번]

[591-592] 다음 글을 읽고 물음에 답하시오.

명사는 자립성의 유무에 따라 자립 명사와 의존 명사로 나눌 수 있다. 가령 '새 물건이 있다.'에서 '물건'은 관형어인 '새'가 없이 단독으로 쓰일 수 있기 때문에 자립 명사이다. 이와 달리 '헌 것이 있다.'에서 '것'은 관형어인 '헌'이 생략되면 '것이 있다.'와 같이 문법에 맞지 않는 문장이 되므로 의존 명사이다. 이처럼 의존 명사는 관형어의 수식 없이 단독으로 쓰일 수 없으며 조사와 결합한다는 특징이 있다.

의존 명사는 특정한 형태의 관형어를 요구하는 선행어 제약과, 특정 서술어나 격 조사와만 결합하는 후행어 제약이 있다. 다음 예문에서 (ㄱ)은 선행어 제약을, (ㄴ)은 후행어 제약을 보여 준다.

(ㄱ) 여기 (온 / *오는 / *올 / *오던) 지가 오래되었다.
(ㄴ) 나는 공부를 할 수가 있다.
그는 좋아서 어쩔 줄을 몰랐다.
일어난 김에 일을 마무리하자.
우리는 네게 그저 고마울 따름이다.

(ㄱ)에서 '지'를 수식하는 관형어는 관형사형 어미 '-(으)ㄴ'과만 결합하므로 선행어가 제약된다. (ㄴ)에서 '수'는 주격 조사 '가'와, '줄'은 목적격 조사 '을'과, '김'은 부사격 조사 '에'와, '따름'은 서술격 조사 '이다'와만 결합하므로 후행어가 제약된다. 이와 달리 '것'은 결합할 수 있는 격 조사의 제약이 없이 두루 사용된다. 의존 명사가 선행어 제약이나 후행어 제약이 있는지를 판단할 때는 의존 명사가 쓰일 수 있는 다양한 예를 고려해야 한다.

[A] 한편 의존 명사 중에는 '만큼'과 같이 동일한 형태가 조사로도 쓰이는 경우가 있는데, 이처럼 하나의 형태가 여러개의 품사로 쓰이는 것을 품사 통용이라 한다. 예를 들어'먹을 만큼 먹었다.'의 '만큼'은 관형어 '먹을'의 수식을 받는 의존 명사이지만, '너만큼 나도 할 수 있다.'의 '만큼'은 체언 '너' 뒤에 붙는 조사이다. 이때 의존 명사는 앞말과 띄어 쓰고, 조사는 앞말과 붙여 써야 한다.

591

[A]를 참고할 때, 밑줄 친 단어의 띄어쓰기가 옳은지 판단한 결과로 적절하지 않은 것은?

	예문	판단 결과
①	노력한 만큼 대가를 얻는다.	X
②	나도 형 만큼 운동을 잘 할 수 있다.	X
③	그 사실을 몰랐던 만큼 충격도 컸다.	O
④	시간이 멈추기를 바랄 만큼 즐거웠다.	O
⑤	그곳은 내 고향만큼 아름답지는 않다.	O

592

윗글을 바탕으로 <보기>의 밑줄 친 단어를 이해한 내용으로 적절한 것은?

보 기

ㄱ. 우리는 어찌할 바를 모르겠다.
ㄴ. 그들은 칭찬을 받을 만도 하다.
ㄷ. 그를 만난 것은 해 질 무렵이다.
ㄹ. 동생이 그런 일을 할 리가 없다.
ㅁ. 포수는 호랑이를 산 채로 잡았다.

① ㄱ의 '바'는 목적격 조사와만 결합할 수 있으므로 후행어 제약이 있군.
② ㄴ의 '만'은 관형사형 어미 '-(으)ㄹ'만 올 수 있으므로 선행어 제약이 있군.
③ ㄷ의 '무렵'은 서술격 조사 '이다'와만 결합할 수 있으므로 후행어 제약이 있군.
④ ㄹ의 '리'는 격 조사의 제약이 없이 두루 결합할 수 있으므로 후행어 제약이 없군.
⑤ ㅁ의 '채'는 '-(으)ㄴ' 외에 다른 관형사형 어미도 올 수 있으므로 선행어 제약이 없군.

문법 비문학 - 핵심 기출 문제

[2022년 6월 고2 학평 11-12번]

[593-594] 다음 글을 읽고 물음에 답하시오.

조사는 일반적으로 체언 뒤에 붙어서 문법적인 관계를 나타내거나 의미를 추가하는 의존 형태소로서, 기능과 의미에 따라 격 조사, 접속 조사, 보조사로 나눌 수 있다.

격 조사는 체언이 문장 안에서 일정한 자격을 가지게 해 주는 조사로서, 주격, 목적격, 관형격, 부사격, 서술격, 보격, 호격 조사로 나눌 수 있다. 주격 조사는 '이/가, 에서' 등으로, 체언이 주어의 자격을 가지게 하며, 목적격 조사는 '을/를'로, 체언이 목적어의 자격을 가지게 한다. 관형격 조사는 '의'로, 체언이 관형어의 자격을 가지게 하며, 부사격 조사는 '에, 에게, 에서, (으)로, 와/과' 등으로, 체언이 부사어의 자격을 가지게 한다. 보격 조사는 '이/가'로, 서술어 '되다, 아니다' 앞에 오는 체언이 보어의 자격을 가지게 한다. 서술격 조사는 '이다'로 체언이 서술어의 자격을 가지게 하고, 호격 조사는 '아/야, (이)시여' 등으로 체언이 호칭어가 되게 하는 조사이다.

접속 조사는 두 단어를 같은 자격으로 이어 주는 조사로 '와/과'가 대표적이며 '하고, (이)며' 등이 여기에 속한다. 보조사는 특별한 의미를 덧붙여 주는 조사로 '도, 만, 까지, 요' 등이 속한다. 보조사는 체언 뒤는 물론이고, 여러 문장 성분 뒤에도 나타날 수 있다.

조사는 서로 겹쳐 쓰기도 하는데, 이를 조사의 중첩이라 한다. 그러나 겹쳐 쓸 때 순서가 있다. 주격 조사, 목적격 조사, 보격 조사, 관형격 조사는 서로 겹쳐 쓸 수 없으나 보조사와는 겹쳐 쓸 수 있는데, 대체로 보조사의 뒤에 쓴다. 부사격 조사는 부사격 조사끼리 겹쳐 쓸 수 있고 다른 격 조사나 보조사와도 겹쳐 쓸 수 있는데, 일반적으로 다른 격 조사나 보조사의 앞에 쓴다. 보조사는 보조사끼리 겹쳐 쓸 수 있고 순서도 자유로운 편이지만, 의미가 모순되는 보조사끼리는 겹쳐 쓰기 어렵다.

593

윗글을 바탕으로 밑줄 친 부분을 분석한 내용으로 적절하지 않은 것은?

① '비가 오는데 바람까지 분다.'의 '까지'는 다시 그 위에 더한다는 의미를 가진 보조사이다.

② '나는 아버지보다 어머니와 닮았다.'의 '와'는 '어머니'와 '닮았다'를 이어 주는 접속 조사이다.

③ '우리 동아리에서 학교 축제에 참가하였다.'의 '에서'는 단체 명사 뒤에 쓰이는 주격 조사이다.

④ '신이시여, 우리를 보살피소서.'의 '이시여'는 어떤 대상을 정중하게 부를 때 쓰는 호격 조사이다.

⑤ '철수는요 밥을요 먹어야 하거든요.'의 '요'는 다양한 문장 성분의 뒤에 쓰여 청자에게 존대의 뜻을 나타내는 보조사이다.

594

㉠~㉤을 통해 조사의 중첩을 이해한 내용으로 적절하지 않은 것은? [3점]

㉠ 길을 걷다가 철수가를* 만났다.
㉡ 그 말을 한 것이 당신만이(당신이만*) 아니다.
㉢ 그녀는 전원에서의(전원의에서*) 여유로운 삶을 꿈꾼다.
㉣ 모든 관심이 나에게로(나로에게*) 쏟아졌다.
㉤ 빵만도* 먹었다.
*는 비문 표시임.

① ㉠에서는 주격 조사와 목적격 조사는 겹쳐 쓸 수 없음을 확인할 수 있군.

② ㉡에서는 보조사와 보격 조사가 결합할 때 보격 조사가 뒤에 쓰였군.

③ ㉢에서는 부사격 조사와 관형격 조사가 결합할 때 관형격 조사가 뒤에 쓰였군.

④ ㉣에서는 부사격 조사와 보조사가 결합할 때 부사격 조사가 보조사 앞에 쓰였군.

⑤ ㉤에서는 유일함을 뜻하는 '만'과 더함을 뜻하는 '도'의 의미가 모순되어 겹쳐 쓰기 어렵군.

[2018년 9월 고3 모평 11-12번]

[595-596] 다음 글을 읽고 물음에 답하시오.

단어를 공통된 성질에 따라 분류한 것을 '품사'라 한다. 품사 분류의 기준으로는 일반적으로 '형태, 기능, 의미'가 있다. '형태'는 단어가 활용하느냐 활용하지 않느냐에 관한 것이고 '기능'은 단어가 문장에서 하는 역할과 관련된다. '의미'는 단어의 구체적인 의미가 아니라 단어 부류가 가지는 추상적인 의미를 말한다.

이러한 기준의 전체 혹은 일부를 적용하여 ㉠활용하지 않으며 사물의 이름을 나타내는 말, ㉡활용하고 사물의 동작이나 작용을 나타내는 말, ㉢활용하지 않으며 수량이나 순서를 나타내는 말, ㉣활용하지 않으며 앞말에 붙어 앞말과 다른 말의 문법적 관계를 나타내거나 특수한 의미를 덧붙이는 말, ㉤활용하지 않으며 뒤에 오는 체언을 수식하는 말 등으로 개별 품사를 분류할 수 있다.

[A] 그런데 실제로 단어의 품사를 분류할 때에는 분류가 쉽지 않은 것들도 있다. 동사와 형용사의 구별이 대표적인데 사물의 속성이나 상태를 나타내는 형용사와 사물의 작용의 일종인 상태 변화를 나타내는 일부 동사는 의미상 매우 밀접하여 좀 더 세밀하게 구분하여야 한다. 가령 '햇살이 밝다'에서의 '밝다'는 상태를 나타내는 형용사이고, '날이 밝는다'에서의 '밝다'는 상태의 변화를 나타내는 동사이다. 동사와 형용사를 구별하는 또 다른 기준으로 활용 양상을 내세우기도 한다. 동사와 달리 형용사는 원칙적으로 선어말 어미 '-ㄴ/는-', 관형사형 어미 '-는', 명령형·청유형 종결 어미, 의도나 목적을 나타내는 연결 어미 등과 결합하여 쓰이지 않는다.

다만, '있다'의 경우는 품사를 분류할 때 더욱 주의해야 한다. '존재', '소유'와 같이 상태의 의미를 나타내는 '있다'는 형용사로, '한 장소에 머묾'의 의미인 '있다'는 동사로 분류되는데, 동사 '있다'뿐만 아니라 형용사의 '있다'가 관형사형 어미 '-는'과 결합하기 때문이다. 형용사 '없다'의 경우도 반의어인 형용사 '있다'와 동일한 활용 양상을 보여 준다.

595

다음 문장에서 ㉠~㉤에 해당하는 예를 찾아 이를 설명한 내용으로 적절하지 않은 것은?

옛날 사진을 보니 즐거운 기억 하나가 떠올랐다.

① '옛날, 사진, 기억'은 ㉠에 해당하고 명사이다.
② '보니, 떠올랐다'는 ㉡에 해당하고 동사이다.
③ '하나'는 ㉢에 해당하고 수사이다.
④ '을, 가'는 ㉣에 해당하고 조사이다.
⑤ '즐거운'은 ㉤에 해당하고 관형사이다.

596

[A]를 참고하여 <보기>를 이해한 내용으로 적절하지 않은 것은?

보 기

ⓐ 영희가 밥을 먹었다. / 꽃이 예뻤다.
영희가 밥을 먹는다. / *꽃이 예쁜다.

ⓑ 영희야, 밥 먹어라. / *영희야, 좀 예뻐라.
영희야, 밥 먹자. / *우리 좀 예쁘자.

ⓒ 밥 먹으려고 식당으로 갔다.
/ *예쁘려고 미용실에 갔다.
밥 먹으러 식당에 갔다. / *예쁘러 미용실에 갔다.

ⓓ 나에게는 돈이 있다. / 돈이 있는 사람
나에게는 돈이 없다. / 돈이 없는 사람

ⓔ 나무가 크다. / 나무가 쑥쑥 큰다.
머리카락이 길다. / 머리카락이 잘 긴다.

※ '*'는 비문임을 나타냄.

① ⓐ : 동사와는 달리 형용사는 현재를 나타내는 선어말 어미와 결합할 수 없다.
② ⓑ : 동사와는 달리 형용사는 명령형·청유형 어미와 결합할 수 없다.
③ ⓒ : 동사와는 달리 형용사는 의도·목적을 나타내는 연결 어미와 결합할 수 없다.
④ ⓓ : '있다'와 '없다'는 상태의 의미를 나타내지만 동사로 쓰이고 있다.
⑤ ⓔ : '크다'와 '길다'는 형용사, 동사로 모두 쓰이고 있다.

[2021년 7월 고3 학평 35-36번]

[597-598] 다음 글을 읽고 물음에 답하시오.

단어를 공통된 성질에 따라 분류한 것을 '품사'라고 하는데, 품사는 형태, 기능, 의미에 따라 분류할 수 있다. 그중 단어 부류가 가지는 공통 의미에 따라 분류하면 대상의 이름을 나타내는 명사, 명사를 대신하여 가리키는 대명사, 대상의 수량이나 순서를 나타내는 수사, 대상의 동작이나 작용을 나타내는 동사, 대상의 성질이나 상태를 나타내는 형용사, 주로 체언을 수식하는 관형사, 주로 용언이나 문장을 수식하는 부사, 주로 체언에 붙어 문법적 관계를 표시하거나 특별한 의미를 더하는 조사, 말하는 이의 놀람, 느낌, 부름 등을 나타내는 감탄사로 구분된다.

단어는 일반적으로 하나의 품사로 사용되지만 어떤 단어는 두 가지 이상의 문법적 성질을 가지고 있어 여러 가지의 품사로 쓰이는 경우가 있다. 이를 '품사 통용'이라고 한다. '같이'의 경우, '같이 가다'에서는 부사로, '소같이 일만 하다'에서는 조사로 쓰이고 있다. 품사 통용은 중세 국어에도 있었는데, 현대 국어의 품사 통용과 같은 양상으로 나타나기도 하고 다른 양상으로 나타나기도 했다. 그리고 현대 국어에서 하나의 품사로 쓰이는 단어가 중세 국어에서는 품사 통용이 나타나기도 했다. 예를 들어 현대 국어에서 관형사로만 쓰이는 '어느'를 살펴보자.

(ㄱ) 어느 뉘 請ᄒᆞ니(어느 누가 청한 것입니까?)
(ㄴ) 迷惑 어느 플리(미혹한 마음을 어찌 풀 것인가?)
(ㄷ) 이 두 말올 어늘 從ᄒᆞ시려뇨
(이 두 말을 어느 것을 따르시겠습니까?)

중세 국어에서 '어느'는 (ㄱ)에서는 체언을 수식하는 관형사로, (ㄴ)에서는 용언을 수식하는 부사로 쓰였다. (ㄷ)에서 '어늘'은 '어느'에 조사가 결합된 형태로 여기에서 '어느'는 명사를 대신하여 가리키는 대명사로 쓰였다. 현대 국어에서 관형사로만 쓰이는 '어느'가 중세 국어에서는 관형사, 부사, 대명사로 두루 쓰인 것이다.

597

윗글을 바탕으로 <보기>에 대해 이해한 내용으로 적절하지 않은 것은?

보 기

ㄱ. 과연 두 사람이 만날 수 있을까?
ㄴ. 합격 소식을 듣고 그가 활짝 웃었다.
ㄷ. 학생, 아무리 바쁘더라도 식사는 해야지.

① ㄱ의 '과연'은 문장 전체를 수식하는 부사이군.
② ㄱ의 '두'는 대상의 수량을 나타내는 수사이군.
③ ㄴ의 '웃었다'는 대상의 동작을 나타내는 동사이군.
④ ㄷ의 '학생'은 대상의 이름을 나타내는 명사이군.
⑤ ㄷ의 '는'은 체언에 붙어 특별한 의미를 더하는 조사이군.

598

윗글을 바탕으로 <보기>의 자료를 탐구한 내용으로 적절하지 않은 것은? [3점]

보 기

선생님 : (가)에서 '이'는 두 개의 품사로, '새'는 하나의 품사로 쓰이고 있습니다. (가), (나)를 통해 '이'와 '새'의 현대 국어에서의 품사를 알아보고 중세 국어와 비교해 봅시다.

[자료]
(가) 현대 국어
◦ 이보다 더 좋을 수는 없다. / 이 사과는 맛있다.
◦ 새 학기가 되다.
(나) 중세 국어
◦ 내 이를 爲ᄒᆞ야(내가 이를 위하여)
내 이 도ᄂᆞᆯ 가져가(내가 이 돈을 가져가서)
◦ 새 구스리 나며(새 구슬이 나며)
이 나래 새를 맛보고(이날에 새것을 맛보고)
새 出家ᄒᆞᆫ 사ᄅᆞ미니(새로 출가한 사람이니)

① 현대 국어에서 '이'는 대명사로도 관형사로도 쓰이고 있군.
② 현대 국어에서 '이'의 품사 통용은 중세 국어 '이'의 품사 통용과 같은 양상으로 나타나는군.
③ 중세 국어에서 '새'는 대명사로도 부사로도 쓰였군.
④ 중세 국어에서 '새'는 현대 국어의 '새'와 동일한 품사로도 쓰였군.
⑤ 중세 국어에서 '새'는 다양한 품사로 두루 쓰였지만 현대 국어에서 '새'는 품사 통용이 나타나지 않는군.

[2019년 11월 고2 학평 12-13번]

[599-600] 다음 글을 읽고 물음에 답하시오.

문장의 주체를 서술하는 기능을 하는 용언은 홀로 쓰이는 본용언과, 홀로 쓰이지 않고 본용언 뒤에서 본용언에 특수한 의미를 더해 주는 보조 용언으로 나눌 수 있다. 예를 들어 '불이 꺼져 간다.'라는 문장이 있을 때, '꺼져'는 '불이 꺼진다.'라는 문장의 서술어로 홀로 쓰일 수 있으므로 본용언이다. 그러나 '간다'는 진행의 의미만 더해 주고 있어, '불이 간다.'라는 문장의 서술어로 홀로 쓰일 수 없으므로 보조 용언이다.

보조 용언은 다시 보조 동사와 보조 형용사로 구분될 수 있다. 일반적으로 보조 용언의 품사는 앞에 오는 본용언의 품사에 따른다. 예를 들어 보조 용언 '않다'는 앞에 오는 본용언의 품사가 동사이면 보조 동사, 형용사이면 보조 형용사로 쓰인다. 한편 보조 용언의 품사가 보조 용언의 의미에 따라 구분되는 경우도 있다. 예를 들어 보조 용언 '하다'가 앞말의 행동이나 상태에 대한 바람이라는 의미를 나타내는 경우에는 보조 동사이다. 또한 보조 용언 '보다'가 어떤 일을 경험한다는 의미를 나타내는 경우에는 보조 동사이고, 앞말이 뜻하는 행동이나 상태에 대한 걱정이라는 의미를 나타내는 경우에는 보조 형용사이다.

본용언은 주로 본용언의 어간에 보조적 연결어미가 결합되어 보조 용언과 연결된다. 예를 들어 '나는 일을 하고 나서 집에 갔다.'라는 문장은 본용언의 어간 '하-'에 보조적 연결어미 '-고'가 결합된 '하고'가 보조 용언 '나서'와 연결된 문장이다. 그리고 본용언과 보조 용언이 연결되는 경우들을 살펴보면, 보통 두 용언이 연결되는 경우가 많지만 의미의 추가를 위해 세 용언이 연결되는 경우도 있다. 여기에는 용언들이 ㉠<u>본용언, 본용언, 보조 용언의 순서로 연결된 경우</u>, ㉡<u>본용언, 보조 용언, 본용언의 순서로 연결된 경우</u>, ㉢<u>본용언, 보조 용언, 보조 용언의 순서로 연결된 경우</u>가 있다.

599

<보기>의 ⓐ~ⓔ를 보조 동사와 보조 형용사로 분류한 것으로 적절한 것은?

보 기

- 내일 해야 할 업무가 생각만큼 쉽지는 ⓐ<u>않겠다</u>.
- 나는 부모님께 야단맞을까 ⓑ<u>봐</u> 얘기도 못 꺼냈다.
- 일을 마무리했음에도 사람들은 집에 가지 ⓒ<u>않았다</u>.
- 새로 일할 사람이 업무 처리에 항상 성실했으면 ⓓ<u>한다</u>.
- 이런 일을 당해 ⓔ<u>보지</u> 않은 사람은 내 심정을 모를 것이다.

	보조 동사	보조 형용사
①	ⓐ, ⓑ, ⓓ	ⓒ, ⓔ
②	ⓐ, ⓒ	ⓑ, ⓓ, ⓔ
③	ⓐ, ⓓ, ⓔ	ⓑ, ⓒ
④	ⓑ, ⓒ	ⓐ, ⓓ, ⓔ
⑤	ⓒ, ⓓ, ⓔ	ⓐ, ⓑ

600

윗글의 ㉠~㉢과 관련하여 <보기>의 Ⓐ~Ⓔ의 밑줄 친 부분을 분석한 내용으로 적절하지 <u>않은</u> 것은? [3점]

보 기

Ⓐ 그는 순식간에 사과를 <u>던져서 베어 버렸다</u>.
Ⓑ 그는 식당에서 고기를 <u>먹어 치우고 일어났다</u>.
Ⓒ 그에게 전화를 했을 때 그가 <u>깨어 있어 행복했다</u>.
Ⓓ 나는 경기에 출전하지 못하고 의자에 <u>앉아 있게 생겼다</u>.
Ⓔ 나는 평소 밥을 좋아하는데 오늘은 갑자기 빵을 <u>먹고 싶게 되었다</u>.

① Ⓐ : '베어'는 어간 '베-'에 보조적 연결어미 '-어'가 결합되어 '버렸다'와 연결된 형태이고 ㉠에 해당한다.
② Ⓑ : '치우고'는 어간 '치우-'에 보조적 연결어미 '-고'가 결합되어 '일어났다'와 연결된 형태이고 ㉠에 해당한다.
③ Ⓒ : '깨어'는 어간 '깨-'에 보조적 연결어미 '-어'가 결합되어 '있어'와 연결된 형태이고 ㉡에 해당한다.
④ Ⓓ : '앉아'는 어간 '앉-'에 보조적 연결어미 '-아'가 결합되어 '있게'와 연결된 형태이고 ㉢에 해당한다.
⑤ Ⓔ : '먹고'는 어간 '먹-'에 보조적 연결어미 '-고'가 결합되어 '싶게'와 연결된 형태이고 ㉢에 해당한다.

[2021년 6월 고3 모평 35-36번]

[601-602] 다음 글을 읽고 물음에 답하시오.

한글 맞춤법 제15항과 제18항은 용언이 활용할 때의 표기 원칙을 규정하고 있다. 제15항은 '웃다, 웃고, 웃으니'처럼 규칙적으로 활용하는 용언의 표기 원칙을, 제18항은 '긋다, 그어, 그으니'처럼 ㉠불규칙적으로 활용하는 용언의 표기 원칙을 밝히고 있다. 한글 맞춤법의 이러한 내용들은 국어사전의 활용의 표기에 반영되어 있다. 아래는 국어사전의 일부를 간추려 제시한 것이다.

웃다 발음 [욷:따] 활용 웃어[우:서], 웃으니[우:스니], 웃는[운:는]

긋다 발음 [귿:따] 활용 그어[그어], 그으니[그으니], 긋는[근:는]

동사 '웃다'와 '긋다'의 활용에서 각각 '웃다'와 '긋다'의 활용형과 그 표준 발음을 확인할 수 있다. 활용에 제시되어 있는 정보, 즉 '활용 정보'를 통하여 ㉡활용 양상이 동일한 용언들을 알아볼 수 있다. 예를 들어 규칙 활용 용언 중 동사 '벗다'는 '벗어, 벗으니, 벗는'처럼 활용하므로 '웃다'와 활용 양상이 동일하고, 불규칙 활용 용언 중 '짓다'는 '지어, 지으니, 짓는'처럼 활용하므로 '긋다'와 활용 양상이 동일하다.

[A] 한편 용언이 활용할 때 음운 변동이 나타나는 경우에는 그 결과가 활용형의 표기에 반영되기도 한다. 예를 들어 '자다'의 활용 정보는 '자[자], 자니[자니]'처럼 제시되는데 이때의 활용형 '자'는 '자다'의 어간 '자-'가 어미 '-아'와 결합할 때 동일 모음의 탈락이 일어나 '자'로 실현된 결과가 활용형의 표기에 반영된 것이다. 이와는 달리 '좋다'는 '좋아[조:아], 좋으니[조:으니]'가 활용 정보에 제시되는데 이는 음운 변동의 결과가 활용형의 표기에 반영되지 않은 것이다. 즉 활용 정보에 나타나는 활용형 '자'와 '좋아'의 표기는 한글 맞춤법의 원리에 따른 것임을 확인할 수 있다.

601

㉠과 ㉡을 모두 만족하는 용언의 짝으로 적절한 것은?

① 구르다 - 잠그다
② 흐르다 - 푸르다
③ 뒤집다 - 껴입다
④ 붙잡다 - 정답다
⑤ 캐묻다 - 엿듣다

602

[A]를 바탕으로 <보기>의 ⓐ~ⓔ의 밑줄 친 부분을 이해한 내용으로 적절하지 않은 것은?

보 기

국어사전의 표제어와 활용 정보

ⓐ	**서다**	활용	서, 서니 …
ⓑ	**끄다**	활용	꺼, 끄니 …
ⓒ	**풀다**	활용	풀어, 푸니 …
ⓓ	**쌓다**	활용	쌓아, 쌓으니, 쌓는 …
ⓔ	**믿다**	활용	믿어, 믿으니, 믿는 …

① ⓐ : 탈락이 나타나고 그 결과가 표기에 반영되었다.
② ⓑ : 탈락이 나타나고 그 결과가 표기에 반영되었다.
③ ⓒ : 탈락이 나타나고 그 결과가 표기에 반영되었다.
④ ⓓ : 교체가 나타나지만 그 결과가 표기에 반영되지 않았다.
⑤ ⓔ : 교체가 나타나지만 그 결과가 표기에 반영되지 않았다.

[2017년 3월 고1 학평 11-12번]

[603-604] 다음 글을 읽고 물음에 답하시오.

국어 문장에서 서술어로 쓰이는 것은 용언인 동사와 형용사, 그리고 체언에 '이다'가 붙어서 이루어지는 표현이다.

(1) 준영이가 책을 읽는다./읽느냐?/읽는구나.
(2) 준영아, 책을 읽어라./읽자.

(1), (2)는 동사 '읽다'가 문장 안에서 그 형태가 변하는 예이다. 이때 변하지 않는 부분인 '읽-'은 어간이고, 변하는 부분인 '-는다, -느냐, -는구나, -어라, -자'는 어미이다. 이처럼 용언 어간에 여러 가지 어미가 붙는 일을 '활용'이라 한다.

(3) 꽃이 예쁘다./예쁘냐?/예쁘구나.
(4) 꽃아, *예뻐라./*예쁘자. (*표는 비문법적인 표현.)

(3), (4)는 형용사 '예쁘다'가 활용하는 예이다. (1), (2)와 비교해 보았을 때, 동사와 형용사는 활용의 방식에서 차이를 보인다. 먼저 (1)과 (3)에서 볼 수 있듯이, 동사 활용에는 '-는/ㄴ다, -느냐, -는구나'가 쓰이지만 형용사 활용에는 '-다, -(으)냐, -구나'가 쓰인다. 다음으로 (2)와 (4)에서 볼 수 있듯이, 동사 어간과 달리 형용사 어간에는 명령형 어미 '-아라/어라', 청유형 어미 '-자'가 붙을 수 없다. '꽃이 참 예뻐라!'와 같이 '예뻐라'가 쓰이기도 하는데, 이때의 '-어라'는 명령형 어미가 아니라 감탄형 어미이다.

(5) 이것이 책이다.(*책이는다.)/책이냐?(*책이느냐?)/책이로구나.(*책이는구나.)/*책이어라./*책이자.

(5)는 체언 '책'에 '이다'가 결합한 어절 전체가 문장에서 서술어로 쓰이는 예이다. (5)에서 볼 수 있듯이, '이다'도 용언처럼 활용을 한다. 이때 '-는/ㄴ다, -느냐, -는구나', 그리고 명령형 어미 '-아라/어라', 청유형 어미 '-자' 등의 어미와는 결합하지 않는다. 이런 점을 고려하면 '이다'의 활용 양상은 대체로 (3), (4)에 나타난 형용사의 활용 양상과 유사하다는 것을 알 수 있다.

603

윗글에 대한 이해로 적절하지 않은 것은?

① 동사와 형용사는 문장에서 서술어로 쓰일 수 있다.
② 형용사는 활용할 때 감탄형 어미와 결합할 수 있다.
③ 용언이 활용할 때 어간에 붙는 부분을 어미라고 한다.
④ 동사는 형용사에 비해 '이다'와 활용 양상이 유사하다.
⑤ '이다'는 활용할 때 명령형 어미나 청유형 어미와는 결합하지 않는다.

604

윗글을 바탕으로 <보기>의 ⓐ~ⓔ를 이해한 내용으로 적절하지 않은 것은? [3점]

보 기

ⓐ 나는 주로 저녁에 씻는다.
ⓑ 오늘 날씨가 정말 춥구나.
ⓒ 규연아, 지금 밥 먹자.
ⓓ 창문을 활짝 열어라.
ⓔ 그는 어떤 사람이냐?

① ⓐ의 '씻는다'는 어간이 '-는다'와 결합한 것으로 보아 동사이다.
② ⓑ의 '춥구나'는 어간이 '-구나'와 결합한 것으로 보아 형용사이다.
③ ⓒ의 '먹자'는 어간이 청유형 어미 '-자'와 결합한 것으로 보아 동사이다.
④ ⓓ의 '열어라'는 어간이 명령형 어미 '-어라'와 결합한 것으로 보아 형용사이다.
⑤ ⓔ의 '사람이냐'는 체언에 '이다'가 결합한 말이 활용한 것이다.

문법 비문학 - 핵심 기출 문제

[2023년 3월 고1 학평 11-12번]

[605-606] 다음 글을 읽고 물음에 답하시오.

용언은 문장에서 다양한 형태로 활용하면서 주로 서술어의 역할을 하는 단어로, 동사와 형용사가 있다. 용언이 활용할 때 형태가 변하지 않는 부분을 어간이라고 하고, 형태가 변하는 부분을 어미라고 한다.

어간이나 어미는 문장에서 홀로 쓰일 수 없고, 어간 뒤에 어미가 결합하여 용언을 이룬다. 가령 '먹다'는 어간 '먹-'의 뒤에 어미 '-고', '-어'가 각각 결합하여 '먹고', '먹어'와 같이 활용한다. 그런데 일부 용언에서는 활용할 때 어간의 일부가 탈락하기도 한다. '노는'은 어간 '놀-'과 어미 '-는'이 결합하면서 'ㄹ'이 탈락한 경우이고, '커'는 어간 '크-'와 어미 '-어'가 결합하면서 'ㅡ'가 탈락한 경우이다.

어미는 크게 어말 어미와 선어말 어미로 구분된다. 어말 어미는 단어의 끝에 오는 어미이며, 선어말 어미는 어말 어미 앞에 오는 어미이다. '가다'의 활용형인 '가신다', '가겠고', '가셨던'을 어간, 선어말 어미, 어말 어미로 분석하면 아래와 같다.

활용형	어간	어미		
		선어말 어미		어말 어미
가신다	가-	-시-	-ㄴ-	-다
가겠고			-겠-	-고
가셨던		-시-	-었-	-던

어말 어미는 기능에 따라 종결 어미, 연결 어미, 전성 어미로 구분된다. 종결 어미는 '가신다'의 '-다'와 같이 문장을 종결하는 어미이고, 연결 어미는 '가겠고'의 '-고'와 같이 앞뒤의 말을 연결하는 어미이다. 그리고 전성 어미는 '가셨던'의 '-던'과 같이 용언이 다른 품사처럼 쓰이게 하는 어미이다. '-던'이나 '-(으)ㄴ', '-는', '-(으)ㄹ' 등은 용언이 관형사처럼, '-게', '-도록' 등은 용언이 부사처럼, '-(으)ㅁ', '-기' 등은 용언이 명사처럼 쓰이게 한다.

선어말 어미는 높임이나 시제 등을 나타낼 때 쓰인다. 활용할 때 어말 어미처럼 반드시 나타나지는 않지만, 한 용언에서 서로 다른 선어말 어미가 동시에 쓰이기도 한다. 위에서 '가신다', '가셨던'의 '-시-'는 높임을 나타내는 선어말 어미로, 문장의 주체를 높이는 기능을 한다. 그리고 '가신다', '가겠고', '가셨던'의 '-ㄴ-', '-겠-', '-었-'은 시제를 나타내는 선어말 어미로, 각각 현재, 미래, 과거 시제를 나타내는 기능을 한다.

605

윗글을 통해 알 수 있는 내용으로 적절한 것은?

① 용언은 어간의 앞뒤에 어미가 결합한 단어이다.
② 어간은 단독으로 쓰여 하나의 용언을 이룰 수 있다.
③ 어미는 용언이 활용할 때 형태가 유지되는 부분이다.
④ 어말 어미는 용언이 활용할 때 나타나지 않을 수 있다.
⑤ 선어말 어미는 한 용언에 두 개가 동시에 쓰일 수 있다.

606

윗글을 바탕으로 <보기>의 ㄱ~ㅁ의 밑줄 친 부분을 탐구한 내용으로 적절하지 않은 것은?

보 기

ㄱ. 너도 그를 아니?
ㄴ. 사과가 맛있구나!
ㄷ. 산은 높고 강은 깊다.
ㄹ. 아침에 뜨는 해를 봐.
ㅁ. 그녀는 과자를 먹었다.

① ㄱ : 어간 '알-'에 어미 '-니'가 결합하면서 'ㄹ'이 탈락하였다.
② ㄴ : 어간 '맛있-'에 종결 어미 '-구나'가 결합하여 문장을 종결하고 있다.
③ ㄷ : 어간 '높-'에 연결 어미 '-고'가 결합하여 앞뒤의 말을 연결하고 있다.
④ ㄹ : 어간 '뜨-'에 전성 어미 '-는'이 결합하면서 용언이 부사처럼 쓰이고 있다.
⑤ ㅁ : 어간 '먹-'과 어말 어미 '-다' 사이에 선어말 어미 '-었-'이 결합하여 과거 시제를 나타내고 있다.

[2023년 9월 고2 학평 11-12번]

[607-608] 다음 글을 읽고 물음에 답하시오.

선어말 어미는 어말 어미 앞에 오는 어미이다. 단어의 끝에 오는 어말 어미는 용언의 어간과 더불어 단어를 이루므로 활용할 때 반드시 있어야 하지만, 용언의 어간과 어말 어미 사이에 오는 선어말 어미는 ㉠쓰이지 않는 경우도 있고 ㉡하나가 오는 경우도 있으며 ㉢두 개 이상 연달아 나타나는 경우도 있다.

선어말 어미는 시제와 높임 등의 문법적 의미를 드러낸다. '선생님은 벌써 댁으로 떠나셨겠다.'의 '떠나셨겠다'에는 '-시-', '-었-', '-겠-'과 같은 선어말 어미가 쓰였다. '-시-'는 주체인 '선생님'을 높이고, '-었-'은 과거 시제를 나타내며, '-겠-'은 추측의 의미를 드러낸다. '떠나겠셨다'와 같은 표현이 어색한 데에서 알 수 있듯, 선어말 어미가 연속해서 나타날 때에는 일정한 결합 순서가 있다. 선어말 어미가 연속해서 쓰일 때는 일반적으로 주체 높임, 시제, 추측이나 회상의 순으로 배열된다.

한편, 어말 어미 앞에 위치한다고 해서 모두 선어말 어미인 것은 아니다. 가령 '문이 바람에 닫혔다.'에서 '-히-'와 '-었-'은 모두 어말 어미 '-다' 앞에 오지만, '-었-'은 선어말 어미인 반면 '-히-'는 접사이다. 접사는 새로운 단어의 형성에 참여한다는 점에서 선어말 어미와 다르다. 선어말 어미가 결합한 '닫았다'는 '닫다'의 과거형이지만, 접사가 결합한 '닫히다'는 '닫다'의 피동사로서 새로운 의미를 가진다. '닫다'가 '닫히다'가 되면 필요로 하는 문장 성분이 달라진다는 점을 보아도 새로운 단어가 형성되었다는 것을 알 수 있다. 국어사전에도 '닫다'와 '닫히다'는 표제어로 올라 있으나 '닫았다'는 그렇지 않다. 또한 선어말 어미에 비하여 접사는 결합할 때 제약이 심하다. 가령 '(구멍을) 뚫다', '(종이를) 찢다'와 같은 용언에 '-었-'은 자유롭게 결합할 수 있는 반면 '-히-'는 결합할 수 없다.

607

윗글을 읽고 이해한 내용으로 적절하지 않은 것은?

① '그 사건은 아직 끝난 것이 아니다.'에서 '끝난', '아니다'를 모두 ㉠의 예로 들 수 있군.
② '시골에 계시는 할머니께 편지를 드렸다.'에서 '계시는', '드렸다'를 모두 ㉡의 예로 들 수 있군.
③ '그녀는 학교 가는 길을 잘 알았다.'에서 '가는'을 ㉠의 예로, '알았다'를 ㉡의 예로 들 수 있군.
④ '여름이 지나고 이제 가을이 왔겠군.'에서 '지나고'를 ㉠의 예로, '왔겠군'을 ㉢의 예로 들 수 있군.
⑤ '그분께서 이 글을 쓰셨을 수도 있겠다.'에서 '있겠다'를 ㉡의 예로, '쓰셨을'을 ㉢의 예로 들 수 있군.

608

윗글을 바탕으로 <보기>의 ⓐ~ⓒ를 탐구한 내용으로 적절한 것은? [3점]

보 기

∘그는 쪽지를 ⓐ구겼지만 버리지는 못했다.
∘그 물건은 어제부터 책상에 ⓑ놓여 있었다.
∘우리 가족은 할머니 댁에서 김치를 ⓒ담갔다.

① ⓐ : 접사가 결합하여 피동의 의미를 나타낸다.
② ⓐ : 선어말 어미가 결합하여 추측의 의미를 드러낸다.
③ ⓑ : 선어말 어미가 결합하여 과거 시제를 나타낸다.
④ ⓑ : 접사가 결합하여 필요로 하는 문장 성분이 달라졌다.
⑤ ⓒ : 접사가 결합하여 사전에 오를 수 있는 단어가 형성되었다.

문법 비문학 - 핵심 기출 문제

[2024년 10월 고2 학평 11-12번]

[609-610] 다음 글을 읽고 물음에 답하시오.

연결 어미는 어간에 붙어 다음 말에 연결하는 구실을 하는 어미로, 동일한 형태의 연결 어미가 다양한 의미와 기능을 갖기도 한다. 그 대표적인 예로 '-고'가 있다.

우선, '-고'는 단어와 단어를 잇는 ㉮보조적 연결 어미로서 본용언에 보조 용언을 이어 주는 기능을 한다. 보조 용언은 홀로 쓰이지 못하고 반드시 다른 용언의 뒤에 붙으며 문법적 의미를 더해 준다. 예를 들어 '나는 금강산을 보고 싶다.'에서 '-고'는 본용언 '보다'에 희망의 의미를 지닌 보조 용언 '싶다'를 이어 주는 기능을 한다. 이때 본용언과 보조 용언 사이의 '-고' 뒤에는 '-서'가 붙을 수 없다.

한편, 이어진문장에서 '-고'는 절과 절을 다양한 의미 관계로 이어 주는데, 일반적으로 ㉠동작이나 상태를 나열할 때 쓰인다. 이때 앞뒤 절의 주어는 달라도 되며, '-았/었-', '-겠-' 등의 시제 선어말 어미가 앞뒤 절에 모두 쓰일 수 있다. 또한 앞뒤 절의 순서를 바꾸어 쓸 수 있다.

그런데 절과 절을 연결하는 '-고'가 ㉡앞 절의 사건이 끝난 후 뒤 절의 사건이 연달아 일어남을 나타낼 때나, ㉢앞 절의 동작의 결과가 지속되는 가운데 뒤 절의 동작이 일어남을 나타낼 때가 있다. 이처럼 앞뒤 절의 관계가 종속적인 경우에는 '-고'가 동작이나 상태를 대등적으로 나열할 때와 달리 앞뒤 절의 주어가 동일해야 하며, '-고'가 붙은 어간 뒤에 '-았/었-', '-겠-' 등의 시제 선어말 어미가 쓰일 수 없다. 또한 앞 절과 뒤 절의 순서도 바꾸어 쓸 수 없다. 그래서 이 경우에는 연결 어미 '-고'가 붙는 용언의 의미 자질을 고려해야 한다.

먼저, '-고'가 앞 절의 사건이 끝난 후 뒤 절의 사건이 연달아 일어나는 시간적 순차를 나타낼 때, 앞 절의 동사는 의미상 완결성을 지녀야 한다. 이를 의미 자질로 표시하면 [+완결성]이 된다. 그리고 '-고'가 앞 절의 동작의 결과가 지속되는 가운데 뒤 절의 동작이 일어남을 나타낼 때는 앞 절의 동사가 완결성뿐만 아니라 지속성이라는 의미 자질을 추가로 지녀야 한다. 이를 의미 자질로 표시하면 [+완결성][+지속성]이 된다.

예를 들어, '그녀는 사진기로 별똥별이 떨어지는 순간을 찍고 신문사에 제보하였다.'의 '찍다'는 어떤 순간적인 모습을 찍는 동작의 결과가 지속되지 않으므로 [+완결성][-지속성]을 지니지만, '아이가 장난감을 쥐고 흔들었다.'에서 '쥐다'는 장난감을 쥔 동작의 결과가 지속되므로 [+완결성][+지속성]을 지닌다. 그러므로 두 문장에서 '찍고'의 '-고'는 시간적 순차 관계를, '쥐고'의 '-고'는 지속 관계를 나타낸다고 볼 수 있다.

609

윗글의 ㉮가 쓰인 예문으로 적절하지 않은 것은?

① 그가 떠나고 말았다.
② 자꾸 따지고 들지 마라.
③ 너 아직도 울고 있구나.
④ 빨리 숙제부터 하고 나서 놀아라.
⑤ 나무가 태풍을 못 견디고 쓰러졌다.

610

윗글을 바탕으로 <보기>를 탐구한 내용으로 적절하지 않은 것은? [3점]

보 기

선생님 : 지호와 성주는 어디에 있니?
영희 : ⓐ지호는 교무실에 갔고, 성주는 보건실에 갔어요.
선생님 : 보건실에는 왜?
영희 : 성주가 다쳐서 ⓑ체육 선생님께서 성주를 업고 보건실에 뛰어가셨어요.
선생님 : 성주가 선생님께 업힌 채 보건실에 갔다고?
영희 : 네. ⓒ성주가 공을 차고 넘어졌대요. 발목을 다친 것 같아요.
선생님 : 저런! ⓓ보건실에 가서 확인하고, 부모님께 연락드려야겠다.

① ⓐ : 앞뒤 절의 주어와 시제 선어말 어미를 고려할 때, '갔고'의 '-고'는 ㉠에 해당하겠군.
② ⓐ : '성주는 보건실에 갔고, 지호는 교무실에 갔어요.'로 앞뒤 절의 순서를 바꾸어 쓸 수 있겠군.
③ ⓑ : '업고'의 '업다'는 성주를 업는 동작의 결과가 지속되므로, '업고'의 '-고'는 ㉢에 해당하겠군.
④ ⓒ : '차고'의 '차다'는 의미 자질을 [+완결성][-지속성]으로 표시할 수 있으므로, '차고'의 '-고'는 ㉢에 해당하겠군.
⑤ ⓓ : 앞뒤 절의 의미 관계를 고려할 때, '확인하고'의 '-고'는 ㉡에 해당하겠군.

[2021년 4월 고3 학평 35-36번]

[611-612] 다음 글을 읽고 물음에 답하시오.

용언의 어간에 여러 어미가 번갈아 결합하는 현상을 용언의 활용이라 한다. 어간은 용언이 활용할 때 변하지 않는 부분을 가리키고, 어미는 어간 뒤에 결합하여 여러 가지 문법적 의미를 더해 주는 요소를 가리킨다. 어미는 그것이 나타나는 자리에 따라 어말 어미와 선어말 어미로 나눌 수 있다. 어말 어미는 용언의 맨 뒤에 오는 어미이고, 선어말 어미는 어말 어미 앞에 나타나는 어미이다. 가령, "나는 물건을 들었다."라는 문장에서 '들었다'는 어간 '들-'에 선어말 어미 '-었-'과 어말 어미 '-다'가 결합된 용언이다. 어간과 어미의 결합 관계를 기호화하여 어간을 X, 선어말 어미를 Y, 어말 어미를 Z라고 할 때, 어간에 하나의 어미만 결합된 용언은 ㉠X+Z로 표현될 수 있고, 어간에 둘 이상의 어미가 결합된 용언은 ㉡X+Y+Z 혹은 ㉢$X+Y_1+Y_2+Z$ 등으로 표현될 수 있다.

어말 어미는 문법적 기능에 따라 종결 어미, 연결 어미, 전성 어미로 나뉜다. 종결 어미는 문장의 끝에 위치하여 한 문장을 끝맺는 기능을 하며, 대화의 상대방을 높이거나 낮추는 문법적 기능을 하기도 한다. 연결 어미는 두 문장을 나열, 대조 등의 의미 관계로 이어 주는 ⓐ대등적 연결 어미, 앞 문장이 뒤 문장의 원인, 조건 등과 같은 의미를 가지도록 이어 주는 ⓑ종속적 연결 어미, 본용언과 보조 용언을 이어 주는 ⓒ보조적 연결 어미로 나눌 수 있다. 전성 어미는 용언이 서술성을 유지하면서 다른 품사처럼 기능하게 하는 것으로, 명사형 전성 어미, 관형사형 전성 어미 등으로 나눌 수 있다. 한편 선어말 어미는 문장의 주체를 높이거나 문장의 시제를 표현하는 것과 같은 문법적 기능을 한다.

611

윗글을 바탕으로 <보기>의 밑줄 친 부분을 이해한 내용으로 적절하지 않은 것은? [3점]

보 기

선생님 : 다음 주에 있을 전국 학생 토론 대회 준비는 마쳤니?
라온 : 아직이요. 내일까지는 반드시 끝내겠습니다.
해람 : 사실 이번 주제는 저희들끼리 준비하기 너무 어려워요.
선생님 : 방금 교무실로 들어가신 선생님께 조언을 구해 보렴.
라온 : 창가 쪽에 서 계신 분 말씀이죠?
해람 : 아, 수업 종이 울렸네. 다음 시간에 다시 오자.

① '끝내겠습니다'는 ㉡에 속하며, 이때 Z는 대화의 상대방을 높이는 기능을 하고 있군.
② '준비하기'는 ㉠에 속하며, 이때 Z는 용언을 명사처럼 기능하게 하고 있군.
③ '들어가신'은 ㉡에 속하며, 이때 Y는 문장의 주체를 높이는 기능을 하고 있군.
④ '계신'은 ㉠에 속하며, 이때 Z는 용언을 관형사처럼 기능하게 하고 있군.
⑤ '울렸네'는 ㉢에 속하며, 이때 Y2는 과거 시제를 표현하는 기능을 하고 있군.

612

<보기>의 ㉮~㉲를 윗글의 ⓐ~ⓒ로 바르게 분류한 것은?

보 기

○ 원숭이가 바나나를 먹고(㉮) 있다.
○ 김이 습기를 먹어(㉯) 눅눅해졌다.
○ 형은 빵을 먹고(㉰) 동생은 과자를 먹었다.
○ 우리는 상대편에게 한 골을 먹고(㉱) 당황했다.
○ 그는 경기가 시작되기도 전에 겁을 먹어(㉲) 버렸다.

	ⓐ	ⓑ	ⓒ
①	㉰, ㉱	㉯, ㉲	㉮
②	㉰, ㉱	㉯	㉮, ㉲
③	㉰	㉮, ㉱	㉯, ㉲
④	㉰	㉯, ㉱	㉮, ㉲
⑤	㉰	㉱, ㉲	㉮, ㉯

문법 비문학 - 핵심 기출 문제

[2024년 9월 고3 모평 35-36번]

[613-614] 다음 글을 읽고 물음에 답하시오.

국어에는 하나의 단어가 둘 이상의 쓰임을 보이는 경우가 있다. 하나의 단어가 둘 이상의 품사로 사용되는 현상인 품사 통용도 이러한 경우 중 하나이다. 가령 '그는 세계적 선수이다.'의 '세계적'은 관형사이고 '그는 세계적으로 유명하다.'의 '세계적'은 명사이므로 '세계적'은 품사 통용을 보이는 단어이다. 또한 '그는 그저께 낮에 왔다.'와 '그는 그저께 왔다.'의 '그저께'는 각각 명사와 부사이므로 '그저께'도 품사 통용을 보이는 단어이다. 이처럼 명사와 부사로 품사 통용을 보이는 단어에는 '약간'도 있다.

품사 통용을 보이는 단어는 그 품사에 따라, 결합하는 단어가 달라지기도 한다. 가령 명사 '세계적'은 '으로'와 '이다' 등과 같은 격 조사와 결합하지만 관형사 '세계적'은 격 조사와 결합할 수 없다. 명사 '그저께'는 다양한 격 조사와 결합한다. 품사 통용을 보이는 단어는 다양한 문장 성분으로 쓰인다. 가령 명사 '세계적'은 격 조사와 결합해 문장의 부사어와 서술어로 쓰일 수 있는데 관형사 '세계적'은 조사와 결합할 수 없고 항상 관형어로 쓰인다. 그리고 명사 '그저께'는 격조사와 결합해 다양한 문장 성분으로 쓰인다.

그런데 국어에는 품사 통용을 보이지 않는 하나의 단어가 둘 이상의 쓰임을 보이는 경우도 있다. 먼저 ㉠하나의 명사가 자립 명사와 의존 명사로 모두 쓰이는 경우가 있다. 예컨대 '바람이 분다.'의 '바람'은 관형어 없이도 문장에 쓰일 수 있는 자립 명사이고, '그는 늦잠을 자는 바람에 회사에 지각했다.'의 '바람'은 관형어의 수식을 받아야만 문장에 쓰일 수 있는 의존 명사이다. 다음으로 ㉡하나의 동사가 본동사와 보조 동사로 모두 쓰이는 경우가 있다. '나는 힘을 내었다.'의 '내다'는 보조 동사 없이도 문장의 서술어로 쓰일 수 있는 본동사이고, '나는 고난을 견뎌 내었다.'의 '내다'는 본동사 없이는 문장에 쓰일 수 없는 보조 동사이다. 이를 통해, '바람'과 '내다'는 그 쓰임에 따라 반드시 필요로 하는 말의 유무가 달라짐을 알 수 있다.

613

윗글을 바탕으로 이해한 내용으로 적절한 것은?

① '내 생일은 그저께가 아니라 어제였다.'의 '그저께'와 '그저께 본 달은 매우 밝았다.'의 '그저께'는 품사가 서로 같다.
② '그는 세계적으로 매우 유명하다.'의 '세계적'과 '그는 그저께 서둘러 여기를 떠났다.'의 '그저께'는 품사가 서로 같다.
③ '첫눈이 그저께 왔다.'의 '그저께'와 '그는 세계적 명성을 얻었다.'의 '세계적'은 품사는 서로 다르지만 문장 성분은 서로 같다.
④ '여기는 그저께 낮만큼 더웠다.'의 '그저께'와 '꽃이 그저께 피었다.'의 '그저께'는 품사도 서로 다르고 문장 성분도 서로 다르다.
⑤ '그는 세계적인 선수이다.'의 '세계적인'과 '그는 세계적으로 매우 유명하다.'의 '세계적으로'는 모두, 명사에 조사와 어미가 결합한 문장 성분이다.

614

윗글을 바탕으로 <보기>를 이해한 내용으로 적절한 것은?

보 기

ⓐ~ⓔ의 밑줄 친 단어는 모두 둘 이상의 쓰임을 보인다.

ⓐ 나는 급한 마당에 실수로 결재 서류를 휴지통에 버렸다.
ⓑ 나는 약간의 시간이 남아 자전거 바퀴를 깨끗이 닦았다.
ⓒ 작고 귀여운 강아지가 넓은 마당을 일곱 바퀴나 돌았다.
ⓓ 산꼭대기에 구름이 약간 껴 가지고 경치가 좋아 보였다.
ⓔ 나는 모임을 가지고 난 후 아주 급히 집으로 와 버렸다.

① '마당'은 ㉠에 해당되고 ⓐ에서는 자립 명사로 사용되었다.
② '약간'은 ㉠에 해당되고 ⓑ에서는 자립 명사로 사용되었다.
③ '바퀴'는 ㉠에 해당되고 ⓒ에서는 의존 명사로 사용되었다.
④ '가지고'는 ㉡에 해당되고 ⓓ에서는 본동사로 사용되었다.
⑤ '버렸다'는 ㉡에 해당되고 ⓔ에서는 본동사로 사용되었다.

[2016년 11월 고2 학평 14-15번]

[615-616] 다음은 형태소 및 단어에 관한 교과서 내용과 학습활동이다. 물음에 답하시오.

(가) 교과서 내용

의미를 가지고 있는 가장 작은 말의 단위를 '형태소'라고 한다. 형태소는 자립성을 기준으로 명사처럼 문장에서 홀로 사용될 수 있는 '자립 형태소'와 용언의 어간이나 어미, 조사처럼 다른 형태소와 결합해야만 사용될 수 있는 '의존 형태소'로 나눌 수 있다. 그리고 의미를 기준으로 분류하면, 체언이나 용언의 어간처럼 실질적인 의미를 가진 '실질 형태소'와 조사, 어미, 접사처럼 문법적 의미를 가진 '형식 형태소'로 나눌 수 있다.

[A] 형태소가 의미를 가진 말의 최소 단위라면, '단어'는 의미를 가진 최소의 자립 형식이다. 그런데 '조사'는 자립성이 없는 형태소임에도 불구하고 홀로 쓰일 수 있는 말에 붙어 쉽게 분리되는 특성이 있기 때문에 단어로 인정하고 있다. 그리고 의존명사도 자립성은 없지만 명사와 마찬가지로 꾸미는 말의 꾸밈을 받을 수 있고, 꾸미는 말과 늘 띄어 쓰며 조사가 붙어 문장 안에서 주어, 목적어 등으로 쓰이기 때문에 단어로 인정하고 있다.

(나) 학습 활동

<자료>는 '용비어천가'의 일부입니다. 아래의 '옛말사전'을 활용하여 <자료>의 형태소와 단어에 대해 탐구해 봅시다.

<자료>
- 불휘 기픈 **남ᄀᆞᆫ ᄇᆞᄅᆞ매** 아니 **뮐ᄊᆡ**
  [현대어 풀이]
  뿌리가 깊은 **나무는 바람에** 아니 **움직이므로**
- ᄉᆡ미 기픈 **므른 ᄀᆞᄆᆞ래** 아니 **그츨ᄊᆡ**
  [현대어 풀이]
  샘이 깊은 **물은 가뭄에** 아니 **끊어지므로**

<옛말사전>

나모	명사	'나무'의 옛말. 휴지(休止) 앞에서나 자음으로 시작하는 조사와 공동격 조사 '와' 앞에서 나타나며, 그밖에 모음으로 시작하는 조사 앞에서는 'ᄂᆞᇧ'으로 나타난다.
ᄋᆞᆫ	조사	(끝음절의 모음이 'ᆞ, ㅏ, ㅗ'이고 받침 있는 체언류 뒤에 붙어) 은.
ᄇᆞᄅᆞᆷ	명사	'바람'의 옛말.
애	조사	(일부 체언류 뒤에 붙어) 에.
뮈다	동사	'움직이다'의 옛말.
-ㄹᄊᆡ	어미	(동사, 형용사 어간이나 어미 뒤에 붙어) -기에. -므로.
믈	명사	'물'의 옛말.
ᄀᆞᄆᆞᆯ	명사	'가물(=가뭄)'의 옛말.
긏다	동사	'끊어지다'의 옛말.

615

[A]를 바탕으로 <보기>의 ㉠~㉤에 대해 탐구한 내용으로 가장 적절한 것은?

보 기
- 그는 너보다(㉠) 열심히 공부했다.
- 나는 꽃(㉡)을 받고 어찌할 바(㉢)를 몰랐다.
- 네가 질문하고 싶은 것(㉣)이 무엇이니?
- 교실 안은 숨소리가 들릴 만큼(㉤) 조용하다.

① ㉠과 ㉢은 꾸미는 말의 꾸밈을 받을 수 있는 특징이 있다.
② ㉠과 ㉣은 자립하여 쓰일 수 없으므로 단어로 인정되지 않는다.
③ ㉡과 ㉣은 조사가 붙어 문장 안에서 주어, 목적어 등으로 사용된다.
④ ㉡과 ㉤은 문장에서 홀로 사용될 수 있기 때문에 단어로 인정된다.
⑤ ㉢과 ㉤은 홀로 쓰일 수 있는 말에 붙어 쉽게 분리되는 특징이 있다.

616

(가)를 바탕으로 (나)의 학습활동을 수행한 것으로 적절하지 <u>않은</u> 것은? [3점]

① '남ᄀᆞᆫ'은 실질 형태소 '나모'가 형식 형태소 'ᄋᆞᆫ' 앞에서 'ᄂᆞᇧ'으로 나타난 것이겠군.
② 'ᄇᆞᄅᆞ매'와 'ᄀᆞᄆᆞ래'는 각각 두 개의 형태소로 이루어진 말이겠군.
③ '뮐ᄊᆡ'는 의존 형태소 '뮈'와 의존 형태소 '-ㄹᄊᆡ'로 이루어진 말이겠군.
④ '므른'의 '믈'은 의미를 가진 말의 최소 단위이면서 동시에 최소의 자립 형식이기도 하겠군.
⑤ '그츨ᄊᆡ'는 형식 형태소 '긏'에 형식 형태소 '-ㄹᄊᆡ'가 결합한 단어이겠군.

문법 비문학 - 핵심 기출 문제

[2017년 6월 고2 학평 11-12번]

[617-618] 다음 글을 읽고 물음에 답하시오.

'형태소'는 단어를 분석한 단위이며 뜻을 가진 가장 작은 말의 단위이다. 형태소는 뜻의 성격에 따라 실질 형태소와 형식 형태소로 나눌 수 있고, 자립성의 여부에 따라서 자립 형태소와 의존 형태소로 나눌 수 있다.

(1) 사과를 먹었다.

(1)은 '사과, 를, 먹었다'의 세 단어로 이루어져 있다. 이 중 '사과'의 경우, 단어를 나누면 '사'와 '과'로 쪼개어지는데 각각은 뜻이 없다. 따라서 '사과'는 뜻을 가진 단위 중 가장 작은 단위이므로 하나의 형태소가 된다.

'먹었다'의 경우, '먹-'의 자리에 '꺾-'을 넣는다면 단어의 뜻이 달라진다. 그러므로 '먹었다'라는 단어가 '음식 등을 입을 거쳐 배 속으로 들여보내다.'라는 뜻을 나타낼 수 있는 것은 '먹-' 때문임을 알 수 있다. 다음으로, '-었-' 자리에 '-는-'을 넣으면 먹는 행위가 이루어진 때가 '현재'로 달라지므로 '-었-'이 '과거'를 나타내고 있음을 알 수 있다. 같은 방법으로 '-다' 자리에 '-고'를 넣으면 '먹었고'가 되어서 그 뒤에 문장이 이어짐을 나타내므로 '-다'가 '문장 종결'의 뜻을 나타내고 있음을 알 수 있다. 이러한 원리에 의해 단어 '먹었다'는 '먹-', '-었-', '-다'라는 세 개의 형태소로 분석할 수 있다.

이 때 '-었-'이나 '-다'는 '먹-'과 달리 문법적인 기능을 수행하는데, 이러한 문법적인 기능을 하는 형태소를 형식 형태소라고 한다. 형식 형태소에는 '-었-', '-다'와 같은 어미뿐만 아니라 '를'과 같은 조사, 어근의 앞뒤에 붙어 뜻을 더하거나 단어의 성질을 바꾸는 접사가 있다. 반면에 '사과', '먹-'처럼 구체적인 대상이나 상태를 나타내는 실질적인 뜻을 지닌 형태소를 실질 형태소라고 한다.

(1)의 형태소 중 '사과'는 다른 말에 기대지 않고 자립해서 쓰일 수 있지만, '를'은 '사과'에 붙어야 쓰일 수 있고, '먹-', '-었-', '-다'는 서로 기대어야 문장에서 쓰일 수 있다. '사과'처럼 자립하여 쓸 수 있는 형태소를 자립 형태소라고 하고, '를', '먹-', '-었-', '-다'처럼 다른 말에 기대어 사용되는 형태소를 의존 형태소라고 한다.

이상의 설명을 바탕으로 (1)의 형태소를 분석하면 (2)와 같이 나타낼 수 있다.

(2)	사과	/ 를	/ 먹	/ 었	/ 다
	실질	형식	실질	형식	형식
	자립	의존	의존	의존	의존

617

윗글을 통해 알 수 있는 내용으로 적절하지 않은 것은?

① 형태소를 더 작게 쪼개면 뜻이 사라진다.

② 의존 형태소만으로도 단어를 형성할 수 있다.

③ 형태소 하나가 단어 하나를 형성하는 경우도 있다.

④ 형태소 중에는 문법적인 기능만 수행하는 것도 있다.

⑤ 실질적인 뜻을 지닌 형태소는 모두 자립적인 성격을 지닌다.

618

윗글을 참고하여 <보기>를 분석한 내용으로 적절하지 않은 것은? [3점]

> **보 기**
>
> 그가 풀밭을 맨발로 뛴다.

① '풀밭'은 '풀' 대신 '꽃'을 넣거나 '밭' 대신 '빛'을 넣으면 단어의 뜻이 달라지므로 '풀'과 '밭'으로 나눌 수 있다.

② '맨발'의 '맨-'은 '발'과 결합하여 뜻을 더하는 기능을 하므로 하나의 형태소로 볼 수 있다.

③ '뛴다'의 '-ㄴ-' 대신에 '-었-'을 넣으면 동작 시간이 현재에서 과거로 바뀌므로 '-ㄴ-'을 하나의 형태소로 보아야 한다.

④ 다른 말에 기대지 않고 홀로 쓰일 수 있는 형태소의 개수는 모두 4개이다.

⑤ 실질적인 뜻은 없고 문법적인 기능을 하는 형태소의 개수는 모두 5개이다.

[2024년 5월 고3 학평 35-36번]

[619-620] 다음 글을 읽고 물음에 답하시오.

형태소는 고유한 의미를 지닌 가장 작은 말의 단위로, 환경에 따라 그 형태가 달리 실현되기도 한다. 예를 들어 '맛'이라는 형태소는 모음으로 시작하는 조사 앞에서는 '맛이[마시]', 비음을 제외한 자음 앞에서는 '맛도[맏또]', 비음 앞에서는 '맛만[만만]'과 같이 실현되어 각각 '맛', '맏', '만'이라는 형태로 나타난다. 이처럼 하나의 형태소가 환경에 따라 다른 형태로 실현되는 것을 형태소의 교체라고 하며, 교체에 의해 달리 실현된 형태들을 이형태라고 한다. '맛', '맏', '만'과 같은 이형태들이 분포하는 환경은 서로 겹치지 않는데 이러한 분포를 상보적 분포라고 한다.

이형태 교체의 양상은 교체의 동기가 음운론적 제약으로 인한 것인지 그렇지 않은지에 따라 자동적 교체와 비자동적 교체로 나눌 수 있다. 음운론적 제약으로 인한 교체는, 말소리가 실현될 때 종성에 올 수 있는 음소의 종류를 제한하는 제약이나, 연속해서 결합할 수 없는 음소들의 결합을 제한하는 제약 등으로 인해 형태소의 형태가 교체되는 것이다. 이러한 교체는 예외 없이 필연적으로 일어나는데 이를 자동적 교체라고 한다. 예를 들어 '잇다[읻:따]'와 '잇는[인:는]'을 보면, 어간 '잇-'이 각각 '읻-'과 '인-'이라는 형태로 실현된다. 이는 종성에 자음 'ㄱ, ㄴ, ㄷ, ㄹ, ㅁ, ㅂ, ㅇ'만 올 수 있다는 음운론적 제약과 비음 앞에 'ㄱ, ㄷ, ㅂ'과 같은 평파열음이 연속해서 결합할 수 없다는 음운론적 제약으로 인해 형태소의 형태가 교체된 것이므로 자동적 교체에 해당한다. 반면에 '(신발을) 신고[신:꼬]'에서 어미 '-고'가 'ㄴ' 뒤에서 '-꼬'라는 형태로 실현되는 것은 비자동적 교체에 해당한다. 이는 '산과[산과] (바다)'에서 'ㄴ' 뒤에 'ㄱ'이 그대로 실현되는 것을 통해, 'ㄴ' 뒤에 'ㄱ'이 연속해서 결합하는 것을 제한하는 음운론적 제약이 존재하지 않음을 알 수 있기 때문이다. 따라서 어미 '-고'가 'ㄴ' 뒤에서 '-꼬'로 실현되는 것은 예외 없이 필연적으로 일어나는 교체가 아니므로 비자동적 교체에 해당한다.

또한, 이형태 교체의 양상은 교체를 음운 규칙으로 설명할 수 있는지 그렇지 않은지에 따라 규칙적 교체와 불규칙적 교체로 나눌 수 있다. 앞서 보았던 '(신발을) 신고[신:꼬]'와 마찬가지로 '(물건을) 담지[담:찌]'에서도 어미가 이형태로 교체되는데, 이들은 'ㄴ, ㅁ'으로 끝나는 용언의 어간 뒤에서 일어나는 된소리되기라는 일반적인 음운 규칙으로 설명할 수 있기 때문에 규칙적 교체에 해당한다. 반면에 '(점을) 이어[이어]'에서 어간 '잇-'은 모음으로 시작하는 어미 앞에서 어간 말 'ㅅ'이 탈락하여 '이-'라는 형태로 실현되는데, 이는 일반적인 음운 규칙으로 설명할 수 없는 경우이기 때문에 불규칙적 교체에 해당한다.

619

윗글에 대한 이해로 적절하지 않은 것은?

① '몇'은 '몇이[며치]', '몇도[멷또]', '몇만[면만]'에서 상보적 분포를 보이는 이형태들로 실현되었다.

② '(얼굴이) 부어[부어]'에서 어간 '붓-'은 일반적인 음운 규칙에 따라 모음으로 시작하는 어미 앞에서 이형태로 실현되었다.

③ '숲과[숩꽈]', '숲조차[숩쪼차]'에서 '숲'은 각기 다른 자음으로 시작하는 형태소와 결합하지만 서로 동일한 형태로 실현되었다.

④ '(날씨가) 궂다[굳따]'에서 어간 '궂-'이 '굳-'이라는 이형태로 실현된 것은 종성에 'ㅈ'이 올 수 없다는 음운론적 제약으로 인한 것이다.

⑤ '(글씨를) 적느라고[정느라고]'에서 어간 '적-'이 '정-'이라는 이형태로 실현된 것은 비음 앞에 'ㄱ'이 올 수 없다는 음운론적 제약으로 인한 것이다.

620

윗글을 읽은 학생이 <보기>를 활용하여 이형태 교체의 양상을 이해할 때, ㉠~㉣에 해당하는 예로 적절한 것은? [3점]

보 기

자동적 교체에 해당하는가?	규칙적 교체에 해당하는가?	
O	O	… ㉠
O	X	… ㉡
X	O	… ㉢
X	X	… ㉣

① ㉠ : 마음씨가 고우니[고우니] 눈길이 간다.

② ㉡ : 타인의 마음을 짚는[짐는] 것은 쉽지 않다.

③ ㉡ : 꾸중을 들어서[드러서] 기분이 좋지 않았다.

④ ㉢ : 두 눈을 지그시 감자[감:짜] 잠이 쏟아졌다.

⑤ ㉣ : 나는 고구마를 땅에 묻고[묻꼬] 흙을 다졌다.

문법 비문학 - 핵심 기출 문제

[2020년 3월 고1 학평 13-14번]

[621-622] 다음 글을 읽고 물음에 답하시오.

'높다'의 '높-'은 어간이기도 하고 어근이기도 하다. 그렇다면 어간일 때와 어근일 때 어떤 차이가 있을까? 이를 이해하기 위해서는 어간과 어근의 개념에 대해 살펴볼 필요가 있다.

어간은 용언 등이 활용될 때 사용하는 개념이다. 용언은 문장에서 다양한 형태로 바뀌면서 활용되는데, 형태가 변하지 않는 부분을 어간이라 하고 형태가 변하는 부분을 어미라고 한다. 예를 들어 '높다'가 '높고', '높지'와 같이 활용될 때, '높-'은 어간이고, '-고'나 '-지'는 어미이다.

이와 달리 어근은 단어를 구성할 때, 실질적 의미를 나타내는 부분을 가리키는 개념이다. 그리고 어근의 앞이나 뒤에 결합하여 특정한 의미나 기능을 더해 주는 부분을 접사라고 한다. 용언을 어근과 접사로 분석할 때 형태가 변하지 않는 어간만을 대상으로 한다. 가령, '드높다'의 경우 어간인 '드높-'에서 실질적 의미를 나타내는 '높-'은 어근이고, 그 앞에 붙어 '심하게'라는 의미를 덧붙여 주는 '드-'는 접사이다. 접사는 어근 뒤에 결합하기도 하는데, 어근 '높-'에 접사 '-이-'가 결합한 '높이다'가 이에 해당한다. 이를 정리하면 아래와 같다.

	어간			어미
	접사	어근	접사	
높다	ˎ	높-	ˎ	-다
드높다	드-	높-	ˎ	-다
높이다	ˎ	높-	-이-	-다

한편 단어는 '높다'와 같이 하나의 어근으로 구성된 경우나 '드높다'나 '높이다'와 같이 어근에 접사가 결합한 경우 이외에 두 개 이상의 어근이 결합하여 만들어지기도 한다. 예컨대 '높푸르다'의 경우 어근 '높-'과 어근 '푸르-'가 결합하여 만들어진 단어이다.

621

윗글을 바탕으로 할 때, <보기>의 ㉠과 ㉡에 들어갈 내용으로 적절한 것은?

> **보 기**
>
> '높다'에서 '높-'은, 단어가 활용될 때 ___㉠___는 점에서 '어간', 단어를 구성할 때 ___㉡___는 점에서 '어근'이라고 할 수 있다.

	㉠	㉡
①	형태가 변한다	실질적 의미를 나타낸다
②	형태가 변하지 않는다	실질적 의미를 나타낸다
③	형태가 변하지 않는다	의미를 덧붙여 준다
④	의미를 덧붙여 준다	형태가 변한다
⑤	실질적 의미를 나타낸다	형태가 변하지 않는다

622

<보기>의 '자료'에서 '활동'의 a~c에 들어갈 단어로 적절하지 않은 것은?

> **보 기**
>
> **[자료]** 용언 : 검붉다, 먹히다, 자라다, 치솟다, 휘감다
> **[활동]**
> ◦ 어간과 어근이 일치하는 단어를 모아 봅시다.
> - ___a___
> ◦ 어간과 어근이 일치하지 않는 단어를 모아 봅시다.
> - 어근의 앞이나 뒤에 접사가 결합한 단어: ___b___
> - 둘 이상의 어근이 결합한 단어: ___c___

① a : 휘감다
② a : 자라다
③ b : 먹히다
④ b : 치솟다
⑤ c : 검붉다

[2024년 3월 고1 학평 11-12번]

[623-624] 다음 글을 읽고 물음에 답하시오.

단어를 구성하는 요소에는 어근과 접사가 있다. 어근은 단어를 구성하는 요소 중 실질적인 의미를 나타내는 부분이며, 접사는 어근과 결합하여 어근에 특정한 의미를 더하거나 어근의 의미를 제한하는 부분이다. 접사는 어근의 앞에 위치하는 접두사와 어근 뒤에 위치하는 접미사로 나뉘는데, 항상 다른 말과 결합하여 쓰이기에 홀로 쓰이지 못함을 나타내는 붙임표(-)를 붙인다. 예를 들어 '햇-, 덧-, 들-'과 같은 말은 접두사이고, '-지기, -음, -게'와 같은 말은 접미사이다.

단어는 그 짜임에 따라 단일어와 복합어로 구분된다. 단일어는 하나의 어근으로만 이루어진 단어를 이르는 말이다. 그리고 복합어는 어근과 어근의 결합으로 이루어진 합성어와, 어근과 접사의 결합으로 이루어진 파생어를 아울러 이르는 말이다. 가령 '밤'이나 '문'과 같이 하나의 어근으로만 이루어진 단어는 단일어이며, 어근 '밤', '문'이 각각 또 다른 어근과 결합한 '밤나무', '자동문'은 합성어이다. 또한 어근 '밤'과 접두사 '햇-'이 결합한 '햇밤', 어근 '문'과 접미사 '-지기'가 결합한 '문지기'는 파생어이다.

[A] 복합어는 어근과 어근으로 이루어진 합성어나 어근과 접사로 이루어진 파생어에 어근이나 접사가 다시 결합하여 형성되기도 한다. 이와 같은 복잡한 짜임의 단어를 이해할 때 활용되는 방법으로 직접 구성 성분 분석이 있다. 직접 구성 성분 분석은 단어를 둘로 나누는 방법으로, 나뉜 두 부분 중 하나가 접사일 경우 그 단어를 파생어로 보고, 두 부분 모두 접사가 아닐 경우 합성어로 본다.

가령 단어 '코웃음'은 직접 구성 성분을 '코'와 '웃음'으로 보기에 합성어로 분류한다. 이는 '코'가 어근이며, '웃음'이 어근 '웃-'과 접미사 '-음'으로 이루어진 파생어임을 고려한 것이다. 물론 '코웃음'의 직접 구성 성분을 '코웃-'과 '-음'으로 분석할 수도 있다. 그러나 '코웃-'은 존재하지 않고 '코'와 '웃음'만 존재하며, 의미상으로도 '코+웃음'의 분석이 자연스럽기에 직접 구성 성분을 '코'와 '웃음'으로 분석한다. 이처럼 직접 구성 성분 분석은 단어의 짜임을 체계적으로 이해하는 데에 도움이 된다.

623

윗글에 대한 이해로 적절하지 <u>않은</u> 것은?

① 단일어는 하나의 어근으로만 이루어진다.
② 합성어나 파생어는 모두 복합어에 포함된다.
③ 접사는 홀로 쓰이지 못하기에 붙임표(-)를 붙인다.
④ 복합어는 접사가 어근과 결합하는 위치에 따라 둘로 나뉜다.
⑤ 접사는 어근과 결합하여 어근에 특정한 의미를 더하거나 어근의 의미를 제한한다.

624

[A]를 참고할 때, <보기>의 ㉠에 해당하는 짜임을 가진 단어로 가장 적절한 것은? [3점]

보 기

'가재의 집게발'에서 '집게발'은 아래와 같이 ㉠<u>직접 구성 성분이 '[어근+접사]+어근'으로 분석되는 합성어</u>이다.

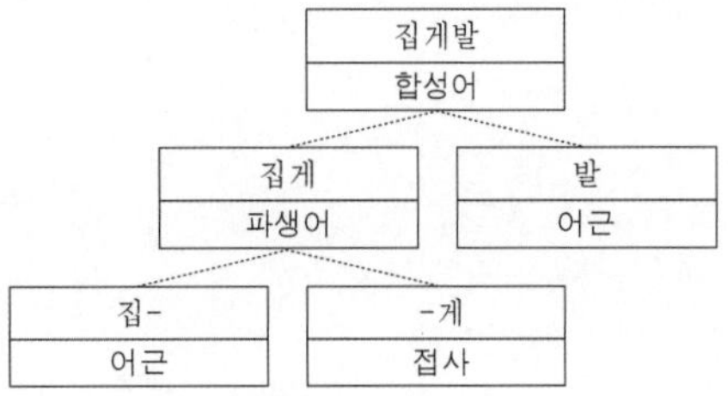

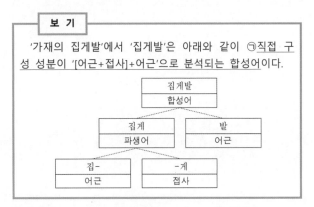

① 볶음밥　② 덧버선　③ 문단속
④ 들고양이　⑤ 창고지기

문법 비문학 - 핵심 기출 문제

[2018년 9월 고2 학평 11-12번]

[625-626] 다음 글을 읽고 물음에 답하시오.

어근은 파생이나 합성 등 조어(造語) 과정에 참여하는 요소 중 의미상 중심이 되는 부분을 말하며, 어간은 용언이 활용을 할 때 중심이 되는 줄기 부분으로서 활용에서 어미에 선행하는 부분을 말한다. 예를 들어 '맡기다'에서 '맡-'은 어근이며 '맡기-'는 어간이다.

어근이나 어간에 결합하여 특정한 의미나 기능을 부여하는 형태소를 접사라고 한다. 접사는 일반적으로 어근이나 어간과 함께 나타나야 하기 때문에 문장에서 단독으로 쓰이지 않는다. 접사는 기능에 따라 단어 파생에 기여하는 ㉠파생 접사와 활용할 때 어간에 결합하여 문법적인 기능을 표시하는 굴절 접사로 나누기도 한다. 어근의 앞에 위치하는 접두사는 굴절 접사가 없어 모두 파생 접사이고, 어근의 뒤에 위치하는 접미사는 굴절 접사와 파생 접사가 모두 존재한다. 굴절 접사는 흔히 ㉡어미라고 하는데 접사라 하면 일반적으로 파생 접사만을 가리킨다. 결국 접사는 좁은 의미로는 파생 접사만을 의미하고 넓은 의미로는 굴절 접사와 파생 접사를 모두 포함한다.

파생 접사는 새로운 단어를 만들어 내지만, 굴절 접사인 어미는 그렇지 않다. 예를 들면 '구경꾼'은 파생 접사 '-꾼'이 어근 '구경'과 결합하여 만들어진 새로운 단어이고, 이렇게 만들어진 단어는 '구경'과는 별개의 단어로 사전에 표제어로 등재된다. 이에 비해 어간 '먹-'에 어미가 결합한 '먹지, 먹자, 먹어서' 등은 사전에 표제어로 등재되지 않고, 기본형인 '먹다'만 사전에 표제어로 등재된다.

특히 ㉮파생 접사는 어근과 결합하여 새로운 단어를 만들 때 어근의 품사를 바꾸기도 하고 바꾸지 않기도 한다. 예를 들어 '군소리'에서 접두사 '군-'은 '쓸데없는'이라는 뜻으로, 어근인 '소리'가 나타낼 수 있는 뜻을 일부 제한할 뿐 품사를 바꾸지 않는다. 하지만 '놀이'는 동사의 어간 '놀-'을 어근으로 하여 접미사 '-이'가 붙어 만들어진 명사이다. 즉 접미사 '-이'는 새로운 단어를 만들 때 품사를 바꾸는 역할을 한다. 이처럼 '군-'과 같이 어근의 품사를 바꾸지 않는 접사를 한정적 접사라 하고, '-이'와 같이 어근의 품사를 바꾸는 접사를 지배적 접사라 한다.

625

다음 문장에서 ㉠, ㉡에 해당하는 예를 찾아 이를 설명한 내용으로 적절하지 않은 것은?

> 말썽꾸러기였던 나는 시간이 흐르고 나서야 부모님의 드높은 사랑을 깊이 깨닫게 되었다.

① '드높은'의 '드-'는 ㉠에 해당하는 예로 단어 파생에 기여하는 기능을 하는군.
② '말썽꾸러기'의 '-꾸러기'는 ㉠에 해당하는 예이며, '말썽꾸러기'는 '말썽'과 별개의 단어이겠군.
③ '되었다'의 '-었-'은 ㉡에 해당하는 예로 어간에 결합하여 특정한 기능을 부여하는 형태소이군.
④ '깊이'의 '-이'는 ㉡에 해당하는 예로 문법적인 기능을 표시하는 역할을 하는군.
⑤ '흐르고'의 '-고'는 ㉡에 해당하는 예이며, '흐르다'는 사전에 표제어로 등재되었겠군.

626

밑줄 친 단어 중 ㉮의 예로 적절하지 않은 것은?

① 그의 친구는 행복하였다.
② 그녀의 머릿결이 찰랑거린다.
③ 나와 그녀의 견해차를 좁혔다.
④ 아름다운 가을 하늘이 높다랗다.
⑤ 열심히 공부한 내가 자랑스럽다.

[2018년 11월 고2 학평 11-12번]

[627-628] 다음 글을 읽고 물음에 답하시오.

합성어는 일반적으로 두 개 이상의 어근이 결합되어 형성된 단어를 말하는데, 분류 기준에 따라 몇 가지로 나눌 수 있다.

첫째, 합성 명사, 합성 부사, 합성 동사 등과 같이 합성어의 품사를 기준으로 분류할 수 있다. 예를 들어 '불꽃'은 명사와 명사가 결합한 합성 명사이고, '곧잘'은 부사와 부사가 결합한 합성 부사, '힘쓰다'는 명사와 동사가 결합한 합성 동사이다.

둘째, 대등 합성어, 종속 합성어, 융합 합성어와 같이 결합하는 어근들의 의미 관계를 기준으로 분류할 수 있다. 대등 합성어는 결합하는 어근들의 의미가 대등한 관계를 이루는 것으로, '앞뒤, 오르내리다' 등이 여기에 해당한다. 종속 합성어는 선행 어근이 후행 어근을 수식하는 구조로, 선행 어근이 후행 어근에 의미상 종속되어 있는 합성어이다. '돌다리, 산길' 등이 여기에 해당한다. 한편, 융합 합성어는 어근들이 결합하면서 각 어근이 본래 갖고 있던 의미에서 벗어나 새로운 의미를 갖는 합성어를 말한다. 예를 들어 '나는 그분께 춘추(春秋)를 여쭈어 보았다.'에서 '춘추(春秋)'는 '봄'과 '가을'이라는 기존의 의미에서 벗어나 '어른의 나이를 높여 이르는 말'로 사용된 것이다.

[A] 셋째, 어근의 결합 방식이 국어의 일반적인 통사적 구성과 일치하는지를 기준으로 통사적 합성어와 비통사적 합성어로 분류할 수 있다. 통사적 합성어는 명사와 명사가 결합한 '산나물', 부사와 부사가 결합한 '실룩샐룩', 부사와 용언이 결합한 '그만두다', 연결어미에 의해 용언의 어간과 어간이 결합한 '뛰어가다' 등과 같이 국어의 일반적인 통사적 구성을 따른 합성어를 말한다. 반면 비통사적 합성어는 용언의 어간과 명사가 결합한 '접칼', 연결어미 없이 용언의 어간과 어간이 직접 결합한 '굶주리다', 부사와 명사가 결합한 '척척박사' 등과 같이 국어의 일반적인 통사적 구성과 일치하지 않는 합성어를 말한다.

627

윗글을 바탕으로 <보기>의 ㉠~㉣을 이해한 내용으로 적절하지 않은 것은? [3점]

보 기
- 농부들이 ㉠피땀으로 일군 ㉡논밭에 가을이 왔다.
- 이 ㉢봄비가 그치고 여름이 오면, 포도가 ㉣송이송이 영글어갈 것이다.

① ㉠은 두 어근의 본래 의미에서 벗어나 '노력과 수고'라는 새로운 의미로 사용되었으므로 융합 합성어이다.
② ㉢은 합성 명사로, 선행 어근이 후행 어근에 의미상 종속되어 있다.
③ ㉠과 ㉣은 모두 명사와 명사가 결합한 합성어이며, 두 합성어의 품사는 동일하다.
④ ㉡과 ㉢은 결합하는 어근들의 의미 관계가 다른 합성어이지만, 두 합성어의 품사는 동일하다.
⑤ ㉡과 ㉣은 모두 결합한 어근들의 의미가 대등한 관계를 이루는 합성어이지만, 두 합성어의 품사는 다르다.

628

다음은 [A]와 관련된 학습지의 일부이다. ㉠~㉤에 들어갈 내용을 탐구한 것으로 적절하지 않은 것은?

단어	결합 방식	구분	다른 예
또다시 → 또+다시	㉠	통사적 합성어	㉡
첫사랑 → 첫+사랑	관형사와 명사의 결합	㉢	왼쪽
붙잡다 → 붙-+잡다	용언의 어간과 어간이 직접 결합	㉣	㉤

① ㉠에는 '부사와 부사의 결합'이 들어가겠군.
② ㉡에는 '하루빨리'를 넣을 수 있겠군.
③ ㉢에는 '통사적 합성어'가 들어가겠군.
④ ㉣에는 '비통사적 합성어'가 들어가겠군.
⑤ ㉤에는 '굳세다'를 넣을 수 있겠군.

[2024년 6월 고2 학평 11-12번]

[629-630] 다음 글을 읽고 물음에 답하시오.

어근과 접사는 단어를 구성하는 요소이다. 어근은 단어에서 실질적인 의미를 나타내는 중심 부분이며, 접사는 의미를 더하거나 제한하는 주변 부분이다. 접사는 어근에 덧붙어 새로운 단어를 만든다는 점에서 파생 접사라고 부른다. '헛수고'와 '일꾼'의 '수고'와 '일'은 어근이며, '헛-'과 '-꾼'은 접사이다.

어근은 단어의 중심을 이루는 구성 요소이므로 단어는 하나 이상의 어근을 포함한다. 구성 요소가 2개인 경우로 한정하면 우리말 단어는 '어근+어근', '어근+접사', '접사+어근' 중 어느 하나에 해당한다.

어근은 규칙 어근과 불규칙 어근으로 나눌 수 있는데, 규칙 어근은 품사가 분명하고 다른 말과 자유롭게 결합할 수 있는 어근이다. 반면에 불규칙 어근은 품사가 분명하지 않고 다른 말과의 결합에도 제약이 따르는 어근으로, '아름답다'의 '아름-'이나 '깨끗하다'의 '깨끗-' 등이 해당한다.

접사는 어근에 결합하는 위치에 따라 어근의 앞에 붙는 접두사와 어근의 뒤에 붙는 접미사로 나눌 수 있다. '풋사과'의 '풋-'은 접두사, '덮개'의 '-개'는 접미사에 해당한다. 접두사와 접미사는 어근과의 위치가 상대적으로 차이가 나며 문법적 기능 면에서도 차이가 있다. 접두사는 의미를 더하거나 제한할 뿐 파생되는 단어의 품사에는 영향을 끼치지 않는다. '헛-'이 명사 '고생, 수고'에 붙어 파생된 단어는 모두 명사이며, 동사 '살다, 보다'에 붙어 파생된 단어는 모두 동사이다. 접미사는 접두사와 마찬가지로 의미를 더하거나 제한하는 기능을 할 뿐만 아니라 파생되는 단어의 품사를 바꾸기도 한다. '-이'가 동사 '먹다, 벌다'에 붙어 만들어진 단어는 모두 명사이다.

629

윗글을 통해 알 수 있는 내용으로 적절하지 않은 것은?

① '쌓다'와 '쌓이다'의 어근은 동일하다.
② '군살'은 두 개의 어근으로 구성된다.
③ '헛발질'에는 접두사와 접미사가 모두 있다.
④ '맨손'의 어근은 다른 말과 자유롭게 결합할 수 있다.
⑤ '따뜻하다'의 어근은 품사가 불분명한 불규칙 어근이다.

630

윗글을 바탕으로 <학습 활동>의 ⓐ와 ⓑ에 들어갈 자료를 바르게 짝지은 것은? [3점]

학습 활동

아래 그림에 따라 [자료]를 분류해 보자.

둘 이상의 어근으로 이루어져 있는가? — 예 → [ ]
↓ 아니요
접사가 어근의 앞에 붙는가? — 예 → [ⓐ]
↓ 아니요
접사가 단어의 품사를 형용사로 바꾸는가? — 예 → [ ]
↓ 아니요
[ⓑ]

[자료]

없이, 눈높이, 좁히다, 치솟다, 풋사랑, 슬기롭다

	ⓐ	ⓑ
①	눈높이, 치솟다	풋사랑, 슬기롭다
②	눈높이, 슬기롭다	없이, 좁히다
③	좁히다, 슬기롭다	없이, 풋사랑
④	치솟다, 풋사랑	좁히다, 슬기롭다
⑤	치솟다, 풋사랑	없이, 좁히다

[2017년 7월 고3 학평 13-14번]

[631-632] 다음 글을 읽고 물음에 답하시오.

[A] 공통된 성질을 가진 단어들을 모아 갈래 지어 놓은 것을 품사라고 한다. 국어의 품사는 단어의 형태, 기능, 의미를 기준으로 분류한다.

첫째, 단어는 형태 변화의 여부에 따라 형태가 변하지 않는 말인 불변어와, 활용하여 형태가 변하는 말인 가변어로 나뉜다. 둘째, 단어는 문장 속에서 해당 단어가 수행하는 기능에 따라 문장에서 주로 주어의 기능을 하는 체언, 문장의 주어를 서술하는 기능을 하는 용언, 다른 말을 수식하는 기능을 하는 수식언, 문장에 쓰인 단어들의 관계를 나타내는 기능을 하는 관계언, 다른 성분에 얽매이지 않고 독립적으로 쓰이는 독립언으로 나뉜다. 셋째, 단어는 개별 단어가 어떤 의미를 갖고 있느냐에 따라 대상의 이름을 나타내는 명사, 명사를 대신하여 그것을 가리키는 대명사, 대상의 수량이나 순서를 나타내는 수사, 사람이나 사물 따위의 움직임이나 작용을 나타내는 동사, 성질이나 상태를 나타내는 형용사, 주로 체언을 꾸며 주는 관형사, 주로 용언이나 문장을 꾸며 주는 부사, 앞말에 붙어 그 말과 다른 말과의 문법적 관계를 나타내거나 특별한 뜻을 더하는 조사, 말하는 이의 놀람이나 느낌, 부름, 응답 따위를 나타내는 감탄사로 나뉜다.

단어는 하나의 품사로 사용되는 경우가 일반적이지만 둘 이상의 품사로 사용되는 경우도 있다. 가령 '그는 모든 원인을 자기의 잘못으로 돌렸다.'의 '잘못'은 조사와 결합하는 명사이지만, '그는 길을 잘못 들어서 한참 헤맸다.'의 '잘못'은 용언을 수식하는 부사이다. '잘못'이 ㉠<u>명사와 부사로 쓰인 것</u>이다. 또한 '노력한 만큼 대가를 얻다.'의 '만큼'은 관형어의 수식을 받는 명사이지만, '집을 대궐만큼 크게 짓다.'의 '만큼'은 앞말과 비슷한 정도나 한도임을 나타내는 조사이다. '만큼'이 ㉡<u>명사와 조사로 쓰인 것</u>이다. 이 밖에도 국어에는 부사와 조사로 쓰이는 경우, 수사와 관형사로 쓰이는 경우와 같이 두 개 이상의 품사로 쓰이는 단어들이 존재한다.

631

[A]를 바탕으로 <보기>의 ⓐ~ⓒ를 이해한 내용으로 적절하지 <u>않은</u> 것은? [3점]

> **보 기**
>
> ⓐ 아직까지는 그 사실을 <u>아무</u>도 모르고 있다.
> ⓑ 할머니께서 <u>온갖</u> 재료로 만두를 곱게 빚으셨다.
> ⓒ (대화 중) "들어가도 됩니까?" / "<u>네</u>, 어서 오십시오."

① ⓐ에서 '아무'는 문장에서 주어의 기능을 하는 체언이다.
② ⓑ에서 '온갖'은 문장에서 다른 말을 수식하는 수식언이다.
③ ⓒ에서 '네'는 말하는 이의 응답을 나타내는 감탄사이다.
④ ⓐ와 ⓑ에서 조사는 각각 3개씩이다.
⑤ ⓐ와 ⓑ에서 가변어는 각각 2개씩이다.

632

㉠, ㉡에 해당하는 예로 적절한 것은?

① ㉠ ┌ 둘에 다섯을 더하면 <u>일곱</u>이다.
　　 └ 여기에 사과 <u>일곱</u> 개가 있다.

② ㉠ ┌ 너 <u>커서</u> 무엇이 되고 싶니?
　　 └ 가구가 <u>커서</u> 방에 들어가지 않는다.

③ ㉠ ┌ 식구 <u>모두</u>가 여행을 떠났다.
　　 └ 그릇에 담긴 소금을 <u>모두</u> 쏟았다.

④ ㉡ ┌ 나를 처벌하려면 법<u>대로</u> 해라.
　　 └ 큰 것은 큰 것<u>대로</u> 따로 모아 두다.

⑤ ㉡ ┌ 모두 <u>같이</u> 학교에 갑시다.
　　 └ 얼음장<u>같이</u> 차가운 방바닥이 생각난다.

문법 비문학 - 핵심 기출 문제

[2017년 9월 고3 모평 11-12번]

[633-634] 다음을 읽고 물음에 답하시오.

> **선생님** : 여러분, 현대 사회에서 인공위성이 다양하게 활용되고 있다는 것은 잘 알죠? 그런데 '인공위성'은 옛날에는 쓰이지 않았던 말입니다. '인공위성'이라는 말이 어떻게 쓰이게 되었는지 생각해 봅시다. 행성의 궤도를 도는 인공적 물체가 처음 만들어졌을 때, 그 물체를 가리키는 말이 필요해서 '인공위성'이라는 말이 생긴 거겠죠? 이 말은 어떻게 만들어졌을까요?
>
> **학생 1** : '인공'과 '위성'을 합쳐 만든 것입니다.
>
> **선생님** : 맞아요. 그래서 오늘은 '인공위성'이라는 말을 만든 것처럼 새 단어를 만드는 원리를 알아볼 텐데, 그중에서도 실생활에서 자주 사용되는 합성 명사가 어떻게 만들어지는지를 먼저 알아보려고 합니다. 합성 명사는 어떻게 만들어질까요?
>
> **학생 2** : 선생님, 합성 명사는 명사와 명사가 합쳐진 말 아닌가요?
>
> **선생님** : 네, 그런 경우가 많지요. 예를 들어 '논밭, 불고기'처럼 명사에 명사가 결합하는 경우가 있어요. 그 밖에 용언의 활용형이 명사와 결합한 '건널목, 노림수, 섞어찌개'와 같은 경우도 있고 '새색시'처럼 명사를 꾸며주는 관형사가 앞에 오는 경우도 있어요.
>
> **학생 3** : 그런데 선생님, 말씀하신 합성 명사들을 보니 뒤의 말이 모두 명사네요?
>
> **선생님** : 그래요. 우리말에서 합성어의 품사는 뒤에 오는 말의 품사와 같은 것이 원칙이에요. 앞에서 말한 예들이 다 그래요. 그런데 이러한 일반적인 경우와는 달리 ㉠<u>명사가 아닌 품사들로만 이루어진 합성 명사</u>도 있답니다.
>
> **학생 4** : 아, 그렇군요. 그런데 선생님, 생각해 보니 요즘 자주 쓰는 말들은 그런 방식과는 다르게 만들어지는 것 같아요.
>
> **선생님** : 맞아요. 여러분들이 자주 쓰는 '인강'이라는 말은 '인터넷'과 '강의'가 합쳐지면서 줄어든 말인데, 앞말과 뒷말의 첫 음절만 따서 만들어진 것이에요. 또한 컴퓨터를 잘 다루지 못하는 사람이라는 뜻의 '컴시인'은 '컴퓨터'와 '원시인'이 합쳐지면서 줄어든 말인데, 앞말의 첫 음절과 뒷말의 둘째, 셋째 음절을 따서 만들어진 것이에요.

633

<보기>의 ㄱ~ㅁ 중 윗글에서 설명한 단어 형성 방법의 사례에 해당하는 것만을 있는 대로 고른 것은?

> **보 기**
>
> ㄱ. '선생님'을 줄여서 '샘'이라는 말을 만들었다.
> ㄴ. '개-'와 '살구'를 결합하여 '개살구'라는 말을 만들었다.
> ㄷ. '사범'과 '대학'을 결합하여 '사대'라는 말을 만들었다.
> ㄹ. '점잖다'라는 형용사로부터 '점잔'이라는 말을 만들었다.
> ㅁ. '비빔'과 '냉면'을 결합하여 '비빔냉면'이라는 말을 만들었다.

① ㄱ, ㄹ ② ㄷ, ㅁ ③ ㄱ, ㄴ, ㄷ
④ ㄴ, ㄷ, ㅁ ⑤ ㄴ, ㄹ, ㅁ

634

밑줄 친 단어 중 ㉠의 예로 적절한 것은?

① 자기 <u>잘못</u>은 자기가 책임져야 한다.
② 언니는 가구를 전부 <u>새것</u>으로 바꿨다.
③ 아이가 <u>요사이</u>에 몰라보게 훌쩍 컸다.
④ <u>오늘날</u>에는 교육에서 창의성이 중시된다.
⑤ 나는 <u>갈림길</u>에서 어디로 가야 할지 몰랐다.

[2018년 6월 고3 모평 11-12번]

[635-636] 다음 글을 읽고 물음에 답하시오.

현대 국어에서 '-(으)ㅁ'이나 '-이'가 결합된 단어들 중에 형태는 같으나 품사가 다른 경우가 있다. 예를 들어 명사 '걸음'과 동사의 명사형 '걸음', 명사 '높이'와 부사 '높이'가 그러하다. 이는 용언에 결합하는 명사 파생 접미사 '-(으)ㅁ'과 명사형 전성 어미 '-(으)ㅁ'의 형태가 같고, '높다' 등의 일부 형용사에 결합하는 명사 파생 접미사 '-이'와 부사 파생 접미사 '-이'의 형태가 같기 때문이다.

[A] 이들의 품사를 구별하기 위해서는 각 단어의 다음과 같은 문법적 특징을 고려해야 한다. 명사는 서술격 조사가 결합하는 경우를 제외하고는 서술어로 쓰일 수 없고, 관형어의 수식을 받는다. 반면 ㉠동사나 형용사는 명사형이라 하더라도 문장이나 절에서 서술어로 쓰이고, 부사어의 수식을 받는다. 그리고 부사는 격조사와 결합할 수 없고 다른 부사어나 서술어 등을 수식한다.

한편 이들 '-(으)ㅁ'과 '-이'가 중세 국어에서는 그 쓰임에 따라 형태가 다르기 때문에 일반적으로 그 형태만으로 품사를 구별할 수 있다. 현대 국어의 두 가지 '-(으)ㅁ'은 중세 국어의 명사 파생 접미사 '-(ᄋᆞ/으)ㅁ'과 명사형 전성 어미 '-옴/움'에 각각 대응한다. 이러한 구별은 'ᄒᆞᆫ 거름 나ᅀᅩ 거룸(한 걸음 나아가도록 걸음)'에서 확인된다. '걷-'과 달리, 마지막 음절의 모음이 양성 모음인 어근이나 용언 어간에는 모음조화에 따라 '-(ᄋᆞ)ㅁ'과 '-옴'이 각각 결합한다.

앞서 말한 현대 국어의 두 가지 '-이' 역시 중세 국어의 명사 파생 접미사 '-ᄋᆡ/의'와 부사 파생 접미사 '-이'에 각각 대응한다. 이러한 구별은 '나못 노ᄑᆡ(나무의 높이)'와 '노피 ᄂᆞᄂᆞᆫ 져비(높이 나는 제비)'에서 확인된다. '높-'과 달리, 마지막 음절의 모음이 음성 모음인 어근에는 모음조화에 따라 명사 파생 접미사 '-의'가 결합한다. 그런데 부사 파생 접미사는 '-이' 하나여서 모음조화에 상관없이 '-이'가 결합한다.

635

윗글을 바탕으로 추론한 내용 중 적절하지 않은 것은?

① '됴ᄒᆞᆫ 여름 여루미(좋은 열매 열림이)'에서 '여름'과 '여룸'의 형태를 보니, 이 둘의 품사가 다르겠군.

② '거름'과 '거룸'의 형태를 보니, '거름'은 파생 명사이고 '거룸'은 동사의 명사형이겠군.

③ '거룸'과 '노ᄑᆡ'의 모음조화 양상을 보니, 중세 국어 '높-'에는 '-움'이 아니고 '-옴'이 결합하겠군.

④ '노ᄑᆡ'와 '노피'의 형태를 보니, '노ᄑᆡ'는 파생 부사이고 '노피'는 파생 명사이겠군.

⑤ 중세 국어의 형용사 '곧다', '굳다'가 부사 파생 접미사 '-이'와 결합할 때, 그 형태가 모음조화에 따라 달라지지 않겠군.

636

[A]를 참고할 때, 밑줄 친 부분이 ㉠에 해당하는 예로만 묶인 것은?

① 많이 앎이 항상 미덕인 것은 아니다.
그의 목소리는 격한 슬픔으로 떨렸다.

② 멸치 볶음은 맛도 좋고 건강에도 좋다.
오빠는 몹시 기쁨에도 내색을 안 했다.

③ 요즘은 상품을 큰 묶음으로 파는 가게가 많다.
무용수들이 군무를 춤과 동시에 조명이 켜졌다.

④ 어려운 이웃을 도움으로써 보람을 찾는 이도 있다.
나는 그를 온전히 믿음에도 그 일은 맡기고 싶지 않다.

⑤ 아이가 울음 섞인 목소리로 빨리 오라고 소리쳤다.
수술 뒤 친구가 밝게 웃음을 보니 나도 마음이 놓였다.

문법 비문학 – 핵심 기출 문제

[2018년 7월 고3 학평 11-12번]

[637-638] 다음 글을 읽고 물음에 답하시오.

단어를 이루는 형태소 중에 실질적인 의미를 나타내는 중심 부분을 어근이라고 하는데, 어근이 두 개 이상 결합한 단어를 합성어라고 한다.

[A] 합성어는 형성 방법과 종류가 매우 다양하다. 그 중 국어의 일반적인 단어 배열법에 따라 어근을 결합한 합성어를 통사적 합성어라 하고, 그렇지 않은 것을 비통사적 합성어라고 한다. 예를 들어, 명사와 명사가 결합한 '논밭', 용언의 관형사형과 명사가 결합한 '굳은살', 용언의 연결형과 용언의 어간이 결합한 '스며들다' 등은 국어 문장에서 흔히 나타나는 배열법으로서 통사적 합성어에 해당한다. 반면에 용언의 어간이 명사에 직접 결합한 '덮밥', 용언의 어간과 어간이 연결 어미 없이 결합한 '오르내리다' 등은 국어의 문장 구성 방식에 없는 단어 배열법으로 비통사적 합성어에 해당한다.

이러한 단어 합성법은 중세 국어에서도 찾아볼 수 있다. 명사와 명사가 결합한 '바ᄂᆞ실(바느실)', 용언의 관형사형과 명사가 결합한 '져므니(젊은이)', 용언의 연결형과 용언의 어간이 결합한 '니러셔다(일어서다)' 같은 통사적 합성어와 '빌먹다(빌어먹다)'와 같이 용언의 어간과 어간이 연결 어미 없이 결합한 비통사적 합성어가 그러한 예이다.

한편 중세 국어에서 'ᄠᅱ다'와 '놀다'의 합성어 형태로는 비통사적으로 결합한 'ᄠᅱ놀다' 하나만 확인되고 있는데 현대 국어에는 비통사적 합성어인 '뛰놀다'와 통사적 합성어인 '뛰어놀다'의 두 가지 합성어 형태가 모두 쓰이는 것을 확인할 수 있다. 이와 반대로 현대 국어에는 하나의 합성어 형태로만 쓰이는 단어가 중세 국어에는 두 가지 합성어 형태로 모두 쓰였던 경우도 찾아볼 수 있다.

637

[A]를 바탕으로 다음 단어를 분석한 것으로 적절하지 <u>않은</u> 것은?

	단어	결합 방식	합성어의 종류
①	어깨동무	명사 + 명사	통사적 합성어
②	건널목	용언의 관형사형 + 명사	통사적 합성어
③	보살피다	용언의 연결형 + 용언의 어간	통사적 합성어
④	여닫다	용언의 어간 + 용언의 어간	비통사적 합성어
⑤	검버섯	용언의 어간 + 명사	비통사적 합성어

638

윗글을 바탕으로 <보기>의 자료에 나타난 중세 국어의 합성어를 탐구한 내용으로 적절하지 <u>않은</u> 것은? [3점]

보 기

(가) 賈餗이 슬허 **눈므를** 내요ᄃᆡ <번역 소학>
[현대 국어] 가속이 슬퍼 눈물을 흘리되
(나) ᄒᆞᆯᄀᆡ 어울워 **즌ᄒᆞᆯᄀᆞᆯ** ᄆᆡᇰᄀᆞ라 <능엄경언해>
[현대 국어] 흙에 어울러 진흙을 만들어
(다) 그듸 가아 **아라듣게** 니르라 <석보상절>
[현대 국어] 그대가 가서 알아듣게 말하라.
(라) 그지업슨 소리 世界예 **솟나디** 몯ᄒᆞ면 <월인석보>
[현대 국어] 끝이 없는 소리가 세계에 솟아나지 못하면
(마) ᄯᅡ해셔 **소사나신** ... 菩薩 摩訶薩이 <석보상절>
[현대 국어] 땅에서 솟아나신 ... 보살 마가살이

① (가)의 '눈믈'은 현대 국어의 '눈물'과 같이 통사적 합성어로 볼 수 있겠군.
② (나)의 '즌ᄒᆞᆰ'은 현대 국어의 '진흙'과 달리 비통사적 합성어로 볼 수 있겠군.
③ (다)의 '아라듣다'는 현대 국어의 '알아듣다'와 같이 통사적 합성어로 볼 수 있겠군.
④ (라)의 '솟나다'는 현대 국어의 '솟아나다'와 달리 비통사적 합성어로 볼 수 있겠군.
⑤ (라), (마)를 보니 현대 국어의 '솟아나다'는 중세 국어에서 두 가지 합성어의 형태로 모두 쓰였다고 볼 수 있겠군.

[2020년 수능 예시문항 35-36번]

[639-640] 다음을 읽고 물음에 답하시오.

둘 이상의 어근이 결합하여 형성된 단어를 합성어라고 한다. 합성어는 '어근들의 결합 방식'과 '어근들 간의 의미 관계'에 따라 분류할 수 있다.

어근들의 결합 방식이 일반적인 문장 구성 방식과 같은 합성어를 통사적 합성어라고 하고 그렇지 않은 합성어를 비통사적 합성어라고 한다. 예를 들어, ㉠둘 이상의 용언이 연결 어미로 이어지는 것, 용언의 관형사형이 명사를 수식하는 것, 주어나 목적어 뒤에 서술어가 결합하는 것, ㉡명사나 관형사가 명사를 수식하는 것, 부사가 용언을 수식하는 것 등은 일반적인 문장 구성 방식이므로 이러한 방식으로 어근들이 결합한 합성어는 통사적 합성어이다. 따라서 '산나물', '바로잡다'는 통사적 합성어이고 '뾰족구두', '높푸르다'는 비통사적 합성어이다.

합성어를 구성하는 어근들 간의 의미 관계에 따르면, 합성어는 대등 합성어와 종속 합성어로 나뉜다. 대등 합성어는 '높푸르다'처럼 두 어근의 의미가 동등한 관계를 보이는 합성어이다. 종속 합성어는 '산나물'처럼 선행 어근이 후행 어근을 의미상 수식하는 합성어이다. 대등 합성어와 종속 합성어는 합성어를 구성하는 어근들의 의미만으로 이들 합성어의 의미를 대체로 파악할 수 있다. 한편 어근들의 의미만으로는 합성어의 의미를 파악하기 어려워, 합성어를 구성하는 어근들 간의 의미 관계를 따지기 힘든 합성어를 융합 합성어라고 한다. 예를 들어, '가위바위보'는 '손을 내밀어 그 모양에 따라 순서나 승부를 정하는 방법'이라는 의미를 가지므로 융합 합성어이다.

그런데 여러 의미를 가지는 합성어는 그 의미에 따라 서로 다른 합성어의 유형에 속하는 경우도 있다. 가령 '찬밥'은 '지은 지 오래되어 식은 밥'이라는 의미를 가질 때에는 종속 합성어이고, '중요하지 아니한 하찮은 인물이나 사물'이라는 의미를 가질 때에는 융합 합성어이다.

이처럼 의미에 따라 합성어가 어떠한 유형에 속하는지 판단하기 어려울 때에는, 합성어와 그 합성어를 구성하는 후행 어근 간의 의미 관계, 그중에서도 상하 관계를 살펴보는 것이 도움이 된다. 예를 들어, '지은 지 오래되어 식은 밥'이라는 의미를 가지는 '찬밥'은 의미상 '밥'에 포함되므로 '밥'의 하의어이고, 이러한 의미 관계를 보이는 '찬밥'은 종속 합성어이다. 그러나 '찬밥'이 융합 합성어일 때에는 '찬밥'과 '밥'이 상하 관계를 보이지 않는다. 또한 '논밭'과 같은 대등 합성어도, 합성어와 그 합성어를 구성하는 후행 어근이 상하 관계를 맺지 않는다.

639

㉠, ㉡에 해당하는 예끼리 짝지어진 것은?

	㉠	㉡
①	먹고살다	새색시
②	뛰놀다	먹거리
③	갈라서다	척척박사
④	걸어오다	큰아버지
⑤	빛나다	돌다리

640

윗글을 바탕으로 <보기>에 대해 이해한 내용으로 적절한 것은?

보 기

ⓐ 나는 그저께 막내딸을 보름 만에 만났다.
ⓑ 바깥에 오래 있었더니 손발이 차가워졌다.
ⓒ 며칠째 밤낮이 바뀐 날이 계속되고 있다.
ⓓ 시간만 잡아먹는 일은 하지 말아야 한다.
ⓔ 가을이 되자 철새들이 남쪽으로 날아갔다.

① ⓐ의 '막내딸'은 그 의미를 어근들의 의미만으로 파악할 수 있으며, '딸'의 하의어가 아니므로 대등 합성어이겠군.
② ⓑ의 '손발'은 그 의미를 어근들의 의미만으로 파악할 수 있으며, '발'의 하의어이므로 종속 합성어이겠군.
③ ⓒ의 '밤낮'은 그 의미를 어근들의 의미만으로 파악하기 어려우므로 융합 합성어이겠군.
④ ⓓ의 '잡아먹는'은 그 의미를 어근들의 의미만으로 파악할 수 있고, '먹다'의 하의어가 아니므로 대등 합성어이겠군.
⑤ ⓔ의 '날아갔다'는 그 의미를 어근들의 의미만으로 파악할 수 있고, '가다'의 하의어이므로 종속 합성어이겠군.

문법 비문학 - 핵심 기출 문제

[2022년 수능 35-36번]

[641-642] 다음 글을 읽고 물음에 답하시오.

합성 명사는 직접 구성 요소가 모두 어근인 명사이다. 합성 명사의 어근은 복합어일 수도 있는데 '갈비찜'을 그 예로 들 수 있다. '갈비찜'의 직접 구성 요소는 '갈비'와 '찜'이다. 그런데 '갈비찜'을 형태소 단위까지 분석하면 '갈비', '찌-', '-ㅁ'이라는 형태소를 확인할 수 있다. 이처럼 합성 명사 내부에 복합어가 있을 때, ㉠합성 명사를 형태소 단위까지 분석하면 합성 명사의 내부 구조를 세밀히 알 수 있다.

다의어에서 기본이 되는 의미를 중심적 의미라 하고, 중심적 의미로부터 확장된 의미를 주변적 의미라 한다. 만약 단어가 하나의 의미만을 가지고 그 의미가 다른 의미로 확장되지 않았다면, 그 하나의 의미를 중심적 의미로 볼 수 있다. 합성 명사의 두 어근에도 ⓐ중심적 의미나 ⓑ주변적 의미가 나타날 수 있다. 그런데 자립적으로 쓰일 때에는 하나의 의미만을 가지고 있어 사전에서 뜻풀이가 하나밖에 없는 단어가 합성 명사의 어근으로 쓰일 때 주변적 의미를 새롭게 가지게 되는 경우도 있다. 가령 '매섭게 노려보는 눈'을 뜻하는 합성 명사 '**도끼눈**'은 '도끼'와 '눈'으로 분석되는데, '매섭거나 날카로운 것'이라는 '도끼'의 주변적 의미는 '도끼'가 자립적으로 쓰일 때 가지고 있던 의미라고 보기 어렵다.

합성 명사의 어근이 중심적 의미를 나타내든 주변적 의미를 나타내든, 그 어근은 합성 명사 내부에서 나타나는 위치가 대체로 자유롭다. 이는 '비바람', '이슬비'에서 중심적 의미를 나타내는 '비'의 위치와 '**벼락공부**', '**물벼락**'에서 주변적 의미를 나타내는 '벼락'의 위치를 통해 알 수 있다. 그런데 주변적 의미를 나타내는 어근 중 일부는 합성 명사 내부의 특정 위치에서 주로 관찰된다. 가령 '아주 달게 자는 잠'을 뜻하는 '**꿀잠**'에는 '편안하거나 기분 좋은 것'이라는 '꿀'의 주변적 의미가 나타나는데, '꿀'의 이러한 의미는 합성 명사의 선행 어근에서 주로 관찰된다. 그리고 '넓게 깔린 구름'을 뜻하는 '**구름바다**'에는 '무엇이 넓게 많이 모여 있는 곳'이라는 '바다'의 주변적 의미가 나타나는데, 이러한 '바다'는 합성 명사의 후행 어근에서 주로 관찰된다.

641

㉠에 따를 때, <보기>에 제시된 ㉮~㉱ 중 그 내부 구조가 동일한 단어끼리 묶은 것은?

보 기

- ◦ 동생은 오늘 ㉮새우볶음을 많이 먹었다.
- ◦ 우리는 결코 ㉯집안싸움을 하지 않겠다.
- ◦ 요즘 농촌은 ㉰논밭갈이에 여념이 없다.
- ◦ 우리 마을은 ㉱탈춤놀이가 참 유명하다.

① ㉮, ㉯ ② ㉯, ㉰ ③ ㉰, ㉱
④ ㉮, ㉯, ㉱ ⑤ ㉮, ㉰, ㉱

642

윗글의 ⓐ, ⓑ와 연관 지어 <자료>에 제시된 합성 명사를 탐구한 내용으로 적절한 것은?

자 료

합성 명사	뜻
칼잠	옆으로 누워 불편하게 자는 잠
머리글	책의 첫 부분에 내용이나 목적을 간략히 적은 글
일벌레	일을 지나치게 열심히 하는 사람
입꼬리	입의 양쪽 구석
꼬마전구	조그마한 전구

① '칼잠'과 '구름바다'는 ⓐ를 나타내는 어근의 위치가 같군.
② '머리글'과 '물벼락'은 ⓐ를 나타내는 어근의 위치가 같군.
③ '일벌레'와 '벼락공부'는 ⓑ를 나타내는 어근의 위치가 같군.
④ '입꼬리'와 '도끼눈'은 ⓑ를 나타내는 어근의 위치가 다르군.
⑤ '꼬마전구'와 '꿀잠'은 ⓑ를 나타내는 어근의 위치가 다르군.

[2023년 9월 고3 모평 35-36번]

[643-644] 다음 글을 읽고 물음에 답하시오.

[A] 복합어는 합성과 파생을 통해 형성된 합성어와 파생어로 나뉜다. 의미를 고려하여 어떤 말을 둘로 나누었을 때 그 둘 각각을 직접 구성 요소라 하는데, 합성어는 직접 구성 요소가 모두 어근인 단어이고, 파생어는 직접 구성 요소가 어근과 접사인 단어이다. 그리고 한 개의 형태소가 직접 구성 요소가 되기도 하고 두 개 이상의 형태소가 모여 직접 구성 요소가 되기도 한다. 예를 들어 '꿀벌'은 그 직접 구성 요소 '꿀'과 '벌'이 모두 어근이므로 합성어이다. 그리고 '꿀'과 '벌'은 각각 한 개의 형태소이다.

일반적으로 합성과 파생을 통해 단어가 형성될 때에는 그 구성 요소의 형태가 유지된다. 그런데 단어가 형성될 때 형태가 줄어드는 경우도 있다. 먼저 ㉠한 단어에서 형태가 줄어드는 경우가 있다. '대낚'은 '낚싯대를 써서 하는 낚시질'을 뜻하는 '대낚시'의 일부가 줄어들어 형성된 단어이다. 다음으로 ㉡단어 형성에 사용된 말들의 첫음절끼리 결합한 경우가 있다. '고법(高法)'은, '고등(高等)'과 '법원(法院)'이 결합하여 형성된 '고등 법원'이라는 말의 '고(高)'와 '법(法)'이 결합하여 형성되었다. 또한 ㉢단어 형성에 사용된 말들에서 어떤 말의 앞부분과 다른 말의 뒷부분이 결합한 경우가 있다. '교과 과정을 이수하기 위하여 일선 학교에 나가 교육 실습을 하는 학생'을 뜻하는 '교생(敎生)'은 '교육(敎育)'의 앞부분과 '실습생(實習生)'의 뒷부분이 결합하여 형성되었다.

이처럼 단어 형성에 사용된 말이 줄어들어 형성된 단어는, 그 단어의 형성에 사용된 말과 여러 의미 관계를 맺을 수 있다. 예를 들어, '대낚'과 '대낚시'는 서로 바꾸어 써도 그 의미에 차이가 거의 없으므로 서로 유의 관계를 맺고, '고법'은 '법원'의 일종이므로, '고법'과 '법원'은 상하 관계를 맺는다. 그러나 '고법'이 형성될 때 사용된 '고등'은 '고법'과 의미 관계를 맺지 않는다.

643

[A]를 바탕으로 추론한 내용으로 적절한 것은?

① '용꿈'의 직접 구성 요소는 모두, 한 개의 자립 형태소로 이루어진 어근이군.
② '봄날'과 '망치질'은 모두, 직접 구성 요소 중 하나가 접사이므로 파생어이군.
③ '필자'를 뜻하는 '지은이'의 직접 구성 요소는 모두, 자립 형태소를 포함하고 있군.
④ '놀이방'과 '단맛'의 직접 구성 요소 중에는 의존 형태소만으로 이루어진 것이 있군.
⑤ '꽃으로 장식한 고무신'을 뜻하는 '꽃고무신'을 직접 구성 요소로 분석하면 '꽃고무'와 '신'으로 분석할 수 있군.

644

윗글을 바탕으로 <보기>의 ⓐ~ⓔ를 이해한 내용으로 적절한 것은?

보 기

형성된 단어	뜻	단어 형성에 사용된 말
ⓐ 흰자	알 속의 노른자위를 둘러싼 흰 부분	흰자위
ⓑ 공수	공격과 수비를 아울러 이르는 말	공격, 수비
ⓒ 직선	선거인이 직접 피선거인을 뽑는 선거	직접, 선거
ⓓ 민자	민간이나 사기업이 하는 투자	민간, 투자
ⓔ 외화	다른 나라에서 만든 영화	외국, 영화

① ⓐ는 ㉠에 해당하고, 단어 형성에 사용된 말과 유의 관계를 맺지 않는다.
② ⓑ는 ㉠에 해당하고, 단어 형성에 사용된 두 말 중 어느 하나와 유의 관계를 맺는다.
③ ⓒ는 ㉡에 해당하고, 단어 형성에 사용된 두 말 중 어느 하나와 상하 관계를 맺는다.
④ ⓓ는 ㉡에 해당하고, 단어 형성에 사용된 두 말 중 어느 말과도 유의 관계를 맺지 않는다.
⑤ ⓔ는 ㉢에 해당하고, 단어 형성에 사용된 두 말 중 어느 말과도 상하 관계를 맺지 않는다.

문법 비문학 – 핵심 기출 문제

[2017년 11월 고1 학평 13-14번]

[645-646] 다음 글을 읽고 물음에 답하시오.

올바른 문장이란 문장 성분이 잘 갖추어진 문장이다. 문장 성분이란 문장 안에서 일정한 문법적 기능을 하는 각 부분들을 일컫는다. 문장 성분은 문장을 이루는 데 골격이 되는 주성분, 주로 주성분의 내용을 수식하는 부속 성분, 다른 문장 성분과는 직접적인 관련이 없는 독립 성분으로 나뉜다.

주성분에는 주어, 서술어, 목적어, 보어가 있다. 주어는 문장에서 동작의 주체, 혹은 상태나 성질의 주체를 나타내는 성분이다. 서술어는 주어의 동작, 상태, 성질 따위를 풀이하는 기능을 하는 성분이다. 목적어는 서술어의 동작 대상이 되는 성분이고, 보어는 '되다, 아니다'와 같은 서술어가 필요로 하는 문장 성분 중에서 주어를 제외한 성분이다. 부속 성분에는 관형어와 부사어가 있다. 관형어는 주로 체언*을 수식하고, 부사어는 주로 용언*을 수식하는 성분이다. 독립 성분에 해당하는 독립어는 문장의 어느 성분과도 직접적인 관련이 없는 성분이다.

[A] 이러한 문장 성분들이 제대로 갖추어지지 않아서 문장이 올바르지 않은 경우는 주로 다음과 같다. 첫째, 문장 성분 간의 호응이 이루어지지 않은 경우이다. 여기에는 주어와 서술어의 호응, 목적어와 서술어의 호응, 부사어와 서술어의 호응이 이루어지지 않은 경우 등이 있다. 가령 "내가 가장 원하는 것은 자전거를 가지고 싶다."는 주어 '내가 가장 원하는 것은'과 서술어 '가지고 싶다'가 어울리지 않아 잘못된 문장이다. "지수는 시간이 나면 음악과 책을 듣는다."는 목적어 '책을'과 서술어 '듣는다'가 어울리지 않아서, "다들 시험 치느라 여간 힘들다."는 부사어 '여간'과 서술어 '힘들다'가 어울리지 않아서 잘못된 문장이다. 둘째, 반드시 필요로 하는 문장 성분이 생략된 경우이다. 여기에는 문장 안에서 목적어나 부사어가 반드시 필요함에도 불구하고 생략된 경우 등이 있다. 예컨대 "나도 읽었다."는 서술어 '읽었다'가 반드시 필요로 하는 목적어가 생략되어서, "아이가 편지를 넣었다."는 서술어 '넣었다'가 반드시 필요로 하는 부사어가 생략되어서 잘못된 문장이다.

* 체언 : 문장에서 주로 주어, 목적어, 보어가 되는 자리에 오는 단어들.
* 용언 : 문장의 주어를 서술하는 기능을 가진 단어들.

645

윗글을 바탕으로 다음 문장을 분석한 내용으로 적절한 것은?

> 야호! 우리가 드디어 힘든 관문을 통과했어.

	주성분	부속 성분	독립 성분
①	우리가, 통과했어	힘든, 관문을	야호, 드디어
②	우리가, 힘든, 관문을	통과했어	야호, 드디어
③	우리가, 드디어, 통과했어	힘든, 관문을	야호
④	우리가, 관문을, 통과했어	드디어, 힘든	야호
⑤	관문을, 통과했어	우리가, 힘든	야호, 드디어

646

다음은 [A]에 대한 학습 활동지 중 일부이다. 작성한 내용으로 적절하지 <u>않은</u> 것은?

학습 활동 : 올바른 문장 표현 익히기

- 잘못된 문장
  - ㉠ 그는 친구에게 보냈다.
  - ㉡ 이번 일은 결코 성공해야 한다.
  - ㉢ 그의 뛰어난 점은 필기를 잘한다.
  - ㉣ 할아버지께서 입학 선물을 주셨다.
  - ㉤ 사람들은 즐겁게 춤과 노래를 부르고 있다.

- 잘못된 이유
  - ㉠ : 서술어가 반드시 필요로 하는 목적어가 생략됐어. ……… ①
  - ㉡ : 부사어와 서술어가 어울리지 않아. ……… ②
  - ㉢ : 주어와 서술어가 어울리지 않아. ……… ③
  - ㉣ : 서술어가 반드시 필요로 하는 부사어가 생략됐어.
  - ㉤ : 목적어와 서술어가 어울리지 않아.

- 고쳐 쓴 문장
  - ㉠ : 그는 친구에게 답장을 보냈다.
  - ㉡ : 이번 일은 반드시 성공해야 한다.
  - ㉢ : 그의 뛰어난 점은 필기를 잘한다는 것이다.
  - ㉣ : 할아버지께서 어제 입학 선물을 주셨다. ……… ④
  - ㉤ : 사람들은 즐겁게 춤을 추고 노래를 부르고 있다. ……… ⑤

[2019년 3월 고1 학평 12-13번]

[647-648] 다음 글을 읽고 물음에 답하시오.

<대화 1>

'새 옷'의 '새'를 뭐라고 부르나요?
관형사요!
관형어요!
누가 맞는지, <자료>를 통해 알아볼까요?

<자료>

관형어는 문장을 구성하는 성분 중 하나로, 품사 가운데 명사나 대명사와 같은 체언 앞에서 그 뜻을 꾸며 주는 기능을 한다. 예를 들어 '모든 책'의 '모든'은 뒤에 오는 명사 '책'에 '빠짐이나 남김이 없이 전부의.'라는 의미를 더해 주는 관형어이다.

다음 문장들의 밑줄 친 부분은 모두 관형어이다.

ㄱ. 선생님의 목소리가 들린다.
ㄴ. 마실 물이 있다.
맑은 물이 있다.
ㄷ. 온갖 꽃이 활짝 피어 있다.

ㄱ은 체언에 관형격 조사 '의'가 결합하여 관형어가 된 경우이다. '선생님의'는 명사 '선생님'에 관형격 조사 '의'가 결합하여 '목소리'를 꾸며 주고 있다. 이 경우 '선생님 목소리'와 같이 관형격 조사 없이 명사만으로도 관형어가 될 수 있다. 하지만 관형격 조사 '의'를 반드시 써야 하는 경우가 있고, '의'가 생략되면 의미가 달라지는 경우도 있다.

ㄴ은 동사나 형용사와 같은 용언의 어간에 관형사형 어미 '-(으)ㄴ', '-(으)ㄹ' 등이 결합하여 관형어가 된 경우이다. '마실'은 동사의 어간 '마시-'에 관형사형 어미 '-ㄹ'이 결합하여 '물'을 꾸며 주고 있고, '맑은'은 형용사의 어간 '맑-'에 관형사형 어미 '-은'이 결합하여 '물'을 꾸며 주고 있다.

ㄷ은 관형사가 관형어가 된 경우이다. 관형사는 체언 앞에서 체언의 뜻을 꾸며 주는 품사이다. 관형사 '온갖'은 명사 '꽃'을 꾸며 주며 '이런저런 여러 가지의.'라는 의미를 더해 주고 있다. 관형사는 체언과 달리 조사와 결합할 수 없으며, 용언과 달리 활용이 불가능하다는 특성이 있다.

<대화 2>

둘 다 맞았네요!
그럼 둘은 어떤 차이가 있죠?
'관형사'는 [A]를,
'관형어'는 [B]를 기준으로 말한 거예요!

647

[A], [B]에 들어갈 말을 바르게 짝지은 것은?

	[A]	[B]
①	품사가 무엇인가	의미가 무엇인가
②	품사가 무엇인가	문장 성분이 무엇인가
③	문장 성분이 무엇인가	문장의 종류가 무엇인가
④	문장의 종류가 무엇인가	의미가 무엇인가
⑤	문장의 종류가 무엇인가	문장 성분이 무엇인가

648

윗글을 참고하여 <보기>를 이해한 것으로 적절하지 않은 것은?

보 기

a. 고향
b. 예쁜
c. 남자의
d. 옛

\+ 친구가 여기 있다.

① a~d는 모두 체언 '친구'를 꾸며 주는 역할을 한다.
② a는 조사가 없이 체언만으로 관형어가 된 경우이다.
③ b는 용언의 어간 '예쁘-'에 관형사형 어미 '-ㄴ'이 결합된 것이다.
④ c에서 관형격 조사 '의'가 생략되어도 문장의 원래 의미가 달라지지 않는다.
⑤ d는 조사가 결합할 수 없으며 활용이 불가능하다.

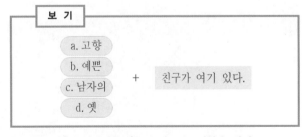

문법 비문학 - 핵심 기출 문제

[2019년 6월 고1 학평 11-12번]

[649-650] 다음 글을 읽고 물음에 답하시오.

서술어에 따라 완전한 문장을 이루기 위해 필요로 하는 문장 성분의 개수가 다른데, 이를 '서술어의 자릿수'라 한다.

'한 자리 서술어'는 주어만을 필요로 한다.

예 아기가 운다.

'두 자리 서술어'는 주어 외에 목적어, 보어, 필수적 부사어 중에서 하나의 문장 성분을 더 필요로 한다.

예 경찰이 도둑을 잡았다.
물이 얼음이 되었다.
아들이 아빠와 닮았다.

'세 자리 서술어'는 주어, 목적어, 필수적 부사어를 반드시 필요로 한다.

예 그녀는 그 아이를 제자로 삼았다.

위 문장에서 부사어인 '아빠와', '제자로'는 필수적 성분으로서, 생략되었을 경우 불완전한 문장이 된다. 이러한 부사어를 ㉠필수적 부사어라 한다.

한편 문장에서 사용되는 의미의 차이에 따라 그 자릿수를 달리하는 서술어도 있다.

예 ㉮ 나는 그녀를 생각한다.
㉯ 나는 그녀를 선녀로 생각한다.

㉮의 '생각하다'는 '사람이나 일 따위에 대하여 기억하다'는 뜻으로 주어와 목적어를 필요로 하는 두 자리 서술어이다. 이에 비해 ㉯의 '생각하다'는 '의견이나 느낌을 가지다'는 뜻으로 주어, 목적어, 부사어를 필요로 하는 세 자리 서술어이다.

649

<보기>는 국어사전의 일부이다. 윗글을 바탕으로 ⓐ~ⓓ를 이해한 것으로 적절한 것은?

보 기

듣다[01] [-따] 〔들어, 들으니, 듣는[든-]〕
「동사」
[1] 【…을】
사람이나 동물이 소리를 감각 기관을 통해 알아차리다.
¶ 나는 숲에서 새소리를 ⓐ듣는다.
[2] 【…에게 …을】
주로 윗사람에게 꾸지람을 맞거나 칭찬을 듣다.
¶ 그 아이는 누나에게 칭찬을 자주 ⓑ듣는다.
[3] 【…을 …으로】
어떤 것을 무엇으로 이해하거나 받아들이다.
¶ 그들은 고지식해서 농담을 진담으로 ⓒ듣는다.

듣다[02] [-따] 〔들어, 들으니, 듣는[든-]〕
「동사」
【…에】
눈물, 빗물 따위의 액체가 방울져 떨어지다.
¶ 차가운 빗방울이 지붕에 ⓓ듣는다.

① ⓐ는 세 자리 서술어이다.
② ⓑ는 주어와 목적어만을 필수적으로 요구하는 서술어이다.
③ ⓒ는 주어 외에 두 개의 문장 성분을 더 필요로 한다.
④ ⓐ와 ⓓ는 필요로 하는 문장 성분이 서로 같다.
⑤ ⓑ와 ⓓ는 의미에 차이가 있지만 서술어 자릿수는 같다.

650

밑줄 친 부분이 ㉠에 해당되지 않는 것은?

① 그 아이는 매우 영리하게 생겼다.
② 승윤이는 통나무로 식탁을 만들었다.
③ 이 지역의 기후는 벼농사에 적합하다.
④ 나는 이 일을 친구와 함께 의논하겠다.
⑤ 작년에 부모님께서 나에게 큰 선물을 주셨다.

[2022년 9월 고3 모평 35-36번]

[651-652] 다음 글을 읽고 물음에 답하시오.

국어에서는 명사가 동사나 형용사와 차례대로 결합하여 '손잡다'와 같은 합성 동사나 '쓸모없다'와 같은 합성 형용사가 만들어질 수 있다. 합성 동사와 합성 형용사를 묶어 합성 용언이라고 한다. 합성 용언은 크게 구성적 측면과 의미적 측면에서 분류할 수 있다.

먼저 구성적 측면에서 합성 용언은 그 구성 요소들이 맺는 문법적 관계에 따라 분류할 수 있다. 예를 들어 '쓸만한 가치가 없다.'를 뜻하는 ㉠'쓸모없다'는 명사 '쓸모'와 형용사 '없다'가 주어와 서술어의 관계를 보여 주고, '손을 마주잡다.'를 뜻하는 ㉡'손잡다'는 명사 '손'과 동사 '잡다'가 목적어와 서술어의 관계를 보여 준다. 그리고 '남에게 드러내어 뽐낼 만한 거리로 하다.'를 뜻하는 ㉢'자랑삼다'는 명사 '자랑'과 동사 '삼다'가 부사어와 서술어의 관계를 보여 준다.

한편 의미적 측면에서 합성 용언은 그 구성 요소의 의미를 그대로 유지하는 경우와 구성 요소의 의미를 벗어나 새로운 의미를 획득한 경우로 분류할 수 있다. 가령 '쓸모없다'는 구성 요소인 '쓸모'와 '없다'의 의미를 그대로 유지한다. 반면 '주름잡다'는 구성 요소인 '주름'과 '잡다'의 의미를 벗어나 '모든 일을 자기가 하고 싶은 대로 처리하다.'라는 새로운 의미를 획득한 경우이다. '주름잡다'의 이와 같은 의미가 구성 요소의 의미를 벗어나 새롭게 획득되었다는 사실은, '나는 바지에 주름 잡는 일이 너무 어렵다.'의 '주름 잡는'의 의미를 고려하면 더욱 분명히 드러난다.

그런데 구성 요소의 의미를 벗어나 새로운 의미를 획득한 합성 용언 중에는 필수 부사어를 요구하는 경우가 있다. 예를 들어 '불타다'가 '나는 지금 학구열에 불타고 있다.'에서와 같이 '의욕이나 정열 따위가 끓어오르다.'라는 새로운 의미를 획득한 경우에는 '학구열에'라는 필수 부사어를 요구한다. 이러한 사실은 '불타다'가 '장작이 지금 불타고 있다.'에서와 같이 구성 요소의 의미를 그대로 유지하는 경우에는 필수 부사어를 요구하지 않는다는 점과 비교할 때 더 분명해진다.

651

윗글을 읽고 이해한 내용으로 적절하지 않은 것은?

① '나는 시장에서 책가방을 값싸게 샀다.'의 '값싸게'는 구성적 측면에서 ㉠과 동일한 유형의 합성 용언이겠군.
② '나는 눈부신 태양 아래에 서 있었다.'의 '눈부신'은 구성적 측면에서 ㉠과 동일한 유형의 합성 용언이겠군.
③ '누나는 나를 보자마자 뒤돌아 앉았다.'의 '뒤돌아'는 구성적 측면에서 ㉡과 동일한 유형의 합성 용언이겠군.
④ '언니는 밤새워 숙제를 다 마무리했다.'의 '밤새워'는 구성적 측면에서 ㉡과 동일한 유형의 합성 용언이겠군.
⑤ '큰형은 앞서서 골목을 걷기 시작했다.'의 '앞서서'는 구성적 측면에서 ㉢과 동일한 유형의 합성 용언이겠군.

652

윗글을 바탕으로 <보기>의 ⓐ~ⓔ를 탐구한 내용으로 적절한 것은?

보 기

- 그는 학문에 대한 깨달음에 ⓐ목말라 있다.
- 그는 이 과자를 간식으로 ⓑ점찍어 두었다.
- 그녀는 요즘 야식과 ⓒ담쌓고 지내고 있다.
- 그녀는 노래 실력이 아직 ⓓ녹슬지 않았다.
- 그녀는 최신 이론에 마침내 ⓔ눈뜨게 됐다.

① ⓐ : 구성 요소의 의미를 그대로 유지하고 필수 부사어를 요구한다.
② ⓑ : 구성 요소의 의미를 그대로 유지하고 필수 부사어를 요구하지 않는다.
③ ⓒ : 구성 요소의 의미를 벗어나 새로운 의미를 획득했고 필수 부사어를 요구한다.
④ ⓓ : 구성 요소의 의미를 벗어나 새로운 의미를 획득했고 필수 부사어를 요구한다.
⑤ ⓔ : 구성 요소의 의미를 벗어나 새로운 의미를 획득했고 필수 부사어를 요구하지 않는다.

문법 비문학 - 핵심 기출 문제

[2022년 11월 고2 학평 11-12번]

[653-654] 다음 글을 읽고 물음에 답하시오.

문장이 문법적으로 올바른지를 판단할 때 확인해야 할 기준은 여러 가지가 있다. 그중 서술어의 특성을 고려하는 기준으로는 서술어의 자릿수와 서술어로 쓰인 단어가 가지는 선택 자질 등을 들 수 있다.

우선 서술어의 자릿수란 문장에서 서술어가 필수적으로 요구하는 문장 성분의 개수를 의미한다. ㉠<u>서술어가 필수적으로 요구하는 문장 성분이 갖추어지지 않은 문장</u>은 문법적으로 올바르지 않은 문장이 된다. 서술어가 주어만을 필요로 하면 '한 자리 서술어', 주어 외에 한 개의 문장 성분을 더 필요로 하면 '두 자리 서술어', 주어 외에 두 개의 문장 성분을 더 필요로 하면 '세 자리 서술어'로 분류한다.

그런데 서술어로 사용되는 용언이 다의어일 때는 각각의 의미에 따라 서술어의 자릿수가 달라지는 경우가 있다. 예를 들어 동사 '멈추다'는 '사물의 움직임이나 동작이 그치다.'의 의미로 사용될 때는 '자동차가 멈추다.'에서와 같이 한 자리 서술어이고, '사물의 움직임이나 동작을 그치게 하다.'의 의미로 사용될 때는 '아버지가 자동차를 멈추다.'에서와 같이 두 자리 서술어이다.

다음으로, 문장에서 서술어로 쓰이는 용언은 경우에 따라 특정 체언하고만 어울리는 특성을 갖는데 이를 '선택 자질'이라고 한다. 그리고 용언이 선택 자질에 의해 특정 단어를 선택하여 결합하는 현상을 '선택 제약'이라고 한다. 예를 들어 '먹다'가 '음식 따위를 입을 통하여 배 속에 들여 보내다.'라는 의미로 쓰인 경우, 주어와 목적어 자리에 올 수 있는 체언은 한정된다. 즉 주어로는 입과 배라는 신체 기관을 지닌 생물만을, 목적어로는 음식만을 선택하여 결합해야 서술어의 의미가 온전하게 표현된다. 그렇기 때문에 '아이가 밥을 먹다.'는 문법적으로 올바른 문장이지만 '바위가 밥을 먹다.'와 '아이가 바위를 먹다.'는 서술어의 선택 제약을 어겨 문법적으로 올바르지 않은 문장이 된다.

653

㉠에 해당하는 예로 적절한 것은?

① 동생이 내 손을 꼭 잡았다.
② 선생님께서 제자로 삼으셨다.
③ 이 책의 내용은 생각보다 쉽다.
④ 나는 밤새 보고서를 겨우 만들었다.
⑤ 그는 자신의 친구에게 나를 소개했다.

654

윗글을 바탕으로 <보기>의 탐구 과제를 수행했을 때, [A]에 들어갈 내용으로 적절하지 <u>않은</u> 것은? [3점]

> **보 기**
>
> **[탐구 과제]**
> 다음 [탐구 자료]에 나타난 서술어의 특징에 대해 알아 보사.
>
> **[탐구 자료]**
>
> **살다1** 「동사」
> 「1」 생명을 지니고 있다.
> 　예 그 사람들은 백 살까지 ⓐ<u>살았다</u>.
> 「2」 […에/에서] 어느 곳에 거주하거나 거처하다.
> 　예 그는 하루 종일 연구실에서 ⓑ<u>산다</u>.
> 「3」 […을] 어떤 직분이나 신분의 생활을 하다.
> 　예 그는 조선 시대에 오랫동안 벼슬을 ⓒ<u>살았다</u>.
> 「4」 [(…과)]('과'가 나타나지 않을 때는 여럿임을 뜻하는 말이 주어로 온다) 어떤 사람과 결혼하여 함께 생활하다.
> 　예 그녀는 사랑하는 남편과 잘 ⓓ<u>산다</u>.
> 　　그 부부는 오순도순 잘 ⓔ<u>산다</u>.
>
> **[탐구 결과]**
>
> [A]

① ⓐ는 「1」의 의미를 고려할 때, 주어에 '생명을 지닌 존재'만을 선택하여 결합해야 서술어의 의미가 온전하게 표현되겠군.
② ⓑ와 ⓒ는 필수적으로 요구하는 문장 성분의 종류는 다르지만 개수는 동일하겠군.
③ ⓑ와 ⓓ는 각각 「2」와 「4」의 의미를 고려할 때, 필수적으로 요구되는 부사어 자리에 올 수 있는 체언은 한정되겠군.
④ ⓒ는 「3」의 의미를 고려할 때, 목적어와 부사어 자리에 어떤 직분이나 신분을 의미하는 체언하고만 어울리는 선택 자질을 갖겠군.
⑤ ⓔ는 「4」의 의미를 고려할 때, 서술어의 자릿수가 ⓐ와 같겠군.

[2023년 6월 고2 학평 11-12번]

[655-656] 다음 글을 읽고 물음에 답하시오.

'품사'는 공통된 성질이 있는 단어끼리 묶어서 분류해 놓은 갈래를 뜻하고, '문장 성분'은 문장 안에서 일정한 문법적 기능을 하는 구성 요소를 뜻한다. 관형사는 체언인 명사, 대명사, 수사 앞에서 해당 체언을 꾸며 주는 품사이고, 관형어는 체언을 꾸며 주는 문장 성분이므로, 서로 문법 단위가 다르다. 그런데 관형사나 관형어는 이름과 그 기능이 서로 유사하여, 둘을 구별하기가 쉽지 않다.

관형사는 단어의 성질 자체가 체언의 수식에 있고, 문장 성분으로는 관형어의 기능을 한다. 하지만 관형어는 관형사로만 실현되는 것은 아니다. 관형사 이외에도 체언과 관형격 조사의 결합, 용언의 어간과 관형사형 어미의 결합, 체언 자체로도 관형어로 쓰일 수 있다.

(가) 헌 집이지만 나는 고향 집이 정겹다.
(나) 할아버지의 집을 고쳐서 예쁜 집으로 만들었다.

(가)의 '헌'은 '집'을 꾸며 주는 관형사이다. 이때 '헌'은 조사와 결합하지 않으며, '헌'이라는 고정된 형태로만 쓰인다. 즉 '헌 책, 헌 구두'와 같이 관형사는 언제나 체언을 꾸며 주는 관형어로만 쓰인다. 또한 '고향'은 명사이지만, 뒤에 오는 체언 '집'을 꾸며 주는 기능을 한다. 이처럼 체언이 나란히 올 경우 앞의 체언은 뒤의 체언을 꾸며 주는 관형어로 쓰일 수 있다.

(나)의 '할아버지'는 관형격 조사 '의'와 결합하여 '집'을 수식하는 관형어로 쓰인다. 또한 '예쁜'은 형용사인데, 어간 '예쁘-'에 관형사형 어미 '-(으)ㄴ'이 결합하여 '집'을 꾸미는 관형어로 쓰인다. 마찬가지로 '살던 집', '구경하는 집'처럼 동사의 어간에 관형사형 어미가 결합하여 관형어로 쓰일 수 있다.

655

윗글을 읽고 보인 반응으로 적절하지 않은 것은?

① 관형사는 그 형태가 변하지 않는군.
② 관형사와 관형어는 모두 체언을 꾸며 주는군.
③ 관형어가 항상 관형사를 통해 실현되는 것은 아니군.
④ 두 명사가 나란히 올 때 앞 명사는 관형사가 될 수 있군.
⑤ 형용사는 관형사형 어미가 결합하더라도 관형사가 될 수 없군.

656

윗글을 바탕으로 <보기>의 문장을 탐구하여 정리한 내용으로 적절한 것은? [3점]

보 기

ㄱ. 새 가구는 어머니의 자랑거리이다.
ㄴ. 모든 아이들이 달리는 사자를 구경했다.
ㄷ. 그들은 오랫동안 친한 친구로 지내고 있다.
ㄹ. 우리 가족은 가던 걸음을 멈추고 뒤돌아보았다.
ㅁ. 대부분의 학생이 여름 바다를 간절하게 그리워했다.

	문장	탐구 정리 내용		
		관형어 개수	관형어	품사
①	ㄱ	1	어머니의	명사+조사
②	ㄴ	2	모든	관형사
			달리는	동사
③	ㄷ	1	친한	관형사
④	ㄹ	1	가던	동사
⑤	ㅁ	2	여름	명사
			간절하게	형용사

[2021년 6월 고1 학평 12-13번]

[657-658] 다음을 읽고 물음에 답하시오.

일반적으로 문장은 주어와 서술어의 관계에 따라 홑문장과 겹문장으로 나눌 수 있다. 홑문장은 '주어-서술어'의 관계가 한 번만 나타나는 문장이고, 겹문장은 '주어-서술어'의 관계가 두 번 이상 나타나는 문장이다. 겹문장은 문장의 짜임새에 따라 다시 안은문장과 이어진문장으로 나뉜다.

나는 문장 속에 들어가 하나의 성분처럼 쓰이는 문장을 안긴 문장이라고 하며, 이 문장을 포함한 문장을 안은문장이라고 한다. 안긴문장은 문법 단위로는 '절'에 해당하며, 이는 크게 명사절, 관형절, 부사절, 서술절, 인용절의 다섯 가지로 나뉜다.

명사절은 '우리는 그가 돌아오기를 기다린다.'의 밑줄 친 부분과 같이 절 전체가 명사처럼 쓰이는 것으로, 문장에서 주어, 목적어, 보어, 부사어 등의 역할을 한다. 관형절은 절 전체가 관형어의 기능을 하는 것으로, '아이들이 들어오는 소리를 들었다.'의 밑줄 친 부분과 같이 체언 앞에 위치하여 체언을 수식하는 역할을 한다. 부사절은 절 전체가 부사어의 기능을 하는 것으로, '하늘이 눈이 시리도록 푸르다.'의 밑줄 친 부분과 같이 서술어를 수식하는 역할을 한다. 서술절은 '나는 국어가 좋아.'의 밑줄 친 부분과 같이 절 전체가 서술어의 기능을 하는 것이다. 인용절은 '담당자가 "서류는 내일까지 제출하세요."라고 말했다.'의 밑줄 친 부분과 같이 화자의 생각 혹은 느낌이나 다른 사람의 말을 인용한 것이 절의 형식으로 안기는 경우로, '고', '라고'와 결합하여 나타난다.

이어진문장은 둘 이상의 절이 연결 어미에 의해 결합된 문장을 말한다. 절이 이어지는 방법에 따라 대등하게 이어진 문장과 종속적으로 이어진문장으로 나뉜다. 대등하게 이어진 문장은 앞절과 뒤 절이 '-고', '-지만' 등의 연결 어미에 의해 이어지며, 각각 '나열', '대조' 등의 대등한 의미 관계로 해석된다. 종속적으로 이어진문장은 앞 절과 뒤 절이 '-아서/-어서', '-(으)면', '-(으)러' 등의 연결 어미에 의해 이어지며, 앞 절이 뒤 절에 대해 각각 '원인', '조건', '목적' 등의 종속적인 의미 관계로 해석된다.

657

윗글을 바탕으로 <보기>를 탐구한 내용으로 적절하지 않은 것은?

> **보 기**
>
> ㉠오랫동안 여행을 떠났던 친구가 ㉡자신이 돌아왔음을 알리며 ㉢곧장 나를 만나러 오겠다고 ㉣기분 좋게 약속해서 나는 ㉤마음이 설렜다.

① ㉠은 뒤에 오는 명사 '친구'를 수식하므로 관형절로 안긴문장으로 볼 수 있군.

② ㉡은 서술어 '알리며'의 부사어 역할을 하므로 명사절로 안긴문장으로 볼 수 있군.

③ ㉢은 '고'를 사용하여 친구의 말을 인용하고 있으므로 인용절로 안긴문장으로 볼 수 있군.

④ ㉣은 서술어 '약속해서'를 수식하고 있으므로 부사절로 안긴 문장으로 볼 수 있군.

⑤ ㉤은 주어 '나'의 상태를 서술하는 역할을 하므로 서술절로 안긴문장으로 볼 수 있군.

658

윗글을 바탕으로 이어진문장을 구분한 내용으로 적절한 것은?

	예문	종류	의미 관계
①	무쇠도 갈면 바늘이 된다.	종속	목적
②	하늘도 맑고, 바람도 잠잠하다.	대등	대조
③	나는 시험공부를 하러 학교에 간다.	종속	조건
④	함박눈이 내렸지만 날씨가 따뜻하다.	대등	나열
⑤	갑자기 문이 열려서 사람들이 놀랐다.	종속	원인

[2017년 9월 고2 학평 11-12번]

[659-660] 다음 글을 읽고 물음에 답하시오.

서술어는 그 성격에 따라 필요로 하는 문장 성분의 개수가 다른데, 이를 '서술어의 자릿수'라고 한다. 이러한 서술어의 자릿수에 의한 서술어의 종류에는 주어만을 요구하는 한 자리 서술어, 주어 이외에도 목적어, 보어, 부사어 중에서 한 성분을 필수적으로 요구하는 두 자리 서술어, 주어, 목적어, 부사어 세 가지 성분을 모두 요구하는 ㉠세 자리 서술어가 있다.

한편 문장은 주어와 서술어의 관계에 따라 홑문장과 겹문장으로 나뉜다. 홑문장은 '주어-서술어'의 관계가 한 번, 겹문장은 '주어-서술어'의 관계가 두 번 이상 나타나는 문장이다. 겹문장은 다시 이어진 문장과 안은 문장으로 나뉜다. 이어진 문장은 둘 이상의 절이 연결 어미에 의하여 결합된 문장으로, '대등하게 이어진 문장'과 '종속적으로 이어진 문장'이 있다. 대등하게 이어진 문장은 앞 절과 뒤 절의 의미가 대등하게 이어진 문장으로, 앞 절과 뒤 절은 '나열', '대조', '선택' 등의 대등한 의미 관계를 갖는다. 그리고 종속적으로 이어진 문장은 앞 절과 뒤 절의 의미가 독립적이지 못하고 종속적인 관계에 있는 문장으로, 앞 절이 뒤 절에 대해 '배경', '원인', '조건', '결과', '목적' 등의 종속적인 의미 관계를 나타낸다.

문장 속에 안겨 하나의 문장 성분처럼 기능하는 절을 '안긴 문장'이라고 하며 이러한 절을 포함한 문장을 '안은 문장'이라고 한다. 안긴 문장은 문장 속에서 주어, 목적어 등의 기능을 하는 '명사절', 관형어의 기능을 하는 '관형절', 부사어의 기능을 하는 '부사절', 서술어의 기능을 하는 '서술절', 그리고 인용한 내용이 절의 형식으로 안기는 '인용절' 등이 있다. 안은 문장에서는 안긴 문장의 어떤 성분이 그것을 안고 있는 안은 문장의 한 성분과 동일하게 되면 그 안긴 문장의 성분이 생략될 수 있다.

659

㉠에 해당하는 예로 가장 적절한 것은?

① 계절이 어느덧 가을이 되었다.
② 오빠는 아빠와 정말 많이 닮았다.
③ 장미꽃이 우리 집 뜰에도 피었다.
④ 아버지께서 헌 집을 정성껏 고치셨다.
⑤ 그는 자신의 직업을 천직으로 여겼다.

660

윗글을 바탕으로 <보기>의 ㄱ~ㅁ에 대해 탐구한 것으로 적절하지 않은 것은?

보 기

ㄱ. 누나는 마음이 넓다.
ㄴ. 그 배는 섬으로 갔다.
ㄷ. 나는 형이 준 책을 읽었다.
ㄹ. 우리는 그가 학생임을 알았다.
ㅁ. 바람도 잠잠하고, 하늘도 푸르다.

① ㄱ에서 안은 문장의 주어와 안긴 문장의 주어는 동일하다.
② ㄴ은 주어와 서술어의 관계가 한 번 나타나므로 홑문장이다.
③ ㄷ에서 안긴 문장의 목적어는 안은 문장의 목적어와 중복되므로 생략되었다.
④ ㄷ에는 관형어의 기능을 하는 안긴 문장이 있고, ㄹ에는 목적어의 기능을 하는 안긴 문장이 있다.
⑤ ㅁ은 앞 절과 뒤 절이 '나열'의 의미 관계를 가지는, 대등하게 이어진 문장이다.

문법 비문학 - 핵심 기출 문제

[2024년 3월 고2 학평 11-12번]

[661-662] 다음 글을 읽고 물음에 답하시오.

'이것은 내가 읽은 책이다.'에서 '내가 읽은'은, '이것은 책이다.' 안에서 주어와 서술어를 갖춘 채로 체언을 수식하는 기능을 하므로 관형사절이라 한다. 관형사절은 관형사절 내에 생략된 문장 성분이 존재하는지에 따라 아래 (1)과 (2)의 유형으로 구별된다.

(1) 그는 우리가 학교로 돌아온 사실을 안다.
(2) 그는 이마에 흐르는 땀을 닦았다.

(1)은 '우리가 학교로 돌아왔다.'가 '그는 사실을 안다.'에 관형사절로 들어가 있는 문장이다. 이때 관형사절 '우리가 학교로 돌아온'은 서술어의 형태는 변했지만 생략된 성분 없이 문장이 필요로 하는 성분을 모두 갖추고 있다. (1)에 쓰인 유형의 관형사절은 내용을 보충해 줄 필요가 있는 '사실', '소문'등의 체언 앞에서만 나타날 수 있다.

(2)는 '땀이 이마에 흐른다.'가 '그는 땀을 닦았다.'에 관형사절로 들어가 있는 문장이다. 이때 관형사절 '이마에 흐르는'은 수식하는 체언인 '땀'을 포함하는 문장 성분 '땀이'가 생략된 것으로, 문장이 필요로 하는 성분 중에서 하나를 갖추고 있지 않다. (2)에 쓰인 유형의 관형사절은 (1)에 쓰인 유형의 관형사절과 달리 모든 체언 앞에서 나타날 수 있다. 다만 (2)에 쓰인 유형의 관형사절을 만들 때 특정 문장 성분이 생략되면 원래 문장과 관형사절의 의미가 달라지거나 문법적으로 적절하지 않게 되는 경우가 있다.

661

윗글을 읽고 알 수 있는 내용으로 적절하지 않은 것은?

① 관형사절은 문장에서 체언을 수식하는 기능을 한다.
② 문장이 필요로 하는 모든 문장 성분을 갖춘 관형사절이 있다.
③ 어떤 문장이 관형사절이 될 때 서술어의 형태가 변화할 수 있다.
④ 관형사절 뒤에는 내용을 보충해 줄 필요가 있는 체언만 올 수 있다.
⑤ 관형사절이 수식하는 체언을 포함하는 문장 성분은 관형사절에서 생략될 수 있다.

662

윗글을 바탕으로 할 때, <보기>의 ㉠~㉤에 들어갈 내용으로 적절하지 않은 것은? [3점]

보 기

[학습 과제]
다음 문장을 활용하여 관형사절에 대해 알아보자.

○ 철수가 학급 회장이 되었다.
○ 영희가 철수를 불렀다.
○ 영희가 학급 회장을 불렀다.

[학습 과정]
첫 번째 문장이 두 번째 문장에 관형사절로 들어가 있는 문장은 [㉠]이고 이때 첫 번째 문장의 주어인 '철수가'는 생략된다. 반면 첫 번째 문장이 세 번째 문장에 관형사절로 들어가 있는 문장은 [㉡]이고 이때 첫 번째 문장의 [㉢]인 '학급 회장이'가 생략된다. '학급 회장이'가 생략되면서 관형사절의 '철수가'가 [㉣]처럼 쓰이게 되어 문장의 의미가 달라진다.

[학습 결과]
관형사절을 만들 때 주어가 생략되면 원래 문장과 관형사절의 의미가 달라지지 않지만, [㉤]가 생략되면 원래 문장과 관형사절의 의미가 달라진다.

① ㉠ : '영희가 학급 회장이 된 철수를 불렀다.'
② ㉡ : '영희가 철수가 된 학급 회장을 불렀다.'
③ ㉢ : 보어
④ ㉣ : 주어
⑤ ㉤ : 보어

[2016년 9월 고3 모평 11-12번]

[663-664] 다음 글을 읽고 물음에 답하시오.

여러 형태소로 이루어진 단어나 여러 단어들로 이루어진 문장은 그 구조를 명확히 파악하기 어렵다. 가령, '민물고기'가 합성어인지 파생어인지를 판별하기 어렵고 "언니가 찾던 책이 여기 있구나."와 같은 문장에서 주어가 무엇인지를 파악하기 쉽지 않다. 이처럼 복잡한 단어나 문장의 구조를 명확히 파악하기 위한 효과적인 방법으로 직접 구성 요소 분석이 있다.

직접 구성 요소란 어떤 말을 직접 이루고 있는 두 부분으로 나누었을 때 나오는 두 요소이다. 위의 '민물고기'에서는 '민물'과 '고기'가 직접 구성 요소가 된다. 이 분석은 '민물'에 대해서도 더 적용할 수 있다. 이렇게 직접 구성 요소를 분석해 보면 한 단어에 합성과 파생 과정이 모두 있는 '민물고기'는 파생어가 아닌 합성어임을 알 수 있다.

직접 구성 요소 분석 시에는 특히 두 가지를 고려해야 한다. 첫째, 직접 구성 요소로 분석되는 말이 실제로 존재하는가 하는 점이다. 가령, '살얼음'은 '살-'과 '얼음'으로 분석해야 하는데, 만약 '살얼-'과 '-음'으로 분석하면 '살얼다'가 존재하지 않으므로 잘못된 분석이 된다. 둘째, 직접 구성 요소들과 그 전체 구성의 의미가 서로 통하는가 하는 점이다. '벽돌집'을 직접 구성 요소로 나누면 '벽돌'과 '집'이 분석된다. 이를 '벽'과 '돌집'으로 나누면 '벽돌로 만든 집'이라는 의미를 갖지 못한다.

긴 문장도 직접 구성 요소 분석을 통해 그 구조를 알 수 있다. 일반적으로 문장에는 주어와 서술어가 나타나므로, 문장의 직접 구성 요소는 주어와 서술어가 된다. 그런데 서술어는 홀로 나오기도 하지만 주어 이외의 필수 성분과 결합하여 나오는 경우도 있다. 따라서 "내 동생은 엄마의 칭찬을 많이 받았다."는 첫 분석 층위에서 주어 '내 동생은'과 '엄마의 칭찬을 많이 받았다'로 그 직접 구성 요소가 분석된다. 또 '엄마의 칭찬을 많이 받았다'는 한 층위 아래에서 '엄마의 칭찬을'과 '많이 받았다'로 나뉜다. 또한 '내 동생'의 직접 구성 요소는 '내'와 '동생'인데, 이처럼 꾸미는 말과 꾸밈을 받는 말이 인접하면 그 두 요소는 바로 위 층위의 말을 이루는 직접 구성 요소가 된다. 이렇게 직접 구성 요소를 분석해 보면 "언니가 찾던 책이 여기 있구나."에서 '언니가'는 관형사절 속에 포함된 주어일 뿐이며 문장 전체의 주어, 즉 가장 위 층위에 있는 직접 구성 요소는 '언니가 찾던 책이'임을 알 수 있다.

663

<보기>는 윗글을 바탕으로 진행된 학습 활동이다. ⓐ~ⓔ에 대한 이해로 적절한 것은?

보 기

학생 : '민물고기'에 있는 접두사 '민-'은 '민물고기'의 직접 구성 요소가 아니라, '민물'을 직접 구성 요소로 분석할 때 나오는 것이군요. 이제 왜 '민물고기'가 파생어가 아니라 합성어인지 알겠어요.

선생님 : 직접 구성 요소 분석에 대해 잘 이해했구나. 그럼 아래의 단어들도 분석해 보자.

ⓐ 나들이옷	ⓑ 눈웃음	ⓒ 드높이다
ⓓ 집집이	ⓔ 놀이터	

① ⓐ는 그 직접 구성 요소 중 하나가 합성어인 합성어이다.
② ⓑ는 그 직접 구성 요소 중 하나가 파생어인 합성어이다.
③ ⓒ는 그 직접 구성 요소 중 하나가 합성어인 파생어이다.
④ ⓓ는 그 직접 구성 요소 중 하나가 파생어인 파생어이다.
⑤ ⓔ는 그 직접 구성 요소 중 하나가 합성어인 파생어이다.

664

윗글의 관점에서 <보기>의 ㉠~㉤을 분석한 것으로 옳지 <u>않은</u> 것은?

보 기

㉠ 지희는 목소리가 곱다.
㉡ 소포가 도착했다고 들었다.
㉢ 동수가 미애에게 선물을 주었다.
㉣ 그가 익명의 기부자임이 밝혀졌다.
㉤ 인생은 짧고 예술은 길다는 말은 명언이다.

① ㉠은 '지희는'과 '목소리가 곱다'로 분석되겠군.
② ㉡은 '소포가'와 '도착했다고 들었다'로 분석되겠군.
③ ㉢은 '동수가'와 '미애에게 선물을 주었다'로 분석되겠군.
④ ㉣은 '그가 익명의 기부자임이'와 '밝혀졌다'로 분석되겠군.
⑤ ㉤은 '인생은 짧고 예술은 길다는 말은'과 '명언이다'로 분석되겠군.

문법 비문학 - 핵심 기출 문제

[2018년 4월 고3 학평 14-15번]

[665-666] 다음 글을 읽고 물음에 답하시오.

문장은 주어와 서술어 관계가 한 번 나타나는 홑문장과 두 번 이상 나타나는 겹문장으로 나뉘는데, 겹문장에는 이어진 문장과 안은문장이 있다.

이어진 문장은 둘 이상의 문장이 연결 어미에 의해 대등하게 혹은 종속적으로 결합된 문장을 말한다. 대등하게 이어진 문장은 앞뒤 문장이 '나열', '대조' 등의 대등한 의미 관계를 가지며, '-고', '-지만' 등의 연결 어미에 의해 이어진다. 종속적으로 이어진 문장은 앞 문장이 뒤 문장의 원인, 조건, 목적 등의 의미를 가지며, '-아서/-어서', '-(으)면', '-(으)러' 등의 연결 어미에 의해 이어진다.

[A] 한 문장이 하나의 성분처럼 기능하는 다른 문장을 안고 있을 때 그것을 안은문장이라 하고, 이때 하나의 성분처럼 기능하는 문장을 안긴문장이라 한다. 안긴문장에는 명사절, 관형절, 부사절, 서술절, 인용절이 있다. 명사절은 '-(으)ㅁ', '-기'가 붙어 만들어지며 문장 안에서 조사와 결합하여 주어, 목적어, 부사어와 같은 다양한 기능을 한다. 관형절은 '-(으)ㄴ', '-는', '-(으)ㄹ' 등이 붙어 뒤의 체언을 꾸민다. 부사어처럼 용언을 수식하는 기능을 하는 부사절은 '-이', '-게', '-도록' 등이 결합하여 이루어진다. 그리고 절 전체가 서술어의 기능을 하는 서술절은 다른 절들과 달리 특별한 표지(標識)가 붙지 않는다. 끝으로 다른 사람의 말이나 자신의 생각 등을 인용한 것을 인용절이라고 하는데, 문장을 그대로 인용하는 직접 인용절에는 '라고'나 '하고'와 같은 조사가, 말하는 사람의 표현으로 바꾸어 인용하는 간접 인용절에는 '고'와 같은 조사가 쓰인다. 한편 안긴문장의 한 요소가 안은문장의 요소와 동일한 경우 생략될 수 있으며, 하나의 안긴문장 안에 또 다른 문장이 안기기도 한다.

중세국어의 문법 자료에서도 겹문장이 확인된다. 이어진 문장은 현대국어와 마찬가지로 둘 이상의 문장이 연결 어미에 의해 결합되는데, 현대국어에 사용되지 않는 어미가 붙어 성립되기도 하였다. 안은문장의 경우 명사절이 '-옴/-움'이나 '-디', '-기'에 기대어 나타났으며, 관형절은 '-(으)ㄴ' 외에 'ㅅ'에 기대어 나타나는 경우가 있었다. 그리고 부사절은 현대국어와 유사한 방식으로 나타났으며, 인용절이나 서술절은 조사나 어미와 같은 표지 없이 나타났다.

665

[A]를 바탕으로 <보기>를 이해한 내용으로 적절하지 않은 것은? [3점]

보 기

ㄱ. 잘 다져진 음식은 아이가 먹기에 알맞다.
ㄴ. 나는 그가 소리도 없이 사라졌음을 알았다.
ㄷ. 운동장을 달리는 나에게 그가 발밑을 조심하라고 외쳤다.

① ㄱ은 ㄴ과 달리, 명사절에 조사가 붙어 부사어로 기능하고 있다.
② ㄴ은 ㄱ과 달리, 부사절이 사용되어 용언을 수식하고 있다.
③ ㄷ은 ㄴ과 달리, 다른 사람의 말을 말하는 사람의 표현으로 바꾸어 인용한 절이 있다.
④ ㄱ과 ㄷ은 모두 체언을 수식하는 안긴문장의 주어가 생략되어 있다.
⑤ ㄴ과 ㄷ은 모두 하나의 안긴문장 안에 또 다른 문장이 안겨 있다.

666

윗글을 바탕으로 <보기>를 탐구한 내용으로 적절하지 않은 것은?

보 기

(가)
[중세] ᄆᆞᅀᆞᆯ히 멀면 乞食ᄒᆞ디 어렵고
[현대어 풀이] 마을이 멀면 걸식하기 어렵고
-「석보상절」

(나)
[중세] 이 東山ᄋᆞᆫ 남기 됴ᄒᆞᆯᄊᆡ 노니논 ᄯᅡ히라
[현대어 풀이] 이 동산은 나무가 좋으므로 내가 노니는 땅이다.
-「석보상절」

(다)
[중세] 불휘 기픈 남ᄀᆞᆫ ᄇᆞᄅᆞ매 아니 뮐ᄊᆡ 곶 됴코 여름 하ᄂᆞ니
[현대어 풀이] 뿌리가 깊은 나무는 바람에 아니 흔들리므로 꽃이 좋고 열매가 많으니
-「용비어천가」

① (가)의 '乞食ᄒᆞ디'를 보니 중세국어에서는 현대국어와 달리 명사절을 만들 때 '-디'가 사용되었군.
② (나)의 '남기 됴ᄒᆞᆯᄊᆡ'가 '이 東山ᄋᆞᆫ'의 서술어로서 기능하는 것을 보니 중세국어에서도 서술절이 사용되었음을 알 수 있군.
③ (다)의 '곶 됴코'를 보니 중세국어에서도 대등하게 이어진 문장을 만들 때 '-고'를 사용하였음을 짐작할 수 있군.
④ (가)의 'ᄆᆞᅀᆞᆯ히 멀면'과 (다)의 '불휘 기픈'을 보니 '-(으)ㄴ'이 붙어 관형절이 되었음을 짐작할 수 있군.
⑤ (나)의 '됴ᄒᆞᆯᄊᆡ'와 (다)의 '뮐ᄊᆡ'를 보니 현대국어와 형태는 다르지만 문장을 종속적으로 연결해 주는 표지가 사용되었군.

[2018년 9월 고1 학평 11-12번]

[667-668] 다음 글을 읽고 물음에 답하시오.

'I like you.'를 번역할 때, 듣는 이가 친구라면 '난 널 좋아해.'라고 하겠지만, 할머니라면 '저는 할머니를 좋아해요.' 라고 할 것이다. 왜냐하면 우리말은 상대에 따라 높임 표현이 달리 실현되기 때문이다.

'높임 표현'이란 말하는 이가 어떤 대상을 높이거나 낮추는 정도를 구별하여 표현하는 방법을 말한다. 국어에서 높임 표현은 높임의 대상에 따라 주체 높임, 상대 높임, 객체 높임으로 나누어진다.

주체 높임은 서술의 주체를 높이는 방법이다. 주체 높임을 실현하기 위해 선어말 어미 '-(으)시-'를 사용하며, 주격 조사 '이/가' 대신에 '께서'를 쓰기도 한다. 그 밖에 '계시다', '주무시다' 등과 같은 특수 어휘를 사용하여 높임을 드러내기도 한다. 그리고 주체 높임에는 직접 높임과 간접 높임이 있다. 직접 높임은 높임의 대상인 주체를 직접 높이는 것이고, ㉠간접 높임은 높임의 대상인 주체의 신체 일부, 소유물, 가족 등을 높임으로써 주체를 간접적으로 높이는 것이다.

상대 높임은 말하는 이가 듣는 이를 높이거나 낮추어 말하는 방법이다. 상대 높임은 주로 종결 표현을 통해 실현되는데, 아래와 같이 크게 격식체와 비격식체로 나뉜다.

격식체	하십시오체	예 합니다, 합니까? 등
	하오체	예 하오, 하오? 등
	하게체	예 하네, 하는가? 등
	해라체	예 한다, 하냐? 등
비격식체	해요체	예 해요, 해요? 등
	해체	예 해, 해? 등

격식체는 격식을 차리는 자리나 공식적인 상황에서 주로 사용하며, 비격식체는 격식을 덜 차리는 자리나 사적인 상황에서 주로 사용한다. 그렇기 때문에 같은 대상이라도 공식적인 자리인지 사적인 자리인지에 따라 높임 표현이 달리 실현되기도 한다.

객체 높임은 목적어나 부사어가 지시하는 대상, 즉 서술의 객체를 높이는 방법이다. 객체 높임은 '모시다', '여쭈다' 등과 같은 특수 어휘를 통해 실현되며, 부사격 조사 '에게' 대신 '께'를 사용하기도 한다.

667

다음 문장 중 ㉠의 예로 적절한 것은?

① 아버지께서 요리를 하셨다.
② 교수님께서는 책이 많으시다.
③ 어머니께서 음악회에 가셨다.
④ 선생님께서 우리의 이름을 부르신다.
⑤ 할아버지께서는 마을 이장이 되셨다.

668

윗글을 바탕으로 <보기>의 ⓐ~ⓔ를 탐구한 내용으로 적절하지 않은 것은? [3점]

보 기

(복도에서 친구와 만난 상황)
성호 : 지수야, ⓐ선생님께서 발표 자료 가져오라고 하셨어.
지수 : 지금 바빠서 ⓑ선생님께 자료 드리기 어려운데, 네가 가져다 드리면 안 될까?
성호 : ⓒ네가 선생님을 직접 뵙고, 자료를 드리는 게 좋을 것 같아.
지수 : 알았어.

(교무실로 선생님을 찾아간 상황)
선생님 : 지수야, 이번 수업 시간에 발표해야지? 발표 자료 가져왔니?
지수 : 여기 있어요. ⓓ열심히 준비했어요. 선생님: 그래, 준비한 대로 발표 잘 하렴.

(수업 중 발표 상황)
지수 : ⓔ이상으로 발표를 마치겠습니다.
성호 : 궁금한 점이 있는데, 질문해도 되겠습니까?

① ⓐ : 조사 '께서'와 선어말 어미 '-시-'를 사용하여 서술의 주체인 선생님을 높이고 있군.
② ⓑ : 조사 '께'와 특수 어휘 '드리다'를 사용하여 서술의 객체인 선생님을 높이고 있군.
③ ⓒ : 특수 어휘 '뵙다'를 사용하여 서술의 주체인 선생님을 높이고 있군.
④ ⓓ : 듣는 사람인 선생님을 높이기 위해 '준비했어요'라는 종결 표현을 사용하고 있군.
⑤ ⓔ : 수업 중 발표하는 공식적인 상황이므로 '마치겠습니다'라고 격식체를 사용하고 있군.

문법 비문학 - 핵심 기출 문제

[2020년 6월 고1 학평 11-12번]

[669-670] 다음 글을 읽고 물음에 답하시오.

국어의 시제는 과거, 현재, 미래가 있는데, 이는 발화시와 사건시라는 시점을 기준으로 나눈 것이다. 발화시는 말하는 이가 말하는 시점을 뜻하고, 사건시는 동작이나 상태가 나타나는 시점을 가리킨다. 발화시보다 사건시가 앞서면 '과거 시제', 발화시와 사건시가 일치하면 '현재 시제', 발화시보다 사건시가 나중이면 '미래 시제'라고 한다.

시제는 다음과 같이 어미나 시간 부사를 통해 실현된다.

시제의 종류 / 문법 요소	과거 시제	현재 시제	미래 시제
선어말 어미	-았-/-었-, -았었-, -었었-, -더-	• 동사 : -는-, -ㄴ- • 형용사 : 없음	-겠-, -(으)리-
관형사형 어미	• 동사 : -(으)ㄴ, -던 • 형용사 : -던	• 동사 : -는 • 형용사 : -(으)ㄴ	-(으)ㄹ
시간 부사	어제, 옛날 등	오늘, 지금 등	내일, 곧 등

시간을 표현하는 문법 요소는 항상 특정한 시제만 표현하는 것은 아니다. 예를 들어 '-았-/-었-'은 주로 과거 시제를 표현하지만, 과거에 이루어진 어떤 상태가 현재까지 지속되는 경우에 쓰이기도 하고, ㉠미래의 상황을 표현하는 경우에 쓰이기도 한다.

㉮ 찬호는 어려서부터 아빠를 닮았다.
㉯ 네가 지금처럼 공부하면 틀림없이 대학에 붙었다.

㉮는 '찬호와 아빠의 닮음'이라는 과거의 상태가 현재까지도 지속되고 있음을 보여준다. 한편 ㉯의 '붙었다'에서 과거 시제 선어말 어미 '-었-'이 쓰였지만, 발화시에서 볼 때 '대학에 붙는 일'은 앞으로 벌어질 미래의 사건이다.

669

윗글을 읽고 <보기>의 ⓐ~ⓒ를 탐구한 내용으로 가장 적절한 것은? [3점]

보 기

ⓐ 아기가 새근새근 잘 잔다.
ⓑ 영주는 어제 영화를 한 편 봤다.
ⓒ 전국적으로 비가 곧 내리겠습니다

① ⓐ : 발화시보다 사건시가 나중인 시간 표현이 사용되었다.
② ⓐ : 관형사형 어미와 선어말 어미를 활용한 시간 표현이 나타난다.
③ ⓑ : 발화시와 사건시가 일치하는 시간 표현이 사용되었다.
④ ⓑ : 시간 부사와 선어말 어미를 활용한 시간 표현이 나타난다.
⑤ ⓒ : 발화시보다 사건시가 앞선 시간 표현이 사용되었다.

670

㉠의 사례로 가장 적절한 것은?

① 그는 여행을 떠나기로 결심했다.
② 1919년 3월 1일, 만세운동이 일어났다.
③ 봄날 거리에 개나리가 흐드러지게 피었다.
④ 학생들이 운동장에서 축구공을 차고 있었다.
⑤ 어린 동생과 싸웠으니 난 이제 어머니께 혼났다.

[2021년 9월 고1 학평 12-13번]

[671-672] 다음 글을 읽고 물음에 답하시오.

어떤 행위, 사건, 상태의 시간적 위치를 언어적으로 나타내주는 문법 범주를 시제라고 한다. 시제는 사건이 발생한 시점인 사건시와 그 사건을 언어로 표현하는 시점인 발화시의 선후 관계에 따라 결정된다.

과거 시제는 사건시가 발화시보다 앞서는 시제로, 주로 선어말 어미 '-았-/-었-'을 통해 실현된다. 또 동사 어간에 붙는 관형사형 어미 '-(으)ㄴ'과 용언의 어간이나 서술격 조사에 붙는 '-던'을 통해 실현된다. 현재 시제는 사건시와 발화시가 일치하는 시제로, 동사에서는 선어말 어미 '-ㄴ-/-는-' 및 관형사형 어미 '-는'을 통해서 실현되고, 형용사나 서술격 조사에서는 관형사형 어미 '-(으)ㄴ'을 통해 실현되거나 선어말 어미 없이 기본형을 사용하여 현재의 의미를 나타낸다. 미래 시제는 사건시가 발화시보다 나중인 시제로, 선어말 어미 '-겠-'을 통해 실현되는 것이 일반적이나 관형사형 어미 '-(으)ㄹ', 관형사형 어미 '-(으)ㄹ'과 의존 명사 '것'이 결합된 '-(으)ㄹ 것'을 통해서도 실현된다. 이러한 방법 외에도 '어제, 지금, 내일' 등과 같은 부사어를 사용하여 시제를 드러내기도 한다.

그런데 시간을 표현하는 데 사용되는 문법 요소가 언제나 특정한 시제를 나타내는 것은 아니다. 예를 들어 선어말 어미 '-ㄴ-/-는-'은 주로 현재 시제를 나타내는 데 사용되지만 ⓐ<u>미래를 나타내는 경우</u>에 쓰이기도 하고, 선어말 어미 '-겠-'은 주로 미래 시제를 표현하는 데 사용되지만 ⓑ<u>추측을 나타내는 경우</u>에 쓰이기도 한다.

671

윗글을 바탕으로 <보기>의 ㉠~㉢을 이해한 내용으로 적절하지 <u>않은</u> 것은? [3점]

보 기

㉠ 비가 지금 내린다.
㉡ 비가 내일 내릴 것이다.
㉢ 내가 찾아간 곳에 비가 많이 내렸다.

① ㉠에는 사건시와 발화시가 일치하는 시제가 나타난다.
② ㉡에는 선어말 어미를 활용한 시간 표현이 나타난다.
③ ㉢에는 관형사형 어미를 활용한 시간 표현이 나타난다.
④ ㉠과 ㉡에는 부사어를 활용한 시간 표현이 나타난다.
⑤ ㉡에는 사건시가 발화시보다 나중인, ㉢에는 사건시가 발화시보다 앞서는 시제가 나타난다.

672

윗글을 참고할 때 ⓐ, ⓑ에 해당하는 예끼리 묶인 것으로 적절한 것은?

① ⓐ : 잠시 후 결과가 발표된다.
ⓑ : 일찍 출발하느라 고생했겠다.

② ⓐ : 삼촌은 곧 여기를 떠난다.
ⓑ : 잠시만 비켜주시겠습니까?

③ ⓐ : 사람은 누구나 꿈을 꾼다.
ⓑ : 제가 먼저 발표하겠습니다.

④ ⓐ : 지구는 태양의 주위를 돈다.
ⓑ : 이제 늦지 않도록 하겠습니다.

⑤ ⓐ : 그가 내 의도를 알아채고 웃는다.
ⓑ : 우리 고향은 이미 추수가 다 끝났겠다.

[2020년 3월 고3 학평 14-15번]

[673-674] 다음을 읽고 물음에 답하시오.

현대 국어의 시간 표현 중 하나는 선어말 어미를 활용하는 것이다. 동사는 어간에 선어말 어미 '-는-/-ㄴ-'을 결합하여 현재 시제를 표현하는데, 동사의 어간 말음이 자음인 경우에는 '-는-'이, 모음인 경우에는 '-ㄴ-'이 결합한다. 이와 달리 형용사와 '이다'는 어간에 선어말 어미가 결합하지 않고 현재 시제를 표현할 수 있다. 동사와 형용사, 그리고 '이다'는 어간에 선어말 어미 '-았-/-었-'을 결합하여 과거 시제를 표현하는데, 어간 '하-' 다음에는 선어말 어미 '-였-'을 결합하여 과거 시제를 표현한다. 동사와 형용사, 그리고 '이다'는 어간에 선어말 어미 '-겠-'을 결합하여 미래 시제를 표현하는데, 추측이나 의지 등의 의미를 나타내기도 한다.

중세 국어의 시간 표현은 ㉠<u>용언의 어간에 선어말 어미를 결합하여 나타내는 경우</u>와 ㉡<u>용언의 어간에 선어말 어미를 결합하지 않고 나타내는 경우</u>가 있었다. 이를 살펴보면, 동사는 어간에 선어말 어미 '-ᄂᆞ-'를 결합하여 현재 시제를 표현하였고, 형용사는 어간에 선어말 어미를 결합하지 않고 현재 시제를 표현하였다. 또한 동사는 어간에 선어말 어미를 결합하지 않고 과거 시제를 표현하기도 했고, 회상의 의미가 있는 선어말 어미 '-더-'를 결합하여 과거 시제를 표현하기도 했다. 형용사도 선어말 어미 '-더-'를 통해 과거 시제를 표현하였다. 또한 동사와 형용사는 추측의 의미가 있는 선어말 어미 '-리-'를 어간에 결합하여 미래 시제를 표현하였다.

673

윗글을 바탕으로 <보기>를 탐구한 내용으로 적절하지 <u>않은</u> 것은?

보 기

○ 동생이 지금 밥을 ⓐ<u>먹는다</u>.
○ 우리 아기가 무럭무럭 ⓑ<u>자란다</u>.
○ 이곳에 따뜻한 난로가 ⓒ<u>놓였다</u>.
○ 신랑, 신부가 ⓓ<u>입장하겠습니다</u>.
○ 나는 어젯밤에 무서운 꿈을 ⓔ<u>꿨다</u>.

① ⓐ는 동사의 어간 다음에 현재 시제 선어말 어미로 '-는-'이 사용된 예에 해당한다.
② ⓑ는 동사의 어간 다음에 현재 시제 선어말 어미로 '-ㄴ-'이 사용된 예에 해당한다.
③ ⓒ는 동사의 어간 다음에 과거 시제 선어말 어미로 '-였-'이 사용된 예에 해당한다.
④ ⓓ는 동사의 어간 다음에 미래 시제 선어말 어미로 '-겠-'이 사용된 예에 해당한다.
⑤ ⓔ는 동사의 어간 다음에 과거 시제 선어말 어미로 '-었-'이 사용된 예에 해당한다.

674

<보기>에서 ㉠과 ㉡에 해당하는 예를 찾아 바르게 짝지은 것은?

보 기

○ 너도 ᄯᅩ 이 ⓐ<u>ᄀᆞᄐᆞ다</u>
(너도 또 이와 같다.)
○ 네 이제 ᄯᅩ ⓑ<u>묻ᄂᆞ다</u>
(네가 이제 또 묻는다.)
○ 五百 도ᄌᆞᄀᆡ … ⓒ<u>도ᄌᆞᆨᄒᆞ더니</u>
(오백 도적이 … 도둑질하더니)
○ 이 智慧 업슨 比丘ㅣ 어드러셔 ⓓ<u>오뇨</u>
(이 지혜 없는 비구가 어디에서 왔느냐?)
○ 이 善女人이 … 다시 나디 ⓔ<u>아니ᄒᆞ리니</u>
(이 선여인이 … 다시 나지 아니할 것이니)

	㉠	㉡
①	ⓑ, ⓒ	ⓐ, ⓓ, ⓔ
②	ⓐ, ⓔ	ⓑ, ⓒ, ⓓ
③	ⓓ, ⓔ	ⓐ, ⓑ, ⓒ
④	ⓐ, ⓒ, ⓓ	ⓑ, ⓔ
⑤	ⓑ, ⓒ, ⓔ	ⓐ, ⓓ

[2020년 4월 고3 학평 11-12번]

[675-676] 다음을 읽고 물음에 답하시오.

부정하는 내용을 문법적으로 실현한 문장을 부정문이라고 한다. 부정문은 의미에 따라 '안' 부정문과 '못' 부정문으로, 길이에 따라 '짧은 부정문'과 '긴 부정문'으로 나누기도 한다. 한편 명령문과 청유문의 부정에는 '말다' 부정문이 쓰이고, '말다' 부정문은 '긴 부정문'만 가능하다.

'안' 부정문은 부정 부사 '안(아니)'으로 실현되는 짧은 부정문과 부정의 용언 구성 '-지 않다(아니하다)'로 실현되는 긴 부정문이 있고, 객관적인 사실을 부정하는 '단순 부정'과 동작 주체의 의도를 부정하는 '의도 부정'이 있다. '안' 부정문의 서술어가 동사이고 주어가 의지를 가질 수 있는 동작 주체인 경우에 '단순 부정'과 '의도 부정'의 해석이 모두 가능하다. 하지만 서술어가 형용사이거나 주어가 의지를 가질 수 없는 경우에는 대개 '단순 부정'으로 해석한다.

'못' 부정문은 부정 부사 '못'으로 실현되는 짧은 부정문과 부정의 용언 구성 '-지 못하다'로 실현되는 긴 부정문이 있다. 일반적으로 '못' 부정문은 동작 주체의 능력 부족을 드러내는 부정문이므로, 동작 주체의 능력으로는 어쩔 수 없는 심리적 상태를 나타내는 서술어는 '못' 부정문에 쓰이기 어렵다. 한편 '못' 부정문은 일반적으로 서술어가 형용사인 경우에는 성립할 수 없지만, '긴 부정문'에 한하여 '화자의 기대하는 기준에 이르지 못함'의 뜻을 나타내는 경우에는 쓰이기도 한다. 나아가 '못' 부정문은 화자의 능력을 부정하는 의미에서 발전하여 완곡한 거절, 또는 강한 거부와 같은 화자의 심리적 태도를 반영하기도 한다.

'말다' 부정문은 명령문 및 청유문에서 부정의 용언 구성 '-지 말다'로 실현된다. 형용사는 대부분 명령문이나 청유문의 서술어로 쓰일 수 없기 때문에 '말다' 부정문은 서술어가 형용사인 경우에는 성립하지 않는다. 하지만 문장의 서술어가 형용사라도 기원이나 희망을 나타낼 때는 '말다' 부정문이 쓰이기도 한다.

675

윗글을 바탕으로 <보기>를 이해한 내용으로 적절하지 않은 것은? [3점]

보 기

태영 : 새로 배정받은 ㉠동아리실이 그리 넓지 못해 고민이야. 우리가 쓰던 ㉡물품이 전부 안 들어가겠는데?
수진 : 그 정도는 아닐 거야. 일단 물품을 옮겨 보자. 내일 어때?
태영 : 미안하지만 ㉢나는 내일 못 와. 이번 휴일에는 집에서 좀 쉬고 싶어.
수진 : ㉣나도 별로 안 내키는데, 다른 친구들은 내일 시간이 괜찮다고 하더라.
태영 : 그래? 그럼 나도 와서 도울게. 그나저나 ㉤내일은 제발 덥지만 마라.

① ㉠의 '못' 부정문은 형용사인 서술어에 '긴 부정문' 형태로 실현되어 화자가 기대하는 기준에 이르지 못한다는 의미를 나타내고 있군.
② ㉡의 '안' 부정문은 주어가 의지를 가질 수 있는 동작 주체인 경우이기 때문에 '단순 부정'과 '의도 부정'으로 모두 해석이 가능하겠군.
③ ㉢의 '못' 부정문은 완곡한 거절이라는 화자의 심리적 태도를 나타내고 있군.
④ ㉣의 서술어는 동작 주체의 능력으로는 어쩔 수 없는 심리적 상태를 나타내기 때문에 '못' 부정문에 사용될 수 없겠군.
⑤ ㉤의 '말다' 부정문은 형용사인 서술어에 '긴 부정문' 형태로 실현되어 화자의 기원이나 희망의 의미를 나타내고 있군.

676

다음은 수업의 일부이다. 윗글을 바탕으로 ⓐ~ⓓ에 대해 이해한 내용으로 적절하지 않은 것은?

선생님 : 중세 국어의 부정문은 현대 국어와 큰 차이가 없었습니다. 제시한 예문들을 현대 국어와 비교하여 이해해 봅시다.

[중세 국어] 世尊이 ⓐ아니 오실씨
[현대 국어] 세존이 아니 오시므로

[중세 국어] 닐웨사 ⓑ머디 아니ᄒᆞ다.
[현대 국어] 이레야 멀지 아니하다.

[중세 국어] 부텨를 몯 맛나며 法을 ⓒ몯 드르며
[현대 국어] 부처를 못 만나며 법을 못 들으며

[중세 국어] 이 ᄠᅳ들 ⓓ닛디 마ᄅᆞ쇼셔.
[현대 국어] 이 뜻을 잊지 마십시오.

① ⓐ를 보니 중세 국어에서도 현대 국어의 '안' 부정문에 해당하는 부정문이 사용되었음을 알 수 있군.
② ⓑ를 보니 현대 국어에서처럼 중세 국어에서도 '단순 부정'에 해당하는 부정문이 사용되었음을 알 수 있군.
③ ⓒ를 보니 현대 국어에서처럼 중세 국어에서도 동작 주체의 의도를 부정하는 부정문이 사용되었음을 알 수 있군.
④ ⓓ를 보니 현대 국어에서처럼 중세 국어에서도 명령문을 부정하는 부정문이 사용되었음을 알 수 있군.
⑤ ⓐ와 ⓑ를 보니 중세 국어에서도 현대 국어의 '짧은 부정문'과 '긴 부정문'에 해당하는 부정문이 사용되었음을 알 수 있군.

문법 비문학 - 핵심 기출 문제

[2021년 10월 고3 학평 35-36번]

[677-678] 다음 글을 읽고 물음에 답하시오.

국어에는 '않다', '못하다', '말다', '아니다', '없다' 등의 부정 의미의 용언과 주로 함께 쓰이는 단어가 있다. 이러한 단어는 여러 품사에서 나타나는데, 단어에 따라 호응하는 부정 의미의 용언이 다를 수 있다. 그런데 부정 의미의 용언이 나타나지 않은 문장이 문맥적으로 부정 의미를 내포하는 경우에 쓰이는 단어가 있다. 예를 들어 보면, '나는 그곳에 차마 가지 못했다 (*나는 그곳에 차마 갔다)'와 같이 '차마'는 부정 의미를 나타내는 '가지 못했다'와 어울린다. 그러나 '내가 그곳에 차마 가겠니?'와 같은 의문문이 '나는 그곳에 차마 갈 수 없다(가지 못한다/ 가지 않는다)'를 뜻함으로써 용언의 의미를 부정하는 문맥일 때에는 '차마'가 쓰일 수 있다.

한편, 부정문 형식의 문장에 함께 쓰여 그 문장의 의미를 강한 긍정으로 해석되게 하는 단어가 있다. 예를 들어, '문제가 어렵지 않다'라는 부정문에 '이만저만'을 함께 써서 '문제가 이만저만 어렵지 않다'가 되면 '문제가 매우 어렵다'라는 의미로 해석된다. 이는 '이만저만'으로 인해 문장의 의미가 '어렵다'를 강조하는 긍정으로 해석된 것이다.

[A] 부정 의미의 용언이 나타난 문맥에서 주로 쓰이는 단어들은 그 의미나 형태가 시대에 따라 다르게 나타나기도 하고 유사하게 나타나기도 한다. 예를 들어, 과거에는 부정 의미의 용언이 나타난 문맥뿐만 아니라 그렇지 않은 문맥에서도 쓰이던 단어가 현대에는 부정 의미의 용언이 나타난 문맥에서만 쓰이는 경우가 있다. 또한 과거에는 용언의 어간에 '-지 아니하다'를 결합한 형태로 쓰이던 것이 시대에 따라 '-잖다'나 '-찮다'로 축약된 형태가 쓰이기도 한다. 이들은 축약되기 전 형태의 의미와 유사하게 쓰이기도 하지만 다른 의미로 쓰이는 경우도 있다.

※ '*'는 비문임을 나타냄.

677

윗글을 바탕으로 <보기>를 이해한 내용으로 적절하지 않은 것은?

보 기

ㄱ. *그 일은 나와 **아무런** 관계가 있다.
ㄴ. 화단의 꽃들이 **여간** 탐스럽지 않다.
ㄷ. 나는 밤새도록 이것**밖에** 하지 못했다.
ㄹ. 그 아이들이 **좀처럼** 제 말을 듣겠습니까?
ㅁ. *나는 무서워서 그 자리에서 **옴짝달싹했다**.
※ '*'는 비문임을 나타냄.

① ㄱ의 '아무런'은 긍정 의미의 용언이 나타나는 문맥에서 사용될 수 없군.
② ㄴ의 '여간'은 '탐스럽지 않다'라는 부정 의미를 강조하고 있군.
③ ㄷ의 '밖에'는 부정 의미의 용언과 어울려 쓰이고 있군.
④ ㄹ의 '좀처럼'은 부정 의미를 내포하는 문맥에서 쓰이고 있군.
⑤ ㅁ의 '옴짝달싹했다'를 '옴짝달싹하지 못했다'로 바꾸면 어법에 맞겠군.

678

[A]를 바탕으로 [자료]를 탐구했을 때 적절한 내용만을 <보기>에서 있는 대로 고른 것은?

[자료]		
㉠	국어사 자료	○ 이거슨 귀치 아니컨만은 보내ᄂᆞ이다 [이것은 귀하지 아니하지마는 보내나이다]
	현대 국어	○ 그날은 몸이 아파 만사가 다 귀찮았다.
㉡	국어사 자료	○ 봉녹 밧긔도 별로 먹을 거ᄉᆞᆯ 주시며 [봉록 밖에도 특별히 먹을 것을 주시며] ○ 별로 인ᄉᆞᄒᆞᆯ 톄도 업스니 [특별히 인사할 모양도 없으니]
	현대 국어	○ 요즘은 공기가 별로 좋지 않다. ○ 나에게 그는 별로 매력이 없다.
㉢	국어사 자료	○ 무슨 말이든지 다 못드르면 시원치 안니ᄒᆞ여 [무슨 말이든지 다 못 들으면 시원치 아니하여]
	현대 국어	○ 대답이 시원찮다.

보 기

ⓐ ㉠에서, 현대 국어 '귀찮다'는 '귀하지 아니하다'가 축약된 형태로, 국어사 자료에서 확인할 수 있는 의미와 유사하게 쓰임을 알 수 있다.
ⓑ ㉡에서, 현대 국어 '별로'와 달리, 국어사 자료 '별로'는 부정 의미의 용언이 나타나지 않은 문맥에서도 쓰였음을 알 수 있다.
ⓒ ㉢에서, 현대 국어 '시원찮다'는 '시원하지 아니하다'가 축약된 형태로, 국어사 자료에서 확인할 수 있는 의미와 유사하게 쓰이지 않음을 알 수 있다.

① ⓐ　② ⓑ　③ ⓐ, ⓑ
④ ⓐ, ⓒ　⑤ ⓑ, ⓒ

[2018년 11월 고1 학평 13-14번]

[679-680] 다음 글을 읽고 물음에 답하시오.

담화 상황에서 화자가 자신의 의도를 명확하게 전달하고 청자와 원활하게 의사소통을 하기 위해서는 대상과 상황에 맞게 문법 요소를 활용해야 한다. 이러한 문법 요소에는 높임 표현, 피동 표현 등이 있다.

높임 표현은 화자가 대상의 높고 낮은 정도를 언어적으로 구별하는 것이다. 이는 화자가 높이려는 대상이 누구인지에 따라 주체 높임, 객체 높임, 상대 높임으로 구분된다. 주체 높임은 서술어의 주체를 높이는 방식이다. 이는 일반적으로 서술어에 선어말어미 '-(으)시-'가 붙어서 실현되며, '주무시다, 잡수시다'와 같은 특수한 어휘나 조사 '께서'로 실현되기도 한다. 주체 높임에는 높임의 대상을 직접적으로 높이는 방식과 높이려는 대상의 신체 일부분, 소유물, 생각 등과 관련된 서술어에 '-(으)시-'를 사용해 높임의 대상을 간접적으로 높이는 방식이 있다. 객체 높임은 목적어나 부사어가 지시하는 대상, 즉 서술어의 객체를 높이는 방식이다. 이는 보통 '드리다, 모시다'와 같은 특수한 어휘나 조사 '께'로 실현된다. 상대 높임은 청자를 높이거나 낮추는 방식이다. 상대 높임은 종결 어미를 통해 실현되는데 하십시오체, 하오체, 하게체, 해라체와 같은 격식체와 해요체, 해체와 같은 비격식체로 나뉜다. 보통 공적인 상황에서 예의를 갖추며 상대를 높일 때에는 격식체의 하십시오체를 사용하고, 사적인 상황에서 친밀감을 드러내며 높일 때에는 비격식체의 해요체를 사용한다.

[A] 한편 피동 표현은 주어가 다른 주체에 의해 동작이나 행위를 당하는 것을 표현하는 것이다. 이와 반대로 주어가 동작이나 행위를 제힘으로 함을 표현하는 것은 능동 표현이라고 한다. 그런데 능동 표현을 피동 표현으로 바꾸거나 피동 표현을 능동 표현으로 바꾸면 문장 성분에 변화가 일어난다. 피동 표현은 능동의 동사에 피동 접미사 '-이-', '-히-', '-리-', '-기-'가 붙거나, 동사의 어간에 '-어/아지다', '-게 되다' 등이 붙어서 실현된다. 그리고 일부 명사 뒤에 '-되다'가 결합하여 실현되기도 한다. 피동 표현이 실현되면 동작이나 행위를 당하는 대상이 주어로 나타나므로 동작이나 행위를 당한 대상이 강조되는 효과가 있다. 그런데 간혹 피동 표현을 만드는 요소를 중복으로 결합하여 이중 피동 표현을 사용하는 일이 발생한다. 이러한 경우 잘못된 표현이 되어 화자의 의도를 효과적으로 드러내기 어렵고 상대방과의 원활한 의사소통을 방해할 수 있다. 그러므로 피동 표현의 쓰임새를 정확하게 이해하여 피동 표현을 사용하는 일은 중요하다.

679

윗글을 바탕으로 <보기>를 탐구한 내용으로 적절하지 <u>않은</u> 것은?

보 기

ㄱ. (회장이 학급 친구들에게) 지금부터 학급 회의를 시작하겠습니다.
ㄴ. (언니가 동생에게) 나는 지난주에 할머니를 뵙고 왔어.
ㄷ. (형이 동생에게) 할아버지께서는 지금 어디 계시니?
ㄹ. (학생이 선생님에게) 선생님의 옷이 멋지십니다.
ㅁ. (아들이 어머니에게) 아버지께 다녀왔어요.

① ㄱ : '회장'은 공적인 상황에서 종결 어미를 사용하여 상대인 '학급 친구들'을 높이고 있다.
② ㄴ : '언니'는 특수한 어휘를 사용하여 객체인 '할머니'를 높이고 있다.
③ ㄷ : '형'은 조사와 선어말 어미를 사용하여 주체인 '할아버지'를 높이고 있다.
④ ㄹ : '학생'은 선어말 어미를 사용하여 '선생님'을 간접적으로 높이고 있다.
⑤ ㅁ : '아들'은 조사를 사용하여 객체인 '아버지'를 높이고 있다.

680

[A]를 바탕으로 <보기>의 ㉠~㉤에 대해 설명한 것으로 적절하지 <u>않은</u> 것은? [3점]

보 기

학생 1 : 어제 유기견 보호 센터에서 한 봉사활동은 어땠어?
학생 2 : 응, 좋았어. 강아지들과 놀아 주고 산책도 했어. 그리고 친구들의 마음이 ㉠<u>담긴</u> 성금도 전달했지.
학생 1 : ㉡<u>버려지는</u> 강아지들이 ㉢<u>구조되는</u> 데 성금이 ㉣<u>쓰인다고</u> 해서 나도 모금에 동참했어.
학생 2 : 아, 그래? 유기견 보호 행사가 다음 주에 ㉤<u>열린다는데</u> 너도 같이 갈래?
학생 1 : 응. 좋아.

① ㉠은 능동의 동사에 피동 접미사 '-기-'가 결합하여 실현된 피동 표현이다.
② ㉡은 피동 접미사 '-리-'가 쓰인 동사의 어간에 '-어지다'가 중복해서 결합한 이중 피동 표현이다.
③ ㉢은 명사 뒤에 '-되다'가 결합하여 주어가 행위를 당하는 것을 표현하고 있다.
④ ㉣은 '쓴다고'와 같이 능동 표현으로 바뀔 경우 ㉣의 주어가 목적어로 바뀐다.
⑤ ㉤은 행사를 여는 주체보다 '유기견 보호 행사'가 강조되는 효과가 드러나는 피동 표현이다.

문법 비문학 - 핵심 기출 문제

[2024년 6월 고1 학평 11-12번]

[681-682] 다음 글을 읽고 물음에 답하시오.

> 문장에서 주어가 자기 힘으로 동작이나 행위를 하는 것을 능동, 주어가 다른 주체에 의해 동작이나 행위를 당하는 것을 피동이라 한다. 그리고 능동이 표현된 문장은 능동문, 피동이 표현된 문장은 피동문이라고 한다.
>
> 피동문을 형성하는 방법에는 여러 가지가 있다. 우선 용언 어간에 피동 접미사 '-이-', '-히-', '-리-', '-기-'를 결합하여 새로운 피동사를 파생하는 방법이 있다. 다음으로 연결 어미를 이용하여 구성된 '-아/어지다', '-게 되다'를 어간에 결합하는 방법이나 일부 명사 뒤에 '-되다'를 붙이는 방법도 있다. 이러한 문법 요소를 활용하여 피동의 의미를 나타내는 것을 피동 표현이라고 한다.
>
> 피동 표현을 사용하여 능동문을 피동문으로 만들면, 일반적으로 능동문의 목적어는 피동문의 주어가 되고 능동문의 주어는 피동문의 부사어가 된다. 그런데 피동문에 대응하는 능동문을 상정하기 어려운 경우도 있다. 가령 '날씨가 풀렸다.'라는 문장은 피동문의 서술어가 동작이나 행위가 아니라 자연적인 상태 변화를 나타낸다. 따라서 '(누가) 날씨를 풀었다.'처럼 행위의 주체를 설정하기 어렵기 때문에 능동문으로 만들면 어색하게 느껴지는 것이다.
>
> 피동 표현은 행위의 대상에 초점을 맞추어 표현하기에 행위의 주체가 강조되지 않는다. 따라서 행위의 주체를 모르거나 설정하기 어려울 때, 행위의 주체를 의도적으로 숨기고자 할 때, 객관적인 느낌을 주고자 할 때 등에 사용한다. 한편, 피동의 문법 요소를 두 번 결합한 이중 피동을 사용하는 경우도 있다. 이는 어색한 표현인 경우가 많으므로 주의해야 한다.

681

윗글을 통해 알 수 있는 내용으로 적절하지 않은 것은?

① 피동 표현을 사용하면 행위의 대상보다 행위의 주체가 강조된다.

② 객관적인 느낌을 전달하려는 의도로 피동 표현을 사용할 수 있다.

③ 주어가 다른 주체에 의해 어떤 행위를 당하는 것을 피동이라 한다.

④ 행위의 주체를 모르거나 설정하기 어려울 때 피동 표현을 사용할 수 있다.

⑤ 피동 접미사 이외의 문법 요소를 활용하여 피동의 의미를 나타낼 수 있다.

682

윗글을 바탕으로 <보기>를 탐구한 결과로 적절하지 않은 것은? [3점]

> **보 기**
>
> ㄱ. 아버지가 아들을 안았다. → 아들이 아버지에게 안겼다.
> ㄴ. 조사 결과 화재의 원인은 누전으로 파악됩니다.
> ㄷ. 더위가 꺾였다. → (누가) 더위를 꺾었다.
> ㄹ. 이번 패배는 그의 실책으로 보여진다.

① ㄱ에서는 능동문을 피동문으로 바꿀 때 능동문의 주어가 피동문의 부사어가 되었군.

② ㄴ에서는 명사 뒤에 '-되다'를 결합하여 피동의 의미를 표현했군.

③ ㄷ에서는 서술어가 자연적인 상태의 변화를 나타내어 피동문에 대응하는 능동문을 상정하기 힘들군.

④ ㄹ에서는 피동 접미사가 두 번 결합한 이중 피동이 쓰였군.

⑤ ㄱ과 ㄷ에서는 모두 피동 접미사로 피동의 의미를 표현했군.

[2016년 수능 14-15번]

[683-684] 다음 글을 읽고 물음에 답하시오.

국어에서 동사나 형용사에 붙어 새로운 단어를 형성하는 접미사는 다양한 문법적 특징을 지니고 있다. 그 특징은 다음과 같다.

첫째로, 접미사는 동사나 형용사에 붙어 새로운 어간을 형성한다. 예를 들면, '녹다'의 어근 '녹-'에 접미사 '-이-'가 붙어 새로운 어간 '녹이-'가 형성된다. 이렇게 만들어진 '녹이다'의 어간 '녹이-'는 '녹다'의 어간 '녹-'과 구별된다. 둘째로, 접미사는 동사나 형용사의 어근에 붙어 품사를 바꾸기도 한다. 예를 들면, 명사 '먹이'나 '넓이'는 각각 동사와 형용사의 어근에 접미사 '-이'가 붙어 형성된 단어이다. 이때 '먹이'와 '넓이'의 '먹-'과 '넓-'은 서술어로 기능하지 못한다. 셋째로, ㉠접미사는 동사나 형용사에 붙어 사동의 의미를 더하기도 한다. 예를 들면, 동사 '익다'와 '먹다'의 어근에 각각 접미사 '-히-'와 '-이-'가 붙어 형성된 '익히다'와 '먹이다'는 '고기를 익히다.'와 '아이에게 밥을 먹이다.'에서와 같이 사동의 의미를 가진다. 넷째로, ㉡접미사는 타동사에 붙어 피동의 의미를 더하기도 한다. 예를 들면, '안다'의 어근 '안-'에 접미사 '-기-'가 붙어 형성된 '안기다'는 '아기가 엄마한테 안기다.'와 같이 피동의 의미를 가진다. 이때 피동을 나타내는 접미사는 '눕다', '식다'와 같은 자동사에는 결합하지 않는다.

한편, 하나의 접미사가 모든 동사나 형용사에 자유롭게 결합하는 것은 아니다. 예를 들면, 접미사 '-히-'는 '읽다'의 어근 '읽-'에 붙어 '읽히다'를 만들 수 있지만, '살다'의 어근 '살-'에는 붙지 못한다. 어근 '살-'에는 접미사 '-리-'가 붙어 '살리다'가 형성된다. 또한 어근과 접미사 사이에는 다른 형태소가 끼어들 수 없다. 가령, 어근 '읽-'과 접미사 '-히-' 사이에 '-시-'와 같은 선어말 어미가 끼어든 '읽시히-'와 같은 것은 만들어지지 않는다.

683

윗글을 바탕으로 <보기>의 ⓐ~ⓔ를 이해한 내용으로 적절한 것은?

보 기

ⓐ 달콤한 휴식을 위해 시간을 비워 놓았다.
ⓑ 아주 높이 나는 새라야 멀리 볼 수 있다.
ⓒ 마을 앞 공터를 놀이 공간으로 조성했다.
ⓓ 멀리서 찾아온 손님을 위해 차를 끓였다.
ⓔ 할아버지께서는 오늘 일찍 오시기 힘들다.

① ⓐ에서 '비워'의 어간은 '시간이 빈다.'에서 '비다'의 어간과 같다.
② ⓑ에서 '높이'는 형용사 '높다'의 어근 '높-'에 접미사 '-이'가 붙어 형성된 명사이다.
③ ⓒ에서 '놀이'는 명사이므로 '놀이' 속의 '놀-'은 서술어로 기능하지 못한다.
④ ⓓ에서 '끓였다'의 어근에 붙은 접미사 '-이-'는 모든 동사에 자유롭게 결합한다.
⑤ ⓔ에서 '오시기'는 '오-'와 '-기' 사이에 다른 형태소가 끼어든 것이므로 명사이다.

684

밑줄 친 ㉠, ㉡에 해당하는 예로 적절한 것은?

① ㉠ : 형이 동생을 울렸다. / ㉡ : 그는 지구본을 돌렸다.
② ㉠ : 이제야 마음이 놓인다. / ㉡ : 우리는 용돈을 남겼다.
③ ㉠ : 공책이 가방에 눌렸다. / ㉡ : 옷이 못에 걸려 찢겼다.
④ ㉠ : 바위 뒤에 동생을 숨겼다. / ㉡ : 피곤해서 눈이 자꾸 감겼다.
⑤ ㉠ : 나는 종이비행기를 하늘로 날렸다. / ㉡ : 그는 소년에게 중요한 임무를 맡겼다.

[2017년 10월 고3 학평 14-15번]

[685-686] 다음 글을 읽고 물음에 답하시오.

> 현대 국어에서 사동 표현은 주동문의 동사나 형용사 어근에 사동 접미사 '-이-, -히-, -리-, -기-, -우-, -구-, -추-'가 붙거나, '-게 하다'에 의해 만들어진다.
>
> 서술어가 형용사나 자동사인 주동문을 사동문으로 바꿀 때, 주동문의 주어가 사동문의 목적어가 되며 사동문의 주어가 새로 도입된다. 이는 주동문 (ㄱ)과 사동문 (ㄴ)을 살펴보면 알 수 있는데, 서술어의 자릿수에도 변화가 일어난다.
>
> (ㄱ) 얼음이 녹는다.
> (ㄴ) 아이들이 얼음을 녹인다.
>
> 한편 서술어가 타동사인 주동문을 사동문으로 바꿀 때, 주동문의 주어는 사동문의 부사어가 되고 주동문의 목적어는 그대로 사동문의 목적어가 되며 사동문의 주어가 새로 도입된다. 이는 주동문 (ㄷ)과 사동문 (ㄹ)을 살펴보면 알 수 있는데, 서술어의 자릿수에도 변화가 일어난다.
>
> (ㄷ) 영희가 책을 읽었다.
> (ㄹ) 선생님께서 영희에게 책을 읽히셨다.
>
> 한편 주동문의 동사나 형용사 어근에 사동 접미사가 붙은 사동사에 의한 사동을 단형 사동이라 하고, '-게 하다'에 의한 사동을 장형 사동이라 한다. 사동을 일으키는 주체가 사동 행위를 받는 대상의 행위에 함께 참여하는 의미를 표현하는 경우를 직접 사동이라 하고 그렇지 않은 경우를 간접 사동이라 하는데, 단형 사동은 맥락에 따라 직접 사동과 간접 사동의 두 가지 의미를 모두 표현할 수 있으나 장형 사동은 간접 사동의 해석만을 허용한다.
>
> 15세기 국어에서 사동 범주는 주동문의 동사나 형용사 어근에 사동 접미사 '-이-, -히-, -기-, -오-/-우-, -호-/-후-, -ᄋᆞ-/-으-'가 붙어서 만들어지거나 현대 국어의 '-게 하다'에 해당하는 '-게 ᄒᆞ다'에 의해 만들어졌다.

685

윗글을 바탕으로 <보기>의 ㉠~㉣을 탐구한 내용으로 적절하지 않은 것은?

> **보 기**
>
> ㉠ 얼음 위에서 팽이가 돈다.
> ㉡ 지원이가 그 일을 맡았다.
> ㉢ 엄마가 아이에게 우유를 먹였다.
> ㉣ 엄마가 아이에게 우유를 먹게 하였다.

① ㉠을 '아이들이'를 주어로 삼는 단형 사동문으로 바꿀 때, ㉠의 주어는 목적어로 바뀔 것이다.
② ㉠을 '아이들이'를 주어로 삼는 단형 사동문으로 바꿀 때, 서술어의 자릿수가 한 자리에서 두 자리로 바뀔 것이다.
③ ㉡을 '선생님께서'를 주어로 삼는 단형 사동문으로 바꿀 때, ㉡의 주어는 부사어로 바뀔 것이다.
④ ㉡을 '선생님께서'를 주어로 삼는 단형 사동문으로 바꿀 때, 서술어의 자릿수가 두 자리에서 세 자리로 바뀔 것이다.
⑤ ㉣은 ㉢과 달리 직접 사동과 간접 사동의 의미 모두로 해석될 수 있을 것이다.

686

윗글을 바탕으로 <보기>의 ㉠~㉤을 이해한 내용으로 적절하지 않은 것은? [3점]

> **보 기**
>
> ○ **[15세기 국어]** ᄀᆞᄅᆞ매 ᄇᆡ 업거늘 ㉠얼우시고
> **[현대 국어]** 강에 배가 없으므로 (강물을) 얼리시고
>
> ○ **[15세기 국어]** 묵수믈 ㉡일케 ᄒᆞ야뇨
> **[현대 국어]** 목숨을 잃게 하였는가
>
> ○ **[15세기 국어]** 比丘란 노피 ㉢안치시고
> **[현대 국어]** 비구는 높이 앉히시고
>
> ○ **[15세기 국어]** 나랏 小民을 ㉣사ᄅᆞ시리잇가
> **[현대 국어]** 나라의 백성들을 살리시겠습니까
>
> ○ **[15세기 국어]** 투구 아니 ㉤밧기시면
> **[현대 국어]** 투구를 아니 벗기시면

① ㉠은 동일한 어근에 결합하는 사동 접미사가 15세기 국어와 현대 국어에서 다른 경우가 있음을 보여 주는군.
② ㉡은 현대 국어의 '-게 하다'에 해당하는 15세기 국어의 '-게 ᄒᆞ다'가 쓰인 모습을 보여 주는군.
③ ㉢은 15세기 국어에서 어근과 사동 접미사가 결합된 형태를 소리 나는 대로 적었다는 점에서 현대 국어와는 다른 양상을 보여 주는군.
④ ㉣은 현대 국어에서 쓰이지 않는 사동 접미사가 15세기 국어에서 쓰인 양상을 보여 주는군.
⑤ ㉤은 15세기 국어와 현대 국어에서 어근 형태가 달라짐에 따라 어근에 결합하는 사동 접미사가 달라진 양상을 보여 주는군.

[2019년 6월 고2 학평 11-12번]

[687-688] 다음 글을 읽고 물음에 답하시오.

하나의 언어 표현이 둘 이상의 의미를 나타내는 현상을 '중의성'이라고 하는데, 일반적으로 (1)~(3)과 같이 세 가지 양상으로 나눌 수 있다.

(1) ㄱ. 손이 크다.
  ㄴ. 차를 사다.
(2) ㄱ. 예쁜 민지의 목소리가 들린다.
  ㄴ. 나는 철수와 영희를 달랬다.
  ㄷ. 아버지는 어머니보다 강을 더 좋아한다.
(3) ㄱ. 나는 어제 그녀를 만나지 않았다.
  ㄴ. 포수 세 명이 사슴 한 마리를 잡았다.

첫째, '어휘적 중의성'은 문장에 사용되는 어휘의 특성에 따라 문장이 중의적으로 해석되는 것으로, '다의어'나 '동음이의어'를 통해서 실현된다. (1ㄱ)은 '손'이 '신체 부위'나 '씀씀이'와 같이 둘 이상의 의미로 해석될 수 있기 때문에 '다의어'에 따른 중의성에 해당한다. (1ㄴ)의 '차'는 '엔진이 달린 탈것[車]'이라는 의미로도 해석되고, 녹차나 홍차와 같이 '마시는 음료[茶]'로도 해석된다. 따라서 (1ㄴ)은 소리는 같으나 뜻이 다른 '동음이의어' 에 따른 중의성이 나타난 경우에 해당한다.

둘째, '구조적 중의성'은 어떤 문장이 둘 이상의 통사적 관계를 가진 문장 구조로 분석되어 중의적으로 해석되는 것으로, '수식 관계', '접속 구문', '비교 구문' 등을 통해서 실현된다. (2ㄱ)은 '수식 관계'에 따라 중의성이 생기는 경우로, '예쁜'이 '민지'를 수식할 수도 있고 '목소리'를 수식할 수도 있기 때문에 중의성이 생긴다. (2ㄴ)은 '접속 구문'에 따라 중의성이 생기는 경우이다. 내가 '철수와 영희' 둘 다 달랬다는 의미로도 해석되지만, 내가 철수와 함께 '영희'를 달랬다는 의미로도 해석되기 때문에 중의성이 생긴다. (2ㄷ)은 '비교 구문'에 따라 중의성이 생기는 경우이다. 행위의 주체인 '아버지와 어머니'가 강을 놓고 그 선호도를 비교했다는 의미로 볼 수도 있고, 아버지가 행위의 대상인 '어머니와 강'을 놓고 그 선호도를 비교했다는 의미로 볼 수도 있기 때문에 중의성이 생긴다.

셋째, '작용역*의 중의성'은 하나의 문장에서 나타나는 작용역이 다르게 해석됨에 따라 발생하는 것으로, '부정 표현', '수량 표현' 등을 통해서 실현된다. (3ㄱ)은 '부정 표현'에 따라 중의성이 생기는 경우이다. '않았다'가 부정하는 것이 '나'인지, '어제'인지, '그녀'인지, '만나다'인지 불분명하기 때문에 중의적 표현이 되었다. (3ㄴ)은 '수량 표현'에 따라 중의성이 생기는 경우이다. 즉, 포수 세 명이 합쳐서 사슴 한 마리를 잡았다는 의미도 될 수 있고, 포수 세 명 각자가 사슴 한 마리씩을 잡았다는 의미도 될 수 있다. 이와 같은 중의적 표현은 광고나 유머 등에서 표현 효과를 위해 의도적으로 사용하는 경우가 있다. 하지만 일반적으로 중의적 표현은 의사소통에 방해가 되기 때문에 중의성을 띠지 않도록 표현하는 것이 바람직하다. 쉼표를 사용하거나, 어순, 단어, 조사 등을 바꾸거나, 단어나 조사를 추가하면 중의성이 해소될 수 있다.

* 작용역 : 어떠한 단어의 의미가 다른 단어의 의미에 영향을 미치는 범위

687

윗글을 읽고 알 수 있는 내용이 아닌 것은?

① 표현 의도에 따라 중의적 표현을 사용하는 경우도 있다.
② 동음이의어에 따른 중의성은 한자어 표기를 병행하여 해결할 수 있다.
③ 둘 이상의 수식어가 하나의 피수식어를 수식할 때 구조적 중의성이 발생한다.
④ 수량 표현이 영향을 미치는 범위가 둘 이상이 되면 작용역의 중의성이 나타날 수 있다.
⑤ 비교 구문에서 특정 부분이 행위의 주체도 될 수 있고 행위의 대상도 될 수 있을 때 중의성이 발생한다.

688

윗글을 바탕으로 할 때, <보기>의 ㉠~㉤에 들어갈 내용으로 적절하지 않은 것은?

보 기

중의적인 문장	해소 방법	고친 문장
길이 없다.	단어 바꾸기	㉠
착한 주희의 동생을 만났다.	어순 바꾸기	㉡
나는 영호와 민주를 보았다.	쉼표의 사용	㉢
회원들이 다 오지 않았다.	조사의 추가	㉣
학생들이 컴퓨터 한 대를 사용한다.	단어의 추가	㉤

① ㉠ : 도로가 없다.
② ㉡ : 주희의 착한 동생을 만났다.
③ ㉢ : 나는, 영호와 민주를 보았다.
④ ㉣ : 회원들이 다는 오지 않았다.
⑤ ㉤ : 모든 학생들이 컴퓨터 한 대를 사용한다.

[2021년 3월 고1 학평 11-12번]

[689-690] 다음을 읽고 물음에 답하시오.

모음은 크게 두 부류로 나눌 수 있다. 발음할 때 입술 모양이나 혀의 위치가 변하지 않는 모음을 '단모음'이라 한다. '표준어 규정'은 원칙적으로 'ㅏ, ㅐ, ㅓ, ㅔ, ㅗ, ㅚ, ㅜ, ㅟ, ㅡ, ㅣ'를 단모음으로 발음할 것을 규정하고 있다.

입술 모양이나 혀의 위치가 발음 도중에 변하는 모음은 '이중 모음'이라 하는데, 이중 모음은 홀로 쓰일 수 없는 소리인 '반모음'이 단모음과 결합한 모음이다. 예를 들어 이중 모음인 'ㅑ'의 발음은, 'ㅣ'를 짧게 발음하는 것과 유사한 소리인 반모음 '[j]' 뒤에서 'ㅏ'가 결합한 소리이다. 'ㅑ'와 마찬가지로 'ㅒ, ㅕ, ㅖ, ㅛ, ㅠ, ㅢ'의 발음은, 각각 반모음 '[j]'와 단모음 'ㅐ, ㅓ, ㅔ, ㅗ, ㅜ, ㅡ'가 결합한 소리이다. 'ㅗ'나 'ㅜ'를 짧게 발음하는 것과 유사한 반모음 '[w]'도 있는데 'ㅘ, ㅙ, ㅝ, ㅞ'의 발음은 각각 반모음 '[w]'와 단모음 'ㅏ, ㅐ, ㅓ, ㅔ'가 결합한 소리이다. 반모음이 단모음 뒤에서 결합한 소리인 'ㅢ'를 제외하고, 이중 모음의 발음은 모두 반모음이 단모음 앞에서 결합한 소리이다.

'ㅚ'와 'ㅟ'는 단모음으로 발음하는 것이 원칙이지만 현실에서 이중 모음으로 발음하는 경우가 많다. 'ㅚ'를 이중 모음으로 발음할 경우에는 반모음 '[w]'와 'ㅔ' 소리를 연속하여 발음하며, 'ㅟ'를 이중 모음으로 발음할 경우에는 반모음 '[w]'와 'ㅣ' 소리를 연속하여 발음한다. '표준어 규정'에서도 현실 발음을 고려하여 이와 같이 'ㅚ'와 'ㅟ'를 이중 모음으로 발음하는 것을 허용하고 있다.

689

윗글에 대한 이해로 적절하지 <u>않은</u> 것은?

① 'ㅠ'는 발음할 때 입술 모양이나 혀의 위치가 변한다.
② 'ㅐ'는 발음할 때 입술 모양이나 혀의 위치가 변하지 않는다.
③ 'ㅖ'의 발음은 반모음 '[j]' 뒤에서 단모음 'ㅔ'가 결합한 소리이다.
④ 'ㅘ'의 발음은 단모음 'ㅗ' 뒤에서 반모음 '[j]'가 결합한 소리이다.
⑤ 반모음 '[w]'는 홀로 쓰일 수 없고 단모음과 결합하여 이중 모음을 이룬다.

690

<보기>는 학생들의 대화이다. 윗글을 바탕으로 할 때 <보기>의 ㉠, ㉡에 들어갈 내용으로 적절한 것은? [3점]

보 기

학생 1 : '표준어 규정'에 따르면 'ㅚ'는 단모음으로 발음하는 것이 원칙이지만 이중 모음으로 발음하는 것도 허용하더라고. 그러면 '참외'는 [차뫼]로 발음하는 것이 원칙이지만, ___㉠___로 발음하는 것도 허용한다고 할 수 있겠어.

학생 2 : 그래, 맞아. '표준어 규정'에서는 'ㅟ'도 이중 모음으로 발음하는 것을 허용하고 있어. 이에 따른 'ㅟ'의 이중 모음 발음은 'ㅑ, ㅒ, ㅕ, ㅖ, ㅘ, ㅙ, ㅛ, ㅝ, ㅞ, ㅠ, ㅢ'의 발음 중에 ___㉡___.

	㉠	㉡
①	[차뭬]	포함되어 있지 않아
②	[차뭬]	'ㅢ' 소리에 해당해
③	[차뫠]	'ㅝ' 소리에 해당해
④	[차메]	포함되어 있지 않아
⑤	[차메]	'ㅢ' 소리에 해당해

[2022년 6월 고3 모평 35-36번]

[691-692] 다음 글을 읽고 물음에 답하시오.

음운은 단어의 뜻을 변별하는 데 사용되는 소리로 언어마다 차이가 있다. 예컨대 국어에서는 음운으로서 'ㅅ'과 'ㅆ'을 구분하지만 영어에서는 구분하지 않는다. 음운이 실제로 발음되기 위해서는 발음의 최소 단위인 음절을 이뤄야 하는데 음절의 구조도 언어마다 다르다. 국어는 한 음절 내에서 모음 앞이나 뒤에 각각 최대 하나의 자음을 둘 수 있지만 영어는 'spring[spriŋ]'처럼 한 음절 내에서 자음군이 형성될 수 있다.

음운은 그 자체로는 뜻이 없다. 음운이 하나 이상 모여 뜻을 가지면 의미의 최소 단위인 형태소가 된다. 그리고 우리는 이러한 형태소를 결합하여 단어를 만들고 말을 한다. 이때 ㉠<u>형태소와 형태소가 만나는 경계</u>에서 음운이 다양하게 배열되고 발음이 결정되는데, 여기에 음운 규칙이 관여한다. 예컨대 국어에서는 '국물[궁물]'처럼 '파열음 - 비음' 순의 음운 배열이 만들어지면, 파열음은 동일 조음 위치의 비음으로 교체된다. 그런데 이런 음운 규칙도 모든 언어에 적용되는 것은 아니어서 영어에서는 'nickname[nikneim]'처럼 '파열음(k) - 비음(n)'이 배열되어도 비음화가 일어나지 않는다.

이러한 음운, 음절 구조, 음운 규칙은 말을 할 때뿐만 아니라 말을 들을 때도 작동한다. 이들은 말을 할 때는 발음을 할 수 있게 만드는 재료, 구조, 방법이 되고, 말을 들을 때는 말소리를 분류하고 인식하는 틀이 된다. 예컨대 '국'과 '밥'이 결합한 '국밥'은 된소리되기가 적용되어 늘 [국빱]으로 발음되지만, 우리는 이것을 '빱'이 아니라 '밥'과 관련된 것으로 인식한다. 그 이유는 [국빱]을 들을 때 된소리되기가 인식의 틀로 작동하여 된소리되기 이전의 음운 배열인 '국밥'으로 복원되기 때문이다. 더불어 외국어를 듣는 상황을 생각해 보자. 국어의 음절 구조와 맞지 않는 소리를 듣는다면 국어의 음절 구조에 맞게 바꾸고, 국어에 없는 소리를 듣는다면 국어에서 가장 가까운 음운으로 바꾸어 인식하게 된다. 영어 단어 'bus'를 우리말 음절 구조에 맞게 2음절로 바꾸고, 'b'를 'ㅂ' 또는 'ㅃ'으로 바꾸어 [버쓰]나 [뻐쓰]로 인식하는 것이 그 예이다.

691

윗글을 통해 추론한 내용으로 적절하지 <u>않은</u> 것은?

① 국어 음절 구조의 특징을 고려하면 '몫[목]'의 발음에서 음운이 탈락하는 것을 이해할 수 있겠군.
② 국어 음운 'ㄹ'은 그 자체에는 뜻이 없지만, '갈 곳'의 'ㄹ'은 어미로 쓰이고 있으므로 뜻을 가진 최소 단위가 되겠군.
③ 국어에서 '밥만 있어'의 '밥만[밤만]'을 듣고 '밤만'으로 알았다면 그 과정에서 비음화 규칙이 인식의 틀로 작동했겠군.
④ 영어의 'spring'이 국어에서 3음절 '스프링'으로 인식되는 것은 국어 음절 구조 인식의 틀이 제대로 작동한 결과이겠군.
⑤ 영어의 'vocal'이 국어에서 '보컬'로 인식되는 것은 영어 'v'와 가장 비슷한 국어 음운이 'ㅂ'이기 때문이겠군.

692

㉠의 위치에서 음운 변동이 일어난 예만을 <보기>에서 고른 것은?

보 기		
ⓐ 앞일[암닐]	ⓑ 장미꽃[장미꼳]	ⓒ 넣고[너코]
ⓓ 걱정[걱쩡]	ⓔ 굳이[구지]	

① ⓐ, ⓑ, ⓒ ② ⓐ, ⓒ, ⓔ ③ ⓐ, ⓓ, ⓔ
④ ⓑ, ⓒ, ⓓ ⑤ ⓑ, ⓓ, ⓔ

문법 비문학 - 핵심 기출 문제

[2018년 3월 고1 학평 11-12번]

[693-694] 다음 글을 읽고 물음에 답하시오.

음운의 동화는 인접한 두 음운 중 어느 한쪽 또는 양쪽이 서로 비슷하거나 같은 소리로 바뀌는 현상이다. 국어의 대표적인 동화에는 비음화, 유음화, 구개음화가 있다.

비음화는 비음이 아닌 'ㅂ, ㄷ, ㄱ'이 비음 'ㅁ, ㄴ' 앞에서 비음 'ㅁ, ㄴ, ㅇ'으로 바뀌어 소리 나는 현상이다. 예를 들어 '국민'이 [궁민]으로 발음되는 것은 비음화에 해당한다. 유음화는 비음 'ㄴ'이 유음 'ㄹ'의 앞이나 뒤에서 유음 'ㄹ'로 발음되는 현상이다. 유음화의 예로는 '칼날[칼랄]'이 있다. ㉠ <u>아래의 자음 체계표</u>를 보면, 비음화와 유음화는 그 결과로 인접한 두 음운의 조음 방식이 같아진다는 것을 알 수 있다.

조음 위치 / 조음 방식	입술소리	잇몸소리	센입천장소리	여린입천장소리
파열음	ㅂ, ㅍ	ㄷ, ㅌ		ㄱ, ㅋ
파찰음			ㅈ, ㅊ	
비음	ㅁ	ㄴ		ㅇ
유음		ㄹ		

구개음화는 끝소리 'ㄷ, ㅌ'이 모음 'ㅣ'로 시작되는 조사나 접미사 앞에서 구개음 'ㅈ, ㅊ'으로 발음되는 현상이다. 가령 '해돋이'가 [해도지]로 발음되는 것이 이에 해당한다. 이는 동화 결과로 조음 위치와 조음 방식이 모두 바뀌는 현상이다. 아래 그림을 보면 '해돋이'가 [해도디]가 아닌 [해도지]로 소리 나는 이유를 알 수 있다. [1]과 [2]에서 보듯이, 'ㄷ'과 'ㅣ'를 발음할 때의 혀의 위치가 달라 '디'를 발음할 때는 혀가 잇몸에서 입천장 쪽으로 많이 움직여야 한다. 그러나 [2]와 [3]을 보면, 'ㅈ'과 'ㅣ'를 발음할 때의 혀의 위치가 비슷하기 때문에 '지'를 발음할 때는 혀를 거의 움직이지 않아도 된다.

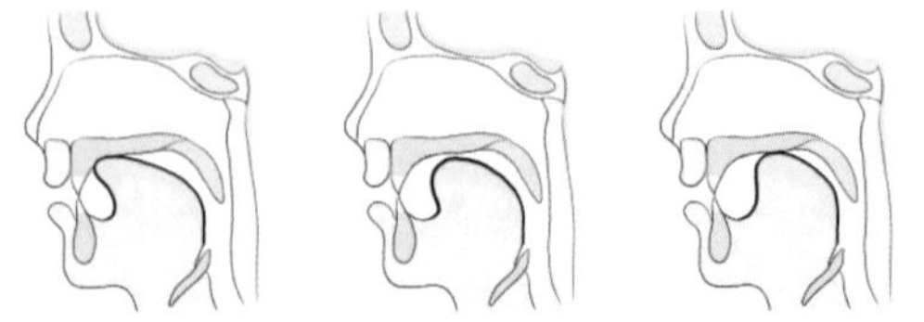

[1] 'ㄷ, ㅌ' 발음　[2] 'ㅣ' 발음　[3] 'ㅈ, ㅊ' 발음

비음화, 유음화, 구개음화는 동화 결과 인접한 두 음운의 성격이 비슷하거나 같은 소리로 바뀐다는 점에서 유사하다. 이처럼 성격이 비슷하거나 같은 소리가 연속되면 발음할 때 힘이 덜 들게 되므로 발음의 경제성이 높아진다.

693

윗글의 내용에 대한 이해로 적절하지 <u>않은</u> 것은?

① 음운의 동화는 인접한 두 음운이 비슷하거나 같은 소리로 바뀌는 현상이다.

② 음운의 동화로 조음 위치나 조음 방식이 바뀌면 발음의 경제성이 높아진다.

③ 구개음화와 달리 비유화와 유유화가 일어나는 인접한 두 음운은 모두 자음이다.

④ 구개음화는 자음으로 시작되는 조사나 접미사 앞에서는 일어나지 않는다.

⑤ 구개음화는 동화의 결과로 자음과 모음의 소리가 모두 바뀌는 현상이다.

694

㉠을 참고할 때, <보기>의 a~c에서 일어난 음운 동화에 대한 설명으로 적절한 것은?

> **보 기**
>
> a. 밥물 [밤물]　　b. 신라 [실라]
> c. 굳이 [구지]

① a : 비음화의 예로, 조음 방식만 바뀐 것이다.

② a : 유음화의 예로, 조음 방식만 바뀐 것이다.

③ b : 비음화의 예로, 조음 위치만 바뀐 것이다.

④ b : 유음화의 예로, 조음 위치만 바뀐 것이다.

⑤ c : 구개음화의 예로, 조음 방식만 바뀐 것이다.

[2020년 9월 고1 학평 11-12번]

[695-696] 다음 글을 읽고 물음에 답하시오.

(가) ○○고등학교 국어 자료실 게시판

묻고 답하기

질문 '국'은 [국]으로 발음하는데, 왜 '국물'은 [궁물]로 발음하나요?

↳답변 '국물'은 비음화가 일어난 경우입니다. '국물'의 받침 'ㄱ'이 비음 'ㅁ' 앞에서 비음 'ㅇ'으로 바뀌어 [궁물]로 발음됩니다.

(나)

우리말에는 (가)의 사례처럼 한 음운이 일정한 환경에 따라 다르게 발음되는 경우가 있다. 이런 현상을 '음운 변동'이라고 하며 비음화, 거센소리되기, 모음 탈락 등이 이에 해당한다.

비음화는 비음이 아닌 'ㄱ, ㄷ, ㅂ'이 뒤에 오는 비음 'ㄴ, ㅁ'의 영향을 받아 각각 비음인 'ㅇ, ㄴ, ㅁ'으로 바뀌어 발음되는 현상을 말한다. 이것은 한 음운이 다른 음운의 영향을 받아 비슷하거나 같은 소리로 바뀌는 원리로, '밥만', '닫는'도 각각 [밤만], [단는]으로 발음된다. 또한 '담력[담:녁]', '종로[종노]'처럼 'ㄹ'이 비음 'ㅁ, ㅇ' 뒤에서 비음 'ㄴ'으로 바뀌어 발음되는 것도 비음화이다.

거센소리되기는 'ㄱ, ㄷ, ㅂ, ㅈ'이 'ㅎ'과 합쳐져 거센소리인 'ㅋ, ㅌ, ㅍ, ㅊ'으로 발음되는 현상을 말한다. 예로 '축하'는 'ㄱ'과 'ㅎ'이 합쳐져서 하나의 음운인 'ㅋ'이 되어 [추카]로 발음되며, 음운의 개수도 5개에서 4개로 줄어든다.

모음 탈락은 두 모음이 이어질 때 그중 한 모음이 탈락하는 현상을 말한다. '가-+-아서'가 '가서[가서]'가 되거나 '담그-+-아'가 '담가[담가]'가 되는 경우가 그 예이다.

그리고 우리말에서 음절의 끝에서 발음되는 자음은 'ㄱ, ㄴ, ㄷ, ㄹ, ㅁ, ㅂ, ㅇ'뿐이므로 그 이외의 자음이 음절의 끝에 오면 앞에 제시된 자음 중 하나로 발음하게 되는데, 이것도 음운 변동 현상에 해당한다. '부엌[부억]', '옷[옫]'이 그 예이다.

한편 음운 변동은 한 단어 안에서 한 번만 일어나기도 하고, ㉠여러 차례 일어나기도 한다. 예를 들어 '앞마당'은 먼저 음절 끝의 자음 'ㅍ'이 'ㅂ'으로 바뀐 후 비음화가 일어나 [암마당]으로 발음된다.

695

<보기>는 윗글을 바탕으로 탐구한 자료이다. ⓐ, ⓑ에 들어갈 단어를 바르게 짝지은 것은? [3점]

보 기

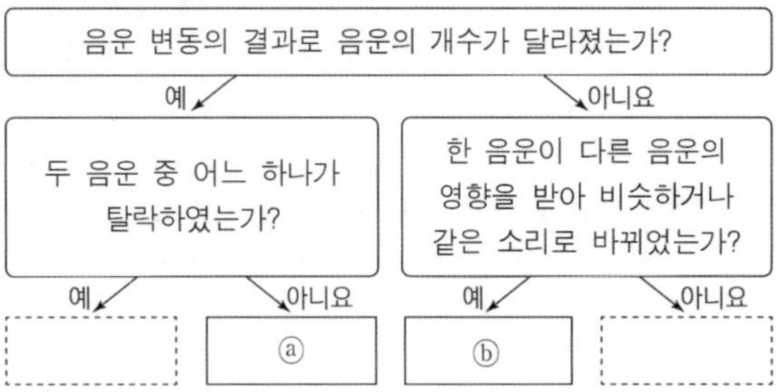

	ⓐ	ⓑ
①	창밖[창박]	능력[능녁]
②	놓다[노타]	다섯[다섣]
③	맏형[마텽]	식물[싱물]
④	쓰-+-어→써[써]	법학[버팍]
⑤	타-+-아라→타라[타라]	집념[짐념]

696

밑줄 친 단어 중 ㉠에 해당하는 예로 적절한 것은?

① 그는 자신의 뜻을 굽히지[구피지] 않았다.
② 올 가을에는 작년[장년]보다 단풍이 일찍 물들었다.
③ 미리 준비하지 않고[안코] 이제야 허둥지둥하는구나.
④ 우리 집 정원에는 개나리, 장미꽃[장미꼳] 등이 있다.
⑤ 물감을 섞는[성는] 방법에 따라 표현 효과가 달라진다.

문법 비문학 - 핵심 기출 문제

[2020년 11월 고1 학평 11-12번]

[697-698] 다음은 수업 장면의 일부이다. 물음에 답하시오.

> **선생님** : 음운 변동은 음운이 일정한 환경에 따라 다르게 발음되는 현상입니다. 음운의 변동에는 한 음운이 다른 음운으로 바뀌는 교체, 두 음운이 하나의 음운으로 줄어드는 축약, 두 음운 중에서 어느 하나가 없어지는 탈락, 두 음운 사이에 음운이 덧붙는 첨가 등이 있습니다. 예를 들어 '여덟'은 [여덜]로 발음되는데 겹받침 중 'ㅂ'이 탈락되어 음운의 개수가 줄어든 것입니다. 또한 '솜이불'은 [솜:니불]로 발음되는데 'ㄴ'이 첨가되어 음운의 개수가 늘어난 것입니다. [A]
>
> **학생** : 그런데 저는 '너는 나보다 키가 커서 좋겠다.'라는 문장의'커서'에서 'ㅡ'가 탈락되었다는 것을 찾기가 어려웠어요. 음운 변동 결과가 표기에 반영되었기 때문이겠죠?
>
> **선생님** : 맞아요. 그러면 음운 변동이 표기에 반영되는 경우와 표기에 반영되지 않는 경우를 용언의 활용을 예로 들어 알아봅시다. 용언 어간 끝의 모음 'ㅏ, ㅓ'가 '-아/-어'로 시작하는 어미와 결합할 때 모음 'ㅏ, ㅓ'가 탈락하는 경우, 용언 어간 끝의 모음 'ㅡ'가 '-아/-어'로 시작하는 어미와 결합하여 탈락하는 경우, 어간의 끝소리 'ㄹ'이 몇몇 어미 앞에서 탈락하는 경우는 음운 변동 결과를 표기에 반영합니다. 하지만 어간의 끝소리 'ㄴ, ㅁ' 뒤에서 어미의 첫소리가 된소리로 교체되는 경우, 어간의 끝소리 'ㅎ'이 모음으로 시작하는 어미 앞에서 탈락되는 경우는 음운 변동 결과를 표기에 반영하지 않습니다. 가령 앞에서 말한 '커서'의 경우는 음운 변동의 결과가 표기에 반영된 것이고, '낳은'을 '나은'으로 표기하지 않는 것은 음운 변동의 결과가 표기에 반영되지 않은 것입니다.
>
> **학생** : 아, 그럼 음운 변동 결과가 ㉠<u>표기에 반영된 경우</u>와 ㉡<u>표기에 반영되지 않은 경우</u>를 찾아볼게요.

697

[A]를 바탕으로 음운 변동을 이해한 내용으로 적절한 것은?

	사례	음운 변동	음운의 개수 변화
①	풀잎[풀립]	축약, 첨가	늘어남
②	흙화덕[흐콰덕]	교체, 탈락	줄어듦
③	맞춤옷[맏추몯]	축약, 탈락	줄어듦
④	옛이야기 [옌:니야기]	교체, 첨가	늘어남
⑤	달맞이꽃 [달마지꼳]	교체, 축약	줄어듦

698

㉠, ㉡에 해당하는 예로 적절하지 <u>않은</u> 것은? [3점]

① ㉠ : 관객이 많으니 미리 줄을 <u>서라</u>.
　 ㉡ : 돌아오는 기차표는 네 것만 <u>끊어라</u>.

② ㉠ : 눈을 <u>떠</u> 보니 다음날 아침이었다.
　 ㉡ : 네가 집에 빨리 <u>가서</u> 아쉬웠다.

③ ㉠ : 체육 시간에는 교실 불을 <u>꺼</u> 두자.
　 ㉡ : 오늘은 새 신발을 <u>신고</u> 학교에 가자.

④ ㉠ : 지금 <u>마는</u> 김밥은 어머니께 드릴 점심이다.
　 ㉡ : 독서로 <u>쌓은</u> 지식은 삶의 자양분이 될 것이다.

⑤ ㉠ : 아버지 대신 빨래를 <u>너는</u> 모습이 보기 좋다.
　 ㉡ : 가을빛을 <u>담고</u> 있는 감나무 열매를 본다.

[2022년 6월 고1 학평 11-12번]

[699-700] 다음 글을 읽고 물음에 답하시오.

우리말에는 다양한 유형의 된소리되기가 존재하는데, 우선 특정 음운 환경에서 예외 없이 일어나는 경우가 있다. 받침 'ㄱ, ㄷ, ㅂ' 뒤에 'ㄱ, ㄷ, ㅂ, ㅅ, ㅈ'이 올 때에는 예외 없이 된소리되기가 일어난다. '국밥'이 [국빱]으로, '(길을) 걷다'가 [걷따]로 발음되는 것이 그 예이다.

음운 환경이 같더라도 된소리되기가 일정하지 않은 경우가 있는데, 이때에는 다른 조건이 충족될 때 된소리되기가 일어난다. 첫째, 용언의 어간 받침 'ㄴ(ㄵ), ㅁ(ㄻ)' 뒤에 'ㄱ, ㄷ, ㅅ, ㅈ'으로 시작하는 어미가 올 때 된소리되기가 일어나는데, '나는 신발을 신고 갔다.'에서 '신고'가 [신꼬]로 발음되는 것이 그 예이다. '습득물 신고'의 '신고'는 음운 환경이 같음에도 불구하고 용언이 아니기 때문에 된소리되기가 일어나지 않는다. 둘째, 한자어에서 'ㄹ' 받침 뒤에 'ㄷ, ㅅ, ㅈ'이 연결될 때 된소리되기가 일어나는데, '물질(物質)'이 [물찔]로 발음되는 것이 그 예이다. '물잠자리'는 음운 환경이 같음에도 불구하고 고유어이기 때문에 된소리되기가 일어나지 않는다. 셋째, 관형사형 어미 '-(으)ㄹ' 뒤에 'ㄱ, ㄷ, ㅂ, ㅅ, ㅈ'로 시작하는 체언이 올 때 된소리되기가 일어나는데, '살 것'이 [살 껃]으로 발음되는 것이 그 예이다. 이러한 유형의 된소리되기는 음운 환경 외에도 '용언의 어간', '한자어', '관형사형 어미'라는 조건이 충족되어야 음운 변동이 일어난다는 특징이 있다.

[A] 한편, 명사와 명사가 결합하여 합성 명사가 될 때 된소리되기가 일어나는 경우도 있다. 예를 들어 '코+등'은 [코뜽/콛뜽]으로, '손+바닥'은 [손빠닥]으로 발음된다. 이때 '코+등'처럼 앞의 말이 모음으로 끝나고, 한자어끼리의 결합이 아닐 때에는 '콧등'과 같이 사이시옷을 표기한다. 이러한 된소리되기는 두 단어가 대등한 관계일 때는 잘 일어나지 않지만, 앞말이 뒷말의 '시간, 장소, 용도' 등을 나타낼 때는 잘 일어난다. 그 이유는 중세 국어의 관형격 조사 'ㅅ'과 관련이 있다. '손바닥'은 중세 국어에서 '솑바닥'으로 표기가 되는데, 이는 '손+ㅅ+바닥' 즉, '손의 바닥'으로 분석된다. 이 'ㅅ'의 흔적이 '손빠닥'을 거쳐 [손빠닥]이라는 발음으로 남게 된 것이다. 음운 환경이 같은 '손발'에서는 이러한 현상이 일어나지 않는데, 그 이유는 '손'과 '발'은 관형격 조사로 연결되는 관계가 아니기 때문이다.

699

윗글을 바탕으로 '된소리되기'를 이해한 내용으로 적절하지 않은 것은?

① '(밥을) 먹다'와 '(눈을) 감다'에서 일어난 된소리되기는 용언에서만 일어나는 유형이다.
② '말다툼'과 달리 '밀도(密度)'에서 된소리되기가 일어나는 이유는 한자어이기 때문이다.
③ '납득'과 같이 'ㅂ' 받침 뒤에 'ㄷ'이 오는 음운 환경에서는 예외 없이 된소리되기가 일어난다.
④ '솔개'와 달리 '줄 것'에서 된소리되기가 일어나는 이유는 '관형사형 어미'라는 조건 때문이다.
⑤ '삶과 죽음'의 '삶과'와 달리 '(고기를) 삶고'에서 된소리되기가 일어나는 이유는 '삶고'가 용언이기 때문이다.

700

[A]를 바탕으로 <보기>의 단어를 분석한 내용으로 적절하지 않은 것은?

보 기

- 공부방(工夫房)[공부빵]
- 아랫집[아래찝/아랟찝]
- 콩밥[콩밥], 아침밥[아침빱]
- 논밭[논받], 논바닥[논빠닥]
- 불고기[불고기], 물고기[물꼬기]

① '공부방'에서 된소리되기가 일어나는 이유는 '공부'가 뒷말의 용도를 나타내기 때문이겠군.
② '아랫집'에 'ㅅ'을 받침으로 표기한 것은 '콧등'에서 사이시옷을 표기한 것과 같은 이유 때문이겠군.
③ '콩밥'과 달리 '아침밥'에서 된소리되기가 일어나는 이유는 '아침'이 뒷말의 시간을 나타내기 때문이겠군.
④ '논바닥'과 달리 '논밭'에서 된소리되기가 일어나지 않는 이유는 결합하는 두 단어가 대등한 관계를 가지기 때문이겠군.
⑤ '불고기'에서 '물고기'와 달리 된소리되기가 일어나지 않는 이유는 중세 국어에서 '불+ㅅ+고기'로 분석되기 때문이겠군.

문법 비문학 – 핵심 기출 문제

[2024년 10월 고1 학평 11-12번]

[701-702] 다음 글을 읽고 물음에 답하시오.

표준 발음법은 한글의 표기와 발음이 일치하지 않는 경우에 올바른 발음을 알려 주는 역할을 한다. 한글은 말소리를 기호로 나타낸 표음 문자이므로 '마음', '하늘'처럼 소리대로 적는 것이 원칙이지만 어법에 맞도록 한다는 원칙도 더하여 두고 있기 때문에 표기와 발음이 일치하지 않는 경우가 생긴다. 이때 표준 발음법이 표기와 발음의 간극을 좁혀 줄 수 있다.

표준 발음법은 표준어의 실제 발음을 따르되, 국어의 전통성과 합리성에 따라 정함을 원칙으로 한다고 규정되어 있다. 표준 발음법 해설에 따르면 이때 실제 발음이란 표준어의 현실 발음인데, 실제 발음을 모두 표준 발음으로는 인정하지 않으므로 전통성과 합리성이라는 기준이 제시된 것이다. 먼저 전통성을 고려한다는 것은 발음상의 관습을 감안한다는 의미이다. 예컨대 '눈[雪]'과 '눈[眼]' 같은 모음의 장단의 경우, 과거의 언중은 모음의 장단을 통해 두 단어의 의미를 변별할 수 있었으나 오늘날의 언중은 모음의 장단으로 의미를 구분하지 못하는 경우가 많다. 그럼에도 불구하고 모음의 장단이 이전부터 오랜 기간 구별되어 왔으며 단어의 의미 변별에도 중요한 역할을 해 왔다는 관습을 고려하여 표준 발음법에 모음의 장단에 대해 세부적으로 규정을 해 두었다. 또한 오늘날에는 실제 발음에서 'ㅔ'와 'ㅐ'를 명확하게 구별하지 못하는 경우가 대부분이지만, 두 모음이 오랜 기간 별개의 단모음으로서 그 지위가 확고했고 여전히 구별하는 사람들이 남아 있기 때문에 이러한 전통을 감안하여 두 모음을 다르게 발음하도록 규정하고 있다.

다음으로 합리성을 고려한다는 것은 국어의 발음 규칙과 관련된다. 가령 '닭이'의 경우 겹받침을 가진 체언은 뒤에 모음으로 시작하는 조사가 결합할 때 겹받침 중 하나를 연음해야 하므로 [달기]로 발음하는 것이 합리적이다. 그런데 실제 발음에서는 [다기]로 발음하는 경우가 많다. 그러나 [다기]로 발음하는 것은 합리성이 떨어지기 때문에 표준 발음으로 인정하지 않는 것이다.

표준 발음법에서는 자음과 모음, 음의 길이, 발음 원칙 등을 다루고 있지만 모든 표준 발음에 대해 다루지는 않는다. 소리대로 적는 단어들은 발음과 표기가 일치하므로 그 발음을 다루지 않아도 되기 때문이다. 음운 변동의 경우도, 발음이 표기에 반영되지 않는 음운 변동에 대해서만 표준 발음법에서 다루고 있다. 예를 들어 '서라(서-+-어라)[서라]'와 '국물[궁물]'의 경우 모두 음운 변동이 일어났지만, '서라[서라]'와 같이 두 모음이 이어질 때 하나의 모음이 탈락하는 '모음 탈락'에 대해서는 표준 발음법에서 다루지 않는 반면에 '국물[궁물]'과 같이 파열음이 비음의 영향을 받아 비음으로 교체되는 '비음화'에 대해서는 표준 발음법에서 다루고 있다. '모음 탈락'의 결과는 표기에 반영되는 반면, '비음화'의 결과는 표기에 반영되지 않기 때문이다.

701

윗글의 내용에 대한 이해로 적절하지 않은 것은?

① 표준 발음법은 한글의 표기와 발음이 일치하지 않는 경우 올바른 발음을 알려 준다.

② 표준 발음법에서 표준어의 실제 발음 중 일부는 표준 발음으로 인정하지 않는다.

③ 표준 발음법에서는 국어의 전통성을 고려하여 모음의 장단에 대해 세부적으로 규정하고 있다.

④ 표준 발음법에서는 오늘날 실제 발음에서 'ㅔ'와 'ㅐ'가 명확히 구별됨을 고려하여 두 모음을 다르게 발음하도록 규정하고 있다.

⑤ 표준 발음법에서는 국어의 합리성을 고려할 때 '닭이'를 [다기]로 발음하는 것이 합리성이 떨어지므로 표준 발음으로 인정하지 않는다.

702

윗글을 읽고 <보기>의 탐구 활동을 수행한 결과로 적절한 것은? [3점]

보 기

[탐구 과제]

다음을 참고하여 [탐구 자료]의 밑줄 친 단어를 분류할 때, Ⓐ와 Ⓑ에 해당하는 단어를 찾아보자.

음운 변동이 일어나는가?

↓ 예 / 아니요 ↓

표준 발음법에서 다루는 음운 변동인가?

↓ 예 → Ⓐ

↓ 아니요 → Ⓑ

[탐구 자료]

㉠ 일찍 나가서 가족과 같이 높푸른 하늘을 보았다.
㉡ 그가 답한 것이 원래 우리의 의도에 맞는지 책을 펴서 확인하기 바빠 잠을 못 잤다.
㉢ 자신의 행복한 삶, 가족 모두의 건강은 우리의 일상에서 힘을 얻기 위해 반드시 필요하다.

① ㉠의 '나가서'와 ㉡의 '펴서'에 나타난 음운 변동의 결과는 표기에 반영되었으니 Ⓐ에 해당하겠군.

② ㉠의 '높푸른'과 ㉡의 '바빠'에 나타난 음운 변동의 결과는 표기에 반영되었으니 Ⓑ에 해당하겠군.

③ ㉠의 '같이'와 ㉢의 '얻기'에 나타난 음운 변동의 결과는 표기에 반영되지 않으니 Ⓐ에 해당하겠군.

④ ㉡의 '원래'와 ㉢의 '반드시'에 나타난 음운 변동의 결과는 표기에 반영되지 않으니 Ⓐ에 해당하겠군.

⑤ ㉡의 '답한'과 ㉢의 '삶'에 나타난 음운 변동의 결과는 표기에 반영되지 않으니 Ⓑ에 해당하겠군.

[2020년 3월 고2 학평 11-12번]

[703-704] 다음 글을 읽고 물음에 답하시오.

한 음운이 다른 음운의 속성을 닮아 가는 음운 현상을 '동화'라고 한다. 이때 동화를 일으키는 음운을 '동화음', 동화음을 닮아 가는 음운을 '피동화음'이라고 한다. 동화 현상의 하나인 구개음화는, 경구개가 아닌 위치에서 발음되는 자음이 단모음 'ㅣ'나 반모음 'ĭ' 앞에서 경구개음으로 바뀌는 음운 현상으로, 피동화음인 자음이 동화음 'ㅣ'나 반모음 'ĭ'가 경구개 부근에서 발음되는 속성을 닮아 가는 것이다.

구개음화는 피동화음의 종류에 따라 분류할 수 있는데 피동화음이 'ㄷ, ㅌ, ㄸ'인 경우는 'ㄷ-구개음화', 피동화음이 'ㄱ, ㅋ, ㄲ'인 경우는 'ㄱ-구개음화'로 부른다. 현대 국어에서 표준 발음으로 인정되는 구개음화는 'ㄷ-구개음화' 중 다음 두 가지이다. 우선 음절 끝소리가 'ㄷ, ㅌ'인 형태소가 단모음 'ㅣ'로 시작하는 조사나 접사 같은 형식 형태소와 결합하여 'ㅈ, ㅊ' 으로 변하는 경우이다. 그리고 음절 끝소리가 'ㄷ'이고 뒤에 접사 '-히-'가 올 때 'ㄷ'과 'ㅎ'이 축약되어 'ㅌ'이 되고, 이것이 구개음 'ㅊ'으로 되는 경우이다.

과거에는 'ㄱ-구개음화'도 일어났다. 방언에서 '기름'이 '지름'으로 변화된 경우가 이에 해당한다. 이 사례에서 알 수 있듯이 과거에는 구개음화가 형태소 내부에서도 일어날 수 있었으며, 이는 근대 국어 시기에 활발하게 일어났다.

그런데 현대 국어에는 '마디', '견디다'와 같이 과거에 구개음화가 일어났을 법한데 그렇지 않은 단어들이 남아 있다. 이런 단어들은 'ㄷ' 뒤에 오는 모음이 원래 'ㅣ'가 아닌 다른 모음이었다는 공통점이 있다. 예를 들어 '마디'는 과거에 '마듸' 였는데, 형태소 내부에서의 구개음화가 사라진 후에 'ㅢ'가 'ㅣ'로 바뀌었기 때문에 구개음화가 일어나지 않은 채로 남게된 것이다.

[A] 과거에 일어났던 구개음화와 관련하여 잘못된 교정이 일어나기도 했다. 예를 들어 문헌상으로 '김치'의 과거 형태는 '딤치'였는데 구개음화가 일어난 이후 '짐치'로 나타난다. 그런데 언중이 구개음화가 일어난 형태를 원래 형태로 교정하고자 하는 과정에서 원래 형태를 잘못 생각하여 '김치'의 형태로 교정하게 되고 이것이 현재의 '김치'가 되었다.

703

윗글을 바탕으로 현대 국어의 표준 발음에 대해 설명한 것으로 적절한 것은?

① '같이'를 [가치]로 발음하는 이유는 피동화음이 'ㄱ'인 경우이기 때문이다.

② '맑지만'을 [만치만]으로 발음하는 이유는 동화음이 반모음 'ĭ'인 경우이기 때문이다.

③ '맏이'를 [마디]로 발음하지 않는 이유는 구개음화를 일으키는 동화음이 없기 때문이다.

④ '곁으로'를 [겨츠로]로 발음하지 않는 이유는 두 형태소가 결합하는 경우가 아니기 때문이다.

⑤ '끝인사'를 [끄친사]로 발음하지 않는 이유는 뒤에 결합하는 형태소가 형식 형태소가 아니기 때문이다.

704

[A]를 이해한 내용으로 적절하지 않은 것은? [3점]

① '딤치'가 '짐치'로 변하는 과정에서 일어난 구개음화는 'ㄷ-구개음화'에 해당한다.

② '딤치'가 '짐치'로 변하는 과정에서 일어난 구개음화는 형태소 내부에서 일어났다.

③ '김치'의 '치'에서 구개음화가 일어나지 않은 것은 '치'의 모음이 본래 'ㅣ'였기 때문이다.

④ '짐치'가 '김치'로 변하는 과정에서 언중은 '짐치'를 'ㄱ-구개음화'가 일어난 형태라고 생각했다.

⑤ '김치'의 본래 형태가 '딤치'였고 형태소 내부에서의 'ㄷ-구개음화'가 사라진 후에 'ㅢ'가 'ㅣ'로 변화했다면 구개음화는 일어나지 않았을 것이다.

문법 비문학 - 핵심 기출 문제

[2021년 9월 고2 학평 11-12번]

[705-706] 다음 글을 읽고 물음에 답하시오.

형태소는 일정한 뜻을 가진 가장 작은 단위를 말하며, 한 형태소는 다른 형태소와 결합하여 단어나 구, 문장과 같은 상위 단위를 이룬다. 이때 형태소는 항상 동일한 모습으로 나타나는 것은 아니고, 환경에 따라 형태가 달라질 수 있다. 이처럼 한 형태소가 환경에 따라 다른 모습으로 실현되는 것을 교체라고 한다. 특히 한국어는 문법적 관계를 나타내 주는 조사와 어미가 발달해 있어서 형태소끼리의 결합 과정에서 다양한 교체 현상이 나타난다.

빛 : 빛이[비치], 빛도[빋또], 빛만[빈만], 쪽빛이[쪽삐치], 쪽빛도[쪽삗또], 쪽빛만[쪽삔만]

물 : 물이[무리], 물도[물도], 물만[물만], 국물이[궁무리], 국물도[궁물도], 국물만[궁물만]

'빛'은 앞이나 뒤에 오는 형태소에 따라 6개의 서로 다른 형태로 실현된다. 이처럼 교체에 의해 달리 실현된 형태들을 이형태라고 한다. 교체가 일어난다는 것은 한 형태소가 최소한 둘 이상의 이형태를 가짐을 뜻한다. 이형태들은 나타나는 조건이나 환경이 겹치지 않는 상보적 분포를 지닌다. 한편 '물'은 앞이나 뒤에 어떠한 형태소가 오든지 항상 '[물]'로만 실현된다. 즉 교체가 일어나지 않는 것이다.

교체를 통해 이형태가 복수로 존재할 경우에는 기본형을 정해 준다. 한 형태소가 여러 가지 다양한 이형태들로 실현되면 이형태들을 대표할 수 있는 형태를 하나 설정하게 되는데, 그것이 바로 기본형이다. 교체를 하지 않는 형태소의 경우 그 자체가 기본형이 되지만 교체를 하는 형태소는 기본형을 따로 정해야만 한다.

또한 형태소의 교체는 일어나는 동기에 따라 자동적 교체와 비자동적 교체로 나눌 수 있다. ㉠<u>자동적 교체</u>는 교체가 일어나지 않고 그대로 실현되면 안 되기 때문에 일어나는 교체를 말한다. 음절의 종성에 두 개의 자음이 발음되는 것을 허용하지 않는 음운론적 제약이나 비음 앞에 평파열음인 'ㄱ, ㄷ, ㅂ'이 올 수 없다는 음운론적 제약 등으로 일어나는 교체가 자동적 교체이다. 예를 들면 '먹물→[멍물]'에서 '먹'이 비음으로 시작하는 형태소인 '물'과 결합할 때 '멍'으로 교체를 보이는 경우이다.

다음으로 ㉡<u>비자동적 교체</u>는 반드시 일어나야 할 필연적 이유가 없는 교체를 말한다. 즉 '감다→[감:따]'는 비음으로 끝나는 어간 뒤에서 '-따'로 교체되는 경우로, 이는 비음 뒤에 'ㄱ, ㄷ, ㅈ'과 같은 자음이 오지 못하기 때문에 일어난 것은 아니다. 용언의 어간 말음이 비음으로 끝나고 뒤에 어미가 올 때에만 이 같은 현상이 일어날 뿐, '단검→[단:검]'과 같이 다른 환경에서는 얼마든지 비음과 'ㄱ, ㄷ, ㅈ' 등이 결합할 수 있기 때문이다.

705

㉠, ㉡에 해당하는 예끼리 바르게 짝지어진 것은?

	㉠	㉡
①	믿는[민는]	안고[안:꼬]
②	삶도[삼:도]	김장[김장]
③	입은[이븐]	넘다[넘:따]
④	밥만[밤만]	않는[안는]
⑤	닭이[달기]	삼고[삼:꼬]

706

윗글을 바탕으로 <보기>에 대해 이해한 내용으로 적절하지 <u>않은</u> 것은?

보 기

ⓐ 닭 : 닭이[달기], 닭도[닥또], 닭만[당만], 통닭은[통달근]
ⓑ 책 : 책이[채기], 책도[책또], 책만[챙만], 공책은[공채근]
ⓒ 밥 : 밥이[바비], 밥도[밥또], 밥만[밤만], 찬밥은[찬바븐]
ⓓ 달 : 달이[다리], 달도[달도], 달만[달만], 반달은[반:다른]
ⓔ 잎 : 잎이[이피], 잎도[입또], 잎만[임만], 솔잎은[솔리픈]

① ⓐ : '닭'의 이형태들은 상보적 분포를 보이는군.
② ⓑ : '책'은 기본형을 따로 정할 필요 없이 그 자체로 기본형이 되겠군.
③ ⓒ : '밥'이 이형태를 가지는 것으로 보아 교체가 일어났다고 볼 수 있겠군.
④ ⓓ : '달'은 앞이나 뒤에 어떠한 형태소가 오더라도 하나의 형태로만 나타나는군.
⑤ ⓔ : '잎'은 환경에 따라 다른 모습으로 나타나므로 이형태들을 대표할 수 있는 기본형을 설정하겠군.

[2023년 3월 고2 학평 11-12번]

[707-708] 다음 글을 읽고 물음에 답하시오.

'ㅎ'을 포함하고 있는 음운 변동의 양상은 음운 환경에 따라 상이하다. 거센소리되기는 예사소리 'ㄱ, ㄷ, ㅂ, ㅈ'과 'ㅎ'이 만나서 각각 거센소리 'ㅋ, ㅌ, ㅍ, ㅊ'으로 바뀌는 현상으로, 음운 변동의 유형 중 두 개의 음운이 합쳐져 하나의 음운으로 바뀌는 축약에 해당한다. 거센소리되기는 'ㅎ'과 예사소리의 배열 순서에 따라 두 가지로 구분할 수 있다.

첫째, 'ㅎ'이 예사소리보다 앞에 놓인 거센소리되기이다. 표준 발음법 제12항에서는 'ㅎ(ㄶ, ㅀ)' 뒤에 'ㄱ, ㄷ, ㅈ'이 결합되는 경우에는, 'ㅎ'과 뒤 음절 첫소리가 합쳐져 'ㅋ, ㅌ, ㅊ'으로 발음한다고 규정하고 있다. 실제의 예를 보면 '놓고[노코]', '않던[안턴]', '닳지[달치]' 등과 같이 주로 용언 어간 뒤에 어미가 결합할 때 일어난다. 둘째, 'ㅎ'이 예사소리보다 뒤에 놓인 거센소리되기이다. 'ㅎ'이 예사소리보다 앞에 놓인 경우에는 항상 거센소리되기가 우선적으로 적용되는 것과 달리, 'ㅎ'이 예사소리보다 뒤에 놓일 때는 교체나 탈락과 같은 다른 음운 변동보다 거센소리되기가 먼저 적용되기도 하고 나중에 적용되기도 한다. '꽂히다[꼬치다]', '밟히다[발피다]'처럼 어근에 'ㅎ'으로 시작하는 접미사가 결합하는 경우에는 ㉠<u>예사소리와 'ㅎ'이 곧바로 합쳐져 거센소리로 바뀐다</u>. 이에 대하여 표준 발음법 제12항에서는 받침 'ㄱ(ㄺ), ㄷ, ㅂ(ㄼ), ㅈ(ㄵ)'이 뒤 음절 첫소리 'ㅎ'과 결합되는 경우에는 두 음을 합쳐서 각각 'ㅋ, ㅌ, ㅍ, ㅊ'으로 발음한다고 규정하고 있다. 그러나 '빛하고[비타고]'처럼 체언에 조사가 결합하거나, '닭 한 마리[다칸마리]'처럼 둘 이상의 단어를 이어서 한 마디로 발음하는 경우에는 ㉡<u>다른 음운 변동이 먼저 일어난 후에 거센소리되기가 적용된다</u>. '빛하고[비타고]'는 받침 'ㅈ'이 'ㄷ'으로 교체되고 'ㄷ'과 'ㅎ'이 합쳐져 거센소리로 바뀐 것이고, '닭 한 마리[다칸마리]'는 겹받침 'ㄺ'에서 'ㄹ'이 탈락하고 'ㄱ'과 'ㅎ'이 합쳐져 거센소리로 바뀐 것이라고 할 수 있다.

'ㅎ'을 포함하고 있는 말이라도 모두 거센소리되기가 적용되는 것은 아니다. '낳은[나은]', '않아[아나]', '쌓이다[싸이다]' 등과 같이 용언 어간 말의 'ㅎ' 뒤에 모음으로 시작하는 어미나 접미사가 결합하는 경우에는 'ㅎ'이 탈락한다. 원래 이런 환경에서는 어간 말의 자음이 뒤 음절의 첫소리로 연음되어야 하지만 'ㅎ'은 연음되지 않고 탈락하는 것이다. 이러한 'ㅎ' 탈락은 예외 없이 일어난다.

707

윗글을 읽고 이해한 내용으로 적절하지 <u>않은</u> 것은?

① '쌓던[싸턴]'은 교체가 축약보다 먼저 일어난 것이다.
② '잃고[일코]'는 어간 말 'ㅎ'이 어미의 첫소리 'ㄱ'과 합쳐져 발음된 것이다.
③ '끓이다[끄리다]'는 'ㅎ'이 탈락하고 'ㄹ'이 뒤 음절 첫소리로 옮겨져 발음된 것이다.
④ '칡하고[치카고]'와 '하찮은[하차는]'에서 공통적으로 일어난 음운 변동은 탈락이다.
⑤ '먹히다[머키다]'와 '끊고서[끈코서]'는 모두 음운 변동이 한 번씩만 일어난 것이다.

708

윗글의 ㉠, ㉡을 중심으로 <보기>의 ⓐ~ⓔ를 이해한 내용으로 적절하지 <u>않은</u> 것은?

보 기

◦ ⓐ<u>낮 한때[나탄때]</u> 내린 비로 이슬이 잔뜩 ⓑ<u>맺힌[매친]</u> 풀밭을 가로질러 ⓒ<u>닭한테[다칸테]</u> 모이를 주고 왔다.
◦ ⓓ<u>곶하고[고타고]</u> 바다로 이어진 산책로를 ⓔ<u>넓히는[널피는]</u> 작업이 진행 중이다.

① ⓐ : '낮'과 '한때'를 이어서 한 마디로 발음한 경우이므로, ㉠에 해당하겠군.
② ⓑ : 어근 '맺-' 뒤에 접미사 '-히-'가 결합한 경우이므로, ㉠에 해당하겠군.
③ ⓒ : 체언 '닭'에 조사 '한테'가 결합한 경우이므로, ㉡에 해당하겠군.
④ ⓓ : 체언 '곶'에 조사 '하고'가 결합한 경우이므로, ㉡에 해당하겠군.
⑤ ⓔ : 어근 '넓-' 뒤에 접미사 '-히-'가 결합한 경우이므로, ㉠에 해당하겠군.

문법 비문학 - 핵심 기출 문제

[2023년 11월 고2 학평 11-12번]

[709-710] 다음 글을 읽고 물음에 답하시오.

음절이란 발음할 수 있는 최소의 언어 단위로 초성, 중성, 종성으로 구성된다. 이 중 중성은 음절을 이루는 데 필수적인 요소이며 여기에는 모음이 온다. 반면 초성이나 종성은 음절 구성에 필수적이지 않으며 여기에는 자음이 온다. 이때 초성과 종성에 올 수 있는 자음에는 제약이 있다. 초성에는 'ㅇ'이 올 수 없으며, 초성과 종성에 올 수 있는 자음의 최대 개수는 각각 1개이다. 이에 따라 ㉠종성에 겹받침이 표기되더라도 자음이 하나 탈락하여 하나만 발음된다. 또한 종성에는 'ㄱ, ㄴ, ㄷ, ㄹ, ㅁ, ㅂ, ㅇ'의 7개의 자음만 올 수 있다. 만일 ㉡종성에 이 이외의 자음이 오면 7개 중 하나로 바뀌어 발음된다. 따라서 국어 음절의 유형은 '모음', '자음+모음', '모음+자음', '자음+모음+자음'으로 나눌 수 있다.

그런데 음절과 음절이 이어져 발음될 때 음절의 유형이 달라질 수 있다. 먼저, ⓐ음운 변동으로 인해 음절 유형이 달라지는 경우가 있다. 예를 들어 '맏[맏]'과 '형[형]'이 이어질 때, 앞 음절 종성과 뒤 음절 초성이 축약되어 '[마텽]'으로 발음되므로 앞 음절의 음절 유형이 달라진다. 또 '한[한]'과 '여름[여름]'이 이어질 때, 'ㄴ'이 첨가되어 '[한녀름]'으로 발음되므로 두 번째 음절의 음절 유형이 달라진다. 다음으로, 음운 변동이 아니라 ⓑ연음에 의해 음절 유형이 달라지는 경우가 있다. 가령 '밥[밥]'과 조사 '이[이]'가 이어질 때, 연음에 의해 '[바비]'로 발음되므로 각 음절의 음절 유형이 모두 달라지고, '흙[흑]'과 조사 '은[은]'이 이어지면 '[흘근]'으로 발음되므로 두 번째 음절의 음절 유형만 달라진다. 그런데 '홑옷[호돋]'은 '홑[혿]'과 '옷[옫]'이라는 각 음절의 종성에서 음운 변동이 일어나지만 이로 인해서는 음절 유형이 달라지지 않고 연음에 의해서만 각 음절의 음절 유형이 달라진다.

[A] 한편 음절과 음절이 이어져 발음될 때 나타나는 음운 변동 중에는 인접한 두 자음의 공명도로 설명할 수 있는 것이 있다. 공명도란 발음할 때 공기가 울리는 정도를 의미하는데, 모음이 자음보다 공명도가 높다. 자음 중에서는 울림소리가 안울림소리보다 공명도가 높으며, 울림소리 중에서는 유음이 비음보다 공명도가 높다. 그런데 두 음절이 이어져 발음될 때, 앞 음절 종성의 공명도는 뒤 음절 초성의 공명도와 같거나 뒤 음절 초성의 공명도보다 높아야 한다. 그렇지 않은 경우에는 음운의 교체가 일어난다.

709

윗글에 대한 이해로 적절하지 않은 것은? [3점]

① '흙화덕[흐콰덕]'은 ㉠이 적용되며, ⓐ에 해당한다.
② '낱알[나:달]'은 ㉡이 적용되며, ⓑ에 해당한다.
③ '읊다[읍따]'는 ㉠과 ㉡이 모두 적용되며, ⓐ에 해당한다.
④ '솜이불[솜:니불]'은 ㉠과 ㉡ 중 어떤 것도 적용되지 않으며, ⓐ에 해당한다
⑤ '훑어[훌터]'는 ㉠과 ㉡ 중 어떤 것도 적용되지 않으며, ⓑ에 해당한다.

710

다음은 [A]를 바탕으로 학생이 메모한 내용의 일부이다. ㉮와 ㉯에 해당하는 예로 적절한 것은?

자음의 공명도 차이에 따라 일어나는 음운 변동은 다음과 같이 분류할 수 있다. 앞 음절 종성의 공명도가 뒤 음절 초성의 공명도보다 낮을 때, ㉮앞 음절 종성의 공명도를 높이는 교체가 일어나거나, ㉯뒤 음절 초성의 공명도를 낮추는 교체가 일어난다.

	㉮	㉯
①	삭막[상막]	공론[공논]
②	능력[능녁]	업무[엄무]
③	담론[담논]	종로[종노]
④	신라[실라]	밥물[밤물]
⑤	국민[궁민]	난리[날:리]

[2017년 3월 고3 학평 14-15번]

[711-712] 다음을 읽고 물음에 답하시오.

15세기 국어의 모음 조화는 형태소 내부와 경계에서 비교적 잘 지켜졌다. 한 형태소 내의 모음들을 살펴보면 'ㅏ, ㅗ, ㆍ' 등의 양성 모음은 양성 모음끼리, 'ㅓ, ㅜ, ㅡ' 등의 음성 모음은 음성 모음끼리 어울렸다. 중성 모음 'ㅣ'는 양성 모음과 어울리기도 하고, 음성 모음과 어울리기도 하였다. 또 어근과 접사가 결합하여 단어가 형성되거나 체언에 조사가 연결될 때, 용언 어간에 어미가 연결될 때에도 조사나 어미의 첫 모음은 그에 선행하는 모음과 같은 성질의 모음이 연결되었다. 예를 들어, 목적격 조사는 그에 선행하는 명사의 모음에 따라 'ᄋᆞᆯ/을, ᄅᆞᆯ/를' 중 하나가 선택되었고, '-ᄋᆞᆫ/-은', '-옴/-움', ㉠ '-아/-어'와 같은 어미도 선행하는 어간의 모음에 따라 규칙적으로 선택되었다. 다만, 조사 '도', '와/과'나 어미 '-고', '-더-' 등은 모음 조화가 적용되지 않았다.

그런데 16세기부터 모음 조화는 약화되기 시작하였다. 이는 'ㆍ'의 소실과 관계가 있다. 16세기에는 둘째 음절 이하에서의 'ㆍ'가 소실되면서 주로 'ㅡ'에 합류하였다. 첫째 음절에서의 'ㆍ'는 여전히 양성 모음이었으나, 둘째 음절 이하에서는 'ㆍ' 대신 음성 모음인 'ㅡ'가 쓰인 것이다. 이러한 변화로 체언에 연결되는 'ᄋᆞᆫ/은', 'ᄋᆞᆯ/을', 'ᄋᆡ/의' 등의 조사는 점차 '은', '을', '의' 등으로 통일되었고, 모음 조화를 지키던 '사ᄉᆞᆷ'과 같은 단어들은 '사슴'과 같이 모음 조화를 어기는 형태가 되고 말았다.

이후 18세기에 첫째 음절에서의 'ㆍ'가 주로 'ㅏ'에 합류하면서 'ㆍ'는 완전히 소실되었고, 국어의 모음 체계는 큰 변화를 겪게 되었다. 그리고 이러한 변화는 모음 조화가 약화되는 또 다른 요인으로 작용했다.

현대 국어에서는 모음 조화가 형태소 내부와 경계에서 지켜지지 않는 경우가 많다. 다만 '촐랑촐랑', '출렁출렁'과 같은 음성 상징어에서나 ㉡ 일부 용언의 어간 뒤에 '-아/-어' 계열의 어미가 결합할 때 모음 조화가 이루어지는 모습을 확인할 수 있다.

711

㉠과 ㉡을 모두 확인할 수 있는 예로 적절하지 않은 것은?

	15세기 국어		현대 국어	
	용언 어간	활용형	용언 어간	활용형
①	알-	아라	알-	알아
②	먹-	머거	먹-	먹어
③	ᄢᅵ오-	ᄢᅵ와	깨우-	깨워
④	ᄡᅳ-	ᄡᅥ	쓰-	써
⑤	ᄀᆞ독ᄒᆞ-	ᄀᆞ독ᄒᆞ야	가득하-	가득하여

712

윗글을 읽고, <보기>를 이해한 내용으로 적절하지 않은 것은?

보 기

(가)

겨스레 소옴 둔 **오ᄉᆞᆯ** 닙디 아니 ᄒᆞ고 녀르메 서늘ᄒᆞᆫ ᄃᆡ 가디 아니 ᄒᆞ며 **ᄒᆞᄅᆞ** ᄡᆞᆯ 두 호ᄇᆞ로ᄡᅥ **쥭을** ᄆᆡᆼᄀᆞ오 소곰과 **ᄂᆞᄆᆞᆯᄒᆞᆯ** 먹디 아니 **ᄒᆞ더라**

- 『 내훈 』(1447년)에서

[현대어 풀이]

겨울에 솜 든 옷을 입지 아니하고 여름에 서늘한 데 가지 아니하며 하루 쌀 두 홉으로써 죽을 만들고 소금과 나물을 먹지 아니하더라.

(나)

타락과 **초와** 쟝과 소금과 계ᄌᆞ ᄀᆞᄅᆞ와 **파과** 마ᄂᆞᆯ과 부ᄎᆡ와 기름과 댓무우과 외와 가지 등 여러가지 **ᄂᆞ믈**과 ᄃᆞᆰ긔 알과

- 『 박통사언해 』(1677년)에서

[현대어 풀이]

타락과 식초와 장과 소금과 겨자 가루와 파와 마늘과 부추와 기름과 당근과 오이와 가지 등 여러 가지 나물과 닭의 알과

① 15세기에는 한 단어 내에서 모음 조화가 잘 지켜졌음을 (가)의 '겨슬'과 'ᄒᆞᄅᆞ'를 통해 확인할 수 있군.

② 15세기에는 체언에 목적격 조사가 결합할 때 모음 조화가 지켜졌음을 (가)의 '오ᄉᆞᆯ'과 '쥭을'을 통해 확인할 수 있군.

③ 용언 어간에 '-더-'가 결합할 때에는 모음 조화가 적용되지 않았음을 (가)의 'ᄒᆞ더라'를 통해 확인할 수 있군.

④ 17세기에는 모음 조화의 약화에 따라 조사 사용에 혼란이 있었음을 (나)의 '초와'와 '파과'를 통해 확인할 수 있군.

⑤ 둘째 음절의 'ㆍ'가 'ㅡ'로 변하였음을 (가)의 'ᄂᆞᄆᆞᆶ'과 (나)의 'ᄂᆞ믈'을 통해 확인할 수 있군.

문법 비문학 - 핵심 기출 문제

[2018년 3월 고3 학평 11-12번]

[713-714] 다음을 읽고 물음에 답하시오.

국어에는 발음을 자연스럽게 하는 상황에서 어떠한 자음 두 개를 연달아 발음하는 것이 어려워 발생하는 음운 변동들이 있다. 가령 '국'과 '물'은 따로 발음하면 제 소리대로 [국]과 [물]로 발음되지만, '국물'처럼 'ㄱ'과 'ㅁ'을 연달아 발음하게 되면 예외 없이 비음화가 일어나 'ㄱ'이 [ㅇ]으로 바뀐다. 이것은 국어에서 장애음*과 비음을 자연스럽게 연달아 발음하는 것이 어려워 일어나는 현상이다. '국화[구콰]', '좋다[조:타]'처럼 예사소리와 'ㅎ'이 거센소리로 축약되는 현상도 국어에서 연달아 발음하는 것이 어려운 자음들이 이어질 때 발생하는 음운 변동으로 볼 수 있다. 비음화와 자음 축약은 장애음 뒤에 비음이 이어질 때, 'ㅎ'의 앞이나 뒤에서 예사소리가 이어질 때와 같이 음운과 관련된 조건만으로 규칙성을 파악할 수 있다.

국어에서 일어나는 된소리되기를 살펴보면, 예사소리인 파열음 'ㅂ, ㄷ, ㄱ' 뒤에 예사소리 'ㅂ, ㄷ, ㄱ, ㅅ, ㅈ'이 연달아 발음되기 어려워, 뒤에 오는 예사소리가 반드시 된소리로 바뀐다. 예를 들면, '국밥'은 반드시 [국빱]으로 발음된다. 이와 같은 현상은 필수적으로 일어나기 때문에 [갑짜기]로 발음되는 단어를 '갑자기'로 표기하더라도 발음할 때에는 예외 없이 [갑짜기]가 된다.

한편 자음의 본래 소리대로 발음할 수 있음에도 불구하고 일어나는 된소리되기가 존재한다. '(신을) 신고'가 [신:꼬]로 발음되는 것처럼, 용언의 어간이 비음으로 끝나고 뒤에 오는 어미가 예사소리로 시작하면 예사소리가 된소리로 바뀐다. 그런데 명사인 '신고(申告)'는 [신고]로 발음되듯이, 국어의 자연스러운 발음에서 비음과 예사소리는 그대로 발음될 수도 있다. 따라서 비음 뒤의 예사소리가 된소리로 발음되는 현상의 규칙성을 파악하기 위해서는 음운과 관련된 조건뿐만 아니라 용언의 어간과 어미가 결합한다는 것과 같은 형태소와 관련된 조건까지 알아야 한다.

국어의 규칙적인 음운 변동 중에는 어떠한 자음 두 개를 연달아 발음하는 것이 어려워 발생하는 것도 있고, 자음의 본래 소리대로 발음할 수 있음에도 불구하고 발생하는 것도 있다. 이와 같은 음운 변동이 일어난 발음들은 모두 표준 발음으로 인정된다.

* 장애음 : 구강 통로가 폐쇄되거나 마찰이 생겨서 나는 소리. 일반적으로 장애의 정도가 큰 파열음, 마찰음, 파찰음을 이름.

713

윗글을 바탕으로 <보기>를 탐구한 결과로 적절한 것은?

보 기

- ⓐ 집념[짐념]도 강하다.
- 춤을 ⓑ 곧잘[곧짤] 춘다.
- 책상에 ⓒ 놓고[노코] 가라.
- 음식을 ⓓ 담기[담:끼]가 힘들다.
- 모기한테 ⓔ 뜯긴[뜯낀] 모양이다.

① ⓐ와 ⓑ에서 이어져 있는 두 자음이 용언의 어간과 어미에 이어져 나타나면 음운 변동이 일어나지 않는다.

② ⓐ와 ⓔ에서 이어져 있는 두 자음을 제 소리대로 연달아 발음하는 것은 표준 발음으로 인정된다.

③ ⓑ와 ⓒ는 발음될 때, 음운과 관련된 조건만으로 규칙성을 파악할 수 있는 음운 변동이 일어난다.

④ ⓒ와 ⓓ는 발음될 때, 용언의 어간과 어미가 결합한다는 조건이 음운 변동을 일으키는 요인으로 작용한다.

⑤ ⓓ와 ⓔ는 발음될 때, 용언의 어간과 결합하는 어미의 첫소리가 예사소리에서 된소리로 바뀐다.

714

윗글을 바탕으로 <보기>의 '한글 맞춤법'을 이해한 내용으로 적절한 것은? [3점]

보 기

제1항 한글 맞춤법은 표준어를 소리대로 적되, 어법에 맞도록 함을 원칙으로 한다.

제5항 한 단어 안에서 뚜렷한 까닭 없이 나는 된소리는 다음 음절의 첫소리를 된소리로 적는다.

1. 두 모음 사이에서 나는 된소리
   예 가끔, 어찌
2. 'ㄴ, ㄹ, ㅁ, ㅇ' 받침 뒤에서 나는 된소리
   예 잔뜩, 훨씬

다만, 'ㄱ, ㅂ' 받침 뒤에서 나는 된소리는, 같은 음절이나 비슷한 음절이 겹쳐 나는 경우가 아니면 된소리로 적지 아니한다. 예 국수, 몹시

제13항 한 단어 안에서 같은 음절이나 비슷한 음절이 겹쳐나는 부분은 같은 글자로 적는다. (ㄱ을 취하고, ㄴ을 버림.)

ㄱ	ㄴ
딱딱	딱닥

① 두 모음 사이에 예사소리가 오면 예외 없이 된소리가 되므로 '가끔'은 표기에 된소리를 밝혀 적는다.

② 예사소리인 파열음 뒤에서 된소리되기가 일어날 때 규칙성을 찾을 수 없으므로 '몹시'는 예사소리로 적는다.

③ '딱딱'은 '딱닥'으로 적으면 표준 발음이 [딱닥]이 될 수도 있으므로 두 번째 음절 첫소리를 예사소리로 적지 않는다.

④ '국수'는 두 번째 음절 첫소리를 된소리로 적지 않더라도 표준 발음인 [국쑤]로 발음되므로 표기에 된소리를 밝혀 적지 않는다.

⑤ '잔뜩'은 비음으로 끝난 용언의 어간 뒤의 예사소리가 된소리로 변했다는 뚜렷한 까닭이 있으므로 표기에 된소리를 밝혀 적는다.

[2019년 3월 고3 학평 11-12번]

[715-716] 다음 글을 읽고 물음에 답하시오.

현대 국어에서는 음절의 종성에서 실제로 발음되는 소리가 제한되어 있다. ㉠음절의 종성에 마찰음, 파찰음이 오거나 파열음 중 된소리나 거센소리가 오면 모두 예사소리 'ㄱ, ㄷ, ㅂ'으로 교체되고, ㉡음절의 종성에 자음군이 올 때는 한 자음이 탈락한다. 그런데 모음으로 시작하는 형식 형태소가 뒤에 오면 앞 음절의 종성에 있던 자음이 곧바로 연음된다. 이렇게 연음되어 뒤 음절의 초성에서 소리 나는 자음은 제 음가대로 발음된다.

연음이 일어나는 조건이 갖추어지더라도 다른 현상이 일어나 제 음가대로 발음이 되지 않는 경우도 있다. 가령, ㉢'ㄷ, ㅌ'으로 끝나는 말 뒤에 'ㅣ'로 시작하는 형식 형태소가 오면 'ㄷ, ㅌ'이 'ㅈ, ㅊ'으로 변하는 구개음화가 일어난다. 또한 용언 어간 말음 'ㅎ'은 모음으로 시작하는 형식 형태소가 뒤에 오면 연음되지 않고 탈락한다. ㉣용언 어간 말음 'ㅎ' 뒤에 'ㄱ, ㄷ, ㅈ'으로 시작하는 어미가 오면 'ㅎ'과 'ㄱ, ㄷ, ㅈ'이 거센소리로 축약되는데 이를 통해 용언 어간 말음 'ㅎ'이 존재함을 간접적으로 알 수 있다.

[A] 연음과 음운 변동에 대한 지식을 활용하여 중세 국어 자료를 검토해 보면 현대 국어에서 찾아보기 어려운 형태의 단어를 발견할 수 있다. 예를 들어, 현대 국어에서는 'ㅎ'을 말음으로 가진 체언을 찾아보기 어렵다. 그러나 중세 국어 자료를 살펴보면 '돓(돌)', '나랗(나라)'와 같이 'ㅎ'을 말음으로 가진 체언을 확인할 수 있다.

중세 국어 시기에는 체언 말음 'ㅎ'이 모음으로 시작하는 조사와 결합하면 '나라히'와 같이 연음되어 나타나는 것을 확인할 수 있다. 또한 'ㅎ'을 말음으로 가진 체언이 '과', '도'와 같은 조사와 결합하면 'ㅎ'이 뒤에 오는 'ㄱ, ㄷ'과 축약되어 'ㅋ, ㅌ'으로 나타났는데, 이를 통해서 'ㅎ'의 존재를 간접적으로 확인할 수 있다. 하지만 어떤 체언이 'ㅎ'을 말음으로 가지고 있다고 하더라도, 그 체언이 단독으로 쓰이거나 관형격 조사 'ㅅ'과 결합하여 쓰였을 때는 'ㅎ'이 실현되지 않아서 'ㅎ'을 말음으로 가지지 않은 체언과 구별되지 않았다. 해당 체언이 연음이나 축약이 일어나는 자리에 쓰인 사례를 검토해야 체언 말음 'ㅎ'의 존재 여부를 알 수 있다.

715

㉠~㉣에 대한 이해로 적절한 것은?

① '한몫[한목]'을 발음할 때, ㉠이 일어난다.
② '놓기[노키]'를 발음할 때, ㉣이 일어난다.
③ '끓지[끌치]'를 발음할 때, ㉡과 ㉢이 일어난다.
④ '값할[가팔]'을 발음할 때, ㉡과 ㉣이 일어난다.
⑤ '맞힌[마친]'을 발음할 때, ㉢과 ㉣이 일어난다.

716

[A]를 참조하여 <보기>의 ⓐ~ⓔ를 분석한 것으로 적절한 것은?

보 기

[학습 목표]
중세 국어 자료를 통해 체언 '하ᄂᆞᆶ'에 대해 탐구한다.

[중세 국어 자료]
- ⓐ하ᄂᆞᆯ히 ᄆᆞᅀᆞᄆᆞᆯ 뮈우시니 (하늘이 마음을 움직이게 하시니)
- ⓑ하ᄂᆞᆳ 光明中에 드러 (하늘의 광명 가운데에 들어)
- ⓒ하ᄂᆞᆯ 셤기ᅀᆞᆸ듯 ᄒᆞ야 (하늘 섬기듯 하여)
- ⓓ하ᄂᆞᆯ토 뮈며 (하늘도 움직이며)
- ⓔ하ᄂᆞᆯ콰 ᄯᅡ콰ᄅᆞᆯ 니르니라 (하늘과 땅을 이르니라)

① ⓐ에서는 연음되어 음운의 개수에 변동이 없지만, ⓓ에서는 음운 변동이 일어나 음운의 개수가 줄어들었음을 알 수 있다.
② ⓑ에서는 'ㅎ'이 다른 음운으로 교체되었음을 알 수 있고, ⓒ에서는 'ㅎ'이 실현되지 않았다.
③ ⓑ에서는 체언 말음 'ㅎ'의 존재를 알 수 있지만, ⓓ에서는 체언 말음 'ㅎ'의 존재를 알 수 없다.
④ ⓑ와 ⓒ에서 동일한 체언이 단독으로 쓰일 때, 서로 다른 형태로도 실현되었음을 알 수 있다.
⑤ ⓓ와 ⓔ에서 체언에 현대 국어에 존재하지 않는 조사 '토', '콰'가 결합했음을 알 수 있다.

[2021년 9월 고3 모평 35-36번]

[717-718] 다음 글을 읽고 물음에 답하시오.

'음절'은 발음의 단위이다. 음절의 특징을 이해하는 것은 국어 발음의 특징과 여러 가지 음운 변동 현상을 이해하기 위한 기초가 된다. 한글은 소리를 나타내는 문자이기 때문에 한글의 표기와 발음이 동일하다고 생각하기 쉽다. 하지만 한글 표기법에는 소리를 그대로 적는다는 원칙도 있지만 ㉠의미를 효과적으로 전달하기 위해 하나의 의미는 하나의 형태로 고정하여 적는다는 원칙도 있어서, ㉡표기가 실제 발음을 그대로 드러내지 않는 경우가 많다. 그런데 표기된 글자가 실제 발음과 다르더라도, 우리는 실제 발음이 아니라 ㉢표기된 글자 하나하나를 '음절'이라고 인식하는 관습이 있다. 끝말잇기도 이러한 관습을 규칙으로 하여 이루어지는 놀이이다. 그러나 발음의 특징을 이해하기 위해서는 표기가 아니라 발음을 기준으로 음절을 인식해야 한다.

발음을 기준으로 할 때 우리말의 음절은 네 가지 유형으로 나뉜다. 어떤 음절이든 자음과 모음의 결합 방식에 따라 ㉣'모음', '자음+모음', '모음+자음', '자음+모음+자음' 중 한 가지 유형에 해당한다. 각 음절 유형은 표기 형태에 그대로 나타나는 경우도 있지만, '축하[추카]'와 같이 ㉤표기 형태가 음절 유형을 그대로 나타내지 않는 경우도 있다.

[A] 그런데 우리말에는 음절의 구조에 제약이 존재한다. 우선 초성에는 'ㅇ'이 올 수 없다. 또한 종성에는 'ㄱ, ㄴ, ㄷ, ㄹ, ㅁ, ㅂ, ㅇ'만 올 수 있다는 제약이 있다. 그래서 종성 자리에 올 수 없는 자음이 놓여 발음할 수 없으면, 다른 자음으로 교체되는 음운 변동이 일어나 발음이 가능해진다. 그리고 종성에는 둘 이상의 자음이 올 수 없다는 제약이 있다. 종성 자리에 두 개의 자음이 놓이게 되면 둘 중 하나가 탈락하는 음운 변동이 일어난다. 한편 음절 구조 제약과 관계없이 일어나는 음운 변동도 있다. 예를 들어 '논일[논닐]'에서 'ㄴ'이 첨가되는 것은 음절 구조 제약과는 무관한 음운 변동이다.

717

㉠~㉤을 이해한 내용으로 적절하지 않은 것은?

① ㉠에 따라 '싫증'은 싫다는 의미를 효과적으로 전달하기 위해 첫 글자의 형태를 고정하여 표기한 예이다.
② ㉡에 해당하는 예로 '북소리'와 '국물'을 들 수 있다.
③ ㉢에 따라 끝말잇기를 할 때, '나뭇잎' 뒤에 '잎새'를 연결할 수 있다.
④ ㉣의 구분에 따르면 '강'과 '복'은 같은 음절 유형에 해당하지만, '목'과 '몫'은 서로 다른 음절 유형에 해당한다.
⑤ ㉤에 해당하는 예로 '북어'를, 해당하지 않는 예로 '강변'을 들 수 있다.

718

[A]를 바탕으로 할 때, <보기>의 ⓐ~ⓔ에 대한 설명으로 적절한 것은?

보 기

	표기	발음
ⓐ	굳이	[구지]
ⓑ	옷만	[온만]
ⓒ	물약	[물략]
ⓓ	값도	[갑또]
ⓔ	핥는	[할른]

① ⓐ : 음절 구조 제약과 관련된 교체가 한 번 일어난다.
② ⓑ : 음절 구조 제약과 관련된 교체가 한 번, 음절 구조 제약과 무관한 교체가 한 번 일어난다.
③ ⓒ : 음절 구조 제약과 무관한 첨가가 한 번, 음절 구조 제약과 관련된 교체가 한 번 일어난다.
④ ⓓ : 음절 구조 제약과 관련된 탈락이 한 번, 음절 구조 제약과 무관한 첨가가 한 번 일어난다.
⑤ ⓔ : 음절 구조 제약과 관련된 탈락이 한 번, 음절 구조 제약과 관련된 교체가 한 번 일어난다.

[2022년 4월 고3 학평 35-36번]

[719-720] 다음 글을 읽고 물음에 답하시오.

한글 맞춤법은 표준어를 소리대로 적되, 어법에 맞도록 함을 원칙으로 하고 있다. 우선 표준어를 소리대로 적는다는 것은 표준어를 발음되는 대로 표기하는 것을 가리킨다. 그런데 이것만으로는 충분하지 않은 경우가 있다.

예를 들어, '꽃'이라는 단어는 발음되는 환경에 따라 소리가 달라진다. '꽃'이 조사 '이', '만', '도'와 결합한 것을 발음되는 대로 적으면 '꼬치', '꼰만', '꼳또'이므로 의미를 파악하기 어렵다. 따라서 한글 맞춤법에서는 어법에 맞도록 한다는 원칙에 따라 '꽃이', '꽃만', '꽃도'와 같이 '꽃'이라는 하나의 형태로 적도록 하고 있다. 즉 여러 가지 발음을 고려한 대표 형태를 선택하여 일관되게 표기하게 한 것이다. 이러한 원칙은 용언의 어간에 어미가 결합할 때도 동일하게 적용된다. 다만 언제나 어법에 따라 의미가 같은 하나의 말을 하나의 형태로 고정하여 적을 수 있는 것은 아니다.

㉮대표 형태로는 여러 발음들이 나타나는 과정을 합리적으로 설명할 수 있다. [이써요], [인는데요], [읻떠라고요]와 같이 발음한 것을 한글 맞춤법에 따라 표기하기 위해 대표 형태를 선택하는 상황을 예로 들 수 있다. '있-', '인-', '읻-' 중에 '읻-'을 대표 형태로 본다면 [인는데요]는 비음화, [읻떠라고요]는 된소리되기로 둘 다 교체로 설명할 수 있지만, [이써요]는 설명할 수 없다. '인-'을 대표 형태로 본다면 [이써요]와 [읻떠라고요]는 설명할 수 없다. 그러나 '있-'을 대표 형태로 선택하면 [이써요]는 음운 변동 없이 연음된 것으로, [인는데요]와 [읻떠라고요]는 모두 교체로 설명할 수 있다. 따라서 '있-'을 대표 형태로 보는 것이 가장 합리적이다.

이와 달리 실제 발음에서 나타나지 않는 형태를 대표 형태로 선택하는 경우가 있다. 예를 들어 '놓으니', '놓다'는 [노으니], [노타]로 발음되는데 어간을 '놓-'이라는 대표 형태로 고정하여 적고 있다. 왜냐하면 대표 형태가 '노-'라면 [노타]를 설명할 수 없지만 '놓-'이라면 [노으니]는 탈락, [노타]는 축약으로 설명이 가능하기 때문이다.

719

윗글을 바탕으로 다음을 이해한 내용으로 적절하지 않은 것은?

최근 **들어 더운** 날씨가 이어지고 있습니다. 이번 **여름**은 얼마나 **덥고**, **장마**의 시작과 **끝이** 언제일지 궁금하신 분들이 많을 것 같습니다. 올해도 더위가 기승을 **부릴** 것으로 예측됩니다.

① '들어'를 발음할 때는 음운 변동이 나타나지 않는군.
② '더운'과 '덥고'는 어간의 의미가 같지만 형태를 하나로 고정하여 적지 않은 경우이군.
③ '여름', '장마'는 표준어를 발음되는 대로 표기한 것이군.
④ '끝이'를 '끄치'로 적지 않은 것은 어법에 맞도록 한다는 원칙 때문이군.
⑤ '부릴'의 어간은 실제 발음에서 나타나지 않는 형태를 대표 형태로 선택해 표기한 것이군.

720

㉮를 고려하여 <보기>의 ⓐ~ⓔ의 대표 형태를 탐구한 내용으로 적절한 것은? [3점]

보 기

※ 다음은 어간과 어미가 결합할 때의 발음이다.

어미 / 어간	-고	-아서	-지만	-는
ⓐ	[깍꼬]	[까까서]	[깍찌만]	[깡는]
ⓑ	[달코]	[다라서]	[달치만]	[달른]
ⓒ	[싸코]	[싸아서]	[싸치만]	[싼는]
ⓓ	[할꼬]	[할타서]	[할찌만]	[할른]
ⓔ	[갑꼬]	[가파서]	[갑찌만]	[감는]

① ⓐ : 대표 형태가 '깍-'이라면 [깍찌만]과 [깡는]을 음운 변동으로 설명할 수 없지만, 대표 형태가 '깎-'이라면 둘 다 탈락으로 설명할 수 있겠군.
② ⓑ : 대표 형태가 '달-'이라면 [달코]와 [달치만]을 음운 변동으로 설명할 수 없지만, 대표 형태가 '닳-'이라면 둘 다 축약으로 설명할 수 있겠군.
③ ⓒ : 대표 형태가 '싼-'이라면 [싸코]와 [싸아서]를 음운 변동으로 설명할 수 없지만, 대표 형태가 '쌓-'이라면 둘 다 탈락으로 설명할 수 있겠군.
④ ⓓ : 대표 형태가 '할-'이라면 [할꼬]와 [할찌만]을 음운 변동으로 설명할 수 없지만, 대표 형태가 '핥-'이라면 둘 다 축약으로 설명할 수 있겠군.
⑤ ⓔ : 대표 형태가 '갑-'이라면 [갑꼬]와 [감는]을 음운 변동으로 설명할 수 없지만, 대표 형태가 '갚-'이라면 둘 다 교체로 설명할 수 있겠군.

문법 비문학 – 핵심 기출 문제

[2024년 10월 고3 학평 35-36번]

[721-722] 다음 글을 읽고 물음에 답하시오.

표준 발음과 현실 발음은 일치할 수도 있고, 다를 수도 있다. 표준 발음과 현실 발음을 살펴봄으로써 국어 발음에 대한 이해를 심화할 수 있다.

먼저 음운 체계 측면에서 살펴보면, 표준 발음법 제4항에서는 "'ㅏ ㅐ ㅓ ㅔ ㅗ ㅚ ㅜ ㅟ ㅡ ㅣ'는 단모음(單母音)으로 발음한다."라고 명시하고 있다. 그러나 현실 발음을 살펴보면 어떤 방언에서는 'ㅡ'와 'ㅓ'를 구별하지 않고 하나의 단모음으로 발음하기도 한다. 또한 여러 방언에서는 'ㅔ'와 'ㅐ'를 구별하지 않고 하나의 단모음으로 발음하기도 한다. 이러한 경우, 발음하는 단모음의 개수가 표준 발음법에서 규정한 것과 다를 수 있다. 한편 단모음 중 'ㅚ', 'ㅟ'에 대해서는 표준 발음법 제4항의 [붙임]에서 "'ㅚ, ㅟ'는 이중 모음으로 발음할 수 있다."라고 하였다. 제4항의 [붙임]을 고려하면 표준 발음으로 발음하더라도 사람에 따라 발음하는 단모음의 개수가 다를 수 있다.

다음으로 음운 변동 측면에서 살펴보면, 표준 발음으로 인정되고 대부분의 방언에서도 보편적으로 일어나는 음운 변동이 있다. 음절 끝에서 소리가 날 수 없는 자음이 음절의 끝에 왔을 때 'ㄱ, ㄷ, ㅂ' 중 하나로 바뀌는 ㉠음절의 끝소리 규칙이나 'ㄱ, ㄷ, ㅂ'이 비음인 'ㄴ, ㅁ' 앞에서 비음으로 바뀌는 ㉡비음화는 대부분의 방언에서 일어나고, 표준 발음으로도 인정된다.

반면에 표준 발음으로 인정되는 음운 변동 중에는 방언에 따라 일어나는 양상에 차이를 보이는 것도 있다. 거센소리되기의 경우, 'ㅎ'이 'ㄱ, ㄷ, ㅂ, ㅈ'보다 앞에 위치해 일어나는 ㉢순행적 거센소리되기는 표준 발음으로 인정되고 대부분의 방언에서도 일어난다. 하지만 'ㅎ'이 이들 자음 뒤에 위치해 일어나는 ㉣역행적 거센소리되기는 표준 발음으로 인정되지만 어떤 방언에서는 일어나지 않는다. 그리고 종성에 두 개 이상의 자음이 올 경우 한 자음이 탈락하는 ㉤자음군 단순화는 대부분의 방언에서 일어나지만 방언에 따라 탈락하는 자음이 표준 발음과 다를 수 있다.

721

윗글을 통해 알 수 있는 내용으로 적절하지 않은 것은?

① 비음화는 대부분의 방언에서 일어나는 음운 변동이다.
② 대부분의 방언에서는 종성에서 하나의 자음만 발음된다.
③ 거센소리되기는 경우에 따라 표준 발음으로 인정되지 않는다.
④ 표준 발음으로 발음하더라도 사람에 따라 다르게 발음할 수 있는 단어도 있다.
⑤ 표준 발음법에서 규정한 단모음보다 적은 수의 단모음을 발음하는 방언이 존재한다.

722

윗글과 <자료>를 바탕으로 표준 발음을 탐구한 내용으로 적절한 것은? [3점]

보 기

[표준 발음법]

제9항 받침 'ㄲ, ㅋ', 'ㅅ, ㅆ, ㅈ, ㅊ, ㅌ', 'ㅍ'은 어말 또는 자음 앞에서 각각 대표음 [ㄱ, ㄷ, ㅂ]으로 발음한다.

제11항 겹받침 'ㄺ, ㄻ, ㄿ'은 어말 또는 자음 앞에서 각각 [ㄱ, ㅁ, ㅂ]으로 발음한다. 다만, 용언의 어간 말음 'ㄺ'은 'ㄱ' 앞에서 [ㄹ]로 발음한다.

제12항 받침 'ㅎ'의 발음은 다음과 같다.
1. 'ㅎ(ㄶ, ㅀ)' 뒤에 'ㄱ, ㄷ, ㅈ'이 결합되는 경우에는, 뒤 음절 첫소리와 합쳐서 [ㅋ, ㅌ, ㅊ]으로 발음한다.
[붙임 1] 받침 'ㄱ(ㄺ), ㄷ, ㅂ(ㄼ), ㅈ(ㄵ)'이 뒤 음절 첫소리 'ㅎ'과 결합되는 경우에도, 역시 두 음을 합쳐서 [ㅋ, ㅌ, ㅍ, ㅊ]으로 발음한다.

제18항 받침 'ㄱ(ㄲ, ㅋ, ㄳ, ㄺ), ㄷ(ㅅ, ㅆ, ㅈ, ㅊ, ㅌ, ㅎ), ㅂ(ㅍ, ㄼ, ㄿ, ㅄ)'은 'ㄴ, ㅁ' 앞에서 [ㅇ, ㄴ, ㅁ]으로 발음한다.

① '창밖'의 표준 발음 [창박]은 ㉠과 ㉤이 일어난 발음으로서, 제9항이 적용되는 예로 제시할 수 있다.
② '읽고'의 표준 발음 [일꼬]는 ㉢이 일어난 발음으로서, 제11항이 적용되는 예로 제시할 수 있다.
③ '끊고'의 표준 발음 [끈코]는 ㉣이 일어난 발음으로서, 제12항의 1이 적용되는 예로 제시할 수 있다.
④ '놓는'의 표준 발음 [논는]은 ㉠과 ㉡이 일어난 발음으로서, 제12항의 [붙임 1]이 적용되는 예로 제시할 수 있다.
⑤ '읊는'의 표준 발음 [음는]은 ㉠, ㉡, ㉤이 일어난 발음으로서, 제18항이 적용되는 예로 제시할 수 있다.

[2020년 9월 고2 학평 11-12번]

[723-724] 다음 글을 읽고 물음에 답하시오.

두 단어가 서로 짝을 이루어 반대되는 뜻을 나타내는 말을 반의어라고 한다. 이 중 '넓다/좁다'처럼 정도나 등급에 있어서 대립되는 단어 쌍을 등급 반의어라고 한다. 등급 반의어는 다음과 같은 특징이 있다.

첫째, 등급 반의어가 나타내는 정도나 등급은 단계적인 차이를 보이며, 이러한 차이로 인해 정도부사의 수식이나 비교 표현이 가능하다. 예를 들어 "우리 집 마당은 아주 넓다.", "우리 집 마당이 옆집 마당보다 더 넓다."라고 쓸 수 있다. 이때 '우리 집 마당'의 넓이가 얼마인가에 대해서는 사람마다 생각하는 바가 조금씩 다를 수 있다.

둘째, 등급 반의어에서는 한쪽 단어의 긍정이 다른 쪽 단어의 부정을 함의하며, 이것의 역은 성립하지 않는다. 예를 들어 '마당이 넓다'는 '마당이 좁지 않다'는 의미를 포함한다. 그러나 마당이 '좁지 않다'고 해서 반드시 '넓다'는 것은 아니다. 마당이 넓지도 않고 좁지도 않을 수 있기 때문이다.

셋째, 등급 반의어는 두 단어를 동시에 부정할 수 있다. 예를 들어 "마당이 넓지도 않고 좁지도 않다."라는 표현이 가능한데, 이것은 마당의 크기에 대해 사람들이 인식하는 '중간 정도'의 크기가 있기 때문이다. 이때 '중간 정도'에 해당하는 부분을 나타내는 별도의 말이 존재하기도 한다.

넷째, ㉠<u>등급 반의어의 대립 쌍 중 일부는 두 단어 중 하나가 언어적으로 더 일반적인 경향을 나타내는 의미로 쓰인다</u>. 예를 들어 마당의 면적에 대한 사전 지식이 없는 상태에서 마당의 '넓거나 좁은 정도'를 물을 때, "마당이 얼마나 넓니?"라고 묻는 것이 일반적이다. 마당이 좁다는 것을 전제하지 않는 한 "마당이 얼마나 좁니?"라고 묻는 것은 어색하다. 또한 넓은 정도를 나타내는 파생 명사로 '좁이'가 아니라 '넓이'가 사용된다. 이는 '넓다'가 '좁다'에 비해 어떠한 전제나 가정이 없는 의미를 나타낸다는 것을 말해 준다. 이렇게 보면 등급 반의 관계에 있는 '넓다/좁다'에서 '넓다'가 더 활발하게 쓰여 사용상의 비대칭성을 보인다고 할 수 있다.

723

윗글을 참고하여 추론한 내용으로 적절하지 <u>않은</u> 것은?

① '올해는 사과의 품질이 좋다.'에서 '좋다'에는 비교 표현을 쓸 수 있겠군.
② '여행 가방이 무겁다.'에서 사람들이 생각하는 가방의 무게는 다를 수 있겠군.
③ '기차역은 여기에서 멀다.'에서 '멀다'는 정도부사의 수식을 받을 수 있겠군.
④ '영수 집은 학교에서 가깝다.'에서 '가깝다'를 부정하면 '멀다'의 의미와 동일하겠군.
⑤ '물이 뜨겁지도 차갑지도 않다.'에서 '뜨겁지도'와 '차갑지도' 사이의 중간 정도를 나타내는 말이 있겠군.

724

<보기>의 담화 상황을 고려할 때, 윗글의 ㉠에 해당하는 것만을 ⓐ~ⓕ에서 있는 대로 고른 것은? [3점]

> **보 기**
>
> **진주** : 여행 잘 갔다가 ⓐ<u>왔어</u>? 기억에 남는 곳이 있니?
> **승민** : 이육사의 발자취를 따라 이육사 문학관에 ⓑ<u>갔어</u>. 볼 것도 많고 체험도 할 수 있어서 인상 깊었어.
> **진주** : 나도 가 보고 싶다. 문학관이 ⓒ<u>커</u>?
> **승민** : 우리가 같이 갔던 황순원 문학관보단 ⓓ<u>작아</u>. 입장할 때 줄도 섰어.
> **진주** : 그랬구나. 줄이 ⓔ<u>길었어</u>?
> **승민** : 내 앞에 다섯 명 정도 있었어. 줄은 ⓕ<u>짧았는데</u> 줄어드는 데 시간이 오래 걸렸어. 사람들이 천천히 관람하느라 그런 것 같아.

① ⓐ, ⓕ ② ⓒ, ⓔ ③ ⓓ, ⓕ
④ ⓐ, ⓒ, ⓔ ⑤ ⓑ, ⓓ, ⓕ

문법 비문학 – 핵심 기출 문제

[2024년 9월 고2 학평 11-12번]

[725-726] 다음 글을 읽고 물음에 답하시오.

국어의 어휘를 구성하고 있는 단어들은 의미를 중심으로 여러 관계를 맺고 있다. 먼저, 의미의 계층상 단어의 한쪽이 다른 쪽을 포함하거나 다른 쪽에 포함되는 관계를 상하 관계라고 하며 이에 따라 다른 단어의 의미를 포함하는 단어를 상의어, 다른 단어에 포함되는 단어를 하의어라 한다. 상의어와 하의어는 의미 성분의 수에 차이가 있는데, 예를 들어 '소년'은 아직 완전히 성숙하지 않은 어린 남자아이를, '총각'은 결혼하지 않은 성년 남자를 의미한다는 점에서 '남자'보다 의미 성분의 수가 많다는 것을 알 수 있다. 이처럼 하의어일수록 의미 성분의 수가 더 많아지고, 그 의미가 구체적으로 한정되어 그 단어가 지시하는 지시 대상의 범위가 좁아진다. 또한, '남자'는 '인간'에 대해서는 하의어이지만 '소년'이나 '총각'에 대해서는 상의어인 것처럼 상의어와 하의어의 관계는 단어에 따라 상대적이라는 특징이 있다.

다음으로, 유사한 의미를 지닌 둘 이상의 단어들끼리 맺고 있는 의미 관계를 유의 관계라고 하며, 이러한 관계에 있는 단어들을 유의어라 한다. '남자'와 '남성', '사내'와 같은 단어들은 의미가 비슷하여 대개 문장에서 서로의 자리에 바꾸어 들어갈 수 있는 유의어들이다. 하지만 그 의미가 완전히 똑같지는 않으므로 어느 경우에나 바꿔 쓸 수 있는 것은 아니다.

마지막으로, 서로 대립되는 의미를 가진 단어들간의 관계를 반의 관계라고 하며, 이 관계에 속하는 단어들을 반의어라고 한다. 반의어는 모든 의미 성분이 대립되는 단어가 아니라 나머지 의미 성분을 공유하고 단 하나의 의미 성분에 대해서만 차이를 가지는 단어이다. 예를 들어, '남자'와 '여자'는 다른 의미 성분은 모두 같지만 '성별'이라는 의미 성분에서만 차이가 있기 때문에 반의 관계에 있다. 하지만 '할아버지'와 '소녀'는 '성별' 외에 '연령'이라는 의미 성분도 다르기 때문에 반의 관계가 아니다. <u>㉠한 단어가 둘 이상의 반의어를 가질 수도 있는데, 이는 어떤 단어가 여러 의미를 갖는 다의어일 때, 각각의 의미에 따라 반의어가 달라질 수 있는 경우가 있기 때문이다.</u>

이러한 단어들의 관계를 한 단어를 중심으로 하는 어휘 지도를 통해 표현할 수도 있는데, '조류'와 '아버지'라는 단어는 아래의 [어휘 지도]를 통해 그 의미 관계를 파악할 수 있다.

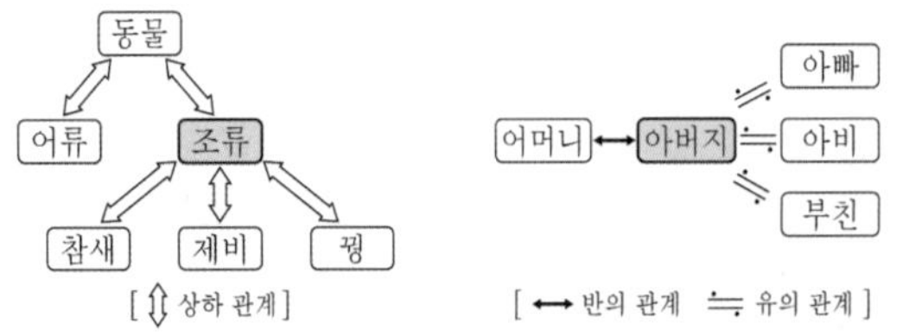

725

윗글의 [어휘 지도]를 이해한 내용으로 적절하지 <u>않은</u> 것은?

① '동물'은 '어류'에 비해 단어가 지시하는 지시 대상의 범위가 넓다.

② '조류'는 '참새', '제비', '꿩'보다 가지고 있는 의미 성분의 수가 많다.

③ '아버지'와 '아비'는 의미가 유사하지만 문장에 따라 바꾸어 쓸 수 없는 경우도 있다.

④ '아버지'와 '어머니'는 '성별'이라는 의미 성분을 제외한 나머지 의미 성분을 공유하고 있다.

⑤ '조류'는 '동물'에 대해서는 하의어이지만 '제비'에 대해서는 상의어이므로 상하 관계의 상대성이 드러난다.

726

윗글의 ㉠을 참조하여 <보기>의 빈칸을 채울 때, [A]~[C]에 들어갈 말을 바르게 배열한 것은?

보 기

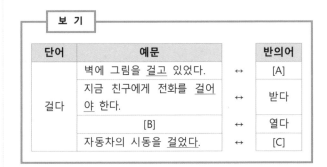

단어	예문		반의어
걸다	벽에 그림을 <u>걸고</u> 있었다.	↔	[A]
	지금 친구에게 전화를 <u>걸어야</u> 한다.	↔	받다
	[B]	↔	열다
	자동차의 시동을 <u>걸었다</u>.	↔	[C]

	[A]	[B]	[C]
①	떼다	대문에 빗장을 <u>걸었다</u>.	끄다
②	떼다	솥을 가장자리에 <u>걸었다</u>.	끄다
③	떼다	문에 자물쇠를 <u>걸지</u> 않았다.	내리다
④	빼다	명예를 <u>걸고</u> 임해야 할 것이다.	내리다
⑤	빼다	큰 상금이 <u>걸려</u> 있는 대회이다.	풀다

[2017년 6월 고3 모평 11-12번]

[727-728] 다음 글을 읽고 물음에 답하시오.

> 단어의 의미 관계 중 상하 관계는 의미상 한 단어가 다른 단어를 포함하거나 다른 단어에 포함되는 관계를 말한다. 이때 다른 단어의 의미를 포함하는 단어를 상의어라 하고 다른 단어의 의미에 포함되는 단어를 하의어라 하는데, 상의어일수록 일반적이고 포괄적인 의미를 지니며 하의어일수록 구체적이고 한정적인 의미를 지닌다.
>
> 상하 관계에 있는 단어들은 상의어와 하의어가 상대적으로 정해진다. 이를테면 '구기'는 '스포츠'와의 관계 속에서 하의어가 되지만, '축구'와의 관계 속에서는 상의어가 된다. 그런데 '구기'의 하의어에는 '축구' 외에 '야구', '농구' 등이 더 있다. 이때 상의어인 '구기'에 대해 하의어 '축구', '야구', '농구' 등은 같은 계층에 있어 이들을 상의어 '구기'의 공하의어라 하며, 이들 공하의어 사이에는 ㉠<u>비양립 관계</u>가 성립한다. 곧 어떤 구기가 '축구'이면서 동시에 '야구'나 '농구'일 수는 없다.
>
> 한편 상하 관계에서는 하의어들이 상의어의 의미를 이어받아 상의어를 의미적으로 함의한다. 일례로 어떤 새가 '장끼'이면 그 '장끼'는 상의어 '꿩'의 의미를 이어받으므로 '꿩'을 의미적으로 함의하는 것이다. 그러나 어떤 새가 '꿩'이라 해서 그것이 꼭 '장끼'여야 하는 것은 아니므로, 상의어는 하의어를 의미적으로 함의하지 못한다. 이를 '[ ]'로 표현하는 의미 자질로 설명하면, 하의어 '장끼'는 상의어 '꿩'의 의미 자질들을 가지면서 [수컷]이라는 의미 자질을 더 가져, 결국 하의어 '장끼'는 상의어 '꿩'보다 의미 자질 개수가 많다. 곧 상의어보다 의미 자질이 많은 하의어는 상의어를 의미적으로 함의하는 것이다.
>
> 그런데 앞에서 살폈듯이 '구기'의 공하의어가 여러 개인 것과 달리, '꿩'의 공하의어는 성별로 구분했을 때 '장끼'와 '까투리' 둘 뿐이다. '구기'의 공하의어인 '축구', '야구' 등과 마찬가지로 '장끼', '까투리'는 '꿩'의 공하의어로서 비양립 관계에 있다. 그러나 '장끼'와 '까투리'의 경우, '장끼'가 아닌 것은 곧 '까투리'이고 그 역도 성립한다는 점에서 ㉡<u>상보적 반의 관계</u>에 있다. 따라서 한 상의어가 같은 계층의 두 단어만을 공하의어로 포함하면, 그 공하의어들은 상보적 반의 관계에 있다고 할 수 있다.

727

윗글을 바탕으로 다음 자료를 탐구한 것으로 적절하지 <u>않은</u> 것은?

> **악기(樂器)**[-끼] 명
> [음악] 음악을 연주하는 데 쓰는 기구를 통틀어 이르는 말. 연주법에 따라 일반적으로 현악기, 관악기, 타악기로 나눈다.
>
> **타-악기(打樂器)**[타:-끼] 명
> [음악] 두드려서 소리를 내는 악기를 통틀어 이르는 말. 팀파니, 실로폰, 북이나 심벌즈 따위이다.

① '타악기'는 '실로폰'의 상의어로서 '실로폰'보다 포괄적인 의미를 갖겠군.
② '북'은 '타악기'의 하의어이므로 [두드림]을 의미 자질 중 하나로 갖겠군.
③ '기구'는 '악기'를 의미적으로 함의하고 '악기'는 '북'을 의미적으로 함의하겠군.
④ '타악기'와 '심벌즈'는 모두 '기구'의 하의어이지만 '기구'의 공하의어는 아니겠군.
⑤ '현악기'와 '관악기'는 '악기'의 공하의어이므로 모두 '악기'의 상의어 '기구'보다 의미 자질의 개수가 많겠군.

728

윗글을 바탕으로 할 때 ㉠과 ㉡을 모두 만족시키는 단어 쌍만을 <보기>에서 있는 대로 고른 것은?

> **보 기**
>
> ⓐ<u>여름</u>에 고향을 출발한 그가 마침내 ⓑ<u>북극</u>에 도달했다는 소식에 나는 다급해졌다. 지구의 양극 중 ⓒ<u>남극</u>에는 내가 먼저 가야 했다. 남극 대륙은 ⓓ<u>계절</u>이 여름이어도 내 고향의 ⓔ<u>겨울</u>만큼 바람이 찼다. 남극 대륙에서 나를 위로해 준 것은 썰매를 끄는 ⓕ<u>개</u>들과 귀여운 몸짓을 하는 ⓖ<u>펭귄</u>들, 그리고 먹이를 찾아 날아다니는 ⓗ<u>갈매기</u>들 뿐이었다.

① ⓑ - ⓒ
② ⓐ - ⓔ, ⓑ - ⓒ
③ ⓑ - ⓒ, ⓖ - ⓗ
④ ⓐ - ⓓ, ⓑ - ⓒ, ⓖ - ⓗ
⑤ ⓐ - ⓔ, ⓑ - ⓒ, ⓕ - ⓗ

[2019년 6월 고3 모평 11-12번]

[729-730] 다음 글을 읽고 물음에 답하시오.

어린 말은 망아지, 어린 소는 송아지, 어린 개는 강아지라고 한다. 이들은 모두 사람들이 친숙하게 기르는 가축이라는 공통점이 있으며, 새끼를 나타내는 단어가 모두 '-아지'로 끝난다는 점이 흥미롭다. 그런데 돼지도 흔한 가축인데, 현대 국어에서 어린 돼지를 가리키는 고유어 단어는 따로 없다. '가축과 그 새끼'를 나타내는 고유어 어휘 체계에서 '어린 돼지'의 자리는 빈자리로 남아 있는 것이다. 그렇다고 해서 어린 돼지를 사람들이 인식하지 못하는 것은 아니다. 다만 어린 돼지를 가리키는 고유어 단어가 없을 뿐인데, 이렇게 한 언어의 어휘 체계 내에서 개념은 존재하지만 실제 단어가 존재하지 않는 경우를 '어휘적 빈자리'라고 한다.

어휘적 빈자리는 계속 존재하기도 하지만, 다양한 방식으로 채워지기도 한다. 그렇다면 어휘적 빈자리가 채워지는 방식에는 어떤 것들이 있을까? 첫 번째 방식은 단어가 아닌 구를 만들어 빈자리를 채우는 방식이다. 어떤 언어에는 '사촌, 고종사촌, 이종사촌'에 해당하는 각각의 단어는 존재하지만, 외사촌을 지시하는 단어는 없다. 그래서 그 언어에서 외사촌을 지시할 때에는 '외삼촌의 자식'이라고 말한다고 한다. 현대 국어에서 어린 돼지를 가리킬 때 '아기 돼지, 새끼 돼지' 등으로 말하는 것도 이러한 방식에 해당된다.

두 번째 방식은 한자어나 외래어를 이용하여 빈자리를 채우는 방식이다. 무지개의 색채를 나타내는 현대 국어의 어휘 체계는 '빨강-주황-노랑-초록-파랑…'인데 이 중 '빨강, 노랑, 파랑'은 고유어이지만 '빨강과 노랑의 중간색', '풀의 빛깔과 같이 푸른빛을 약간 띤 녹색' 등을 나타내는 고유어는 없기 때문에 한자어 '주황(朱黃)'과 '초록(草綠)' 등이 쓰이고 있다.

세 번째 방식은 상의어로 하의어의 빈자리를 채우는 방식이다. '누이'는 원래 손위와 손아래를 모두 가리키는 단어인데, 손위를 의미하는 '누나'라는 단어는 따로 있으나 '손아래'만을 의미하는 단어는 없어서 상의어인 '누이'가 그대로 빈자리에 들어가게 되었다. 이후 의미 구별을 위해 손아래를 의미하는 '누이동생'이 생겨나기는 했지만, 여전히 '누이'는 상의어로도 쓰이고, 하의어로도 쓰인다.

729

윗글을 바탕으로 <보기>에 대해 이해한 내용으로 적절한 것은?

보 기

지금의 '돼지'를 의미하는 말이 예전에는 '돝'이었고, '돝'에 '-아지'가 붙어 '돝의 새끼'를 의미하는 '도야지'가 쓰였다. 그런데 현대 국어의 표준어에서는 '돝'이 사라지고, '돝'의 자리를 '도야지'의 형태가 바뀐 '돼지'가 차지하게 되었다.

① '예전'의 '도야지'에 해당하는 개념이 지금은 사라졌다.
② '예전'의 '돝'은 '도야지'의 하의어로, 의미가 더 한정적이다.
③ 지금의 '돼지'와 '예전'의 '도야지'가 나타내는 개념은 다르다.
④ 지금의 '어린 돼지'에 해당하는 어휘적 빈자리는 '예전'부터 있었다.
⑤ '예전'의 '도야지'의 개념을 나타내기 위해 지금은 하나의 고유어 단어가 사용된다.

730

윗글의 어휘적 빈자리가 채워지는 방식이 적용된 사례만을 <보기>에서 있는 대로 고른 것은?

보 기

ㄱ. 학생 1은 할머니 휴대 전화에 번호를 저장해 드리면서 할머니의 첫 번째, 네 번째 사위는 각각 '맏사위', '막냇사위'라고 입력했지만, 두 번째, 세 번째 사위를 구별하여 가리키는 단어가 없어 '둘째 사위', '셋째 사위'라고 입력하였다.
ㄴ. 학생 2는 '꿩'에 대한 보고서를 작성할 때 꿩의 하의어로 수꿩에 해당하는 '장끼'와 암꿩에 해당하는 '까투리'는 알고 있었지만, 꿩의 새끼를 나타내는 단어를 몰라 국어사전에서 고유어 '꺼병이'를 찾아 사용하였다.
ㄷ. 학생 3은 태양계의 행성을 가리키는 어휘 체계인 '수성-금성-지구-화성…'을 조사하면서 '금성'의 고유어로 '샛별'과 '개밥바라기'가 있음을 알았는데, '개밥바라기'라는 단어는 생소하여 '샛별'만을 기록하였다.

① ㄱ　② ㄱ, ㄴ　③ ㄱ, ㄷ
④ ㄴ, ㄷ　⑤ ㄱ, ㄴ, ㄷ

[2019년 수능 11-12번]

[731-732] 다음 글을 읽고 물음에 답하시오.

다의어란 두 가지 이상의 의미를 가진 단어를 말한다. 다의어에서 기본이 되는 핵심 의미를 중심 의미라고 하고, 중심 의미에서 확장된 의미를 주변 의미라고 한다. 중심 의미는 일반적으로 주변 의미보다 언어 습득의 시기가 빠르며 사용 빈도가 높다. 그러면 다의어의 특징에 대해 좀 더 알아보자.

첫째, 주변 의미로 사용되었을 때는 문법적 제약이 나타나기도 한다. 예를 들면 '한 살을 먹다'는 가능하지만 '한 살이 먹히다'나 '한 살을 먹이다'는 어법에 맞지 않는다. 또한 '손'이 '노동력'의 의미로 쓰일 때는 '부족하다, 남다' 등 몇 개의 용언과만 함께 쓰여 중심 의미로 쓰일 때보다 결합하는 용언의 수가 적다.

둘째, 주변 의미는 기존의 의미가 확장되어 생긴 것으로서, 새로 생긴 의미는 기존의 의미보다 추상성이 강화되는 경향이 있다. '손'의 중심 의미가 확장되어 '손이 부족하다', '손에 넣다'처럼 각각 '노동력', '권한이나 범위'로 쓰이는 것이 그 예이다.

셋째, 다의어의 의미들은 서로 관련성을 갖는다.

> **줄** 명
> ① 새끼 따위와 같이 무엇을 묶거나 동이는 데에 쓸 수 있는 가늘고 긴 물건.
> 예) 줄로 묶었다.
> ② 길이로 죽 벌이거나 늘여 있는 것.
> 예) 아이들이 줄을 섰다.
> ③ 사회생활에서의 관계나 인연.
> 예) 내 친구는 그쪽 사람들과 줄이 닿는다.

예를 들어 '줄'의 중심 의미는 위의 ①인데 길게 연결되어 있는 모양이 유사하여 ②의 의미를 갖게 되었다. 또한 연결이라는 속성이나 기능이 유사하여 ③의 뜻도 지니게 되었다. 이때 ②와 ③은 '줄'의 주변 의미이다.

그런데 ㉠다의어의 의미들이 서로 대립적 관계를 맺는 경우가 있다. 예를 들어 '앞'은 '향하고 있는 쪽이나 곳'이 중심 의미인데 '앞 세대의 입장', '앞으로 다가올 일'에서는 각각 '이미 지나간 시간'과 '장차 올 시간'을 가리킨다. 이것은 시간의 축에서 과거나 미래 중 어느 방향을 바라보는지에 따른 차이로서 이들 사이의 의미적 관련성은 유지된다.

731

윗글을 참고하여 추론한 내용으로 적절하지 않은 것은?

① 대부분의 아이들이 '별'의 의미 중 '군인의 계급장'이라는 의미보다 '천체의 일부'라는 의미를 먼저 배우겠군.

② '앉다'의 의미 중 '착석하다'의 의미로 쓰이는 빈도가 '요직에 앉다'처럼 '직위나 자리를 차지하다'의 의미로 쓰이는 빈도보다 더 높겠군.

③ '결론에 이르다'와 '포기하기에는 아직 이르다'에서 '이르다'의 의미들은 서로 관련성이 없으니, 이 두 의미는 중심 의미와 주변 의미의 관계로 볼 수 없겠군.

④ '팽이를 돌리다'는 어법에 맞는데 '침이 생기다'라는 의미의 '돌다'는 '군침을 돌리다'로 쓰이지 않으니, '군침이 돌다'의 '돌다'는 주변 의미로 사용된 것이겠군.

⑤ 사람의 감각 기관을 뜻하는 '눈'의 의미가 '눈이 나빠져서 안경의 도수를 올렸다'에서의 '눈'의 의미로 확장되었으니, '눈'의 확장된 의미는 기존 의미보다 더 구체적이겠군.

732

밑줄 친 단어들의 의미를 고려하여 ㉠의 예에 해당하는 것만을 <보기>에서 있는 대로 고른 것은? [3점]

> **보 기**
> **영희 :** 자꾸 말해 미안한데 모둠 발표 자료 좀 줄래?
> **민수 :** 너 <u>빚쟁이</u> 같다. 나한테 자료 맡겨 놓은 거 같네.
> **영희 :** 이틀 <u>뒤</u>에 발표 사전 모임이라고 <u>금방</u> 문자 메시지가 왔었는데 지금 또 왔어. 근데 <u>빚쟁이</u>라니, 내가 언제 <u>돈</u> 빌린 것도 아니고…….
> **민수 :** 아니, 꼭 빌려 준 <u>돈</u> 받으러 온 사람 같다고. 자료 여기 있어. 가현이랑 도서관에 같이 가자. 아까 출발했다니까 <u>금방</u> 올 거야.
> **영희 :** 그래. 발표 끝난 <u>뒤</u>에 다 같이 밥 먹자.

① 빚쟁이　② 빚쟁이, 금방
③ 뒤, 돈　④ 뒤, 금방, 돈
⑤ 빚쟁이, 뒤, 금방

문법 비문학 – 핵심 기출 문제

[2020년 수능 11-12번]

[733-734] 다음 글을 읽고 물음에 답하시오.

우리는 단어의 의미와 유래를 통해 단어에 담긴 언중의 인식과 더불어 시대상을 짐작할 수 있다. 그리고 단어의 구조를 통해 단어 구성 방식도 이해할 수 있다.

유길준의 『서유견문』(1895)에는 '원어기(遠語機)'라는 말이 등장하는데, 이것은 영어의 'telephone'에 해당하는 단어로 '말을 멀리 보내는 기계'라는 뜻이다. 오늘날의 '전화기(電話機)'가 '전기를 통해 말을 보내는 기계'의 뜻이라는 점과 비교해 보면 '원어기'는 말을 '멀리' 보낸다는 점에, '전화기'는 말을 '전기로' 보낸다는 점에 초점을 맞춘 단어이다. 이처럼 대상을 어떻게 인식하느냐에 따라 그것을 표현하는 단어는 달라지기도 한다. 또한 개화기 사전에 등장하는 '소졋메쥬(소젖메주)'처럼 새롭게 유입된 대상을 일상의 단어로 표현한 경우도 있다. '소졋메쥬'는 '치즈(cheese)'에 대응하는 단어인데, 간장과 된장의 재료인 '메주'라는 일상의 단어를 통해 대상을 인식했음을 보여 준다.

한편, 『가례언해』(1632)에 따르면 '총각(總角)'은 '머리를 땋아 갈라서 틀어 맴'을 이르는 말이었으나 그러한 의미는 사라지고 오늘날에는 '결혼하지 않은 성년 남자'를 뜻한다. 특정한 행위를 나타내던 단어가 이와 관련된 사람을 지시하는 말로 그 의미가 변화한 것이다. 여기에서 남자도 머리를 땋아 묶었던 과거의 관습을 짐작할 수 있다. 또한 '부대찌개' 역시 한국 전쟁 이후 미군 부대에서 나온 재료로 찌개를 끓였던 것에서 유래한 단어라는 점에서 시대의 흔적을 담고 있다.

우리는 단어의 구조를 통해 단어가 구성되는 방식도 파악할 수 있다. 『한불자전』(1880)에는 이전 시기의 문헌에서는 볼 수 없었던 '두길보기'와 '산돌이'가 등장한다. "양쪽 모두의 눈치를 보는 사람"으로 풀이된 '두길보기'의 '두길'은 ㉠ <u>관형사가 후행하는 명사를 수식</u>하는 것으로 분석된다. "같은 장소를 일 년에 한 번만 지나가는 큰 호랑이"로 풀이된 '산돌이'는 ㉡<u>단어의 구성 요소들이 의미상 목적어와 서술어의 관계</u>로 이루어져 '산을 돌다'라는 의미를 나타내고 있다. 이와 같이 예전에도 오늘날처럼 다양한 방식으로 단어를 만들어 생각을 표현하고 있었던 셈이다.

733

㉠과 ㉡을 모두 충족하는 단어만을 <보기>에서 있는 대로 고른 것은?

보 기

새해맞이, 두말없이, 숨은그림찾기, 한몫하다

① 새해맞이, 숨은그림찾기, 한몫하다
② 두말없이, 숨은그림찾기, 한몫하다
③ 두말없이, 숨은그림찾기
④ 새해맞이, 한몫하다
⑤ 새해맞이

734

윗글과 <보기>를 바탕으로 추론한 내용으로 적절하지 <u>않은</u> 것은?

보 기

- '립스틱'을 여성들이 입술에 바르던 염료인 '연지'라는 단어를 사용해 '입술연지'라고도 했다.
- '변사'는 무성 영화를 상영할 때 장면에 맞추어 그 내용을 설명하던 직업을 가진 사람을 뜻한다.
- '수세미'는 박과의 한해살이 덩굴풀을 뜻하는데, 그 열매 속 섬유로 그릇을 닦았다. 오늘날 공장에서 만든 설거지 도구도 '수세미'라고 한다.
- '혁대'의 순화어로 '가죽으로 만든 띠'라는 뜻의 '가죽띠'와 '허리에 매는 띠'라는 뜻의 '허리띠'가 제시되어 있다.
- '양반'은 조선시대 사대부를 이르는 말이었지만 지금은 '점잖은 사람'의 뜻으로 주로 쓰인다.

① '입술연지'는 '소졋메쥬'처럼 일상의 단어로 새로운 대상을 인식한 예로 볼 수 있겠군.
② '변사'는 무성 영화와 관련해 쓰인 단어라는 점에서 시대상이 반영된 예에 해당하겠군.
③ '수세미'는 기존의 의미에 새로운 의미가 더해졌다는 점에서 '총각'과 유사하겠군.
④ '가죽띠'는 '재료'에, '허리띠'는 '착용하는 위치'에 초점을 둔 단어라는 점에서 서로 다른 인식이 반영된 것이겠군.
⑤ '양반'은 신분의 구분이 있었던 사회의 모습을 엿볼 수 있다는 점에서 시대의 흔적을 담고 있겠군.

[2023년 4월 고3 학평 35-36번]

[735-736] 다음 글을 읽고 물음에 답하시오.

소리는 같으나 의미에 연관성이 없는 단어의 관계를 동음이의 관계라 하고, 이러한 관계를 가진 단어를 동음이의어라고 부른다. 동음이의어는 소리와 표기가 모두 같은 것이 일반적이지만 소리는 같고 표기가 다른 것도 있다. 전자를 동형 동음이의어, 후자를 이형 동음이의어라고 한다. 예를 들어 '신을 벗다.'의 '신'과 '신이 나다.'의 '신'은 동형 동음이의어이고 '걸음'과 '거름'은 이형 동음이의어이다.

한편, 동음이의어를 절대 동음이의어와 부분 동음이의어로 구분하기도 한다. 절대 동음이의어는 품사 등의 문법적 성질이 동일하면서 단어의 형태가 언제나 동일한 것이다. 이때 형태가 언제나 동일하다는 것은 동음이의어가 형태 변화가 없는 불변어이거나 활용하는 양상이 서로 동일한 용언에 해당한다는 의미이다. '모자를 쓰다.'의 '쓰다'와 '편지를 쓰다.'의 '쓰다'는 품사가 동사로 동일하고, '쓰고, 써, 쓰니' 등과 같이 활용하는 양상이 언제나 서로 동일하므로 절대 동음이의어이다.

부분 동음이의어는 문법적 성질이 동일한가, 형태가 언제나 동일한가의 두 가지 기준을 하나라도 만족하지 못하는 것이다. 가령 '날아가는 새'의 '새'와 '새 신발'의 '새'는 형태가 언제나 동일하지만 각각 명사와 관형사로, 문법적 성질은 동일하지 않다. 그리고 '김칫독을 땅에 묻다.'의 '묻다'와 '길을 묻다.'의 '묻다'는 둘 다 동사이지만 각각 '묻고, 묻어, 묻으니', '묻고, 물어, 물으니'와 같이 활용하는 양상이 언제나 동일하지는 않다. 앞에서 말한 ㉠<u>두 가지 기준을 모두 만족하지 못하는 부분 동음이의어</u>도 존재하는데, 이는 동음이의어가 각각 동사와 형용사이면서 활용하는 양상이 언제나 동일하지는 않은 경우이다.

735

윗글을 바탕으로 추론한 내용으로 적절하지 <u>않은</u> 것은?

① '반드시 약속을 지켜라.'의 '반드시'와 '반듯이 앉아 있다.'의 '반듯이'는 소리는 같고 표기가 다르므로 이형 동음이의어에 해당하겠군.

② '그 책을 줘.'의 '그'와 '그는 여기 있다.'의 '그'는 모두 대명사이고 형태 변화가 없는 불변어이므로 절대 동음이의어에 해당하겠군.

③ '전등을 갈다.'의 '갈다'와 '칼을 갈다.'의 '갈다'는 모두 동사이고 활용하는 양상이 언제나 동일하므로 절대 동음이의어에 해당하겠군.

④ '커튼을 걷다.'의 '걷다'와 '비를 맞으며 걷다.'의 '걷다'는 활용하는 양상이 언제나 동일하지는 않으므로 부분 동음이의어에 해당하겠군.

⑤ '한 사람이 왔다.'의 '한'과 '힘이 닿는 한 돕겠다.'의 '한'은 각각 관형사와 명사로 품사가 동일하지 않으므로 부분 동음이의어에 해당하겠군.

736

<보기>에서 ㉠에 해당하는 예를 옳게 짝지은 것은? [3점]

<보 기>

누르다	1	우리 팀이 상대 팀을 <u>누르고</u> 우승했다.
	2	먼 산에 <u>누르고</u> 붉게 든 단풍이 아름답다.
이르다	1	약속 장소에 <u>이르니</u> 그의 모습이 보였다.
	2	아직 포기하기엔 <u>이르니</u> 다시 도전하자.
	3	그에게 조심하라고 <u>이르니</u> 고개를 끄덕였다.
바르다	1	생선 가시를 <u>바르고</u> 살을 아이에게 주었다.
	2	방에 벽지를 <u>바르고</u> 마를 때까지 기다렸다.

① 누르다 1과 2, 이르다 1과 2
② 누르다 1과 2, 이르다 1과 3
③ 누르다 1과 2, 바르다 1과 2
④ 이르다 1과 2, 바르다 1과 2
⑤ 이르다 1과 3, 바르다 1과 2

문법 비문학 – 핵심 기출 문제

[2024년 6월 고3 모평 35-36번]

[737-738] 다음 글을 읽고 물음에 답하시오.

㉠사람이나 사물 등을 가리켜 이를 때 사용되는 말은 지칭어, 그 대상을 부르는 말은 호칭어라고 한다. 지칭어 중에는 호칭어로 쓰이는 경우와 쓰이지 않는 경우가 있다.

지칭어가 호칭어로 쓰이는 경우에 그 형식은 다양하다. 단순하게는 '홍길동, 아버지, 당신, 여보' 등과 같이 명사, 대명사, 감탄사 등의 단어로 실현된다. 또 그 단어에 다른 단어나 '-님' 같은 접미사가 결합되는 복합적 형식도 있다.

동일한 대상이라도 그 사람의 신분, 직위, 대화 참여자와의 사적·공적 관계 등에 따라 지칭어나 호칭어가 달라질 수 있다. 즉, 화자와 상대방 혹은 제삼자가 사적 관계에 있고 대화의 상황이 비격식적이라면 그 대상을 이름이나 친족어 등으로이르거나 부를 수 있다. 예컨대 ㉡'홍길동'과 친족 관계에 있는 사람이라면 그를 '길동이, 삼촌, 아빠' 등으로 이르거나 부를 수 있다. ㉢공적 관계에 있고 격식적인 대화 상황이라면 그 대상을 공적인 직위나 지위 등을 사용하여 이르거나 부르는 것이 일반적이다. ㉣앞서 언급한 '홍길동'이 '이사'란 직위에 있다면 그를 '홍이사, 홍길동 이사님' 등으로 이르거나 부를 수 있다. 또한 ㉤특수한 의도를 가지고 지칭어나 호칭어를 사용하는 경우도 있는데, 가령 공적인 상황에서 친밀감을 표현하기 위해 사적인 호칭어를 쓰기도 한다.

한편 사람이나 사물 등을 지칭할 때 사용되는 말 중에는 그 대상이 특정되지 않아 호칭어로 쓰일 수 없는 말들이 있다. 이들은 다시, 대상을 알지 못하는 미지칭과 대상이 정해지지 않아 불분명한 부정칭으로 나뉜다. 예컨대 '너희 학교는 어디야?'의 '어디'는 전자에, '어디 좀 가자.'의 '어디'는 후자에 해당된다. '어디 가?'의 '어디'는 맥락에 따라 전자와 후자 모두 가능하다. 이러한 대명사 외에 명사, 관형사, 부사 등도 알지 못함이나 불분명함을 나타낼 수 있다.

737

윗글을 바탕으로 할 때, <보기>의 ⓐ~ⓓ에 대한 이해로 적절한 것은?

보 기

○ 이 과일 한 상자에 ⓐ얼마예요?
○ 그는 ⓑ무슨 일이든 척척 해내니?
○ 지리산은 ⓒ언제 보아도 아름답겠지?
○ 밖에 ⓓ어떤 분이 오셨어요?

① ⓐ, ⓑ는 불분명함을 나타내며 품사는 서로 다르다.
② ⓐ, ⓒ는 알지 못함을 나타내며 품사는 동일하다.
③ ⓐ, ⓓ는 알지 못함을 나타내며 품사는 동일하다.
④ ⓑ, ⓒ는 불분명함을 나타내며 품사는 서로 다르다.
⑤ ⓑ, ⓓ는 알지 못함과 불분명함을 모두 나타내며 품사는 동일하다.

738

다음 ㉮~㉳를 통해 윗글의 ㉠~㉤을 설명한 내용으로 적절한 것은? [3점]

보 기

아들 : ㉮엄마, 진로 선택을 어떻게 해야 할지 모르겠어요.
엄마 : 음, 그래! 그럼 주말에 이모에게 상담 좀 받아 볼까?
딸 : 엄마, ㉯이모도 주말에 쉬셔야 하는데 괜찮을까요?
아들 : 아니야. 전에 사촌 누나가 그러던데 이모 주말에 특별한 일 없으시대.
아빠 : ㉰여보세요. ㉱김 선생님의 사생활도 생각 좀 하시죠? 그리고, ㉲김수진 님! 본인 아드님 진로 상담은 충분히 알아본 다음에 하는 것이 어떨까요?
엄마 : 김 부장님, 제가 언니한테 잘 부탁해 볼 테니 걱정 마세요.
아빠 : 그럼 ㉳이모님께 감사 인사 꼭 드리고 상담도 집중해서 잘 받아라.

① ㉠은 같은 대상을 가리키는 호칭어 ㉮와 지칭어 ㉲를 통해 확인된다.
② ㉡은 지칭어 ㉯와 ㉳로도 확인되는데 비록 화자와 대상의 친족 관계가 다르더라도 같은 형식의 지칭어가 쓰일 수 있음이 확인된다.
③ ㉢은 공적이고 격식적인 상황에서 쓰인 호칭어 ㉲를 통해 확인된다.
④ ㉣은 지칭어 ㉯가, 같은 대상을 가리키는 호칭어 ㉱로 실현된 데에서도 확인된다.
⑤ ㉤은 화자가 친족 관계에 있는 청자에게 상황에 어울리지 않는 호칭어 ㉰를 사용하는 데에서 확인된다.

[2020년 6월 고3 모평 11-12번]

[739-740] 다음을 읽고 물음에 답하시오.

담화는 하나 이상의 발화나 문장으로 이루어진다. 담화가 그 내용 면에서 완결성을 갖추기 위해서는 담화를 이루는 발화나 문장들이 일관된 주제 속에 내용상 유기적인 관련을 맺고 있어야 한다. 이때 각 발화나 문장 간의 관련성을 보여 주는 형식적 장치가 필요하다. 이러한 장치에는 지시, 대용, 접속 표현이 있다.

우선 지시 표현은 담화 장면을 구성하는 화자, 청자, 사물, 시간, 장소 등의 요소를 직접 가리키는 표현이다. 그리고 대용 표현은 담화에서 언급된 말, 혹은 뒤에서 언급될 말을 대신하는 표현이다. 대표적인 지시 표현으로는 '이, 그, 저' 등이 있다. 이들이 담화에서 언급되는 말을 대신할 때는 대용 표현이 된다. 가령 친구가 든 꽃을 보면서 화자가 "이 꽃 예쁘네."라고 말했다면, '꽃'을 직접 가리키는 '이'는 지시 표현이다. 그러나 화자가 "그런데 지난번 꽃도 예쁘던데, 그때 그거는 어디서 샀어?"라고 발화를 곧장 이어 간다면 이때의 '그거'는 앞선 발화의 '지난번 꽃'이라는 말을 대신하는 대용 표현이다. 끝으로 접속 표현은 문장과 문장, 발화와 발화를 연결해 주는 표현으로, '그리고' 등과 같은 접속부사가 대표적인 예이다. 앞서 언급된 두 번째 발화의 '그런데'도 앞의 발화를 뒤의 발화와 이어 주는 접속 표현에 속한다.

한편, 담화 전개 과정에서 화자는 청자 및 맥락을 고려하면서 발화나 문장을 통해 자신의 의도를 효과적으로 구현한다. 이때 여러 문법 요소가 활용된다. 가령 화자는 "아버지! 진지 드세요."라는 발화에서 '드세요'의 '드시-'를 통해 문장의 주체인 '아버지'를, 종결 어미 '-어요'를 통해 청자인 '아버지'를 높이고 있다. 이와 같이 화자는 특정 어휘나 조사, 어미 등을 사용하여 어떤 대상에 대해 높이거나 낮추는 태도를 드러낸다. 아울러 위의 '드세요'의 '-어요'는 화자가 청자에게 어떠한 행동을 요구하고 있음도 보여 준다. 즉, 종결 어미는 청자에게 답변을 요구하거나, 어떠한 사실을 새롭게 알게 되었다는 점을 두드러지게 나타내는 등 화자의 의도를 구현할 때도 쓰인다. 화자, 청자 및 맥락이 발화나 문장에서 문법 요소와 맺고 있는 관련성은 ㉠"할아버지께서 마침 방에 계셨구나! 과일 좀 드리고 오렴."과 같이 연속된 발화로 이루어진 담화에서 더욱 다양하게 나타날 수 있다.

739

윗글을 바탕으로 <보기>의 ⓐ~ⓕ에 대해 설명한 내용으로 적절하지 않은 것은?

> **보 기**
>
> (두 친구가 만나서 주말 나들이 장소를 정하는 상황)
>
> **선희** : 우리, 이번 주말 나들이 장소로 어디가 좋을까?
>
> **영선** : (딴생각을 하다가) ⓐ지금 저녁 먹으러 가자.
>
> **선희** : 그게 뭔 소리야? 주말 나들이로 어디 갈 거냐고.
>
> **영선** : (머쓱해하며) 아, 그럼 놀이동산 갈까?
>
> **선희** : 음, ⓑ거기 말고, (사진을 보여 주며) ⓒ여기는 어때?
>
> **영선** : ⓓ거기? 해수욕장은 아직 좀 춥잖아. ⓔ그리고 너무 멀잖아. (선희를 바라보며) 아, 작년에 같이 갔던 수목원은 어때?
>
> **선희** : 그래, ⓕ거기가 좋겠다. 그럼, 토요일에 보자. 안녕.

① ⓐ는 '주말 나들이 장소 정하기'라는 내용에 부합하지 않아서 담화의 완결성을 떨어뜨리고 있다.
② ⓑ는 '영선'이 발화한 '놀이동산'을 대신하는 대용 표현이다.
③ ⓒ, ⓓ는 발화 간의 관련성을 높이는 형식적 장치로서 형태가 다른 표현이지만 동일한 장소를 나타내고 있다.
④ ⓔ는 '해수욕장은 아직 좀 춥잖아.'와 '너무 멀잖아.'를 대등하게 이어 주는 접속 표현이다.
⑤ ⓕ는 '작년에 같이 갔던 수목원'을 직접 가리키는 지시 표현이다.

740

㉠에 대한 이해로 적절하지 않은 것은?

① '할아버지께서'의 '께서'를 통해 화자가 문장의 주체인 '할아버지'를 높이고 있다.
② '계셨구나'의 '계시-'를 통해 화자가 문장의 주체인 '할아버지'를 높이고 있다.
③ '계셨구나'의 '-구나'를 통해 화자가 문장의 주체인 '할아버지'에 관한 사실을 새롭게 알게 되었음을 부각하고 있다.
④ '드리고'의 '드리-'를 통해 화자가 문장의 주체인 '할아버지'를 높이고 있다.
⑤ '오렴'의 '-렴'을 통해 화자가 청자에게 어떠한 행동을 요구하고 있다.

[2022년 3월 고1 학평 11-12번]

[741-742] 다음 글을 읽고 물음에 답하시오.

문법적으로 적절한 문장은 필수적인 문장 성분을 온전히 갖추어야 한다. 이때 필수적인 문장 성분은 서술어에 따라 달라진다. 예를 들어 '풀다'가 서술어로 쓰이면 이 서술어는 주어와 목적어를 요구한다. 따라서 다른 맥락이 주어지지 않는다면 '*나는 풀었다.'라는 문장은 서술어가 요구하는 문장 성분이 온전히 갖추어지지 않아서 문법적으로 부적절한 문장이 된다.

서술어가 요구하는 문장 성분에 대한 정보는 국어사전에서 확인할 수 있다. 다음은 국어사전의 일부이다.

[A]

> 풀다 동
> 1 【…을】
> 「1」 묶이거나 감기거나 얽히거나 합쳐진 것 따위를 그렇지 아니한 상태로 되게 하다.
> ⋮
> 「5」 모르거나 복잡한 문제 따위를 알아내거나 해결하다.
> 2 【…에 …을】
> 「1」 액체에 다른 액체나 가루 따위를 섞다.

'【 】' 기호 안에는 표제어 '풀다'가 서술어로 쓰일 때 요구하는 문장 성분에 대한 정보가 제시되어 있다. 이러한 정보를 '문형 정보'라고 한다. 원칙적으로 서술어는 주어를 항상 요구하므로 문형 정보에는 주어를 제외한 필수적 문장 성분에 대한 정보가 제시된다. 하나의 단어가 여러 의미를 가진 경우도 있다. 이러한 단어가 서술어로 쓰일 때 어떤 의미로 쓰이는지에 따라 서술어가 요구하는 문장 성분이 다를 수 있으며, 국어사전에서도 문형 정보가 다르게 제시된다.

필수적인 문장 성분이 갖추어져 있어도 문장 성분 간에 호응이 되지 않으면 문법적으로 부적절한 문장이 될 수 있다. 호응이란 어떤 말이 오면 거기에 응하는 말이 오는 것을 말한다.

> 길을 걷다가 흙탕물이 신발에 튀었다. 나는 신발에 얼룩을 남기고 싶지 않았다. *<u>그래서 나는 물에 세제와 신발을 풀었다</u>. 다행히 금세 자국이 없어졌다.

위 예에서 밑줄 친 문장이 문법적으로 부적절한 이유는 [㉠]와 서술어가 호응하지 않기 때문이다. 여기에 쓰인 '풀다'의 [㉠] 로는 [㉡] 이 와야 호응이 이루어진다.

※ '*'는 문법적으로 부적절한 문장임을 나타냄.

741

[A]를 이해한 내용으로 적절하지 <u>않은</u> 것은? [3점]

① 2 -「1」의 의미로 쓰이는 '풀다'는 부사어를 요구한다.
② 문형 정보에 주어가 표시되지 않았지만 '풀다'는 주어를 요구한다.
③ 1 -「1」과 2 -「1」의 의미로 쓰이는 '풀다'는 모두 목적어를 요구한다.
④ '풀다'가 1 -「1」의 의미로 쓰일 때와 1 -「5」의 의미로 쓰일 때는 필수적 문장 성분의 개수가 같다.
⑤ '그는 십 분 만에 선물 상자의 매듭을 풀었다.'에 쓰인 '풀다'의 문형 정보는 사전에 '【…에 …을】'로 표시된다.

742

㉠, ㉡에 들어갈 말로 적절한 것은?

	㉠	㉡
①	목적어	액체나 가루 따위에 해당하는 말
②	목적어	복잡한 문제 따위에 해당하는 말
③	부사어	액체에 해당하는 말
④	주어	복잡한 문제 따위에 해당하는 말
⑤	주어	액체에 해당하는 말

[2019년 9월 고1 학평 11-12번]

[743-744] 다음 글을 읽고 물음에 답하시오.

'홀쭉이'와 '홀쭈기' 중 무엇이 올바른 표기일까? 이런 질문에 답을 제시해 주고 있는 것이 바로 한글 맞춤법이다. 한글 맞춤법 제1항을 보면, '한글 맞춤법은 표준어를 소리대로 적되, 어법에 맞도록 함을 원칙으로 한다.'라고 나와 있다.

한글 맞춤법의 기본적인 원칙은 표준어를 소리 나는 대로 적는 것이다. 그러나 단어나 문장이 만들어지는 과정에서 소리가 바뀌는 경우에는 사정이 달라진다. 그래서 함께 제시된 것이 '어법에 맞도록' 적는다는 원칙이다. 어법에 맞게 적는다는 것은 형태소들이 만나 소리가 바뀔지라도 형태소의 본 모양을 밝히어 적는 것을 의미한다.

국어의 단어와 문장은 형태소들이 결합하여 만들어진다. 형태소는 체언이나 용언의 어간 등 실질적인 의미를 표시하는 실질 형태소와, 접사나 용언의 어미, 조사처럼 실질 형태소에 결합하여 보조적 의미를 덧붙이거나 문법적 관계를 표시하는 형식 형태소로 나뉜다. 예를 들어 '꽃나무', '덮개'를 보면 실질 형태소(꽃, 나무)끼리 만나 이루어지거나 실질 형태소(덮-)에 형식 형태소(-개)가 붙어 단어가 만들어진다. 또한 '모자를 쓰다'에서는 실질 형태소(모자, 쓰-)에 각각 형식 형태소(를, -다)가 붙어 문장이 만들어진다.

그렇다면 어떠한 경우에 '어법에 맞도록' 적어야 할까? 체언에 조사가 붙거나 용언의 어간에 어미가 붙어 소리가 바뀔 때 형태를 밝히어 적는다. 예를 들어 '꽃이'는 [꼬치]로, '잡아'는 [자바]로 발음되지만 각각 '꽃이'와 '잡아'와 같이 실질 형태소와 형식 형태소를 구별하여 적어야 한다.

두 개의 용언이 어울려 한 개의 용언이 될 때에 '들어가다'처럼 앞말의 본뜻이 유지되고 있는 것은 그 원형을 밝히어 적는다. 다만, '드러나다'처럼 앞말이 그 본뜻에서 멀어진 것은 원형을 밝히어 적지 않는다.

어근에 접사가 붙어 새로운 말이 만들어질 때에도 소리 나는 대로 적지 않고 형태를 밝히어 적는다. 예를 들어 '삶'은 '살다'의 어간 '살-'에 접미사 '-ㅁ'이 붙어서 파생된 명사로 [삼:]이라 발음되지만 '삶'으로 적는다. 그리고 '많이'는 '많다'의 어간 '많-'에 접미사 '-이'가 붙어서 부사가 된 것으로 [마:니]라고 발음되지만 '많이'로 적는다. 이처럼 ㉠<u>용언의 어간에 '-이'나 '-음/-ㅁ'이 붙어서 명사로 된 것</u>과 ㉡<u>용언의 어간에 '-이'나 '-히'가 붙어서 부사로 된 것</u>은 그 어간의 원형을 밝히어 적는다. 다만, ㉢<u>어간에 '-이'나 '-음'이 붙어서 명사로 바뀐 것이라도 그 어간의 뜻과 멀어진 것</u>은 원형을 밝히어 적지 않는다.

743

윗글을 바탕으로 <보기>를 탐구한 내용으로 적절하지 <u>않은</u> 것은? [3점]

> **보 기**
>
> ○ <u>먹을</u>ⓐ <u>것은</u>ⓑ 많았지만, 마음 편히 먹고 있을 <u>수만은</u>ⓒ 없었다.
>
> ○ 집으로 <u>돌아오다가</u>ⓓ 너무 지쳐 <u>쓰러질</u>ⓔ 뻔했다.

① ⓐ는 용언의 어간 '먹-'에 어미 '-을'이 결합했으므로 형태를 밝히어 적었군.

② ⓑ는 체언 '것'에 조사 '은'이 붙었으므로 형태를 밝히어 적었군.

③ ⓒ는 실질 형태소 '수'와 형식 형태소 '만', '은'이 결합했으므로 형태를 밝히어 적지 않았군.

④ ⓓ는 앞말의 본뜻이 유지되고 있으므로 형태를 밝히어 적었군.

⑤ ⓔ는 앞말이 본뜻에서 멀어졌으므로 형태를 밝히어 적지 않았군.

744

윗글의 ㉠~㉢에 해당하는 예로 적절하지 <u>않은</u> 것은?

① ㉠ : 나는 고양이에게 <u>먹이</u>를 주었다.

② ㉠ : 모두들 그의 정신력을 <u>높이</u> 칭찬했다.

③ ㉡ : 나는 그 사실을 <u>익히</u> 들어 알고 있다.

④ ㉢ : 그는 상처에서 흐르는 <u>고름</u>을 닦았다.

⑤ ㉢ : 그들은 새로 만든 도로의 <u>너비</u>를 측정했다.

[2021년 11월 고1 학평 11-12번]

[745-746] 다음 글을 읽고 물음에 답하시오.

사이시옷이란 두 단어 또는 형태소가 결합하여 만들어진 합성어의 두 요소 사이에 표기하는 'ㅅ'을 말한다. '한글 맞춤법'에 따르면 다음과 같은 조건들이 만족되어야 사이시옷을 표기할 수 있다.

우선, 두 단어가 결합하는 형태가 고유어와 고유어의 결합, 고유어와 한자어의 결합, 한자어와 고유어의 결합으로 이루어진 합성어인 경우 사이시옷을 표기할 수 있다. 단일어이거나 접사가 결합하여 만들어진 단어인 파생어에는 사이시옷이 표기되지 않고, 외래어가 포함된 합성어나 한자어만으로 구성된 합성어의 경우에도 사이시옷은 표기되지 않는다. 단, '곳간(庫間), 셋방(貰房), 숫자(數字), 찻간(車間), 툇간(退間), 횟수(回數)'라는 한자어는 예외적으로 사이시옷을 표기한다.

다음으로 이러한 합성어의 앞말이 모음으로 끝나고 두 단어가 결합하여 발생하는 음운론적 현상이 다음 중 하나에 해당하여야 한다. 첫째, 뒷말의 첫소리가 된소리로 바뀌는 경우, 둘째, 뒷말의 첫소리 'ㄴ, ㅁ' 앞에서 'ㄴ' 소리가 덧나는 경우, 셋째, 뒷말의 첫소리 모음 앞에서 'ㄴㄴ' 소리가 덧나는 경우에 사이시옷을 표기할 수 있다.

745

윗글을 바탕으로 사이시옷 표기에 대해 이해한 내용으로 적절하지 않은 것은?

① '아래옷'과 달리 '아랫마을'은 앞말의 끝소리에 'ㄴ' 소리가 덧나기 때문에 사이시옷이 표기된 것이겠군.

② '고깃국'과 달리 '해장국'은 앞말이 모음으로 끝나지 않았기 때문에 사이시옷이 표기되지 않은 것이겠군.

③ '코마개'와 달리 '콧날'은 뒷말의 첫소리 모음 앞에서 'ㄴㄴ' 소리가 덧나기 때문에 사이시옷이 표기된 것이겠군.

④ '우윳빛'과 달리 '오렌지빛'은 합성어를 구성하는 단어의 결합 형태를 고려하여 사이시옷을 표기하지 않은 것이겠군.

⑤ '모래땅'과 달리 '모랫길'은 두 단어가 결합할 때 뒷말의 첫소리가 된소리로 바뀌었기에 사이시옷이 표기된 것이겠군.

746

<보기>는 윗글을 이해하기 위한 탐구 학습지의 일부이다. ㉠~㉢에 들어갈 말로 적절한 것은? [3점]

보 기

[탐구 과제]

[탐구 자료]를 활용하여 제시된 단어들의 올바른 표기를 쓰고, 그 이유를 설명해 보자.

○해 + 살 → (　　)　　○해 + 님 → (　　)

[탐구 자료]

살[2] 「명사」
(일부 명사 뒤에 붙어) 해, 볕, 불 또는 흐르는 물 따위의 내비치는 기운.

살-[6] 「접사」
온전하지 못함의 뜻을 더하는 접두사.

-님[4] 「접사」
(사람이 아닌 일부 명사 뒤에 붙어) '그 대상을 인격화하여 높임'의 뜻을 더하는 접미사.

님[5] 「명사」
(일부 속담에 쓰여) '임'을 이르는 말.

[탐구 결과]

'해'와 '살'이 결합한 단어의 표기는 (㉠)이고, '해'와 '님'이 결합한 단어의 표기는 (㉡)입니다. 사이시옷은 합성어의 두 요소 사이에 표기하는 것이기 때문에 (㉢)가 결합한 경우 사이시옷을 적지 않습니다.

	㉠	㉡	㉢
①	햇살	해님	접사
②	햇살	해님	명사
③	햇살	햇님	접사
④	해살	해님	명사
⑤	해살	햇님	명사

[2023년 9월 고1 학평 11-12번]

[747-748] 다음 글을 읽고 물음에 답하시오.

말을 글자로 적을 때 사람마다 다르게 적는다면 그 뜻을 제대로 파악하지 못할 수 있다. 이런 혼란을 피하고 효율적으로 의사소통하기 위해 제정한 것이 '한글 맞춤법'이다. 한글 맞춤법 총칙 제1항은 '한글 맞춤법은 표준어를 소리대로 적되, 어법에 맞도록 함을 원칙으로 한다.'이다. 소리대로 적는다는 것은 발음 그대로 적는다는 것이다. 그런데 소리대로 적는다는 원칙이 적용되기 어려운 경우가 있어 어법에 맞도록 한다는 또 하나의 원칙이 붙었다. 예를 들어 체언과 조사가 결합한 '잎이', '잎만'을 발음대로 적으면 '이피', '임만'인데, 사람들이 다르게 적힌 형태를 보고 그 의미를 파악하기 위해 '잎'이라는 본래 형태를 떠올려야 하는 어려움이 생긴다. 따라서 형태를 '잎'으로 고정하여 적을 필요가 있는 것이다. 그리고 '먹어', '먹는'처럼 용언의 어간과 어미도 구별하여 적는다. 즉 어법에 맞도록 적는다는 것은 형태소의 본모양을 밝혀 적는 것을 말한다. 그런데 어근과 접미사, 용언과 용언이 결합하여 하나의 단어로 쓰일 때는 형태소의 본모양을 밝혀 적기도 하고 소리대로 적기도 한다.

㉠ 그는 <u>웃음</u>을 지으며 <u>마감</u> 시간을 확인했다.
㉡ 방에 <u>들어간</u> 그는 <u>사라진</u> 의자를 발견했다.

㉠에서 '웃음(웃-+-음)'은 접미사 '-음/-ㅁ'이 비교적 여러 어근에 결합하고 결합한 후에도 어근의 본래 뜻이 유지되므로 형태소의 본모양을 밝혀 적었다. 이와 달리 '마감(막-+-암)'은 접미사 '-암'이 일부 어근에만 결합하기 때문에 소리대로 적었다. ㉡에서 '들어간'은 앞말인 '들어'에 '들다'의 뜻이 유지되고 있어 형태소의 본모양을 밝혀 적었지만, '사라진'은 앞말이 본뜻에서 멀어져 그 의미가 유지되지 않아 소리대로 적었다.

[A] 한편, 의미를 정확하게 전달하기 위해서는 띄어쓰기를 바르게 하는 것도 중요하다. 예를 들어 '지'는 어미 '-(으)ㄴ지, -(으)ㄹ지'의 일부일 때는 띄어 쓰지 않지만, 시간의 경과를 나타낼 때는 앞말과 띄어 쓴다. 또한 어떤 일을 시험 삼아 시도함을 나타내거나 어떤 행동이나 상태를 강조하는 뜻을 나타낼 때는 '한번'이라고 쓰지만, '번'이 일의 횟수를 나타낼 때는 '한 번', '두 번'처럼 띄어 쓴다.

747

<보기>의 ⓐ~ⓔ를 이해한 내용으로 적절하지 <u>않은</u> 것은?

보 기

- 풀이 ⓐ<u>쓰러진</u> 사이로 ⓑ<u>작은</u> 꽃이 ⓒ<u>마중</u>을 나왔다.
- ⓓ<u>끝이</u> 보이지 않았지만 나는 그 ⓔ<u>믿음</u>을 잃지 않았다.

① ⓐ : 앞말이 '쓸다'라는 본뜻에서 멀어져서 소리대로 적은 것이겠군.
② ⓑ : 용언의 어간 '작-'과 어미 '-은'이 구별되도록 형태소의 본모양을 밝혀 적은 것이겠군.
③ ⓒ : 접미사 '-웅'이 여러 어근에 널리 결합하지 못하고 일부 어근에만 결합해서 소리대로 적은 것이겠군.
④ ⓓ : '끝'이라는 체언의 의미가 쉽게 파악되도록 형태소의 본모양을 밝혀 적은 것이겠군.
⑤ ⓔ : 어근에 접미사 '-음'이 결합한 후에 어근의 본래 뜻이 유지되지 않아서 형태소의 본모양을 밝혀 적은 것이겠군.

748

[A]를 참고할 때, 밑줄 친 부분의 띄어쓰기가 적절하지 <u>않은</u> 것은?

① 동네 인심 <u>한번</u> 고약하구나.
② 그를 <u>만난 지</u>도 꽤 오래되었다.
③ 무엇부터 해야 <u>할 지</u>를 모르겠다.
④ 견우와 직녀는 일 년에 <u>한 번</u> 만난다.
⑤ 얼마나 <u>부지런한지</u> 세 명 몫의 일을 해낸다.

[2023년 11월 고1 학평 11-12번]

[749-750] 다음 글을 읽고 물음에 답하시오.

한글 맞춤법 총칙 제1항은 '한글 맞춤법은 표준어를 소리대로 적되, 어법에 맞도록 함을 원칙으로 한다.'이다. 이는 한글 맞춤법의 대원칙을 밝히는 조항으로, 한글 맞춤법은 이 조항에 따라 표준어를 표음 문자인 한글로 올바르게 적는 방법이다.

먼저 '표준어를 소리대로 적는다'는 원칙은 한글 맞춤법이 표준어를 대상으로 한다는 뜻이 담겨 있다. 그리고 '소리대로' 적는다는 것은 표준어를 적을 때 발음에 따라 적는다는 뜻이다. 이는 자음이나 모음과 같은 음소를 조합하여 다양한 말소리를 그대로 기호로 나타낼 수 있는 표음 문자인 한글의 기본 기능에 충실한 원칙이다. 이를테면 [나무]라고 소리 나는 표준어는 'ㄴ'과 'ㅏ'로 조합된 한 음절과 'ㅁ'과 'ㅜ'로 조합된 한 음절을 그대로 '나무'로 적는 것이다.

그런데 '표준어를 소리대로 적는다'는 원칙만으로 충분하지 않은 경우가 있다. 그래서 '어법에 맞도록 한다'는 원칙을 제시한다. 예를 들어 체언 '빛'에 다양한 조사가 결합한 형태를 소리 나는 대로 적으면, '비치', '빋또', '빈만' 등이 된다. 하지만 이렇게 적으면 '빛'이라는 하나의 말이 여러 가지로 표기되어 실질 형태소의 본 모양과 형식 형태소의 본 모양이 무엇인지, 둘의 경계가 어디인지를 알아보기가 어렵다. 이와 달리 실질 형태소와 형식 형태소를 구분해서 어법에 맞도록 '빛이', '빛도', '빛만' 등으로 적으면 의미와 기능을 나타내는 각각의 형태소의 모양이 일관되게 고정되어서 뜻을 파악하기가 쉽고 독서의 능률도 향상된다. 이렇게 체언과 조사를 구분해서 표준어를 표기하는 원칙은 한글 맞춤법 제14항에서 자세히 밝히고 있는데, 이는 용언의 어간 뒤에 어미가 결합할 때도 동일하게 적용되는 경우가 있다. 한글 맞춤법 제15항에 따르면, '먹어서'는 [머거서]로 발음되지만 실질 형태소인 어간 '먹-'과 형식 형태소인 어미 '-어서'를 구별하여 적는다.

한편 한글 맞춤법에서는 단어의 일부분이 줄어든 준말의 표기 방법을 따로 규정하고 있다. 한글 맞춤법 제32항에서는 어근이나 어간에서 끝음절의 모음이 줄어들고 자음만 남는 경우 자음을 앞 음절의 받침으로 적는다는 것을 다루고 있다. 그 예로 '어제저녁'이 줄어들어 '엊저녁'으로도 적는 경우를 들 수 있다. '어제저녁'의 준말의 발음인 [얻쩌녁]을 소리 나는 대로 적으면 그 원래 뜻을 파악하기 어렵다. 그래서 '어제저녁'과의 형태적 연관성이 드러나도록 '엊저녁'으로 표기하는 것이다. 이는 표준어를 소리대로 적는다는 원칙만으로 충분하지 않은 경우, 어법에 맞도록 표기한 것이라 할 수 있다.

749

윗글을 이해한 내용으로 적절하지 <u>않은</u> 것은?

① '부엌'은 각 음절을 소리 나는 대로 표기한 경우이다.
② 한글은 음소를 조합하여 다양한 말소리를 기호로 나타낼 수 있다.
③ '모이'는 'ㅁ'과 'ㅗ'로 조합된 한 음절과 'ㅣ'로 된 한 음절을 소리 나는 대로 적은 것이다.
④ '웃으면'은 실질 형태소와 형식 형태소의 경계가 드러나도록 어법에 맞게 표기한 경우이다.
⑤ '갈비탕을 시켜 먹었다'와 '갈비탕을 식혀 먹었다'를 소리 나는 대로 적으면 의미의 구별이 어려운 경우가 생길 수 있다.

750

윗글을 바탕으로 <보기>의 ㉠~㉤을 '탐구 과정'에 따라 분류할 때, [A]에 들어갈 예만을 고른 것은? [3점]

보 기

[탐구 과제]

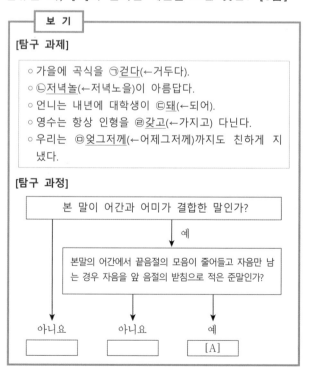

- 가을에 곡식을 ㉠<u>걷다</u>(←거두다).
- ㉡<u>저녁놀</u>(←저녁노을)이 아름답다.
- 언니는 내년에 대학생이 ㉢<u>돼</u>(←되어).
- 영수는 항상 인형을 ㉣<u>갖고</u>(←가지고) 다닌다.
- 우리는 ㉤<u>엊그저께</u>(←어제그저께)까지도 친하게 지냈다.

[탐구 과정]

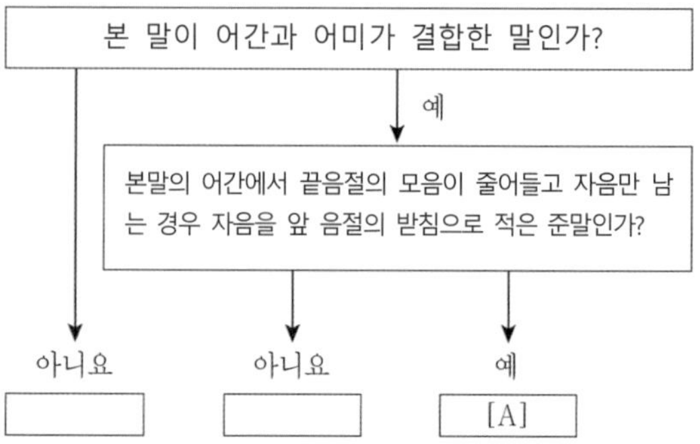
본 말이 어간과 어미가 결합한 말인가?
예
본말의 어간에서 끝음절의 모음이 줄어들고 자음만 남는 경우 자음을 앞 음절의 받침으로 적은 준말인가?
아니요
아니요
예
[A]

① ㉠, ㉡　② ㉠, ㉣　③ ㉡, ㉢
④ ㉢, ㉣　⑤ ㉣, ㉤

[2017년 9월 고1 학평 11-12번]

[751-752] 다음 글을 읽고 물음에 답하시오.

한글 맞춤법 제1장 총칙의 제1항은 '한글 맞춤법은 표준어를 ㉮소리대로 적되, 어법에 맞도록 함을 원칙으로 한다.'이다. 여기서 소리대로 적는다는 것은 '구름'과 같이 표준어를 발음 형태대로 적는 것을 의미한다. 그리고 어법에 맞도록 한다는 것은 한 단어가 다양한 발음 형태로 나타나는 경우에 뜻을 쉽게 파악하기 어려운 점을 고려하여 형태소의 원형을 밝혀 적는 것을 의미한다.

형태소의 원형을 밝히는 경우를 살펴보자. 단어는 형성 방법에 따라 두 개 이상의 어근이 결합되는 합성어와 어근의 앞이나 뒤에 파생 접사가 붙는 파생어가 있다. 이때 합성어와 같이 어근끼리 연결된 경우에는 각 어근의 본래의 뜻이 유지되면 소리대로 적지 않고 끊어적기를 한다.

> 예 '국' + '물' → '국물' (○) / '궁물' (×)

단, '이[齒]'가 합성어에서 '니'로 소리가 날 경우에는 어근의 의미 유지와 관계없이 '니'로 적는다.

파생어의 경우에는 어근에 접두사가 붙으면 형태소의 원형을 밝혀 적는다. 그리고 어근에 접미사가 붙을 때에 어근의 본래의 뜻이 유지되면 원형을 밝혀 끊어적기를 한다.

> 예 '먹-'[食] + '-이' → '먹이' (○) / '머기' (×)

이처럼 형태소의 원형을 밝혀 적을 것인지에 대한 판단에는 어근이 본래의 뜻을 유지하는가가 중요한 요소이며 이를 토대로 어법에 맞게 적기를 할 수 있는 것이다.

751

㉮에 해당하는 예로 적절한 것은?

① 빛 ② 옷 ③ 잎 ④ 바깥 ⑤ 하늘

752

윗글을 통해 <보기>의 ㉠ ~ ㉤에 대해 이해한 내용으로 적절하지 않은 것은? [3점]

> **보 기**
> - 사건의 전모가 ㉠드러나다. (들다+나다)
> - 집으로 ㉡돌아가다. (돌다+가다)
> - 그의 얼굴에 ㉢웃음이 피어났다. (웃다+-음)
> - ㉣노름은 절대로 해서는 안 되는 일이었다. (놀다+-음)
> - ㉤사랑니를 뺐더니 통증이 한결 나아졌다. (사랑+이[齒])

① ㉠은 어근이 본래 의미에서 멀어져 소리대로 적은 것이겠군.
② ㉡은 어근의 본래 의미가 유지되어 끊어 적은 것이겠군.
③ ㉢은 어근의 본래 의미가 유지되어 끊어 적은 것이겠군.
④ ㉣은 어근이 본래 의미에서 멀어져 소리대로 적은 것이겠군.
⑤ ㉤은 어근이 본래 의미에서 멀어져 소리대로 적은 것이겠군.

문법 비문학 – 핵심 기출 문제

[2019년 9월 고2 학평 11-12번]

[753-754] 다음 글을 읽고 물음에 답하시오.

띄어쓰기를 정확하게 하지 않으면 의미를 전달할 때 문제가 발생한다. 구와 합성어의 경우가 그렇다. 다음 사례를 살펴보자.

ㄱ. 직장을 옮기면서 작은 집에서 살게 되었다.
ㄴ. 직장을 옮기면서 작은집에서 살게 되었다.

ㄱ과 ㄴ은 비슷해 보이지만 띄어쓰기에 따라 살게 된 집의 의미가 달라진다. ㄱ의 '작은 집'은 '크기가 작은 집'을 의미하는 '구'이고, ㄴ의 '작은집'은 '작은아버지 집'을 의미하는 '합성어'이다.

이때 한글 맞춤법 제2항 '문장의 각 단어는 띄어 씀을 원칙으로 한다.'에 따라 살펴보면, 구는 하나의 단어가 아니므로 띄어 써야 하고 사전에 표제어로 오르지 않는다. 반면 합성어는 하나의 단어로 붙여 써야 하고 사전에 표제어로 오른다. 구와 합성어를 구별하기 위해서는 먼저 구성 요소 사이에 다른 말을 넣어 본다. 이때 ㉠중간에 다른 말이 끼어들어갈 수 있는 경우와 ㉡그렇지 않은 경우가 있다. 전자는 '구'이고 후자는 '합성어'이다. 한편 구성 요소의 배열이 시간의 흐름에 따라 순차적으로 연결되었는지를 살펴보기도 한다. 이때 '구'는 순차적으로 연결되지만, '합성어'는 ㉢그렇지 않은 경우가 있다.

또한 우리말에는 형태는 같지만 기능이 달라 띄어쓰기를 판단하기 어려운 경우가 있다. 특히 의존 명사는 조사, 어미의 일부 등과 형태가 같아 띄어쓰기를 판단하기 어려운 경우가 있다. 이때 이들의 문법적 특성을 이해하면 띄어쓰기를 하는 것에 도움이 된다.

의존 명사는 의미상 그 앞에 수식하는 말, 즉 관형어를 반드시 필요로 한다는 점에서 의존적인 말이지만 자립 명사와 같은 명사 기능을 하므로 단어로 취급하여 앞말과 띄어 쓴다. 그러나 조사는 결합한 앞말과 분리해도 앞말이 자립성을 유지하므로 단어로 보지만, 단독으로 쓰이지 못하기 때문에 앞말에 붙여 쓴다. 그리고 어미는 용언의 어간과 분리하면 어간과 어미가 모두 자립성을 잃기 때문에 단어로 보지 않으며 앞말에 붙여 쓴다.

사전은 문법적 특징과 의미 등의 정확한 정보를 담고 있다. 따라서 띄어쓰기 여부를 확인할 때 사전을 적극적으로 활용하는 태도가 필요하다.

753

윗글을 참고할 때, <자료>에 대해 이해한 내용으로 적절하지 않은 것은?

자 료

- 누군가 헌가방을 놓고갔다.
- 소가 풀을 뜯어먹었다.
- 뜬소문이 돌았다.
- 선생님의 설명을 알아들었다.

※ 밑줄 친 부분은 띄어쓰기 여부를 판단하지 못한 부분임.

① '헌가방'은 ㉠에 해당하니까 사전에 표제어로 실리지 않았겠군.
② '놓고가다'는 ㉠에 해당하니까 사전에 표제어로 실리지 않았겠군.
③ '뜯어먹다'는 ㉡에 해당하니까 사전에 표제어로 실렸겠군.
④ '뜬소문'은 ㉡에 해당하니까 사전에 표제어로 실렸겠군.
⑤ '알아듣다'는 ㉢에 해당하니까 사전에 표제어로 실렸겠군.

754

윗글과 <보기>를 바탕으로 할 때, 밑줄 친 부분의 띄어쓰기가 적절하지 않은 것은?

보 기

만큼
[Ⅰ]「의존 명사」
「1」 앞의 내용에 상당한 수량이나 정도임을 나타내는 말.
「2」 뒤에 나오는 내용의 원인이나 근거가 됨을 나타내는 말.
[Ⅱ]「조사」
앞말과 비슷한 정도나 한도임을 나타내는 격조사.

데「의존 명사」
「1」 '곳'이나 '장소'의 뜻을 나타내는 말.
「2」 '일'이나 '것'의 뜻을 나타내는 말.

-는데「어미」
[1] 뒤 절에서 어떤 일을 설명하거나 묻거나 시키거나 제안하기 위하여 그 대상과 상관되는 상황을 미리 말할 때에 쓰는 연결 어미.

① 명주는 무명만큼 질기지 못하다.
② 학교에 가는데 비가 오기 시작했다.
③ 그 책을 다 읽는데 삼 일이나 걸렸다.
④ 소리가 나는 데가 어디인지 모르겠다.
⑤ 방 안은 숨소리가 들릴 만큼 조용했다.

[2020년 9월 고3 모평 12-13번]

[755-756] 다음을 읽고 물음에 답하시오.

사전의 뜻풀이 대상이 되는 표제 항목을 '표제어'라고 한다. 『표준국어대사전』의 표제어에는 붙임표 '-'가 쓰인 경우와 그렇지 않은 경우가 있다. 붙임표는 표제어의 문법적 특성, 띄어쓰기, 어원 및 올바른 표기에 대한 정보를 제공한다.

표제어에 붙임표가 쓰이는 대표적인 경우는 다음과 같다. 첫째, 접사와 어미처럼 자립적으로 쓰이지 않고 언제나 다른 말과 결합해야 하는 표제어에는 다른 말과 결합하는 부분에 붙임표가 쓰인다. 접사 '-질'과 연결 어미 '-으니'가 이러한 예이다. 다만 조사도 자립적으로 쓰이지 않지만 단어이므로 그 앞에 붙임표가 쓰이지 않는다. 용언 어간도 자립적으로 쓰이지 않지만 어미 '-다'와 결합한 기본형이 표제어가 되고, 용언 어간과 어미 '-다' 사이에 붙임표가 쓰이지 않는다.

둘째, 둘 이상의 구성 성분으로 이루어진 표제어에는 가장 나중에 결합한 구성 성분들 사이에 붙임표가 한 번만 쓰인다. '이등분선'은 '이', '등분', '선'의 세 구성 성분으로 이루어진 복합어이다. 이 복합어의 표제어 '이등분-선'에서 붙임표는 '이등분'과 '선'이 가장 나중에 결합했다는 정보를 제공한다. 복합어의 붙임표는 구성 성분들을 반드시 붙여 써야 한다는 점도 알려 준다.

한편 '무덤', '노름', '이따가'처럼 기원적으로 두 구성 성분이 결합한 단어이지만 붙임표가 쓰이지 않는 경우가 있다. '한글 맞춤법'에서는 현대 국어에서 새로운 단어를 만들지 못하는 접미사가 결합한 경우나 ㉠<u>단어의 의미가 어근이나 어간의 본뜻과 멀어진 경우</u>에 해당하는 단어를 소리대로 적는 것을 원칙으로 하고 있다. 이처럼 소리대로 적는 단어들은 구성 성분들이 원래 형태의 음절로 나누어지지 않으므로 표제어에 붙임표가 쓰이지 않는다.

'무덤'의 접미사 '-엄'은 현대 국어에서 새로운 단어를 만들지 못한다. 따라서 어근 '묻-'과 접미사 '-엄'이 결합한 '무덤'은 소리대로 적고 표제어에 붙임표가 쓰이지 않는다. '-엄'과 비슷한 접미사에는 '-암', '-억', '-우' 등이 있다.

'노름'은 어근 '놀-'의 본뜻만으로는 그 의미가 '돈이나 재물 따위를 걸고 서로 내기를 하는 일'이라는 사실을 알기 어렵다. '조금 지난 뒤에'를 뜻하는 '이따가'도 어간 '있-'의 본뜻과 멀어졌다. 따라서 '노름'과 '이따가'는 소리대로 적고 표제어에 붙임표가 쓰이지 않는다.

755

윗글을 읽고 추론한 내용으로 적절하지 <u>않은</u> 것은?

① '맨발'에서 분석되는 접두사의 뜻풀이를 표제어 '맨-'에서 확인할 수 있겠군.
② '나만 비를 맞았다.'에서 쓰인 격 조사의 뜻풀이를 표제어 '를'에서 확인할 수 있겠군.
③ '저도 학교 앞에 삽니다.'에서 쓰인 동사의 뜻풀이를 표제어 '살다'에서 확인할 수 있겠군.
④ '앞'과 '집'이 결합한 단어를 '앞 집'처럼 띄어 쓰면 안 된다는 정보를 표제어 '앞-집'에서 확인할 수 있겠군.
⑤ '논둑'과 '길'이 결합한 '논둑길'의 구성 성분이 '논', '둑', '길'이라는 정보를 표제어 '논-둑-길'에서 확인할 수 있겠군.

756

<보기>의 [자료]에서 ㉠에 해당하는 단어만을 있는 대로 고른 것은? [3점]

보기

[자료]는 '조차', '자주', '차마', '부터'가 쓰인 문장과 이 단어들의 어원이 되는 용언이 쓰인 문장의 쌍들이다.

[자료]

┌ 나<u>조차</u> 그런 일들을 할 수는 없었다.
└ 동생도 누나의 기발한 생각을 <u>좇았다</u>.
┌ 누나는 휴일에 이 책을 <u>자주</u> 읽었다.
└ 동생은 늦잠 때문에 지각이 <u>잦았다</u>.
┌ 나는 <u>차마</u> 그의 눈을 볼 수 없었다.
└ 언니는 쏟아지는 졸음을 잘 <u>참았다</u>.
┌ 그 일은 나<u>부터</u> 모범을 보여야 했다.
└ 부원 모집 공고문이 게시판에 <u>붙었다</u>.

① 자주, 부터　② 차마, 부터
③ 조차, 자주, 차마　④ 조차, 차마, 부터
⑤ 조차, 자주, 차마, 부터

문법 비문학 - 핵심 기출 문제

[2023년 3월 고3 학평 35-36번]

[757-758] 다음 글을 읽고 물음에 답하시오.

준말은 본말 중 일부가 줄어들어 만들어진 말이다. 한글 맞춤법은 준말과 관련된 여러 규정을 담고 있는데, 그중 제34항에서는 모음 'ㅏ, ㅓ'로 끝난 어간에 어미 '-아/-어, -았-/-었-'이 어울릴 적에는 준 대로 적는 것을 다루고 있다. '(열매를) 따-+-아→따/*따아', '따-+-았-+-다→땄다/*따았다' 등이 그 예에 해당한다. 하지만 어간 끝 자음이 불규칙적으로 탈락되는 경우에는, 원래 자음이 있었음이 고려되어 'ㅏ, ㅓ'가 줄어들지 않는다. '(꿀물을) 젓-+-어→저어/*저' 등이 그 예이다. 한편 제34항 [붙임1]에서는 어간 끝 모음 'ㅐ, ㅔ' 뒤에 '-어, -었-'이 어울려 줄 적에는 준 대로 적는 것을 다루고 있다. 그렇지만 이때는 반드시 준 대로 적지 않아도 된다. 예를 들어 '(손을) 떼-+-어→떼어/떼'에서 보듯이 본말과 준말 모두로 적을 수 있다. 다만 모음이 줄어들어서 'ㅐ'가 된 경우에는 '-어'가 결합하더라도 다시 줄어들지는 않는다. 예컨대 '차-'와 '-이-'의 모음이 줄어든 '채-'의 경우 '(발에) 채-+-어→채어/*채'에서 보듯이 모음이 다시 줄어들지 않는다.

한글 맞춤법에서는 모음이 줄어들고 자음만 남는 경우 그 자음을 앞 음절의 받침으로 적는다는 것도 다루고 있다. 이와 관련한 표준어 규정 제14항에서는 준말이 널리 쓰이고 본말이 잘 쓰이지 않는 경우에는 준말만을 표준어로 삼음을, 제16항에서는 준말과 본말이 다 같이 널리 쓰이면서 준말의 효용이 뚜렷이 인정되는 것은 두 가지를 다 표준어로 삼음을 제시하고 있다. '온갖/*온가지'는 전자의 예이고, '(일을) 서두르다/서둘다'는 후자의 예이다. 다만 후자에서 용언의 어간이 줄어든 일부 준말의 경우, 준말이 표준어로 인정되더라도 준말의 활용형은 제한되는 예도 있다. 모음 어미가 연결될 때 준말의 활용형이 표준어로 인정되지 않는 준말도 있다는 것이다. 예컨대 '서두르다'의 준말 '서둘다'는 자음 어미 '-고, -지'가 결합된 형태의 활용형 '서둘고', '서둘지'가 표준어로 인정되지만, 모음 어미 '-어, -었-'이 결합된 형태의 활용형 '*서둘어', '*서둘었다'는 표준어로 인정되지 않는다.

*는 규정에 맞지 않음을 나타냄.

757

윗글을 이해한 내용으로 적절하지 <u>않은</u> 것은?

① '(밭을) 매다'의 어간에 '-어'가 결합된 형태인 '매어'의 경우, 준말인 '매'로 적어도 한글 맞춤법에 어긋나지 않는다.
② '(병이) 낫-+-아'의 경우, 'ㅅ'이 불규칙적으로 탈락되므로 '나아'로만 적고, '나'로 적으면 한글 맞춤법에 어긋난다.
③ '(땅이) 패다'의 어간에 '-어'가 결합될 경우, '패다'의 'ㅐ'가 모음이 줄어든 형태이므로 '패'로 적으면 한글 맞춤법에 어긋난다.
④ '(잡초를) 베-+-었-+-다'와 '(베개를) 베-+-었-+-다'의 경우, 준말의 형태인 '벴다'로 적으면 한글 맞춤법에 어긋난다.
⑤ '(강을) 건너-+-어'와 '(줄을) 서-+-어'의 경우, 'ㅓ'로 끝난 어간에 '-어'가 어울리므로 본말로 적으면 한글 맞춤법에 어긋난다.

758

윗글을 바탕으로 ㉠~㉣을 '탐구 과정'에 따라 분류할 때, [A]에 들어갈 예만을 있는 대로 고른 것은? [3점]

[탐구 과정]

○ 답지를 ㉠<u>걷다</u>(←거두다)
○ 가사를 ㉡<u>외다</u>(←외우다)
○ 일에 ㉢<u>서툴다</u>(←서투르다)
○ 집에 ㉣<u>머물다</u>(←머무르다)

⇩

모음이 줄어들고 남은 자음을 앞 음절의 받침으로 적은 준말입니까? — 아니요 → [ ]

↓ 예

모음 어미 '-어, -었-'이 결합된 형태의 활용형이 표준어로 인정되지 않는 준말입니까? — 아니요 → [ ]

↓ 예

[A]

① ㉠, ㉢　② ㉡, ㉣　③ ㉢, ㉣
④ ㉠, ㉡, ㉢　⑤ ㉠, ㉡, ㉣

[2024년 9월 고1 학평 11-12번]

[759-760] 다음 글을 읽고 물음에 답하시오.

우리가 활용하는 사전은 수록 대상과 제시 방법을 미리 규정하여 표제어를 선정한다. 『표준국어대사전』의 경우 표준어뿐만 아니라 흔히 쓰는 비표준어도 수록 대상으로 하고 있으며 일반어와 전문어, 고유 명사까지도 수록하고 있다. 또한 사전에는 단어 이하의 단위만 수록하는 것이 원칙이지만 전문어와 고유 명사의 경우 구까지도 수록하고 있다.

[A] 『표준국어대사전』의 표제어 표기는 한글만 사용하는 것이 원칙이다. 'TV'나 '4계절'처럼 일상 속에서 관용적으로 로마자나 숫자로 표기하는 것도 '티브이'나 '사계절'과 같이 한글로 표기하여 자모 순서에 따라 제시한다. '큰아버지'와 같은 합성어나 '(머리를) 빗기다'와 같은 파생어는 붙임표(-)로 분석하여 '큰-아버지'나 '빗-기다'와 같이 제시한다. 또한 '짓밟히다'처럼 접두사 '짓'과 피동 접사 '-히-'가 동시에 결합했을 때는 피동 접사 '-히-' 앞에 붙임표를 한 번만 제시한다. 하지만 '삶'처럼 파생어여도 '살+ㅁ'과 같이 분석되어 구성 성분이 음절로 나누어지지 않을 때는 붙임표를 따로 제시하지 않는다.

한글 맞춤법에 띄어 쓰는 것이 원칙이나 붙여 쓰는 것도 허용한 전문어나 고유 명사는 '^' 기호를 사용하여 표시하고 있다. 또 접사와 어미처럼 자립적으로 쓰이지 않고 반드시 다른 말과 결합해야 하는 표제어는 결합하는 부분에 '-'를 붙여 표시하고 있다. 비표준어 표제어의 경우 '→' 기호를 활용하여 표준어의 뜻풀이를 참고하도록 안내하고 있다.

표제어는 가나다순으로 배열하고 있으며, 자모의 순서는 초성의 경우 'ㄱ, ㄲ, ㄴ, ㄷ, ㄸ, ㄹ, ㅁ, ㅂ, ㅃ, ㅅ, ㅆ, ㅇ, ㅈ, ㅉ, ㅊ, ㅋ, ㅌ, ㅍ, ㅎ', 중성의 경우 'ㅏ, ㅐ, ㅑ, ㅒ, ㅓ, ㅔ, ㅕ, ㅖ, ㅗ, ㅘ, ㅙ, ㅚ, ㅛ, ㅜ, ㅝ, ㅞ, ㅟ, ㅠ, ㅡ, ㅢ, ㅣ'의 순서로 배열하고 있고, 종성은 초성의 배열 순서를 따른다. 동음이의어의 경우는 어휘 형태, 문법 형태 순서로 배열한다. 이때, 어휘 형태는 명사, 대명사, 수사, 동사, 형용사, 관형사, 부사, 감탄사, 어근의 순서로, 문법 형태는 어미, 접사의 순서로 배열한다.

759

[A]를 바탕으로 추론한 내용으로 적절하지 않은 것은?

① '1월'과 '9월'은 사전에 한글로 표기되므로 '1월'보다 '9월'이 먼저 제시된다.
② '새해'는 '새'와 '해'가 합쳐진 단어이므로 '새-해'로 표기한다.
③ '비웃음'은 '비웃다'에 접사 '음'이 결합한 단어이므로 '비웃-음'으로 표기한다.
④ '뒤집히다'는 접두사 '뒤-'와 피동 접사 '-히-'가 동시에 결합하고 있으므로 '뒤-집히다'로 표기한다.
⑤ '기쁨'은 '기쁘-+-ㅁ'과 같이 분석되어 구성 성분이 음절로 나누어지지 않으므로 '기쁨'으로 표기한다.

760

<보기>는 표제어를 순서 없이 나열한 자료이다. 윗글을 참고했을 때, 이에 대한 이해로 적절하지 않은 것은?

보 기

윗어른 「명사」→ 웃어른.
왠지 「부사」 왜 그런지 모르게. 또는 뚜렷한 이유도 없이.
이 「명사」『언어』 한글 자모 'ㅣ'의 이름.
-이 「어미」하게할 자리에 쓰여, 상태의 서술이나 느낌을 나타내는 종결 어미.
-이- 「접사」 '사동'의 뜻을 더하는 접미사.
이상^결정 『화학』 결정면이 모두 같은 크기와 모양으로 된 배열을 가진 가상적 결정.

① '윗어른'은 비표준어이지만 사람들이 흔히 쓰고 있어서 표제어로 선정되었겠군.
② '왠지', '윗어른', '이상^결정'의 순서로 사전에 배열되어 있겠군.
③ 접사 '-이-'는 명사 '이'와 어미 '-이' 사이에 수록되어 있겠군.
④ 어미 '이'와 접사 '이'는 반드시 다른 말과 결합해야만 쓰일 수 있겠군.
⑤ '이상^결정'을 보니 전문어의 경우 둘 이상의 단어가 모인 말도 표제어로 실려 있겠군.

문법 비문학 – 핵심 기출 문제

[2021년 3월 고3 학평 38-39번]

[761-762] 다음 글을 읽고 물음에 답하시오.

(가)

표준 발음법 제5장에서는 '음의 동화'에 대해 다루고 있다. 동화는 음운 변동 중 한 음운이 다른 음운으로 바뀌는 교체에 속한다. 대표적인 예로 'ㄱ, ㄷ, ㅂ'이 비음 'ㄴ, ㅁ' 앞에서 각각 동일한 조음 위치의 비음인 'ㅇ, ㄴ, ㅁ'으로 조음 방법이 바뀌는 비음화, 'ㄴ'이 'ㄹ'의 앞 또는 뒤에서 동일한 조음 위치의 유음인 'ㄹ'로 조음 방법이 바뀌는 유음화가 있다. 예컨대 '맏물[만물]'에서는 비음화가 일어나고, '실내[실래]'에서는 유음화가 일어난다.

[A] 한편 동화를 일으키는 음운은 동화음, 동화음의 영향을 받는 음운은 피동화음이라고 하는데, 동화는 동화의 방향이나 동화의 정도에 따라 나눌 수 있다. 동화의 방향에 따라서는 동화음이 피동화음에 선행하는 동화, ㉠동화음이 피동화음에 후행하는 동화로 나눌 수 있다. 그리고 동화의 정도에 따라서는 ㉡피동화음이 동화음과 완전히 같아지는 동화, 피동화음이 동화음의 조음 위치나 조음 방법과 같은 일부 특성만 닮는 동화로 나눌 수 있다. 예컨대 '실내'에서는 동화음이 피동화음에 선행하며 피동화음이 동화음과 완전히 같아지는 동화가 일어나지만, '맏물'에서는 동화음이 피동화음에 후행하며 피동화음이 동화음의 조음 방법만 닮는 동화가 일어난다.

(나)

국어의 로마자 표기는 국어의 표준 발음법에 따라 적는 것을 원칙으로 한다. 다음은 국어의 로마자 표기법의 일부를 정리한 것이다.

1. 표기 일람

(1) 모음

ㅏ	ㅗ	ㅜ	ㅣ	ㅐ	ㅕ	ㅛ	ㅘ
a	o	u	i	ae	yeo	yo	wa

· 장모음의 표기는 따로 하지 않는다.

(2) 모음

ㄱ	ㄷ	ㅂ	ㅅ	ㅁ	ㅇ	ㄹ
g, k	d, t	b, p	s	m	ng	r, l

· 'ㄱ, ㄷ, ㅂ'은 모음 앞에서는 'g, d, b'로, 자음 앞이나 어말에서는 'k, t, p'로 적는다.
· 'ㄹ'은 모음 앞에서는 'r'로, 자음 앞이나 어말에서는 'l'로 적는다. 단, 'ㄹㄹ'은 'll'로 적는다.

2. 표기상의 유의점

· 음운 변화가 일어날 때에는 변화의 결과에 따라 적는다.
· 고유 명사는 첫 글자를 대문자로 적는다.

761

(가)와 (나)를 참고해 <보기>의 ⓐ~ⓔ를 로마자로 표기하려 할 때, 이에 대한 설명으로 적절한 것은?

보 기

○ ⓐ대관령[대:괄령]에서 ⓑ백마[뱅마] 교차로까지는 멀다.
○ ⓒ별내[별래] 주민들은 ⓓ삼목묘[삼몽묘]를 구입하였다.
○ 작년에 농장 주인은 ⓔ불난리[불랄리]로 피해를 보았다.

* ⓐ~ⓒ는 지명임.

① ⓐ : 종성 위치에서만 유음화가 일어나 [대:괄령]으로 발음되므로 'Dae:kwallyeong'로 표기해야 한다.
② ⓑ : 초성 위치에서만 비음화가 일어나 [뱅마]로 발음되므로 'Baengma'로 표기해야 한다.
③ ⓒ : 초성 위치에서만 유음화가 일어나 [별래]로 발음되므로 'Byeollae'로 표기해야 한다.
④ ⓓ : 초성 위치와 종성 위치에서 비음화가 일어나 [삼몽묘]로 발음되므로 'sammongmyo'로 표기해야 한다.
⑤ ⓔ : 초성 위치와 종성 위치에서 유음화가 일어나 [물랄리]로 발음되므로 'mullalri'로 표기해야 한다.

762

[A]를 바탕으로 <보기>에서 일어나는 동화의 양상을 분석할 때, ㉠과 ㉡이 모두 일어나는 단어만을 골라 묶은 것은?

보 기

곤란[골:란]　　국민[궁민]　　읍내[음내]
입문[임문]　　칼날[칼랄]

① 곤란, 입문　　② 국민, 읍내
③ 곤란, 국민, 읍내　　④ 곤란, 입문, 칼날
⑤ 국민, 입문, 칼날

[2019년 11월 고1 학평 11-12번]

[763-764] 다음 글을 읽고 물음에 답하시오.

[A] 현대 국어의 표기는 '표준어를 소리대로 적되, 어법에 맞도록 함을 원칙으로 한다.'라는 한글맞춤법 규정을 따른다. 표준어를 소리대로 적는다는 것은 표준어를 발음 나는 대로 적는 표음주의를, 어법에 맞도록 한다는 것은 각 형태소의 본 모양을 밝혀 적는 표의주의를 채택한 것이다. 그런데 일반적인 활용 규칙에서 어긋나는 경우, 합성어나 파생어를 구성함에 있어서 구성 요소가 본뜻에서 멀어진 경우 등에는 표음주의가 채택된다.

이러한 표기 원칙이 제정되기 전 국어의 표기 방식은 이어적기, 끊어적기, 거듭적기 등의 다양한 방식으로 나타났다. 자음으로 끝나는 체언이 모음으로 시작되는 조사를 만나거나 자음으로 끝나는 용언의 어간이나 어근이 모음으로 시작되는 어미나 접사를 만날 때, 이어적기는 앞 형태소의 끝소리를 뒤 형태소의 첫소리로 옮겨 적는 방식이고, 끊어적기는 실제 발음과는 달리 형태소의 본 모양을 밝혀서 끊어 적는 방식이다. 그리고 거듭적기는 앞 형태소의 끝소리를 뒤 형태소의 첫소리에도 다시 적는 표기 방식으로, '말씀+이'를 '말씀미'와 같은 방식으로 적는 것이다. 한편 'ㅋ, ㅌ, ㅍ'을 'ㄱ, ㄷ, ㅂ'과 'ㅎ'으로 나누어 표기하는 방식인 재음소화 표기가 나타나기도 했는데, '깊이'를 '깁히'와 같이 적는 경우를 예로 들 수 있다.

763

<보기>는 '한글맞춤법'의 일부를 정리한 학습지이다. [A]를 바탕으로 <보기>의 ㉠~㉤을 이해한 내용으로 적절하지 않은 것은? [3점]

보 기

제15항 용언의 어간과 어미는 구별하여 적는다.
예) ㉠먹고, ㉡좋아

[붙임] 두 개의 용언이 어울려 한 개의 용언이 될 적에, 앞말의 본뜻이 유지되고 있는 것은 그 원형을 밝히어 적고, 그 본뜻에서 멀어진 것은 밝히어 적지 아니한다.
(1) 앞말의 본뜻이 유지되고 있는 것 예) 돌아가다
(2) 본뜻에서 멀어진 것 예) ㉢사라지다, 쓰러지다

제18항 다음과 같은 용언들은 어미가 바뀔 경우, 그 어간이나 어미가 원칙에 벗어나면 벗어나는 대로 적는다.
1. 어간의 끝 'ㅂ'이 'ㅜ'로 바뀔 적 예) ㉣쉽다, 맵다
2. 어간의 끝음절 '르'의 'ㅡ'가 줄고, 그 뒤에 오는 어미 '-아/-어'가 '-라/-러'로 바뀔 적 예) ㉤가르다, 부르다

① ㉠은 단어의 기본형인 '먹다'와 마찬가지로 표의주의 방식을 채택하고 있군.
② ㉡은 어간과 어미를 구별하여 형태소의 본 모양을 밝혀 적는 방식으로 표기하고 있군.
③ ㉢은 합성어를 구성함에 있어서 앞말이 본뜻에서 멀어져 발음 나는 대로 적는 방식을 채택하고 있군.
④ ㉣은 활용할 때, '쉽고'와 같은 표의주의 표기와 '쉬우니'와 같은 표음주의 표기를 모두 확인할 수 있군.
⑤ ㉤은 활용할 때, '갈라'와 같이 일반적인 활용 규칙에서 어긋난 경우에는 표의주의 방식으로 표기하고 있군.

764

윗글을 바탕으로 <보기>의 ⓐ~ⓖ를 탐구한 내용으로 적절하지 않은 것은?

보 기

◦ 머리셔 ᄇᆞ라매 ⓐ노피 하ᄂᆞᆯ해 다핫고 갓가이셔 보니 아ᄉᆞ라히 하ᄂᆞᆯ햇 ⓑ므레 ᄌᆞᆷ겻ᄂᆞ니
(멀리서 바람에 높이 하늘에 닿았고 가까이서 보니 아스라이 하늘의 물에 잠겼나니) -『번역박통사』

◦ 고경명은 광쥐 ⓒ사ᄅᆞᆷ이니 임진왜난의 의병을 슈챵ᄒᆞ야 금산 ⓓ도적글 티다가 패ᄒᆞ여
(고경명은 광주 사람이니 임진왜란에 의병을 이끌어 금산 도적을 치다가 패하여) -『동국신속삼강행실도』

◦ ⓔ븕은 긔운이 하ᄂᆞᆯ을 쒸노더니 이랑이 소ᄅᆡ를 ⓕ놉히 ᄒᆞ야 나를 불러 져긔 믈 밋츨 보라 웨거ᄂᆞᆯ 급히 눈을 ⓖ드러보니
(붉은 기운이 하늘을 뛰놀더니 이랑이 소리를 높이 하여 나를 불러 저기 물 밑을 보라 외치거늘 급히 눈을 들어 보니) -『의유당관북유람일기』

① ⓐ는 이어적기를 하고 있는 반면 ⓕ는 거듭적기를 하고 있군.
② ⓑ는 앞 형태소의 끝소리를 뒤 형태소의 첫소리로 옮겨 적고 있군.
③ ⓒ는 체언과 조사가 결합할 때 형태소의 본 모양을 밝혀서 끊어 적고 있군.
④ ⓓ는 앞 형태소의 끝소리를 뒤 형태소의 첫소리에도 다시 적고 있군.
⑤ ⓔ와 ⓖ는 용언의 어간이 모음으로 시작하는 어미를 만날 때 표기하는 방식이 서로 다르군.

문법 비문학 - 핵심 기출 문제

[2022년 9월 고1 학평 12-13번]

[765-766] 다음 글을 읽고 물음에 답하시오.

언어학자인 소쉬르는 '시간은 모든 것을 변화시킨다. 언어라고 해서 이 보편 법칙을 벗어날 리가 없다.'라고 했다. 이처럼 시간의 흐름에 따라 언어가 변화하기도 하는데 이를 언어의 특성 중 역사성이라고 한다. 이러한 언어의 역사성을 의미와 형태 측면에서 살펴보자.

단어의 의미 변화 양상에는 의미의 확대, 축소, 이동이 있다. 의미 확대는 단어 본래의 의미보다 그 뜻의 사용 범위가 넓어지는 것이고, 반대로 의미 축소는 본래의 의미보다 그 뜻의 사용 범위가 좁아지는 것이다. 그리고 단어의 의미가 조금씩 달라져서 본래의 의미와 거리가 먼 다른 의미로 바뀌기도 하는데, 이를 ㉠의미 이동이라고 한다.

단어의 형태 변화는 ㉡음운의 변화로 인한 것과 유추로 인한 것 등이 있다. 중세 국어의 음운 중 'ㆍ', 'ㅿ', 'ㅸ' 등이 시간이 지나면서 다른 음운으로 바뀌거나 소실되었는데, 이에 따라 단어의 형태도 바뀌게 되었다. 'ㆍ'는 첫째 음절에서는 'ㅏ'로, 둘째 음절 이하에서는 'ㅡ'로 주로 바뀌었으며 'ㅿ'은 대부분 소실되었고 'ㅸ'은 주로 반모음 'ㅗ/ㅜ'로 바뀌었다. 한편 유추란 어떤 단어가 의미적 혹은 형태적으로 비슷한 다른 단어를 본떠 변화하는 것을 말한다. 과거에 '오다'의 명령형은 '오다'에만 결합하는 명령형 어미 '-너라'가 결합한 '오너라'였으나, 사람들이 일반적인 명령형 어미인 '-아라'가 쓰일 것이라고 유추하여 사용한 결과 현재에는 '-아라'가 결합한 '와라'도 쓰인다.

[A] 이와 같은 역사성뿐만 아니라 언어의 특성에는 언어의 내용인 '의미'와 그것을 나타내는 형식인 '말소리' 사이의 관계가 필연적이지 않다는 자의성, 말소리와 의미는 사회의 인정을 통해 관습적으로 결합되어 있어 그 결합은 개인이 함부로 바꿀 수 없는 약속이라는 사회성, 언어를 통해 연속적인 대상이나 개념을 분절적으로 인식하게 된다는 분절성 등이 있다.

765

[A]를 바탕으로 추론한 내용으로 적절하지 않은 것은?

① 경계가 뚜렷하지 않은 '무지개'의 색을 일곱 가지 색으로 구분하는 것은 언어를 통해 대상을 분절적으로 인식하는 것이겠군.

② 여러 사람들이 '소리 없이 빙긋이 웃는 웃음'을 '미소'라고 말하는 것은 의미와 말소리가 관습적으로 결합되어 있기 때문이겠군.

③ 동일한 의미의 대상을 한국어로는 '개', 영어로는 'dog'라고 말하는 것은 의미와 말소리의 관계가 필연적이지 않기 때문이겠군.

④ '바다'의 의미를 '나무'라는 말소리로 표현하면 의사소통이 제대로 안 되는 것은 언어가 개인이 함부로 바꿀 수 없는 사회적 약속이기 때문이겠군.

⑤ '차다'라는 말소리가 '(발로) 차다', '(날씨가) 차다', '(명찰을) 차다' 등 다양한 의미에 대응하는 것은 연속적인 개념을 언어로 나누어 인식하고 있는 것이겠군.

766

<보기>는 언어의 역사성과 관련하여 학생이 수집한 자료이다. ⓐ~ⓔ 중 윗글의 ㉠과 ㉡에 모두 해당하는 것은? [3점]

보 기

- '어리다'는 '나이가 적다'라는 의미인데 예전에는 '어리석다'라는 의미를 나타냈고, 예전에도 '어리다'의 형태로 쓰였다. ······ ⓐ
- '서울'은 '나라의 수도'와 '한반도의 중심부에 있는 도시'를 의미하는데 과거에는 '나라의 수도'만을 의미했고, '셔블'의 형태로 쓰였다. ······ ⓑ
- '싸다'는 '비용이 보통보다 낮다'라는 뜻의 단어인데 예전에는 '그 정도의 값어치가 있다'라는 의미를 나타냈고, 'ᄊᆞ다'의 형태로 쓰였다. ······ ⓒ
- '마음'은 '사람이 본래부터 지닌 성격이나 품성'을 뜻하는 단어인데 예전에는 이와 함께 '심장'을 의미하기도 했고, 'ᄆᆞᅀᆞᆷ'의 형태로 쓰였다. ······ ⓓ
- '서로'는 '짝을 이루는 상대'라는 뜻으로, 예전에 '서르'라고 썼는데 사람들이 일반적으로 부사가 '-로'로 끝나는 것에서 추측하여 사용한 결과 '서르'는 '서로'로 변했다. ······ ⓔ

① ⓐ ② ⓑ ③ ⓒ ④ ⓓ ⑤ ⓔ

[2022년 11월 고1 학평 12-13번]

[767-768] 다음 글을 읽고 물음에 답하시오.

관형어와 부사어는 다른 말을 수식하는 문장 성분이다. 관형어는 체언을 수식하고 부사어는 주로 용언을 수식한다. 관형어나 부사어가 실현되는 방법은 주로 다음과 같다.

(가) <u>저</u> 바다로 <u>어서</u> 떠나자.
(나) <u>찬</u> 공기가 <u>따뜻하게</u> 변했다.
(다) <u>민지의</u> 동생이 <u>학교에</u> 갔다.

(가)의 '저'와 '어서'처럼 관형사와 부사가 그 자체로 각각 관형어와 부사어로 쓰일 수 있다. 또한 (나)의 '찬'과 '따뜻하게'처럼 용언의 어간에 전성 어미가 결합하거나, (다)의 '민지의'와 '학교에'처럼 체언에 격 조사가 결합하여 쓰일 수도 있다.

관형어와 부사어는 문장에서 필수적인 성분이 아니므로 일반적으로 생략이 가능하다. 다만, <u>㉠의존 명사를 수식하는 관형어</u>나 <u>㉡서술어가 필수적으로 요구하는 부사어</u>는 생략할 수 없다. 또한 관형어와 부사어는 각각 여러 개를 겹쳐서 사용할 수 있다.

중세 국어의 관형어와 부사어도 현대 국어와 전반적으로 유사한 양상을 보였으나 격 조사가 쓰일 때 차이를 보였다. 관형격 조사의 경우, 사람이나 동물과 같은 유정 체언 중 높임의 대상이 아닌 것과 결합할 때는 'ᄋᆡ/의'가 쓰였다. 그리고 무정 체언이나 높임의 대상이 되는 유정 체언과 결합할 때는 'ㅅ'이 쓰였다. 부사격 조사의 경우, 결합하는 체언의 끝음절 모음이 양성 모음이면 '애', 음성 모음이면 '에', 'ㅣ'나 반모음 'ㅣ'이면 '예'가 쓰였는데 특정 체언 뒤에서는 'ᄋᆡ/의'가 쓰이기도 했다.

767

윗글을 바탕으로 <보기>의 중세 국어 자료를 이해한 내용으로 적절하지 <u>않은</u> 것은? [3점]

> **보 기**
>
> ○ 불휘 기픈 남ᄀᆞᆫ ᄇᆞᄅᆞ매 아니 뮐ᄊᆡ
> (뿌리가 깊은 나무는 바람에 아니 흔들리므로)
> -「용비어천가」
>
> ○ 員(원)의 지븨 가샤 避仇(피구)ᄒᆞᇙ 소ᄂᆞᆯ 마리
> (원의 집에 가셔서 피구할 손의 말이)
> -「용비어천가」
>
> ○ 뎌 부텻 行(행)과 願(원)과 工巧(공교)ᄒᆞ신 方便(방편)은
> (저 부처의 행과 원과 공교하신 방편은)
> -「석보상절」

① '기픈'을 보니 현대 국어와 마찬가지로 용언 어간에 전성 어미가 결합한 형태의 관형어가 사용되었음을 알 수 있군.
② 'ᄇᆞᄅᆞ매'를 보니 현대 국어와 달리 끝음절 모음이 양성 모음인 체언과 결합할 때는 부사격 조사 '애'가 사용되었음을 알 수 있군.
③ '아니'를 보니 현대 국어와 마찬가지로 부사 자체가 부사어로 사용되었음을 알 수 있군.
④ '員(원)의 지븨'를 보니 현대 국어와 마찬가지로 관형어가 여러 개 겹쳐서 사용되었음을 알 수 있군.
⑤ '부텻'을 보니 현대 국어와 달리 높임의 대상이 되는 유정 체언과 결합할 때는 관형격 조사 'ㅅ'이 사용되었음을 알 수 있군.

768

밑줄 친 부분이 ㉠, ㉡에 해당하는 예로 적절한 것은?

① ㉠ : <u>작은</u> 것이 아름답다.
　 ㉡ : 내가 <u>회장으로</u> 그 회의를 주재하였다.
② ㉠ : <u>그</u> 집은 주변 풍경과 잘 어울린다.
　 ㉡ : 이 그림은 가짜인데도 <u>진짜와</u> 똑같다.
③ ㉠ : 친구에게 책을 <u>한</u> 권 선물 받았다.
　 ㉡ : 강아지들이 <u>마당에서</u> 뛰논다.
④ ㉠ : 자라나는 어린이들은 <u>나라의</u> 보배이다.
　 ㉡ : 이삿짐을 <u>바닥에</u> 가지런히 놓았다.
⑤ ㉠ : 그는 <u>노력한</u> 만큼 좋은 결과를 얻었다.
　 ㉡ : 나는 꽃꽂이를 <u>취미로</u> 삼았다.

[2017년 11월 고2 학평 14-15번]

[769-770] 다음 글을 읽고 물음에 답하시오.

시제란 발화시를 기준으로 사건시의 선후 관계에 따라 과거, 현재, 미래를 구분하는 문법 범주를 가리킨다. 이때 발화시는 말하는 시점을, 사건시는 사건이 일어나는 시점을 말한다.

과거 시제는 일반적으로 사건시가 발화시에 선행하는 시간 표현으로 규정되는데, 선어말 어미 '-았-/-었-'과 관형사형 어미 '-(으)ㄴ' 등을 통해 실현된다. 그리고 '어제', '옛날'과 같은 시간 부사어와 결합하여 그 의미가 구체화되기도 한다. 현재와 단절된 상황이나 먼 과거는 '-았었-/-었었-'을 통해 표현되기도 한다. 과거 시제 선어말 어미 중 '-더-'는 발화자가 과거에 경험한 일을 회상할 때 쓰이는데, 주어가 1인칭인 경우 쓰임에 제약이 따르기도 한다. '-았-/-었-'이 사용되었다고 해도 경우에 따라 사건시가 발화시와 일치하는 현재의 일이나 사건시가 발화시 이후인 미래의 일을 표시하는 데에도 쓰일 수 있다.

현재 시제는 일반적으로 사건시와 발화시가 일치하는 시간 표현이다. 동사의 경우 선어말 어미 '-는-/-ㄴ-'을 통해, 형용사와 서술격 조사의 경우에는 선어말 어미 없이 현재 시제를 표현한다. 또한 관형사형 어미 '-는', '-(으)ㄴ'을 통해서도 현재 시제를 표현할 수 있으며, '지금'과 같은 시간 부사어와 결합하여 그 의미가 구체화되기도 한다. 현재 시제가 사용된 표현은 보편적인 사실과 미래에 예정된 일을 나타낼 때에도 사용된다.

미래 시제는 사건시가 발화시 이후인 시간 표현이다. 이를 표현하는 선어말 어미로는 보편적으로 '-겠-'이 사용되며, '-(으)리-'가 사용되어 예스러운 의미를 나타내기도 한다. 그리고 관형사형 어미로는 '-(으)ㄹ'이 사용된다. 미래 시제는 '내일'과 같은 시간 부사어와 결합하여 의미가 구체화되기도 한다.

중세 국어도 과거, 현재, 미래의 삼분 체계를 가진다는 점에서 현대 국어와 동일하다. 다만 이를 표현하는 방식에 있어서는 차이가 있었다. 중세 국어에서 동사의 경우, 과거 시제는 선어말 어미 없이 표현하거나 선어말 어미 '-더-'를 사용하여 표현하였다. 중세에는 '-더-'가 현대 국어와는 달리 모든 인칭에 두루 쓰였으며, 1인칭 주어와 함께 쓰이는 경우에는 '-다-'로 나타났다. 현재 시제는 선어말 어미 '-ᄂᆞ-/-ㄴ-'을 써서 표현하였으며, 이는 보편적인 사실을 나타내기도 한다. 미래 시제는 '-리-'를 써서 표현하였다.

769

다음은 현대 국어의 시제에 대한 탐구 활동지의 일부이다. 윗글을 바탕으로 할 때 ㉮에 들어갈 내용으로 적절하지 않은 것은? [3점]

※ 다음의 장면들로 문장을 만들어 현대 국어의 시제를 탐구해 보자. 이때 발화자는 '나'이며 ⓐ, ⓑ, ⓒ 장면의 인물도 발화자와 동일하다.

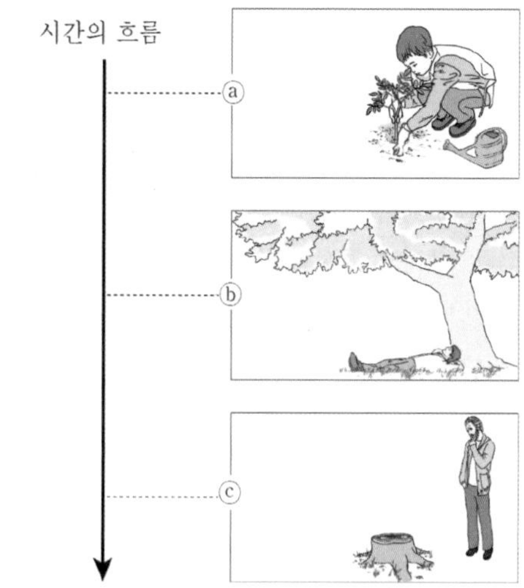

탐구 내용: ㉮

① ⓐ에서 발화시와 사건시가 동일하다면, 선어말 어미 '-는-'을 사용하여 '나는 묘목을 심는다.'와 같이 표현할 수 있다.

② ⓐ에서 사건시가 발화시 이후인 ⓑ를 나타내고자 한다면, 선어말 어미 '-겠-'을 사용하여 '묘목이 자라면 나무 아래에서 잘 수 있겠지.'와 같이 표현할 수 있다.

③ ⓐ를 시간적으로 거리가 먼 ⓒ에서 발화한다면, 선어말 어미 '-었었-'을 사용하여 '나는 묘목을 심었었지.'와 같이 표현할 수 있다.

④ ⓒ에서 ⓑ를 회상하여 발화할 때 '나는 나무 아래에서 자더라.'와 같은 표현이 어색한 것은 선어말 어미 '-더-'의 사용에 제약이 따르기 때문이다.

⑤ ⓒ에서 발화시보다 사건시가 선행할 때 선어말 어미 '-았-'을 사용하여 '이제 나무 아래에서 낮잠은 다 잤다.'와 같이 표현할 수 있다.

770

윗글을 바탕으로 <보기>의 밑줄 친 부분에 나타난 중세 국어의 특징을 이해한 내용으로 적절하지 않은 것은?

보 기

(가) 주거미 닐오ᄃᆡ "내 ᄒᆞ마 명종(命終)호라" 「월인석보」
[현대어 풀이] 주검이 말하기를, "내가 이미 죽었다."

(나) 내 롱담ᄒᆞ다라 「석보상절」
[현대어 풀이] 내가 농담하였다.

(다) 네 이제 ᄯᅩ 묻ᄂᆞ다 「월인석보」
[현대어 풀이] 네가 이제 또 묻는다.

(라) 하ᄂᆞᆯ히며 사ᄅᆞᆷ 사ᄂᆞᆫ ᄯᅡ혈 다 뫼호아 세계(世界)라 ᄒᆞᄂᆞ니라 「월인석보」
[현대어 풀이] 하늘이며 사람 사는 땅을 다 모아서 세계라 한다.

(마) 내 이제 분명(分明)히 너ᄃᆞ려 닐오리라 「석보상절」
[현대어 풀이] 내가 이제 분명히 너에게 말하겠다

① (가) : 시제를 나타내는 선어말 어미 없이 과거의 의미를 나타내고 있군.
② (나) : 주어가 1인칭이므로 선어말 어미 '-다-'를 사용하여 과거의 의미를 나타내고 있군.
③ (다) : 선어말 어미 '-ᄂᆞ-'를 통해 현재의 의미를 나타내고 있군.
④ (라) : 현재형 선어말 어미가 사용되어 보편적인 사실을 나타내고 있군.
⑤ (마) : 오늘날 사용되지 않는 선어말 어미를 통해 미래의 의미를 나타내고 있군.

[2018년 3월 고2 학평 14-15번]

[771-772] 다음 글을 읽고 물음에 답하시오.

다른 문장 속에 들어가 하나의 문장 성분처럼 쓰이는 문장을 안긴문장이라고 하며, 이 안긴문장을 포함한 문장을 안은문장이라고 한다. 안긴문장에는 명사절, 관형절, 부사절, 서술절, 인용절이 있는데, 이 가운데 명사절은 서술어로 쓰인 용언의 어간에 명사형 어미 '-(으)ㅁ', '-기'가 붙어 만들어진다. 명사형 어미는 안긴문장에서 서술어로 쓰이는 용언이 서술 기능을 그대로 유지하면서 명사처럼 기능하도록 용언의 문법적인 기능을 바꾼다.

ㄱ. 그것이 사실임이 틀림없다.
ㄴ. 나는 그것이 사실이기를 바란다.

명사절은 문장에서 주어, 목적어, 부사어 등 다양한 문장 성분으로 쓰이는데, 위의 예문에서 ㄱ의 명사절은 주어의 기능을 하고, ㄴ의 명사절은 목적어의 기능을 한다.

한편 중세 국어에서도 다양한 명사형 어미가 사용되어 만들어진 명사절이 문장에서 여러 가지 문장 성분으로 쓰였다. 중세에 사용된 명사형 어미로는 '-옴/움'과 '-기', '-디' 등이 있었다. 이 가운데 '-옴'과 '-움'은 모음 조화에 따라 양성 모음 뒤에서는 '-옴'이, 음성 모음 뒤에서는 '-움'이 쓰였다.

771

윗글을 참고할 때, ㉠~㉣ 중 명사절이 동일한 문장 성분으로 사용된 것끼리 묶인 것은?

보 기

㉠ 농부들은 비가 오기를 기다린다.
㉡ 지금은 집에 가기에 이른 시간이다.
㉢ 그는 1년 후에 돌아가기로 결심했다.
㉣ 어린 아이들은 병원에 가기 싫어한다.

① ㉠, ㉡ / ㉢, ㉣
② ㉠, ㉢ / ㉡, ㉣
③ ㉠, ㉣ / ㉡, ㉢
④ ㉠ / ㉡, ㉢, ㉣
⑤ ㉠ / ㉡, ㉢ / ㉣

문법 비문학 - 핵심 기출 문제

772

윗글을 참고할 때, ⓐ~ⓔ 중 명사절이 포함되어 있지 않은 것은? [3점]

보 기

ⓐ 날로 ᄡᅳ메 뼌한킈 ᄒᆞ고져
(나날이 씀에 편하게 하고자)
ⓑ 구르믜 숙수기 둡ᄃᆞᆺ ᄒᆞ시니라
(구름이 축축하게 덮듯 하시니라)
ⓒ 부모ᄅᆞᆯ 현뎌케 홈이 효도ᄋᆡ ᄆᆞᄎᆞᆷ이니라
(부모를 드러나게 함이 효도의 끝이니라)
ⓓ 본향(本鄕)애 도라옴만 ᄀᆞᆮ디 몯ᄒᆞ니라
(본향에 돌아옴만 같지 못하니라)
ⓔ 내 겨지비라 가져 가디 어려ᄫᅳᆯᄊᆡ
(내가 계집이라 가져가기 어려우니)

① ⓐ ② ⓑ ③ ⓒ ④ ⓓ ⑤ ⓔ

[2018년 6월 고2 학평 11-12번]

[773-774] 다음 글을 읽고 물음에 답하시오.

현대 국어와 중세 국어는 문법적으로 많은 차이가 있는데, 격 조사의 차이도 그중 하나이다. 현대 국어에서는 주격 조사로 '이 / 가'를, 목적격 조사로 '을 / 를'을, 관형격 조사로 '의'를 사용하고 있지만, 중세 국어에서는 음운 환경에 따라 주격 조사, 목적격 조사, 관형격 조사가 오늘날보다 다양하게 사용되었다.

먼저 주격 조사는 '이'만 사용하였는데, 이때 '이'는 음운 환경에 따라 그 형태가 조금씩 달랐다. 앞말이 자음으로 끝나면 '이'를 썼지만, 'ㅣ'를 제외한 모음으로 끝나면 'ㅣ'를 붙여 썼고, 'ㅣ'로 끝나면 주격 조사를 표기하지 않았다. 예를 들어, '사ᄅᆞᆷ'에는 '이'가 붙고, '부텨'에는 'ㅣ'가 붙는다. 그러나 '비'와 같은 경우에는 따로 주격 조사를 붙이지 않는다.

다음으로 목적격 조사는 'ᄋᆞᆯ / 을 / ᄅᆞᆯ / 를'을 사용하였다. 앞말이 자음으로 끝날 경우 'ᄋᆞᆯ / 을', 모음으로 끝날 경우 'ᄅᆞᆯ / 를'로 표기하였다. 또 앞말의 모음이 양성 모음이면 'ᄋᆞᆯ / ᄅᆞᆯ'로, 음성 모음이면 '을 / 를'로 표기하였다. 각각의 상황을 예로 들면, 'ᄆᆞᅀᆞᆷ'에는 'ᄋᆞᆯ'이, '구름'에는 '을'이, '나'에는 'ᄅᆞᆯ'이, '너'에는 '를'이 붙는다.

[A] 끝으로 관형격 조사는 단어의 의미와 음운 환경에 따라 'ᄋᆡ / 의'와 'ㅅ'을 사용하였다. 'ᄋᆡ / 의'는 앞에 오는 명사가 사람이나 동물일 때 사용하였는데, 앞말의 모음이 양성 모음일 때는 'ᄋᆡ'를, 음성 모음일 때는 '의'를 사용하였다. 'ㅅ' 은 앞에 오는 명사가 사람이면서 높임의 대상이거나, 사람도 아니고 동물도 아닐 때 사용하였다. 예를 들어, 'ᄂᆞᆷ'은 사람이고 'ㆍ(아래아)'가 양성 모음이기 때문에 'ᄋᆡ'가 붙고, '벌'은 동물이고 'ㅓ'가 음성 모음이기 때문에 '의'가 붙는다. 반면에 '부텨'는 사람이면서 높임의 대상이기 때문에 'ㅅ'이 붙는다.

773

윗글에 대한 이해로 적절하지 않은 것은?

① 현대 국어의 주격 조사 중에는 중세 국어에서 사용하지 않았던 것이 있다.
② 중세 국어에는 음운 환경에 따라 주격 조사를 표기하지 않는 경우도 있었다.
③ 현대 국어보다 중세 국어에서 사용된 목적격 조사의 형태가 더 다양하였다.
④ 중세 국어에서 앞말이 모음으로 끝나면 예외 없이 주격 조사 'ㅣ'가 사용되었다.
⑤ 중세 국어에서 앞말의 모음이 양성 모음이고 자음으로 끝나면 목적격 조사로 'ᄋᆞᆯ'을 사용하였다.

774

[A]를 참고할 때, <보기>의 ㉠과 ㉡에 들어갈 조사로 적절한 것은?

보 기

[중세 국어] 거붑 + ㉠ 터리 ᄀᆞᆮ고
[현대 국어] 거북의 털과 같고

[중세 국어] 하ᄂᆞᆯ + ㉡ 光明이 믄득 번ᄒᆞ거늘
[현대 국어] 하늘의 광명이 문득 훤하거늘

	㉠	㉡
①	의	ㅅ
②	ᄋᆡ	ᄋᆡ
③	의	ᄋᆡ
④	ᄋᆡ	ㅅ
⑤	의	의

[2019년 3월 고2 학평 11-12번]

[775-776] 다음 글을 읽고 물음에 답하시오.

반모음과 관련된 대표적인 음운 현상으로 '반모음 첨가'와 '반모음화'가 있다. 현대 국어에서 반모음 첨가는 모음으로 끝나는 형태소 뒤에 모음으로 시작하는 형태소가 올 때 일어난다. 어간 '피-'에 어미 '-어'가 결합할 때 '피어'가 [피여]로 소리 나는 경우가 대표적인데 이때 어미에는 'ㅣ'계 반모음인 'ĭ'가 첨가된다. 어미 '-어'에 'ĭ'가 첨가되어 '되어[되여]', '쥐어[쥐여]'로 발음되는 경우도 마찬가지이다. 이렇게 어간이 'ㅣ, ㅚ, ㅟ'로 끝날 때 어미에 반모음 'ĭ'가 첨가되어 발음되는 경우는 표준 발음으로 인정되지만 표기할 때는 음운 변동이 일어나지 않은 형태로 해야 한다.

한편 '피어'는 [펴:]로 발음되기도 한다. '피 + 어 → [펴:]'의 경우처럼 두 개의 단모음이 나란히 놓일 때 하나의 단모음이 반모음으로 교체되는 음운 현상을 반모음화라고 부른다. 반모음화는 반모음과 성질이 비슷한 단모음에 적용되는 것으로, [펴:]의 경우 단모음 'ㅣ'가 소리가 유사한 반모음 'ĭ'로 교체된 것이다. [펴:]와 같이 반모음화가 일어난 경우도 규범상 표준 발음으로 인정된다.

15세기 국어 자료에서도 반모음 첨가나 반모음화가 일어난 것으로 추정되는 흔적을 찾을 수 있다. 15세기에는 표음적 표기* 를 지향했기 때문에 문헌의 표기 상태를 통해 당시의 음운 현상을 추론할 수 있는데, 15세기 국어 자료에서 반모음 첨가나 반모음화가 일어난 것으로 보이는 표기들이 관찰되는 것이다. 어간 '쉬-'에 어미 '-어'가 결합할 때 '쉬여'로 표기된 사례나 어간 'ᄒᆞ리-'에 어미 '-어'가 결합할 때 'ᄒᆞ리여'로 표기된 것은 반모음 첨가가 일어난 사례로 생각된다. 여기서 '쉬여'는 현대 국어의 [피여]와는 다른 음운 환경에서 반모음 첨가가 일어난 것인데, 15세기에는 'ㅟ' 표기가 'ㅜ'와 'ĭ'가 결합한 이중 모음을 나타냈을 것으로 추정되기 때문이다. 'ᆡ, ㅐ, ㅔ, ㅚ, ㅢ' 표기도 'ㅟ'와 마찬가지 방식으로 이중 모음을 나타냈을 것으로 추정된다. 따라서 '쉬여'는 ㉠<u>'ᆡ, ㅐ, ㅔ, ㅚ, ㅟ, ㅢ'가 이중 모음을 나타낸 것이라고 할 경우 반모음 'ĭ' 뒤에서 일어난 반모음 첨가</u>의 사례인 것이다. 이와 달리 어간 'ᄡᅮ미-'에 어미 '-어'가 결합할 때 'ᄡᅮ며'로 표기된 경우는 현대 국어의 [펴:]처럼 ㉡<u>어간이 'ㅣ'로 끝나는 용언에서 일어난 반모음화</u>의 사례라고 할 수 있다. 또한 15세기 국어에서 체언 '바' 뒤에 주격 조사 '이'가 붙을 때 '배'로 표기된 사례도 반모음화로 설명할 수 있다.

* 표음적 표기: 발음 형태대로 적는 표기 방식.

775

윗글에 대한 이해로 적절하지 않은 것은?

① 현대 국어에서 '피어'를 [펴:]로 발음하는 것은 표준 발음으로 인정된다.

② 현대 국어에서 '피어'를 [펴:]로 발음할 때는 어간의 단모음이 반모음으로 교체된다.

③ 현대 국어에서 '피어'에 반모음 첨가가 일어나도 '피여'라고 적는 것은 허용되지 않는다.

④ 15세기 국어의 'ㅚ' 표기는 단모음 'ㅗ'와 반모음 'ㅣ'가 결합한 이중 모음을 나타냈을 것으로 추정된다.

⑤ 15세기 국어의 체언 '바'에 주격 조사 '이'가 붙어 '배'로 표기된 사례에서는 체언의 단모음이 반모음으로 교체되었을 것으로 추정된다.

776

<보기>의 ⓐ~ⓓ 중 윗글의 ㉠과 ㉡에 해당하는 사례로 적절한 것은?

보 기

15세기 국어 자료 (현대어 풀이)	밑줄 친 부분의 음운 변동 과정
ⓐ내 이ᄅᆞᆯ 爲윙ᄒᆞ야 (내가 이를 위하여)	나 + 이 → 내
수ᄫᅵ ⓑ니겨 (쉽게 익혀)	니기 + 어 → 니겨
ᄇᆡᆺ 바다ᄋᆞ로 ⓒ긔여 (배의 바닥으로 기어)	긔 + 어 → 긔여
ᄯᅡ해 ⓓ디여 (땅에 거꾸러져)	디 + 어 → 디여

	㉠	㉡
①	ⓑ	ⓐ
②	ⓒ	ⓑ
③	ⓒ	ⓓ
④	ⓓ	ⓐ
⑤	ⓓ	ⓒ

[2020년 11월 고2 학평 11-12번]

[777-778] 다음 글을 읽고 물음에 답하시오.

국어에서는 시간을 언어적으로 표현한 것을 시간 표현이라고 한다. 시간 표현에는 시제와 동작상이 있는데, 시제는 말하는 시점인 발화시를 기준으로 어떤 동작이나 상태가 일어난 시점인 사건시와의 관계를 과거, 현재, 미래와 같은 시간으로 나타내는 문법 요소이다.

동작상은 시간이 흐름 속에서 동작이 일어나는 양상을 표현하는 문법 요소이다. 일반적으로 동작상은 '-고 있다', '-아/어 있다' 등과 같이 보조적 연결 어미와 보조 용언의 결합으로 실현된다. 또한 '-(으)면서', '-고서' 등과 같은 연결 어미를 통해서 실현되기도 한다. 동작상은 어떤 사건이 특정 시간의 흐름 속에서 계속 이어지고 있음을 나타내는 진행상과, 어떤 사건이 끝났거나 끝난 후의 결과가 지속되고 있음을 나타내는 완료상으로 구분할 수 있다.

그런데 '그가 넥타이를 매고 있다.'라는 문장에서처럼 진행상을 나타내는 대표적인 표현이 완료상으로도 해석되는 경우가 있다. 이 문장은 그가 넥타이를 매는 중이라는 진행상으로 해석할 수도 있지만, 넥타이를 맨 채로 있다는 완료상으로 해석할 수도 있다. 이와 같이 신체에 무언가를 접촉하는 행위 중 어느 정도 시간의 폭을 요구하는 동사에, '-고 있다'가 쓰이면 중의적인 의미를 가지게 된다.

중세 국어에서도 '-아/어 잇다' 등과 같이 보조적 연결 어미와 보조 용언의 결합이나, '-(으)며셔', '-고셔' 등과 같은 연결어미를 통해 동작상이 실현되었음을 확인할 수 있다. 한편 중세 국어의 '-아/어 잇다'는 현대 국어의 '-아/어 있다'와 달리 진행상을 실현할 때와 완료상을 실현할 때 모두 사용되었다. 그리고 어간과 결합하는 보조적 연결 어미 '-아'는 'ᄒᆞ-' 뒤에서 '-야'의 형태로 바뀌어 나타났다.

777

윗글을 바탕으로 <보기>를 탐구한 내용으로 적절하지 않은 것은? [3점]

보 기

ㄱ. 동생이 책을 읽고 있다.
ㄴ. 꽃이 아름답게 피어 있다.
ㄷ. 나는 노래를 부르면서 걸었다.
ㄹ. 그는 빨간 티셔츠를 입고 있다.
ㅁ. 나는 밥을 먹고서 집을 나섰다.

① ㄱ은 사건시와 발화시가 일치하는 시제가 나타나며, '-고 있다'를 통해 사건이 계속 이어지고 있음을 표현하고 있다.
② ㄴ은 어떤 사건이 끝난 후의 결과가 지속되고 있음을 나타내는 완료상이 실현되어 있다.
③ ㄷ은 연결 어미를 통해 시간의 흐름 속에서 사건이 완료되었음을 표현하고 있다.
④ ㄹ은 진행상으로 해석할 수도 있지만, 완료상으로도 해석할 수 있다.
⑤ ㅁ은 사건시가 발화시보다 앞서는 시제가 나타나며, '-고서'를 통해 사건이 끝났음을 나타내는 동작상을 표현하고 있다.

778

윗글을 참고하여 <보기>를 이해한 내용으로 적절하지 않은 것은?

보 기

[중세 국어 자료]

ㄱ. 고ᄌᆞ기 안자 잇거늘
[현대어] 꼿꼿하게 앉아 있거늘
ㄴ. 서늘ᄒᆞᆫ ᄃᆡ 쉬며셔 자더니
[현대어] 서늘한 곳에서 쉬면서 잤는데
ㄷ. 누늘 長常(장상) ᄣᅡ아 잇더라
[현대어] 눈을 항상 쳐다보고 있었다.
ㄹ. ᄣᅵ 무든 옷 닙고 시름ᄒᆞ야 잇더니
[현대어] 때 묻은 옷을 입고 걱정하고 있더니
ㅁ. 문 닫고셔 오직 닐오ᄃᆡ
[현대어] 문을 닫고서 오직 이르되

① ㄱ에는 '-아 잇다'가 활용된 형태로 완료상이 표현되어 있음을 확인할 수 있겠군.
② ㄴ에는 연결 어미가 사용되어 동작상이 표현되어 있음을 확인할 수 있겠군.
③ ㄷ에는 '-아 잇다'의 활용된 형태가 현대 국어의 '-아 있다'와 달리 진행의 의미로 표현되어 있음을 확인할 수 있겠군.
④ ㄷ과 ㄹ을 비교해 보니 보조적 연결 어미 '-아'가 'ᄒᆞ-' 뒤에서는 '-야'의 형태로 나타나 있음을 확인할 수 있겠군.
⑤ ㄹ과 ㅁ에서는 보조적 연결 어미와 보조 용언이 결합된 형태로 동작상이 표현되어 있음을 확인할 수 있겠군.

[2021년 6월 고2 학평 11-12번]

[779-780] 다음 글을 읽고 물음에 답하시오.

의문문은 일반적으로 화자가 청자에게 질문하여 대답을 요구하는 문장이다. 의문문은 상대 높임에 따라 다양한 의문형 종결 어미로 표현되며, 의문사가 함께 나타나기도 한다. 의문문의 가장 대표적인 유형이 판정 의문문과 설명 의문문이다.

판정 의문문은 화자의 질문에 대하여 긍정이나 부정의 대답을 요구하는 의문문이다. 판정 의문문이 부정문일 때는 질문하는 사람에 긍정적이면 '응/예/네'로, 부정적이면 '아니(요)'로 대답한다. 판정 의문문 중 화자가 이미 알고 있거나 믿고 있는 사실에 대하여 청자의 동의를 구하거나 확인을 할 때는 어미 '-지' 또는 '-지 않-'을 활용한다. 예를 들어, 청자가 밥을 먹은 것을 확인하기 위해, "밥은 먹었지?" 또는 "밥은 먹었지 않니?"라는 의문문을 쓸 수 있다. 한편 "너는 학교에 갔니 안 갔니?"처럼 선택을 요구하는 의문문도 가부의 답변을 요구한다는 점에서 판정 의문문에 포함한다.

설명 의문문은 주로 의문사가 사용되어 그 의문사가 가리키는 내용에 대하여 청자가 구체적으로 설명해 주기를 요구하는 의문문이다. 의문사에는 '누구, 무엇, 어디, 언제' 등의 의문 대명사, '몇, 어떤'과 같은 의문 관형사, '왜, 어찌'와 같은 의문 부사, '어떠하다, 어찌하다'와 같은 의문 용언 등이 있다. 예를 들어, "어디 가니?"의 경우, "학교 가요."와 같은 대답을 요구하면 설명 의문문이다. 의문 대명사가 포함된 의문문의 경우, 상황에 따라 판정 의문문으로 사용되기도 한다. 이때의 의문 대명사는 정해지지 아니한 사람, 물건, 방향, 장소 따위를 가리키는 부정칭 대명사로 볼 수 있다. 앞의 "어디 가니?"의 경우, "예." 또는 "아니요."의 대답을 요구하면 판정 의문문이 되며, 이때의 '어디'는 부정칭 대명사로 사용된 것이다.

한편, 중세 국어에서는 현대 국어에서와 달리 보조사를 사용해서도 의문문을 만들 수 있었다. 즉, 의문사나 '-녀', '-뇨'와 같은 종결 어미 외에도 '가'와 '고'와 같은 보조사를 이용하여 의문문을 만들었다.

문법 비문학 - 핵심 기출 문제

779

윗글을 바탕으로 <보기>를 탐구한 내용으로 적절하지 않은 것은?

보 기

○ 일찍 등교한 친구끼리 교실에서
A : 왜 이리 힘이 없어. ㉠아침 못 먹었어?
B : 응, ㉡너도 못 먹었지? 매점 가서 해결하자.
○ 함께 하교하는 친구끼리 버스 안에서
A : ㉢너 오늘 저녁에 무엇을 하니?
B : 아니. ㉣넌 무엇을 하니?
○ 친구끼리 길을 걸으면서
A : ㉤아까부터 왜 자꾸 웃기만 하는 거야?
B : 어제 본 영화가 자꾸 생각이 나서.

① ㉠ : 청자의 반응으로 보아 청자에게 긍정이나 부정의 대답을 요구하는 것으로 볼 수 있다.
② ㉡ : 자신이 믿고 있는 사실을 청자에게 확인하려는 것으로 볼 수 있다.
③ ㉢ : 이어지는 대답에 따르면 의문사가 가리키는 내용을 설명해 달라는 의도를 드러낸 것으로 볼 수 있다.
④ ㉣ : 청자가 긍정이나 부정의 대답을 하면 의문사를 부정칭 대명사로 사용한 것으로 볼 수 있다.
⑤ ㉤ : 청자의 반응으로 보아 화자는 의문의 초점에 대해 구체적인 설명을 요청하는 것으로 볼 수 있다.

780

윗글을 참고하여 <보기>의 중세 국어를 이해한 내용으로 가장 적절한 것은? [3점]

보 기

[탐구 과제] 다음에 제시된 사례들을 바탕으로 중세 국어의 의문문에 대해 알아보자.

ㄱ. 이 ᄯᆞ리 너희 죵가
[현대 국어] 이 딸이 너희의 종인가?
ㄴ. 이 大施主(대시주)의 功德(공덕)이 하녀 져그녀
[현대 국어] 이 대시주의 공덕이 많으냐 적으냐?
ㄷ. 이 엇던 光名(광명)고
[현대 국어] 이것이 어떤 광명인가?
ㄹ. 太子(태자)ㅣ 이제 어듸 잇ᄂᆞ뇨
[현대 국어] 태자는 지금 어디 있느냐?

[탐구 결과] 'ㄱ'과 'ㄴ'은 판정 의문문에, 'ㄷ'과 'ㄹ'은 설명 의문문에 해당한다.

① 판정 의문문과 달리 설명 의문문에서는 종결 어미를 활용하였다.
② 긍정이나 부정의 대답을 요구할 때 사용하는 의문사가 따로 있었다.
③ 판정 의문문을 만들 때는 보조사와 종결 어미를 동시에 사용 하였다.
④ 판정 의문문에 사용되는 보조사와 종결 어미의 형태가 설명 의문문과 달랐다.
⑤ 의문사를 포함한 의문문이 청자에게 선택을 요청하는 의문문으로 쓰이기도 했다.

[2021년 11월 고2 학평 11-12번]

[781-782] 다음 글을 읽고 물음에 답하시오.

부사어는 문장 구성에 부속적인 성분으로 주로 용언을 꾸며 주는 말이다. 부사어는 수식 범위에 따라서 성분 부사어와 문장 부사어로 나눌 수 있다. 성분 부사어는 문장의 특정한 성분을 수식하는 부사어이다. 이때 문장의 특정한 성분이란 서술어나 관형어, 부사어 등을 일컫는다. 문장 부사어는 문장 전체를 수식하는 부사어인데 이들 중 일부는 특정 표현과 호응 관계를 이루기도 한다. 부사어 중에는 문장과 문장을 이어 주는 기능을 하는 접속 부사어도 있는데, 일반적으로 문장 부사어에 포함된다.

부사어는 수의적 성분이지만 간혹 서술어가 필수적으로 요구하는 성분이 되기도 한다. '동생이 귀엽게 군다.'와 '민들레는 씀바귀와 비슷하다.'에서 '귀엽게'와 '씀바귀와'가 없으면 각각의 문장은 불완전한 문장이 된다.

부사어는 주로 세 가지 방식으로 형성된다. 첫 번째는 부사가 그대로 부사어가 되는 것이다. 두 번째는 용언의 어간에 부사형 어미가 붙어 부사어가 되는 것이다. 세 번째는 체언에 부사격 조사가 붙어 부사어가 되는 것이다. 이때 부사격 조사는 종류가 매우 다양하며, 같은 형태의 부사격 조사라고 해도 문맥에 따라 다양한 의미로 사용되기도 한다. '바람에 꽃이 지다.'에서 '에'는 '원인'을 의미하지만, '오후에 운동을 한다.'에서 '에'는 '시간'을 의미하는 것이 이와 같은 예이다.

[A] 중세 국어의 부사격 조사는 현대 국어와 유사한 방식으로 나타나는 경우가 많았지만, 일부 부사격 조사에서는 현대 국어와 다른 양상을 보이기도 한다. 그중 대표적인 것으로는 '애/에/예, ᄋᆡ/의', 'ᄋᆞ로/으로', '라와', '이' 등이 있다. 첫 번째로 '장소'의 의미를 나타내는 부사격 조사인 '애/에/예'는 결합한 체언의 끝음절 모음이 양성 모음이면 '애', 음성 모음이면 '에', 'ㅣ'나 반모음 'ㅣ'이면 '예'가 쓰였는데, 특정 체언들 뒤에서는 'ᄋᆡ/의'로 쓰이기도 했다. 두 번째로 'ᄋᆞ로/으로'는 '출발점'의 의미를 나타내는 부사격 조사로 쓰였는데, 현대 국어에서는 '으로'가 '출발점'을 나타내는 의미로 쓰이지 않는다. 세 번째로 '비교'의 의미를 가지고 있는 부사격 조사인 '라와'는 현대 국어에는 나타나지 않으며, 마찬가지로 '비교'의 의미를 가지고 있는 부사격 조사인 '이'는 현대 국어에서는 사용되지 않는다.

781

윗글을 바탕으로 <보기>를 이해한 내용으로 적절하지 않은 것은?

보 기

엄마 : 민수야, ㉠아침에 ㉡친구와 싸웠다며?
민수 : 엄마, ㉢설마 제가 잘못했다고 생각하시는 거예요?
엄마 : 아니야. ㉣결코 그렇지 않아. 민수가 무엇 ㉤때문에 그랬는지 알고 싶어서 그래.
민수 : 죄송해요. 제가 오해했어요. ㉥그런데 생각해보니 제가 친구를 너무 ㉦편하게 대했던 것 같아요.

① ㉠과 ㉤은 같은 형태의 부사격 조사가 서로 다른 의미로 사용되었군.
② ㉡과 ㉢은 서술어가 필수적으로 요구하는 성분이겠군.
③ ㉣은 문장 전체를 수식하며 특정 표현과 호응 관계를 이루고 있군.
④ ㉥은 문장과 문장을 이어 주는 기능을 하고 있군.
⑤ ㉦은 용언의 어간에 부사형 어미가 붙어 특정한 성분을 꾸며 주고 있군.

782

[A]를 참고할 때, <보기>의 ⓐ~ⓔ에 들어갈 내용으로 적절하지 않은 것은? [3점]

보 기

[탐구 주제]
◦중세 국어의 부사격 조사에 대해 탐구해 보자.

[탐구 자료]

예		성분 분석		탐구 결과
내히 이러 바ᄅᆞ래 가ᄂᆞ니 (내가 이루어져 바다에 가느니)	→	바ᄅᆞᆯ+애	→	ⓐ
뎌 지븨 가려 ᄒᆞ시니. (저 집에 가려 하시니)	→	집+의	→	ⓑ
貪欲앳 브리 이 블라와 더으니라 (탐욕의 불은 이 불보다 더한 것이다)	→	블+라와	→	ⓒ
거부븨 터리 ᄀᆞᆮ고 (거북의 털과 같고)	→	털+이	→	ⓓ
이에셔 사던 저그로 오ᄂᆞᆳ날 ᄀᆞ장 (여기에서 살던 때로부터 오늘날까지)	→	적+으로	→	ⓔ

① ⓐ : '애'는 선행 체언의 끝음절 모음이 양성 모음이기 때문에 사용된 것이겠군.
② ⓑ : '의'는 특정 체언 뒤에 붙어 장소를 나타내는 부사격 조사로 사용된 것이겠군.
③ ⓒ : '라와'는 현대 국어에서 쓰이지 않는 부사격 조사가 비교의 의미로 사용된 것이겠군.
④ ⓓ : '이'는 현대 국어와 달리 'ㅣ'모음 뒤에서 부사격 조사로 사용된 것이겠군.
⑤ ⓔ : '으로'는 현대 국어에서의 의미와 달리 출발점의 의미로 사용된 것이겠군.

문법 비문학 - 핵심 기출 문제

[2022년 3월 고2 학평 11-12번]

[783-784] 다음 글을 읽고 물음에 답하시오.

높임 표현은 높임의 대상에 따라 주체 높임, 객체 높임, 상대 높임으로 나뉜다. 주체 높임은 서술의 주체, 곧 문장의 주어가 지시하는 대상을 높이는 것이다. 현대 국어의 주체 높임은 선어말 어미 '-(으)시-'나 주격 조사 '께서', 특수 어휘 '잡수다', '계시다' 등을 통해 실현된다. 중세 국어의 주체 높임도 선어말 어미 '-(ᄋᆞ/으)시-'로 실현되었으며, 이는 '-(ᄋᆞ/으)샤-'로도 나타났다. 또한 '좌시다', '겨시다' 등의 높임을 나타내는 특수 어휘도 존재하였다.

[A] 주체 높임은 일반적으로 주체의 나이가 화자보다 많거나 사회적 지위 등이 화자보다 높을 때 실현된다. 하지만 주체와 청자의 관계, 담화 상황 등을 고려하여 주체가 높임의 대상이라도 높이지 않거나, 주체가 높임의 대상이 아니라도 높이기도 한다. 가령 방송과 같은 공적 담화에서는 객관성을 고려하여 주체를 높이지 않는 경우가 있다. 또한 주체의 신체 일부, 소유물 등 주체와 밀접한 관련이 있는 대상을 높임으로써 주체를 간접적으로 높일 수도 있는데, 이를 간접 높임이라고 한다.

객체 높임은 서술의 객체인, 문장의 목적어나 부사어가 지시하는 대상을 높이는 것이다. 현대 국어의 객체 높임은 부사격 조사 '께'나 '모시다', '여쭙다' 등의 특수 어휘를 통해서만 실현된다. 중세 국어의 객체 높임은 부사격 조사 'ᄭᅴ'나 '뫼시다(모시다)', '엳ᄌᆞᆸ다' 등의 특수 어휘뿐만 아니라, 객체 높임의 선어말 어미 '-ᄉᆞᆸ-, -ᅀᆞᆸ-, -ᄌᆞᆸ-' 등으로도 실현되었다.

상대 높임은 화자가 대화의 상대인 청자를 높이거나 낮추는 것으로 현대 국어의 상대 높임은 주로 '-습니다', '-아라/-어라' 등의 종결 어미로 실현된다. 중세 국어의 상대 높임 또한 현대 국어와 마찬가지로 주로 종결 어미로 실현되었지만, 현대 국어와 달리 상대 높임의 선어말 어미 '-이-', '-잇-'이 존재했다. 선어말 어미 '-이-'는 평서형에서, '-잇-'은 의문형에서 각각 나타나며 상대를 아주 높일 때 사용되었다.

783

[A]를 바탕으로, <보기>를 이해한 내용으로 적절하지 않은 것은?

보 기

ㄱ. (아버지께) 선생님께서는 책이 많으십니다.
ㄴ. (방송에서) 세종대왕이 한글을 창제했습니다.
ㄷ. (수업에서 선생님이) 발표할 어린이는 손 드시면 됩니다.
ㄹ. (어린 손자에게) 너희 엄마는 언제 출근하셨니?
ㅁ. (할아버지께) 아버지는 아직 병원에 가지 않았습니다.

① ㄱ에서는 '선생님'의 소유물인 '책'을 높임으로써 '선생님'을 간접적으로 높이고 있다.
② ㄴ에서는 담화의 객관성을 고려해 '세종대왕'을 높이지 않고 있다.
③ ㄷ에서는 수업이라는 담화 상황을 고려해 '어린이'를 높이고 있다.
④ ㄹ에서는 주체인 '엄마'와 청자인 '손자'의 관계를 고려해 '엄마'를 높이고 있다.
⑤ ㅁ에서는 주체인 '아버지'와 화자의 관계를 고려해 '아버지'를 높이고 있다.

784

윗글을 바탕으로, <보기>의 a~c를 탐구한 내용으로 적절하지 않은 것은? [3점]

보 기

a. [중세 국어] 大師(대사) ᄒᆞ샨 일 아니면 뉘 ᄒᆞᆫ 거시잇고
[현대 국어] 대사가 하신 일이 아니면 누가 한 것입니까?

b. [중세 국어] 이 도ᄂᆞᆯ 가져가 어마니ᄆᆞᆯ 供養(공양)ᄒᆞᅀᆞᆸ고
[현대 국어] 이 돈을 가져가 어머님을 공양하고

c. [중세 국어] 太子(태자)ᄅᆞᆯ ᄡᅳ려 안ᄉᆞᄫᅡ 부인ᄭᅴ 뫼셔 오니
[현대 국어] 태자를 싸 안아 부인께 모셔 오니

① a : 중세 국어에서는 '-샤-'를, 현대 국어에서는 '-시-'를 사용하여 주체인 '대사'를 높이고 있다.
② a : 중세 국어에서는 현대 국어에 없는 '-잇-'을 사용하여 대화의 상대인 청자를 높이고 있다.
③ b : 중세 국어에서는 현대 국어에 없는 '-ᅀᆞᆸ-'을 사용하여 객체인 '어머님'을 높이고 있다.
④ c : 중세 국어에서는 'ᄭᅴ'를, 현대 국어에서는 '께'를 사용하여 객체인 '부인'을 높이고 있다.
⑤ c : 중세 국어에서는 '뫼셔'를, 현대 국어에서는 '모셔'를 사용하여 주체인 '태자'를 높이고 있다.

[2022년 9월 고2 학평 11-12번]

[785-786] 다음 글을 읽고 물음에 답하시오.

주어가 스스로 동작이나 행위를 하는 것을 능동이라 하고, 주어가 다른 대상에 의해 동작이나 행위를 당하게 되는 것을 피동이라 한다. 능동문이 피동문으로 바뀔 때 능동문의 주어는 피동문의 부사어가 되고, 능동문의 목적어는 피동문의 주어가 된다.

피동은 크게 피동사 피동과 '-아/-어지다' 피동으로 나뉜다. 피동사 피동은 파생어인 피동사에 의한다고 하여 파생적 피동이라고 부르기도 하는데, 피동사는 능동사 어간을 어근으로 하여 피동 접미사 '-이-, -히-, -리-, -기-'가 붙어 만들어진다. 이 때 '(건반을) 누르다'가 '눌리다'로 바뀌는 것처럼 동사의 불규칙 활용 형태로 나타나는 경우도 있다.

그러나 모든 능동사가 피동사로 파생될 수 있는 것은 아니다. '던지다, 지키다'와 같이 어간이 'ㅣ' 모음으로 끝나는 동사의 경우에는 피동 접미사가 결합하기 어렵고, '만나다'나 '싸우다'와 같이 대칭되는 대상이 필요한 동사, '알다'나 '배우다'와 같이 주체의 지각과 관련된 동사 등은 피동사로 파생되지 않는다.

'-아/-어지다' 피동은 동사의 어간에 보조적 연결 어미 '-아/-어'에 보조 동사 '지다'가 결합한 '-아/-어지다'가 붙어서 이루어 지는데, 이를 통사적 피동이라고도 부른다. 동사에 '-아/-어지다'가 결합되면 피동의 의미를 나타내지만, 형용사에 '-아/-어지다'가 결합되면 동사화되어 상태의 변화를 나타낼 뿐 피동의 의미를 나타내지 않는다.

15세기 국어에서도 피동 표현이 사용되었다. 파생적 피동은 능동사 어간을 어근으로 하여 피동 접미사 '-이-, -히-, -기-'가 붙어 만들어졌는데, 이때 'ㄹ'로 끝나는 어간에 피동 접미사 '-이-'가 결합하면 이어적지 않고 분철하여 표기하였다. 통사적 피동은 보조적 연결 어미 '-아-/-어-'와 보조 동사 '디다'가 결합한 '-아/-어디다'가 사용되었다. 한편, 15세기 국어에는 피동 접미사와 결합하지 않고도 피동의 의미를 나타내는 동사가 현대 국어보다 많이 존재했다.

785

윗글을 이해한 내용으로 적절하지 않은 것은?

① '(물건이) 실리다'는 피동사 파생이 동사의 불규칙 활용 형태로 나타난 것이다.

② '(소리가) 작아지다'는 용언의 어간에 '아지다'가 결합하여 피동의 의미를 나타낸다.

③ '(줄이) 꼬이다'는 동사 어간 '꼬'에 피동 접미사 '이'가 결합하여 피동사로 파생되었다.

④ '경찰이 도둑을 잡다.'가 피동문으로 바뀔 때에는 능동문의 목적어가 피동문의 주어로 바뀐다.

⑤ '(아버지와) 닮다'는 대칭되는 대상이 필요한 동사로 피동 접미사와 결합하여 파생되지 않는다.

786

윗글을 바탕으로 <보기>의 ⓐ~ⓓ를 탐구한 내용으로 적절하지 않은 것은? [3점]

보 기

○ 風輪에 ⓐ담겨(담-+-기-+-어)
[풍륜에 담겨]
○ 뫼해 살이 ⓑ박거늘(박-+-거늘)
[산에 화살이 박히거늘]
○ 옥문이 절로 ⓒ열이고(열-+-이-+-고)
[옥문이 절로 열리고]
○ 드트리 ᄃᆞ외ᅌᅵ ⓓᄇᆞᇫ아디거늘(ᄇᆞᇫ-+-아디-+-거늘)
[티끌이 되어 부수어지거늘]

① ⓐ는 능동사 어간에 접미사 '-기-'가 결합하여 피동사가 되었군.

② ⓑ는 파생적 피동이 일어난 단어가 아님에도 피동의 의미를 나타내고 있군.

③ ⓒ는 'ㄹ'로 끝나는 어간에 접미사 '-이-'가 결합한 후 분철되어 표기되었군.

④ ⓓ는 동사 어간 'ᄇᆞᇫ-'에 '-아디-'가 붙어 피동의 의미를 나타내고 있군.

⑤ ⓑ와 ⓓ는 모두 피동 접미사를 사용하지 않았으므로 통사적 피동에 해당하는군.

문법 비문학 – 핵심 기출 문제

[2016년 6월 고3 모평 11-12번]

[787-788] 다음은 용언의 활용에 관한 탐구 활동과 자료이다. <대화 1>과 <대화 2>는 학생의 탐구 활동이고, <자료>는 학생들이 수집한 학술 자료이다. 물음에 답하시오.

<대화 1>

A : '(길이) 좁다'와 '(이웃을) 돕다'는 어간의 끝이 'ㅂ'으로 같잖아? 그런데 '좁다'는 '좁고', '좁아'로 활용하고 '돕다'는 '돕고', '도와'로 활용하여서, 모음으로 시작하는 어미 앞에서의 활용형이 달라.

B : 그러고 보니 '(신을) 벗다'와 '(노를) 젓다'도 어간의 끝이 'ㅅ'으로 같은데, '벗다'는 '벗어'로 활용하고 '젓다'는 '저어'로 활용해서, 모음으로 시작하는 어미 앞에서의 활용형이 달라.

A : 그렇구나. 어간의 끝이 같은데도 왜 이렇게 다르게 활용하는 걸까? 우리 한번 같이 자료를 찾아보고 답을 알아볼래?

<자료>

현대 국어 '좁다'와 '돕다'의 15세기 중엽의 국어에서의 활용형을 보면, '좁다'는 '좁고', '조바'처럼 자음과 모음으로 시작하는 어미 앞 모두에서 어간이 '좁-'으로 나타난다. 그러나 '돕다'는 자음으로 시작하는 어미 앞에서는 '돕고'처럼 어간이 '돕-'으로, 모음으로 시작하는 어미 앞에서는 '도ᄫᅡ'처럼 어간이 '돟-'으로 나타난다. 다음으로 현대 국어 '벗다'와 '젓다'의 15세기 중엽의 국어에서의 활용형을 보면, '벗다'는 '벗고', '버서'처럼 자음과 모음으로 시작하는 어미 앞 모두에서 어간이 '벗-'으로 나타난다. 그러나 '젓다'는 자음으로 시작하는 어미 앞에서는 '젓고'처럼 어간이 '젓-'으로, 모음으로 시작하는 어미 앞에서는 '저ᅀᅥ'처럼 어간이 '젌-'으로 나타난다. 당시 국어의 음절 끝에는 'ㄱ, ㄴ, ㄷ, ㄹ, ㅁ, ㅂ, ㅅ, ㅇ'의 8개의 소리가 올 수 있었기에 '돕고'의 'ㅂ'과 '젓고'의 'ㅅ'은 각각 'ㅸ'이 'ㅂ'으로 교체되고 'ㅿ'이 'ㅅ'으로 교체된 것을 표기한 것이다. 그리고 '도ᄫᅡ'와 '저ᅀᅥ'는 'ㅸ'과 'ㅿ'이 뒤 음절의 첫소리로 연음된 것을 표기한 것이다.

그런데 'ㅸ', 'ㅿ'은 15세기와 16세기를 지나면서 소실되었다. 먼저 'ㅸ'은 15세기 중엽을 넘어서면서 '도ᄫᅡ>도와', '더ᄫᅥ>더워'에서와 같이 'ㅏ' 또는 'ㅓ' 앞에서는 반모음 'ᅩ/ᅮ[w]'로 바뀌었고, '도ᄫᆞ시니>도오시니', '셔ᄫᅳᆯ>셔울'에서와 같이 'ᆞ' 또는 'ㅡ'가 이어진 경우에는 모음과 결합하여 'ㅗ' 또는 'ㅜ'로 바뀌었으나, 음절 끝에서는 이전과 다름없이 'ㅂ'으로 나타났다. 다음으로 'ㅿ'은 16세기 중엽에 '아ᅀᆞ>아ᄋᆞ', '저ᅀᅥ>저어'에서와 같이 사라졌으며, 음절 끝에서는 이전과 다름없이 'ㅅ'으로 나타났다. 이런 변화를 겪은 말 중에 '셔울', '도오시니', '아ᄋᆞ'는 18~19세기를 거쳐 '서울', '도우시니', '아우'로 바뀌어 오늘날에 이르렀다.

<대화 2>

A : 자료를 보니 'ㅸ', 'ㅿ'이 사라지면서 '도ᄫᅡ'가 '도와'로, '저ᅀᅥ'가 '저어'로 활용형이 바뀌었네.

B : 그럼 '(고기를) 굽다'가 '구워'로 활용하고, '(밥을) 짓다'가 '지어'로 활용하는 것도 같은 거겠네!

A : 맞아. 그래서 현대 국어에서는 '굽다'하고 '짓다'가 불규칙 활용을 하게 된 거야.

787

위 탐구 활동과 자료에 대한 이해로 적절하지 않은 것은?

① 현대 국어의 '도와', '저어'와 같은 활용형은 어간의 형태가 달라지는 불규칙 활용에 해당하는군.
② 15세기 국어의 '도ᄫᅡ'가 현대 국어에서 '도와'로 나타나는 것은 'ㅸ'이 어간 끝에서 'ㅂ'으로 바뀐 결과이군.
③ 15세기 국어의 '저ᅀᅥ'가 현대 국어에서 '저어'로 나타나는 것은 'ㅿ'의 소실로 어간의 끝 'ㅿ'이 없어진 결과이군.
④ 15세기 국어의 '돕고'와 현대 국어의 '돕고'는, 자음으로 시작하는 어미 앞에서 어간의 모양이 달라지지 않았군.
⑤ 15세기 국어의 '젓고'와 현대 국어의 '젓고'는, 자음으로 시작하는 어미 앞에서 어간의 모양이 달라지지 않았군.

788

위 탐구 활동과 자료에 따라, 현대 국어 용언들의 15세기 중엽 이전과 17세기 초엽에서의 활용형을 바르게 추정한 것은?

		15세기 중엽 이전			17세기 초엽		
		-게	-아/-어	-ᄋᆞᆫ/-은	-게	-아/-어	-ᄋᆞᆫ/-은
①	(마음이) 곱다	곱게	고ᄫᅡ	고ᄫᆞᆫ	곱게	고와	고온
②	(선을) 긋다	긋게	그ᅀᅥ	그ᅀᅳᆫ	긋게	그서	그슨
③	(자리에) 눕다	눕게	누ᄫᅥ	누ᄫᅳᆫ	눕게	누워	누은
④	(머리를) 빗다	비ᇫ게	비서	비슨	빗게	비서	비슨
⑤	(손을) 잡다	잡게	자ᄫᅡ	자ᄫᆞᆫ	잡게	자바	자ᄇᆞᆫ

[2016년 10월 고3 학평 11-12번]

[789-790] 다음 글을 읽고 물음에 답하시오.

[대화]

학생 A : '볍씨'는 '벼'와 '씨'가 결합한 말이잖아? 그런데 왜 '벼씨'가 아니라 '볍씨'야?

학생 B : 그러고 보니 '살'과 '고기'가 결합한 말도 'ㄱ'이 'ㅋ'으로 바뀌어서 '살코기'로 쓰이고 있어.

학생 A : 그렇구나. 왜 두 말이 어울릴 적에 'ㅂ' 소리나 'ㅎ' 소리가 덧나는 경우가 있는 것일까?

[자료]

현대 국어와 달리 15세기 국어에서는 어두에 두 개 이상의 서로 다른 자음, 즉 어두 자음군이 올 수 있었다. 그러한 자음군 중 맨 앞의 'ㅂ'은 당시에는 실제로 발음되었을 것으로 추정된다. 이 'ㅂ'은 훗날 탈락하였으나 과거에 만들어진 복합어 속에 그 흔적이 남아 있는 경우가 있다. 가령, 현대 국어의 '벼+씨→볍씨'에서 'ㅂ'이 생겨나는 이유는 'ᄡᅵ>씨'의 변화와 관련이 있다. 15세기에는 'ᄡᅵ'의 어두에 'ㅂ'이 있었는데, 당시 '벼+ᄡᅵ→벼ᄡᅵ'가 만들어진 후 나중에 'ᄡᅵ'의 어두에 있는 'ㅂ' 이 앞 형태소의 받침 자리로 가서 붙어 '볍씨'와 같은 어형이 생성되었다. 'ᄡᅵ>씨'에서 보듯이 훗날 단일어에서는 'ㅂ'이 탈락하였다. 그러나 ㉠<u>복합어 속에서는 'ㅂ'이 탈락되지 않고 그대로 남아 있는 경우</u>가 현대 국어에서 확인된다. 15세기 국어에는 체언 종성에 'ㅎ'을 가진 단어들이 존재했는데, 이를 'ㅎ' 종성 체언이라고 한다. 이 'ㅎ' 역시 훗날 탈락하였으나 과거에 만들어진 단어 속에 그 흔적이 남아 있는 경우가 있다. 대표적인 'ㅎ' 종성 체언이었던 '술ㅎ'을 살펴보자. 'ㅎ' 종성 체언은 단독형으로 쓰일 때는 'ㅎ'이 실현되지 않았으나 '술ㅎ+이→술히'처럼 모음으로 시작하는 말 앞에서는 연음이 되어 나타났다. 현대 국어의 '살+고기→살코기'에서 'ㄱ' 이 'ㅋ'으로 바뀌는 이유 역시 '술ㅎ>살'의 변화와 관련이 있다. 'ㅎ' 종성 체언은 'ㄱ, ㄷ, ㅂ'으로 시작하는 말과 결합할 때 'ㅎ' 종성이 뒤에 오는 'ㄱ, ㄷ, ㅂ'과 결합하여 'ㅋ, ㅌ, ㅍ' 으로 축약되어 나타났다. 즉 '술ㅎ'이 '고기'와 결합한 말이 만들어질 때 'ㅎ'이 'ㄱ'과 결합하여 축약되었으므로 '살코기'와 같은 어형이 생성된 것이다. 현대 국어에서 단일어의 'ㅎ' 종성은 대체로 소멸하였으나 '살코기' 외에도 ㉡<u>복합어 속에서 'ㅎ'이 탈락하지 않고 그대로 남아 있는 경우</u>가 더 있다.

789

위 '대화'와 '자료'에 대한 이해로 적절하지 <u>않은</u> 것은?

① 15세기 국어에서 'ᄡᅵ'의 어두에 있는 'ㅂ'은 실제로 발음이 되었을 것으로 추정되는군.

② 15세기 어두 자음군 중 맨 앞의 'ㅂ'은 단일어에서 훗날 탈락하였군.

③ 15세기 국어의 'ㅎ' 종성 체언은 모음으로 시작하는 말 앞에서는 'ㅎ'이 실현되지 않았겠군.

④ 현대 국어에는 어두에 두 개 이상의 서로 다른 자음이 오는 말이 존재하지 않는군.

⑤ 현대 국어의 '살코기'에서 'ㅋ'은 'ㅎ' 종성 체언의 흔적이 단어에 남아 있는 것이군.

790

㉠, ㉡에 해당하는 예만을 <보기>에서 골라 바르게 묶은 것은?

보 기

a. 휩쓸다 : '휘-'와 '쓸다'가 결합한 말인데, '쓸다'는 옛말 'ᄡᅳᆯ다'에서 온 말이다.

b. 햅쌀 : '해-'와 '쌀'이 결합한 말인데, '쌀'은 옛말 'ᄡᆞᆯ'에서 온 말이다.

c. 수꿩 : '수-'와 '꿩'이 결합한 말인데, '수'는 옛말에서 'ㅎ' 을 종성으로 가지고 있었다.

d. 안팎 : '안'과 '밖'이 결합한 말인데, '안'은 옛말에서 'ㅎ'을 종성으로 가지고 있었다.

e. 들뜨다 : '들다'와 '뜨다'가 결합한 말인데, '뜨다'는 옛말 'ᄠᅳ다'에서 온 말이다.

	㉠	㉡
①	a, b	c
②	a, e	c
③	a, b	d
④	b, e	d
⑤	a, b, e	c, d

문법 비문학 – 핵심 기출 문제

[2017년 4월 고3 학평 14-15번]

[791-792] 다음 글을 읽고 물음에 답하시오.

화자가 어떤 대상에 대하여 높임의 태도를 나타내는 문법 기능을 높임법이라 한다. 높임법은 높임이나 낮춤의 대상이 누구냐에 따라 주체 높임법, 객체 높임법, 상대 높임법으로 나누어 진다.

주체 높임법은 화자가 문장의 주어인 서술의 주체에 대하여 높임의 태도를 나타내는 방법이다. 현대 국어에서는 선어말 어미 '-시-'를 통해 높임이 실현되는 것이 가장 일반적인 형태이지만, '주무시다'와 같은 특수한 어휘나 조사 '께서'에 의해 주체 높임법이 실현되기도 한다. 중세 국어의 경우에도 주로 '-시-'와 특수한 어휘가 사용된다는 점에서 현대 국어와 유사하다.

객체 높임법은 문장의 목적어나 부사어가 지시하는 대상, 곧 서술의 객체에 대하여 높임의 태도를 나타내는 방법이다. 현대 국어에서는 '드리다'와 같은 특수한 어휘나 조사 '께' 등을 통해 실현된다. 중세 국어의 경우에는 대표적으로 객체 높임 선어말 어미 '-ᄉᆞᆸ-'을 통해 객체 높임이 실현되었으며, '-ᄉᆞᆸ-'은 앞뒤의 음운적 환경에 따라 '-ᄉᆞᆸ-, -ᄌᆞᆸ-, -ᅀᆞᆸ-, -ᄉᆞᇦ-, -ᅀᆞᇦ-'으로 실현되기도 하였다. 또한 현대 국어와 같이 특수한 어휘들이 사용되어 객체 높임이 실현되기도 하였다.

상대 높임법은 화자가 청자인 상대방에 대하여 높이거나 낮추어 말하는 법을 일컫는다. 현대 국어에서 상대 높임법은 종결 표현에 의해 실현된다. 중세 국어의 경우에는 종결 표현이나 상대 높임 선어말 어미 '-이-, -잇-' 등을 통해 실현되었다.

791

윗글을 바탕으로 <보기>를 이해한 내용으로 적절하지 <u>않은</u> 것은?

보 기

· 仁義之兵(인의지병)을 遼左(요좌)ㅣ ㉠<u>깃ᄉᆞᄫᆞ니</u>
[현대어 풀이] 인의의 군대를 요동 사람들이 기뻐하니

· 聖孫(성손)이 ㉡<u>一怒(일노)ᄒᆞ시니</u> 六百年(육백년) 天下(천하)ㅣ 洛陽(낙양)애 ㉢<u>올ᄆᆞ니이다</u>
[현대어 풀이] 성손(무왕)이 한번 노하시니 육백 년의 천하가 낙양으로 옮아간 것입니다.

· 聖宗(성종)ᄋᆞᆯ ㉣<u>뫼셔</u> 九泉(구천)에 가려 하시니
[현대어 풀이] 성스러운 어른을 모시고 저승에 가려 하시니

· 하ᄂᆞᆯ히 駙馬(부마) 달애샤 두 孔雀(공작)일 ㉤<u>그리시니이다</u>
[현대어 풀이] 하늘이 부마를 달래시어 두 공작을 그리신 것입니다.

- 「용비어천가(龍飛御天歌)」

① ㉠은 현대 국어와는 달리, 선어말 어미 '-ᄉᆞᇦ-'을 사용하여 목적어가 지시하는 대상을 높이고 있다고 할 수 있다.
② ㉡은 현대 국어와 마찬가지로 선어말 어미 '-시-'를 사용하여 '聖孫(성손)'을 높이고 있다고 할 수 있다.
③ ㉢은 현대 국어와는 달리, 청자를 높이기 위해 '-이-'라는 선어말 어미가 사용되었다고 할 수 있다.
④ ㉣은 현대 국어와 마찬가지로 서술의 주체를 높이기 위해 특수한 어휘가 사용된 것이라고 할 수 있다.
⑤ ㉤은 선어말 어미 '-시-'와 '-이-'를 사용하여 각각 문장의 주체와 청자인 상대방을 모두 높이고 있다고 할 수 있다.

792

윗글과 <보기 1>을 바탕으로 <보기 2>에서 사용된 높임의 양상을 바르게 분석하여 제시한 것은?

보기 1

주체 높임에는 서술의 주체를 직접 높이는 직접 높임과, 높여야 할 대상의 신체 부분, 개인적 소유물 등을 높임으로써 해당 인물을 높이는 간접 높임이 있다.

보기 2

아버지는 허리가 아프셔서 한영이가 아버지 대신 할아버지를 뵙고 왔습니다.

	주체 높임		객체 높임	상대 높임
	직접 높임	간접 높임		
①	X	O	O	높임
②	X	O	X	낮춤
③	O	X	O	높임
④	X	O	X	낮춤
⑤	O	X	O	낮춤

[2017년 수능 11-12번]

[793-794] 다음 글을 읽고 물음에 답하시오.

국어의 단어들은 ㉠어근과 어근이 결합해 만들어지기도 하고 어근과 파생 접사가 결합해 만들어지기도 한다. 어근과 파생 접사가 결합한 단어는 ㉡파생 접사가 어근의 앞에 결합한 것도 있고, ㉢파생 접사가 어근의 뒤에 결합한 것도 있다. 어근이 용언 어간이나 체언일 때, 그 뒤에 결합한 파생 접사는 어미나 조사와 혼동될 수도 있다. 그러나 파생 접사는 주로 새로운 단어를 만든다는 점에서 차이가 있다. 이에 비해 ㉣어미는 용언 어간과 결합해 용언이 문장 성분이 될 수 있도록 해 주고, ㉤조사는 체언과 결합해 체언이 문장 성분임을 나타내 줄 뿐 새로운 단어를 만들지는 않는다. 이 점에서 어미와 조사는 파생 접사와 분명하게 구별된다.

이러한 일반적인 상황과는 달리, 용언 어간에 어미가 결합한 형태나, 체언에 조사가 결합한 형태가 시간이 지나면서 새로운 단어가 된 경우도 있다. 먼저 용언의 활용형이 역사적으로 굳어져 새로운 단어가 된 예가 있다. 부사 '하지만'은 '하다'의 어간에 어미 '-지만'이 결합했던 것이었는데, 시간이 지나면서 굳어져 새로운 단어가 되었다. 다음으로 체언에 조사가 결합한 형태가 역사적으로 굳어져 새로운 단어가 된 예도 있다. 명사 '아기'에 호격 조사 '아'가 결합했던 형태인 '아가'가 시간이 지나면서 새로운 단어가 되었다.

[A] 또 다른 예로 미지칭의 인칭 대명사에, 의문문을 만드는 보조사 '고/구'가 결합한 형태가 굳어져 새로운 인칭 대명사가 된 경우를 들 수 있다. '이ᄂᆞᆫ 엇던 사ᄅᆞᆷ고 (이는 어떤 사람인가?)'에서 볼 수 있듯이 중세 국어에서 보조사 '고/구'는 문장에 '엇던', '므슴', '어느' 등과 같은 의문사가 있을 때, 체언 또는 의문사 그 자체에 결합해 의문문을 만들었다. 이와 같은 방식의 의문문 구성은 근대 국어를 거쳐 현대 국어의 일부 방언에까지 지속되고 있다.

793

다음 문장에서 ㉠~㉤에 해당하는 예를 찾아 이를 설명한 내용으로 적절하지 않은 것은?

아기장수가 맨손으로 산 위에 쌓인 바위를 깨뜨리는 모습이 멋졌다.

① '아기장수가'의 '아기장수'는 ㉠에 해당하는 예로, 어근 '아기'와 어근 '장수'가 결합했다.

② '맨손으로'의 '맨손'은 ㉡에 해당하는 예로, 파생 접사 '맨-'이 어근 '손' 앞에 결합했다.

③ '쌓인'의 어간은 ㉢에 해당하는 예로, 파생 접사 '-이-'가 어근 '쌓-' 뒤에 결합했다.

④ '깨뜨리는'은 ㉣에 해당하는 예로, 어미 '-리는'이 용언 어간 '깨뜨-'와 결합했다.

⑤ '모습이'는 ㉤에 해당하는 예로, 조사 '이'가 체언 '모습'과 결합했다.

794

[A]를 바탕으로 <보기>의 '자료'를 탐구한 '탐구 내용'으로 적절하지 않은 것은?

보 기

[탐구 목표]
현대 국어의 인칭 대명사 '누구'의 형성에 대해 이해한다.

[자료]

(가) 중세 국어 : 15세기 국어
· 누를 니ᄅᆞ더뇨 (누구를 이르던가?)
· 네 스승이 누고 (네 스승이 누구인가?)
· ᄂᆞᄆᆞᆫ 누구 (남은 누구인가?)

(나) 근대 국어
· 이 벗은 누고고 (이 벗은 누구인가?)
· 져 ᄒᆞᆫ 벗은 누구고 (저 한 벗은 누구인가?)

(다) 현대 국어
· 누구를 찾으세요?
· 누구에게 말했어요?

[탐구 내용]

[탐구 결과]
미지칭의 인칭 대명사에 의문문을 만드는 보조사 '고/구'가 결합했던 형태인 '누고', '누구'는 시간이 지나면서 점점 굳어져 새로운 단어가 되었는데, 오늘날에는 '누구'만 남게 되었다.

① (가)에서 미지칭의 인칭 대명사의 형태는 '누', '누고', '누구'이다.

② (나)에서 미지칭의 인칭 대명사의 형태는 '누고', '누구'이다.

③ (다)에서 미지칭의 인칭 대명사의 형태는 '누구'이다.

④ (가)에서 (나)로의 변화를 보니, '누고', '누구'는 체언과 보조사가 결합한 형태였다가 새로운 단어가 되었다.

⑤ (나)에서 (다)로의 변화를 보니, 현대 국어에서는 미지칭의 인칭 대명사로 '누고'는 쓰이지 않고 '누구'만이 쓰이고 있다.

문법 비문학 – 핵심 기출 문제

[2018년 10월 고3 학평 14-15번]

[795-796] 다음을 읽고 물음에 답하시오.

중세 국어에서는 주체나 객체로 표현되는 인물이 신분이나 지위가 높은 경우, 대개 그 인물을 직접적으로 높여 표현하였다. 그런데 어떤 때에는 현대 국어의 간접 높임에서처럼 높임의 대상이 되는 인물의 신체 부분, 소유물, 생각 등을 높임으로써 실제 높여야 할 인물을 간접적으로 높이기도 하였다.

(1) 太子(태자)ㅣ 東門(동문) 밧긔 <u>나가시니</u>
(태자께서 동문 밖에 나가시니)

(2) 부텻 누니 비록 <u>ᄇᆞᆯᄀᆞ시나</u>
(부처의 눈이 비록 밝으시나)

(1)의 '-시-'와 (2)의 '-ᄋᆞ시-'는 모두 현대 국어의 '-(으)시-'처럼 주체를 높이기 위한 선어말 어미이다. 그러나 (1)과 (2)에 쓰인 '-(ᄋᆞ)시-'의 쓰임에는 차이가 있다. 즉 (1)에서는 주체인 '太子(태자)'를 직접적으로 높이고 있지만, (2)에서는 '부텨'의 신체 부분인 '눈'을 주체 높임 선어말 어미를 통해 높임으로써 실제 높이고자 하는 대상인 '부텨'를 간접적으로 높이고 있다.

한편 현대 국어에서는 객체 높임을 나타내기 위해 주로 '모시다', '뵙다' 등의 특수 어휘를 활용하지만 중세 국어에서는 주로 객체 높임 선어말 어미를 활용하였다.

(3) 너희 스승을 <u>보ᄉᆞᆸ고져</u> ᄒᆞ노니
(너희 스승을 뵙고자 하나니)

(4) 부텻 敎化(교화)ᄅᆞᆯ <u>돕ᄉᆞᆸ고</u>
(부처의 교화를 돕고)

(3)의 '-ᄉᆞᆸ-'과 (4)의 '-ᄉᆞᆸ-'은 중세 국어의 객체 높임 선어말 어미이다. (3)과 (4)는 모두 객체 높임 선어말 어미를 통해 객체에 해당하는 인물을 높이고 있다는 공통점이 있지만, 그 인물을 직접적으로 높이느냐 간접적으로 높이느냐에 차이가 있다. 즉 (3)에서 '-ᄉᆞᆸ-'은 객체인 '스승'을 직접적으로 높이는 데 비해, (4)에서 '-ᄉᆞᆸ-'은 '敎化(교화)'를 높임으로써 실제 높이고자 하는 대상인 '부텨'를 간접적으로 높이고 있다.

795

윗글을 바탕으로 하여 <보기>의 ㄱ~ㅁ을 이해한 내용으로 적절하지 <u>않은</u> 것은?

보 기

ㄱ. 王(왕)ㅅ 일후믄 <u>濕波(습파)ㅣ러시니</u>
(왕의 이름은 습파이시더니)

ㄴ. 님긊 恩私(은사)ᄅᆞᆯ <u>갑ᄉᆞᆸ고져</u>
(임금의 은사를 갚고자)

ㄷ. 龍王(용왕)이 世尊(세존)ᄋᆞᆯ <u>보ᄉᆞᆸ고</u>
(용왕이 세존을 뵙고)

ㄹ. 太子(태자)ㅣ 講堂(강당)애 <u>모도시니</u>
(태자께서 강당에 모으시니)

ㅁ. 諸佛(제불)을 <u>供養(공양)ᄒᆞᄉᆞᆸ게</u> ᄒᆞ쇼셔
(제불을 공양하게 하소서)

① ㄱ에서는 '-시-'를 통해 '일훔'을 높임으로써 '王(왕)'을 간접적으로 높이고 있군.
② ㄴ에서는 '-ᄉᆞᆸ-'을 통해 '恩私(은사)'를 높임으로써 '님금'을 간접적으로 높이고 있군.
③ ㄷ에서는 '-ᄉᆞᆸ-'을 통해 '世尊(세존)'을 높임으로써 '龍王(용왕)'을 간접적으로 높이고 있군.
④ ㄹ에서는 '-시-'를 통해 '太子(태자)'를 직접적으로 높이고 있군.
⑤ ㅁ에서는 '-ᄉᆞᆸ-'을 통해 '諸佛(제불)'을 직접적으로 높이고 있군.

796

다음은 윗글과 관련된 [활동]과 이를 수행하는 학생들의 대화이다. '학생 2'의 분류 기준으로 가장 적절한 것은? [3점]

[활동] 문맥을 고려하여 ⓐ~ⓓ에 사용된 '높임 표현'을 기준을 세워 분류하시오.

· 우리 할아버지의 치아는 여전히 ⓐ<u>튼튼하시다</u>.
· 언니가 고모님을 공손하게 안방으로 ⓑ<u>모시다</u>.
· 아버지께서는 저녁거리를 사러 장에 ⓒ<u>가시다</u>.
· 형님께서 부르신 그분의 생각이 ⓓ<u>타당하시다</u>.

학생 1

나는 'ⓑ, ⓒ', 'ⓐ, ⓓ'의 두 부류로 나누어 봤어.

나는 'ⓑ'와 'ⓐ, ⓒ, ⓓ'의 두 부류로 나누어 봤어.

학생 2

① 소유물을 높인 표현이 사용되는가의 여부
② 높임 대상을 직접적으로 높이는가의 여부
③ 객체에 해당하는 인물을 높이는가의 여부
④ 신체 부분을 높인 표현이 사용되는가의 여부
⑤ 객체 높임 선어말 어미가 활용되는가의 여부

[2018년 수능 12-13번]

[797-798] 다음 글을 읽고 물음에 답하시오.

국어사적 사실이 현대 국어의 일관되지 않은 현상을 이해하는 데 도움이 되는 경우가 많다. 예를 들어 'ㄹ'로 끝나는 명사 '발', '솔', '이틀'이 ㉠'발가락', ㉡'소나무', ㉢'이튿날'과 같은 합성어들에서는 받침 'ㄹ'의 모습이 일관되지 않는데, 이를 이해하기 위해서는 이들 단어의 옛 모습을 알아야 한다.

'소나무'에서는 '발가락'에서와는 달리 받침 'ㄹ'이 탈락하였고, '이튿날'에서는 받침이 'ㄹ'이 아닌 'ㄷ'이다. 모두 'ㄹ' 받침의 명사가 결합한 합성어인데 왜 이러한 차이를 보이는 것일까? 현대 국어에는 받침 'ㄹ'이 'ㄷ'으로 바뀌거나, 명사와 명사가 결합할 때 'ㄹ'이 탈락하는 규칙이 없기 때문에 이러한 차이는 현대 국어의 규칙만으로는 설명할 수 없다.

'발가락'은 중세 국어에서 대부분 '밠 가락'으로 나타난다. 중세 국어에서 'ㅅ'은 관형격 조사로 사용되었으므로 '밠 가락'은 구로 파악된다. 이는 '밠 엄지 가락(엄지발가락)'과 같은 예를 통해 잘 알 수 있다. 이후 'ㅅ'은 점차 관형격 조사의 기능을 잃고 합성어 내부의 사이시옷으로만 흔적이 남았는데, 이에 따라 중세 국어 '밠 가락'은 현대 국어 '발가락[발까락]'이 되었다.

[A] '소나무'는 중세 국어에서 명사 '솔'에 '나무'의 옛말인 '나모'가 결합하고 'ㄹ'이 탈락한 합성어 '소나모'로 나타난다. 중세 국어에서는 현대 국어와 달리 명사와 명사가 결합하여 합성어가 될 때 'ㄴ, ㄷ, ㅅ, ㅈ' 등으로 시작하는 명사 앞에서 받침 'ㄹ'이 탈락하는 규칙이 있었기 때문에 '솔'의 'ㄹ'이 탈락하였다.

'이튿날'은 중세 국어에서 자립 명사 '이틀'과 '날' 사이에 관형격 조사 'ㅅ'이 결합한 '이틄 날'로 많이 나타나는데, 이 'ㅅ'은 '이틄 밤', '이틄 길'에서의 'ㅅ'과 같은 것이다. 중세 국어에서 '이틄 날'은 '이틋 날'로도 나타났는데, 근대 국어로 오면서는 'ㄹ'이 탈락한 합성어 '이틋날'로 굳어지게 되었다. 이와 함께 'ㅅ'이 관형격 조사의 기능을 잃어 가고, 받침 'ㅅ'과 'ㄷ'의 발음이 구분되지 않게 되었다. 이에 따라 「한글 맞춤법」에서는 '이틋날'의 표기와 관련하여 "끝소리가 'ㄹ'인 말과 딴 말이 어울릴 적에 'ㄹ' 소리가 'ㄷ' 소리로 나는 것"으로 보아 이를 '이튿날'로 적도록 했다. 그러나 이때의 'ㄷ'은 'ㄹ'이 변한 것으로 설명되지 않으므로 중세 국어 '뭀 사ᄅᆞᆷ'에서 온 '뭇사람'에서처럼 'ㅅ'으로 적는 것이 국어의 변화 과정을 고려한 관점에 부합한다고 할 수 있다.

797

윗글을 참고할 때, ㉠~㉢과 같이 이러한 차이를 보이는 예를 <보기>에서 각각 하나씩 찾아 그 순서대로 제시한 것은?

보 기

무술(물+술)	쌀가루(쌀+가루)
낟알(낟+알)	솔방울(솔+방울)
섣달(설+달)	푸나무(풀+나무)

① 솔방울, 무술, 낟알
② 솔방울, 푸나무, 섣달
③ 푸나무, 무술, 섣달
④ 쌀가루, 푸나무, 낟알
⑤ 쌀가루, 솔방울, 섣달

798

[A]를 바탕으로 <보기>의 '자료'를 탐구한 내용으로 적절하지 않은 것은? [3점]

보 기

[탐구 주제]

○ '숟가락'은 '젓가락'과 달리 왜 첫 글자의 받침이 'ㄷ'일까?

[자료]

중세 국어의 예	
• 술 자ᄫᆞ며 져 놓ᄂᆞ니 (숟가락 잡으며 젓가락 놓으니) • 숤 귿 (숟가락의 끝), 졋 가락 귿 (젓가락 끝), 수져 (수저) • 물 (무리), 뭀 사ᄅᆞᆷ (뭇사람, 여러 사람)	
근대 국어의 예	**현대 국어의 예**
• 숫가락 장ᄉᆞ (숟가락 장사) • 뭇사ᄅᆞᆷ (뭇사람)	• *술로 밥을 뜨다 • 숟가락으로 밥을 뜨다 • 밥 한 술

※ '*'는 문법에 맞지 않음을 나타냄.

① 중세 국어 '술'과 '져'는 중세 국어 '이틀'처럼 자립 명사라는 점에서 현대 국어 '술'과는 차이가 있군.
② 중세 국어 '술'과 '져'의 결합에서 'ㄹ'이 탈락한 합성어가 현대 국어 '수저'로 이어졌군.
③ 중세 국어 '술'과 '져'는 명사를 수식할 때, 중세 국어 '이틀'이나 '물'과 같이 모두 관형격 조사 'ㅅ'이 결합할 수 있었군.
④ 근대 국어 '숫가락'이 현대 국어에 와서 '숟가락'으로 적히는 것은, 국어의 변화 과정을 고려한 관점에 부합하지 않는다는 점에서 '이튿날'의 경우와 같군.
⑤ 현대 국어 '숟가락'과 '뭇사람'의 첫 글자 받침이 다른 이유는 중세 국어 '숤'과 '뭀'이 현대 국어로 오면서 'ㄹ'이 탈락한 후 남은 'ㅅ'의 발음이 서로 달랐기 때문이군.

[2019년 4월 고3 학평 11-12번]

[799-800] 다음 글을 읽고 물음에 답하시오.

하나의 형태소가 환경에 따라 다르게 나타나기도 하는데, 그 모습들을 이형태라고 한다. 이형태가 성립하기 위해서는 하나의 형태소가 다른 모습으로 나타나더라도 그 의미가 서로 동일해야 한다. '이'와 '가'는 주어의 자격을 나타내는 조사로 그 의미가 서로 동일하다. 하지만 의미의 동일성만으로는 이형태를 구분하기 힘든 경우가 있다. 이럴 때는 각각의 형태가 상보적 분포를 보이는지 확인하면 이형태인지를 알 수 있다. 주격 조사 '이'는 자음 뒤에만 나타나고 주격 조사 '가'는 모음 뒤에만 나타나므로, 이 두 형태가 나타나는 음운 환경은 서로 겹치지 않는다. 따라서 '이'와 '가'는 상보적 분포를 보이고, 의미가 동일하기 때문에 이형태 관계에 있다. 이형태는 음운 환경에 따라 다른 모습으로 나타나는 경우가 많은데 이를 음운론적 이형태라고 한다. '막았다'의 '-았-'과 '먹었다'의 '-었-'은 앞말 모음의 성질이 양성인지 음성인지에 따라 형태가 결정되므로 음운론적 이형태이다. 이와 달리 음운론적으로 설명할 수 없는 예외적인 환경에서 나타나는 이형태를 형태론적 이형태라고 한다. '하였다'의 '-였-'은 '하-'라는 특정 형태소와 어울려 음운론적으로 설명할 수 없는 경우이므로, '-였-'은 '-았- / -었-'과 형태론적 이형태의 관계에 있다.

이형태는 중세 국어에서도 나타났는데 현대 국어와 차이점을 보이기도 했다. 현대 국어에서 부사격 조사 '에'는 이형태가 존재하지 않는다. 하지만 중세 국어에서는 앞말 모음의 성질에 따라 이형태가 존재했다. 앞말의 모음이 양성 모음일 때는 '애'가, 음성 모음일 때는 '에'가, 단모음 '이' 또는 반모음 'ㅣ'일 때는 '예'가 사용되었다.

799

윗글을 바탕으로 <보기>의 자료를 탐구한 내용으로 적절하지 않은 것은? [3점]

보 기

- 이 사과는(㉠) 민수한테(㉡) 주는 선물이다.
- 네 일은(㉢) 네가 알아서 하여라(㉣).
- 영수야(㉤) 내 손을 꼭 잡아라(㉥).
- 영숙아(㉦) 민수에게(㉧) 책을 주어라(㉨).

① ㉠은 모음 뒤에만 나타나고 ㉢은 자음 뒤에만 나타나기 때문에 서로가 나타나는 음운 환경이 겹치지 않겠군.

② ㉡과 ㉧은 상보적 분포를 보이지 않으므로 이형태의 관계가 아니라고 할 수 있겠군.

③ ㉣은 ㉥, ㉨과 비교했을 때, 특정 형태소와 어울려 음운론적으로 설명할 수 없는 이형태라고 볼 수 있겠군.

④ ㉤과 ㉦은 손아랫사람을 부를 때 쓰는 호격 조사로 형태론적 이형태의 관계이겠군.

⑤ ㉥과 ㉨은 앞말 모음의 성질에 따라 형태가 결정되겠군.

800

윗글을 참고할 때, <보기>의 ⓐ~ⓓ에 들어갈 말로 적절한 것은?

보 기

○ **탐구 자료**

[중세 국어] 狄人(적인)ㅅ 서리(ⓐ) 가샤
[현대 국어] 오랑캐들의 사이에 가시어
[중세 국어] 世尊(세존)이 象頭山(상두산)(ⓑ) 가샤
[현대 국어] 세존께서 상두산에 가시어
[중세 국어] 九泉(구천)(ⓒ) 가려 하시니
[현대 국어] 저승에 가려 하시니

○ **탐구 내용**

ⓐ~ⓒ는 부사격 조사로, 앞말 모음의 성질에 따라 상보적 분포를 보인다. 따라서 ⓐ~ⓒ는 (ⓓ) 이형태의 관계라고 할 수 있다.

	ⓐ	ⓑ	ⓒ	ⓓ
①	예	애	에	음운론적
②	예	에	애	형태론적
③	애	에	예	음운론적
④	애	예	에	형태론적
⑤	에	애	예	음운론적

[2019년 7월 고3 학평 13-14번]

[801-802] 다음 글을 읽고 물음에 답하시오.

> 용언은 문장에서 사용될 때 다양한 모습으로 변화한다. 이때 변하지 않고 고정된 부분을 어간이라고 하고, 그 뒤에 붙어서 변화하는 부분을 어미라고 한다. 어간에 다양한 어미들이 결합하는 것을 활용이라고 하는데, '씻다'처럼 활용할 때 어간이나 어미의 기본 형태가 유지되거나, '쓰다'처럼 활용할 때 기본 형태가 달라진다 해도 그 현상을 일반적인 음운 규칙으로 설명할 수 있으면 이를 규칙 활용이라고 한다.
>
> 반면 특정한 환경이나 조건에서 불규칙적으로 어간이나 어미의 형태 변화가 일어나는 것은 불규칙 활용이라고 한다. 불규칙 활용은 '싣다'와 같은 'ㄷ' 불규칙, '젓다'와 같은 'ㅅ' 불규칙, '돕다'와 같은 'ㅂ' 불규칙, '푸다'와 같은 '우' 불규칙처럼 어간이 바뀌는 경우, '하다'와 같은 '여' 불규칙처럼 어미가 바뀌는 경우, '파랗다'와 같은 'ㅎ' 불규칙처럼 어간과 어미가 모두 바뀌는 경우로 구분할 수 있다.
>
> 현대 국어에서 기본 형태가 달라지는 용언의 규칙 활용과 불규칙 활용은 중세 국어 용언의 활용과 밀접한 관련이 있다. 중세 국어에서도 단모음과 단모음이 결합할 때 하나의 모음이 탈락하는 현상이 활발하게 일어났다. 대표적으로 '쓰다'가 '써'처럼 활용하는 'ㅡ' 탈락이 있는데 이는 현대 국어의 'ㅡ' 탈락에 대응한다.
>
> 또한 중세 국어에서 '싣다'의 어간이 자음으로 시작하는 어미 앞에서는 '싣-', 모음으로 시작하는 어미 앞에서는 '실-'로 교체되는 현상은 현대 국어의 'ㄷ' 불규칙으로 이어진다. '돕다'와 '젓다' 역시 자음으로 시작하는 어미 앞에서는 어간의 기본 형태를 유지하지만, 그 외의 경우에는 '돟-'과 '젛-'으로 교체된다. 이러한 교체는 'ㅸ'이 'ㅏ' 또는 'ㅓ' 앞에서 반모음 'ㅗ/ㅜ[w]'로 변화하거나 'ㆍ' 또는 'ㅡ'와 결합하여 'ㅗ' 또는 'ㅜ' 로 바뀌어 현대 국어에서 'ㅂ' 불규칙으로 나타난다. 그리고 'ㅿ'은 소실되어 현대 국어에서 'ㅅ' 불규칙으로 나타난다. 또한 어간이거나 어간의 일부인 'ᄒᆞ-'에 모음으로 시작하는 어미가 결합할 때 어미가 '-아'가 아닌 '-야'로 나타나는 것은 현대 국어의 '여' 불규칙으로 이어진다.

801

<보기>는 윗글을 바탕으로 용언의 활용에 대해 탐구한 내용이다. ㉠~㉢에 들어갈 말로 적절한 것은?

> **보 기**
>
> **[탐구 과제]**
> 다음 자료를 보고, 용언의 활용 양상을 탐구해 보자.
>
> **[탐구 자료]**
> 따르다 : 따르- + -고 → 따르고 / 따르- + -어 → 따라
> 푸르다 : 푸르- + -고 → 푸르고 / 푸르- + -어 → 푸르러
> 묻다[問] : 묻- + -고 → 묻고 / 묻- + -어 → 물어
> 묻다[埋] : 묻- + -고 → 묻고 / 묻- + -어 → 묻어
>
> **[탐구 결과]**
> '따르다'는 (㉠)처럼 'ㅡ'가 모음으로 시작하는 어미 앞에서 탈락하는 규칙 활용을 하는 반면, '푸르다'는 (㉡)에서 '따르다'와 다른 활용 양상을 보인다는 점에서 불규칙 활용을 한다. 또한 '묻다[問]'는 (㉢)에서 '묻다[埋]'와 다른 활용 양상을 보인다는 점에서 불규칙 활용을 한다.

	㉠	㉡	㉢
①	잠그다	어간	어미
②	다다르다	어간	어미
③	부르다	어미	어간
④	들르다	어미	어간
⑤	머무르다	어미	어간

802

윗글을 바탕으로 <보기>를 이해한 내용으로 적절하지 <u>않은</u> 것은? [3점]

> **보 기**
>
> | (가) 중세 국어 | (나) 현대 국어 |
> |---|---|
> | ○ 부텻 德을 놀애 지ᅀᅥ | 부처의 덕(德)을 노래로 지어 |
> | ○ 人生 즐거ᄫᅳᆫ 쁘디 | 인생(人生) 즐거운 뜻이 |
> | ○ 一方이 변ᄒᆞ야 | 일방(一方)이 변하여 |

① (가)의 '지ᅀᅥ'는 '짓다'의 어간이 모음으로 시작하는 어미 앞에서 '짓-'으로 교체되는 현상을 보여 주는군.

② (가)의 '즐거ᄫᅳᆫ'은 '즐겁다'의 어간이 모음으로 시작하는 어미 앞에서 '즐겋-'으로 교체되는 현상을 보여 주는군.

③ (가)의 '지ᅀᅥ'가 (나)에서 '지어'로 나타나는 것은 'ㅿ'이 소실된 결과이군.

④ (가)의 '즐거ᄫᅳᆫ'이 (나)에서 '즐거운'으로 나타나는 것은 'ㅸ'이 탈락한 결과이군.

⑤ (가)의 '변ᄒᆞ야'와 (나)의 '변하여'는 모두 활용을 할 때 어미의 기본 형태가 달라진 것이군.

문법 비문학 - 핵심 기출 문제

[2019년 9월 고3 모평 11-12번]

[803-804] 다음 글을 읽고 물음에 답하시오.

(1) 영수는 서울에서/서울에 산다.
(2) 민수는 방에서/*방에 공부하고 있다.
(3) 학교에서 체육 대회를 열었다.

(1)에서는 '에'와 '에서'를 다 쓸 수 있는데, 왜 (2)에서는 '에서'를 쓰고 '에'는 쓸 수 없을까? 또 왜 (3)에서는 '에서'를 주격 조사로 쓸 수 있을까?

'에'와 '에서'는 모두 '장소'를 의미하는 말에 붙지만, (1)에서 '서울'은 '에'가 붙어 위치를 나타내는 [지점]의 의미가 되고, '에서'가 붙어 행위를 하거나 일이 발생하는 [공간]의 의미가 된다. 즉, 똑같은 장소라도 지점으로 인식되면 '에'를 쓰고, 공간으로 인식되면 '에서'를 쓴다. (2)에서 '방에'를 쓸 수 없는 이유는 '공부'라는 행위를 하는 장소인 '방'은 지점이 아니라 공간의 의미를 가져야 하기 때문이다. 이렇듯 '에'와 '에서'의 쓰임이 구분되는 것은 '에서'의 중세 국어 형태인 '에셔'의 형성 과정에 기인한다.

중세 국어에서는 부사격 조사 '애/에/예, ᄋᆡ/의'와 '이시다(현대 국어 '있다')'의 활용형인 '이셔'가 결합된 말들이 줄어서 '애셔/에셔/예셔, ᄋᆡ셔/의셔'가 되었다. 그런데 이들은 본래 '이시다'를 포함하므로, 그 의미상 어떤 공간 속에 있음을 전제한다. 따라서 '애셔/에셔/예셔, ᄋᆡ셔/의셔' 앞의 명사는 공간으로 인식되었다. 그런데 이렇게 새로운 형태가 만들어졌지만 중세 국어에서는 현대 국어와 달리 이 새로운 형태가 쓰일 자리에 '애/에/예, ᄋᆡ/의'가 쓰이는 경우가 많았다. 이는 '애/에/예, ᄋᆡ/의'가 현대 국어의 '에'와 '에서'의 쓰임을 모두 지니고 있었음을 의미한다.

한편, '애셔/에셔/예셔, ᄋᆡ셔/의셔' 앞의 명사가 어떤 구성원으로 이루어진 공간이나 집단을 나타내면, 그 공간이나 집단 속에 있는 구성원의 행위를 그 공간이나 집단의 행위로 표현하는 것이 가능해진다. 그에 따라 중세 국어에서 '애셔/에셔/예셔, ᄋᆡ셔/의셔'가 주격 조사로도 쓰인 경우가 있다. 이들은 현대 국어의 '에서'로 이어지는데 (3)과 같은 예에서 그러한 쓰임을 확인할 수 있다.

현대 국어의 '에서'가 주격 조사로 쓰일 때에는 '에서' 앞에 공간이나 집단을 나타내는 명사가 오고 유정 명사는 올 수 없다. 부사격 조사 '에'에 '서'가 붙은 '에서'가 주격 조사로 쓰인 것처럼 부사격 조사 '께'에 '서'가 붙은 '께서'도 주격 조사로 쓰인다. '께서'의 중세 국어 형태인 부사격 조사 'ᄭᅴ셔' 역시 'ᄭᅴ'와 '셔'가 결합하여 형성되었는데, 근대 국어를 거치면서 주격 조사로 변화하여 현대 국어의 '께서'로 이어졌다. 중세 국어의 '에셔', 현대 국어의 '에서'와 달리 중세 국어의 'ᄭᅴ셔', 현대 국어의 '께서'는 높임의 유정 명사 뒤에 나타난다.

803

윗글의 내용과 일치하는 것은?

① 중세 국어에서 '에' 앞의 명사는 공간의 의미를 나타낼 수 있었다.
② 현대 국어에서 '에' 앞에 붙을 수 있는 명사는 '에서' 앞에 붙을 수 없다.
③ 중세 국어의 '애/에/예'는 'ᄋᆡ/의'와 달리 주격 조사로 쓰일 수 있었다.
④ 현대 국어 '에서'의 중세 국어 형태인 '에셔'에서 '셔'는 지점의 의미를 나타냈다.
⑤ 중세 국어 '에셔'가 주격 조사로 쓰일 수 있었던 이유는 '에셔' 앞에 유정 명사가 오기 때문이다.

804

윗글을 바탕으로 <보기>를 이해한 내용으로 적절하지 <u>않은</u> 것은?

> **보 기**
>
> **현대 국어의 예**
>
> ㉠ 그 지역에서 공룡 화석이 발견되었다.
> ㉡ 정부에서 홍수 대책안을 발표하였다.
> ㉢ 할머니께서 저녁 늦게 식사를 하셨다.
>
> **중세 국어의 예**
>
> ㉣ 一物이라도 그위예셔 다 아소ᄆᆞᆯ 슬노라
> (물건 하나라도 관청에서 다 빼앗음을 슬퍼하노라.)
> ㉤ 부텨ᄭᅴ셔 十二部經이 나시고
> (부처님으로부터 12부의 경전이 나오고)

① ㉠ : 공간을 의미하는 '그 지역'에 주격 조사 '에서'가 붙었군.
② ㉡ : 집단을 의미하는 '정부'에 주격 조사 '에서'가 붙었군.
③ ㉢ : 높임의 유정 명사인 '할머니'에 주격 조사 '께서'가 붙었군.
④ ㉣ : '그위예셔'는 '그위'에 주격 조사 '예셔'가 붙었군.
⑤ ㉤ : 높임의 유정 명사인 '부텨'에 부사격 조사 'ᄭᅴ셔'가 붙었군.

[2019년 10월 고3 학평 12-13번]

[805-806] 다음 글을 읽고 물음에 답하시오.

관형사형 어미는 용언의 어간에 붙어 용언이 관형사와 같은 기능을 수행하게 하는 어미이다. 현대 국어에서 관형사형 어미는 '-(으)ㄴ', '-는', '-(으)ㄹ' 등으로, 이들이 용언의 어간에 붙으면 관형절이 만들어진다. 일반적으로 관형절은 '관계 관형절'과 '동격 관형절'로 분류된다. 수식을 받는 체언이 관형절 속의 한 성분으로 쓰일 수 있으면 관계 관형절이고, 그렇지 않으면 동격 관형절이다. 한편 동격 관형절은 관형절이 만들어지는 과정에서 원래 문장의 종결 어미가 그대로 유지되는 관형절과, 그렇지 않은 관형절로 다시 나눌 수 있다.

중세 국어에서도 현대 국어에서처럼 관형절을 관계 관형절과 동격 관형절로 구분할 수 있다. 중세 국어의 대표적인 관형사형 어미는 '-(ᄋᆞ/으)ㄴ'과 '-(ᄋᆞ/으)ㄹ'로, 각각 과거 시제와 미래 시제를 나타내는 것과 관련된다. 또한 관형절에서 현재 시제는 동사의 경우 '-ㄴ' 앞에 선어말 어미 '-ᄂᆞ-'를 붙여 나타냈다. 예컨대 '八婇女의 기론 찻므리 모ᄌᆞ랄씨(팔채녀가 길은 찻물이 모자라므로)'에서 '八婇女의 기론'은 사건시가 발화시보다 앞서는 시제가 나타난 관계 관형절이고, '주글 싸ᄅᆞ미어니(죽을 사람이니)'에서 '주글'은 발화시가 사건시보다 앞서는 시제가 나타난 관계 관형절이다. 그리고 '本來 求ᄒᆞ논 ᄆᆞᅀᆞᆷ 업다이다(본래 구하는 마음 없었습니다)'에서 '本來 求ᄒᆞ논'은 발화시와 사건시가 일치하는 시제가 나타난 동격 관형절이다.

한편 중세 국어에서는 현대 국어에서와 달리 '-ㄴ'이 명사절을 이끄는 경우도 있었다. 곧 '-ㄴ'이 붙은 절 뒤에 절의 수식을 받는 체언이 없는 상태로, '그딋 혼 조초(그대 한 것 좇아)'에서 '그딋 혼'을 예로 들 수 있다. '혼'[ᄒᆞ-+-오-+-ㄴ]에서 선어말 어미 뒤에 쓰인 '-ㄴ'은 '~ㄴ 것' 정도로 해석된다. 더불어 '威化 振旅ᄒᆞ시ᄂᆞ로(위화도에서 군대를 돌이키신 것으로)'에서처럼 명사절을 이끄는 '-ㄴ' 뒤에 조사가 붙은 경우도 있었다. 'ᄒᆞ시ᄂᆞ로'[ᄒᆞ-+-시-+-ㄴ+ᄋᆞ로]는 '-ㄴ' 바로 뒤에 부사격 조사가 붙어 있는 예이다.

805

윗글을 바탕으로 a~c를 탐구한 내용으로 적절하지 않은 것은?

> a. 福이라 <u>호ᄂᆞᆯ</u>[ᄒᆞ-+-오-+-ㄴ+ᄋᆞᆯ] 나ᅀᆞ라
> (복이라 한 것을 바치러)
> b. 智慧 너비 <u>비췰</u>[비취-+-ㄹ] 느지오
> (지혜가 널리 비칠 조짐이오)
> c. 法 <u>즐기ᄂᆞᆫ</u>[즑-+-이-+-ᄂᆞ-+-ㄴ] ᄆᆞᅀᆞ미 잇던댄
> (법 즐기는 마음이 있더라면)

① a의 '호ᄂᆞᆯ'에서 조사가 어미 '-ㄴ' 바로 뒤에 붙어 있음을 확인할 수 있군.
② a의 '호ᄂᆞᆯ'에서 '-ㄴ'은 '~ㄴ 것'으로 해석되며 명사절을 이끄는 기능을 하고 있음을 확인할 수 있군.
③ b의 '비췰'에서 '-ㄹ'을 통해 발화시가 사건시보다 앞서는 시제가 나타나 있음을 확인할 수 있군.
④ b와 c에서 관형절의 수식을 받는 체언이 절 뒤에 드러나 있음을 확인할 수 있군.
⑤ b와 c에 있는 관형절은 수식을 받는 체언이 관형절 속에서 한 성분으로 쓰일 수 있는 특징이 있음을 확인할 수 있군.

806

윗글을 근거로 <보기>의 ㉠~㉣을 바르게 분류한 것은?

보 기

[탐구 자료]

- ㉠<u>힘찬</u> 함성이 운동장에 울려 퍼졌다.
- 누나는 ㉡<u>자동차가 전복된</u> 기억을 떠올렸다.
- 나는 ㉢<u>형이 조사한</u> 자료를 보고서에 인용했다.
- ㉣<u>내가 그 일을 한다는</u> 사실은 확실히 변함없다.

[탐구 과정]

동격 관형절에 해당합니까? — 아니요 ⇨ [A]
⇩ 예
관형절이 만들어지는 과정에서 원래 문장의 종결 어미가 그대로 유지됩니까? — 아니요 ⇨ [B]
⇩ 예
[C]

	[A]	[B]	[C]
①	㉠	㉡	㉢, ㉣
②	㉠	㉡, ㉢	㉣
③	㉢	㉠, ㉣	㉡
④	㉠, ㉢	㉡	㉣
⑤	㉠, ㉢	㉣	㉡

[2020년 7월 고3 학평 12-13번]

[807-808] 다음 글을 읽고 물음에 답하시오.

관형어는 체언을 수식하는 문장 성분으로 관형사나 체언이 그대로 관형어가 되기도 하며, 체언에 관형격 조사 '의'가 결합된 형태나 용언의 관형사형으로도 나타난다. 또한 관형절도 관형어의 기능을 한다. 관형어는 필수적인 성분은 아니지만 수식을 받는 체언이 의존 명사이면 그 앞에 반드시 관형어가 와야 한다. 한편 관형격 조사 '의'는 앞과 뒤의 체언을 의미상으로 어떤 관계에 놓이도록 연결하는 역할을 한다. 예를 들어 '조국 통일의 위업'은 앞 체언과 뒤 체언이 ㉠<u>'의미상 동격'의 관계</u>, '나의 옷'은 '소유주-대상'의 관계, '우리의 각오'는 ㉡<u>'주체-행동'의 관계</u>, '조카의 아들'은 '사회적·친족적' 관계로 연결된 것이다.

중세 국어의 관형어도 현대 국어와 같은 방식으로 실현되는 경우가 많았다. 하지만 현대 국어에서는 자주 나타나지 않거나 현대 국어의 관형어와 구별되는 특이한 현상도 있었다.

(가) 사ᄅᆞ미 몸 (사람의 몸)
(나) 불휘 기픈 남ᄀᆞᆫ (뿌리가 깊은 나무는)
(다) 前生앳 이리 (전생에서의 일이)
(라) 아비의 便安히 안ᄌᆞᆫ ᄃᆞᆯ (아비가 편안히 앉은 것을)

(가)에는 관형격 조사 'ᄋᆡ'의 결합에 의한, (나)에는 관형사형 어미 '-(ᄋᆞ/으)ㄴ'이 붙어서 만들어진 관형절에 의한 관형어가 나타난다. 이와 달리 (다)의 '前生앳'은 '체언 + 부사격 조사'로 이루어진 부사어에 관형격 조사 'ㅅ'이 붙어 관형어가 된 경우이다. (라)의 '아비의'는 '아비가'로 해석되는데, '안ᄌᆞᆫ'의 의미상 주어인 '아비'에 주격 조사가 붙지 않고 관형격 조사 '의'가 붙은 것으로 안긴문장의 의미상 주어가 관형격 형태로 나타나는 경우에 해당한다. (다)와 (라) 같은 용법들은 현대 국어에도 일부 남아 있다.

807

윗글을 참고할 때, ㉠, ㉡에 해당하는 예끼리 묶인 것으로 적절한 것은?

	㉠	㉡
①	너의 부탁	친구의 자동차
②	자기 합리화의 함정	친구의 사전
③	회장의 칭호	영희의 오빠
④	은호의 아버지	친구의 졸업
⑤	질투의 감정	국민의 단결

808

윗글을 바탕으로 <보기>의 밑줄 친 관형어를 탐구한 내용으로 적절하지 <u>않은</u> 것은? [3점]

보 기

<중세 국어의 예>
ⓐ <u>부텻</u> 것 도ᄌᆞᆨ혼 罪 (부처의 것을 도둑질한 죄)
ⓑ <u>ᄉᆡ미 기픈</u> 므른 (샘이 깊은 물은)

<현대 국어의 예>
ⓒ <u>어머니의</u> 낡은 지갑은
ⓓ <u>저자와의</u> 대화

① ⓐ의 '부텻'은 의존 명사 앞에 쓰여 생략할 수가 없군.
② ⓑ의 'ᄉᆡ미 기픈'은 현대 국어와 같은 관형사형 어미가 쓰인 것이군.
③ ⓐ의 '부텻'은 체언에 관형격 조사가 결합한 형태가, ⓑ의 'ᄉᆡ미 기픈'은 관형절이 관형어의 기능을 하고 있군.
④ ⓒ의 '어머니의'는 관형절의 의미상 주어가 관형격으로 실현된 것으로 중세 국어의 용법과 관련이 있는 표현이군.
⑤ ⓓ의 '저자와의'는 부사어 뒤에 관형격 조사가 붙어 관형어가 된 것으로 중세 국어에서도 찾을 수 있는 용법이군.

[2020년 10월 고3 학평 11-12번]

[809-810] 다음 글을 읽고 물음에 답하시오.

사동 표현은 주어가 남에게 동작을 하도록 시키는 뜻을 나타내는 것으로, 파생적 사동과 통사적 사동으로 구분될 수 있다. 우선 파생적 사동은 사동 접사 '-이-, -히-, -리-, -기-, -우-, -구-, -추-' 등이 붙어 만들어지는데, '높이다', '좁히다', '울리다', '옮기다', '비우다' 등이 그 예이다. 다만 일부 용언은 사동 접사의 결합에 제약이 있기도 하다. 예컨대 '(회사에) 다니다', '(손을) 만지다'와 같이 어간이 'ㅣ'로 끝나는 동사, '(형과) 만나다', '(원수와) 맞서다'와 같이 특정한 상대 등을 필수적으로 요구하는 동사, '(돈을) 주다'와 같이 주거나 받는 뜻을 가진 동사 등은 대개 사동 접사가 결합되지 못한다. 한편 사동 표현은 '먹게 하다', '잡게 하다'와 같이 '-게 하다'에 의해 만들어지기도 하는데 이를 통사적 사동이라 한다.

15세기 국어에서도 사동 표현이 쓰였다. 우선 파생적 사동은 주로 '-이-, -히-, -기-, -오/우-, -호/후-, -ᄋᆞ/으-' 등이 붙어 만들어졌다. 다만 '걷다'와 같은 ㄷ 불규칙 용언에 '-이-'가 결합될 때에는 어간 '걷-'의 받침 'ㄷ'이 'ㄹ'로 바뀌어 '걸이다'[걸리다]로 쓰였다. 한편 현대 국어의 '-게 하다'에 해당하는 통사적 사동도 있었다. 이때 보조적 연결 어미는 '-게/긔'가 주로 쓰였는데, 모음이나 자음 'ㄹ'로 끝나는 어간 뒤, 혹은 '이다'의 '이-' 뒤에서는 '-에/의'로도 쓰였다. '얻게 ᄒᆞ다'[얻게 하다]는 '얻-'에 '-게 ᄒᆞ다'가 결합된 통사적 사동의 예이다.

809

윗글을 바탕으로 할 때, <보기>에서 적절한 것만을 있는 대로 고른 것은?

보 기

ㄱ. '(선물을) 받다', '(시간이) 늦다'는 모두 파생적 사동이 불가능한 동사이다.

ㄴ. '(넋을) 기리다'와 달리 '(연을) 날리다'는 사동 접사가 붙어 만들어진 동사이다.

ㄷ. '(공을) 던지다'와 달리 '(추위를) 견디다'는 어간이 'ㅣ'로 끝나기 때문에 사동 접사가 결합되지 못한다.

ㄹ. '(적과) 싸우다', '(동생과) 닮다'는 모두 특정한 상대 등을 필수적으로 요구하는 동사이기 때문에 사동 접사가 결합되지 못한다.

① ㄱ, ㄴ ② ㄱ, ㄷ ③ ㄴ, ㄹ
④ ㄱ, ㄷ, ㄹ ⑤ ㄴ, ㄷ, ㄹ

810

<보기>의 사동 표현에서 ⓐ~ⓓ를 탐구해 얻은 결과로 적절하지 않은 것은?

보 기

○ 사ᄅᆞᄆᆞᆯ ⓐ알의(알-+-의) ᄒᆞᄂᆞᆫ 거시라
[사람을 알게 하는 것이라]

○ 風流를 ⓑ들이(듣-+-이-)ᄉᆞᆸ더니
[풍류를 들리더니]

○ ᄒᆡ마다 數千人을 ⓒ사ᄅᆞ(살-+-ᄋᆞ-)니
[해마다 수천 인을 살리니]

○ 서르 ᄧᅡᆨ ⓓ마촐씨니(맞-+-호-+-ㄹ씨니)
[서로 짝 맞출 것이니]

① ⓐ에서는 'ㄹ'로 끝나는 어간 뒤에 보조적 연결 어미 '-의'가 결합되었군.

② ⓑ에서는 사동 접사가 결합될 때 어간 받침 'ㄷ'이 'ㄹ'로 바뀌었군.

③ ⓑ를 통사적 사동으로 바꾸어 표현하면 '드데 ᄒᆞ'로 나타낼 수 있겠군.

④ ⓒ는 '-ᄋᆞ-'가, ⓓ는 '-호-'가 동사 어간에 결합하여 만들어진 파생적 사동이겠군.

⑤ ⓒ, ⓓ에는 현대 국어에서 사용되지 않는 형태의 사동 접사가 결합되었군.

문법 비문학 - 핵심 기출 문제

[2021년 수능 35-36번]

[811-812] 다음 글을 읽고 물음에 답하시오.

국어에서는 일반 어휘처럼 문법 형태소에서도 하나의 형태가 여러 의미로 쓰이거나 여러 형태가 하나의 의미로 쓰이는 현상을 발견할 수 있다. 가령, 전자로는 현대 국어에서 명사 '높이'에 쓰인 명사 파생 접사 '-이'와 부사 '높이'에 쓰인 부사 파생 접사 '-이'를 예로 들 수 있다. 명사 파생 접사 '-이'는 여러 의미로 쓰인다. 예컨대 '놀이'에서는 '…하는 행위'의 의미를, '구두닦이'에서는 '…하는 사람'의 의미를, '연필깎이'에서는 '…하는 데 쓰이는 도구'의 의미를 나타낸다. 후자로는 현대 국어의 명사 파생 접사 '-이'와 '-음'을 예로 들 수 있다.

중세 국어에서도 명사 파생 접사 '-이'와 부사 파생 접사 '-이'가 존재하였다. 가령, 현대 국어의 '길이'와 마찬가지로 '기리(길- + -이)'의 '-이'는 형용사 어간에 붙어 명사도 만들고 부사도 만들었다. 또한 '-이'는 '사리(살- + -이)'처럼 동사 어간에 붙어 '…하는 행위'의 의미를 나타내기도 하였으나, '…하는 사람', '…하는 데 쓰이는 도구'의 의미를 나타내지는 않았다.

중세 국어에서 명사 파생 접사 '-이'처럼 용언 어간에 붙는 명사 파생 접사 '-의'도 쓰였는데, 이 '-의'는 '-이'와 달리 부사는 파생하지 않았다. 또한 접사 '-의'는 모음 조화에 따라 양성 모음 뒤에서는 '-ᄋᆡ'로 쓰였는데, 접사 '-이'는 중세 국어에서 'ㅣ' 모음이 양성 모음도 아니고 음성 모음도 아니어서 모음 조화와는 무관하게 결합하였다.

> 너븨(넙- + -의)도 ᄀᆞ티 ᄒᆞ고 [넓이도 같이 하고]
> 노ᄑᆡ(높- + -ᄋᆡ) 다ᄉᆞᆺ 자히러라 [높이가 다섯 자였다]

한편, 중세 국어에서는 '의'가 앞 체언에 붙어 관형격 조사와 부사격 조사로 쓰이기도 했다. 관형격 조사는 평칭의 유정 체언 뒤에 쓰였고, 부사격 조사는 서술어와 호응하여 장소나 시간을 나타내는 부사어에서 쓰였다. 그런데 이들 '의'도 모음 조화에 따라 양성 모음 뒤에서는 'ᄋᆡ'로 쓰였다.

> 버믜(범 + 의) 썌나 [범의 뼈나]
> 사ᄅᆞ미 (사ᄅᆞᆷ + ᄋᆡ) 무레 [사람의 무리에]

> 무틔(뭍 + 의) ᄃᆞᆫ니ᄂᆞᆫ [뭍에 다니는]
> 바ᄆᆡ(밤 + ᄋᆡ) 나디 아니ᄒᆞᄂᆞ니 [밤에 나가지 아니하니]

811

윗글을 바탕으로 추론한 내용으로 적절한 것은?

① 현대 국어의 '책꽂이'에서 '-이'는 '…하는 행위'의 의미를 나타내는 접사이다.
② 현대 국어 '놀이'에서의 '-이'는 중세 국어 '사리'에서의 '-이'와 달리 '…하는 사람'의 의미로 쓰인다.
③ 현대 국어 '길이'처럼 중세 국어 '기릐'도 명사와 부사로 쓰였다.
④ 중세 국어에서 접사 '-의'가 붙어 파생된 단어는 두 가지 품사로 쓰였다.
⑤ 중세 국어에서 체언에 조사 '의'가 붙은 말은 관형어나 부사어로 쓰였다.

812

윗글을 바탕으로 <보기>의 중세 국어 자료를 이해한 내용으로 적절하지 않은 것은?

보 기

㉠ 王ㅅ 겨틔 안잿다가 [왕의 곁에 앉아 있다가]
㉡ 曲江ㅅ 구븨예 ᄀᆞ마니 ᄃᆞᆫ니노라
[곡강의 굽이에 가만히 다니노라]
㉢ 光明이 ᄇᆞᆯ기 비취여 [광명이 밝히 비치어]
㉣ 글지ᅀᅵ예 위두ᄒᆞ고 [글짓기에 으뜸이고]
㉤ ᄯᆞ릐 일후믄 [딸의 이름은]

① ㉠에서 '겨틔'의 '의'는 모음 조화에 따라 결합한 부사격 조사이군.
② ㉡에서 '구븨'의 '-의'는 모음 조화에 따라 결합한 부사 파생 접사이군.
③ ㉢에서 'ᄇᆞᆯ기'의 '-이'는 모음 조화와 무관하게 결합한 부사 파생 접사이군.
④ ㉣에서 '글지ᅀᅵ'의 '-이'는 모음 조화와 무관하게 결합한 명사 파생 접사이군.
⑤ ㉤에서 'ᄯᆞ릐'의 'ᄋᆡ'는 모음 조화에 따라 결합한 관형격 조사이군.

[2022년 3월 고3 학평 38-39번]

[813-814] 다음 글을 읽고 물음에 답하시오.

현대 국어에서 명사를 파생하는 접미사로 널리 쓰이는 것에 '-(으)ㅁ'이 있다. 접미사 '-(으)ㅁ'은 동사나 형용사를 명사로 바꿀 수 있으며 '묶음, 기쁨'과 같은 단어를 만든다. 한글 맞춤법에서는 어간에 '-(으)ㅁ'이 붙어서 명사로 된 것은 그 어간의 원형을 밝히어 적도록 규정하고 있다. '-(으)ㅁ'이 비교적 널리 여러 어간에 결합할 수 있고 이것이 결합하여 만들어진 단어의 의미가 어간의 본뜻을 유지하고 있기 때문이다. 이는 가령 '무덤'이 기원적으로 '묻-'에 '-엄'이 붙어서 된 것이기는 하지만 '-엄'은 현대 국어에서 새로운 단어를 만들지 못하므로 '무덤'에서 어간의 원형인 '묻-'을 밝히어 적지 않는 것과 대조된다.

그런데 명사형 어미에도 '-(으)ㅁ'이 있어서, 현대 국어에서 '-(으)ㅁ'이 결합한 단어들 중에는 형태는 같으나 품사가 다른 경우가 있다. 예를 들어 '그가 시원한 웃음을 크게 웃음은 시험에 합격했기 때문이다.'에서 앞에 나오는 '웃음'은 관형어 '시원한'의 수식을 받는 명사이므로 여기서 '-음'은 명사 파생 접미사이다. 그러나 뒤에 나오는 '웃음'은 명사절에서 서술어로 기능하고 있으며 부사어 '크게'의 수식을 받는 동사의 명사형이다. 그러므로 여기서 '-음'은 명사형 어미이다. '크게 웃음'을 '크게 웃었음'으로 바꾸어 쓸 수 있는 것에서 알 수 있듯이, 어미 '-(으)ㅁ'은 '-았/었-', '-겠-', '-(으)시-' 등 대부분의 선어말 어미와 결합할 수 있다.

현대 국어와 달리, 중세 국어에서는 ㉠<u>파생 명사</u>와 ㉡<u>명사형 어미가 결합한 용언의 활용형</u>이 형태적으로 구별되었다. 예를 들어 '짜 그륨과[땅을 그림과]'에서 서술어로 기능하는 '그륨'은 동사 '(그림을) 그리다'의 명사형인데, '그리다'의 파생 명사는 '그리-'에 '-ㅁ'이 붙어서 만들어진 '그림'이었다. 일반적으로 중세 국어에서는 명사 파생 접미사 '-(ᄋᆞ/으)ㅁ'과 명사형 어미 '-옴/움'이 형태상으로 구분되었다. 모음 조화에 따라 양성 모음 뒤에서는 접미사 '-(ᄋᆞ)ㅁ'과 어미 '-옴'이, 음성 모음 뒤에서는 접미사 '-(으)ㅁ'과 어미 '-움'이 쓰였다. 그러다가 'ᆞ'가 소실되고 명사형 어미의 형태가 달라지는 등 여러 변화를 입어 현대 국어에서는 명사 파생 접미사와 명사형 어미가 모두 '-(으)ㅁ'으로 나타나게 되었다.

813

윗글을 통해 <보기>의 ㄱ~ㅁ을 이해한 내용으로 적절하지 <u>않은</u> 것은?

보 기

ㄱ. 나이도 어린 동생이 고난도의 <u>춤</u>을 잘 <u>춤</u>이 신기했다.
ㄴ. 차가운 <u>주검</u>을 보니 그제야 그의 <u>죽음</u>이 실감이 났다.
ㄷ. 나는 그를 조용히 <u>도움</u>으로써 지난날의 은혜에 보답했다.
ㄹ. 작가에 대해서 많이 <u>앎</u>이 오히려 감상을 방해하기도 한다.
ㅁ. 그를 전적으로 <u>믿음</u>에도 결과를 직접 확인할 필요는 있었다.

① ㄱ에서 '고난도의'의 수식을 받는 '춤'은 명사이고, '잘'의 수식을 받는 '춤'은 동사의 명사형이다.
② ㄴ에서 '죽음'은 접미사 '-음'이 붙어서 된 말이므로 '주검'과는 달리 어간의 원형을 밝히어 적는다.
③ ㄷ에서 '도움'은 동사의 명사형으로, 명사절에서 서술어로 기능하고 있다.
④ ㄹ에서 '앎'의 '-ㅁ'은 '알-'에 붙어 품사를 동사에서 명사로 바꾸었다.
⑤ ㅁ에서 '믿음'의 '믿-'과 '-음' 사이에는 선어말 어미 '-었-'이 끼어들 수 있다.

814

윗글을 바탕으로 하여, 제시된 중세 국어 용언들의 ㉠과 ㉡을 바르게 추정한 것은?

		㉠	㉡
①	(물이) 얼다	어름	어롬
②	(길을) 걷다	거름	거롬
③	(열매가) 열다	여룸	여름
④	(사람이) 살다	사롬	사름
⑤	(다른 것으로) ᄀᆞᆯ다	ᄀᆞᄅᆞᆷ	ᄀᆞ롬

[2022년 7월 고3 학평 35-36번]

[815-816] 다음 글을 읽고 물음에 답하시오.

[A] 접속 조사는 둘 또는 그 이상의 단어나 구를 같은 자격으로 이어 주는 조사이다. 접속 조사는 주로 체언과 결합하며, 이때 나열된 단어나 구들이 하나의 명사구가 되어 동일한 문장 성분으로 기능한다.

접속 조사에는 '와/과, (이)랑, (이)며, 하고' 등이 있다. 이 중 '와/과, (이)랑, (이)며'는 '봄에 개나리와 철쭉꽃과 진달래가 핀다.'에서처럼 결합하는 체언의 음운 환경에 따라 바뀌어 나타난다. 즉, 앞 음절이 모음으로 끝나면 '와, 랑, 며'가 쓰이고 앞 음절이 자음으로 끝나면 '과, 이랑, 이며'가 쓰인다. '(이)랑, 하고'는 체언이 나열될 때 마지막 체언에까지 결합할 수 있어서 '삼촌하고 이모하고 다 직장에 갔어요.'와 같이 쓰일 수 있다. 그런데 부사격 조사에도 '와/과'가 있기 때문에 접속 조사 '와/과'와 구분해야 한다. '나는 꽃과 나무를 사랑한다.'에서 접속 조사 '과'가 쓰인 '꽃과'는 생략해도 문장이 성립된다. 이와 달리 '나는 누나와 눈이 닮았다.'에서 부사격 조사와 결합한 '누나와'는 문장에서 반드시 필요한 필수적 부사어로, 생략할 수 없다.

중세 국어에서도 접속 조사는 현대 국어의 접속 조사와 같은 기능을 하였다. 접속 조사에는 '와/과, ᄒᆞ고, (이)며, (이)여' 등이 있는데 '와/과'의 결합 양상은 현대 국어와 차이가 있다.

ㄱ. 나모와 곶과 果實와ᄂᆞᆫ [나무와 꽃과 과실은]

ㄱ처럼 중세 국어에서 '와'는 모음이나 'ㄹ'로 끝나는 체언과 결합하고 '과'는 'ㄹ'을 제외한 자음으로 끝나는 체언과 결합한다. ㄱ의 '果實와'에서처럼 '와/과'는 마지막 체언에까지 결합하는 것이 일반적이지만 그렇지 않은 경우도 있었다. 또한 마지막 체언과 결합한 '와/과' 뒤에 격조사가 결합하는 경우도 있었다. 한편 '(이)며, (이)여'는 '열거'의 방식으로, 'ᄒᆞ고'는 '첨가'의 방식으로 접속의 기능을 나타내었다.

815

[A]를 참고하여 이해한 내용으로 적절하지 않은 것은?

① '나는 시와 음악을 좋아한다.'에서 '시와 음악을'의 문장 성분은 목적어이다.

② '네가 벼루와 먹을 가져오너라.'에서 '벼루와'를 생략하여도 문장이 성립된다.

③ '친구랑 나랑 함께 꽃밭을 만들었다.'에서 '랑'은 체언들을 이어 주는 접속 조사이다.

④ '가방과 신발을 샀다.'에서 '과'는 부사격 조사로서 '가방과'는 서술어가 필수적으로 요구하는 성분이 된다.

⑤ '수박하고 참외하고 먹자.'와 같이 '하고'는 결합하는 체언의 끝 음절의 음운 환경이 달라도 형태가 변하지 않는다.

816

윗글을 바탕으로 <보기>의 중세 국어 자료를 탐구한 내용으로 적절하지 않은 것은? [3점]

보 기

ⓐ 옷과 뵈와로 佛像ᄋᆞᆯ ᄭᅮ미ᅀᆞᄫᅡ도
[옷과 베로 불상을 꾸미었어도]

ⓑ 子息이며 죵이며 집앋 사ᄅᆞᄆᆞᆯ 다 眷屬이라 ᄒᆞᄂᆞ니라
[자식이며 종이며 집안의 사람을 다 권속이라 하느니라]

ⓒ 밤과 낮과 法을 니ᄅᆞ시니
[밤과 낮에 법을 이르시니]

ⓓ 입시울와 혀와 엄과 니왜 다 됴ᄒᆞ며
[입술과 혀와 어금니와 이가 다 좋으며]

① ⓐ에서 '옷과 뵈와'는 접속 조사에 의해 하나의 명사구를 이루고 있군.

② ⓑ에서 '이며'는 열거의 방식으로 '子息'과 '죵'을 같은 자격으로 이어 주는 기능을 하고 있군.

③ ⓒ를 보니, 접속되는 마지막 체언에 '와/과'가 결합하지 않는 사례가 있었음을 확인할 수 있군.

④ ⓐ와 ⓓ를 보니, '와/과' 뒤에 격조사가 결합한 형태가 있었음을 확인할 수 있군.

⑤ ⓒ와 ⓓ를 보니, 'ㄹ'을 제외한 자음으로 끝나는 체언은 '과'와, 모음이나 'ㄹ'로 끝나는 체언은 '와'와 결합했음을 확인할 수 있군.

[2022년 10월 고3 학평 35-36번]

[817-818] 다음 글을 읽고 물음에 답하시오.

음운 변동은 음운이 환경에 따라 바뀌는 현상이다. 음운 변동 중에는 음절의 끝소리 규칙, 비음화, 경음화가 있는데, 이들은 현대 국어와 15세기 국어에서 적용 양상의 차이가 있다.

우선 현대 국어에서 음절의 끝소리 규칙은 음절의 끝에 'ㄱ, ㄴ, ㄷ, ㄹ, ㅁ, ㅂ, ㅇ' 이외의 다른 하나의 자음이 오면 평파열음인 'ㄱ, ㄷ, ㅂ' 중 하나로 바뀌는 현상을 말한다. '밖→[박]', '꽃→[꼳]', '잎→[입]'이 그 예이다. 한편 15세기 국어의 음절의 끝소리 규칙은 음절의 끝에서 발음될 수 없는 자음이 음절의 끝에 오면 'ㄱ, ㄷ, ㅂ, ㅅ' 중 하나로 바뀌는 현상으로, '곶→곳', '빛→빗'이 그 예이다. 이는 음절 끝에서 발음될 수 있는 자음이 'ㄱ, ㄴ, ㄷ, ㄹ, ㅁ, ㅂ, ㅅ, ㆁ'으로 제한된 것과 관련이 있다.

다음으로 비음화는 평파열음이 비음 앞에서 동일한 조음 위치의 비음으로 바뀌는 현상이다. '국물→[궁물]', '받는→[반는]', '입는→[임는]'은 현대 국어에서 비음화가 일어난 예이다. 15세기 국어에서 비음화는 현대 국어에서만큼 활발하게 일어나지 않았고, 'ㄷ'의 비음화가 일어난 경우가 대부분이었다. '묻노라→문노라'는 용언의 활용형에서 'ㄷ'의 비음화가 일어난 예이다. 한편 15세기 국어에서 비음화는 현대 국어에서와 마찬가지로 음절의 끝소리 규칙이 일어난 후 실현되기도 했다. '븥ᄂᆞᆫ→븓ᄂᆞᆫ→븐ᄂᆞᆫ', '낳ᄂᆞ니→낟ᄂᆞ니→난ᄂᆞ니'는 음절의 끝소리 규칙으로 'ㅌ', 'ㅎ'이 'ㄷ'으로 바뀐 후 비음화가 실현된 예이다. 그런데 현대 국어에서와 달리 15세기 국어에서는 'ㅂ'의 비음화는 드물게 확인되고, 'ㄱ'의 비음화는 일어나지 않았다.

마지막으로 경음화는 평음이 일정한 조건에서 경음으로 바뀌는 현상이다. 현대 국어의 경음화에는 평파열음 뒤의 경음화, 어간 끝 'ㄴ, ㅁ' 뒤의 경음화, 'ㄹ'로 끝나는 한자와 'ㄷ, ㅅ, ㅈ'으로 시작하는 한자가 결합할 때 'ㄹ' 뒤의 경음화, 관형사형 어미 '-(으)ㄹ' 뒤의 경음화 등이 있다. '국밥→[국빱]', '더듬지→[더듬찌]', '발달→[발딸]', '할 것을→[할꺼슬]'이 그 예이다. 한편 15세기 국어에서는 '갈ᄃᆡ→갈ᄣᅵ'에서처럼 관형사형 어미 '-(ᄋᆞ/으)ㄹ' 뒤에서의 경음화가 흔히 일어났다. 평파열음 뒤의 경음화는 일어났을 것이라고 추측되나 표기에 잘 나타나지는 않는다. 또한 비음으로 끝나는 용언 어간 뒤에서 일어나는 경음화는 나타나지 않았고, 한자어에서 유음 뒤의 경음화는 확인되지 않는다.

817

윗글을 통해 알 수 있는 내용으로 적절하지 않은 것은?

① 15세기 국어의 '걷ᄂᆞᆫ→건ᄂᆞᆫ'은 'ㄷ'의 비음화가 일어난 예일 것이다.

② 현대 국어와 달리 15세기 국어의 '막-+-노라'에서는 비음화가 일어나지 않았을 것이다.

③ 현대 국어의 'ㄱ-ㅇ', 'ㄷ-ㄴ', 'ㅂ-ㅁ'은 동일한 조음 위치의 '평파열음-비음'에 해당하는 쌍일 것이다.

④ 15세기 국어의 '안-+-게', 'ᄀᆞᆷ-+-고'에서는 모두 어미의 평음 'ㄱ'이 경음 'ㄲ'으로 바뀌지 않았을 것이다.

⑤ 15세기 국어의 '젛-+-노라', '빛+나다'에서는 모두 음절의 끝소리 규칙과 비음화가 순차적으로 일어났을 것이다.

818

윗글을 참고할 때, <보기>의 [A]에 들어갈 '학생'의 답으로 적절하지 않은 것은? [3점]

보 기

선생님 : 다음 제시된 현대 국어 자료에서 일어난 음운 변동을 설명해 봅시다.

㉠ 겉멋만 → [건먼만]　　㉡ 꽃식물 → [꼳씽물]
㉢ 낮잡는 → [낟짬는]

학생 : ________[A]________

① ㉠에서는 음절 끝의 자음이 'ㄴ'으로 바뀌는 비음화가 두 번 일어났습니다.

② ㉡에서는 음절 끝의 자음이 'ㅇ'으로 바뀌는 비음화가 한 번 일어났습니다.

③ ㉡, ㉢에서 일어난 경음화는 평파열음 뒤에서 일어났습니다.

④ ㉠과 달리 ㉡, ㉢에서는 음절 끝의 자음이 'ㄷ'으로 바뀌는 음절의 끝소리 규칙이 일어났습니다.

⑤ ㉢과 달리 ㉠, ㉡에서는 'ㅁ'으로 인해 비음화가 일어났습니다.

[2023년 6월 고3 모평 35-36번]

[819-820] 다음 글을 읽고 물음에 답하시오.

[A] ‘나의 살던 고향’은 ‘내가 살던 고향’과 같은 의미로 ‘나’에 관형격 조사 ‘의’가 결합하여 ‘살던’의 의미상 주어를 나타내는 특이한 구조이다. 이처럼 관형격 조사 ‘의’가 주격 조사처럼 해석되는 경우가 중세 국어에서도 확인된다. 예를 들어, ‘聖人의(聖人+의) ᄀᆞᄅᆞ치샨 法[성인의 가르치신 법]’의 경우, ‘聖人’은 관형격 조사 ‘의’와 결합하고 있지만 후행하는 용언인 ‘ᄀᆞᄅᆞ치샨’의 의미상 주어로 기능하고 있다. 그런데 이러한 ‘의’는 중세 국어 관형격 조사 결합 원칙의 예외에 해당한다. 중세 국어의 관형격 조사는 평칭의 유정 체언에는 모음 조화에 따라 ‘ᄋᆡ/의’가, 무정 체언 또는 존칭의 유정 체언에는 ‘ㅅ’이 결합하는 원칙이 있었는데, ‘ㅅ’이 쓰일 자리에 ‘의’가 쓰였기 때문이다.

중세 국어 격조사 결합 원칙의 또 다른 예외는 부사격 조사에서도 확인된다. 시간이나 장소를 나타내는 부사격 조사는 결합하는 선행 체언의 끝음절을 기준으로, 모음 조화에 따라 ‘나죵애’(나죵+애), ‘ᄆᆞ레’(ᄆᆞᆯ+에)에서처럼 ‘애/에’가 쓰인다. 단, 끝음절이 모음 ‘이’나 반모음 ‘ㅣ’로 끝날 때에는 ㉠‘뉘예’(뉘+예)에서처럼 ‘예’가 쓰였다. 그런데 ‘애/에/예’가 쓰일 위치에 부사격 조사인 ‘ᄋᆡ/의’가 쓰이는 경우도 있다. 이러한 예외는 ‘봄’, ‘나조ㅎ’[저녁], ㉡‘우ㅎ’[위], ‘밑’ 등의 일부 특수한 체언들에서 확인된다. 가령, ‘나조ㅎ’에는 ‘ᄋᆡ’가 결합하여 ㉢‘나조ᄒᆡ’(나조ㅎ+ᄋᆡ)로, ‘밑’에는 ‘의’가 결합하여 ‘미틔’(밑+의)로 나타났다.

중세 국어의 부사격 조사 가운데 관형격 조사가 그 구성 성분으로 분석되는 독특한 경우도 있다. 가령, ‘ᄋᆡ그에’는 관형격 조사 ‘ᄋᆡ’에 ‘그에’가 결합된 형태이고 ‘ㅅ긔’ 역시 관형격 조사 ‘ㅅ’에 ‘긔’가 결합된 부사격 조사다. 이들은 ㉣‘ᄂᆞᄆᆡ그에’(ᄂᆞᆷ+ᄋᆡ그에)나 ‘어마닚긔’(어마님+ㅅ긔)와 같이 사용되었는데 평칭의 유정 명사 ‘ᄂᆞᆷ’에는 ‘ᄋᆡ그에’가, 존칭의 유정 명사 ‘어마님’에는 ‘ㅅ긔’가 쓰인다. 중세 국어의 ‘ᄋᆡ그에’와 ‘ㅅ긔’는 각각 현대 국어의 ‘에게’와 ㉤‘께’로 이어진다.

819

윗글의 ㉠~㉤을 이해한 내용으로 적절하지 않은 것은?

① ㉠은 부사격 조사 ‘예’와 결합하는 선행 체언의 끝음절에서 반모음 ‘ㅣ’가 확인된다.

② ㉡에 시간이나 장소를 나타내는 부사격 조사가 결합하면 ‘우희’가 된다.

③ ㉢은 현대 국어로 ‘저녁의’로 해석되어 관형격 조사의 쓰임이 확인된다.

④ ㉣의 ‘ᄋᆡ그에’에서는 관형격 조사 ‘ᄋᆡ’가 분석된다.

⑤ ㉤이 현대 국어에서 존칭 체언에 사용되는 것은 중세 국어 관형격 조사 ‘ㅅ’과 관련된다.

820

[A]를 바탕으로 <자료>를 탐구한 내용으로 적절한 것은? [3점]

자 료

ⓐ 수픐(수플+ㅅ) 神靈이 길헤 나아
[현대어 풀이 : 수풀의 신령이 길에 나와]

ⓑ ᄂᆞᄆᆡ(ᄂᆞᆷ+ᄋᆡ) 말 드러ᅀᅡ ᄋᆞᆯ 씨라
[현대어 풀이 : 남의 말 들어야 아는 것이다]

ⓒ 世界ㅅ(世界+ㅅ) 일ᄋᆞᆯ 보샤
[현대어 풀이 : 세계의 일을 보시어]

ⓓ 이 사ᄅᆞ미 (사ᄅᆞᆷ+ᄋᆡ) 잇ᄂᆞᆫ 方面을
[현대어 풀이 : 이 사람의 있는 방면을]

ⓔ 孔子의(孔子+의) 기티신 글워리라
[현대어 풀이 : 공자의 남기신 글이다]

① ⓐ : ‘神靈(신령)’이 존칭의 유정 명사이므로 ‘수플’에 ‘ㅅ’이 결합한 것이군.

② ⓑ : ‘ᄂᆞᆷ’이 유정 명사이고 끝음절 모음이 음성 모음이므로 ‘ᄋᆡ’가 결합한 것이군.

③ ⓒ : ‘世界(세계)ㅅ’이 ‘보샤’의 의미상 주어이고, ‘ㅅ’은 예외적 결합이군.

④ ⓓ : ‘이 사ᄅᆞ미’가 ‘잇ᄂᆞᆫ’의 의미상 주어이고, ‘ᄋᆡ’는 예외적 결합이군.

⑤ ⓔ : ‘孔子(공자)의’가 ‘기티신’의 의미상 주어이고, ‘의’는 예외적 결합이군.

[2023년 7월 고3 학평 35-36번]

[821-822] 다음 글을 읽고 물음에 답하시오.

부정의 뜻을 나타내는 문장을 부정문이라고 하는데, 부정문에는 '안' 부정문과 '못' 부정문이 있다. '안' 부정문은 주어의 의지에 의한 의지 부정이나 객관적인 사실을 부정하는 단순 부정을 나타내고, '못' 부정문은 주어의 능력 또는 상황에 의한 부정을 나타낸다. '안' 부정문에는 부정 부사 '안(아니)'이나 용언 '아니다', 보조 용언 '아니하다(않다)'를, '못' 부정문에는 부정 부사 '못'이나 보조 용언 '못하다'를 사용한다. 그리고 명령문과 청유문의 부정에는 보조 동사 '말다'를 사용한다.

이 가운데 '안' 부정문은 서술어의 종류에 따라 다양한 형태로 나타나는데, 서술어가 '체언+이다'로 된 경우에는 체언에 보격 조사 '이/가'를 붙여 '체언+이/가 아니다'의 형태로 나타난다. 서술어가 용언인 경우에는 서술어 앞에 '안'을 놓거나 용언의 어간에 보조적 연결 어미 '-지'를 붙여 '-지 아니하다'의 형태로 나타난다. 이때 전자를 '짧은 부정문', 후자를 '긴 부정문'이라고 한다. 그런데 짧은 부정문은 용언에 따라 부정문을 만들 수 없는 경우가 있다.

ㄱ. *밥이 안 설익다. / ㄴ. *내가 너를 안 앞서다.

※ '*'는 비문임을 나타냄.

일반적으로 '안' 부정문은 ㄱ, ㄴ과 같이 서술어로 쓰인 용언이 파생어나 합성어인 경우 짧은 부정문을 만들면 자연스럽지 않은 문장이 된다. 그러나 사동사, 피동사, 접미사 '-하다'로 파생된 일부 용언이나 '돌아가다, 들어가다'와 같이 보조적 연결어미를 매개로 한 합성 동사는 어떤 제약도 없이 짧은 부정문을 만들 수 있다.

한편 중세 국어에서의 '안' 부정문은 현대 국어와 달리 수식언인 관형사와 부사의 앞에 '아니'가 위치하는 부정도 나타났다. 서술어가 용언인 경우에는 현대 국어와 마찬가지로 짧은 부정문과 긴 부정문이 모두 사용되었는데, 짧은 부정문은 서술어 앞에 '아니'를 사용하고, 긴 부정문은 보조적 연결 어미 '-디'를 사용하여 '-디 아니ᄒᆞ다'의 형태로 나타났다. 한편 접미사 '-ᄒᆞ다'가 결합한 동사의 어근이 명사나 한자어일 경우에는 어근과 접미사 '-ᄒᆞ다' 사이에 '아니'를 넣어 짧은 부정문을 만들어 사용하기도 하였다.

821

윗글에 대한 이해로 적절하지 않은 것은?

① 짧은 부정문인 '그가 모기에 안 뜯기다.'가 자연스러운 이유는 서술어인 '뜯기다'가 합성 동사이기 때문이겠군.

② 짧은 부정문인 '이 자동차가 안 값싸다.'가 자연스럽지 않은 이유는 서술어인 '값싸다'가 합성어이기 때문이겠군.

③ 짧은 부정문인 '그가 약속 시간을 안 늦추다.'가 자연스러운 이유는 서술어인 '늦추다'가 사동사이기 때문이겠군.

④ 짧은 부정문인 '보따리가 한 손으로 안 들리다.'가 자연스러운 이유는 서술어인 '들리다'가 피동사이기 때문이겠군.

⑤ 짧은 부정문인 '할아버지 댁 마당이 안 드넓다.'가 자연스럽지 않은 이유는 서술어인 '드넓다'가 파생어이기 때문이겠군.

822

윗글을 바탕으로 <보기>의 중세 국어 자료를 이해한 내용으로 적절하지 않은 것은?

보 기

ⓐ 敢히 노티 아니ᄒᆞ다라 [감히 놓지 아니하더라]
ⓑ 비록 아니 여러 나리라도 [비록 여러 날이 아니더라도]
ⓒ 妙法이 둘 아니며 세 아닐ᄊᆡ
[묘법이 둘이 아니며 셋이 아니므로]
ⓓ 塞外北狄인ᄃᆞᆯ 아니 오리잇...가
[변방 밖의 북쪽 오랑캐인들 아니 오겠습니까]
ⓔ 나도 現在 未來 一切 衆生ᄋᆞᆯ 시름 아니 호리라
[나도 현재와 미래의 모든 중생에 대해 시름 아니 하리라]

① ⓐ와 ⓒ를 보니, '안' 부정문이 용언과 체언에 대한 부정을 나타내는 데 모두 사용되었음을 알 수 있군.

② ⓐ와 ⓓ를 보니, '안' 부정문이 평서문과 의문문에서 모두 사용되었음을 알 수 있군.

③ ⓐ와 ⓔ를 보니, '안' 부정문이 긴 부정문과 짧은 부정문에서 모두 사용되었음을 알 수 있군.

④ ⓑ와 ⓔ를 보니, '안' 부정문이 관형사와 부사에 대한 부정을 나타내는 데 모두 사용되었음을 알 수 있군.

⑤ ⓒ와 ⓔ를 보니, '안' 부정문이 단순 부정과 의지 부정을 나타내는 데 모두 사용되었음을 알 수 있군.

문법 비문학 - 핵심 기출 문제

[2023년 10월 고3 학평 35-36번]

[823-824] 다음 글을 읽고 물음에 답하시오.

어떤 말의 앞이나 뒤에 다른 말이 올 수 있는 말들의 관계를 결합 관계라 한다. 현대 국어의 의존 명사와 결합하는 선행 요소의 유형에는 관형사, 체언, 체언에 관형격 조사가 붙은 것, 용언의 관형사형 등이 있다. 의존 명사 중에는 ㉠다양한 유형의 선행 요소와 결합하는 것도 있으나, 그렇지 않은 것도 있다. 즉 '것'과 같이 '어느 것, 너의 것, 생각한 것' 등 다양한 유형의 선행 요소와 두루 결합하는 의존 명사가 있는 반면, '가 본 데'의 '데'나, '요리할 줄'의 '줄'과 같이 ㉡선행 요소로 용언의 관형사형과만 결합하는 의존 명사도 있다.

의존 명사와 결합하는 후행 요소로는 격 조사와 용언 등이 있다. 의존 명사 중에는 ㉢다양한 격 조사와 결합하여 여러 문장 성분으로 쓰이는 것도 있으나, ㉣특정 격 조사와만 결합하는 것도 있다. 예를 들어, '데'는 다양한 격 조사와 결합하여 여러 문장 성분으로 두루 쓰이지만, '만난 지(가) 오래되었다'의 '지'는 주격 조사와만 결합하여 주어로 쓰인다. '요리할 줄(을) 몰랐다', '그런 줄(로) 알았다'의 '줄'은 주로 목적격 조사나 부사격 조사와 결합하여 목적어나 부사어로 쓰이고 주어로는 쓰이지 않는다. 또한 '뿐'은 '읽을 뿐이다'처럼 서술격 조사 '이다'와 결합하거나 '그럴 뿐(이) 아니라'처럼 보격 조사와만 결합하여 쓰인다. 한편 의존 명사가 용언과 결합할 때는 ㉤다양한 용언과 결합하여 쓰일 수 있는 것과 ㉥특정 용언과만 결합하는 것이 있다. 예를 들어, '것'은 다양한 용언과 두루 결합하지만, '줄'은 주로 '알다, 모르다'와 결합한다.

중세 국어에서도 선행 요소나 후행 요소와 결합할 때 제약 없이 두루 결합하는 의존 명사와 그렇지 않은 의존 명사가 있었다. 가령 중세 국어 '것'은 '어느 거시 이 가온ᄃᆡ 가ᄆᆞᆯ[어느 것이 이 가운데 감을]', '奇異ᄒᆞᆫ 거슬 머구머[기이한 것을 머금어]' 등과 같이 여러 유형의 선행 요소 및 후행 요소와 두루 결합하여 쓰였다. 반면 현대 국어의 '지'에 해당하는 중세 국어 '디'는 선행 요소 및 후행 요소와의 결합에 제약이 있었다. 즉 'ᄆᆞᆯ ᄃᆞᆯ여 ᄃᆞ니건 디 스믈 ᄒᆡ니[말 달려 다닌 지 스물 해니]', '여희연 디 ᄒᆞ마 다ᄉᆞᆺ ᄒᆡ로ᄃᆡ[헤어진 지 벌써 다섯 해로되]'와 같이 '디'는 선행 요소로 용언의 관형사형과만 결합할 수 있었고, 문장에서는 주어로만 쓰였다.

823

㉠~㉥ 중 <보기>의 '바'에 해당하는 것만을 고른 것은? [3점]

보 기

의존 명사 '바'
- 우리가 나아갈 바를 밝혔다.
- 이것이 우리가 생각한 바이다.
- 그것은 *그 / *생각의 바와 다르다.
- 그것에 대해 내가 아는 바가 없다.
- 그가 우리 사회에 공헌한 바가 크다.

※ '*'는 어법에 맞지 않음을 나타냄.

① ㉠, ㉢, ㉤　② ㉠, ㉣, ㉥　③ ㉡, ㉢, ㉤
④ ㉡, ㉣, ㉤　⑤ ㉡, ㉣, ㉥

824

윗글과 <보기>의 중세 국어 자료를 이해한 내용으로 적절하지 않은 것은?

보 기

- 달옳 ⓐ주리 업스시니이다
  [다를 줄이 없으십니다]
- 眞光이 어드우며 ᄇᆞᆯᄀᆞᆫ ⓑᄃᆡᆯ 다 비취샤
  [진광이 어두우며 밝은 데를 다 비추시어]
- 부텻 일훔 念ᄒᆞᆯ ⓒᄲᅮᆫ네 이런 功德 됴ᄒᆞᆫ 利ᄅᆞᆯ 어드리오
  [부처님의 이름을 생각할 뿐에 이런 공덕 좋은 이로움을 얻으리오]

① ⓐ의 '줄'은 현대 국어 '줄'과 달리, 주격 조사와 결합할 수 있었군.
② ⓐ의 '줄'은 중세 국어 '것'과 달리, 선행 요소로 용언의 관형사형과 결합할 수 있었군.
③ ⓑ의 'ᄃᆡ'는 현대 국어 '데'와 같이, 선행 요소로 용언의 관형사형과 결합할 수 있었군.
④ ⓑ의 'ᄃᆡ'는 중세 국어 '디'와 달리, 목적격 조사와 결합할 수 있었군.
⑤ ⓒ의 'ᄲᅮᆫ'은 현대 국어 '뿐'과 달리, 부사격 조사와 결합할 수 있었군.

[2023년 수능 35-36번]

[825-826] 다음 글을 읽고 물음에 답하시오.

훈민정음 초성자는 발음 기관을 본떠서 만든 기본자 5자가 있고 이를 바탕으로 가획의 원리(예 : ㄱ → ㅋ)에 따라 만든 가획자 9자와 그렇지 않은 이체자 3자가 있다. 중성자는 하늘, 땅, 사람의 모습을 본떠서 만든 기본자 3자가 있고 이를 토대로 한 초출자, 재출자가 각 4자가 있다. 종성자는 초성자를 다시 쓰되 종성에서 실제 발음되는 소리에 대응되는 8자만으로 충분하다 보았는데, 이는 『훈민정음』(해례본) 용자례에서 확인된다.

용자례에서는 이들 글자를 위주로 하여 실제 단어를 예로 들고 있다. 예컨대, 용자례에 쓰인 '콩'은 초성자 아음 가획자인 'ㅋ'의 예시 단어이다. 이 방식을 응용하면 '콩'은 중성자 초출자 'ㅗ'와 종성자 아음 이체자 'ㆁ'의 예시로도 쓸 수 있다. 용자례의 예시 단어 일부를 정리하여 제시하면 다음과 같다.

<초성자 용자례>

	아음	설음	순음	치음	후음	반설음	반치음
기본자	ᄀᆞᆯ	노로	뫼(산)	셤	ᄇᆞ얌(뱀)		
가획자	콩	뒤(띠)	벌	죠ᄒᆡ(종이)			
		고티	파	채	부헝		
이체자	러ᅌᅮᆯ(너구리)					어름	아ᅀᆞ(아우)

<중성자 용자례>

기본자	ᄐᆞᆨ/ᄃᆞ리 믈/그력(기러기) 깃
초출자	논/벼로 밥 누에 브섭
재출자	쇼 남샹(거북의 일종) 슈룹(우산) 뎔

<종성자 용자례>

8종성자	독	굼벙(굼벵이)	반되(반딧불이)	갇(갓)
	범	섭(섶)	잣	별

이 중 일부 단어들은 오랜 시간이 지나면서 다양한 변화를 겪었다. 여기에는 표기법상의 변화라고 할 수 있는 예와 실제 소리가 변한 예, 그리고 다른 말이 덧붙어 같은 의미의 새 단어가 만들어진 예들이 포함된다. 예를 들어, '어름'을 '얼음'으로 적게 된 것은 표기법상의 변화로 볼 수 있다. 소리의 변화 중 자음이 변화한 경우로는 ⓐ<u>'고티'(>고치)나 '뎔'(>절)처럼 구개음화를 겪은 유형</u>이 있다. 모음이 변화한 경우에는, ⓑ<u>'셤'(>섬)이나 '쇼'(>소)처럼 단모음화한 유형</u>, 'ᄃᆞ리'(>다리)나 'ᄐᆞᆨ'(>턱)처럼 'ㆍ'가 변한 유형, ⓒ<u>'믈'(>물)이나 '브섭'(>부엌)처럼 원순모음화를 겪은 유형</u>, '노로'(>노루)나 '벼로'(>벼루)처럼 끝음절에서 'ㅗ>ㅜ' 변화를 겪은 유형 등이 있다. 다른 말이 덧붙어 같은 의미의 새 단어가 만들어진 경우로는 ⓓ<u>'부헝'(>부엉이)처럼 접사가 결합한 유형</u>과 ⓔ<u>'ᄀᆞᆯ'(>갈대)처럼 단어가 결합한 유형</u>이 있다.

※ 본문 예시에서 후음 기본자는 'ㅇ', 아음 이체자는 'ㆁ'으로 표기함.

825

윗글에 대한 이해로 적절한 것은?

① 훈민정음의 모든 기본자는 발음 기관을 본떠 만든 것이다.
② 초성자 기본자는 모두 용자례 예시 단어의 종성에 쓰인다.
③ <초성자 용자례>의 가획자 중 단어가 예시되지 않은 자음자 하나는 아음에 속한다.
④ <초성자 용자례> 중 아음 이체자의 예시 단어는, 초성자의 반설음자와 종성자의 반설음자의 예시 단어로 쓸 수 있다.
⑤ <중성자 용자례> 중 초출자 'ㅓ'의 예시 단어는, 반치음 이체자와 종성자 순음 기본자의 예시 단어로 쓸 수 있다.

826

윗글을 바탕으로 중세 국어 단어의 변화 양상을 이해한 내용으로 적절하지 <u>않은</u> 것은?

① '벼리 딘'(>별이 진)의 '딘'은 ⓐ에 해당한다.
② '셔울 겨샤'(>서울 계셔)의 '셔울'은 ⓑ에 해당한다.
③ '플 우희'(>풀 위에)의 '플'은 ⓒ에 해당한다.
④ '산 거믜'(>산 거미)의 '거믜'는 ⓓ에 해당한다.
⑤ '닥 닙'(>닥나무 잎)의 '닥'은 ⓔ에 해당한다.

문법 비문학 - 핵심 기출 문제

[2024년 3월 고3 학평 35-36번]

[827-828] 다음 글을 읽고 물음에 답하시오.

단어의 품사를 분류할 때 단어가 가지는 의미로 인해 품사를 혼동할 수 있다. 예컨대, '이것은 보관하고, 나머지는 파기해라.'에서 '나머지'가 '이것'을 제외한 다른 것들을 가리킨다고 생각하여 '이것'과 같은 품사라고 생각할 수 있다. 하지만 '이것'은 대명사로서 말하는 이에게 가까이 있는 어떤 사물이나 대신할 수 있는 반면에, '나머지'는 명사로서 '어떤 한도에 차고 남은 부분'이라는 의미를 일정하게 가지고 있다. 또한 '길게 남기다.'와 '길이 남기다.'에서 '길게'와 '길이'는 '길-'의 의미와 관련되므로, 모두 형용사라고 생각할 수 있다. 하지만 '길게'는 '길-'에 어미 '-게'가 결합한 형용사의 활용형이고, '길이'는 '같이', '깨끗이'처럼 '길-'에 부사 파생 접미사 '-이'가 결합하여 만들어진 부사이다.

한 단어가 두 가지 이상의 품사로 쓰일 수 있다는 점도 품사 분류 시에 유의해야 한다. '박자가 늦다.'에서 '늦다'는 속도가 느림을 나타내는 형용사로 쓰였다. 하지만 '그는 약속 시간에 항상 늦는다.'에서는 어간 '늦-'에 어미 '-는-'이 결합하여 전형적인 동사의 특성이 나타난다. 따라서 '늦다'는 형용사, 동사의 두 가지 품사로 쓰인다. 다른 사례로 '열'은 조사와 결합할 수 있으며, 정확한 수량을 나타내므로 수사로만 분류하기 쉽다. 하지만 '열 명이 왔다.'에서 '열'은 관형사인 '한'이나 '두'와 같이, 뒤에 오는 체언을 꾸며 주고 조사와 결합하지 않는다는 점에서 관형사로 분류하는 것이 일반적이다. 이와 마찬가지로 '그보다는 낫다.'의 '그'는 대명사로 분류하고, '그 책보다는 낫다.'의 '그'는 관형사로 분류한다.

ⓐ중세 국어와 현대 국어에서 대응하는 단어의 품사가 같은 경우가 많다. 예컨대, '벼개를 노피 벼엣고[베개를 높이 베고 있고]'의 '노피'는 현대 국어의 '높이'처럼 부사로 분류할 수 있다. 하지만 현대 국어에서는 관형사로만 쓰이는 '새'가 중세 국어에서는 '새를[새것을]'처럼 '새것'이라는 의미를 가진 명사로도 쓰였다. 이처럼 ⓑ중세 국어와 현대 국어에서 대응하는 단어가 쓰일 수 있는 품사가 다른 경우도 있다. 또한 중세 국어에서는 '맏이'의 의미로 쓰이던 명사 '몯'이 현대 국어에서는 접사 '맏-'이 된 것처럼 ⓒ중세 국어에서는 단어였지만 현대 국어에서는 품사 분류의 대상에서 제외되는 경우도 있다.

827

윗글을 바탕으로 <보기>의 ㉠~㉥을 탐구한 내용으로 적절한 것은?

보 기

- ㉠이 장소에서도 잘 ㉡크는 식물이 ㉢둘이 있다.
- 크기가 ㉣큰 무가 ㉤여러 개가 있어서 ㉥반씩 나누었다.

① ㉠과 ㉤은 뒤에 오는 체언을 꾸며 주고 조사와 결합하지 않는다는 점에서 같은 품사로 분류할 수 있겠군.

② ㉠과 ㉥은 어떤 사물을 가리킨다는 의미를 가진다는 점에서 같은 품사로 분류할 수 있겠군.

③ ㉡과 ㉣은 어간에 동일한 형태의 어미가 결합하고 있다는 점에서 같은 품사로 분류할 수 있겠군.

④ ㉢과 ㉥은 대상의 수량을 정확하게 나타낸다는 점에서 같은 품사로 분류할 수 있겠군.

⑤ ㉣과 ㉤은 어미가 결합하며 뒤에 오는 성분을 꾸며 준다는 점에서 같은 품사로 분류할 수 있겠군.

828

윗글을 바탕으로 <자료>를 이해한 내용으로 적절한 것은? [3점]

자 료

(가) 중세 국어 : 어늬(어느 + ㅣ) 解脫이 아니리오
[현대어 풀이 : 어느 것이 해탈이 아니리오]

(나) 중세 국어 : 기피(깊- + -이) 잇ᄂᆞᆫ 龍이 소리 업고
[현대어 풀이 : 깊이 있는 용이 소리 없고]

(다) 중세 국어 : 窓ᄋᆞ로 여ᅀᅥ(여ᇫ- + -어)
[현대어 풀이 : 창으로 엿보아]

(라) 중세 국어 : ᄂᆞᄅᆞᆯ(ᄂᆞᆯ + ᄋᆞᆯ) 사ᄒᆞ라
[현대어 풀이 : 날것을 썰어]

(마) 중세 국어 : 니르고져 호ᇙ 배(바 + ㅣ) 이셔도
[현대어 풀이 : 이르고자 할 바가 있어도]

① (가)에서 중세 국어의 '어느'는 ⓐ의 사례로, 현대 국어의 '어느'처럼 관형사로 분류할 수 있다.

② (나)에서 중세 국어의 '기피'는 ⓑ의 사례로, 현대 국어의 부사 '깊이'와 달리 형용사로 분류할 수 있다.

③ (다)에서 중세 국어의 '여ᇫ-'은 ⓑ의 사례로, 현대 국어의 접사 '엿-'과 달리 동사로 분류할 수 있다.

④ (라)에서 중세 국어의 'ᄂᆞᆯ'은 ⓒ의 사례로, 현대 국어의 접사 '날-'과 달리 명사로 분류할 수 있다.

⑤ (마)에서 중세 국어의 '바'는 ⓒ의 사례로, 현대 국어의 '바'와 달리 명사로 분류할 수 있다.

[2024년 7월 고3 학평 35-36번]

[829-830] 다음 글을 읽고 물음에 답하시오.

현대 국어 표기의 기준이 되는 한글 맞춤법 규정은 표준어를 소리대로 적는다는 기본 원칙에 어법을 고려하여 형태소의 본 모양을 밝혀 적는다는 또 하나의 원칙을 덧붙이고 있다. 그렇다면 중세 국어와 근대 국어의 표기는 어떤 특징이 있을까? 종성의 표기와 연음이 되는 환경에서의 표기를 중심으로 그 특징을 알아보자.

먼저 종성의 표기를 보면, 중세 국어에서는 원칙적으로 종성 표기에 여덟 개의 자음만 사용하였다. 이러한 표기법은 『훈민정음』 해례본의 '종성은 ㄱ, ㆁ, ㄷ, ㄴ, ㅂ, ㅁ, ㅅ, ㄹ의 여덟 자로써 넉넉히 쓸 수 있다.'의 내용에 근거를 두고 있다. 이렇게 ㉠종성 표기를 여덟 자에 국한시킨다는 것은 한 형태소가 환경에 따라 모습을 바꿀 때 바뀐 대로 적는다는 뜻이다. 그런데 중세 국어의 문헌 가운데 『용비어천가』의 '깊고', '곶'처럼 ⓐ예외도 나타난다. 근대 국어에서는 종성의 'ㄷ'과 'ㅅ'이 발음상의 구별이 어려워지면서 'ㄷ'을 'ㅅ'으로 적는 경향이 나타났고, 그 결과 종성 표기에는 'ㄱ, ㄴ, ㄹ, ㅁ, ㅂ, ㅅ, ㅇ'의 일곱 자가 사용되었다.

다음으로 연음이 되는 환경에서의 표기를 보자. 받침이 있는 체언이나 용언 어간에 모음으로 시작하는 조사나 어미가 붙을 때 받침의 자음 소리가 뒤의 초성에 옮겨 가서 발음되는 연음이 일어난다. 중세 국어에서는 이러한 환경에서 소리 나는 대로 적는 이어 적기가 나타난다. 예를 들어『용비어천가』의 'ᄉᆡ미 기픈 ᄆᆞ른'의 'ᄉᆡ미', '기픈', 'ᄆᆞ른'이 있다. 그런데 중세 국어 문헌 가운데 「월인천강지곡」에는 현대 국어와 같이 끊어 적기를 한 경우가 보인다. ⓑ체언이 'ㄴ, ㄹ, ㅁ, ㆁ, ㅿ'과 같은 불청불탁의 자음으로 끝날 경우에 끊어 적기가 나타났고, 용언 어간이 'ㄴ, ㅁ'으로 끝날 경우에도 끊어 적기가 나타났다. 근대 국어에서는 ⓒ체언이나 용언 어간의 말음을 뒤에 이어 오는 조사나 어미의 초성에도 다시 적는 거듭 적기가 나타났다. '사ᄅᆞᆷ미', '깁픈'이 이에 해당한다. 이는 중세 국어의 이어 적기 방식이 현대 국어의 끊어 적기 방식으로 가는 과도기적 현상으로 볼 수 있다.

이처럼 시대의 흐름에 따라 표기의 양상은 다양한 모습으로 나타난다. 우리말 표기의 시대별 특징을 살펴보면서 그 변화 양상과 법칙을 탐구하는 것은 국어의 다양한 모습을 이해할 수 있다는 점에서 의의가 있다.

829

㉠을 통해 알 수 있는 내용으로 가장 적절한 것은? [3점]

① 종성에서는 'ㅂ'과 'ㅍ'의 발음이 구별되었다.
② 종성에서는 'ㄷ'과 'ㅅ'의 발음의 구별이 어려웠다.
③ 종성에 오는 자음은 여덟 개의 자음 중 하나로 소리 났다.
④ 종성에서 여덟 자의 자음 표기를 통해 형태소의 본모양을 밝혀 적고자 했다.
⑤ 여덟 자 이외의 자음은 종성에서 환경에 따라 바뀐 모습으로 표기하지 않았다.

830

ⓐ~ⓒ에 해당하는 예로 적절한 것은?

	ⓐ	ⓑ	ⓒ
①	맛고(맞고)	안아(안아)	님믈(님을)
②	첫(첫)	담아(담아)	동녁킈(동녘의)
③	받(밭)	ᄭᅮᆷ안해(꿈 안에)	먹글(먹을)
④	몇(몇)	ᄆᆞᅀᆞᆷ애(마음에)	사라(살아)
⑤	닢(잎)	손ᄋᆞ로(손으로)	님금미(임금이)

[2024년 수능 35-36번]

[831-832] 다음 글을 읽고 물음에 답하시오.

훈민정음 반포 직후 간행된 『용비어천가』, 『석보상절』, 『월인천강지곡』을 보면 표기법이 통일되어 있지 않다. 예컨대 『훈민정음』(해례본)의 팔종성가족용, 즉 'ㄱ, ㆁ, ㄷ, ㄴ, ㅂ, ㅁ, ㅅ, ㄹ'로 모든 끝소리를 표기할 수 있다는 원리는 세 문헌에서 모두 예외가 보이는데 예외가 되는 표기가 서로 달랐다.

[A] 고유어의 이어 적기와 끊어 적기에서도 이들은 차이가 난다. 체언과 조사, 용언 어간과 어미의 결합에서, 『용비어천가』와 『석보상절』은 이어 적기 방식을 취했다. 다만, 『석보상절』은 체언의 끝소리가 'ㆁ'일 때 '즁의'(중의)처럼 이어 적기도 하고, '즁으란'(중은)처럼 끊어 적기도 하였다. 『월인천강지곡』은 체언의 끝소리가 울림소리인 'ㆁ, ㄴ, ㅁ, ㄹ, ㅿ'일 때와 용언 어간의 끝소리가 'ㄴ, ㅁ'일 때 끊어 적기를 하였고, 그 밖에는 이어 적기를 하였다. 다만, 'ᄡᅮ늘', '말ᄊᆞ물', '우ᅀᅮ믈'에서는 이어 적기가 보인다.

사잇소리 표기에서는, 『용비어천가』는 'ㄱ, ㄷ, ㅂ, ㅅ, ㆆ, ㅿ'을 썼는데, 이 가운데 'ㅿ'은 '나라ᇫ 일훔'(나라의 이름), '님금ᇫ ᄆᆞᅀᆞᆷ'(임금의 마음), '바ᄅᆞᇫ 우희'(바다의 위에) 등과 같이 모음 및 'ㄴ, ㅁ, ㄹ' 등의 울림소리 사이에서 나타났다. 『석보상절』은 사잇소리 표기에 'ㅅ'을 썼지만 'ㅅ' 대신 'ㄱ, ㄷ, ㆆ'을 쓰기도 하였다. 이와 달리 『월인천강지곡』은 사잇소리 표기를 'ㅅ'으로 통일하였다. 이후 문헌에서 사잇소리 표기는 'ㅅ'으로 통일되어 갔으며, 현대 국어에서 '촛불'의 'ㅅ'처럼 합성어의 사잇소리 표기에 남아 있다.

한자를 적을 때는, 『용비어천가』는 따로 한자의 음을 제시하지 않았지만, 『석보상절』은 한자를 적고 이어서 그 한자의 음을 제시하였으며, 『월인천강지곡』은 한자의 음을 적고 이어서 그 한자를 제시하였다.

한편 『용비어천가』는 'ㅸ'을 가진 'ᄃᆞᄫᅵ다'(되다), 'ᄒᆞᄫᅀᅡ'(혼자)를 이 형태로만 썼는데, 『석보상절』은 'ᄃᆞᄫᅵ다'는 'ᄃᆞᄫᅵ다'나 'ᄃᆞ외다'로 썼고, 'ᄒᆞᄫᅀᅡ'는 'ᄒᆞ오ᅀᅡ'로만 썼으며, 『월인천강지곡』은 각각 'ᄃᆞ외다', 'ᄒᆞ오ᅀᅡ'로만 썼다.

831

윗글을 바탕으로 이해한 내용으로 적절하지 않은 것은?

① 『용비어천가』에 나타나는 '높고'와 '빛'은 팔종성가족용의 원리에 어긋나는 예이다.
② '오ᄂᆞᆳ'(오늘)과 '날' 사이의 사잇소리 표기는 『용비어천가』에서는 'ㅿ', 『월인천강지곡』에서는 'ㅅ'을 썼다.
③ 현대 국어 '바닷물'의 'ㅅ' 표기는 중세 국어 사잇소리 표기에서 유래하였다.
④ 중세 국어 한자음이 '텬'인 '天'은 『석보상절』에서 '天텬', 『월인천강지곡』에서 '텬天'으로 적었다.
⑤ '혼자'의 중세 국어 표기는 『용비어천가』, 『석보상절』, 『월인천강지곡』 세 문헌을 통틀어 세 가지가 나타난다.

832

[A]와 <자료>를 통해 탐구한 내용으로 적절하지 않은 것은? [3점]

자 료

○ 뎌녁 ⓐᄀᆞᅀᅢ(ᄀᆞᇫ + 애) 건나가샤
[저쪽 가에 건너가시어] - 『석보상절』

○ 뫼화 그르세 ⓑ담아(담- + -아)
[모아서 그릇에 담아] - 『월인천강지곡』

○ ⓒ누네(눈 + 에) 빗 봄과
[눈에 빛 봄과] - 『석보상절』

○ 쏜 살이 세 낱 ⓓ붚ᄲᅮᆫ(붚 + ᄲᅮᆫ) ᄢᅦ여디니
[쏜 화살이 세 개 북만 꿰어지니] - 『월인천강지곡』

○ 너희 ⓔ스숭니믈(스승 + -님 + 을) 보ᅀᆞᆸ고져 ᄒᆞ노니
[너희 스승님을 뵙고자 하니] - 『석보상절』

① ⓐ는 『용비어천가』에서 'ᄀᆞᅀᅢ'로 적혀 있겠군.
② ⓑ는 『석보상절』에서 '다마'로 적혀 있겠군.
③ ⓒ는 『월인천강지곡』에서 '눈에'로 적혀 있겠군.
④ ⓓ가 조사 '을'과 결합하면 동일 문헌에서 '붚을'로 적히겠군.
⑤ ⓔ가 조사 '이'와 결합하면 동일 문헌에서 '스스이'나 '스승이'로 적히겠군.

MEMO

언매
1000제

Part 08

매체

- 매체 영역 필수 개념
- 핵심 기출 문제

매체 영역 필수 개념

1 매체 생산과 유형

(1) 매체의 생산 과정

① 매체 자료를 생산하는 과정은 글을 쓰는 과정과 유사함.

② 전체적인 계획을 세우고 이를 바탕으로 내용을 생성하고 조직하며, 수정과 보완 단계를 거침.

전체 계획 세우기 (주제 정하기, 목적과 수용자 파악하기, 매체 종류 정하기) ➡ 내용 생성 및 조직하기 ➡ 수정 및 보완하기 ➡ 완성

(2) 목적에 따른 매체 생산

정보 전달	• 간결하고 명확한 표현을 사용함. • 정확하고 신뢰성 있는 내용으로 구성함. • 특정 내용이나 사건에 집중하여 내용을 구성함. 예 뉴스, 보도문, 공고문 등
설득	• 타당한 논거를 제시하여 구성함. • 자신의 주장이나 관점을 명확히 밝힘. • 특정 사건을 강조하여 행동의 방향을 유도하기도 함. 예 광고, 칼럼, 기획물(다큐멘터리, 특집 등)
심미적 정서 표현	• 표현하고자 하는 정서를 구체화하여 표현함. • 일상에서 생각하고 느낀 것을 기록으로 남김. • 아름다움과 즐거움을 느낄 수 있는 내용으로 구성함. • 사진이나 동영상을 첨부하여 정서적 효과를 높일 수 있음. 예 문학 작품, 드라마, 뮤직 비디오, 블로그 게시물, 대중가요 등
사회적 상호 작용	• 사회적 관계를 바탕으로 구성함. • 사회 구성원들과 의사소통하며 문화 형성에 참여함. • 사적 영역과 공적 영역의 맥락을 고려하여 생산함. 예 전자 우편, 누리 소통망[SNS], 휴대 전화 메시지, 모바일 메신저 대화 등

• 수용자를 고려한 매체 자료 생산
- 수용자의 연령에 따라 내용과 난이도를 조절함.
- 수용자의 관심사와 전달하려는 내용에 대한 배경지식을 고려함.
- 수용자의 규모에 따라 내용 전달 방식을 조정함.
- 성(性) 차별적인 내용이 없는지 고려함.

(3) 매체의 유형

인쇄 매체		• 대중 매체의 시작과 발달을 이끈 매체 • 문자 언어를 중심으로 사진, 그림 등의 시각적 이미지를 활용하여 메시지를 전달함. • 생산자(필자)와 수용자(독자)의 소통: 시·공간이 분리되어 있어 인쇄 매체를 매개로 하여 간접적으로 소통함. • 전자 매체에 비해 정보 전달의 속도가 느림.
전자 매체	**음성·영상 매체**	• 20세기를 대표하는 대중 매체로 전자 기술의 발달에 따라 등장함. • 소리, 음성, 문자, 이미지, 영상을 함께 전송함. • 인쇄 매체에 비해 정보 전달의 속도가 빠름. • 20세기에는 일대다의 의사소통 방식으로 즉각적인 피드백이 불가능했지만, 최근에는 인터넷과 연계하여 즉각적 피드백이 가능하도록 변화됨.
	뉴미디어	• 정보 통신 기술이 발전하면서 새롭게 등장한 인터넷과 이를 기반으로 한 다양한 디지털 형식의 매체인 뉴 미디어가 등장함. • 매체의 확장을 넘어 현대 사회의 변화를 이끈 동력으로 평가됨. • 책, 신문, 라디오, 텔레비전 등 기존의 매체를 복합적으로 구현함. • 음성과 문자 메시지, 화상 통화 등 다양한 매체적 속성을 활용한 의사소통이 이루어짐. • 대중이 정보 생산자로 참여할 수 있음. • 정보의 복제 전송이 쉬워 대량으로 정보를 유통할 수 있으며, 정보 전달의 속도가 빠름.

2 매체 언어

(1) 매체 언어

① 의사소통과 정보 전달의 다양한 수단인 매체를 통해 실현되는 언어로 문자, 음성, 소리, 이미지, 영상 등을 결합하여 의미를 생성함.
② 매체 자료의 주제 의식과 가치를 향유하려면 매체 언어의 표현이 갖는 의미와 효과를 이해해야 함.
③ 매체 언어의 내용을 효과적으로 이해하기 위해서는 의미를 구성하는 다양한 요소들의 개별 특성과 상호 관련성을 이해해야 함.

(2) 매체 언어의 창의적 표현

① 효과적인 의사소통을 위해 전달하고자 하는 내용을 인상적으로 제시할 필요가 있음.
② 매체 언어의 창의적 표현은 수용자의 주의를 환기하여 내용 전달 효과를 높임.

언어 표현을 통한 매체 언어의 창의성	동음이의어, 발음의 유사성, 대구와 비유, 어법에 맞지 않는 표현 등 다양한 방법을 활용하여 내용을 창의적으로 전달할 수 있음.
복합 양식성을 고려한 매체 언어의 창의성	• 언어 요소(음성, 문자), 청각 요소(음악, 소리 효과), 몸짓 요소, 시각 요소 등의 상호 작용을 고려하여 복합 양식성을 드러낼 분만 아니라 카메라의 움직임과 구도, 화면 편집 등을 통해 매체 언어의 창의성을 드러냄. • 뉴 미디어에서는 복합 양식성이 두드러지게 나타남. 예 '책'의 변화 : 과거의 종이책은 주로 문자 언어로만 구성되었지만, 매체의 발달과 함께 하이퍼텍스트를 활용하여 사전을 살펴보거나 관련 영상을 시청할 수 있는 '전자책'이 나옴.

(3) 매체 관련 필수 개념

뉴미디어	• 전자 기술의 발전에 따라 새롭게 등장한 의사소통 수단으로, 인터넷, 온라인 신문, 블로그, 누리 소통망 등이 있음. • 뉴 미디어는 기존에 독립적으로 존재했던 매체들을 새로운 기술과 결합하고 서로 연결하여 실시간 상호 작용이 가능하게 함. • 여러 가지 매체의 속성이 하나로 통합된 멀티미디어적 성격을 지님.
하이퍼텍스트	• 사용자에게 비순차적인 검색을 할 수 있도록 제공되는 텍스트로 문서 속의 특정 자료가 다른 자료나 데이터베이스와 연결되어 있어 서로 넘나들며 원하는 정보를 얻을 수 있게 하는 것을 말함.
복합 양식성	• 언어 요소(음성, 문자), 청각 요소(음악, 소리 효과), 공간 요소, 몸짓 요소, 시각 요소 등이 복합적으로 작용하여 의미를 구성함. • 효과음, 그림을 사용하여 화면 속 인물과 동시에 의사소통하고 있는 대화 창 속 사람들의 모습을 나타냄. • 출연자가 말한 내용과 인터넷 대화 창의 내용 중 주요한 부분을 문자 언어인 자막으로 보여 줌.
게이트 키핑	• 신문이나 방송 등 미디어에서 두고 있는 일종의 장치로, 편집자나 기자 등 뉴스 결정권자에 의해 뉴스가 취사선택되는 과정을 말함. • 뉴스 결정권자의 가치관·세계관, 뉴스 결정권자가 속한 조직의 신념과 가치·전통·규범·규칙 등 다양한 요인에 의해 결정됨. • 뉴스 선택 과정에서 결정권자에 의해 내용이 수정되거나 왜곡될 수 있으며, 사회·문화적 압력과 각종 외부적 요인들에 의해 공정성을 잃게 될 수도 있기 때문에 뉴스가 선택되는 기준과 그 기준에 따라 선택된 메시지가 어떻게 보도되느냐가 중요한 과제임.

• 매체의 비판적 수용을 위한 점검 항목
- 매체 자료의 출처는 어디이며, 생산자는 누구인가?
- 매체 자료의 내용은 객관적인 사실에 근거하고 있는가?
- 생산자가 대상이나 사건을 바라보는 관점은 어떠한가?
- 강조하거나 드러내려 하는 정보는 무엇이고, 누락된 정보는 무엇인가?
- 매체 자료의 내용과 관련된 이해관계는 무엇인가?

3 매체 영역 실전 원리

원리1 대표 발문을 먼저 읽고 매체 자료의 읽기 방향을 결정한다.

① 대표 발문을 먼저 읽고 매체의 유형을 먼저 체크한다.
② 매체 종류의 특성을 고려하여 지문을 읽되, 키워드 중심으로 빠르게 거시적 독해를 한다.
③ 화법의 담화 유형과 같은 지문의 경우, 발화의 의도를 중심으로 읽고, 작문의 글의 유형 같은 지문의 경우, 비문학에서 전체 내용을 빠르게 정리하듯이 읽는다.
④ 회의 형식의 매체 자료 읽기
휴대폰 메신저 채팅 방과 같은 형식으로 과제를 해결하기 위해 대화하는 매체를 말한다. 회의의 핵심은 과제 해결이다. 그러므로 과제를 정확하게 파악하고 대화방의 학생들의 의견을 정리하면서 읽는다. 학생 간의 공통 인식이 나오면 반드시 체크하고, 대립적 의견이 나오면 ↕ 표시하면서 읽는다.
⑤ 뉴스 매체 자료 읽기
인터뷰나 대담의 경우 진행자의 질문을 중심으로 읽는다. 즉, 질문에 번호를 붙이면서 읽는 연습을 한다.
⑥ 신문 기사 매체 자료 읽기
표제와 부제(제목)에서 압축된 주제를 확인한다. 전문에는 본문 내용이 요약되어 있으니 전문을 통해서 본문의 내용이 어떤 식으로 진행될지 확인한다. 전체 틀을 정리하면서 본문을 읽어나간다.
⑦ 광고 매체 자료 읽기
광고 대상을 정확하게 파악하고, 광고에서 부각하고자 하는 부분을 명확하게 이해한다. 과장된 광고는 아닌지 비판적으로 읽는다.

원리2 문제 풀이 방법과 문제 풀이 순서를 정확하게 체화한다.

① 매체 문제 풀이 원리
제시문을 읽기 전, 세트 문항의 대표 발문을 먼저 보고 매체 유형(예 (가) '블로그', (나) '텔레비전 뉴스')을 체크한 후, 읽기 원리를 생각한다. 문항 발문들을 보고 근거의 범위와 정답의 기준(무엇을 묻느냐), 문제 풀이 방법 및 순서를 떠올린다.
② 문제 풀이 순서 체크
발문을 읽으면서 (가)에 해당하는 문제와 (나)에 해당하는 문제를 구별한 후 읽으면서 풀 것과 다 읽고 풀 문제를 구분한다.

원리3 선지를 정확히 끊어서 근거를 파악하고 선지 넘김을 꼭 한다.

① 선지를 정확하게 파악하지 못해서 틀리는 경우가 많다. 선지를 정확하게 끊어서 읽고 정답을 선택할 때는 반드시 선지를 끊어서 지문에서 근거를 확인하고, 선지 앞뒤의 연결 관계, 서술어의 주체도 반드시 파악한다.
② 평소 기출 문제를 풀 때, 선지를 넘기는 연습을 꾸준히 한다. 연습에서 선지 넘기기를 하지 않는다면 실전에서는 더욱 선지 넘기기를 하기 어렵다. 판단하기 어려운 선지는 별표를 한 후 넘기고, 시간이 남았을 때 되돌아와서 확인하는 연습을 해 둔다.

MEMO

[2021년 3월 고3 학평 40-42번]

[833-835] (가)는 인터넷 블로그이고, (나)는 텔레비전 생방송 뉴스의 일부이다. 물음에 답하시오.

(가)

환경 파수꾼 '구르미'의 블로그 검색

읽을거리 | 생각 나누기 | 자료 더하기 | 일상 기록

북극곰은 지구 온난화가 싫어요

구르미

2021.02.06. 12:10

여러분은 '겨울' 하면 무엇이 떠오르시나요?
추위? 얼음? 북극?
오늘은 다큐멘터리 '북극곰의 오늘과 내일'을 보고 든 생각에 대해 여러분과 의견을 나누고자 해요.
지구 온난화로 북극곰의 삶의 터전이 줄어들고 있어요.

옆의 사진은 우리에게 충격적으로 다가와요. '북극곰의 오늘과 내일'에서는 옆의 사진과 같은 상황이 계속되면 북극곰이 멸종될 수 있다고 경고하고 있어요.

북극곰을 힘들게 하고 있는 지구 온난화는 왜 일어나는 것일까요? 그래프를 보시면 지구 평균 기온의 상승과 이산화 탄소 농도가 관계가 있음을 알 수 있어요.

우리가 일상에서 이산화 탄소의 배출을 줄여야 하지 않을까요? 일상에서 이산화 탄소 배출을 줄이는 방법으로는 대중교통 이용하기, 가까운 거리는 걸어 다니기, 플라스틱 사용 줄이기, 대체 에너지 개발하기 등이 있어요.

지구 평균 기온과 이산화 탄소 평균 농도의 변화

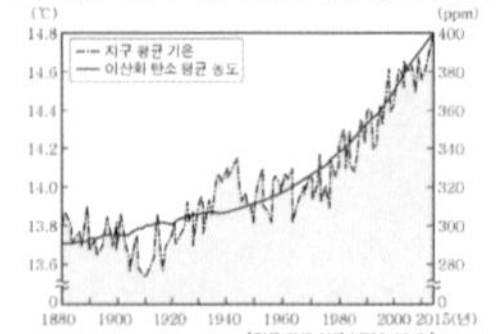

[지구 정책 연구소(EPI), 2016.]

이 영상은 '북극곰의 오늘과 내일' 홍보 영상인데, 다큐멘터리를 찾아서 시청하시면 북극곰의 아픔을 실감하실 수 있을 거예요.
(혹시 자료 중에 잘못된 것이 있으면 알려 주세요. 수정하겠습니다.)

#지구_온난화 #북극곰_멸종_위기 #이산화_탄소_배출_줄이기

댓글 ✎ 7 공감 ♥ 16

사랑이 북극곰에게 미안하네요. 이제 가까운 거리는 걸어 다니는 게 좋겠죠? ······ ㉠

➥**구르미** 그럼요. 저도 플라스틱의 사용을 줄이기로 결심했어요.

초록꿈 저도 이산화 탄소 배출을 줄이기 위한 노력이 필요하다고 생각해요. www.OOO.go.kr 여기서 이산화 탄소 배출 줄이기 캠페인을 벌이고 있어요. ······ ㉡

➥**구르미** 방문 감사합니다. 저도 주변 분들과 공유할게요.

밤톨이 대체 에너지 개발하기는 우리가 일상에서 실천할 수 있는 방법이라고 보기 어려워요.

➥**구르미** 감사해요. 수정할게요.

몽돌이 그래프의 추세가 계속 이어지면 사진 속 작은 얼음 조각마저 사라져 북극곰은 살 곳이 없어지고 말겠어요. ㅠ.ㅠ

(나)

진행자 : 지구 온난화의 영향으로 전국에 두 달째 가뭄이 이어지면서 여러 피해가 발생하고 있습니다. 현장을 취재한 윤○○ 기자 나와 있습니다. 상황이 심각하다면서요?

윤 기자 : 네, 그렇습니다.

진행자 : 현장 상황에 대해 구체적으로 말씀해 주시겠어요?

윤 기자 : 취재한 자료 영상을 보시면 문제의 심각성을 확인하실 수 있습니다. 지금 영상에 보이고 있는 것이 저수지 바닥입니다. 이 영상을 보고 계시는 시청자분들께서도 문제의 심각성에 공감하실 것입니다.

진행자 : 가뭄이 이렇게나 심각하군요. 그에 따라 피해도 상당할 것 같습니다.

윤 기자 : 가뭄으로 인해 힘들어하는 농민 한 분을 만나 봤습니다. 인터뷰 영상 보시겠습니다.

김□□ | △△리 이장
마늘을 키우고 있는데, 씨알이 예전의 절반도 안 됩니다. 마늘 알맹이가 아예 껍질 속에서 말라 버려 수확을 포기하는 농민도 있습니다.

833

(가)와 (나)에 대한 이해로 가장 적절한 것은?

① (가)는 (나)와 달리 정보 생산자 간에 면 대 면 소통을 통해 정보를 수정할 수 있다.
② (가)는 (나)와 달리 정보 수용자를 고려하여 격식을 갖춘 말투로 정보를 제시하고 있다.
③ (가)는 (나)와 달리 특정 기호를 앞에 붙여 열거한 말들을 통해 전달되는 정보의 핵심 어구를 파악할 수 있다.
④ (나)는 (가)와 달리 정보 수용자를 특정인으로 한정지어 대량의 정보를 전달하고 있다.
⑤ (나)는 (가)와 달리 정보 생산자와 수용자의 상호작용을 바탕으로 정보의 수정이 이루어지고 있다.

834

<보기>를 참고하여 (가)와 (나)에 대해 보인 반응으로 적절하지 않은 것은? [3점]

보 기

텔레비전 뉴스, 인터넷 블로그 등 매체를 통해 전달되는 정보의 구체적 형태를 매체 자료라고 한다. 매체 언어는 음성, 문자, 사진, 동영상 등의 양식이 복합적으로 사용되는 특성을 지닌다. 따라서 매체 자료의 수용자는 이러한 복합 양식적인 매체 언어의 특성을 고려하여 의미를 구성할 수 있다. 이때 그 의미는 생산자와 수용자가 놓여 있는 맥락 속에서 생성된다. 그렇기 때문에 매체 자료의 수용은 생산자의 의도나 관점, 수용자의 관점이나 이해관계 등을 고려하여 이루어진다. 이 과정에서 매체 자료의 수용자는 창의적 생산자가 되기도 하면서 사회적 소통에 참여할 수 있다.

① (가)에서 그래프와 동영상 등을, (나)에서 문자와 음성 등을 활용한 것은 매체 언어의 복합 양식적 특성을 보여 주는 것이겠군.

② (가)에서 '몽돌이'가 쓴 댓글은 수용자가 매체 언어의 복합 양식적 특성을 고려하여 의미를 구성할 수 있음을 보여 주는 것이겠군.

③ (가)에서 '구르미'가 다큐멘터리를 보고 든 생각을 블로그에 올려 다른 사람들과 의견을 나눈 것은 매체 자료의 수용자가 창의적 생산자로서 사회적 소통에 참여할 수 있음을 보여 주는 것이겠군.

④ (나)에서 진행자와 윤 기자가 가뭄의 심각성을 강조한 것은 문제의식을 수용자와 공유하고자 하는 의도를 가지고 매체 자료를 생산하였음을 보여 주는 것이겠군.

⑤ (나)에서 진행자가 윤 기자에게 현장 상황에 대한 구체적인 설명을 요청한 것은 생산자들 간에 놓여 있는 맥락이 같아도 관점이 서로 다를 수 있음을 보여 주는 것이겠군.

835

㉠, ㉡에 대한 설명으로 가장 적절한 것은?

① ㉠ : 매체 언어의 특성에 주목하여, 블로그를 통해 제시된 정보의 신뢰성에 대한 의문을 제기하고 있다.

② ㉠ : 매체를 통한 의사소통의 목적과 관련하여, 블로그에 제시된 정보를 개인의 문제 해결을 위해 활용하고 있다.

③ ㉠ : 매체의 사용 습관에 대한 성찰을 바탕으로, 블로그를 통해 이루어지는 의사소통에 대한 개선책을 제안하고 있다.

④ ㉡ : 블로그에 제시된 의견에 동의를 나타내고 매체의 기능을 활용하여 관련 정보를 추가하고 있다.

⑤ ㉡ : 블로그에 제시된 주장의 타당성을 비판하고 매체의 파급력을 고려하여 자신의 견해를 덧붙이고 있다.

[2021년 3월 고3 학평 43-45번]

[836-838] (가)는 학생들이 학생회장 후보자 홍보 동영상 제작 준비를 위해 휴대 전화 메신저로 나눈 대화이고, (나)는 (가)를 바탕으로 작성한 이야기판이다. 물음에 답하시오.

(가)

뒤로 학생회장 후보자 지원단 대화방(5명)

경호: 얘들아, 대화방 열었어. 서로 즉각적으로 의견을 나눌 수 있고 대화 내용이 남아 있어 그 내용을 참고하며 의견을 나눌 수도 있어서 좋을 것 같아.

한신: 학생회장 후보자 홍보 동영상 제작에 대해 이야기하자는 거지?

경호: 응, 맞아. 의견 줄래?

소희: 누리 소통망에 올릴 홍보 동영상은 우리의 슬로건인 '소통과 화합'을 잘 강조할 수 있어야 할 것 같아. 전에 만든 포스터에서는 그게 잘 드러나지 않아서 아쉬웠어.

연주: 좋은 생각이야.

한신: 누가 이야기판 만들래? 나한테 이야기판 양식이 있어. 공유할게.

파일 전송 : 이야기판 양식.hwp(15.0KB)

지섭: 내가 이야기판을 만들어 볼게. 그럼 지금부터 동영상을 어떻게 구성할지 의견을 줘.

소희: ㉠ <u>슬로건인 '소통과 화합'이 잘 드러나도록 소통에 관한 장면과 화합에 관한 장면을 하나씩 구성하자.</u>

연주: ㉡ <u>소통 장면에서는 경청하는 태도가 드러나도록 하고, 화합 장면에서는 여럿이 함께하는 모습을 보여 주도록 하자.</u>

한신: ㉢ <u>학교에 바라는 점을 말하는 인터뷰와 후보자를 지지하는 이유를 밝히는 인터뷰를 각각 다른 장면으로 제시하자.</u>

지섭: ㉣ <u>공약 사항을 자막으로 제시할 때 주의를 환기하기 위해 효과음을 넣자.</u>

경호: 좋아. ㉤ <u>내레이션으로 자막 내용에 대해 설명해 주자.</u>

지섭: 잘해 볼게. ┌(^^)┘

전송

(나)

장면		장면 설명
S#1		(우측 상단에 슬로건 제시) 학생들과 함께, 후보자가 힘찬 발걸음으로 등교한다. [자막] 기호 ×번 김□□
S#2		후보자가 귀 옆에 양손을 가져다 댄다. [효과음] (자막이 나올 때) 빠밤 [자막] 학급별 소통함 제작 [내레이션] 여러분의 목소리를 귀 기울여 듣겠습니다.
S#3		세 학생이 어깨동무를 한다. [효과음] (자막이 나올 때) 빠밤 [자막] 한마음 축제 개최 [내레이션] 축제를 통해 하나가 되는 ○○고를 만들겠습니다.
S#4		학교에 바라는 점을 말하는 한 학생의 인터뷰를 제시한다.

S#5		투표하는 손을 보여 준다. [자막] 당신의 한 표를 기호 ×번에 행사하세요.

836

(가)의 대화에 대한 설명으로 가장 적절한 것은?

① '한신'은 동영상이 게재되는 매체의 정보 유통 방식을 언급하며 동영상의 구성 방향을 제안하고 있다.
② '소희'는 매체 언어의 표현 전략을 비교하여 매체 언어를 새롭게 표현하는 방법의 중요성을 설명하고 있다.
③ '연주'는 문자와 그림말이 어우러져 만들어 내는 의미를 제시하여 동영상 제작에 대한 공감을 나타내고 있다.
④ '경호'는 휴대 전화 메신저의 특성을 언급하며 해당 매체로 대화하는 것에 대한 긍정적인 태도를 나타내고 있다.
⑤ '지섭'은 대화가 이루어지는 매체의 정보 전달 효과를 고려하여 동영상 제작의 절차와 역할 분담 방안을 제시하고 있다.

837

㉠~㉤ 중 (나)에 반영되지 않은 것은?

① ㉠ ② ㉡ ③ ㉢ ④ ㉣ ⑤ ㉤

838

다음은 (나)에 대한 검토 내용을 정리한 것이다. 이를 바탕으로 (나)를 수정하기 위한 방안으로 적절하지 않은 것은?

<이야기판 검토 결과>

S#1	후보자의 힘찬 발걸음을 부각할 수 있는 배경 음악이 필요함.
	후보자와 함께 새로운 출발을 할 수 있다는 내용이 자막에 제시되어야 함.
S#2 ~ S#4	슬로건을 일관되게 노출하여 강조할 필요가 있음.
S#4	인터뷰 내용의 전달 효과를 높여야 함.
S#5	공약의 실현 가능성을 인상적으로 제시하며 마무리해야 함.

① S#1에 밝고 역동적인 느낌의 음악을 배경 음악으로 제시한다.
② S#1의 자막을 '기호 ×번 김□□와 함께 새로운 학교생활이 시작됩니다.'로 수정한다.
③ S#2~S#4에 S#1처럼 화면 우측 상단에 '소통과 화합'이라는 문구를 추가한다.
④ S#4에 인터뷰의 핵심 내용을 나타내는 말들을 자막으로 제시한다.
⑤ S#5에 학생회장 후보자가 자막을 힘주어 읽는 내레이션을 추가한다.

[2021년 4월 고3 학평 40-42번]

[839-841] (가)와 (나)는 인쇄된 잡지에 실린 광고이고, (다)는 인터넷에 올려진 광고이다. 물음에 답하시오.

(가)

바다 생물을 위협하는 가장 가벼운 총

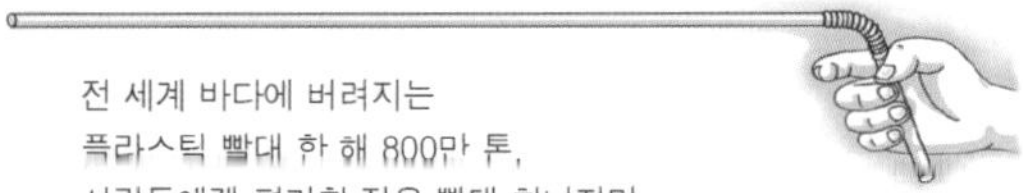

전 세계 바다에 버려지는
플라스틱 빨대 한 해 800만 톤,
사람들에겐 편리한 작은 빨대 하나지만
바다 생물들에겐 생명의 위협이 됩니다.
㉠ 이제 플라스틱 빨대 사용을 줄여서
바다 생물과 함께 지구 환경도 살릴 때입니다.

(나)

'미세 제로 공기 청정기'로
미세먼지 탈출하세요!

CADR(시간당 공기 정화 능력) $95m^3/h$
CADR(Clean Air Delivery Rate)은 시간당 공기 정화 능력을 나타내는 지표입니다. ㉡ 이번에 출시된 제품은 기존 제품보다 공기 청정 기능에 있어 두 배 높은 CADR 수치를 보이고 있습니다.

소비자 평가단 만족도 (별 5개 만점)
평점: ★★★★★
다른 제품보다 저렴하네요. ☺☺☺
– 닉네임 '하늘 마루' 님
평점: ★★★★★
디자인이 마음에 쏙 들어요. ☺
– 닉네임 '좋은 엄마' 님

(다)

☰ **생 활**

건강 기능 식품 전문 기업 ○○사, '○○헬스' 출시

감태 추출물 활용하여 불면증 개선에 효과적
하루 한 알로 피로 회복 효과까지

건강 기능 식품 전문 기업 ○○사는 '○○헬스'를 이번 달 22일 전국 매장에서 동시에 출시한다고 밝혔다. 식품의약품안전처의 인증을 받은 이 제품은 숙면에 도움을 줄 뿐만 아니라 피로 회복 효과도 있다.

성인 남녀를 대상으로 ○○헬스의 복용 결과를 분석한 보고서에 따르면 숙면을 취하는 시간이 늘어나는 효과가 있다고 한다. ㉢ 이 효과는 감태 추출물 때문이다. 또 ○○헬스에는 비타민 B도 함유되어 있어 ○○헬스 한 알을 복용하는 것만으로도 불면증 개선과 더불어 피로 회복 효과까지 기대할 수 있다. ㉣ 그래서 ○○헬스는 바쁜 직장인과 학생들이 간편하게 섭취할 수 있는 건강 기능 식품이라고 할 수 있다.

○○사 홍보 담당자는 "청소년부터 노년층까지의 모든 소비자들이 ○○헬스를 필수적인 식품으로 여기도록 홍보하겠다."라고 말했다. ㉤ 더 나아가 ○○헬스는 인터넷 쇼핑몰을 통해 판매될 예정이므로, 곧 세계 여러 나라 사람들은 이를 복용할 수 있을 것이다.

□□일보 김△△ 기자(kim@□□news.co.kr)

전체 댓글 2개 최근 순
등록
↳ 하루 중 언제 먹는 게 가장 효과적인가요? 09:05
↳ 제가 요즘 불면증에 시달리고 있는데 정말 기대되네요! 08:01

839

(가)~(다)에 대한 설명으로 가장 적절한 것은?

① (가)와 달리 (나)는 글자 크기의 차이가 드러나므로 제목과 구체적인 정보를 구분하여 내용을 전달할 수 있다.
② (나)와 달리 (가)는 문자 언어와 이모티콘이 함께 나타나므로 수용자의 생각을 효과적으로 표현할 수 있다.
③ (나)와 달리 (다)는 실시간으로 의견을 남길 수 있는 기능이 있으므로 수용자의 참여를 유도할 수 있다.
④ (다)와 달리 (가)는 동일한 이미지의 나열이 드러나므로 내용과 관련된 수용자의 가치 판단에 영향을 줄 수 있다.
⑤ (다)와 달리 (나)는 내용을 찾아볼 수 있는 기능이 있으므로 수용자에게 정보에 대한 선택적 접근의 기회를 제공할 수 있다.

840

<보기>를 읽은 학생이 (가)~(다)에 보인 반응으로 적절하지 않은 것은?

보 기

광고는 대중을 설득하는 활동으로서, 목적에 따라 상품 판매의 촉진을 위한 상업 광고와 공익적 가치의 실현을 위한 공익 광고로 나눌 수 있다. 일반적으로 광고는 사실적인 정보와 주관적인 평가를 함께 활용하여 설득의 효과를 높이고자 한다. 그런데 최근 인터넷에서는 상품 판매의 촉진을 목적으로 한 기사문 형태의 광고가 증가하고 있다. 이러한 광고는 표제와 부제, 핵심 내용을 요약한 전문 등을 갖춰 일반적인 기사문과 유사한 형태를 보인다. 또한 기사문 형태의 광고는 언론사 명칭과 작성자 이름을 제시하여 내용의 신뢰성을 부각하고자 하는데, 이를 접한 대중들은 제시된 내용을 의심하지 않고 믿는 경향을 보이기 때문에 사회적으로 문제가 되기도 한다.

① (가)는 환경 문제의 대처와 관련된 가치의 실현을 위해 대중을 설득하고 있으므로 공익 광고에 속하겠군.
② (나)는 특정 제품의 기능을 제시하여 제품의 판매가 촉진되도록 대중을 설득하고 있으므로 상업 광고에 속하겠군.
③ (나)에서 특정 제품과 관련된 용어의 의미와 기능적 특징을 제시한 부분은 사실적인 정보와 주관적인 평가를 함께 활용한 것이겠군.
④ (다)에서 특정 언론사 명칭과 기사 작성자 이름이 제시된 부분을 보면 광고 내용의 신뢰성을 부각하려 했음을 알 수 있겠군.
⑤ (다)는 특정 제품의 출시 정보와 효능에 관한 내용을 표제와 부제, 전문의 형식을 갖춰 제시하고 있으므로 기사문 형태의 광고에 해당하겠군.

841

㉠~㉤에 대해 이해한 내용으로 적절하지 않은 것은?

① ㉠ : 보조사를 사용하여 '살릴'의 대상을 추가적으로 제시하고 있다.
② ㉡ : 수사를 사용하여 서로 다른 대상의 '기능'을 제시하고 있다.
③ ㉢ : 의존 명사를 사용하여 '감태 추출물'이 '효과'의 원인임을 드러내고 있다.
④ ㉣ : 접속 부사를 사용하여 앞 문장과의 인과 관계를 드러내고 있다.
⑤ ㉤ : 대명사를 사용하여 앞에서 언급한 '판매될' 제품을 지시하고 있다.

[2021년 4월 고3 학평 43-45번]

[842-844] (가)는 학생들이 발표를 위해 만든 온라인 카페이고, (나)는 발표 자료의 수정을 위해 휴대 전화 메신저로 나눈 대화의 일부이다. 물음에 답하시오.

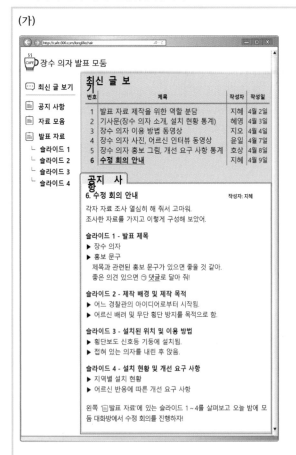

(가)

http://cafe.000.com/longlifechair

장수 의자 발표 모둠

- 최신 글 보기
- 공지 사항
- 자료 모음
- 발표 자료
  - 슬라이드 1
  - 슬라이드 2
  - 슬라이드 3
  - 슬라이드 4

최신 글 보기

번호	제목	작성자	작성일
1	발표 자료 제작을 위한 역할 분담	지혜	4월 2일
2	기사문(장수 의자 소개, 설치 현황 통계)	혜영	4월 3일
3	장수 의자 이용 방법 동영상	지오	4월 4일
4	장수 의자 사진, 어르신 인터뷰 동영상	윤일	4월 7일
5	장수 의자 홍보 그림, 개선 요구 사항 통계	호상	4월 8일
6	**수정 회의 안내**	지혜	4월 9일

공지 사항

6. 수정 회의 안내 작성자: 지혜

각자 자료 조사 열심히 해 줘서 고마워.
조사한 자료를 가지고 이렇게 구성해 보았어.

슬라이드 1 - 발표 제목
▶ 장수 의자
▶ 홍보 문구
제목과 관련된 홍보 문구가 있으면 좋을 것 같아.
좋은 의견 있으면 ㉠ 댓글로 달아 줘!

슬라이드 2 - 제작 배경 및 제작 목적
▶ 어느 경찰관의 아이디어로부터 시작됨.
▶ 어르신 배려 및 무단 횡단 방지를 목적으로 함.

슬라이드 3 - 설치된 위치 및 이용 방법
▶ 횡단보도 신호등 기둥에 설치됨.
▶ 접혀 있는 의자를 내린 후 앉음.

슬라이드 4 - 설치 현황 및 개선 요구 사항
▶ 지역별 설치 현황
▶ 어르신 반응에 따른 개선 요구 사항

왼쪽 '발표 자료'에 있는 슬라이드 1~4를 살펴보고 오늘 밤에 모둠 대화방에서 수정 회의를 진행하자!

(나)

PM 00:30

발표 모둠 대화방(5명)

지혜: 수정 회의 시작합시다!

지오: 우선 각 슬라이드의 제목에서 중심 화제를 이어 주는 말이 있는 경우 이를 중심 화제의 글자 크기보다 작게 하여 중심 화제를 부각할 필요가 있겠어. 더불어 중심 화제들의 제시 순서에 맞게 번호를 다는 게 좋을 것 같아.

지혜: 그래, 둘 다 반영할게.

[A]
지혜: 참, 혜영이는 기사들을 좀 더 찾아봐 줄 수 있을까? 제작 배경을 구체적으로 소개하려면 다양한 내용이 필요해서.
혜영: 그러고 보니 기사 내용의 대부분이 제작 목적에 대한 설명이구나! 알았어, 더 찾아볼게.

[B]
호상: 장수 의자가 횡단보도 신호등 기둥에 설치된 거 맞지? 사진이 너무 흐릿해서 잘 안 보여.
윤일: 사진 파일 전송: 장수 의자 위치.JPG(8.1MB)
윤일: 이게 원본인데 확인해 볼래?
지혜: 이게 더 잘 보인다. 신호등 기둥에 설치된 게 확실하네. 고마워!

[C]
지혜: 근데 윤일이가 올린 동영상을 슬라이드에 활용하기는 했는데, 여기에도 어르신께서 장수 의자에 앉아 계신 모습이 담겨 있어서 지오가 올린 동영상과 내용이 겹쳐. 함께 쓰는 게 적절하지 않은 것 같아.
호상: 지오가 올린 동영상에는 어르신들께서 의자를 직접 내리고 앉으시는 모습까지 담겨 있으니 이용 방법을 제시할 때는 이걸 활용하는 게 좋을 거 같은데?

지혜: 그 부분을 강조하면 훨씬 효과적이겠다.

[D]
지혜: 그런데 내가 동영상 편집 방법을 잘 모르는데……
호상: 그러면 편집은 내가 할게.
지혜: 정말? 그럼 내가 너 대신 발표를 할게. 슬라이드를 제작한 사람이 내용의 흐름에 더 익숙할 테니까.

호상: 고마워. 잘 부탁해!

혜영: 그러면 윤일이가 올린 동영상을 글과 그림으로 정리해서 어르신 반응에 따른 개선 요구 사항을 제시할 때 활용하면 좋겠어. 동영상을 또 제시할 필요는 없잖아.

윤일: 그게 좋겠다. 할아버지 말씀은 글로 정리하고, '무단 횡단 금지'가 '잠시 쉬어 가세요.'보다 더 크게 장수 의자에 적혀 있어서 언짢다고 하신 할머니 말씀은 글과 사진으로 정리할게. 내가 찍어 올린 사진 중에 할머니의 말씀을 뒷받침할 만한 사진이 있으니, 이걸 함께 제시하면 할머니의 개선 요구 사항을 효과적으로 표현할 수 있을 것 같아.

지혜: 좋은 생각이야. 반영할게.

[E]
지혜: 참, 그런데 호상이가 올린 두 자료의 출처가 모두 없더라. 통계 자료 출처는 내가 검색해서 찾았어. 그런데 장수 의자 홍보 그림의 출처는 못 찾았어. 혹시 그림을 찾은 인터넷 주소 좀 알려 줄래?
호상: 아, 미안해. 그 출처는 이거야. 여기 주소 보낼게. http://www.◇◇.go.kr

지오: 그런데 개선 요구 사항이 표로 제시되어 있던데 원 그래프로 바꿔 제시하는 게 시각적으로 효과적일 것 같아.

지혜: 응, 그렇게 해 볼게.

842

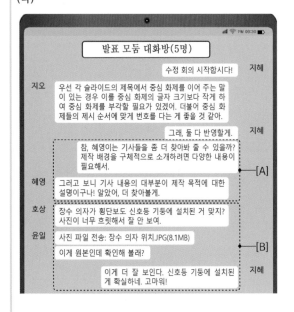

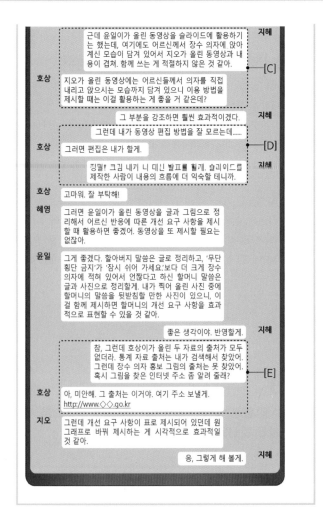

(나)를 바탕으로 (가)에서 확인할 수 있는 내용으로 적절하지 않은 것은? [3점]

① [A]를 통해 (가)의 '최신 글 보기' '2'번 게시물에 담겨 있는 기사문에는 장수 의자 제작 목적보다 제작 배경에 대한 내용이 상대적으로 적음을 알 수 있다.

② [B]를 통해 (가)의 '최신 글 보기' '4'번 게시물에 담겨 있는 사진은 (나)에서 실시간으로 공유된 사진보다 화질이 좋지 않음을 알 수 있다.

③ [C]를 통해 (가)의 '최신 글 보기' '3'번 게시물에 담겨 있는 동영상에는 어르신께서 장수 의자에 앉아 계신 모습이 등장하지 않음을 알 수 있다.

④ [D]를 통해 (가)의 '최신 글 보기' '1'번 게시물에 담겨 있는 역할 분담에는 '지혜'와 '호상'이 각각 슬라이드 제작자와 발표자로 되어 있음을 알 수 있다.

⑤ [E]를 통해 (가)의 '최신 글 보기' '5'번 게시물에 담겨 있는 장수 의자 홍보 그림에는 (나)에서 제시된 인터넷 주소인 출처가 없음을 알 수 있다.

843

(나)를 고려하여 <보기 1>을 <보기 2>로 수정했다고 할 때, ⓐ~ⓔ 중 적절하지 않은 것은?

보기 1

4. 설치 현황 및 개선 요구 사항

설치 현황

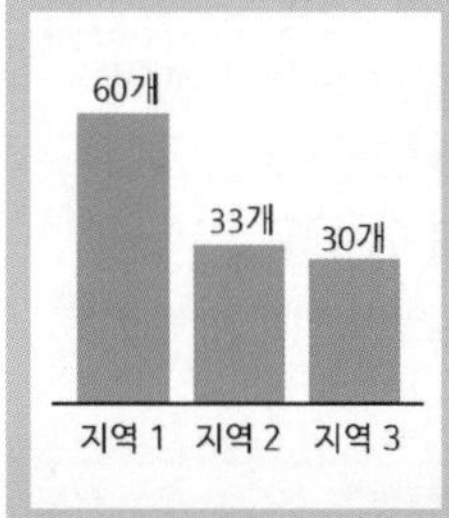

개선 요구 사항

순위	내용	인원
1	장수 의자 수량 확대	52명
2	장수 의자와 도로의 안전 거리 확보	32명
3	장수 의자 좌석 폭 확장	27명

자료 출처: http://www.□□news.com　　자료 출처: http://www.△△.go.kr

보기 2

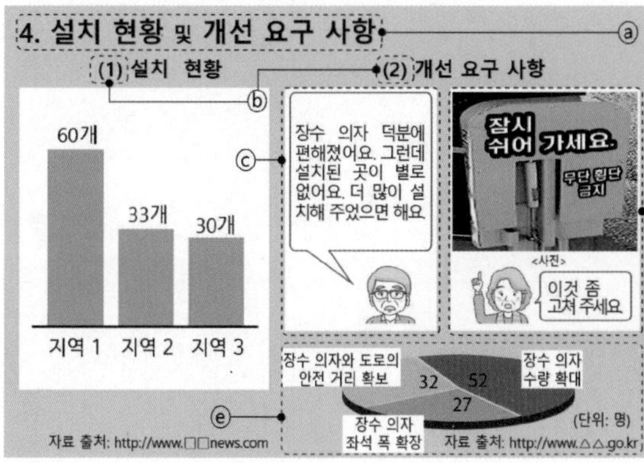

① ⓐ　② ⓑ　③ ⓒ　④ ⓓ　⑤ ⓔ

844

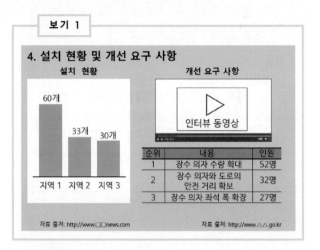

다음은 ㉠에 해당하는 내용이다. ㉮에 들어갈 문구로 가장 적절한 것은?

지오: 홍보 문구를 어떤 방식으로 만들면 좋을까?
↳ 호상: 장수 의자를 통해 어르신들의 삶에서 기대할 수 있는 긍정적인 효과를 언급하면 좋을 것 같아.
↳ 혜영: 사람들의 주의를 끌기 위해 유사한 문장 구조를 반복하는 것도 좋지.

지혜: 호상이와 혜영이의 의견을 모두 반영하여 이제부터 홍보 문구를 만들어 보자.
↳ ㉮

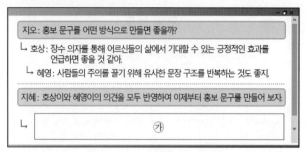

① 호상 : 나의 작은 관심, 지역의 큰 기쁨. 장수 의자에 대한 관심이 지역 경제를 살립니다.
② 윤일 : 장수 의자에 앉아 신호등을 기다려 보세요. 편안함을 위한 장수 의자, 안전함까지 드립니다.
③ 혜영 : 장수 의자에서 만난 이웃들과 함께 웃어 보아요. 우리 지역의 공동체는 더 밝아질 것입니다.
④ 지혜 : 안전을 위해 장수 의자에서 잠시 대기하세요. 장수 의자에 머물면서 당신의 삶이 지켜질 수 있습니다.
⑤ 지오 : 힘겨운 기다림은 이제 그만, 편안한 기다림은 이제 시작. 장수 의자, 어르신들의 안전과 휴식을 책임집니다.

매체 영역 핵심 기출 문제

[2021년 6월 고3 모평 40-42번]

[845-847] 다음은 학생이 과제 수행을 위해 인터넷에서 열람한 지역 신문사의 웹 페이지 화면이다. 물음에 답하시오.

△△군민신문

○○초등학교, 특색 있는 숙박 시설로 다시 태어난다

폐교가 지역 관광 거점으로… 지역 경제 활성화 기대

사진 : ○○초등학교 시설 전경

지난 1일 △△군은 폐교된 ○○초등학교 시설을 '△△군 특색 숙박 시설'로 조성하겠다고 밝혔다. 지역 내 유휴 시설을 활용해 지역만의 특색을 살린 숙박 시설을 조성하고, 지역을 대표하는 관광 자원으로 활용하겠다는 것이다.

이번 사업을 통해 ○○초등학교 시설은 ☆☆마을 등 주변 관광 자원과 연계해 지역의 새로운 관광 거점으로 조성될 계획이다. 건물 내부는 객실·식당·카페·지역 역사관 등으로 꾸미고, 운동장에는 캠핑장·물놀이장을 조성한다. △△군은 내년 상반기까지 시설 조성을 완료하고 내년 하반기부터 운영을 시작할 예정이다.

[A] 해당 시설에 인접한 ☆☆마을은 2015년부터 캐릭터 동산, 어린이 열차 등 체험 관광 시설을 조성하여 특색 있는 지역 관광지로서 인기를 끌고 있으나 인근에 숙박 시설이 거의 없어 체류형 관광객을 유인하는 데 한계가 있다는 평가를 받아 왔다.

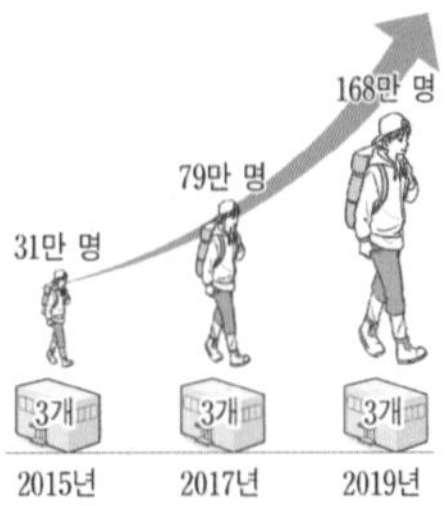

△△군 관광객 및 숙박 시설 수 추이
※자료: △△군 문화관광체육과(2019)

여행 1회당 지출액(2018년 기준)
※자료: 문화체육관광부(2019)

이번 사업을 둘러싼 우려가 전혀 없는 것은 아니지만 대다수 지역 주민들은 이를 반기는 분위기다. 지역 경제 전문가 오□□ 박사는 "당일 관광보다 체류형 관광에서 여행비 지출이 더 많다"며 "인근 수목원과 벚꽃 축제, 빙어 축제 등 주변 관광지 및 지역 축제와 연계한 시너지 효과로 지역 경제 활성화에 도움이 될 것"이라고 말했다.

2021.06.02. 06:53:01 최초 작성 / 2021.06.03. 08:21:10 수정
△△군민신문 이◇◇ 기자

좋아요(213) | 싫어요(3) | SNS에 공유 | 스크랩

관련 기사(아래를 눌러 바로 가기)

- 학령 인구 감소로 폐교 증가… 인근 주민들, "유휴 시설로 방치되어 골칫거리"
- [여행 전문가가 추천하는 지역 명소 ①] ☆☆마을… 다섯 가지 매력이 넘치는 어린이 세상

댓글

방랑지 : 가족 여행으로 놀러 가면 좋을 것 같아요.
ㄴ **나들이** : 맞아요. 우리 아이가 물놀이를 좋아해서 재밌게 놀 수 있을 것 같아요. 캠핑도 즐기고요.
ㄴ **방랑자** : 카페에서 이야기도 나눌 수 있고요.

845

위 화면을 통해 매체의 특성을 이해한 학생의 반응으로 가장 적절한 것은?

① 기사를 누리 소통망[SNS]에 공유할 수 있으니, 기사 내용을 직접 수정할 수 있겠군.

② 기사에 대한 수용자들의 선호를 확인할 수 있으니, 기사에 제시된 정보의 신뢰도를 검증할 수 있겠군.

③ 기사와 연관된 다른 기사를 열람할 수 있으니, 수용자의 선택에 따라 정보를 추가로 확인할 수 있겠군.

④ 기사가 문자, 사진 등 복합 양식으로 구성되어 있으니, 시각과 청각을 결합하여 기사 내용을 이해할 수 있겠군.

⑤ 기사의 최초 작성 시간과 수정 시간이 명시되어 있으니, 다른 수용자들이 기사를 열람한 시간을 확인할 수 있겠군.

846

<보기>를 참고할 때, [A]에 대한 반응으로 적절하지 않은 것은?

> **보 기**
>
> 기자는 취재한 내용을 단순히 나열하는 것이 아니라, 전달하고자 하는 바를 효과적으로 드러내기 위해 취재 내용 중 일부를 선별하고 그중 특정 내용을 부각하는 방식으로 기사를 구성한다. 따라서 기사를 분석할 때에는 기사 자체의 내용뿐 아니라 정보를 배치하는 방식, 시각 자료의 이미지 활용 방식 등 정보가 제시되는 양상도 살펴봐야 한다.

① 사업을 추진하게 된 배경을 부각하기 위해 체류형 관광이 어려운 실정이라는 내용에 이어 시각 자료를 배치한 것이겠군.
② 지역 관광객의 증가 추세를 부각하기 위해 △△군 관광객 수 추이를 제시할 때 화살표 모양의 이미지를 활용한 것이겠군.
③ 체류형 관광의 경제적 효과를 부각하기 위해 여행 유형에 따른 지출액의 차이를 이미지로 강조하여 제시한 것이겠군.
④ 체류형 관광 지출액의 증가 현상을 부각하기 위해 관광객 수와 여행 지출액에 대한 시각 자료를 나란히 배치한 것이겠군.
⑤ 지역 경제에 끼칠 긍정적 영향을 부각하기 위해 사업에 우호적인 의견을 선별하여 구체적으로 제시한 것이겠군.

847

다음은 학생이 과제 수행을 위해 작성한 메모이다. 메모를 반영한 영상 제작 계획으로 적절하지 않은 것은?

수행 과제 : 우리 지역 소식을 영상으로 제작하기
바탕 자료 : '○○초등학교, 특색 있는 숙박 시설로 다시 태어난다' 인터넷 기사와 댓글
영상 내용 : 새로 조성될 숙박 시설 소개
◦ 첫째 장면(#1) : 기사의 제목을 활용한 영상 제목으로 시작
◦ 둘째 장면(#2) : 시설 조성으로 달라질 전후 상황을 시각·청각적으로 대비시켜 표현
◦ 셋째 장면(#3) : 건물 내부와 외부에 조성될 공간의 구체적 모습을 방문객의 동선에 따라 순차적으로 제시
◦ 넷째 장면(#4) : 지역 관광 거점으로서의 지리적 위치와 이를 통한 기대 효과를 한 화면에 제시
◦ 다섯째 장면(#5) : 기사의 댓글을 참고해서 시설을 이용할 방문객들의 모습을 그림으로 그려 연속적으로 제시

<table>
<tr><th></th><th colspan="2">영상 제작 계획</th></tr>
<tr><th></th><th>장면 스케치</th><th>장면 구상</th></tr>
<tr><td>①</td><td></td><td>#1 ○○초등학교의 모습 위에 영상의 제목이 나타나도록 도입 장면을 구성.</td></tr>
<tr><td>②</td><td>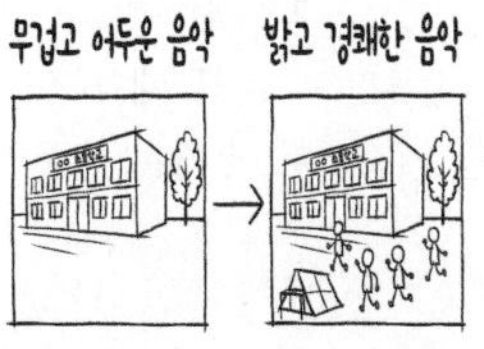</td><td>#2 무겁고 어두운 음악을 배경으로 텅 빈 폐교의 모습을 제시한 후, 밝고 경쾌한 음악으로 바뀌면서 사람들이 북적이는 모습으로 전환</td></tr>
<tr><td>③</td><td></td><td>#3 숙박 시설에 대한 정보를 건물 내·외부 공간으로 나누어 한눈에 볼 수 있도록 항목화하여 제시.</td></tr>
<tr><td>④</td><td>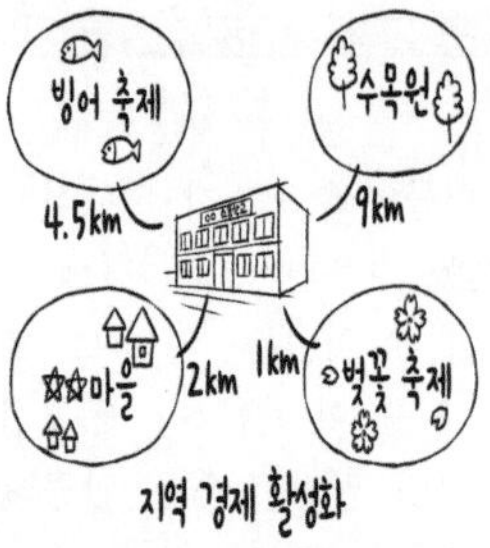</td><td>#4 숙박 시설을 중심으로 인근 관광 자원의 위치를 표시하고, 관광 자원과의 연계로 기대되는 효과를 자막으로 구성.</td></tr>
<tr><td>⑤</td><td>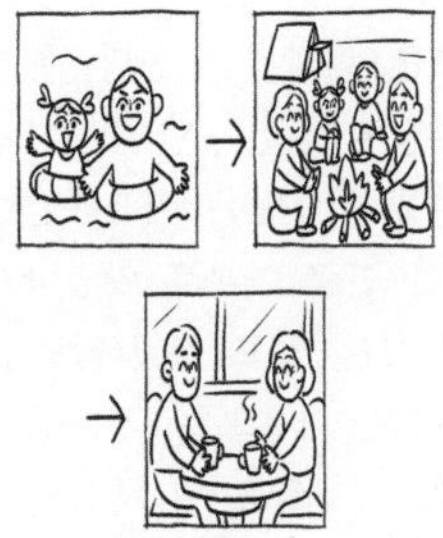</td><td>#5 가족 단위 관광객이 물놀이장, 캠핑장, 카페 등을 즐겁게 이용하는 모습을 제시. 앞의 그림이 사라지면서 다음 그림이 나타나도록 구성.</td></tr>
</table>

[2021년 6월 고3 모평 43-45번]

[848-850] (가)는 텔레비전 방송 뉴스이고, (나)는 잡지에 실린 인쇄 광고이다. 물음에 답하시오.

(가)

[장면 1]

진행자 : 더워지는 요즘, 판매량이 급증하고 있는 제품이 있습니다. 휴대용 선풍기인데요. ㉠어떤 제품을 선택하는 것이 좋을까요? 박○○ 기자가 전해 드립니다.

[장면 2]

박 기자 : ㉡휴대하기 간편하면서도 힘들지 않게 시원한 바람을 선사해 인기가 높은 휴대용 선풍기. 시중에 판매되는 휴대용 선풍기 종류만도 수백 개가 넘습니다. 그러면 소비자들은 어떤 기준으로 휴대용 선풍기를 선택하고 있을까요?

[장면 3]

이△△ : 좋아하는 연예인이 광고하는 제품을 살까 하다가, 이왕이면 성능도 좋고 디자인도 맘에 드는 제품을 선택했어요.

[장면 4]

박 기자 : 대형 인터넷 쇼핑몰에서 소비자를 대상으로 휴대용 선풍기 구매 기준을 설문한 결과, 풍력, 배터리 용량과 같은 제품 성능이 1순위였습니다. 이어 디자인, 가격 등 다양한 응답이 뒤를 이었습니다. ㉢그런데 휴대용 선풍기는 안전 사고의 위험도 있는 만큼 안전성을 고려하여 제품을 선택해야 합니다.

[장면 5]

박 기자 : ㉣그러면 안전성은 어떻게 확인할 수 있을까요? 먼저, KC 마크가 부착되어 있는지 살펴보아야 합니다. KC 마크는 안전성을 인증받은 제품에만 부착됩니다. 간혹 광고로는 안전 인증 여부를 확인하기 힘든 경우도 있으므로 실물을 보지 않고 구매하는 경우 소비자들의 주의가 필요합니다. 다음으로, 보호망의 간격이 촘촘하고 날이 부드러운 재질로 된 제품을 선택해야 손이 끼어 다치는 사고를 막을 수 있습니다.

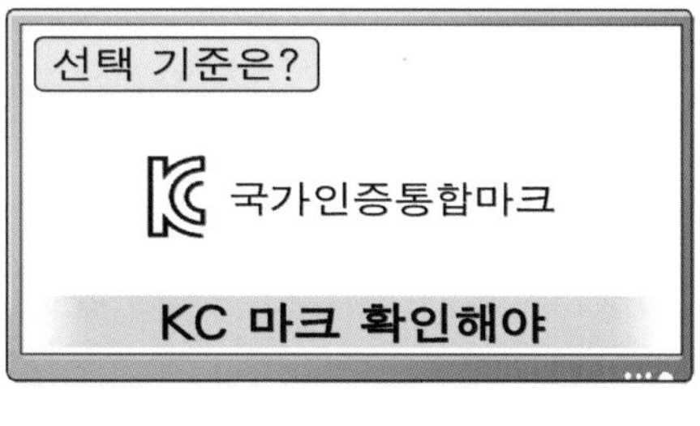

[장면 6]

박 기자 : 휴대용 선풍기 사고가 빈번한 여름철, ㉤안전한 제품을 구매하기 위한 소비자들의 현명한 선택이 필요합니다.

(나)

848

(가), (나)에 대한 설명으로 가장 적절한 것은?

정보 구성의 주체	◦(가)는 수용자의 설문 조사 결과를 다루고 있다는 점에서, 수용자들이 뉴스의 정보를 주체적으로 구성하고 있음을 알 수 있다. ……①
정보의 성격	◦(가)는 제품의 판매량이 늘고 있는 시기에 소비자에게 필요한 정보를 제공한다는 점에서, 시의성 있는 정보로 구성되어 있음을 알 수 있다. ……② ◦(나)는 제품의 주된 소비자층을 명시하고 있다는 점에서, 수용자의 특성을 고려한 정보로 구성되어 있음을 알 수 있다. ……③
정보의 양과 질	◦(가)는 제품 구매 기준이 다양함을 여러 소비자와의 인터뷰 영상으로 보여 준다는 점에서, (나)에 비해 정보를 현장감 있게 전달하고 있음을 알 수 있다. ……④ ◦(나)는 제품에 대해 소비자가 알고자 하는 점을 상세하게 밝히고 있다는 점에서, (가)에 비해 많은 양의 정보를 담고 있음을 알 수 있다. ……⑤

849

(가)의 언어적 특성을 고려할 때, ㉠~㉤에 대한 설명으로 적절하지 <u>않은</u> 것은?

① ㉠ : 의문형 어미를 사용하여 시청자에게 진행자 자신의 궁금한 점을 묻고 있다.
② ㉡ : 명사로 문장을 종결함으로써 뉴스에서 다루고자 하는 대상에 주의를 집중하게 하고 있다.
③ ㉢ : 접속 표현을 사용하여 뉴스의 중심 내용으로 화제를 전환하고 있다.
④ ㉣ : 묻고 답하는 방식을 통해 뉴스의 핵심 정보를 제시하고 있다.
⑤ ㉤ : 뉴스 내용에 따른 제품 선택을 '현명한 선택'이라고 표현함으로써 시청자들에게 기대하는 바를 전달하고 있다.

850

(가)를 본 학생이 (나)를 활용하여 다음의 학습 활동을 수행한 결과로 적절하지 <u>않은</u> 것은?

학습 활동 이미지, 문구 등을 활용한 표기 방법을 중심으로 잡지에 실린 두 개의 인쇄 광고 비교하기

자료

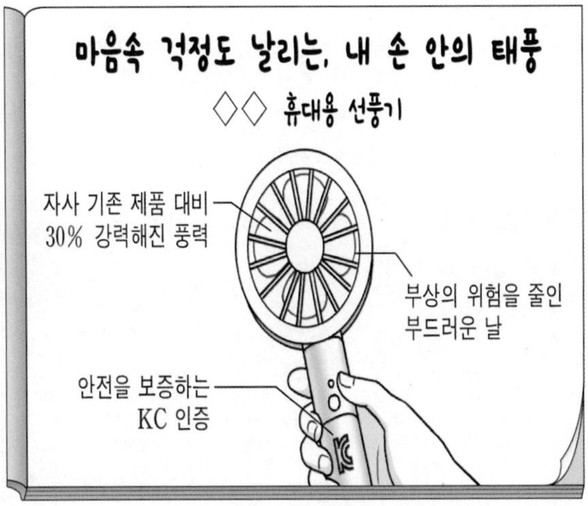

마음속 걱정도 날리는, 내 손 안의 태풍
◇◇ 휴대용 선풍기
자사 기존 제품 대비 30% 강력해진 풍력
부상의 위험을 줄인 부드러운 날
안전을 보증하는 KC 인증

① (나)는 바람의 움직임을 연상하게 하는 곡선의 형태로 문구를 배치하여 제품의 쓰임새를 떠올리게 하고 있다.
② '자료'는 기존 제품과의 비교를 통해 제품이 소비자들이 중시하는 구매 기준에 부합한다는 점을 부각하고 있다.
③ '자료'는 (나)와 달리 제품의 안전 관련 정보를 이미지와 문구로 표시하여 제품의 안전성을 드러내고 있다.
④ (나)는 동일한 단어를 반복하여, '자료'는 비유적 표현을 활용하여 제품의 장점을 제시하고 있다.
⑤ (나)는 유명인의 이미지를, '자료'는 제품의 이미지를 제시하여 제품의 성능이 우수함을 강조하고 있다.

매체 영역 핵심 기출 문제

[2021년 7월 고3 학평 40-42번]

[851-853] (가)는 학생들이 '고전 소설 UCC' 제작 준비를 위해 휴대 전화 메신저로 나눈 대화이고, (나)는 (가)를 바탕으로 '진희'가 작성한 이야기판 초안이다. 물음에 답하시오.

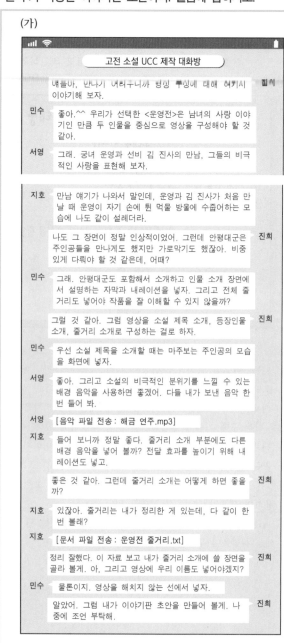

(가)

고전 소설 UCC 제작 대화방

진희: 얘들아, 만나기 어려우니까 영상 구성에 대해 여기서 이야기해 보자.

민수: 좋아.^^ 우리가 선택한 <운영전>은 남녀의 사랑 이야기인 만큼 두 인물을 중심으로 영상을 구성해야 할 것 같아.

서영: 그래. 궁녀 운영과 선비 김 진사의 만남, 그들의 비극적인 사랑을 표현해 보자.

지호: 만남 얘기가 나와서 말인데, 운영과 김 진사가 처음 만날 때 운영이 자기 손에 튄 먹물 방울에 수줍어하는 모습에 나도 같이 설레더라.

진희: 나도 그 장면이 정말 인상적이었어. 그런데 안평대군은 주인공들을 만나게도 했지만 가로막기도 했잖아. 비중 있게 다뤄야 할 것 같은데, 어때?

민수: 그래. 안평대군도 포함해서 소개하고 인물 소개 장면에서 설명하는 자막과 내레이션을 넣자. 그리고 전체 줄거리도 넣어야 작품을 잘 이해할 수 있지 않을까?

진희: 그럴 것 같아. 그럼 영상을 소설 제목 소개, 등장인물 소개, 줄거리 소개로 구성하는 걸로 하자.

민수: 우선 소설 제목을 소개할 때는 마주보는 주인공의 모습을 화면에 넣자.

서영: 좋아. 그리고 소설의 비극적인 분위기를 느낄 수 있는 배경 음악을 사용하면 좋겠어. 다들 내가 보낸 음악 한번 들어 봐.

서영: [음악 파일 전송 : 해금 연주.mp3]

지호: 들어 보니까 정말 좋다. 줄거리 소개 부분에도 다른 배경 음악을 넣어 볼까? 전달 효과를 높이기 위해 내레이션도 넣고.

진희: 좋은 것 같아. 그런데 줄거리 소개는 어떻게 하면 좋을까?

지호: 있잖아. 줄거리는 내가 정리한 게 있는데, 다 같이 한번 볼래?

지호: [문서 파일 전송 : 운영전 줄거리.txt]

진희: 정리 잘했다. 이 자료 보고 내가 줄거리 소개에 쓸 장면을 골라 볼게. 아, 그리고 영상에 우리 이름도 넣어야겠지?

민수: 물론이지. 영상을 해치지 않는 선에서 넣자.

진희: 알았어. 그럼 내가 이야기판 초안을 만들어 볼게. 나중에 조언 부탁해.

(나)

이야기판 1 - 소설 제목 소개

[주요 내용]
- 화면 효과
  - 마주보고 있는 두 주인공의 모습 제시
  - 만든 이 이름 제시
- 배경 음악 : 구슬픈 해금 연주

[화면 구성]

이야기판 2 - 등장인물 소개

[주요 내용]
- 화면 효과
  - 운영 → 김 진사 → 안평대군 순서로 등장
  - 자막으로 각 인물의 특징 제시
- 내레이션 : 자막 내용을 구체적으로 설명

[화면 구성]

이야기판 3 - 줄거리 소개

[주요 내용]
- 화면 효과 : 주요 장면을 차례대로 제시
- 배경 음악 : 사랑 노랫말의 음악
- 내레이션 : 각 장면에 따라 줄거리 소개

[화면 구성]

장면 1	장면 2	장면 3

851

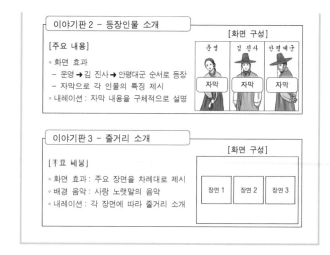

(가)의 대화에 대한 설명으로 가장 적절한 것은?

① '지호'는 매체상에서 공유된 음악 자료를 자신이 수집한 음악 자료와 비교하고 있다.

② '지호'는 자신이 정리한 문서 파일을 대화 참여자들 중 특정 참여자에게 전달하고 있다.

③ '진희'는 매체상에서 전송된 문서 파일 자료를 바로 확인한 후 추가 자료를 요청하고 있다.

④ '진희'는 매체 자료의 특징을 활용하여 대화방을 만들고 매체에서 사용할 수 있는 기능을 알려 주고 있다.

⑤ '서영'은 대화가 이루어지는 매체의 특성을 활용하여, 자신이 가지고 있는 자료를 다른 대화 참여자들과 공유하고 있다.

852

(가)를 바탕으로 (나)를 작성했을 때, (나)에 대한 이해로 적절하지 <u>않은</u> 것은?

① 이야기판 1을 보니 소설의 분위기를 느낄 수 있도록 구슬픈 해금 연주를 배경 음악으로 사용했군.

② 이야기판 1을 보니 소설 제목과 주인공에 주목하는 데 방해가 되지 않도록 영상을 제작한 학생들의 이름을 화면 아래쪽에 넣었군.

③ 이야기판 2를 보니 등장인물의 특징을 소개하기 위해 자막을 활용하여 화면을 구성했군.

④ 이야기판 3을 보니 주요 장면을 친구들의 의견에 따라 선정하고 차례대로 제시하며 줄거리를 소개했군.

⑤ 이야기판 2와 3을 보니 영상의 내용을 효과적으로 전달하기 위해 내레이션을 활용했군.

853

<보기>는 학생들의 조언을 바탕으로 (나)를 수정한 이야기판이다. ⓐ~ⓔ를 통해 알 수 있는 조언의 내용으로 적절하지 않은 것은? [3점]

보 기

이야기판 1 - 소설 제목 소개

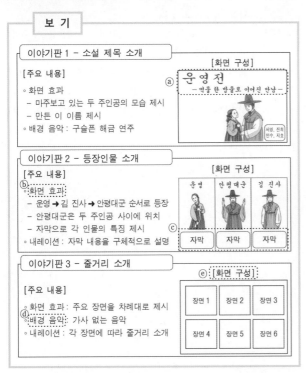

[주요 내용]
- ◦ 화면 효과
  - 마주보고 있는 두 주인공의 모습 제시
  - 만든 이 이름 제시
- ◦ 배경 음악 : 구슬픈 해금 연주

[화면 구성]

ⓐ 운영전 – 연못 한 방울로 이어진 인연 –

이야기판 2 - 등장인물 소개

[주요 내용]
- ⓑ ◦ 화면 효과
  - 운영 ➜ 김 진사 ➜ 안평대군 순서로 등장
  - 안평대군은 두 주인공 사이에 위치
  - 자막으로 각 인물의 특징 제시
- ◦ 내레이션 : 자막 내용을 구체적으로 설명

[화면 구성]

운영 | 안평대군 | 김 진사

ⓒ 자막 | 자막 | 자막

이야기판 3 - 줄거리 소개

[주요 내용]
- ◦ 화면 효과 : 주요 장면을 차례대로 제시
- ⓓ ◦ 배경 음악 : 가사 없는 음악
- ◦ 내레이션 : 각 장면에 따라 줄거리 소개

ⓔ [화면 구성]

장면 1	장면 2	장면 3
장면 4	장면 5	장면 6

① ⓐ : 주인공들의 인연이 부각되도록 인상적인 장면을 담은 부제를 넣자.

② ⓑ : 주인공을 가로막는 인물의 역할을 시각적으로 드러내기 위해 등장인물의 등장 순서를 바꾸자.

③ ⓒ : 등장인물의 모습을 가리지 않도록 자막 위치를 옮기자.

④ ⓓ : 내레이션에 방해가 되지 않도록 가사 없는 음악으로 배경 음악을 바꾸자.

⑤ ⓔ : 줄거리를 좀 더 구체적으로 표현할 수 있도록 주요 장면의 개수를 늘리자.

[2021년 7월 고3 학평 43-45번]

[854-856] (가)는 인터넷 신문이고, (나)는 라디오에서 방송한 대담이다. 물음에 답하시오.

(가)

○○신문 2021년 7월 ○○일(○)

[연재] 지도와 세상 이야기②

우리 바다 '동해' 바로 알고, 지명 표기 방법 고민해야

입력 2021.7.○○. 오전 7:06 최종 수정 2021.7.○○. 오후 3:02

동해가 세계 지도에 단독 표기되었거나 일본해와 병기된 비율이 예전에 비해 크게 늘었지만, 여전히 세계 지도상에는 일본해로 표기된 경우가 많다. 기록을 살펴보면 동해는 우리 민족사에서 단순히 '동쪽 바다'만 의미하지 않았고, 해가 뜨는 바다로서 신성함과 기원의 대상이었다. 또한 『고려사』에는 왕건이 고려 건국의 당위성을 설명하는 글에서 "동해의 끊어진 왕통을 이어 나가게 하는 것이다."라고 말한다. 왕건이 말한 동해는 고구려를 일컫는 것으로 이는 동해가 국호와도 같은 뜻으로 사용되었음을 보여 준다.

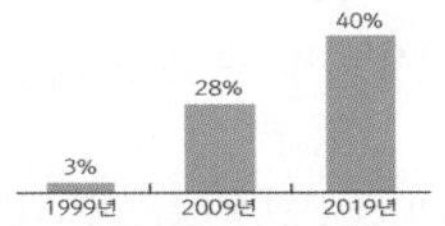

㉠ 동해가 세계 지도에 단독 표기되었거나 일본해와 병기된 비율

현재 동해의 영문 표기는 'EAST SEA'이다. 여기에는 우리 민족이 간직한 동해에 대한 정서는 없고, 단순히 동쪽에 자리한 바다만을 가리킬 뿐이라는 지적이 있다. 그래서 한국인이 사용하고 있는 토착 지명인 동해를 사용하여 영문 표기를 'DONG HAE'로 해야 한다는 것이다.

㉡ 김△△(◇◇박물관장) 인터뷰 동영상

동해의 이름 되찾기 연구를 지속해 온 김△△(◇◇박물관장)은 동해의 지명 표기를 'DONG HAE/EAST SEA'로 해야 한다고 주장한다. 'DONG HAE/EAST SEA'로 표기하는 것은 우리 민족의 의식 속에 자리한 동해의 의미를 부각하면서, 우리 정부가 그동안 동해를 'EAST SEA'라고 주장했던 외교적 원칙을 지키는 방법이 될 수 있을 것이다.

지명은 담고 있는 의미가 사용하는 사람의 의식에 각인된다는 점에서 중요하다. 그러므로 일본해가 아닌 우리 바다 '동해'를 세계 지도상에 올바르게 표기하고, 이를 널리 알리기 위한 노력을 지속해야 한다.

최□□ 기자(news@ooo.com)

㉢ [관련된 뉴스]
- ▶ 동해 표기의 역사, 우리 정부와 시민 단체의 노력
- ▶ 국제수로기구, 동해나 일본해 대신 고유 번호 표기 논의

댓글 6개

○○○**** 2021.7.○○. 9:03
저희 학생 동아리에서도 동해 표기와 관련된 자료를 게시하고 의견을 나누고 있습니다. [http://blog.○○○.com] 링크로 들어오셔서 의견 남겨 주세요.
[답글 3] 👍6 👎2

△△△**** 2021.7.○○. 16:57
이런 기사 좋아요! 다음 기사도 기대할게요.
[답글 1] 👍1 👎0

(나)

진행자 : (12시 정각을 알리는 음향 신호) 안녕하세요. 여러분은 12시 현재, '생방송 뉴스를 듣다'를 청취하고 계십니다. 오늘은 '지도와 세상 이야기'라는 연재 기사를 쓰고 있는 최□□ 기자를 모시고 ㉣기사에 대한 이야기를 들은 후, 동해의 지명 표기 방법에 대해 대화를 나눠 보겠습니다. 최 기자님, 어제 신문에 두 번째 연재 기사가 나갔습니다. 그것이 동해의 지명에 대

한 내용이었지요?

기자 : 맞습니다. 동해는 우리 민족사에서 남다른 의미가 있음에도 불구하고 세계 지도에 일본해로 표기되거나, 단순히 방위의 개념을 표현한 지명으로만 알려져 있는 경우가 많아 안타까웠습니다. 기사를 통해 독자들이 동해에 대해 바르게 알 수 있도록 기획한 것입니다.

진행자 : 그렇군요. 그런데 방금 청취자께서 누리집 게시판을 통해 질문해 주셨네요. "세계 지도에 우리 동해가 일본해로 표기되기 시작한 이유가 무엇인가요?"라는 내용입니다. 이런 질문을 다른 분들도 많이 해 주셨는데, 혹시 이렇게 표기하게 된 역사적 사건이 있었나요?

기자 : 네. ⓜ1919년 국제수로국을 창설하기로 결의한 후, 1923년 국제수로국 회의에서 일본이 동해의 명칭을 일본해로 등록한 일이 있었습니다. 이것이 국제적으로 고착된 것이지요.

진행자 : 잠시 안내 말씀 드리겠습니다. 이번 방송은 동해의 지명 표기 방법에 대한 내용을 중점적으로 다룰 예정이었습니다. 하지만 긴급 뉴스 속보가 들어온 관계로 오늘은 여기서 마무리하겠습니다. 따라서 오늘 못 다한 이야기는 누리집의 다시 듣기 서비스에 올리도록 하겠습니다. 고맙습니다.

854

다음은 (가)와 (나)에 대해 정리한 내용이다. 이를 바탕으로 (가), (나)를 이해한 내용으로 적절하지 않은 것은?

	(가)	(나)
전달 매체	인터넷	라디오
매체 자료 생산자	기자	진행자와 기자
매체 자료 수용자	신문 독자	대담 청취자

① (가)의 댓글을 보니 매체 자료 수용자인 독자가 또 다른 생산자가 될 수도 있군.

② (가)는 전달 매체 특성상 탑재와 동시에 공유될 수 있으므로 한번 생산한 매체 자료의 내용은 다시 수정할 수 없겠군.

③ (나)는 다른 매체를 추가로 활용하여 매체 자료 수용자와 양방향으로 소통이 이루어지고 있군.

④ (나)는 송출할 수 있는 시간이 고정되어 있으므로 다시 듣기 서비스로 이를 보완하고 있군.

⑤ (가)는 문자, 도표, 영상으로, (나)는 음성, 음향으로 정보를 전달하고 있군.

855

(가)와 (나)의 언어적 특성에 대한 설명으로 가장 적절한 것은?

① (가) : 마지막 문장을 명령형으로 종결하여 독자의 행동 변화를 촉구하고 있다.

② (가) : 간접 인용 표현을 써서 『고려사』의 내용을 재구성하여 간결하게 전달하고 있다.

③ (가) : 표제를 피동으로 표현하여 주체를 드러내지 않고 정보에 주목하도록 하고 있다.

④ (나) : '기자'는 현재 시제만을 활용하여 현장감 있게 정보를 제공하고 있다.

⑤ (나) : '진행자'는 접속 표현을 사용하거나 앞에서 언급된 내용을 대신하는 표현을 써서 응집성을 높이고 있다.

856

<보기>를 참고할 때, ㉠~ⓜ에 대한 수용자의 반응으로 적절하지 않은 것은?

> **보 기**
>
> 매체 수용자는 매체 자료를 수용할 때 자료에 담긴 관점과 가치가 공정한지, 자료의 내용을 뒷받침하는 근거가 타당한지, 제시된 정보나 자료는 신뢰할 만한 내용인지 등을 분석하고 판단하는 비판적인 태도를 갖추어야 한다. 또한 매체 특성에 맞는 방식으로 매체 형식에 따라 정보를 적절하게 수용하며, 매체를 구성하고 있는 요소를 적극적으로 활용함으로써 주체적으로 사고하는 수용자가 되어야 한다.

① ㉠ : 검색을 통해 통계 자료의 출처를 확인하여 신뢰할 만한 내용인지 판단해야겠어.

② ㉡ : 전문가의 인터뷰 동영상 내용을 분석하며 기사의 내용을 뒷받침하는 근거로 타당한지 점검해 봐야겠어.

③ ㉢ : 관련된 뉴스 내용을 확인하고 기사 내용과 비교하면서 주체적으로 사고하는 수용자가 되도록 노력해야겠어.

④ ㉣ : 매체 특성상 이야기의 세부 내용은 미리 알 수 없으므로 순차적으로 제공되는 정보를 적절하게 수용해야겠어.

⑤ ⓜ : 주관적 의견을 표현한 내용이므로 매체 자료에 담긴 관점이 공정한지 평가해야겠어.

[2021년 9월 고3 모평 40-43번]

[857-860] (가)는 인쇄 매체의 기사이고, (나)는 (가)를 바탕으로 학생이 만든 카드 뉴스이다. 물음에 답하시오.

(가)

㉠청소년의 사회 참여, 현주소는 어디인가?

청소년 사회 참여는 청소년이 사회 문제나 정치 문제에 관심을 갖고 의사 결정 과정에 참여해 영향력을 행사하는 것을 말한다. 지난해 발표된 ○○ 기관 보고서에 따르면, ㉡'청소년도 사회 참여가 필요하다.'라고 응답한 청소년은 무려 88.3%에 달한다.

그렇다면 실제로 얼마나 많은 청소년에게 사회 참여 활동 경험이 있을까? ○○ 기관 통계 자료에 따르면, 사회 참여 활동 경험이 있다고 응답한 청소년은 21%에 그쳤다.

전문가들은 ㉢청소년이 주도하는 사회 참여 활동 기회가 부족하여 참여가 확산되지 못하고 있다고 지적한다. 현재의 청소년 사회 참여 활동이 기관을 중심으로 운영되기 때문에 활동을 확산해 나가는 데에 한계가 있다는 것이다. 따라서 청소년이 자신이 속한 공동체의 문제 해결을 위한 의사 결정 과정에 능동적으로 참여할 수 있는 ㉣사회적 분위기가 만들어져야 한다고 주장한다. □□고 3학년 김 모 학생은 ㉤사회 참여 활동을 경험하면서 배운 것이 많지만 지속적으로 참여할 수 없어서 아쉬웠다고 하였다. 이에 덧붙여 앞으로는 스스로 문제를 찾아 해결하는 활동을 해 보고 싶다고 말했다.

△△대 사회학과 김◇◇ 교수는 "청소년의 사회 참여 활동은 사회성을 향상하여 민주 시민으로서의 자질을 갖추는 데 도움이 될 수 있습니다."라고 강조하며, "사회 참여 활성화를 위해 기관 중심의 청소년 참여와 청소년이 주도가 된 사회 참여가 함께 이루어지는 방향으로 나아가야 합니다."라고 하였다.

\- 박▽▽ 기자

(나)

카드 1

청소년의 약 88%는 **청소년도 사회 참여가 필요하다**고 생각합니다.

카드 2

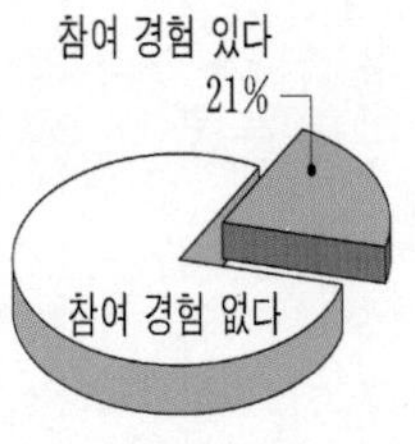

그러나 실제로 사회 참여 활동을 경험한 청소년은 21%에 그쳤습니다. 왜일까요?

카드 3

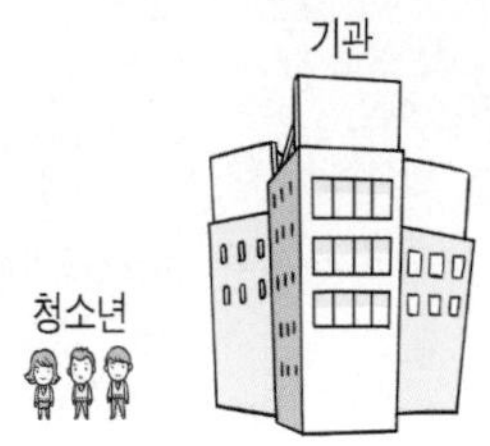

청소년 사회 참여가 확산되기 어려운 이유는 현재의 청소년 사회 참여가 **기관을 중심으로 이루어지기 때문**입니다.

카드 4

이에 △△대 사회학과 김◇◇교수는 "사회 참여 활성화를 위해 기관 중심의 청소년 참여와 청소년이 주도가 된 사회 참여가 **함께** 이루어지는 방향으로 나아가야 합니다."라고 말했습니다.

857

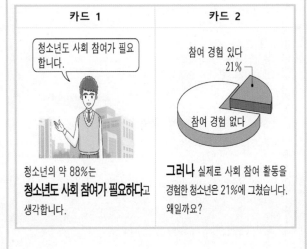

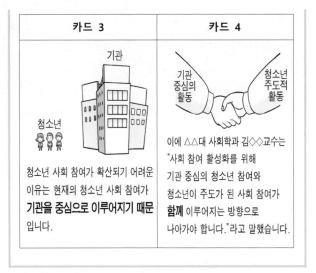

(가), (나)를 수용할 때 유의할 점으로 가장 적절한 것은?

① (가)는 다양한 이론을 종합하여 해결 방안을 마련하고 있으므로 이론에 대한 왜곡이 없는지 확인해야 한다.
② (나)는 제시된 정보 중 출처를 밝히지 않은 것이 있으므로 신뢰할 수 있는 정보인지 확인해야 한다.
③ (나)는 의견이 대립하고 있는 상황을 다루고 있으므로 편파적으로 서술되지 않았는지 확인해야 한다.
④ (가)와 (나)는 예상되는 반론에 반박하고 있으므로 논리적 타당성을 갖추었는지 확인해야 한다.
⑤ (가)와 (나)는 작성자의 주장이 나열되고 있으므로 납득할 만한 근거를 갖추고 있는지 확인해야 한다.

858

(나)를 제작하는 과정에서 반영된 학생의 계획으로 적절하지 않은 것은?

① '카드 1'에는 (가)의 보고서에 담긴 사회 참여 필요성에 대한 청소년의 인식을 보여 주기 위해 청소년이 말하는 이미지로 제시해야겠군.
② '카드 2'에는 (가)의 사회 참여 활동을 경험해 본 청소년의 비율을 그래프로 시각화하여 문제 상황을 드러내야겠군.
③ '카드 3'에는 (가)의 기관 중심의 사회 참여를 선호하는 청소년의 경향을 드러내기 위해 기관의 이미지를 더 크게 그려야겠군.
④ '카드 4'에는 (가)의 청소년 사회 참여 활동의 두 가지 유형이 서로 조화를 이루는 이미지를 제시해야겠군.
⑤ '카드 4'에는 (가)의 청소년 사회 참여에 관한 교수 인터뷰 내용 중 활성화의 방향에 해당하는 내용을 문구로 제시해야겠군.

859

㉠~㉤에 대한 설명으로 적절하지 <u>않은</u> 것은?

① ㉠ : 의문형 종결 어미를 활용하여 글의 화제를 드러내는 제목을 질문의 형식으로 제시하고 있다.

② ㉡ : 부사 '무려'를 사용하여 청소년도 사회 참여가 필요하다고 응답한 청소년의 비율이 높음을 강조하고 있다.

③ ㉢ : 연결 어미 '-며'를 사용하여 사회 참여 활동 기회에 대한 앞 절의 내용이 뒤 절 내용의 목적에 해당함을 나타내고 있다.

④ ㉣ : 피동 표현을 활용하여 행위의 주체보다는 행위의 대상인 '사회적 분위기'에 초점을 두어 서술하고 있다.

⑤ ㉤ : 인용 표현을 활용하여 사회 참여 활동을 경험한 학생의 소감을 전달하고 있다.

860

다음의 '카드 뉴스 보완 방향'을 고려할 때, '카드 A', '카드 B'의 활용 방안으로 가장 적절한 것은?

○ **카드 뉴스 보완 방향 :** 우리 학교 학생을 대상으로 하는 캠페인에 활용하기 위해 (나)에 카드 A, B를 추가

카드 A

왜 사회 참여 활동을 하지 않나요?

응답 내용	비율(%)
사회 참여가 어렵게 느껴져서	63
⋮	⋮

우리 학교 학생 중 사회 참여 경험이 없는 학생들에게 그 이유를 물었더니 위와 같은 결과가 나왔습니다.

카드 B

청소년 사회 참여 어렵지 않습니다.
주변의 문제부터 하나씩! 차근차근!

우리 학교 쓰레기 분리배출 캠페인

우리 학교 앞 신호등 설치 건의

① (나)에서 청소년의 사회 참여가 필요한 이유는 언급하지 않았으므로 '카드 A'를 활용하여 그 이유를 보여준다.

② (나)에서 청소년 주도의 사회 참여 기회가 부족함을 지적하였으므로 '카드 A'를 활용하여 우리 학교 학생들의 사회 참여 이유를 제시한다.

③ (나)에서 청소년 사회 참여 확산이 어려운 이유를 언급하지 않았으므로 '카드 A'를 활용하여 그에 대한 우리 학교 학생들의 생각을 보여 준다.

④ (나)에서 사회 참여가 청소년에게 미치는 영향을 강조하였으므로 '카드 B'를 활용하여 우리 학교 주변의 문제를 알려준다.

⑤ (나)에서 청소년이 주도적으로 사회 참여를 할 수 있는 구체적 방법을 제시하지 않았으므로 '카드 B'를 활용하여 우리 학교 학생들이 실천할 수 있는 방법을 제안한다.

[2021년 9월 고3 모평 44-45번]

[861-862] (가)는 웹툰 동아리 학생들이 제작진 채팅방에서 나눈 대화이고, (나)는 (가)의 회의를 바탕으로 제작한 웹툰이 실린 누리집의 일부이다. 물음에 답하시오.

(가)

20□□.08.01

하진
'마음을 그려 드려요' 게시판에 다음 주에 올릴 웹툰에 대한 제작진 회의를 시작할게! 학생들 사연을 받아서 연재하니 우리 웹툰에 관심이 높아졌어! 이번 사연 내용이야.

웹툰을 챙겨 보는 독자입니다. 친구에게 미안한 마음을 어떻게 전할지 고민이라 사연을 올려요. 친구가 시험공부를 도와 달라 했는데, 바쁘니까 알아서 하라고 짜증을 냈거든요. 서운해하는 걸 보고 후회하다가 한 달이 지나고 사이는 더 멀어졌어요. 어떻게 말할지 많은 독자들의 조언을 들을 수 있게 잘 그려 주세요.

우주
한 달이나 시간이 지난 건 어떻게 드러내지?

주혁
장면이 세로로 이어지니까, 이걸 고려해서 시각적으로 표현하면 좋겠어.

하진
좋은 생각이야. 그리고 한 달 동안 두 사람이 느꼈을 감정을 비교하기 좋게 양쪽으로 배치해 보면 어떨까?

우주
좋아. 친구 사이가 점점 멀어지는 건 둘 사이의 간격으로 보여 줄게.

하진
그러자. 대화는 말풍선에 쓰고, 속마음은 표정이나 몸짓에서 드러나게 해야겠지?

주혁
응. 그래도 사연을 보낸 학생이 느낀 감정들은 다른 방법으로 좀 더 분명하게 표현해 줘.

하진
그리고 많은 독자들의 조언을 듣고 싶다고 했으니 마지막 부분에 말풍선과 문구를 활용해서 유도해 줘.

우주
그래. 회의한 걸 토대로 그려 볼게! 아, 웹툰 끝에 사연 게시판 주소 링크도 올릴게.

20□□.08.12

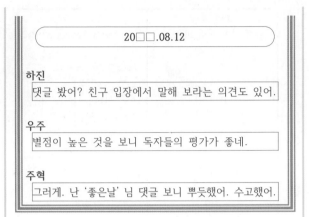

하진
댓글 봤어? 친구 입장에서 말해 보라는 의견도 있어.

우주
별점이 높은 것을 보니 독자들의 평가가 좋네.

주혁
그러게. 난 '좋은날' 님 댓글 보니 뿌듯했어. 수고했어.

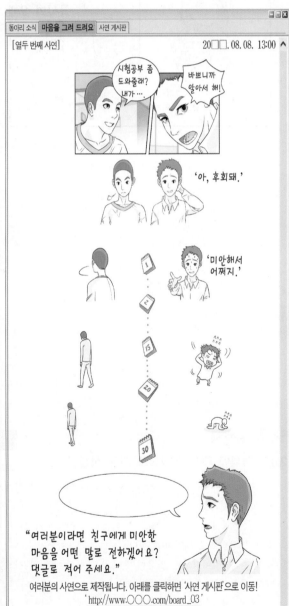

(나)

동아리 소식 | 마음을 그려 드려요 | 사연 게시판

[열두 번째 사연] 20□□. 08. 08. 13:00

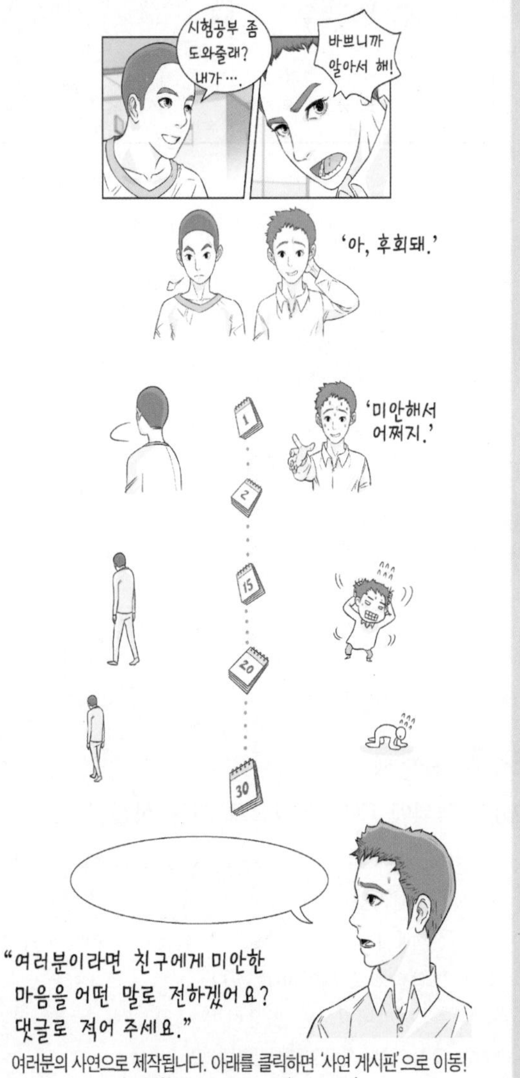

여러분의 사연으로 제작됩니다. 아래를 클릭하면 '사연 게시판'으로 이동!
'http://www.○○○.com/board_03'

공감♥ 125 ★★★★☆ 4.5

낭낭이: "많이 서운했지? 미안해."라고 친구 입장에서 말하기.
20□□. 08. 08. 15:32 👍87

파 도: "정말 후회되고 미안하더라."라고 감정을 솔직히 말하는 것을 추천! 난 그렇게 해서 화해했어요.
20□□. 08. 09. 17:20 👍55

↳ **솜사탕**: 맞아요. 먼저 말 걸기가 어려워도 솔직한 게 중요해요.
20□□. 08. 09. 17:53

↳ **파 도**: 그것도 맞는 말! 20□□. 08. 10. 19:12

좋은날: 작가님! 독자들의 고민 사연을 그려서 공유하는 것이 너무 좋아요! 왠지 제 얘기 같기도 하고. 20□□. 08. 11. 18:05 👍33

861

(가), (나)에 대한 이해로 적절하지 <u>않은</u> 것은?

① (가)는 웹툰 제작자가 웹툰을 제작하기 위해 사연 신청자의 요청을 반영할 수 있음을 보여 준다.
② (가)는 웹툰 제작자가 (나)의 댓글이나 별점을 통해 웹툰의 독자가 보인 반응을 확인할 수 있음을 보여 준다.
③ (나)는 웹툰의 독자가 댓글로 서로 공감하며 상호 작용하고 있음을 보여 준다.
④ (나)는 웹툰의 독자가 하이퍼링크를 통해 웹툰 제작자가 지정한 곳으로 이동할 수 있음을 보여 준다.
⑤ (나)는 웹툰의 독자가 이미지에 담긴 의미에 대해 웹툰 제작자에게 직접 묻고 답을 얻고 있음을 보여 준다.

862

(가)의 웹툰 제작 계획을 (나)에 반영한 내용으로 적절하지 <u>않은</u> 것은?

① 시간의 경과를 드러내기 위해 장면이 제시되는 방향을 고려하여 숫자를 세로로 배열해 날짜 변화를 표현했다.
② 한 인물이 겪는 두 가지 사건을 비교하기 위해 화면을 세로로 분할하여 인물의 행동 변화를 나란히 보여 주었다.
③ 멀어지는 친구 사이를 시각적으로 보여 주기 위해 인물들 사이에 여백을 두어 점차 간격이 벌어지게 그렸다.
④ 속마음을 분명하게 표현하기 위해 표정이나 몸짓으로 드러내는 것뿐만 아니라 글로도 적어 감정을 명시적으로 드러냈다.
⑤ 많은 독자들의 조언을 유도하기 위해 말풍선을 의도적으로 비우고 댓글 참여를 권유하는 문구를 제시했다.

[2021년 10월 고3 학평 40-43번]

[863-865] (가)는 동아리 학생들이 휴대 전화 메신저로 나눈 대화이고, (나)는 (가)를 바탕으로 '채원'이 제작해 블로그에 올린 카드 뉴스의 초안이다. 물음에 답하시오.

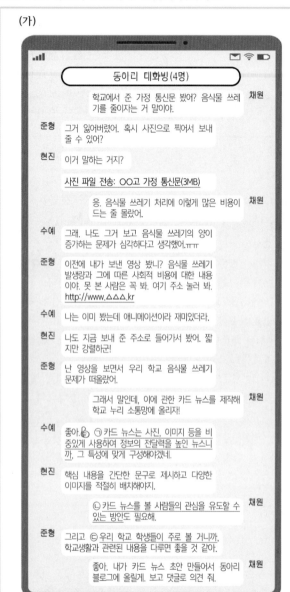

(가)

동아리 대화방(4명)

채원: 학교에서 준 가정 통신문 봤어? 음식물 쓰레기를 줄이자는 거 말이야.

준형: 그거 잃어버렸어. 혹시 사진으로 찍어서 보내 줄 수 있어?

현진: 이거 말하는 거지?

사진 파일 전송: OO고 가정 통신문(3MB)

채원: 응. 음식물 쓰레기 처리에 이렇게 많은 비용이 드는 줄 몰랐어.

수예: 그래. 나도 그거 보고 음식물 쓰레기의 양이 증가하는 문제가 심각하다고 생각했어.ㅠㅠ

준형: 이전에 내가 보낸 영상 봤니? 음식물 쓰레기 발생량과 그에 따른 사회적 비용에 대한 내용이야. 못 본 사람은 꼭 봐. 여기 주소 눌러 봐. http://www.△△△.kr

수예: 나는 이미 봤는데 애니메이션이라 재미있더라.

현진: 나도 지금 보내 준 주소로 들어가서 봤어. 짧지만 강렬하군!

준형: 난 영상을 보면서 우리 학교 음식물 쓰레기 문제가 떠올랐어.

채원: 그래서 말인데, 이에 관한 카드 뉴스를 제작해 학교 누리 소통망에 올리자!

수예: 좋아.👍 ㉠ 카드 뉴스는 사진, 이미지 등을 비중있게 사용하여 정보의 전달력을 높인 뉴스니까, 그 특성에 맞게 구성해야겠네.

현진: 핵심 내용을 간단한 문구로 제시하고 다양한 이미지를 적절히 배치해야지.

채원: ㉡ 카드 뉴스를 볼 사람들의 관심을 유도할 수 있는 방안도 필요해.

준형: 그리고 ㉢ 우리 학교 학생들이 주로 볼 거니까, 학교생활과 관련된 내용을 다루면 좋을 것 같아.

채원: 좋아. 내가 카드 뉴스 초안 만들어서 동아리 블로그에 올릴게. 보고 댓글로 의견 줘.

(나)

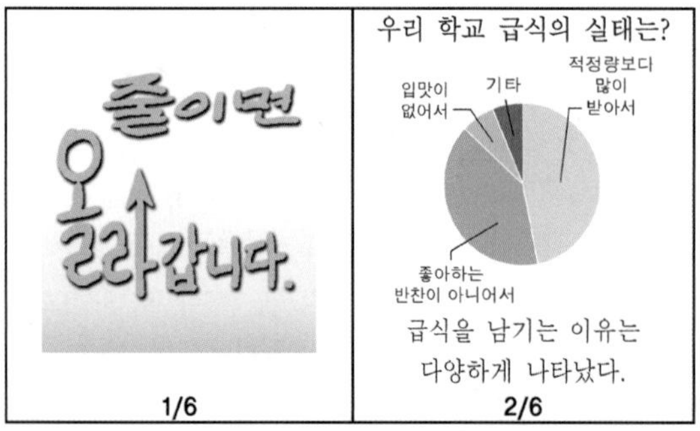

863

(가)의 대화에 대한 설명으로 가장 적절한 것은?

① '현진'은 자신이 직접 생산한 문서 파일을 다른 대화 참여자들에게 전달하고 있다.

② '수예'는 매체 자료의 성격을 고려하여 매체 자료의 전달 효과를 부정적으로 평가하고 있다.

③ '준형'은 하이퍼링크를 활용하여 대화 내용과 관련된 자료를 다른 대화 참여자들에게 제공하고 있다.

④ '채원'은 카드 뉴스의 제작을 제안하며 매체가 가지는 정보 전달의 파급력을 밝히고 있다.

⑤ '채원'과 '수예'는 그림말을 활용하여 상대방의 말에 대한 공감을 드러내고 있다.

864

'채원'이 ㉠~㉢을 고려하여 세운 제작 계획 중 (나)에 반영되지 <u>않은</u> 것은?

① ㉠을 고려하여, 학생들이 선호하지 않는 급식 메뉴의 종류를 사진으로 제시해야겠어.
② ㉠을 고려하여, 변화의 추이를 한눈에 파악할 수 있는 이미지를 사용해 정보의 전달력을 높여야겠어.
③ ㉡을 고려하여, 이미지를 결합한 글자를 사용해 카드 내용에 대한 독자의 흥미를 끌어야겠어.
④ ㉢을 고려하여, 우리 학교의 급식 잔반 처리에 들어가는 비용을 자료로 제시해야겠어.
⑤ ㉢을 고려하여, 잔반을 줄였을 때의 혜택이 우리 학교 학생들에게 돌아간다는 점을 부각해야겠어.

865

다음은 (나)에 달린 '댓글'이다. 다음을 바탕으로 (나)를 수정한 내용으로 적절하지 <u>않은</u> 것은?

> 현진: 두 번째 카드의 제목은 수정하는 게 좋을 것 같아.
> ↳ 준형: 맞아. 제목이 내용과 어울리지 않아. 그리고 그래프에 조사 대상의 인원과 각 항목에 응답한 학생들의 비율도 밝혀 주자.
> ↳ 현진: 그래프에서 특별히 강조할 내용은 따로 정리해 주자.
> 수예: 고생 많았어. 그런데 네 번째 카드의 삽화는 내용이 잘 드러날 수 있도록 바꾸는 게 좋지 않을까?
> ↳ 현진: 그게 좋겠다. 그리고 잔반 줄이기를 통해 큰 효과를 거둔 다른 학교의 사례를 제시하면 설득력을 높일 수 있을 거야.

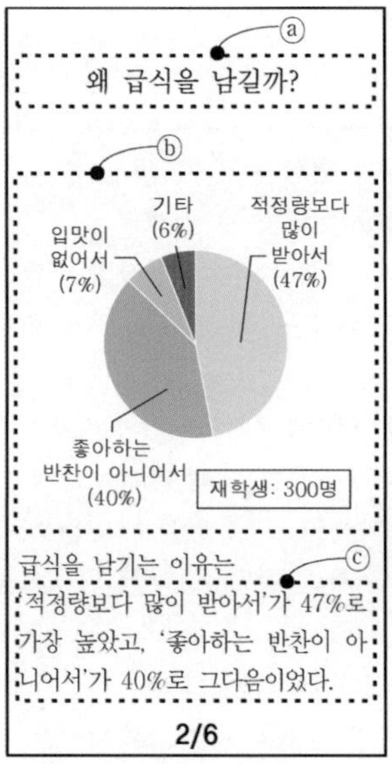

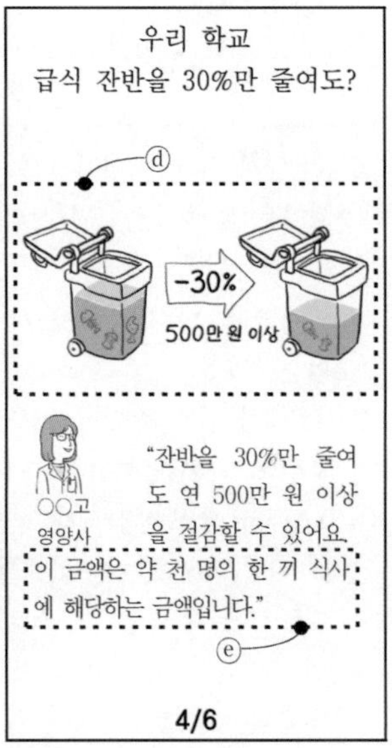

① ⓐ　② ⓑ　③ ⓒ　④ ⓓ　⑤ ⓔ

[2021년 10월 고3 학평 43-45번]

[866-868] (가)는 텔레비전 방송 뉴스이고, (나)는 신문 기사이다. 물음에 답하시오.

(가)

[장면 1]

진행자: 포털 사이트에서 정보를 검색하는 경우 많으시죠? 국내 유명 포털 사이트에서 제공하는 검색어 제안 기능이 본래 목적대로 이용되고 있지 않다는 제보가 최근 급증하고 있습니다. ㉠ <u>이 소식을 유□□ 기자가 전해 드립니다.</u>

[장면 2]

기자: 검색어 제안 기능은 전체 이용자의 검색 횟수를 기반으로 한 알고리즘에 바탕을 두고 있습니다. 그런데 이 점을 악용하는 사례가 있다고 합니다. ㉡ <u>어떤 방식인지 알아보겠습니다.</u>

[장면 3]

IT 전문가: 이렇게 검색창에서 특정 단어를 검색한 후 특정 업체명을 검색하겠습니다. 이 작업을 수천 회 반복하면 특정 단어를 검색할 때 특정 업체가 검색어로 제안될 수 있습니다.

[장면 4]

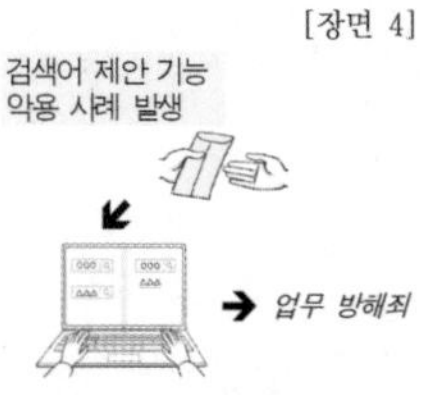

기자: 검색어 제안 기능은 이용자에게 편의를 제공하기 위한 포털 사이트의 서비스입니다. 하지만 최근 대가를 받고 검색어 제안 기능에 특정 업체명이 제시되도록 하여 업무 방해죄로 처벌받은 경우도 있었습니다.

[장면 5]

포털 사이트 관계자: 비정상적 방법에 의해 검색어가 제안되는 경우가 발생하지만, 차단 시스템을 주기적으로 업그레이드하여 해당 결과를 제외하고 있습니다.

[장면 6]

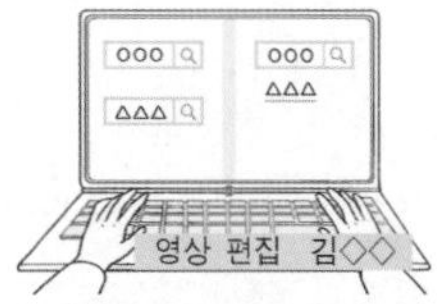

기자: 검색어 제안 기능이 본래 목적대로 운영되지 못하고 상업적인 목적으로 악용되고 있는 사례가 발생하고 있습니다. ㉢ <u>이용자들의 주의가 필요한 때입니다.</u>

(나)

6면 2021년 ×월 ×일 화요일 사회 제 1210호 ☆☆신문

'검색어 제안 기능'에 대한 토론회 열려
규제 강화에 대한 입장 차이 확인

최근 포털 사이트의 '검색어 제안 기능'에 대한 사회적 논의가 필요하다는 목소리가 높다. 지난 9일 ◎◎기관의 주관으로 검색어 제안 기능에 대한 토론회가 열렸다.

토론회에 참여한 언론 정보 전문가는 검색어 제안 기능을 통해 이용자가 편리하게 자신이 원하는 정보에 접근할 수 있으므로 규제를 최소화해야 한다는 입장을 보였다. 법에 저촉되지 않는다면, 검색어 제안 기능의 운영은 그 주체인 포털 사이트가 자율적으로 결정할 수 있는 영역이라고 보았다.

한편 시민 단체 대표는 최근 부정한 방법에 의해 검색어가 제안됨으로써 이용자들이 피해를 입는 사례가 빈번하게 발생하고 있어 검색어 제안 기능에 대해 규제를 강화해야 한다는 입장을 보였다. ㉣<u>또한 선량한 이용자가 입을 수 있는 피해를 예방할 필요가 있다고 말했다.</u>

㉤<u>토론회를 방청한 한 시민은 "자율성과 공익적 가치가 균형과 조화를 이룰 수 있도록 다양한 목소리가 고려되면 좋겠습니다."라고 의견을 밝혔다.</u>

윤○○ 기자 oooo@OOO.co.kr

866

(가)에 사용된 정보 제시 전략으로 적절하지 <u>않은</u> 것은?

① [장면 1]에서는 뉴스 수용자가 보도의 핵심 내용을 알 수 있도록, 화면의 하단에 자막으로 보도 내용의 요점을 제시한다.
② [장면 2]부터 [장면 5]까지는 뉴스 수용자가 중간부터 뉴스를 시청하더라도 보도 내용을 짐작할 수 있도록, 화면 상단 한쪽에 핵심 어구를 고정하여 제시한다.
③ [장면 3]에서는 뉴스 수용자의 이해를 도울 수 있도록, 검색어 제안 기능의 악용 사례를 전문가의 시연을 통해 보여 준다.
④ [장면 4]에서는 보도 내용에서 제시하는 사건의 흐름을 쉽게 파악할 수 있도록, 방향을 나타내는 기호를 활용하여 화면을 구성한다.
⑤ [장면 6]에서는 보도 내용에서 다룬 다양한 정보를 뉴스 수용자가 효과적으로 취사선택할 수 있도록, 보도 내용들을 요약한 화면을 보여 주며 마무리한다.

867

(가)와 (나)의 언어적 특성을 고려할 때, ㉠~㉤에 대한 설명으로 가장 적절한 것은?

① ㉠ : 대용 표현을 사용하여 문제의 해결 가능성을 압축적으로 설명하고 있다.
② ㉡ : 미래 시제를 나타내는 표현을 사용하여 기대 효과를 제시하고 있다.
③ ㉢ : 청유형 문장을 사용하여 보도 내용과 관련한 수용자의 행동 변화를 유도하고 있다.
④ ㉣ : 접속 표현을 사용하여 기사 내용의 흐름을 전환하고 있다.
⑤ ㉤ : 인용 표현을 사용하여 토론회에 다녀온 시민의 견해를 직접 제시하고 있다.

868

<보기>를 바탕으로 (가)와 (나)에 대해 보인 반응으로 적절하지 <u>않은</u> 것은? [3점]

보 기

뉴스 생산자는 여러 가지 정보 가운데서 수용자가 관심을 가질 만한 시의성 있는 정보를 선택한다. 그리고 뉴스 수용자가 문제 상황에 관심을 지니고 공감할 수 있도록 유도하고, 공공의 이익을 증진할 수 있는 방안을 제시하는 방향으로 뉴스를 구성한다. 그 과정에서 대중이 신뢰할 수 있는 출처에서 나온 정보를 활용한다. 또한 뉴스 생산자는 쟁점이 되는 화제를 다룰 때 공정성 있는 태도를 지닐 필요가 있다.

① (가)에서 뉴스 생산자가 화제와 관련된 전문가의 말을 제시했다는 점에서 정보의 신뢰성을 확인할 수 있겠군.
② (가)에서 뉴스 생산자가 보도를 시작하며 수용자의 경험을 환기했다는 점에서 수용자의 관심을 유도했다는 것을 확인할 수 있겠군.
③ (나)에서 뉴스 생산자가 특정 사안에 대해 대립하는 입장을 모두 보도했다는 점에서 기사의 공정성을 확인할 수 있겠군.
④ (나)에서 뉴스 생산자가 공공의 이익을 증진할 수 있는 방안을 직접 제안했다는 점에서 기사의 공공성을 확인할 수 있겠군.
⑤ (가)와 (나) 모두에서 뉴스 생산자가 최근 발생한 사건과 관련된 소식을 전달했다는 점에서 정보의 시의성을 확인할 수 있겠군.

[2021년 수능 40-43번]

[869-872] 다음은 '지문 등 사전등록제'에 대한 신문 기사를 다루는 텔레비전 방송 프로그램의 일부이다. 물음에 답하시오.

진행자 : ㉠시청자 여러분, 안녕하십니까! 며칠 전 김 모 군이 가족의 품으로 돌아온 사실, 다들 알고 계실 겁니다. 김 군이 돌아온 데는 '지문 등 사전등록제'의 역할이 컸습니다. ㉡그래서 오늘은 '지문 등 사전등록제'에 대한 기사들이 많습니다. 먼저 △△ 신문, 함께 보시죠.

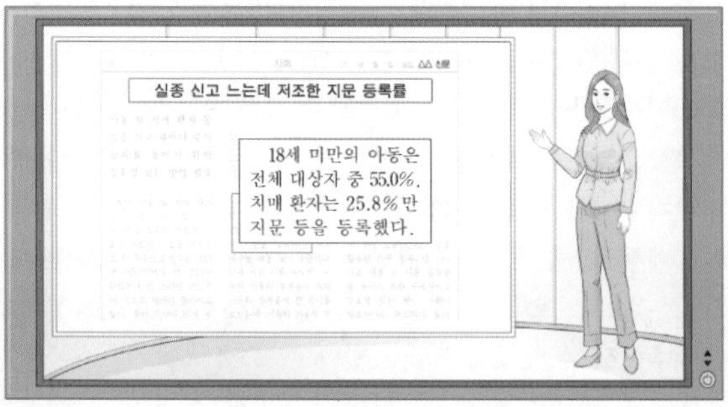
실종 신고 느는데 저조한 지문 등록률
18세 미만의 아동은 전체 대상자 중 55.0%, 치매 환자는 25.8%만 지문 등을 등록했다.

진행자 : 표제가 '실종 신고 느는데 저조한 지문 등록률'인데요. 기사 내용 일부를 확대해 보겠습니다. 18세 미만 아동은 55.0%, 치매 환자는 25.8%만 지문 등을 등록했다고 하는데요. 그러면 '지문 등 사전등록제'가 무엇이고, 왜 이렇게 등록률이 저조한지 말씀해 주시겠습니까?

전문가 : △△ 신문에서 언급한 대로 '지문 등 사전등록제'란 18세 미만의 아동, 치매 환자 등을 대상으로 보호자의 신청을 받아 지문과 사진, 신상 정보 등을 사전에 등록하여, 실종 시에 이 자료를 활용해 신속하게 찾을 수 있게 하는 제도를 말합니다. △△ 신문에서는 홍보가 부족해 지문 등록률이 저조하다고 했는데요, 제가 볼 때는 개인 정보 유출에 대한 우려도 크게 작용했다고 생각합니다.

진행자 : 개인 정보 유출은 민감한 사안이니 정보 관리가 중요하겠네요.

전문가 : ㉢사전등록 정보는 암호화 과정을 거쳐 저장하고 있습니다. 또 이 정보는 ㉣아동이 18세에 도달하면 자동 폐기되고, 보호자가 원하면 언제든 폐기할 수 있습니다.

진행자 : 네, 그래도 등록률을 높이려면 현재보다 강화된 개인 정보 보호 방안이 있어야겠네요. △△ 신문을 더 살펴볼까요? 지문 등을 사전등록하면 실종자를 신속하게 찾을 수 있다는 내용인데요, 시간이 얼마나 단축되나요?

전문가 : 지문 등을 등록하지 않으면 실종자를 찾기까지 평균 56시간, 등록하면 평균 50여 분 정도 걸립니다.

진행자 : 시간이 많이 단축되네요. 이제 다른 기사들도 살펴볼까요? □□ 신문인데요, 간단히 보면 '찾아가는 지문 등 사전등록제'를 실시하는 지역이 있다는 내용입니다. ○○ 신문에는 지문 등 사전등록 스마트폰 앱이 소개되어 있네요. 화면으로 만나 보시죠.

○○ 신문

'지문 등 사전등록 앱'의 ⓐ'첫 화면'은 메뉴가 그림과 문자로 표현되어 있어서, 고정된 메뉴 화면을 한눈에 보며 손쉽게 활용할 수 있다.
ⓑ'지문 등록' 메뉴를 누르면 대상자의 지문과 사진, 대상자와 보호자의 인적 사항 등을 언제 어디서든 등록할 수 있다.
ⓒ'함께 있어요' 메뉴에서는 게시판에 올라온 인적 사항과 사진들을 보면서 찾고 있는 사람이 있는지 알아볼 수 있다.
ⓓ'같이 찾아요' 메뉴에는 잃어버린 사람을 찾는 글을 올릴 수 있는데, 다른 사람의 글을 확인하거나 다른 사람의 글에 댓글을 다는 것도 가능하다.
ⓔ'보호소' 메뉴는 지도 앱과 연동되어 있어서 인근에 있는 보호소의 위치를 바로 확인할 수 있다.

지문 등 사전등록 앱
지문 등록
함께 있어요
같이 찾아요
보호소

진행자 : ㉤필요하신 분들은 앱을 한번 사용해 보시면 좋겠습니다. 이번에는 실시간 시청자 게시판, 화면으로 보시죠.

869

위 방송 프로그램을 시청한 학생의 반응으로 적절하지 않은 것은?

① 진행자가 △△ 신문의 내용보다 □□ 신문의 내용을 간단히 언급함으로써 방송에서 어떤 기사에 더 비중을 두었는지 드러내고 있군.

② 시의성 있는 화제를 다룬 신문 기사들을 제시함으로써 사회적으로 주목할 만한 사안에 대한 다양한 정보를 전달하고 있군.

③ △△ 신문 기사의 일부를 화면에 확대하여 제시함으로써 신문 기사의 특정 부분을 방송에서 선별하여 보여 주고 있군.

④ 진행자가 △△ 신문과 ○○ 신문의 기사 내용을 종합함으로써 특정 화제에 대한 비판적 입장을 나타내고 있군.

⑤ 전문가가 진행자의 질문에 답함으로써 △△ 신문 기사의 내용에 대한 자신의 의견을 덧붙이고 있군.

870

㉠~㉤에 대한 설명으로 적절하지 않은 것은?

① ㉠ : 하십시오체 종결 어미 '-ㅂ니까'를 통해 시청자를 높이며 방송의 시작을 알리는 인사를 하고 있다.
② ㉡ : 접속 부사 '그래서'를 통해 앞 문장의 내용이 뒤에 이어지는 내용의 원인임을 드러내고 있다.
③ ㉢ : 보조사 '는'을 통해 '사전등록 정보'가 문장의 화제임과 동시에 주어로 사용됨을 보여 주고 있다.
④ ㉣ : 연결 어미 '-면'을 통해 앞 절의 내용이 '사전등록 정보'가 '자동 폐기'되는 조건임을 나타내고 있다.
⑤ ㉤ : 보조 용언 '보다'를 통해 '앱'을 사용하는 것이 시험 삼아 하는 행동임을 나타내고 있다.

871

다음은 위 방송 프로그램 '시청자 게시판'의 내용이다. 시청자의 수용 태도에 대한 설명으로 가장 적절한 것은?

시청자 게시판

↳ 시청자 1 제 주변에서는 많이 등록했던데요. 신문에 나온 등록률 현황은 어디에서 조사한 것인가요?
↳ 시청자 2 방송에서 지문 등 사전등록의 필요성 위주로 이야기하고 개인 정보 유출 문제에 대해서는 별로 언급하지 않네요.
↳ 시청자 3 미취학 아동만 대상자인 줄 알았는데 중학생도 해당되는군요. 누가 대상자인지 궁금했던 사람들은 방송을 통해 알게 되었겠어요.
↳ 시청자 4 가족 중에 대상자가 있지만 저처럼 이런 제도가 있다는 것을 몰랐던 사람에게는 방송 내용이 도움이 될 것 같아요.
↳ 시청자 5 인터넷에서는 지문 등 사전등록을 하지 않으면 실종자를 찾기까지 81시간이 걸린다던데요. 어떤 것이 맞는지 궁금합니다.

① 시청자 1과 2는 △△ 신문 기사의 내용과 관련하여, 지문 등 사전등록제의 등록률에 대한 정보의 출처가 믿을 만한지 점검하였다.
② 시청자 1과 4는 ○○ 신문 기사의 내용과 관련하여, 지문 등을 사전등록하는 방법에 대한 정보의 양이 충분한지 점검하였다.
③ 시청자 2와 5는 △△ 신문 기사의 내용과 관련하여, 지문 등 사전등록제의 장단점을 공평하게 다루고 있는지 점검하였다.
④ 시청자 3과 4는 △△ 신문 기사의 내용과 관련하여, 지문 등 사전등록제가 어떤 사람에게 유용한지 점검하였다.
⑤ 시청자 3과 5는 ○○ 신문 기사의 내용과 관련하여, 지문 등 사전등록제의 효과에 대한 정보가 사실인지 점검하였다.

872

'○○ 신문'을 바탕으로 할 때, ⓐ~ⓔ에서 확인할 수 있는 의사소통의 특징으로 가장 적절한 것은?

① ⓐ에서, 화면에서 필요한 정보를 찾아 사용할 수 있는 것으로 보아 수용자가 대량의 정보를 요약하여 비선형적으로 표현할 수 있음을 알 수 있다.
② ⓑ에서, 시·공간의 제약 없이 정보를 생산하는 것으로 보아 생산자가 등록한 정보를 수용자가 변형하여 배포할 수 있음을 알 수 있다.
③ ⓒ에서, 글과 이미지로 표현된 정보를 확인할 수 있는 것으로 보아 수용자가 둘 이상의 양식이 결합된 매체 자료에 접근하여 실시간으로 수정할 수 있음을 알 수 있다.
④ ⓓ에서, 글을 쓸 수도 있고 다른 사람의 글을 읽을 수도 있는 것으로 보아 매체 자료의 생산과 수용이 쌍방향적으로 이루어질 수 있음을 알 수 있다.
⑤ ⓔ에서, 서로 다른 앱을 연결하여 사용할 수 있는 것으로 보아 매체 자료의 수용자가 생산자도 될 수 있음을 알 수 있다.

[2021년 수능 44-45번]

[873-874] (가)는 학생의 개인 블로그이고, (나)는 발표를 위해 (가)를 참고하여 만든 스토리보드의 일부이다. 물음에 답하시오.

(가)

재생 종이, 왜 사용해야 할까요?

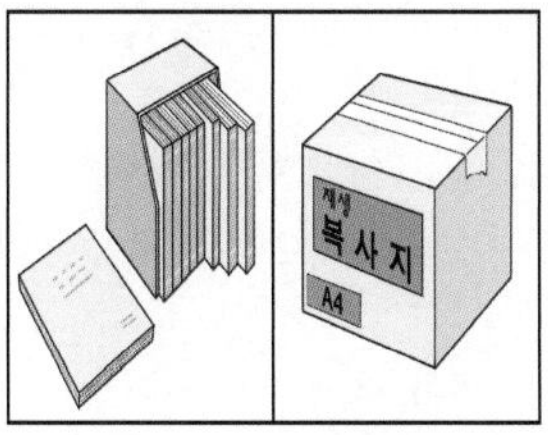

재생 종이를 아시나요? 재생 종이는 폐지를 활용하여 만든 종이인데요, 대체로 폐지가 40% 넘게 들어간 종이를 말합니다. 사진에서 보듯이 재생 종이는 책, 복사지 등으로 사용되고 있답니다.

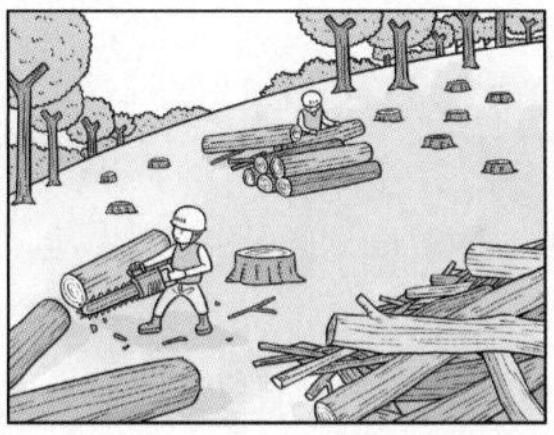

재생 종이를 사용하면 **숲을 지킬 수 있어요**. 20××년 한 해에 국내에서 사용되는 종이를 만드는 데 2억 2천만 그루의 나무가 필요하다고 해요. 엄청난 면적의 숲이 종이를 만들기 위해 사라지고 있는 것이죠. 특히 일반 종이를 복사지로 사용하는 것이 가장 큰 문제인데요, 사무실에서 사용하는 복사지의 45%가 출력한 그날 버려지기 때문입니다. 복사지의 10%만 재생 종이로 바꿔도 1년에 27만 그루의 나무를 지킬 수 있다고 해요. 숲을 지켜야 하는 이유를 알고 싶으면 이전 글 숲의 힘(☜ 클릭)을 참고해 주세요.

또 재생 종이는 일반 종이에 비해 생산 과정에서 **환경에 유해한 물질이 덜 발생해요**. 일반 종이 1톤을 생산하면 2,541kg의 이산화탄소(CO2)와 872kg의 폐기물이 발생하지만, 같은 양의 재생 종이를 생산하면 이산화탄소는 2,166kg이, 폐기물은 735kg이 발생한다는 연구 결과가 있어요. 그러니 종이를 써야 할 때는 재생 종이를 사용하는 게 좋겠죠?

(나)

	화면 설명	화면	내레이션 및 배경 음악
#1	그림이 먼저 나오고 글이 나중에 덧붙여짐.	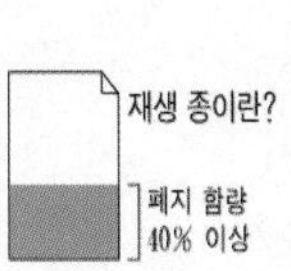	재생 종이는 폐지를 활용해 만든 종이랍니다. 여기서 폐지는 한번 사용한 종이를 말해요. (배경 음악) 잔잔한 느낌의 음악
#2	잘린 나무 밑동이 서서히 사라지면서, 그 옆에 나무 그림이 나타남.		종이를 만들기 위해 숲이 사라져요. 하지만 복사지의 10%만 재생 종이로 바꿔도 1년에 27만 그루의 나무를 지킬 수 있어요. (배경 음악) 무거운 느낌에서 경쾌한 느낌의 음악으로 바뀜.
#3	그래프의 막대가 아래에서 위로 올라감.	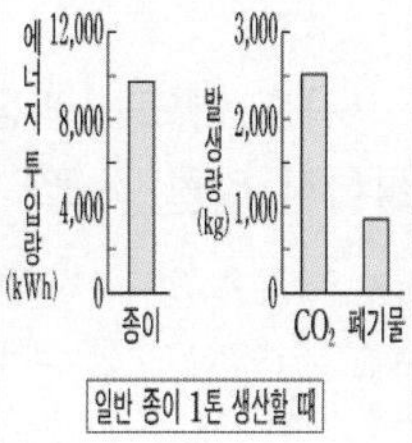	일반 종이를 생산할 때 투입되는 에너지의 양과 발생하는 물질의 양입니다.
#4	자막이 '재생 종이 1톤 생산할 때'로 바뀌면서 그래프의 막대가 아래로 내려옴.	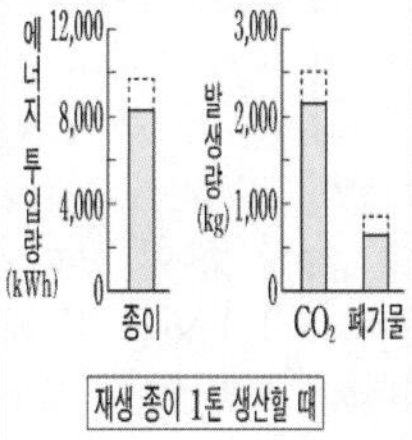	일반 종이 대신 재생 종이를 만들면 투입 에너지와 발생 물질의 양이 약 15% 정도 줄어들어요.

873

(가)에 나타난 표현 방식에 대한 설명으로 가장 적절한 것은?

① 재생 종이의 활용 사례를 글자의 굵기와 형태를 달리하여 강조했다.

② 재생 종이와 관련된 각 문단의 중심 내용을 소제목을 사용하여 부각했다.

③ 종이를 만들기 위해 사라지는 숲의 면적을 동영상 자료를 활용하여 보여 주었다.

④ 사무실에서 버려지는 일반 종이의 양을 글과 사진 자료를 함께 사용하여 제시했다.

⑤ 숲을 지켜야 하는 이유를 다룬 다른 게시물을 하이퍼링크 기능을 활용하여 안내했다.

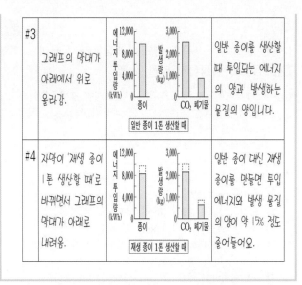

874

(가)를 참고하여 (나)를 만드는 과정에서 학생이 고려했을 내용으로 적절하지 <u>않은</u> 것은?

① 정보가 보강될 수 있도록 (가)에서 제시한 종이 생산 과정에서 발생하는 물질 외에도 생산 과정에 투입되는 에너지의 양도 조사하여 추가해야지.
② 정보가 복합 양식적으로 전달될 수 있도록 (가)에서 제시한 재생 종이의 정의를 시각 자료와 문자 언어를 결합한 화면으로 표현하면서 내레이션으로 보완해야지.
③ 정보 간의 유기적인 관계가 드러나도록 (가)에서 두 문단으로 제시한 재생 종이 사용의 필요성을 배경 음악과 내레이션을 모두 포함한 각각의 화면 두 개로 구성해야지.
④ 정보 간의 차이점이 드러나도록 (가)에서 제시한 일반 종이와 재생 종이의 생산으로 발생하는 물질의 양적 차이를 그래프로 제시하고 이를 설명하는 내레이션을 포함해야지.
⑤ 정보가 효과적으로 표현될 수 있도록 (가)에서 제시한 재생 종이 사용에 따른 나무 보존에 대한 내용을 화면과 내레이션으로 표현하면서 이에 어울리는 배경 음악을 사용하여 나타내야지.

[2022년 3월 고3 학평 40-43번]

[875-878] 다음은 텔레비전 프로그램의 일부이다. 물음에 답하시오.

진행자 : 오늘 방송할 내용은 지난해 7월 공포된 폐기물관리법 시행규칙과 관련된 내용입니다. 먼저 김 기자, 폐기물관리법 시행규칙에는 어떤 내용이 있나요?

김 기자 : 환경부에서 발표한 폐기물관리법 시행규칙에 따르면 수도권 지역은 2020년부터, 그 외 지역은 2030년부터 종량제 봉투에 담긴 생활 폐기물을 땅에 바로 묻을 수 없습니다. 생활 폐기물 중에서 일부를 소각하고 남은 재만 매립해야 합니다.

진행자 : 제가 얼마 전에 수도권 여러 매립지의 포화 시점이 멀지 않았다는 내용을 보도한 적이 있었는데 이 시행규칙은 그것과 관련이 있겠네요?

김 기자 : 그렇습니다. 바뀐 시행규칙에 맞추어 원활한 소각 처리가 가능해진다면 매립지에 묻히는 생활 폐기물의 양을 지금의 20% 이하로 줄일 수 있다고 합니다.

진행자 : 감소하는 양이 크군요. 제가 볼 때는 매립지의 포화 시점을 늦추는 데 상당히 도움이 되겠네요. 그런데 현재 운영 중인 소각 시설은 충분한 편인가요?

김 기자 : 그렇지 않습니다. 새로운 시행규칙을 따르기 위해서는 여러 지방 자치 단체에서 소각 시설을 확충해야 하지만, 시작 단계에서부터 주민들과 마찰이 생기고 있는 지역이 많습니다. 얼마 전, 소각 시설의 후보지로 선정된 △△ 지역 주민의 얘기를 먼저 들어 보겠습니다.

주민 : 이렇게 갑자기 우리 지역이 소각 시설의 후보지로 선정되다니 너무 화가 납니다.

김 기자 : 그리고 ⓐ<u>주민들이 "이 지역을 위해 끝까지 맞서 싸우겠습니다."라고 성토했습니다</u>.

진행자 : 후보지로 선정된 지역 주민들의 반발이 크네요. 이번에는 박 기자가 취재한 내용 들어 보겠습니다. 이런 상황을 슬기롭게 해결한 사례가 있을까요?

박 기자 : 네, 먼저 준비된 동영상을 보시죠.

진행자 : 주민들이 산책도 하고 운동도 하고 있는 모습이 보이네요. 저곳은 공원이 아닌가요?

박 기자 : 네, 맞습니다. 지상은 이렇게 주민들이 여가를 즐기는 공원으로 조성되어 있습니다. 계속 동영상을 보시죠. 보시는 것처럼 공원의 지하에는 생활 폐기물 소각 시설이 있습니다. 소각 시설의 지하화로 주민들이 우려했던 위화감을 최소화하고 주민들을 위한 편의 시설을 제공하여 소각 시설의 설치가 가능했습니다.

진행자 : 그래도 제 생각에 추진 과정에서 갈등이 적지 않았을것 같은데요, 어떠한 과정을 거쳤나요?

박 기자 : 처음에는 반대 의견이 우세했지만, ○○시에서는 주민들을 설득하기 위해 수차례 협의회를 열어 주민들의 의견을 경청했고 주민들의 요구 사항을 적극적으로 수용하고자 했습니다.

진행자 : 그래도 주민들에게는 소각 시설 설치가 건강과 직결되는 문제인 것 같아요. 어떤 주민들이 소각할 때 생기는 대기 오염 물질에 대해 걱정하지 않겠어요?

박 기자 : ○○시 소각 시설은 폐기물을 소각하는 과정에서 생기는 대기 오염 물질을 정화할 수 있도록 했기 때문에 배출되는 대기 오염 물질의 농도는 현저히 낮습니다. 또한 ○○시는 소각 시설과 관련한 앱을 만들어 주민들의 우려를 해소해 주고 있습니다.

진행자 : 그렇군요. 지금 그 앱을 확인할 수 있나요?

박 기자 : 네, 화면 보시죠. 이렇게 ㉠앱 메인 화면에서는 여러 메뉴를 한눈에 확인할 수 있는데, 그중 하나를 선택하면 원하는 내용과 손쉽게 연결될 수 있습니다.

우선 ㉡처리 공정을 누르면, 생활 폐기물을 소각 처리하는 과정을 애니메이션으로 제작한 동영상이 나옵니다. ㉢대기 오염 농도를 누르면, 수시로 바뀌는 대기 오염 물질의 농도 변화를 바로바로 확인할 수 있습니다. 그리고 ○○시 소각 시설에 방문하여 둘러보고 싶다면 ㉣시설 견학 신청을, 제안하려는 의견이 있다면 로그인을 한 후 ㉤의견 보내기를 누르면 됩니다.

875

위 프로그램을 시청한 반응으로 적절하지 않은 것은?

① 진행자는 김 기자가 언급한 정보를 자신이 과거에 보도한 내용과 관련지어 이해하고 있군.

② 김 기자는 인터뷰를 제시하여 문제 상황에 대한 주민들의 반응을 전달하고 있군.

③ 박 기자는 동영상을 활용하여 언급된 문제 상황이 해결된 사례를 제시하고 있군.

④ 진행자는 김 기자와 박 기자가 전달한 내용에 대해 자신의 의견을 덧붙이고 있군.

⑤ 진행자는 김 기자와 박 기자가 전달한 정보를 종합하여 해결 방안에 내재한 문제점 위주로 방송을 진행하고 있군.

876

위 프로그램을 바탕으로 할 때, ㉠~㉤에서 확인할 수 있는 의사소통의 특징으로 가장 적절한 것은?

① ㉠에서 여러 메뉴를 한눈에 확인할 수 있는 것으로 보아, 수용자는 생산자가 미리 정해 놓은 메뉴의 순서에 따라서만 정보 탐색이 가능함을 알 수 있다.

② ㉡에서 생활 폐기물의 처리 공정을 애니메이션으로 볼 수 있는 것으로 보아, 생산자와 수용자가 쌍방향적 소통을 통해 정보를 생산할 수 있음을 알 수 있다.

③ ㉢에서 수시로 바뀌는 대기 오염 물질의 농도를 바로 알 수 있는 것으로 보아, 변화하는 정보에 수용자가 실시간으로 접근할 수 있음을 알 수 있다.

④ ㉣에서 시설을 견학하고 싶다는 의사를 전달할 수 있는 것으로 보아, 수용자가 미리 등록된 정보를 수정하여 배포할 수 있음을 알 수 있다.

⑤ ㉤에서 소각 시설에 대한 의견 제안이 누구나 가능한 것으로 보아, 수용자가 별도의 인증 절차 없이도 자유롭게 의견을 개진할 수 있음을 알 수 있다.

877

다음은 위 프로그램이 보도된 이후의 시청자 게시판 내용이다. 시청자의 수용 태도에 대한 설명으로 적절하지 <u>않은</u> 것은? [3점]

> 시청자 게시판 ×
>
> 시청자 1 방송에서는 시행규칙에 따라 생활 폐기물 중 일부만 소각한다고 했는데, 어떤 기준으로 소각 여부를 구분하는지까지 알려 줘야 하지 않을까요? 또 생활 폐기물을 소각하면 매립되는 양을 지금의 20% 이하로 줄일 수 있다고 했는데, 그 자료의 출처가 어디인가요?
>
> 시청자 2 이 방송은 같은 문제로 갈등을 겪고 있는 우리 지역에서 참고할 만한 좋은 내용이네요. 생활 폐기물을 소각하는 과정에서 생기는 대기 오염 물질을 정화하여 배출한다는 것은 알겠습니다. 그런데 구체적인 수치와 기준까지 제시해 주어야 시청자들도 ○○시 주민들이 왜 소각 시설의 설치에 찬성했는지 이해할 수 있을 것 같아요.
>
> 시청자 3 제가 알기로는 소각 처리 시설을 지하화하는 데에 무조건 찬성하는 입장만 있지는 않을 것 같아요. 지상에 짓는 것보다 비용이 더 많이 들어서 난색을 표하는 지방 자치 단체도 있더라고요. 이러한 점을 균형 있게 다루어 주었으면 더 좋았을 것 같아요.

① 시청자 1은 폐기물관리법 시행규칙의 효과와 관련하여 방송에서 활용한 정보의 신뢰성을 점검하였다.
② 시청자 2는 지역 주민들의 갈등 해소와 관련하여 방송 내용의 유용성을 점검하였다.
③ 시청자 3은 소각 처리 시설의 지하화와 관련하여 방송 내용의 공정성을 점검하였다.
④ 시청자 1은 폐기물관리법 시행규칙의 내용과 관련하여, 시청자 2는 대기 오염 물질을 정화하여 배출하는 것과 관련하여 방송에서 제시한 정보가 충분한지 점검하였다.
⑤ 시청자 2는 지역 주민들의 갈등 해소 과정과 관련하여, 시청자 3은 소각 처리 시설 지하화의 비용과 관련하여, 방송에서 활용한 정보가 사실인지 점검하였다.

878

<보기>를 참고할 때, [A]에 들어갈 내용으로 적절한 것은?

> **보 기**
>
> 직접 인용은 간접 인용으로 바꾸어 표현하면 지시 표현, 종결 표현 등에 변화가 일어난다. 가령 ⓐ를 간접 인용이 포함된 문장으로 바꾸어 표현하면 다음과 같이 달라진다.
>
> → 주민들이 [A] 성토했습니다.

① 그 지역을 위해 끝까지 맞서 싸웠다고
② 저 지역을 위해 끝까지 맞서 싸웠다고
③ 그 지역을 위해 끝까지 맞서 싸우겠다고
④ 그 지역을 위해 끝까지 맞서 싸웠다라고
⑤ 저 지역을 위해 끝까지 맞서 싸우겠다고

[2022년 3월 고3 학평 44-45번]

[879-880] (가)는 사진 동아리 학생들이 진행한 온라인 화상 회의의 일부이고, (나)는 (가)를 바탕으로 '준영'이 만든 발표 자료의 초안이다. 물음에 답하시오.

(가)

현수 : 드디어 다 모였네. 모일 공간이 마땅치 않았는데 이렇게 온라인 공간에서 의견을 나눌 수 있다니 참 편리하다.

가람 : 맞아. 그런데 현수는 카메라를 안 켰네? 대면 회의 대신에 온라인으로 화상 회의를 하기로 한 것이니 모두 카메라를 켜고 참여하는 게 좋지 않을까?

현수 : 앗, 그렇네. 지금 바로 카메라를 켤게.

준영 : 좋아. 내 목소리 잘 들려? (화면 속 학생들을 살피며) 다들 잘 들리는 것 같네. 오늘은 축제에서 사용할 동아리 활동 소개 자료에 대해 논의하자. 혹시 일정표 갖고 있니?

예나 : 내가 파일로 가지고 있어. 지금 바로 파일 전송할게.

파일 전송 : 동아리_활동_발표회_일정표.hwp(256 KB)

준영 : 고마워. 예나가 보낸 파일을 보니 발표 시간이 짧아서 올해 진행한 행사들만 슬라이드로 간단히 소개하면 될 것 같아.

예나 : 그럼 계절에 따라 진행한 행사 사진을 각 슬라이드에 넣으면 어때?

현수 : 좋은 생각인데, 나한테 봄에 '○○ 공원 사진 촬영'에서 찍은 동영상이 있어. 잠시 내 화면을 공유해서 보여 줄게. (화면을 공유한다.) 이게 괜찮으면 슬라이드에 사진 대신 삽입하면 어떨까?

가람 : 오, 난 좋은데? 이걸 삽입하면 행사 모습을 사진보다 생생하게 전달할 수 있겠어. 여름 행사는 '사진 강연'이지?

현수 : 맞아. 아까 예나가 이야기한 것처럼 이 행사부터는 사진을 슬라이드에 넣어서 청중에게 보여 주면 될 것 같아.

가람 : 근데 그것만으로는 어떤 강연이었는지를 알 수 없잖아. 강연 일시와 장소뿐만 아니라 무슨 주제로 강연했는지를 제시해야 하지 않을까?

예나 : 좋아. 나도 동의해. 그럼 가을에 한 '옛날 사진관' 행사도 설명을 간단히 제시하자.

준영 : 근데 그 행사는 촬영한 사진들을 궁금해 하는 친구들이 많더라. 동아리 블로그에 사진이 많이 있으니 블로그에 바로 접속할 수 있는 QR 코드도 삽입하면 어떨까?

예나 : 그게 좋겠다. 마지막 행사는 '장수 사진 봉사 활동'인데, 우리에게 의미 있는 행사였으니 슬라이드에 행사의 취지를 밝히고 행사에서 느낀 점을 간단히 제시하는 것이 좋겠어.

가람 : 그렇게 하면 슬라이드에 담긴 설명이 너무 많아서 읽기 힘들 것 같아. 느낀 점은 발표자가 따로 언급만 하는 것으로 하자.

준영 : 그러자. 내가 초안을 만들 테니 나중에 함께 검토해 줘.

(나)

슬라이드 1	슬라이드 2
<u>사진 동아리 △△의 봄</u>  △△ 부원 모두가 함께한 '○○ 공원 사진 촬영'	<u>사진 동아리 △△의 여름</u> 김□□ 작가의 '사진 강연'  · 강연 일시 : 20××.××.××. · 강연 장소 : 본교 소강당
슬라이드 3	**슬라이드 4**
<u>사진 동아리 △△의 가을</u>  복고를 주제로 많은 학생들을 촬영한 '옛날 사진관' ⇐ 사진 더 보기 (동아리 블로그로 이동)	<u>사진 동아리 △△의 겨울</u> '장수 사진 봉사 활동'  마을 어르신들의 장수를 기원하며 건강한 미소를 사진에 담아낸 재능 기부 활동

879

(가)에 대한 설명으로 적절하지 <u>않은</u> 것은?

① '현수'는 대면 회의보다 공간의 제약이 덜하다는 장점을 들어 온라인 화상 회의에 대해 긍정적으로 평가하고 있다.

② '가람'은 회의가 제한된 시간 안에 이루어진다는 점을 들어 회의의 규칙을 제안하고 있다.

③ '준영'은 화면을 살피며 참여자들에게 자신의 음성이 잘 전달되는지를 점검하고 있다.

④ '예나'는 파일 전송 기능을 활용하여 회의에 필요한 자료를 참여자에게 제공하고 있다.

⑤ '현수'는 자신의 화면을 공유하며 슬라이드에 동영상을 삽입할 것을 제안하고 있다.

880

(가)를 바탕으로 (나)를 수정한다고 할 때, 이에 대한 방안으로 가장 적절한 것은?

① '○○ 공원 사진 촬영' 행사 모습을 청중에게 생생하게 전달하기 위해 '슬라이드 1'에 행사 사진을 추가한다.

② '사진 강연'의 내용을 청중이 알 수 있도록 '슬라이드 2'에 강연 주제에 대한 정보를 추가한다.

③ 진행한 행사를 청중에게 계절 순서에 맞게 제시하기 위해 '슬라이드 2'와 '슬라이드 3'에 제시된 행사를 맞바꾼다.

④ '옛날 사진관' 행사와 관련하여 청중이 필요로 하는 정보만을 제시하기 위해 '슬라이드 3'에 제시된 사진을 삭제한다.

⑤ '장수 사진 봉사 활동'이 동아리 부원들에게 주는 의미를 청중이 알 수 있도록 '슬라이드 4'에 행사에서 느낀 점을 추가한다.

[2022년 4월 고3 학평 40-43번]

[881-884] (가)는 라디오 방송을 위한 진행표이고, (나)는 라디오 방송이다. 물음에 답하시오.

(가)

【우리 지역 이야기】 492화
[자율 주행 버스 시범 사업]
초대 손님: 자율 주행 연구소장 최○○ 교수
#1. 시범 사업을 △△시에서 하는 이유는?
#2. 시범 사업의 성과는?
#3. 향후 달라질 시범 사업의 운영 방안은?

(나)

진행자 : 청취자 여러분, '우리 지역 이야기' 492화 시작합니다. 오늘 방송은 홈페이지에서 보이는 라디오로도 실시간으로 제공하고 있습니다. 지난 방송에서는 자율 주행 기술에 대해 알아보았는데요. 오늘은 최○○ 교수님과 우리 △△시의 자율 주행 버스 시범 사업에 대해 이야기 나눠 보겠습니다. 교수님, 이 사업이 우리 지역에서 운영되고 있는 이유는 무엇인가요?

전문가 : 연구자의 입장에서 △△시는 관련 연구 시설이 있고, 도시의 도로 조건이 새로운 자율 주행 기술을 적용하기에 적합합니다. 시의 입장에서도 일반 대중교통의 운행이 힘든 시간대의 교통 수요를 충족시킬 수 있기 때문에 ㉠작년부터 시범 사업을 운영해 오고 있습니다.

진행자 : 우리 지역에 기반 시설이 잘 갖춰져 있고 시민들의 수요가 있어 적합하다는 말씀이시지요?

전문가 : 네, 맞습니다.

진행자 : 다음으로 ㉡사전 체험단을 대상으로 운영된 시범 사업의 성과를 말씀해 주세요.

전문가 : 네, 이번 사업을 통해 ㉢우리 연구소는 자율 주행 기술 수준 향상에 활용할 데이터를 많이 확보했습니다. 이 덕분에 운행 중 운전자의 개입 횟수를 줄여 자율 주행 본연의 기능을 실현하는 데 더 가까이 다가갈 수 있게 되었습니다.

진행자 : 사전 체험단의 만족도 조사 결과를 보니 10점 만점에 9.2점이더군요. ㉣시범 사업이 시민의 만족도 측면에서도 긍정적인 평가를 받은 만큼 자율 주행 기술에 대한 기대가 점점 커지네요. 교수님, '보이는 라디오'의 실시간 채팅창에 글이 많이 올라오고 있는데, 확인해 볼까요?

전문가 : 사전 체험단에 참여하신 분이 지속적으로 이용하겠다는 반응을 직접 남겨 주셨네요. 감사합니다. 그런데 어린이 보호 구역에서의 안전 대책이 있는지 우려스럽다는 의견도 있군요. 자율 주행 버스에 안전 요원이 상시 탑승해 있다가 어린이 보호 구역에서는 직접 운전하니 걱정하지 마세요.

진행자 : 마지막으로 다음 내용을 들으시면 아마 다들 반가워하실 거예요. 다음 달부터 달라지는 시범 사업의 운영 방안을 소개해 주세요.

전문가 : 네, 앞으로는 ㉤지역 주민 중 사전 체험단이 아니었던 주민도 자율 주행 버스를 이용하실 수 있습니다. 그

리고 도서관에서 공원까지의 기존 노선에, 여기 보시는 것처럼 시청 정류장 등을 추가하여 노선을 연장할 예정입니다.

진행자 : 아, 그렇군요. 최 교수님의 도움으로 알찬 시간 보낼 수 있었습니다. 교수님, 감사합니다. 더 남기실 의견이 있는 분들은 홈페이지의 ⓐ청취자 게시판을 이용해 주세요.

881

(가)를 바탕으로 (나)에 대해 보인 반응으로 적절하지 않은 것은?

① '#1'에서 진행자는 전문가가 제시한 의견을 요약하며 확인하고 있군.
② '#1'에서 전문가는 방송 화제와 관련된 내용을 두 입장을 고려하여 설명하고 있군.
③ '#2'에서 진행자는 전문가가 언급하지 않은 정보를 추가적으로 제시하고 있군.
④ '#2'에서 전문가는 구체적인 수치를 활용하여 진행자가 질문한 내용에 답변하고 있군.
⑤ '#3'에서 진행자는 청취자들의 예상 반응을 언급하며 이와 관련한 설명을 요청하고 있군.

882

다음은 ⓐ의 일부이다. 청취자의 수용 태도에 대한 설명으로 가장 적절한 것은?

청취자 게시판

청취자 1 자율 주행 기술 수준이 여러 단계로 나누어지는 것으로 알고 있어요. 그런데 우리 지역의 자율 주행 버스가 몇 단계에 해당하는지는 오늘 방송에 안 나왔네요. 이 내용을 확인할 수 있는 자료를 어디서 얻을 수 있을까요?

청취자 2 다음 달부터는 저도 자율 주행 버스를 이용할 수 있겠네요! 공원에 갈 때 이용하면 무척 편리할 것 같아요. 버스 탑승 시간이 궁금했는데, 버스 시간표를 알려 주었다면 좋았을 것 같아요.

청취자 3 자율 주행 버스가 일반 대중교통을 이용하기 힘든 시간에 귀가하는 우리 지역의 직장인들에게 도움이 되겠네요. 하지만 자율 주행 기술 상용화에 따른 문제점도 있을 것 같습니다.

① 청취자 1은 방송에서 제시한 정보의 근거가 적절한지 판단하였다.
② 청취자 2는 방송에서 제시한 정보의 신뢰성에 의문을 제기하였다.
③ 청취자 3은 방송에서 특정 내용이 강조된 의도를 추론하였다.
④ 청취자 1과 3은 방송에서 제시되지 않은 정보를 얻는 방법을 요청하였다.
⑤ 청취자 2와 3은 방송에서 제시한 내용이 유용한지 점검하였다.

883

㉠~㉤에 대한 설명으로 적절하지 않은 것은?

① ㉠ : 보조사 '부터'를 사용하여 자율 주행 버스 시범 사업이 시작된 시점을 드러내고 있다.
② ㉡ : 피동 접사 '-되다'를 사용하여 시범 사업을 운영한 주체를 드러내고 있다.
③ ㉢ : 격조사 '에'를 사용하여 데이터를 활용하는 목적이 자율 주행 기술 수준 향상임을 드러내고 있다.
④ ㉣ : 의존 명사 '만큼'을 사용하여 자율 주행 기술에 대한 기대감의 근거를 드러내고 있다.
⑤ ㉤ : 보조사 '도'를 사용하여 자율 주행 버스를 이용할 수 있는 대상이 확대될 것임을 드러내고 있다.

884

<보기>는 보이는 라디오를 시청할 수 있는 방송사 홈페이지 화면의 일부이다. (나)와 <보기>의 정보 전달 방식에 대한 설명으로 적절하지 않은 것은? [3점]

보 기

[지난 방송 다시 보기] 491화 자율 주행 기술의 원리

[실시간 채팅창]
구름이 저도 사전 체험단이에요! 앞으로도 꾸준히 이용하고 싶어요.
초록이 어린이 보호 구역에서의 안전 대책은 있는지 걱정됩니다.
메시지 입력하기... 등록

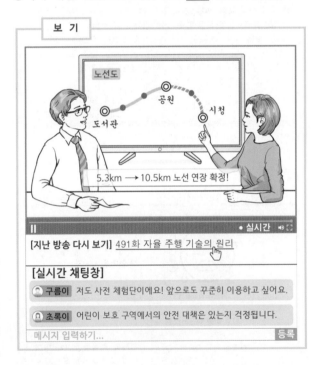

① (나)에서 언급된 시범 사업 성과가 <보기>에서는 자막으로 요약되어 있다.
② (나)에서 언급된 노선 정보가 <보기>에서는 시각 기호가 표시된 지도로 보충되고 있다.
③ (나)에서 언급된 정류장 추가에 대한 정보가 <보기>에서는 비언어적 표현과 함께 제시되고 있다.
④ (나)에서 언급된 사전 체험단 경험에 대한 반응이 <보기>에서는 실시간 채팅창에 제시되어 있다.
⑤ (나)에서 언급된 자율 주행 기술에 대한 지난 방송 내용이 <보기>에서는 다시 보기 하이퍼링크로 제공되고 있다.

[2022년 4월 고3 학평 44-45번]

[885-886] (가)는 환경 동아리 블로그이고, (나)는 (가)를 참고하여 만든 애플리케이션 제작 계획서이다. 물음에 답하시오.

(가)

지구를 지키기 위한 실천, '기후 행동'

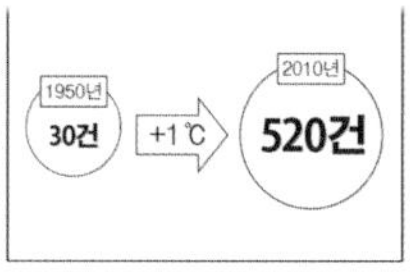

[지구 표면 온도 상승에 따른 자연재해 발생 건수 증가 추이]

지구의 기온이 1℃만 올라가도 기후 변화로 인해 해수면 상승, 자연재해, 생태계 파괴와 같은 심각한 위기들이 나타납니다. 이러한 기후 변화의 위기에 대응하기 위한 실천들이 바로 기후 행동입니다. 최근에는 청소년들이 주체가 되어 적극적으로 기후 행동에 나서고 있는데, 우리 지역 내의 동아리들도 다양한 활동에 참여하고 있습니다.

[인근 하천에 버려진 페트병 사진]

우리 학교 사회 참여 동아리에서는 플라스틱 수거 캠페인을 진행 중입니다. 이는 왼쪽 사진과 같이 버려진 페트병을 수거하고, 플라스틱 사용이 지구 온난화에 끼치는 영향에 대한 경각심을 일깨우는 활동입니다. 인근 학교의 동아리에서는 소비자들이 친환경 소재로 만들어진 옷을 선택할 수 있도록 옷에도 환경 인증 등급을 적용해 달라는 정책을 제안했습니다. 이런 동아리들의 활동은 기후 위기에 효과적으로 대응할 수 있는 바탕이 될 것입니다.

무엇보다 기후 행동은 개인의 일상적 실천의 확산이 가장 중요합니다. 실내 적정 온도 유지하기, 불필요한 전등 끄기 등을 꾸준히 실천하고 이것이 우리 모두의 실천으로 이어진다면 기후 위기로부터 지구를 지킬 수 있을 것입니다.

김○○ 학생 기자

(나)

	화면 구성	화면 설명
1		이미지와 문구를 활용하여 시작 화면을 제시함.
2	기후 행동 체크리스트 항목 / 체크 빈 교실 전등 끄기 / ✓ 급식 남기지 않기 / 교실 계절별 적정 온도 유지하기 / ✓ ⋮	구체적 항목들을 제시하여 자신의 실천 여부를 표시할 수 있도록 함.
3	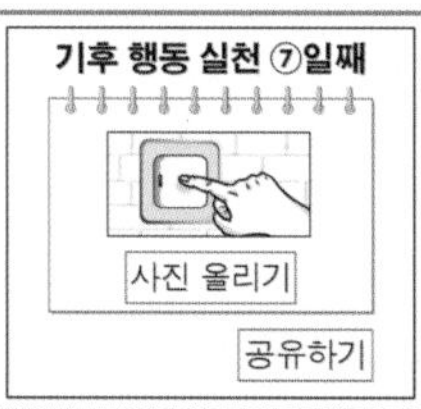	자신의 실천 일지를 다른 이용자들과 공유할 수 있도록 함.
4		자신의 아이디어를 정리하여 관련 기관에 제안할 수 있도록 함.

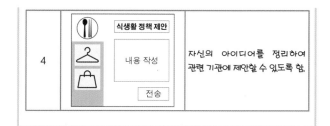

885

(가)에 나타난 표현 방식에 대한 설명으로 가장 적절한 것은?

① 기후 변화가 인간에게 끼치는 영향을 이모티콘을 활용하여 강조하였다.

② 기후 행동의 국가 간 차이를 글자의 굵기와 크기를 달리하여 제시하였다.

③ 인근 학교 동아리의 페트병 수거 현황을 소제목을 사용하여 부각하였다.

④ 지구의 온도 상승에 따른 자연재해 건수의 양적 변화를 도식화하여 나타내었다.

⑤ 기후 행동에 주체적으로 참여하는 청소년들의 모습을 사진 자료를 사용하여 보여 주었다.

886

(가)를 참고하여 (나)를 만드는 과정에서 애플리케이션 제작자가 고려했을 내용으로 적절하지 <u>않은</u> 것은?

① (가)에 제시된 개인의 일상적 실천 사례를 참고하여, 학교에서 실천할 수 있는 체크리스트를 구성해 자신의 생활 습관을 점검하도록 해야겠어.

② (가)에 제시된 기후 행동의 개념을 참고하여, 기후 위기를 보여 주는 이미지와 문구로 시작 화면을 구성해 상황의 심각성을 인식하도록 해야겠어.

③ (가)에 제시된 꾸준한 기후 행동의 필요성을 참고하여, 자신의 성공적인 실천 결과를 누적할 수 있는 일지를 제공해 지속적으로 실천이 이어지도록 해야겠어.

④ (가)에 제시된 동아리의 정책 제안 활동을 참고하여, 청소년이 관련 기관에 제안한 정책에 대한 평가를 확인할 수 있는 기능을 제공해 기후 행동에 참여하도록 해야겠어.

⑤ (가)에 제시된 기후 행동 확산의 중요성을 참고하여, 자신의 실천 사례를 다른 사람들과 공유할 수 있는 기능을 제공해 개인의 실천이 다른 사람의 동참을 이끌어 내도록 해야겠어.

[2022년 6월 고3 모평 40-43번]

[887-890] (가)는 텔레비전 뉴스이고, (나)는 이를 바탕으로 교내에 게시하기 위해 동아리에서 만든 포스터이다. 물음에 답하시오.

(가)

진행자 : 생활 속 유용한 경제 뉴스를 알려 드리는 시간이죠. 경제 뉴스 콕, 김 기자. ⓐ<u>요즘 화제가 되고 있는 제도에 대해 알려 주신다면서요?</u>

기자 : 네. 한국○○공단에서 실시하는 '탄소 중립 실천 포인트 제도'를 소개해 드리겠습니다. ⓑ<u>일상 속 작은 노력으로 탄소 중립을 실천하고 포인트도 받을 수 있는 제도인데요.</u>

㉠

제도 실시 후 석 달 만에 가입자 십만 명을 돌파했습니다. 기후 위기를 심각하게 여기고 친환경 생활을 실천하려는 국민들이 그만큼 많았단 뜻이겠죠. ⓒ<u>자, 그럼 구체적으로 어떻게, 얼마나 받을 수 있는지 궁금하실 텐데요</u>. 일단 이 포인트를 받으려면 누리집에 가입해야 합니다.

㉡ ㉢

누리집에 가입해서 각종 탄소 중립 활동을 실천하면 연간 최대 칠만 원까지 포인트를 받을 수 있습니다. 대형 마트에서 종이 영수증 대신 전자 영수증으로 받으면 백 원, 배달 음식 주문할 때 일회 용기 대신 다회 용기를 선택하면 천 원, 세제나 화장품 살 때 빈 통을 가져가 다시 채우면 이천 원, 무공해차를 대여하면 오천 원이 적립됩니다. ⓓ<u>한국○○공단 관계자의 말을 들어 보겠습니다</u>.

관계자 : 정산 시스템 구축이 완료될 다음 달부터 월별로 정산해 지급할 예정입니다. 많은 국민이 동참할 수 있도록…

㉣

기자 : 기존의 탄소 포인트 제도와 더불어 이 제도가 국민들의 탄소 줄이기 생활화에 이바지할 수 있을지 주목됩니다.

진행자 : 그렇군요. ⓔ<u>많은 국민이 동참해야 효과가 있는 제도인 만큼 참여도를 높이는 게 중요하겠네요</u>. 오늘 준비한 소식은 여기까지입니다. 시청자 여러분, 고맙습니다.

㉤

(나)

887

㉠~㉤에 대한 이해로 적절하지 <u>않은</u> 것은?

① ㉠은 글자의 크기와 굵기를 달리하여 보도의 주요 제재를 부각하였다.

② ㉡은 기자의 발화 내용을 의문형으로 요약 진술하여 시청자의 이해를 돕고자 하였다.

③ ㉢은 기자의 발화와 관련된 내용을 보충하여 정보의 구체성을 강화하였다.

④ ㉣은 관계자의 발화에서 생략된 내용을 보완하여 의미를 정확하게 전달하였다.

⑤ ㉤은 이후에 방영될 프로그램에 대한 정보를 제시하여 이에 대한 시청자의 관심을 유도하였다.

888

ⓐ~ⓔ에 대한 설명으로 가장 적절한 것은?

① ⓐ : 보조 용언 '있다'를 사용해 제도가 지속적으로 진행됨을 표현하였다.
② ⓑ : 보조사 '도'를 사용해 제도의 장단점을 아우르고자 하는 의도를 표현하였다.
③ ⓒ : 감탄사 '자'를 사용해 시청자의 해당 누리집 가입을 재촉하려는 의도를 표현하였다.
④ ⓓ : 선어말 어미 '-겠-'을 사용해 제도 시행 관련 정보를 관계자가 언급할 것이라는 추측을 표현하였다.
⑤ ⓔ : 의존 명사 '만큼'을 사용해 많은 국민이 동참해야 효과가 있는 제도라는 점이 이어지는 내용의 근거임을 표현하였다.

889

(가)를 시청한 학생들의 휴대전화 대화방의 내용이다. 학생들의 수용 태도에 대한 설명으로 적절하지 <u>않은</u> 것은? [3점]

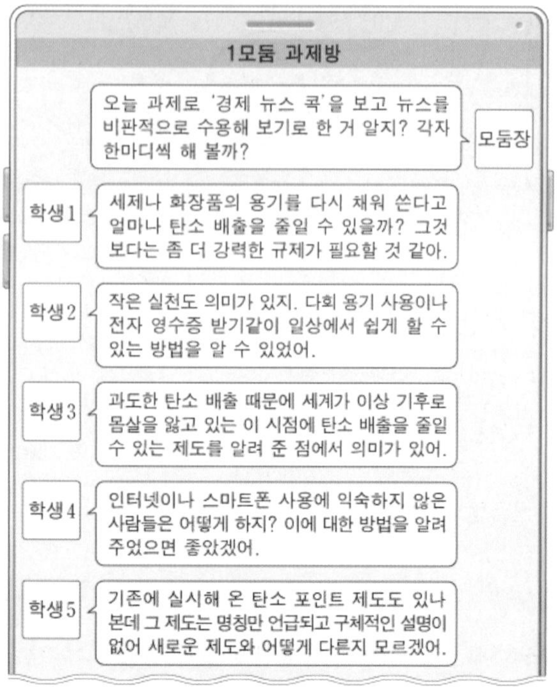

① 학생 1은 보도에서 제시한 실천 항목의 효과에 주목해 제도의 실효성 측면을 부정적으로 판단하였다.
② 학생 2는 일상에서 쉽게 할 수 있는 방법을 제시한 점에 주목해 제도의 실천 용이성 측면을 긍정적으로 판단하였다.
③ 학생 3은 제도의 시행이 현재의 문제 해결에 필요하다는 점에 주목해 보도의 시의성 측면을 긍정적으로 판단하였다.
④ 학생 4는 누리집 접근에 어려움을 겪는 사람에 주목해 제도의 실현 가능성 측면을 부정적으로 판단하였다.
⑤ 학생 5는 기존 제도의 세부 내용을 설명하지 않은 점에 주목해 보도 내용의 충분성 측면을 부정적으로 판단하였다.

890

(나)의 정보 구성 및 제시 방식에 대한 이해로 적절하지 <u>않은</u> 것은?

① (가)에 제시된 제도의 실천 항목 중 청소년이 일상에서 실천할 수 있는 것을 선별하여 제시하였군.
② (가)에 제시된 누리집 주소와 함께 QR코드를 제시하여 누리집에 접속할 수 있는 경로를 추가하였군.
③ (가)에 제시된 제도의 개인적 혜택을 시각적으로 표현하기 위해 돈과 저금통의 이미지를 활용하였군.
④ (가)에 제시된 가입자 증가 현황 이외에 증가 원인을 추가하여 제도 가입자가 지닌 환경 의식을 표현하였군.
⑤ (가)에 제시된 수용자보다 수용자 범위를 한정하고 생산자를 명시하여 메시지 전달의 주체와 대상을 표현하였군.

[2022년 6월 고3 모평 44-45번]

[891-892] 다음은 실시간 인터넷 방송이다. 물음에 답하시오.

우리 문화 지킴이들, 안녕! 우리 전통문화를 소개하고 체험하는 문화 지킴이 방송의 진행자, 역사임당입니다. 오늘은 과거 궁중 연회에서 장식 용도로 사용되었던 조화인 궁중 채화를 만들어 보려고 해요. 여러분도 실시간 채팅으로 참여해 주세요.

[A]
빛세종 : 채화? '화'는 꽃인데 '채'는 어떤 뜻이죠?

빛세종님, 좋은 질문! 채화의 '채'가 무슨 뜻인지 물으셨네요. 여기서 '채'는 비단을 뜻해요. 궁중 채화를 만드는 재료로 비단을 비롯한 옷감이 주로 쓰였기 때문이죠.

(사진을 보여 주며) 주로 복사꽃, 연꽃, 월계화 등을 만들었대요. 자, 이 중에서 오늘 어떤 꽃을 만들어 볼까요? 여러분이 골라 주세요.

[B]
햇살가득 : 월계화?? 월계화 만들어 주세요!

좋아요! 햇살가득님이 말씀하신 월계화로 결정!

그럼 꽃잎 마름질부터 해 보겠습니다. 먼저 비단을 두 겹으로 겹쳐서 이렇게 꽃잎 모양으로 잘라 줍니다. 꽃잎을 자를 때 가위는 그대로 두고 비단만 움직이며 잘라야 해요. 보이시죠? 이렇게, 비단만, 움직여서. 그래야 곡선은 곱게 나오면서 가위자국이 안 남아요. 이런 식으로 다양한 크기의 꽃잎을 여러 장 만들어요. 자, 다음은 뜨거운 인두에 밀랍을 묻힌 후, 마름질한 꽃잎에 대고 이렇게 살짝 눌러 주세요. 보셨나요? 녹인 밀랍을 찍어서 꽃잎에 입혀 주면 이렇게 부피감이 생기죠.

[C]
꼼꼬미 : 방금 그거 다시 보여 주실 수 있어요?

물론이죠, 꼼꼬미님! 자, 다시 갑니다. 뜨거운 인두에 밀랍을 묻혀서 꽃잎 하나하나에, 이렇게, 누르기. 아시겠죠?

필요한 꽃잎 숫자만큼 반복해야 하는데 여기서 이걸 계속하면 정말 지루하겠죠? (미리 준비해 둔 꽃잎들을 꺼내며) 짜잔! 그래서 꽃잎을 이만큼 미리 만들어 뒀지요! 이제 작은 꽃잎부터 큰 꽃잎 순서로 겹겹이 붙여 주면 완성! 다들 박수! 참고로 궁중 채화 전시회가 다음 주에 ○○시에서 열릴 예정이니 가 보셔도 좋을 것 같네요.

[D]
아은맘 : ○○시에 사는데, 전시회 지난주에 이미 시작했어요. 아이랑 다녀왔는데 정말 좋았어요. ㅎㅎㅎ

아, 전시회가 이미 시작되었다고 하네요. 아은맘님 감사!

자, 이제 마칠 시간이에요. 혼자서 설명하고 시범까지 보이려니 미흡한 점이 많았겠지만 끝까지 함께해 주셔서 감사합니다. 오늘 방송 어떠셨나요?

[E]
영롱이 : 저 오늘 진짜 우울했는데ㅠ 언니 방송 보면서 기분이 좋아졌어요. 저 오늘부터 언니 팬 할래요. 사랑해요♥

와, 영롱이님께서 제 팬이 되어 주신다니 정말 힘이 납니다. (손가락 하트를 만들며) 저도 사랑해요!

다음 시간에는 궁중 채화를 장식하는 나비를 만들어 볼게요. 지금까지 우리 문화 지킴이, 역사임당이었습니다. 여러분, 안녕!

891

위 방송에 반영된 기획 내용으로 가장 적절한 것은?

① 접속자 이탈을 막으려면 흥미를 유지해야 하니, 꽃잎을 미리 준비해 반복적인 과정을 생략해야겠군.

② 소규모 개인 방송으로 자원에 한계가 있으니, 제작진을 출연시켜 인두로 밀랍을 묻히는 과정을 함께해야겠군.

③ 실시간으로 진행되어 편집을 할 수 없으니, 마름질 과정에서 실수가 나올 것에 대비하여 미리 양해를 구해야겠군.

④ 텔레비전 방송에 비해 비공식적이고 사적인 매체이니, 방송에 대한 긍정적 평가와 고정 시청자 등록을 부탁해야겠군.

⑤ 방송 도중 접속한 사람은 이전 내용을 볼 수 없으니, 마무리 인사 전에 채화 만드는 과정을 요약해서 다시 설명해야겠군.

892

<보기>를 바탕으로, [A]~[E]에서 파악할 수 있는 수용자의 특징에 대한 이해로 적절하지 <u>않은</u> 것은?

보 기
실시간 인터넷 방송은 영상과 채팅의 결합을 통해 방송 내용의 생산과 수용이 쌍방향으로 이뤄진다. 예컨대 수용사는 방송 중 채팅을 통해 이어질 방송의 내용과 순서를 정하는 데 영향을 미치고, 이미 제시된 방송의 내용을 추가, 보충, 정정하게 하는 등 능동적인 역할을 수행할 수 있다. 또 생산자와 정서적인 유대를 형성하기도 한다.

① [A] : '빛세종'은 더 알고 싶은 내용을 질문함으로써 진행자가 방송 내용을 보충하여 제시하도록 하고 있다.

② [B] : '햇살가득'은 자신이 원하는 바를 밝힘으로써 진행자가 생산할 내용을 선정하는 데 관여하고 있다.

③ [C] : '꼼꼬미'는 제시되지 않은 부분을 추가하도록 요청함으로써 진행자가 방송의 순서를 정하는 데 영향을 미치고 있다.

④ [D] : '아은맘'은 제시된 내용 중 잘못된 부분을 언급함으로써 진행자가 오류를 인지하고 정정하도록 하고 있다.

⑤ [E] : '영롱이'는 자신의 감정변화를 제시함으로써 진행자와 정서적인 유대를 형성하고 있다.

[2022년 7월 고3 학평 40-43번]

[893-896] (가)는 도서관에서 주관한 실시간 인터넷 강연의 일부이고, (나)는 (가)를 바탕으로 발표 자료를 제작하기 위해 학생들이 모바일 메신저로 나눈 대화의 일부이다. 물음에 답하시오.

(가)

안녕하세요? '다매체 시대, 듣기는 또 하나의 독서'라는 주제로 오늘 함께할 △△학회의 이□□입니다. 강연에 앞서 독서 실태에 대한 간단한 설문을 하나 해 볼게요. 지금 보내드리는 ㉠<u>링크를 누르시면 답할 수 있습니다</u>. (뒤를 돌아 화면을 가리키며) 자, 결과가 나왔네요. 한 달 평균 3시간 이내로 독서한다고 답하신 분들이 많군요.

최근 '국민독서실태조사'에 따르면 성인의 종이책 독서율은 ㉡<u>지난 10년 사이에 약 20%나 감소했습니다</u>. 여러분은 원인이 무엇이라 생각하시나요? (채팅창의 답변을 확인하며) 네, 맞습니다. 스마트폰의 대중화가 대표적인 원인이라고 볼 수 있죠. 정보를 얻는 전통적 방식인 종이책은 읽는 데에 오랜 시간과 강한 몰입을 필요로 합니다. 그렇다고 해서 책을 읽지 않을 수는 없겠지요? ㉢<u>독서가 정보 습득의 중요한 수단임은 두말할 나위가 없을 것입니다</u>. 그렇다면 스마트폰의 휴대성 및 편의성을 영상 시청이나 게임 등에만 활용하지 말고, 독서의 기회를 확장하는 데 활용할 수는 없을까요? 최근 발표된 독서문화진흥 기본계획에는 스마트기기를 활용하여 일상 속의 독서 접근 기회를 확대하고, 책 읽는 즐거움을 확산하자는 내용이 담겨 있습니다. 이러한 흐름 속에서 전자책은 종이책에 비해 휴대와 보관이 편리한 독서 방식으로 자리 잡기도 했죠.

아, 방금 채팅창에 '너무 바빠요'라는 댓글이 올라왔네요. 그렇습니다. '국민독서실태조사'를 보면, 성인의 독서 저해 요인 중 '시간이 없어서'가 두 번째로 높아요. ㉣<u>그래서 제가 기존의 종이책이나 전자책 이외에 다른 독서 방식을 하나 더 소개하려고 합니다</u>. 여러분, 혹시 오디오북이라고 들어 보셨나요? 우리는 주로 활자를 보고 읽으면서 독서를 하지만, 이는 소리를 통해서도 가능해요. 신경과학자들은 단어를 읽거나 듣거나 상관없이 ㉤<u>뇌의 인지와 감정 영역이 모두 유사하게 자극된다고 말합니다</u>.

오디오북은 스마트폰 시대에 적합한 독서 방식으로 다른 일을 하면서 책 읽는 것을 가능하게 해 주고, 자투리 시간도 독서에 활용할 수 있게 해 줍니다. (화면을 가리키며) 제가 사용하고 있는 이 앱에서도 도서관에서 제공하는 오디오북을 만날 수 있는데요, 출근길이나 산책 중에 이렇게 재생 버튼을 누르는 것만으로 독서가 가능한 것이죠. 휴식 시간이나 잠자리에서 편안히 이야기를 즐길 수도 있어요. 또한 오디오북은 독서에 대한 흥미를 유발하여 궁극적으로는 독서 동기를 높여 준다는 전문가의 의견도 있습니다. 종이책과는 다르게 훼손 위험이 낮고 손쉽게 저장이 가능하여 언제 어디서든 휴대하기 쉽다는 것을 장점으로 꼽을 수 있죠. 하지만 한편에서는 장시간 청취 시 청각 기능에 부정적 영향을 끼칠 수 있다는 문제라든지, 불법 복제로 인한 문제 등을 보완해야 한다는 목소리도 있습니다.

(나)

그룹채팅 5

['동욱'님이 '다정', '수예', '해찬', '형준'님을 초대하였습니다.]

동욱 얘들아, 이번에 들은 인터넷 강연 내용을 학술제 때 발표하기로 했잖아. 만나기 어려우니 우리 발표 자료에 대한 회의는 여기서 할까?

다정 맞아, 우리 너무 바빠.ㅎㅎ 여기서 이야기하는 게 좋겠어.

수예 지난 번 회의에서 오디오북을 소개하여 우리 학교 학생들이 책을 많이 읽도록 도와주자고 했었지? 일단 종이책 독서율이 떨어지고 있다는 점을 언급하면서 발표를 시작하면 어떨까?

해찬 독서율이 감소한 것은 다 아니까 그보다는 [슬라이드 1]에 독서 저해 요인을 그래프로 제시하여 한눈에 보여 주자.

수예 알겠어. 그런데 강연자님은 성인에 대한 내용만 언급하셨는데 발표를 들을 대상이 우리 학교 학생들이니 학생에 대한 통계도 함께 제시하면 어떨까? 내가 찾은 자료인데 한번 볼래?

수예 사진 파일 전송: 독서 저해 요인 분석 그래프(학생).jpg

동욱 와, 훌륭한데!^^ 그럼 [슬라이드 2]에서는 스마트폰이 독서에 유용하게 쓰일 수 있다는 걸 전달하자. 이런 내용을 문구로 만들고, 효과음도 넣어 주목할 수 있도록 하는 것은 어때?

형준 그러자. 그리고 [슬라이드 3]에는 오디오북의 장점을 제시하자. 화면을 분할해서 장점을 항목화하여 표현해 볼까?

다정 멋진 생각이야. 그런데 오디오북이 독서 동기를 유발한다는 강연 내용은 정확한 근거를 보여 줘야 설득력이 생길 것 같아. 오디오북 독자의 39%가 종이책이나 전자책 독서량도 늘었다는 자료를 찾았거든.

해찬 좋은 생각인 것 같아. [슬라이드 4]에는 강연 영상의 일부를 편집해서 보여 주자. 화면 아래에는 자막을 넣어 강연 내용도 정리해 주고.

형준 마지막으로 [슬라이드 5]에는 청소년에게 유익한 정보가 담긴 도서를 제공하는 오디오북 플랫폼을 소개할까? 이건 내가 골라서 정리해 볼게.

893

(가)와 (나)에 대한 이해로 가장 적절한 것은?

① (가)와 달리 (나)는 정보 생산자가 자신이 가지고 있는 정보를 수용자들과 공유하고 있다.
② (나)와 달리 (가)는 수용자가 또 다른 정보 생산자가 되어 정보 수정에 대한 의견을 제시하고 있다.
③ (나)와 달리 (가)는 특수 문자와 한글의 자음자로 된 기호를 사용하여 정보 생산자의 감정을 드러내고 있다.
④ (가)와 (나)는 모두 정보 생산자가 수용자를 특정인으로 한정 짓지 않고 정보를 전달하고 있다.
⑤ (가)와 (나)는 모두 공간에 구애받지 않고 정보 생산자와 수용자가 실시간으로 상호작용하고 있다.

894

㉠~㉤에 대한 설명으로 적절하지 <u>않은</u> 것은?

① ㉠ : 연결 어미 '-면'을 활용하여 앞 절의 내용이 '답'을 할 수 있는 조건임을 나타내고 있다.
② ㉡ : 보조사 '나'를 활용하여 성인의 종이책 독서율의 감소 정도가 크다는 것을 부각하고 있다.
③ ㉢ : 관용 표현 '두말할 나위가 없다'를 활용하여 독서가 중요하다는 점을 드러내고 있다.
④ ㉣ : 접속 부사 '그래서'를 활용하여 강연 내용의 응집성을 높이고 있다.
⑤ ㉤ : 피동 표현을 활용하여 '뇌의 인지와 감정 영역'이 행위의 주체라는 점을 드러내고 있다.

895

다음은 오디오북 앱을 사용해 본 사람들이 (가)를 들은 후 도서관 게시판에 단 댓글이다. 댓글을 분석한 것으로 적절하지 <u>않은</u> 것은?

게시판

↳ 댓글 1 제가 좋아하는 책을 검색해 봤더니 아직 오디오북으로 나오지 않았던데, 더 많은 오디오북이 개발되면 좋겠어요.
↳ 댓글 2 운동할 때 들었는데 어느새 한 권을 다 읽어서 좋더라고요. 매달 무료 콘텐츠가 업로드되는 사이트니까 필요하신 분들은 들어가 보세요. www.OOO.go.kr
↳ 댓글 3 다운로드해 놓고 언제든 반복 재생이 가능해 편리하긴 한데, 무단 배포하는 경우도 있어서 저작권 문제에 대한 책임 의식도 고민할 부분인 것 같아요.
↳ 댓글 4 다른 일을 하면서 들을 때는 집중이 좀 안 된 적도 있지만, 무거운 전공 서적을 들고 다니지 않아도 되니까 진짜 편하더라고요.
↳ 댓글 5 흥미 위주의 가벼운 책은 오디오북으로 듣고, 공부하기 위해 읽는 책은 종이책으로 집중하여 읽기를 추천합니다.

① 댓글 1은 오디오북 앱을 사용하면서 느낀 아쉬운 점을 언급하며 더 많은 오디오북이 제작되기를 바라고 있군.
② 댓글 2는 자신의 경험을 바탕으로 강연 내용에 공감하며 하이퍼링크를 활용해 관련 정보를 제공하고 있군.
③ 댓글 3은 오디오북이 지닌 편의성이 초래할 수도 있는 윤리적 문제를 떠올리고 있군.
④ 댓글 4는 오디오북이 지닌 휴대성이 일상 속 독서 접근 기회를 높인다는 강연자의 말에 의문을 제기하고 있군.
⑤ 댓글 5는 독서의 목적에 따라 오디오북을 선택적으로 활용할 것을 추천하고 있군.

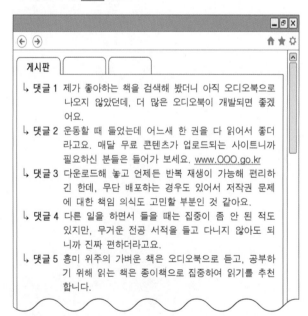

896

(가)를 바탕으로 할 때, (나)의 발화에 대한 설명으로 적절하지 <u>않은</u> 것은? [3점]

① '수예'는 발표의 목적과 청중을 고려하여 [슬라이드 1]에 강연을 통해 얻은 정보와 함께 새로운 내용을 추가하고자 한다.

② '동욱'은 청중의 집중을 유도하기 위해 [슬라이드 2]에서 전달 내용을 문구로 제시할 때 음향 효과를 사용하고자 한다.

③ '다정'은 발표 자료의 공정성을 고려하여 [슬라이드 3]에 오디오북의 장단점을 균형 있게 다룬 자료를 제시하고자 한다.

④ '해찬'은 발표 내용의 전달 효과를 높이기 위해 [슬라이드 4]를 문자와 영상을 결합한 복합 양식으로 구성하고자 한다.

⑤ '형준'은 발표 자료의 효용성을 고려하여 [슬라이드 5]를 자신이 선별한 정보들로 구성하고자 한다.

[2022년 7월 고3 학평 44-45번]

[897-898] (가)는 OO고등학교 학생회 블로그의 일부이고, (나)는 학생회가 제작한 앱의 일부이다. 물음에 답하시오.

(가)

우리 학교 숲과 텃밭의 365일을 담다 !

○○고등학교 학생회 2022. 7. ○○. 08:30 + 이웃추가

여러분 안녕하십니까? 학생회에서는 개교 50주년을 기념하여 '우리 학교 숲과 텃밭의 365일을 담다!'라는 프로젝트를 시작합니다. 학생회는 우리 학교 숲의 사진과 텃밭의 탐구 자료를 정리하여 '생태 환경 자료집'을 e북으로 만들려고 합니다.

여러분, 우리 학교 숲에는 얼마나 많은 종류의 식물이 있는지 아시나요? 무려 100여 가지의 식물들이 있습니다. 그동안 숲을 거닐면서 꽃과 나무의 아름다운 모습을 많이 찍어 놓으셨을 텐데요, 이번 기회에 그 사진들을 공유해 보면 어떨까요? 학생회에서도 그동안 찍은 사진들을 모아 숲의 사계절을 담은 영상을 만들어 보았습니다. 여러분들이 올린 사진을 모아 이와 같은 영상 자료를 만들 수 있을 것 같습니다.

[학교 숲의 사계절 영상]

[<u>숲 사진을 올리려면 여기를 클릭!</u>]

우리 학교에는 식물의 생장 과정을 학습할 수 있는 텃밭도 있습니다. 텃밭에는 10여 가지의 식물들이 자라고 있는데요, 수업 시간이나 동아리 활동 시간에 이 식물들에 대해 탐구해 보신 경험이 있을 겁니다. 이번 자료집에는 텃밭의 식물들을 탐구한 자료들도 함께 싣고자 합니다. 과학 동아리에서 작성한 식물 관찰 일지를 첨부하니 이 예시를 참고하여 자료를 작성해서 업로드해 주세요.

식물 관찰 일지.pdf

숲 사진과 텃밭 탐구 자료를 많이 업로드해 주실수록 자료집은 더욱 풍성해질 것입니다.

[<u>텃밭 자료를 올리려면 여기를 클릭!</u>]

여러분! 이 프로젝트에 공감하신다면 '공감하기'를 눌러 주시고, 좋은 의견 있으면 댓글로 남겨 주세요.

댓글 52 공감하기 102

김○○: 블로그 자료들을 모은 우리 학교 숲과 텃밭에 대한 기록을 앱으로 만들면 더 편리할 것 같아요.
ㄴ 학생회장: 좋은 생각이네요. 앱으로 만들어 보겠습니다.

(나)

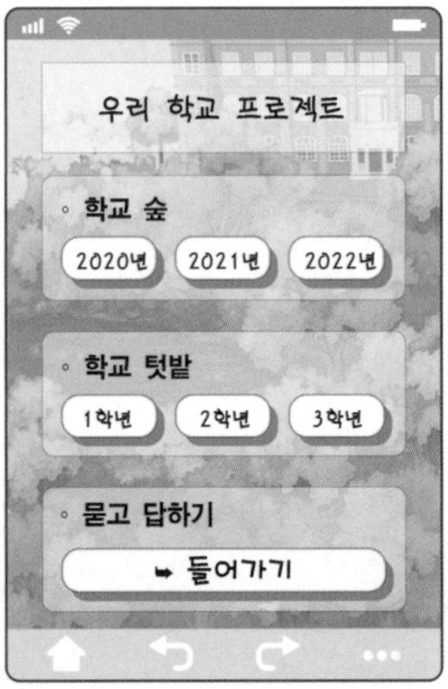

897

(가)에 대한 설명으로 적절하지 <u>않은</u> 것은?

① 댓글 내용에 반응하여 프로젝트에 대한 제안 내용을 수용하고 있다.
② 프로젝트의 결과를 요약한 파일을 첨부하여 추가 자료를 제공하고 있다.
③ 학교 숲 사진으로 만든 동영상을 제시하여 프로젝트 내용의 일부를 보여 주고 있다.
④ 자료를 올리려는 학생들이 해당 게시판으로 편리하게 이동할 수 있도록 안내하고 있다.
⑤ '공감하기' 기능을 활용하여 프로젝트에 대한 학생들의 반응을 확인하려고 하고 있다.

898

<보기>는 학생회의 회의 결과를 바탕으로 (나)를 수정한 앱이다. 회의의 내용으로 적절하지 <u>않은</u> 것은?

보 기

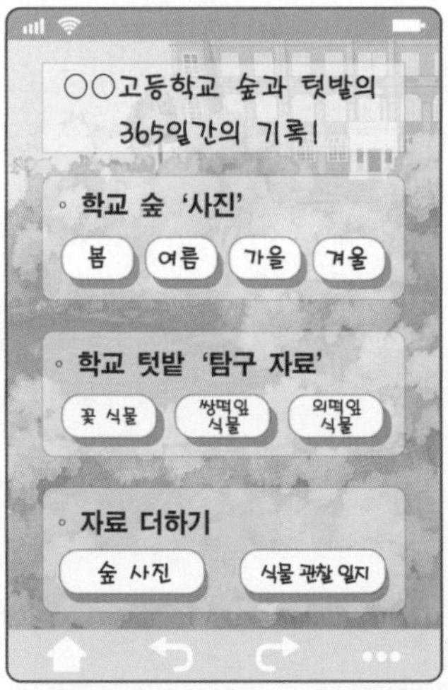

① 프로젝트의 제목을 반영하여 앱의 제목을 바꾸고, 학교 이름도 언급하는 것이 좋을 것 같아.
② 항목별로 모은 자료가 무엇인지 표시하여 알려 주고, 구분되어 있지 않던 항목도 '학교 숲'과 '학교 텃밭' 항목으로 나누자.
③ '학교 텃밭' 항목의 메뉴를 나누는 기준을 학년에서 식물의 종류로 바꾸어 탐구 자료를 식물별로 확인할 수 있게 하자.
④ '학교 숲' 항목은 사진을 연도별로 구분하는 것보다 계절별로 확인할 수 있게 메뉴를 새롭게 구성하는 게 좋을 것 같아.
⑤ '묻고 답하기' 항목을 '자료 더하기' 항목으로 바꾸어 숲 사진과 식물 관찰 일지를 올릴 수 있도록 하자.

[2022년 9월 고3 모평 40-42번]

[899-901] (가)는 학습 활동이고, (나)는 학생이 (가)를 수행하기 위해 활용한 전자책의 일부이다. 물음에 답하시오.

(가)

[학습 활동] 다음 상황을 바탕으로, ○○구청 관계자의 입장에서 효과적인 광고 방안을 발표해 봅시다.

> ○○구청에서 '청소년 문화 한마당'을 기획하면서, ○○구 고등학생들을 대상으로 한 홍보 방안을 마련하고자 한다. 대중교통 광고의 효과를 바탕으로 학생들이 주로 이용하는 버스를 활용하여 광고 계획을 수립하기로 한다.

(나)

[화면 1]

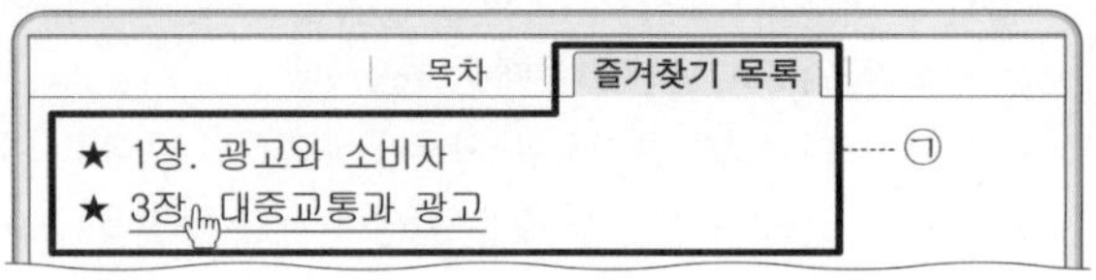

[화면 2]

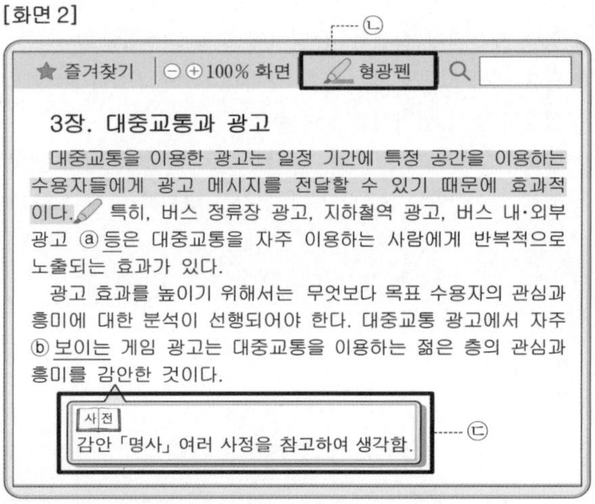
㉡
즐겨찾기
⊖⊕100% 화면
형광펜
3장. 대중교통과 광고
대중교통을 이용한 광고는 일정 기간에 특정 공간을 이용하는 수용자들에게 광고 메시지를 전달할 수 있기 때문에 효과적이다. 특히, 버스 정류장 광고, 지하철역 광고, 버스 내·외부 광고 ⓐ등은 대중교통을 자주 이용하는 사람에게 반복적으로 노출되는 효과가 있다.
광고 효과를 높이기 위해서는 무엇보다 목표 수용자의 관심과 흥미에 대한 분석이 선행되어야 한다. 대중교통 광고에서 자주 ⓑ보이는 게임 광고는 대중교통을 이용하는 젊은 층의 관심과 흥미를 감안한 것이다.
사전
감안 「명사」 여러 사정을 참고하여 생각함.
㉢

[화면 3]

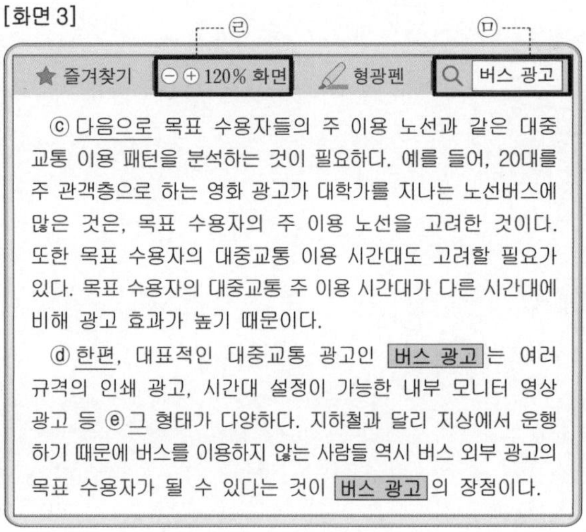
㉣
㉤
즐겨찾기
⊖⊕120% 화면
형광펜
버스 광고
ⓒ다음으로 목표 수용자들의 주 이용 노선과 같은 대중교통 이용 패턴을 분석하는 것이 필요하다. 예를 들어, 20대를 주 관객층으로 하는 영화 광고가 대학가를 지나는 노선버스에 많은 것은, 목표 수용자의 주 이용 노선을 고려한 것이다. 또한 목표 수용자의 대중교통 이용 시간대도 고려할 필요가 있다. 목표 수용자의 대중교통 주 이용 시간대가 다른 시간대에 비해 광고 효과가 높기 때문이다.
ⓓ한편, 대표적인 대중교통 광고인 버스 광고는 여러 규격의 인쇄 광고, 시간대 설정이 가능한 내부 모니터 영상 광고 등 ⓔ그 형태가 다양하다. 지하철과 달리 지상에서 운행하기 때문에 버스를 이용하지 않는 사람들 역시 버스 외부 광고의 목표 수용자가 될 수 있다는 것이 버스 광고의 장점이다.

899

<보기>는 (나)의 전자책을 활용한 학생의 반응이다. 이를 바탕으로 (나)를 이해한 내용으로 적절하지 않은 것은?

> **보 기**
>
> 전자책은 중요한 부분에 강조 표시를 할 수 있다는 점이 종이 책과 비슷했어. 하지만 다시 봐야 할 내용을 선택해 별도의 목록으로 만들거나 어구를 검색해 원하는 정보에 더 쉽게 접근할 수 있다는 점은 종이 책과 달랐어. 책에서 모르는 단어가 나왔을 때, 사전을 찾아본 결과를 한 화면에서 바로 확인할 수 있어서 내용을 빠르게 이해했어. 또 화면 배율을 조정해 글자 크기를 조절하니 읽기에 편했어.

① ㉠에 1, 3장이 포함된 것은 학생이 해당 장의 내용을 다시 볼 필요가 있다고 판단했기 때문이군.

② ㉡을 통해 대중교통을 이용한 광고가 효과적인 이유를 언급한 부분에 강조 표시가 된 것은 학생이 해당 문장을 중요하다고 판단했기 때문이군.

③ ㉢의 '감안'에 대한 사전 찾기 결과는 [화면 2]에서 본문과 함께 제시되어 학생의 글 읽기에 도움을 주었군.

④ ㉣을 통해 [화면 3]의 글자 크기가 [화면 2]보다 커진 것은 학생의 읽기 편의성을 높여 주었군.

⑤ ㉤의 결과가 [화면 3]에 표시된 것은 학생이 '버스 광고'를 쉽게 찾아 버스 광고의 제작 기간을 확인하는 데 도움을 주었군.

900

다음은 학생이 (가)를 수행하는 과정에서 (나)를 바탕으로 작성한 메모이다. 이에 대한 이해로 적절하지 않은 것은?

> **메모 1** : '청소년 문화 한마당'에 ○○구 고등학생들이 좋아할 공연 프로그램이 많이 준비되어 있음을 광고에 시 강조하면 효과적이겠다.
>
> **메모 2** : 버스 정류장이 아니라 버스 내·외부에 광고물을 부착하고, ○○구 고등학생들이 주로 이용하는 10번이나 12번 버스에 광고를 게시하면 효과적이겠다.
>
> **메모 3** : 등·하교 시간에 집중적으로 광고를 하기 위해 버스 내부의 모니터 영상 광고를 이용하고, 도보 통학 학생들에게도 홍보하기 위해 버스 외부의 옆면과 뒷면에도 광고를 게시하면 효과적이겠다.

① '메모 1'에서, 광고에서 부각할 내용을 선정한 것은 (나)에 제시된 목표 수용자와 관련하여 우선적으로 분석해야 할 요소를 고려한 것이겠군.

② '메모 2'에서, 정류장 광고와 버스 내·외부 광고 중 후자를 선택한 것은 (나)에 제시된 반복 노출 효과의 유무라는 기준을 고려한 것이겠군.

③ '메모 2'에서, 버스 노선 중에서 특정 노선을 선택한 것은 (나)에 제시된 영화 광고의 예처럼 목표 수용자의 대중교통 이용 패턴을 고려한 것이겠군.

④ '메모 3'에서, 광고 게시 시간대를 설정할 수 있는 광고 형태를 제안하려는 것은 (나)에 제시된 목표 수용자의 대중교통 이용 시간이라는 기준을 고려한 것이겠군.

⑤ '메모 3'에서, 버스 옆면과 뒷면 광고가 필요하다고 판단한 것은 (나)에 제시된 버스 외부 광고의 장점을 고려한 것이겠군.

901

ⓐ~ⓔ에 대한 설명으로 적절하지 않은 것은?

① ⓐ : 대중교통을 이용한 광고의 종류가 여럿임을 명시하기 위해 사용하였다.

② ⓑ : 젊은 층의 게임 광고 수용에 대한 자발적 의지를 나타내기 위해 사용하였다.

③ ⓒ : 광고의 효과를 높이기 위해 분석해야 할 요소가 더 존재함을 드러내기 위해 사용하였다.

④ ⓓ : 목표 수용자 분석과는 다른 내용으로 전환됨을 나타내기 위해 사용하였다.

⑤ ⓔ : 앞에 나온 표현을 그대로 반복하지 않고 대신하기 위해 사용하였다.

[2022년 9월 고3 모평 43-45번]

[902-904] (가)는 교내 방송의 일부이고, (나)는 (가)를 들은 학생들이 휴대 전화 메신저로 나눈 대화의 일부이다. 물음에 답하시오.

(가)

진행자 : 방송을 듣고 계신 ○○고 여러분, 매주 수요일 마지막 순서는 청취자의 사연을 소개하는 시간이죠. 어제까지 많은 사연이 왔는데요, 시간 관계상 하나만 읽어 드릴게요. (잔잔한 배경 음악) "3학년 1반 이민지입니다. 제가 며칠 전 운동장에서 다쳤을 때 우리 반 지혜가 응급 처치를 해 줬어요. 우리 반에서 인기가 많은 친구인데, 이 친구가 곧 전학을 가요. 헤어지기 아쉬운 마음을 담아 □□의 노래 <다시 만날 우리들>을 신청합니다."라고 하셨네요. 신청곡 들려드리면서 오늘 방송 마무리할게요.

(나)

상우: 민지야, 사연 잘 들었어. 지혜가 전학 가기 전에 영상을 만들어서 선물하면 어때? 제목은 '잊지 말아요'.

민지: 멋진데! 지금 보미랑 과제 때문에 다른 대화방에서 얘기 중인데, 보미도 같이 하고 싶대! 초대해도 돼?

상우: 응.

보미 님이 '지혜를 위한 영상 제작 방'에 입장했습니다.

상우: 우리 셋이 계속 얘기 나눠야 하니까 대화방 목록에서 찾기 쉽게 방 이름을 붙였어. 보미야, 어서 와.

보미: 응. ^^ ㉠ <u>민지한테 얘기 다 들었어. 상우야, 어떤 장면 찍을 거야?</u>

상우: 지혜가 학교에 얽힌 추억을 기억할 수 있게 학교의 여러 공간을 담으면 좋겠어. 민지야, 네가 출연하면 어때?

민지: ㉡ 

상우: 그럼 첫 장면으로 교문에서 운동장까지 걸어가는 네 모습을 쭉 이어서 찍을게. 네가 교문과 운동장에서 카메라를 보면서 지혜랑 얘기하듯이 말해.

민지: 알겠어.

상우: 그 다음에 교실로 올라가서 지혜가 즐겨 보던 운동장을 찍자. 지혜가 5층에서 운동장 바라보는 걸 좋아했거든.

보미: 그럼 운동장에 ♡를 크게 그리고, 민지가 사연으로 신청했던 노래의 제목을 그 안에 적어 놓자. 그렇게 하면 우리 마음이 드러날 것 같아.

상우: 오, 그렇게 찍자.

민지: ㉢ <u>아까 학교에 얽힌 추억을 지혜가 기억하면 좋겠다고 했으니까, 운동장에서는 지혜가 날 도와줬던 그때를 떠올리면서 지혜한테 얘기하듯이 말하면 되겠지?</u>

상우: 좋아. 마지막에 우리가 지혜에게 하고 싶은 말을 하는 장면을 넣자. 영상 제목과 어울리게 '함께한 순간들 잊지 마.'라고 말할까?

보미: 그래, 우리가 세 글자씩 말하고, 화면에는 그 말이 한 문장으로 보이도록 하면 어때? 자막은 내가 넣을게.

상우: 응. 근데 민지야, 생각해 보니 교문에서 운동장까지 꽤 머니까 네가 운동장으로 이동하는 과정은 빼고 찍자. 교문과 운동장에서 각각 찍고 편집해서 이어 붙이자.

민지: 알겠어. ㉣ <u>대화 내용을 다시 보니까 장면 구상이나 각자 역할은 얘기했는데 촬영 날짜는 안 정했네.</u>

상우: ㉤ <u>그럼 아래 투표함에 날짜를 몇 개 올릴 테니까 각자 가능한 날짜를 선택해 줘.</u>

투표 제목: 촬영 날짜 선택

902

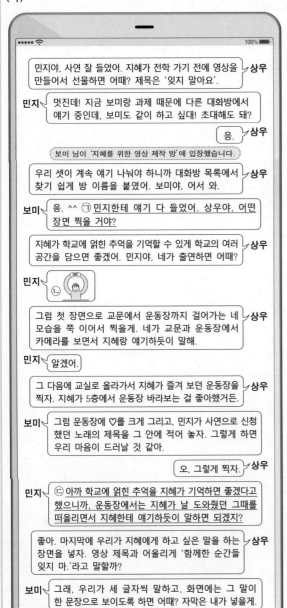

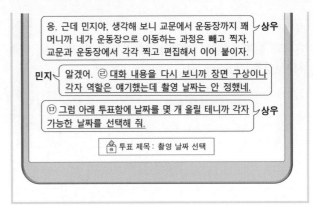

(가), (나)에 드러나 있는 매체의 특성을 이해한 것으로 가장 적절한 것은?

① (가)에서는 정보를 전달할 수 있는 시간의 제약을 고려하여 정보의 양을 조절하고 있다.
② (나)에서는 불특정 다수의 수용자에게 정보를 제공하고 있다.
③ (가)에서는 (나)와 달리 대화 목적에 따라 또 다른 온라인 대화 공간을 설정하고 있다.
④ (나)에서는 (가)와 달리 음성 언어에 음향을 결합하여 정보를 생산하고 있다.
⑤ (가)와 (나)에서는 모두 정보 생산자가 정보 수용자의 반응에 따라 정보 제시 순서를 바꾸고 있다.

903

㉠~㉤에 드러난 의사소통 방식에 대한 이해로 적절하지 <u>않은</u> 것은?

① ㉠ : 새롭게 대화에 참여한 '보미'는 공유된 맥락을 기반으로 '상우'에게 질문하고 있다.
② ㉡ : 동의의 뜻을 시각적 이미지로 제시하여 '상우'의 제안을 수락하고 있다.
③ ㉢ : '상우'의 이전 발화 중 일부를 재진술하면서 영상 제작에 관한 그의 의견에 이의를 제기하고 있다.
④ ㉣ : 진행된 대화 내용을 점검하여 영상 촬영과 관련해서 추가적으로 논의할 내용을 언급하고 있다.
⑤ ㉤ : 의견을 취합할 수 있는 기능을 활용하여 촬영 날짜를 선택하기 위한 의사 결정에 참여해 줄 것을 요청하고 있다.

904

(나)의 대화 내용을 반영한 '영상 제작 계획'으로 적절하지 않은 것은? [3점]

영상 제작 계획	장면 스케치
① 교문에서부터 운동장까지 끊지 않고 촬영하여 지혜가 여러 공간에 얽힌 추억을 떠올릴 수 있도록 연출해야겠어.	
② 학교 공간을 촬영할 때, 민지가 지혜와 대화하는 듯한 느낌을 드러내야겠어.	
③ 지혜가 바라보던 운동장을 위에서 아래로 내려다보는 각도로 교실에서 촬영해야겠어.	
④ 운동장에 그린 하트 모양의 그림에 '다시 만날 우리들'이라는 글자가 적힌 장면을 촬영하여 영상을 제작하는 우리의 마음을 드러내야겠어.	
⑤ 우리가 다 같이 등장해서 '함께한', '순간들', '잊지 마'라고 나눠서 말한 내용이 하나의 문장처럼 보이게 자막을 삽입해야겠어.	함께한 순간들 잊지 마. 

[2022년 10월 고3 학평 40-42번]

[905-907] (가)는 지역 신문사의 웹 페이지 화면이고, (나)는 (가)를 바탕으로 학생이 만든 홍보 인쇄물이다. 물음에 답하시오.

(가)

OO 군민일보 　 본문 듣기 　 SNS로 전달

OO군청, 못난이 배 소비 활성화를 위한 캠페인 개최

(최초 입력 2022.09.16. 09:37:53 / 수정 2022.09.16. 10:12:34)

김△△ 기자

㉠ OO군청에서 지역에 있는 배 재배 농가를 지원하기 위한 사업을 시작했다. OO군청은 사업의 일환으로 다음 달 1일부터 'OO군 배 소비 활성화 캠페인'을 개최한다고 밝혔다. 이 행사는 한 달간 진행되며, OO군 소재 배 재배 농가의 70%가 참여할 예정이다.

올해는 태풍과 이상 기온 현상으로 OO군에서 수확한 배 중 규격 외 배(이하 못난이 배)의 비율이 특히 높았다. ㉡ 못난이 배는 크기나 모양이 기준에 도달하지 못하거나 흠집이 있어 상품성이 다소 떨어지는 배를 말한다. 일반 상품과 비교하여 맛에는 큰 차이가 없음에도, ㉢ 이것은 판매가 어려워 폐기되는 경우가 많았다. 이러한 문제를 해결하기 위해 OO군청에서는 일반 배뿐 아니라 못난이 배와 못난이 배로 만든 가공식품의 소비 활성화에 중점을 두고 캠페인을 벌이기로 하였다.

캠페인을 앞두고 OO군 내 배 재배 농가에서는 기대감을 드러냈다. 배 재배 농민 최□□ 씨는 "좀 못나도 다 제 자식 같은 배입니다. ㉣ 맛에는 전혀 차이가 없으니 안심하고 못난이 배도 많이 사 주세요."라고 말했다. ㉤ OO군수는 배의 소비 활성화를 위해 온라인 판매처인 'OO 온라인 알뜰 장터' 운영 지원을 시작할 예정이며, 특히 이곳에서는 못난이 배를 일반 상품의 절반 가격에 구입할 수 있어 소비자에게도 이익이 될 것이라고 말했다. OO군 배와 배 가공식품은 특산물 직판장과 온라인 판매처에서 구입할 수 있다.

< 기사에 대한 독자 반응 >

좋아요 27	유용해요 17	슬퍼요 1	후속 기사 원해요 9

▮ 관련된 기사로 바로 가기(클릭)
- 기관지염, 고혈압 등에 효능이 좋은 배
- [현장 스케치] OO군 배 공동 선별 센터 작업 현장에 가다

(나)

좀 못나도 다 제 자식 같은 배입니다. OO군 못난이 배 많이 사 주세요.

맛은 그대로 　 가격은 절반으로

못난이 배란?
크기나 모양이 기준에 미달되거나 흠집이 있는 배를 말합니다.

배 가공식품 소개 웹 페이지

못난이 배를 구입하는 방법
OO군 특산물 직판장에 방문하거나
OO 온라인 알뜰 장터 검색해 접속하여 구입

905

(가)의 매체 자료에 대한 이해로 적절하지 <u>않은</u> 것은?

① '본문 듣기'가 있는 것을 보니, 수용자가 기사의 내용을 음성 언어로도 수용할 수 있을 것이다.

② 'SNS로 전달'이 있는 것을 보니, 수용자가 기사의 내용을 다른 사람과 온라인으로 공유할 수 있을 것이다.

③ '최초 입력'과 '수정' 시간이 있는 것을 보니, 생산자가 기사를 입력한 이후에도 기사를 수정할 수 있을 것이다.

④ '기사에 대한 독자 반응'이 있는 것을 보니, 생산자가 자신이 생산한 기사의 유통 범위를 확인할 수 있을 것이다.

⑤ '관련된 기사로 바로 가기'가 있는 것을 보니, 수용자가 기사 내용과 관련된 추가 정보를 얻을 수 있을 것이다.

906

(나)를 제작하는 과정에서 반영된 학생의 계획으로 적절하지 <u>않은</u> 것은?

① 상품의 온라인 판매처를 소개하기 위해, (가)에 언급된 못난이 배의 온라인 판매처 이름을 인터넷 검색창 이미지를 활용하여 제시해야지.

② 상품의 특성을 강조하기 위해, (가)에 언급된 못난이 배의 맛과 영양에 대한 정보를 배의 모양을 활용하여 도안된 그림으로 제시해야지.

③ 상품에 대한 추가 정보를 안내하기 위해, (가)에 언급된 배 가공식품을 소개하는 웹 페이지 주소를 QR코드로 제시해야지.

④ 상품의 소비를 촉구하기 위해, (가)에 제시된 농민의 인터뷰 내용의 일부를 말풍선의 문구로 제시해야지.

⑤ 상품의 의미를 밝혀 주기 위해, (가)에 제시된 못난이 배의 뜻을 물음에 답하는 방식으로 제시해야지.

907

㉠~㉤에 대한 이해로 가장 적절한 것은?

① ㉠ : 격 조사 '에서'를 활용해 배 재배 농가를 지원하는 사업의 주체가 '○○군청'임을 나타냈다.

② ㉡ : 연결 어미 '-거나'를 활용해 못난이 배의 판정 기준과 흠집에 관한 내용이 인과적으로 연결됨을 나타냈다.

③ ㉢ : 지시 대명사 '이것'을 활용해 앞에서 언급한 '일반 상품'을 가리키고 있음을 나타냈다.

④ ㉣ : 보조사 '도'를 활용해 판매하는 상품이 못난이 배로 한정됨을 나타냈다.

⑤ ㉤ : 관형사형 어미 '-ㄹ'을 활용해 ○○군수가 오래전부터 온라인 알뜰 장터의 운영을 지원해 왔음을 나타냈다.

[2022년 10월 고3 학평 43-45번]

[908-910] 다음은 안전 교육을 위한 교내 방송의 일부이다. 물음에 답하시오.

진행자 : 얼마 전 우리 학교에서 실험실 안전사고가 발생했습니다. 그래서 오늘은 실험실 안전 교육을 위해 △△ 안전 연구소의 김○○ 연구원을 모셨습니다. 교육을 잘 듣고 앞으로는 안전한 실험을 할 수 있기를 바랍니다.

연구원 : 학생 여러분, 안녕하세요. 최근 우리 연구소에서 조사한 통계 자료를 보면 학교 실험실에서 일어난 안전사고의 76%는 학생들의 안전 불감증으로 인한 부주의에서 발생한 것이었습니다. 어떤 사고가 있었는지 먼저 영상을 보시죠.

이 영상은 어느 대학 실험실에서 안전 장비를 제대로 착용하지 않고 실험을 하다가 얼굴에 부상을 입은 학생의 사례를 보여 주고 있습니다. 실험복, 보안경, 보호 장갑, 마스크 등의 안전 장비를 제대로 착용하지 않으면 다칠 수 있으므로 안전 장비를 잘 갖추어야 합니다. 다음 영상은 실험실에서의 부주의한 행동이 큰 화재로까지 이어진 사례를 보도한 뉴스의 한 장면입니다.

잘 보셨나요? 이 사례는 학생이 실험 중에 서로 섞이면 안 되는 두 화학 물질을 임의로 섞다가 폭발이 일어난 사고입니다. 실험실에서의 안전 수칙을 지키지 않아 생긴 것이지요. 지금 제가 들고 있는 이 병 안에 든 것은 실험실에서 흔히 사용되는 화학 물질인데, 이렇게 아주 적은 양이라도 격렬한 화학 반응을 일으킬 수 있으므로 주의해야 합니다. 두 사례에서 알 수 있듯이, 실험실에서는 작은 실수나 방심도 큰 피해로 이어질 수 있으니 실험을 할 때는 항상 경각심을 갖고 안전 수칙을 준수하기 바랍니다.

진행자 : 알려 주신 내용이 학생들에게 많은 도움이 되었을 것 같아요. 그럼 안전사고와 관련해 학생들이 궁금해하는 점이 있는지도 들어볼까요? 학생들의 질문은 채팅방을 통해 들어보겠습니다. 화면의 주소를 입력하거나, 누리 소통망의 검색창에 '□□고 안전 교육방'을 검색하여 참여해 주세요.

□□고 안전 교육방

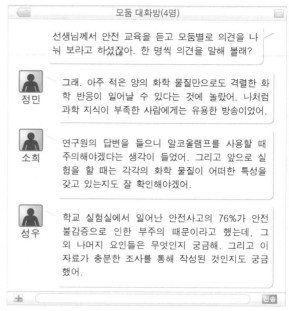

간콩 : 실험실에서 알코올램프를 사용하다가 불이 났을 때 물을 부으면 안 된다고 들었는데, 왜 그런 건가요?

삐약 : 실험실 안전사고는 보통 1년에 몇 건이나 발생하나요?

꽃채 : 서로 섞이면 안 되는 화학 물질에는 어떤 것들이 있나요?

많은 분이 채팅방을 통해 참여하고 계시네요. '간콩' 님이 알코올램프 화재와 관련해 질문하셨는데 답변 부탁드려요.

연구원 : 불이 붙은 알코올에 물을 부으면 두 물질이 섞여 불이 더 확산될 염려가 있기 때문입니다. 그래서 알코올에 불이 붙으면 모래나 소화기를 이용해서 끄는 것이 원칙입니다.

진행자 : 그렇군요. 그럼 '삐약' 님의 질문으로 넘어가 볼까요?

908

위 방송에 대한 설명으로 적절하지 <u>않은</u> 것은?

① 영상 자료를 활용하며 실험실 안전사고의 실제 사례를 보여 주고 있다.
② 통계 자료를 활용하며 학교 실험실 안전사고의 주요 원인을 제시하고 있다.
③ 뉴스에 보도된 내용을 활용하며 안전사고 유형별 대처 방안을 안내하고 있다.
④ 채팅방을 활용하며 대화에 참여한 학생들이 가진 의문을 실시간으로 공유하고 있다.
⑤ 안전사고 위험성이 있는 화학 물질을 활용하며 경각심을 갖고 안전 수칙을 준수해야 함을 당부하고 있다.

909

다음은 위 방송을 시청한 학생들이 메신저로 나눈 대화이다. 학생들의 수용 태도에 대한 설명으로 가장 적절한 것은?

모둠 대화방(4명)

선생님께서 안전 교육을 듣고 모둠별로 의견을 나눠 보라고 하셨잖아. 한 명씩 의견을 말해 볼래?

정민 : 그래. 아주 적은 양의 화학 물질만으로도 격렬한 화학 반응이 일어날 수 있다는 것에 놀랐어. 나처럼 과학 지식이 부족한 사람에게는 유용한 방송이었어.

소희 : 연구원의 답변을 들으니 알코올램프를 사용할 때 주의해야겠다는 생각이 들었어. 그리고 앞으로 실험을 할 때는 각각의 화학 물질이 어떠한 특성을 갖고 있는지도 잘 확인해야겠어.

성우 : 학교 실험실에서 일어난 안전사고의 76%가 안전 불감증으로 인한 부주의 때문이라고 했는데, 그 외 나머지 요인들은 무엇인지 궁금해. 그리고 이 자료가 충분한 조사를 통해 작성된 것인지도 궁금했어.

전송

① '정민'은 연구원이 언급한 사례와 관련하여, 응급 상황에서의 조치 방법이 어떤 사람에게 유용한지 점검하였다.
② '소희'는 연구원이 답변한 내용과 관련하여, 실험할 때의 유의 사항에 관한 정보가 충분한지 점검하였다.
③ '소희'는 연구원이 답변한 내용과 관련하여, 안전 교육의 필요성을 뒷받침할 수 있는 자료가 타당한지 점검하였다.
④ '성우'는 연구원이 제시한 자료와 관련하여, 실험실 안전사고에 대한 조사 자료가 믿을 만한지 점검하였다.
⑤ '성우'는 연구원이 활용한 자료와 관련하여, 학생을 위주로 한 예방 대책의 장단점을 공평하게 다루고 있는지 점검하였다.

910

다음은 위 방송을 본 후 과학 실험 동아리 학생이 신입생 교육용으로 만든 발표 자료의 초안이다. 검토 의견을 바탕으로 제시한 수정 방안으로 적절하지 않은 것은? [3점]

<초안>

슬라이드 1

ⓐ 안전사고의 세 가지 피해 유형

□□고등학교
과학 실험 동아리
과학슬기

슬라이드 2

1 첫 번째 수칙

안전 장비를 잘 갖추세요.
1) 실험복과 보안경을 착용하세요.
2) 보호 장갑과 마스크를 착용하세요.
3) 실험실에 비상 샤워기를 설치하세요. ⓑ

슬라이드 3

2 두 번째 수칙

화학 물질을 다룰 때는 주의하세요.
1) 화학 물질을 함부로 혼합하지 마세요.
2) 화학 물질의 냄새는 직접 맡지 마세요.
3) 실험실 비상구의 위치를 확인하세요. ⓒ

슬라이드 4

Ⅲ. 세 번째 수칙 ⓓ

응급 상황에 대처하는 방법을 미리 숙지하세요.
1) 알코올램프 관련 화재는 모래나 소화기를 이용해 꺼야 한다는 것을 기억하세요.
2) 응급 상황 시 정해진 처리 과정에 따라 조치하세요.

ⓔ 

<검토 의견>

슬라이드 1	ⓐ – 발표 내용에 부합하지 않음.
슬라이드 2	ⓑ – 학교에 요청할 사항임.
슬라이드 3	ⓒ – 상위 항목에 어울리지 않는 내용임.
슬라이드 4	ⓓ – 다른 슬라이드와 형식이 다름.
	ⓔ – 내용과 어울리는 이미지가 필요함.

① 슬라이드 1에 대한 검토 의견을 고려하여 ⓐ를 '안전한 실험을 위한 세 가지 수칙'으로 수정해야겠군.
② 슬라이드 2에 대한 검토 의견을 고려하여 ⓑ를 삭제해야겠군.
③ 슬라이드 3에 대한 검토 의견을 고려하여 ⓒ를 슬라이드 2로 이동해야겠군.
④ 슬라이드 4에 대한 검토 의견을 고려하여 ⓓ를 슬라이드 2, 3의 형식과 통일하여 제시해야겠군.
⑤ 슬라이드 4에 대한 검토 의견을 고려하여 ⓔ를 응급 상황에 대처하는 방법과 관련된 이미지로 교체해야겠군.

[2022년 수능 40-43번]

[911-914] (가)는 ○○군 공식 누리집 화면의 일부이고, (나)는 학생들의 온라인 화상 회의이다. 물음에 답하시오.

(가)

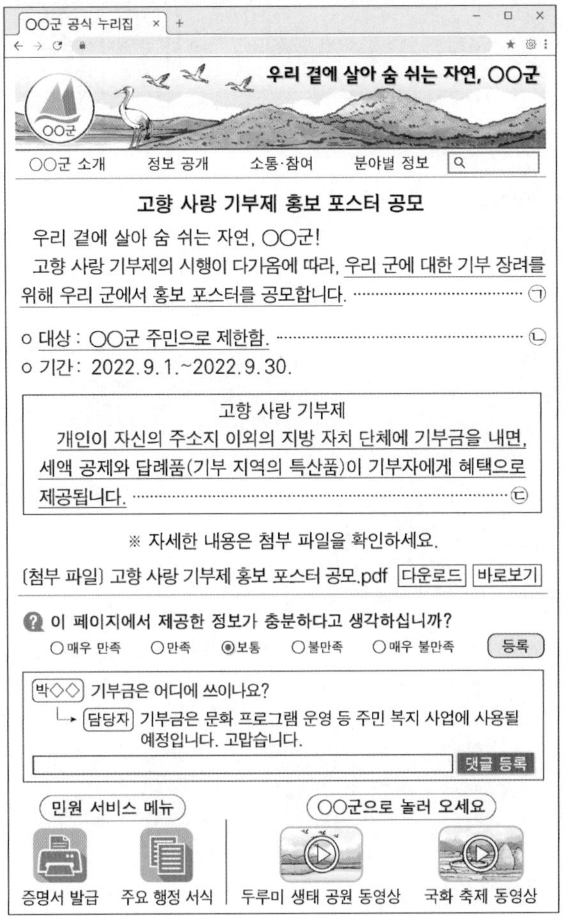
○○군 공식 누리집

우리 곁에 살아 숨 쉬는 자연, ○○군

○○군 소개 | 정보 공개 | 소통·참여 | 분야별 정보

고향 사랑 기부제 홍보 포스터 공모

우리 곁에 살아 숨 쉬는 자연, ○○군!
고향 사랑 기부제의 시행이 다가옴에 따라, 우리 군에 대한 기부 장려를 위해 우리 군에서 홍보 포스터를 공모합니다. ……… ㉠

○ 대상 : ○○군 주민으로 제한함. ……… ㉡
○ 기간 : 2022. 9. 1.~2022. 9. 30.

고향 사랑 기부제
개인이 자신의 주소지 이외의 지방 자치 단체에 기부금을 내면, 세액 공제와 답례품(기부 지역의 특산품)이 기부자에게 혜택으로 제공됩니다. ……… ㉢

※ 자세한 내용은 첨부 파일을 확인하세요.

(첨부 파일) 고향 사랑 기부제 홍보 포스터 공모.pdf [다운로드] [바로보기]

? 이 페이지에서 제공한 정보가 충분하다고 생각하십니까?
○매우 만족 ○만족 ◉보통 ○불만족 ○매우 불만족 [등록]

[박◇◇] 기부금은 어디에 쓰이나요?
└ [담당자] 기부금은 문화 프로그램 운영 등 주민 복지 사업에 사용될 예정입니다. 고맙습니다.
[댓글 등록]

민원 서비스 메뉴: 증명서 발급 | 주요 행정 서식
○○군으로 놀러 오세요: 두루미 생태 공원 동영상 | 국화 축제 동영상

(나)

해윤 : 이제 화상 회의 시작하자. 내 말 잘 들리지?
설아 : 해윤아, 소리가 너무 작아. 마이크 좀 확인해 줄래?
해윤 : 어? 내 마이크 음량을 키워 볼게. 이제 잘 들리지?
설아 : 응. 근데 오늘 나연이는 참석 못 한대. 내가 회의를 녹화해서 나중에 보내 주려고 해. 동의하지?
해윤, 종서, 수영 : 응, 그래.

채팅	설아 님이 회의 녹화를 시작합니다.

해윤 : 오늘 고향 사랑 기부제 홍보 포스터를 어떻게 만들지 논의하기로 했잖아. 우리 ○○군 누리집에서 관련 정보 봤니?
종서 : 미안해. 나는 아직 못 봤어.
수영 : 음, 직접 말로 설명하려면 회의가 길어지니까 첨부 파일 보내 줄게. 파일에 자세히 설명돼 있으니까 읽으면서 들어.

채팅	수영 님이 종서 님에게 파일을 전송했습니다. 파일명: 고향 사랑 기부제 홍보 포스터 공모.pdf

종서 : 고마워.

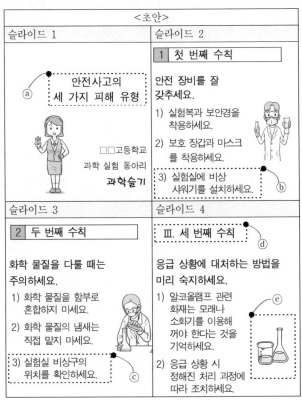

해윤 : 그럼 이어서 얘기할게. 내가 만들어 온 그래픽 자료를 보면서 포스터를 어떻게 구성할지 이야기하자.

채팅	해윤 님이 화면 공유를 시작합니다.

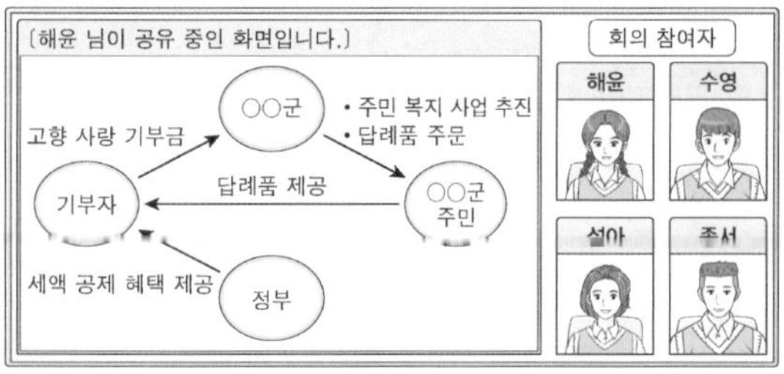

해윤 : 정부, 기부자, ○○군, ○○군 주민으로 구분해서 고향 사랑 기부제가 어떻게 운영되는지 나타낸 거야.

수영 : 좋은데, 포스터에 정부까지 그려 넣으면 너무 복잡할 거 같으니까, 나머지 셋으로만 구성하자.

설아 : 그리고 제도가 활성화되려면 많은 사람들이 기부에 동참하도록 하는 게 중요하니까, 기부자가 부각되도록 기부자를 가운데에 두자.

수영 : 화살표를 곡선으로 해서 하트 모양으로 하면 기부자가 기부에 참여함으로써 사랑을 전할 수 있다는 걸 포스터에 드러낼 수 있을 거 같아.

해윤 : 좋아. 그런데 포스터에 정부가 없으면, 정부가 제공하는 세액 공제 혜택은 어떻게 나타내지?

종서 : 음, 고민해 보자. 그리고 첨부 파일을 읽어 보니 기부자의 현재 주소지가 아니면 어디든 기부할 수 있대. 우리 지역에 기부하게 하려면 답례품을 알려 줘야 할 거 같은데?

해윤 : 답례품 정보가 있는 누리집 주소 불러 줄게. 디, 에이, 엠…. 아, 그냥 채팅 창에 링크로 올리는 게 편하겠다.

채팅	(해윤) https://damnyepum.□□□□.go.kr (종서) 고마워.

종서 : 찾아보니 인삼이 우리 지역 답례품이네. 이걸 그려 넣자.

해윤 : 그리고 우리 지역은 철새 도래지로 유명하니까, ○○군을 두루미 캐릭터로 나타내 보자.

수영 : 응, 좋아. 그러면 아까 말했던 세액 공제는 두루미가 말을 전해 주듯 설명하면 되겠다.

해윤 : 좋아. 그러면 지금까지 나온 의견대로 만들기로 하고, 오늘 회의는 마무리하자.

911

(가)에 대한 이해로 적절하지 않은 것은?

① 댓글 기능을 활용하여 누리집 이용자가 작성한 질문에 대해 정보를 제공하고 있군.
② 지역에 대한 만족도 표시 기능을 활용하여 지역 정책에 대한 주민들의 반응을 확인하고 있군.
③ 민원 서비스 메뉴를 제공하여 증명서나 행정 서식이 필요한 사람들의 편의를 도모하고 있군.
④ 누리집 상단에 홍보 문구와 풍경 그림을 제시하여 지역이 부각하고자 하는 특징을 강조하고 있군.
⑤ 지역의 관광 명소와 축제를 홍보하는 동영상을 볼 수 있도록 하여 관광객을 유치하려고 노력하고 있군.

912

㉠~㉢에 대한 설명으로 가장 적절한 것은?

① ㉠은 격 조사 '에서'를 사용하여 포스터를 공모하는 주체가 단체임을 드러내고 있다.
② ㉠은 종결 어미 '-ㅂ니다'를 사용하여 ○○군 기부에 동참한 기부자를 공손하게 높이고 있다.
③ ㉡은 명사형 어미 '-ㅁ'을 사용하여 포스터에서 제외해야 할 내용 항목을 간결하게 드러내고 있다.
④ ㉢은 연결 어미 '-면'을 사용하여 기부 대상 지역에서 제공하는 혜택 중 하나를 선택하는 조건을 제시하고 있다.
⑤ ㉢은 피동 접사 '-되다'를 사용하여 혜택을 제공하는 주체를 명확하게 밝히고 있다.

913

(나)에 나타난 매체 활용 방식으로 가장 적절한 것은?

① '해윤'은 음성 언어 사용이 불가능한 상황에서 채팅 기능을 활용하여 정보를 전달하였다.
② '해윤'은 화면 공유 기능을 활용하여 참여자들의 의견을 반영하며 그래픽 자료의 오류를 수정하였다.
③ '수영'은 회의 시간을 절약하기 위해 회의 중에 참고할 수 있는 파일을 '종서'에게 전송하였다.
④ '설아'는 회의에 참여하지 못하고 있는 '나연'에게 문자 메시지를 이용해 회의 내용을 실시간으로 전달하였다.
⑤ '설아'는 특정 참여자에게 발언권을 부여하기 위해 해당 참여자의 음량을 조절하였다.

914

(나)를 바탕으로 다음과 같은 포스터를 만들었다고 할 때, 포스터에 대해 이해한 내용으로 적절하지 않은 것은? [3점]

① '설아'의 의견을 바탕으로, 제도를 활성화하는 데 중요한 역할을 하는 기부자를 중심에 배치했다.
② '수영'의 의견을 바탕으로, 기부 행위에 담긴 긍정적인 마음을 연상시키는 기호의 모양을 사용했다.
③ '종서'의 의견을 바탕으로, ○○군에 기부했을 때 기부자가 받을 수 있는 답례품을 그려 넣었다.
④ '해윤'의 의견을 바탕으로, ○○군이 철새 도래지로 유명하다는 점을 활용하여 ○○군을 두루미 캐릭터로 표현했다.
⑤ '수영'의 의견을 바탕으로, 세액 공제 혜택을 제공하는 주체가 내용을 직접 알려 주듯이 말풍선을 제시했다.

[2022년 수능 44-45번]

[915-916] 다음은 온라인 카페 화면의 일부이다. 물음에 답하시오.

[화면 1] (【게시판】에서 '1인 미디어 방송'을 클릭한 화면)

□□고 동아리 매체통

㉠ 매체 자료를 비평하여 주체적으로 성장하는 □□고 동아리 매체통

㉡ 【게시판】
영상 매체 비평 글
└텔레비전 방송(23)
└영화(27)
└1인 미디어 방송(17)
인쇄 매체 비평 글
└신문/잡지(23)
└도서(29)

㉢ 【공지】 비평 활동 결과 제출 기한(9월 20일까지)

번호	제목	작성자	작성일
17	1인 미디어 방송의 발전과 시청자의 태도	재원	22. 09. 13.
16	㉤ 관리자에 의해 삭제된 게시물입니다. (사유: 욕설과 비속어 사용)		22. 09. 13.
15	여행 관련 1인 미디어 방송 사례	민수	22. 09. 12.

㉣ 언론사 누리집 바로 가기

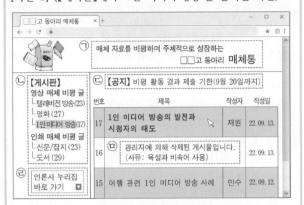

[화면 2] ([화면 1]에서 17번 게시물을 클릭한 화면)

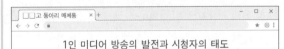

□□고 동아리 매체통

1인 미디어 방송의 발전과 시청자의 태도

작성자: 재원

최근 많은 사람들이 1인 미디어 방송 제작에 나서고 있다. 그러면서 기존 매체들이 주목하지 않았던 다양한 소재들을 다루는 1인 미디어 방송들이 등장하고 있다. 내가 즐겨 보는 여행 관련 1인 미디어 방송 역시 밀림을 혼자 돌아다닌다든가 현지인들과 같이 생활하는 모습을 보여 주는 등 참신함이 돋보인다.

1인 미디어 방송은 여러 가지 정보를 쉽고 재미있게 제공하여 시청자의 욕구를 만족시킨다. 그래서 나처럼 여행 탐험가라는 직업을 꿈꾸는 사람들은 1인 미디어 방송을 통해 어디서도 얻지 못했던 새로운 정보를 얻을 수 있게 되었다.

그런데 요즘 1인 미디어 방송 가운데 신뢰성이 부족한 정보를 담은 방송이 늘고 있다. 이러한 성격이 드러나는 1인 미디어 방송을 시청할 때에는 비판적으로 수용하는 주체적 태도가 중요하다.

↳ 민수 나도 그 방송 봤어. 내가 모르던 낯선 문화에 대한 다양한 정보가 많이 나와서 좋았어. 그런데 갑자기 특정 상표를 언급하며 칭찬할 때에는 상업성이 짙어 보이더라. 그런 상업적인 의도에 현혹되지 않도록 조심해야 해.

↳ 혜원 어떤 1인 미디어 방송인은 특정 성분이 건강에 좋다고 강조했는데, 알고 보니 성분의 효과가 입증된 것이 아니었어. 방송에 나오는 정보라도 믿을 수 있는지 잘 따져 봐야 해.

↳ 영진 1인 미디어 방송들은 소재가 한정적이고 다 비슷비슷하지. 그리고 내가 보는 1인 미디어 방송은 사회적으로 의미 있는 내용을 다루는데도, 고정 시청자 수가 적고 어느 순간부터는 더 이상 늘지도 않더라. 그래서 1인 미디어 방송이 발전해도 사회적 파급력은 제한적이라고 생각해.

↳ 지수 난 1인 미디어 방송이 우리 사회에 큰 변화를 가져올 수 있다고 생각해. 예를 들어 '독립운동가의 발자취 따라가기' 방송이 인기를 많이 끌어서 독립운동가에 대한 국민들의 관심이 높아졌잖아.

댓글 등록

915

<보기>를 바탕으로 [화면 1]을 이해한 내용으로 적절하지 않은 것은?

> **보 기**
>
> **'매체통' 동아리 카페 활동 규칙**
>
> **개설 목적 :** '매체통' 동아리원들이 다양한 매체 자료 비평 활동을 통해 매체 자료를 주체적으로 수용하는 능력과 태도를 기른다.
>
> **규칙 1.** 동아리 활동 계획을 성실하게 이행하고 동아리 활동에 적극적으로 참여한다.
>
> **2.** 매체 자료 비평을 위한 글만 작성하고 각 게시판의 성격에 맞게 올린다.
>
> **3.** 불필요한 갈등을 유발하지 않도록 무례한 표현을 사용하지 않는다.

① ㉠을 보니, '개설 목적'을 고려하여 동아리 성격이 드러나도록 카페의 활동 주체와 활동 내용을 제시하였군.

② ㉡을 보니, '규칙 2'를 고려하여 매체 자료 유형에 따라 게시판을 항목별로 나누어 게시물을 체계적으로 분류하였군.

③ ㉢을 보니, '규칙 1'을 고려하여 동아리 활동 계획을 상기할 수 있도록 비평 활동 결과의 제출 기한을 제시하였군.

④ ㉣을 보니, '규칙 2'를 고려하여 사건 보도 기사를 작성하는 능력을 기르게 하기 위해 링크를 제시하였군.

⑤ ㉤을 보니, '규칙 3'을 고려하여 예의를 지키지 않은 글이 동아리원에게 공개되지 않도록 게시물을 삭제하였군.

916

[화면 2]를 바탕으로 '1인 미디어 방송'에 대한 학생들의 수용 양상을 이해한 내용으로 적절하지 않은 것은?

① '재원'은 자신의 진로와 관련된 새로운 정보를 얻은 경험을 근거로 1인 미디어 방송이 유용하다고 판단하였다.

② '혜원'은 증명되지 않은 정보를 접했던 경험을 근거로 1인 미디어 방송이 제공하는 정보에 대한 신뢰성을 점검해야 한다고 판단하였다.

③ '재원'과 '민수'는 모두, 1인 미디어 방송의 상업적 의도를 알아차린 경험을 근거로 1인 미디어 방송을 시청할 때 주의가 필요하다고 판단하였다.

④ '재원'은 '영진'과 달리, 자신이 본 여행 관련 1인 미디어 방송을 근거로 1인 미디어 방송의 소재가 다양하다고 판단하였다.

⑤ '영진'은 '지수'와 달리, 고정 시청자 수가 늘지 않는 1인 미디어 방송 사례를 근거로 1인 미디어 방송이 사회에 미치는 영향력에는 한계가 있다고 판단하였다.

[2023년 3월 고3 학평 40-42번]

[917-919] 다음은 실시간 인터넷 방송의 일부이다. 물음에 답하시오.

진행자 : 계속해서 전문가와 함께 다음 화제인 쇼트폼(short-form)에 대해 이야기를 나눠 보겠습니다. 필요하신 분은 자막 기능을 켜 주세요. 쇼트폼은 무엇인가요?

전문가 : 쇼트폼은 짧게는 15초에서 60초, ⓐ길어도 최대 10분을 넘지 않는 짧은 영상 콘텐츠를 말합니다. 쇼트폼은 하나 준비했는데, 함께 보시죠.

진행자 : (시청 후) 현재 기준으로 무려 조회 수가 100만 회 가까이 되는데, ⓑ지금도 조회 수가 올라가고 있군요. 이렇게 쇼트폼이 인기인 이유가 무엇일까요?

전문가 : ⓒ쇼트폼은 짧고 재미있고 부담이 없습니다. 그게 이유지요. 이는 콘텐츠를 효율적으로 소비하려는 현대인의 성향에 잘 부합한다고 생각합니다.

진행자 : '실시간 채팅'에 '샛별' 님이 '1분짜리 요리 과정 영상을 자주 보는데, 이것도 쇼트폼인가요?'라는 질문을 방금 올려 주셨네요.

전문가 : 예, 쇼트폼입니다. 쇼트폼을 통해 요리뿐 아니라 패션, 경제, 과학 등 각종 분야의 정보를 얻을 수 있죠. 기존 미디어를 대신하는 경우도 있는데, 한 설문에서 쇼트폼을 통해 뉴스를 시청한다고 28%나 응답했습니다.

진행자 : 최근 기업들이 쇼트폼을 마케팅 수단으로 적극 활용하고 있다고 들었습니다. 이에 대해 설명해 주시겠어요?

전문가 : 쇼트폼을 활용하면 사람들의 참여를 자연스럽게 유도 할 수도 있습니다. 그래서 비교적 비용이 적게 들면서도 파급력이 있고 소비자 반응을 빠르게 확인할 수 있어 기업들이 쇼트폼을 마케팅에 적극적으로 이용하는 것이지요. 제 블로그에 쇼트폼 마케팅 사례를 정리한 글이 있습니다. 화면 아래의 '더 보기'를 클릭하면 블로그에 접속할 수 있는 링크가 보일 테니 필요하시면 참고해 주세요.

진행자 : ⓓ쇼트폼을 시청할 때 유의할 점은 무엇인가요?

전문가 : 아무래도 짧은 시간 내 사람들의 이목을 끌어 조회 수를 높이려다 보니, 쇼트폼에는 자극적인 장면이나 과장된 정보가 포함된 경우가 많습니다. 이런 점에서 쇼트폼의 장면을 섣불리 따라하거나 정보를 맹목적으로 수용하기보다 비판적 시각으로 판단하려는 태도를 가져야 합니다. '실시간 채팅' 아래에 관련 영상이 있는데, 필요하신 분은 시청해 보셔도 좋겠네요.

진행자 : 말씀 감사합니다. 오늘 영상은 누구나 시청하실 수 있도록 공개해 두겠습니다. 혹시 의견이 있으신 분은 ⓔ영상 게시물에 댓글을 남겨 주시면 답변을 드리겠습니다.

917

㉠~㉤에 대한 이해로 적절하지 않은 것은?

① ㉠ : 글자의 크기와 글꼴을 달리하여 방송에서 다루는 중심 화제를 부각하고 있군.
② ㉡ : 전문가의 발언에 비판적 의문을 제기하는 시청자의 의견을 실시간으로 보여 주고 있군.
③ ㉢ : 방송에서 다룬 내용과 관련 있는 영상을 제시하고 있군.
④ ㉣ : 방송 중 언급된 블로그에 필요에 따라 선택적으로 접근할 수 있도록 하고 있군.
⑤ ㉤ : 방송에서 송출되는 음성 언어를 문자 언어로 보여 주는 기능을 제공하고 있군.

918

다음은 시청자들이 올린 댓글의 일부이다. 시청자의 수용 태도에 대한 설명으로 가장 적절한 것은?

영상 게시물 댓글

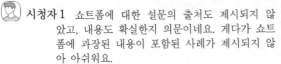

시청자 1 쇼트폼에 대한 설문의 출처도 제시되지 않았고, 내용도 확실한지 의문이네요. 게다가 쇼트폼에 과장된 내용이 포함된 사례가 제시되지 않아 아쉬워요.

시청자 2 쇼트폼에 대한 글쓰기 과제를 해야 하는데, 방송에서 필요한 내용을 얻을 수 있어서 좋았어요. 하지만 쇼트폼 제작자의 입장에서 유의할 점은 다루지 않아 아쉽습니다.

시청자 3 비판 의식 없이 쇼트폼을 소비하던 사람들에게 도움이 되는 방송 같아요. 쇼트폼을 즐기는 사람들이 많아지고 있는 이때, 유의할 점을 알려 주셔서 의미 있었습니다.

① 시청자 1과 시청자 2는 모두 방송에 제시된 정보의 정확성에 대해 긍정적으로 판단하였다.
② 시청자 1과 시청자 3은 모두 방송에 제시된 정보의 신뢰성에 대해 부정적으로 판단하였다.
③ 시청자 1과 달리, 시청자 2는 방송에 제시된 정보의 충분성에 대해 부정적으로 판단하였다.
④ 시청자 1과 달리, 시청자 3은 방송에 제시된 정보의 유용성에 대해 긍정적으로 판단하였다.
⑤ 시청자 2와 달리, 시청자 3은 방송에 제시된 정보의 시의성에 대해 부정적으로 판단하였다.

919

ⓐ~ⓔ에 대한 설명으로 적절하지 않은 것은?

① ⓐ : 부정 표현을 활용해 쇼트폼의 재생 시간의 특징을 언급하고 있다.
② ⓑ : 진행상을 활용해 현재 쇼트폼의 조회 수가 계속해서 증가하는 중임을 드러내고 있다.
③ ⓒ : 대등적 연결 어미를 연속적으로 활용해 쇼트폼이 인기인 이유를 설명하고 있다.
④ ⓓ : 설명 의문문을 활용해 쇼트폼 시청 시 유의할 점에 대한 정보를 요구하고 있다.
⑤ ⓔ : 간접 인용을 나타내는 조사를 활용해 쇼트폼에 대한 의견을 제시하는 방법을 안내하고 있다.

[2023년 3월 고3 학평 43-45번]

[920-922] (가)는 학생회 누리 소통망[SNS]의 게시물이고, (나)는 학생회 학생들의 온라인 화상 회의이다. 물음에 답하시오.

(가)

위에 있는 사진과 같이 우리 학교에 친환경 정원이 조성되었습니다! 정원의 벤치, 테이블, 화단 틀 등을 보셨나요? 그것들은 모두 폐현수막과 폐의류를 재활용한 자재로 만들어졌습니다. 학생회에서는 친환경 정원 조성의 취지를 알리고 친환경 의식을 높이기 위한 체험 행사를 개최합니다. 친환경의 의미를 담은 시화 관람, 물품 나눔, 친환경 생활을 위한 한 줄 다짐 쓰기, 재활용품으로 물품 만들기 등 다채로운 활동이 준비되어 있으니 많이 참여해 주세요. 자세한 내용은 링크를 눌러 확인해 주세요!

☞ https://○○○.hs.kr/66193/subMenu.do

★ 참여 신청 및 문의 사항은 학생회 계정으로 메시지를 보내 주세요.

좋아요 댓글 읽기 메시지 보내기

□□_art 님 외 67명이 좋아합니다.

17시간 전

댓글 달기... 게시

(나)

보민 : 지난 회의에서 친환경 체험 행사의 다양한 활동을 학생들에게 효과적으로 홍보하기 위해 행사 안내도를 만들기로 했잖아. 회의를 시작해 볼까?

아준 : 정원의 조감도를 이용해 안내도 초안을 만들면서 활동에 따라 공간을 구획해 봤어. 화면을 봐 줘.

채팅	아준 님이 화면 공유를 시작합니다.

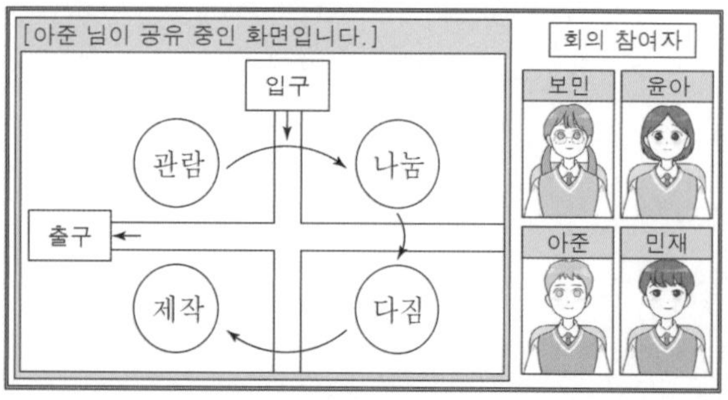

윤아 : 화면에서는 시화 관람, 물품 나눔, 한 줄 다짐 쓰기, 재활용품으로 물품 만들기 순으로 체험 순서를 제시했는데, 체험 순서를 정하면 학생들의 활동 참여에 제약이 있겠어.

민재 : '관람', '나눔', '제작'에서의 활동은 학생들이 자유롭게 참여하게 하고, '다짐'은 최대한 많은 학생들이 참여할 수 있게 안내하면 좋겠어. 아준이가 안내도 초안을 만들기로 했잖아. 그걸 보면서 얘기해 볼까?

아준 : 모두 첨부 파일을 확인해 줘.

채팅	아준 님이 파일을 전송했습니다. 파일명 : ㉠ 학교 체험 행사 안내도.pdf

민재 : 안내도 초안에도 화살표가 있네. 체험 순서와 출입 방향을 나타내는 화살표는 모두 지우면 좋겠어.

보민 : 한 줄 다짐 쓰기에 학생들이 많이 참여하도록 하려면 '제작'과 '다짐'의 활동 공간을 서로 바꾸면 좋겠어. 이에 대한 의견 줘.

아준 : '다짐'의 활동 공간을 출구 가까이에 배치해 학생들이 그 활동에 참여한 후 나가도록 하기 위한 것이구나.

윤아 : 나도 그게 좋아. 그런데 '제작'이 활동의 의미를 제대로 드러내지 못하는 것 같아. '재생'으로 바꾸면 어떨까? 동의하는 사람들은 손을 들어 줘.

보민 : 모두 동의하는구나. 그럼 이제는 환경 단체에서 주최한 체험 행사 안내도를 참고해서 안내도의 구성에 대해서 이야기해 보자. 파일을 전송할게.

채팅	보민 님이 파일을 전송했습니다. 파일명 : ㉡ 환경 단체 체험 행사 안내도.pdf

민재 : 환경 단체의 안내도에서는 조감도에 각 공간의 이름을 번호와 함께 표시하고 그에 대한 범례를 따로 두어 활동을 안내했네. 이에 비해 우리 초안은 조감도에 글자가 많아 복잡해 보이는 것 같아.

아준 : 우리도 범례를 환경 단체의 안내도처럼 따로 두는 것이 좋겠어. 그리고 행사 일시와 장소도 추가하는 것이 어때?

윤아 : 행사명도 추가하는 것이 좋겠어. 행사명을 안내도 상단에 제시하고 그 아래 행사 일시와 장소를 안내하자.

보민 : 좋은 의견들을 줘서 고마워. 오늘 회의 내용을 모두 반영하여 함께 안내도를 완성해 보자.

920

(가), (나)에 대한 이해로 가장 적절한 것은?

① (가)는 수용자의 반응을 숫자로 제시하여 매체 자료에 대한 수용자의 선호 정도를 드러내고 있다.

② (나)는 정보의 생산자와 수용자가 분리되어 정보 전달이 한 방향으로 이루어지고 있다.

③ (가)와 달리, (나)는 하이퍼링크 기능을 통해 추가적인 정보를 제공하고 있다.

④ (나)와 달리, (가)는 정보를 전달할 수 있는 시간의 제약을 고려하여 정보의 양을 조절하고 있다.

⑤ (가)와 (나)는 모두 음성 언어와 시각 자료를 결합한 복합 양식을 활용하여 정보를 생산하고 있다.

921

㉠, ㉡과 관련하여 (나)에 대해 설명한 내용으로 가장 적절한 것은?

① ㉠의 안내 효과를 바탕으로 ㉡의 장점을 극대화하기 위한 방법을 모색했다.
② ㉡의 구성 방식을 참고하여 ㉠을 개선하기 위한 방안을 마련했다.
③ ㉡의 구성 요소를 고려하여 ㉠의 불필요한 구성 요소를 삭제했다.
④ ㉠과 ㉡의 차이점을 근거로 ㉡의 구성상의 문제점을 비판했다.
⑤ ㉠과 ㉡을 비교하여 안내 효과 측면에서 각각의 장단점을 분석했다.

922

(나)를 바탕으로 다음과 같은 '안내도'를 만들었다고 할 때, 이에 대해 이해한 내용으로 적절하지 <u>않은</u> 것은? [3점]

△△ 고등학교 친환경 체험 행사 안내도
○ 일시 : 20××년 3월 23일 14:00
○ 장소 : 친환경 정원

<범례>
1 관람 : 친환경의 의미를 담은 시화 관람하기
2 나눔 : 물품 서로 나누기
3 재생 : 재활용품으로 물품 만들기
4 다짐 : 친환경 생활을 위한 한 줄 다짐 쓰기

① 윤아의 의견을 바탕으로, 안내도 상단에 행사명을 제시했다.
② 보민의 의견을 바탕으로, '다짐'의 활동 공간을 출구 가까이 배치했다.
③ 민재의 의견을 바탕으로, 입구와 출구에 출입 방향을 화살표로 표시했다.
④ 아준의 의견을 바탕으로, 각 공간에서 이루어지는 활동 내용을 범례로 안내했다.
⑤ 윤아의 의견을 바탕으로, 재활용품으로 물품을 만드는 활동 공간의 이름을 '재생'으로 정했다.

[2023년 4월 고3 학평 40-43번]

[923-926] (가)는 ○○군 공식 블로그이고, (나)는 영상 제작을 위해 휴대 전화 메신저로 나눈 대화이다. 물음에 답하시오.

(가)

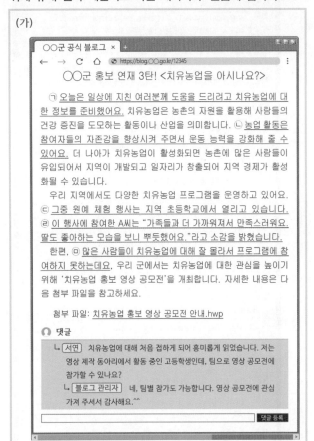

○○군 공식 블로그 ×
https://blog.○○.go.kr/12345

○○군 홍보 연재 3탄! <치유농업을 아시나요?>

㉠ <u>오늘은 일상에 지친 여러분께 도움을 드리려고 치유농업에 대한 정보를 준비했어요.</u> 치유농업은 농촌의 자원을 활용해 사람들의 건강 증진을 도모하는 활동이나 산업을 의미합니다. ㉡ <u>농업 활동은 참여자들의 자존감을 향상시켜 주면서 운동 능력을 강화해 줄 수 있어요.</u> 더 나아가 치유농업이 활성화되면 농촌에 많은 사람들이 유입되어서 지역이 개발되고 일자리가 창출되어 지역 경제가 활성화될 수 있습니다.

우리 지역에서도 다양한 치유농업 프로그램을 운영하고 있어요. ㉢ <u>그중 원예 체험 행사는 지역 초등학교에서 열리고 있습니다.</u> ㉣ <u>이 행사에 참여한 A씨는 "가족들과 더 가까워져서 만족스러워요. 딸도 좋아하는 모습을 보니 뿌듯했어요."라고 소감을 밝혔습니다.</u>

한편, ㉤ <u>많은 사람들이 치유농업에 대해 잘 몰라서 프로그램에 참여하지 못하는데요,</u> 우리 군에서는 치유농업에 대한 관심을 높이기 위해 '치유농업 홍보 영상 공모전'을 개최합니다. 자세한 내용은 다음 첨부 파일을 참고하세요.

첨부 파일: <u>치유농업 홍보 영상 공모전 안내.hwp</u>

댓글
ㄴ 서연 치유농업에 대해 처음 접하게 되어 흥미롭게 읽었습니다. 저는 영상 제작 동아리에서 활동 중인 고등학생인데, 팀으로 영상 공모전에 참가할 수 있나요?
ㄴ 블로그 관리자 네, 팀별 참가도 가능합니다. 영상 공모전에 관심 가져 주셔서 감사해요.^^

댓글 등록

(나)

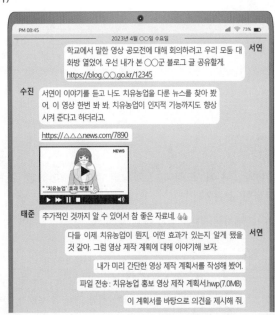

PM 08:45
2023년 4월 ○○일 수요일

서연: 학교에서 말한 영상 공모전에 대해 회의하려고 우리 모둠 대화방 열었어. 우선 내가 본 ○○군 블로그 글 공유할게.
https://blog.○○.go.kr/12345

수진: 서연이 이야기를 듣고 나도 치유농업을 다룬 뉴스를 찾아 봤어. 이 영상 한번 봐 봐. 치유농업이 인지적 기능까지도 향상시켜 준다고 하더라고.
https://△△△news.com/7890

태준: 추가적인 것까지 알 수 있어서 참 좋은 자료네.

서연: 다들 이제 치유농업이 뭔지, 어떤 효과가 있는지 알게 됐을 것 같아. 그럼 영상 제작 계획에 대해 이야기해 보자.
내가 미리 간단한 영상 제작 계획서를 작성해 봤어.
파일 전송: 치유농업 홍보 영상 제작 계획서.hwp(7.0MB)
이 계획서를 바탕으로 의견을 제시해 줘.

지훈 서연에게 답장
내가 미리 간단한 영상 제작 계획서를 작성해 봤어.
언제 이런 걸 다 만들었어? 대단하다!
역시 철저한 준비성!

태준 '치유농업의 개념-개인에게 미치는 효과-지역 사회에 미치는 효과' 세 부분으로 나누었네. 다들 어떻게 생각해?

수진 좋아. 그런데 참여를 권유하는 내용까지 포함되면 더 좋을 것 같아.

태준 그럼 개인과 지역 사회에 미치는 효과를 한 장면에 배치하고 마지막 장면에 참여를 권유하는 내용을 제시하지.

서연 좋은 생각이야. 그럼 영상 전달 효과를 높일 수 있는 방법을 생각해 보자. 첫 장면은 농촌 풍경을 보여 주면서 치유농업의 개념을 내레이션으로 처리했는데 어때?

지훈 높은 곳에서 멀리 내려다보는 각도로 마을을 촬영해서 고즈넉한 농촌 풍경을 담아내면 좋겠어. 그리고 이런 풍경과 어울리는 배경 음악도 삽입하자.

수진 그런데 개념을 내레이션으로만 제시하기보다 자막으로 요약해서 함께 제시해 주면 더 좋을 것 같아.

태준 찬성. 그다음 장면으로 두 종류의 열매 이미지 안에 치유농업이 개인과 지역 사회에 미치는 효과를 각각 넣어서 제시하면 시각적인 전달력이 높아질 거야.

지훈 그래. 열매가 하나씩 나올 때마다 효과음을 함께 제시하자. 그다음에 열매를 수확하는 모습을 보여 주면 치유농업을 통해 결실을 얻는다는 의미도 살릴 수 있어.

수진 마지막 장면은 참여를 권유하는 말을 다양한 사람들이 외치게 하여 참여 대상에 제한이 없음을 드러내자.

서연 의견 제시해 줘서 고마워. 너희 의견 반영해서 영상 제작 계획서 수정해 볼게.

태준 그럼, 촬영 날짜는 언제가 좋을까?

수진 투표로 결정하자. 참여할 수 있는 시간에 투표해 줘.
[투표하러 가기 >]

지훈 응. 알았어.

923

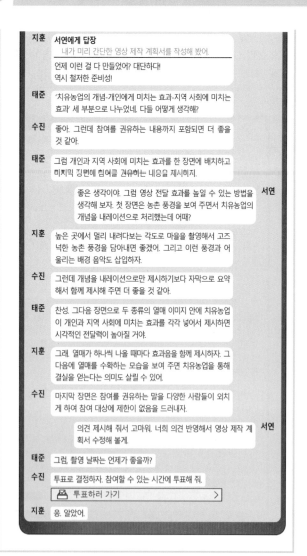

(가)와 (나)에 드러나는 매체의 특성을 이해한 것으로 적절한 것은?

① (가)에서는 (나)와 달리 정보 생산자와 정보 수용자가 실시간으로 상호작용하고 있다.
② (가)에서는 (나)와 달리 정보 생산자가 불특정한 다수의 정보 수용자를 대상으로 정보를 제공하고 있다.
③ (나)에서는 (가)와 달리 정보 생산자와 정보 수용자가 물리적으로 떨어진 공간에서 소통하고 있다.
④ (가)와 (나)에서는 모두 정보 생산자가 생산한 정보의 내용을 정보 수용자가 직접 수정하고 있다.
⑤ (가)와 (나)에서는 모두 정보 생산자가 문자 언어와 음성 언어를 결합한 형태로 정보 수용자에게 정보를 전달하고 있다.

924

(나)의 대화에 대한 설명으로 적절하지 <u>않은</u> 것은?

① '서연'은 문서 파일을 공유하며 대화 참여자들에게 논의의 방향을 제시하고 있다.
② '수진'은 동영상 링크를 공유하며 상대방이 제시한 정보에 대한 이의를 제기하고 있다.
③ '지훈'은 답장 기능을 활용하여 상대방의 자료 준비 태도에 대한 평가를 드러내고 있다.
④ '태준'은 이모티콘을 활용하여 상대방이 준비한 새로운 정보에 대한 반응을 드러내고 있다.
⑤ '수진'은 의견을 취합할 수 있는 기능을 활용하여 대화 참여자들에게 의사 결정에 참여할 것을 요청하고 있다.

925

㉠~㉤에 대한 설명으로 적절하지 <u>않은</u> 것은?

① ㉠ : 연결 어미 '-려고'를 사용하여 치유농업에 대한 정보를 준비한 의도를 드러내고 있다.
② ㉡ : 연결 어미 '-면서'를 사용하여 운동 능력 강화의 조건을 드러내고 있다.
③ ㉢ : 격 조사 '에서'를 사용하여 원예 체험 행사가 열리는 장소를 드러내고 있다.
④ ㉣ : 격 조사 '라고'를 사용하여 행사 참여자의 말을 직접적으로 인용하고 있다.
⑤ ㉤ : 연결 어미 '-아서'를 사용하여 많은 사람들이 프로그램에 참여하지 못하는 이유를 드러내고 있다.

926

(나)의 대화 내용을 바탕으로 '서연'이 수정한 '영상 제작 계획'으로 적절하지 않은 것은? [3점]

영상 제작 계획	
장면 구상	장면 스케치
① 산 위에서 촬영한 마을의 정경과 잔잔한 배경 음악을 함께 제시하여 평화로운 농촌의 분위기가 느껴지도록 연출해야겠어.	
② 치유농업의 개념을 구체적으로 설명하는 내레이션과 함께 핵심 내용으로 구성된 자막을 제시하여 전달 효과를 높여야겠어.	
③ 사과와 포도 모양의 이미지 안에 개인과 지역 사회에 미치는 효과를 각각 기록하여 치유농업의 효과를 한눈에 구별할 수 있도록 연출해야겠어.	
④ 농부가 열매를 하나씩 수확할 때마다 효과음을 삽입하여 치유농업을 통해 얻는 결실의 의미를 시각뿐 아니라 청각적으로도 강조해야겠어.	
⑤ '치유농업 함께해요'를 외치는 인물들의 성별과 연령을 다양하게 구성하여 치유농업에 누구나 참여할 수 있다는 것을 강조하도록 연출해야겠어.	

[2023년 4월 고3 학평 44-45번]

[927-928] 다음은 애플리케이션 화면의 일부이다. 물음에 답하시오.

[화면 1] ('□□시 청소년 정책 참여 마당' 애플리케이션 실행 화면)

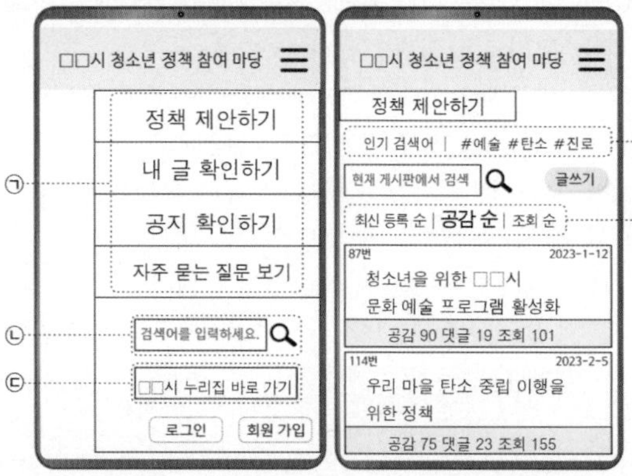

[화면 2] ([화면 1]에서 87번 게시물을 클릭한 화면)

제목

청소년을 위한 □□시 문화 예술 프로그램 활성화

제안 이유

요즘 청소년의 삶에 긍정적인 영향을 주는 요인으로 문화 예술에 대한 사회적 관심이 증대되고 있습니다. □□시에서도 청소년을 위한 문화 예술 프로그램이 활성화되면 좋겠습니다.

현황 및 문제점

첫 번째, 우리 지역에서 문화 예술 프로그램을 운영하는 장소의 접근성이 떨어집니다. 이용할 수 있는 시내버스 노선도 적은 편이어서 방문이 불편하다 보니 청소년들의 참여가 어렵습니다.

두 번째, 문화 예술 프로그램이 전시나 공연 관람 위주로 구성되어 있습니다. 우리 지역 청소년을 대상으로 한 프로그램 만족도 조사에 따르면, 전체적으로 만족도가 낮게 나타났는데 그 이유로 수동적 체험 위주의 프로그램 구성을 가장 많이 꼽았습니다.

정책 제안 및 기대 효과

먼저, 스마트 기기를 활용해 비대면으로 참여할 수 있는 문화 예술 프로그램을 만들어 주세요. 그러면 특정 장소에 직접 가지 않아도 우리 지역 청소년들이 문화 예술 프로그램에 참여할 수 있을 것입니다.

다음으로, 청소년이 주체적으로 참여할 수 있는 성격의 문화 예술 프로그램을 만들어 주세요. 이를 통해 청소년들이 주체성을 기를 수 있고 프로그램에 대해 만족할 수 있을 것입니다.

927

[화면 1]을 이해한 내용으로 적절하지 않은 것은?

① ㉠을 보니, 이용자가 자신의 목적에 따라 이용할 수 있도록 게시판을 분류하여 제시하였군.
② ㉡을 보니, 이용자가 찾고 싶은 내용을 입력하여 정보를 검색할 수 있도록 검색창을 제시하였군.
③ ㉢을 보니, 이용자가 애플리케이션 사용 중에 지정된 누리집에 접속할 수 있도록 링크를 제시하였군.
④ ㉣을 보니, 이용자들의 관심도가 높은 화제를 알 수 있도록 인기 검색어를 열거하여 제시하였군.
⑤ ㉤을 보니, 이용자가 자신의 선택에 따라 화면에 나타나는 게시물의 개수를 조정할 수 있도록 게시물의 정렬 기준을 제시하였군.

928

다음은 [화면 2]에 대한 학생들의 댓글이다. 학생들의 수용 태도에 대한 설명으로 적절하지 않은 것은?

학생 1	최근 문화 예술 경험이 청소년의 삶에 큰 영향을 미친다는 점에 많은 공감대가 형성되어 있는 만큼 시기적절한 제안이라고 생각합니다.
학생 2	문화 예술 프로그램을 운영하는 장소까지 시내버스 말고도 셔틀버스가 운영돼서 쉽게 방문할 수 있으니 접근성이 떨어지지 않는 것 같아요.
학생 3	프로그램 만족도 조사에서 수동적인 체험 방식 때문에 만족도가 낮았다고 하셨는데, 출처가 없어서 정확한 자료라고 보기 어렵습니다.
학생 4	스마트 기기를 가지고 있는 청소년들이 많이 있으니까 비대면 프로그램을 만들면 실제로 청소년들의 문화 예술 프로그램 참여율을 높이는 데 효과가 있을 것입니다.
학생 5	청소년이 프로그램에 능동적으로 참여할 수 있다면 자기 주도적인 능력을 기르고 싶은 친구들에게 도움이 될 것 같아요.

① '학생 1'은 '제안 이유'에서 언급한 사회적 관심에 주목하여, 최근 문화 예술 경험의 영향에 대한 공감대가 형성되었다는 점에서 정책 제안의 시의성을 긍정적으로 판단하였다.
② '학생 2'는 '현황 및 문제점'에서 언급한 접근성 문제에 주목하여, 실제로는 다른 교통편이 있다는 점에서 문제 제기의 타당성을 부정적으로 판단하였다.
③ '학생 3'은 '현황 및 문제점'에서 제시한 만족도 조사 자료에 주목하여, 자료의 출처가 제시되지 않았다는 점에서 정보의 신뢰성을 부정적으로 판단하였다.
④ '학생 4'는 '정책 제안 및 기대 효과'에서 제안한 비대면 프로그램의 개설에 주목하여, 스마트 기기의 기능이 향상되었다는 점에서 정책의 실효성을 긍정적으로 판단하였다.
⑤ '학생 5'는 '정책 제안 및 기대 효과'에서 제안한 프로그램의 성격에 주목하여, 청소년의 자기 주도성 신장에 도움이 될 수 있다는 점에서 정책의 유용성을 긍정적으로 판단하였다.

[2023년 6월 고3 모평 40-43번]

[929-932] (가)는 보이는 라디오의 본방송이고, (나)는 이 방송을 들은 학생의 메모이다. 물음에 답하시오.

(가)

진행자 : ⓐ매주 수요일, 여행 정보를 제공하는 '여행과 함께'를 시작합니다. 앱이나 문자로 언제든 방송에 참여하실 수 있고요, 보이는 라디오 시청자는 실시간 댓글도 이용하실 수 있습니다. ⓑ오늘도 여행가 안○○ 님을 모셨습니다.

여행가 : 안녕하세요. 안○○입니다.

진행자 : 지난주부터 등대 스탬프 여행을 소개하고 있습니다. 저번에는 그중 '재미있는 등대'라는 주제를 소개하셨는데요, 오늘은 어떤 주제인가요?

여행가 : 네, 오늘은 '풍요의 등대'입니다. 서해안에 위치한 16개 등대와 □□ 생물 자원관을 돌아보면서 풍요로운 해산물도 즐길 수 있는 여행 코스입니다.

진행자 : 이제부터 '풍요의 등대'에 속한 등대들을 알아볼 텐데요, 그중에서 가장 선호하시는 곳이 있나요?

여행가 : 저는 천사의 섬이라는 모티브를 살려 천사의 날개와 선박을 형상화한 △△ 등대가 가장 좋았습니다. 등대에 설치된 LED 조명이 켜지면 주변 경관과 어우러져 이국적인 경관을 연출하는 곳인데, 그 모습을 바라보면서 먹는 전복 라면은 정말 맛있죠.

진행자 : 정말 맛있겠네요. 많은 분들이 실시간 문자로 지난주에 안내했던 등대 스탬프 여행의 순서를 물으시네요. 예정된 건 아니지만 다시 안내해 주시겠어요?

여행가 : ⓒ우선 모바일 여권과 종이 여권 중 하나를 선택하셔서 참가 신청을 해야 하는데요, 모바일 여권은 앱을 이용하시면 되고, 종이 여권은 '등대와 바다' 누리집에서 신청하시면 됩니다. 그러고 나서 등대들을 돌아다니면서 스탬프를 찍고 사진을 촬영하시는 겁니다. 사진을 다 모으시면 누리집에서 완주 인증을 하시는 거죠.

진행자 : ⓓ실시간 댓글로 6789 님께서 스탬프 여행의 주의 사항에 대해 궁금증이 있으시답니다. 함께 알아볼까요?

여행가 : ⓔ네, 앞에서 말씀드린 완주 인증은 날짜가 기록된 사진으로만 가능합니다. 처음엔 스탬프로 완주 인증을 했지만 지금은 그렇게 바뀐 거죠. 하지만 스탬프를 찍기 원하는 여행자들이 많아 여전히 스탬프를 유지하고 있습니다. 그런데 행복도 등대나 기쁨항 등대처럼 등대 주변에 스탬프가 없는 경우가 있으니 미리 확인하시는 것이 좋겠습니다.

진행자 : 스탬프가 등대 주변이 아닌 다른 곳에 위치한 경우도 있다는 거군요. 잠시만요, 나머지 등대를 소개하기에

는 시간이 부족할 것 같으니 2부에서 계속하고요. 남은 시간 동안 '풍요의 등대'의 완주 기념품에 대해 이야기해 볼까요?

여행가 : (테이블에 오르골을 올리며) 바로 이 등대 오르골입니다.

진행자 : 실시간 댓글 창에 오르골이 귀엽다는 반응이 많네요. 라디오로만 들으시는 분들은 실제 모양이 궁금하시죠? 작고 예쁜 등대가 나무 상자 안에 있고, 오른쪽에 태엽을 감는 손잡이가 있습니다. 아쉽지만 약속된 시간이 다 되어 1부는 여기서 마치고 2부에서 뵐게요.

(나)

> 등대 스탬프 여행을 지리 수업 시간에 발표해야겠어. ㉠<u>여행의 순서와 주의 사항에 대한 슬라이드</u>는 여행가의 말을 정리하되 여행의 순서가 잘 나타날 수 있게 표현하고, 시각적 이미지를 활용해야지. ㉡<u>'△△ 등대'에 대한 슬라이드</u>는 여행에 유용한 정보를 추가하고, 슬라이드의 내용을 포괄할 수 있는 제목을 넣어야지.

929

(가)에 나타난 정보 전달 방식으로 적절하지 <u>않은</u> 것은?

① 수용자에게 일정한 주기로 새로운 정보가 제공되므로 지난 주 방송과 현재 진행되는 방송의 연관성을 제시한다.
② 본방송을 중간부터 청취한 수용자는 흐름을 따라가지 못할 수 있으므로 앞부분의 정보를 정리해서 전달한다.
③ 수용자에게 정보를 제공할 수 있는 시간상의 제약이 있으므로 방송에서 전달하려는 정보를 선택하여 조절한다.
④ 청각적 정보만 접할 수 있는 수용자가 있으므로 방송 중에 제공한 시각적 정보를 음성 언어로 풀어서 설명한다.
⑤ 수용자들이 방송에 실시간으로 참여하는 것이 가능하므로 실시간 댓글과 문자를 바탕으로 이어질 정보를 조정한다.

930

다음은 (가)가 끝난 후의 청취자 게시판이다. 참여자들의 소통 양상으로 가장 적절한 것은?

> 청취자 게시판
>
> **새달** : 행복도 등대나 기쁨항 등대와 같이 등대 스탬프가 없는 곳도 있다는데요. 그 등대는 스탬프를 찍을 수 없군요.
>
> ↳ **알콩** : 저는 일반적인 등대와는 달리 등대 주변이 아닌 다른 곳에 스탬프가 있다고 들었는데요.
>
> ↳ **사슴** : 알콩 님 말씀과 같이 스탬프가 있긴 해요. 행복도 등대는 행복도 역사관 내에, 기쁨항 등대는 선착장 앞에 있어요. 모두 찾기 어렵지 않더라고요.
>
> ↳ **새달** : 사슴 님 좋은 정보 감사해요.

① 방송 내용에 대한 '새달'의 잘못된 이해가 '알콩'과 '사슴'의 댓글에 의해 수정되고 있다.
② 방송 내용에 대하여 가지고 있던 '새달'과 '알콩'의 공통된 생각에 '사슴'이 동조하고 있다.
③ 방송을 듣고 '새달'이 느낀 감정을 '알콩' 및 '사슴'과 공유하여 정서적인 공감을 형성하고 있다.
④ 방송 내용에 대해 가지고 있던 '새달'과 '알콩'의 서로 다른 생각이 '사슴'에 의해 절충되고 있다.
⑤ 방송 내용에 대한 '새달'과 '알콩'의 긍정적 감정이 '사슴'의 댓글로 인해 부정적 감정으로 전환되고 있다.

931

다음은 (나)에 따라 제작한 발표 자료이다. 제작 과정에서 고려한 내용으로 적절하지 않은 것은? [3점]

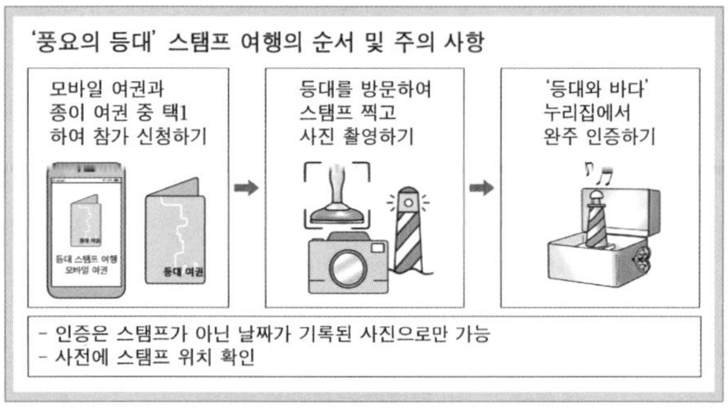

'풍요의 등대' 스탬프 여행의 순서 및 주의 사항
모바일 여권과 종이 여권 중 택1 하여 참가 신청하기
등대 스탬프 여행 모바일 여권
등대 여권
등대를 방문하여 스탬프 찍고 사진 촬영하기
'등대와 바다' 누리집에서 완주 인증하기
- 인증은 스탬프가 아닌 날짜가 기록된 사진으로만 가능
- 사전에 스탬프 위치 확인

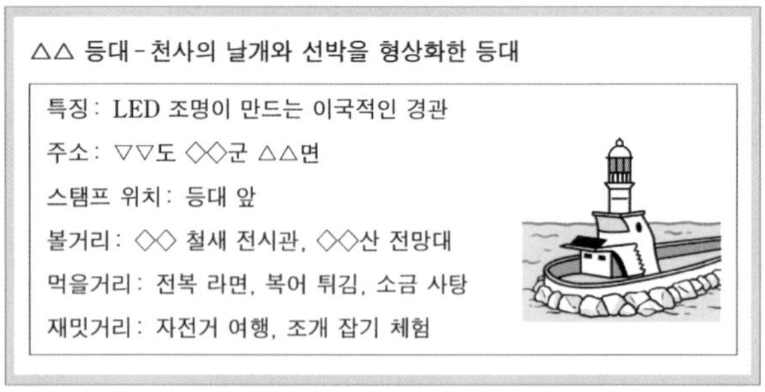

△△ 등대 - 천사의 날개와 선박을 형상화한 등대
특징: LED 조명이 만드는 이국적인 경관
주소: ▽▽도 ◇◇군 △△면
스탬프 위치: 등대 앞
볼거리: ◇◇ 철새 전시관, ◇◇산 전망대
먹을거리: 전복 라면, 복어 튀김, 소금 사탕
재밋거리: 자전거 여행, 조개 잡기 체험

① 여행가의 말을 정리하기로 한 ㉠은 여행가가 제시한 여행의 순서와 주의 사항을 모아 하나의 슬라이드로 구성하자.
② 여행의 순서를 나타내기로 한 ㉠에는 여행가가 제시한 여행 순서를 구분하고 차례가 드러나게 화살표를 사용하자.
③ 시각적 이미지를 활용하기로 한 ㉠에는 여행가가 소개한 여행의 순서와 관련된 주요 소재를 그림 자료로 보여 주자.
④ 여행에 유용한 정보를 추가하기로 한 ㉡에는 여행가가 언급한 먹을거리 이외에도 다양한 정보를 추가하자.
⑤ 내용을 포괄할 수 있는 제목을 넣기로 한 ㉡은 여행가의 말을 가져와 슬라이드의 내용을 요약할 수 있는 제목을 달자.

932

ⓐ~ⓔ의 높임 표현에 대한 설명으로 적절하지 않은 것은?

① ⓐ : 종결 어미 '-ㅂ니다'를 사용하여, 방송을 듣고 있는 불특정 다수의 청자를 높이고 있다.
② ⓑ : 특수 어휘 '모시다'를 사용하여, 객체인 여행가를 높이고 있다.
③ ⓒ : 선어말 어미 '-시-'를 사용하여, 여권 선택의 주체인 청자를 높이고 있다.
④ ⓓ : '있으시다'를 사용하여, 궁금증이 있는 주체인 '6789님'을 간접적으로 높이고 있다.
⑤ ⓔ : '말씀'을 사용하여, 화자인 여행가의 말을 높이고 있다.

[2023년 6월 고3 모평 44-45번]

[933-934] (가)는 전자 문서로 된 사용 설명서의 일부이고, (나)는 이를 바탕으로 나눈 누리 소통망 대화이다. 물음에 답하시오.

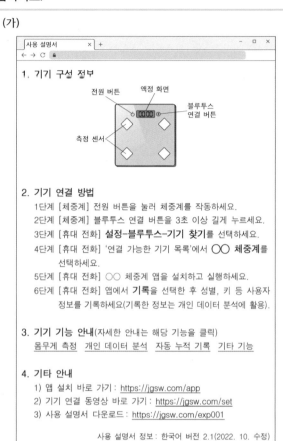

(가)

사용 설명서

1. 기기 구성 정보

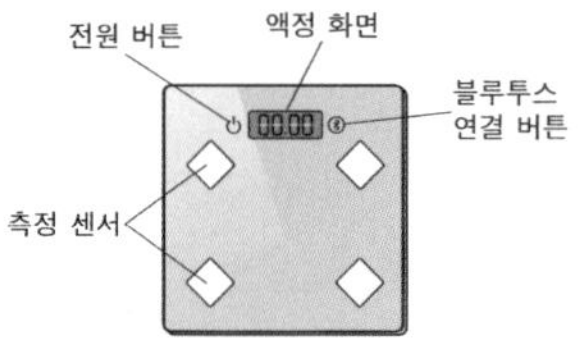

2. 기기 연결 방법
1단계 [체중계] 전원 버튼을 눌러 체중계를 작동하세요.
2단계 [체중계] 블루투스 연결 버튼을 3초 이상 길게 누르세요.
3단계 [휴대 전화] **설정-블루투스-기기 찾기**를 선택하세요.
4단계 [휴대 전화] '연결 가능한 기기 목록'에서 **○○ 체중계**를 선택하세요.
5단계 [휴대 전화] ○○ 체중계 앱을 설치하고 실행하세요.
6단계 [휴대 전화] 앱에서 **기록**을 선택한 후 성별, 키 등 사용자 정보를 기록하세요(기록한 정보는 개인 데이터 분석에 활용).

3. 기기 기능 안내(자세한 안내는 해당 기능을 클릭)
몸무게 측정 개인 데이터 분석 자동 누적 기록 기타 기능

4. 기타 안내
1) 앱 설치 바로 가기: https://jgsw.com/app
2) 기기 연결 동영상 바로 가기: https://jgsw.com/set
3) 사용 설명서 다운로드: https://jgsw.com/exp001

이거 기능 정말 많아요. 시윤

사용 설명서 정보: 한국어 버전 2.1(2022. 10. 수정)

(나)

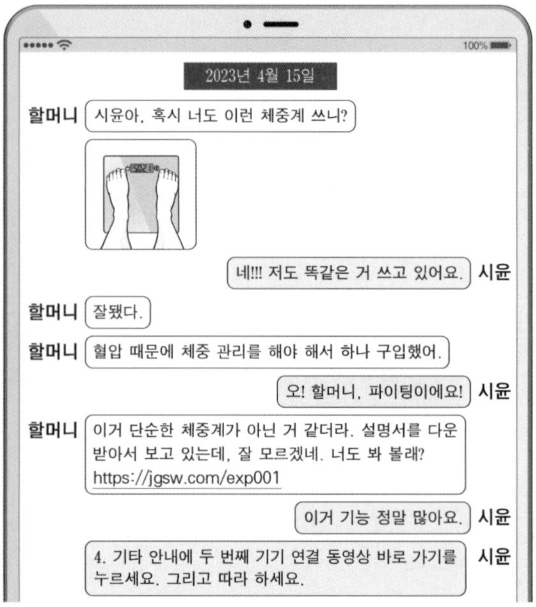

할머니 시윤아, 혹시 너도 이런 체중계 쓰니?
네!!! 저도 똑같은 거 쓰고 있어요. 시윤
할머니 잘됐다.
할머니 혈압 때문에 체중 관리를 해야 해서 하나 구입했어.
오! 할머니, 파이팅이에요! 시윤
할머니 이거 단순한 체중계가 아닌 거 같더라. 설명서를 다운받아서 보고 있는데, 잘 모르겠네. 너도 봐 볼래?

2023년 5월 6일

할머니, 체중계 잘 쓰고 계세요? 시윤

할머니 어, 잘 쓰고 있지. 매일 아침 기록하고 있어.

혹시 예전처럼 달력에다 손으로 직접 쓰고 계세요? 시윤

그거 다 이렇게 자동으로 앱에 기록돼요. 시윤

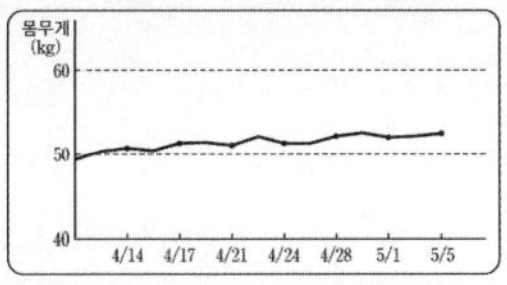

할머니 그때 들었던 것 같은데, 설명서에 이런 게 있었나?

이거 단순한 체중계가 … https://jgsw.com/exp001 시윤

ㄴ[답장] 이게 저번에 할머니께서 저한테 보내 주신 설명서 링크예요. 이거 다시 보고 계시면 제가 이따가 전화해서 알려 드릴게요.

933

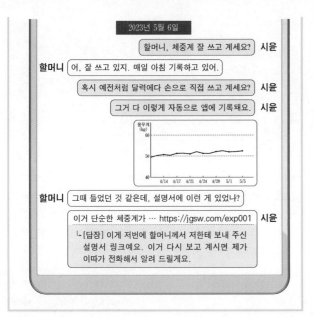

(가)의 정보 구성 및 제시 방식으로 적절하지 <u>않은</u> 것은?

① 기기 구성 정보는 시각 자료를 활용하여 전달했다.

② 기기를 휴대 전화와 연결하는 방법을 조작 순서에 맞추어 안내했다.

③ 기기 연결 방법에서 앱에 기록할 정보는 글자의 크기와 굵기를 다르게 표시했다.

④ 기기 기능 안내에서는 안내받을 수 있는 기능의 항목을 나열하여 배치했다.

⑤ 사용 설명서의 버전 정보를 수정 시점과 함께 제공했다.

934

(가)와 (나)에서 확인할 수 있는 매체 활용에 대한 이해로 가장 적절한 것은?

① (가)의 내용이 (나)를 통해 전달되는 과정에서 사용자들이 정보를 선별하여 유통할 수 있군.

② (나)의 사용자들이 서로 교환한 정보를 바탕으로 (가)의 수정 과정을 점검할 수 있군.

③ (가)는 (나)와 달리 사용자가 필요한 정보를 질문하여 요청할 수 있군.

④ (나)는 (가)와 달리 사용자가 하이퍼링크를 통해 외부의 정보에 접근할 수 있군.

⑤ (가)와 (나)는 모두 정보를 교류한 이력에서 사용자가 필요한 부분을 불러와 상대방에게 이전 내용을 환기할 수 있군.

[2023년 7월 고3 학평 40-43번]

[935-938] (가)는 사용자 참여형 인터넷 백과사전의 일부이고, (나)는 라디오 방송 대담의 일부이다. 물음에 답하시오.

(가)

← → C https://○○○.dic/w/smartcity

스마트 시티

이 문서는 여러분이 직접 수정할 수 있습니다. [편집]을 눌러 문서 내용을 검토 · 수정해 주세요.

라일락 님이 2시간 전에 마지막으로 편집함.

목차
1. 개요
2. 관련 기술
3. 사례
4. 외부 링크
5. 참고 자료

∨ 1. 개요 [편집]

도시에 정보통신기술, 빅데이터 등 디지털 신기술을 접목해 각종 도시 문제를 해결하고 지속 가능한 도시를 만들 수 있는 도시 모델을 의미한다.

∨ 2. 관련 기술 [편집]

교통, 환경, 주거 등의 분야에 4차 산업을 대표하는 기술들을 접목한다. 스마트 시티의 관련 기술로는 모바일, **<u>사물인터넷</u>**, 빅데이터, 클라우드 등이 있다.

사물인터넷(영어: Internet of Things, 약어로 IoT)은 각종 사물에 센서와 통신 기능을 내장하여 인터넷에 연결하는 기술……

∨ 4. 외부 링크 [편집]

스마트 시티 누리집(https://△△△.go.kr/)

∨ 5. 참고 자료 [편집]

김ㅁㅁ, 스마트 시티의 기술적 기반, 인터넷 협회, 2021.6월호.

(나)

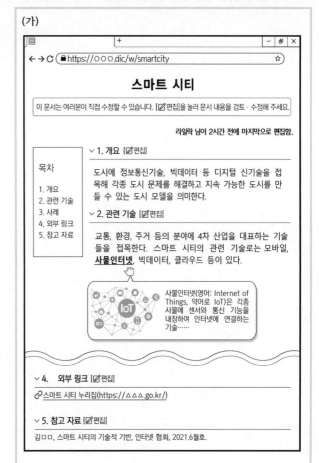

진행자 : (시작을 알리는 음악) 생방송으로 진행되는 상식 톡톡 시간입니다. ㉠<u>어제 예고한 대로 오늘 대담의 주제는 스마트 시티입니다</u>. 문자 메시지나 방송국 앱으로 질문을 보내 주세요. 도시 공학 분야의 전문가이신 ○○○ 교수님을 모셨습니다. 안녕하세요.

전문가 : 네, 안녕하세요. ○○○입니다.

진행자 : 반갑습니다, 교수님. 바쁘신데 나와 주셔서 감사합니다. 우선 스마트 시티란 무엇인지 여쭤보겠습니다.

전문가 : 네, 예를 들어 말씀드릴게요. 쓰레기를 버리러 나갔는데 수거함이 가득 차 불편했던 적 있으시지요? 센서를 통해 생성된 데이터를 활용하면 이를 해결할 수 있습니다. 수거함에 센서를 부착하면 이 센서는 수거함이 일정 수준만큼 찼을 때 담당 직원에게 신호를 보냅니다. ㉡<u>신호를 받은 직원은 수거 차량에 수거함의 위치 정보를 제공하고</u>, 수거를 위한 최적 경로까지 알려줍니다. 이렇게 되면 시민들은 불편함 없이 수거함을 이용할 수 있겠지요. 이처럼 도시에서 생성된 데이터를 이용하여 시민들에게 편리한 서비스를 제공하는 것이 스마트 시티의 아이디어입니다.

진행자 : 데이터를 이용해 시민들에게 편리한 삶을 제공할 수 있군요. 그렇다면 데이터를 어떻게 모으나요?

전문가 : 네, 센서가 정보 수집 도구가 됩니다. 우리의 생활 공간에는 수많은 센서가 있습니다. 여러분이 사용하는 휴대전화, 차량 등이 모두 센서입니다. ㉢그동안은 센서를 통해 생성된 데이터가 한곳에 모이지 못했습니다. 이제는 클라우드 기술의 발전으로 교통 흐름과 같은 정보들을 한곳에 모을 수 있습니다. 이뿐만 아니라 데이터를 이용하면 건물 간에 남는 에너지를 공유할 수도 있습니다.

진행자 : 흥미롭네요. 말씀하신 것 중에 남는 에너지를 교환하는 것에 대한 설명이 더 필요할 것 같습니다.

전문가 : 어떤 건물에 태양광 전지판이 있다고 가정해 볼게요. ㉣그것을 통해 해당 건물은 에너지를 자체적으로 생산할 수 있습니다. 에너지를 사용한 후에는 남은 에너지가 있을 수 있지요? 만약 건물에 에너지를 보관하는 저장고와 에너지를 공유하는 시스템이 있다면 에너지를 공유할 수도 있습니다.

진행자 : 그렇네요. 지금 앱을 통해 가장 많은 분들이 질문하신건데요, 스마트 시티 기술이 이미 적용된 도시가 있을까요?

전문가 : 해외 사례로 말씀드리겠습니다. 바르셀로나의 A지구에는 스마트 가로등이 있습니다. ㉤이 가로등은 무선 인터넷의 공유기 역할을 하면서 소음 수준과 공기 오염도까지 분석합니다. 가로등에 설치된 센서가 인구 밀집도까지 파악하여 자동으로 밝기를 조절함으로써 에너지를 절감하고 있는 것이지요. 우리나라도 이와 같은 스마트 시티의 기술들이 현재 많은 도시들에 적용되고 있습니다.

진행자 : 방금 △△ 시내에 통제되는 도로가 있다고 해서요, 그곳을 지나는 분들은 참고하시기 바랍니다. 자세한 교통 상황 전해 드리고 대담을 이어가도록 하겠습니다. (교통 안내 방송으로 이어지는 음악)

935

(가)와 (나)에 대한 설명으로 가장 적절한 것은?

정보 구성 방식	◦ (가)는 문자와 이미지가 쓰였다는 점에서, (나)는 음성과 음악을 사용했다는 점에서 복합 양식적 특성을 보여 주고 있다. ……………………………① ◦ (가)와 (나)는 모두 선조적으로 정보를 제공하기 때문에 정보 제공자가 정보 수용자의 반응을 확인하며 정보 제시 순서를 조정한다. ……………②
정보 유통 방식	◦ (가)는 (나)와 달리 시의성을 지니는 정보를 실시간으로 제공하고 있다. ……………………………③ ◦ (나)는 (가)와 달리 정보 제공자와 정보 수용자 사이의 소통이 일방향으로 이루어지고 있다. ……………………………………………④ ◦ (가)와 (나)는 모두 정보를 가공하여 전달하는 데 시·공간적 제약을 받지 않는다. …………………⑤

936

(가)에 대한 이해로 적절하지 않은 것은?

① 정보 수용자가 문서의 내용 중 원하는 내용을 쉽게 찾을 수 있도록 목차를 제시하고 있다.
② 정보 수용자가 문서 내용과 관련된 웹사이트로 이동할 수 있도록 하이퍼링크 기능을 제공하고 있다.
③ 인터넷 사용자들이 정보 생산자로 참여할 수 있도록 문서 내용을 입력하거나 수정하는 기능을 제공하고 있다.
④ 정보 생산자가 제공한 문서에 대한 신뢰성을 확보할 수 있도록 문서 내용의 근거가 되는 자료의 출처를 밝히고 있다.
⑤ 정보 수용자가 다른 수용자들의 문서 열람 여부를 확인할 수 있도록 최종적으로 문서가 작성된 이력을 제공하고 있다.

937

㉠~㉤에 대한 설명으로 적절하지 않은 것은?

① ㉠ : 의존 명사 '대로'를 사용하여 청취자에게 예고한 것과 같이 '스마트 시티'가 대담의 주제임을 밝히고 있다.
② ㉡ : 부사격 조사 '에'를 사용하여 수거함의 위치 정보를 제공받는 대상이 '수거 차량'임을 드러내고 있다.
③ ㉢ : 피동사 '모이다'를 사용하여 행위의 주체보다는 행위의 대상인 '데이터'에 초점을 두어 설명하고 있다.
④ ㉣ : 지시 대명사 '그것'을 사용하여 직전 발화에서 이미 언급한 대상인 '태양광 전지판'을 가리키고 있다.
⑤ ㉤ : 연결 어미 '-면서'를 사용하여 '공유기 역할'이라는 조건이 충족되면 다른 기능도 수행함을 드러내고 있다.

938

다음은 (나)를 들은 청취자들이 청취자 게시판에 남긴 내용이다. 청취자의 수용 태도에 대한 설명으로 적절하지 <u>않은</u> 것은? [3점]

> 파일 편집 보기 즐겨찾기 도구 도움말
>
> 청취자 게시판 (검색 | 목록)
>
> **댓글 1** : 스마트 시티의 기술들이 적용되는 도시가 많다고 했는데 보고서를 찾아보니 일부 대도시를 제외하고 대부분의 소규모 도시에서는 적용되지 않았어요. 스마트 시티와 관련한 도시 간 불균형 문제도 있는데 긍정적인 측면만을 부각하고 계신 것 같아요.
>
> **댓글 2** : 미래 도시를 상상할 수 있어서 좋았어요. 그런데 신호등 관리 시스템이 해킹당하는 것과 같은 보안 문제도 있는데 너무 좋은 점만 드러내셨어요. 또한 클라우드라는 개념도 낯설어서 알고 싶었는데, 그 뜻을 설명해 주실 수 있을까요?
>
> **댓글 3** : 저처럼 환경에 관심이 많은 분들이 재밌게 들었겠어요. 그런데 A 지구에서 얼마만큼의 전력을 절약했는지 알 수 없어 막연하네요. 실제로 어느 정도의 에너지를 절감할 수 있나요?

① 댓글 1은 자신이 추가로 수행한 탐색 활동을 통해 얻은 정보를 근거로 대담 내용의 사실 여부를 점검하고 있다.

② 댓글 2는 자신이 원하는 정보를 대담에서 제공하지 않았음을 언급하며 이에 대한 답변을 질문의 형식으로 요청하고 있다.

③ 댓글 3은 교수가 제시한 사례와 관련한 정보가 충분하지 않음을 지적하며 구체적인 수치를 밝히지 않은 점에 대한 아쉬움을 드러내고 있다.

④ 댓글 1과 댓글 2는 모두 대담에서 다루지 않은 내용이 있음을 언급하며 대담의 관점이 한쪽으로 치우쳐 공정하지 않다는 점을 지적하고 있다.

⑤ 댓글 2와 댓글 3은 모두 대담이 특정 관심사를 지닌 청취자에게 유용하다는 점을 밝히며 새로 알게 된 내용을 다른 상황에 적용하고 있다.

[2023년 7월 고3 학평 44-45번]

[939-940] (가)는 발표를 준비하기 위해 '준엽'이 제작해 인터넷 공유 문서에 올린 발표 초안이고, (나)는 (가)의 세 번째 슬라이드에 대해 학생들이 휴대 전화 메신저로 나눈 대화의 일부이다. 물음에 답하시오.

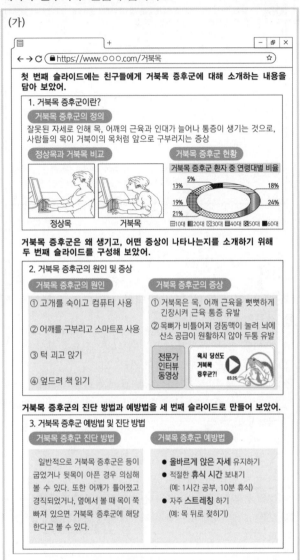

(가)

https://www.ㅇㅇㅇ.com/거북목

첫 번째 슬라이드에는 친구들에게 거북목 증후군에 대해 소개하는 내용을 담아 보았어.

1. 거북목 증후군이란?

거북목 증후군의 정의

잘못된 자세로 인해 목, 어깨의 근육과 인대가 늘어나 통증이 생기는 것으로, 사람들의 목이 거북이의 목처럼 앞으로 구부러지는 증상

정상목과 거북목 비교

정상목　　거북목

거북목 증후군 현황

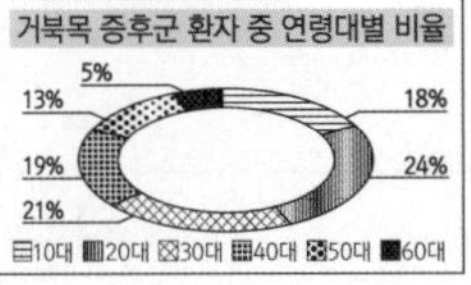

거북목 증후군은 왜 생기고, 어떤 증상이 나타나는지를 소개하기 위해 두 번째 슬라이드를 구성해 보았어.

2. 거북목 증후군의 원인 및 증상

거북목 증후군의 원인	거북목 증후군의 증상
① 고개를 숙이고 컴퓨터 사용	① 거북목은 목, 어깨 근육을 뻣뻣하게 긴장시켜 근육 통증 유발
② 어깨를 구부리고 스마트폰 사용	② 목뼈가 비틀어져 경동맥이 눌려 뇌에 산소 공급이 원활하지 않아 두통 유발
③ 턱 괴고 앉기	전문가 인터뷰 동영상
④ 엎드려 책 읽기	

거북목 증후군의 진단 방법과 예방법을 세 번째 슬라이드로 만들어 보았어.

3. 거북목 증후군 예방법 및 진단 방법

거북목 증후군 진단 방법	거북목 증후군 예방법
일반적으로 거북목 증후군은 등이 굽었거나 뒷목이 아픈 경우 의심해 볼 수 있다. 또한 어깨가 틀어졌고 경직되었거나, 옆에서 볼 때 목이 쭉 빠져 있으면 거북목 증후군에 해당한다고 볼 수 있다.	● **올바르게 않은 자세** 유지하기 ● 적절한 **휴식 시간** 보내기 (예: 1시간 공부, 10분 휴식) ● 자주 **스트레칭** 하기 (예: 목 뒤로 젖히기)

(나)

거북목 증후군 발표 단체 대화방

['준엽' 님이 '유준', '한비', '세현', '민수', '가영' 님을 초대하였습니다.]

준엽: 얘들아, 안녕! 인터넷 공유 문서에 올린 발표 자료 초안에 대해 조언을 얻고 싶어서 이렇게 단체 대화방을 열었어.

유준: 세 번째 슬라이드에 거북목 증후군 증상을 도식화하여 제시하면 어떨지 이야기 나누고 싶었어.

한비: 오~그렇게 하면 발표를 듣는 친구들이 내용을 한눈에 파악할 수 있겠어. 그리고 친구들이 거북목의 정도를 3단계 척도로 표시하도록 하면 좋을 것 같아.

세현: 좋은 방법이야! 올바른 자세에 대한 시각 자료도 추가하는 건 어때? 나는 올바른 자세가 무엇인지 파악이 잘 안 되거든.

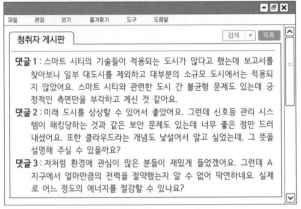

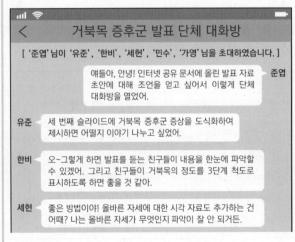

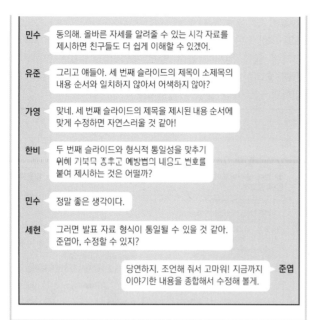

민수: 동의해. 올바른 자세를 알려줄 수 있는 시각 자료를 제시하면 친구들도 더 쉽게 이해할 수 있겠어.

유준: 그리고 얘들아. 세 번째 슬라이드의 제목이 소제목의 내용 순서와 일치하지 않아서 어색하지 않아?

가영: 맞네. 세 번째 슬라이드의 제목을 제시된 내용 순서에 맞게 수정하면 자연스러울 것 같아!

한비: 두 번째 슬라이드와 형식적 통일성을 맞추기 위해 거북목 증후군 예방법의 내용도 번호를 붙여 제시하는 것은 어떨까?

민수: 정말 좋은 생각이다.

세현: 그러면 발표 자료 형식이 통일될 수 있을 것 같아. 준엽아, 수정할 수 있지?

준엽: 당연하지. 조언해 줘서 고마워! 지금까지 이야기한 내용을 종합해서 수정해 볼게.

939

(가)에 나타난 표현 방식에 대한 설명으로 적절하지 <u>않은</u> 것은?

① 첫 번째 슬라이드에서는 대비되는 그림 자료를 제시하여 정상목과 거북목의 차이를 보여 주고 있다.
② 첫 번째 슬라이드에서는 그래프를 활용하여 연령대가 높아질수록 거북목 증후군 환자 발생 비율이 증가하고 있음을 제시하고 있다.
③ 두 번째 슬라이드에서는 글과 동영상 자료를 활용하여 거북목 증후군의 증상에 대한 이해를 돕고 있다.
④ 세 번째 슬라이드에서는 글자의 크기와 굵기를 달리하여 거북목 증후군 예방법의 중요한 정보를 부각하고 있다.
⑤ 모든 슬라이드에서는 각 슬라이드의 중심 내용을 항목화하여 안내하고 있다.

940

(나)를 참고하여 (가)의 세 번째 슬라이드를 수정한 ⓐ~ⓔ 중 적절하지 <u>않은</u> 것은?

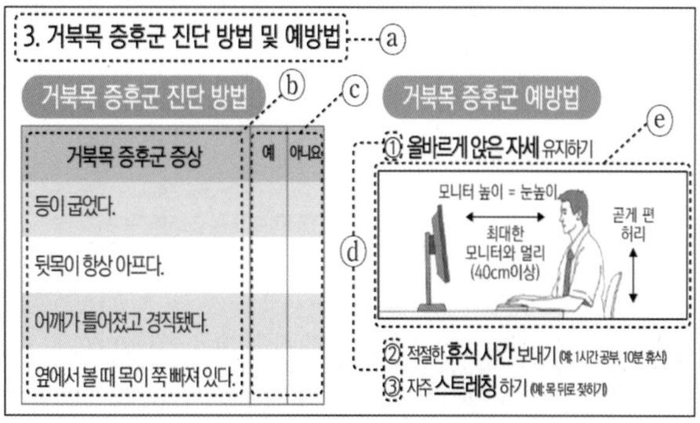

① ⓐ　② ⓑ　③ ⓒ　④ ⓓ　⑤ ⓔ

[2023학년 9월 고3 모평 40-43번]

[941-944] (가)는 학생회 소식을 알리는 실시간 방송이고, (나)는 이를 본 학생이 누리 소통망에 올린 게시물이다. 물음에 답하시오.

(가)

진행자 : □□고 학생들, 안녕하세요? '지켰다, 공약!' 세 번째 시간이죠. 현재 접속자 수가 253명인데요. 두 번째 방송보다 100명 더 입장했네요. ⓐ<u>오늘은 학습실 사용 원칙을 정하겠다는 공약에 관해 학생회장이 출연해 직접 알리기로 했습니다</u>.

학생회장 : 네, ⓑ<u>우리 학교 학습실은 개별 및 조별 학습이 가능하고 다양한 기자재를 쓸 수 있어서 인기가 많죠</u>. 근데 자리가 많지 않고 특별한 원칙 없이 사용하다 보니 불편함이 많았죠. 실시간 대화 창 볼까요?

[A] **동주** 맞아. 자리 맡고 오느라 종례에 늦을 뻔한 적도 있었는데. 다른 학년하고 같이 쓰려니 눈치도 보였고.

동주 학생과 같은 경우가 많을 거예요. ⓒ<u>여러분도 이런 상황에 공감하시겠죠</u>? 그래서 학생회가 나섰습니다.

□□고 학생회 소식

1. 학습실 사용 시 학년 구분이 필요한가?

구분	필요하다	필요없다	모르겠다	합계	전교생
응답 수(명)	512	10	14	536	617

2. 학년 구분이 필요하다면 어떻게 구분하는 것이 좋은가?

구분	합계	3학년	2학년	1학년
요일별 구분(명)	256	174	68	14
시간별 구분(명)	256	14	96	146

지금 화면에 나오는 설문 조사 결과를 바탕으로 학생회 내부 회의를 통해 사용 원칙을 마련했습니다.

[B] **다예** 설문 조사에 근거해 원칙을 마련하려고 한 것을 보니까, 학생회가 마련한 원칙은 객관적이고 합리적일 것 같아. 학생회, 힘내세요!
재호 다들 학년 구분은 필요하다고 생각하는데, 학년별로 선호하는 방법은 다른 게 신기해. 이유가 뭘까?

다예 학생, 감사합니다. 원칙은 다음과 같습니다. 첫째, 학습실 사용은 학생회에 신청을 한 학생을 대상으로 합니다. 둘째, 학습실 사용은 학년별로 구분하되 3학년은 월·목, 2학년은 화·수, 1학년은 금요일에 사용합니다.

[C]
현지 저는 1학년인데요, 금요일엔 일찍 집에 가고 싶은데, 금요일만 사용해야 하는 것은 좀 그래요.
연수 학생회장님, 열심히 하는 모습이 보기 좋은데요, 설문 결과만으로 끌어내기 어려운 원칙은 어떻게 마련했나요?

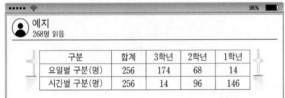

진행자 : 그럼 ⓓ언제부터 새로운 사용 원칙에 따라 학습실 사용을 신청할 수 있나요?

학생회장 : ⓔ네, 다음 대의원회에서 안건이 통과되면 신청을 받을 계획입니다. 학생 여러분께서는 이번 원칙에 대한 의견을 저희 학생회 공식 카페로 보내 주시면, 참고하여 대의원회에서 논의하겠습니다. 화면에 자막으로 나가고 있는 카페 주소를 참고해 주세요!

진행자 : □□고 학생들, 다음에 만나요!

(나)

98%

예지
268명 읽음

구분	합계	3학년	2학년	1학년
요일별 구분(명)	256	174	68	14
시간별 구분(명)	256	14	96	146

□□고 친구들 방송 봤어요? 제가 캡처해 둔 화면을 보면 학생회가 '요일별 구분'을 선택한 이유가 의아한 친구도 있을 것 같아요. 내부 회의의 과정과 내용이 방송에 나오지 않아 궁금해할 친구도 있을 거고요. 내부 회의뿐 아니라 설문 조사를 통해 학년별로 사용할 요일을 정하면 더 좋지 않을까요? 그리고 학생회장이 어떤 친구의 말에 반응한 건 좋았지만, 다른 친구가 궁금해하는 내용에는 답을 하지 않은 건 아쉬웠어요.

학생회 공식 카페 가기 (☜클릭 : 학생회에 전할 의견은 여기로)

댓글 창 열었으니 학습실 사용 원칙에 대해 의견 나눠요.

99 댓글 [ ] 입력

유선 2학년도 월요일에 쓰고 싶어요. 21:37
↳ 태민 나도. 21:51

941

(가)에 나타난 의사소통 방식으로 적절하지 않은 것은?

① 진행자는 방송의 시작에 학교명을 언급하며, 소식을 들을 수용자를 밝히고 있다.
② 진행자는 접속자 수를 언급하며, 두 번째 방송과의 접속자 수 차이를 알려 주고 있다.
③ 학생회장은 학생의 이름을 언급하며, 수용자의 실시간 반응을 살펴보고 있다는 것을 보여 주고 있다.
④ 학생회장은 발화와 관련한 보충 자료로 표를 제시하며, 수용자에게 구체적인 정보를 전달하고 있다.
⑤ 학생회장은 자신의 발언 내용을 요약한 화면을 설명하며, 수용자가 요구한 정보를 강조하고 있다.

942

[A]~[C]에서 알 수 있는 학생들의 수용 태도에 대한 설명으로 가장 적절한 것은?

① [A] : 동주는 자신의 경험을 근거로 학생회장의 이야기가 사실에 부합하지 않는다고 판단하였다.
② [B] : 다예는 학생회장의 직전 발화를 듣고 학생회의 결정이 타당할 것 같다고 판단하였다.
③ [B] : 재호는 방송에서 제시된 자료를 보고 학생회의 설문 조사 결과가 잘못되었다고 판단하였다.
④ [C] : 현지는 학생회장의 직전 발화를 듣고 발언 내용의 논리적 오류를 점검하였다.
⑤ [C] : 연수는 방송에서 제시된 자료를 보고 학생회가 마련한 원칙의 실행 가능성을 점검하였다.

매체 영역 핵심 기출 문제

943

다음은 (나)를 작성하기 위한 메모이다. ㉠~㉢이 (나)에 반영된 양상으로 적절하지 않은 것은? [3점]

> 방송에서 학생회가 놓친 부분이 있는 것 같네. 일단 ㉠ 학생회장이 방송에서 보인 아쉬운 점과 사용 원칙 마련에 ㉡친구들의 의견이 반영될 수 있는 방법을 언급해야지. 또 ㉢친구들이 학생회에 의견을 보내거나 서로 생각을 나눌 수 있는 기능을 활용해야지.

① ㉠ : '요일별 구분'을 원칙으로 정한 이유를 밝히지 않아 미흡했다는 점을 언급하기 위해, 저장한 방송 화면의 일부를 보여 주었다.

② ㉠ : 실시간 대화 창에서 학생회를 응원하는 말에는 호응하며 답을 들려주었지만 질문에는 답변이 없었던 모습을 이야기하였다.

③ ㉡ : 내부 회의에 대한 정보가 충분하지 않았다는 점을 언급하며, 학년별 사용 요일 결정에 대해 학생들의 의견을 반영할 수 있는 방법을 제안하였다.

④ ㉢ : 자막으로 제공된 주소는 바로 연결하기가 어려우니, 의견을 전달할 수 있도록 학생회 공식 카페로 연결하는 하이퍼링크를 제공하였다.

⑤ ㉢ : 학생회가 선정한 학습실 사용자들이 사용 원칙에 대해 제시한 의견을 학생회에 보낼 수 있도록 댓글 기능을 활성화하였다.

944

ⓐ~ⓔ에 대한 설명으로 적절하지 않은 것은?

① ⓐ : 부사 '직접'을 사용하여, 학생회장이 자신의 방송 출연 사실을 학생들에게 전달할 것임을 나타내고 있다.

② ⓑ : 어미 '-어서'를 사용하여, 학습실이 인기가 많은 이유를 밝히고 있다.

③ ⓒ : 어미 '-겠-'을 사용하여, 학생들이 학습실 사용의 불편에 공감할 것이라는 추측을 드러내고 있다.

④ ⓓ : 보조사 '부터'를 사용하여, 이 질문은 학습실 사용 신청이 시작되는 시점이 언제인지 묻고 있음을 드러내고 있다.

⑤ ⓔ : 어미 '-면'을 사용하여, 사용 원칙이 적용되기 전에 갖춰져야 할 조건을 언급하고 있다.

[2023년 9월 모평 44-45번]

[945-946] (가)는 ○○도서관 앱의 첫 화면이고, (나)는 이 앱을 사용한 학생이 도서관 누리집에 게시판에 올린 글과 사서의 답변이다. 물음에 답하시오.

(가)

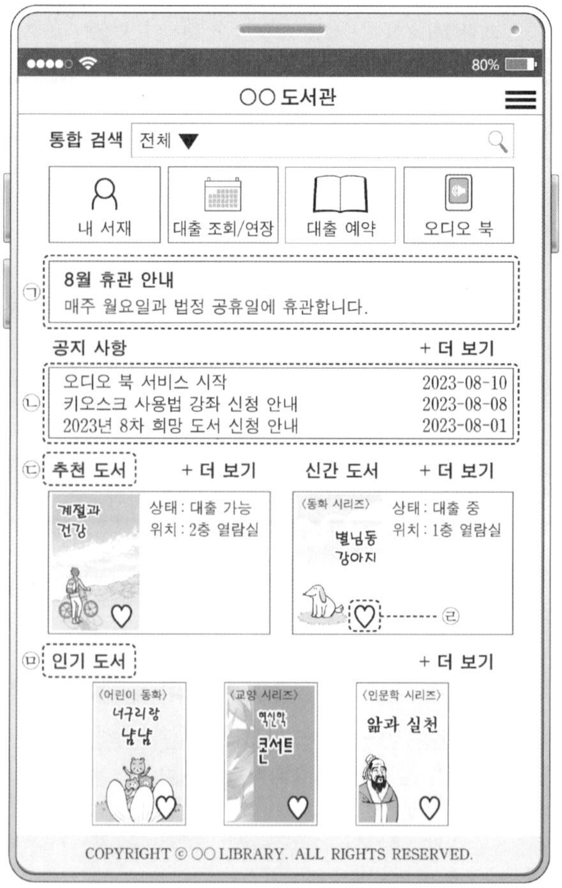

(나)

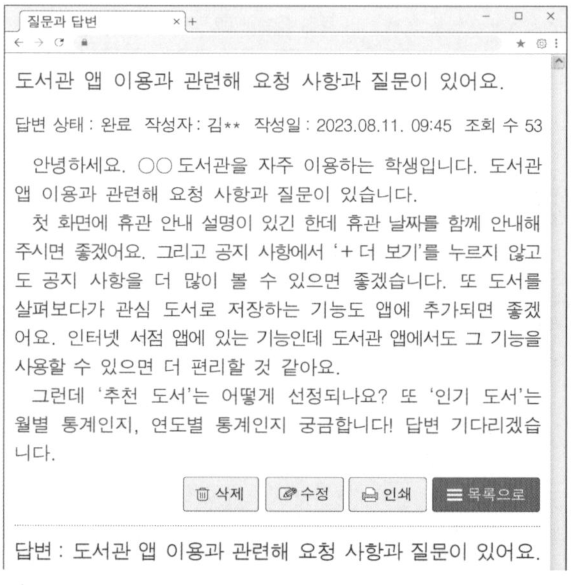

질문과 답변

도서관 앱 이용과 관련해 요청 사항과 질문이 있어요.

답변 상태 : 완료 작성자 : 김** 작성일 : 2023.08.11. 09:45 조회 수 53

안녕하세요. ○○ 도서관을 자주 이용하는 학생입니다. 도서관 앱 이용과 관련해 요청 사항과 질문이 있습니다.

첫 화면에 휴관 안내 설명이 있긴 한데 휴관 날짜를 함께 안내해 주시면 좋겠어요. 그리고 공지 사항에서 '+ 더 보기'를 누르지 않고도 공지 사항을 더 많이 볼 수 있으면 좋겠습니다. 또 도서를 살펴보다가 관심 도서로 저장하는 기능도 앱에 추가되면 좋겠어요. 인터넷 서점 앱에 있는 기능인데 도서관 앱에서도 그 기능을 사용할 수 있으면 더 편리할 것 같아요.

그런데 '추천 도서'는 어떻게 선정되나요? 또 '인기 도서'는 월별 통계인지, 연도별 통계인지 궁금합니다! 답변 기다리겠습니다.

삭제 수정 인쇄 목록으로

답변 : 도서관 앱 이용과 관련해 요청 사항과 질문이 있어요.

작성자 : 박** 작성일 : 2023.08.11. 15:53

안녕하세요. ○○ 도서관 사서입니다.

먼저 요청 사항에 대해 답변드립니다. 휴관 안내에 대한 요청 사항이 타당하다고 판단해 날짜도 함께 안내하기로 했습니다. 그리고 공지 사항 목록이 늘어나면 앱의 특성상 첫 화면이 너무 길어져 이용에 불편을 드릴 것 같아 현재 상태를 유지하기로 했으니 양해 바랍니다. 또 관심 도서 기능은 도서 이미지의 오른쪽 하단에 있는 ♡를 눌러 사용하실 수 있습니다.

다음으로 질문에 대해 답변드립니다. 앱의 '추천 도서'는 국립 중앙도서관이 운영하는 도서관 정보나루의 자료를 토대로 우리 도서관 사서들이 의논하여 선정합니다. '인기 도서'는 기간을 한정하지 않고 누적 대출 건수를 기준으로 제시되는 것입니다. 또 '인기 도서'의 '+ 더 보기'를 누르면, 기간, 연령, 분야 중 하나를 선택하여 순위에 따라 배열된 도서 목록을 볼 수 있다는 것도 추가로 알려드립니다.

고맙습니다.

945

(가)와 (나)에 대한 설명으로 가장 적절한 것은?

① (가)에서는 (나)와 달리 게시물의 조회 수가 화면에 표시된다.
② (가)에서는 (나)와 달리 게시물을 수정할 수 있는 기능이 제공된다.
③ (가)에서는 (나)와 달리 도서 이용과 관련된 여러 기능이 제공된다.
④ (나)에서는 (가)와 달리 도서 대출 상태에 관한 정보가 표시된다.
⑤ (나)에서는 (가)와 달리 도서를 검색할 수 있는 기능이 제공된다.

946

㉠~㉤과 관련하여 (나)를 이해한 것으로 적절하지 않은 것은?

① 학생은 정보의 구체성을 고려하여 ㉠에 추가 정보를 게시해 줄 것을 요청하고 있다.
② 사서는 앱 화면의 구성을 고려하여 ㉡에서 보이는 정보의 양을 늘리지 않겠다며 학생의 요청을 수용하지 않고 있다.
③ 사서는 정보 선정에 활용된 자료를 고려하여 ㉢의 선정 방식을 알려 주고 있다.
④ 학생은 앱 이용자의 편의를 고려하여 ㉣의 기능에 새로운 기능을 추가해 줄 것을 요구하고 있다.
⑤ 사서는 정보의 추가 제공을 고려하여 ㉤을 여러 조건으로 정렬하여 확인할 수 있는 기능을 안내하고 있다.

[2023년 10월 고3 학평 40-43번]

[947-950] (가)는 실시간 인터넷 방송의 일부이고, (나)는 이 방송을 시청한 학생의 메모이다. 물음에 답하시오.

(가)

수요일마다 마을을 탐방하는 '뚜벅뚜벅 마을 여행'의 뚜벅입니다. 지난주에는 □□궁의 동쪽에 있는 ▽▽ 마을에 다녀왔는데요, 오늘은 □□궁의 서쪽에 있는 △△ 마을에 가 보겠습니다. 여러분도 실시간 채팅을 통해 함께해 주세요.

여기가 △△ 마을 입구입니다. △△역에서 딱 5분 걸렸어요. (실시간 채팅 창을 보고) 제 목소리가 잘 안 들린다는 분들이 많네요. 주변이 시끄러워서 그런 것 같은데, 제가 카메라에 있는 소음 제거 장치를 조절해 볼게요. (방송 장비를 조작하며) 이제 잘 들리죠? (실시간 채팅 창을 보고) 네, 다행이네요.

마을 입구에 이렇게 밑동만 남은 나무가 있네요. 무슨 사연이 있나 알아볼게요. 여기 안내문이 있는데, 글씨가 너무 작아서 여러분이 보기에 불편할 것 같으니까 제가 읽어 드릴게요. "이 나무는 수령이 300년 된 백송으로 △△ 마을을 지키는 당산나무의 역할을 해 왔으나, 20××년 태풍에 그만 쓰러지고 말았다." 아! 이런 사연이 있었군요. ⓐ<u>300년 동안이나 한결같이 이 자리에서 △△ 마을을 지켜 주었는데</u>, 태풍에 쓰러져 이렇게 밑동만 남은 걸 보니 안타깝네요.

자, 이제 골목길로 들어가 볼게요. 여기 작은 문방구도 있고, 예쁜 카페도 있고……. 저기 예쁜 한옥이 한 채 있는데 가까이 가서 볼게요. (잠시 두리번거리다가) 여기 안내 표지판을 보니까 1930년대에 지어진 것으로 지금은 민속 문화재로 지정된 한옥이래요. 잠깐 들어가 볼게요. 행랑채를 지나 사랑채로 들어섰는데요, 여러분, 보이시죠? 마당이 정말 예뻐요. 이 문을 지나면 안채가 나오는데, 별로 크지는 않아도 한옥의 아름다움을 아주 잘 간직한 곳이네요. 아, ⓑ<u>그런데 벌써 배가 고파졌어요</u>. ⓒ<u>우선 뭐 좀 먹어야겠어요</u>. 제가 미리 알아봤는데, △△ 시장에는 맛있는 먹거리가 많다고 하더라고요. (두리번거리며) 어디로 가야 할까요? 이 길이 맞는 것 같은데……. 표지판을 보니까 이 길로 가라고 되어 있네요. 아, 저기 보여요. (한참 걸어간 후) 그런데 여기 와서 보니까 아까 우리가 처음에 갔던 백송 바로 옆인데요. 괜히 삥 돌아서 왔네요. 여러분은 저처럼 고생하지 말고 백송을 보고 △△ 시장을 먼저 들러 본 다음에 한옥으로 가는 게 좋겠어요. ⓓ<u>백송에서 시장까지는 5분, 시장에서 한옥까지는 10분 정도 걸리겠어요</u>.

드디어 시장에 도착했어요. 전통 시장이라 그런지 과거의 시간이 머무는 곳 같아요. 참 정겹네요. 그리고 먹거리도 참

많네요. 여러분은 어떤 게 제일 먹고 싶으세요? (실시간 채팅창을 보고) 떡볶이가 어떤 맛인지 알려 달라는 분들이 많네요. ⓔ제가 먹어 보고 맛이 어떤지 알려 드릴게요. (떡볶이 맛을 보고) 다른 떡볶이보다 훨씬 쫄깃해서 식감이 좋고 매콤달콤하네요.

(나)

지역 문화 탐구 동아리에서 △△ 마을을 탐방하기 전에 뚜벅 님 방송을 참고해 사전 안내용 슬라이드를 제작해야겠어. ㉠탐방 경로를 안내하는 슬라이드에서는 탐방 경로를 한눈에 볼 수 있도록 안내하되, 이동의 편의성을 고려한 순서로 제시하고 각 장소로 이동하는 소요 시간도 제시해야지. ㉡△△ 시장을 안내하는 슬라이드에서는 대상의 특징이 드러나는 문구를 넣어 주고 시장 이용에 유용한 정보도 함께 제시해야겠어.

947

(가)에 나타난 정보 전달 방식으로 적절하지 않은 것은?

① 실시간으로 방송이 진행되므로 현장의 상황에 맞추어 음질의 문제를 즉각적으로 개선해 정보를 전달한다.
② 수용자 이탈을 막으려면 흥미를 유지해야 하므로 사전에 제작된 자료 화면을 활용하여 흥미를 유발한다.
③ 수용자가 실시간으로 참여하는 것이 가능하므로 방송 진행자가 수용자의 요구에 따라 정보를 구성하여 전달한다.
④ 방송은 시각과 음성의 사용이 모두 가능하므로 안내문의 텍스트 정보를 방송 진행자가 읽어서 음성 언어로 전달한다.
⑤ 일정한 주기로 정보가 제공되고 있으므로 방송 진행자가 지난주에 했던 방송과 현재 진행되는 방송의 연관성을 제시한다.

948

다음은 (가)가 끝난 후의 댓글 창이다. 참여자들의 소통 양상으로 가장 적절한 것은?

낮달 1일 전
방송 잘 봤어요. 그런데 300년 된 백송이 쓰러진 걸 보니 대단한 태풍이었나 봐요. 그게 무슨 태풍이었나요? 댓글

↳ **뚜벅** 1일 전
20××년에 있었던 태풍 ‘○○’였대요. 우리나라에서 기상을 관측한 이래 가장 강력한 것으로 기록된 태풍이에요. 댓글

↳ **낮달** 1일 전
아! 고마워요. 댓글

별총 1일 전
어렸을 적에 그 마을에서 살았는데, 이제는 백송을 다시는 볼 수 없다니 너무 아쉽네요. 댓글

↳ **뚜벅** 1일 전
그 백송의 씨앗을 발아시켜서 지금 어린 백송이 자라고 있어요. 그러니 너무 아쉬워 마시길……. 댓글

↳ **별총** 1일 전
그렇군요. 좋은 정보 감사해요. 댓글

① ‘낮달’과 ‘별총’은 ‘뚜벅’의 댓글을 통해 방송에서 언급된 내용과 관련된 정보를 추가로 얻고 있다.
② ‘뚜벅’은 방송에서 자신이 잘못 전달한 정보를 바로잡아 ‘낮달’에게 댓글로 전달하고 있다.
③ ‘뚜벅’과 ‘별총’은 ‘낮달’의 생각에 동조함으로써 세 사람이 공통의 관심사를 형성하고 있다.
④ ‘별총’은 자신이 겪은 개인적인 경험을 언급함으로써 ‘뚜벅’이 제공한 정보에 대해 의문을 드러내고 있다.
⑤ ‘별총’은 더 알고 싶은 내용을 질문함으로써 ‘뚜벅’이 추가적인 설명을 하도록 유도하고 있다.

949

다음은 (나)에 따라 제작한 사전 안내용 슬라이드이다. 제작 과정에서 고려한 내용으로 적절하지 않은 것은? [3점]

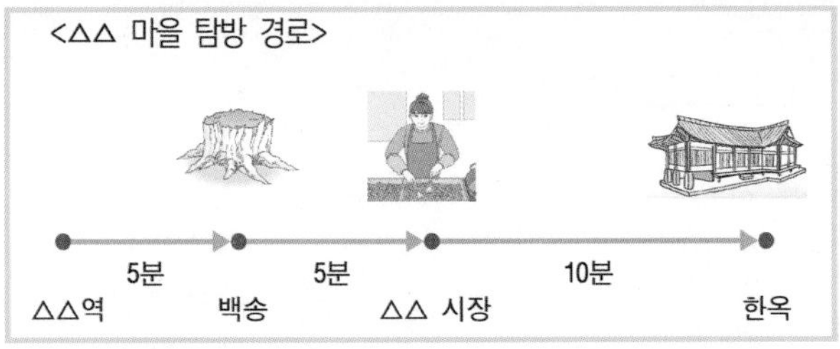

① 탐방 경로를 한눈에 볼 수 있게 하자고 한 ㉠에는 뚜벅 님이 언급하지 않은 소재를 추가하여 그림 자료로 보여 주자.
② 이동의 편의성을 고려해 탐방 순서를 정하기로 한 ㉠에는 뚜벅 님이 추천한 경로를 제시하자.
③ 각 장소로 이동하는 소요 시간을 제시하기로 한 ㉠에는 뚜벅님이 안내해 준 이동 시간을 구간별로 나타내 주자.
④ 대상의 특징을 보여 주는 문구를 넣기로 한 ㉡에는 뚜벅 님이 방송에서 언급한 말을 활용하여 만든 문구를 넣어 주자.
⑤ 시장 이용에 유용한 정보를 넣어 주기로 한 ㉡에는 뚜벅 님이 방송에서 언급하지 않은 교통편과 이용 시간에 대한 정보를 넣어 주자.

950

ⓐ~ⓔ에 대한 설명으로 적절하지 않은 것은?

① ⓐ : 보조사 '이나'를 사용하여 백송이 △△ 마을을 지켜 주었던 긴 시간을 강조하고 있다.
② ⓑ : 접속 부사 '그런데'를 사용하여 한옥에 대한 화제를 먹거리에 대한 화제로 전환하고 있다.
③ ⓒ : 지시 대명사 '뭐'를 사용하여 수용자에게 먹거리에 대한 정보를 요청하고 있다.
④ ⓓ : 선어말 어미 '-겠-'을 사용하여 이동 소요 시간에 대한 추측을 드러내고 있다.
⑤ ⓔ : 인칭 대명사 '제'를 사용하여 수용자에게 공손한 태도로 말하고 있다.

[2023년 10월 고3 학평 44-45번]

[951-952] (가)는 전자 문서로 된 사용 설명서이고, (나)는 이와 관련하여 나눈 누리 소통망 대화이다. 물음에 답하시오.

(가)

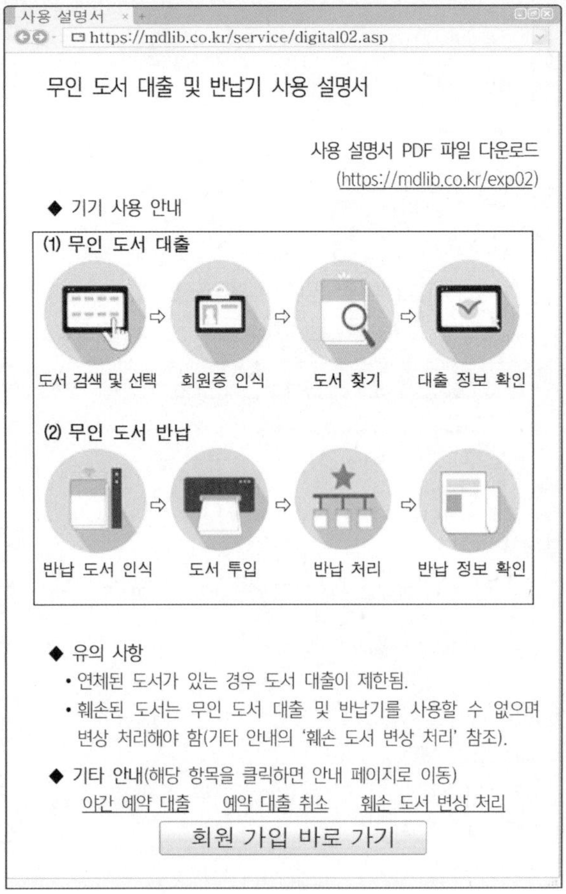
사용 설명서

https://mdlib.co.kr/service/digital02.asp

무인 도서 대출 및 반납기 사용 설명서

사용 설명서 PDF 파일 다운로드
(https://mdlib.co.kr/exp02)

◆ 기기 사용 안내

(1) 무인 도서 대출

도서 검색 및 선택 ⇨ 회원증 인식 ⇨ 도서 찾기 ⇨ 대출 정보 확인

(2) 무인 도서 반납

반납 도서 인식 ⇨ 도서 투입 ⇨ 반납 처리 ⇨ 반납 정보 확인

◆ 유의 사항
• 연체된 도서가 있는 경우 도서 대출이 제한됨.
• 훼손된 도서는 무인 도서 대출 및 반납기를 사용할 수 없으며 변상 처리해야 함(기타 안내의 '훼손 도서 변상 처리' 참조).

◆ 기타 안내(해당 항목을 클릭하면 안내 페이지로 이동)
야간 예약 대출 예약 대출 취소 훼손 도서 변상 처리

회원 가입 바로 가기

(나)

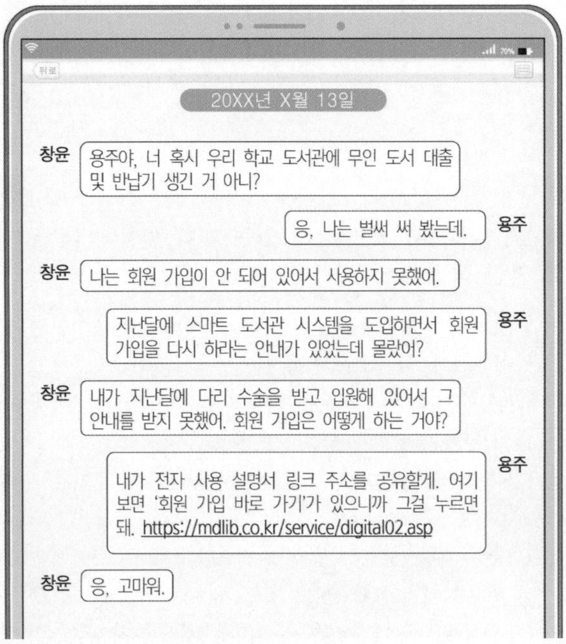

20XX년 X월 13일
창윤 용주야, 너 혹시 우리 학교 도서관에 무인 도서 대출 및 반납기 생긴 거 아니?
응, 나는 벌써 써 봤는데. 용주
창윤 나는 회원 가입이 안 되어 있어서 사용하지 못했어.
지난달에 스마트 도서관 시스템을 도입하면서 회원 가입을 다시 하라는 안내가 있었는데 몰랐어? 용주
창윤 내가 지난달에 다리 수술을 받고 입원해 있어서 그 안내를 받지 못했어. 회원 가입은 어떻게 하는 거야?
내가 전자 사용 설명서 링크 주소를 공유할게. 여기 보면 '회원 가입 바로 가기'가 있으니까 그걸 누르면 돼. https://mdlib.co.kr/service/digital02.asp 용주
창윤 응, 고마워.

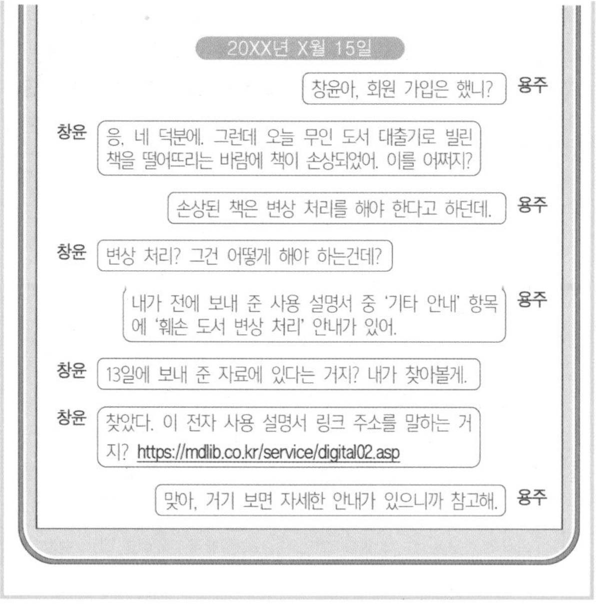

951

(가)의 정보 구성 및 제작 방식으로 적절하지 <u>않은</u> 것은?

① 사용 설명서는 특정한 파일의 형태로 다운로드할 수 있도록 했다.

② 기기 사용 안내는 사용 목적에 따라 크게 두 항목으로 나누어 구성했다.

③ 기기 사용 안내는 화살표를 활용하여 조작 순서가 드러나도록 안내했다.

④ 유의 사항은 회원 가입 후 관리자의 승인 절차를 거친 후에만 열람이 가능하도록 했다.

⑤ 기타 안내는 관련 정보를 안내 받을 수 있는 페이지로 이동할 수 있도록 했다.

952

(가)와 (나)에서 확인할 수 있는 매체 활용에 대한 이해로 가장 적절한 것은?

① (가)에 제시된 정보를 (나)의 사용자들이 하이퍼링크를 활용하여 내용을 수정하여 유통하고 있군.

② (나)의 사용자들이 정보를 교환하는 과정에서 (가)에서 제시된 정보의 정확성을 점검하고 있군.

③ (가)는 (나)와 달리 정보를 수용한 사용자가 추가로 필요한 정보를 요청하고 있군.

④ (나)는 (가)와 달리 사용자가 필요한 정보를 과거에 소통한 이력에서 가져와 활용하고 있군.

⑤ (가)와 (나)는 모두 사용자가 원하는 시간에 정보를 수용하기 위해서 시간 예약 기능을 활용하고 있군.

[2023년 수능 40-43번]

[953-956] (가)는 텔레비전 방송 프로그램이고, (나)는 동아리 누리집이다. 물음에 답하시오.

(가)

진행자 : 시청자 여러분, 안녕하세요? '오늘, 상식' 열 번째 시간입니다. 이번 시간에는 20여 년간 대학에서 어문 규범을 가르쳐 오신 김◇◇ 교수님을 모셨습니다.

전문가 : 안녕하세요?

진행자 : 오늘 짜장면에 대해 말씀해 주신다고 들었는데요, 어떤 이야기인지 궁금합니다.

전문가 : 우리가 맛있게 먹는 짜장면이, 한때는 자장면만 표준어로 인정됐다는 사실을 알고 계신가요?

진행자 : ㉠<u>아, 예전에 그런 내용을 본 적 있어요</u>.

전문가 : 네, 전에는 자장면만 표준어였죠. ㉡<u>짜장면은 2011년 8월 31일에서야 복수 표준어로 인정되었습니다</u>.

진행자 : 그런데 표준어로 인정되기 전에도 짜장면이 흔히 쓰이지 않았나요?

전문가 : 그렇습니다. 과거의 신문 기사를 보시죠.

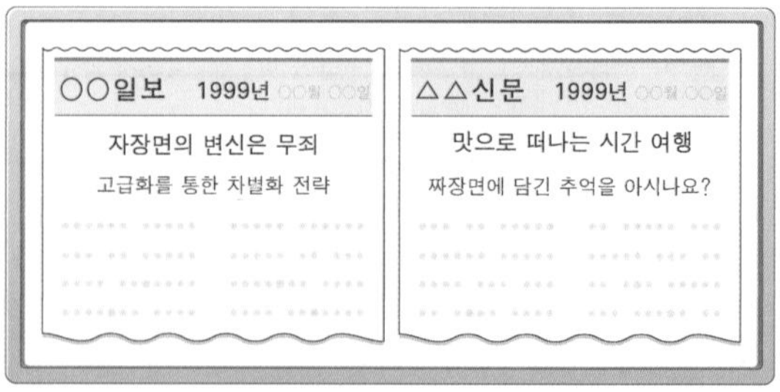

진행자 : 음, 화면을 보니 같은 해에 나온 기사인데도 자장면과 짜장면이 둘 다 쓰이고 있네요?

전문가 : 네, 보시는 자료 이외에 다른 신문 기사에도 짜장면이라는 표기가 나타납니다. 비교적 어문 규범이 정확하게 적용되는 신문에서 짜장면을 사용할 정도로, 일상에서 짜장면이 널리 쓰였다는 것을 알 수 있습니다. 이 무렵에 복수 표준어 선정을 위해 실시한 발음 실태 조사에서도, 비표준어였던 짜장면이 표준어인 자장면에 비해 세 배 이상 많이 사용된다고 나타났습니다.

진행자 : ㉢<u>그렇다면 어문 규범이 언어 현실을 충분히 반영하지 못한 측면이 있군요</u>.

전문가 : 당시 언중들이 일상에서는 어문 규범과 달리 짜장면을 흔하게 사용하고 있었던 거죠.

진행자 : 그러면 사람들의 언어 사용 실태를 반영하여 짜장면을 복수 표준어로 인정하게 된 거네요. 시청자 여러분께서 내용을 잘 파악하실 수 있도록 간략하게 말씀해 주시겠어요?

전문가 : 네, 많은 사람들이 오랜 시간 짜장면을 자연스럽게 사용해 왔고 자장이라 표기하면서도 짜장으로 발음해 온 언어 현실을 반영하여 짜장면이 자장면의 복수 표준어로 인정되었다고 할 수 있습니다.

진행자 : 그럼 짜장면처럼 지금 우리가 사용하는 말 중에서도 현재는 표준어가 아니어도 언젠가 표준어로 인정받을 수 있는 말이 있겠군요.

전문가 : 맞습니다. ㉣<u>표준어가 아닌 말도 많은 사람들이</u>

일상에서 자주 사용하다 보면 표준어가 될 수 있는 거죠.

진행자 : ⓔ말씀을 듣고 보니 짜장면이 표준어가 된 나름의 이유가 있었네요. 이렇게 오늘은 우리말에 대한 상식을 하나 더 배웠습니다. 말씀 감사합니다.

전문가 : 고맙습니다.

진행자 : 오늘 방송은 공식 누리집에서 언제든 다시 시청하실 수 있습니다. 그럼 다음 시간에 또 다른 이야기로 찾아오겠습니다.

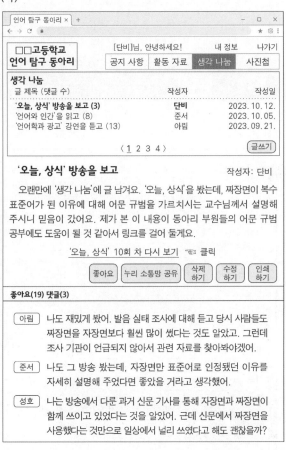

(나)

언어 탐구 동아리 × +

□□고등학교 언어 탐구 동아리

[단비]님, 안녕하세요! 내 정보 나가기

공지 사항 | 활동 자료 | 생각 나눔 | 사진첩

생각 나눔

글 제목 (댓글 수)	작성자	작성일
'오늘, 상식' 방송을 보고 (3)	**단비**	2023. 10. 12.
'언어와 인간'을 읽고 (8)	준서	2023. 10. 05.
'언어학과 광고' 강연을 듣고 (13)	아림	2023. 09. 21.

〈 1 2 3 4 〉 글쓰기

'오늘, 상식' 방송을 보고 작성자: 단비

오랜만에 '생각 나눔'에 글 남겨요. '오늘, 상식'을 봤는데, 짜장면이 복수 표준어가 된 이유에 대해 어문 규범을 가르치시는 교수님께서 설명해 주시니 믿음이 갔어요. 제가 본 이 내용이 동아리 부원들의 어문 규범 공부에도 도움이 될 것 같아서 링크를 걸어 둘게요.

'오늘, 상식' 10회 차 다시 보기 ☜ 클릭

좋아요 | 누리 소통망 공유 | 삭제하기 | 수정하기 | 인쇄하기

좋아요(19) 댓글(3)

아림 : 나도 재밌게 봤어. 발음 실태 조사에 대해 듣고 당시 사람들도 짜장면을 자장면보다 훨씬 많이 썼다는 것도 알았고. 그런데 조사 기관이 언급되지 않아서 관련 자료를 찾아봐야겠어.

준서 : 나도 그 방송 봤는데, 자장면만 표준어로 인정됐던 이유를 자세히 설명해 주었다면 좋았을 거라고 생각했어.

성호 : 나는 방송에서 다룬 과거 신문 기사를 통해 자장면과 짜장면이 함께 쓰이고 있었다는 것을 알았어. 근데 신문에서 짜장면을 사용했다는 것만으로 일상에서 널리 쓰였다고 해도 괜찮을까?

953

(가)에 나타난 정보 전달 방식으로 가장 적절한 것은?

① '전문가'는 시청자에게 정보가 일방적으로 전달되는 상황에서 방송 내용과 관련된 정보를 방송 이후에 추가적으로 확인할 수 있는 방법을 안내하였다.
② '전문가'는 방송 내용에 대한 시청자의 이해를 돕기 위해 앞서 제시한 정보를 정리하여 전달하였다.
③ '전문가'는 방송의 첫머리에 '진행자'와 문답을 이어가는 방식으로 주요 용어의 개념을 설명하였다.
④ '진행자'는 방송 내용이 시청자에게 미칠 영향을 언급하며 방송 내용을 재확인할 때 주목해야 할 부분을 안내하였다.
⑤ '진행자'는 방송의 취지를 밝히며 방송에서 소개될 내용의 순서를 안내하였다.

954

(나)에 대한 설명으로 적절하지 않은 것은?

① 게시물 수정 이력을 확인할 수 있는 기능이 제공되고 있다.
② 게시물에 반응할 수 있는 공감 표시 기능이 제공되고 있다.
③ 게시물을 누리 소통망으로 가져갈 수 있는 기능이 제공되고 있다.
④ 게시물을 작성하여 올릴 수 있는 범주가 항목별로 설정되어 있다.
⑤ 게시물에는 다른 누리집에 있는 정보로 연결되는 하이퍼링크가 포함되어 있다.

955

(가)에 대해 (나)의 학생들이 보인 수용 태도에 대한 설명으로 적절하지 않은 것은?

① '단비'는 정보 전달자의 전문성에 주목하여 방송에서 다룬 내용이 신뢰할 만한 것이라고 판단하였다.
② '단비'는 짜장면이 복수 표준어로 인정된 이유에 주목하여 방송에서 언급된 내용이 다른 사람들에게도 유용할 것이라고 판단하였다.
③ '아림'은 발음 실태 조사에 주목하여 방송에서 제시된 정보의 출처를 확인할 수 없다고 판단하였다.
④ '준서'는 자장면만 표준어로 인정됐던 사실에 주목하여 그 사실과 관련된 내용이 충분히 다루어지지 않았다고 판단하였다.
⑤ '성호'는 과거의 신문 기사를 다룬 내용에 주목하여 방송에서 다루는 정보가 최근의 상황을 반영하지 않았다고 판단하였다.

956

㉠~㉤에 대한 설명으로 적절하지 않은 것은?

① ㉠ : 관형사형 어미 '-ㄴ'을 사용하여, '전문가'의 직전 발화와 관련된 '진행자' 자신의 과거 경험을 드러내고 있다.
② ㉡ : 피동 접사 '-되다'를 사용하여, 행위의 주체를 드러내지 않으면서 행위의 대상인 짜장면에 초점을 두고 있다.
③ ㉢ : 보조 용언 '못하다'를 사용하여, 어문 규범이 언어 현실을 반영하는 일이 지속될 수 없음을 나타내고 있다.
④ ㉣ : '-ㄹ 수 있다'를 사용하여, 표준어가 아닌 말이 표준어가 될 가능성이 있음을 나타내고 있다.
⑤ ㉤ : '-고 보다'를 사용하여, '진행자'가 특정 사실을 알게 된 것이 '전문가'의 말을 듣고 난 후임을 드러내고 있다.

[2023년 수능 44-45번]

[957-958] (가)는 '학교생활 안내 앱'을 최초 실행할 때의 화면이고, (나)는 학생회 누리 소통망 대화이다. 물음에 답하시오.

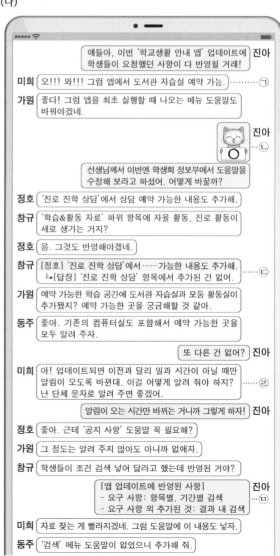

(가)

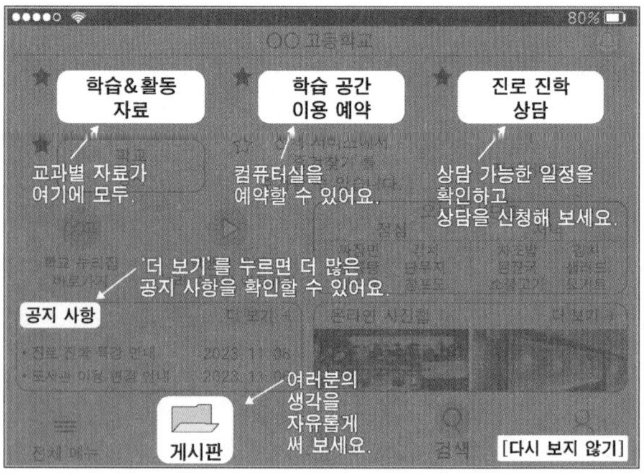

(나)

진아: 얘들아, 이번 '학교생활 안내 앱' 업데이트에 학생들이 요청했던 사항이 다 반영될 거래!
미희: 오!!! 와!!! 그럼 앱에서 도서관 자습실 예약 가능. ……… ㉠
가원: 좋다! 그럼 앱을 최초 실행할 때 나오는 메뉴 도움말도 바꿔야겠네.
진아: (O 이모티콘) … ㉡
진아: 선생님께서 이번엔 학생회 정보부에서 도움말을 수정해 보라고 하셨어. 어떻게 바꿀까?
정호: '진로 진학 상담'에서 상담 예약 가능한 내용도 추가해.
창규: '학습&활동 자료' 하위 항목에 자율 활동, 진로 활동이 새로 생기는 거지?
정호: 응. 그것도 반영해야겠네.
창규: [정호] '진로 진학 상담'에서 …… 가능한 내용도 추가해.
↳[답장] '진로 진학 상담' 항목에서 추가된 건 없어. …… ㉢
가원: 예약 가능한 학습 공간에 도서관 자습실과 모둠 활동실이 추가됐지? 예약 가능한 곳을 궁금해할 것 같아.
동주: 좋아. 기존의 컴퓨터실도 포함해서 예약 가능한 곳을 모두 알려 주자.
진아: 또 다른 건 없어?
미희: 아! 업데이트되면 이전과 달리 일과 시간이 아닐 때만 알림이 오도록 바뀐대. 이걸 어떻게 알려 줘야 하지? 난 단체 문자로 알려 주면 좋겠어. …… ㉣
진아: 알림이 오는 시간만 바뀌는 거니까 그렇게 하자!
정호: 좋아. 근데 '공지 사항' 도움말 꼭 필요해?
가원: 그 정도는 알려 주지 않아도 아니까 없애자.
창규: 학생들이 조건 검색 넣어 달라고 했는데 반영된 거야?
진아: [앱 업데이트에 반영된 사항]
- 요구 사항: 항목별, 기간별 검색
- 요구 사항 외 추가된 것: 결과 내 검색 … ㉤
미희: 자료 찾는 게 빨라지겠네. 그럼 도움말에 이 내용도 넣자.
동주: '검색' 메뉴 도움말이 없었으니 추가해 줘.

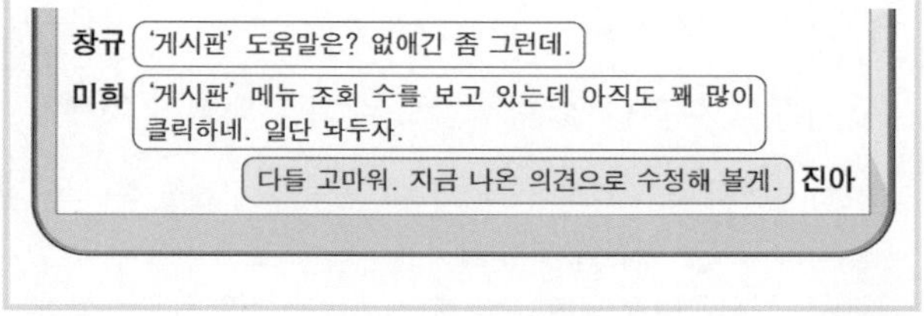
창규 '게시판' 도움말은? 없애긴 좀 그런데.
미희 '게시판' 메뉴 조회 수를 보고 있는데 아직도 꽤 많이 클릭하네. 일단 놔두자.
다들 고마워. 지금 나온 의견으로 수정해 볼게. 진아

957

㉠~㉤에 드러난 의사소통 방식에 대한 이해로 적절하지 않은 것은?

① ㉠ : 느낌표를 반복적으로 사용하여, 자신의 감정 상태를 표현하였다.

② ㉡ : 시각적 이미지를 활용하여, 상대방이 제시한 의견에 동의를 표현하였다.

③ ㉢ : 대화 내용을 복사하는 기능을 활용하여, 상대방의 질문에 답하였다.

④ ㉣ : 묻고 답하는 방식을 활용하여, 변경된 알림 전송 시간대를 안내하는 방법에 대한 자신의 의견을 제시하였다.

⑤ ㉤ : 줄을 바꾸는 방식으로 글을 입력하여, 변동 사항을 구분하여 안내하였다.

958

(나)의 대화 내용을 반영하여 (가)를 아래와 같이 수정했다고 할 때, 수정한 화면에 대한 설명으로 적절하지 않은 것은? [3점]

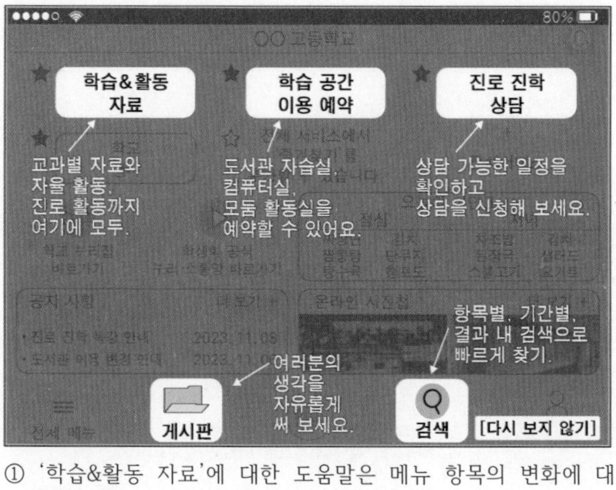

① '학습&활동 자료'에 대한 도움말은 메뉴 항목의 변화에 대한 '창규'와 '정호'의 대화를 반영하여 새로운 내용이 추가되었다.

② '학습 공간 이용 예약'에 대한 도움말은 이용 예약이 가능한 공간 추가에 대한 '가원'과 '동주'의 대화를 반영하여 수정되었다.

③ '공지 사항'에 대한 도움말은 메뉴 도움말의 필요성에 대한 '정호'와 '가원'의 대화를 반영하여 삭제되었다.

④ '게시판'에 대한 도움말은 메뉴 이용 빈도에 대한 '창규'와 '미희'의 대화를 반영하여 그대로 유지되었다.

⑤ '검색'에 대한 도움말은 검색 자료의 변화에 대한 '미희'와 '동주'의 대화를 반영하여 새로운 내용이 추가되었다.

[2024년 3월 고3 학평 40-43번]

[959-962] 다음은 안전 교육을 위한 교내 방송의 일부이다. 물음에 답하시오.

(가)

안녕하세요. '멋대로 맛있게'의 ○○입니다. 많은 분들이 접속하셨네요. 맛난 요리를 정성스레 만들어 볼게요. ⓐ<u>오늘은 지난주 방송의 시청자 투표 결과대로 카르보나라를 만들 거예요</u>. 우리 방송은 실시간이잖아요? 혹시 제가 진행이 미숙하더라도 너그럽게 봐주기! 그럼 실시간 채팅 보면서 방송할게요.

[A]
사과: 오늘 요리 과정 다 메모할 거예요! 근데 조리대가 잘 안 보여요.

화면에 제 얼굴만 크게 나오고 있었네요. (카메라의 높이를 조절하며) 사과 님, 이제 조리대 잘 보이죠?

재료 소개 차례입니다. 경성 치즈, 달걀, 후추가 필요하고요, 스파게티 면, 소금, 베이컨도 있어야 해요. 필수 재료는 아니지만 표고버섯과 말린 고추, 다진 마늘도 한번 가져와 봤어요. ⓑ<u>끓는 물에 스파게티 면을 8분간 삶는 것부터 시작할게요</u>.

[B]
꽃잎: OO 님, 지난번 방송에서도 경성 치즈가 나온 적이 있죠? 경성 치즈가 뭐예요?

꽃잎 님, 경성 치즈는 수분 함량이 적은 단단한 숙성 치즈예요. 경성 치즈는 고소하고 풍미가 있어 카르보나라 재료로 적절해요.

면이 익는 동안 적당한 양의 베이컨을 중간 불로 볶을 건데, 베이컨을 볶다가 필수 재료가 아닌 것들 중에서 몇 가지를 함께 볶으려고 해요. 뭐가 좋을까요?

[C]
들판: 저는 표고버섯과 다진 마늘이 어우러져 나는 향이 좋아요.

들판 님이 말씀한 표고버섯과 다진 마늘, 낭점!

베이컨이 노릇해지고 있네요. 기름이 많이 나오니 기름을 조금 닦고 나서 표고버섯과 다진 마늘을 넣어 줄게요. ⓒ<u>쉽게 타니까 주의하면서 중간 불로 바싹 볶을 거예요</u>.

나무: OO 님, 스파게티 면 삶을 때 소금 넣어야 하는 거 맞죠? 아까 안 넣으셨던 것 같아요. 어떡해요?

아이고! 제가 실수를……. (시계를 보며) 면을 삶은 지 4분 됐군요. 여러분은 소금을 빼먹지 않도록 주의하세요. 늦었지만 지금이라도 소금을 넣을게요. 나무 님, 감사합니다.

멍멍: 그런데 면을 삶을 때 꼭 소금을 넣어야 하나요?

멍멍 님, 면에 소금 간이 배어야 하니까 간간한 소금물로 면을 삶아야 해요.

[D]
냠냠: 삶는 물이 짜면 면이 더 쫄깃해진다고 들었어요. 왜 그렇게 되더라……. OO 님, 혹시 이유를 아시나요?

네! 간간한 소금물로 면을 삶으면 면이 그 물을 점점 머금고 나서 면 속 수분이 일부 소금물로 빠져나가고 면이 쫄깃해져요.

이제 소스를 만들어 볼까요? 먼저 경성 치즈 40그램을 강판에 갈 거예요. 몇 분 동안 같은 동작을 반복해야 하는데, 이럴 때면 방송 진행이 더뎌진다고 나가 버리는 시청자들이 더러 있었어요. 그래서 오늘은 미리 경성 치즈를 갈아 왔어요. (갈아 둔 치즈를 꺼내며) 치즈랑 달걀노른자, 간 후추를 한데 넣고 섞어 줄게요. 집게나 젓가락으로 둥글게 휘젓기만 하면 쉽게 누진한 소스가 만들어집니다.

8분이 지났습니다. 팬의 불을 끈 다음, ⓓ면을 팬에 옮기고서 면 삶은 물을 서너 국자 팬에 넣어요. 그리고 팬에 소스를 넣고 팬을 앞뒤로 흔들면서 집게로는 면을 집어 동그라미를 그리며 소스와 섞어 주세요. ⓔ이때 팬의 온도가 높으면 달걀 노른자가 다른 재료와 어우러지기 전에 익어 버리니 주의해야 해요.

[E]
푸름: 방금 방송을 놓쳤어요. 집게로 면이랑 소스랑 섞는 거 다시 보고 싶어요.

푸름 님, 팬은 앞뒤로 흔들면서 집게로는 면을 집어 동그라미를 그리며 섞어 주기! 이렇게 하는 거예요.

(음식을 카메라 가까이 갖다 대며) 카르보나라를 완성했습니다. 고소한 치즈 냄새에 표고버섯과 마늘에서 나는 향이 은은하게 더해져 콧속을 채우는군요! 저만의 카르보나라 요리법을 정리해서 제 누리 소통망 계정에 올릴게요. 시청해 주셔서 감사합니다. 매주 토요일 두 시에 잊지 말고 만나요.

(나)

구독자들이 직접 카르보나라를 만들 때 참고할 수 있도록 요리법을 정리해서 누리 소통망에 올려야겠어. ㉠재료를 안내하는 부분에서는 요리에 처음 도전하는 구독자도 쉽게 따라 할 수 있게 재료별 적정 사용량을 표시해 주고, 요리 과정을 고려하여 재료를 제시해야지. ㉡요리법을 안내하는 부분에서는 간략한 설명과 함께 그림으로 간추려서 요리 과정을 제시하고, 필요에 따라 방송 녹화본을 볼 수 있도록 해야겠어.

959

(가)에 반영된 진행자의 생각으로 적절하지 않은 것은?

① 정보가 시청각으로 전달되니, 필요에 따라 후각 정보를 말로 표현해야겠어.
② 편집 없이 실시간으로 송출되니, 방송 중에 실수할 경우를 대비해 양해를 구해야겠어.
③ 주기적으로 방송을 제작하고 있으니, 시청자에게 다음번 방송도 시청해 달라고 요청해야겠어.
④ 방송 진행이 늘어지면 접속자 수가 줄어들 수 있으니, 시간이 소요되는 작업은 방송 전에 끝내 두어야겠어.
⑤ 혼자서 다수의 접속자를 상대하니, 방송에 접속자들의 의견을 반영하는 데에 한계가 있음을 미리 안내해야겠어.

960

[A]~[E]에 나타난 소통 양상으로 가장 적절한 것은?

① [A] : '사과'는 개선이 필요하다고 생각하는 점을 밝히고, 진행자는 자신의 발화 내용에 대한 질문에 대답하고 있다.
② [B] : '꽃잎'은 지난번 방송에 참여했던 경험을 이야기하고, 진행자는 시청자와 정서적인 교류를 지속하고 있음을 드러내고 있다.
③ [C] : '들판'은 방송 내용에 대한 개인적 선호를 드러내고, 진행자는 방송 순서를 변경하여 안내하고 있다.
④ [D] : '냠냠'은 자신이 궁금해하는 점을 언급하고, 진행자는 이에 대해 필요한 정보를 제공하고 있다.
⑤ [E] : '푸름'은 이미 끝난 동작을 다시 반복하기를 요청하고, 진행자는 자신이 그 동작을 한 이유를 밝히고 있다.

961

다음은 (나)에 따라 작성한 누리 소통망의 게시물이다. 작성 과정에서 고려한 내용으로 적절하지 않은 것은? [3점]

○○ ('멋대로 맛있게')

• 카르보나라 재료 (1인분 기준)

스파게티 면	소금	베이컨	표고버섯	다진 마늘	달걀노른자	경성 치즈	후추
80g	10g (1ℓ당)	40g	2개	5g	2개	40g	5g

• 카르보나라 요리법

면 삶기 (소금 빼먹지 않기)

8분

팬에서 베이컨을 볶다가 노릇해지면 표고버섯, 다진 마늘을 넣기 (중간 불로 볶기)

5 ~ 6분

불을 끄고 팬에 면, 면 삶은 물, 소스를 넣어 섞기 (팬의 온도가 높지 않게 하기)

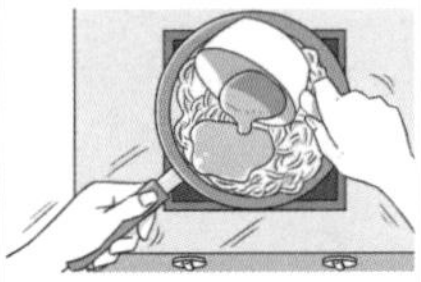

1분

* 소스 만들기를 보고 싶으면 **클릭**!
(동영상의 해당 부분으로 바로 연결돼요.)

좋아요(206) 댓글(34)

① 재료별 적정 사용량을 표시하기로 한 ㉠에는 재료의 분량을 구체적으로 파악할 수 있도록 수치를 활용하여 나타내자.
② 요리 과정을 고려하여 재료를 제시하기로 한 ㉠에는 재료들이 쓰이는 요리 과정에 따라 재료들을 구분하여 드러내자.
③ 요리법을 간략한 설명으로 안내하기로 한 ㉡에는 요리 과정에서의 주의 사항을 괄호 속에 간단히 제시하자.
④ 요리법을 그림으로 간추려 제시하기로 한 ㉡에는 방송에서 쓰이지 않은 재료를 사용할 때의 소요 시간도 제시하자.
⑤ 방송 녹화본을 볼 수 있게 한 ㉡에는 그림에 표현되지 않은 요리 과정을 다시 시청할 수 있도록 하이퍼링크를 제시하자.

962

ⓐ~ⓔ에 대한 설명으로 가장 적절한 것은?

① ⓐ : 조사 '대로'를 사용하여 카르보나라가 시청자 투표 결과에 따라 선정되었음을 나타내고 있다.

② ⓑ : 조사 '부터'를 사용하여 물을 끓이는 것이 면을 삶기 위한 조건임을 나타내고 있다.

③ ⓒ : 어미 '-니까'를 사용하여 재료를 볶는 중에 일어난 일을 나타내고 있다.

④ ⓓ : 어미 '-고서'를 사용하여 면을 팬에 옮기기 전에 해야 할 일을 나타내고 있다.

⑤ ⓔ : 어미 '-으면'을 사용하여 재료들이 어우러지기에 알맞은 상태를 나타내고 있다.

[2024년 3월 고3 학평 44-45번]

[963-964] 다음은 온라인 카페 화면의 일부이다. 물음에 답하시오.

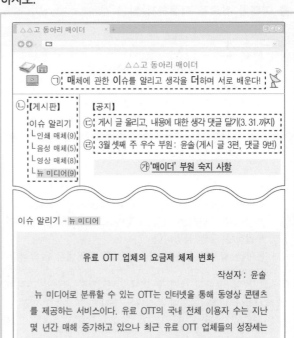

△△고 동아리 매이더

△△고 동아리 매이더

㉠ 매체에 관한 이슈를 알리고 생각을 더하며 서로 배운다!

㉡【게시판】
이슈 알리기
ㄴ인쇄 매체(9)
ㄴ음성 매체(5)
ㄴ영상 매체(8)
ㄴ뉴 미디어(9)

【공지】
㉢ 게시 글 올리고, 내용에 대한 생각 댓글 달기(3. 31.까지)
㉣ 3월 셋째 주 우수 부원: 윤솔(게시 글 3편, 댓글 9번)
㉮'매이더' 부원 숙지 사항

이슈 알리기 - 뉴 미디어

유료 OTT 업체의 요금제 체제 변화

작성자: 윤솔

뉴 미디어로 분류할 수 있는 OTT는 인터넷을 통해 동영상 콘텐츠를 제공하는 서비스이다. 유료 OTT의 국내 전체 이용자 수는 지난 몇 년간 매해 증가하고 있으나 최근 유료 OTT 업체들의 성장세는 둔화하고 있다.

이에 일부 유료 OTT 업체가 수익 증대를 위해 요금제 체제에 변화를 주었다. 기존의 대부분 유료 OTT 업체의 요금제 체제는 광고 없이 콘텐츠를 제공하는 대신 일정한 구독료를 받는 방식뿐이었다. 하지만 일부 유료 OTT 업체는 요금제 체제에 광고를 보는 대신 구독료가 저렴하게 책정된 요금제를 신설하였다. 한편으로는 기존과 같이 광고 없이 콘텐츠를 제공하는 요금제의 구독료를 인상하였다.

한 조사에 따르면 전 국민의 55% 정도가 유료 OTT를 이용하고 있다. 이러한 상황에서 유료 OTT 업체의 요금제 체제 변화에 소비자 집단이 실제로 어떠한 반응을 보일지 귀추가 주목된다.

댓글

정원 내가 이용 중인 유료 OTT도 요금제 체제를 바꾼다고 해서 이유가 궁금했는데 배경을 알게 되었어. 광고를 보는 대신 저렴한 요금제를 택할지, 구독을 해지할지 고민돼.

민승 유료 OTT가 요금제 체제를 바꿨지만 내 주변 친구들은 구독을 해지하지 않았어. 그래서 나는 요금제 체제 변화가 이용자 이탈로 이어질 것 같지 않고, 오히려 수익 증대로 이어져 콘텐츠의 질이 올라가는 계기가 될 것 같아.

현민 우리 학교 학생들도 유료 OTT를 많이 이용하는데, 10대들의 유료 OTT 이용률은 얼마나 될지 궁금해. 유료 OTT 이용률을 연령대별로 제시한 자료를 볼 수 있을까?

㉤ 작성자가 삭제한 댓글입니다.
ㄴ **지수** 내가 친구의 휴대 전화 연락처를 메신저에 붙여 넣는다는 걸 여기에 잘못 붙여 넣어 버렸어. 댓글을 지울게. 미안해.

963

<보기>는 ㉮를 클릭한 화면이다. 이를 바탕으로 ㉠~㉤을 이해한 것으로 적절하지 않은 것은?

> **보 기**
>
> **'매이더' 부원 숙지 사항**
>
> **[동아리 소개]**
>
> 우리는 우리 주변의 매체에 관한 이슈를 서로 알리고, 알게 된 것에 자신의 생각을 더하며 오늘날 매체 환경의 변화를 주체적으로 이해하는 동아리입니다. 그러기 위해 부원은 공지를 확인하고 제시된 활동을 수행합니다.
>
> **[규칙]**
>
> - 동아리 부원들은 동아리 활동에 적극적으로 참여합니다.
> - 게시판을 구성하는 항목을 확인하고 각 항목의 성격에 부합하는 글만 올립니다.
> - 동아리 활동과 무관한 사적 정보를 드러내지 않습니다.

① <보기>의 '동아리 소개'를 보니, ㉠은 활동 목적을 간략하게 제시하면서 동아리명에 포함되는 글자를 부각하고 있군.

② <보기>의 '규칙'을 보니, ㉡은 게시판 항목을 구별하여 매체 유형에 맞는 글을 올리도록 하고 있군.

③ <보기>의 '동아리 소개'를 보니, ㉢은 부원이 수행하는 과제를 제시하면서 카페에서의 구체적인 활동을 안내하고 있군.

④ <보기>의 '규칙'을 보니, ㉣은 특정 부원의 활동 내역을 공개하여 부원들의 활동 참여를 독려하고 있군.

⑤ <보기>의 '규칙'을 보니, ㉤은 관리자가 댓글을 삭제하여 불필요한 사적 정보의 노출을 방지하고 있군.

964

위 화면을 바탕으로 '유료 OTT 업체의 요금제 체제 변화'에 대한 학생들의 수용 양상을 이해한 내용으로 가장 적절한 것은?

① '윤솔'은 유료 OTT 업체의 요금제 체제 변화에 대한 이용자들의 찬반 의견을 토대로 자신의 견해를 제시하였다.

② '현민'과 달리, '민승'은 주변을 관찰한 바를 토대로 유료 OTT 업체의 요금제 체제 변화가 어떤 결과로 이어질지 예측하였다.

③ '정원'과 달리, '현민'은 자신이 새로 알게 된 정보를 토대로 유료 OTT 업체의 요금제 체제 변화의 원인에 대해 의문을 제기하였다.

④ '윤솔'과 '현민'은 모두, 통계 자료를 토대로 유료 OTT 업체의 요금제 체제 변화를 몰고 온 배경 상황을 이해하였다.

⑤ '정원'과 '민승'은 모두, '윤솔'의 글을 토대로 유료 OTT 업체의 요금제 체제 변화에 의한 기대 효과를 제시하였다.

[2024년 5월 고3 학평 40-43번]

[965-968] 다음은 '밀랍 랩 만들기' 활동에 대한 실시간 쌍방향 화상 강의이다. 물음에 답하시오.

> **진행자** : 안녕하세요. ○○고 학생회장 박성원입니다. ㉠ <u>오늘 강의는 실시간으로 이루어지며 여러분이 사전에 동의하신 대로 녹화됩니다.</u>
>
> | **채팅** | 진행자님이 녹화를 시작합니다. |
> |---|---|
>
> **진행자** : 환경 보호에 대한 사회적 관심에 발맞춰 진행하고 있는 ○○고 환경 보호 프로젝트 그 두 번째 시간. 오늘의 활동은 '밀랍 랩 만들기'입니다. 환경 운동가 유혜연 님을 강사로 모셨습니다.
>
> **강사** : 안녕하세요. 오늘 활동은 밀랍 랩 만들기인데요. 밀랍 랩은 밀랍을 천에 입힌 것으로, 씻어서 재사용할 수 있는 다회용 친환경 랩입니다. 밀랍은 꿀벌이 벌집을 만들기 위해 분비하는 물질로 방수제, 광택제 등으로 쓰이는데 항균 효과도 있다고 해요. 비닐로 만든 랩보다 빠르게 분해되며 환경 호르몬이 배출되지 않는다는 장점이 있습니다.
>
> **진행자** : 비닐 랩과 같이 음식을 보관할 수 있으면서 환경 보호에도 도움이 되겠군요. 그럼 밀랍 랩을 함께 만들어 볼까요? 여러분도 이 강의를 보면서 따라 할 수 있도록 준비물을 미리 안내해 드렸는데요. 모두 준비되셨나요? 강사님, 다시 한번 준비물을 말씀해 주세요.
>
> **강사** : 네. 밀랍, 면으로 된 천, 프라이팬, 가스레인지, 집게입니다.
>
> **진행자** : 시작해도 될까요? 준비가 다 되면 손을 들어 주세요. 아직 준비가 덜 되신 분이 있으니 조금 더 기다릴게요.
>
> 
>
>
> **진행자** : 모두 준비가 되셨네요. 불을 사용할 때에는 화상이나 화재의 위험이 있으니 안전에 유의해 주세요. 강사님, 시작할까요?
>
> **강사** : 우선 예열된 프라이팬에 밀랍을 넣어 주세요. 밀랍은 62~65도에서 녹기 때문에 밀랍을 약한 불에서 녹이면서 프라이팬에 골고루 퍼지게 해 주세요.
>
> **진행자** : 버터를 녹이는 것과 비슷하네요.
>
> **강사** : 그렇죠? 이제 제가 하는 것처럼 녹은 밀랍에 천을 담가 밀랍이 천에 고루 잘 스며들게 해 주세요.
>
> **진행자** : 여러분, 잘 따라하고 계시죠?
>
> **강사** : 그런 다음 집게로 이렇게 천을 들어 상온에서 몇 번 흔들어 식혀 주면 밀랍 랩이 완성됩니다.
>
> **진행자** : 벌써 완성이 된 건가요? ㉡<u>랩이라고 해서 부드러울 줄 알았는데 만져 보니 좀 뻣뻣하네요.</u>

강사 : 실온 상태에서는 뻣뻣하지만 손으로 만지면 체온으로 인해 부드러워져서 원하는 모양대로 만들 수 있습니다. 또 접착력도 있어 다양한 방법으로 활용하실 수 있습니다. 진행자님, 제가 준비한 자료를 화면으로 공유해 주시겠어요?

채팅	진행자님이 화면 공유를 시작합니다.

[진행자님이 공유 중인 화면입니다.]

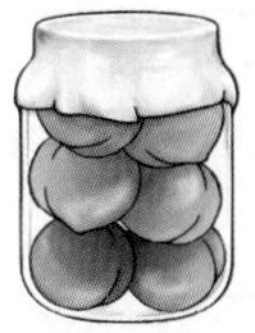

👍좋아요 ➦게시물 공유
82명이 좋아합니다

제가 써 본 밀랍 랩 사진이에요. 뚜껑 대용으로 사용하니 과일이 신선하게 보관되고, 여러 번 사용할 수 있어 좋네요. 밀랍 랩 사용으로 쓰레기 줄이기 실천! 공감하신다면 '좋아요' 버튼을 눌러 주세요.
* 밀랍 랩을 만드는 방법은 아래를 클릭!
https://www.△△△.com/eco
#밀랍랩 #쓰레기줄이기 #환경보호

강사 : 제시된 자료 화면은 ⓐ<u>밀랍 랩 활용 사례를 담은 SNS 게시물</u>입니다. 보시는 바와 같이 밀랍 랩을 병뚜껑 대용으로 손쉽게 사용하실 수 있습니다. 이 외에도 채소나 과일, 샌드위치 등을 포장하는 용도로 사용하실 수 있습니다.

진행자 : 그렇게 활용하는 거군요. 지금까지 밀랍 랩을 만들어 보고, 밀랍 랩의 활용 방법도 살펴봤는데요. 궁금한 점이 있으시면 마이크를 켜고 질문해 주세요.

승범 : 강사님, 밀랍 랩을 사용할 때 주의할 점이 있을까요?

강사 : 네. 뜨거운 음식에는 사용하지 않는 것이 좋습니다.

진행자 : ㉢<u>뜨거우면 밀랍이 녹을 수도 있겠네요</u>.

강사 : 그렇죠. 그리고 밀랍은 국가 기관에서 식품 첨가물로 분류할 정도로 인체에 대체로 안전하다고 할 수 있지만, 알레르기 체질인 분들은 밀랍에 알레르기가 있는지 확인하고 사용하시는 게 좋겠습니다.

진행자 : 주의할 사항이 조금 있군요.

강사 : 하지만 쓰레기를 줄여 환경 보호에 기여할 수 있으니 이용할 만한 가치가 충분하다고 생각합니다.

진행자 : 저도 강사님 말씀에 동감합니다. 오늘 강의는 ㉮<u>우리 학교 누리집 학생회 게시판</u>에서 다시 보실 수 있습니다. 지금까지 참여해 주셔서 감사합니다.

965

위 강의에 나타난 정보 전달 방식으로 적절하지 <u>않은</u> 것은?

① 쌍방향 소통이 가능하므로, 강사는 강의 중에 학생의 질문에 대한 정보를 제공하고 있다.
② 실시간으로 진행된다는 제약이 있으므로, 진행자는 강의 내용을 다시 볼 수 있는 방안을 안내하고 있다.
③ 시각 자료와 음성 언어를 동시에 사용할 수 있으므로, 강사는 공유된 화면을 보면서 설명을 하며 정보를 전달하고 있다.
④ 화면으로 참여자의 모습을 확인할 수 있으므로, 진행자는 화면을 통해 학생의 상황을 점검하며 진행 속도를 조절하고 있다.
⑤ 공간의 제약 없이 소통이 가능하므로, 진행자는 각기 다른 공간에 있는 학생들이 강의 중에 서로 교환한 의견을 종합하여 제시하고 있다.

966

ⓐ에 대한 이해로 적절하지 <u>않은</u> 것은?

① '좋아요' 기능을 통해 게시물에 대한 수용자의 반응을 확인할 수 있군.
② 사진 이미지를 제시하여 밀랍 랩의 실제 사용 모습을 확인할 수 있도록 하고 있군.
③ '게시물 공유' 기능을 활용하여 게시물을 다른 사람에게 전달할 수 있도록 하고 있군.
④ 하이퍼링크로 웹사이트 주소를 제시하여 밀랍 랩 활용 방법에 관한 추가 정보를 제공하고 있군.
⑤ 특정 문구 앞에 '#' 기호를 붙여 해당 주제에 관심이 있는 사람들이 게시물을 쉽게 검색할 수 있도록 하고 있군.

967

㉠~㉢에 대한 설명으로 적절하지 <u>않은</u> 것은?

① ㉠ : 의존 명사 '대로'를 사용하여, 학생들이 사전에 동의한 바와 같이 강의가 녹화될 것임을 밝히고 있다.
② ㉠ : 피동 접사 '-되다'를 사용하여, 행위의 주체를 드러내기보다 행위의 대상인 강의에 초점을 두고 있다.
③ ㉡ : 연결 어미 '-는데'를 사용하여, 밀랍 랩을 만진 느낌을 설명하기 위해 그와 관련되는 생각을 먼저 제시하고 있다.
④ ㉡ : 보조 용언 '보다'를 사용하여, 밀랍 랩을 만진 것이 시험 삼아 한 행동임을 드러내고 있다.
⑤ ㉢ : 선어말 어미 '-겠-'을 사용하여, 밀랍의 단점을 보완하여 사용하고자 하는 의지를 드러내고 있다.

968

다음은 위 강의를 시청한 학생들이 ㉮에 올린 글의 일부이다. 학생들의 수용 태도에 대한 설명으로 가장 적절한 것은?

학생회 게시판

학생 1: 국가 기관을 인용하며 밀랍의 안전성을 설명해 주셔서 강사님이 알려 주신 정보에 믿음이 갔어. 그리고 밀랍 랩 만드는 방법을 차근차근 말씀해 주셔서 내가 직접 만들어 보기도 좋았어.
학생 2: 강사님이 방수제로 쓰이는 밀랍의 용도를 알려 주셔서 밀랍 랩을 이해하는 데 도움이 되었어. 그리고 환경 호르몬이 배출되지 않는다고 하니 나도 한번 밀랍 랩을 써 봐야겠어.
학생 3: 온도를 고려해야 하니 밀랍 랩은 쓰기에 불편할 수도 있을 것 같아. 하지만 밀랍 랩을 활용하는 것은 강사님의 말씀대로 의미 있는 노력이라고 생각해.

① '학생 1'은 밀랍의 특성에 대한 강사의 설명과 관련하여, 정보가 신뢰성이 있다고 판단하였다.
② '학생 1'은 밀랍 랩 만드는 방법에 대한 강사의 설명과 관련하여, 설명 방법이 효과적이지 않다고 판단하였다.
③ '학생 2'는 밀랍의 용도에 대한 강사의 설명과 관련하여, 밀랍 랩 만들기 활동이 공공성 측면에서 한계가 있다고 판단하였다.
④ '학생 2'는 밀랍 랩의 장점에 대한 강사의 설명과 관련하여, 강사가 제공한 정보가 다양하다고 판단하였다.
⑤ '학생 3'은 밀랍 랩 사용 시 유의 사항에 대한 강사의 설명과 관련하여, 밀랍 랩의 가치에 대한 강사의 주장이 타당하지 않다고 판단하였다.

[2024년 5월 고3 학평 44-45번]

[969-970] 다음은 온라인 카페 화면의 일부이다. 물음에 답하시오.

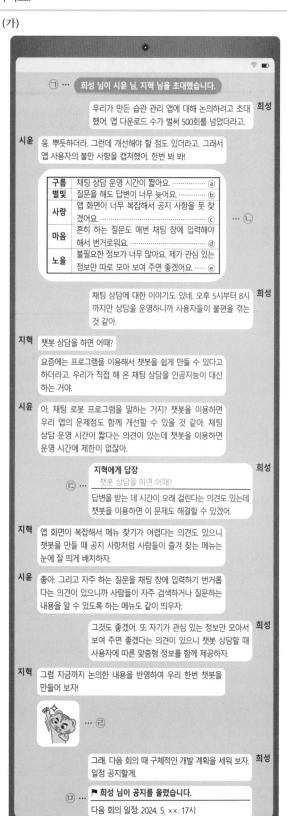

(가)

㉠ … **희성 님이 시윤 님, 지혁 님을 초대했습니다.**

희성 우리가 만든 습관 관리 앱에 대해 논의하려고 초대했어. 앱 다운로드 수가 벌써 500회를 넘었더라고.

시윤 응. 뿌듯하더라. 그런데 개선해야 할 점도 있더라고. 그래서 앱 사용자의 불만 사항을 캡처했어. 한번 봐 봐!

구름	채팅 상담 운영 시간이 짧아요. ············· ⓐ
별빛	질문을 해도 답변이 너무 늦어요. ············ ⓑ
사랑	앱 화면이 너무 복잡해서 공지 사항을 못 찾겠어요. ············ ⓒ
마음	흔히 하는 질문도 매번 채팅 창에 입력해야 해서 번거로워요. ············ ⓓ
노을	불필요한 정보가 너무 많아요. 제가 관심 있는 정보만 따로 모아 보여 주면 좋겠어요. ····· ⓔ

… ㉡

희성 채팅 상담에 대한 이야기도 있네. 오후 5시부터 8시까지만 상담을 운영하니까 사용자들이 불편을 겪는 것 같아.

지혁 챗봇 상담을 하면 어때?
요즘에는 프로그램을 이용해서 챗봇을 쉽게 만들 수 있다고 하더라고. 우리가 직접 해 온 채팅 상담을 인공지능이 대신 하는 거야.

시윤 아, 채팅 로봇 프로그램을 말하는 거지? 챗봇을 이용하면 우리 앱의 문제점도 함께 개선할 수 있을 것 같아. 채팅 상담 운영 시간이 짧다는 의견이 있는데 챗봇을 이용하면 운영 시간에 제한이 없잖아.

희성 ㉢ … **지혁에게 답장**
챗봇 상담을 하면 어때?
답변을 받는 데 시간이 오래 걸린다는 의견도 있는데 챗봇을 이용하면 이 문제도 해결할 수 있겠어.

지혁 앱 화면이 복잡해서 메뉴 찾기가 어렵다는 의견도 있으니 챗봇을 만들 때 공지 사항처럼 사람들이 즐겨 찾는 메뉴는 눈에 잘 띄게 배치하자.

시윤 좋아. 그리고 자주 하는 질문을 채팅 창에 입력하기 번거롭다는 의견이 있으니까 사람들이 자주 검색하거나 질문하는 내용을 알 수 있도록 하는 메뉴도 같이 띄우자.

희성 그것도 좋겠어. 또 자기가 관심 있는 정보만 모아서 보여 주면 좋겠다는 의견이 있으니 챗봇 상담할 때 사용자에 따른 맞춤형 정보를 함께 제공하자.

지혁 그럼 지금까지 논의한 내용을 반영하여 우리 한번 챗봇을 만들어 보자!

… ㉣

희성 그래. 다음 회의 때 구체적인 개발 계획을 세워 보자. 일정 공지할게.

㉤ … **희성 님이 공지를 올렸습니다.**
다음 회의 일정: 2024. 5. ××. 17시

(나)

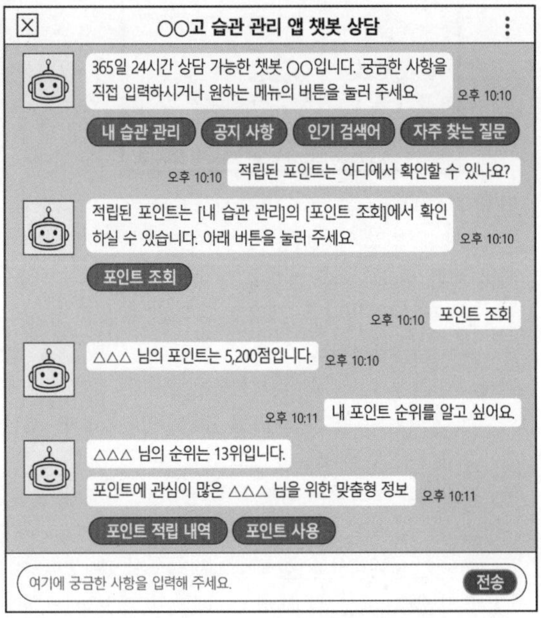

969

㉠~㉤에 대한 설명으로 적절하지 않은 것은?

① ㉠ : 친구 초대 기능을 사용하여 특정 대상이 의사소통에 참여할 수 있도록 하고 있다.

② ㉡ : 화제와 관련된 자료를 첨부하여 앞으로 논의하고자 하는 내용과 관련된 정보를 제공하고 있다.

③ ㉢ : 특정 대상에 대한 답장 기능을 사용하여 상대의 의견에 새로운 대안을 제시하고 있다.

④ ㉣ : 이모티콘을 활용하여 논의 내용에 대한 자신의 태도를 드러내고 있다.

⑤ ㉤ : 공지 기능을 활용하여 대화 참여자에게 안내 사항을 전달하고 있다.

970

(가)의 대화 내용이 (나)에 반영되었다고 할 때, (나)에 대한 이해로 적절하지 않은 것은? [3점]

① ⓐ에 대한 '시윤'의 의견을 반영하여, 언제든지 상담이 가능하도록 챗봇을 만든 것이겠군.

② ⓑ에 대한 '희성'의 의견을 반영하여, 질문을 올린 즉시 답변이 가능하도록 챗봇을 만든 것이겠군.

③ ⓒ에 대한 '지혁'의 의견을 반영하여, '공지 사항'과 같이 사람들이 즐겨 찾는 메뉴가 상담 시작 부분에 뜨도록 챗봇을 만든 것이겠군.

④ ⓓ에 대한 '시윤'의 의견을 반영하여, '인기 검색어', '자주 찾는 질문' 메뉴를 활용할 수 있도록 챗봇을 만든 것이겠군.

⑤ ⓔ에 대한 '희성'의 의견을 반영하여, '포인트 적립 내역'과 같이 관심사 이외의 정보를 추천해 줄 수 있도록 챗봇을 만든 것이겠군.

[2024년 6월 고3 모평 40-43번]

[971-974] 다음은 안전 교육을 위한 교내 방송의 일부이다. 물음에 답하시오.

진행자 : 시청자 여러분, 독도 바다사자를 아십니까? ⓐ독도 바다사자는 예전에 독도와 인근 해역에 살았던 바다사자를 가리키는 말인데요, 하지만 안타깝게도 독도 바다사자는 멸종된 지 오래되어 현재는 볼 수가 없습니다. 그런데 최근 독도 옛 모습 찾기의 일환으로 이 바다사자를 되살리려는 움직임이 있어 지역 사회의 비상한 관심을 끌고 있습니다. 보도에 김◇◇ 기자입니다.

현재 미세 먼지
△△ 지역 보통
멸종된 독도 바다사자 복원 움직임
㉠

기자 : 저는 지금 독도 인근 해역에 나와 있습니다. ⓑ1900년대 초까지만 해도 이곳은 독도 바다사자의 주요 서식지이자 번식지였습니다. 하지만 ⓒ일제 강점기 남획으로 인하여 개체 수가 급격히 줄다가 완전히 자취를 감추었고, 국제자연보존연맹에서는 1994년에 독도 바다사자를 멸종 동물로 분류하였습니다. 그런데 최근 들어 독도 옛 모습 찾기를 위해 관련 기관을 중심으로 독도 바다사자의 복원 방안이 활발히 논의되고 있습니다.

현재 미세 먼지
○○ 지역 보통
국제자연보존연맹, 1994년 독도 바다사자 멸종 동물로 분류
㉡

관계자 : ⓓ독도 바다사자는 다른 멸종 위기 동물보다 인간과의 충돌 가능성이 크지 않고, 독도 지역은 서식 환경의 적합성 면에서도 독도 바다사자의 복원에 유리합니다. 그리고 독도에 대한 국민적 관심과 독도의 생물 다양성을 고려할 때, 독도 바다사자 복원은 추진할 만한 가치가 있다고 봅니다.

기자 : 전문가들도 독도 바다사자의 복원 가능성을 염두에 두고 구체적인 복원 방안 모색에 나섰습니다.

전문가 : 독도 바다사자의 경우 동일 개체종이나 동일 개체군으로의 복원은 현재로서는 불투명합니다. 다만, 베링해 등에서 혈연적으로 가까운 개체군을 찾아서 들여오는 방식으로의 복원은 가능성이 있습니다. 예전에도 독도 바다사자는 독도 해역을 중심으로 베링해 인근까지 넓게 분포하고 있었기 때문에 베링해 등에서 개체군을 들여와도 문제없이 잘 서식할 것으로 생각합니다. 이 부분은 앞으로 연구가 더 필요합니다.

현재 미세 먼지
☆☆ 지역 나쁨
△△해양연구소 / 이○○ 연구원
다만, 베링해 등에서 혈연적으로 가까운 개체군을
찾아서 들여오는 방식으로의 복원은 가능성이 있습니다.
㉢

기자 : 지역 사회도 독도 바다사자를 복원하여 독도의 옛 모습을 찾을 수 있다는 기대감에 반가움을 표했습니다.

지역 어민 대표 : 독도 바다를 누비던 독도 바다사자를 다시 볼 수만 있다면, 제대로 정착할 수 있도록 저희도 적극 협조해야지요.

기자 : 일각에서는 동물의 서식지를 옮기는 것이 동물에게는 오히려 위험 요소가 될 수 있다며 신중한 접근을 요구하는 목소리도 나오고 있습니다. 이처럼 독도 바다사자의 복원에는 정확한 실태 조사, 사회적 합의 도출 등 앞으로 해결해야 할 과제가 많습니다. 하지만 ⓔ독도 바다사자를 성공적으로 복원할 수 있다면, 독도의 옛 모습을 찾고 생물 다양성을 확보하는 데에도 도움이 될 것으로 전망됩니다. □□뉴스 김◇◇ 기자였습니다.

971

㉠~㉢에 대한 이해로 가장 적절한 것은?

① ㉠, ㉡은 보도의 현장감을 높이기 위해 취재 현장에서 보도하는 영상을 제시하고 있다.

② ㉠, ㉢은 효과적인 의미 전달을 위해 보도 내용과 관련된 이미지와 문자를 사용하여 복합 양식의 특성을 드러내고 있다.

③ ㉡, ㉢은 보도 내용에 대한 신뢰를 주기 위해 인터뷰 대상에 대한 정보를 제시하고 있다.

④ ㉠, ㉡, ㉢은 보도의 주요 화제를 전환하기 위해 일상생활에 도움이 되는 정보를 화면 상단에 제시하고 있다.

⑤ ㉠, ㉡, ㉢은 보도 내용에 대한 시청자의 이해를 돕기 위해 추가 정보를 화면 하단의 자막 내용으로 제시하고 있다.

972

다음은 위 뉴스에 대한 시청자 게시판의 내용이다. 시청자의 수용 양상에 대한 설명으로 적절하지 않은 것은?

시청자 게시판

다랑이 : 뉴스에서 말하는 복원이 외국의 비슷한 종을 데려와 정착 시킨다는 말인 것 같은데, 이것이 오히려 우리 생태계에 악영향을 줄 수 있지 않을까요?

행복이 : 복원 사업이 성공하려면 지역 어민들의 협조가 필요한데, 적극 협조한다는 지역 어민 대표님의 말씀이 참 고맙네요.

강치맘 : 지구 온난화로 해수 온도가 상승한다던데, 서식 환경의 적합성 면에서 독도 지역이 복원에 유리하다고 보긴 어려워요.

보리보리 : 독도 바다사자가 인간의 남획으로 사라졌다는 사실이 안타깝네요. 복원이 이루어진다면, 남획으로 사라지는 일이 없게 어로 금지 구역 설정 등의 보존 대책을 세웠으면 좋겠어요.

독도사랑 : 저는 독도 인근 주민인데, 독도 바다사자의 복원 추진에 대해 제 주변의 사람들은 모르고 있어요. 진행자가 지역 사회의 비상한 관심을 끌고 있다고 말한 것이 확실한지 모르겠어요.

① '다랑이'는 '전문가' 발화의 일부 내용에 주목하여 비판적 시각을 보이고 있다.
② '행복이'는 '지역 어민 대표' 발화의 일부 내용에 주목하여 자신이 이해한 정보가 맞는지 확인하고 있다.
③ '강치맘'은 '관계자' 발화의 일부 내용에 주목하여 그것과 다른 견해를 보이고 있다.
④ '보리보리'는 '기자' 발화의 일부 내용에 주목하여 자신의 의견을 제안하고 있다.
⑤ '독도사랑'은 '진행자' 발화의 일부 내용에 주목하여 그것이 실제 사실인지 의문을 제기하고 있다.

973

ⓐ~ⓔ에 대한 설명으로 가장 적절한 것은?

① ⓐ : 보조사 '는'을 사용하여, '독도 바다사자'를 다른지역의 바다사자와 비교한다.
② ⓑ : 보조사 '만'을 사용하여, '1900년대 초까지'가 기대에 미치지 못하는 수준임을 표현한다.
③ ⓒ : 연결 어미 '-다가'를 사용하여, 개체 수의 감소 국면이 반전되었음을 표현한다.
④ ⓓ : 연결 어미 '-고'를 사용하여, 독도 바다사자의 복원이 상대적으로 수월한 이유를 나열하고 있다.
⑤ ⓔ : 피동사 '전망되다'를 사용하여, 독도 바다사자 복원의 주체를 숨기고 있다.

974

위 뉴스를 참고하여 학생들이 독도 옛 모습 찾기 캠페인을 홍보하는 포스터를 아래와 같이 만들었다고 할 때, 포스터의 정보 제시 및 구성 방식에 대한 이해로 적절하지 않은 것은?

① 독도 바다사자에 대한 정보를 확인할 수 있도록, 오른쪽 하단에 QR 코드를 제시했다.
② 행사 내용을 강조하기 위해, 상위와 하위 항목의 글자 크기와 굵기를 서로 달리하여 제시했다.
③ 캠페인의 목적을 분명히 드러내기 위해, 홍보용 포스터 제목을 글 상자에 넣어 상단 중앙에 제시했다.
④ 독도 옛 모습 찾기에 동참하자는 의미를 담기 위해, 학생의 말풍선에 청유 형식의 문구를 제시했다.
⑤ 독도와 독도 바다사자가 함께하는 독도의 옛 모습을 떠올릴 수 있도록, 독도를 배경으로 독도 바다사자가 헤엄치는 모습을 이미지로 제시했다.

[2024년 6월 고3 모평 44-45번]

[975-976] 다음은 '졸업 앨범 앱' 시안을 제작하기 위한 온라인 화상 회의이다. 물음에 답하시오.

나영 : 이제 화상 회의 시작할게. 근데 수민이가 참석을 못 한다고 하니, 회의를 녹화해서 파일로 저장할게. 다들 동의하지?

지현, 민진, 윤하, 서형, 은준 : 그래, 알았어.

채팅	나영 님이 회의 녹화를 시작합니다.

귓속말 (1:1채팅)	(은준→나영) 나영아, 근데 수민이 무슨 일 있어? 걱정되네. ㅠㅠ (나영→은준) 몸이 좀 아프대. 회의 끝나고 연락해 보자.

지현 : '졸업 앨범 앱' 시안 제작을 위해 친구들이 학생회 사회 관계망 서비스 게시판에 의견을 제출해 주었어. 함께 검토해 보자. 게시판 주소를 보내 줄게.

채팅	https://www.○○고.kr/○○고학생회

민진 : 많은 의견 중에 반영할 의견을 고르려면 소회의실을 만들어 진행해야 회의 시간을 줄일 수 있을 것 같은데 어때?

나영 : 좋은 생각이야. 회의실은 내가 만들어 줄게.

채팅	소회의실 회의가 시작되어 지정된 회의실로 이동합니다.

채팅	소회의실 회의가 종료되어 전체 회의실로 이동합니다.

나영 : 자, 그럼 소회의실에서 검토한 의견을 공유해 보자.

지현 : 우리 모둠에서는 본인이 쓴, 간직하고 싶은 글을 저장할 수 있는 공간이 있으면 좋겠다는 의견이 있었어. '나의 서재' 같은 메뉴를 추가하면 구현할 수 있을 것 같아.

민진 : 그럼 메뉴는 우리가 처음 구상한 것에 '나의 서재'를 추가해서 '나의 방', '나의 서재', '조별 사진', '단체 사진', '행사 사진'으로 하면 되겠다.

은준 : 우리 모둠에서는 자신의 사회 관계망 서비스 주소를 직접 입력할 수 있게 해 달라는 의견이 나왔어. '나의 방' 메뉴에 계정 주소 입력 공간을 만들고 입력하게 하는 건 어때?

윤하 : 좋아. 그러면 '친구 찾기' 메뉴도 만들어서 친구를 검색하면, 입력된 친구 계정에 클릭 한 번으로 바로 이동할 수 있도록 '사회 관계망 서비스 바로 가기'를 추가하자.

지현 : 그럼, 추가한 '친구 찾기' 메뉴에 '쪽지 보내기' 기능을 넣어서, 친구에게 쪽지를 보낼 수 있게 하면 어때?

은준 : 우리도 '쪽지 보내기'에 대한 의견을 반영하려 했었어. 발신자가 쪽지를 보내면 수신자 휴대 전화에 알림이 가게 해 달라는 요구도 있었으니 함께 반영하자.

서형 : '학교 누리집 바로가기'를 넣어 달라는 의견도 있던데, 페이지로 연결은 간단하니 이것도 반영하는 걸로 하자.

윤하 : 그래, 다양한 기능이 많이 생기겠다. 입학 때부터 지금까지 시간 순서에 따라 자동으로 사진을 볼 수 있게, '슬라이드 자동 넘김' 기능을 추가해 달라는 의견도 있었어.

민진 : 좋은 생각이네. '행사 사진' 메뉴에 적용하면 어울릴 것 같아. 그런데 그런 기능이 실제로 가능한가?

서형 : 동영상 공유 플랫폼에서 봤어. 영상을 공유해 볼게.

채팅	서형 님이 영상 공유를 시작합니다.

나영 : 영상 보니까 충분히 가능하겠네. 그럼, 지금까지 나온 의견 잘 반영해서 ㉠최종 시안이 나오면 다시 공유할게.

975

윗글에 나타난 매체 활용 방식으로 적절하지 않은 것은?

① '나영'은 회의 참여가 불가능한 '수민'을 위해 회의를 디지털 형태의 파일로 저장했다.
② '지현'은 게시판에 쉽게 접속할 수 있도록 학생회 사회 관계망 서비스 게시판 주소를 전송했다.
③ '민진'은 게시판에 제출된 의견을 효율적으로 검토하기 위해 '소회의실' 기능의 활용을 제안했다.
④ '은준'은 개인적으로 친구에 대한 안부를 확인하기 위해 '귓속말' 기능을 활용하여 '나영'과 대화했다.
⑤ '서형'은 '슬라이드 자동 넘김'에 대한 회의 참여자들의 선호 정도를 확인하기 위해 '영상 공유' 기능을 사용했다.

976

위 회의를 바탕으로 ㉠을 아래와 같이 제작했다고 할 때, ⓐ~ⓔ에 대한 이해로 적절하지 않은 것은? [3점]

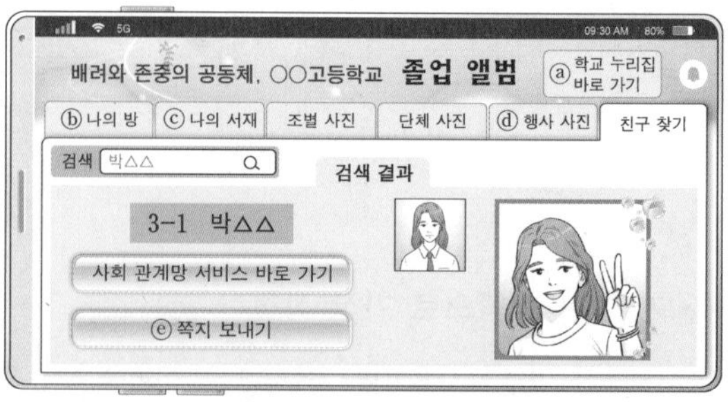

① 앱 이용 중에 학교 누리집에 접속할 필요가 있을 때, ⓐ를 이용하면 편리하겠군.
② 사용자는 '친구 찾기'에서 친구가 ⓑ에 입력해 둔 계정 주소를 통해 친구 계정으로 바로 이동할 수 있겠군.
③ 학교생활 중에 썼던 글을 ⓒ에 올려 두면, 저장한 글을 보고 싶을 때 다시 열어 볼 수 있겠군.
④ 학교 행사들을 추억하고 싶을 때 ⓓ를 이용하면 시간 순서에 따라 행사 사진들을 다시 볼 수 있겠군.
⑤ ⓔ를 사용하여 쪽지를 보냈다는 것을 알리려면 수신자의 사회 관계망 서비스에 접속해야 하겠군.

[2024년 7월 고3 학평 40-43번]

[977-980] (가)는 실시간 인터넷 방송이고, (나)는 (가)를 시청한 학생의 메모이다. 물음에 답하시오.

(가)

진행자 : 매주 목요일, 미디어가 변화시키는 문화를 톺아보는 '미디어와 문화'를 시작합니다. 실시간 댓글로 방송에 참여하실 수 있습니다. 오늘도 김○○ 교수님을 모셨습니다.

전문가 : 안녕하세요? 김○○입니다.

진행자 : 지난 시간에는 '뉴 미디어와 사회적 상호 작용'을 주제로 이야기 나누었는데, 오늘은 어떤 주제인가요?

전문가 : 오늘은 뉴 미디어를 통한 기부에 대해 이야기하려고 합니다. 최근 모금함이나 ARS를 통한 전통적 방식의 기부가 줄어들고, 누리 소통망이나 스마트폰 앱과 같은 뉴 미디어를 통한 새로운 기부가 늘어나고 있거든요.

진행자 : 아, 그렇군요. ⓐ누리 소통망을 통한 기부부터 설명해 주실 수 있습니까?

전문가 : 네. '참여형 챌린지'가 대표적입니다. 이는 참여자가 누리 소통망에 특정 해시태그와 함께 게시물을 올려 사회 문제를 알리거나, ⓑ특정 행위를 수행하는 게시물을 올리면 게시물의 수만큼 금액이 적립되어 기부로 이어지는 방식입니다. 지금 화면에 보이는 자료는 작년에 유행했던 '런 챌린지'의 실제 게시물 사진입니다. '런 챌린지'는 참여자가 운동 사진을 누리 소통망에 게시하면 게시물의 수만큼 희소병 협회에 기부금이 전달되는 챌린지예요. ⓒ많은 유명인이 참여해 화제가 되었고 목표 모금액을 네 배나 초과 달성했죠.

진행자 : 운동을 하고 게시물을 올리면 기부가 된다니 쉽고 즐겁게 기부에 참여할 수 있겠군요.

전문가 : 맞습니다. 지난 시간에 누리 소통망을 통해 자신과 비슷한 취향을 가진 사람들과 소통하는 과정에서 유대감과 만족감을 얻을 수 있다고 말씀드렸던 것을 기억하시나요? 챌린지 참여자들도 마찬가지입니다. 하지만 참여형 챌린지는 기부의 의미를 고려하지 않고 재미만을 추구하거나 보여 주기식으로만 소비된다는 비판을 받기도 합니다.

진행자 : 챌린지 참여자의 참여 태도가 중요하겠군요. ⓓ그렇다면 스마트폰 앱을 통한 기부는 어떤 방식입니까?

전문가 : 스마트폰 앱에서 특정 행위를 수행하는 만큼 포인트가 쌓이고, 그 포인트를 기부할 수 있습니다.

진행자 : 실시간 댓글로 꿀벌 님께서 '가치걷자' 앱은 걸음 수만큼 기부 포인트를 주는데, 걷기만 해도 기부할 수 있어 뿌듯하고 도전 과제를 수행하는 것 같아 재미있다고 하셨어요.

전문가 : '가치걷자'는 대표적인 기부 앱이죠. ⓔ말씀하신 대로 앱을 통한 기부 역시 쉽고 즐겁게 참여할 수 있다는 장점이 있어요. 앱을 통한 포인트 기부 외에도 비영리 단체가 개발한 앱을 통해 기부할 수 있습니다. 이러한 앱은 기부자가 기부 금액을 정할 수 있어 기부에 대한 부담을 줄이고 블록체인 기술을 활용해 기부금 사용처를 투명하게 공개하고 있어요.

진행자 : 실제로 뉴 미디어를 통한 기부가 늘어나고 있나요?

전문가 : 네, 그렇습니다. 모금함을 통한 기부는 2018년 32%에서 2022년 15.4%로, ARS를 통한 기부는 2018년 22.3%에서 2022년 6.3%로 감소한 반면, 뉴 미디어를 통한 기부는 2018년 21.1%에서 2022년 35.7%로 증가했어요.

진행자 : 뉴 미디어가 기부 문화를 바꾸고 있군요.

전문가 : 맞습니다. 뉴 미디어를 통한 기부는 작은 행동이지만, 문제 해결에 동참하는 능동적인 실천입니다. 여러분도 세상을 바꾸는 작은 손길을 더해 보시는 것이 어떤가요?

진행자 : 방송 시청 후 뉴 미디어를 통한 기부에 관심이 생긴 분들을 위해 '더 보기'에 다양한 기부 활동의 링크를 남겨 두겠습니다. 댓글 창이 열려 있으니 방송에 관한 여러분의 의견을 올려 주세요. 다음 시간에 뵙겠습니다.

(나)

언어와 매체 시간에 미디어를 통한 긍정적 활동을 찾아 발표하기로 했는데, 이 방송을 참고해 슬라이드를 제작해야겠어. 기부 방식의 변화를 설명하는 ㉠슬라이드는 기부 방식의 변화를 시각적으로 표현하고 새로운 기부 방식의 장점을 제시해야지. 뉴 미디어를 통한 기부 방식에 대한 ㉡슬라이드는 각 기부 방식의 예시를 안내하고 기부 참여 시의 유의점을 설명하되, 슬라이드의 내용을 포괄할 수 있는 제목을 넣어야지.

977

(가)에 나타난 정보 전달 방식으로 적절하지 않은 것은?

① 방송 내용에 대한 수용자들의 이해를 돕기 위해 자료 화면을 제공한다.

② 본방송을 중간부터 시청한 수용자를 위해 앞부분의 내용을 요약하여 전달한다.

③ 수용자의 실시간 반응을 바탕으로 방송에서 다루고 있는 화제의 예시를 제시한다.

④ 방송 내용 간의 연관성을 고려하여 지난주 방송 내용을 바탕으로 이번 방송 내용을 설명한다.

⑤ 방송 내용이 수용자에게 미칠 영향을 고려하여 방송 내용에 대한 추가 정보를 확인하는 방법을 안내한다.

978

다음은 (가)가 끝난 후 댓글 창의 일부이다. 참여자들의 수용 태도에 대한 설명으로 가장 적절한 것은?

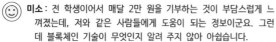

> 미디어와 문화
>
> **미소**: 전 학생이어서 매달 2만 원을 기부하는 것이 부담스럽게 느껴졌는데, 저와 같은 사람들에게 도움이 되는 정보이군요. 그런데 블록체인 기술이 무엇인지 알려 주지 않아 아쉽습니다.
>
> **샛별**: 전통적 방식의 기부는 줄고 뉴 미디어를 통한 기부가 늘었다는 내용은 어느 단체의 조사를 기반으로 한 거죠? 실제로 뉴 미디어를 통한 기부가 증가했다는 걸 믿기 어렵습니다.
>
> **낮달**: 방송 후에 관련 기사를 찾아보니, 최근 디지털 세계의 영향력이 정말 커졌더라고요. 이런 시기에 오늘 방송은 정말 의미 있고 적절한 주제를 다루었다고 생각해요.

① '미소'는 정보 전달자의 전문성에 주목하여 방송 내용이 정확하다고 판단하였다.

② '미소'는 방송 내용에 관한 자신의 경험에 주목하여 방송 내용이 충분하지 않다고 판단하였다.

③ '샛별'은 방송에서 전달한 정보의 출처에 주목하여 방송 내용이 신뢰할 만하다고 판단하였다.

④ '낮달'은 방송에서 다루지 않은 내용에 주목하여 방송 내용이 타당하지 않다고 판단하였다.

⑤ '낮달'은 추가로 수행한 탐색 활동을 통해 얻은 정보에 주목하여 방송 내용이 시의성이 있다고 판단하였다.

979

다음은 (나)에 따라 제작한 슬라이드이다. 제작 과정에서 고려한 내용으로 적절하지 않은 것은? [3점]

기부 방식의 변화

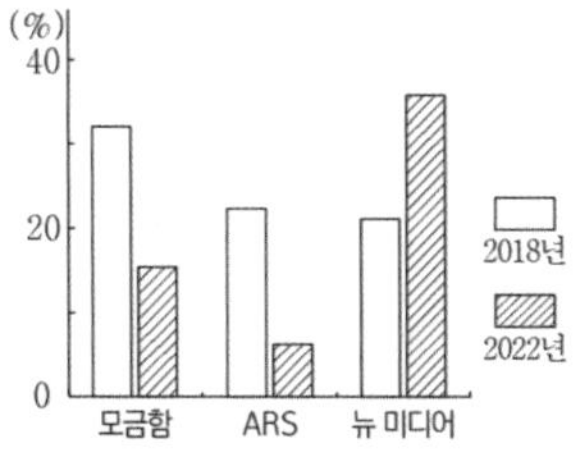

뉴 미디어를 통한 기부
- 쉽고 재미있게 참여 가능
- 기부 행위 공유를 통한 유대감과 만족감
- 사회 문제에 대한 주의 환기
- 기부에 대한 부담 저하
- 기부의 투명성 증대

세상을 바꾸는 작은 손길 - 뉴 미디어를 통한 쉽고 즐거운 기부

누리 소통망을 통한 기부

특정 행위를 수행하는 게시물을 올리면 게시물 수만큼 기부금 적립

스마트폰 앱을 통한 기부

[가치걷자] 걸음 수만큼 기부 포인트를 증정하는 앱

[푸른별지킴이] 쓰지 않는 물건을 필요한 곳에 기부하는 앱

[어린이꿈길] 소액 기부도 가능한 비영리 단체 공식 앱

⚠ 단, 단순히 재미 추구나 과시를 위해서만 참여하지 않도록 주의하기.

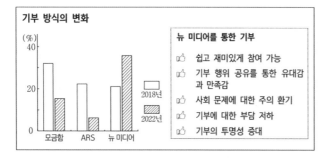

① 기부 방식의 변화를 시각적으로 표현하기로 한 ㉠은 기부 방식의 변화를 그래프로 표현해 보여 주자.

② 새로운 기부 방식의 장점을 제시하기로 한 ㉠은 전통적 방식의 기부와 뉴 미디어를 통한 기부의 차이를 비교해 제시하자.

③ 각 기부 방식의 예시를 안내하기로 한 ㉡은 전문가가 언급하지 않은 또 다른 예시를 추가하자.

④ 기부 참여 시의 유의점을 설명하기로 한 ㉡은 전문가가 언급한 참여형 챌린지에 대한 비판 내용을 바탕으로 유의점을 제시하자.

⑤ 슬라이드의 내용을 포괄할 수 있는 제목을 넣기로 한 ㉡은 전문가가 언급한 말을 활용하여 만든 제목을 달자.

980

ⓐ~ⓔ에 대한 설명으로 적절하지 않은 것은?

① ⓐ : 종결 어미 '습니까'를 사용하여, 뉴 미디어를 통한 기부 중 무엇을 먼저 설명해야 하는지를 묻고 있다.

② ⓑ : 연결 어미 '면'을 사용하여, 기부금 적립의 조건이 특정 행위를 수행하는 게시물을 올리는 것임을 밝히고 있다.

③ ⓒ : 보조사 '나'를 사용하여, '런 챌린지'가 목표 모금액을 초과 달성한 정도를 강조하고 있다.

④ ⓓ : 관형사 '어떤'을 사용하여, 스마트폰 앱을 통한 기부가 이루어지는 방식에 대한 정보를 요청하고 있다.

⑤ ⓔ : 부사 '역시'를 사용하여, 앱을 통한 기부의 장점이 누리 소통망을 통한 기부의 장점과 같음을 나타내고 있다.

[2024년 7월 고3 학평 44-45번]

[981-982] (가)는 누리 소통망에 올리기 위해 '현규'가 제작한 게시물 초안이고, (나)는 (가)에 대해 학생들이 진행한 온라인 화상 회의의 일부이다. 물음에 답하시오.

(가)

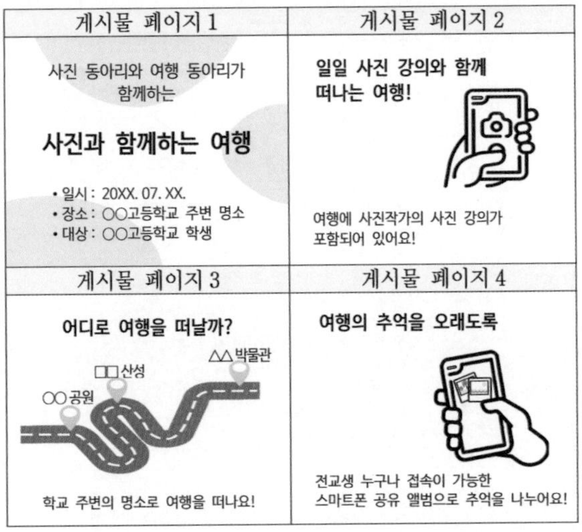

게시물 페이지 1
사진 동아리와 여행 동아리가 함께하는
사진과 함께하는 여행
• 일시 : 20XX. 07. XX.
• 장소 : ○○고등학교 주변 명소
• 대상 : ○○고등학교 학생
게시물 페이지 2
일일 사진 강의와 함께 떠나는 여행!
여행에 사진작가의 사진 강의가 포함되어 있어요!
게시물 페이지 3
어디로 여행을 떠날까?
△△박물관
□□산성
○○공원
학교 주변의 명소로 여행을 떠나요!
게시물 페이지 4
여행의 추억을 오래도록
전교생 누구나 접속이 가능한 스마트폰 공유 앨범으로 추억을 나누어요!

(나)

현규 : 이제 회의를 시작할게. 다들 내 목소리 잘 들려?

한나 : 현규야, 소리가 잘 안 들려. 오디오 설정 좀 확인해 줘.

현규 : 어, 그래? 내 마이크 음량을 키워 볼게. 지금은 어때?

한나 : 이제 잘 들려. 그런데 민아는 오늘 회의에 참석을 못 한대. 내가 회의를 녹화해서 보내 주려고 하는데, 동의하니?

현규, 태영, 은지, 성범, 가희 : 응, 그래.

한나 : 고마워. 그럼 지금부터 녹화를 시작할게.

현규 : 지난 회의 때 사진 동아리와 여행 동아리의 연합 활동으로 '사진과 함께하는 여행'을 계획했잖아. 지난 회의 내용을 바탕으로 동아리 누리 소통망에 홍보할 게시물 초안을 제작해 봤어. 오늘은 초안에 대한 의견을 나눠 보자.

태영 : 첫 페이지에도 사진이나 그림이 포함되면 좋을 것 같아. 잠시 내 화면을 공유해 볼게. 내 누리 소통망 화면인데 여기 보이는 많은 게시물 중에 글자로만 이루어진 게시물보다 사진이나 그림이 포함된 게시물이 더 눈에 띄지?

성범 : 응, 사진이나 그림이 있으니까 시선이 먼저 가게 되네.

은지 : 방금 간단히 그려 봤는데 이런 그림을 넣으면 어때? (파일을 전송한다.) 카메라를 든 여행객을 통해 우리 여행의 주제를 한눈에 드러낼 수 있을 것 같아.

현규 : 오, 좋은데? 이런 그림이 포함되면 시선을 사로잡으면서 우리 여행의 주제도 명확히 표현할 수 있겠어. 이 그림 조금 더 보완해서 보내 줄 수 있어?

은지 : 응! 회의 끝나면 다시 그려서 이메일로 보낼게.

성범 : 게시물 페이지의 순서를 바꾸자. 내가 여행 지원자라면 어디로 여행을 가는지 가장 궁금할 것 같거든. 사진 강의보다 여행 코스에 대한 내용이 먼저 나오면 어때?

가희 : 나도 동의해. 누리 소통망 이용자들이 흥미를 느끼지 못하는 게시물은 끝까지 보지 않는 경우가 많더라고. 사람들이 관심을 가질 만한 정보를 먼저 제시하는 게 좋겠어.

은지 : 여행 코스를 안내할 때 여행지 사진도 제시할까? 사진을 보여 주면 여행지의 모습을 생생하게 소개할 수 있잖아.

성범 : 그게 좋겠다. 사전 답사 때 사진 동아리가 촬영한 여행지 사진들을 정리해 볼게.

가희 : 사진 강의에 대해 더 구체적으로 소개하면 어떨까? 여행을 함께할 사진작가가 운영하는 누리집 주소를 채팅 창에 올릴게. 클릭해서 스마트폰 사진 강의 소개 글을 참고해 봐.

태영 : 가희가 보내 준 누리집 주소를 클릭해 봤는데, 사진 강의를 소개하는 내용이 상세해서 참고할 게 많네.

한나 : 초안에 참가자들이 찍은 사진을 인화해 준다는 내용이 빠져 있더라고. 스마트폰 공유 앨범은 전교생 모두 접속할 수 있지만, 인화된 사진은 참가자에게만 제공되는 혜택이니까 꼭 안내하면 좋겠어.

현규 : 그러자. 그럼 내가 오늘 회의에서 나온 의견들을 반영해서 홍보 게시물을 수정할게. 다시 검토해 줘.

981

(나)에 대한 설명으로 적절하지 않은 것은?

① '현규'는 오디오 설정 기능을 활용하여 자신의 음성이 잘 전달되도록 하고 있다.

② '한나'는 회의 녹화 기능을 활용하여 회의에 참여하지 못한 사람에게 회의 내용을 공유하려 하고 있다.

③ '태영'은 화면 공유 기능을 활용하여 자신의 의견을 뒷받침하는 사례를 보여 주고 있다.

④ '은지'는 파일 전송 기능을 활용하여 다른 참가자에게 이전 회의의 내용을 전달하고 있다.

⑤ '가희'는 채팅 기능을 활용하여 자신의 제안과 관련된 정보를 하이퍼링크로 제공하고 있다.

982

(나)를 바탕으로 (가)를 수정한다고 할 때, 이에 대한 방안으로 가장 적절한 것은?

① 학생들이 게시물에 관심을 가질 수 있도록 '게시물 페이지1'에 여행지 사진을 추가한다.

② 사진 강의의 특성이 잘 드러나도록 '게시물 페이지 2'에 제시된 그림을 삭제한다.

③ 여행지를 안내하기 위해 '게시물 페이지 3'에 여행지를 설명하는 글을 추가한다.

④ 참가 시 주어지는 혜택을 강조하기 위해 '게시물 페이지4'에 참가자에게 사진을 인화하여 제공한다는 정보를 추가한다.

⑤ 학생들이 관심을 가질 만한 정보가 먼저 제시될 수 있도록 '게시물 페이지 3'과 '게시물 페이지 4'의 순서를 맞바꾼다.

[2024년 9월 고3 모평 40-42번]

[983-985] (가)는 학생회 학생들의 누리 소통망 대화이고, (나)는 학생회에서 발송한 뉴스레터 화면이다. 물음에 답하시오.

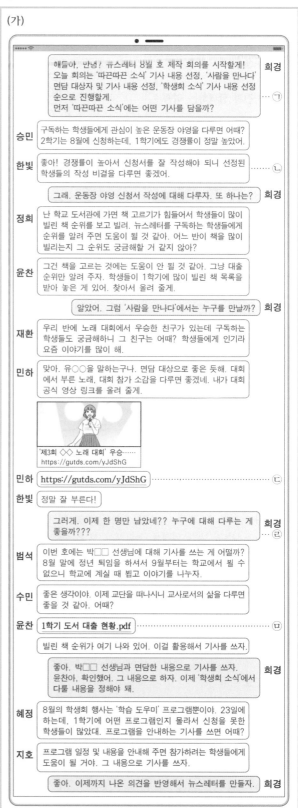

(가)

희경: 얘들아, 안녕? 뉴스레터 8월 호 제작 회의를 시작할게! 오늘 회의는 '따끈따끈 소식' 기사 내용 선정, '사람을 만나다' 면담 대상자 및 기사 내용 선정, '학생회 소식' 기사 내용 선정 순으로 진행할게. 먼저 '따끈따끈 소식'에는 어떤 기사를 담을까? …㉠

승민: 구독하는 학생들에게 관심이 높은 운동장 야영을 다루면 어때? 2학기는 8월에 신청하는데, 1학기에도 경쟁률이 정말 높았어.

한빛: 좋아! 경쟁률이 높아서 신청서를 잘 작성해야 되니 선정된 학생들의 작성 비결을 다루면 좋겠어. ……㉡

희경: 그래. 운동장 야영 신청서 작성에 대해 다루자. 또 하나는?

정희: 난 학교 도서관에 가면 책 고르기가 힘들어서 학생들이 많이 빌린 책 순위를 보고 빌려. 뉴스레터를 구독하는 학생들에게 순위를 알려 주면 도움이 될 것 같아. 어느 반이 책을 많이 빌리는지 그 순위도 궁금해할 거 같지 않아?

윤찬: 그건 책을 고르는 것에는 도움이 안 될 것 같아. 그냥 대출 순위만 알려 주자. 학생들이 1학기에 많이 빌린 책 목록을 받아 놓은 게 있어. 찾아서 올려 줄게.

희경: 알았어. 그럼 '사람을 만나다'에서는 누구를 만날까?

재환: 우리 반에 노래 대회에서 우승한 친구가 있는데 구독하는 학생들도 궁금해하니 그 친구는 어때? 학생들에게 인기라 요즘 이야기를 많이 해.

민하: 맞아. 유○○을 말하는구나. 면담 대상으로 좋은 듯해. 대회에서 부른 노래, 대회 참가 소감을 다루면 좋겠네. 내가 대회 공식 영상 링크를 올려 줄게.

'제3회 ◇◇ 노래 대회' 우승……
https://gutds.com/yJdShG

민하: https://gutds.com/yJdShG ……㉢

한빛: 정말 잘 부른다!

희경: 그러게. 이제 한 명만 남았네?? 누구에 대해 다루는 게 좋을까??? …㉣

범석: 이번 호에는 박□□ 선생님에 대해 기사를 쓰는 게 어떨까? 8월 말에 정년 퇴임을 하셔서 9월부터는 학교에서 뵐 수 없으니 학교에 계실 때 뵙고 이야기를 나누자.

수민: 좋은 생각이야. 이제 교단을 떠나시니 교사로서의 삶을 다루면 좋을 것 같아. 어때?

윤찬: 1학기 도서 대출 현황.pdf ……㉤

빌린 책 순위가 여기 나와 있어. 이걸 활용해서 기사를 쓰자.

희경: 좋아. 박□□ 선생님과 면담한 내용으로 기사를 쓰자. 윤찬아, 확인했어. 그 내용으로 하자. 이제 '학생회 소식'에서 다룰 내용을 정해야 돼.

혜정: 8월의 학생회 행사는 '학습 도우미' 프로그램뿐이야. 23일에 하는데, 1학기에 어떤 프로그램인지 몰라서 신청을 못한 학생들이 많았대. 프로그램을 안내하는 기사를 쓰면 어때?

지호: 프로그램 일정 및 내용을 안내해 주면 참가하려는 학생들에게 도움이 될 거야. 그 내용으로 기사를 쓰자.

희경: 좋아. 이제까지 나온 의견을 반영해서 뉴스레터를 만들자.

(나)

수신 메일함

[우리끼리 소곤소곤] 8월 호 뉴스레터

보낸 사람 △△고 학생회

받는 사람 김▽▽

2024년 8월 5일(월) 18:03

안녕하세요, 구독자 여러분. 매월 첫 번째 월요일마다 발송되는, '우리끼리 소곤소곤'이 도착했습니다.

1. 따끈따끈 소식 - 우리 학교 소식을 알려 드립니다.

1) 운동장 야영 프로그램 신청서 작성 비결

운동장 야영 프로그램의 2학기 신청 기간이 8월 26일(월)~30일(금)입니다. 지난 학기에 선정된 팀들의 신청서 작성 비결을 공개합니다!

+전문 보기

2) 우리 학교 도서관 인기 도서 공개

책 고르기가 막막한 학생들을 위해 우리 학교 도서관 1학기 인기 도서를 공개합니다. 1위부터 10위까지의 순위를 공개합니다.

+전문 보기

2. 사람을 만나다 - 학교 구성원과 나눈 이야기를 전해 드립니다.

1) 노래 대회 우승자가 우리 학교에 있어요!

'제3회 ◇◇ 노래 대회' 우승자가 우리 학교 학생이라는 것 알고 있죠? 대회에서 겪었던 경험에 대한 이야기를 듣고 왔습니다.

+전문 보기

2) 정년 퇴임 기념 면담 - 박□□ 선생님의 교직 인생

8월 말 정년 퇴임을 앞둔 박□□ 선생님을 만나, 선생님의 교직 인생에 대해 들어 봤습니다.

+전문 보기

3. 학생회 소식 - 학생회에서 진행하는 행사에 대해 알려 드립니다.

◎ **학생회 주관 학습 도우미 프로그램**

학생회에서 학습 도우미가 학습 전략을 공유하는 프로그램을 8월 23일(금)에 진행합니다. 프로그램 일정 및 내용을 알려 드립니다.

+전문 보기

☞ 이번 호는 만족했어요. ☞ 이번 호는 불만족했어요.

※ 기사의 내용 오류, 궁금한 점이나 제보할 내용이 있으면 '제보하기'를 클릭해서 의견을 보내 주세요. 여러분의 소중한 의견을 기다립니다. 고맙습니다.

제보하기

본 뉴스레터는 학생회 누리집에서 뉴스레터 구독을 신청했기에 발송되었습니다. 이 메일은 발신 전용 메일이므로, 회신할 수 없습니다. 이후 뉴스레터의 수신을 원하지 않는 경우, '수신 거부'를 클릭해 주세요.

수신 거부

983

(가)에 드러난 의사소통 방식에 대한 이해로 가장 적절한 것은?

① ㉠ : 회의할 내용을 차례대로 제시하여, 대화 참여자에게 회의와 관련된 정보를 알려 주었다.

② ㉡ : '승민'의 발화 일부를 재진술하여, 자신이 이해한 내용이 맞는지 확인하였다.

③ ㉢ : 영상 링크를 전송하여, '재환'의 의견에 반대하는 근거를 제시하였다.

④ ㉣ : 물음표를 반복적으로 사용하여, '한빛'의 의견에 대한 자신의 의문을 강하게 표현하였다.

⑤ ㉤ : 파일을 전송하여, '희경'이 자신에게 요청한 자료를 제공하였다.

984

(나)에 대한 설명으로 적절하지 않은 것은?

① 뉴스레터는 학생회 누리집을 통해 수신에 동의한 구독자에게 발송된다.

② 뉴스레터는 구독자에게 매월 첫 번째 월요일에 정기적으로 발송된다.

③ 뉴스레터 구독자는 '전문보기'를 통해 이전호 뉴스레터를 볼 수 있다.

④ 뉴스레터 구독자는 '제보하기'를 통해 기사에 대한 의견을 보낼 수 있다.

⑤ 뉴스레터 구독자는 이번 호 뉴스레터에 대한 만족 여부를 표현할 수 있다.

985

(가)의 대화 내용을 반영하여 (나)를 제작했다고 할 때, (나)에 대한 설명으로 적절하지 않은 것은?

① '따끈따끈 소식'에는 구독자 관심사에 대한 '승민'과 '한빛'의 대화를 반영하여, 운동장 야영 신청서 작성 비결과 관련된 내용이 포함되었다.

② '따끈따끈 소식'에는 구독자에게 미칠 영향에 대한 '정희'와 '윤찬'의 대화를 반영하여, 도서 대출을 많이 한 학급 순위와 관련된 내용이 포함되었다.

③ '사람을 만나다'에는 면담 대상자의 화제성에 대한 '재환'과 '민하'의 대화를 반영하여, 노래 대회 참여 경험과 관련된 내용이 포함되었다.

④ '사람을 만나다'에는 면담 시기의 시의성에 대한 '범석'과 '수민'의 대화를 반영하여, 정년 퇴임을 앞둔 선생님과 관련된 내용이 포함되었다.

⑤ '학생회 소식'에는 기사 내용의 유용성에 대한 '혜정'과 '지호'의 대화를 반영하여, 학습 도우미 프로그램의 활동 내용과 관련된 내용이 포함되었다.

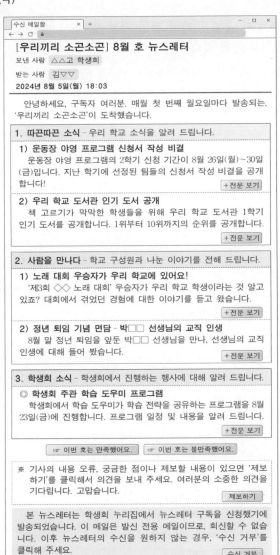

[2024년 9월 고3 모평 43-45번]

[986-988] 다음은 학생 개인의 블로그이다. 물음에 답하시오.

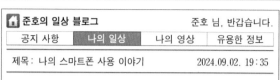

준호의 일상 블로그 준호 님, 반갑습니다.

공지 사항	나의 일상	나의 영상	유용한 정보

제목 : 나의 스마트폰 사용 이야기 2024.09.02. 19 : 35

스마트폰을 얼마나, 어디에 쓰고 있는지 궁금해서 사용 시간을 세부적으로 확인해 봤어요.

≪스마트폰 사용 현황 및 분석≫
아래는 일주일간 제 스마트폰 사용 시간 자료예요.

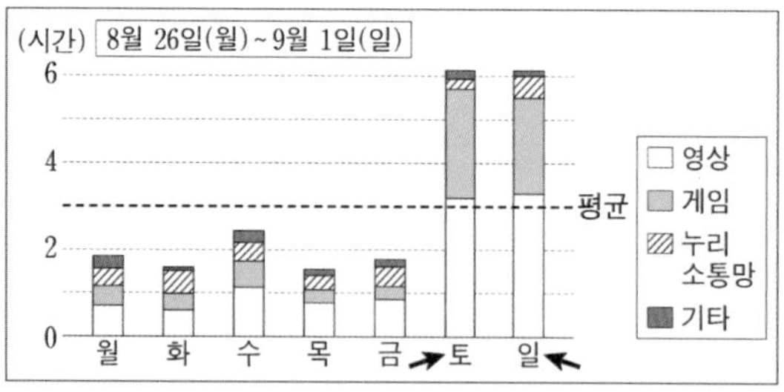

지난주 일일 평균 사용 시간은 **3시간 정도**였어요. 화살표로 표시한 부분을 보면, 토요일 ㉠ 및 일요일에 많이 쓰는 편이었어요. ㉡ 주로 영상 시청과 게임을 했더라고요. 주말엔 영화도 보고, ㉢ 최근 요리사로 진로를 정하고 자격증 정보를 담은 영상을 많이 봐 그런 것 같아요. ㉣ 게다가 주말에 몰아서 게임을 해서 주말 사용 시간이 많은 듯했어요. 반면에 영상이나 게임에 비해 누리 소통망 사용 시간은 적은 ㉤ 편이었어요. 누리 소통망을 주변 사람과만 사용해 그런 것 같아요.

≪스마트폰을 적절히 사용하기 위한 실천 방안≫
사용 시간 자료를 보니, 제 삶에 긍정적인 영향을 미칠 수 있도록 습관을 개선하고 적절한 사용 방법을 찾아 실천해야겠다고 생각했어요. 그래서 주로 취미에 사용하던 스마트폰을 진로를 위해서도 사용하려고 실천 방안을 세웠어요.

'요리 공부 시간 늘리기'
'요리 연습 영상 일지 올리기'
'요리로 소통 넓히기'

첫째, 요리 공부 시간 늘리기. 요리 공부는 많이 하지 못해서 스마트폰으로 영화뿐 아니라 요리하는 영상도 보려고요. 둘째, 요리 연습 영상 일지 올리기. 음식을 취미로만 만들었는데 이제는 조리법에 맞게 제대로 요리해 볼 생각이에요. 또 요리하는 영상 일지를 블로그에 올려 요리 실력이 얼마나 나아지는지를 확인해 볼 거예요. 셋째, 요리로 소통 넓히기. 요리사를 꿈꾸는 사람들과 누리 소통망을 활용해 조리법을 공유하고 소통하는 시간을 늘려 볼까 해요. 잘할 수 있겠죠?

댓글 3 ♥좋아요 8 [댓글 쓰기] [좋아요]

↳ **친하리** 저도 사용 시간을 확인하니, 일일 평균이 2시간이고, 준호 님과 달리 평일에 더 썼네요. 평일엔 공부 관련 내용을 많이 찾아보는데, 주말엔 봉사 활동을 해서 스마트폰을 쓸 틈이 없었어요.

↳ **역사랑** 저는 스마트폰으로 영상은 스포츠 분야만 봤어요. 역사에 대해 더 알고 싶어서 이제부터 역사에 대한 영상도 볼 거예요. 그리고 누리 소통망은 친구들과 대화하는 데에만 썼어요. 누리 소통망은 준호 님과 비슷한 방식으로 역사 공부를 좋아하는 사람들과 역사 이야기를 함께 나누면서 정보를 공유해 볼 생각이에요.

↳ **꿈자람** 스마트폰을 진로와 취미에 적절히 사용하겠다는 것과 일지를 쓰면 도움이 될 것 같다는 글 내용에 공감했어요. 전 사진작가가 되기 위해 스마트폰으로 일지를 작성해 올릴 거예요. 상황에 따라 촬영 방법을 잘 선택하고 있는지 분석해서 쓰면 사진 찍는 기술이 향상되는지를 알 수 있을 거예요. 취미인 전자책 읽기도 하면서 스마트폰을 잘 사용해 보려고요.

986

'준호'의 글에 나타난 정보 구성 및 제시 방법으로 적절하지 않은 것은?

① 소제목을 활용하여 스마트폰 사용과 관련된 내용을 구분하여 제시하고 있다.
② 그래프 자료를 활용하여 스마트폰 사용 시간에 대한 정보를 제시하고 있다.
③ 글자 크기와 굵기를 달리하여 하루 평균 스마트폰 사용 시간을 제시하고 있다.
④ 글의 정렬 방식에 변화를 주어 스마트폰 사용 시 시간대별 유의 사항을 부각하고 있다.
⑤ 화살 모양의 표지를 활용하여 스마트폰 사용 현황의 일부에 주목하도록 표시하고 있다.

987

'준호'의 글에 대한 독자의 반응을 설명한 것으로 적절하지 않은 것은? [3점]

① '준호'가 언급한 스마트폰 사용 시간에 대한 내용을 바탕으로, '친하리'는 자신이 평일보다 주말에 스마트폰 사용시간이 적은 이유를 드러내었다.
② '준호'가 언급한 영상 시청 분야에 대한 내용을 바탕으로, '역사랑'은 자신의 관심 분야에 대한 내용을 다룬 영상을 추가적으로 시청하고자 하는 의지를 드러내었다.
③ '준호'가 언급한 누리 소통망 활용 목적에 대한 내용을 바탕으로, '역사랑'은 누리 소통망으로 자신이 소통하고자 하는 대상과 화제를 드러내었다.
④ '준호'가 언급한 스마트폰 사용 습관 개선 방향에 대한 내용을 바탕으로, '꿈자람'은 자신의 진로를 고려하여 스마트폰 사용 용도를 일원화해야 할 필요성을 드러내었다.
⑤ '준호'가 언급한 일지 작성의 효용에 대한 내용을 바탕으로, '꿈자람'은 자신의 진로와 관련하여 일지를 효과적으로 활용하려는 계획을 드러내었다.

988

㉠~㉤에 대한 설명으로 가장 적절한 것은?

① ㉠ : 스마트폰을 많이 사용하는 날이 토요일이나 일요일 중 하나임을 표현하기 위해 사용하였다.
② ㉡ : 스마트폰의 사용 시간 가운데 영상 시청과 게임이 중심이 됨을 표현하기 위해 사용하였다.
③ ㉢ : 요리사로서의 꿈을 꾸게 된 때가 자격증 관련 영상을 시청하게 된 때보다 나중임을 표현하기 위해 사용하였다.
④ ㉣ : 스마트폰으로 주말에 영상 시청과 게임 중 더 많이 한 일이 무엇인지 표현하기 위해 사용하였다.
⑤ ㉤ : 누리 소통망을 주변 사람과만 사용해서 누리 소통망 사용시간이 적은 것이 당연함을 표현하기 위해 사용하였다.

[2024년 10월 고3 학평 40-43번]

[989-992] (가)는 실시간 인터넷 방송이고, (나)는 (가)를 바탕으로 제작한 행사 포스터이다. 물음에 답하시오.

(가)

진행자 : △△도청에서 운영하는 '우리 고장 홍보 채널'의 진행자 방랑객입니다. 이 방송은 실시간 방송이니 시청하다가 질문이 있거나 나누고 싶은 이야기가 있으신 분은 실시간 대화창에 글을 올려 주세요. 매주 화요일에는 우리 지역 명소를 소개해 드리는데요, 오늘은 유명 여행가이자 작가이신 ○○ 님을 모셨습니다. 안녕하세요?

여행가 : 안녕하세요. ○○입니다. 실시간 방송이라 떨리네요.

진행자 : 너무 긴장하지 마세요. ㉠시청자 여러분의 섭외 요청이 쇄도했던 만큼 다들 너무 반가워하시네요. 몇 주 전부터 우리 지역에 있는 ◇◇강 주변의 관광 명소를 소개하고 있는데요, 오늘은 어떤 곳을 소개해 주실 건가요?

여행가 : 바로 ◇◇강 주상절리 길입니다. 제가 방금 화면에 띄운 사진이 잘 보이시나요? 여기가 뭐로 보이나요?

진행자 : 절벽에 붙어 있는 산책길이네요.

여행가 : 그렇죠. 바로 ◇◇강 주상절리 길입니다. 총 길이 3.6km, 폭 1.5m의 잔도로, 협곡 사이를 걸으며 주상절리가 만든 멋진 풍광을 볼 수 있습니다. 해외 명소 부럽지 않은 비경을 자랑하는 곳입니다.

진행자 : 지금 실시간 대화창에 질문이 많이 올라 오네요.

> 코코넛 : '잔도'가 뭔지 모르겠어요. 무엇인가요?
> 달빛 : 주상절리는 화산 지형에서 볼 수 있는 거 아닌가요?

진행자 : '코코넛' 님이 '잔도'를 궁금해하시는데요, 간략히 설명해 주시겠어요?

여행가 : 잔도는 험한 벼랑 같은 곳에 낸 길로, 절벽에 붙여 선반처럼 설치됩니다. 그래서 아래로 강이 보이죠.

> 사자후 : 헉! 아래로 강이 보여요? 너무 무섭겠다!!!

진행자 : '사자후' 님이 무섭겠다고 하시네요.

여행가 : ㉡거기보다 더 무서운 곳은 따로 있습니다. 바로 바닥이 유리인 전망대인데요, 전망대가 잔도 중간에 반원 형태로 돌출되어 있는 구조라서 허공 위를 걷는 느낌이죠. 그런데 무서움보다는 긴장 속에서 느껴지는 짜릿함이 훨씬 커요.

진행자 : '사자후' 님, 너무 무서워하지 말고 한번 도전해 보세요! 참! ○○ 님, 주상절리가 화산 지형에서 볼 수 있는거 아니냐는 '달빛' 님의 질문도 있었잖아요.

여행가 : ㉢아, ◇◇강은 화산 폭발로 형성된 강입니다. 주상절리 길을 걷다 보면 여러 개의 다리를 건너게 되는데요, 거기서 볼 수 있는 지질학적 특성에 따라 각각의 다리에 이름을 붙였다고 해요. '화강암교'에서는 지하 깊은 곳의 용암이 서서히 굳어서 생긴 암석을 볼 수 있고, '현무암교'에서는 지표로 분출된 용암이 식어서 생긴 암석을 볼 수 있죠. 다리를 건널 때 화산 폭발의 흔적을 찾아보는 것도 묘미입니다.

진행자 : 다리 이름을 통해 주변의 지질학적 특성을 확인할 수 있다는 말씀이시네요. 저도 전에 가 봤는데, 거기에서 폭포도 보이더라고요. 폭포가 참 멋있던데, 사진 찍기에도 좋았어요.

여행가 : 맞아요, 멋있죠! ㉣그 폭포 앞에서 기념 사진을 찍어서 누리 소통망에 한번 올려 보세요.

진행자 : 벌써 끝날 시간이에요. 우리 △△도청에서는 여행가 ○○ 님과 함께하는 행사를 준비했어요. 오늘 소개한 명소를 함께 걷는 거죠. ㉤저희 채널 게시판에 행사 홍보 포스터를 만들어 올릴 예정이니, 관심 있으신 분은 이를 참고해서 신청해 주세요. 아쉽지만 여기서 마무리해야겠네요. ○○ 님, 오늘 좋은 말씀 감사합니다.

(나)

△△도청

유명 여행가 ○○과 함께하는 뚜벅뚜벅

해외 명소 부럽지 않은 비경

◇◇강 주상절리 길 도보 여행

2024. 10. XX. (토)

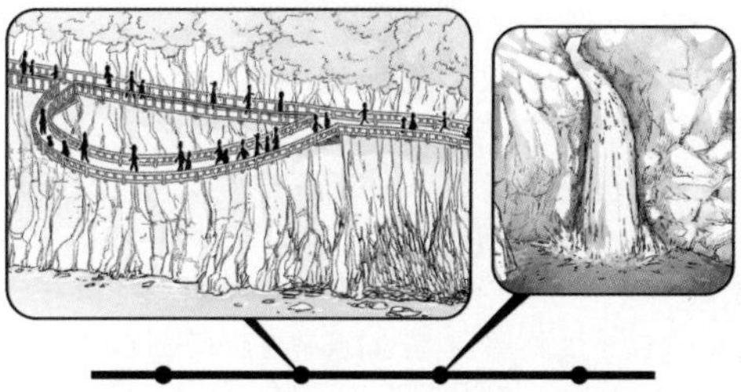

09:00	09:30	10:30	11:00
A 매표소 출발	유리 전망대 체험	폭포 앞 기념 촬영	B 매표소 도착

참가자 혜택
- ○○의 친필 서명 도서 증정
- ○○과의 완주 기념 사진 촬영

우측의 QR 코드를 통해 참가 신청서를 작성하세요.
문의: △△도청 관광홍보팀 (☎ xxx-xxx-xxxx)

989

(가)에 나타난 정보 전달 방식으로 적절하지 <u>않은</u> 것은?

① '진행자'는 시청자가 방송 흐름을 예상할 수 있도록 방송을 시작하면서 방송 내용의 순서를 안내하였다.
② '진행자'는 시청자와 의사소통을 실시간으로 하기 위해 시청자에게 방송에 참여할 수 있는 방법을 안내하였다.
③ '진행자'는 자신이 경험을 떠올려 '여행가'가 소개한 내용에 대한 추가적인 정보를 전달하였다.
④ '여행가'는 소개하는 대상의 규모를 시청자가 가늠할 수 있도록 구체적인 수치를 활용한 정보를 전달하였다.
⑤ '여행가'는 '진행자'의 요청에 따라 시청자가 궁금해하는 대상의 개념을 설명하였다.

990

다음은 (가)가 종료된 후에 달린 댓글이다. 시청자들의 매체 수용 태도에 대한 설명으로 가장 적절한 것은?

> **귤향** : 제가 좋아하는 『나의 유럽 여행』의 저자가 직접 소개한 여행지라니!! 작가님의 추천을 믿고 꼭 가 볼게요.
> **뭉게구름** : 주상절리 길이 비유적인 이름이라고 생각했는데, ◇◇강 지역이 화산 지형이라 주상절리를 실제로 볼 수 있다고 해서 깜짝 놀랐어요.
> **야옹** : 개인 블로그에 올라온 방문 후기를 봤는데요, 일부 다리에만 지질학적 특성을 드러낸 이름을 붙였다네요. 방송에서 들을 땐 모든 다리 이름이 그런 줄 알았네요.
> **산토끼** : 작년에 갔던 곳이 나오니 반갑네요. 여기 가시면 입장료의 50%를 지역 상품권으로 돌려주더라고요. 인근 식당에서 그 상품권 잘 사용했어요. △△도청 누리집에 가 보니, 상품권 가맹점에 대한 정보가 있네요. 참고하세요!
> **하회탈** : 거기 갔을 때 화장실이 많지 않아 고생했어요. 화장실 위치에 대한 정보가 중요하니 꼭 확인하세요!

① '귤향'은 정보 전달자가 소개한 내용의 출처를 확인하며 방송에서 다룬 내용이 신뢰할 만하다고 판단하고 있다.
② '뭉게구름'은 자신의 배경지식을 토대로 방송 내용의 적절성을 검토하며 정보를 선별적으로 수용하고 있다.
③ '야옹'은 공신력 있는 기관의 자료를 근거로 방송에서 전달한 정보의 정확성에 의문을 제기하고 있다.
④ '산토끼'는 개인적인 경험과 추가적으로 조사하여 알게 된 정보를 제시하고 있다.
⑤ '하회탈'은 자신이 실제로 경험한 것을 근거로 방송에서 전달한 정보 중 특정한 정보의 유용성을 강조하고 있다.

991

(가)를 바탕으로 (나)를 제작하기 위해 세운 계획 중 (나)에 반영되지 <u>않은</u> 것은?

① 방송에서 언급한 구절을 활용하여 포스터 제목을 정해야지.
② 방송에서 소개한 내용 중 지질학적 특성을 비교해 볼 수 있는 두 다리의 시각적 이미지를 나란히 제시해야지.
③ 방송에서 도전해 보기를 권장한 장소를 포함하여 행사 일정을 제시해야지.
④ 방송에서 소개하지 않았지만 행사 참가자에게 주어지는 혜택에 대한 내용을 추가해야지.
⑤ 방송에서 안내한 행사에 참가하고 싶은 사람들이 신청할 수 있도록 QR 코드를 제시해야지.

992

㉠~㉤에 대한 설명으로 가장 적절한 것은?

① ㉠ : 조사 '의'를 사용해, 여행가를 섭외하도록 요청한 주체를 나타내고 있다.
② ㉡ : 조사 '보다'를 사용해, 잔도가 다른 대상에 비해 가지는 장점을 부각하고 있다.
③ ㉢ : 조사 '로'를 사용해, 강이 만들어 낸 지형이 변화한 결과를 드러내고 있다.
④ ㉣ : 조사 '에서'를 사용해, 초보자가 도보 여행을 시작하기 적당한 장소를 소개하고 있다.
⑤ ㉤ : 조사 '에'를 사용해, 걷기 행사가 진행되는 지역을 안내하고 있다.

[2024년 10월 고3 학평 44-45번]

[993-994] (가)는 '학교 급식 안내 앱'을 실행할 때의 첫 화면이고, (나)는 학생회 누리 소통망 대화이다. 물음에 답하시오.

(가)

100%

00고등학교 급식 알리미

[오늘의 식단]
■중식: 현미밥, 미역국, 불고기, 김치, 콩자반, 푸딩

※ 아래 게시판을 클릭하세요. ※

월간 식단표	요청 사항	불만 사항

전체 메뉴 이전 다음 새로 고침 나의 계정

(나)

100%

채팅 학생회 단체 대화방(5명)

상준: 얘들아, 급식 안내 앱이 개편될 예정인데 우리 건의 사항이 다 반영될 거래. 건의 사항이 있으면 얘기해 줘.

지수: 알레르기를 유발할 수 있는 음식이 무엇인지 앱에서 알려 줬으면 좋겠어.

웅범: 그러면 별도의 게시판을 신설해 달라고 하자.

'상준' 님이 '광민' 님을 초대했습니다.

상준: 광민, 늦게 초대해 미안! 지금까지의 대화를 갈무리한 거야.
㉠… 상준: 얘들아, 급식 안내 앱이 개편될 예정인데 우리 건의 사항이 다 반영될 거래. 건의 사항이 있으면 얘기해 줘.
지수: 알레르기를 유발할 수 있는 음식이 무엇인지 앱에서 알려 줬으면 좋겠어.
웅범: 그러면 별도의 게시판을 신설해 달라고 하자.

지수: '오늘의 식단'에 중식만이 아니라 석식 식단도 함께 보여 주면 좋겠어.

나리: 식단이 갑자기 월간 식단표와 달라져도 알려 주지 않아서 불편해.

광민: 👍👍👍 맞아! 앱 우측 상단에 알림 기능을 만들어서 그걸 통해 변경된 식단을 공지해 달라고 하자. … ㉡

나리: 알림이 오면 숫자로 표시되면 좋겠어.

상준: '요청 사항'과 '불만 사항' 게시판의 차이를 몰라서 같은 글을 두 군데 다 올린 애도 봤어. 또 거친 표현도 많더라.

광민: 그럼 친구들에게 게시판에서 글쓰기 예절을 지켜 달라고 당부하는 안내 문구를 앱의 첫 화면에 넣어 달라고 하자.

웅범: [상준]에게 답장 '요청 사항'과 '불만 사항' …
두 게시판의 목적이 겹치는 부분이 있어 중복된 글이 많이 올라와. '요청 사항' 게시판만 남기면 될 것 같아. … ㉢

나리: 더 얘기할 거 있니? 없으면 체육 대회에 대해 논의할 회의 일정을 투표로 정하자. 가능한 날짜를 모두 선택해 줘.

투표가 종료됨.
다음 회의 일정 (복수 응답 가능) 5명 참여
✓2024년 10월 17일(목) 2명
✓2024년 10월 24일(목) 5명 … ㉣
✓2024년 10월 31일(목) 4명

나리: 그럼 24일에 회의하자.

㉤… 상준: 지금까지 나온 내용을 정리한 문서야. 검토해 줘.
건의 사항.hwp

광민: 잘 정리된 것 같아. 상준, 고생했어!

993

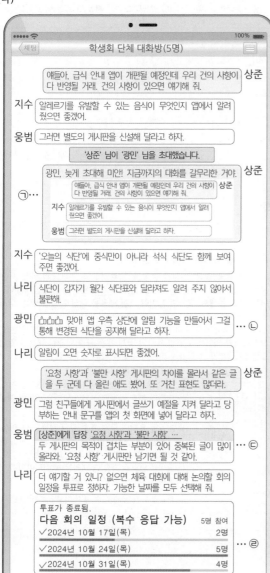

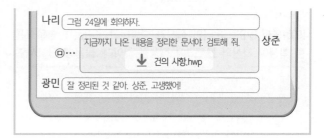

㉠~㉤에 드러난 의사소통 방식에 대한 설명으로 적절하지 않은 것은?

① ㉠ : 화면을 갈무리하는 기능을 이용하여 대화에 새로 참여한 구성원에게 지금까지의 대화 내용을 보여 주고 있다.

② ㉡ : 시각적 이미지를 이용하여 상대방의 의견에 대한 긍정적인 반응을 나타내고 있다.

③ ㉢ : 답장하는 기능을 이용하여 상대방과 자신의 의견을 절충하고 있다.

④ ㉣ : 투표하는 기능을 이용하여 단체 대화방에 속한 구성원들의 응답을 모아서 보여 주고 있다.

⑤ ㉤ : 문서를 전달하는 기능을 이용하여 지금까지 논의된 사항을 정리한 자료를 단체 대화방 구성원들과 공유하고 있다.

994

(나)의 대화 내용을 반영하여 (가)를 아래와 같이 수정한다고 했을 때, 수정한 결과에 대한 설명으로 적절하지 않은 것은? [3점]

100%

00고등학교 급식 알리미 🔔1

[오늘의 식단]
■중식: 현미밥, 미역국, 불고기, 김치, 콩자반, 푸딩
■석식: 흑미밥, 어묵탕, 제육볶음, 파김치, 요구르트

※ 아래 게시판을 클릭하세요. ※
※ 게시판에 글을 남길 때 바르고 고운 말을 사용합시다. ※

월간 식단표	알레르기 유발 음식	요청 사항

전체 메뉴 이전 다음 새로 고침 나의 계정

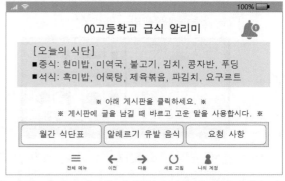

① 알레르기 유발 음식과 관련된 '지수'와 '웅범'의 대화를 반영하여 게시판을 신설하였다.

② '오늘의 식단'과 관련된 '지수'와 '나리'의 대화를 반영하여 석식 식단을 안내하는 내용을 추가하였다.

③ 변경된 식단을 공지하는 것과 관련된 '나리'와 '광민'의 대화를 반영하여 알림 기능을 생성하였다.

④ 중복된 글이 올라오는 두 게시판에 대한 '상준'과 '웅범'의 대화를 반영하여 '불만 사항' 게시판을 삭제하였다.

⑤ 게시판의 글쓰기 예절과 관련된 '상준'과 '광민'의 대화를 반영하여 새로운 안내 문구를 삽입하였다.

[2024년 수능 40-43번]

[995-998] (가)는 온라인 실시간 방송이고, (나)는 방송을 시청한 학생이 자신의 블로그에 작성한 글이다. 물음에 답하시오.

(가)

푸근 : 안녕하세요? '푸근의 지식 창고' 채널의 푸근입니다. 화면에 실시간 대화창을 띄울게요. 오늘은 공학 박사이신 전선 님을 모셨어요. 반갑습니다!

전선 : 안녕하세요! 전선입니다.

푸근 : 오늘 나눌 이야기는 무엇인가요?

전선 : '플러그와 콘센트'에 관한 이야기입니다.

푸근 : ⓐ제가 얼마 전 일본 여행을 갔다가 현지 콘센트에 맞는 충전기 어댑터를 챙기지 않아 휴대 전화 충전에 애를 먹었어요.

전선 : 그랬군요. 우리나라와 '플러그와 콘센트' 규격에 차이가 있죠.

[A] **가을비** 전 해외여행을 자주 가는데, 갈 때마다 그 나라 콘센트에 맞는 충전기 어댑터를 챙겨야 해서 번거로워요.

푸근 : 가을비 님, 맞아요. 번거롭죠. 전선 님, 그런데 왜 일본은 우리나라와 다른가요?

전선 : 일본은 전기를 보내고 받는 시스템이 우리나라와 다르기 때문이에요. ⓑ나라마다 시스템을 독자적으로 구축하다 보니 '플러그와 콘센트'의 모양이 다양해졌어요. '플러그와 콘센트' 유형을 보여 주는 이미지를 띄워 주실래요?

푸근 : 네. 화면을 나눠서 이미지를 띄울게요. 질문이나 의견은 계속 올려 주세요.

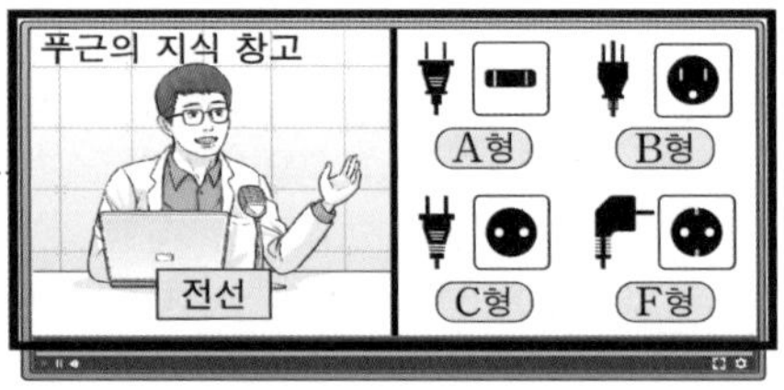

전선 : 화면에 나오는 A형, B형은 모두 미국과 일본에서, C형, F형은 우리나라에서 사용해요. 질문이 올라왔네요.

[B]
아침 '플러그와 콘센트'도 국제 표준 규격이 있는 걸로 알고 있는데, '플러그와 콘센트' 규격이 나라별로 차이가 있기도 하네요. 왜 그렇죠?
풍경 국제 표준 규격을 정하는 게 생산 효율을 높이는 데 도움이 된다고 알고 있어요. '플러그와 콘센트'의 국제 표준 규격을 정하기 위한 움직임이 있었나요?

아침 님, 풍경 님. 국제전기기술위원회에서 1986년에 '플러그와 콘센트'의 국제 표준 규격을 N형으로 정했어요. 하지만 많은 나라가 이미 독자적으로 표준을 정했고, 그러다 보니 국제 표준 규격을 채택한 나라가 거의 없어요.

푸근 : 그렇군요. 근데 우리는 원래 A형을 쓰지 않았나요?

전선 : 네. 110V 전력 시스템을 사용하면서 A형을 썼었어요. 그러다 열악한 전력 사정을 고려해서 110V에 비해 전력 공급 효율이 높은 220V로 바꾸는 승압 사업을 1973년부터 시작했어요. 그러면서 '플러그와 콘센트'도 C형, F형으로 바꿨죠.

[C]
눈썹달 220V로 전압을 높이면 전력 공급 효율이 높아진다고 하셨는데, 그럼 일본은 왜 220V로 안 바꾼 거죠?
해맑음 1991년쯤, 저희 집 콘센트를 220V용으로 바꾼 기억이 나요. 그럼 A형에서 C형이나 F형으로 바뀐 거죠?

전선 : 해맑음 님, 맞습니다. 눈썹달 님, ⓒ한 나라의 입장에서 비용 부담이 매우 클 수밖에 없어서요. 우리도 30년 넘게 엄청난 사업비가 투입됐어요.

푸근 : ⓓ그렇게 많은 시간과 비용이 투입됐다는 건 처음 알았네요. 전선 님 일정 때문에 오늘은 여기까지 해야겠네요. 나와 주셔서 감사합니다.

지환아빠 근데 '플러그와 콘센트'는 누가 처음 만들었나요? 처음에도 지금과 같은 형태였나요?

전선 : 감사합니다.

푸근 : 지환아빠 님, 방금 올리신 질문과 관련된 자료는 실시간 대화창에 링크로 대신할게요. 바로 올릴 테니 확인해 보세요!

푸근 [자료] - '플러그와 콘센트'의 발명과 변화 과정
(링크 주소 : https://k34imj.co.kr/1fjg) ㉤

ⓔ오늘 영상은 제 채널의 '다시 보기'에 올려두겠습니다. 여러분, 다음에 만나요!

(나)

에서의 지식 이야기 ×

[국제 표준 규격의 사례 – A열 용지]

'푸근의 지식 창고' 실시간 방송에서 '플러그와 콘센트'의 국제 표준 규격이 있지만 실제로는 다양한 규격이 사용된다는 내용을 봤어요. ('플러그와 콘센트' 규격의 차이에 대한 내용은 해당 채널에 있는 '다시 보기' 영상 56화의 '1분 5초'부터 확인할 수 있어요.)

방송 후, 국제 표준 규격이 널리 사용되는 사례가 궁금해서 찾아봤는데, A열 용지가 있었어요. A열 용지의 국제 표준 규격에 관한 내용을 알려 드릴게요. (제가 본 자료는 하단에 파일을 첨부해 뒀어요.)

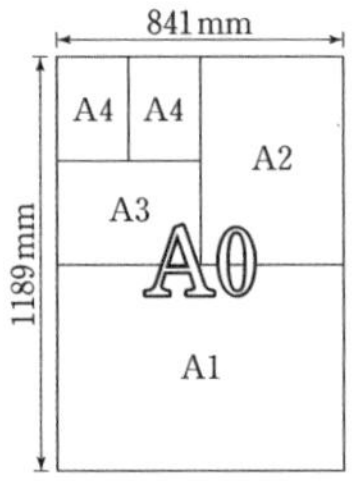

〈A열 용지 국제 표준 규격〉

1. A열 용지의 비율

A열 용지의 가로와 세로 비율은 1 대 $\sqrt{2}$ 정도입니다. 사진을 보면 크기가 달라도 비율이 거의 같은 것을 확인할 수 있어요.

2. A열 용지의 국제 표준 규격 제정과 그 이유

독일공업규격위원회에서 A열 용지의 표준 규격을 정했고, 이 규격을 국제 표준으로 정했어요. 종이를 반으로 자를 때 버리는 부분이 거의 없어 국제 표준으로 정했다고 해요.

A열 용지 국제 표준 규격 자료.pdf 다운로드

995

㉠~㉤에 대한 설명으로 적절하지 않은 것은?

① ㉠ : 실시간 방송이 이뤄지고 있는 채널 이름이 화면의 좌측 상단에 제시되었다.
② ㉡ : 실시간 방송에서 다룰 내용을 드러내는 자막이 제시되었다.
③ ㉢ : 실시간 방송 화면에 실시간 대화창이 보이도록 제시되었다.
④ ㉣ : 실시간 방송의 출연자들이 함께 나타나도록 분할된 화면이 제시되었다.
⑤ ㉤ : 시청자가 실시간 방송 내용과 관련하여 남긴 질문에 대해 답을 찾아볼 수 있도록 실시간 대화창에 링크가 제시되었다.

996

[A]~[C]에서 알 수 있는 시청자들의 반응에 대한 설명으로 적절하지 않은 것은?

① [A] : '가을비'는 자신의 여행 경험을 언급하며 '플러그와 콘센트' 규격의 차이로 인해 발생하는 불편함을 드러내었다.
② [B] : '아침'은 '플러그와 콘센트' 규격에 대한 배경 지식을 언급하며 '플러그와 콘센트'의 규격이 국가에 따라 다르기도 한 이유에 대해 질문하였다.
③ [B] : '풍경'은 국제 표준 규격 제정의 효과를 언급하며 '플러그와 콘센트'의 국제 표준 규격을 제정하는 것이 가능한가에 대해 답변을 요청하였다.
④ [C] : '눈썹달'은 220V로 승압하는 것의 장점을 언급하며 일본이 220V로 바꾸지 않은 이유에 대한 설명을 요청하였다.
⑤ [C] : '해맑음'은 승압 사업에 따른 경험을 언급하며 승압으로 인해 바뀐 '플러그와 콘센트' 유형에 대해 자신이 이해한 내용이 맞는지 확인을 요청하였다.

997

(나)의 정보 제시 방식으로 적절하지 않은 것은?

① A열 용지의 국제 표준 규격에 관한 내용을 항목별로 소제목을 붙여 제시하였다.
② '플러그와 콘센트'에 관한 '다시 보기' 영상의 출처를 글자를 기울여서 제시하였다.
③ A열 용지의 비율에 대한 이해를 돕기 위해 A열 용지 규격을 보여 주는 이미지를 제시하였다.
④ '플러그와 콘센트' 규격의 차이와 관련된 내용을 영상에서 찾을 수 있도록 해당 내용이 시작되는 지점을 제시하였다.
⑤ 규격이 국제 표준으로 정해지지 않은 사례에 대한 궁금증을 해소하기 위해 탐색한 자료를 첨부 파일로 제시하였다.

998

ⓐ~ⓔ에 대한 설명으로 가장 적절한 것은?

① ⓐ : 연결 어미 '-다가'를 사용하여, 일본 여행을 간 것이 일본에서 어려움을 겪게 된 조건임을 나타낸다.
② ⓑ : 보조 용언 구성 '-다 보다'와 연결 어미 '-니'를 사용하여, '플러그와 콘센트' 모양의 다양화를 초래한 원인을 나타낸다.
③ ⓒ : 조사 '밖에'와 형용사 '없다'를 사용하여, 승압 사업에 대한 각국의 부담이 큼을 이중 부정을 통해 강조한다.
④ ⓓ : 종결 어미 '-네'를 사용하여, 승압 사업에 시간과 비용이 많이 들었다는 사실을 청자에게 확인받고 있음을 나타낸다.
⑤ ⓔ : 보조 용언 구성 '-어 두다'와 선어말 어미 '-겠-'을 사용하여, 영상을 채널에 올려놓게 될 가능성이 있음을 나타낸다.

매체 영역 핵심 기출 문제

[2024년 수능 44-45번]

[999-1000] (가)는 학생회에서 제작한 팸플릿이고, (나)는 학생회 학생들의 누리 소통망 대화이다. 물음에 답하시오.

(가)

2024학년도 OO고 참별빛제

(일자: 2024년 12월 20일(금))

참별빛제 일정 안내

동아리 부스 (09:00~12:00)
↓
토론 한마당 (13:00~14:30) / 세계 음식 체험 (13:00~14:30)
↓
댄스 공연 (14:40~16:30)

행사별 장소 안내

행사		장소
동아리 부스	☞	강당
토론 한마당	☞	시청각실
세계 음식 체험	☞	가사실
댄스 공연	☞	강당

동아리 부스 행사 안내

◎활동 유형별 참여 동아리 안내
- 보고서 발표: 독서, 신문 동아리
- 작품 전시: 미술, 사진 동아리
- 체육 이벤트: 농구, 탁구 동아리

QR 코드를 찍으면 부스별 활동 소개 영상을 볼 수 있어요!

유의 사항 안내

행사	유의 사항
동아리 부스	작품이나 사람과 부딪치지 않도록 주의하기 바랍니다.
토론 한마당	출입구가 혼잡할 수 있으니 유의하기 바랍니다.
세계 음식 체험	조리 기구 사용에 주의하기 바랍니다.
댄스 공연	무대 앞으로 몰리면 위험할 수 있으니 유의하기 바랍니다.

(나)

서은: 얘들아, 참별빛제 팸플릿 보낼게. 이걸 보고 '미리 보는 참별빛제' 게시판을 만들어 보자. '동아리 부스'는 학생회 주관이 아니니 제외하고, '세계 음식 체험'부터 얘기해 줘.

서은: 참별빛제 팸플릿.jpg

종우: 2개 음식 중 1개를 선택해서 체험하는 거니까 음식 이미지를 보여 주면 선택할 때 도움이 될 것 같아.

혜린: 직접 만들어 먹으니까 애들이 재밌어 하겠다! 음식 설명까지 해 주면 어떤 음식인지 더 잘 알 수 있을 거야.

승윤: 또 조리법 파일을 올려서 애들이 미리 볼 수 있게 하자. 그러면 음식을 더 잘 만들 수 있을 것 같아.

나경: 맞아. 작년에 체험에 참여했었는데 음식 만들기 직전에 조리법을 받았더니 이해할 시간이 부족했어. 그러니 게시판에 올려 주는 게 좋을 것 같아.

서은: 모두 반영할게. 이제 '토론 한마당'에 대해 얘기해 보자.

승윤: 본선 진출 팀을 모르는 애들이 많더라. 진출한 팀을 알려 주면 관전을 고민하는 애들한테도 도움이 될 것 같아.

혜린: 맞아. 관전하러 온 애들이 많으면 본선에 진출한 애들도 좋아할 거야. 그럼 어떤 팀이 맞붙는지 알 수 있게 본선 대진표를 올려 두자.

나경: 우승 팀 예상 투표를 진행하는 건 어때? 예선전 영상을 보여 주고 투표하게 하면 토론을 많이 보러 올 거 같아.

근수: 좋아! 자기가 투표한 팀이 우승하는지 보러 많이 올 듯해.

서은: 찬성! 투표 제목은 '우승 팀을 맞혀라!'가 괜찮겠어. 의견이 더 없으면 '댄스 공연'으로 넘어가자.

근수: 애들은 '댄스 공연'을 제일 기대해. 어떤 공연을 준비하는지 팀별 연습 영상을 올리면 애들이 좋아할 거 같아.

종우: 맞아! 누가 나가는지도 궁금해하더라. 참가 신청할 때 받아 둔 팀 소개 영상도 편집해서 올리면 공연에 대한 기대감이 더 높아질 거야.

서은: 고마워. 지금까지 나눈 이야기를 반영해서 학생회 누리집에 '미리 보는 참별빛제' 게시판을 만들게.

999

(가)에 대한 설명으로 적절하지 <u>않은</u> 것은?

① 각 행사별 진행 절차를 순서도를 통해 보여 주고 있다.
② 안전을 위한 행사별 유의 사항을 표를 통해 제시하고 있다.
③ 동아리 부스별 활동 내용을 확인할 수 있도록 QR 코드를 제시하고 있다.
④ 각 행사를 진행하는 장소를 손가락으로 지시하는 모양의 기호를 활용하여 알려 주고 있다.
⑤ 동아리 부스 행사에 참여하는 동아리를 활동 유형에 따라 구분하여 제시하고 있다.

1000

(나)의 대화 내용을 반영하여 아래와 같이 게시판을 구성했다고 할 때, 이에 대한 설명으로 적절하지 <u>않은</u> 것은? [3점]

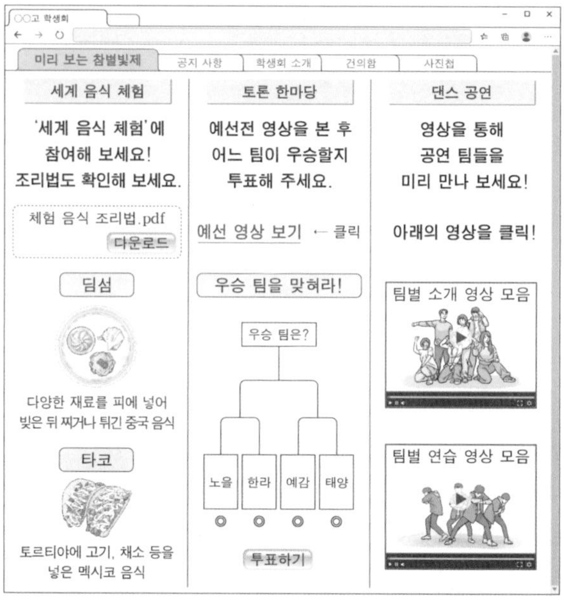

① '세계 음식 체험'에는 음식 정보 제공의 유용성에 대한 '종우'와 '혜린'의 대화를 반영하여 음식 이미지와 설명을 제시하였다.
② '세계 음식 체험'에는 조리법 정보 제공 시기에 대한 '승윤'과 '나경'의 대화를 반영하여 조리법을 확인할 수 있는 파일을 올려 두었다.
③ '토론 한마당'에는 본선 진출 팀의 요청 사항에 대한 '승윤'과 '혜린'의 대화를 반영하여 본선에서 겨루는 팀을 확인할 수 있는 대진표를 제시하였다.
④ '토론 한마당'에는 본선 관전 유도 방안에 대한 '나경'과 '근수'의 대화를 반영하여 예상 우승팀에 투표할 수 있는 기능을 구현하였다.
⑤ '댄스 공연'에는 영상 제공 효과에 대한 '근수'와 '종우'의 대화를 반영하여 팀별 소개 영상 및 연습 영상을 올려 두었다.

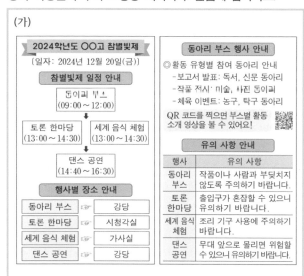

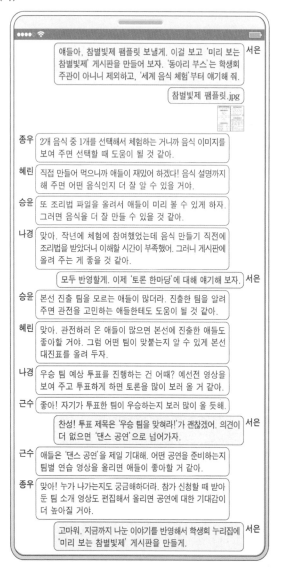

MEMO

언매 1000제

- 언어와 매체 **고1, 고2, 고3** 교육청, 평가원 기출 총망라
- 최고의 선생님들의 **최고의 해설 강의 탑재**
- 언어와 매체 **전 영역 필수 개념** 탑재
- **학습자 중심**, 언어 필수 개념의 체계적 구성
- 언어와 매체 완벽 정복을 위한 **30일 프로젝트**

언매 1000제

솔빛국어연구소

발행일 2025년
지은이 솔빛국어팀
펴낸곳 (주)솔빛국어연구소
디자인 전성은

인생에 있는 큰 비밀은
큰 비밀 따위는 없다는 것이다.

당신의 목표가 무엇이든
열심히 할 의지가 있다면
달성할 수 있다.

- 오프라 윈프리 -

뜻을 세운다는 것은 목표를 선택하고,
그 목표에 도달할 행동과정을 결정하고,
그 목표에 도달할 때까지
결정한 행동을 계속하는 것이다.

중요한 것은 행동이다.

- 마이클 핸슨 -

언어와 매체
기출 총망라

전문항
해설 강의
탑재

언매 전영역
필수 개념
탑재

언어 필수 개념의
체계적 구성

언매 천재
30일 프로젝트

언매 천재?

언매 1000제

솔빛국어팀

솔빛국어연구소

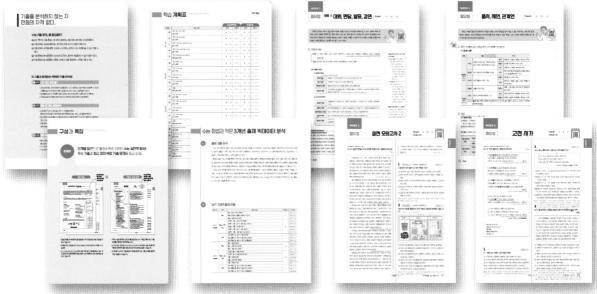

언어와 매체
기출 총망라

전문항
해설 강의
탑재

언매 전영역
필수 개념
탑재

언어 필수 개념의
체계적 구성

언매 천재
30일 프로젝트

언매 천재?

언매 1000제

솔빛국어팀

정답 및 해설

솔빛국어연구소

정답 및 해설

단어

1	2	3	4	5
③	③	②	②	①
6	7	8	9	10
⑤	④	②	④	③
11	12	13	14	15
⑤	①	③	④	③
16	17	18	19	20
①	⑤	①	①	④
21	22	23	24	25
①	④	③	②	②
26	27	28	29	30
②	④	②	②	②
31	32	33	34	35
②	④	②	①	⑤
36	37	38	39	40
①	①	③	④	④
41	42	43	44	45
③	③	④	⑤	③
46	47	48	49	50
①	⑤	⑤	④	④
51	52	53	54	55
②	①	②	⑤	③
56	57	58	59	60
③	④	⑤	②	③
61	62	63	64	65
①	④	⑤	③	⑤
66	67	68	69	70
①	⑤	⑤	①	④
71	72	73	74	75
④	①	④	③	①
76	77	78	79	80
①	④	①, ③	①	④
81	82	83	84	85
④	③	③	②	②
86	87	88	89	90
③	②	②	④	①
91	92	93	94	
⑤	①	②	③	

1) ③

선택 비율	① 3%	② 1%	③ **78%**	④ 5%	⑤ 9%

해 : ㄱ은 앞말이 문장에서 일정한 자격을 가질 수 있게 해 주는 격조사, ㄴ은 두 말을 같은 자격으로 이어 주는 접속 조사, ㄷ은 앞말에 특별한 의미를 더해 주는 보조사의 예이다. ㄹ은 체언(꽃)과 용언(예쁘게), 부사(천천히) 뒤에 쓰인 예이고, ㅁ은 '이', 생략, '만+으로+도'의 형태로 이루어진 예이다. ③ '만'은 '한정', '도'는 '더함'의 뜻을 앞말에 더해 주는 보조사로 앞말의 품사는 바꾸지 않는다.

2) ③

선택 비율	① 18%	② 6%	③ **47%**	④ 3%	⑤ 24%

해 : '두'는 관형사로 문장 안에서 수식의 기능을 하는 단어이지만, '하나'는 수사로 문장 안에서 수식의 기능을 하지 않으므로 적절하지 않다.

[오답풀이] ① '도'와 '만'은 조사로, 형태가 변하지 않는 단어이므로 적절하다. ② '이루었다'와 '그린'은 동사로, 형태가 변하는 단어이므로 적절하다. ④ '나무'와 '꽃'은 명사로, 사물의 이름을 나타내므로 적절하다. ⑤ '넓게'와 '희미하다'는 형용사로, 대상의 상태를 나타내므로 적절하다.

3) ②

선택 비율	① 2%	② **36%**	③ 20%	④ 2%	⑤ 38%

해 : '밝다'는 동사와 형용사로 모두 쓸 수 있다. 그런데 ⓛ에서는 현재 시제 선어말 어미 '-는-'이 결합하였으므로 이때 '밝다'는 동사이다. ⓛ의 '밝는다'는 '밤이 지나고 환해지며 새날이 오다'라는 뜻으로, 시간의 변화에 따라 환해진다는 '작용(어떤 현상을 일으키거나 영향을 미침)'을 나타내므로 동사이다.

4) ②

선택 비율	① 10%	② **34%**	③ 12%	④ 31%	⑤ 11%

해 : <보기 2>에 제시된 단어 중 '둘째', '여섯'은 수 관형사로 쓰이지만, 수사로도 쓰일 수 있는 단어이다. <보기 2>에 제시된 단어 중 '하나'는 관형사로 쓰이지 않는다. 따라서 수 관형사로만 쓰이는 단어에 해당하는 것은 '세'이다.

5) ①

선택 비율	① **37%**	② 9%	③ 8%	④ 24%	⑤ 19%

해 : ㉠에서의 '마저'는 '이미 어떤 것이 포함되고 그 위에 더함'의 뜻을 더해 주는 보조사이고, '도'는 '역시, 또한'의 뜻을 더해 주는 보조사로, '마저도'는 '보조사+보조사'로 결합된 형태이다.

6) ⑤

선택 비율	① 5%	② 3%	③ 6%	④ 7%	⑤ **78%**

해 : 관형사형 어미 '-(으)ㄴ'이 결합했을 때 동사는 과거 시제를 나타내고, 형용사는 현재 시제를 나타낸다. '우리가 이긴 시합'에서는 '이기다'의 어간에 관형사형 어미 '-(으)ㄴ'이 결합하여 과거 시제를 나타내고 있기 때문에 '이기다'는 동사이다.

7) ④

선택 비율	① 16%	② 11%	③ 14%	④ **50%**	⑤ 7%

해 : '아홉'은 수사이고, '학생'은 명사이므로 서로 다른 품사이다.

[오답풀이] ① '착실한'과 '이다'는 활용하여 그 형태가 변하는 가변어이다. ③ '은'은 보조사이고, '이다'는 서술격 조사로 둘 다 관계언이다. ⑤ '매우'는 부사이고, '착실한'은 형용사이다.

8) ②

선택 비율	① 11%	② **79%**	③ 4%	④ 1%	⑤ 3%

해 : ⓐ '이'는 명사 '사과'를, ⓑ '그'는 명사 '책'을 수식하는 관형사이다. ⓒ '여기'는 장소를 나타내는 대명사이다. ⓓ '이리'는 용언 '오게'를, ⓔ '그리'는 용언 '보내겠습니다'를 수식하는 부사이다.

9) ④

선택 비율	① 4%	② 3%	③ 13%	④ **73%**	⑤ 5%

해 : '아주'는 뒤에 이어지는 관형사 '새'를 수식하고 있으므로 적절하다.

[오답풀이] ① '매우'는 뒤에 이어지는 부사 '빨리'를 수식하고 있으므로 적절하지 않다. ② '설마'는 '나에게 맞는 옷이 없을까?'를 수식하는 문장 부사이므로 적절하지 않다. ③ '바로'는 뒤에 오는 명사인 '옆'을 수식하고 있으므로 적절하지 않다. ⑤ '과연'은 '그 아이는 재능이 정말 뛰어나군.'을 수식하고 있는 문장 부사이다. 그러나 '정말'은 뒤에 이어지는 형용사 '뛰어나군'을 수식하므로 적절하지 않다.

10) ③

선택 비율	① 3%	② 2%	③ **64%**	④ 22%	⑤ 6%

해 : 보조사는 앞말에 특별한 뜻을 더해주는 조사이다. 하지만 '나는 개와 고양이를 좋아한다.'에서 '와'는 '개'와 '고양이'가 같은 자격으로 서술어의 목적어가 되도록 이어서 하나의 명사구를 형성하는 기능을 하고 있다. 따라서 '와'는 보조사가 아니라 접속 조사이다.

[오답풀이] ① '오직 새소리만 들렸다.'에서 '만'은 '다른 것으로부터 제한하여 어느 것을 한정함.'의 뜻을 더해 주는 보조사이다. ② '시험까지 한 달도 안 남았다.'에서 '도'는 체언류나 부사어, 연결 어미 '-아 / 어, -게, -지, -고' 등의 뒤에 붙어 '이미 어떤 것이 포함되고 그 위에 더함.'의 뜻을 더해 주는 보조사이다. ④ '할아버지께서는 신문을 보셨다.'에서 '는'은 받침 없는 체언이나 부사어, 일부 연결 어미 뒤에 붙어 '강조'의 뜻을 더해 주는 보조사이다. ⑤ '그는 평생 가족밖에 모르고 살았다.'에서 '밖에'는 주로 체언이나 명사형 어미 뒤에 붙어 '그것 말고는', '그것 이외에는', '기꺼이 받아들이는', '피할 수 없는'의 뜻을 더해 주는 보조사이다.

11) ⑤

선택 비율	① 3%	② 2%	③ 14%	④ 5%	⑤ **73%**

해 : ㄴ의 '새로'는 동사 '사다'의 활용형인 '산'을 꾸며 주는 부사이므로 적절하지 않다.

[오답풀이] ① ㄱ에서 '이'는 뒤에 오는 체언인 명사 '상점'을 꾸며 주는 지시 관형사이므로 적절하다. ② ㄱ에서 '헌'은 뒤에 오는 체언인 명사 '물건'의 상태를 드러내 주는 성상 관형사이므로 적절하다. ③ ㄴ의 '다섯'은 수사로 주격 조사 '이'와 결합하고 있으므로 적절하다. ④ ㄱ의 '두'는 뒤에 오는 체언인 의존 명사 '곳'을 수식하고, ㄷ의 '한'은 뒤에 오는 체언인 의존 명사 '벌'을 수식하는 수 관형사이므로 적절하다.

12) ①

선택 비율	① **53%**	② 17%	③ 10%	④ 11%	⑤ 9%

해 : '노력한 만큼 대가를 얻다.'의 '만큼'은 의존 명사로 체언에 해당하나 '나도 너만큼은 할 수 있다.'의 '만큼'은 조사로 관계언에 해당하므로 적절하지 않다.

[오답풀이] ② '잘 익은 사과 다섯 개를 샀다.'의 '다섯'은 관형사로 수식언에 해당하나 '둘에 다섯을 더하면 일곱이다.'의 '다섯'은 수사로 체언에 해당하므로 적절하다. ③ '회의실에 아직 아무도 안 왔다.'에서 '아무'는 대명사로 체언에 해당하나 '아무 사람이나 만나서는 안 된다.'의 '아무'는 관형사로 수식언에 해당하므로 적절하다. ④ '그 일은 모두에게 책임이 있다.'의 '모두'는 명사로 체언에 해당하나 '형이 그릇에 담긴 물을 모두 쏟았다.'의 '모두'는 부사로 수식언에 해당하므로 적절하다. ⑤ '이 나무는 모양새가 아주 좋군요.'의 '이'는 관형사로 수식언에 해당하나 '이는 또한 우리가 생각하던 바입니다.'의 '이'는 대명사로 체언에 해당하므로 적절하다.

13) ③

선택 비율	① 5%	② 5%	③ **83%**	④ 2%	⑤ 3%

해 : <보기 1>에서 ㉠의 '달리기'는 명사로서 관형어 '하는'의 수식을 받으며, ㉡의 '달리기'는 동사로서 부사어 '빨리'의 수식을 받는다. <보기 2>에서 ㉠과 품사가 같은 것, 즉 명사인 것은 ㉯와 ㉱인데, ㉯는 '추-'에 접미사 '-(으)ㅁ'이 붙은 명사로서 관형어 '현란한'의 수식을 받으며, ㉱는 '걷-'에 접미사 '-(으)ㅁ'이 붙은 명사로서 관형어 '학생들의'의 수식을 받는다.

[오답풀이] ① ㉯는 '추-'에 접미사 '-(으)ㅁ'이 붙은 명사로서 관형어 '현란한'의 수식을 받기 때문에 ㉠과 품사가 같지만, ㉮는 '웃-'에 명사형 어미 '-(으)ㅁ'이 붙은 동사로서 부사어 '멋쩍게'의 수식을 받으므로 ㉠이 아니라 ㉡과 품사가 같다. ② ㉮는 '웃-'에 명사형 어미 '-(으)ㅁ'이 붙은 동사로서 부사어 '멋쩍게'의 수식을 받으며, ㉰는 '그리-'에 명사형 어미 '-(으)ㅁ'이 붙은 동사로서 부사어 '잘'의 수식을 받는다. 따라서 ㉮와 ㉰는 둘 다 ㉠이 아니라 ㉡과 품사가 같다. ④ ㉯는 '추-'에 접미사 '-(으)ㅁ'이 붙은 명사로서 관형어 '현란한'의 수식을 받기 때문에 ㉠과 품사가 같지만, ㉰는 '그리-'에 명사형 어미 '-(으)ㅁ'이 붙은 동사로서 부사어 '잘'의 수식을 받으므로 ㉠이 아니라 ㉡과 품사가 같다. ⑤ ㉱는 '걷-'에 접미사 '-(으)ㅁ'이 붙은 명사로서 관형어 '학생들의'의 수식을 받기 때문에 ㉠과 품사가 같지만, ㉰는 '그리-'에 명사형 어미 '-(으)ㅁ'이 붙은 동사로서 부사어 '잘'의 수식을 받으므로 ㉠이 아니라 ㉡과 품사가 같다.

14) ④

선택 비율	① 3%	② 2%	③ 10%	④ **76%**	⑤ 7%

해 : <보기>는 하나의 단어가 동사와 형용사 두 가지로 쓰이는 경우를 설명하고 있다. ④의 '기대가 크다'에서 '크다'는 기대나 생각이 보통 정도를 넘는다는 뜻으로 상태를 나타내므로 형용사이다. '쑥쑥 큰다'에서 '크

다'는 '자라다'의 뜻으로 작용을 나타내므로 동사이다.

15) ③

선택 비율	① 2%	② 10%	③ **77%**	④ 4%	⑤ 5%

해 : 이 문항은 격 조사와 보조사에 대한 설명을 바탕으로 격 조사와 보조사를 구분할 수 있는지 여부를 묻고 있다. 정답은 ③으로, '친구한테'의 '한테'는 어떤 행동이 미치는 대상임을 나타내는 격 조사이다. '에게'보다 구어적인 말로, 부사격 조사에 해당한다. '한테'는 다른 문장 성분에는 쓰일 수 없는데, 예를 들어 '내가'를 대신하여 '나한테'를 쓰면 해당 문장 성분의 격이 주격에서 부사격으로 바뀌게 된다. 이렇게 '한테'는 부사격 조사로만 쓰이는 격 조사에 해당하며 보조사가 아니다.

[오답풀이] ① '밤에만'의 '만'은 다른 것으로부터 제한하여 어느 것을 한정함을 나타내는 보조사이다. ② '오늘은'의 '은'은 '선수들은', '간식은'과 같이 다른 문장 성분에도 쓰일 수 있으므로 보조사에 해당한다. ④ '악기도'의 '도'는 이미 어떤 것이 포함되고 그 위에 더함의 뜻을 나타내는 보조사이다. ⑤ '책으로까지'의 '까지'는 '도'와 비슷한 의미를 지녀, 이미 어떤 것이 포함되고 그 위에 더함의 뜻을 나타내는 보조사이다.

16) ①

선택 비율	① **92%**	② 1%	③ 2%	④ 2%	⑤ 1%

해 : 자립 명사가 단위성 의존 명사의 기능을 하는 현상을 정확하게 이해할 수 있는지를 묻고 있는 문항으로, 정답은 ①이다. ①~⑤의 밑줄 친 명사는 모두 수량을 표현하는 말 뒤에 쓰여 특정 대상을 세는 단위를 나타내는데, 이 중 자립 명사로 쓰이지 않는 것을 찾으면 된다. ①의 '군데'는 '한 군데, 두 군데, 몇 군데' 등에서처럼 '낱낱의 곳을 세는 단위'의 의미를 지니는 의존 명사로 항상 관형어의 수식을 받아야 하며, 자립 명사로는 쓰이지 않는다.

[오답풀이] ② '그릇'은 '그릇을 비우다, 그릇을 씻다' 등에서처럼 '음식이나 물건 따위를 담는 기구'의 의미를 지니는 자립 명사로 쓰인다. ③ '덩어리'는 '덩어리가 지다, 우박이 덩어리로 쏟아진다' 등에서처럼 '크게 뭉쳐서 이루어진 것'의 의미를 지니는 자립 명사로 쓰인다. ④ '숟가락'은 '숟가락으로 먹다, 숟가락을 놓다' 등에서처럼 '밥이나 국물 따위를 떠먹는 기구'의 의미를 지니는 자립 명사로 쓰인다. ⑤ '발자국'은 '발자국이 남다, 발자국을 따라가다' 등에서처럼 '발로 밟은 자리에 남은 모양'의 의미를 지니는 자립 명사로 쓰인다.

17) ⑤

선택 비율	① 4%	② 18%	③ 6%	④ 2%	⑤ **66%**

해 : ⑤의 '처럼'은 체언에 결합하여 모양이 비슷하거나 같음을 나타내는 격 조사이다.

[오답풀이] ①의 '라도'는 체언에 결합하여 '썩 좋은 것은 아니나 그런대로 괜찮음'의 뜻을 더해 주는 보조사이고, ②의 '야'는 체언에 결합하여 '강조'의 뜻을 더해 주는 보조사이고, ③의 '는'은 어미에 결합하여 '대조'나 '강조'의 뜻을 더해 주는 보조사이고, ④의 '만'은 부사에 결합하여 '강조'의 뜻을 더해 주는 보조사이다.

18) ①

선택 비율	① **90%**	② 2%	③ 2%	④ 3%	⑤ 1%

해 : '채'는 의존 명사로 '이미 있는 상태 그대로 있다는 뜻을 나타내는 말'이다. '체'는 의존 명사로 '그럴듯하게 꾸미는 거짓 태도나 모양'을 의미한다. '-째'는 접사로 '그대로, 또는 전부'를 의미한다. 따라서 '껍질째'는 '껍질'이라는 명사에 '-째'라는 접사가 붙어 '껍질 그대로 또는 전부'라는 의미가 되므로 바르게 쓰였다.

[오답풀이] ② '앉아 있는 상태 그대로 있다.'라는 의미로 쓰인 것이므로 의존 명사 '채'가 쓰여 '앉은 채로'라고 써야 한다. ③ '똑똑한 척 꾸미는 거짓 태도나 모양'이라는 의미로 쓰인 것이므로 의존 명사 '체'가 쓰여 '똑똑한 체'라고 써야 한다. ④ '살아 있는 상태 그대로'라는 의미로 쓰인 것이므로 의존 명사 '채'가 쓰여 '산 채'라고 써야 한다. ⑤ '죽은 척 꾸미는 거짓 태도나 모양'을 의미하는 것이므로 의존 명사 '체'가 쓰여 '죽은 체를 했다'라고 써야 한다.

19) ①

선택 비율	① 31%	② 25%	③ 7%	④ 27%	⑤ 7%

해 : ㄱ의 '그곳'은 어떤 처소를 지시하는 대명사에 해당하지만 ㄴ의 '그'는 어떤 처소나 대상을 지시하는 대명사에 해당하지 않는다. ㄱ의 '그곳'은 지시 대명사, ㄴ의 '그'는 지시 관형사이다.

[오답풀이] ② ㄱ의 '아주'와 ㄴ의 '잘'은 모두 용언 앞에 놓여서 그 뜻을 한정하는 부사에 해당한다. ③ ㄱ의 '구울'(굽다)은 'ㅂ' 불규칙 용언, ㄷ의 '지어'(짓다)는 'ㅅ' 불규칙 용언이다. 즉 ㄱ의 '구울'과 ㄷ의 '지어'는 모두 용언의 어간이 불규칙적으로 활용되는 동사에 해당한다. ④ ㄱ의 '쉽게'(쉽다)와 ㄷ의 '멋진'(멋지다)은 모두 어떤 대상의 성질이나 상태를 나타내는 형용사에 해당한다. ⑤ ㄴ의 '가'는 주격 조사, ㄷ의 '에서'는 부사격 조사이다. ㄴ의 '가'와 ㄷ의 '에서'는 모두 앞말과 다른 말과의 문법적인 관계를 나타내는 조사에 해당한다.

20) ④

선택 비율	① 9%	② 4%	③ 16%	④ **63%**	⑤ 5%

해 : '밝은'은 ㉡에 따라 분류하면 용언, ㉢에 따라 분류하면 형용사이다. 한편 '잡았어'는 ㉡에 따라 분류하면 용언, ㉢에 따라 분류하면 동사이다. 따라서 두 단어를 ㉡이나 ㉢ 중 어느 것에 따라 분류하더라도 서로 다른 부류로 분류된다는 설명은 적절하지 않다.

21) ①

선택 비율	① **63%**	② 10%	③ 6%	④ 6%	⑤ 12%

해 : 이 문항은 제시된 '확인 사항'에 따라 ㉠, ㉡, ㉢이 어떤 구조로 이루어져 있는지를 탐구하고 그에 따라 띄어쓰기를 올바르게 할 수 있는지 여부를 묻고 있다. '확인 사항'에서 '단어는 사전에 표제어로 실린다.'라고 하였으니, ㉠으로 분류되는 '살아가다'는 하나의 단어임을 알 수 있다. 하나의 단어는 그 내부에서 띄어쓰기를 하지 않기 때문에 '살아가다'로 적어야 한다. 또한, '확인 사항'에서 '-아'와 '-아서'가 교체 가능할

때에는 '본용언+본용언'의 구성이라 하였으며, 본용언은 하나의 단어이기 때문에 두 개의 본용언은 띄어 써야 한다. 따라서 '받아서 가다'가 가능한 ⓒ의 '받아가다'는 '본용언+본용언'의 구성이며 '받아 가다'로 띄어 써야 함을 알 수 있다. 끝으로, ⓒ의 '닮아가다'는 '닮아서 가다'가 성립하지 않기 때문에 한 단어이거나 '본용언+보조 용언' 구성이다. 그런데 만일 '닮아가다'가 한 단어라면 사전에 표제어로 실렸을 것이라는 점을 고려할 때 '닮아가다'는 '본용언+보조 용언'의 구성임을 알 수 있다. 따라서 '보조 용언은 띄어 씀을 원칙으로 하되 붙여 씀도 허용한다.'라는 '확인 사항'에 따라 띄어 쓴 '닮아 가다'와 붙여 쓴 '닮아가다'가 모두 가능하다. 이러한 과정을 고려할 때 ㉠, ㉡, ㉢의 띄어쓰기를 올바르게 한 것은 ①이다.

[오답풀이] ② ㉡'받아가다'는 본용언+본용언의 구성으로 두 개의 단어이기 때문에 띄어서 쓴 '받아 가다'만 옳은 표기이다. ㉢'닮아가다'는 띄어 쓴 '닮아 가다'와 붙여 쓴 '닮아가다' 모두 가능하다. ③ ㉡'받아가다'는 띄어서 '받아 가다'로 써야 하며, ㉢'닮아가다'는 띄어 쓴 '닮아 가다'와 붙여 쓴 '닮아가다' 모두 가능하다. ④ ㉠'살아가다'는 붙여서 '살아가다'로 써야 하며, ㉡'받아가다'는 본용언 + 본용언의 구성으로 두 개의 단어이기 때문에 띄어서 쓴 '받아 가다'만 옳은 표기이다. ㉢'닮아가다'는 띄어 쓴 '닮아 가다'와 붙여 쓴 '닮아가다' 모두 가능하다. ⑤ ㉠'살아가다'는 붙여서 '살아가다'로 써야 하며, ㉡'받아가다'는 띄어서 '받아 가다'로 써야 한다.

22) ④

선택 비율	① 4%	② 3%	③ 5%	④ **82%**	⑤ 3%

해 : 보조 용언 구성 '-고 있-'이 진행상(ⓐ)의 의미를 지닐 때, 완료상(ⓑ)의 의미를 지닐 때, 두 의미로 모두 해석 가능한 때(ⓒ)에 대한 설명을 기반으로 해당되는 사례들을 파악할 수 있는지를 묻는 문항이다. 문맥이 충분하게 주어지지 않은 상황에서 '안경을 벗고 있다.'라는 문장에 대해 진행상과 완료상의 의미로 모두 해석하는 것이 가능하지만, ④에서는 '안경을 잃어버린 뒤의 상황'이라는 일정한 문맥이 부여되어 해당 문장은 '안경을 벗고 지내다.' 정도의 완료상의 의미만 나타나기 때문이다.

[오답풀이] ① '양치질을 하는 중이었어요.'로 교체하여도 원래의 의미가 유지되는 것을 볼 때 진행상(ⓐ)의 예로 적절하다. ② '오해하는 중이다.'로 교체하면 부자연스러운 문장이 되고, 오해를 하고 있는 상태의 지속이라는 의미가 나타나기 때문에 완료상(ⓑ)의 예로 적절하다. ③ '아는 중이다.'로 교체하면 부자연스러운 문장이 되고, 생신임을 아는 상태의 지속이라는 의미가 나타나기 때문에 완료상(ⓑ)의 예로 적절하다. ⑤ 해당 문맥에서 '넥타이를 매고 있네.'는 '신입 사원이 넥타이를 매는 동작을 진행한다는 의미', '신입 사원이 현재 넥타이를 매고 있는 상태로 있다는 의미'로 모두 해석 가능하기 때문에 진행상과 완료상의 의미로 모두 해석 가능한 때(ⓒ)의 예로 적절하다.

23) ③

선택 비율	① 3%	② 4%	③ **81%**	④ 5%	⑤ 4%

해 : ㉢에 사용된 '집어먹다'는 국어사전에 '집어먹다「1」'로 등재된 합성 동사이다. (가)에 따르면 합성 동사는 반드시 붙여 써야 하고, 각각의 용언이 주어와 호응할 경우 두 용언은 반드시 띄어 써야 하므로 적절하지 않다.

[오답풀이] ① (나)를 참고할 때 ㉠은 국어사전에 '집어먹다「2」'로 등재된 단어이므로 합성 동사이다. (가)에 따르면 합성 동사는 반드시 붙여 써야 하므로 적절하다. ② ㉡은 뒤의 용언 '먹었다'만으로 문장이 성립되지 않으므로 두 용언은 '본용언+보조 용언'의 관계이다. (가)에 따르면 본용언과 보조 용언은 띄어 쓰는 것이 원칙이라고 했으므로 적절하다. ④ ㉣은 두 용언 사이에 다른 문장 성분이 올 수 있으므로 두 용언은 '본용언+본용언'의 관계이다. (가)에 따르면 이러한 경우에는 반드시 띄어 써야 하므로 적절하다. ⑤ ㉤은 사전에 등재된 단어가 아니고, 뒤에 용언 '먹었다' 만으로 문장이 성립되지 않으므로 두 용언은 '본용언+보조 용언'의 관계이다. (가)에 따르면 본용언과 보조 용언은 띄어 쓰는 것이 원칙이지만 붙여 쓰는 것도 허용한다고 했으므로 적절하다.

24) ②

선택 비율	① 5%	② **69%**	③ 4%	④ 6%	⑤ 13%

해 : ㉡은 본용언 '적어' 뒤에 보조 용언 '둘', '만하다'가 거듭 나타나는 경우이므로 <보기 1>의 '본용언 뒤에 ~ 쓸 수 있다'에 따라 적절하지 않다.

25) ②

선택 비율	① 1%	② **94%**	③ 2%	④ 1%	⑤ 1%

해 : ㉡에서 '잊을까 싶다'는 보조적 연결 어미 '을까'와 보조 용언 '싶다'의 구성으로 쓰여 친구들이 동작을 잊을까 걱정하는 화자의 심리적 태도를 나타낸 것이다.

26) ②

선택 비율	① 12%	② **55%**	③ 14%	④ 9%	⑤ 8%

해 : '묻다'는 '일을 드러내지 아니하고 속 깊이 숨기어 감추다'의 뜻으로 사용되는 낱말로 '묻고, 묻어, 묻게, 묻으며' 등으로 규칙적으로 활용된다.

[오답풀이] ①의 '퍼'는 '우'가 모음 어미 앞에서 탈락하는 경우로 '우' 불규칙이다.(푸-+-어→퍼) ③의 '들으면서'는 'ㄷ'이 모음 어미 앞에서 'ㄹ'로 변하는 'ㄷ' 불규칙이다.(듣-+-으면서→들으면서) ④의 '도와'는 'ㅂ'이 모음 어미 앞에서 '오/우'로 변하는 'ㅂ' 불규칙이다.(돕-+-아→도와) ⑤의 '올라'는 '르'가 모음 어미 앞에서 'ㄹㄹ' 형태로 변하는 '르' 불규칙이다.(오르-+-아→올라)

27) ④

선택 비율	① 5%	② 13%	③ 11%	④ **60%**	⑤ 9%

해 : '치르다'는 '치르+어→치러'와 같이 활용하는데, 여기서 'ㅡ'가 탈락한다. 이것은 일정한 환경에서 예외 없이 'ㅡ'가 탈락하는 일반적인 음운 규칙으로 설명할 수 있으므로 규칙 활용에 해당한다. 반면 '흐르다'는 활용할 때 '흐르+어→흘러'와 같이 모음 어미 앞에서

어간의 '르'가 'ㄹㄹ' 형태로 변하는 '르' 불규칙 활용이므로 ㉠에 해당한다.

28) ②

선택 비율	① 10%	② **82%**	③ 3%	④ 1%	⑤ 1%

해 : '깨달은'의 어간을 '깨닫-'이 아닌 '깨달-'로 잘못 파악하면 '-은'을 잘못 붙인 것으로 오해할 수 있다. 하지만 '깨달은'은 어간 '깨닫-'에 관형사형 어미 '-은'이 붙어 형성된 단어로, 어간의 끝소리가 'ㄹ'인 경우에 해당하지 않는다. 어간의 끝소리 'ㄷ'이 'ㄹ'로 바뀐 것은 ㄷ 불규칙에 의한 것으로, '깨달은'은 옳은 표기에 해당한다.

29) ②

선택 비율	① 10%	② **61%**	③ 7%	④ 13%	⑤ 6%

해 : '파래서'는 어간인 '파랗-', 어미인 '-아서'의 형태가 모두 변해, 어간과 어미가 모두 바뀐 불규칙 활용에 해당한다.

[오답풀이] ① '갈라'는 어간 '가르-'에 모음으로 시작하는 어미가 결합될 때 '갈라'로 활용하는 어간이 바뀌는 용언이다. ③ '지어'는 어간 '짓-'에 어미 '-어'가 결합할 때 어간 '짓-'에서 'ㅅ'이 탈락하므로 어간이 변하는 불규칙 활용에 해당한다. ④ '묻다'는 어간 '묻-'에 어미 '-어'가 결합할 때 '묻-'이 '물-'로 변하므로 어간이 변하는 불규칙 활용에 해당한다. ⑤ '하다'는 어간 '하-'에 어미 '-여'가 결합하므로 어미가 불규칙하게 변하는 활용에 해당한다.

30) ②

선택 비율	① 5%	② **87%**	③ 3%	④ 1%	⑤ 1%

해 : '쏟다'의 활용형이 '쏟은'이라는 데에서 어간 끝이 'ㄷ'인 용언이 관형사형 어미 '-은'과 결합할 때 'ㄷ'이 그대로 유지되는 것을 확인할 수 있고, '듣다'의 활용형이 '들은'이라는 데에서 'ㄷ'이 'ㄹ'로 교체되는 것을 확인할 수 있다. 또, '내밀다'의 활용형이 '내민'이고, '부풀다'의 활용형이 '부푼'이라는 데에서 어간 끝이 'ㄹ'인 용언에 관형사형 어미 '-ㄴ'이 결합하면 'ㄹ'이 탈락한다는 것을 확인할 수 있다.

31) ②

선택 비율	① 3%	② **90%**	③ 1%	④ 1%	⑤ 2%

해 : '치러'는 '치르다'가 기본형으로, '치르-'가 어미 '-어'와 결합하여 활용할 때, 어간의 'ㅡ'가 탈락한 것이다. ②의 '잠가' 역시 '잠그다'가 기본형으로, '잠그-'가 어미 '-아'와 결합하여 활용할 때, 어간의 'ㅡ'가 탈락한 형태이므로 ㉠의 사례로 적절하다.

[오답풀이] ① '깨우다'가 '깨워'가 된 것은 규칙 활용으로, 모음이 축약된 형태이다. ③ '굽다'가 '구워'가 된 것은 ㅂ 불규칙 활용이다. ④ '하얗다'가 '하얘'가 된 것은 ㅎ 불규칙 활용이다. ⑤ '듣다'가 '들어'가 된 것은 ㄷ 불규칙 활용이다.

32) ④

선택 비율	① 21%	② 3%	③ 6%	④ **63%**	⑤ 4%

해 : '묻었다'는 활용될 때 어간과 어미의 기본 형태가 바뀌지 않는 용언이고, '우러러'는 활용될 때 어간이나 어미의 기본 형태가 바뀌는 모습을 일정한 규칙으로 설명할 수 있는 용언이므로 ㉠에 해당한다. '일러'는 활용될 때 어간이 불규칙적으로 바뀌는 용언이므로 ㉡에 해당한다. '이르러'는 활용될 때 어미가 불규칙적으로 바뀌는 용언이므로 ㉢에 해당한다. '파래'는 활용될 때 어간과 어미가 모두 불규칙적으로 바뀌는 용언이므로 ㉣에 해당한다.

33) ②

선택 비율	① 5%	② **61%**	③ 14%	④ 17%	⑤ 1%

해 : ⓑ의 '거르-+-어서 → 걸러서'는 '르 불규칙 활용'에 해당하지만, '푸르-+-어 → 푸르러'는 '러 불규칙 활용'에 해당하기에 용언 활용의 예로 적절하지 않다.

[오답풀이] ① '담그-+-아 → 담가', '예쁘-+-어도 → 예뻐도'는 둘 다 'ㅡ'로 끝나는 용언 어간이 모음으로 시작하는 어미 앞에서 'ㅡ'가 탈락하는 'ㅡ 탈락'에 해당한다. ③ '갈-+-(으)ㄴ → 간'과 '살-+-니 → 사니'는 둘 다 'ㄹ'로 끝나는 어간이 특정 어미 앞에서 'ㄹ'이 탈락하는 'ㄹ 탈락'에 해당한다. ④ '하얗-+-았던 → 하얬던', '동그랗-+-아 → 동그래'는 둘 다 'ㅎ 불규칙 활용'에 해당한다. ⑤ '젓-+-어 → 저어', '긋-+-은 → 그은'은 둘 다 'ㅅ 불규칙 활용'에 해당한다.

34) ①

선택 비율	① **55%**	② 16%	③ 19%	④ 3%	⑤ 5%

해 : '내딛다'는 '내디디다'의 준말로 '내딛고, 내딛지, 내딛자' 등과 같이 자음으로 시작하는 어미의 활용형에는 쓰지만, '내딛어, 내딛으며, 내딛으니' 등과 같이 모음으로 시작하는 어미의 활용형에는 쓰지 않는다. '그녀는 새로운 삶에 첫발을 내딛었다.'에서 '내딛었다'는 '내디디었다(내디뎠다)'로 써야 한다.

[오답풀이] ② '서투르다'는 본말로 '서투르지, 서투르니, 서툴러' 등과 같이 자음이나 모음으로 연결되는 어미의 활용형을 모두 쓸 수 있기에 '서투른'은 '서투르-'에 어미 '-ㄴ'이 결합된 단어로 그 활용형으로 적절한 예이다. ⑤ '건드리다'는 본말로 '건드리며, 건드리니, 건드리어' 등과 같이 자음이나 모음으로 연결되는 어미의 활용형을 모두 쓸 수 있기에 '건드려도(건드리어도)'는 단어의 활용형으로 적절한 예이다.

35) ⑤

선택 비율	① 7%	② 5%	③ 6%	④ 2%	⑤ **77%**

해 : ⓑ에서 '파랗다'가 '파래'가 된 것은 불규칙 활용이지만, 어간의 'ㅎ'과 어미가 모두 없어진 것은 아니다.

[오답풀이] ① ⓐ에서는 어간 '입-'의 형태가 유지되었지만, ⓑ에서는 어간 '아름답-'의 'ㅂ'이 달라졌다. ② ⓐ에서는 어간 '쑤-'의 형태가 유지되었지만, ⓑ에서는 어간 '푸-'의 'ㅜ'가 없어졌다. ③ ⓐ에서는 어간 '걸-'의 형태가 유지되었지만, ⓑ에서는 어간 '걷-'의 'ㄷ'이 달라졌다. ④ ⓐ에서는 어간 '씻-'의 형태가 유지되었지만, ⓑ에서는 어간 '잇-'의 'ㅅ'이 없어졌다.

36) ①

선택 비율	① 39%	② 12%	③ 20%	④ 13%	⑤ 13%

해 : ㉠의 '노랗-+-아 → 노래'는 불규칙 활용이면서 양성 모음끼리의 모음조화가 적용된 경우이다. '조그맣-+-아 → 조그매'는 이 유형에 해당한다. 그러나 '이렇-+-어서 → 이래서'는 불규칙 활용이면서 모음조화가 적용되지 않는 ㉡ 유형에 해당한다.

[오답풀이] ② '꺼멓-+-어 → 꺼메', '뿌옇-+-었다 → 뿌옜다'는 불규칙 활용이면서 음성 모음끼리의 모음조화가 적용되므로 ㉠-2 유형에 해당한다. ③ ㉡의 '어떻-+-어 → 어때'는 불규칙 활용이면서 모음조화가 적용되지 않은 경우이다. '둥그렇-+-었다 → 둥그렜다', '멀겋-+-어 → 멀게'는 불규칙 활용이면서 음성 모음끼리의 모음조화가 적용되므로 ㉠-2 유형에 해당한다. ④ ㉢-1의 '닿아'는 규칙 활용이면서 활용형의 줄어듦이 불가능한 경우이다. '낳-+-아서 → 낳아서', '땋-+-았다 → 땋았다' 역시 '*나서, *땄다'로 줄어들 수 없기 때문에 ㉢-1 유형에 해당한다. ⑤ ㉢-2의 '놓아(→ 놔)'는 규칙 활용이면서 활용형의 줄어듦이 가능한 경우이다. '넣어', '쌓아' 는 '*너, *싸'로 줄어들 수 없으므로 ㉢-2가 아닌 ㉢-1 유형에 해당한다.

37) ①

선택 비율	① 87%	② 4%	③ 2%	④ 1%	⑤ 2%

해 : 시험에 합격하겠다는 '나'의 의지가 드러나 있다.

[오답풀이] ②, ③ 가능성 ④, ⑤ 추측의 의미를 가지고 있다.

38) ③

선택 비율	① 1%	② 1%	③ 91%	④ 4%	⑤ 0%

해 : '-겠-'은 미래 시제를 나타내는 것 이외에 추측이나 의지, 가능성 등을 표현하기 위해 쓰인다. ㄷ처럼 '-겠-'이 과거 시제 선어말 어미인 '-었-'과 결합되면 추측의 의미만 나타낸다.

[오답풀이] ④ '그 목표를 제가 꼭 이루겠습니다.'는 말하는 사람의 의지를 나타내며 말하는 사람과 주어 2인 '제가'가 일치한다. ⑤ '어린애도 알겠다. / 할 수 있겠다.'의 '-겠-'은 가능성이나 능력을 나타낸다.

39) ④

선택 비율	① 8%	② 8%	③ 6%	④ 70%	⑤ 5%

해 : ⓐ의 '-려고'와 ⓒ의 '-게'는 앞 문장과 뒷 문장을 '목적'의 의미 관계로 이어주는 기능을 하는 종속적 연결 어미이다. ⓑ의 '-게'는 보조용언인 '됐거든요'를 본용언에 이어 주는 기능을, ⓓ의 '-고'는 보조용언인 '있었는데'를 본용언에 이어주는 기능을 하는 보조적 연결 어미이다. ⓔ의 '-고'는 앞문장과 뒷문장을 '나열'의 의미관계로 이어주는 기능을 하는 대등적 연결 어미이다.

40) ④

선택 비율	① 5%	② 3%	③ 9%	④ 63%	⑤ 18%

해 : 연결 어미 '-(으)려고'는 '어떤 행동을 할 의도나 욕망을 가지고 있음'을 나타내는 연결 어미이다. ㄹ에 제시된 사례를 통해, 연결 어미 '-(으)려고'가 선어말 어미 '-었/았-'이나 '-겠-'과는 결합할 수 없으나, 선어말 어미 '-(으)시-'와는 결합할 수 있음을 알 수 있다. '가시려고'는 '가-+-시-+-려고', '가셨으려고'는 '가-+-시-+-었-+-으려고', '가시겠으려고'는 '가-+-시-+-겠-+-으려고'로 분석된다. 따라서 ④의 진술은 적절하지 않다.

[오답풀이] ① ㄱ에 제시된 사례를 통해, 의도의 의미를 나타내는 연결 어미 '-(으)려고'로 연결된 문장에서는 앞 절의 주어('영희가')와 뒤 절의 주어('철호가')가 같지 않으면 문법적으로 잘못된 문장이 될 수 있음을 알 수 있다. ⑤ ㅁ에 제시된 사례를 통해, 연결 어미 '-(으)려고'가 동사 어간('하-') 뒤에는 붙을 수 있지만 형용사 어간('건강하-') 뒤에는 붙지 않음을 알 수 있다.

41) ③

선택 비율	① 8%	② 11%	③ 65%	④ 6%	⑤ 7%

해 : 제시된 탐구 과정을 확인하면 '아니요'는 부정의 대답 '아니'에 보조사 '요'가 붙어 된 말이고, '아니오'는 '아니다'의 어간 '아니-'에 종결 어미 '-오'가 붙어 된 말임을 알 수 있다. 따라서 ㉠에는 종결 어미 '-오'의 문법적 특성에 대한 진술이 제시되어야 한다. 정답은 ③으로, "당신이 와서 기쁘오.", "나는 주인공이 아니오." 등에서 확인할 수 있듯이, 평서문에서도 종결 어미 '-오'가 쓰일 수 있기 때문이다. 참고로, 마지막의 '적용' 단계에 제시된 빈칸에는 '요'가 아닌 '-오'가 와서 '안되오'가 되어야 한다. '되다'의 어간 '되-'에 종결 어미 '-오'가 붙은 형태이기 때문이다. 만일 빈칸에 '요'가 올 수 있기 위해서는 '되어'의 준말 '돼'에 보조사 '요'가 붙은 '돼요'의 형태가 제시되어야 한다.

[오답풀이] ① '-오'는 종결 어미이기 때문에 어간에 붙는다는 진술은 타당하다. '아니-', '기쁘-' 등은 모두 어간이며 여기에 '-오'가 붙어 '아니오', '기쁘오'로 실현됨을 통해 확인할 수 있다. ② '멈추시오'는 '멈추- + -시- + -오'로 분석되어 '용언 어간 + 선어말 어미 + 종결 어미'의 구조인데, 이를 통해 '-오'가 선어말 어미에 붙을 수 있음을 확인할 수 있다. ④ '-오'를 뺀 상태의 문장을 확인해 보면, "*얼마나 기쁘", "*일단 멈추시."처럼 문장이 성립하지 않음을 확인할 수 있다. ⑤ '가십시오, 가오, 가게, 가라(가렴, 가려무나)'에서 확인할 수 있듯이, '-오'는 상대방을 보통 정도로 높이는 기능을 한다. 즉, '-오'는 상대 높임법의 하오체에서 쓰이는 종결 어미이다.

42) ③

선택 비율	① 1%	② 1%	③ 93%	④ 1%	⑤ 2%

해 : 종결 어미는 한 문장을 종결되게 하는 어말 어미로 그 종류에 따라 평서형 종결 어미, 감탄형 종결 어미, 의문형 종결 어미, 명령형 종결 어미, 청유형 종결 어미로 나눌 수 있다. <보기>에 제시된 ㉠ '읽었다'의 '-다'는 평서형 종결 어미에 해당한다. 연결 어미는 용언의 어간에 붙어 다음 말에 연결하는 구실을 하는 어말 어미로 두 문장을 연결해 주는 기능을 한다. <보

기>에 제시된 ㉡ '장미꽃이고'의 '-고'는 연결어미에 해당한다. 끝으로, 전성 어미는 용언의 어간에 붙어 다른 품사의 기능을 수행하게 하는 어말 어미로 명사형 전성 어미, 관형사형 전성 어미와 부사형 전성 어미로 나뉘며 <보기>에 제시된 ㉢ '읽을'의 '-을'은 관형사형 전성 어미에 해당한다. 정답은 ③으로, '가는'의 '-는'은 ㉡의 연결 어미가 아닌 ㉢의 전성 어미, 그중에서도 관형사형 전성 어미에 해당한다.

[오답풀이] ① '도착했겠구나'의 '-구나'는 흔히 감탄의 뜻을 지니거나 화자가 새롭게 알게 된 사실에 주목하게 한다. 또한 문장을 끝맺어 주는 기능을 하는 어말 어미기 때문에 종결 어미(㉠)에 해당한다. ② '오시지'의 '-지'는 어떤 사실을 물을 때 쓰이는 어말 어미로 종결 어미(㉠)에 해당한다. 맥락에 따라 '-지'가 어떤 사실을 긍정적으로 서술하거나 명령하거나 제안하는 등의 의미로도 쓰이는데, 이 경우에도 모두 종결 어미(㉠)에 해당한다. ④ '먹었으나'의 '-으나'는 앞 절의 내용과 뒤 절의 내용이 서로 다름을 나타내는 어말 어미로, 두 문장을 연결해 주는 연결 어미(㉡)에 해당한다. ⑤ '운동하기에'의 '-기'는 용언의 어간 '운동하-'에 붙어 그 말이 명사 구실을 하게 하는 어말 어미로, 전성 어미(㉢)에 해당한다.

43) ④

선택 비율	① 1%	② 4%	③ 1%	④ 92%	⑤ 0%

해 : <보기>의 설명을 통해 선어말 어미 '-았-/-었-'의 다양한 의미를 탐구할 수 있는지 여부를 평가하는 문항이다. 소풍날 날씨는 괜찮았는지 과거 시간에 '날씨'라는 상태가 나빴음을 나타내고 있기 때문에 '나빴어'에서 '-았-'은 사건이나 상태가 과거임을 나타낸다. '과거에 일어난 사건의 결과 상태가 현재까지 지속됨'을 나타내는 ⓑ의 경우라면 '아주 나빠 있어', '나쁘고 있어'로 고쳐도 의미가 변하지 않아야 하는데 어색한 문장이 되므로 ⓑ가 아니라 ⓐ에 해당한다.

[오답풀이] ① '어제'는 과거 시제와 함께 나타나는 시간 부사이다. '보았어'는 '어제'와 호응하여 과거의 사건을 나타낸다. '보았어'의 '-았-'은 어제 B가 무엇을 했는지 보여 주는 것이다. ② '아까'도 과거 시제와 함께 나타나는 시간 부사이다. B가 집에 없던 일이 과거의 일임을 나타낸다. 그러므로 '갔어'의 '-았-'은 할머니 생신 선물 사러 간 것이 과거의 사건임을 나타낸다. ③ '아직도'를 보면 알 수 있듯이 목이 잠긴 상태가 과거의 일이 아니라 현재까지 지속되고 있음을 나타낸다. 또한 '잠겨 있어'로 바꾸어도 의미가 달라지지 않는 것으로 보아 ⓑ의 경우에 해당한다. ⑤ 과제를 준비하려면 앞으로 잠을 잘 수 없다는 의미로 말하고 있으므로 '잤어'의 '-았-'은 아직 일어나지 않은 미래의 일을 확정적인 사실로 받아들이고 있음을 나타낸다.

44) ⑤

선택 비율	① 1%	② 1%	③ 1%	④ 0%	⑤ 94%

해 : 예문을 통해 동사 어간에 결합되는 연결 어미 '-(으)며'의 문법적 의미를 정확하게 파악할 수 있는지를 묻고 있는 문항으로, 정답은 ⑤이다. <보기>의 ㉠에서는 앞뒤 문장의 주어가 서로 같고, '-(으)며'를 '-(으)면서'로 바꾸어 쓸 수 있을 경우에 '-(으)며'는 앞뒤 문장의 동작이 동시에 일어남을 나타낸다고 설명한다. 이에 따를때, ⑤는 '일부는 버스를 이용하면서 일부는 지하철을 이용한다'가 의미적으로 어색하다는 점에서 '-(으)며'를 '-(으)면서'로 교체할 수 없고, 앞뒤 문장의 주어 '일부'가 서로 다른 집단을 지칭한다는 점에서 앞뒤 문장의 주어가 서로 같다고 보기도 어렵다. 따라서 ⑤의 '-(으)며'는 '앞뒤 문장의 동작이 동시에 일어남'의 의미를 지니지 않으며, '이것은 감이며 저것은 사과이다', '남편은 친절하며 부인은 인정이 많다'에서처럼 '두 가지 이상의 동작이나 상태를 나열'하는 의미를 지닌다.

[오답풀이] ①~④는 모두 앞 문장과 뒤 문장의 주어가 서로 같다는 점, '-(으)며'를 '-(으)면서'로 교체하여 쓸 수 있다는 점에서 '-(으)며'가 '앞뒤 문장의 동작이 동시에 일어남'의 의미를 지니는 예문이다.

45) ③

선택 비율	① 4%	② 7%	③ 61%	④ 8%	⑤ 17%

해 : '-겠-'은 주체의 의지를 나타내는 기능과 화자의 추측을 나타내는 기능을 한다. ㉢에서의 '-겠-'은 주체의 의지를 나타내는 것이 아니라 화자의 추측을 나타낸다. 일반적으로 2인칭, 3인칭 인물의 의지는 화자가 알 수 없으므로 주체의 의지를 나타내는 것으로 해석할 수 없고, 과거 일에 대해서는 주체의 의지를 말할 수 없는 것이 원칙이다. 가령 "나는 집에 가겠다."는 미래의 일이므로 주체의 의지를 나타낼 수 있으나 "나는 집에 갔겠다."는 과거의 일이므로 주체의 의지를 나타낼 수 없다. 따라서 ㉢의 '-겠-'은 주체의 의지를 나타내는 기능을 한다고 볼 수 없다.

[오답풀이] ① '심었구나'는 용언 어간 '심-'과 선어말어미 '-었-', 종결 어미 '-구나'가 결합한 것이다. 이때 '-었'은 과거 시제를 나타내며, '-구나'는 문장을 감탄형으로 끝맺게 하는 기능을 한다. ② '청소하는'은 용언 어간 '청소하-'와 관형사형 전성 어미 '-는'이 결합한 것이다. 이때 관형사형 전성 어미 '-는'은 현재 시제를 나타낸다. 참고로 동사의 경우, 과거 시제를 나타내는 관형사형 전성 어미는 '-ㄴ/은' 혹은 '-던'이고, 미래 시제를 나타내는 관형사형 전성 어미는 '-ㄹ'이다. ④ '읽은'은 용언 어간 '읽-'과 관형사형 전성어미 '-은'이 결합한 것이다. 이때 관형사형 전성 어미 '-은'은 동사에 쓰일 경우, 과거시제를 나타낸다. ⑤ '불겠지만'은 용언 어간 '불-'과 선어말어미 '-겠-', 연결어미 '-지만'이 결합한 것이다. 이때 선어말어미 '-겠-'은 화자의 추측을 나타내는 기능을 하고, 연결어미 '-지만'은 '주말에 바람이 불겠다'와 '(주말에) 비는 오지 않을 것이다'라는 문장을 대등하게 이어주는 역할을 한다.

46) ①

선택 비율	① 70%	② 5%	③ 4%	④ 8%	⑤ 11%

해 : ㉠의 예문에 쓰인 '-겠-'은 미래의 사건이 아닌 과거

나 현재의 사건을 추측하는 데에 쓰이고 있다. ㉠의 앞 문장에서 '-았-'과 '-겠-'이 함께 쓰였다는 점, ㉠의 뒤 문장에서 '지금'이라는 부사와 '-겠-'이 함께 쓰였다는 점에서 미래의 사건을 추측하는 데에 쓰이고 있는 것이 아니라는 것을 알 수 있다.

[오답풀이] ② ㉡의 '막차를 놓쳤으니 나는 집에 다 갔다.'에 쓰인 '-았-'은 아직 이루어지지 않은 사건에 대한 확신을 나타내기 때문에 과거 시제를 나타내는 데 쓰였다고 보기 어렵다. ③ ㉢의 앞 문장에 쓰인 '-ㄹ'은 '올 것이다'와 함께 쓰였다는 점에서 미래의 사건을 나타내는 관형사형 어미로 볼 수 있지만 뒤 문장의 관형사형 어미 '-ㄹ'은 '왔다'의 '-았-'과 함께 쓰였다는 점에서 미래의 사건을 나타낸다고 보기 어렵다. ④ ㉣의 '진학한다고'에 쓰인 '-ㄴ-'은 '내년에'와 함께 쓰인다는 점에서 미래의 사건을 나타낸다. ⑤ ㉤의 앞 문장에 쓰인 형용사 '작다'는 '오늘'과 함께 쓰여 현재 시제를 나타내고 있다. 이때 시제 선어말 어미가 결합하지 않고 기본형 그대로 사용되고 있음을 알 수 있다.

47) ⑤

선택 비율	① 3%	② 3%	③ 5%	④ 17%	⑤ **69%**

해 : ⑤의 예문은 꿈속의 일이나 무의식중에 일어난 일에 대해 말하는 것이 아니다. 때문에 ㉤의 예가 아니라 ㉡의 예로 보아야 한다. 본인만이 직접 느껴 알 수 있는 감각인 '쓰다'가 서술어인 평서문에서 1인칭 주어와 '-더-'가 함께 쓰이기 때문이다.

[오답풀이] ① 새삼스럽거나 새롭게 알게 된 '다음 주에 약속이 있'다는 내용은 미래의 일이지만 수첩을 보고 그것을 안 시점은 과거인 '아까'이기 때문에 선어말 어미 '-더-'를 써서 표현한다는 점에서 ㉠의 예로 적절하다. ② 본인만이 직접 느껴 알 수 있는 감정인 '놀랍다'는 형용사가 서술어로 쓰였으며, 평서문에서 1인칭 주어인 '나'와 '-더-'가 함께 쓰인다는 점에서 ㉡의 예로 적절하다. ③ 본인만이 직접 느껴 알 수 있는 감정인 '밉다'가 서술어인 의문문에서 2인칭 주어인 '너'와 '-더-'가 함께 쓰인다는 점에서 ㉢의 예로 적절하다. ④ 본인만이 직접 느껴 알 수 있는 감정인 '기쁘다'가 서술어인 의문문이기는 하지만, 수사의문문의 형식을 띠고 있으므로 1인칭 주어와 '-더-'가 함께 쓰일 수 있는 경우라는 점에서 ㉣의 예로 적절하다.

48) ⑤

선택 비율	① 7%	② 8%	③ 9%	④ 11%	⑤ **62%**

해 : '흰 눈이 내립니다.'에서 '흰'의 '-ㄴ'은 현재의 상태를 나타내는 관형사형 어미이므로 '-ㄴ' ②의 예문으로 추가해야 한다.

[오답풀이] ① '간다'를 보면 '-ㄴ-'은 종결 어미 '-다'의 앞에 붙을 수 있음을 확인할 수 있다. '짠'의 '-ㄴ'과 '유명한'의 '-ㄴ'은 뒤에 다른 어미가 붙을 수 없다. ② '간다'는 '가신다'로, '짠'은 '짜신'으로, '유명한'은 '유명하신'으로 쓸 수 있다. ③ '짠'은 '옷'을 수식하고, '유명한'은 '성악가'를 수식하는 관형어 구실을 하고 있다. ④ '간다'와 '유명한'은 현재 시제를 나타내고, '짠'은 과거 시제를 나타냄을 확인할 수 있다.

49) ④

선택 비율	① 3%	② 1%	③ 2%	④ **91%**	⑤ 1%

해 : ⓐ와 ⓑ는 앞 절의 동작이 이루어진 그대로 지속되는 가운데 뒤 절의 동작이 일어남을 나타내는 경우이므로 ㉢에 해당하는 예이다.

50) ④

선택 비율	① 19%	② 5%	③ 30%	④ **42%**	⑤ 3%

해 : ⓓ의 '(갈증이) 가셨겠구나'는 '가시-+-었-+-겠-+-구나'로 형태소가 분석되며, 이때의 '-었-', '-겠-'은 선어말 어미이고 '-구나'는 종결 어미이다. 따라서 선어말 어미 두 개와 종결 어미가 사용되었다.

[오답풀이] ① ⓐ의 '즐거우셨길'은 '즐겁-+-(으)시-+-었-+-기+ㄹ'로 형태소가 분석되며, '-(으)시-', '-었-'은 선어말 어미이고 '-기'는 전성 어미이다. 이때의 'ㄹ'은 목적격 조사이다. ② ⓑ의 '샜을'은 '새-+-었-+-을'로 형태소가 분석되며, 이때의 '-었-'은 선어말 어미이고 '-을'은 전성 어미이다. ③ ⓒ의 '번거로우시겠지만'은 '번거롭-+-(으)시-+-겠-+-지만'으로 형태소가 분석되며, 이때의 '-(으)시-', '-겠-'은 선어말 어미이고 '-지만'은 연결 어미이다. ⑤ ⓔ의 '다다른'은 '다다르-+-ㄴ'으로 형태소가 분석되며, 이때의 '-ㄴ'은 전성 어미이다. ⓔ에는 선어말 어미가 사용되지 않았다.

51) ②

선택 비율	① 6%	② **57%**	③ 4%	④ 11%	⑤ 19%

해 : <보기>를 보면 '먹었다'는 '먹-'+'-었-'+'-다'로 형태소를 분석할 수 있음을 알 수 있다. 이를 보면 '었'은 자립할 수 없는 형태소이며 '었'은 '먹', '다'라는 자립할 수 없는 형태소와 결합하고 있음을 알 수 있다. 따라서 자립할 수 없는 형태소를 자립할 수 있는 형태소와 결합한다는 진술은 적절하지 않다.

[오답풀이] ① '는', '를'은 홀로 쓰일 수 없으니 자립성이 없다. 하지만 다른 자립성이 없는 형태소와는 달리 조사의 경우는 <보기>의 선생님의 설명 중, 자립할 수 있는 형태소에 붙으면서 쉽게 분리할 수 있는 말에 해당하는 경우로 단어로 인정된다. <보기>의 단어와 형태소를 분리하여 보여주는 표를 보면 단어로 인정함을 알 수 있다. ③ '는', '를', '었', '다'는 주격조사, 목적격 조사, 과거시제 선어말어미, 종결어미로 문법적 기능을 하는데 <보기>를 보면 형태소로 분류되고 있다. ④ <보기>를 보면 '풋사과', '먹었다'를 단어로 보고 있음을 알 수 있다. 또한 '풋사과'는 '풋'+'사과'로 '먹었다'는 '먹-'+'-었-'+'-다'로 형태소 분석이 되고 있다. 따라서 단어 중에는 더 작은 단위인 형태소로 분석되기도 한다는 진술은 적절하다. ⑤ '먹'은 '먹다'의 어간으로 실질적인 의미를 지닌다. 하지만 자립성이 없어 <보기>에서 단어로 인정하지 않음을 알 수 있다. '나'의 경우는 실질적인 의미를 지니는 형태소이면서 자립성이 있으므로 단어로 본다. 즉, 실질적인 의미를 지닌 형태소라도 모두 단어가 되는 것은 아니다.

52) ①

선택 비율	① 40%	② 10%	③ 28%	④ 11%	⑤ 9%

해 : '하늘이 매우 높고 푸르다'의 자립 형태소는 '하늘', '매우'로 2개이다.

[오답풀이] ② 형식 형태소는 '이, -고, -다'로 3개이다. ③ 의존 형태소는 '이, 높-, -고, 푸르-, -다' 로 5개이다. ④ 실질 형태소이면서 의존 형태소는 '높-, 푸르-'로 2개이다. ⑤ 실질 형태소이면서 자립 형태소는 '하늘, 매우'로 2개이다.

53) ②

선택 비율	① 2%	② 72%	③ 21%	④ 2%	⑤ 1%

해 : 명사 '경찰'은 실질적 의미가 있는 실질 형태소이므로 ㉠에는 '예'라는 답이 적절하다. '을'은 조사로서 홀로 쓰일 수 없는 의존 형태소이므로 ㉡에는 '아니요'라는 답이 적절하다. 마지막으로 '잡-'은 용언의 어간인데, 홀로 쓰이지 못하지만 '달아나지 못하게 하다'라는 실질적 의미를 지닌 실질 형태소이다. 따라서 ㉢에는 '예'라는 답이 적절하다.

54) ⑤

선택 비율	① 2%	② 11%	③ 9%	④ 4%	⑤ 72%

해 : '놀았-'도 '놀-'과 '-았-'으로 나눌 수 있으므로, '놀았다'는 세 개의 형태소로 이루어진 말이다.

55) ③

선택 비율	① 27%	② 9%	③ 43%	④ 10%	⑤ 25%

해 : '기쁨'은 실질 형태소이자 의존 형태소인 '기쁘-'와 형식 형태소이자 의존 형태소인 '-ㅁ'이 결합한 것이고, '춤'은 실질 형태소이자 의존 형태소인 '추'-와 형식 형태소이자 의존 형태소인 '-ㅁ'이 결합한 것이다. 따라서 '기쁨'과 '춤'은 ㉡과 ㉢에 속하는 형태소로 이루어져 있으므로 적절하지 않다.

[오답풀이] ① '비로소'와 '것'은 모두 실질 형태소이자 자립 형태소이므로 ㉠에 속한다. ② '바라던'의 '바라-'와 '이루자'의 '이루-'는 모두 실질 형태소이자 의존 형태소이므로 ㉡에 속한다. ④ '형은'의 '형'은 실질 형태소이자 자립 형태소이고, '은'은 형식 형태소이자 의존 형태소이므로 '형은'에는 ㉠, ㉢에 속하는 형태소만 있다. ⑤ '젖어'는 실질 형태소이자 의존 형태소인 '젖-'이 형식 형태소이자 의존 형태소인 '-어'와 결합한 것이고, '추었다'는 실질 형태소이자 의존 형태소인 '추-'가 형식 형태소이자 의존 형태소인 '-었-', '-다'와 결합한 것이다. 따라서 '젖어'와 '추었다'에는 ㉡과 ㉢에 속하는 형태소만 있다.

56) ③

선택 비율	① 7%	② 1%	③ 85%	④ 2%	⑤ 2%

해 : 우선 밑줄 친 '은/는', '듣-/들-', '-았-/-었-'은 모두 반드시 다른 말과 결합하여 쓰여야 하는 의존 형태소들이다. 또한 이들은 각각 받침의 유무 및 결합하는 어간과 어미의 차이에 따라, 즉 음운 환경에 따라 그 모습을 달리하는 이형태의 관계가 있는 형태소들이다. 먼저, '은/는'은 결합하는 말에 받침이 있는가, 없는가에 따라 형태가 바뀐다. 또한, '듣다'의 어간 '듣-'은 모음으로 시작되는 어미 '-어라'와 결합할 때 '들-'로 형태가 바뀐다. 마지막으로, 과거 시제의 선어말 어미 '-았-/-었-'은 어간 끝음절의 모음에 따라 형태가 바뀌어 실현된다.

[오답풀이] ① 반드시 다른 말과 결합하여 쓰인다는 진술은 타당하지만, '듣-/들-'은 실질 형태소(어휘 형태소)이다. ② 음운 환경에 따라 형태가 바뀐다는 진술은 타당하지만, '듣-/들-'은 실질 형태소(어휘 형태소)이다. ④ '은/는'은 의존 형태소이지만 예외적으로 단어의 자격을 가진다. 그러나 나머지는 단어의 자격을 가질 수 없다. 또한, '은/는', '-았-/-었-'은 문법적 의미를 나타내는 형식 형태소(문법 형태소)이지만, 동사 어간 '듣-/들-'은 실질적 의미를 나타내는 실질 형태소(어휘 형태소)이다. ⑤ 반드시 다른 말과 결합하여 쓰인다는 진술은 타당하지만, 해당 형태소들은 모두 의존 형태소들이기 때문에 기본적으로 단어의 자격을 가질 수 없다. 그러나 '은/는'과 같은 조사의 경우는 예외적으로 단어의 자격을 부여한다.

57) ④

선택 비율	① 6%	② 5%	③ 12%	④ 66%	⑤ 9%

해 : 의미를 가진 가장 작은 말의 단위를 형태소라고 한다. 형태소는 자립성의 유무에 따라 자립 형태소와 의존 형태소로 나뉘고, 실질적 의미의 유무에 따라 실질 형태소와 형식 형태소로 나뉜다. 밑줄 친 '묻-/물-', '-었-/-았-', '는/은'은 모두 반드시 다른 말과 결합하여 쓰이는 의존 형태소들이다. 또한 이들은 음운 환경에 따라 형태가 바뀐다. '묻-'은 자음으로 시작하는 어미 앞에 나타나고, '물-'은 모음으로 시작하는 어미 앞에 나타난다. 어미 '-었-/-았-'은 어간 끝음절의 모음에 따라 형태가 바뀌고, 조사 '는/은'은 결합하는 앞말의 끝음절에 받침이 있는가, 없는가에 따라 형태가 바뀐다. 그리고 '-었-/-았-', '는/은'은 실질적 의미 없이 문법적인 의미를 나타내는 형식 형태소이고, '묻-/물-'은 실질적 의미를 나타내는 실질 형태소이다.

58) ⑤

선택 비율	① 1%	② 5%	③ 3%	④ 3%	⑤ 85%

해 : '찾아냈다'는 '찾- + -아 + 내- + -었- + -다'로 형태소 분석이 되며, '찾-'과 '내-'는 ㉡에 속하고 '-아', '-었-', '-다'는 ㉢에 속한다.

[오답풀이] ① 대명사 '우리'와 부사 '드디어'는 ㉠에 속한다. ② '비', '길'은 ㉠에 속하고, '를', '을'은 ㉢에 속한다. ③ '맞다'의 어간 '맞-'은 ㉡에, '맞서다가'의 접두사 '맞-'은 ㉢에 속한다. ④ '바람'은 ㉠에 속하고, '에'는 ㉢에 속한다.

59) ②

선택 비율	① 2%	② 88%	③ 3%	④ 1%	⑤ 4%

해 : 합성어와 파생어에 대한 개념을 바탕으로 어휘를 구별할 수 있는지를 묻는 문제이다. 합성어는 어근과 어근

이 결합한 단어이고, 파생어는 어근과 접사가 결합한 단어이다. 그러므로 '물고기'는 '물(어근)+고기(어근)'로 구성된 합성어이고, '책가방'은 '책(어근) + 가방(어근)'으로 구성된 합성어이다. 반면, '지우개'는 '지우(어근) + 개(접사)'로 구성된 파생어이며, '심술쟁이'는 '심술(어근) + 쟁이(접사)'로 구성된 파생어이다.

60) ③

선택 비율	① 6%	② 1%	③ 82%	④ 4%	⑤ 4%

㉻ : '달리기'는 '달리-'의 어근과 '-기'의 접사로 이루어진 단어이다.

61) ①

선택 비율	① 59%	② 1%	③ 13%	④ 9%	⑤ 15%

㉻ : <보기>를 통해 어근, 접사의 개념과 단어의 구성 방식을 이해한 뒤 구체적인 단어를 분석한다. '새해'는 관형사 어근 '새'와 명사 어근 '해'가 결합한 합성어이다.

[오답풀이] ② '밤낮'은 명사 어근 '밤'과 명사 어근 '낮'이 결합한 합성어이다. ③ '구경꾼'은 명사 어근 '구경'과 접사 '-꾼'이 결합한 파생어이다. ④ '이슬비'는 명사 어근 '이슬'과 명사 어근 '비'가 결합한 합성어이다. ⑤ '민들레'는 하나의 어근으로 이루어진 단일어이다.

62) ④

선택 비율	① 9%	② 3%	③ 7%	④ 72%	⑤ 7%

㉻ : '검붉다'는 두 어근 '검-'과 '붉-'이 결합하였으므로 합성어이지만, '나무꾼'은 어근 '나무'에 접사 '-꾼'이 결합한 파생어이다.

[오답풀이] ① 어근 '솟-'에 접사 '치-'가 결합하였다. ② 실질적인 뜻을 가진 두 어근 '밤'과 '하늘'의 결합이다. ③ '지우개'는 어근 '지우-'에 접미사 '-개'가 결합한 것이므로 파생어이고, '닭고기'는 두 어근 '닭'과 '고기'의 결합이므로 합성어이다. ⑤ '개살구'는 어근 '살구'에 '야생 상태의', '질이 떨어지는'의 의미를 가진 접두사 '개-'가, '부채질'은 어근 '부채-'에 접미사 '-질'이 결합한 파생어이다.

63) ⑤

선택 비율	① 4%	② 7%	③ 3%	④ 8%	⑤ 75%

㉻ : 제시된 자료를 통해 '-쟁이'는 어떤 일을 직업으로 하는 사람이나 그런 사람을 낮잡아 이를 때 쓰이는 말이고, '-장이'는 '관련된 기술을 가진 기술자'의 뜻일 때 붙는 말임을 알 수 있다. 따라서 ㅁ에서 '대장쟁이'는 수공업적인 방법으로 쇠를 달구어 연장 따위를 다루는 일인 '대장일'을 하는 '기술자'를 의미하므로 '-장이'가 붙고 '중매장이'는 결혼이 이루어지도록 중간에서 소개하는 일인 '중매'를 하는 사람을 의미하므로 '-쟁이'가 붙는다. 따라서 (1), (2), (3)의 예로 '욕심쟁이, 중매쟁이, 대장장이'를 추가할 수 있다.

[오답풀이] ③ 자료 (1)~(3)에서 '-쟁이'와 '-장이'는 '고집, 거짓말, 노래, 그림, 땜, 옹기'의 명사와 결합하여 새로운 단어를 만든다. ④ 자료 (1)~(3)에서 '-쟁이'와 '-장이'는 명사인 '고집, 거짓말, 노래, 그림, 땜, 옹기'와 결합하여 '고집쟁이, 거짓말쟁이, 노래쟁이, 그림쟁이, 땜장이, 옹기장이'의 단어를 만들었다. 결합 전후를 비교할 때 품사는 변화하지 않는다.

64) ③

선택 비율	① 4%	② 29%	③ 57%	④ 3%	⑤ 4%

㉻ : '마소'는 '말'과 '소'가 결합하면서 'ㄹ'이 탈락하여 만들어진 합성어로, 형태 변화는 있으나 의미 변화가 없다.

[오답풀이] ① '어제'와 '오늘'이 결합한 합성어로, 형태 변화는 없으나 '아주 최근이나 요 며칠 사이'라는 의미로 쓰였으므로 원래의 의미가 변화하였다. ② '안'과 '밖'이 결합한 합성어로, 형태 변화가 있으며, '사람의 안팎'으로 쓰일 경우에는 '마음속의 생각과 겉으로 드러나는 행동'이라는 뜻으로 쓰이므로 의미가 변화하였다. ④ '세'와 '네'가 결합한 합성어로, 형태 변화는 있으나 의미 변화는 없다. ⑤ '솔'과 '나무'가 결합한 합성어로, '솔'의 'ㄹ'이 탈락하여 형태 변화는 있으나 의미 변화는 없다.

65) ⑤

선택 비율	① 21%	② 6%	③ 3%	④ 5%	⑤ 62%

㉻ : '앞서다'는 체언 '앞'과 용언 '서다'의 연결을 통해 만들어진 통사적 합성어에 해당된다.

[오답풀이] ① '낯설다'는 체언 '낯'과 용언 '설다'의 연결을 통해 만들어진 통사적 합성어로, ㉠의 적절한 예에 해당된다. ② '첫사랑'은 관형사 '첫'과 체언 '사랑'의 연결을 통해 만들어진 통사적 합성어로, ㉡의 적절한 예에 해당된다. ③ '뜬소문'은 용언 '뜨다'의 관형사형 '뜬'과 체언 '소문'의 연결을 통해 만들어진 통사적 합성어로, ㉢의 적절한 예에 해당된다. ④ '덮밥'은 용언의 어간 '덮-'에 체언 '밥'이 연결되어 만들어진 비통사적 합성어로, ㉣의 적절한 예에 해당된다.

66) ①

선택 비율	① 55%	② 4%	③ 4%	④ 5%	⑤ 28%

㉻ : <보기>는 '-음'과 결합하여 파생 명사가 되는 경우와 용언의 명사형이 되는 경우에 대해 설명하고 있다. 파생 명사는 어근에 명사화 접미사가 결합하여 새로운 명사를 만든 것이므로 사전에 등재된다. ①의 '수줍음'은 어근 '수줍-'에 접사 '-음'이 결합하여 명사가 된 것으로 관형어 '그녀의'의 수식을 받을 수 있다. 따라서 사전의 표제어이다.

[오답풀이] ② '없음'은 '없다'의 어간 '없-'에 명사형 어미 '-음'이 결합한 것이다. ③ '먹음'은 '먹다'의 어간 '먹-'에 명사형 어미 '-음'이 결합한 것이다. ④ '많음'은 '많다'의 어간 '많-'에 명사형 어미 '-음'이 결합한 것이다. ⑤ '걸음'은 '걷다'의 어간 '걷-'에 명사형 어미 '-음'이 결합한 것이다.

67) ⑤

선택 비율	① 5%	② 11%	③ 12%	④ 19%	⑤ 50%

㉻ : ㉢은 부사 '딸꾹'에 접사 '-질'이 결합하여 명사가 된 것으로, 품사가 바뀌는 경우인 [A]로 구분할 수 있다.

정답 및 해설

㉣은 부사 '일찍'에 접사 '-이'가 결합하여 부사가 된 것으로, 품사가 바뀌지 않는 경우인 [B]로 구분할 수 있다.

[오답풀이] ㉠은 형용사 '높다'의 어근 '높-'에 접미사 '-이-'가 결합하여 동사가 된 것으로, 품사가 바뀌는 경우인 [A]로 구분할 수 있다. ㉡은 형용사 '깊다'의 어근 '깊-'에 접미사 '-이'가 결합하여 부사가 된 것으로, 품사가 바뀌는 경우인 [A]로 구분할 수 있다.

68) ⑤

선택 비율	① 4%	② 4%	③ 18%	④ 11%	⑤ **60%**

해 : '수평, 숫양'은 주위 환경에 따라 다른 형태를 가지는 접두사 '수-/숫-'이 결합하여 만들어진 단어이지만(㉣), 접두사가 결합하는 단어 '평'과 '양'이 모두 명사이므로 둘 이상의 품사에 결합하여 새로운 단어를 만든다는 설명(㉢)에는 해당하지 않는다.

[오답풀이] ① '군-(접두사)+기침(명사)', '군-(접두사)+살(명사)'이므로 ㉠에 해당한다. ② '빗-(접두사)+나가다(동사)', '빗-(접두사)+맞다(동사)'이며, 동사는 용언이므로 ㉡에 해당한다. ③ '헛-(접두사)+디디다(동사)', '헛-(접두사)+수고(명사)'이므로 ㉢에 해당한다. ④ '새-(접두사)+빨갛다(형용사)', '샛-(접두사)+노랗다(형용사)'이며, 형용사는 용언이므로 ㉡과 ㉣에 모두 해당한다.

69) ①

선택 비율	① **84%**	② 4%	③ 4%	④ 4%	⑤ 2%

해 : '더욱이'는 부사 '더욱'의 어근에 접사 '-이'가 결합된 파생어이고, 접사가 결합했으나 품사는 '더욱'과 동일한 부사이므로 적절하지 않다.

[오답풀이] ② '드넓다'는 형용사 '넓다'의 어근에 접사 '드-'가 결합된 파생어이고, 품사는 '넓다'와 동일한 형용사이므로 적절하다. ③ '넓이'는 형용사 '넓다'의 어근에 접사 '-이'가 결합된 파생어이고, 품사는 명사이므로 적절하다. ④ '뒤덮다'는 동사 '덮다'의 어근에 접사 '뒤-'가 결합된 파생어이고, 품사는 '덮다'와 동일한 동사이므로 적절하다. ⑤ '덮개'는 동사 '덮다'의 어근에 접사 '-개'가 결합된 파생어이고, 품사는 명사이므로 적절하다.

70) ④

선택 비율	① 5%	② 30%	③ 6%	④ **43%**	⑤ 13%

해 : '-음[1]'의 용례 '믿었음' 뒤에 결합한 '이'는 주격 조사이며, '옳음' 뒤에 결합한 '을'은 목적격 조사이다. '-음[2]'의 용례 '믿음', '묶음' 뒤에 결합한 '을'은 목적격 조사로 '-음[2]'의 뒤에도 '-음[1]'과 마찬가지로 격조사가 결합할 수 있음을 확인할 수 있다.

[오답풀이] ① '-음[1]'의 뜻풀이 중 '어미 '-었-', '-겠-' 뒤에 붙어'와 제시된 용례인 '믿었음'을 통해 확인할 수 있다. ② '-음[1]'은 용언의 어간 뒤에 붙는 어미로, '-음[1]'이 결합한 말은 용언의 활용형이므로 본래의 품사는 그대로 유지된다. ③ '-음[2]'의 용례 '그는 서랍에서 종이 한 묶음을 꺼냈다.'에서 '묶음'을 수식하는 관형어 '한'을 통해 확인할 수 있다. ⑤ '-음[1]' 의 뜻풀이를 보면 '-음[1]'은 용언이 명사 구실을 하게 하는 명사형 어미로서, 제시된 용례인 '믿었음'과 '옳음'은 각각 주어인 '그는'과 '그의 판단이'와 어울려 명사절을 형성함을 알 수 있다. 반면, '-음[2]'의 뜻풀이를 보면 '-음[2]'는 명사를 만드는 접미사로 명사절을 만들 수는 없다.

71) ④

선택 비율	① 9%	② 11%	③ 10%	④ **62%**	⑤ 6%

해 : <보기>에 제시된 순화어의 사례 중 ⓑ에서 '깜짝'은 부사, '출연'은 명사로 '부사+명사(체언)' 구성의 비통사적 합성어이다. ⓓ에서 '덮-'은 동사의 어간, '지붕'은 명사로 '동사(용언)의 어간+명사(체언)' 구성의 비통사적 합성어에 해당한다.

[오답풀이] ⓐ에서 '뜨는'은 동사의 어간 '뜨-'에 관형사형 전성어미 '-는'이 결합한 용언의 관형사형이며, '곳'은 명사로 '용언의 관형사형+체언' 구성의 통사적 합성어에 해당한다. ⓒ에서 '생각'과 '그물'은 각각 명사로 '체언+체언' 구성의 통사적 합성어이다.

72) ①

선택 비율	① **65%**	② 17%	③ 7%	④ 4%	⑤ 5%

해 : '울음보'는 ㉠에서 어근 '울음'과 접사 '-보'로 분석되고 ㉡에서 어근 '울-'과 접사 '-(으)ㅁ'으로 분석되므로 적절하다.

[오답풀이] ② '헛웃음'은 ㉠에서 어근 '웃음'과 접사 '헛-'으로 분석되고 ㉡에서 어근 '웃-'과 접사 '-(으)ㅁ'으로 분석된다. 따라서 ㉠에서 어근과 어근으로 분석된다는 진술은 적절하지 않다. ③ '손목뼈'는 ㉠에서 어근 '손목'과 어근 '뼈'로 분석되고 ㉡에서 어근 '손'과 어근 '목'으로 분석된다. 따라서 ㉠에서 어근과 접사로 분석된다는 진술은 적절하지 않다. ④ '얼음길'은 ㉠에서 어근 '얼음'과 어근 '길'로 분석되고 ㉡에서 어근 '얼-'과 접사 '-(으)ㅁ'으로 분석된다. 따라서 ㉠에서 어근과 접사로 분석되고, ㉡에서 어근과 어근으로 분석된다는 진술은 적절하지 않다. ⑤ '물놀이'는 ㉠에서 어근 '물'과 어근 '놀이'로 분석되고 ㉡에서 어근 '놀-'과 접사 '-이'로 분석된다. 따라서 ㉡에서 어근과 어근으로 분석된다는 진술은 적절하지 않다.

73) ④

선택 비율	① 8%	② 15%	③ 7%	④ **56%**	⑤ 11%

해 : '돌다리'는 명사(돌)와 명사(다리), '하얀색'은 용언의 관형사형(하얀)과 명사(색), '잘생기다'는 부사(잘)와 용언(생기다)이 결합한 말이기 때문에 통사적 합성어에 해당하고, '덮밥'은 용언의 어간(덮-)과 명사(밥), '높푸르다'는 용언의 어간(높-)과 용언의 어간(푸르-)이 직접 결합한 말이기 때문에 비통사적 합성어에 해당한다.

74) ③

선택 비율	① 23%	② 2%	③ **44%**	④ 5%	⑤ 23%

해 : '놀이터'는 어근 '놀이'와 어근 '터'로 먼저 나뉘므로 합성어이다. '놀이'는 다시 어근 '놀-'과 접미사 '-이'로 나뉜다. 따라서 '놀이터'는 ㉠에 해당하는 예로 적절하다.

[오답풀이] ① '집안일'은 '집안'과 '일'로 나뉘며, '집안'이 다시 '집'과 '안'으로 나뉘므로 '(어근+어근)+어근'의 구조로 된 합성어이다. ② '내리막'은 '내리-'와 '-막'으로 나뉘므로 '어근+접미사'의 구조로 된 파생어이다. ④ '코웃음'은 '코'와 '웃음'으로 나뉘며, '웃음'이 다시 '웃-'과 '-음'으로 나뉘므로 '어근+(어근+접미사)'의 구조로 된 합성어이다. ⑤ '울음보'는 '울음'과 '-보'로 나뉘며, '울음'이 다시 '울-'과 '-음'으로 나뉘므로 '(어근+접미사)+접미사'의 구조로 된 파생어이다.

75) ①

선택 비율	① 33%	② 10%	③ 19%	④ 21%	⑤ 17%

해 : '일찍이'는 부사 어근 '일찍'에 접사 '-이'가 붙어 부사가 된 단어로, 접사 '-이'는 어근의 품사를 바꾸지 않는다. 따라서 ㉠의 예로 적절하지 않다.

[오답풀이] ② '마음껏'은 명사 어근 '마음'에 접사 '-껏'이 붙어 부사로 바뀌었다. ③ '가리개'는 동사 어근 '가리-'에 접사 '-개'가 붙어 명사로 바뀌었다. ④ '높이다'는 형용사 어근 '높-'에 접사 '-이'가 붙어 동사로 바뀌었다. ⑤ '슬기롭다'는 명사 어근 '슬기'에 접사 '-롭-'이 붙어 형용사로 바뀌었다.

76) ①

선택 비율	① 40%	② 15%	③ 36%	④ 4%	⑤ 2%

해 : '싸움꾼'은 어근 '싸우-'에 명사를 만드는 접미사 '-ㅁ'이 결합하여 '싸움'이 되고, 여기에 다시 '어떤 일을 습관적으로 하는 사람'이라는 뜻을 더하는 접미사 '-꾼'이 결합된 말로, [(어근+접미사)+접미사]의 구조로 되어 있다.

[오답풀이] ② '군것질'은 [(접두사(군-)+어근(것))+접미사(-질)]의 구조로 된 파생어이다. ③ '놀이터'는 [(어근(놀-)+접미사(-이))+어근(터)]의 구조로 된 합성어이다. ④ '병마개'는 [어근(병)+(어근(막-)+접미사(-애))]의 구조로 된 합성어이다. ⑤ '미닫이'는 [(어근(밀-)+어근(닫-))+접미사(-이)]의 구조로 된 파생어이다.

77) ④

선택 비율	① 2%	② 9%	③ 2%	④ 82%	⑤ 2%

해 : 용언은 그것이 단일어인지, 파생어인지, 복합어인지에 따라 어간의 구성이 다르다. 단일어인 용언의 경우 어간과 어근은 동일하다. '치솟다'처럼 파생어인 경우, '치솟-'(어간)이 '치-'(접사)+'솟-'(어근)으로 이루어져 있으며, '샘솟다'처럼 합성어인 경우, '샘솟-'(어간)이 '샘'(어근)+'솟-'(어근)'으로 이루어져 있다. 이를 선생님이 제시한 세 단어에 적용하면, '줄이다'의 경우 파생어이므로 어간 '줄이-'가 '줄-'(어근)+'-이-'(접사)로 이루어져 있고, '힘들다'의 경우 합성어이므로 어간 '힘들-'이 '힘'(어근)+'들-'(어근)로 이루어져 있으며, '오가다'의 경우 어간 '오가-'가 '오-'(어근)+'가-'(어근)로 이루어져 있다.

78) ①, ③

선택 비율	① 53%	② 5%	③ 4%	④ 31%	⑤ 5%

해 : <보기>의 설명에 따르면, [A]는 합성어를 일차적으로 직접 구성 성분 분석을 했을 때 나오는 구성 성분 중 맨 끝의 구성 성분, 즉 가장 나중 어근의 품사에 따라 합성어의 품사가 결정되는 경우이다. 예컨대, <보기>에서 예로 든 '큰집'을 직접 구성 성분 분석하면, '큰'과 '집'으로 분석되는데, 이 가운데 뒤쪽 어근인 '집'의 품사가 명사이므로, '큰집'의 품사 역시 명사가 된다. 그런데 ①의 '어느새'는 '어느(관형사)'와 '새(명사)'가 결합되어 새로운 품사인 부사가 된 말이므로, [A]의 사례로 볼 수 없다. ③ '늦-'은 접두사이므로 늦잠은 파생어이다. 따라서 위의 <보기> 합성어의 설명에 어긋나므로 적절하지 않다.

[오답풀이] ② '남달랐다'는 형용사로, '남(명사)'과 '다르다(형용사)' 중 나중 어근인 '다르다'의 품사를 따른 것이다. ④ '낯선'은 '낯설다'의 관형사형으로 품사는 형용사이다. 이는 '낯(명사)'과 '설다(형용사)' 중 나중 어근인 '설다'의 품사를 따른 것이다. ⑤ '하루빨리'는 부사로, '하루(명사)'와 '빨리(부사)' 중 나중 어근의 품사를 따른 것이다.

79) ①

선택 비율	① 59%	② 10%	③ 14%	④ 6%	⑤ 9%

해 : 이 문항은 합성어를 어근들의 결합 방식에 따라 두 가지 유형으로 설명한 뒤, 각각의 유형에 해당하는 사례를 파악할 수 있는지를 묻고 있다. 이 문항을 정확하게 풀이하기 위해서는 통사적 합성어와 비통사적 합성어에 대한 개념 이해와 함께, 밑줄 친 단어의 결합 방식을 분석할 수 있어야 한다. 용언과 용언은 연결 어미로 이어지는 것이 우리말의 일반적 문장 구조에서 나타나는 방식이다. 그러나 '뛰노는'은 '뛰-+놀+-는'으로 분석되고, 우리말의 일반적 문장 구조와 다르게 연결 어미로 이어지지 않았으므로 '뛰노는'은 비통사적 합성어라고 할 수 있다.

[오답풀이] ② '몰라볼'은 '모르-+-아+보-+-ㄹ'로 분석되는데, 용언 '모르-'와 용언 '보-'가 연결 어미 '-아'로 이어져 있으므로 통사적 합성어에 해당한다. ③ '타고난'은 '타-+-고+나-+-ㄴ'으로 분석되는데, 용언 '타-'와 용언 '나-'가 연결 어미 '-고'로 이어져 있으므로 통사적 합성어에 해당한다. ④ '지난달'은 '지나-+-ㄴ+달'로 분석되는데, 용언 '지나-'가 체언 '달'을 수식하면서 관형사형 어미 '-ㄴ'과 결합하여 쓰였으므로 통사적 합성어에 해당한다. ⑤ '굳은살'은 '굳-+-은+살'로 분석되는데, 용언 '굳-'이 체언 '살'을 수식하면서 관형사형 어미 '-은'과 결합하여 쓰였으므로 통사적 합성어에 해당한다.

80) ④

선택 비율	① 8%	② 7%	③ 5%	④ 76%	⑤ 2%

해 : ㉠은 용언의 어간 '살-'과 명사형 어미 '-기'가 결합한 것이고, 부사어 '홀로'의 수식을 받고 있으며 '살-'은 서술하는 기능을 유지하고 있다. ㉡은 용언의 어간

'자-'와 명사형 어미 '-ㅁ'이 결합한 것이고, 부사어 '충분히'의 수식을 받고 있으며 '자-'는 서술하는 기능을 유지하고 있다. ㉢은 어근 '얼-'에 접사 '-음'이 결합한 명사로서 '시원한'이라는 관형어의 수식을 받는다. ㉣은 어근 '놀-'에 접사 '-이'가 결합한 명사로서 '건전한'이라는 관형어의 수식을 받는다. ㉤은 용언의 어간 '아름답-'에 명사형 어미 '-기'가 결합한 것이고, 부사어 '매우'의 수식을 받는다.

81) ④

선택 비율	① 4%	② 6%	③ 6%	④ **78%**	⑤ 4%

解 : 통사적 합성어는 단어 형성 방식이 일반적인 문장 형성 방식과 부합하는 합성어이며, 비통사적 합성어는 단어 형성 방식이 일반적인 문장 형성 방식과 부합하지 않는다. ㉣에서 '긁-', '밀-'은 동사 어근, '도구'는 명사 어근이다. 동사 어근이 어미와 결합하는 절차를 거치지 않고 명사 어근과 직접 결합하는 것은 일반적인 문장 형성 방식과 부합하지 않는다. 따라서 ㉣에서 제시된 단어들은 비통사적 합성어이므로, 이들을 파생어로 진술한 ④는 적절하지 않다.

[오답풀이] ① ㉠에서 '오이', '껍질', '칼'은 명사 어근이다. 명사가 명사를 수식하는 것은 일반적인 문장 형성 방식과 부합한다. ② ㉡에서 '갉작갉작', '사각사각'은 부사 어근, '칼'은 명사 어근이다. 부사가 명사를 수식하는 것은 일반적인 문장 형성 방식과 부합하지 않는다. ③ ㉢에서 '까-', '깎-'은 동사 어근, '-개'는 접사이다. ⑤ ㉤에서 '박박', '쓱쓱'은 부사 어근, '-이'는 접사이다.

82) ③

선택 비율	① 9%	② 5%	③ **55%**	④ 10%	⑤ 19%

解 : '겹겹이'는 어근 '겹'과 '겹'이 결합한 데 접미사 '-이'가 결합하였으며, 명사에서 부사로 품사가 바뀌었으므로 적절하다.

[오답풀이] ① '군것질'은 어근 '것'에 접두사 '군-'이 결합된 파생어에 접미사 '-질'이 결합된 것이며 품사가 변하지 않았으므로 적절하지 않다. ② '바느질'은 어근 '바늘'에 접미사 '-질'이 결합된 것이며 품사가 변하지 않았으므로 적절하지 않다. ④ '다듬이'는 '다듬다'라는 동사에서 어근에 해당하는 '다듬-'에 접미사 '-이'가 결합되어 동사에서 명사로 품사가 바뀐 것이므로 적절하지 않다. ⑤ '헛웃음'은 '웃다'라는 동사의 어근에 해당하는 '웃-'에 접미사 '-음'이 결합되어 동사에서 명사로 품사가 바뀐 후 접두사 '헛-'이 결합되었으므로 적절하지 않다.

83) ③

선택 비율	① 4%	② 5%	③ **71%**	④ 8%	⑤ 9%

解 : '넓다'는 형용사이고, '넓히다'는 동사이므로 품사가 달라지고, '(방이) 넓다'에서 '(방을) 넓히다'로 문장 구조가 달라진다. '팔다'와 '팔리다'는 모두 동사이므로 품사가 달라지지 않고, '(책을) 팔다'에서 '(책이) 팔리다'로 문장 구조가 달라진다.

84) ②

선택 비율	① 24%	② **41%**	③ 5%	④ 18%	⑤ 9%

解 : '떠넘기면'의 어간은 '떠넘기-'이다. '떠넘기-'는 직접 구성 요소가 어근 '뜨-'와 어근 '넘기-'로 분석되기 때문에 ㉡을 충족한다. 또한, '넘기-'는 다시 어근 '넘-'과 접사 '-기-'로 분석되기 때문에 '떠넘기-'는 3개의 구성 요소로 이루어져 있으므로 ㉠도 충족한다.

[오답풀이] ① '내리쳤다'의 어간은 '내리치-'이다. '내리치-'는 어근 '내리-'와 어근 '치-'로 분석되기 때문에 ㉡을 충족한다. 그러나 '내리치-'는 2개의 구성 요소로 이루어져 있으므로 ㉠을 충족하지 못한다. ③ '헛돌았다'의 어간은 '헛돌-'이다. '헛돌-'은 접사 '헛-'과 어근 '돌-'로 분석되기 때문에 ㉡을 충족하지 못한다. 또한, 2개의 구성 요소로 이루어져 있어서 ㉠ 또한 충족하지 못한다. ④ '오간다'의 어간은 '오가-'이다. '오가-'는 어근 '오-'와 어근 '가-'로 분석되기 때문에 ㉡은 충족하지만 2개의 구성 요소로 이루어져 있어서 ㉠을 충족하지 못한다. ⑤ '짓밟혀도'의 어간은 '짓밟히-'이다. '짓밟히-'는 직접 구성 요소가 접사 '짓-'과 어근 '밟히-'로 분석되기 때문에 ㉡을 충족하지 못한다. '밟히-'는 다시 어근 '밟-'과 접사 '-히-'로 분석되기 때문에 '짓밟히-'는 3개의 구성 요소로 이루어져 있으므로 ㉠은 충족한다.

85) ②

선택 비율	① 5%	② **73%**	③ 6%	④ 9%	⑤ 4%

解 : '굵은소금'은 형용사 '굵다'의 활용형 '굵은'과 명사 '소금'이 결합한 합성 명사이다.

[오답풀이] ① '새해'는 관형사 '새'와 명사 '해'가 결합한 합성 명사이다. ③ '산나물'은 명사 '산'과 명사 '나물'이 결합한 합성 명사이다. ④ '척척박사'는 부사 '척척'과 명사 '박사'가 결합한 합성 명사이다. ⑤ '어린아이'는 형용사 '어리다'의 활용형 '어린'과 명사 '아이'가 결합한 합성 명사이다.

86) ③

선택 비율	① 12%	② 10%	③ **47%**	④ 18%	⑤ 10%

解 : ㉠은 동사의 관형사형 '이른'과 의존 명사 '바'가 결합하여 만들어진 합성어이다. 만들어진 합성어의 품사는 부사로, 뒤 어근의 품사와 일치하지 않는다. ㉡은 동사 어간 '감-'에 동사 '싸다'가 결합하여 만들어진 합성어로 우리말의 일반적인 문장 구성 방식에 맞지 않다. ㉢은 부사 '바로'에 동사 '잡다'가 결합하여 만들어진 합성어로, 우리말의 일반적인 문장 구성 방식에 맞다. 만들어진 합성어의 품사는 동사로, 뒤 어근의 품사와 일치한다. ㉣은 동사의 관형사형 '건널'에 명사 '목'이 결합하여 만들어진 합성어이다. 만들어진 합성어의 품사는 명사로, 뒤 어근의 품사와 일치한다.

87) ②

선택 비율	① 3%	② **86%**	③ 3%	④ 4%	⑤ 2%

解 : '새롭게'는 어근 '새' 뒤에 접미사 '-롭다'가 붙어 형성

된 말 '새롭다'의 활용형이므로 ㉠에 해당하는 예로 볼 수 없다.

[오답풀이] ① '시퍼런'은 어근 '퍼렇-' 앞에 접두사 '시-'가 붙어 형성된 말 '시퍼렇다'의 활용형으로, ㉠에 해당하는 예이다. ③ '복된'은 어근 '복' 뒤에 접미사 '-되다'가 붙어 형성된 말 '복되다'의 활용형으로, ㉡에 해당하는 예이다. ④ '정답게'는 어근 '정' 뒤에 접미사 '-답다'가 붙어 형성된 말 '정답다'의 활용형으로, ㉡에 해당하는 예이다. ⑤ '사랑스러운'은 어근 '사랑' 뒤에 접미사 '-스럽다'가 붙어 형성된 '사랑스럽다'의 활용형으로, ㉡에 해당하는 예이다.

88) ②

선택 비율	① 3%	② **48%**	③ 6%	④ 18%	⑤ 23%

㉔ : '사례 1'에서 ㉠은 접사인데, 학생들의 반응에서 ㉠을 어근으로 알고 있는 학생들이 접사로 알고 있는 학생들보다 더 적으므로, ㉠을 잘못 알고 있는 학생들이 더 적음을 알 수 있다. 또한 '한복판'은 접사 '한-'과 어근이 결합한 단어이므로 접사인 ㉠이 쓰인 예로 적절하다.

[오답풀이] ① '사례 1'에서 ㉠은 접사로, ㉠을 잘못 알고 있는 학생들이 더 많다는 내용은 적절하지 않다. 또한 '한번'은 어근 '한'과 다른 어근이 결합한 단어이므로, 접사인 ㉠이 쓰인 예로 적절하지 않다. ③ '사례 2'에서 ㉡은 어근으로, ㉡을 잘못 알고 있는 학생들이 더 많다는 내용은 적절하다. 하지만 '먹이'는 어근과 접사 '-이'가 결합한 단어이므로, 어근인 ㉡이 쓰인 예로 적절하지 않다. ④ '사례 2'에서 ㉡은 어근으로, ㉡을 잘못 알고 있는 학생들이 더 적다는 내용은 적절하지 않다. 또한 '미닫이'는 어근과 접사 '-이'가 결합한 단어이므로, 어근인 ㉡이 쓰인 예로 적절하지 않다. ⑤ '사례 3'에서 ㉢은 접사로, ㉢을 잘못 알고 있는 학생들이 더 적다는 내용은 적절하지 않다. 또한 '알사탕'은 어근 '알'과 다른 어근이 결합한 단어이므로, 접사인 ㉢이 쓰인 예로 적절하지 않다.

89) ④

선택 비율	① 1%	② 18%	③ 2%	④ **67%**	⑤ 10%

㉔ : ㉣에 쓰인 접사는 '-치-', '-리-', '-히-', '-뜨리(다)'이다. '살리다', '입히다'에 쓰인 접사는 주동사에 결합하여 사동사를 파생하지만, '밀치다'와 '깨뜨리다'에 쓰인 접사는 강조의 뜻을 더할 뿐 사동사를 파생하지는 않는다.

[오답풀이] ① ㉠에서 확인되는 접사 '-이', '-음', '-기', '-개'는 각각 '넓-', '믿-', '크-', '지우-'와 같은 용언에 결합하여 명사를 만든다. ② ㉡에서 확인되는 접사 '-이다', '-대다', '-거리다'는 각각 '끄덕', '출렁', '반짝'과 같은 부사에 결합하여 동사를 만든다. ③ ㉢에서 확인되는 접사 '-보', '-꾼', '-쟁이', '-꾸러기'는 '울보(걸핏하면 우는 아이)', '낚시꾼(취미로 낚시를 가지고 고기잡이를 하는 사람)', '멋쟁이(멋있거나 멋을 잘 부리는 사람)', '장난꾸러기(장난이 심한 아이. 또는 그런 사람)'와 같이 사람을 가리키는 의미의 단어를 만든다. ⑤ ㉤에서 확인되는 접사는 '-질', '풋-', '휘-', '-기-'이다. '-질'은 명사 어근 '부채'에 결합하여 명사 '부채질'을, '풋-'은 명사 어근 '나물'에 결합하여 명사 '풋나물'을, '휘-'는 동사 어근 '감다'에 결합하여 동사 '휘감다'를, '-기-'는 동사 어근 '빼앗다'에 결합하여 동사 '빼앗기다'를 만든다.

90) ①

선택 비율	① **69%**	② 5%	③ 2%	④ 1%	⑤ 20%

㉔ : ㉠ '어느새'는 어근 '어느'와 어근 '새'로 구성되어 있다. '꺾쇠'는 어근 '꺾-'과 어근 '쇠'로 구성되어 있다. ㉡ '마음껏'은 어근 '마음'과 접미사 '-껏'으로 구성되어 있다. 이때 접미사 '-껏'은 명사인 어근 뒤에 붙어서 품사를 부사로 바꾸어 준다. '지우개'는 어근 '지우-'와 접미사 '-개'로 구성되어 있다. 이때 접미사 '-개'는 동사인 어근 뒤에 붙어서 품사를 명사로 바꾸어 준다.

[오답풀이] '헛수고'는 접두사 '헛-'과 어근 '수고'로 구성되어 있다. '톱질'은 어근 '톱'과 접미사 '-질'로 구성되어 있다. 이때 접미사 '-질'은 어근의 뒤에 붙지만 품사를 바꾸어 주지는 않는다.

91) ⑤

선택 비율	① 1%	② 4%	③ 5%	④ 3%	⑤ **84%**

㉔ : '새-, 샛-, 시-, 싯-'은 결합하는 형용사의 어두음과 첫음절의 모음에 따라 각각 다르게 사용되는데, '새-, 시-'는 어두음이 '된소리, 거센소리, ㅎ'일 때 사용하고, '샛-, 싯-'은 어두음이 'ㄴ, ㅁ'과 같은 울림소리일 때 사용한다. 또한 '새-, 샛-'은 결합하는 형용사의 첫음절의 모음이 'ㅏ, ㅗ'와 같은 양성 모음일 때 사용하고, '시-, 싯-'은 'ㅓ, ㅜ'와 같은 음성 모음일 때 사용한다.

92) ①

선택 비율	① **89%**	② 5%	③ 1%	④ 1%	⑤ 1%

㉔ : '여닫다'는 어근과 어근으로 이루어진 합성어이고, '접히다'는 동사 '접다'의 어근에 접미사 '-히-'가 결합하며 만들어진 동사이다. '높이다'는 형용사 '높다'의 어근에 접미사 '-이-'가 결합해 만들어진 동사이다.

93) ②

선택 비율	① 2%	② **71%**	③ 6%	④ 16%	⑤ 4%

㉔ : '보리밥'은 앞의 어근 '보리'가 뒤의 어근 '밥'을 수식하는 합성어이므로 ㉯에 해당한다. 따라서 '보리밥'이 두 어근이 대등하게 결합한 합성어인 ㉮에 해당한다고 이해한 내용은 적절하지 않다.

94) ③

선택 비율	① 2%	② 5%	③ **87%**	④ 4%	⑤ 3%

㉔ : ㉢과 ㉤은 파생어 용언으로 모두 어간이 접두사와 어근으로 구성되어 있다. 따라서 ㉢과 ㉤의 어간이 접두사와 어근으로 구성되었다는 이해는 적절하다.

정답 및 해설

문장

95	96	97	98	99
④	③	⑤	②	①
100	101	102	103	104
①	②	②	⑤	①
105	106	107	108	109
④	③	②	⑤	①
110	111	112	113	114
④	⑤	⑤	③	②
115	116	117	118	119
②	①	②	②	③
120	121	122	123	124
④	④	⑤	④	⑤
125	126	127	128	129
③	①	④	④	④
130	131	132	133	134
①	②	②	③	④
135	136	137	138	139
③	①	④	⑤	②
140	141	142	143	144
③	①	④	①	②
145	146	147	148	149
②	①	④	③	⑤
150	151	152	153	154
①	④	①	①	②
155	156	157	158	159
②	①	④	①	④
160	161	162	163	164
④	⑤	①	⑤	②
165	166	167	168	169
⑤	③	⑤	②	⑤
170	171	172	173	174
③	⑤	⑤	②	①
175	176	177	178	179
③	③	①	②	②
180	181	182	183	184
⑤	①	②	②	②
185	186	187	188	189
②	②	⑤	①	①
190	191	192	193	194
①	②	③	④	②
195	196	197	198	199
⑤	④	①	③	①
200	201	202	203	204
③	③	④	②	⑤
205	206	207	208	209
①	④	⑤	③	①
210	211	212	213	214
②	③	④	②	③
215	216	217	218	219
③	②	③	①	④
220	221	222	223	224
②	⑤	③	②	②
225	226	227	228	229
⑤	④	③	①	①
230	231	232	233	234
①	③	⑤	②	①
235	236	237	238	239
⑤	①	②	②	③
240	241	242	243	244
⑤	①	①	④	④
245	246	247	248	249
③	②	⑤	④	③
250	251	252	253	
①	②	①	①	

95) ④

선택 비율	① 1%	② 7%	③ 1%	④ **85%**	⑤ 4%

해 : 해당 문장의 서술어 '돌려주었다'는 문법적으로 완전한 문장을 이루기 위해 주어(철수는), 목적어(책을), 필수 부사어(민규에게)를 필요로 한다. '어제'는 생략할 수 있는 부사어이다.

96) ③

선택 비율	① 6%	② 4%	③ **76%**	④ 5%	⑤ 7%

해 : 관형어는 체언을 수식하는 기능을 한다. ⓒ에서 관형격 조사 '-의'가 붙지 않은 '시골'은 관형격 조사가 없어도 뒤에 있는 체언 '풍경'을 수식하고 있으므로 관형어이다.

[오답풀이] ① '파란'은 체언 '옷'의 의미 범위를 축소하고 있다. ② '이 우산은 새 것이다.'에서 관형어 '새'가 없으면 문장이 성립되지 않는다. ④ '읽은'에서 '-은'은 과거, '읽을'에서 '-을'은 미래를 나타낸다. ⑤ '내가 읽은(안긴 문장)'이 다른 문장(안은 문장)의 '책'을 수식하는 관형어의 기능을 하고 있다.

97) ⑤

선택 비율	① 3%	② 6%	③ 1%	④ 1%	⑤ **88%**

해 : ㄴ의 부사어 '동생으로'는 서술어 '삼았다'가 반드시 필요로 하는 필수적인 성분이므로 적절하지 않다.

[오답풀이] ① ㄱ의 '색종이를'은 목적어로서 필수적인 성분이므로 적절하다. ② ㄱ의 '꼼꼼한'과 ㄴ의 '옆집의'는 모두 관형어로서 필수적이지 않은 성분이고 문장 안에서 뒤에 오는 체언을 수식하는 기능을 하므로 적절하다. ③ ㄱ의 '소윤이가'와 ㄴ의 '경민이는'은 주어로서 필수적인 성분이므로 적절하다. ④ ㄱ의 '잘랐다'와 ㄴ의 '삼았다'는 서술어로서 필수적인 성분이므로 적절하다.

98) ②

선택 비율	① 3%	② **82%**	③ 5%	④ 4%	⑤ 3%

해 : 문장성분 부사어 중 '필수 부사어'에 관한 문항이다. ②의 서술어 '주다'는 주어, 목적어와 함께 부사어를 필수 성분으로 요구한다. 따라서 '철수에게'라는 부사어가 있어야 문법적으로 완전한 문장을 이룬다.

99) ①

선택 비율	① 90%	② 3%	③ 3%	④ 2%	⑤ 1%

해 : "나는 그 책도 샀다."라는 문장의 구문 도해를 나타내기 위해서는 해당 문장의 짜임을 이해해야 한다. 이 문장은 주어 '나는', 관형어 '그', 목적어 '책도', 서술어 '샀다'로 이루어진 문장이다. 그러므로 중간에 내리그은 세로줄 왼편에는 주성분인 주어(나는), 목적어(책도), 서술어(샀다)를, 오른편에는 부속 성분인 관형어(그)를 배치해야 한다. 이때 서로 다른 두 성분 사이에는 가로로 외줄을 그어야 하고, 주어인 '나는'과 그 외의 부분을 구분할 때에는 가로로 쌍줄을 그어야 한다. 또한 '는', '도'와 같은 조사는 앞말과의 사이에 짧은 세로줄을 그어 표시해야 한다.

100) ①

선택 비율	① 72%	② 12%	③ 3%	④ 3%	⑤ 8%

해 : '산책을'은 체언 '산책'에 목적격 조사 '을'이 결합된 경우로 '체언 + 목적격 조사 '을/를'의 경우에 해당한다.

[오답풀이] ② '이사도'는 체언 '이사'에 '역시'라는 의미를 더해 주는 보조사 '도'가 붙은 경우로 ㄱ에 해당한다. ③ '꽃구경'은 체언 '꽃구경'이 단독으로 쓰인 경우로 ㄴ에 해당한다. ④ '배낭여행'은 체언 '배낭여행'이 단독으로 쓰인 경우로 ㄴ에 해당한다. ⑤ '한길만을'은 체언 '한길'에 '단독'이라는 의미를 더해 주는 보조사 '만'과 목적격 조사 '을'이 함께 쓰인 경우로 ㄷ에 해당한다.

101) ②

선택 비율	① 24%	② 54%	③ 10%	④ 7%	⑤ 4%

해 : '탐구 관련 지식'을 고려할 때, 문장 성분의 경우 ㉠, ㉡은 체언인 명사 '글'을 한정하고 있고, ㉢, ㉣은 용언인 동사 '달린다'를 한정하고 있음을 알 수 있다. 그러므로 문장 성분에 따라 분류할 때, '㉠, ㉡'(관형어)과 '㉢, ㉣'(부사어)로 구분할 수 있다. 또한 품사의 경우 ㉠, ㉢은 활용할 수 있음을 알 수 있고, ㉡은 명사 '글'을, ㉣은 동사 '달린다'를 수식하고 있음을 알 수 있다. 그러므로 품사에 따라 분류할 때, '㉠, ㉢'(형용사), '㉡'(관형사), '㉣'(부사)로 구분할 수 있다.

102) ②

선택 비율	① 4%	② 74%	③ 9%	④ 5%	⑤ 6%

해 : '되었다'는 주어와 보어가 필요한 서술어이다. ㄴ에서 '올해'는 시간을 나타내는 부사어로서 '되었다'가 꼭 필요로 하는 성분이 아니다.

[오답풀이] ① ㄱ에서 '찍었다'는 '동생'의 동작을 나타내므로 서술어이다. ③ ㄱ에서 '찍었다'는 동작의 대상이 필요한 말이며 이때 대상은 '사진'이므로 '사진을'이 목적어이다. '되었다'는 동작의 대상이 필요하지 않은 서술어이므로 ㄴ에는 목적어가 없다. ④ ㄱ에서 '찍었다'의 주체는 '동생'이므로 '동생이'가 주어이다. ㄴ에서 '되었다'의 주체는 '언니'이므로 '언니는'이 주어이다. '대학생이'는 '되었다'가 주어 외에 필요로 하는 보어이다. ⑤ ㄱ에 쓰인 주성분은 주어, 목적어, 서술어이고, ㄴ에 쓰인 주성분은 주어, 보어, 서술어이다. 따라서 주성분의 종류는 세 가지이다.

103) ⑤

선택 비율	① 11%	② 17%	③ 6%	④ 10%	⑤ 57%

해 : '쉽게'는 형용사인 '쉽다'의 활용형으로 서술어인 '합격했다'를 수식한다.

[오답풀이] ① '처음과'는 체언 '처음'에 부사격 조사 '과'가 결합된 형태로 관형어인 '같은'을 수식한다. ② '마음으로'는 체언 '마음'에 부사격 조사 '으로'가 결합된 형태로 서술어인 '했다'를 수식한다. ③ '그래서'는 부사로서, '그는 처음과 ~ 공부를 했다.' 라는 문장과 '아주 쉽게 ~ 대학에 합격했다.'라는 문장을 이어준다. ④ '아주'는 부사로서, 부사어인 '쉽게'를 수식한다.

104) ①

선택 비율	① 83%	② 2%	③ 3%	④ 5%	⑤ 3%

해 : 특정 서술어의 문형 정보를 추출하는 과정을 일련의 절차로 제시한 후 이를 다른 서술어에도 적용하여 이해할 수 있는지를 묻고 있는 문항이다. 다소 복잡하게 문항이 구현되어 있지만 <보기>에서도 설명하듯이 특정 서술어가 요구하는 필수적 문장 성분을 정확하게 파악하면 어렵지 않게 정답을 찾을 수 있다. <보기>에서 '지내다'의 문형 정보로 【-게】를 제시한 것은 결국 필수적 부사어 '조용하게, 편하게'를 추출한 것에 따른 결과이기 때문이다. 정답은 ①로, 제시된 두 예문에서 '산으로, 가죽으로'는 '되다'가 필수적으로 요구하는 부사어이며, 이때 '되다'는 '어떤 재료나 성분으로 이루어지다'의 의미를 지닌다. 따라서 '되다'의 문형 정보를 【…으로】로 추출하는 것은 타당하다.

[오답풀이] ② '아무렇지 않게, 자연스럽게'가 생략되어도 제시된 문장들이 어색하지 않은 것을 보면, 이들은 '넘어가다'의 필수적 부사어가 아니다. 따라서 '넘어가다'의 문형 정보로 【-게】를 추출하는 것은 타당하지 않다. 오히려 제시된 두 예문에서 주어를 제외한 필수적 문장 성분은 '속임수에', '꾀에'이기 때문에 【…에/에게】를 '넘어가다'의 문형 정보로 추출해야 한다. ③ '옷 때문에, 한밤중에'가 생략되어도 제시된 문장들이 어색하지 않은 것을 보면, 이들은 '다투다'의 필수적 부사어가 아니다. 따라서 '다투다'의 문형 정보로 【…에】를 추출하는 것은 타당하지 않다. 오히려 제시된 두 예문에서 주어를 제외한 필수적 문장 성분은 '언니와', '누군가와'이기 때문에 【…와/과】를 '다투다'의 문형 정보로 추출해야 한다. ④ '사은품으로, 부록으로'가 생략되어도 제시된 문장들이 어색하지 않은 것을 보면, 이들은 '딸리다'의 필수적 부사어가 아니다. 따라서 '딸리다'의 문형 정보로 【…으로】를 추출하는 것은 타당하지 않다. 오히려, 제시된 두 예문에서 주어를 제외한 필수적 문장 성분은 '가방에, 그 책에'이기 때문에 【…에/에게】를 '딸리다'의 문형 정보로 추출해야 한다. ⑤ '깨끗하게, 허옇게'가 생략되어도 제시된 문장들이 어색하지 않은 것을 보면, 이들은 '빠지다'의 필수적 부사어가

정답 및 해설

아니다. 따라서 '빠지다'의 문형 정보로 【-게】를 추출하는 것은 타당하지 않다. 오히려, '때가, 물이'라는 주어를 제외한 필수적 문장 성분은 '옷에서, 청바지에서'이기 때문에 【…에서】를 '빠지다'의 문형 정보로 추출해야 한다.

105) ④

선택 비율	① 5%	② 8%	③ 21%	④ **53%**	⑤ 11%

解 : ⓒ에서는 '신임'과 '장관'이 결합해 명사구를 이루고 여기에 조사가 붙어 주어가 이루어졌다. ⓔ에서는 '새'와 '컴퓨터'가 결합해 명사구를 이루고 여기에 조사가 붙어 주어가 이루어졌다.

[오답풀이] ① 주어인 '나도'는 '대명사+조사'의 형태이고, 주어인 '바깥이'는 '명사+조사'의 형태이다. ② '도'와 '은'은 보조사로, 보조사가 붙은 형태로 주어가 나타나기도 한다. ③ ⓛ에서 주어는 동작의 주체가 아니다. ⑤ '고물이'는 보어이다.

106) ③

선택 비율	① 1%	② 1%	③ **94%**	④ 1%	⑤ 1%

解 : ③에 쓰인 부사어 '너무'는 서술어 '샀다'를 수식하는 것이 아니라 관형어 '헌'을 수식하고 있다.

[오답풀이] ① '주어-서술어'의 구성으로 이루어진 절인 '눈이 부시게'가 부사어로 쓰여 '푸른'을 수식하고 있다. ② 명사 '하늘'에 부사격 조사 '에서'가 결합한 '하늘에서'와 부사 '펑펑'이 각각 부사어로 쓰여 서술어 '내리고 있다'를 수식하고 있다. ④ ㉠의 '엄마와'와 ㉡의 '취미로'는 모두 서술어를 수식하는 부사어인데 후자와 달리 전자는 문장의 구성에 반드시 필요한 필수적 부사어이다. ⑤ 일반적으로 보어는 '되다', '아니다' 앞에 보격 조사 '이/가'를 취하여 (생략이나 보조사 실현 가능) 나타나는 문장 성분을 의미하기 때문에 ⓛ의 '재가'는 보어이며, ㉠은 명사에 부사격 조사 '로'가 결합한 부사어이다. 그런데 둘 모두 서술어 '되었다'가 반드시 필요로 하는 성분이라는 점에서는 공통적이다.

107) ②

선택 비율	① 4%	② **71%**	③ 6%	④ 10%	⑤ 6%

解 : ⓑ에서는 부사 '아주'가 관형사 '옛'을 수식하는 부사어로 쓰였다. 부사는 주로 용언을 수식하는 기능을 하지만, 때에 따라 관형사나 다른 부사 등도 수식할 수 있다.

[오답풀이] ① ⓐ에서는 명사 '빵'이 보조사 '은'과 결합하여 목적어로 쓰였다. 목적격 조사는 '을/를'이다. ③ ⓒ에서는 명사 '어른'이 조사와 결합 없이 보어로 쓰인 것이다. ④ ⓓ에서 '장미였다'는 '장미이었다'의 줄임말이므로, 명사 '장미'에 서술격 조사 '이다'와 선어말 어미 '-었-'이 결합하여 서술어로 쓰였다. ⑤ ⓔ에서는 수 관형사 '세'가 의존 명사 '마리'를 수식하는 관형어로 쓰였다. '세'는 관형사이며, '셋'이 수사이다.

108) ⑤

선택 비율	① 5%	② 4%	③ 3%	④ 3%	⑤ **84%**

解 : '온갖'은 문장에서 생략할 수 없는 필수 성분에 해당하지 않는다.

[오답풀이] ① 관형사는 문장에서 그대로 관형어로 쓰인다. 그 예로 '그', '이', '온갖'을 들 수 있다. ② '정해진', '있는', '방황했던'은 모두 용언의 관형사형이 관형어로 쓰인 것이다. ③ '그', '이'는 모두 지시 관형사가 관형어 역할을 하므로 앞에서 이미 언급된 것을 가리키며 뒤에 있는 말을 꾸며 주는 역할을 한다. ④ '나의'와 '사춘기의'는 각각 대명사와 명사에 관형격 조사 '의'가 결합하여 관형어로 쓰인 것이다.

109) ①

선택 비율	① **46%**	② 3%	③ 3%	④ 3%	⑤ 42%

解 : <보기>의 문장에서 '유리하다'는 주어 외에 '…에'(부사어)를 필수 성분으로 요구하는 서술어이다. 또한 '그 광물이 원래는 귀금속에 속했다.'에서 '속하다' 역시 주어 외에 '…에'(부사어)를 필수 성분으로 요구하는 서술어이다. 따라서 밑줄 친 서술어가 요구하는 필수 성분의 개수(2개)와 종류(주어, 부사어)가 <보기>의 문장과 같다.

[오답풀이] ② '그는 바람이 불기에 옷깃을 여몄다.'에서 '여미다'는 주어 외에 '…을'(목적어)을 필수 성분으로 요구하는 서술어이다. 따라서 <보기>의 문장과 비교해 볼 때 밑줄 친 서술어가 요구하는 필수 성분의 개수는 2개로 동일하지만, 필수 성분의 종류가 다르다. ③ '우리는 원두막을 하루 만에 지었다.'에서 '짓다'는 주어 외에 '…을'(목적어)을 필수 성분으로 요구하는 서술어이다. 따라서 <보기>의 문장과 비교해 볼 때 밑줄 친 서술어가 요구하는 필수 성분의 개수는 2개로 동일하지만, 필수 성분의 종류가 다르다. ④ '나는 시간이 남았기에 그와 걸었다.'에서 '걷다'는 주어만을 필수 성분으로 요구하는 서술어이다. 따라서 <보기>의 문장과 비교해 볼 때 밑줄 친 서술어가 요구하는 필수 성분의 개수와 종류가 다르다. ⑤ '나는 구호품을 수해 지역에 보냈다.'에서 '보내다'는 주어 외에 '…을'(목적어)과 '…에/에게' 또는 '…으로'(부사어)를 필수 성분으로 요구하는 서술어이다. 따라서 <보기>의 문장과 비교해 볼 때 밑줄 친 서술어가 요구하는 필수 성분의 개수와 종류가 다르다.

110) ④

선택 비율	① 7%	② 9%	③ 10%	④ **55%**	⑤ 17%

解 : '전혀'는 부사로, 관형어 '딴'을 수식하는 부사어로 쓰인다(ⓒ). '한순간에'는 '체언+조사'로, 서술어 '해결했다'를 수식하는 부사어로 쓰인다(ⓔ).

[오답풀이] ① '방긋이'는 부사로, 관형어 '웃는'을 수식하는 부사어로 쓰인다(ⓒ). '참'은 부사로, 부사어 '귀엽게'를 수식하는 부사어로 쓰인다(㉠). ② '조금'은 부사로, 관형어 '굵은'을 수식하는 부사어로 쓰인다(ⓒ). '세로로'는 '체언+조사'로, 서술어 '그었다'를 수식하는 부사어로 쓰인다(ⓔ). ③ '무턱대고'는 부사로, 관형어 '싫어하는'을 수식하는 부사어로 쓰인다(ⓒ). '많이'는 부사로, 서술어 '있다'를 수식하는 부사어로

쓰인다. ⑤ '원칙대로'는 '체언+조사'로, 서술어 '처리했다'를 수식하는 부사어로 쓰인다(㉣). '깔끔히'는 부사로, 서술어 '처리했다'를 수식하는 부사어로 쓰인다.

111) ⑤

선택 비율	① 2%	② 0%	③ 21%	④ 4%	⑤ 70%

㉧ : ㄱ의 '먹었다'는 주어 '희선이는'과 목적어 '빵을'이 반드시 필요하므로 두 자리 서술어이며, ㄴ의 '피었다'는 주어 '장미꽃이'가 반드시 필요하므로 한 자리 서술어이다.

[오답풀이] ① '희선이는'은 주어로서, '먹었다'의 필수 성분이므로 생략하면 안 된다. ② ㄴ의 '빨간'은 '장미꽃'을 꾸며주는 관형어이므로 생략해도 문장이 성립하지만, '장미꽃이'는 주어이므로 문장 성립에 필요하다. ③ '먹었다'는 목적어를 반드시 필요로 하지만, '피었다'는 목적어를 요구하지 않는다. ④ '맛있는' 은 관형어, '활짝'은 부사어로서 둘 다 뒤의 말을 꾸며주는 수식어이므로, 생략해도 문장 성립 여부에 영향을 주지 않는다.

112) ⑤

선택 비율	① 3%	② 2%	③ 6%	④ 3%	⑤ 84%

㉧ : '철수는 물고기를 많이 잡았다'에서 '잡았다'는 주어(철수는)와 목적어(물고기를)를 필수적으로 요구하는 두 자리 서술어이다. 부사어 '많이'는 생략 가능한 문장 성분이다.

[오답풀이] ① '콩쥐가'와 '어머니는'은 서술어 '만들었다'의 주체를 나타내는 말이기 때문에 필요한 성분이다. ② '옷을'과 '아들을'은 생략하면 문장이 성립하지 않으므로 생략할 수 없다. ③ '의사로'는 부사어라도 '~을 ~(으)로 만들다'는 문장에 꼭 필요한 성분이지만, '예쁘게'는 '만들었다'를 꾸며주는 부사어로 생략이 가능하다. ④ '친구는 내 손을 살며시 잡았다'에서 '잡았다'는 주어 '친구는', 목적어 '손을'이라는 문장 성분을 필수적으로 요구하는 두 자리 서술어이다.

113) ③

선택 비율	① 12%	② 9%	③ 55%	④ 10%	⑤ 12%

㉧ : '가다'의 경우 ㉠은 주어 '친구가'와 부사어 '서울로'를 필요로 하는 두 자리 서술어이고, ㉡은 주어 '구김이'와 부사어 '바지에'를 필요로 하는 두 자리 서술어이다. 이와 달리 ㉢은 주어 '시계가'만 필요로 하는 한 자리 서술어이다. '생각하다'의 경우 ㉣은 주어 '학생이'와 목적어 '진로를'을 필요로 하는 두 자리 서술어이고, ㉤은 주어 '우리가'와 목적어 '투표를', 부사어 '의무로'를 필요로 하는 세 자리 서술어이다.

114) ②

선택 비율	① 8%	② 76%	③ 5%	④ 6%	⑤ 2%

㉧ : 이 문항은 '서술어 자릿수'의 개념에 대한 이해를 바탕으로 서술어가 요구하는 문장 성분이 빠져 문법적으로 정확하지 못한 문장을 올바른 문장으로 수정할 수 있는지 여부를 평가하고 있다. ②에 제시된 '문제는 우리가 예의를 지키지 못하는 경우가 많다.'라는 문장은 주어와 서술어가 호응하지 않아 문법적으로 정확하지 못한 문장이 된 경우로, 이를 '문제는 우리가 예의를 지키지 못하는 경우가 많다는 사실이다.'라고 수정한 것은 서술어가 필수적으로 요구하는 문장 성분을 보충함으로써 문장을 정확하게 고친 경우가 아니다.

[오답풀이] ① 서술어 '요청하다'는 【…에/에게 …을】의 꼴로 쓰여, 부사어와 목적어를 요구하는 세 자리 서술어이다. '그들은 양식이 다 떨어지자 식량 공급을 요청했다.'에는 부사어가 사용되지 않았으므로 '정부에'를 보충하여 문법적으로 정확한 문장으로 수정한 것이다. ③ 서술어 '소개하다'는 【…에/에게 …을】의 꼴로 쓰여, 부사어와 목적어를 요구하는 세 자리 서술어이다. '나는 오늘 점심을 먹으면서 내 친구를 소개하였다.'에는 부사어가 사용되지 않았으므로 '누나에게'를 보충하여 문법적으로 정확한 문장으로 수정한 것이다. ④ 서술어 '삼다'는 【…을 …으로】의 꼴로 쓰여, 목적어와 부사어를 요구하는 세 자리 서술어이다. '우리는 전화위복의 계기로 삼아 지금보다 강해질 것이다.'에는 목적어가 사용되지 않았으므로 '그 일을'을 보충하여 문법적으로 정확한 문장으로 수정한 것이다. ⑤ '어떤 분야에 대하여 잘 알지 못하다.'의 뜻을 지니는 서술어 '어둡다'는 【…에】의 부사어를 요구하는 두 자리 서술어이다. '형은 이곳에 온 지 얼마 되지 않아 어두울 수밖에 없다.'에는 부사어가 사용되지 않았으므로 '동네 지리에'를 보충하여 문법적으로 정확한 문장으로 수정한 것이다.

115) ②

선택 비율	① 7%	② 75%	③ 7%	④ 3%	⑤ 5%

㉧ : ㉡은 주어 '글이'만 필수적으로 요구하는 한 자리 서술어인데 주어와 부사어를 필수적으로 요구하는 두 자리 서술어로 기술되었으므로 적절하지 않다.

[오답풀이] ① ㉠은 주어 '불씨가'만 필수적으로 요구하는 한 자리 서술어로 쓰였다. ③ ㉢은 주어인 '그는', 목적어인 '벼슬을'을 필수적으로 요구하는 두 자리 서술어로 쓰였다. ④ ㉣은 주어인 '그는', 목적어인 '일손을'을 필수적으로 요구하는 두 자리 서술어로 쓰였다. ⑤ ㉤은 주어인 '형은', 목적어인 '책을', 부사어인 '책상 위에'를 필수적으로 요구하는 세 자리 서술어로 쓰였다.

116) ①

선택 비율	① 48%	② 9%	③ 14%	④ 26%	⑤ 4%

㉧ : '계시다'는 주어와 부사어를 필수적으로 요구하는 서술어이다. '도착하다' 역시 주어와 부사어를 필수적으로 요구하는 서술어이다.

[오답풀이] ② '계속되던 일이나 움직임이 멈추거나 끝나다.'의 뜻을 지니는 '그치다'는 주어를 필수적으로 요구하는 서술어이다. '탈것에서 밖이나 땅으로 옮아가다.'의 뜻을 지니는 '내리다'는 주어와 부사어를 필수적으로 요구하는 서술어이다. ③ '무엇이 되게 하다.'의 뜻을 지니는 '만들다'는 주어, 목적어, 부사어를 필수적으로 요구하는 서술어이다. '한숨도 자지 아니하고 밤을 지내다.'의 뜻을 지니는 '새우다'

는 주어, 목적어를 필수적으로 요구하는 서술어이다. ④ '어떤 재료나 성분으로 이루어지다.'의 뜻을 지니는 '되다'는 주어, 부사어를 필수적으로 요구하는 서술어이다. '어떤 사실을 부정하는 뜻을 나타내는 말'인 '아니다'는 주어, 보어를 필수적으로 요구하는 서술어이다. ⑤ '일정한 한도를 넘어 정도가 심하다.'의 뜻을 지니는 '지나치다'는 주어를 필수적으로 요구하는 서술어이다. '어떤 곳을 머무르거나 들르지 않고 지나가거나 지나오다.'의 뜻을 지니는 '지나치다'는 주어, 목적어를 필수적으로 요구하는 서술어이다.

117) ②

선택 비율	① 3%	② **83%**	③ 3%	④ 6%	⑤ 2%

해 : ㄱ, ㄷ은 '암벽 등반은 재미있고 힘들다.', '암벽 등반은 재미있지만 힘들다.'라고 앞 절과 뒤 절의 순서를 바꾸어도 의미에 변화가 생기지 않으므로 대등하게 이어진 문장이고, ㄴ은 '암벽 등반은 재미있어서 힘들다.'라고 앞 절과 뒤 절의 순서를 바꾸면 의미에 변화가 생기므로 종속적으로 이어진 문장이다. 따라서 ㄱ, ㄴ, ㄷ이 모두 앞 절과 뒤 절의 순서를 바꾸어도 의미에 변화가 생기지 않는다는 설명은 적절하지 않다.

[오답풀이] ① ㄱ, ㄴ, ㄷ은 '암벽 등반은 힘들다'와 '암벽 등반은 재미있다'라는 두 홑문장이 이어진 문장이다. ③ 두 홑문장의 주어가 '암벽 등반'으로 같으므로, 뒤 절의 주어는 생략 가능하다.

118) ②

선택 비율	① 2%	② **81%**	③ 7%	④ 4%	⑤ 3%

해 : <보기>를 통해 부사절의 개념에 대해 이해한 뒤 부사절을 찾는다. '이가 시리도록'은 원래 '이가 시리다.'라는 문장에 부사형 어미 '-도록'이 결합하여 서술어 '차가웠다'를 수식하기 때문에 부사절로 볼 수 있다.

[오답풀이] ① 밑줄 친 부분은 서술어를 수식하지 않으며, 주격 조사 '가'가 결합하여 체언처럼 쓰이기 때문에 명사절이다. ③ 밑줄 친 부분은 조사 '고'가 사용되어 자신의 말을 간접 인용한 것이므로 인용절이다. ④ 밑줄 친 부분은 '마음이 따뜻하다'라는 문장에 관형사형 어미 '-ㄴ'이 결합하여 명사 '사람'을 수식하기 때문에 관형절이다. ⑤ 밑줄 친 부분은 '우리가 어제 돌아오다.'라는 문장에 관형사형 어미 '-ㄴ'이 결합하여 명사 '사실'을 수식하기 때문에 관형절이다.

119) ③

선택 비율	① 2%	② 3%	③ **81%**	④ 10%	⑤ 2%

해 : ㉡의 직접 인용문에서 쓰인 주체 높임 표현 '계시다'가 간접 인용문에서는 '있다'로 바뀌어 주체 높임 표현과 객체 높임 표현이 모두 실현되지 않았다.

120) ④

선택 비율	① 5%	② 11%	③ 9%	④ **64%**	⑤ 9%

해 : ㉣은 '날이 추워지다.'와 '방한 용품이 필요하다.'가 연결 어미 '-면'을 통해 종속적으로 이어진 문장이다. 연결 어미 '-면'은 '날이 추워지다.'가 '방한 용품이 필요하다.'의 조건임을 나타낸다.

[오답풀이] ① ㉠은 '우리와 함께 일하기'가 명사절로서 안은문장에서 목적어의 역할을 하고 있다. ② ㉡은 '후각이 훨씬 예민하다'가 서술절로서 안은문장에서 서술어의 역할을 하고 있다. ③ ㉢은 '그가 우리를 도와준'이 관형절로서 안은문장에서 명사 '일'을 꾸며 주는 관형어의 역할을 하고 있다. ⑤ ㉤은 '관객들이'가 주어이고 '매웠다'가 서술어인, 주어와 서술어의 관계가 한 번 나타나는 홑문장이다.

121) ④

선택 비율	① 8%	② 6%	③ 17%	④ **57%**	⑤ 9%

해 : ⓐ의 안긴문장 '소리도 없이'는 용언 '나갔다'를 수식하는 부사절이고, ⓒ의 안긴문장 '어머니께서 시장에서 산'은 체언 '수박'을 수식하는 관형절이다.

[오답풀이] ① ⓐ에서는 '소리도'가 주어이다. ② ⓑ는 목적격 조사 '을'과 결합하여 해당 문장의 목적어 기능을 수행한다. ③ ⓒ의 안긴문장 속에는 '사다'라는 용언을 수식하는 부사어 '시장에서'가 있지만, 체언을 수식하는 관형어는 존재하지 않는다. ⑤ ⓑ의 안긴문장에는 목적어가 없다. 반면 ⓒ는 목적어인 '수박'이 생략되어 있다.

122) ⑤

선택 비율	① 1%	② 1%	③ 17%	④ 4%	⑤ **77%**

해 : 직접 인용을 간접 인용으로 바꿀 때는 자신의 관점에서 높임, 시간, 인칭, 지시, 문장 종결 표현 등을 적절히 다시 서술해야 한다. ㅁ에서 '민지'가 부른 '너'는 '나'에 해당하므로, 인칭 표현인 '너'를 '나'로 바꾸어 '지아는 나에게 민지가 나를 불렀다고 했다.'로 바꾸어야 한다.

[오답풀이] ① ㄱ은 문장 종결 표현인 '폈구나'를 '폈다'로 적절히 바꿔 서술하였다. ② ㄴ은 높임 표현인 '갔어요'를 '갔다'로 적절히 바꿔 서술하였다. ③ ㄷ은 시간 표현인 '내일'을 '오늘'로 적절히 바꿔 서술하였다. ④ ㄹ은 지시 표현인 '이'를 '그'로 적절히 바꿔 서술하였다.

123) ④

선택 비율	① 4%	② 8%	③ 10%	④ **67%**	⑤ 11%

해 : ㄱ은 '그는 나에게 내가 자기의 책을 보았냐고 물었다'와 같이 간접 인용 문장으로 바꿀 수 있다. 이 경우 직접 인용 문장과 비교했을 때, 인용 조사(라고 → 고), 인용절의 대명사(당신 → 내, 저(의) → 자기(의)), 높임 표현(-시(었)- → (-았-)), 종결 어미(-습니까 → -냐)에 변화가 생긴다. ㄴ은 '나는 어제 그에게 그녀는 오늘 도착한다고 말했다'와 같이 간접 인용 문장으로 바꿀 수 있다. 이 경우 직접 인용 문장과 비교했을 때, 인용 조사(라고 → 고), 인용절의 시간 표현(내일 → 오늘), 종결 어미(-ㅂ니다 → -ㄴ다)에 변화가 생긴다.

124) ⑤

선택 비율	① 4%	② 3%	③ 12%	④ 25%	⑤ **53%**

해 : 이 문항은 여러 문장을 통해 서술절의 의미, 기능을 탐구할 것을 요구하고 있다. ㄴ의 '나무가'는 전체 문장에서 '많다'와 함께 서술어의 기능을 하고 있다. 하지만 ㄷ의 '대학생이'는 서술어 '되다'가 요구하는 필수적인 성분인 보어이다.

[오답풀이] ① ㄱ의 '토끼는 앞발이 짧다.'의 경우 '앞발이'의 서술어는 '짧다'이고, '토끼는'의 서술어의 기능을 하는 서술절은 '앞발이 짧다'이다. ㄴ의 '이 산은 나무가 많다.'의 경우 '나무가'의 서술어는 '많다'이고, '산은'의 서술어의 기능을 하는 서술절은 '나무가 많다'이다. ㄷ의 '우리 오빠는 대학생이 되었다.'의 경우 '오빠는'의 서술어는 '되었다'이고 '대학생이'는 '되다'가 필수적으로 요구하는 보어이다. ② ㄱ의 '토끼는'은 '앞발이 짧다'의 서술절의 주어이다. ③ ㄴ의 '나무가 많다'는 '산은'의 서술절이다. ④ ㄱ과 ㄴ의 '앞발이 짧다'와 '나무가 많다'는 각각 전체 주어 '토끼는'과 '산은'의 서술어의 기능을 하는 서술절이다.

125) ③

선택 비율	① 11%	② 17%	③ **51%**	④ 14%	⑤ 4%

해 : ㉢은 '영수는 학교로 가 버렸다.'와 '영수는 말도 없었다.'가 결합된 문장이다. 이때 안긴문장인 '말도 없이'는 안은문장의 서술어인 '가 버렸다'를 수식하고 있는 부사절이다. 따라서 부사어인 '학교에'를 수식한다는 것은 잘못된 설명이다.

[오답풀이] ① '키가 매우 크다'가 서술절로, 안은문장의 주어인 '영수는'을 서술한다. ② '꽃이 핀'이 관형절로, 체언인 '사실'을 수식하여 의미를 제한하고 있다. ④ 명사절인 '공원에 가기'의 주어는 '영수는'으로 안은문장과 동일하다. ⑤ 인용절인 '빨리 오라'는 안은문장의 주어인 '영수'의 말을 따온 것이다.

126) ①

선택 비율	① **65%**	② 8%	③ 10%	④ 5%	⑤ 10%

해 : 연결 어미 '-으면'은 앞의 절과 뒤의 절이 조건의 의미 관계임을 나타낸다.

[오답풀이] ② '-(으)려고'는 의도, ③ '-어도'는 양보, ④ '-는데'는 배경, ⑤ '-어서'는 인과의 의미 관계를 나타내는 연결 어미이다.

127) ④

선택 비율	① 5%	② 10%	③ 3%	④ **66%**	⑤ 13%

해 : '단풍잎이 바람이 불면 흔들린다.'는 ㄹ인 '단풍잎이 흔들린다.'에 ㄱ인 '바람이 분다.'가 관형절로 안겨 있지 않으므로 적절하지 않다.

[오답풀이] ① '바람이 불어서 단풍잎이 흔들린다.'는 ㄱ과 ㄹ이 종속적 연결어미 '-어서'로 연결된 이어진 문장이므로 적절하다. ② '차가운 바람이 분다.'는 ㄴ이 ㄱ에 관형절로 안기면서 ㄴ의 주어가 생략된 문장이므로 적절하다. ③ '바람이 차갑고 단풍잎이 빨갛다.'는 ㄴ과 ㄷ이 대등적 연결어미 '-고'로 연결된 이어진 문장이므로 적절하다. ⑤ '흔들리는 단풍잎이 빨갛다.'는 ㄹ이 ㄷ에 관형절의 형태로 안겨 이루어진 문장이므로 적절하다.

128) ④

선택 비율	① 31%	② 6%	③ 9%	④ **40%**	⑤ 12%

해 : 겹문장은 절과 절이 이어지거나 절이 전체 문장의 한 성분으로 안기면서 이루어진다. (나)와 (다)에서 ㉢과 ㉣은 전체 문장의 관형어와 목적어 기능을 하며 안기어 있다. (가)는 ㉠과 ㉡의 절이 이어져 이루어진 겹문장이다.

[오답풀이] ① ㉠은 ㉡에 대하여 '조건'의 의미를 갖는다. 따라서 두 절의 위치를 바꾸면 의미가 달라진다. ② ㉢은 관형절로 '마을'을 꾸며 주는 역할을 한다. ③ ㉣은 명사절로 전체 문장의 목적어 역할을 한다. 따라서 목적어가 생략될 경우 전체 문장의 의미는 불완전해진다. ⑤ (가)~(다)는 모두 '주어+서술어'의 관계가 문장 속에 두 번씩 나타나고 있는 겹문장이다.

129) ④

선택 비율	① 7%	② 13%	③ 6%	④ **66%**	⑤ 6%

해 : '나는 꽃이 활짝 핀 봄이 오기를 기다린다.'에서 관형절 '꽃이 활짝 핀'이 '봄'을 수식하고 있고, 명사절 '봄이 오기'가 전체 문장에서 목적어로 쓰이고 있다.

130) ①

선택 비율	① **39%**	② 20%	③ 9%	④ 10%	⑤ 20%

해 : 관형절 '그가 여행을 간'과 이 관형절이 안긴 '그녀는 사실을 몰랐다.'라는 문장에는 서로 중복된 단어가 없다. 따라서 생략된 문장 성분 없이 관형절이 안은문장의 체언 '사실'을 수식하고 있으므로 ㉠의 예에 해당하지 않는다.

[오답풀이] ② 관형절 '내가 사는'의 부사어 '마을에'가 관형절이 수식하는 체언 '마을'과 동일하여 생략되었다. ③ 관형절인 '책장에 있던'의 주어 '소설책이'가 관형절이 수식하는 '소설책'과 중복되어 생략되었다. ④ 관형절인 '동생이 먹을'의 목적어 '딸기를'이 관형절이 수식하는 체언 '딸기'와 중복되어 생략되었다. ⑤ 관형절인 '골짜기에 흐르는'의 주어 '물이'가 관형절이 수식하는 체언 '물'과 중복되어 생략되었다.

131) ②

선택 비율	① 7%	② **42%**	③ 6%	④ 21%	⑤ 22%

해 : ㉠ '누나가 주인임이 밝혀졌다.'에서 '누나가 주인임'은 명사절이고 안은문장 안에서 주어의 기능을 한다. ㉡ '삼촌은 농담을 던짐으로써 분위기를 풀었다.'에서 '(삼촌이) 농담을 던짐'은 명사절이고 안은문장 안에서 부사어의 기능을 한다. ㉢ '형은 동생이 고향으로 돌아오기만 기다렸다.'에서 '동생이 고향으로 돌아오기'는 명사절이고 안은문장 안에서 목적어의 기능을 한다. ㉠~㉢의 안긴문장은 모두 명사절로 종류는 동일하다. ㉠의 안긴문장은 주어, ㉡의 안긴문장은 부사어, ㉢의 안긴문장은 목적어로 안은문장 안에서 각각 다른 기능을 한다.

132) ②

선택 비율	① 9%	② **56%**	③ 7%	④ 18%	⑤ 8%

해 : ㄴ은 안긴문장 '사진이 벽에 걸려 있다.'와 안은문장 '나는 사진을 떠올렸다.'에서 공통된 체언인 '사진'이 생략된 관형절을 안은 문장이라는 점에서 Ⓐ와 같은 유형이므로 적절하지 않다.

[오답풀이] ① ㄱ은 안긴문장 '그가 시를 지었다.'에서 안은문장 '시는 감동적이었다.'와의 공통된 체언인 '시'를 생략하여 관형절 '그가 지은'을 만들었다는 점에서 적절하다. ③ ㄷ은 '그가 한국에 돌아왔다.'라는 안긴문장이 생략된 성분 없이 체언 '소문'을 수식하는 관형어로 쓰이고 있다는 점에서 적절하다. ④ ㄹ은 관형절인 '그 사람이 나를 속일'이 문장의 필수 성분을 모두 갖추고 있다는 점에서 적절하다. ⑤ ㅁ은 안긴문장 '땀이 이마에 흘렀다.'와 안은문장 '나는 수건으로 땀을 닦았다.'의 공통된 체언인 '땀'이 관형절 '이마에 흐르는'에서 생략되어 있다는 점에서 적절하다.

133) ③

선택 비율	① 16%	② 35%	③ **35%**	④ 8%	⑤ 3%

해 : ㄴ은 홑문장으로 서술어는 '좋아한다' 1개이며, ㄷ은 겹문장 중 이어진문장으로 서술어는 '시인이자'와 '선생님이다' 2개이다.

[오답풀이] ① ㄱ은 서술절을 가진 안은문장으로 주어 '나는'과 서술어의 역할을 하는 서술절 '키가 크다'로 이루어져 있고, '키가 크다'는 주어 '키가'와 서술어 '크다'로 이루어져 있다. ㄷ은 이어진문장으로 앞 절의 주어 '그녀는', 서술어 '시인이자', 뒤 절의 주어 '그녀는', 서술어 '선생님이다'로 이루어져 있다. 따라서 ㄱ과 ㄷ을 이루고 있는 문장 성분은 주어와 서술어로 동일하다. ② ㄱ은 '나는'이 안은문장의 주어이고 '키가 크다'라는 서술절이 서술어의 역할을 하는, 서술절을 가진 안은문장이다. ㄹ은 '그녀가 사과를 먹고'와 '나는 배를 먹는다'라는 2개의 절이 대등하게 이어져 있다. 따라서 ㄱ, ㄹ은 모두 주어와 서술어의 관계가 두 번 나타나 있다. ④ ㄴ의 '나는'은 주어, '여름만'은 목적어이고, ㄹ의 '그녀가', '나는'은 주어, '사과를', '배를'은 목적어이므로 ㄴ과 ㄹ은 모두 주어와 목적어를 포함하고 있다. ⑤ ㄷ과 ㄹ은 대등하게 연결된 이어진문장으로, ㄷ은 '-자'라는 대등적 연결 어미를, ㄹ은 '-고'라는 대등적 연결 어미를 포함하고 있다.

134) ④

선택 비율	① 7%	② 5%	③ 5%	④ **52%**	⑤ 29%

해 : ㄷ의 안긴문장인 '수업이 끝나기'에는 생략된 필수 성분이 없다. ㄹ의 안긴문장인 '조종사가 된'에는 안은문장과 공통되는 요소인 주어 '소년이'가 생략되어 있다고 볼 수 있다. '조종사가'는 보어이다.

[오답풀이] ① ㄱ의 안긴문장인 '여행을 가기'에는 주어 '내가'가 생략되어 있다. ② ㄴ의 안긴문장은 '그녀가 착함'이다. 안긴문장의 주어는 '그녀가', 안은문장의 주어는 '우리는'이다. ③ ㄴ과 ㄷ의 안긴문장은 각각 목적격 조사 '을', '를'과 결합하여 안은문장의 목적어로 쓰인다. ⑤ ㄱ의 안긴문장은 명사절, ㄹ의 안긴문장은 관형사절로 서로 종류가 다르지만, 안은문장에서 각각 체언을 수식하는 관형어로 쓰인다.

135) ③

선택 비율	① 35%	② 7%	③ **42%**	④ 9%	⑤ 6%

해 : ㉢은 주어와 서술어 관계가 한 번만 나타나는 홑문장으로, 주어는 '이곳은'이며 서술어는 '아름답다'이다. 다른 문장 속에서 하나의 문장 성분처럼 쓰이는 문장은 안긴문장으로, 안긴문장이 있는 문장은 주어와 서술어의 관계가 두 번 이상 나타나는 겹문장인 안은문장이다.

[오답풀이] ① ㉠에는 주어 '아이가'가 생략된 안긴문장인 '예쁜'이 있으며, '예쁜'은 체언인 '아이'를 꾸며 주는 관형사절이다. ② ㉡은 주어 '나는'과 서술어 '샀다'가 한 번 나타나는 홑문장이다. ④ ㉣은 주어 '날씨가'와 서술어 '추웠으나'로 이루어진 홑문장과 생략된 주어 '날씨가'와 서술어 '따뜻하다'로 이루어진 홑문장이 대등적 연결 어미 '-으나'로 대등하게 연결된 이어진 문장이다. ⑤ ㉤은 주어 '눈이'와 서술어 '올지라도'로 이루어진 홑문장과 주어 '우리는'과 서술어 '나간다'로 이루어진 홑문장이 종속적 연결 어미 '-ㄹ지라도'로 종속적으로 연결된 이어진 문장이다.

136) ①

선택 비율	① **75%**	② 4%	③ 10%	④ 8%	⑤ 3%

해 : '그는 영수가 집에 간다고 했다.'는 인용을 나타내는 조사 '고'가 쓰인 인용절을 가진 안은문장이다. 안은문장의 주어는 '그는'이고 안긴문장의 주어는 '영수가'이므로 안긴문장의 주어가 생략되어 있지 않다.

137) ④

선택 비율	① 3%	② 1%	③ 6%	④ **86%**	⑤ 1%

해 : '일찍 먹기'는 명사절로 안긴문장이며 '일찍 먹기' 뒤에 붙은 '는'은 조사이다. 따라서 관형절이 아닌 명사절이다.

[오답풀이] ① '코가 길다'는 '코끼리는'이라는 주어를 서술하는 서술절이다. ② '소리도 없이'는 '-이'라는 부사형 어미를 사용하여 '다가왔다'라는 서술어를 수식하여 부사어의 기능을 하는 부사절이다. ③ '-기'라는 명사형 어미를 사용하여 만든 명사절이다. ⑤ '자기가 옳다고'는 간접 인용 조사 '고'가 쓰인 인용절이다.

138) ⑤

선택 비율	① 2%	② 1%	③ 2%	④ 4%	⑤ **88%**

해 : '그 사람과 나는 오래 전부터 서로 사귀어 왔다.'에는 ①~④와 같이 '와/과'가 사용되었지만, 이 문장은 두 개의 홑문장, 즉 '그 사람은 오래 전부터 서로 사귀어 왔다.'와 '나는 오래 전부터 서로 사귀어 왔다.'로 분리되지 않는다. 이 문장에 쓰인 '과'는 행위의 상대임을 나타내는 부사격 조사로, <보기>의 설명대로 서술어가 '사귀어 왔다' 하나이므로 ⑤는 이어진 문장이

아닌 홑문장이다.

[오답풀이] '이어진문장'이란 '이것은 장미꽃이고, 저것은 국화꽃이야.'처럼 둘 이상의 홑문장이 이어진 것으로, 이때 서술어의 개수는 특별한 경우를 제외하면 이어진 홑문장의 개수와 같다. 그런데 <보기>에 제시된 문장의 경우, 서술어의 개수가 하나뿐이어서 홑문장처럼 보이지만, 실제로는 두 홑문장이 결합된 이어진문장이다. 이처럼 주어나 목적어, 부사어 등의 특정 문장 성분들이 접속 조사 '와/과'에 의해 이어져 홑문장처럼 보이는 이어진문장이 있는데, ①~④가 여기에 해당한다. 하나씩 살펴보면, ①은 '나는 시를 좋아한다.'와 '나는 소설을 좋아한다.'가, ②는 '그녀는 집에서 공부했다.'와 '그녀는 도서관에서 공부했다.'가, ③은 '고향의 산은 예전 그대로였다.'와 '고향의 하늘은 예전 그대로였다.'가, ④는 '성난 군중이 앞문으로 들이닥쳤다.'와 '성난 군중이 뒷문으로 들이닥쳤다.'가 각각 결합된 이어진문장이며, 이때 쓰인 '와/과'는 접속 조사이다.

139) ②

선택 비율	① 3%	② 83%	③ 4%	④ 5%	⑤ 2%

해 : ㉡의 주어 '나는'의 서술어는 '기다렸고'이고, ㉣은 '기다렸고'의 목적어 역할을 하는 명사절이므로 ㉣을 '나는'의 서술어라고 진술한 것은 적절하지 않다.

140) ③

선택 비율	① 8%	② 17%	③ 57%	④ 9%	⑤ 7%

해 : 이 문항은 관형절을 안은문장에 대해 설명한 뒤, 안긴문장인 관형절을 완결된 문장으로 바꾸었을 때 밑줄 친 단어가 어떤 문장 성분으로서의 기능을 하는지 묻고 있다. '나는 어제 부모님이 시키신 일을 오늘에야 다 끝냈다.'에서 안긴문장인 관형절을 완결된 문장으로 바꾸면 '어제 부모님이 일을 시키셨다.'가 된다. '일'은 뒤에 '을'이 붙어 목적어로 기능을 하는 ㉡에 해당하는 예라 할 수 있다. 그러나 '두 사람이 어제 헤어진 공원이 지금 공사 중입니다.'에서 안긴문장인 관형절을 완결된 문장으로 바꾸면 '두 사람이 어제 공원에서 헤어졌다.'가 된다. '공원'은 뒤에 '에서'가 붙어 부사어로 기능을 하고 있어 ㉢에 해당하는 예이다.

[오답풀이] ① '어제 결혼한 그들에게 나는 미리 선물을 주었다.'에서 안긴문장인 관형절을 완결된 문장으로 바꾸면 '그들이 어제 결혼했다.'가 된다. '그들'은 뒤에 '이'가 붙어 주어로 기능을 하고 있다. '누나를 많이 닮은 친구를 우리는 오늘도 만났다.'에서 안긴문장인 관형절을 완결된 문장으로 바꾸면 '친구가 누나를 많이 닮았다.'가 된다. '친구'는 뒤에 '가'가 붙어 주어로 기능을 하고 있다. ② '나무로 된 탁자에 동생이 낙서를 하고 있다.'에서 안긴문장인 관형절을 완결된 문장으로 바꾸면 '탁자가 나무로 되었다.'가 된다. '탁자'는 뒤에 '가'가 붙어 주어로 기능을 하고 있다. '그들은 시대에 뒤떨어진 생각을 여전히 하고 있다.'에서 안긴문장인 관형절을 완결된 문장으로 바꾸면 '생각이 시대에 뒤떨어졌다.'가 된다. '생각'은 뒤에 '이'가 붙어 주어로 기능을 하고 있다. ④ '친구가 나에게 준 옷이 나는 마음에 든다.'에서 안긴문장인 관형절을 완결된 문장으로 바꾸면 '친구가 나에게 옷을 주었다.'가 된다. '옷'은 뒤에 '을'이 붙어 목적어로 기능을 하고 있다. '누나는 털실로 짠 장갑도 내게 주었습니다.'에서 안긴문장인 관형절을 완결된 문장으로 바꾸면 '누나는 털실로 장갑을 짰다.'가 된다. '장갑'은 뒤에 '을'이 붙어 목적어로 기능을 하고 있다. ⑤ '아이들이 운동장에서 공을 찬 주말을 기억해 보세요.'에서 안긴문장인 관형절을 완결된 문장으로 바꾸면 '아이들이 주말에 운동장에서 공을 찼다.'가 된다. '주말'은 '에'가 붙어 부사어로 기능을 하고 있다. '그는 관중이 쓰레기를 남긴 경기장을 열심히 청소했다.'에서 안긴문장인 관형절을 완결된 문장으로 바꾸면 '관중이 경기장에 쓰레기를 남겼다.'가 된다. '경기장'은 뒤에 '에'가 붙어 부사어로 기능을 하고 있다.

141) ①

선택 비율	① 91%	② 2%	③ 2%	④ 3%	⑤ 1%

해 : <보기>의 첫 번째 예시에서 인용된 발화는 어제 말한 것이므로, ⓐ는 어제 시점에서의 '내일', 곧 '오늘'이 되어야 한다. 또 '계십시오'는 아들이 아버지에게 한 말이기 때문에 높임 표현을 쓴 것인데, 아버지가 말할 때 아들의 말이 간접 인용이 되면 아버지인 '나'가 자기 자신을 높이는 표현을 쓸 수 없으므로 '있-'으로 서술어를 바꾸어야 하고 명령문을 간접 인용할 때에는 '-(으)라고'를 써야 하므로 '있으라고'로 말해야 한다. <보기>의 두 번째 예시에서 인용된 발화는 언니가 말한 것이므로, ⓒ에는 주어 '언니'를 다시 가리키는 재귀 대명사 '자기'를 사용한 '자기의'가 들어가야 한다. 또 직접 인용의 명령형 '남겨라'는 간접 인용에서는 어간 '남기-'에 '-(으)라고'가 붙어야 하므로 '남기라고'가 되어야 한다.

142) ④

선택 비율	① 8%	② 7%	③ 6%	④ 73%	⑤ 3%

해 : ㄷ의 안긴문장의 주어는 '동생이'이고 안은문장의 주어는 '오빠가'이므로 ㄷ의 안긴문장의 주어는 안은문장의 주어와 다르다. 그러나 ㅁ의 안긴문장과 안은문장의 주어는 모두 '누나가'라고 볼 수 있다.

[오답풀이] ① ㄱ의 안긴문장은 안은문장에서 주어로 쓰이고 있고, ㄴ의 안긴문장은 안은문장에서 관형어로 쓰이고 있다. ② ㄴ과 ㄷ의 안긴문장은 각각의 안은문장에서 둘 다 관형어로 쓰이고 있다. ③ ㄷ의 안긴문장은 안긴문장 속에 목적어가 생략되어 있으나, ㄴ의 안긴문장은 안긴문장 속에 필수 성분이 생략되지 않았다. ⑤ ㄹ의 안긴문장은 안은문장에서 목적어로 쓰이고 있고, ㅁ의 안긴문장은 안은문장에서 부사어로 쓰이고 있다.

143) ①

선택 비율	① 90%	② 2%	③ 2%	④ 3%	⑤ 1%

해 : '그가 아끼던 제자가 상을 받았음을 그녀가 알려 줬다.'에서 문장 전체의 서술어는 '알려 줬다'이고, '알려 줬다'의 주어는 '그녀가'이다. 그리고 명사절인 '제

자가 상을 받았음'에서 '받았음'의 주어는 '제자가'이다. 또 관형절인 '그가 아끼던'에서 '아끼던'의 주어는 '그가'이다.

144) ②

선택 비율	① 12%	② **38%**	③ 8%	④ 33%	⑤ 6%

해 : 문장 성분과 문장 구조에 대해 주어진 예문을 탐구하는 문항이다. ㉢에는 '피곤해하던'이라는 관형절과 '엄마가 모르게'라는 부사절이 안겨 있다. 또한 ㉣에는 '그가 시장에서 산'이라는 관형절과 '값이 비싸다'라는 서술절이 안겨 있다. ㉢에는 ㉣과 달리 서술어의 기능을 하는 안긴문장인 서술절이 안겨 있지 않다.

[오답풀이] ① 체언을 수식하는 안긴문장은 관형절을 의미한다. ㉠에는 '따뜻한'이라는 관형절이, ㉡에는 '내가 만난'이라는 관형절이 안겨 있다. ③ ㉠에는 명사절 '봄이 빨리 오기' 속에 부사어 '빨리'가 포함되어 있고, ㉡에는 서술절 '마음이 정말 착하다' 속에 부사어 '정말'이 포함되어 있다. ④ ㉠에 안겨 있는 문장인 '따뜻한'에는 '봄이'라는 주어가 생략되어 있고, ㉣에 안겨 있는 문장인 '그가 시장에서 산'에는 '배추를'이라는 목적어가 생략되어 있다. ⑤ ㉢에서 부사절 '엄마가 모르게'는 부사어의 기능을 하는 안긴문장이고, ㉣에서 관형절 '그가 시장에서 산'은 관형어의 기능을 하는 안긴문장이다.

145) ②

선택 비율	① 6%	② **84%**	③ 4%	④ 2%	⑤ 2%

해 : 홑문장 ㉠이 관형절인 '철수가 산책을 한'의 형태가 되어 ㉡에 안기는 과정에서 ㉠의 부사어 '공원에서'가 생략되었다.

146) ①

선택 비율	① **44%**	② 9%	③ 11%	④ 21%	⑤ 13%

해 : ㉠에서 '내 친구의 것이다'는 '내 친구의 것'이라는 구에 '이다'라는 서술격 조사가 붙어 주어인 '자전거는'을 서술하고 있으나 주어와 서술어의 관계가 나타나지 않으므로 안긴문장이 아니다. ㉢에서 '손가락이 길다'는 '손가락이'라는 주어와 '길다'라는 서술어를 갖추고 있으면서 문장 전체의 주어인 '영수는'을 서술하고 있으므로 서술어의 기능을 하는 안긴문장에 해당한다.

[오답풀이] ② ㉠의 '내가 빌린'은 주어와 서술어를 갖춘 문장으로 용언의 어간에 관형사형 어미를 붙여 체언인 '자전거'를 수식하는 안긴문장을 만든 것이다. ㉣의 '마을에 사는'은 주어인 '사람들이'가 생략되고 관형사절로 쓰여서 체언인 '사람들'을 수식하는 안긴문장이다. ③ ㉡의 '공연이 시작되기'는 안긴 문장으로, 이 문장에서 부사어는 나타나지 않는다. ㉢의 '피아노를 잘 치는'은 안긴문장으로, 이 문장에서 '잘'은 부사어에 해당하며, '손가락이 누구보다 길다'는 안긴문장으로, 이 문장에서 '누구보다'는 부사어에 해당한다. ④ ㉡의 '공연이 시작되기'는 명사인 '전'을 꾸며 주는 관형어의 기능을 하는 안긴문장이다. ㉣의 '파수꾼이 마을에 사는 사람들을 속였음'은 명사절로 안긴문장으로 조사 '이'와 결합하여 문장에서 주어의 기능을 하고 있다. ⑤ ㉢의 '피아노를 잘 치는'은 주어인 '영수가'가 생략되어 있는 안긴문장이다. ㉣의 '마을에 사는'은 주어인 '사람들이'가 생략되어 있는 안긴문장이다.

147) ④

선택 비율	① 6%	② 5%	③ 16%	④ **62%**	⑤ 9%

해 : ㉣에는 '내가 늘 쉬-'가 전성 어미 '-던'을 통해 관형절로 안겨 있으며, 안긴문장에 부사어 '공원에서'가 생략되어 있다.

[오답풀이] ① ㉠에는 '자식이 건강하-'가 전성 어미 '-기'를 통해 명사절로 안겨 있으며, 안긴문장에 생략된 문장 성분은 없다. ② ㉡에는 '연락도 없-'이 전성 어미 '-이'를 통해 부사절로 안겨 있으며, 안긴문장에 생략된 문장 성분은 없다. ③ ㉢에는 '자신의 판단이 옳았-'이 전성 어미 '-음'을 통해 명사절로 안겨 있으며, 안긴문장에 생략된 문장 성분은 없다. ⑤ ㉤에는 '아주 어렵-'이 전성 어미 '-은'을 통해 관형절로 안겨 있으며, 안긴문장에는 주어 '과제가'가 생략되어 있다.

148) ③

선택 비율	① 3%	② 3%	③ **75%**	④ 16%	⑤ 2%

해 : '동주는 반짝이는 별을 응시했다.'에서 '별을'은 '반짝이는' 주체라는 점에서 안긴문장의 주어이면서 '응시하'는 대상이기에 안은문장의 목적어이다.

[오답풀이] ① '그는 위기를 좋은 기회로 삼았다.'의 '삼았다'는 주어 이외에도 목적어(위기를)와 필수적 부사어(기회로)를 필수적으로 요구한다. ② '바다가 눈이 부시게 파랗다.'에서 안은문장의 '바다가'는 '파랗다'의 주어이고, 안긴문장의 '눈이'는 '부시게'의 주어이다. ④ '그는 위기를 좋은 기회로 삼았다.'의 '좋은'은 안긴문장인 '기회가 좋다.'의 서술어이고, '동주는 반짝이는 별을 응시했다.'의 '반짝이는'은 안긴문장인 '별이 반짝이다.'의 서술어이다. ⑤ '바다가 눈이 부시게 파랗다.'의 '눈이 부시게'는 부사절로, 부사어의 기능을 하고, '동주는 반짝이는 별을 응시했다.'의 '반짝이는'은 관형절로, 관형어의 기능을 한다. 따라서 모두 수식의 기능을 한다고 볼 수 있다.

149) ⑤

선택 비율	① 10%	② 5%	③ 14%	④ 9%	⑤ **60%**

해 : ㉯에서 '장애물 달리기'는 명사절이 아니기 때문에 목적어의 기능을 하는 안긴문장은 없다.

[오답풀이] ①, ② ㉮에서 '그 사람이 범인임'은 주어의 기능을 하는 명사절이고, '그'는 '사람'을 수식하는 관형어이다. ③ ㉯에서 '부상을 당한'은 '선수'를 수식하는 관형절이고, '부상을 당한'에서 주어는 생략되어 있다. ④ ㉰에서 '성적이 많이 오르기'는 목적어의 기능을 하는 안긴문장이고, '많이'는 '오르기'를 수식하는 부사어이다. ㉮의 안긴문장 속에는 부사어가 없다.

150) ①

선택 비율	① **77%**	② 7%	③ 5%	④ 4%	⑤ 5%

해 : 제시된 겹문장은 '날씨가 춥다'가 관형절로 안겨 '날씨'를 꾸며 주므로 '명사절을 안은 문장'이라는 조건을 만족하지 않는다. 이때 안긴절의 주어 '날씨가'는 생략된다.

[오답풀이] ② 제시된 겹문장은 '동생은 얼음을 먹었다'가 관형절로 안겨 '동생'을 꾸며 주므로 조건을 만족한다. ③ 제시된 겹문장은 '동생은 추위와 상관없다'가 부사절로 안겨 '먹었다'를 꾸며 주므로 조건을 만족한다. ④ 제시된 겹문장은 '날씨가 춥다'가 간접 인용절로 안겨 있으므로 조건을 만족한다. ⑤ 제시된 겹문장은 '형은 물을 마셨다'와 '동생은 얼음을 먹었다'가 연결 어미 '-지만'을 통해 대등하게 이어진 문장이므로 조건을 만족한다.

151) ④

선택 비율	① 4%	② 4%	③ 12%	④ **74%**	⑤ 3%

해 : ㉣에는 부사어가 생략된 관형절이 있고, 목적어로 쓰인 명사절이 있다.

[오답풀이] ① ㉠에는 주어가 생략된 관형절인 '약속 시간에 늦은'이 있고, 명사절은 없다. ② ㉡에는 관형절이 없고, 주어로 쓰인 명사절인 '마지막 문제를 풀기'가 있다. ③ ㉢에는 목적어가 생략된 관형절인 '아버지께서 주신'이 있고, 명사절은 없다. ⑤ ㉤에는 관형절이 없고, 목적어로 쓰인 명사절인 '우리가 어제 목적지에 도착했음'이 있다.

152) ①

선택 비율	① **62%**	② 18%	③ 7%	④ 7%	⑤ 4%

해 : ㉠이 서술어인 문장은 '주기적으로 운동하기가 건강의 첫걸음이다.'이며, '주기적으로 운동하-'에 명사형 어미 '-기'가 결합한 명사절이 주격 조사 '가'와 함께 쓰여 문장의 주어 기능을 하고 있다.

[오답풀이] ② ㉡이 서술어인 문장은 '그것을 꾸준하게 실천하다.'이며, 문장의 목적어 역할을 하고 있는 '그것을'은 명사절이라고 할 수 없다. 따라서 여기에는 명사절이 존재하지 않는다. ③ ㉢이 서술어인 문장은 '그것을 꾸준하게 실천하기 원하다.'이며, '그것을 꾸준하게 실천하-'에 명사형 어미 '-기'가 결합한 명사절이 목적어로 쓰이고 있다. ④ ㉣이 서술어인 문장은 '계획(을) 세우기가 제대로 되다.'이며, '계획(을) 세우-'에 명사형 어미 '-기'가 결합한 명사절이 주어로 쓰이고 있다. 또한, '제대로'가 필수적 부사어로 서술어 '되다'를 보충하고 있다. ⑤ ㉤이 서술어인 문장은 '제대로 된 계획 세우기가 선행되어야 한다.'이며, '제대로 된 계획 세우-'에 명사형 어미 '-기'가 결합한 명사절이 주격 조사 '가'와 함께 쓰여 문장의 주어 기능을 하고 있다.

153) ①

선택 비율	① **36%**	② 3%	③ 29%	④ 8%	⑤ 21%

해 : ⓐ에 '비가 온다는'은 전성 어미 '-는'이 쓰인 관형절의 예로, 다른 문장 속에 들어가 체언 '예보'를 꾸며 주고 있다. 인용절에는 조사 '라고, 고'가 쓰여 '~온다고', '~온다라고'와 같이 사용되어야 한다.

[오답풀이] ② ⓑ는 '공원이 많고 거리가 깨끗하-'에 전성 어미 '-(으)ㄴ'이 결합하여 관형절로 쓰여 체언 '도시'를 수식하고 있다. ③ ⓒ는 '바람이 거세지고 어둠이 내리-'에 전성 어미 '-기'가 결합하여 명사절로 쓰이고 있다. ④ ⓓ는 전성 어미 '-음'이 결합한 명사절이며, 목적격 조사 '을'과 결합하여 안은문장에서 주성분인 목적어로 쓰이고 있다. ⑤ ⓔ는 전성 어미 '-는'이 결합한 관형절이다. 조사와의 결합 없이, 체언인 '들판'을 수식하는 부속 성분인 관형어로 쓰이고 있다.

154) ②

선택 비율	① 2%	② **83%**	③ 4%	④ 4%	⑤ 4%

해 : ㉡에서 '그가 범인이 아니었음'은 부사격 조사 '에'와 결합하여 부사어의 기능을 하고 있다. '그가 범인이 아니었음' 외에는 ㉡에 다른 안긴문장이 없으므로, ㉡에 서술어의 기능을 하는 안긴문장이 있다는 설명은 적절하지 않다.

[오답풀이] ① ㉠에서 '봄이 어서 오기'는 목적격 조사 '를'과 결합하여 목적어의 기능을 하고 있다. ③ ㉢에서 '우유를 마신'은 '아이'를 수식하는 관형어의 기능을 하고 있다. ④ ㉢의 안긴문장 '우유를 마신' 속에는 부사어가 없다. ㉠의 안긴문장 '봄이 어서 오기' 속에는 '오기'를 수식하는 부사어 '어서'가 있다. ⑤ ㉡의 안긴문장 '그가 범인이 아니었음'에는 주어 '그가'가 드러나 있고, ㉢의 안긴문장 '우유를 마신'에는 주어가 생략되어 있다.

155) ②

선택 비율	① 7%	② **72%**	③ 2%	④ 14%	⑤ 2%

해 : ⓐ는 서술절이고 ⓑ는 관형절, 관형어로 쓰인 명사절이며 ⓒ는 ⓐ, ⓑ를 제외한 것이므로 관형어로 쓰이지 않은 명사절, 부사절, 인용절 중 하나이다. 명사절은 주어, 목적어, 부사어, 관형어로 모두 쓰일 수 있기 때문에 주의해야 한다. ㉮의 밑줄 친 부분은 '노래를 부르다'가 명사형 어미 '-기'와 결합한 명사절이고 주격 조사와 결합하여 안은문장의 주어로 쓰였으므로 ⓐ나 ⓑ에 해당하지 않고 ⓒ에 해당한다. ㉯의 밑줄 친 부분은 '아무도 모르다'가 부사형 어미 '-게'와 결합한 부사절이므로 ⓐ나 ⓑ에 해당하지 않고 ⓒ에 해당한다.

[오답풀이] ㉰의 밑줄 친 부분은 '동생이 오다'가 명사형 어미 '-기'와 결합한 명사절이지만 뒤의 체언 '전'을 수식하고 있으므로 ⓑ에 해당한다. ㉱의 밑줄 친 부분은 '마음씨가 착하다'가 안은문장의 서술어로 쓰이고 있으므로 서술절이고 ⓐ에 해당한다.

156) ①

선택 비율	① **81%**	② 6%	③ 5%	④ 1%	⑤ 4%

해 : '아버지가 만든 책꽂이가 제일 멋지다.'는 '책꽂이가 제일 멋지다.'와 '아버지가 책꽂이를 만들었다.'라는 두 문장이 결합한 문장이다. '아버지가 책꽂이를 만들었다.'가 '책꽂이가 제일 멋지다.'에 안기면서 목적어

'책꽂이를'이 생략되었다. 따라서 '아버지가 만든 책꽂이가 제일 멋지다.'는 목적어가 생략된 관형절을 가진 안은문장이 된다.

[오답풀이] ② '어머니는 그 일이 끝나기를 기다렸다.'는 '그 일이 끝나기'라는 명사절을 가진 안은문장이다. 이때 '그 일이 끝나기'라는 안긴문장에 생략된 문장 성분은 없다. ③ '그녀는 지난주에 고향 집으로 떠났다'는 '그녀'라는 주어와 '떠났다'라는 서술어의 관계가 한 번만 나타나는 홑문장이다. ⑤ '형은 개를 좋아하지만 나는 싫어한다.'는 '형은 개를 좋아한다.'와 '나는 개를 싫어한다.'라는 두 문장이 동등한 자격으로 이어진문장이다.

157) ④

선택 비율	① 6%	② 3%	③ 6%	④ **80%**	⑤ 2%

해 : ⓓ는 '상태'라는 명사에 '로'라는 부사격 조사가 붙은 형태이다. 또한 '상태'를 관형사절이 꾸미고 있으므로 선생님의 질문에 대한 답으로 옳은 것은 ⓓ이다.

[오답풀이] ⓐ 관형사절을 찾을 수 없다. ⓑ 관형사절을 찾을 수 없다. ⓒ 관형사절이 꾸미고 있는 명사에 부사격 조사가 붙지 않았다. ⓔ 관형사절이 꾸미고 있는 명사에 부사격 조사가 붙지 않았다.

158) ①

선택 비율	① **63%**	② 14%	③ 10%	④ 6%	⑤ 5%

해 : '화단도 아닌 곳에 진달래꽃이 피었다.'에서 서술어 '피었다'는 한 자리 서술어이다. 또한 관형사절인 '화단도 아닌' 속에 보어 '화단도'가 포함되어 있다. 한 자리 서술어가 포함되면서 관형사절 속에 보어가 포함되어야 한다는 조건을 모두 충족하고 있는 문장은 ①이다.

159) ④

선택 비율	① 5%	② 4%	③ 5%	④ **66%**	⑤ 18%

해 : ㄴ의 '너는'은 안긴문장의 주어이면서 안은문장의 주어이므로 적절하다.

160) ④

선택 비율	① 1%	② 5%	③ 13%	④ **77%**	⑤ 2%

해 : '이곳이'는 직접 인용절의 발화자인 친구의 입장에서 기술된 지시 표현이고, 직접 인용절을 가진 안은 문장이 간접 인용절을 가진 안은 문장으로 바뀔 경우 '이곳이'는 '나'의 입장에서 기술된 '그곳이'로 바뀌어 나타난다.

161) ⑤

선택 비율	① 6%	② 7%	③ 5%	④ 12%	⑤ **67%**

해 : ㉠에서 안긴문장의 주어는 '아들이'이고, 안은문장의 주어는 '어머니는'이다. ㉡에서 안긴문장의 주어는 '파수꾼이'이고 안은문장의 주어는 '동물은'이다. ㉢에서 안긴문장의 주어와 안은문장의 주어는 모두 '감독이'이다.

162) ①

선택 비율	① **36%**	② 6%	③ 6%	④ 46%	⑤ 3%

해 : ㉠의 관형사절 '내 친구가 보낸'에는 '누군가에게 혹은 어디에' 정도의 필수적 부사어가 생략되어 있고, ㉡의 명사절 '테니스 배우기'에는 '내가' 정도의 주어가 생략되어 있다.

[오답풀이] ② ㉠의 명사절은 '를'과 결합하여 목적어 기능을 한다. ③ ㉠의 명사절만 '받다'의 주체인 주어가 생략되어 있다. ㉢의 안긴문장은 관형사절 '우리 가족이 점심을 먹은'이며, 주어가 생략되지 않았다. ④ ㉢의 안긴문장은 전체 문장에서 관형어 기능을 하며, ㉣의 안긴문장 '신이 닳도록'은 전체 문장에서 부사어 기능을 한다. ㉢에서의 보어는 '우리 가족이 점심을 먹은 식당이'이다. ⑤ ㉢의 관형사절 '우리 가족이 점심을 먹은'에는 목적어가 생략되지 않았으며, ㉣의 관형사절 '아름다운'에는 주어가 생략되어 있다.

163) ⑤

선택 비율	① 2%	② 23%	③ 3%	④ 6%	⑤ **63%**

해 : 부사절 '재주가 있게'는 서술어 '생겼다'가 필수적으로 요구하는 성분으로 쓰인 것이므로 적절하다.

[오답풀이] ① 부사절 '밤이 새도록'은 서술어 '하였다'가 필수적으로 요구하는 성분으로 쓰인 것이 아니므로 적절하지 않다. ② 관형절 '그가 있는'은 서술어 '갔다'가 필수적으로 요구하는 성분으로 쓰인 것이 아니므로 적절하지 않다. ③ 부사절 '말도 없이'는 서술어 '떠나 버렸다'가 필수적으로 요구하는 성분으로 쓰인 것이 아니므로 적절하지 않다. ④ 관형절 '부지런한'과 부사절 '나와는 달리'는 서술어 '일어난다'가 필수적으로 요구하는 성분으로 쓰인 것이 아니므로 적절하지 않다.

164) ②

선택 비율	① 6%	② **56%**	③ 21%	④ 9%	⑤ 6%

해 : '선생님께서는 여전히 학교 근처에 사시는지요?'는 현재 시제가 쓰인 문장이고, '살다'는 주어와 부사어를 필요로 하는 두 자리 서술어이다. 따라서 ⓐ, ⓑ가 모두 실현되었다.

[오답풀이] ① '그 집 마당에는 감나무 한 그루가 자란다.'는 '-ㄴ다'를 통해 현재 시제가 쓰였음을 알 수 있다. 그러나 '자라다'는 주어를 필요로 하는 한 자리 서술어이다. 따라서 ⓑ는 실현되지 않았다. ③ '산중에 있으므로 여기는 도시보다 조용합니다.'는 현재 시제가 쓰인 문장이다. 그러나 연결 어미 '-으므로'가 쓰인 이어진문장으로, 안긴문장은 없다. 따라서 ⓒ는 실현되지 않았다. ④ '오늘부터 아침으로 과일만 먹기로 마음먹었니?'에서는 안긴문장 '오늘부터 아침으로 과일만 먹기'가 전체 문장의 부사어로 기능한다. 그러나 '-었-'을 통해 이 문장에는 과거 시제가 쓰였음을 알 수 있다. 따라서 ⓐ는 실현되지 않았다. ⑤ '오래전 큰아버지께 받은 책에 곰팡이가 슬었어.'에서 안은문장 전체의 서술어 '슬다'는 주어와 부사어를 필요로 하는 두 자리 서술어이다. (참고로 안긴문장 '오래전 큰아버지께 받은'의 서술어 '받다'는 주어, 목적어, 부사어를 필요로 하는 세 자리 서술어이

다.) 그러나 안긴문장은 전체 문장의 부사어가 아니라 관형어로 기능한다.

165) ⑤

선택 비율	① 3%	② 1%	③ 2%	④ 5%	⑤ 87%

해 : 'ㄷ'은 문장 성분이 생략되지 않은 관형사절을 가진 안은문장이며 'ㄹ'은 주어가 생략된 관형사절을 가진 안은문장이다.

166) ③

선택 비율	① 4%	② 6%	③ 78%	④ 7%	⑤ 4%

해 : ㄴ은 명사절을 안은 문장, ㅁ은 인용절을 안은 문장이므로 (가)로 분류할 수 있다. ㄹ과 ㅂ은 관형사절을 안은 문장이며, 안긴문장 내에 생략된 성분이 없으므로 (나)로 분류할 수 있다. ㄱ과 ㄷ은 관형사절을 안은 문장이며 ㄱ은 안긴문장에 목적어가 생략되어 있고, ㄷ은 안긴문장에 주어가 생략되어 있으므로 (다)로 분류할 수 있다.

167) ⑤

선택 비율	① 5%	② 2%	③ 8%	④ 4%	⑤ 81%

해 : ㄹ의 안긴문장에는 목적어와 필수적 부사어가 포함되어 있지만 ㅁ의 안긴문장에는 필수적 부사어가 포함되어 있지 않다. 그러므로 ㄹ과 ㅁ의 안긴문장에 필수적 부사어와 목적어가 있다고 이해한 내용은 적절하지 않다.

168) ②

선택 비율	① 3%	② 85%	③ 4%	④ 5%	⑤ 3%

해 : 그가 "청소를 같이 해요."라고 발화하였다면 ㉠과 같이 '청소를 같이 하자고'로 간접 인용될 수 있다. 상대 높임의 종결 어미는 간접 인용의 과정에서 한 가지로 한정되며 청유형에서는 '하자고'처럼 나타나기 때문이다.

[오답풀이] ① '그제'는 어제의 전날이다. 그가 그제에 "모레는 청소를 같이 하자."라고 발화하였다면 ㉠과 같이 '오늘은 청소를 같이 하자고'로 간접 인용될 수 있다. ③ ㉡의 '자기'는 '김 선생'을 가리킨다. 원래의 발화는 "나도 시를 좋아한다." 정도일 것이며, '나'의 자리에 2인칭 주어가 오면 ㉡과 같이 간접 인용될 수 없다. ④ 상대 높임의 종결 어미는 간접 인용의 과정에서 한 가지로 한정된다는 점에서, 원래의 발화가 "나도 시를 좋아합니다."이었어도 ㉡과 같이 '시를 좋아한다고'로 간접 인용될 수 있다. ⑤ ㉢에서 '내일'이나 '있겠냐'라는 시간 표현이 사용된 것은 청자가 '어제' '내가 모레 퇴원할 수 있겠지?'와 같이 미래 시제 선어말 어미 '-겠-'을 가진 발화를 했기 때문으로 볼 수 있다. 즉 '퇴원'을 할 수 있을지도 모르는 '내일'은 원 발화의 시점인 '어제'를 기준으로 해도 미래이므로, 원 발화 역시 미래 시제 선어말 어미 '-겠-'을 가질 수 있다.

169) ⑤

선택 비율	① 2%	② 2%	③ 5%	④ 2%	⑤ 87%

해 : 종결 어미 '-어라'는 동일한 형태가 다른 문장 유형을 실현한다. '늦을 것 같으니까 어서 씻어라.'는 종결 어미 '-어라'로 인해 명령문이 실현되고, '그 사람을 몹시도 만나고 싶어라.'는 종결 어미 '-어라'로 인해 감탄문이 실현된다.

[오답풀이] ① 종결 어미 '-니'로 인해 의문문이 실현된다. ② 종결 어미 '-ㄹ게'로 인해 평서문이 실현된다. ③ 종결 어미 '-구나'로 인해 감탄문이 실현된다. ④ 종결 어미 '-ㅂ시다'로 인해 청유문이 실현된다.

170) ③

선택 비율	① 3%	② 4%	③ 86%	④ 2%	⑤ 3%

해 : '잠깐, 내가 안경을 어디다 뒀더라?'는 의문문이지만 청자에게 요청하는 것이 아니다. 'B'의 대답을 고려했을 때, 'A'의 말은 혼자 있는 상황에서 화자가 안경을 찾으면서 하는 혼잣말이다.

[오답풀이] ① 조용히 해 줄 것을, ② 창문을 열어줄 것을, ④ 비켜 줄 것을, ⑤ 차를 세워줄 것을 청자에게 요청하는 문장이다.

171) ⑤

선택 비율	① 1%	② 0%	③ 5%	④ 1%	⑤ 90%

해 : 일부 의문문과 청유문이 화자가 청자에게 특정 행동을 할 것을 요청하는 의미를 담고 있음을 이해할 수 있는지를 묻고 있는 문항으로, 정답은 ⑤이다. ⑤의 '어디 보자'는 특정한 청자를 염두에 두고 하는 발화가 아니며, 혼잣말에 가깝기 때문이다. 이어지는 B의 발화 '거기서 혼자 뭐 해요'를 통해서도 이러한 점을 어렵지 않게 포착할 수 있다.

[오답풀이] ① 의문문을 통해 화자가 청자에게 기다리는 행위를 함께할 것을 요청하고 있다. ② 청유문을 통해 화자가 청자에게 다친 곳을 보여 줄 것을 요청하고 있다. ③ 청유문을 통해 화자가 청자에게 내릴 수 있게 비켜 달라고 요청하고 있다. ④ 의문문을 통해 화자가 청자에게 모자를 벗어 줄 것을 요청하고 있다.

172) ⑤

선택 비율	① 6%	② 7%	③ 9%	④ 32%	⑤ 44%

해 : 서술의 주체인 '할머니'를 높이고 있으므로 주체 높임에 해당한다.

[오답풀이] ① 부사어가 나타내는 대상인 '할머니'를 높여 '줄' 대신 '드릴'을 사용하고 있으므로 객체 높임에 해당한다. ② 목적어가 나타내는 대상인 '할머니'를 높여 '보고' 대신 '뵙고'를 사용하고 있으므로 객체 높임에 해당한다. ③ 목적어가 나타내는 대상인 '할머니'를 높여 '데리고' 대신 '모시고'를 사용하고 있으므로 객체 높임에 해당한다. ④ 부사어가 나타내는 대상인 '큰아버지'를 높여 '에게' 대신 '께'를 사용하고 있으므로 객체 높임에 해당한다.

173) ②

선택 비율	① 14%	② **66%**	③ 5%	④ 3%	⑤ 9%

解 : '형은 어머니께 그 책을 드렸다'는 객체 높임법이 사용된 문장으로 '께'와 '드렸다'를 통해 문장의 목적어 '어머니'에 대한 높임의 태도를 나타낸다.

[오답풀이] ① '선생님께서는 댁에 계십니다'는 문장의 주체인 '선생님'을 높여 주는 주체 높임법이다. ③ '할아버지께서는 눈이 밝으십니다'는 문장의 주체인 '할아버지'의 신체 일부를 간접적으로 높여 주는 주체 높임법이다. ④ '할머니, 아버지가 지금 막 도착했어요'는 주체(아버지)가 화자보다는 높임의 대상이지만 청자(할머니)가 주체(아버지)보다 높임의 대상이므로 주체에 대해 높임 표현을 사용하지 않은 문장이다. ⑤ '윤우야, 선생님께서 빨리 교무실로 오라고 하셔'는 문장의 주체인 '선생님'을 높여 주는 주체 높임법이다.

174) ①

선택 비율	① **61%**	② 9%	③ 13%	④ 8%	⑤ 7%

解 : <보기>에 제시된 문장들에서 ㄱ은 부사격 조사 '께'와 서술어 '드리다'를 활용하여 객체인 '할아버지'를 높이고 있고, ㄴ은 주격 조사 '께서'와 서술어 '계시다'를 활용하여 주체인 '할아버지'를 높이고 있고, ㄷ은 주격 조사 '께서'와 서술어 '가시다'를 활용해서는 주체인 '어머니'를 높이고, 서술어 '모시다'를 활용해서는 객체인 '할아버지'를 높이고 있다. 따라서 객체 높임법만 사용된 문장은 ㄱ, 주체 높임법만 사용된 문장은 ㄴ, 객체 높임법과 주체 높임법이 모두 사용된 문장은 ㄷ임을 알 수 있다.

175) ③

선택 비율	① 6%	② 3%	③ **69%**	④ 7%	⑤ 13%

解 : ⓒ의 '말씀'은 서술의 주체인 '부모님'을 높이는 특수 어휘이다.

176) ③

선택 비율	① 10%	② 7%	③ **77%**	④ 2%	⑤ 1%

解 : <보기 2>에서 조사 '께서'는 주체인 '어머니'를 높이고 있고, '가셨다'는 '가-+-시-+-었-+-다'로 분석할 수 있는데, 선어말 어미 '-시-'가 주체인 '어머니'를 높이고 있다. 또한 '모시다'라는 특수 어휘를 통해 객체인 '할머니'를 높이는 객체 높임법을 사용하고 있다.

177) ①

선택 비율	① **91%**	② 2%	③ 2%	④ 1%	⑤ 1%

解 : 높임 표현은 발신자와 수신자의 관계 및 의도, 사회 문화적 상하 관계, 이야기 장면과 같이 담화 상황에 따라 사용 여부가 달라진다. ①과 같이 문장의 주체가 높임의 대상이 될 때 주격 조사 '가'를 '께서'로 고쳐 말하는 것이 바람직하다.

178) ②

선택 비율	① 3%	② **53%**	③ 15%	④ 16%	⑤ 10%

解 : ⓑ에서 객체 높임의 대상은 서술의 객체인 '아버지'이고, 상대 높임의 대상은 대화의 청자인 '아버지'이므로, 객체 높임과 상대 높임의 대상이 다르다는 진술은 적절하지 않다.

[오답풀이] ① ⓐ에서 주체 높임의 대상은 서술의 주체인 '아버지'이고, 상대 높임의 대상은 대화의 청자인 '아버지'로 동일하므로, 주체 높임과 상대 높임의 대상이 같다는 진술은 적절하다. ③ ⓒ에서 객체 높임의 대상은 서술의 객체인 '아버지'이고, 상대 높임의 대상은 대화의 청자인 '아버지'이므로, 객체 높임과 상대 높임의 대상이 같다는 진술은 적절하다. ④ ⓓ에서 주체 높임의 대상은 생략된 서술의 주체인 '할머니'이고, 상대 높임의 대상은 대화의 청자인 '아버지'이므로, 주체 높임과 상대 높임의 대상이 다르다는 진술은 적절하다. ⑤ ⓔ에서 주체 높임의 대상은 서술의 주체인 '어머니'이고, 객체 높임의 대상은 서술의 객체인 '할머니'이고, 상대 높임의 대상은 대화의 청자인 '아버지'이다. 그러므로 주체 높임, 객체 높임, 상대 높임의 대상이 모두 다르다는 진술은 적절하다.

179) ②

선택 비율	① 6%	② **64%**	③ 6%	④ 5%	⑤ 1%

解 : ㄱ은 부사격 조사 '께'를 사용하여 문장의 객체인 '할아버지'를 높이고 있으므로 적절하지 않다.

[오답풀이] ① ㄱ은 종결 어미 '-어라'를 사용하여 청자인 '범서'를 낮추고 있으므로 적절하다. ③ ㄴ은 종결 어미 '-습니다'를 사용하여 청자인 '아버지'를 높이고 있으므로 적절하다. ④ ㄴ은 특수 어휘 '모시다'를 사용하여 문장의 객체인 '할머니'를 높이고 있으므로 적절하다. ⑤ ㄷ은 선어말 어미 '-으시-'를 사용하여 '어머니'의 생각인 '걱정'을 높여 주체를 간접적으로 높이고 있으므로 적절하다.

180) ⑤

선택 비율	① 27%	② 9%	③ 21%	④ 15%	⑤ **28%**

解 : ⓜ은 주체인 '할아버지'를 높이기 위해 격조사 '께서', 특수 어휘 '주무시다'를 사용하고 있다. 따라서 문법 요소 분석 중 주체 높임의 경우 격조사, 특수 어휘는 사용하고, 선어말 어미를 사용하지 않는다는 분석은 적절하다. 또한 객체 높임의 경우 격조사, 특수 어휘 모두 사용하지 않는다는 분석은 적절하다.

[오답풀이] ① ㉠은 주체인 '삼촌'을 높이기 위해 격조사 '께서', 특수 어휘 '계시다'를 사용하고 있다. 또한 객체인 '삼촌'을 높이기 위해 특수 어휘 '드리다'를 사용하고 있다. 따라서 문법 요소 분석 중 객체 높임의 경우 격조사, 특수 어휘에 대한 분석은 올바르다. 하지만 주체 높임의 경우에는 격조사에 대한 분석만 올바르게 하였고, 특수 어휘, 선어말 어미에 대한 분석은 올바르지 않으므로 적절하지 않다. ② ⓒ은 주체인 '어머니'를 높이기 위해 격조사 '께서', 선어말 어미 '-시-'를 사용하고 있다. 따라서

문법 요소 분석 중 주체 높임의 경우 특수 어휘, 선어말 어미에 대한 분석은 올바르며, 객체 높임의 경우 특수 어휘에 대한 분석은 올바르다. 하지만 주체 높임의 경우에는 격조사에 대한 분석이 올바르지 않으며 객체 높임의 경우에는 격조사에 대한 분석이 올바르지 않으므로 적절하지 않다. ③ ㉢은 객체인 '할머니'를 높이기 위해 특수 어휘 '모시다'를 사용하고 있다. 따라서 문법 요소 분석 중 주체 높임의 경우 격조사, 특수 어휘, 선어말 어미에 대한 분석은 올바르며, 객체 높임의 경우 특수 어휘에 대한 분석은 올바르다. 하지만 객체 높임의 경우 격조사에 대한 분석은 올바르지 않으므로 적절하지 않다. ④ ㉣은 객체인 '선생님'을 높이기 위해 격조사 '께', 특수 어휘 '여쭤보다'를 사용하고 있다. 따라서 문법 요소 분석 중 주체 높임의 경우 격조사, 특수 어휘, 선어말 어미에 대한 분석은 올바르며, 객체 높임의 경우 특수 어휘에 대한 분석은 올바르다. 하지만 객체 높임의 경우 격조사에 대한 분석은 올바르지 않으므로 적절하지 않다.

181) ①

선택 비율	① 66%	② 20%	③ 2%	④ 5%	⑤ 5%

해 : <보기 2>의 문장은 주어에 해당하는 인물은 '영희'이며 서술어에는 주체 높임 선어말 어미 '-시-'가 쓰이지 않았으므로, [주체 높임-]로 실현되었다. 문장의 목적어가 가리키는 대상은 '할머니'이며 그 인물을 높이는 표현인 '모시고'가 쓰였으므로, [객체 높임+]로 실현되었다. 문장에 말을 듣는 상대를 높이는 '요'가 쓰였으므로, [상대 높임+]로 실현되었다.

182) ②

선택 비율	① 2%	② 68%	③ 7%	④ 3%	⑤ 17%

해 : '제가 할머니를 모시고 왔습니다.'라는 문장의 종결 어미 '-습니다'를 통해 상대를 높였다는 것을 확인할 수 있다. 또한 객체에 해당하는 '할머니'를 높였다는 것을 특수 어휘 '모시고'를 통해 확인할 수 있다.

[오답풀이] ① 종결 어미 '-어요'가 붙은 형태이므로 상대를 높였음을 확인할 수 있으나, 그 외의 높임 표현은 확인할 수 없다. ③ 객체가 지시하는 대상인 '할아버지'를 높였다는 것을 조사 '께'와 특수 어휘 '드려'를 통해 확인할 수 있으나, 종결 어미 '-어'가 붙은 형태이므로 상대는 낮추어 표현한 것임을 확인할 수 있다. ④ 종결 어미 '-죠'는 '-지요'의 줄임말로 이를 통해 상대를 높였음을 확인할 수 있으며, 선어말어미 '-시-'를 통해 주체를 높였음을 확인할 수 있다. 그러나 이 문장에서 객체 높임은 쓰이지 않았다. ⑤ 종결 어미 '-어'를 통해 상대를 낮췄음을 확인할 수 있으며, 조사 '께서'와 선어말어미 '-시-'를 통해 주체를 높이고 있음을 확인할 수 있다.

183) ②

선택 비율	① 16%	② 73%	③ 4%	④ 3%	⑤ 1%

해 : 조사 '께서'와 선어말 어미 '-시-'를 통해 주체 높임이 실현되었다. '할머니'를 높이기 위해 특수 어휘 '모시고'를 활용하여 객체 높임을 실현하였다. 영희에게는 '해체'를 사용하여 낮추고 있다.

184) ②

선택 비율	① 7%	② 71%	③ 6%	④ 10%	⑤ 4%

해 : ㉡의 '데리고'를 '모시고'로 수정한 것은 주체인 삼촌이 아니라 객체인 할머니를 직접적으로 높인 것이므로 적절하지 않다.

[오답풀이] ① ㉠의 '계신가요'를 '있으신가요'로 수정한 것은 주체인 아버지를 간접적으로 높인 것이므로 적절하다. ③ ㉢의 '이'를 '께서'로, '온다고'를 '오신다고'로 수정한 것은 주체인 부장님을 직접적으로 높인 것이므로 적절하다. ④ ㉣의 '한테'를 '께'로, '주라고'를 '드리라고'로 수정한 것은 객체인 할아버지를 직접적으로 높인 것이므로 적절하다. ⑤ ㉤의 '한테'를 '께'로, '물어봐'를 '여쭤봐'로 수정한 것은 객체인 선생님을 직접적으로 높인 것이므로 적절하다.

185) ②

선택 비율	① 5%	② 71%	③ 7%	④ 11%	⑤ 3%

해 : ㉡에서 '-으시-'는 생략된 주어의 지시 대상인 '어머니'를, '요'는 상대인 '점원'을 높이기 위해 쓰였다.

[오답풀이] ① ㉠에서는 문법적 수단인 조사 '께'와 어휘적 수단인 동사 '드리다'를 통해 부사어의 지시 대상인 '어머니'를 높이고 있다. ③ ㉢에서 '모시다'는 목적어의 지시 대상인 '부모님'을, '께서'는 주어의 지시 대상인 '손님들'을 높이기 위해 쓰였다. ④ ㉣에서는 문법적 수단인 종결어미 '-ㅂ니다'를 통해 대화의 상대방인 '손님'을 높이고 있다. ⑤ ㉤에서는 어휘적 수단인 '뵙다'를 통해 목적어의 지시 대상인 '어머니'를 높이고 있다.

186) ②

선택 비율	① 2%	② 72%	③ 3%	④ 20%	⑤ 1%

해 : ㉡에서 '말씀'은 말하는 이(경준)가 높이는 대상인 '선생님'과 밀접한 관계를 맺는 대상이기 때문에 높임 표현을 사용해야 한다. 따라서 '있었니'가 아니라 '있으셨니'로 표현하는 것이 적절하다.

[오답풀이] ① ㉠에서 서술어 '준비하다'의 주체는 '경준'이기 때문에 영희의 입장에서 높임의 선어말 어미 '-시-'를 사용하여 말할 필요가 없다. ③ ㉢에서 서술의 객체인 '선생님'을 높이기 위해서는 '묻다'가 아니라 객체 높임법에 사용되는 특수한 동사 '여쭈다'를 써서 말해야 한다. ④ ㉣의 '자기'는 '앞에서 이미 말하였거나 나온 바 있는 사람을 도로 가리키는 삼인칭 대명사'(재귀 대명사)이다. 그런데 이 대명사가 영희가 높여야 하는 대상인 '선생님'을 가리키기 때문에 높임의 의미를 지니는 '당신'으로 바꾸어 말해야 한다. ⑤ ㉤의 주체는 영희의 입장에서 높여야 하는 대상인 '선생님'이기 때문에 주체 높임을 실현하여 '말씀하셨잖아'라고 말해야 한다.

정답 및 해설

187) ④

선택 비율	① 3%	② 4%	③ 3%	④ **84%**	⑤ 4%

解 : '선생님'은 주체가 아니라 상대이다. 이 문장의 주체는 '제(나)'이다.

[오답풀이] ② 행위의 대상이 되는 '어머니'를 높이기 위해 '주다'의 의미를 지닌 특수 어휘 '드리다'를 사용하여 높임을 실현하고 있다. 또한 '에게'의 의미를 지닌 격조사 '께'를 사용하여 높임을 실현하고 있다. ⑤ ⓜ에서 청자는 '아버지'이므로 상대는 '아버지'이고 높임의 대상인 '아버지'를 종결 어미 '-습니다'를 사용하여 높이고 있다.

188) ⑤

선택 비율	① 1%	② 9%	③ 2%	④ 6%	⑤ **79%**

解 : 관형사절 '동생이 찾아뵈려던'에는 객체 높임의 대상인 '선생님'이 생략되어 있다. 이 대상은 안은문장의 목적어로 실현되었다.

[오답풀이] ① '편찮으시던 어르신께서는 좀 건강해지셨나요?'는 안긴문장('편찮으시던')에서의 주체 높임의 대상인 '어르신'이 안은문장에서 주어로 실현된 겹문장이므로, ㉠에 들어갈 예로 적절하지 않다. ② '오빠는 고향에 계신 부모님을 집으로 모시고 갔다.'는 안긴문장('고향에 계신')에서의 주체 높임의 대상인 '부모님'이 안은문장에서 목적어로 실현된 겹문장이므로, ㉠에 들어갈 예로 적절하지 않다. ③ '나는 할아버지께서 선물을 주신 날짜를 아직도 기억해.'는 안긴문장('할아버지께서 선물을 주신')에서 주체 높임이 실현된 것으로, ㉠에 들어갈 예로 적절하지 않다. ④ '누나는 다음 주에 인사를 드릴 할머니께 편지를 썼어요.'는 안긴문장('다음 주에 인사를 드릴')에서의 객체 높임의 대상인 '할머니'가 안은문장에서 부사어로 실현된 겹문장이므로, ㉠에 들어갈 예로 적절하지 않다.

189) ①

선택 비율	① **76%**	② 1%	③ 13%	④ 1%	⑤ 6%

解 : ① '저희'는 그 자체에 낮춤의 의미가 있는 특수 어휘로, '드리다'는 그 자체에 높임의 의미가 담긴 특수 어휘로 볼 수 있다.

[오답풀이] ② '연세'를 그 자체에 높임의 의미가 담긴 특수 어휘로 볼 수 있으나, 그 자체에 낮춤의 의미가 있는 특수 어휘는 사용되지 않았다. ⑤ '모시다'를 그 자체에 높임의 의미가 담긴 특수 어휘로 볼 수 있으나, 그 자체에 낮춤의 의미가 있는 특수 어휘는 사용되지 않았다.

190) ①

선택 비율	① **63%**	② 6%	③ 15%	④ 8%	⑤ 5%

解 : ㄱ에는 부사어가 지시하는 대상인 '할머니'를 높이기 위한 조사 '께'와 특수한 어휘 '여쭈러'가 사용되었다.

191) ②

선택 비율	① 2%	② **81%**	③ 3%	④ 9%	⑤ 2%

解 : ⓒ에서 '동생'을 '할머니'로 바꾸면 '나는 할머니께 책을 읽혔다.'가 된다. 책을 '읽히는' 주체는 '나'이기 때문에 '읽혔다'에 '-시-'를 넣을 수 없다.

[오답풀이] ① ⓐ, ⓑ에서 '형'을 '어머니'로 바꾸면 각각 '어머니께서 동생을 업으셨다.', '동생이 어머니께 업혔다.'가 되므로 적절한 설명이다. ③ ⓓ에서 '동생'을 '할머니'로 바꾸면 '나는 할머니께서 책을 읽으시게 하였다.'가 된다. '읽는' 주체는 '할머니'이기 때문에 '읽게'에 '-으시-'를 넣어야 한다. ④ ⓐ, ⓑ는 각각 '형이 동생을 업고 있다.'와 '동생이 형에게 업히고 있다.'가 된다. 이 중 '형이 동생을 업고 있다.'는 완료상과 진행상으로 모두 해석될 수 있지만 '동생이 형에게 업히고 있다.'는 진행상으로만 해석된다. ⑤ ⓐ, ⓒ는 각각 '형이 동생을 업고 있다.'와 '나는 동생에게 책을 읽히고 있다.'가 되고, 둘 다 진행상으로 해석될 수 있다.

192) ③

선택 비율	① 12%	② 14%	③ **67%**	④ 5%	⑤ 3%

解 : 안긴문장 '고향에 계신'에서는 특수 어휘 '계시다'를 통해 주체인 '할머니'를 높이고 있으므로 적절하다.

[오답풀이] ① 안긴문장 '친척 어르신께 안부를 여쭙기'에서는 특수 어휘 '여쭙다'를 사용하고 있으나 객체인 '친척 어르신'을 높이고 있으므로 적절하지 않다. ② 안긴문장 '오랜만에 뵌'에서는 특수 어휘 '뵈다'를 사용하고 있으나 객체인 '은사님'을 높이고 있으므로 적절하지 않다. ④ 안긴문장 '머리가 하얗게 세신'에서는 주체인 '할아버지'를 높이고 있으나 특수 어휘가 아닌 선어말 어미 '-시-'를 사용하고 있으므로 적절하지 않다. ⑤ 안긴문장 '삼촌이 편하게 쉬시도록'에서는 주체인 '삼촌'을 높이고는 있으나 특수 어휘가 아닌 선어말 어미 '-시-'를 사용하고 있으므로 적절하지 않다.

193) ④

선택 비율	① 2%	② 1%	③ 2%	④ **90%**	⑤ 2%

解 : ㄹ의 '적었었다'는 '적다'에 선어말 어미 '-었었-'이 결합된 말로, 현재와 다르거나 단절되어 있는 과거의 사건을 나타내고 있다.

[오답풀이] ⑤ '잤다'는 '자다'에 선어말 어미 '-았-'이 결합된 말이지만, 과거 사실을 말하는 것이 아니라 미래의 상황을 나타내기 위해 쓰인 것이다.

194) ②

선택 비율	① 1%	② **63%**	③ 6%	④ 12%	⑤ 16%

解 : 사건시와 발화시가 일치하는 시제는 현재 시제, 사건시가 발화시보다 앞서는 시제는 과거 시제, 사건시가 발화시보다 나중인 시제는 미래 시제이다. ㄴ은 부사어 '곧'과 선어말 어미 '겠'을 활용하여 미래 시제를 표현하고 있다.

[오답풀이] ① 선어말 어미 'ㄴ'을 활용하여 현재 시제를 표현하고 있다. ④ ㄷ에서는 관형사형 어미 '-(으)ㄹ'을 활용하여 미래 시제를 표현하고 있으며, ㄹ에서는 관형사형 어미 '-(으)ㄴ'을 활용하여 과거 시제를 표현

하고 있다.

195) ⑤

선택 비율	① 4%	② 1%	③ 4%	④ 10%	⑤ **81%**

해 : ⓜ은 어간 '가-'에 관형사형 어미 '-ㄴ'이 결합하여 발화시를 기준으로 사건시가 앞선 시제를 나타내므로 적절하지 않다.

[오답풀이] ① ㉠은 어간 '살-'에 관형사형 어미 '-ㄹ'이 결합하여 발화시를 기준으로 사건시가 나중인 시제를 나타내므로 적절하다. ② ㉡은 시간 부사어로, 발화시를 기준으로 사건시가 나중인 시제를 나타내므로 적절하다. ③ ㉢은 어간 '하-'에 선어말 어미 '-ㄴ-'이 결합하여 발화시와 사건시가 일치하는 시제를 나타내므로 적절하다. ④ ㉣은 어간 '번지-'에 선어말 어미 '-었-'이 결합하여 발화시를 기준으로 사건시가 앞선 시제를 나타내므로 적절하다.

196) ④

선택 비율	① 3%	② 2%	③ 8%	④ **85%**	⑤ 0%

해 : 발화시가 (d)일 때 기준시는 (c)이고 가까운 미래의 추측에 해당하는 '-겠-'이 쓰였으므로 사건시는 ④에 해당된다.

197) ①

선택 비율	① **56%**	② 15%	③ 12%	④ 13%	⑤ 2%

해 : '먹은'의 관형사형 어미 '-은', '맛있었다'의 선어말어미 '-었-'이 쓰여 발화시보다 사건시가 앞선 과거 시제가 실현되었다.

[오답풀이] ② 시간 부사어 '내일'과 '읽을'의 관형사형 어미 '-을'이 쓰여 발화시보다 사건시가 나중인 미래 시제가 실현되었다. ③ 시간 부사어 '이미'와 '도착했다'의 선어말 어미 '-았-'이 쓰여 발화시보다 사건시가 앞선 과거 시제가 실현되었다. ④ 시간 부사어 '작년'과 '왔었다'의 선어말 어미 '-았었-'이 쓰여 발화시보다 사건시가 앞선 과거 시제가 실현되었다. ⑤ 시간 부사어 '지금'과 '한다'의 선어말 어미 '-ㄴ-'이 쓰여 발화시와 사건시가 일치하는 현재 시제가 실현되었다.

198) ③

선택 비율	① 2%	② 2%	③ **88%**	④ 1%	⑤ 6%

해 : '산 책'에서 '산'의 '-ㄴ'은 과거 시제를 나타낸다. '-ㄴ'은 사건시가 발화시에 앞선다고 할 수 있다.

199) ①

선택 비율	① **57%**	② 18%	③ 12%	④ 6%	⑤ 4%

해 : (가)와 (나)에서 앞 절과 뒤 절의 사건들은 모두 과거에 일어났다. 그런데 (나)의 앞 절에는 과거 시제 선어말 어미 '-었-'이 사용된 반면에 (가)의 앞 절에는 어간 '먹-'에 바로 어미 '-다가'가 결합하여 시제 선어말 어미가 나타나고 있지 않다.

[오답풀이] ② (가)와 (다)의 앞 절에는 시제 선어말 어미가 없지만, 뒤 절의 시제가 과거이므로 과거로 해석된다. ③ (가)와 (라)의 앞 절에는 과거 시제 선어말 어미 '-았-/-었-'이 쓰이지 않았다. ④ (나)에서는 찌개를 끓이는 행위가 끝나고 찌개를 식히는 행위가 일어났으며, (다)에서는 종이를 접는 행위가 끝나고 종이를 주머니에 넣는 행위가 일어났다. ⑤ (라)에서는 두 사건의 인과 관계를 '-아서/-어서'가 나타내 주고 있지만, (다)에서는 두 사건이 인과 관계로 해석되지 않는다.

200) ③

선택 비율	① 35%	② 11%	③ **41%**	④ 4%	⑤ 6%

해 : ⓓ의 '남은'은 동사 '남다'의 어간에 과거를 나타내는 관형사형 어미 '-(으)ㄴ'이 결합된 형태이므로 ㉡에 해당한다. ⓕ의 '찬'은 '이미'라는 부사로 과거 시제임을 짐작할 수 있으며, 동사 '차다'의 어간에 과거를 나타내는 관형사형 어미 '-(으)ㄴ'이 결합된 형태이므로 ㉡에 해당한다.

[오답풀이] ① ⓐ의 '뜬'은 동사 '뜨다'의 어간에 과거를 나타내는 관형사형 어미 '-(으)ㄴ'이 결합된 형태이므로 ㉡에 해당한다. ② ⓑ의 '부르던'은 동사 '부르다'의 어간에 과거를 나타내는 관형사형 어미 '-던'이 결합된 형태이다. ⓒ의 '푸르던'은 형용사 '푸르다'의 어간에 과거를 나타내는 관형사형 어미 '-던'이 결합된 형태이므로 ㉢에 해당한다. 따라서 ⓒ의 '푸르던'만 ㉢에 해당한다. ④ ⓔ의 '읽는'은 동사 '읽다'의 어간에 현재를 나타내는 관형사형 어미 '-는'이 결합된 형태이므로 ㉡에 해당하지 않는다. ⑤ ⓖ의 '빠른'은 형용사 '빠르다'의 어간에 현재를 나타내는 관형사형 어미 '-(으)ㄴ'이 결합된 형태이므로 ㉠에 해당한다.

201) ③

선택 비율	① 1%	② 3%	③ **92%**	④ 1%	⑤ 2%

해 : ㉡은 '갔음'의 '-았-'과 '들었다'의 '-었-'을 통해 과거 시제가 나타나므로 ⓐ가 실현되었음을 알 수 있으며, '그가 아침에 수영장에 갔음'이라는 명사절이 문장 안에 안겨 있으므로 ⓒ가 실현되었음을 알 수 있다.

[오답풀이] ① '할머니를 모시고'에 객체인 '할머니'를 높이는 객체 높임 표현인 '모시고'가 사용되어 ⓑ가 실현되었음을 알 수 있다. ⓐ와 ⓒ는 실현되지 않았다. ② '나오셨습니다'의 '-었-'을 통해 과거 시제가 나타나므로 ⓐ가 실현되었음을 알 수 있다. ⓑ와 ⓒ는 실현되지 않았다. ④ '비가 그치기'라는 명사절이 문장 안에 안겨 있으므로 ⓒ가 실현되었음을 알 수 있다. ⓐ와 ⓑ는 실현되지 않았다. ⑤ '갔습니다'의 '-았-'을 통해 과거 시제가 나타나므로 ⓐ가 실현되었음을 알 수 있다. '어머니께 식사를 차려 드리고'에 객체인 '어머니'를 높이는 객체 높임 표현인 '께'와 '드리고'가 사용되어 ⓑ가 실현되었음을 알 수 있다. ⓒ는 실현되지 않았다.

202) ④

선택 비율	① 8%	② 3%	③ 13%	④ **71%**	⑤ 3%

해 : '비가 내리지 않았다'에는 '-지 아니하다'라는 긴 부정 표현이 사용되었다. 또한 비가 내리지 않은 현상을 나타

낸 것이므로, 이는 의지나 능력이 아닌 단순히 사실이나 상태를 부정하는 의미로 사용되었다고 할 수 있다.

[오답풀이] ① '못'을 사용한 짧은 부정 표현으로, 단순한 사실 부정에 해당한다. ② '안'을 사용한 짧은 부정 표현으로, 의지 부정에 해당한다. ③ '-지 못하다'를 사용한 긴 부정 표현으로, 능력 부정에 해당한다. ⑤ '-지 아니하다'를 사용한 긴 부정 표현으로, 의지 부정에 해당한다.

203) ②

선택 비율	① 2%	② 89%	③ 2%	④ 2%	⑤ 2%

解 : '그때 거기 소나무 한 그루가 있었잖아.'는 그때 거기에 소나무 한 그루가 있었다는 사실을 '-잖다'를 사용하여 확인하고 있는 문장으로, '-잖다'가 부정을 표현하는 것이 아닌, 사실을 확인하는 의미로 사용되었다.

[오답풀이] ①의 '달갑잖아'는 '흡족하지 않다.'라는 뜻으로, '달갑다'를 부정하고 있다. ③의 '두렵잖아요'는 '마음에 염려스럽지 않다.'라는 뜻으로, '두렵다'를 부정하고 있다. ④의 '남부럽잖아'는 '형편이 좋아서 남이 부럽지 않을 만하다.'라는 뜻으로, '남부럽다'를 부정하고 있다. ⑤의 '적잖아요'는 '수나 양이 일정한 기준을 넘는다.'라는 뜻으로, '적다'를 부정하고 있다.

204) ⑤

선택 비율	① 3%	② 7%	③ 4%	④ 6%	⑤ 77%

解 : '꽃이 안 예쁘다.'는 부정 부사 '안'이 쓰인 짧은 부정문이다. 그러나 '예쁘다'는 행동 주체의 의지가 작용할 수 없는 형용사이므로, '꽃이 안 예쁘다.'는 행동 주체인 '꽃'의 의지가 작용할 수 있는 행위를 부정하는 의지 부정이 아니라, 상태 부정에 해당한다.

[오답풀이] ① 긴 부정문의 명령문을 '위험한 곳에는 가지 않아라.'처럼 쓸 수 없으므로, '마라'를 이용하여 긴 부정문의 명령문을 만들 수 있다. ② '못하다'를 이용한 긴 부정문으로 능력 부정을 나타내고 있다. ③ 부정 부사 '못'을 이용한 짧은 부정문으로 능력 부정을 나타내고 있다. ④ '않다'를 이용한 긴 부정문으로 단순히 사실을 부정하는 상태 부정을 나타내고 있다.

205) ①

선택 비율	① 84%	② 3%	③ 3%	④ 4%	⑤ 3%

解 : ㉠의 '지루하다 못해 졸리다'에서 '못해'는 지루하다는 상태에 미치지 않음을 의미하는 것이 아니라, 지루함의 상태가 극에 달해 지루함을 넘어 졸린 상태에 이른 것을 뜻하므로 '지루하다'의 상태에 미치지 않았다는 것도, 뒷말을 부정하고 있다는 것도 모두 적절하지 않다.

[오답풀이] ② 부정 표현 중에서 '능력'이나 '그 밖의 다른 상황'으로 인한 부정을 표현하는 '못' 부정문은 부사 '못'을 활용하거나 용언 '못하다'에 의해 실현되는 것이 일반적이다. 따라서 ㉡에서는 '자전거를 탄다'의 부정문으로 '못 탄다'와 '타지 못한다' 모두가 가능하다는 것을 보여 주고 있다. ③ 명령문의 부정 표현에서는 '안' 부정과 '못' 부정이 아닌 '말다' 부정을 사용한다. ⑤ ㉤에서 '분명히'는 '했다', '하지 않았다' 모두와 호응을 이루지만 '결코'는 '하지 않았다'와만 호응을 이룬다. 이를 통해 반드시 부정 표현과 함께 쓰여야 하는 부사가 있다는 것을 알 수 있다.

206) ④

解 : '-지 않다'라는 보조 용언을 사용한 긴 부정문으로, 긍정문을 단순히 부정하는 단순 부정을 나타낸다.

[오답풀이] ① 부정 부사 '안'을 사용한 짧은 부정문으로, 긍정문을 단순히 부정하는 단순 부정을 나타낸다. ② '-지 않다'라는 보조 용언을 사용한 긴 부정문으로, 주체의 의지에 따라 행동을 하지 않음을 의미하는 의지 부정을 나타낸다. ③ '-지 못하다'라는 보조 용언을 사용한 긴 부정문으로, 주체의 능력이 부족하거나 어떤 원인에 의해 행동을 하지 못함을 의미하는 능력 부정을 나타낸다. ⑤ 부정 부사 '못'을 사용한 짧은 부정문으로, 주체의 능력이 부족하거나 어떤 원인에 의해 행동을 하지 못함을 의미하는 능력 부정을 나타낸다.

207) ⑤

선택 비율	① 6%	② 2%	③ 2%	④ 12%	⑤ 76%

解 : ㉠의 '고요하지 않다'는 형용사 '고요하다'가 서술어로 쓰이며 '-지 않다'가 단순 부정을 나타내고 있다. ㉡의 '비가 안 오다'는 무정물 '비'가 주어로, 동사 '오다'가 서술어로 쓰이며 '안'이 단순 부정을 나타내고 있다. 따라서 〈보기〉의 ㉠, ㉡에 해당하는 예로 적절하다.

[오답풀이] ① ㉠은 동사 '발달하다'가 서술어로 쓰인 경우이며, ㉡은 무정물 '옷'이 주어로, 동사 '도착하다'가 서술어로 쓰인 경우이다. ② ㉠은 형용사 '어렵다'가 서술어로 쓰인 경우이며, ㉡은 유정물 '저'가 주어로, 동사 '잊다'가 서술어로 쓰인 경우이다. ③ ㉠은 형용사 '궁금하다'가 서술어로 쓰인 경우이며, ㉡은 유정물 '동생'이 주어로, 동사 '가져가다'가 서술어로 쓰인 경우이다. ④ ㉠은 동사 '놀라다'가 서술어로 쓰인 경우이며, ㉡은 무정물 '전기'가 주어로, 동사 '통하다'가 서술어로 쓰인 경우이다.

208) ⑤

선택 비율	① 5%	② 11%	③ 2%	④ 5%	⑤ 77%

解 : 관형사절 '그가 못 읽은'이 안긴절로 쓰였으며, 이 안긴절에는 짧은 부정 표현 '못'이 쓰였다. '읽었다'에서 확인할 수 있듯이 안은문장은 사건시가 발화시보다 앞서는 과거 시제이다.

[오답풀이] ① 관형사절 '차갑지 않은'이 안긴절로 쓰였으며, 이 안긴절에는 긴 부정 표현 '-지 않다'가 쓰였다. '먹었었다'에서 확인할 수 있듯이 안은문장은 사건시가 발화시보다 앞서는 과거 시제이다. ② 관형사절 '바쁜'과 인용절 '바쁜 업무들이 안 끝났다고'가 안긴절로 쓰였으며, 인용절에는 짧은 부정 표현 '안'이 쓰였다. '통보했다'에서 확인할 수 있듯이 안은문장은 사건시가 발화시보다 앞서는 과거 시제이다. ③ 인용절 '결코 포기를 하지 않겠다고'가 안긴절로 쓰였으며, 이 안긴절에는 긴 부정 표현 '-지 않다'가 쓰였다. '결심했다'에서 확인할 수 있듯이 안은문장은 사건시가 발화시보다 앞서는 과거

시제이다. ④ 관형사절 '그 버스가 제때 못 올'이 안긴절로 쓰였으며, 이 안긴절에는 짧은 부정 표현 '못'이 쓰였다. '예상한다'에서 확인할 수 있듯이 안은문장은 사건시와 발화시가 일치하는 현재 시제이다.

209) ①

선택 비율	① 92%	② 1%	③ 2%	④ 1%	⑤ 1%

해 : ①은 주어가(이 문장에서는 생략되어 있음) 다른 주체(동생)에 의해 빼앗기는 동작을 당하고 있으므로 피동 표현이 활용된 문장이다.

[오답풀이] ②와 ③은 능동 표현이다. ④ '숙이다'는 '앞이나 한 쪽으로 기울어지게 하다' 라는 의미를 나타내고 있으므로 피동 표현에 해당하지 않는다. ⑤ '굽히다' '굽게 하다'의 의미를 나타내고 있으므로 피동 표현에 해당하지 않는다.

210) ②

선택 비율	① 8%	② 70%	③ 6%	④ 6%	⑤ 7%

해 : '만지다'의 경우는 피동 접미사 '-이-, -히-, -리-, -기-'를 붙여서 짧은 피동표현을 만들지 못하는 동사이므로 적절하다.

[오답풀이] ① 동사의 어근에 피동 접미사 '-기-'를 붙여 '낚싯줄이 물고기에 의해 끊겼다.'와 같이 짧은 피동을 만들 수 있으므로 적절하지 않다. ③ 동사의 어근에 피동 접미사 '-이-'를 붙여 '동생의 이름이 민수에 의해 불렸다.'와 같이 짧은 피동을 만들 수 있으므로 적절하지 않다. ④ 동사의 어근에 피동 접미사 '-히-'를 붙여 '도토리가 다람쥐에 의해 땅에 묻혔다.'와 같이 짧은 피동을 만들 수 있으므로 적절하지 않다. ⑤ 동사의 어근에 피동 접미사 '-기-'를 붙여 '음식이 요리사에 의해 접시에 담겼다.'와 같이 짧은 피동을 만들 수 있으므로 적절하지 않다.

211) ③

선택 비율	① 8%	② 4%	③ 73%	④ 5%	⑤ 8%

해 : '안겼다'는 '두 팔로 감싸게 하거나 그렇게 하여 품 안에 있게 하다'의 의미로 주어가 다른 주체에 의해 동작을 당하는 피동 표현이 실현된 것이 아니므로 적절하지 않다.

[오답풀이] ① '풀렸다'는 '모르거나 복잡한 문제 따위가 밝혀지거나 해결되다'의 의미로 피동 표현이 실현된 것이므로 적절하다. ② '읽혔다'는 '글에 담긴 뜻이 헤아려져 이해되다'의 의미로 피동 표현이 실현된 것이므로 적절하다. ④ '깎였다'는 '풀이나 털 따위가 잘리다'의 의미로 피동 표현이 실현된 것이므로 적절하다. ⑤ '이용되다'는 '대상이 필요에 따라 이롭게 쓰이다'의 의미로 피동 표현이 실현된 것이므로 적절하다.

212) ④

선택 비율	① 1%	② 2%	③ 6%	④ 76%	⑤ 13%

해 : '그려졌다'는 '그리-'에 피동의 의미를 나타내는 '-어지다'만 결합한 형태로 이중 피동 표현이 아니므로 적절하지 않다.

[오답풀이] ① '긁혔다'는 '긁-'에 피동 접사 '-히-'가 결합했으므로 적절하다. ② '빼앗겼다'는 '빼앗-'에 피동 접사 '-기-'가 결합하여 주어인 '형'이 '동생'에게 '인형을 빼앗기는' 상황을 나타내는 피동 표현이므로 적절하다. ③ '세워졌다'는 '세우-'에 피동의 의미를 나타내는 '-어지다'가 결합하여 장형 피동으로 실현되고 있으므로 적절하다. ⑤ '나뉘었다'는 '나누-'에 피동 접사 '-이-'가 결합하여 '나뉘-'로 줄어든 형태의 피동 표현이므로 적절하다.

213) ②

선택 비율	① 4%	② 83%	③ 3%	④ 4%	⑤ 4%

해 : 능동문인 ㉡'나는 그림을 보았다'에서 목적어 '그림을'은 피동문인 ㉢'그림이 나에게 보였다'에서 주어인 '그림이'로 바뀐다. 따라서 ㉡과 ㉢를 보니 능동문의 목적어가 피동문에서도 목적어가 된다는 진술은 적절하지 않다.

[오답풀이] ① 능동문 ㉠에 나타나는 주어 '언니가'는 피동문인 ⓐ에서 부사어 '언니에게'로 바뀌고 있으므로 적절하다. ③ 주동문 ㉡이 사동문인 ⓓ로 바뀔 때 '형이'라는 새로운 주어가 나타나고 있으므로 적절하다. ④ 피동문 ⓐ에서 피동사 '안겼다'와 사동문 ⓑ에서 사동사 '안겼다'의 형태가 같으므로 적절하다. ⑤ 사동문 ⓑ에서 '안겼다'는 '-기-'라는 접미사에 의해, 사동문 ⓓ에서 '보게 했다'는 '-게 하다'에 의해 만들어지고 있으므로 적절하다.

214) ③

선택 비율	① 8%	② 7%	③ 50%	④ 25%	⑤ 7%

해 : '돕다'는 피동사로 파생되지 않는다. '동생이 부모님께 칭찬을 들었다.'는 '들리었다(들-+-리-+-었-+-다)'로 서술어의 피동사가 존재함에도 불구하고 파생적 피동문으로 바꿀 수 없는 능동문이다. '칭찬이 부모님에 의해 동생에게 들렸다.'는 어색한 문장이다.

[오답풀이] ① '주다'는 피동사로 파생되지 않는다. '고양이가 쥐를 잡았다.'에서, '잡다'는 '잡히다'라는 피동사가 있고, '쥐가 고양이에게 잡혔다(잡-+-히-+-었-+-다).'로 파생적 피동문이 가능하다. ② '먹다'는 '먹히다'로 파생된다. '사람들이 열심히 풀을 뽑았다.'의 '뽑다'는 '뽑히다'라는 피동사가 있지만 '풀이 열심히 사람들에게 뽑혔다.'라는 파생적 피동문은 어색한 문장이 된다. ④ '만나다'는 피동사로 파생되지 않는다. '학생들이 벽화를 멋지게 그렸다.'의 '그리다'는 '그려지다'로 '-어지다'라는 보조 용언이 붙어 '벽화가 학생들에 의해 멋지게 그려졌다'라는 통사적 피동문은 되지만 파생적 피동문은 없다. ⑤ '나누다'는 '나뉘다(나누-+-이-+-다)'로 파생된다. '누나가 일부러 문을 세게 닫았다.'에서 '닫다'는 '닫히다'로 피동사는 존재하지만 파생적 피동문으로 바꾸면 '문이 일부러 누나에게 세게 닫혔다.'로 어색한 문장이 된다.

215) ③

선택 비율	① 14%	② 14%	③ 58%	④ 3%	⑤ 8%

해 : ㉠의 주동문의 주어 '철수가'는 사동문에서 '철수를'이

정답 및 해설

라는 목적어로 바뀌었지만, ㉡의 주동문의 주어 '동생이'는 사동문에서 '동생에게'라는 부사어로 바뀌었으므로 적절하지 않다.

[오답풀이] ① ㉡의 사동문은 '-이-'라는 사동 접미사를 활용한 형태를 보이고 있다. 하지만 ㉠은 사동 접미사를 활용한 사동문을 만들 수 없으므로 적절하다. ② ㉢의 사동문에서 사동 접미사 '-기-' 대신 '-게 하다'를 활용해 사동문을 만들면 '인부들이 이삿짐을 방으로 옮게 하다.'와 같이 어색한 문장이 되므로 적절하다. ④ ㉠과 ㉡은 모두 주동문이 사동문으로 되면서 '내가'와 '누나가'라는 새로운 주어가 생겼으므로 적절하다. ⑤ ㉠, ㉡과 달리 ㉢은 사동문에 대응하는 주동문이 비문이므로 적절하다.

216) ②

선택 비율	① 9%	② **47%**	③ 25%	④ 7%	⑤ 9%

㉭ : 제시된 탐구 과정을 보면 A는 주동문은 존재하여도 그것을 사동문으로 바꿀 수 없는 경우이다. ㉡이 A에 해당하는데, ㉡을 사동문으로 만든 'X(?)가 그에게 한여름에 더위를 먹였다.'는 비문법적인 문장이기 때문이다. B는 주동문의 서술어로 쓰인 용언의 어간을 어근으로 삼아 사동 접미사를 붙여 파생적 사동문으로 바꿀 수 있는 경우이다. ㉠이 B에 해당하는데, ㉠은 '그가 물통에 물을 가득 채웠다.'와 같이 파생적 사동문으로 바꿀 수 있기 때문이다. C는 주동문을 사동문으로 바꿀 수는 있으나, 파생적 사동문으로 바꿀 수 없는 경우이다. ㉢이 C에 해당하는데, 서술어인 '모았다(모으다)'의 어간 '모으-'에 '-게 하다'를 붙여 '모으게 했다'와 같이 통사적 사동문으로 바꿀 수는 있으나, '모았다(모으다)'는 어간 '모으-'를 어근으로 삼아 사동 접미사가 붙어 사동사로 파생되지 않으므로 파생적 사동문으로는 바꿀 수 없기 때문이다.

217) ③

선택 비율	① 7%	② 13%	③ **50%**	④ 14%	⑤ 13%

㉭ : ㄱ은 서술어가 필요로 하는 문장 성분의 개수가 주어, 부사어로 2개이며, ㄷ은 서술어가 필요로 하는 문장 성분의 개수가 주어 1개이므로 적절하지 않다.

[오답풀이] ① ㄱ의 능동문은 '엄마가 아기를 안았다.'로 서술어가 필요로 하는 문장 성분의 개수는 주어, 목적어로 2개이므로 적절하다. ② ㄴ의 주동문은 '엄마가 아기를 안았다.'로 서술어가 필요로 하는 문장 성분의 개수는 주어, 목적어로 2개이므로 적절하다. ④ ㄴ의 주동문은 '엄마가 아기를 안았다.'로 서술어가 필요로 하는 문장 성분의 개수가 주어, 목적어로 2개이고, ㄹ의 주동문은 '학생들이 사진첩을 보았다.'로 서술어가 필요로 하는 문장 성분의 개수가 주어, 목적어로 2개이므로 적절하다. ⑤ ㄷ은 서술어가 필요로 하는 문장 성분의 개수가 주어 1개이고, ㄹ은 서술어가 필요로 하는 문장 성분의 개수가 주어, 부사어, 목적어로 3개이므로 적절하다.

218) ①

선택 비율	① **66%**	② 8%	③ 5%	④ 7%	⑤ 11%

㉭ : '가려진'은 기본형 '가리다'에 '-어지다'만 붙은 것으로 피동 표현을 두 번 겹쳐 쓴 이중 피동 표현의 예가 아니다.

[오답풀이] ② '쓰여진'은 기본형 '쓰다'에 피동 접미사 '-이-'와 '-어지다'가 붙은 이중 피동 표현이다. ③ '담겨진'은 기본형 '담다'에 피동 접미사 '-기-'와 '-어지다'가 붙은 이중 피동 표현이다. ④ '열려진'은 기본형 '열다'에 피동 접미사 '-리-'와 '-어지다'가 붙은 이중 피동 표현이다. ⑤ '보여진'은 기본형 '보다'에 피동 접미사 '-이-'와 '-어지다'가 붙은 이중 피동 표현이다.

219) ④

선택 비율	① 5%	② 3%	③ 6%	④ **79%**	⑤ 4%

㉭ : ㉣에서 '대통령'을 뽑은 행위의 주체는 '국민들'이다. ㉣은 행위의 주체가 누구나 아는 사람이어서 말할 필요가 없을 때 피동 표현을 사용할 수 있는 경우이다.

[오답풀이] ① ㉠에서 쏘는 행위의 주체는 '벌'이고 행위의 대상은 '그'이다. ㉠은 '그'를 부각하기 위해 피동 표현을 사용한 경우이다. ② ㉡은 피동 표현을 통해 '편지'를 찢은 주체인 '나'를 밝히지 않고 있다. ③ ㉢은 행위의 주체인 '기자'가 중요하지 않을 때 피동 표현을 사용할 수 있는 경우이다. ⑤ ㉤은 '날씨'를 푼 행위의 주체를 분명히 설정하기 어려워 피동 표현을 사용한 경우이다.

220) ②

선택 비율	① 21%	② **29%**	③ 13%	④ 10%	⑤ 25%

㉭ : ㉠의 '잡혔다'의 '잡히다'는 '말 따위가 문제로 삼아지다.'라는 의미를 지닌 피동사로 사용되었으므로 피동 접미사가 사용된 경우이고, ㉡의 '잡혔다'에서 '잡히다'는 '담보로 맡기다.'라는 의미를 지닌 사동사로 사용되었으므로 사동 접미사가 사용된 경우이다.

221) ⑤

선택 비율	① 5%	② 13%	③ 3%	④ 10%	⑤ **66%**

㉭ : 이 문항에서는 <보기>의 설명을 바탕으로 사동사와 피동사를 올바르게 구분할 수 있는지를 묻고 있다. 정답은 ⑤로, ㉠'형이 친구에게 꽃다발을 안기다'의 '안기다'는 사동사이며, ㉡'아기 곰이 어미 품에 안기다'의 '안기다'는 피동사이다.

[오답풀이] ① '운동화 끈을 풀다', '피로를 풀다'와 비교할 때 ㉠'운동화 끈이 풀리다'의 '풀리다'와 ㉡'피로가 풀리다'의 '풀리다'는 모두 피동사이다. ② '엄마가 아이를 등에 업다'와 비교할 때 ㉠'아이가 엄마 등에 업히다'의 '업히다'는 피동사이며, '이모가 아이를 업다'와 비교할 때 ㉡'누나가 이모에게 아기를 업히다'의 '업히다'는 사동사이다. ③ '옷이 마르다'와 비교할 때 ㉠'옷을 말리다'의 '말리다'는 사동사이다. ㉡의 '말리다'는 '다른 사람이 하고자 하는 어떤 행동을 못하게 방해하다'의 뜻을 지니며 피동사도 아니고 사동사도 아니다. ④ '몸이 녹다', '고드름이 녹다'와 비교할 때 ㉠'새들이 몸을 녹이다'의 '녹이다'와 ㉡'햇살이 고드름을 녹이다'의 '녹이다'는 모두 사동사이다.

222) ③

선택 비율	① 2%	② 3%	③ 88%	④ 2%	⑤ 1%

해 : ⓒ의 경우, 능동문과 피동문 모두 여러 가지로 해석되는 의미를 가지지 않으므로 능동문과 달리 피동문이 여러 가지 의미로 해석되는 문장의 사례로 볼 수 없다. ⓛ의 경우, 능동문이 두 명의 학생이 총 참새 네 마리를 잡은 경우, 두 명의 학생이 각각 참새 네 마리를 잡아 총 여덟 마리를 잡은 경우와 같이 중의적으로 해석될 수 있다.

[오답풀이] ① ⓖ의 능동문에서는 '눈이 세상을 덮는 동작'이 연상되는 것에 비해, 피동문에서는 그런 동작이 잘 드러나지 않는다. ② ⓖ과 ⓛ은 모두 능동문의 주어였던 '눈이'와 '두 학생이'가 피동문의 부사어인 '눈에'와 '두 학생에게'로 나타나는 사례이다. ④ '날리다'는 목적어를 가지지 않는 자동사인 '날다'에서 파생된 경우이다. ⑤ '날씨'가 바뀌는 행위는 자연적인 것으로서 문장의 의미 자체가 상황 의존성을 강하게 가져 동작성을 표현하기 어려우므로, 대응하는 능동문을 상정하기가 어렵다.

223) ②

선택 비율	① 2%	② 93%	③ 1%	④ 1%	⑤ 0%

해 : ⓛ은 말을 꺼내기 거북할 때에 쓰는 말로서 대명사가 아닌 감탄사이다. 대명사로서의 '저기'는 화자와 청자 모두에게서 멀리 떨어져 있는 사물을 가리킬 때 쓰이지만 이 예는 감탄사로 쓰인 것이다.

[오답풀이] ① '끊은 게 아니고 끊어진 거'라고 한 것은 본인의 의지로 사건이 일어난 것이 아님을 의미한다. 이처럼 상황이 일어나게 된 것이 능동적이고 의지적인 행위 때문이 아니라 불가항력적인 일 때문일 경우에는 주로 피동 표현을 사용한다. ③ '아차'라는 감탄사는 어떤 것, 특히 무엇이 잘못된 것을 갑자기 깨달았을 때 하는 말이다. ④ 어떤 이의 능력 부족이나 불가피한 상황 때문에 어떤 일이 이루어지지 않았음을 나타낼 때에는 '못' 부정 표현을 사용한다. ⑤ "자세히 말해 볼래?"는 형식상으로는 의문문이지만 내용상으로는 말해 달라는 요청의 의미를 담고 있다. 이렇게 문장 종결 표현과 발화의 의도가 일치하지 않는 문장이 있는데 이를 간접 표현이라 한다.

224) ②

선택 비율	① 9%	② 66%	③ 10%	④ 7%	⑤ 5%

해 : ⓖ의 '녹았다'는 주어를 필요로 하는 한 자리 서술어이고, ⓛ의 '녹였다'는 사동사로 주어와 목적어를 필요로 하는 두 자리 서술어이다. ⓒ의 '보았다'는 주어와 목적어를 필요로 하는 두 자리 서술어이고, ⓔ의 '보였다'는 피동사로 주어를 필요로 하는 한 자리 서술어이다. 따라서 ⓛ은 사동문이며, ⓒ과 서술어 자릿수가 같다.

225) ⑤

선택 비율	① 16%	② 6%	③ 5%	④ 9%	⑤ 61%

해 : ⑤에서 ⓖ의 '쓸리다'는 '쓸다[2]①'의 피동사이고, ⓛ의 '쓸리다'는 '쓸다[2]①'의 사동사이다. ⓛ의 '쓸리다'는 '쓸게 하다'와 의미가 상통한다는 점에서도 이를 확인할 수 있다.

[오답풀이] ① ⓖ의 '갈리다'는 피동사이고, ⓛ의 '갈리다'는 사동사이다. 그런데 ⓖ의 '갈리다'는 '갈다[1]②'에 대응함에 비해 ⓛ의 '갈리다'는 '쟁기나 트랙터 따위의 농기구나 농기계로 땅을 파서 뒤집다'의 뜻을 지니는 '갈다'에 대응한다. ② ⓖ과 ⓛ의 '깎이다'는 둘 다 '깎다[1]③'에 대응하는 피동사이다. ③ ⓖ과 ⓛ의 '묻히다'는 둘 다 '묻다[1]①'에 대응하는 사동사이다. ④ ⓛ의 '물리다'는 '물다[2][1]②'에 대응하는 피동사이고, ⓖ의 '물리다'는 '입 속에 넣어 두다'의 뜻을 지니는 '물다'에 대응하는 사동사이다.

226) ④

선택 비율	① 9%	② 4%	③ 27%	④ 45%	⑤ 13%

해 : ⓔ의 '선생님께서~읽히셨다.'는 접사에 의한 사동 표현이고, '선생님께서~읽게 하셨다.'는 '-게 하다'에 의한 사동 표현인데, 이는 모두 '선생님께서 철수에게 책을 읽도록 시키는' 간접 사동의 의미로만 해석된다.

[오답풀이] ① ⓖ의 '낮춘다'는 '낮다'라는 형용사에 사동 접사 '-추-가 결합된 사동사이다. ② ⓛ은 주동문이 사동문으로 바뀔 때 서술어에서 주어와 목적어, 그리고 부사어를 요구하는 세 자리 서술어로 바뀌었다. ③ '이삿짐이 방으로 옮다'로 쓸 수 없으므로 ⓒ의 경우 대응하는 주동문을 만들 수가 없다는 이해는 적절하다. ⑤ ⓜ에서 자동사가 서술어로 사용된 주동문의 주어 '아기가'는 사동문에서 목적어로, 타동사가 서술어로 사용된 주동문의 주어 '철수가'는 사동문에서 부사어로 바뀌었다.

227) ③

선택 비율	① 10%	② 5%	③ 70%	④ 5%	⑤ 8%

해 : '밝혀졌다'는 '드러나지 않거나 알려지지 않은 사실, 내용, 생각 따위를 드러내 알리다'의 뜻을 지니는 동사 '밝히다'에 '-어지-'가 결합한 경우이기 때문에 ⓒ에 해당하는 예이다.

[오답풀이] ① '입히다'는 동사 '입다'에 '-히-'가 결합한 형태이지만, 이때의 '-히-'는 피동 접사가 아니라 사동 접사이다. ② '건네받다'의 '받다'는 '다른 사람이 주거나 보내오는 물건 따위를 가지다'의 뜻을 지니는 동사이다. ④ 이 문장은 자연적으로 발생하는 사태를 표현하는 경우가 아닐 뿐더러 '많은 사람들이 그 사람을 존경하다.'처럼 피동문에 대응하는 능동문을 상정할 수 있다. '존경받다'는 ⓛ에 해당하는 예이다. ⑤ '이루다'는 타동사이므로 '-어지-'가 결합한 '이루어지다'는 ⓜ에 해당하는 예가 아니다.

228) ①

선택 비율	① 91%	② 1%	③ 2%	④ 1%	⑤ 1%

해 : <보기>는 필요한 문장성분이 생략되어 의미가 제대로 전달되지 않는 문장에 대한 설명이다. '내 친구 영수는 얼굴이 닮았다.'는 문장에 필요한 부사어가 빠져 있어 의미가 제대로 전달되지 않는 문장이므로 ⓖ에 들어갈

예로 적절하다.

[오답풀이] ② '그는 하얀색 운동화를 신고 있었다'는 '신고 있었다'의 의미가 중의적으로 해석되는 문장이다. ③ '예고'라는 단어에 '미리'라는 의미가 포함되어 있어 불필요한 요소가 포함된 문장이다. ④ '소중한'의 수식 범위가 모호하여 의미가 중의적으로 해석되는 문장이다. ⑤ 부사어인 '절대로'가 서술어와 호응이 되지 않는 문장이다.

229) ①

선택 비율	① 85%	② 5%	③ 2%	④ 4%	⑤ 3%

해 : ①은 문장에서 '귀여운'이 수식하는 말이 '동생'인지, '동생의 강아지'인지 불분명하여 중의적으로 해석되는 문장이다.

[오답풀이] ② '좋아한다'의 비교 대상이 불분명한 데서 중의적으로 해석된다. ③ '신고 계신다'가 진행인지 완료인지 불분명한 데서 중의적으로 해석된다. ④ '나'와 '그녀'가 결혼한 것인지 '나'와 '그녀'가 각각 다른 사람과 결혼한 것인지 불분명한 데서 중의적으로 해석된다. ⑤ '사과'와 '귤'이 각각 하나씩 두 개인지, '사과'와 '귤'이 각각 두 개인지 불분명한 데서 중의적으로 해석된다

230) ①

선택 비율	① 87%	② 3%	③ 5%	④ 1%	⑤ 2%

해 : '나는 형과 누나가 추천한 영화를 보았다.'라는 문장은 '누나가 추천한 영화를 형과 내가 본 것'과, '형과 누나가 추천한 영화를 내가 본 것'으로 중의적 해석이 가능하다. 여기에 '집에서'를 넣는다고 해서 중의성이 해소되는 것은 아니다.

231) ③

선택 비율	① 0%	② 1%	③ 94%	④ 2%	⑤ 0%

해 : ㄷ의 '아파서'가 '만약'과 호응하지 않는 것은 적절하지만 '만약'과 호응하려면 '아파서'를 '아프면'으로 바꾸어야 한다.

232) ⑤

선택 비율	① 3%	② 6%	③ 3%	④ 14%	⑤ 71%

해 : 중의성이 있는 문장이 명확하게 해석되지 못하는 이유를 구체적으로 파악한다. 문장 ⓜ은 지훈이가 웃으면서 소민이를 맞이했는지, 소민이가 웃으면서 들어왔는지가 모호하기 때문에 명확하게 해석하기 어렵다. '지훈이와 소민이'가 동시에 웃으며 만났다는 의미는 이 문장에서 찾을 수 없다.

[오답풀이] ① ㉠의 예문에서는 경준이의 신체 중 손이 큰지, 경준이의 씀씀이가 큰지 명확하지 않다. ② 효정이 구두를 신고 있는 중인지, 구두를 신은 상태인지 명확하지 않다. ③ 아름다운 사람이 그녀인지 어머니인지 명확하지 않다. ④ 접속 조사 '와'의 결합 때문에, ㉣은 어머니께서 나에게 주신 것이 사과 하나와 귤 하나인지, 사과와 귤이 각각 두 개인지, 사과 하나와 귤 두 개인지 명확하지 않다.

233) ②

선택 비율	① 8%	② 59%	③ 11%	④ 7%	⑤ 11%

해 : '형은 나보다 어머니를 더 좋아한다.'는 '형은 나와 어머니 중에서 어머니를 더 좋아한다.'와 '내가 어머니를 좋아하는 것보다 형이 어머니를 더 좋아한다.'로 중의적으로 해석된다.

234) ①

선택 비율	① 70%	② 9%	③ 8%	④ 8%	⑤ 2%

해 : '그녀는 학교에서 회장이 되었다'에서 '회장이'는 서술어 '되었다'가 반드시 필요로 하는 보어이다.

[오답풀이] ② '그'와 '나' 둘 중에 누가 낚시를 더 좋아하는지 분명하지 않기 때문에 '내가 낚시를 좋아하는 것보다 그가 더 낚시를 좋아하다'로 의미가 분명하도록 고친 것이다. ③ 주어인 '우리 집의 특징은' 과 서술어가 호응을 이루도록 문장을 고친 것이다. ④ 환경은 '개선시켜야' 할 대상이 아니라 우리가 환경을 '개선해야' 하는 것으로 지나친 사동 표현을 주동 표현으로 고친 것이다. ⑤ '조용히'와 조용하고 엄숙함을 뜻하는 '정숙'이 의미가 중복되기 때문에 '조용히'를 삭제한 것이다.

235) ⑤

선택 비율	① 3%	② 4%	③ 2%	④ 3%	⑤ 86%

해 : 수정 문장 '민우는 나와 둘이서 윤서를 불렀다.'는 '민우와 나'가 주체가 되어 '윤서'를 불렀음을 의미한다. 전달 의도처럼 '나와 윤서'를 부른 사람이 '민우'임을 표현하기 위해서는 '민우는 혼자서 나와 윤서를 불렀다.'로 문장을 수정해야 한다.

[오답풀이] ①, ② ㄱ의 중의적 문장은 '관객 중 일부가 도착하지 않음.'과 '관객 중 누구도 도착하지 않음.'의 의미로 모두 해석될 수 있다. 수정 문장은 중의성 해소를 위해 조사 '는'을 추가하여 부정 표현의 범위를 한정한 것으로, '관객 중 일부가 도착하지 않음.'으로 해석된다. ③, ④ ㄴ의 중의적 문장은 '전학온 친구와 만난 때가 어제임.'과 '친구가 전학 온 것이 어제임.'의 의미로 모두 해석될 수 있다. 수정 문장은 중의성 해소를 위해 '어제'의 위치를 변경해 '어제'의 수식 범위를 한정한 것으로, '전학 온 친구와 만난 때가 어제임.'으로 해석된다.

236) ①

선택 비율	① 60%	② 2%	③ 2%	④ 26%	⑤ 8%

해 : ㉠에서 '가던지 오던지 마음대로 해라.'라는 문장이 어법에 맞지 않는 것은 '-든지'을 써야 할 자리에 '-던지'을 썼기 때문이다. '-든지'와 '-던지'는 동사의 어간과 결합하여 쓰였으므로 어미임을 알 수 있다. ㉠은 어미를 잘못 사용했기 때문에 생긴 오류이다.

[오답풀이] ② 사람을 포함한 유정물에는 조사 '에게'를 쓰며 그 외의 무정물에는 조사 '에'를 쓴다.

237) ②

선택 비율	① 1%	② 81%	③ 5%	④ 5%	⑤ 5%

해 : ㄴ은 '나'가 음악을 좋아하는 정도보다 '그'가 음악을 좋아하는 정도가 더 강하다는 것인지, 아니면 '그'가 '나'와 '음악' 중 무엇을 더 좋아하는지가 분명하지 않은 문장이다. 따라서 '그'와 '음악'을 비교 대상으로 한다는 설명은 부적절하다.

[오답풀이] ㄱ은 '예쁜'이 '영희'와 '동생' 중 누구를 꾸미는지 모호하므로, '영희의 예쁜 동생' 또는 '예쁜, 영희의 동생'처럼 어순을 바꾸거나 쉼표를 사용하여 '동생'을 꾸미는 것이 명료하게 드러나도록 해야 한다. ㄴ은 비교 대상이 명료해지도록 '내가 음악을 좋아하는 것보다 그가 음악을 더 좋아한다.'처럼 수정해야 한다. ㄷ은 '영수를 보고 싶어 하는 친구들이 많다.' 또는 '영수가 많은 친구들을 보고 싶어 한다.' 처럼 수정해야 주체가 명료해진다. ㄹ은 '아무도 오지 않았다.' 또는 '일부만 왔다.'처럼 수정하여 전체 부정인지 부분 부정인지를 명확히 해야 한다. ㅁ은 입는 동작이 진행 중인지 입은 상태가 지속되는지를 명료하게 수정해야 한다.

238) ②

선택 비율	① 4%	② **68%**	③ 23%	④ 2%	⑤ 1%

해 : ⓒ에서 '믿기다'는 '믿다'에 접미사 '-기'가 결합된 피동사이다. 이에 피동을 나타내는 '-어지다'를 결합하여 '믿겨지지'로 나타냈으므로 이중 피동에 해당한다.

[오답풀이] ㉠ '어제'는 과거를 나타내는 부사이다. 그러므로 현재를 나타내는 어미 '-ㄴ다'를 사용한 것은 적절하지 않다. ㉢ '자식'은 자격의 의미를 지니므로, 조사 '(으)로서'가 적절하다. ㉣ 아버지는 객체 높임의 대상이므로, 조사 '에게'를 '께'로, 서술어 '주었다'를 '드렸다'로 바꾸는 것이 적절하다. ㉤ '돌이켜 회상했다.'에서 '회상'은 '지난 일을 돌이켜 생각한다.'가 사전적 의미이므로 '돌이켜'를 삭제하는 것은 적절하다.

239) ③

선택 비율	① 3%	② 1%	③ **87%**	④ 4%	⑤ 2%

해 : ⓑ에 따르면, 수정 전 문장에서 '왜냐하면'에 호응하는 서술어는 '때문이다' 이므로 '-는 것이다'로 수정한 문장 역시 호응 관계가 자연스럽지 않으므로 적절하지 않다.

[오답풀이] ① ⓐ에 따르면 수정 전 문장에서는 '빠져나갈 방법을'의 목적어가 빠져 있으므로 적절하다 ② ⓐ에 따르면, 수정 전 문장에서 필부 부사어 '이모와'가 필요하므로 적절하다. ④ ⓑ에 따르면 수정전 문장의 '비록'을 '만약'으로 고쳐야 '입장이라면'과 호응을 이루므로 적절하다. ⑤ ⓒ에 따르면 수정 전 문장에서 '이미'와 '기존'이 의미상으로 중복된 표현이므로 적절하다.

240) ⑤

선택 비율	① 11%	② 1%	③ 3%	④ 5%	⑤ **77%**

해 : 문장을 어법에 맞게 쓰기 위해서는 어휘의 적절한 사용, 서술어의 자릿수, 문장 성분 사이의 호응, 수식어와 피수식어의 호응, 문장 사이의 접속 표현 등을 고려해야 한다. ㉤은 '남에게 고통을 주다.'와 '남의 마음을 상하게 하다.'라는 문장이 이어지며 문장 성분을 과도하게 생략한 경우이다.

[오답풀이] ① ㉠은 '-던지'나 '-든지'가 적절히 사용되었는가를 판단해야 하는 문장이다. '-던지'의 '-더-'는 과거 회상을 나타내는 선어말 어미가 결합한 것이며, 어미 '-든지'는 여러 동작이나 상태, 대상을 늘어놓고 그 가운데 어느 것이든 선택될 수 있음을 나타내는 어미이다. ② ㉡은 문장에서 나타내고자 하는 의미에 적절한 단어가 사용되었는가를 고려해야 하는 문장이다. 기차의 속도를 나타낼 때에는, 어떤 동작을 하는 데 걸리는 시간이 짧다는 의미를 나타내는 '빠르다'를 사용하는 것이 적절하다. ③ ㉢은 '내가하고 싶은 말은'과 서술어가 호응을 이루지 않아 문장이 어색하다. ④ ㉣에서 '한결같이'의 수식의 대상이 '어려운'인지 '돕는'인지 불분명하여 중의적으로 해석된다.

241) ①

선택 비율	① **80%**	② 14%	③ 2%	④ 1%	⑤ 1%

해 : '상의하다'는 '어떤 일을 서로 의논하다.'는 의미를 지닌 서술어로, 의논의 대상이 되는 부사어를 필요로 한다. 따라서 '약사에게'가 아니라 공동의 의미를 지닌 부사격 조사 '와'가 결합된 '약사와'가 적절하다.

242) ①

선택 비율	① **58%**	② 13%	③ 2%	④ 20%	⑤ 4%

해 : '주다'는 부사어와 목적어를 필수적으로 요구하는 서술어이다. 따라서 부사어 '우리에게'를 추가하여 수정하였다. 그런데 수정한 이유를 보면 목적어가 없다고 진술하였으므로 이는 적절하지 않다.

[오답풀이] ② '믿겨지다'는 '믿다'의 이중 피동 표현이므로 이중 피동 표현을 사용하여 수정하였다는 진술은 적절하다. ③ '추고'가 빠져 있었으므로 목적어의 하나인 '춤'과 호응하는 서술어가 없어 수정하였다는 것은 적절하다. ④ 직접 인용을 나타내는 조사는 '라고'이며, 간접 인용을 나타내는 '고'이므로 조사가 잘못 사용되어 수정하였다는 것은 적절하다. ⑤ '온정'은 '따뜻한 사랑이나 인정'이란 뜻이므로 의미가 중복된 표현을 사용하여 수정하였다는 것은 적절하다.

243) ④

선택 비율	① 3%	② 3%	③ 2%	④ **85%**	⑤ 4%

해 : (가)는 '지원이의 꿈은'과 '되고 싶다'가 호응을 이루지 못하고 있는 문장이다. 즉 주어와 서술어 간의 호응이 이루어지지 않은 문장이다. (나)는 '이용하면서' 앞에 '자연을'이라는 목적어가 생략된 문장이다. 즉 필요한 문장 성분이 누락된 문장이다. (다)는 '형이' 만나고 싶어 하는 것인지, '형을' 만나고 싶어 하는 것인지 분명하지 않은 중의적 문장이다.

244) ④

선택 비율	① 7%	② 8%	③ 4%	④ **67%**	⑤ 11%

해 : ㄱ은 '친구가 일부가 오지 않았다'와 '친구가 한 명도

오지 않았다'로 해석된다. 이를 해소하기 위해 '모두'를 '아무도'나 '일부' 등의 단어로 교체하거나 '친구가 모두 오지는 않았다.'와 같이 본용언 뒤에 보조사 '는'을 사용한다. ㄴ은 '울면서'의 주체가 '그'나 '그녀'로 해석된다. 이를 해소하기 위해 '그가 떠나는 그녀를 울면서 안아 주었다.'와 같이 어순을 바꾼다.

245) ③

선택 비율	① 5%	② 13%	③ **74%**	④ 2%	⑤ 3%

해 : 이 문항은 중의적 의미를 지니는 문장을 제시한 후 이를 적절하게 해소하여 하나의 의미를 지니는 문장으로 수정할 수 있는지 여부를 묻는 문항으로, 정답은 ③이다. "언니가 교복을 입고 있다."는 동작의 진행과 완료에 따른 중의성을 지니는 문장으로, 교복을 입는 동작이 진행 중이라는 의미와 현재 교복을 다 입은 후의 상태라는 의미의 두 가지로 해석될 수 있다. 이때 ⓒ처럼 "교복을 입는 중이다."로 고치면 동작이 진행 중이라는 의미만을 나타내게 되어 중의성을 해소할 수 있다. 그러나 ③에서와 같이 "지금 교복을 입고 있다."라고 수정하여도 여전히 동작의 진행과 완료에 따른 중의성은 해소되지 않는다. 즉, ③의 수정된 문장은 처음 문장과 마찬가지로 두 가지 의미로 해석되는 중의문이다.

[오답풀이] ① '예쁜 모자의 장식물'은 수식의 범위에 따른 중의성이 발생하는 표현으로, '모자가 예쁜 경우'와 '장식물이 예쁜 경우'의 두 가지 의미로 해석될 수 있다. 이때 '장식물이 예쁜 경우'만으로 의미를 한정하기 위해서는 ㉠의 '예쁜, 모자의 장식물'과 같이 쉼표를 사용할 수도 있고, ①의 '모자의 예쁜 장식물'처럼 단어의 위치를 바꿀 수도 있다. ② "다 오지 않았어."는 부정의 범위에 따른 중의성이 발생하는 표현으로, '손님들 중 일부만 온 경우'와 '한 명도 오지 않은 경우'의 두 가지 의미로 해석될 수 있다. 이를 '손님들 중 일부만 온 경우'만으로 의미를 한정하기 위해서는 ㉡의 "손님들 중 일부가 오지 않았어."나 ②의 "손님들이 다는 오지 않았어."처럼 표현을 수정하면 된다. ④ "형은 나보다 동생을 더 좋아한다."라는 문장은 비교의 대상에 따른 중의성이 발생하는 표현으로, '형이 나와 동생 중 동생을 더 좋아한다는 의미'와 '내가 동생을 좋아하는 것보다 형이 동생을 더 좋아한다'는 두 가지 의미로 해석될 수 있다. 이를 전자의 의미, 즉 '나와 동생이 비교 대상인 경우'로 한정하기 위해서는, ㉣의 "형은 나를 좋아하는 것보다 동생을 더 좋아한다."나 ④의 "형은 나와 동생 중에서 동생을 더 좋아한다."처럼 문장을 수정하면 된다. ⑤ "나는 웃으면서 매장에 들어오는 손님에게 인사했다."는 수식의 범위에 따른 중의성이 발생하는 문장으로, '나가 웃으면서 인사하는 경우'와 '손님이 웃으면서 매장에 들어오는 경우'의 두 가지 의미로 해석될 수 있다. 이를 전자의 의미로 한정하기 위해서는 ㉤의 "나는 매장에 들어오는 손님에게 웃으면서 인사했다."처럼 표현을 수정하거나 ⑤의 "매장에 들어오는 손님에게 나는 웃으면서 인사했다."처럼 단어의 위치를 바꾸면 된다.

246) ②

선택 비율	① 4%	② **80%**	③ 8%	④ 4%	⑤ 2%

해 : <보기>에서 주어와 서술어 사이의 호응이 이루어지지 않아 잘못된 문장에 대해 설명한 후, 같은 유형의 사례를 찾을 수 있는지를 묻고 있다. 정답은 ②로, 주어인 '특징은'과 호응하는 서술어가 없기 때문에 잘못된 문장이 된 경우이다.

[오답풀이] ① '구매'와 '구입'의 의미가 중복되어 잘못된 문장이다. "회원들은 상품을 싸게 구매할 수 있다."나 "회원들은 상품을 싸게 구입할 수 있다." 정도로 수정해야 한다. ③ '여간하다'는 부정어 앞에 쓰여 '이만저만하거나 어지간하다.'의 의미를 지니는 형용사이기 때문에 "아들의 성공 소식은 부모님께 여간한 기쁨이 아니었다."로 수정해야 한다. ④ 목적어와 서술어의 호응이 어색하여 잘못된 문장이다. 이 문장의 목적어는 '유해 물질'과 '연료 효율'인데 '연료 효율을 높여 주다.'는 성립하지만 '유해 물질을 높여 주다.'는 의미가 성립되지 않는다. ⑤ '형언하다'는 주로 부정어와 함께 쓰여 '형용하여 말하다'의 의미를 지니는 동사이다. 따라서 "형언할 방법을 찾았다."는 잘못된 표현이다.

247) ⑤

선택 비율	① 3%	② 12%	③ 13%	④ 13%	⑤ **56%**

해 : '착한 너의 후배를 나한테 빨리 소개해 주었으면 좋겠다.'라는 문장에는 불필요하게 중복된 의미가 나타나지는 않으므로 ㉤의 적절한 사례라고 보기 어렵다. ㉤의 적절한 사례로는 '비가 올 것을 미리 예상하고 아침에 우산을 챙겼다.' 등을 들 수 있다.

[오답풀이] ① 주어('내가 하고 싶은 말')와 서술어('배려해서 행동하자')가 호응하지 않으므로 ㉠의 사례에 해당한다. ② '비단'은 부정하는 말 앞에서 '다만', '오직'의 뜻으로 쓰이는 말이므로 ㉡의 사례에 해당한다. ③ 서술어('두었다')가 요구하는 문장 성분인 부사어('…에')가 부적절하게 생략된 경우이므로 ㉢의 사례에 해당한다. ④ '짐'에 대한 서술어('싣다' 등)가 부적절하게 생략된 경우이므로 ㉣의 사례에 해당한다.

248) ④

선택 비율	① 18%	② 3%	③ 4%	④ **71%**	⑤ 1%

해 : <보기 2>에서 바뀐 부분은 세 군데이다. 첫째, '참여하려는'이 '참여한'으로 바뀌었다. 이는 이 문장이 담고 있는 내용이 과거 일이기 때문에 과거 시제를 나타내는 어미를 사용한 것이다. 이는 ㉢을 고려한 수정이다. 둘째, '각 지역에'가 '각 지역의'로 바뀌었다. '각 지역의'가 '청소년들'을 꾸며 주는 관형어로 쓰여야 하기 때문이다. 이는 ㉡을 고려한 수정이다. '각 지역에'처럼 부사격 조사가 붙은 부사어로 쓰는 것은 '각 지역에 소통하고 답사하다'와 같이 서술어를 꾸며 준다는 뜻인데 이는 문법적으로 맞지 않는다. 셋째, '답사함으로써' 앞에 '유적지를'이 첨가되었다. '답사하다'라는 동사가 누가 어디를 답사하는지 밝혀 주어야 하는 두 자리 서술어인데 목적어가 부당하게 생략

되었기 때문이다. 이는 ㉠을 고려한 수정이다.

[오답풀이] ① ㉡이 빠져 있다. ② ㉡과 ㉢이 빠져 있고 ㉣이 부당하게 들어가 있다. ③ ㉠과 ㉢이 빠져 있고 ㉣이 부당하게 들어가 있다. ⑤ ㉠이 빠져 있고 ㉣이 부당하게 들어가 있다.

249) ③

선택 비율	① 1%	② 2%	③ **94%**	④ 1%	⑤ 0%

해 : 문법적으로 정확하지 못한 문장을 올바른 문장으로 고쳐 쓰는 과정에서 고려해야 하는 요소들을 파악할 수 있는지를 묻는 문항으로, 정답은 ③이다. <자료>에서 수정 전후의 문장을 비교해 보면 두 가지가 달라졌는데, '비록 초보자일수록'이 '비록 초보자일지라도'로 수정되었고, '그려서 작성할 수 있다'가 '그려서 문서를 작성할 수 있다'로 고쳐졌다. 전자는 '비록'이라는 부사어와 연결 어미 '-ㄹ지라도'의 정확한 호응을 고려한 결과이고, 후자는 '작성하다'의 목적어 '문서를'이 누락된 것을 바로잡은 결과이다.

250) ①

선택 비율	① **95%**	② 2%	③ 0%	④ 0%	⑤ 0%

해 : ㉢은 부정 표현의 범위가 특정되지 않아서 문장이 중의성을 가지는 경우이다. ㉢에서 '않았다'를 '못했다'로 바꾸어도 중의성을 해소할 수 없다.

[오답풀이] ③ '선생님의'를 '선생님을 그린'으로 교체하면 '선생님이 그려진 그림'으로 의미를 확정할 수 있다.

251) ②

선택 비율	① 3%	② **90%**	③ 2%	④ 1%	⑤ 1%

해 : 다양한 유형의 비문을 파악할 수 있는지를 묻는 문항이다. ②에서는 문법적으로 잘못된 요소가 확인되지 않는다.

[오답풀이] ① '그는 이론을 발전해'라는 부분에서 주어와 서술어가 호응되지 않는 문장이다. '그는 자기가 창안한 사회 이론을 더욱 발전시켜 사회 문제의 해결에 기여하고자 하였다.' 정도로 수정해야 한다. ③ '생산 기술의 발달'과 '큰 변화를 겪었다'가 상응하지 않는 문장이다. '유럽은 18세기 후반부터 약 100년 동안 생산 기술이 발달하였고, 그에 따라 사회 조직의 큰 변화를 겪었다.' 정도로 수정해야 한다. ④ '요점은'과 '알아야 한다'를 확인해 보면, 주어와 서술어가 호응되지 않는 문장이다. '이 책의 저자가 독자에게 말하려는 요점은 모름지기 사람은 남을 위하여 자기를 희생할 줄도 알아야 한다는 점이다.' 정도로 수정해야 한다. ⑤ '이름의 혼동'과 '줄거리를 잘 기억하지 못했다'가 상응하지 않는 문장이다. '그의 작품들은 엇비슷해서 학생들이 작품 이름을 혼동하거나 각 작품의 이야기 줄거리를 잘 기억하지 못했다.' 정도로 수정해야 한다.

252) ①

선택 비율	① **60%**	② 10%	③ 7%	④ 15%	⑤ 5%

해 : '모름지기'는 '~해야 한다'와 호응하므로, ①은 '고등학생이라면 모름지기 그 정도는 다 할 줄 알아야 한다.' 정도로 수정되어야 바른 문장이 된다. 그러나 성분 간의 호응 문제는 <보기>에서 제시한 '문법적으로 바르지 않은 문장 유형' 중 어디에도 해당하지 않는다.

[오답풀이] ②는 '예상치 못한 결과가 나오더라도 실망할 필요가 없다.'와 같이 수정할 수 있는 문장으로, '연결어미가 의미에 맞게 사용되지 않은 경우'에 해당한다. ③은 '그 시설은 지금 민간에 위탁 운영되고 있다.'와 같이 수정할 수 있는 문장으로 <보기>의 '피동 표현이 중복되어 과도한 피동이 된 경우'에 해당한다. ④는 '특별한 일이 없을 때는 텔레비전을 보거나 라디오를 듣는다.'와 같이 수정할 수 있는 문장으로, '목적어에 대응하는 서술어가 잘못 생략된 경우' 에 해당한다. ⑤는 '어머니'에게 '외할머니'가 높임의 대상이므로, 서술어 '드린'에 맞추어 높임의 격 조사 '께'를 써야 한다는 점에서 '높임 표현이 적절하게 사용되지 않은 경우'에 해당한다.

253) ①

선택 비율	① **87%**	② 1%	③ 5%	④ 3%	⑤ 1%

해 : '나이가 작다'는 잘못된 표현이다. '나이'는 크기의 개념이 아닌 수량이나 정도의 개념이기에 '크고 작음'이 아니라 '많고 적음'으로 고쳐, '나이가 많고 적음은 큰 의미가 없다.'라고 고쳐 써야 한다.

음운

254	255	256	257	258
③	③	①	③	④
259	260	261	262	263
①	①	③	④	①
264	265	266	267	268
④	①	④	⑤	①
269	270	271	272	273
④	②	②	①	①
274	275	276	277	278
②	④	③	⑤	⑤
279	280	281	282	283
⑤	①	②	①	①
284	285	286	287	288
⑤	①	④	③	⑤
289	290	291	292	293
⑤	①	④	②	①
294	295	296	297	298
②	⑤	①	①	④
299	300	301	302	303
⑤	①	①	⑤	②
304	305	306	307	308
④	①	①	①	③
309	310	311	312	313
③	②	④	③	④

314	315	316	317	318
①	⑤	⑤	①	①
319	320	321	322	323
③	②	⑤	⑤	①
324	325	326	327	328
⑤	①	③	②	④
329	330	331	332	333
④	②	④	⑤	③
334	335	336	337	338
④	④	①	③	③
339	340	341	342	343
⑤	②	④	④	⑤
344	345	346	347	348
②	②	③	③	⑤
349	350	351	352	353
③	⑤	③	⑤	④
354	355	356	357	358
①	①	①	②	④
359	360	361	362	363
①	①	④	②	④
364	365	366	367	368
④	①	②	③	④
369	370	371	372	373
①	⑤	④	③	②
374	375	376	377	378
①	④	③	①	①
379	380	381	382	383
④	④	④	③	④
384	385	386	387	388
④	⑤	④	④	①
389	390	391		
①	④	①		

254) ③

선택 비율	① 2%	② 2%	③ **85%**	④ 8%	⑤ 0%

해 : '불'의 /ㅂ/은 조음 위치에 따라 입술소리이며, 조음 방법에 따라 안울림소리 중 파열음에 해당한 다. 즉, [불]은 두 입술을 맞닿으면서 목청을 울리지 않고 폐에서 나오는 공기의 흐름을 일단 막았다가 터뜨리면서 소리 내야 한다.

255) ③

선택 비율	① 5%	② 2%	③ **88%**	④ 2%	⑤ 1%

해 : <보기>에 나타난 승리 조건 중 첫 번째는 전설 모음을, 두 번째는 평순 모음을, 세 번째는 고모음을 의미한다. 이를 모두 만족시키는 모음은 'ㅣ'이다.

256) ①

선택 비율	① **83%**	② 6%	③ 2%	④ 2%	⑤ 3%

해 : 제시된 자료에서 'ㅁ'은 비음이자 울림소리로, 'ㅃ'은 파열음이자 안울림소리로 설명하였다. 따라서 비음인 'ㅁ'이 파열음인 'ㅃ'보다 강하게 파열되며 나는 소리라는 이해는 적절하지 않다.

257) ③

선택 비율	① 6%	② 1%	③ **79%**	④ 10%	⑤ 2%

해 : ㉠에는 앞사람이 말한 '달', 뒷사람이 말한 '굴' 모두와 최소 대립쌍인 단어가 들어가야 한다. '둘'과 '달'은 [ㅜ]와 [ㅏ]의 차이가 있고, '둘'과 '굴'은 [ㄷ]과 [ㄱ]의 차이가 있다. 따라서 '둘'과 '달', '둘'과 '굴'은 최소 대립쌍이다.

[오답풀이] ①, ⑤ '꿀'과 '풀'은 뒤의 '굴'과 최소 대립쌍이지만, 앞의 '달'과 최소 대립쌍이 아니다. ②, ④ '답'과 '말'은 앞의 '달'과 최소 대립쌍이지만, 뒤의 '굴'과 최소 대립쌍이 아니다.

258) ④

선택 비율	① 7%	② 6%	③ 9%	④ **70%**	⑤ 5%

해 : '국민 → [궁민]'에서 'ㄱ'이 'ㅇ'으로 변하였는데, 'ㄱ'은 파열음이고 'ㅇ'은 비음이므로 조음 방법이 변하였다. '물난리 → [물랄리]'에서 'ㄴ'이 'ㄹ'로 변하였는데, 'ㄴ'은 비음이고 'ㄹ'은 유음이므로 조음 방법이 변하였다.

[오답풀이] ① '국민 → [궁민]'에서 파열음 'ㄱ'이 'ㅇ'으로 바뀐 것은 뒤 자음 'ㅁ'의 영향을 받은 것이다. 그리고 바뀐 음운 'ㅇ'은 유음이 아니라 비음이다. ② '물난리 → [물랄리]'는 비음 'ㄴ'이 유음 'ㄹ'의 영향으로 유음 'ㄹ'로 바뀐 '유음화'가 일어났다. ③ '굳이 → [구지]'에는 잇몸소리 'ㄷ'이 'ㅣ' 모음 앞에서 센입천장소리 'ㅈ'으로 변하는 '구개음화'가 일어났다. ⑤ '굳이 → [구지]'에서 'ㄷ'이 'ㅈ'으로 변하였는데 'ㄷ'은 잇몸소리이고 'ㅈ'은 센입천장소리이므로 조음 위치가 변하였다. 그러나 '물난리 → [물랄리]'에서는 'ㄴ'이 'ㄹ'로 변하였는데 둘 다 잇몸소리이므로 조음 위치가 변하지 않았다.

259) ①

선택 비율	① **86%**	② 3%	③ 5%	④ 3%	⑤ 1%

해 : 우리말 음절의 초성 자리에는 자음이 둘 이상 오지 못한다. 제시된 자료 중 '끼', '딸'의 'ㄲ', 'ㄸ'는 각각 된소리에 해당하는 하나의 자음이다.

[오답풀이] ② 중성 자리에는 모음이 오는 것을 네 유형 모두에서 확인할 수 있다. ③ ㄷ과 ㄹ 유형에서 종성 자리에는 자음이 오는 것을 확인할 수 있다. ④ ㄱ 유형은 초성과 종성이 없이 중성으로만 이루어진 음절이며, ㄷ 유형은 초성이 없는 음절, ㄴ 유형은 종성이 없는 음절이라는 점에서 확인할 수 있다. ⑤ 네 유형 모두에 중성이 포함되어 있음을 통해 확인할 수 있다.

260) ①

선택 비율	① **93%**	② 3%	③ 1%	④ 1%	⑤ 0%

해 : '식물[싱물]', '입는[임는]', '뜯는[뜬는]'은 각각 'ㄱ, ㅂ, ㄷ'이 'ㅁ, ㄴ' 앞에서 'ㅇ, ㅁ, ㄴ'으로 바뀐다. 이를 제시된 자음 분류표에서 살펴보면, 파열음이 비음 앞에서 비음으로 변동했음을 확인할 수 있다. 따라서 세 사례 모두 두 자음이 만나서 발음될 때 앞 자음의 조음 방식이 파열음에서 비음으로 변한 것이라는 결론을 도출할 수 있다.

261) ③

선택 비율	① 8%	② 9%	③ 64%	④ 10%	⑤ 7%

해 : '쉬리-소리'의 최소 대립쌍에서 'ㅟ'와 'ㅗ', '마루-머루'의 최소 대립쌍에서 'ㅏ'와 'ㅓ', '구실-구슬'의 최소 대립쌍에서 'ㅣ'와 'ㅡ'의 음운을 추출할 수 있다. 'ㅟ, ㅗ, ㅏ, ㅓ, ㅣ, ㅡ'에서 평순 모음은 'ㅏ, ㅓ, ㅣ, ㅡ'로 모두 4개로, 3개의 평순 모음이라는 것은 틀린 설명이다.

[오답풀이] ① 최소 대립쌍을 통해 추출한 음운 'ㅟ, ㅗ, ㅏ, ㅓ, ㅣ, ㅡ' 중, 전설 모음은 'ㅟ, ㅣ'로 모두 2개이다. ② 최소 대립쌍을 통해 추출한 음운 'ㅟ, ㅗ, ㅏ, ㅓ, ㅣ, ㅡ' 중, 중모음은 'ㅗ, ㅓ'로 모두 2개이다. ④ 최소 대립쌍을 통해 추출한 음운 'ㅟ, ㅗ, ㅏ, ㅓ, ㅣ, ㅡ' 중, 고모음은 'ㅟ, ㅣ, ㅡ'로 모두 3개이다. ⑤ 최소 대립쌍을 통해 추출한 음운 'ㅟ, ㅗ, ㅏ, ㅓ, ㅣ, ㅡ' 중, 후설 모음은 'ㅗ, ㅏ, ㅓ, ㅡ'로 모두 4개이다.

262) ④

선택 비율	① 2%	② 5%	③ 7%	④ 81%	⑤ 2%

해 : 'ㅔ'는 [-후설성], [-고설성], [-저설성], [-원순성], 'ㅗ'는 [+후설성], [-고설성], [-저설성], [+원순성]의 변별적 자질의 특성을 가지고 있다. 따라서 'ㅔ'와 'ㅗ'는 [-고설성]으로 동일한 변별적 자질의 특성을 가지고 있으므로, [고설성]을 나타내는 변별적 자질의 특성이 서로 다르다는 진술은 적절하지 않다.

263) ①

선택 비율	① 80%	② 11%	③ 3%	④ 3%	⑤ 1%

해 : 받침으로 끝나는 말이 모음으로 시작하는 말을 만났을 때 받침의 발음 방법에 관한 문제이다. '옷 안'의 경우 뒷말 '안'이 명사로 실질 형태소이므로 앞말 '옷'의 받침 'ㅅ'이 대표음 'ㄷ'으로 바뀐 후 뒷말 첫소리에 이어져 [오단]으로 발음된다. '숲 위'의 경우도 뒷말 '위'가 실질 형태소이므로 같은 원리를 적용할 수 있다. 먼저 앞말 '숲'의 받침 'ㅍ'이 대표음 'ㅂ' 으로 바뀌고, 이것이 다시 뒷말 첫소리에 이어져 [수뷔]로 발음되는 것이다.

264) ④

선택 비율	① 3%	② 2%	③ 1%	④ 88%	⑤ 3%

해 : '부엌에[부어케]'는 '엌'의 'ㅋ'이 연음되어 발음된 것이다. 따라서 이는 음운 변동의 용례에 해당하지 않는다.

[오답풀이] ① '낫[낟]'은 'ㅅ'이 음절의 끝소리 규칙에 적용을 받아 'ㄷ'으로 교체된 경우이고, '신라[실라]'는 'ㄴ'이 인접 음운 'ㄹ'의 영향을 받아 'ㄹ'로 음운이 교체된 경우이다. ② '좋아[조:아]'는 'ㅎ'이 모음 어미 '-아' 앞에서 탈락한 경우이다. ③ '국화[구콰]'는 'ㄱ'이 'ㅎ'과 합쳐서 'ㅋ'으로 바뀌는 음운 축약의 용례이다. ⑤ '눈요기'는 [눈뇨기]로 발음되므로 '담요'처럼 'ㄴ' 이 첨가되는 용례로 볼 수 있다.

265) ①

선택 비율	① 85%	② 2%	③ 1%	④ 1%	⑤ 8%

해 : '값'은 [갑], '넋'은 [넉]으로 발음되므로 끝소리에 위치한 두 자음 중 뒤에 있는 자음(ㅅ)이 탈락하여 앞에 있는 자음만 발음되는 현상이 일어나는 단어에 해당한다.

[오답풀이] '닭'은 [닥], '삶'은 [삼:]으로 발음되어 끝소리에 위치한 두 자음 중 앞에 있는 자음(ㄹ)이 뒤에 있는 자음이 발음되는 현상이 일어나는 단어이다.

266) ④

선택 비율	① 2%	② 1%	③ 3%	④ 91%	⑤ 2%

해 : '닫는'은 'ㄷ'이 'ㄴ' 앞에서 비음 'ㄴ'으로 바뀌어 [단는]으로, '권리'는 비음 'ㄴ'이 'ㄹ' 앞에서 유음 'ㄹ'로 바뀌어 [궐리]로 발음되므로 ㉠ [단는]은 비음화, ㉡ [궐리]는 유음화의 예에 해당된다.

[오답풀이] ① ㉠과 ㉡은 모두 비음화의 예이다. ② ㉠은 된소리되기의 예, ㉡은 유음화의 예이다. ③ ㉠, ㉡은 모두 비음화의 예이다. ⑤ ㉠은 'ㄴ' 첨가의 예, ㉡은 유음화의 예이다.

267) ⑤

선택 비율	① 4%	② 2%	③ 1%	④ 1%	⑤ 89%

해 : ㉡은 조사이므로 ㉡의 'ㅢ'는 단모음으로 발음될 경우 [ㅔ]로 발음되고 ㉢은 단어의 첫음절이 아니므로 단모음으로 발음될 경우 ㉢의 'ㅢ'는 [ㅣ]로 발음된다.

[오답풀이] ① ㉠의 'ㅢ'는 단어의 첫음절이어서 이중 모음으로만 발음해야 하므로 적절한 진술이다. ② ㉡은 조사이기 때문에 ㉡의 'ㅢ'는 단모음 [ㅔ]로 발음되는 것도 허용하므로 적절한 진술이다. ③ ㉢은 단어의 첫음절이 아니기 때문에 ㉢의 'ㅢ'는 [ㅣ]로 발음되는 것도 허용하므로 적절한 진술이다. ④ 단모음으로 발음될 때 ㉡의 'ㅢ'는 [ㅔ]로 ㉢의 'ㅢ'는 [ㅣ]로 발음되므로 적절한 진술이다.

268) ①

선택 비율	① 76%	② 9%	③ 4%	④ 5%	⑤ 3%

해 : '종로[종노]'는 뒤의 음운이 앞의 음운에 영향을 받아 그와 비슷하거나 같게 소리 나는 순행 동화이다.

[오답풀이] ② 작년[장년] ③ 신라[실라] ④ 밥물[밤물] ⑤ 국민[궁민]은 앞의 음운이 뒤의 음운의 영향을 받는 역행 동화이다.

269) ④

선택 비율	① 3%	② 8%	③ 9%	④ 76%	⑤ 2%

해 : <보기>에 주어진 음운 규칙을 실제 단어에 적용한다. ㉠은 어간 받침이 'ㄴ(ㄵ), ㅁ(ㄻ)'인 용언의 활용 과정에서 나타나는 된소리되기의 예를 찾는 것이다. '담다'는 ㉠에 따라 [담따]로 발음한다. ㉡은 한자어에서 'ㄹ' 받침 뒤에 결합되는 자음 'ㄷ, ㅅ, ㅈ'에서 일어나는 된소리되기의 예를 찾는 것이다. '발전'은 ㉡에 따라 [발쩐]으로 발음한다.

[오답풀이] ① '신다'는 ㉠의 조건에 맞기 때문에 [신따]로 발음하지만, '굴곡(屈曲)'은 'ㄹ' 뒤에 결합되는 자음이 'ㄱ'이므로 ㉡의 조건에 맞지 않아 된소리되기가 일어나지 않는다. ② '앉다'는 ㉠의 조건에 맞으므로

[안따]로 발음되지만, '불법(不法)'은 'ㄹ' 뒤에 결합되는 자음이 'ㅂ'이므로 ⓛ의 조건에 맞지 않아 된소리되기가 일어나지 않는다. ③ '넓다'에서는 어간 받침이 'ㄼ'이므로 ㉠의 조건에 맞지 않는다. '갈등(葛藤)'은 ⓛ에 따라 [갈뜽]으로 발음한다. ⑤ '끓다'는 어간 받침이 'ㅀ'이므로 ㉠의 조건에 맞지 않아 된소리되기가 일어나지 않는다. '월세(月貰)'는 ⓛ에 따라 [월쎄]로 발음한다.

270) ②

선택 비율	① 8%	② 82%	③ 3%	④ 4%	⑤ 1%

解 : ⓛ에서 'ㄴ'은 'ㄹ' 앞이나 뒤에서 'ㄹ'로 발음하기에 [대괄령]이라고 읽는다.

271) ②

선택 비율	① 7%	② 76%	③ 6%	④ 3%	⑤ 5%

解 : '내복+약'은 ⓑ에 따라 [ㄴ] 소리가 첨가되고, ⓒ에 따라 받침소리 [ㄱ]이 [ㅇ]으로 발음되어 [내:봉냑]으로 발음되므로 적절하다

[오답풀이] ① '눈+요기'는 ⓑ에 따라 [ㄴ] 소리가 첨가되어 [눈뇨기]로 발음되므로 적절하지 않다. ③ '색+연필'은 ⓑ에 따라 [ㄴ] 소리가 첨가되고, ⓒ에 따라 받침소리 [ㄱ]이 [ㅇ]으로 발음되어 [생년필]로 발음되므로 적절하지 않다. ④ '들+일'은 ⓑ에 따라 [ㄴ] 소리가 첨가되고, ⓓ에 따라 첨가되는 [ㄴ] 소리가 [ㄹ]로 발음되어 [들:릴]로 발음되므로 적절하지 않다. ⑤ '칼+날'은 [ㄴ] 소리가 첨가되지 않고 원래의 [ㄴ] 소리가 앞 음절의 [ㄹ] 소리의 영향을 받아 [칼랄]로 발음되는 것이므로 적절하지 않다.

272) ①

선택 비율	① 91%	② 3%	③ 1%	④ 0%	⑤ 1%

解 : '국물'이 [궁물]로 발음되는 현상은 '국'의 종성인 'ㄱ'이 그 뒤에 오는 '물'의 초성인 'ㅁ'의 영향을 받아 'ㅇ'으로 바뀐 것이다. 따라서 '국물[궁물]'에서 일어나는 음운 변동은 한 음운이 다른 음운으로 바뀌는 현상인 '교체'에 해당한다. '몫'이 [목]으로 발음되는 현상은 '몫'의 종성에 있는 두 자음 중에서 'ㅅ'이 없어진 것이다. 따라서 '몫[목]'에서 일어나는 음운 변동은 있던 음운이 없어지는 현상인 '탈락'에 해당한다.

273) ①

선택 비율	① 69%	② 2%	③ 5%	④ 8%	⑤ 14%

解 : '물약'에서 '[물냑]'이 되면서 없던 음운인 'ㄴ'이 추가되었다.(첨가) 이는 앞말이 자음으로 끝나고 뒷말의 첫 음절이 모음 '이, 야, 여, 요, 유'로 시작하는 경우에는 뒷말의 초성 자리에 'ㄴ'이 첨가되어 '니, 냐, 녀, 뇨, 뉴'로 발음되는 'ㄴ' 첨가에 해당한다. '[물냑]'이 '[물략]'이 되는 것은 'ㄴ'이 앞이나 뒤에 오는 유음 'ㄹ'의 영향으로 'ㄹ'로 바뀌는 현상인 유음화에 해당한다. 이는 한 음운이 다른 음운으로 바뀌는 교체에 해당한다.

274) ②

선택 비율	① 3%	② 90%	③ 1%	④ 2%	⑤ 1%

解 : 표준 발음법 제23항에 따르면 받침 'ㄷ'뒤에 연결되는 'ㄷ'은 된소리로 발음한다. 따라서 '뻗대도'는 [뻗때도]로 발음하므로 적절하지 않다.

[오답풀이] ① 표준 발음법 제23항에 따르면 '국밥'을 [국빱]으로 발음하므로 적절하다. ③ 표준 발음법 제24항에 따르면 '껴안다'를 [껴안따]로 발음하므로 적절하다. ④ 표준 발음법 제24항에 따르면 '삼고'를 [삼:꼬]로 발음하므로 적절하다. ⑤ 표준 발음법 제26항에 따르면 '갈등(葛藤)'은 [갈뜽]으로 발음한다. 하지만, '결과(結果)'는 이 규정에 해당되지 않아 [결과]로 발음하므로 적절하다.

275) ④

선택 비율	① 6%	② 4%	③ 13%	④ 73%	⑤ 2%

解 : '색연필[생년필]'에는 앞말이 자음으로 끝나고 뒷말이 모음 'ㅣ'나 반모음 'ㅣ'로 시작할 때 'ㄴ'이 덧붙는 '첨가(연→년)'와 'ㄱ'이 첨가된 'ㄴ'의 영향을 받아 'ㅇ'로 바뀌는 '교체(색→생)'가 나타난다. 이는 '잡일[잠닐]'에서 일어나는 음운 변동과 같다.

[오답풀이] ① '법학[버팍]'에 나타나는 음운 변동은 '축약(ㅂ+ㅎ→ㅍ)'이다. ② '담요[담뇨]'에 나타나는 음운 변동은 '첨가(요→뇨)'이며 '교체'는 나타나지 않는다. ③ '국론[궁논]'에 나타나는 음운 변동은 '교체(국→궁, 론→논)'이며 '첨가'는 나타나지 않는다. ⑤ '한여름[한녀름]'에 나타나는 음운 변동은 '첨가(여→녀)'이며 '교체'는 나타나지 않는다.

276) ③

선택 비율	① 4%	② 7%	③ 70%	④ 4%	⑤ 12%

解 : [ㄱ, ㄷ, ㅂ]으로 발음되는 받침 'ㄱ(ㄲ, ㅋ, ㄳ, ㄺ), ㄷ(ㅅ, ㅆ, ㅈ, ㅊ, ㅌ), ㅂ(ㅍ, ㄼ, ㄿ, ㅄ)' 뒤에서 'ㄱ, ㄷ, ㅂ, ㅅ, ㅈ'은 된소리인 [ㄲ, ㄸ, ㅃ, ㅆ, ㅉ]으로 각각 발음되는 된소리되기를 규정한 표준 발음법 제23항에 따라 '없단다'는 [업딴다]로 발음해야 하므로 제14항과는 관련이 없다.

277) ⑤

선택 비율	① 5%	② 5%	③ 4%	④ 57%	⑤ 27%

解 : '땀받이[땀바지]'는 앞말의 끝소리 'ㄷ'이 연음되어 뒷말의 가운뎃소리 'ㅣ'와 만나 앞의 음운인 'ㄷ'이 'ㅈ'으로 바뀌는 교체 현상이 일어난다. 따라서 ⓛ이면서 ⓐ에 해당하므로 적절하지 않다.

[오답풀이] ① '마천루[마철루]'는 앞말의 끝소리 'ㄴ'과 뒷말의 첫소리 'ㄹ'이 만나 앞의 음운인 'ㄴ'이 'ㄹ'로 바뀌는 교체 현상이 일어난다. 따라서 ㉠이면서 ⓐ에 해당하므로 적절하다. ② '목덜미[목떨미]'는 앞말의 끝소리 'ㄱ'과 뒷말의 첫소리 'ㄷ'이 만나 뒤의 음운인 'ㄷ'이 'ㄸ'으로 바뀌는 교체 현상이 일어난다. 따라서 ㉠이면서 ⓑ에 해당하므로 적절하다. ③ '박람회[방남회]'는 앞말의 끝소리 'ㄱ'과 뒷말의 첫소리 'ㄹ'이 만나 앞의 음운인 'ㄱ'이 'ㅇ'으로, 뒤의 음운

인 'ㄹ'이 'ㄴ'으로 바뀌는 교체 현상이 일어난다. 따라서 ㉠이면서 ㉢에 해당하므로 적절하다. ④ '쇠붙이[쇠부치]'는 앞말의 끝소리 'ㅌ'이 연음되어 뒷말의 가운뎃소리 'ㅣ'와 만나 앞의 음운인 'ㅌ'이 'ㅊ'으로 바뀌는 교체 현상이 일어난다. 따라서 ㉡이면서 ⓐ에 해당하므로 적절하다.

278) ⑤

선택 비율	① 6%	② 5%	③ 5%	④ 6%	⑤ **76%**

해 : '활동 1'과 '활동 2'에 따르면 '000100'로 표시하는 경우는 순행 동화이고 '001000'으로 표시하는 경우는 역행 동화이다. '활동 자료'의 발음을 바탕으로 단어를 숫자로 표시하면 '잡념[잠념]'은 '001000'로 표시할 수 있으므로 이는 역행 동화에 해당한다.

[오답풀이] ① '국민'은 '001000'으로 표시할 수 있으므로 역행 동화이다. ② '글눈'은 '000100'으로 표시할 수 있으므로 순행 동화이다. ③ '명랑'은 '000100'으로 표시할 수 있으므로 순행 동화이다. ④ '신랑'은 '001000'으로 표시할 수 있으므로 역행 동화이다.

279) ⑤

선택 비율	① 4%	② 4%	③ 7%	④ 23%	⑤ **61%**

해 : '옷 한 벌[오탄벌]'이 발음될 때에는 'ㅅ'이 'ㄷ'으로 교체된 후 'ㅎ'과 만나 'ㅌ'으로 축약되는 현상이 일어난다.

280) ①

선택 비율	① **77%**	② 3%	③ 6%	④ 7%	⑤ 5%

해 : '늦게[늗께]'는 <보기>의 ㉠에서 받침 'ㅈ' 뒤에 연결되는 'ㄱ'이 된소리로 발음되는 경우에, '얹다[언따]'는 <보기>의 ㉡에서 어간 받침 'ㄵ' 뒤에 결합되는 어미의 첫소리 'ㄷ'이 된소리로 발음되는 경우에 해당하는 단어이다.

[오답풀이] ② '있고[읻꼬]'는 <보기>의 ㉠에 해당하는 단어이다. ③ '늙다[늑따]'는 <보기>의 ㉠에 해당하는 단어이다. ④ '묶어[무꺼]'는 연음이 된 것으로 <보기>의 규정과는 상관이 없다. ⑤ '앉다[안따]'는 <보기>의 ㉡에 해당하는 단어이다.

281) ②

선택 비율	① 7%	② **80%**	③ 1%	④ 3%	⑤ 7%

해 : '색연필'은 'ㄴ 첨가'에 의해 [색년필]이 된 후, 비음화에 의해 [생년필]이 되므로, 첨가와 교체 현상이 한 번씩 일어난다. 이를 좌표에 적용하면, 첨가의 경우 위쪽으로, 교체의 경우 오른쪽으로 이동해야 한다. 각 현상이 한 번씩 일어났으므로 '색연필[생년필]'은 별표에서 ㉯로 이동하게 된다. 그 결과 음운의 수가 한 개 늘어남을 좌표를 통해 파악할 수 있다.

282) ①

선택 비율	① **83%**	② 3%	③ 3%	④ 7%	⑤ 1%

해 : 표준 발음법 제23항부터 26항까지는 된소리되기의 환경을 다룬다. '옷고름'은 '옷[옫]'의 ㄷ(ㅅ) 받침 뒤에 연결되는 '고름'의 1음절 첫소리 'ㄱ'을 된소리로 발음해야 하므로 ㉠의 사례로 볼 수 있다. '젊고'는 어간 '젊-'의 받침 'ㅁ(ㄻ)' 뒤에 결합되는 어미 '-고'의 첫소리 'ㄱ'이 된소리로 발음되는 경우이므로 ㉡의 사례로 볼 수 있다.

283) ①

선택 비율	① **47%**	② 13%	③ 25%	④ 6%	⑤ 7%

해 : '굳히다'는 'ㄷ'과 'ㅎ'이 'ㅌ'으로 축약(거센소리되기)되어 [구티다]가 된 후, 'ㅌ'이 'ㅊ'으로 교체(구개음화)되어 [구치다]로 발음된다.

[오답풀이] ② '미닫이'는 'ㄷ'이 'ㅈ'으로 교체(구개음화)되어 [미다디]가 [미다지]로 발음된다. 이때 축약은 일어나지 않는다. ③ '빨갛다'는 'ㅎ'과 'ㄷ'이 'ㅌ'으로 축약(거센소리되기)되어 [빨가타]로 발음된다. 이때 교체는 일어나지 않는다. ④ '솜이불'은 'ㄴ'이 첨가되어 [솜니불]로 발음된다. 이때 교체와 축약은 둘 다 일어나지 않는다. ⑤ '잡히다'는 'ㅂ'과 'ㅎ'이 'ㅍ'으로 축약(거센소리되기)되어 [자피다]로 발음된다. 이때 교체는 일어나지 않는다.

284) ①

선택 비율	① **81%**	② 5%	③ 8%	④ 3%	⑤ 1%

해 : '맨입'은 '맨'과 '입'이 결합하면서 'ㄴ' 첨가가 일어나고, '쌓아'에서는 'ㅎ'의 탈락이 일어난다. '입학'은 'ㅂ'과 'ㅎ'의 두 음운이 합쳐져 한 음운 'ㅍ'으로 줄어드는 축약이 일어나고, '칼날'은 'ㄴ'이 'ㄹ'을 만나 'ㄹ'로 교체되는 현상이 일어난다.

285) ⑤

선택 비율	① 3%	② 3%	③ 5%	④ 4%	⑤ **82%**

해 : '중력'은 [중녁]으로 발음되어 뒤 음절의 초성 자리에 놓인 음운이 바뀌고, '칼날'은 [칼랄]로 발음되어 뒤 음절의 초성 자리에 놓인 음운이 바뀌고, '톱밥'은 [톱빱]으로 발음되어 뒤 음절의 초성 자리에 놓인 음운이 바뀌므로 '중력', '칼날', '톱밥'은 ㉠에 해당한다. '먹물'은 [멍물]로 발음되어 앞 음절의 종성 자리에 놓인 음운이 바뀌고, '집념'은 [짐념]으로 발음되어 앞 음절의 종성 자리에 놓인 음운이 바뀌므로 '먹물', '집념'은 ㉡에 해당한다.

286) ①

선택 비율	① **71%**	② 7%	③ 6%	④ 9%	⑤ 4%

해 : <보기 1>의 표준 발음법 제11항 규정에 따라 겹받침 'ㄺ'은 자음 앞에서 [ㄱ]으로 발음하며, 제23항 규정에 따라 겹받침 'ㄺ' 뒤에 연결되는 'ㅈ'은 된소리로 발음하므로 <보기 2>의 ㉠은 [익찌]로 발음한다.

[오답풀이] ② 제14항 규정에 따라 겹받침이 모음으로 시작된 어미와 결합되는 경우, 뒤엣것만을 뒤 음절 첫소리로 옮겨 발음하므로 ㉡은 [안자]로 발음한다. ③ 제11항 규정에 따라 겹받침 'ㄻ'은 자음 앞에서 [ㅁ]으로 발음하므로 ㉢은 [옴겨]로 발음한다. ④ 제11항 규정에 따라 겹받침 'ㄿ'은 자음 앞에서 [ㅂ]으로 발음하며, 제23항 규정에 따라 겹받침 'ㄿ' 뒤에 연결되는 'ㄱ'은 된소리로 발음하므로 ㉣은 [읍꼬]로발음

한다. ⑤ 제10항 규정에 따라 'ㅄ'은 자음 앞에서 [ㅂ]으로 발음하며, 제23항 규정에 따라 'ㅄ' 뒤에 연결되는 'ㅈ'은 된소리로 발음하므로 ⓔ은 [갑찐]으로 발음한다.

287) ④

선택 비율	① 2%	② 7%	③ 27%	④ **60%**	⑤ 1%

㉻ : '독서[독써]'는 'ㅅ'이 'ㅆ'으로 교체된 결과로 음운 개수의 변동이 없고, '[써]'는 음절 유형이 '자음+모음'이다.

288) ③

선택 비율	① 9%	② 3%	③ **69%**	④ 3%	⑤ 14%

㉻ : ⓐ '끝인사'의 '인사'는 실질 형태소이다. ⓑ '곧이'의 '-이'는 형식 형태소이므로 구개음화 현상이 일어나 [고지]로 발음된다. ⓒ '곧이어'의 '이어'는 실질 형태소이므로 구개음화 현상이 일어나지 않아 [고디어]로 발음된다.

289) ⑤

선택 비율	① 2%	② 1%	③ 7%	④ 9%	⑤ **79%**

㉻ : '불놀이'는 ㉡이 적용되어 [불로리]로 발음된다.

[오답풀이] ① '신라'는 ㉠이 적용되어 'ㄴ'이 'ㄹ' 앞에서 [ㄹ]로 발음된다. ② '칼날'은 ㉡이 적용되어 'ㄴ'이 'ㄹ' 뒤에서 [ㄹ]로 발음된다. ③ '생산량'은 ㉢이 적용되어 'ㄹ'이 'ㄴ' 뒤에서 [ㄴ]으로 발음된다. ④ '물난리'는 ㉠과 ㉡이 모두 적용되어 'ㄴ'이 'ㄹ'의 앞과 뒤에서 [ㄹ]로 발음된다.

290) ①

선택 비율	① **67%**	② 8%	③ 8%	④ 8%	⑤ 7%

㉻ : '국밥[국빱]'은 음절 끝 'ㄱ' 뒤에 'ㅂ'이 와서 'ㅂ'이 'ㅃ'으로 교체가 일어난 것으로, 음운의 변동 전과 후의 음운 개수는 각각 6개로 같다. '굳히다[구치다]'는 'ㄷ'이 'ㅎ'과 결합하여 'ㅌ'으로 축약된 후 'ㅣ'모음으로 시작되는 형식 형태소와 만나 'ㅊ'으로 교체가 일어난 것으로, 음운의 변동 결과 음운 개수가 7개에서 6개로 줄어든다. '급행열차[그팽녈차]'는 'ㅂ'이 'ㅎ'과 결합하여 'ㅍ'으로 축약되고 '열차'에 'ㄴ'첨가가 일어난 것으로, 음운의 변동 결과 음운 개수는 10개로 음운의 변동 전과 동일하다. 또한 '국밥[국빱]', '굳히다[구치다]', '급행열차[그팽녈차]'는 모두 음운의 변동 결과가 표기에 반영되지 않았다.

291) ④

선택 비율	① 4%	② 2%	③ 10%	④ **67%**	⑤ 15%

㉻ : '해맑다'는 'ㄹ'이 탈락하고, 'ㄷ'이 'ㄸ'으로 교체되어, 음운이 줄어들었으므로 적절하다.

[오답풀이] ① '샅샅이'는 'ㅌ'이 'ㄷ'으로 교체되고, 'ㅅ'이 'ㅆ'으로 교체되며, 'ㅌ'이 'ㅣ' 앞에서 'ㅊ'로 교체되어, 음운의 개수는 변화가 없으므로 적절하지 않다. ② '넓히다'는 'ㅂ'과 'ㅎ'이 결합하여 'ㅍ'으로 축약되어, 음운이 줄어들었으므로 적절하지 않다. ③ '교육열'은 'ㄴ'이 첨가되고, 'ㄱ'이 'ㅇ'으로 교체되어, 음운이 늘어났으므로 적절하지 않다. ⑤ '국화꽃'은 'ㄱ'과 'ㅎ'이 결합하여 'ㅋ'으로 축약되고, 'ㅊ'이 'ㄷ'으로 교체되어, 음운이 줄어들었으므로 적절하지 않다.

292) ②

선택 비율	① 5%	② **77%**	③ 10%	④ 3%	⑤ 6%

㉻ : 'ㄱ. 난로[날로]'는 뒤의 음운 'ㄹ'의 영향으로 앞의 음운 'ㄴ'이 'ㄹ'로 바뀌며, 조음 방법만 바뀌는 단어에 해당한다. 'ㄹ. 톱날[톰날]'은 뒤의 음운 'ㄴ'의 영향으로 앞의 음운 'ㅂ'이 'ㅁ'으로 바뀌며, 조음 방법만 바뀌는 단어에 해당한다.

[오답풀이] 'ㄴ. 맏이[마지]'는 뒤의 음운 'ㅣ'의 영향으로 앞의 음운 'ㄷ'이 'ㅈ'으로 바뀌며, 조음 방법과 조음 위치가 모두 바뀌는 단어에 해당한다. 'ㄷ. 실내[실래]'는 앞의 음운 'ㄹ'의 영향으로 뒤의 음운 'ㄴ'이 'ㄹ'로 바뀌며, 조음 방법만 바뀌는 단어에 해당한다.

293) ①

선택 비율	① **68%**	② 15%	③ 3%	④ 5%	⑤ 8%

㉻ : '옷맵시[온맵씨]'에서는 비음화와 된소리되기가 둘 다 발생하였으며, '꽃말[꼰말]'에서는 비음화는 발생하고 된소리되기는 발생하지 않았다.

[오답풀이] ② '덮개[덥깨]'에서는 비음화는 발생하지 않고 된소리되기는 발생하였으며, '묵념[뭉념]'에서는 비음화는 발생하고 된소리되기는 발생하지 않았다. ③ '부엌문[부엉문]'과 '앞날[암날]'에서는 모두 비음화가 발생하고 된소리되기가 발생하지 않았다. ④ '광안리[광알리]'에서는 비음화와 된소리되기가 둘 다 발생하지 않았고, '권력가[궐력까]'에서는 비음화는 발생하지 않고 된소리되기는 발생하였다. ⑤ '귓속말[귀쏭말]'과 '습득물[습뜽물]'에서는 모두 비음화와 된소리되기가 둘 다 발생하였다.

294) ②

선택 비율	① 7%	② **64%**	③ 13%	④ 6%	⑤ 10%

㉻ : '학생 1'이 쓴 '솜이불[솜:니불]'에서는 첨가가 일어나고, '학생 3'이 쓴 '밟히다[발피다]'에서는 축약이 일어난다. 앞 학생이 쓴 단어에서 일어나지 않는 음운 변동이 일어나는 단어를 쓰는 활동이므로 첨가와 축약을 제외하고 교체 또는 탈락이 일어나는 단어를 쓰면 된다. '옷맵시[온맵씨]'에서는 다른 음운 변동 없이 교체만 일어나므로 적절하다.

[오답풀이] ① '삯일[상닐]'에서는 탈락, 교체, 첨가가 일어난다. ③ '겉핥기[거탈끼]'에서는 교체, 탈락, 축약이 일어난다. ④ '색연필[생년필]'에서는 첨가, 교체가 일어난다. ⑤ '넓죽하다[넙쭈카다]'에서는 탈락, 교체, 축약이 일어난다.

295) ⑤

선택 비율	① 7%	② 3%	③ 4%	④ 2%	⑤ **82%**

㉻ : '홑이불'은 [혼이불](제9항)→[혼니불](제29항)→[혼니불](제18항)로 되는 단어이다. <보기>와 동일한 과정을 거친다.

[오답풀이] ① '못난이'는 [몯난이](제9항)→[몬나니](제18항)의 과정을 거친다. ② '부엌문'은 [부억문](제9항)→[부엉문](제18항)의 과정을 거친다. ③ '색연필'은 [색년필](제29항)→[생년필](제18항)의 과정을 거친다. ④ '옷맵시'는 [옫맵씨](제9항)→[온맵씨](제18항)의 과정을 거친다.

296) ①

선택 비율	① **67%**	② 7%	③ 7%	④ 11%	⑤ 5%

해 : 표준 발음법 제10항과 제14항은 겹받침의 발음에 대한 것이다. '여덟'의 'ㄼ'은 어말에 위치해 있어 표준 발음법 제10항에 따라 [여덜]로 발음한다.

[오답풀이] ② '앉아'의 'ㄵ'은 제14항에 따라 모음 앞에서 [안자]로 발음한다. ③ '넓이'의 'ㄼ'은 모음으로 시작된 접미사와 결합되는 경우이기에 표준 발음법 제14항에 따라 [널비]로 발음한다. ④ '밟고'의 'ㄼ'은 자음 앞에 위치하여 표준 발음법 제10항 '다만'에 의해 [밥꼬]로 발음한다. ⑤ '값을'의 'ㅄ'은 모음으로 시작된 조사와 결합되는 경우이기에 표준 발음법 제14항에 따라 [갑쓸]로 발음한다.

297) ①

선택 비율	① **74%**	② 4%	③ 6%	④ 9%	⑤ 4%

해 : '넋도'는 제10항에 따라 [넉또]로 발음해야 하고, '넋이'는 제14항에 따라 [넉씨]로 발음해야 하는 것으로 보아 '넋도'와 '넋이'의 발음에 동일한 규정이 적용된다는 것은 적절하지 않음을 알 수 있다.

[오답풀이] ② '없을'을 [업쓸]로 '읊어'를 [을퍼]로 발음해야 하는 것은 모두 제14항의 규정을 따른 것이므로 적절하다. ③ '꽃을'을 [꼬츨]로 발음해야 하는 것은 제13항의 규정을 따른 것이므로 적절하다. ④ '있어'를 [이써]로 발음해야 하는 것은 제13항의 규정을 따른 것이고, '앉아'를 [안자]로 발음해야 하는 것은 제4항의 규정을 따른 것이므로 적절하다. ⑤ '값'을 [갑]으로 발음해야 하는 것은 제10항의 규정을, '값을'을 [갑쓸]로 발음해야 하는 것은 제14항의 규정을 따른 것이므로 적절하다.

298) ④

선택 비율	① 4%	② 3%	③ 3%	④ **75%**	⑤ 11%

해 : '갖고'는 '가지고'에서 어간 '가지'와 자음으로 시작하는 어미 '고'가 만나 어간의 끝음절 모음인 'ㅣ'가 탈락하면서 준말이 만들어진 경우이므로 '자음으로 시작하는 어미가 결합할 때 준말이 만들어지지 않는다.'라는 진술은 적절하지 않다

[오답풀이] ① '갖고'는 '가지고'에서 어간의 끝음절 모음 'ㅣ'가 탈락하여 준말이 만들어졌으므로 적절하다. ② '디뎠다'는 형태소 분석을 하면 어간의 끝음절 모음인 'ㅣ'와 모음으로 시작하는 어미'-었'이 만나 '-였'이 되었으므로 적절하다. ③ '엊저녁'은 어근 '어제'와 어근 '저녁'이 만나 앞 어근인 '어제'의 끝음절인 '제'의 모음 'ㅔ'가 탈락하고 자음 'ㅈ'만 남아서 앞음절 '어'의 받침으로 간 말이므로 적절하다 ⑤ '디디었다'를 준말로 만들때 '딛었다'는 규정에 어긋나는 것으로 보아 적절하다.

299) ⑤

선택 비율	① 4%	② 5%	③ 8%	④ 30%	⑤ **51%**

해 : 제25항은 용언 어간 뒤에 결합되는 어미의 첫소리 'ㄱ, ㄷ, ㅅ, ㅈ'에 관한 것으로 ⑤의 '여덟과'와는 관계가 없다. '여덟과'는 수사가 조사와 결합한 경우로 [여덜과]로 발음해야 한다.

[오답풀이] ④ '신기다'는 '신다'에 사동접미사 '-기-'가 붙은 것으로 표준어 규정 제24항의 '다만' 조항에 해당한다. 따라서 '신기다'는 [신기다]로 발음해야 한다.

300) ①

선택 비율	① **76%**	② 5%	③ 8%	④ 6%	⑤ 3%

해 : ㉠의 '꽃잎'은 [꼳닙](제29항)->[꼰닙](제18항)으로, ㉡의 '색연필'은 [색년필](제29항)->[생년필](제18항)로 음운이 바뀌어 발음된다. 따라서 <보기1>의 두 조항이 모두 적용되었다.

[오답풀이] ㉢의 '식용유'는 [시굥뉴]로 발음되므로 제29항과 연음이 적용된 사례이고, ㉣의 '직행열차'는 [지캥녈차]로 발음되므로 제29항과 거센소리되기가 적용된 사례이다. 따라서 ㉢과 ㉣에는 제18항이 적용되지 않았다.

301) ①

선택 비율	① **88%**	② 1%	③ 7%	④ 1%	⑤ 1%

해 : 심리[심니]는 받침 'ㅁ'의 영향을 받아 'ㄹ'이 'ㄴ'으로 발음되므로 제19항에 따른 것이고, 두통약[두통냑]은 합성어로서 앞 단어의 끝이 자음 'ㅇ'이고, 뒤 단어의 첫음절이 '야'이므로 'ㄴ'을 첨가하여 [두통냑]으로 발음된다. 이것은 제29항에 따른 것이다.

[오답풀이] ②의 점령[점녕], 상록수[상녹쑤]는 제19항, ③의 콩엿[콩녇], 한여름[한녀름]은 제29항, ④의 국물[궁물]은 <보기>에 제시되어 있지 않은 비음화, 눈요기[눈뇨기]는 제29항, ⑤의 종로[종노]는 제19항, 물난리[물랄리]는 <보기>에 제시되어 있지 않은 유음화의 사례이다.

302) ⑤

선택 비율	① 13%	② 3%	③ 2%	④ 5%	⑤ **75%**

해 : ㉤은 'ㄴ'으로 끝나는 형태소와 'ㅣ' 모음으로 시작하는 형태소가 결합할 때 없던 음운 'ㄴ'이 추가된 것이므로 첨가에 해당한다.

[오답풀이] ① ㉠은 'ㅂ'의 영향을 받아 'ㄱ'이 'ㄲ'으로 바뀐 현상이므로 교체에 해당한다. ② ㉡은 'ㅎ'으로 끝나는 어간과 모음으로 시작하는 어미가 결합하여 'ㅎ'이 없어진 현상이므로 탈락에 해당한다. ③ ㉢은 'ㄱ'이 'ㄴ'의 영향을 받아 'ㅇ'으로 바뀐 현상이므로 교체에 해당한다. ④ ㉣은 'ㅎ'과 'ㅈ'이 합쳐져서 'ㅊ'이 된 현상이므로 축약에 해당한다.

303) ②

선택 비율	① 7%	② **80%**	③ 3%	④ 2%	⑤ 5%

정답 및 해설

해 : '물약'의 표준 발음은 [물략]이다. 이렇게 발음되는데는 ⓐ가 적용된다.

[오답풀이] ① '색연필'은 ⓐ를 적용하여 '연'을 [년]으로 발음하고 ⓑ를 적용하여 '색'을 [생]으로 발음하는 것이다. ③ '잡는다'는 ⓑ를 적용하여 [잠는다]로 발음하는 것이다. ④ '강릉'은 ⓒ를 적용하여 [강능]으로 발음하는 것이다. ⑤ '물난리'의 '난'은 앞뒤에 'ㄹ'이 이어지므로 ⓓ를 적용하여 [물랄리]로 발음하는 것이다.

304) ④

선택 비율	① 8%	② 9%	③ 14%	④ **54%**	⑤ 13%

해 : '크-+-어서 → 커서'의 경우 어간의 모음 'ㅡ'가 탈락한 것이다(㉡, ㉣).

[오답풀이] ① '싫다[실타]'는 'ㅎ'과 'ㄷ'이 만나 'ㅌ'이 되는 축약 현상이 일어난 경우이다(㉠, ㉢). ② '좋아요[조아요]'는 'ㅎ'이 탈락하는 현상이 일어난 경우이다(㉡, ㉢). ③ '울-+-는 → 우는'은 'ㄹ'이 탈락하는 현상이 일어난 경우이다(㉡, ㉢). ⑤ '나누-+-었다 → 나눴다'는 'ㅜ'와 'ㅓ'가 만나 'ㅝ'가 되는 축약 현상이 일어난 경우이다(㉠, ㉣).

305) ①

선택 비율	① **63%**	② 5%	③ 16%	④ 2%	⑤ 11%

해 : '깎아'는 쌍받침이 모음으로 시작되는 어미 '-아' 와 결합되는 경우이므로, 제13항에 따라 [까까]로 발음해야 한다.

[오답풀이] ④, ⑤의 발음은 제13항과, ②, ③의 발음은 제14항과 관련된다.

306) ①

선택 비율	① **82%**	② 4%	③ 2%	④ 4%	⑤ 5%

해 : <보기 1>의 제13항에서 홑받침이 모음으로 시작된 조사와 결합되는 경우에는 제 음가대로 뒤 음절 첫소리로 옮겨 발음함을 알 수 있다. 그런데 ㉠인 '들녘이'는 '들녘'의 받침 'ㅋ'이 모음으로 시작된 조사 '이'와 결합되는 경우이다. 따라서 '들녘이'의 'ㅋ'은 제 음가대로 뒤 음절 첫소리로 옮겨 발음되어 [들려키]로 발음해야 한다. ㉠에서 '들녘'의 'ㅋ'이 제13항이 적용되어 [ㄱ]으로 발음된다는 진술은 적절하지 않다.

[오답풀이] ② <보기>의 제9항에서 받침 'ㅋ'은 자음 앞에서 대표음 [ㄱ]으로 발음함을 알 수 있다. 그런데 ㉡인 '들녘도'는 '들녘'의 받침 'ㅋ'이 'ㄷ'과 결합되는 경우이다. 그러므로 ㉡에서 '들녘'의 'ㅋ'이 제9항이 적용되어 [ㄱ]으로 발음된다는 진술은 적절하다. ③ <보기>의 제23항에서 받침 'ㄱ(ㄲ, ㅋ, ㄳ, ㄺ)' 뒤에 연결되는 'ㄷ'은 된소리로 발음함을 알 수 있다. 그런데 ㉡인 '들녘도'는 받침 'ㅋ' 뒤에 'ㄷ'이 연결되는 경우이다. 그러므로 ㉡인 '들녘도'의 '도'에서 'ㄷ'이 제23항이 적용되어 [ㄸ]으로 발음된다는 진술은 적절하다. ④ <보기>의 제18항에서 받침 'ㄱ(ㄲ, ㅋ, ㄳ, ㄺ)'은 'ㄴ, ㅁ' 앞에서 [ㅇ]으로 발음함을 알 수 있다. 그런데 ㉢인 '들녘만'은 받침 'ㅋ'이 'ㅁ' 앞에 있는 경우이다. 그러므로 ㉢인 '들녘만'의 'ㅋ'이 제18항이 적용되어 [ㅇ]으로 발음된다는 진술은 적절하다. ⑤ <보기>의 제20항에서 'ㄴ'은 'ㄹ'의 앞이나 뒤에서 [ㄹ]로 발음함을 알 수 있다. 그런데 ㉠, ㉡, ㉢의 공통된 단어인 '들녘'은 받침 'ㄹ' 뒤에 'ㄴ'이 이어지는 경우임을 알 수 있다. 그러므로 ㉠, ㉡, ㉢에서 '들녘'의 'ㄴ'이 제20항이 적용되어 [ㄹ]로 발음된다는 진술은 적절하다.

307) ①

선택 비율	① **66%**	② 10%	③ 5%	④ 11%	⑤ 6%

해 : '맨입'은 ㄴ 첨가가 일어나 [맨닙]으로 발음되고, '국민'은 비음화가 일어나 [궁민]으로 발음된다. ㄴ 첨가와 비음화가 모두 일어나는 단어는 '막일'이다. '막일'은 ㄴ 첨가를 통해 [막닐]로, 비음화를 통해 [망닐]로 발음된다.

[오답풀이] ② '담요'는 [담ː뇨]로 발음되어 ㄴ 첨가만 일어난다. ③ '낙엽'은 연음을 통해 [나겹]으로 발음된다. 참고로 연음은 음운 변동 현상에 해당하지 않는다. ④ '곡물'은 [공물]로 발음되어 비음화만 일어난다. ⑤ '강약'은 [강약/강냑]으로 발음되는데, 전자로 발음 시 음운 변동 현상이 나타나지 않는다. 후자로 발음 시에는 ㄴ첨가만 나타난다.

308) ③

선택 비율	① 16%	② 4%	③ **73%**	④ 2%	⑤ 2%

해 : '불여우[불려우]'는 [ㄴ]이 첨가되어 [불녀우], [ㄴ]이 [ㄹ]로 교체되어 [불려우]로 발음된다. 따라서 ㉠은 ⓑ, ㉡은 ⓐ에 해당한다.

309) ③

선택 비율	① 5%	② 7%	③ **76%**	④ 5%	⑤ 4%

해 : '맛없다[마덥따]'는 '맛'의 받침 'ㅅ'이 'ㄷ'으로 교체되는 '음절의 끝소리 규칙'과 '없-'의 받침 'ㅄ'중 'ㅅ'이 탈락되고 'ㅂ'이 남는 '자음군 단순화'가 일어나고, '-다'의 첫소리 'ㄷ'이 'ㄸ'으로 교체되는 '된소리되기'가 일어나므로 '교체'와 '탈락' 현상이 일어난다. 그리고 '영업용[영엄뇽]'은 '용'에 'ㄴ'이 첨가되는 'ㄴ첨가'와 '업'의 받침 'ㅂ'이 'ㅁ'으로 교체되는 '비음화'가 일어나므로 '첨가'와 '교체' 현상이 일어난다. 또한 '깨끗하다[깨끄타다]'는 '끗'의 받침 'ㅅ'이 'ㄷ'으로 교체되는 '음절의 끝소리 규칙', 교체된 받침인 'ㄷ'과 '하다'의 첫소리 'ㅎ'이 만나 'ㅌ'으로 축약되는 '자음 축약'이 일어나므로 '교체'와 '축약'이 일어난다. 마지막으로 '급행열차[그팽녈차]'는 '급'의 받침 'ㅂ'과 '행'의 첫소리 'ㅎ'이 축약되어 'ㅍ'이 되므로 '자음 축약'이 일어나고, '열차'의 '열'에 'ㄴ첨가'가 일어나므로 '축약'과 '첨가'가 일어난다. 그러므로 ⓐ에는 '맛없다'가, ⓑ에는 '깨끗하다'가, ⓒ에는 '영업용'이, ⓓ에는 '급행열차'가 적절하다.

310) ②

선택 비율	① 12%	② **32%**	③ 27%	④ 15%	⑤ 11%

해 : '옷깃'은 명사 '옷'과 명사 '깃'이 결합하여 만들어진 합성 명사이다. 그리고 발음은 [옫낃…]으로 둘째 어근의 첫소리 'ㄱ'이 된소리 'ㄲ'으로 바뀌는 현상이 나타난다. 하지만 이 때 나타나는 현상은 [ㄱ, ㄷ, ㅂ]으로 발음되는 받침 'ㄱ(ㄲ, ㅋ, ㄳ, ㄺ), ㄷ(ㅅ, ㅆ,

ㅈ, ㅊ, ㅌ), ㅂ(ㅍ, ㄼ, ㄿ, ㅄ)' 뒤에서 'ㄱ, ㄷ, ㅂ, ㅅ, ㅈ'은 된소리인 [ㄲ, ㄸ, ㅃ, ㅆ, ㅉ]으로 각각 발음되는 된소리되기에 해당하는 것으로, 사잇소리 현상의 앞 어근의 끝소리가 울림소리이고 뒤 어근의 첫소리가 안울림 예사소리이면 뒤의 예사소리가 된소리로 바뀌는 현상과는 다르다.

[오답풀이] ① '빨랫돌'은 '빨래'와 '돌'이 결합하여 만들어진 합성 명사로, 앞 어근의 끝소리가 울림소리인데 뒤 어근의 첫소리인 안울림 예사소리가 된소리로 바뀐다는 점으로 볼 때, ㉮에 해당하는 예이다. ③ '홑이불'의 발음은 [혼니불]로, 발음할 때 'ㄴ'의 첨가가 나타난다. 하지만 '홑이불'은 접사 '홑-'과 명사 '이불'이 결합하여 만들어진 파생 명사이다. ④ '뱃머리'는 '배'와 '머리'가 결합하여 만들어진 합성 명사로, 'ㅁ'으로 시작하는 뒤 어근의 앞에서 모음으로 끝난 앞 어근의 끝소리에 'ㄴ'이 첨가된다는 점으로 볼 때, ㉯에 해당하는 예이다. ⑤ '깻잎'은 '깨'와 '잎'이 결합하여 만들어진 합성 명사로, 앞 어근이 모음으로 끝나고 뒤 어근이 'ㅣ'로 시작되는데 앞 어근의 끝소리와 뒤 어근의 첫소리에 모두 'ㄴ'이 첨가된다는 점으로 볼 때, ㉯에 해당하는 예이다.

311) ④

선택 비율	① 13%	② 4%	③ 11%	④ **65%**	⑤ 4%

해 : 제14항의 'ㅅ'은 된소리로 발음한다는 규정에 의거하여 '값이'는 [갑씨]라고 발음해야 한다.

312) ③

선택 비율	① 4%	② 8%	③ **52%**	④ 16%	⑤ 18%

해 : ㉢에서는 앞말의 끝소리 'ㄷ'과 뒤에 오는 접사 '히'의 'ㅎ'이 축약하여 '티'가 된 후에 'ㅣ' 모음의 영향을 받아 '치'로 변하는 구개음화가 나타난다. 따라서 이 경우 'ㅎ'이 탈락하여 구개음화가 나타나는 것이 아니다.

313) ④

선택 비율	① 5%	② 4%	③ 10%	④ **71%**	⑤ 7%

해 : ㉠은 첨가, ㉡은 교체, ㉢은 탈락, ㉣은 축약에 대한 설명이다. '구급약[구:금냑]'은 'ㄴ'이 첨가된 후 'ㅂ'이 'ㄴ'과 만나 'ㅁ'으로 교체되었다. 물엿[물렫]은 'ㄴ'이 첨가된 후 'ㄹ'의 영향으로 'ㄴ'이 'ㄹ'로 교체되었으며, 'ㅅ'은 'ㄷ'으로 교체되었으므로 적절하다.

[오답풀이] ① '설날[설:랄]'은 교체만 일어나므로 적절하지 않다. ② '없을[업:쓸]'은 교체만 일어나므로 적절하지 않다. ③ '끓이다[끄리다]'는 탈락만 일어나므로 적절하지 않다. ⑤ '꿋꿋하다[꾿꾸타다]'는 교체와 축약이 일어나므로 적절하지 않다.

314) ①

선택 비율	① **50%**	② 14%	③ 11%	④ 10%	⑤ 13%

해 : '읽느라'가 [잉느라]로 발음될 때, 어간의 겹받침 중 'ㄹ'이 탈락하고(자음군 단순화), 'ㄱ'이 뒤의 'ㄴ'의 영향을 받아 'ㅇ'으로 교체된다(비음화).

[오답풀이] ② '훑고서'가 [훌꼬서]로 발음될 때, 'ㄱ'이 'ㄲ'으로 교체되고(된소리되기), 어간의 겹받침 중 'ㅌ'이 탈락된다(자음군 단순화). ③ '예삿일'이 [예산닐]로 발음될 때, 'ㄴ'이 첨가되며, 둘째 음절의 받침인 'ㅅ'이 'ㄷ'으로 교체되고(음절의 끝소리 규칙), 첨가된 'ㄴ'의 영향으로 'ㄷ'이 'ㄴ'으로 교체된다(비음화). ④ '알약을'이 [알랴글]로 발음될 때, 'ㄴ'이 첨가되고, 첨가된 'ㄴ'이 첫째 음절의 받침인 'ㄹ'의 영향으로 'ㄹ'로 교체된다(유음화). [알랴글]은 [알략을]이 연음된 것으로 연음은 음운 변동에 포함되지 않는다. ⑤ '앓았다'가 [아랃따]로 발음될 때, 어간의 겹받침 중 'ㅎ'이 탈락하며, 둘째 음절의 받침인 'ㅆ'이 'ㄷ'으로 교체되고(음절의 끝소리 규칙),' ㄷ'의 영향으로, 'ㄷ'이 'ㄸ'으로 교체된다(된소리되기). [아랃따]는 [알앋따]가 연음된 것으로 연음은 음운 변동에 포함되지 않는다.

315) ⑤

선택 비율	① 4%	② 17%	③ 18%	④ 9%	⑤ **49%**

해 : ㄷ의 '올여름'은 ㄴ 첨가, 유음화가 일어나므로 두 번 이상의 음운 변동이 일어나지만, ㄹ의 '해돋이'는 구개음화만 일어나므로 두 번 이상의 음운 변동이 일어나지 않는다.

[오답풀이] ① ㄱ의 '신라'는 앞의 음운인 'ㄴ'이 뒤의 음운인 유음 'ㄹ'의 성질을 닮아 유음 'ㄹ'로 변동되었고, ㄴ의 '국물'은 앞의 음운인 'ㄱ'이 뒤의 음운인 비음 'ㅁ'의 성질을 닮아 비음 'ㅇ'으로 변동되었다. ② ㄱ의 '신라'는 'ㄴ'이 'ㄹ'로 바뀌는 교체 현상이 일어나고, ㄷ의 '올여름'은 ㄴ 첨가가 일어나 [올녀름]이 되고 뒤의 음운 'ㄴ'이 앞의 음운 'ㄹ'의 영향으로 'ㄹ'로 바뀌는 교체(유음화)가 일어나 [올려름]이 된다.

316) ⑤

선택 비율	① 3%	② 2%	③ 11%	④ 8%	⑤ **73%**

해 : ⓒ의 '꽃이슬'은 [꼰니슬]로, ⓓ의 '솜이불'은 [솜니불]로 발음될 때 'ㄴ'이라는 새로운 음운이 생기는 '첨가'가 공통적으로 일어나므로 적절하다.

317) ①

선택 비율	① **51%**	② 5%	③ 4%	④ 5%	⑤ 32%

해 : '놓는[논는]'은 받침 'ㅎ'이 'ㄷ'으로 교체되고, 앞의 'ㄷ'이 뒤의 'ㄴ'의 영향을 받아 'ㄴ'으로 교체된다. '칼날[칼랄]'은 뒤의 'ㄴ'이 앞의 'ㄹ'의 영향을 받아 'ㄹ'로 교체된다. 두 단어는 교체만 일어났으므로 음운 변동 전후 음운의 수가 동일하다. '닳아[다라]'는 앞 음절의 겹받침 중 'ㅎ'이 탈락하고, 앞 음절의 'ㄹ'이 뒤 음절로 연음된다. '막일[망닐]'은 뒤 음절에 'ㄴ'이 첨가되며, 첨가된 'ㄴ'의 영향으로 앞 음절의 'ㄱ'이 'ㅇ'으로 교체된다. 두 단어는 각각 탈락, 첨가가 일어났으므로 음운 변동 전후 음운의 수가 동일하지 않다.

[오답풀이] ② 모두 자음의 변동만 일어났다. ③ 모두 음운 변동의 결과가 표기에 반영되지 않았다. ④ '놓는[논

는]'과 '닳아[다라]'에서는 앞 음절에서만, '칼날[칼랄]'에서는 뒤 음절에서만, '막일[망닐]'에서는 앞 음절과 뒤 음절 모두에서 음운 변동이 일어났다. ⑤ '놓는[논는]', '칼날[칼랄]', '막일[망닐]'에서만 조음 방법이 같아지는 음운 변동이 일어났다.

318) ①

선택 비율	① 63%	② 3%	③ 13%	④ 7%	⑤ 11%

해 : '달님[달림]'은 한 음운이 '앞'의 음운의 영향을 받아 '유음'으로 바뀌어 '조음 방법'이 바뀐 것이다. '공론[공논]'은 한 음운이 '앞'의 음운의 영향을 받아 '비음'으로 바뀌어 '조음 방법'이 바뀐 것이다. '논리[놀리]'는 한 음운이 '뒤'의 음운의 영향을 받아 '유음'으로 바뀌어 '조음 방법'이 바뀐 것이다.

319) ③

선택 비율	① 10%	② 5%	③ 69%	④ 8%	⑤ 4%

해 : '작년[장년]'은 음운 'ㄱ'이 비음 'ㄴ' 앞에서 비음 'ㅇ'으로 바뀌므로 ㉠의 예에 해당한다. 그리고 '칼날[칼랄]'은 음운 'ㄴ'이 유음 'ㄹ' 뒤에서 유음 'ㄹ'로 바뀌어 ㉡의 예에 해당하므로 적절하다.

[오답풀이] ① '겹눈[겸눈]'은 음운 'ㅂ'이 비음 'ㄴ' 앞에서 비음 'ㅁ'으로 바뀌므로 ㉠의 예에 해당하지만, '맨입[맨닙]'은 첨가가 나타나 ㉡의 예에 해당하지 않으므로 적절하지 않다. ② '실내[실래]'는 음운 'ㄴ'이 유음 'ㄹ' 뒤에서 유음 'ㄹ'으로 바뀌므로 ㉡의 예에 해당하고, '국물[궁물]'은 음운 'ㄱ'이 비음 'ㅁ' 앞에서 비음 'ㅇ'으로 바뀌어 ㉠의 예에 해당하므로 적절하지 않다. ④ '백마[뱅마]'는 음운 'ㄱ'이 비음 'ㅁ' 앞에서 비음 'ㅇ'으로 바뀌므로 ㉠의 예에 해당하지만, '잡히다[자피다]'는 음운의 축약이 나타나 ㉡의 예에 해당하지 않으므로 적절하지 않다. ⑤ '끓이다[끄리다]'는 음운의 탈락이 나타나므로 ㉠의 예에 해당하지 않고, '물놀이[물로리]'는 음운 'ㄴ'이 유음 'ㄹ' 뒤에서 유음 'ㄹ'로 바뀌어 ㉡의 예에 해당하므로 적절하지 않다.

320) ②

선택 비율	① 10%	② 64%	③ 7%	④ 12%	⑤ 4%

해 : '살피-+-어'가 [살펴]로 발음되는 경우, 'ㅕ'는 반모음 'ǐ'와 단모음 'ㅓ'가 결합된 것이므로, 어간의 단모음 'ㅣ'가 반모음 'ǐ'로 교체되었음을 알 수 있다.

[오답풀이] ① '[뛰여]'는 반모음 'ǐ'가 어미의 단모음 'ㅓ'에 첨가되는 현상에 해당한다. ③ '[치러]'는 어간의 모음 'ㅡ'가 탈락되는 현상에 해당한다. ④ '[끼여]'는 반모음 'ǐ'가 어미의 단모음 'ㅓ'에 첨가되는 현상에 해당한다. ⑤ '[자서]'는 어간의 단모음 'ㅏ'가 탈락되는 현상에 해당한다.

321) ⑤

선택 비율	① 8%	② 28%	③ 3%	④ 2%	⑤ 56%

해 : '팥빵[팓빵]'은 받침 'ㅌ'이 'ㄷ'으로 바뀌는 평파열음화(교체)가 일어나고, '많던[만턴]'은 'ㅎ'과 뒤의 'ㄷ'이 'ㅌ'으로 합쳐지는 거센소리되기(축약)가 일어난다. '애틋한[애트탄]'은 받침 'ㅅ'이 'ㄷ'으로 바뀌는 평파열음화(교체)가 일어나고, 앞의 'ㄷ'과 뒤의 'ㅎ'이 'ㅌ'으로 합쳐지는 거센소리되기(축약)가 일어난다.

[오답풀이] ① '낯설고[낟썰고]'는 받침 'ㅊ'이 'ㄷ'으로 바뀌는 평파열음화(교체)가 일어나고, 'ㄷ' 뒤의 'ㅅ'이 'ㅆ'으로 바뀌는 된소리되기(교체)가 일어난다. ② '놓더라[노터라]'는 'ㅎ'과 뒤의 'ㄷ'이 'ㅌ'으로 합쳐지는 거센소리되기(축약)가 일어난다. ③ '맞는지[만는지]'는 받침 'ㅈ'이 'ㄷ'으로 바뀌는 평파열음화(교체)가 일어나고, 'ㄷ'이 'ㄴ'의 영향을 받아 'ㄴ'으로 바뀌는 비음화(교체)가 일어난다. ④ '먹히는[머키는]'은 'ㄱ'과 뒤의 'ㅎ'이 'ㅋ'으로 합쳐지는 거센소리되기(축약)가 일어난다.

322) ⑤

선택 비율	① 7%	② 4%	③ 25%	④ 3%	⑤ 59%

해 : ㉠의 '꽃잎[꼰닙]'은 교체와 첨가가 일어났으며 음운의 개수로 늘었다. ㉡의 '맑지[막찌]'는 탈락과 교체가 일어났으며 음운의 개수는 줄었다. ㉢의 '막힘없다[마키멉따]'는 축약과 탈락과 교체가 일어났으며 음운의 개수는 줄었다. 따라서 '㉡과 ㉢은 음운의 개수가 줄었습니다.'라는 진술은 적절하다.

323) ①

선택 비율	① 83%	② 2%	③ 9%	④ 1%	⑤ 2%

해 : '좋고[조:코]'는 'ㅎ'이 인접한 'ㄱ'과 합쳐져 'ㅋ'으로 축약되므로 ㉮의 예로 적절하며, '닿아[다아]'는 음절 끝소리의 'ㅎ'이 모음으로 시작하는 형식형태소 '-아' 앞에서 탈락하므로 ㉯의 예로 적절하다.

[오답풀이] ② '쌓네[싼네]'는 음절 끝소리의 'ㅎ'이 'ㄷ'으로 교체되고, 인접한 비음의 영향으로 'ㄷ'이 'ㄴ'으로 교체되므로 ㉯의 예로 적절하지 않다. ③ '넣는[넌:는]'은 음절 끝소리의 'ㅎ'이 'ㄷ'으로 교체되고 인접한 비음의 영향으로 'ㄷ'이 'ㄴ'으로 교체되므로 ㉮의 예로 적절하지 않다. ⑤ '좁힌[조핀]'은 'ㅎ'이 인접한 'ㅂ'과 합쳐져 'ㅍ'으로 축약되므로 ㉮의 예로 적절하지만, '닳지[달치]'는 'ㅎ'이 인접한 'ㅈ'과 합쳐져 'ㅊ'으로 축약되므로 ㉯의 예로 적절하지 않다.

324) ⑤

선택 비율	① 3%	② 7%	③ 7%	④ 7%	⑤ 74%

해 : '않다[안타]'는 'ㅎ(ㄶ)' 뒤에 'ㄷ'이 결합되어 [ㅌ]으로 발음되는 경우로, 이는 ㉢이 아니라 ㉠에 따른 것이다.

[오답풀이] ① '끓고[끌코]'는 'ㅎ(ㅀ)' 뒤에 'ㄱ'이 결합되어 [ㅋ]으로 발음되는 경우로, 이는 ㉠에 해당한다. ② '쌓지[싸치]'는 'ㅎ' 뒤에 'ㅈ'이 결합되어 [ㅊ]으로 발음되는 경우로, 이는 ㉠에 해당한다. ③ '닿네[단네]'는 'ㅎ' 뒤에 'ㄴ'이 결합되어 'ㅎ'이 [ㄴ]으로 발음되는 경우로, 이는 ㉡에 해당한다. ④ '놓여[노여]'는 'ㅎ' 뒤에 모음으로 시작된 어미가 결합되어 'ㅎ'을 발음하지 않는 경우로, 이는 ㉢에 해당한다.

325) ①

선택 비율	① 65%	② 8%	③ 4%	④ 17%	⑤ 4%

해 : '값만'은 'ㅅ'이 탈락하는 자음군 단순화와 'ㅂ'이 'ㅁ'의 영향을 받아 'ㅁ'으로 교체되는 비음화가 적용되어 [감만]으로 발음된다. '흙과'는 'ㄹ'이 탈락하는 자음군 단순화와 두 번째 음절의 초성인 'ㄱ'이 'ㄲ'으로 교체되는 된소리되기가 적용되어 [흑꽈]로 발음된다.

[오답풀이] ② '잃는'은 자음군 단순화와 유음화가 적용되어 [일른]으로 발음되며, '읊고'는 자음군 단순화와 음절의 끝소리 규칙, 된소리되기가 적용되어 [읍꼬]로 발음된다. ③ '덮지'는 음절의 끝소리 규칙과 된소리되기가 적용되어 [덥찌]로 발음되며, '밝혀'는 거센소리되기에 의해 [발켜]로 발음된다. ④ '밟는'은 자음군 단순화와 비음화에 의해 [밤:는]으로 발음되며, '닦다'는 음절의 끝소리 규칙과 된소리되기에 의해 [닥따]로 발음된다. ⑤ '젊어'는 'ㅁ'이 뒤 음절로 연음되어 [절머]로 발음되며, '짧지'는 자음군 단순화와 된소리되기에 의해 [짤찌]로 발음된다.

326) ③

선택 비율	① 5%	② 6%	③ 73%	④ 10%	⑤ 4%

해 : <보기>의 학습 자료 ㄱ~ㄷ에 나타난 음운의 변동을 분석하면 '목화솜[모콰솜]'은 'ㄱ'와 'ㅎ'이 합쳐져 'ㅋ'이 되는 음운의 축약이 1회 나타나고, '흙덩이[흑떵이]'는 'ㄺ'의 'ㄹ'이 탈락하는 음운의 탈락 1회와 'ㄷ'이 'ㄸ'으로 교체되는 음운의 교체 1회가 나타나며 '새벽이슬[새병니슬]'은 'ㄴ'이 새로 첨가되는 음운의 첨가 1회, 'ㄱ'이 'ㅇ'으로 교체되는 음운의 교체 1회가 나타난다. 따라서 '두 개의 음운이 하나의 음운으로 합쳐지는 현상이 일어났는가?'라는 질문에 대한 답변으로 ㄱ에만 '예'라고 표시하였으므로 적절하다.

327) ②

선택 비율	① 6%	② 38%	③ 5%	④ 35%	⑤ 12%

해 : '뚫는'은 '뚫는 → [뚤는] → [뚤른]'에서 'ㅎ'이 탈락하고 'ㄴ'이 'ㄹ'로 교체된다. 이때 'ㅎ'의 탈락으로 인해 음운은 1개가 줄어든다.

[오답풀이] ① '국밥[국빱]'에서 'ㅂ'은 'ㅃ'으로 교체된다. 이때 음운 개수에는 변화가 없다. ③ '막내[망내]'에서 'ㄱ'은 'ㅇ'으로 교체된다. 이때 음운 개수에는 변화가 없다. ④ '물약 → [물냑] → [물략]'에서 'ㄴ'이 첨가되고 이 'ㄴ'이 'ㄹ'로 교체된다. 이때 'ㄴ'이 첨가되므로 음운은 1개 늘어난다. ⑤ '밟힌[발핀]'에서 'ㅂ'과 'ㅎ'이 결합하여 'ㅍ'으로 축약된다. 이때 두 음운이 결합하여 하나의 음운이 되었으므로 음운은 1개 줄어든다.

328) ④

선택 비율	① 2%	② 9%	③ 4%	④ 81%	⑤ 5%

해 : '읽고'의 발음은 [일꼬]인데, 첫째 음절의 종성에서 자음군 단순화가, 둘째 음절의 초성에서 된소리되기가 일어났다. 자음군 단순화가 먼저 일어난다고 가정할 경우, 첫째 음절의 종성은 [ㄹ]로 발음되는데, 일고[일고]의 발음을 참고할 때 종성 [ㄹ] 뒤에서는 된소리되기가 일어나지 않았다. 따라서 종성 [ㄹ] 뒤에 'ㄱ'이 연결된다는 것은 된소리되기가 반드시 일어나는 조건이 아니므로 ⓐ에는 '조건이 아니다'가 들어간다. 그런데 된소리되기가 먼저 일어난다고 가정할 경우, 첫째 음절 종성의 두 자음 중 뒤의 자음 'ㄱ'이 뒤의 자음 'ㄱ'을 만나면 된소리되기가 일어나 둘째 음절의 초성이 [ㄲ]로 발음되므로 ⓑ에는 [ㄲ]이 들어간다. 그 후 첫째 음절 종성에서 자음군 단순화가 일어난다면 첫째 음절 종성이 [ㄹ]로 발음되어 읽고 [일꼬]의 발음을 설명할 수 있으므로 ⓒ에는 '있다'가 들어간다.

329) ④

선택 비율	① 20%	② 5%	③ 14%	④ 53%	⑤ 8%

해 : '맏형[마텽], 짧다[짤따], 색연필[생년필]'은 음운 변동의 결과로 음운의 개수가 줄어들거나 늘어나지만, '불나방[불라방], 붙이다[부치다]'는 음운의 개수에 변화가 없다.

[오답풀이] ① '짧다[짤따]'는 자음군 단순화(탈락)와 된소리되기 현상(교체)이, '색연필[생년필]'은 'ㄴ' 첨가(첨가)와 비음화 현상(교체)이 일어나므로, 음운 변동이 두 번 일어난 경우에 해당한다. 그에 반해 '맏형[마텽]'은 자음 축약 현상(축약)이, '불나방[불라방]'은 유음화 현상(교체)이, '붙이다[부치다]'는 구개음화 현상(교체)이 일어나므로, 음운 변동이 한 번만 일어난 경우에 해당한다. ② 자료의 단어들은 모두 음운 변동의 결과가 표기에 반영되지 않는다. ③ '붙이다[부치다]'는 구개음화 현상이, '색연필[생년필]'은 'ㄴ'첨가 현상이 일어나는데, 이는 모두 뒤 음절의 모음 'ㅣ' 또는 반모음 ' '의 영향을 받는다. ⑤ '불나방[불라방]'은 유음화 현상이 일어나는데, 이는 뒤 음절의 'ㄴ'이 'ㄹ'로 바뀌어 인접한 두 음운이 완전히 같아진 것이다.

330) ②

선택 비율	① 6%	② 60%	③ 6%	④ 12%	⑤ 15%

해 : ㉡의 '끓는'은 자음군 단순화로 인해 [끌는]으로 바뀐 후 유음화되어 [끌른]으로 발음되는데, 이때 뒤의 자음인 'ㄴ'이 앞의 자음인 'ㄹ'에 동화되는 음운 변동이 일어난다.

[오답풀이] ① ㉠에서는 자음군 단순화로 인해 '닭장'의 겹받침 중 'ㄹ'이 탈락하였고, ㉡에서도 자음군 단순화로 인해 '끓는'의 겹받침 중 'ㅎ'이 탈락하였는데, 이는 모두 음절 끝에 둘 이상의 자음이 오지 못하기 때문에 일어나는 음운 변동이다. ③ ㉠에서 탈락된 음운은 'ㄹ'이고 ㉢에서 첨가된 음운은 'ㄴ'이므로 서로 다르다. ④ ㉢에서는 음운 변동의 결과 음운 개수가 7개에서 8개로, 1개가 늘었고, ㉠, ㉡에서는 음운의 개수가 7개에서 6개로, 1개가 줄었다. ⑤ ㉡은 유음 'ㄹ'의 영향을 받아 비음 'ㄴ'이 유음으로 바뀌고, ㉢은 파열음 'ㄷ'이 비음 'ㄴ'의 영향을 받아 비음으로 바뀌어 인접한 자음과 조음 방법이 같아졌다. ㉠에서 'ㄱ'은 파열음이고 'ㅉ'은 파찰음으로 조음 방법이 같지 않다.

331) ④

선택 비율	① 14%	② 6%	③ 12%	④ **57%**	⑤ 11%

해 : ㉡의 부엌문→부억문→[부엉문]에서 일어나는 음절의 끝소리 규칙과 비음화는 모두 교체에 해당하며, ㉢의 벼훑이[벼훌치]에서 일어나는 구개음화 역시 교체에 해당하므로, ㉡, ㉢에서 공통적으로 일어난 음운 변동은 교체가 적절하다.

[오답풀이] ① 음운 변동이 ㉠에서 2번(자음군 단순화, 된소리되기), ㉡에서 2번(음절의 끝소리 규칙, 비음화), ㉢에서 1번(구개음화) 일어난 것으로 보아, 음운 변동의 횟수는 같지 않으므로 적절하지 않다. ② ㉠에서 자음군 단순화는 탈락에 해당하므로 음운의 개수가 줄어들었으나, ㉡에서는 교체만 일어나 음운의 개수가 달라지지 않았으므로 적절하지 않다. ③ ㉠에서는 흙[흑]으로 겹받침 중 'ㄹ'의 탈락이 일어났으나, ㉢에서는 탈락이 일어나지 않았으므로 적절하지 않다. ⑤ ㉢에서는 새로운 음운이 첨가되는 음운 변동이 일어나지 않았으므로 적절하지 않다.

332) ⑤

선택 비율	① 1%	② 5%	③ 10%	④ 2%	⑤ **80%**

해 : 탐구 단계에 제시된 내용을 살펴보면, 'ㄴ'이 'ㄷ' 앞에서 된소리로 발음되기 위에서는 'ㄴ'이 어간 받침에 해당해야 한다는 것을 알 수 있다. '신다'에서 'ㄴ'은 어간 '신-'의 받침에 해당하므로 그 뒤에 오는 어미의 첫소리 'ㄷ'이 된소리로 발음된다. 그러나 '난다'에서 'ㄴ'은 어간 '날-'의 받침에 해당하지 않고 현재 시제를 나타내는 선어말 어미에 해당하므로, 그 뒤에 오는 어미의 첫소리 'ㄷ'이 된소리로 발음되지 않는 것이다.

333) ③

선택 비율	① 15%	② 5%	③ **66%**	④ 9%	⑤ 2%

해 : ⓒ '막일'은 앞말의 끝이 자음이고, 뒷말이 '이'로 시작하는 경우에 해당하므로 'ㄴ' 소리가 첨가되는데, [막닐]이 아닌 [망닐]로 발음한다. 그 이유는 앞말의 받침인 'ㄱ'이 뒷말의 첫소리에 첨가된 'ㄴ'의 영향을 받아 'ㅇ'으로 비음화 되었기 때문이다. 따라서 'ㅁ'의 영향으로 'ㄱ'이 비음화 되었다는 진술은 적절하지 않다.

[오답풀이] ① ⓐ는 앞말인 '코'가 모음으로 끝나고 뒷말인 '날'이 'ㄴ'으로 시작되므로 앞말의 끝소리에 'ㄴ'이 첨가된 경우이므로 적절한 진술이다. ② ⓑ는 앞말인 '색'이 자음 'ㄱ'으로 끝나고 뒷말이 '여'로 시작되므로 뒷말의 첫소리에 'ㄴ' 소리가 첨가된 경우이므로 적절한 진술이다. ④ ⓓ는 앞말 '물'의 끝이 자음이고 뒷말이 '약'로 시작하는 경우에 해당하므로 'ㄴ' 소리가 첨가되는데, [물냑]이 아닌 [물략]으로 발음한다. 그 이유는 뒷말의 첫소리에 첨가된 'ㄴ'이 앞말의 받침인 'ㄹ'의 영향을 받아 'ㄹ'로 유음화되었기 때문이다. 따라서 적절한 진술이다. ⑤ ⓔ는 앞말이 모음으로 끝나고 뒷말이 'ㅁ'으로 시작되므로 앞말의 끝소리에 'ㄴ'이 첨가된 경우인데, 사이시옷을 추가하여 '잇몸'이라고 표기한 것이므로 적절한 진술이다.

334) ④

선택 비율	① 3%	② 5%	③ 4%	④ **78%**	⑤ 8%

해 : 이 문항은 제시된 사례들의 정확한 발음을 파악하여 음절의 끝소리 규칙을 단계적으로 탐구할 수 있는지 여부를 묻고 있다. 제시된 8개의 사례는 각각 '부엌[부억], 간[간], 옷[옫], 빚[빋], 달[달], 섬[섬], 앞[압], 창[창]'으로 발음된다. 정답은 ④로, '밖'이 [박]으로, '밑'이 [믿]으로 발음되는 현상 역시 음절의 끝소리 규칙에 해당한다. '부엌[부억]'을 통해 'ㄱ'이 음절 끝의 자음으로 발음될 수 있다는 점과 '옷[옫]', 빚[빋]'을 통해 'ㄷ'이 음절 끝의 자음으로 발음될 수 있다는 점을 고려할 때, '밖[박]', '밑[믿]'은 음절의 끝소리 규칙의 사례로 적합하다.

[오답풀이] ① 제시된 사례 중에서 '부엌'은 [부억]으로 발음되어 음절 끝의 자음이 'ㅋ'에서 'ㄱ'으로 바뀌기 때문에 ㉠의 진술은 타당하지 않다. ② '부엌[부억]', '앞[압]'은 거센소리(ㅋ, ㅍ)일 때 음절 끝 자음이 바뀐 경우이고 '달', '섬', '창'은 울림소리(ㄹ, ㅁ, ㅇ)일 때 음절 끝 자음이 바뀌지 않은 경우이지만, '옷[옫]', '빚[빋]'을 보면 예사소리(ㅅ, ㅈ)일 때에도 음절 끝 자음이 바뀌기도 한다. 따라서 ㉡은 타당한 진술이 아니다. ③ '옷[옫]', '빚[빋]'을 통해 'ㄷ'으로도 바뀐 경우를 확인할 수 있기 때문에 ㉢은 타당한 진술이 아니다. ⑤ 위의 사례들을 종합하여 볼 때, 음절 끝에서 발음될 수 있는 자음은 'ㄱ(부엌), ㄴ(간), ㄷ(옷, 빚), ㄹ(달), ㅁ(섬), ㅂ(앞), ㅇ(창)'이다. 따라서 이를 'ㄱ, ㄴ, ㄹ, ㅁ, ㅂ, ㅅ, ㅇ'라고 진술한 ㉤은 타당하지 않다.

335) ④

선택 비율	① 6%	② 1%	③ 4%	④ **84%**	⑤ 1%

해 : 이 문항은 한글맞춤법 제30항의 사이시옷 표기에 대한 조항을 단계별로 도식화하여 제시한 후, 개별 사례에 적용하여 탐구할 수 있는지 여부를 묻는 문항으로, 정답은 ④이다. '장마비'는 '장마+비'의 합성어 구조로 1단계와 2단계를 만족한다. 그러나 그 발음은 [장마삐] 혹은 [장맏삐]이므로, 3-2단계가 아닌 3-1단계를 만족한다. 즉, 사이시옷을 표기하여 '장맛비'로 적는 것은 맞지만, 단계에 대한 설명이 잘못되었다.

[오답풀이] ① '개살구'의 '개-'는 '야생 상태의' 또는 '질이 떨어지는', '흡사하지만 다른'의 뜻을 더하는 접두사이기 때문에 '개살구'는 합성어가 아닌 파생어이다. 따라서 1단계를 만족하지 못해 사이시옷을 표기하지 않은 '개살구'로 적어야 한다. ② '총무과'는 '총무(總務)+과(課)', 즉 '한자어+한자어'의 구조이므로 2단계를 만족하지 못해 사이시옷을 표기하지 않은 '총무과'로 적어야 한다. ③ '만둣국'은 '만두(饅頭)+국'의 구조로 1단계와 2단계를 모두 만족하며, 그 발음이 [만두꾹] 혹은 [만둗꾹]이므로, 3-1단계를 만족한다. 따라서 사이시옷을 표기하여 '만둣국'으로 적어야 한다. ⑤ '허드렛일'은 '허드레+일'의 구조로 1단계와 2단계를 모두 만족하며, 그 발음이 [허드렌닐]이므로, 3-3단계를 만족한다. 따라서 사이시옷을

표기하여 '허드렛일'로 적어야 한다.

336) ①

선택 비율	① 77%	② 7%	③ 6%	④ 3%	⑤ 5%

해 : 이 문항은 표준 발음법 제13항과 제15항의 내용에 대해 '앞앞이[아바피]'를 예로 들어 설명한 후, 이를 다른 사례에 적용하여 탐구할 수 있는지 여부를 묻고 있다. 우선 제13항에서는 홑받침이나 쌍받침이 모음으로 시작된 조사나 어미, 접미사 등과 같은 형식 형태소와 결합되는 경우에는, 제 음가대로 뒤 음절 첫소리로 옮겨 발음하도록 규정하고 있다. '앞앞이'의 '-이'는 부사를 만드는 접미사, 즉 형식 형태소이기 때문에 '앞이'는 [아피]로 발음해야 한다. 또한, 제15항에서는 받침 뒤에 모음 'ㅏ, ㅓ, ㅗ, ㅜ, ㅟ'들로 시작하는 실질 형태소자 연결되는 경우에는 받침을 대표음으로 바꾸어서 뒤 음절 첫소리로 옮겨 발음하도록 규정하고 있다. 따라서 '앞앞'은 [아밥]으로 발음해야 한다. 즉, '앞앞이'는 [아바피]로 발음해야 한다. 정답은 ①로, '무릎이야'에서 '이야'는 조사, 즉 형식 형태소이기 때문에 제13항(㉠)에 따라 [무르피야]로 발음하며, '무릎 아래'의 '아래'는 실질 형태소이기 때문에 제15항(㉡)에 따라 [무르바래]로 발음한다.

[오답풀이] ② '서녘이나'와 '서녘에서'의 '이나'와 '에서' 모두 조사, 즉 형식 형태소이기 때문에 제13항(㉠)에 따라 [서녀키나]와 [서녀케서]로 발음한다. ③ '겉으로'의 '으로'는 조사, 즉 형식 형태소이기 때문에 제13항(㉠)에 따라 [거트로]로 발음한다. '겉아가미'의 '아가미'는 실질 형태소이기 때문에 제15항(㉡)에 따라 [거다가미]로 발음한다. ④ '배꽃이'의 '이'는 조사, 즉 형식 형태소이기 때문에 제13항(㉠)에 따라 [배꼬치]로 발음한다. '배꽃 위'의 '위'는 실질 형태소이기 때문에 제15항(㉡)에 따라 [배꼬뒤]로 발음한다. ⑤ '빚에'와 '빚이며'의 '에'와 '이며' 모두 조사, 즉 형식 형태소이기 때문에 제13항(㉠)에 따라 [비제]와 [비지며]로 발음한다.

337) ③

선택 비율	① 7%	② 4%	③ 66%	④ 8%	⑤ 13%

해 : 이 문항은 세 가지 음운 변동 현상을 제시한 뒤, 각각에 대해 분석하고 다른 사례에 적용할 것을 요구하고 있다. 제시된 음운 변동 현상은 각각 ㉠음절의 끝소리 규칙, ㉡된소리되기(경음화), ㉢거센소리되기(유기음화)이다. 정답은 ③으로, '따뜻하다'는 '따뜻 → [따뜯]'의 과정에서 ㉠음절의 끝소리 규칙이 일어나며, '따뜯하다 → [따뜨타다]'의 과정에서 ㉢거센소리되기(유기음화)가 일어난다.

[오답풀이] ① ㉠은 음절 종성의 자음이 'ㄱ, ㄴ, ㄷ, ㄹ, ㅁ, ㅂ, ㅇ' 중 하나로 바뀌는 변동이지만, ㉡은 음절 초성의 자음 중 예사소리가 된소리로 바뀌는 변동이다. ② ㉠에서 '앞 → [압]'의 사례에서는 거센소리가 예사소리로 바뀌었지만 다른 사례들에서는 그러한 양상이 나타나지 않는다. 또한 ㉢은 거센소리로 변동되는 현상이지, 거센소리가 된소리로 바뀌는 변동이 아니다. ④ ㉡은 음운의 개수에는 변화가 없지만, 동화 현상이 아닌 된소리되기 현상이고, ㉢은 두 음운이 하나로 합쳐지는 축약 현상이기 때문에 동화 현상이 아니다. 따라서 ㉡과 ㉢의 변동은 둘 다 뒤의 자음이 앞의 자음에 동화된 것이 아니다. ⑤ ㉢이 음운의 축약에 속하는 것은 맞지만, ㉡은 음운의 첨가에 속하지 않는다. 음운의 첨가는 원래 없던 소리가 추가되는 현상을 가리키는데 ㉡은 음운의 수에는 변함이 없이 교체만 이루어진다.

338) ③

선택 비율	① 27%	② 4%	③ 64%	④ 0%	⑤ 2%

해 : 이 문항은 모음의 변동을 세 가지 유형으로 나누어 설명한 뒤, 각각의 유형에 해당하는 사례를 파악할 수 있는지를 묻고 있다. 이 문항을 정확하게 풀이하기 위해서는 모음의 변동 유형 자체에 대한 이해와 함께, 단모음, 이중 모음, 반모음에 대한 개념적 이해가 선행되어야 한다. 주어진 조건에 따라 단모음으로 끝나는 어간과 단모음으로 시작하는 어미의 결합을 중심으로 모음의 변동 양상을 살펴보면, ㉡의 '살피 + 어 → [살펴]'에서는 'ㅣ + ㅓ → ㅕ'의 변동이 일어나 단모음 'ㅣ'와 단모음 'ㅓ'가 합쳐져 이중 모음 'ㅕ'로 변동되는 양상을 확인할 수 있다. 또한, ㉢의 '배우 + 어 → [배워]'에서 역시 'ㅜ + ㅓ → ㅝ'의 변동이 일어나는데, 단모음 'ㅜ'와 단모음 'ㅓ'가 합쳐져 이중 모음 'ㅝ'로 변동됨을 확인할 수 있다. 따라서 두 개의 단모음이 합쳐져 이중 모음으로 변동되는 유형인 ⓐ에 해당하는 것은 ㉡과 ㉢이다.

[오답풀이] ㉠의 '기 + 어 → [기여]'에서 모음의 변동 양상을 표현해 보면, 'ㅣ + ㅓ → ㅣ + ㅕ'로 나타난다. 즉, 어간의 단모음 'ㅣ'는 변동되지 않지만, 어미의 단모음 'ㅓ'는 이중 모음 'ㅕ'로 변동된다. 그런데 이때의 'ㅕ'는 반모음 'ㅣ[j]'와 단모음 'ㅓ'가 결합하여 이루어진 이중 모음이기 때문에, ㉠의 모음 변동 양상은 'ㅣ + ㅓ → ㅣ + ㅣ[j] + ㅓ'로 표현할 수 있다. 즉, ㉠은 두 개의 단모음 사이에 반모음 'ㅣ[j]'가 첨가된 유형에 해당한다. ㉣의 '나서 + 어 → [나서]'에서 모음의 변동 양상을 살펴보면 'ㅓ + ㅓ → ㅓ'로 나타나므로, ㉣은 두 개의 단모음 중 하나가 없어지는 유형에 해당한다.

339) ⑤

선택 비율	① 6%	② 1%	③ 47%	④ 10%	⑤ 33%

해 : 이 문항에서는 표준 발음법 제8항에 대한 이해를 바탕으로, 받침 발음의 원칙을 지키기 위한 탈락과 교체의 음운 변동 양상을 파악할 것을 요구하고 있다. 즉, 음운 변동의 양상 자체를 탈락과 교체로 구분하는 것이 아니라, '받침 발음의 원칙'을 지키기 위한 탈락과 교체를 파악하는 것이 핵심이다. '밟는'이 [밤:는]으로 발음되는 과정을 보면, 우선 겹받침 'ㄼ' 중 'ㄹ'이 탈락되어 ㉠이 적용된 것을 확인할 수 있다. 또한, [밥:는*]이 아니라 [밤:는]으로 발음됨을 통해 'ㅂ'이 'ㅁ'으로 교체되는 것도 확인할 수 있다. 그렇지만 이때의 교체는 '받침 발음의 원칙'을 지키기 위한 자음의 교체가 아니다. 'ㅂ'은 받침소리로 발음되는 'ㄱ, ㄴ, ㄷ, ㄹ, ㅁ, ㅂ, ㅇ'에 포함되어 있다는 점, '밟고, 밟지'는 [밥:꼬], [밥:찌]로 발음되어 'ㅂ'이 교체되지 않는다는

점을 고려해야 하기 때문이다. '밟는'이 [밤:는]으로 발음되는 과정에서 'ㅂ'이 'ㅁ'으로 교체되는 것은 뒤이어 소리 나는 'ㄴ'의 영향에 따른 비음화의 결과이며, 이는 '받침 발음의 원칙'을 지키기 위한 교체 현상이 아니기 때문에 ⑤에는 ⓒ이 적용되지 않는다.

[오답풀이] ① '읽다'가 [익따]로 발음되어 겹받침 'ㄺ' 중 'ㄹ'이 탈락하는 현상(㉠)을 확인할 수 있다. ② '옮는'이 [옴:는]으로 발음되어 겹받침 'ㄻ' 중 'ㄹ'이 탈락하는 현상(㉠)을 확인할 수 있다. ③ '닦지'가 [닥찌]로 발음되어 'ㄲ'이 'ㄱ'으로 발음되는데, 이를 'ㄲ'에서 'ㄱ'이 탈락되어 'ㄱ'으로만 발음되는 것으로 해석하여 ㉠의 적용을 받은 것으로 파악하면 안 된다. 'ㄲ'은 겹받침이 아니라 하나의 자음이며, 따라서 자음 'ㄲ'이 받침소리로 발음되는 7개 자음 중 하나인 자음 'ㄱ'으로 교체되어 발음된다는 ⓒ의 적용을 받은 것으로 보아야 한다. ④ '읊기'가 [읍끼]로 발음되는 과정을 보면, 우선 겹받침 'ㄿ' 중 'ㄹ'이 탈락되어 ㉠의 적용을 받는다. 이때 '읖'의 'ㅍ'은 'ㄱ, ㄴ, ㄷ, ㄹ, ㅁ, ㅂ, ㅇ'에 속하지 않으므로 'ㅂ'으로 교체되어 발음되는데, 이 과정에서 ⓒ의 적용을 받는다. 이때 'ㅍ'이 'ㅂ'으로 교체되는 것은 '받침 발음의 원칙'을 지키기 위한 현상으로 ⑤에서 'ㅂ'이 'ㅁ'으로 교체되는 현상과는 차이가 있다.

340) ②

선택 비율	① 2%	② **88%**	③ 4%	④ 2%	⑤ 2%

해 : 음운 변동의 유형 중 '교체'는 한 음운이 다른 음운으로 바뀌는 현상으로서 음절의 끝소리 규칙, 비음화, 유음화, 구개음화 등이 이에 해당한다. '탈락'은 한 음운이 없어지는 현상으로서 'ㄹ' 탈락, 'ㅎ' 탈락, 'ㅡ' 탈락 등이 이에 해당한다. '첨가'는 없던 음운이 새로 생기는 현상으로서 ㄴ첨가, 반모음 첨가 등이 이에 해당한다. '축약'은 두 음운이 합쳐져 다른 음운으로 바뀌는 현상으로서 거센소리되기 등이 있다. <보기>에 제시된 사례 중 '옷하고[오타고]'는 [옫하고](교체) → [오타고](축약)의 음운 변동을 겪는다. 한편 '홑이불[혼니불]'은 [혿니불](교체, 첨가) → [혼니불](교체)의 음운 변동을 겪는다.

341) ④

선택 비율	① 6%	② 4%	③ 5%	④ **79%**	⑤ 3%

해 : '밝기[발끼]'는 'ㄺ'이 모음으로 시작된 조사나 어미, 접미사가 아니라 자음으로 시작된 접미사인 '-기'와 결합하므로, 뒤엣것인 'ㄱ'을 뒤 음절 첫소리로 옮겨 발음할 수 없다. 따라서 ㉣에 해당하는 예가 아니다.

[오답풀이] ① '밝다[박따]'는 'ㄺ'이 자음인 'ㄷ' 앞에서 [ㄱ]으로 발음되고 있으므로, ㉠에 해당하는 예이다. ② '밝게[발께]'는 'ㄺ'이 '밝-'이 용언의 어간 말음에 해당하고 'ㄱ' 앞에서 [ㄹ]로 발음되고 있으므로, ㉡에 해당하는 예이다. ③ '밝혔다[발켠따]'는 'ㄺ'이 뒤 음절 첫소리인 'ㅎ'과 결합하여 'ㄱ'과 'ㅎ'을 합쳐서 [ㅋ]으로 발음되고 있으므로, ㉢에 해당하는 예이다. ⑤ '밝는다[방는다]'는 'ㄺ'이 'ㄴ' 앞에서 [ㅇ]으로 발음되고 있으므로, ㉤에 해당하는 예이다.

342) ④

선택 비율	① 9%	② 5%	③ 10%	④ **69%**	⑤ 4%

해 : ㉣은 동화이다. 왜냐하면 조음 위치로 양순음이고 조음 방법으로 파열음인 'ㅂ'이 조음 위치로 치조음이고 조음 방법으로 비음(콧소리)인 'ㄴ'의 영향을 받아 조음 위치로 양순음이고 조음 방법으로 비음인 'ㅁ'으로 바뀌었기 때문이다. 즉, ㉣에서 '뽑'이 [뽐]으로 발음되는 것은 'ㅂ'이 조음 위치는 바뀌지 않은 채 뒤에 오는 'ㄴ'의 조음 방법과 같은 조음 방법으로 발음되어 'ㅁ'으로 변한 현상이다.

[오답풀이] ① 'ㄱ'이 'ㄲ'으로 발음되는 것은 'ㄷ'의 영향을 받은 것이 아니다. 왜냐하면 'ㄲ'은 'ㄷ'과 조음 위치나 조음 방법이 모두 다르기 때문이다. 따라서 동화가 아니다. ② 'ㅎ'과 'ㄱ'이 결합하여 'ㅋ'으로 발음되는 것은 두 음운이 한 음운으로 합쳐져 줄어든 음운의 축약으로서 음운의 교체인 동화 현상이 아니다. ③ '훑네[훌레]'는 우선 'ㅌ'이 탈락하고 앞에 있는 'ㄹ'의 영향을 받아 뒤의 'ㄴ'이 'ㄹ'로 발음된 것이다. 따라서 'ㄴ'이 'ㄹ'로 동화된 것은 'ㅌ'의 영향을 받은 것이 아니다. ⑤ 'ㅂ'이 'ㄷ'의 영향을 받아 'ㄷ'이 되었다는 것은 [넚더라]로 발음된다는 뜻인데, 이는 한국어에 존재하지 않는 발음이다. 음절 말에 두 개의 자음이 발음되는 것은 국어에서 불가능하기 때문이다. 설령 [넚더라]를 억지로 발음한다 해도 '넓더라[널떠라]'와는 다른 발음이므로, 이 답지의 진술은 틀린 것이다.

343) ⑤

선택 비율	① 2%	② 3%	③ 4%	④ 5%	⑤ **84%**

해 : '얹지만'을 [언찌만]으로 발음하는 것은 어간 받침 'ㄵ' 뒤에 결합되는 어미의 첫소리인 'ㅈ'을 된소리 [ㅉ]으로 발음하는 것이므로 ㉠에 해당한다. 한편, '앉을수록'은 어간 '앉-'과 어미 '-을수록'으로 분석되는데, 이것을 [안즐쑤록]으로 발음하는 것은 '-(으)ㄹ'로 시작되는 어미인 '-(으)ㄹ수록'의 '-(으)ㄹ' 뒤에 연결되는 'ㅅ'을 된소리 [ㅆ]으로 발음한 것이므로 ㉢에 해당한다.

[오답풀이] ① '품을 적에'를 [푸믈쩌게]로 발음하는 것은 관형사형 '-(으)ㄹ' 뒤에 연결되는 'ㅈ'을 된소리 [ㅉ]으로 발음하는 것이므로 ㉢에 해당한다. 한편, '삼고'를 [삼꼬]로 발음하는 것은 어간 받침 'ㅁ' 뒤에 결합되는 어미의 첫소리인 'ㄱ'을 된소리 [ㄲ]으로 발음하는 것이므로 ㉠에 해당한다. ② '넓거든'을 [널꺼든]으로 발음하는 것은 어간 받침 'ㄼ' 뒤에 결합되는 어미의 첫소리 'ㄱ'을 된소리 [ㄲ]으로 발음하는 것이므로 ㉡에 해당한다. 한편, '얇을지라도'는 어간 '얇-'과 어미 '-을지라도'로 분석되는데, 이것을 [얄블찌라도]로 발음하는 것은 '-(으)ㄹ'로 시작되는 어미인 '-(으)ㄹ지라도'의 '-(으)ㄹ' 뒤에 연결되는 'ㅈ'을 된소리 [ㅉ]으로 발음하는 것이므로 ㉢에 해당한다. ③ '신겠네요'를 [신:껜네요]로 발음하는 것은 어간 받침 'ㄴ' 뒤에 결합되는 어미의 첫소리인 'ㄱ'을 된소리 [ㄲ]으로 발음하는 것이므로 ㉠에 해당한다. 한편, '밟지도'를 [밥:찌도]로 발음하는 것은 어간 받침 'ㄼ' 뒤에 결합되는 어미의 첫소리 'ㅈ'을 된소리 [ㅉ]으로 발음하는 것이므로 ㉡에 해당한다. ④ '비웃을지언정'은

어간 '비웃-'과 어미 '-을지언정'으로 분석되는데, 이것을 [비웃을찌언정]으로 발음하는 것은 '-(으)ㄹ'로 시작되는 어미인 '-(으)ㄹ지언정'의 '-(으)ㄹ' 뒤에 연결되는 'ㅈ'을 된소리 [ㅉ]으로 발음한 것이므로 ⓒ에 해당한다. 한편, '훑던'을 [훌떤]으로 발음하는 것은 어간 받침 'ㄾ' 뒤에 결합되는 어미의 첫소리 'ㄷ'을 된소리 [ㄸ]으로 발음한 것이므로 ⓑ에 해당한다.

344) ②

선택 비율	① 1%	② 94%	③ 0%	④ 2%	⑤ 0%

해 : ㉠~㉤의 사례를 통해 음운 변동의 종류를 제시한 후 같은 변동에 해당하는 또 다른 사례를 연결할 수 있는지를 묻고 있는 문항으로, 정답은 ②이다. ㉡의 '흙까지[흑까지]'에서 '흙'이 [흑]으로 발음되는 것은 자음군 단순화에 따른 것인데, ②의 '값싸다'가 [갑싸다]로, '닭똥'이 [닥똥]으로 발음되는 것 역시 이 현상에 따른 결과이기 때문이다.

[오답풀이] ① ㉠의 '밥하고'가 [바파고]로 발음되는 것은 거센소리되기에 따른 것이다. '먹히다'가 [머키다]로 발음되는 것 역시 이 현상에 따른 것이지만, '목걸이'가 [목꺼리]로 발음되는 것은 된소리되기에 따른 결과이다. ③ ㉢의 '잡고'가 [잡꼬]로 발음되는 것은 된소리되기에 따른 것이다. '굳세다'가 [굳쎄다]로 발음되는 것 역시 이 현상에 따른 것이지만, '솜이불'이 [솜:니불]로 발음되는 것은 /ㄴ/ 첨가에 따른 결과이다. ④ ㉣의 '듣는다'가 [든는다]로 발음되는 것은 비음화에 따른 것이다. '겉내다'가 [검내다]로 발음되는 것 역시 이 현상에 따른 것이지만, '맨입'이 [맨닙]으로 발음되는 것은 /ㄴ/ 첨가에 따른 결과이다. ⑤ ㉤의 '칼날'이 [칼랄]로 발음되는 것은 유음화에 따른 것이다. '설날'이 [설:랄]로 발음되는 것 역시 이 현상에 따른 것이지만, '잡히다'가 [자피다]로 발음되는 것은 거센소리되기에 따른 결과이다.

345) ②

선택 비율	① 17%	② 64%	③ 6%	④ 5%	⑤ 5%

해 : 구개음화와 관련되는 표준 발음법 규정을 개별 사례에 적용하여 이해할 수 있는지를 묻고 있는 문항으로, 정답은 ②이다. 이 문항을 해결하기 위해서는 구개음화에 대한 이해뿐 아니라 구개음화의 형태론적 조건을 설명하는 과정에서 사용되는 조사, 접미사 등의 개념을 파악하고 있어야 한다. ②의 '솥이나'는 명사 '솥'에 접속 조사 '이나'가 결합된 경우로, '솥이나'를 [소치나]로 발음하는 것은 ㉠에 따른 결과이다.

[오답풀이] ① '같이'의 '-이'는 조사가 아니라 어근 '같-'에 결합되는 부사 파생 접미사이다. 따라서 '같이'를 [가치]로 발음하는 것은 ㉠이 아닌 ㉡에 따른 결과이다. ③ '팥이다'의 '이-'는 접미사가 아니라 서술격 조사 '이다'의 어간이다. 따라서 '팥이다'를 [파치다]로 발음하는 것은 ㉡이 아닌 ㉠에 따른 결과이다. ④ '받히다'의 '-히-'는 피동 접미사이기 때문에, '받히다'를 [바치다]로 발음하는 것은 ㉡이 아닌 ㉢에 따른 결과이다. ⑤ '붙이다'는 '붙다'에 사동 접미사 '-이-'가 결합된 사동사이다. ㉢에서는 접미사 '-히-'가 결합되는 경우를 규정하고 있기 때문에 '붙이다'를 [부치다]로 발음하는 것을 ㉢에 따른 결과로 볼 수는 없다. 접미사 '-이-'가 결합되는 경우를 설명하는 규정은 ㉡이다.

346) ③

선택 비율	① 3%	② 3%	③ 91%	④ 0%	⑤ 0%

해 : <보기 1>의 표준 발음법 '제5항 다만 3'에 따라, '희망'의 '희'는 자음을 첫소리로 가지고 있는 음절이므로 'ㅢ'는 [ㅣ]로 발음한다. 따라서 [히망]이 표준 발음이다.

347) ③

선택 비율	① 6%	② 3%	③ 70%	④ 17%	⑤ 1%

해 : 두 종류의 음운 변동 현상이 일어나는 사례들을 유형별로 제시한 후, 각각에 대해 정확하게 파악할 수 있는지를 묻는 문항이다. ㉢의 '숯도'는 [숯도] → 숟도 → [숟또]로, '옷고름'은 [옷고름] → 옫고름 → [옫꼬름]으로 발음되어 교체에 의한 대표음화와 된소리되기가 일어난다. ㉣의 '닦는'은 [닦는] → [닥는] → [당는]으로, '부엌문'은 [부엌문] → [부억문] → [부엉문]으로 발음되어 교체에 의한 대표음화와 비음화가 일어난다. 따라서 ㉢과 ㉣에 대해 '음절 끝에서 발음되는 자음이 7개로 제한되는 현상', 즉 음절의 끝소리 규칙이 일어난다고 설명한 ③은 적절하다. 또한 ③에서 제시하고 있는 '깊다' 역시 [깊다] → [깁다] → [깁따]로 발음되어 교체에 의한 대표음화가 일어나는 경우로 적절한 예이다.

[오답풀이] ① ㉠의 '옳지[올치]', '좁히다[조피다]'는 각각 'ㅎ+ㅈ → ㅊ', 'ㅂ+ㅎ → ㅍ'의 음운 축약 현상이 일어나지만, ㉡의 '끊어[끄너]', '쌓이다[싸이다]'에서는 'ㅎ'이 탈락한다. ② 앞서 살폈듯이, ㉢에서는 된소리되기가 일어난다. 또한, ㉤의 '읽지[익찌]', '훑거나[훌꺼나]'에서는 자음군 단순화와 된소리되기가 일어난다. 그렇지만, ㉠에서는 된소리되기가 일어나지 않는다. ④ '겉모양'은 [겉모양] → [걷모양] → [건모양]으로 발음되어 ㉣과 마찬가지로 교체에 의한 대표음화와 비음화가 일어난다. 그러나 비음화는 조음 위치가 같아지는 현상이 아니라 조음 방법이 같아지는 현상이므로 적절하지 않다. ⑤ '앉고'는 [앉고] → [안고] → [안꼬]로 발음되어 받침 자음의 일부가 탈락하는 자음군 단순화와 된소리되기가 일어난다. ㉤에서 역시 자음군 단순화가 일어나지만 ㉣에서는 겹받침이 쓰이지 않았기 때문에 자음군 단순화가 일어나지 않는다.

348) ⑤

선택 비율	① 2%	② 2%	③ 3%	④ 8%	⑤ 82%

해 : 음운 환경에 따른 겹받침의 다양한 발음 방식을 제시한 뒤, 그에 따른 각 사례별 발음 방식을 파악할 수 있는지를 묻는 문항이다. '닭하고'의 '닭'은 ⓑ에 따라 [닥]으로 발음하며, 여기에 '하고'가 결합하면 ⓔ에 따라 'ㄱ'과 'ㅎ'을 합쳐서 [ㅋ]로 발음해야 하기 때문이다. 따라서 ⑤는 '닭하고'의 발음에 적용된 내용과 발음이 모두 바르게 제시된 경우이다.

[오답풀이] ① '여덟이'는 '여덟'과 모음으로 시작된 조사 '이'가 결합한 경우이기 때문에 ⓐ에 따라 겹받침의 뒤엣것만을 뒤 음절 첫소리로 옮겨 [여덜비]로 발음해야 한다. ② '몫을'은 '몫'과 모음으로 시작된 조사 '을'이 결합한 경우이기 때문에 ⓐ의 적용을 받는다. 그런데 ⓐ에서 'ㅅ'은 [ㅆ]로 발음해야 한다고 했기 때문에 [목슬]이 아니라 [목쓸]로 발음해야 한다. ③ '흙만'의 '흙'은 ⓑ에 따라 [흑]으로 발음하며, 여기에 '만'이 결합하면 ⓒ에 따라 [흑만]이 아닌 [흥만]으로 발음해야 한다. ④ '값까지'의 '값'은 ⓑ에 따라 [갑]으로 발음한다. 그런데 ⓓ는 [ㄱ] 뒤에 'ㄱ, ㄷ, ㅂ, ㅅ, ㅈ'이 연결되는 경우를 설명하고 있기 때문에 '까지'가 결합한 '값까지'의 발음은 ⓓ의 적용을 받지 않는다.

349) ③

선택 비율	① 8%	② 9%	③ **29%**	④ 23%	⑤ 28%

해 : '낫다'는 활용할 때 '낫다[낟따], 나아[나아]'와 같이 음운의 교체와 탈락 현상이 일어난다. 이에 비해 '놓다'는 '놓다[나타], 놓아[나아]'와 같이 음운의 축약과 탈락 현상이 일어난다. 따라서 '낫다'와 '놓다'가 활용할 때 공통적으로 일어나는 음운 변동은 '탈락'이 된다. 그리고 활용의 유형을 보자면, 같은 'ㅅ' 받침을 가진 '웃다'는 '웃고, 웃지, 웃어서, 웃으니'와 같이 어간과 어미가 규칙적인 데 반해, '낫다'는 '낫고, 낫지, 나아서, 나으니'와 같이 어간의 'ㅅ'이 탈락하므로 불규칙 활용을 한다. 따라서 '낫다'는 활용할 때 일어나는 음운 탈락이 표기에 반영되는 단어이다. 한편, '놓다'는 '놓고, 놓지, 놓아서, 놓으니'와 같이 규칙 활용을 하는 단어로, 어간의 형태가 변화하지 않는다. 따라서 '놓다'는 활용할 때 일어나는 음운 탈락이 표기에 반영되지 않는 단어이다. 이러한 사실을 종합하면, (가)에는 '탈락'이, (나)에는 불규칙 활용이면서 표기에 반영됨을 나타내는 기호 Ⓒ가, (다)에는 규칙 활용이면서 표기에 반영되지 않음을 나타내는 기호 Ⓑ가 들어가게 되어 정답은 ③이 된다.

350) ⑤

선택 비율	① 8%	② 8%	③ 30%	④ 7%	⑤ **44%**

해 : 이 문항은 음운 변동에 대한 지식을 바탕으로 <보기>에 제시된 음운 변동의 예를 분석할 것을 요구하고 있다. '긁+고 → [글고] → [글꼬]', '잃+지 → [일치]'의 음운 현상에서 '잃지'의 경우 'ㅎ'과 'ㅈ'이 'ㅊ'으로 축약되는 현상이 일어났지만, '긁고'의 경우 자음이 축약되는 현상이 일어나지 않았다.

[오답풀이] ① '맑+네 → [막네] → [망네]', '값+도 → [갑도] → [갑또]'의 음운 현상에서는 음절 끝에 둘 이상의 자음이 오지 못하기 때문에 둘 중 하나의 자음은 탈락하는 현상(자음군 단순화)이 일어나고 있다. '맑'의 'ㄺ'에서 'ㄹ'이 탈락한 것, '값'의 'ㅄ'에서 'ㅅ'이 탈락한 것이 그것이다. ② '맑+네 → [막네] → [망네]', '꽃+말 → [꼳말] → [꼰말]', '입+니 → [임니]'의 음운 현상에서는 인접하는 자음과 조음 방법이 같아진 음운 변동(비음화)이 일어나고 있다. '막'의 'ㄱ'(파열음)이 'ㄴ'(비음)의 영향을 받아 'ㅇ'(비음)으로 교체된 것, '꼳'의 'ㄷ'(파열음)이 'ㅁ'(비음)의 영향을 받아 'ㄴ'(비음)으로 교체된 것, '입'의 'ㅂ'(파열음)이 'ㄴ'(비음)의 영향을 받아 'ㅁ'(비음)으로 교체된 것이 그것이다. ③ '낮+일 → [낟닐] → [난닐]', '물+약 → [물냑] → [물략]'의 음운 현상에서는 자음이 교체된 음운 변동을 확인할 수 있다. '낮'의 'ㅈ'이 'ㄷ'으로, 그 'ㄷ'이 다시 'ㄴ'으로 교체된 것, '물약'에 'ㄴ'이 첨가된 후 'ㄴ'이 'ㄹ'로 교체된 것이 그것이다. ④ '낮+일 → [낟닐] → [난닐]', '꽃+말 → [꼳말] → [꼰말]', '팥+죽 → [팓죽] → [팓쭉]'의 음운 현상에서는 음절 끝에 올 수 있는 자음이 제한되어 있기 때문에 음운 변동(음절 끝소리의 규칙)이 일어나고 있다. '낮'의 'ㅈ'이 'ㄷ'으로 교체된 것, '꽃'의 'ㅊ'이 'ㄷ'으로 교체된 것, '팥'의 'ㅌ'이 'ㄷ'으로 교체된 것이 그것이다.

351) ③

선택 비율	① 4%	② 3%	③ **88%**	④ 1%	⑤ 2%

해 : ⓔ의 '입문하여[임문하여]'에서 '입문'이 [임문]으로 발음되는 것은 비음화에 의한 것인데, '집문서'가 [짐문서]로, '맏누이'가 [만누이]로 발음되는 것 역시 비음화에 의한 것이다.

352) ⑤

선택 비율	① 8%	② 9%	③ 2%	④ 6%	⑤ **73%**

해 : (가)에서는 음절의 종성에 마찰음, 파찰음이 오거나 파열음 중 거센소리나 된소리가 올 경우 모두 파열음의 예사소리로 교체된다는 '음절 끝소리 규칙'에 대해 설명하고 있고, (나)에서는 음절의 종성에 자음군이 올 경우 한 자음이 탈락한다는 '자음군 단순화'에 대해 설명하고 있다. '읊고'의 '읊-'은 음절의 종성에 자음군 'ㄿ'이 온 경우이므로 (나)의 '자음군 단순화'가 적용되어 'ㄹ'이 탈락된 [읖고]가 된다. 그리고 [읖고]에서 첫 음절의 종성은 거센소리 'ㅍ'이 온 경우이므로 (가)의 '음절 끝소리 규칙'이 적용되어 'ㅍ'이 'ㅂ'으로 교체된 [읍고]가 된다. 또한 음절의 종성과는 관련이 없으나 [읍고]는 예사소리가 된소리로 바뀌는 '된소리되기'에 의해 'ㄱ'이 'ㄲ'으로 교체된 [읍꼬]가 된다. 그러므로 '읊고'는 음절의 종성과 관련해서 (가)와 (나)에 해당하는 음운 변동이 모두 나타남을 알 수 있다.

[오답풀이] ① '꽂힌'은 'ㅈ'이 'ㅎ'과 만나 거센소리인 'ㅊ'이 되는 '거센소리되기'(축약)가 일어나 [꼬친]이 된 것으로, (가)와 (나)에 해당하는 음운 변동이 모두 나타나지 않는다. ② '몫이'는 연음으로 인해 [목시]가 된 후, 예사소리가 된소리로 바뀌는 '된소리되기'(교체)에 의해 [목씨]가 된 것으로, (가)와 (나)에 해당하는 음운 변동이 모두 나타나지 않는다. ③ '비옷'은 음절의 종성에 마찰음인 'ㅅ'이 온 경우에 해당한다. (가)에서 설명한 '음절 끝소리 규칙'(교체)에 의해 마찰음 'ㅅ'이 파열음 'ㄷ'으로 교체되어 [비옫]이 된 것으로, (가)에 해당하는 음운 변동은 나타나지만 (나)에 해당하는 음운 변동은 나타나지 않는다. ④ '않고'는 'ㄱ'이 'ㅎ'과 만나 거센소리인 'ㅋ'이 되는 '거센소리되기'(축약)가 일어나 [안코]가 된 것으로, (가)와 (나)에 해당하는 음운 변동이 모두 나타나지 않는다.

353) ④

선택 비율	① 3%	② 2%	③ 7%	④ 83%	⑤ 2%

解 : ㉣ '묻히고'에서 '묻-'은 받침이 'ㄷ'인 형태소이고, '-히-'는 접미사이므로 형식 형태소이다. <보기 1>에 근거할 때, '묻-'의 'ㄷ'이 '-히-'의 'ㅎ'과 결합하여 [ㅌ]이 된 후 구개음화 현상이 일어나 [ㅊ]으로 교체되어 [무치고]로 발음되므로 적절하다.

[오답풀이] ① ㉠은 '붙-'에 형식 형태소인 접미사 '-이-'와 관형사형 어미 '-ㄴ'이 결합된 단어이다. 따라서 '붙-'은 접미사의 모음 'ㅣ'와 만나 구개음화 현상이 일어나므로 적절하지 않다. ② ㉡의 '-이'는 형식 형태소이고, '낱'의 받침 'ㅌ'은 [ㅊ]으로 발음되므로 적절하지 않다. ③ ㉢에서 '이랑'은 모음 'ㅣ'로 시작하는 실질 형태소이므로 적절하지 않다. ⑤ ㉤에서 '이불'은 실질 형태소로, 구개음화 현상이 일어나는 조건에 해당하지 않으므로 적절하지 않다.

354) ①

선택 비율	① 67%	② 6%	③ 13%	④ 9%	⑤ 3%

解 : 교체, 탈락, 첨가, 축약의 음운 변동이 일어날 때 나타나는 음운 개수의 변화 양상을 바르게 이해하고 있는지 묻고 있는 문항이다. 음운의 개수는 교체가 일어나면 변하지 않고, 탈락이나 축약이 일어나면 각각 한 개가 줄어든다. 반면 첨가가 일어나면 한 개가 늘어난다. '흙하고'는 자음군 단순화에 의해 'ㄹ'이 탈락하여 [흑하고]로 바뀐 후 다시 자음 축약에 의해 'ㄱ'과 'ㅎ'이 축약되어 [흐카고]가 된다. 탈락과 축약이 일어나 결과적으로 음운의 개수가 두 개 줄어들었다.

[오답풀이] ② '저녁연기'는 ㄴ첨가에 의해 'ㄴ'이 첨가되어 [저녁년기]로 바뀐 후 다시 비음화에 의해 'ㄱ'이 'ㅇ'으로 교체되어 [저녕년기]가 된다. 첨가 및 교체가 한 번 일어나 음운의 개수는 한 개 늘어났다. ③ '부엌문'은 음절의 끝소리 규칙에 의해 'ㅋ'이 'ㄱ'으로 교체되어 [부억문]으로 바뀐 후 다시 비음화에 의해 'ㄱ'이 'ㅇ'으로 교체되어 [부엉문]이 된다. '볶는'은 음절의 끝소리 규칙에 의해 'ㄲ'이 'ㄱ'으로 교체되어 [복는]으로 바뀐 후 다시 비음화에 의해 'ㄱ'이 'ㅇ'으로 교체되어 [봉는]이 된다. '부엌문', '볶는'은 각각 교체가 두 번 일어나 음운의 개수는 모두 변하지 않았다. ④ '얹지'는 자음군 단순화에 의해 'ㅈ'이 탈락하여 [언지]로 바뀐 후 다시 경음화에 의해 'ㅈ'이 'ㅉ'으로 교체되어 [언찌]가 된다. '묽고'는 자음군 단순화에 의해 'ㄱ'이 탈락하여 [물고]로 바뀐 후 다시 경음화에 의해 'ㄱ'이 'ㄲ'으로 교체되어 [물꼬]가 된다. '얹지'와 '묽고'는 각각 탈락과 교체가 한 번씩 일어나 음운의 개수는 모두 한 개씩 줄어들었다. ⑤ '넓네'는 자음군 단순화에 의해 'ㅂ'이 탈락하여 [널네]로 바뀐 후 유음화에 의해 'ㄴ'이 'ㄹ'로 교체되어 [널레]가 된다. '밝는'은 자음군 단순화에 의해 'ㄹ'이 탈락하여 [박는]으로 바뀐 후 비음화에 의해 'ㄱ'이 'ㅇ'으로 교체되어 [방는]이 된다. '넓네'와 '밝는'은 각각 탈락과 교체가 한 번씩 일어나 음운의 개수는 모두 한 개씩 줄어들었다.

355) ①

선택 비율	① 78%	② 4%	③ 3%	④ 5%	⑤ 7%

解 : '깎다[깍따]'는 '깎[깍]'에서 음절의 끝소리 규칙이 나타나고, '다[따]'에서 된소리되기가 나타난다. 두 가지 모두 음운의 교체에 해당하므로 '깎다[깍따]'는 한 가지 유형의 음운 변동이 나타난 경우이다.

[오답풀이] ②, ③ 첨가('ㄴ' 첨가), 교체(비음화)가 나타난다. ④ 탈락(자음군 단순화), 축약(거센소리되기)이 나타난다. ⑤ 첨가('ㄴ' 첨가), 교체(유음화, 된소리되기)가 나타난다.

356) ①

선택 비율	① 81%	② 4%	③ 4%	④ 4%	⑤ 4%

解 : '밭은소리'는 용언 '밭다'의 활용형인 '밭은'과 명사인 '소리'가 결합하여 만들어진 단어이다. 이때 어미 '-은'이 형식 형태소이므로, '밭은'은 연음하여 [바튼]으로 발음한다.

[오답풀이] ② 조사 '으로'는 형식 형태소이고, 어근 '알'은 실질 형태소이므로 [나트로], [나달]로 발음한다. ③ 어근 '어금니'는 실질 형태소이므로 [아버금니]로 발음한다. ④ 어근 '웃-'은 실질 형태소이고, 접사 '-음'은 형식 형태소이므로 [거두슴]으로 발음한다. ⑤ 조사 '을'은 형식 형태소이므로 [바틀]로 발음한다.

357) ②

선택 비율	① 6%	② 78%	③ 7%	④ 3%	⑤ 4%

解 : ㉠ '흙일'은 '흙일 → [흑일] → [흑닐] → [흥닐]'의 음운 변동이 일어나는데 자음군 단순화(탈락), ㄴ첨가(첨가), 비음화(교체)를 확인할 수 있다. ㉡ '닳는'은 '닳는 → [달는] → [달른]'의 음운 변동이 일어나는데 자음군 단순화(탈락)와 유음화(교체)를 확인할 수 있다. ㉢ '발야구'는 '발야구 → [발냐구] → [발랴구]'의 음운 변동이 일어나는데 ㄴ첨가(첨가)와 유음화(교체)를 확인할 수 있다. 따라서 ㉠~㉢에서 공통적으로 일어난 음운 변동은 '교체'임을 알 수 있다. '첨가'는 ㉠과 ㉢에서만 일어날 뿐 ㉡에서는 일어나지 않는다.

[오답풀이] ① ㉠에서는 3회의 음운 변동이, ㉡과 ㉢에서는 2회의 음운 변동이 일어난다. ③ '교체'는 음운 변동의 결과에 따른 음운의 개수 변화에 영향을 주지 않음을 고려하면, ㉠에서는 자음군 단순화(탈락)와 ㄴ첨가(첨가)가 모두 일어났기 때문에 음운 변동의 결과에 따른 음운의 개수에 변화가 없다. ㉡에서는 자음군 단순화(탈락)가 일어났기 때문에 하나가 줄었고, ㉢에서는 ㄴ첨가(첨가)가 일어났기 때문에 하나가 늘었다. ④ ㉡은 자음군 단순화(탈락), 유음화(교체)가, ㉢은 ㄴ첨가(첨가)와 유음화(교체)가 일어났기 때문에 ㉡과 ㉢에서 일어난 음운 변동의 횟수는 같다. ⑤ ㉠과 ㉢에서 첨가된 음운은 둘 다 'ㄴ'이다.

358) ④

선택 비율	① 5%	② 3%	③ 17%	④ 65%	⑤ 7%

解 : ㉠에서 'ㅌ'이 'ㄷ'으로 바뀐 후 다시 'ㄴ'으로 바뀌었으므로 음운 교체가 2회 일어났고, ㉣에서 'ㅅ'이 'ㄷ'으로 바뀐 후 다시 'ㄴ'으로 바뀌었으므로 음운의 교

체가 2회 일어났다. 따라서 음운 교체 횟수가 같다는 진술은 적절하다.

[오답풀이] ① ⓔ에서는 'ㄴ'이 첨가되었으나 ㉠에서는 음운 첨가가 나타나지 않았으므로 적절하지 않다. ② ㉡의 'ㄳ'이 'ㄱ'으로 발음되는 것에서는 음운의 탈락이 일어났지만, ㉢에서는 음운 탈락이 나타나지 않았으므로 적절하지 않다. ③ ㉠에서는 'ㅌ'이 '이' 앞에서 'ㅊ'으로 교체되어 나타나고, ㉢에서는 'ㅂ'이 'ㅎ'과 만나 'ㅍ'으로 합쳐지는 축약이 나타났으므로 적절하지 않다. ⑤ ㉡에서 'ㄳ'이 'ㄱ'으로 발음될 때는 탈락이 1회 일어났고, ㉢에서 'ㅅ'이 'ㅆ'으로 발음될 때에는 교체가 1회 일어났으므로 적절하지 않다.

359) ①

선택 비율	① 52%	② 10%	③ 14%	④ 12%	⑤ 9%

해 : '도매가격(都賣價格)'과 '도맷값(都賣-)'은 둘 다 합성명사이기 때문에 ⓐ조건 때문에 사이시옷 표기가 갈렸다고 볼 수 없다. '도매가격'은 '한자어+한자어'이고 '도맷값'은 '한자어+고유어'라는 점으로 보아 사이시옷 표기 여부가 갈리게 하는 1가지 조건은 ⓑ라고 보아야 한다. 이외의 ⓒ, ⓓ조건들은 두 단어 모두 앞말인 '도매'가 모음으로 끝나며(ⓒ), 뒷말 첫소리가 된소리로 바뀐다(ⓓ).

[오답풀이] ② '전세방(傳貰房)'은 '한자어+한자어'이고 '아랫방(--房)'은 '고유어+한자어'라는 점에서 사이시옷 표기여부가 갈린다(ⓑ). 반면 둘은 모두 합성 명사이며(ⓐ), 결합하는 앞말인 '전세'와 '아래'가 모두 모음으로 끝나고(ⓒ), 각각 [전세빵], [아래빵]으로 발음되어 모두 뒷말 첫소리가 된소리로 바뀐다(ⓓ). ③ '버섯국'은 앞말인 '버섯'이 자음으로 끝나고, '조갯국'은 앞말인 '조개'가 모음으로 끝난다는 점에서 사이시옷 표기여부가 갈린다(ⓒ). 반면 '버섯국'과 '조갯국'은 모두 합성명사이며(ⓐ), '고유어+고유어'의 구조이다(ⓑ). 또한 두 단어는 [버섣꾹], [조개꾹]으로 발음되어 모두 뒷말 첫소리가 된소리로 발음된다(ⓓ). ④ '인사말(人事-)[인사말]'은 앞말 끝소리에 'ㄴ' 소리가 덧나지 않음에 비해 '존댓말(尊待-)[존댄말]'은 'ㄴ' 소리가 덧난다는 점에서 사이시옷 표기여부가 갈려 ⓔ에 해당하는 조건은 ⓓ임을 알 수 있다. 그 외에는 둘 모두 합성명사이며(ⓐ), 결합하는 두 말의 어종이 '한자어+고유어'이다(ⓑ). 또한 두 단어 모두 앞말이 모음으로 끝난다(ⓒ). ⑤ '나뭇가지[나무까지]'는 뒷말 첫소리가 된소리로 바뀜에 비해 '나무껍질[나무껍찔]'은 그렇지 않기 때문에 ⓓ 조건에서 사이시옷 표기 여부가 갈린다.

360) ①

선택 비율	① 71%	② 5%	③ 15%	④ 4%	⑤ 2%

해 : ⓐ: ㉠(긁는)의 비표준 발음 [글른]은 '긁는 → [글는] → [글른]'의 과정을 거친 것으로 자음군 단순화 후 유음화가 나타나고, ㉡(짧네)의 표준 발음 [짤레] 역시 '짧네 → [짤네] → [짤레]'의 과정으로 자음군 단순화 후 유음화가 나타난 것이다. 따라서 ⓐ에는 유음화가 들어가야 한다. ⓑ: ㉠(긁는)의 표준 발음 [긍는]은 '긁는 → [극는] → [긍는]'의 과정을 거친 것으로 자음군 단순화 후 비음화가 일어난 것이고, ㉡(짧네)의 비표준 발음 [짬네] 또한 '짧네 → [짭네] → [짬네]'의 과정을 거친 것으로 자음군 단순화 후 비음화가 일어난 것으로 보아야 한다. 따라서 ⓑ에는 비음화가 들어가야 한다. ⓒ: ㉢(끊기고)의 표준발음인 [끈키고]는 예사소리인 'ㄱ'이 'ㅎ'을 만나 'ㅋ'으로 바뀐 것이고, ㉣(뚫지)의 표준 발음인 [뚤치] 역시 예사소리인 'ㅈ'이 'ㅎ'을 만나 'ㅊ'로 바뀐 것으로 거센소리되기만 일어난 것이다.

361) ④

선택 비율	① 3%	② 4%	③ 8%	④ 80%	⑤ 3%

해 : '앉을수록'을 [안즐쑤록]으로 발음하는 것은 '(-으)ㄹ'로 시작되는 어미인 '-(으)ㄹ수록'의 '-(으)ㄹ' 뒤에 연결되는 'ㅅ'을 [ㅆ]로 발음하는 것이므로 ㉣에 해당한다. 한편 '기댈 곳이'를 [기댈꼬시]로 발음하는 것은 관형사형 '-(으)ㄹ' 뒤에 연결되는 'ㄱ'을 [ㄲ]으로 발음하는 것이므로 이 또한 ㉣에 해당한다.

[오답풀이] ①'국밥'을 [국빱]으로 발음하는 것은 앞말의 받침 'ㄱ' 뒤에 연결되는 'ㅂ'을 [ㅃ]으로 발음하는 것이므로 ㉠에 해당한다. 한편 '삶고'를 [삼꼬]로 발음하는 것은 어간 받침 'ㅁ(ㄻ)' 뒤에 결합되는 어미의 첫소리인 'ㄱ'을 [ㄲ]으로 발음하는 것이므로 ㉡에 해당한다. ②'꽃다발'을 [꼳따발]로 발음하는 것은 앞말의 받침 'ㄷ(ㅊ)' 뒤에 연결되는 'ㄷ'을 [ㄸ]으로 발음하는 것이므로 ㉠에 해당한다. 한편 '핥지만'을 [할찌만]으로 발음하는 것은 어간 받침 'ㄾ' 뒤에 결합되는 어미의 첫소리 'ㅈ'을 [ㅉ]으로 발음한 것이므로 ㉢에 해당한다. ③'읊조리다'를 [읍쪼리다]로 발음하는 것은 앞말의 받침 'ㅂ(ㄿ)' 뒤에 연결되는 'ㅈ'을 [ㅉ]으로 발음하는 것이므로 ㉠에 해당한다. 한편 '먹을지언정'은 어간 '먹-'과 어미 '-을지언정'으로 분석되는데, 이것을 [머글찌언정]으로 발음하는 것은 '-(으)ㄹ'로 시작되는 어미인 '-(으)ㄹ지언정'의 '-(으)ㄹ' 뒤에 연결되는 'ㅈ'을 [ㅉ]으로 발음한 것이므로 ㉣에 해당한다. ⑤'훑다'를 [훌따]로 발음하는 것은 어간 받침 'ㄾ' 뒤에 결합되는 어미의 첫소리 'ㄷ'을 [ㄸ]으로 발음하는 것이므로 ㉢에 해당한다. 한편 '떠날지라도'는 어미 '-(으)ㄹ지라도'의 '-(으)ㄹ' 뒤에 연결되는 'ㅈ'을 [ㅉ]으로 발음하는 것이므로 ㉣에 해당한다.

362) ②

선택 비율	① 3%	② 76%	③ 11%	④ 6%	⑤ 2%

해 : ⓑ에서 축약은 일어나지 않으므로 적절하지 않다.

[오답풀이] ① ⓐ에서 받침 'ㅎ'과 'ㄱ', 'ㄷ', 'ㅈ'이 결합하여 축약이 일어나 [ㅋ], [ㅌ], [ㅊ]로 발음된다. ③ ⓒ에서 '놓는'은 음절의 끝소리 규칙과 비음화가 일어나 [녿는 → 논는]으로 발음된다. '쌓네'도 음절의 끝소리 규칙과 비음화가 일어나 [싿네 → 싼네]로 발음된다. ④ ⓓ에서 '않는'과 '많네'는 'ㅎ'이 탈락하여 [안는], [만:네]로 발음된다. ⑤ ⓔ에서 '낳은', '놓아'는 각각 모음으로 시작하는 어미 '-은'과 '-아'가 올 때 'ㅎ'이 탈락하여 [나은], [노아]로 발음된다. 그리고 '쌓이다'는 모음으로 시작하는 접사 '-이-' 앞에서 'ㅎ'이 탈락하여 [싸이다]로 발음된다.

363) ④

선택 비율	① 3%	② 7%	③ 5%	④ 71%	⑤ 11%

해 : ㉣'같이[가치]'는 구개음화가, ㉤'난로[날:로]'는 유음화가 일어난다. 이는 음운 교체에 해당하므로 음운의 수에 변화가 없다. 따라서 A에 해당한다. ㉠'집안일[지반닐]'은 'ㄴ' 첨가가 일어나므로 음운의 수가 늘어난다. 따라서 B에 해당한다. ㉡'좋은[조:은]'은 'ㅎ'탈락이, ㉥'옮는[옴:는]'은 자음군 단순화가 일어난다. 이는 음운 탈락에 해당하므로 음운의 수가 줄어들지만 새로운 음운은 없다. 따라서 C에 해당한다. ㉢'않고[안코]'는 'ㅎ'과 'ㄱ'이 만나 새로운 음운인 'ㅋ'이 되는 음운 축약이 일어난다. 따라서 D에 해당한다.

364) ④

선택 비율	① 16%	② 5%	③ 12%	④ 58%	⑤ 7%

해 : ㉠의 '풀잎[풀립]'에서는 ㄴ 첨가, 유음화, 평파열음화가 일어난다. ㉡의 '읊네[음네]'에서는 자음군 단순화, 평파열음화, 비음화가 일어난다. ㉢의 '벼훑이[벼훌치]'에서는 구개음화가 일어난다. ㉠에서 일어나는 ㄴ 첨가는 음운 개수가 늘어나는 음운 변동이지만, ㉢에서 일어나는 구개음화는 음운 개수에 변화가 없는 음운 변동이다.

[오답풀이] ① ㉠에서는 ㄴ 첨가, 유음화, 평파열음화가, ㉡에서는 자음군 단순화, 평파열음화, 비음화가 일어난다. ② ㉠에서 일어난 유음화와 ㉡에서 일어난 비음화는 둘 다 인접한 자음과 조음 방법이 같아지는 음운 변동이다. ③ ㉠에서 첨가된 음운은 'ㄴ'이고, ㉡에서 탈락된 음운은 'ㄹ'이다. ⑤ ㉠에서 일어난 유음화는 'ㄹ'로 인해 'ㄴ'이 동화되는 음운 변동이고, ㉢에서 일어난 구개음화는 모음 'ㅣ'나 반모음 'j'로 인해 구개음이 아닌 음(ㄷ, ㅌ)이 특정 환경에서 경구개음(ㅈ, ㅊ)으로 동화되는 음운 변동이다.

365) ①

선택 비율	① 58%	② 5%	③ 10%	④ 12%	⑤ 12%

해 : '산란기[살:란기]'는 역행적 유음화가, '표현력[표현녁]'은 'ㄹ'의 비음화가 일어난다.

[오답풀이] ②'줄넘기[줄럼끼]'는 순행적 유음화가, '입원료[이붠뇨]'는 'ㄹ'의 비음화가 일어난다. ③'결단력[결딴녁]'과 '생산량[생산냥]'은 모두 'ㄹ'의 비음화가 일어난다. ④ '의견란[의:견난]'과 '향신료[향신뇨]'는 모두 'ㄹ'의 비음화가 일어난다. ⑤ '대관령[대:괄령]'은 역행적 유음화가, '물난리[물랄리]'는 역행적 유음화와 순행적 유음화가 모두 일어난다.

366) ②

선택 비율	① 3%	② 72%	③ 17%	④ 3%	⑤ 2%

해 : '안팎을'은 '안팎' 뒤에 모음으로 시작하는 형식 형태소(조사)가 이어지므로 음절의 끝소리 규칙을 적용하지 않고 연음해야 정확한 발음([안파끌])인데, 음절의 끝소리 규칙을 적용하고 연음을 해서 부정확한 발음([안파글])을 하게 되었다. 부정확한 발음을 하게 된 이유로 ㉠에 들어갈 말로 적절하다.

[오답풀이] ① 겹받침을 가진 말 뒤에 모음으로 시작하는 조사가 결합할 때는 겹받침의 앞 자음은 음절의 종성에서 발음되고 겹받침의 뒤 자음은 다음 음절 초성으로 이동하여 발음된다. '찰흙이'는 자음군 단순화를 적용하지 않고 겹받침의 뒤 자음만 다음 음절 초성으로 이동하여 [찰흘기]로 발음해야 한다. [찰흐기]로 부정확하게 발음하는 것은 자음군 단순화를 먼저 적용하고 연음한 결과로 볼 수 있다. ③ '넋이'는 자음군 단순화를 적용하지 않고 겹받침의 뒤 자음만 다음 음절 초성으로 이동하여 [넉씨]로 발음해야 한다. 이때, '시'가 아닌 '씨'로 발음되는 것은 '넉'의 'ㄱ'에 의한 된소리되기의 영향이다. [너기]로 부정확하게 발음하는 것은 자음군 단순화를 먼저 적용하고 연음한 결과로 볼 수 있다. ④ '끝을'은 연음하여 [끄틀]로 발음해야 한다. 구개음화는 'ㅣ'나 반모음 'y'로 시작하는 형식 형태소와 결합할 때 발생되는 음운 현상이기 때문에 '끝을'과는 무관하다. ⑤ '숲에'는 연음하여 [수페]로 발음해야 한다. 이때 '숲에'를 [수베]로 부정확하게 발음하는 것은 음절의 끝소리 규칙을 적용한 뒤에 연음하였기 때문으로 볼 수 있다. 거센소리되기는 예사소리 'ㄱ', 'ㄷ', 'ㅂ', 'ㅈ'이 'ㅎ'을 만나 각각 거센소리 'ㅋ', 'ㅌ', 'ㅍ', 'ㅊ'로 발음되는 현상이기 때문에 '숲에'와는 무관하다.

367) ③

선택 비율	① 10%	② 2%	③ 75%	④ 9%	⑤ 1%

해 : '밟힌'은 'ㅂ'과 'ㅎ'이 'ㅍ'으로 축약되는 현상이 일어나 [발핀]으로 발음된다. 그리고 '숱한'은 'ㅌ'이 'ㄷ'으로 바뀌는 음절의 끝소리 규칙과, 'ㄷ'과 'ㅎ'이 'ㅌ'으로 축약되는 현상이 일어나 [수탄]으로 발음된다. '밟힌', '숱한' 모두 음운 변동의 결과 전체 음운의 개수가 1개 줄어들게 된다.

368) ④

선택 비율	① 2%	② 4%	③ 11%	④ 77%	⑤ 2%

해 : '국물[궁물]'에서의 [궁]은 'ㄱ'이 'ㅇ'으로 교체된 결과이고, 음절 유형은 '국(④)', '궁(④)'이어서 변화가 없다.

[오답풀이] ① '밥상[밥쌍]'에서의 [쌍]은 'ㅅ'이 'ㅆ'으로 교체된 결과이고, 음절 유형은 '상(④)', '쌍(④)'이어서 변화가 없다. ② '집일[집닐]'에서의 [닐]은 'ㄴ'이 첨가된 결과이고, 음절 유형은 '일(③)' → '닐(④)'로 달라졌다. ③ '의복함[의보캄]'에서의 [캄]은 'ㄱ'과 'ㅎ'이 'ㅋ'으로 축약된 결과이지만, 음절 유형은 '함(④)', '캄(④)'이어서 변화가 없다. ⑤ '화살[화살]'에서의 [화]는 '활 + 살'의 과정에서 'ㄹ'이 탈락된 결과이고, 음절 유형은 '활(④)' → '화(②)'로 달라졌다.

369) ①

선택 비율	① 83%	② 5%	③ 5%	④ 3%	⑤ 2%

해 : '잘 입다'를 이어서 한 마디로 발음하면 첨가와 교체가 일어나 [잘립따]가 되고, '값 매기다'를 이어서 한 마디로 발음하면 탈락과 교체가 일어나 [감매기다]가 된다. 따라서 ㄱ과 ㄴ에서 공통적으로 일어나는 음운 변동의 유형은 교체이다. 이러한 교체가 일어나는 예

는 '책 넣는다[챙넌는다]'이다.

[오답풀이] ② '좋은 약[조:은냑]'에서는 탈락과 첨가가 일어난다. ③ '잘한 일[잘한닐]'에서는 첨가가 일어난다. ④ '슬픈 얘기[슬픈냬기]'에서는 첨가가 일어난다. ⑤ '먼 옛날[먼:녠날]'에서는 첨가와 교체가 일어난다.

370) ⑤

선택 비율	① 2%	② 7%	③ 2%	④ 3%	⑤ 83%

해 : ㉠에서는 '밭'과 '일'이 결합하면서 'ㄴ'이 첨가되었고, '밭[받]'의 'ㄷ'이 'ㄴ'을 만나 'ㄴ'으로 교체되었다. ㉡에서는 '훑-'의 'ㄾ'에서 'ㅌ'이 탈락한 뒤 'ㄹ'과 'ㄴ'이 만나 'ㄴ'이 'ㄹ'로 교체되었다. ㉢에서는 '같-'의 'ㅌ'이 'ㅣ' 모음과 만나 'ㅊ'으로 교체되었다. 따라서 공통적으로 일어난 음운 변동은 교체이므로 탈락과 교체가 일어났다는 진술은 적절하지 않다.

[오답풀이] ① ㉠의 '밭'에서는 음절 끝에 올 수 있는 자음이 7개(ㄱ, ㄴ, ㄷ, ㄹ, ㅁ, ㅂ, ㅇ)로 제한되어 있기 때문에 음운 변동이 일어나 'ㅌ'이 'ㄷ'으로 교체 되었다. ② ㉠은 첨가로 인해 음운의 개수가 1개 늘었고, ㉡은 탈락으로 인해 음운의 개수가 1개 줄었다. ③ ㉠의 '밭'과 '일'은 모두 실질 형태소, ㉢의 '같-'은 실질 형태소, '-이'는 형식 형태소이다. ④ ㉡은 '훑-'의 자음 'ㄹ'로 인해 뒤의 'ㄴ'이 'ㄹ'로 교체된 것이고, ㉢은 'ㅌ'이 뒤에 오는 모음 'ㅣ'로 인해 'ㅊ'으로 교체된 것이다.

371) ④

선택 비율	① 10%	② 2%	③ 5%	④ 66%	⑤ 15%

해 : '견디-+-어서'가 [견뎌서]로 발음될 때에는 'ㅣ + ㅓ → ㅕ(j + ㅓ)'의 음운 변동이 일어난다. 용언 어간의 단모음 'ㅣ'가 '-어'로 시작하는 어미와 결합할 때 반모음 'j'로 교체되는 것을 확인할 수 있다.

[오답풀이] ① '뛰-+-어'가 [뛰여]로 발음될 때에는 반모음 'j'가 첨가되는 현상이 나타난다. ② '차-+-아도'가 [차도]로 발음될 때에는 단모음 'ㅏ'가 탈락되는 동일 모음 탈락 현상이 일어난다. ③ '잠그-+-아'가 [잠가]로 발음될 때에는 단모음 'ㅡ' 탈락이 일어난다. ⑤ '키우-+-어라'가 [키워라]로 발음될 때에는 단모음 'ㅜ'가 반모음 'w'로 교체되는 현상이 나타난다.

372) ③

선택 비율	① 5%	② 2%	③ 88%	④ 1%	⑤ 1%

해 : '강릉[강능]'을 발음할 때에는 'ㄹ'이 'ㄴ'으로 바뀐다. 'ㄹ'과 'ㄴ'은 모두 치조음이므로 조음 위치에 변화가 없다. 그러나 조음 방법은 유음 'ㄹ'에서 비음 'ㄴ'으로 한 번 변한다.

373) ②

해 : '서울역'은 '서울'과 '역'의 합성어이고, 앞말인 '서울'이 자음으로 끝났으며 뒷말인 '역'의 첫소리가 모음 'ㅕ'이므로, 뒷말의 첫소리에 [ㄴ]이 첨가된다. 그리고 첨가된 'ㄴ'은 앞말의 받침 'ㄹ'의 영향으로 [ㄹ]로 발음된다. 이는 각각 'ㄴ' 첨가와 유음화가 일어나는 것으로, 첨가와 교체가 한 번씩 일어나 [서울력]으로 발음된다.

[오답풀이] ① '읽는'의 첫 음절 겹받침은 'ㄹ'이 탈락하여 [ㄱ]으로 발음되고, [ㄱ]은 뒷말의 첫소리 비음 'ㄴ' 때문에 [ㅇ]으로 발음된다. 이는 각각 자음군 단순화와 비음화가 일어나는 것으로, 탈락과 교체가 일어나 [잉는]으로 발음된다. ③ '복잡한'의 첫 음절 받침 'ㄱ'의 영향으로 두 번째 음절의 첫소리 'ㅈ'이 [ㅉ]으로 발음되고, 둘째 음절의 받침 'ㅂ'과 셋째 음절의 첫소리 'ㅎ'이 줄어 [ㅍ]으로 발음된다. 이는 각각 된소리되기와 거센소리되기가 일어나는 것으로, 교체와 축약이 한 번씩 일어나 [복짜판]으로 발음된다. ④ '깊숙이'의 첫 음절 받침 'ㅍ'은 받침에서 발음될 수 없기 때문에 [ㅂ]으로 발음되고, 바뀐 'ㅂ'의 영향으로 둘째 음절의 첫소리 'ㅅ'이 [ㅆ]으로 발음된다. 이는 각각 음절의 끝소리 규칙, 된소리되기가 일어나는 것으로 교체가 두 번 일어난 것이며, 마지막으로 둘째 음절의 받침 'ㄱ'이 뒤 음절의 첫소리로 내려져 [깁쑤기]로 발음된다. ⑤ '읊다'의 첫 음절 겹받침은 'ㄹ'이 탈락하여 남은 'ㅍ'이 [ㅂ]으로 발음되고, 이 'ㅂ'의 영향으로 뒤 음절 첫소리 'ㄷ'이 [ㄸ]으로 바뀌어 발음된다. 이는 각각 자음군 단순화, 음절의 끝소리 규칙, 된소리되기가 일어나는 것으로 한 번의 탈락과 두 번의 교체가 일어나 [읍따가]로 발음된다.

374) ①

선택 비율	① 45%	② 6%	③ 7%	④ 5%	⑤ 34%

해 : '확인된 문제'의 사례에서 '출력된 자료'는 '표기된 자료'의 '표준 발음'이 그대로 출력되어 있다. 따라서 '표기된 자료'와 '출력된 자료'를 비교하여 분석하면 프로그램이 분석하지 못한 음운 변동 현상을 알 수 있다. 먼저 '끊어지다[끄너지다]'에는 'ㅎ 탈락'이, '암탉[암탁]'에는 '자음군 단순화'가 일어나는데, 프로그램은 음운의 탈락 현상을 분석하지 못한 것을 알 수 있다. 또한 '없애다[업:쌔다]'에는 '된소리되기'가, '피붙이[피부치]'에는 '구개음화'가, '웃어른[우더른]'에는 '음절의 끝소리 규칙'이 일어나는데, 프로그램은 음운의 교체 현상을 분석하지 못한 것을 알 수 있다. 따라서 프로그램이 분석하지 못한 음운 변동 현상은 ㉠, ㉡이다.

375) ④

선택 비율	① 5%	② 1%	③ 1%	④ 89%	⑤ 1%

해 : '급행요금[그팽뇨금]'에서는 '급'의 끝소리 'ㅂ'과 'ㅎ'이 축약되어 거센소리 [ㅍ]으로 발음되고 '급행'과 '요금' 사이에서 'ㄴ'이 첨가된다. 탈락의 음운 변동은 일어나지 않는다.

[오답풀이] ① '물약'에서 'ㄴ' 첨가가 일어나고 첨가된 'ㄴ'이 '물'의 끝소리 'ㄹ'의 영향을 받아 [ㄹ]로 바뀌어 발음된다. ② '읊는'에서 '읊'의 끝에 오는 두 자음 중 'ㄹ'이 탈락되고, 남은 'ㅍ'이 'ㅂ'으로 바뀌고 뒤에 오는 'ㄴ'의 영향을 받아 [ㅁ]으로 바뀌어 발음된다. ③ '값하다'에서 '값'의 끝에 오는 두 자음 중 'ㅅ'이 탈락되고, 남은 'ㅂ'이 뒤에 오는 'ㅎ'과 축약되어 거센소리 [ㅍ]으로 발음된다. ⑤ '넓죽하다'에서 '넓'의 끝에 오는 두 자음 중 'ㄹ'이 탈락되고, 남은 'ㅂ'의

영향을 받아 뒤의 자음 'ㅈ'이 된소리 [ㅉ]으로 발음이 바뀐다. '죽'의 끝소리 'ㄱ'과 뒤의 자음 'ㅎ'이 만나 거센소리 [ㅋ]으로 축약되어 발음된다.

376) ③

선택 비율	① 3%	② 1%	③ **88%**	④ 5%	⑤ 1%

해 : ㉠ '[자료] (4)'의 사례를 보면 어간이 'ㄹ'로 끝날 때 그 어간 바로 뒤에 오는 어미의 초성에서는 된소리되기가 일어나지 않는다. 따라서 '가설 1'은 합리적이지 않다. ㉡ '[자료] (1)'의 현상이 어간 종성에서 일어나 어간 종성의 'ㅌ'이 'ㄷ'으로 교체된 후, '[자료] (3)'의 교체가 일어날 수 있다. 이후에 어간 종성에서 탈락이 일어났다고 볼 수 있다. 따라서 '가설 2'를 통해 '훑다'가 [훌따]로 발음되는 과정을 적절히 설명할 수 있다.

377) ①

선택 비율	① **84%**	② 3%	③ 4%	④ 3%	⑤ 2%

해 : '훑이'는 '무엇을 훑는 데에 쓰는 기구.'라는 뜻을 가진 단어로, '훑-+-이'로 분석된다. 용언의 어간 '훑-'에 모음으로 시작하는 접사 '-이'가 결합된 경우로, 'ㅌ'이 'ㅊ'으로 교체되는 구개음화가 일어나 [훌치]로 발음된다. 하지만 자음군 단순화는 일어나지 않는다.

378) ①

선택 비율	① **84%**	② 6%	③ 4%	④ 2%	⑤ 1%

해 : '떠서'는 용언의 어간 말음 'ㅡ'가 모음으로 시작하는 어미 앞에서 탈락되었으며, 이는 모음 탈락에 해당하는 것으로 음운 변동의 결과가 표기에 반영된 것이다. '좋아[조:아]'는 용언의 어간 말음 'ㅎ'이 모음으로 시작하는 어미 앞에서 탈락되었으며, 이는 자음 탈락에 해당하는 것으로 음운 변동의 결과가 표기에 반영되지 않았다. '둥근'은 용언의 어간 말음 'ㄹ'이 'ㄴ'앞에서 탈락되었으며, 이는 자음 탈락에 해당하는 것으로 음운 변동의 결과가 표기에 반영된 것이다.

379) ④

선택 비율	① 12%	② 6%	③ 9%	④ **68%**	⑤ 3%

해 : '겉늙다[건늑따]'에서는 '겉'의 'ㅌ'이 음절의 끝소리 규칙의 적용을 받아 'ㄷ'으로 바뀌면 비음화 현상이 적용되어 'ㄴ'으로 발음된다.

[오답풀이] ① '밖만[방만]'에서는 '밖'의 'ㄲ'이 음절의 끝소리 규칙의 적용을 받아 'ㄱ'으로 바뀌면 비음화 현상이 적용되어 'ㅇ'으로 발음된다. ② '폭넓다[퐁널따]'에서는 '폭'의 'ㄱ'이 비음화 현상의 영향으로 'ㅇ'으로 발음된다. ③ '값만[감만]'에서는 '값'의 'ㅄ'이 자음군 단순화의 적용을 받아 'ㅂ'으로 바뀌면 비음화 현상이 적용되어 'ㅁ'으로 발음된다. ⑤ '호박잎[호방닙]'에서는 '호박 + 잎'의 과정에서 ㄴ 첨가가 일어나고, 이 'ㄴ'의 영향으로 '호박'의 'ㄱ'에 비음화 현상이 적용되어 'ㅇ'으로 발음된다.

380) ④

선택 비율	① 4%	② 2%	③ 6%	④ **80%**	⑤ 5%

해 : ⓓ의 '안겨라'는 '안-+-기-+-어라'로 분석되는데, 이때의 '-기-'는 피·사동 접사이다. 즉, 용언 어간에 피·사동 접사가 결합한 경우이기 때문에 'ㄱ'이 된소리로 발음되지 않는 것이다.

[오답풀이] ① ⓐ의 '푼다'는 용언 어간에 종결 어미 '-ㄴ다'가 결합한 경우로, 'ㄴ'과 'ㄷ'이 모두 어미에 속하는 소리이기 때문에 된소리되기가 일어나지 않는다. ② ⓑ의 '여름도'는 체언 '여름'과 조사 '도'가 결합한 경우이기 때문에 된소리되기가 일어나지 않는다. ③ ⓒ의 '잠가'는 '잠그-+-아'로 분석되는데, 'ㅁ'과 'ㄱ'이 모두 '잠그-'라는 하나의 형태소 안에 속하는 소리이기 때문에 된소리되기가 일어나지 않는다. ⑤ ⓔ의 '큰지'는 용언 어간에 어미 '-ㄴ지'가 결합한 경우로, 'ㄴ'과 'ㅈ'이 모두 어미에 속하는 소리이기 때문에 된소리되기가 일어나지 않는다.

381) ④

선택 비율	① 2%	② 5%	③ 4%	④ **82%**	⑤ 4%

해 : '벽난로'에서는 종성 위치의 'ㄱ'에서 'ㅇ'으로의 음운 변동이, 종성 위치의 'ㄴ'에서 'ㄹ'로의 음운 변동이 각각 일어난다.

382) ③

선택 비율	① 2%	② 15%	③ **67%**	④ 8%	⑤ 6%

해 : '값없이[가법씨]'는 자음군 단순화와 된소리되기가, ⓒ의 '칡넝쿨[칭넝쿨]'은 자음군 단순화와 비음화가 일어나 모두 탈락과 교체가 각 한 번씩 일어나므로 적절하다.

[오답풀이] ① '백합화[배카파]'는 거센소리되기가 두 번 일어나 축약이 두 번, ⓐ의 '국화꽃[구콰꼳]'은 음절의 끝소리 규칙과 거센소리되기가 일어나 교체와 축약이 각각 한 번씩 일어나므로 적절하지 않다. ② '샅샅이[삳싸치]'는 음절의 끝소리 규칙, 된소리되기, 구개음화가 일어나 교체가 세 번, ⓑ의 '옆집[엽찝]'은 음절의 끝소리 규칙과 된소리되기가 일어나 교체가 두 번 일어나므로 적절하지 않다. ④ '몫몫이[몽목씨]'는 자음군 단순화, 비음화, 된소리되기가 일어나 탈락이 한 번, 교체가 두 번 일어나고, ⓓ의 '삯일[상닐]'은 자음군 단순화, 'ㄴ'첨가, 비음화가 일어나 탈락, 첨가, 교체가 각 한 번씩 일어나므로 적절하지 않다. ⑤ '백분율[백뿐뉼]'은 된소리되기와 'ㄴ'첨가가 일어나 교체와 첨가가 각 한 번씩 일어나고, ⓔ의 '호박엿[호:방녇]'은 비음화, 음절의 끝소리 규칙, 'ㄴ'첨가가 일어나 교체가 두 번, 첨가가 한 번 일어나므로 적절하지 않다.

383) ④

선택 비율	① 5%	② 12%	③ 4%	④ **72%**	⑤ 4%

해 : 제시된 단어들에서 일어나는 음운 변동을 정리하면 다음과 같다.

제시 단어 [표준 발음]	ⓐ음절의 끝소리 규칙	ⓑ자음군 단순화	ⓒ된소리되기
넓디넓다 [널띠널따]	×	○	○
높푸르다 [놉푸르다]	○	×	×
늦깎이 [늗까끼]	○	×	×
닭갈비 [닥깔비]	×	○	○
쑥대밭 [쑥때받]	○	×	○
앞장서다 [압짱서다]	○	×	○
읊다[읍따]	○	○	○
있다[읻따]	○	×	○
짓밟다 [짇빱따]	○	○	○
흙빛[흑삗]	○	○	○

따라서 ⓐ, ⓑ, ⓒ가 모두 일어나는 ㉮로 분류되는 단어는 '읊다[읍따], 짓밟다[짇빱따], 흙빛[흑삗]'이고, ⓐ, ⓒ가 일어나는 ㉯로 분류되는 단어는 '쑥대밭[쑥때받], 앞장서다[압짱서다], 있다[읻따]'이다.

384) ④

선택 비율	① 9%	② 2%	③ 4%	④ **79%**	⑤ 4%

해 : '겉옷'은 '겉'의 'ㅌ'이 'ㄷ'으로 바뀐 후 실질 형태소인 '옷'의 첫소리로 옮겨 발음(ⓓ)되고, '옷'의 'ㅅ'이 'ㄷ'으로 바뀌어 발음(ⓒ)되기 때문에 [거돋]으로 발음된다. '국밥만'은 '밥'의 첫소리 'ㅂ'이 'ㄱ' 뒤에서 발음되기에 'ㅃ'으로 발음(ⓑ)되고, '밥'의 종성 'ㅂ'이 'ㅁ' 앞에서 'ㅁ'으로 발음(ⓐ) 되기 때문에 [국빰만]으로 발음된다. 파생어인 '백분율'은 '분'의 'ㅂ'이 'ㄱ' 뒤에서 발음되기에 'ㅃ'으로 발음(ⓑ)되고, '율' 앞에 오는 단어의 끝이 자음이기 때문에 [뉼]로 발음(ⓔ)되므로 [백뿐뉼]로 발음된다. 합성어인 '색연필'은 '연' 앞에 오는 단어의 끝이 자음이기 때문에 [녇]으로 발음(ⓔ)되며, '색'의 'ㄱ'이 'ㄴ' 앞에서 'ㅇ'으로 발음(ⓐ)되기 때문에 [생년필]로 발음된다. 파생어인 '헛일'은 '일' 앞에 오는 단어의 끝이 자음이기 때문에 [닐]로 발음(ⓔ)되고, '헛'의 'ㅅ'이 'ㄷ'으로 바뀌어 발음(ⓒ)되는데, 이때 'ㄷ'은 'ㄴ' 앞에서 'ㄴ'으로 발음(ⓐ)되므로 [헌닐]로 발음된다.

385) ⑤

선택 비율	① 3%	② 5%	③ 7%	④ 14%	⑤ **68%**

해 : '버들잎 → [버들립]'에서는 '버들'과 '잎' 사이에 'ㄴ'이 첨가되며, 첨가된 'ㄴ'이 'ㄹ'의 영향으로 'ㄹ'로 교체된다. 또한, 음절의 끝소리 규칙에 따라 'ㅍ'이 'ㅂ'으로 교체된다. 따라서 첨가가 한 번, 교체가 두 번 일어난다. '덧입어 → [던니버]'에서는 '덧'과 '입어' 사이에 'ㄴ'이 첨가된다. 또한, 음절의 끝소리 규칙에 따라 'ㅅ'이 'ㄷ'으로 교체되며, 교체된 'ㄷ'은 'ㄴ'의 영향으로 'ㄴ'으로 교체된다. 따라서 첨가가 한 번, 교체가 두 번 일어난다. 둘 다 ㉤에 해당하는 예이다.

[오답풀이] ① '재밌는 → [재믿는] → [재민는]'에서는 교체가 두 번 일어난다. '읽매는 → [억매는] → [엉매는]'에서는 탈락이 한 번, 교체가 한 번 일어난다. ② '불이익 → [불니익] → [불리익]'에서는 첨가가 한 번, 교체가 한 번 일어난다. '견인력 → [겨닌녁]'에서는 교체가 한 번 일어난다. ③ '똑같이 → [똑깥이] → [똑까치]'에서는 교체가 두 번 일어난다. '파묻힌 → [파무틴] → [파무친]'에서는 축약이 한 번, 교체가 한 번 일어난다. ④ '읊조려 → [읊조려] → [읊쪼려] → [읍쪼려]'에서는 교체가 두 번, 탈락이 한 번 일어난다. '겉늙어 → [걷늙어] → [건늘거]'에서는 교체가 두 번 일어난다.

386) ④

선택 비율	① 5%	② 2%	③ 3%	④ **85%**	⑤ 3%

해 : '첫여름[천녀름]'은 첨가('ㄴ' 첨가)가 한 번, 교체(음절의 끝소리 규칙, 비음화)가 두 번 일어나고, '읊조리다[읍쪼리다]'는 탈락(자음군 단순화)이 한 번, 교체가 두 번(음절의 끝소리 규칙, 된소리되기) 일어나므로 ㉠과 ㉡에 모두 해당한다.

387) ④

선택 비율	① 11%	② 7%	③ 15%	④ **64%**	⑤ 4%

해 : ㉠은 자음군 단순화, ㉡은 거센소리되기, ㉢은 음절의 끝소리 규칙, ㉣은 된소리되기이다. '숱하다[수타다]'는 발음할 때 음절의 끝소리 규칙과 거센소리되기가 일어난다. 따라서 '숱하다[수타다]'는 ㉡, ㉢이 모두 일어난 예로 적절하다.

388) ①

선택 비율	① **90%**	② 2%	③ 4%	④ 2%	⑤ 2%

해 : ㉠의 '실없네[시럼네]'는 '없 → 업'의 자음군 단순화(ⓐ)가 일어나 'ㅂ → ㅁ'의 비음화(ⓒ)가 일어날 조건이 마련된 것이다.

[오답풀이] ② ㉡의 '깊숙이[깁쑤기]'는 '깊 → 깁'의 음절의 끝소리 규칙(ⓓ)이 일어나 'ㅅ → ㅆ'의 된소리되기(ⓑ)가 일어날 조건이 마련된 것이다. ③ ㉢의 '짓밟지[짇빱찌]'는 '짓 → 짇'의 음절의 끝소리 규칙(ⓓ)이 일어나 'ㅂ → ㅃ'의 된소리되기(ⓑ)가 일어날 조건이 마련된 것이다. ④ ㉣의 '꺾는[껑는]'은 '꺾 → 꺽'의 음절의 끝소리 규칙(ⓓ)이 일어나 'ㄱ → ㅇ'의 비음화(ⓒ)가 일어날 조건이 마련된 것이다. ⑤ ㉤의 '훑고[훌꼬]'는 '훑 → 훑'의 음절의 끝소리 규칙(ⓓ)이 일어나 'ㄱ → ㄲ'의 된소리되기(ⓑ)가 일어날 조건이 마련된 것이다.

389) ①

선택 비율	① **82%**	② 2%	③ 2%	④ 4%	⑤ 10%

해 '할게'의 경우 어간 '하-'에 '-ㄹ'로 시작되는 어미 '-ㄹ게'가 붙어 [할께]로 발음되므로 표준 발음법 제27항의 [붙임]에 해당한다.

390) ④

선택 비율	① 2%	② 2%	③ 2%	④ 93%	⑤ 1%

해 : '들녘을'의 '을'은 형식 형태소이기 때문에 음절의 끝소리 규칙(㉣)을 적용하지 않고 [들녀클]로 발음해야 한다. [들녀글]로 잘못 발음하는 것은 음절의 끝소리 규칙을 적용하였기 때문이다.

[오답풀이] ① '인류가'는 유음화(㉠)를 적용하여 [일류가]로 발음해야 한다. [인뉴가]로 잘못 발음하는 것은 'ㄹ'의 비음화(㉡)를 적용하였기 때문이다. ② '순환론'은 'ㄹ'의 비음화(㉡)를 적용하여 [순환논]으로 발음해야 한다. [순활론]으로 잘못 발음하는 것은 유음화(㉠)를 적용하였기 때문이다. ③ '코끝이'는 구개음화(㉢)를 적용하여 [코끄치]로 발음해야 한다. [코끄티]로 잘못 발음하는 것은 구개음화를 적용하지 않았기 때문이다. ⑤ '봄여름'은 ㄴ 첨가(㉤)를 적용하여 [봄녀름]으로 발음해야 한다. [보며름]으로 잘못 발음하는 것은 ㄴ 첨가를 적용하지 않았기 때문이다.

391) ①

선택 비율	① 87%	② 4%	③ 3%	④ 3%	⑤ 2%

해 : ⓐ에서는 'ㅅ → ㄷ(덧 → 덛)', 'ㅎ → ㄷ(쌓 → 싿)', 'ㄷ → ㄴ(싿 → 싼)'의 자음 교체가 확인된다. 'ㅅ(치조음, 마찰음) → ㄷ(치조음, 파열음)', 'ㄷ(치조음, 파열음) → ㄴ(치조음, 비음)'은 조음 방법만 변한 경우이고, 'ㅎ(후음, 마찰음) → ㄷ(치조음, 파열음)'은 조음 위치와 조음 방법이 모두 변한 경우이다.

[오답풀이] ② ⓑ에서는 'ㄱ → ㅇ', 'ㄹ → ㄴ', 'ㄷ → ㄸ'의 자음 교체가 확인된다. 'ㄱ → ㅇ', 'ㄹ → ㄴ'은 조음 방법만 변한 경우이고, 'ㄷ → ㄸ'은 조음 위치와 조음 방법 둘 다 변하지 않은 경우(평음 → 경음의 변화는 있음.)이다. ③ ⓒ에서는 'ㅆ → ㄷ', 'ㄱ → ㄲ'의 자음 교체가 확인된다. 'ㅆ → ㄷ'은 조음 방법만 변한 경우이고, 'ㄱ → ㄲ'은 조음 위치와 조음 방법 둘 다 변하지 않은 경우(평음 → 경음의 변화는 있음.)이다. ④ ⓓ에서는 'ㅌ → ㄷ', 'ㅅ → ㄷ', 'ㄷ → ㄴ'의 자음 교체가 확인된다. 'ㅌ → ㄷ'은 조음 위치와 조음 방법 둘 다 변하지 않은 경우이고, 'ㅅ → ㄷ', 'ㄷ → ㄴ'은 조음 방법만 변한 경우이다. ⑤ ⓔ에서는 'ㅈ → ㄷ', 'ㅂ → ㅃ', 'ㅌ → ㅊ'의 자음 교체가 확인된다. 'ㅈ → ㄷ', 'ㅌ → ㅊ'은 조음 위치와 조음 방법이 모두 변한 경우이고, 'ㅂ → ㅃ'은 조음 위치와 조음 방법 둘 다 변하지 않은 경우(평음 → 경음의 변화는 있음.)이다.

의미 및 담화

392	393	394	395	396
①	①	③	③	③
397	398	399	400	401
④	①	④	⑤	③
402	403	404	405	406
③	⑤	②	③	③
407	408	409	410	411
⑤	④	⑤	③	④
412	413	414	415	416
③	⑤	②	①	⑤
417	418	419	420	421
④	③	⑤	②	④
422	423	424	425	426
③	⑤	③	④	④
427	428	429	430	431
④	④	⑤	②	⑤
432	433	434	435	436
③	②	③	④	③
437	438	439	440	441
⑤	③	①	③	⑤
442	443	444	445	446
①	④	③	③	②
447	448	449	450	451
②	⑤	④	③	④
452	453	454	455	456
③	⑤	③	①	⑤
457	458	459	460	461
②	⑤	③	④	①
462	463	464	465	466
④	⑤	①	②	②

392) ①

선택 비율	① 90%	② 1%	③ 2%	④ 2%	⑤ 2%

해 : '벗다'는 문맥에 따라 여러 가지 뜻을 가진다. '누명을 벗다.'에서 '벗다'는 '누명이나 치욕 따위를 씻다.'라는 뜻이다. 이때 '벗다'의 반의어는 '사람이 죄나 누명 따위를 가지거나 입게 되다.'라는 뜻의 '쓰다'가 될 수 있다. '배낭을 벗다.'에서 '벗다'는 '메거나 진 배낭이나 가방 따위를 몸에서 내려놓다.'라는 뜻이다. 이때 '벗다'의 반의어는 '어깨에 걸치거나 올려놓다.'라는 뜻의 '메다'가 될 수 있다.

[오답풀이] ② '안경을 벗다.'에서 '벗다'는 '사람이 자기 몸 또는 몸의 일부에 착용한 물건을 몸에서 떼어내다.'라는 뜻이다. 이때 '벗다'의 반의어는 '얼굴에 어떤 물건을 걸거나 덮어쓰다.'라는 뜻의 '쓰다'가 될 수 있다. 그러나 '끼다'가 '배낭을 벗다.'에서 '벗다'의 반의어라고 할 수 없다. ⑤ '허물을 벗다.'에서 '벗다'는 '동물이 껍질, 허물, 털 따위를 갈다.'의 뜻이다. 이때 '벗다'의 반의어는 '쓰다'가 될 수 없다.

393) ①

선택 비율	① 84%	② 4%	③ 5%	④ 3%	⑤ 2%

해 : ㉠의 '열어'는 '닫히거나 잠긴 것을 트거나 벗기다'라는 중심적 의미로, ㉡의 '열어'는 '모임이나 회의 따위를 시작하다'라는 주변적 의미로 사용되었다.

[오답풀이] ② ㉠의 '먹고'는 '어떤 마음이나 감정을 품다'라는 주변적 의미로, ㉡의 '먹지'는 '음식을 입을 통해 배 속에 들여보내다'라는 중심적 의미로 사용되었다. ③ ㉠의 '잡고'는 '사람이 시간이나 장소, 방향 따위를 골라 정하거나 차지하다'라는 주변적 의미로, ㉡의 '잡았다'는 '일, 기회 따위를 얻다'라는 주변적 의미로 사용되었다. ④ ㉠의 '갔다'는 '직책이나 자리를 옮기다'라는 주변적 의미로, ㉡의 '갔다'는 '한 곳에서 다른 곳으로 장소를 이동하다'라는 중심적 의미로 사용되었다. ⑤ ㉠의 '멀었다'는 '시간적으로 사이가 길거나 오래다'라는 주변적 의미로, ㉡의 '멀었다'는 '거리가 많이 떨어져 있다'라는 중심적 의미로 사용되었다.

394) ③

선택 비율	① 1%	② 2%	③ 90%	④ 1%	⑤ 3%

해 : '아래'는 '조건, 영향 따위가 미치는 범위'라는 의미로 쓰여 '열등함'의 의미를 갖는 경우로 볼 수 없다. '아래'가 '열등함'의 의미를 갖는 경우는 '신분, 지위, 정도 따위에서 어떠한 것보다 낮은 쪽'이라는 의미로 쓰이는 경우이다.

[오답풀이] ① '위'는 '신분, 지위, 정도 따위에서 어떠한 것보다 높거나 나은 쪽'이라는 의미로 쓰여 '우월함'의 의미를 나타낸다. ② '앞서다'는 '발전이나 진급, 중요성 따위의 정도가 남보다 높은 수준에 있거나 빠르다.'라는 의미로 쓰여 '우월함'의 의미를 나타낸다. ④ '뒤떨어지다'는 '발전 속도가 느려 도달하여야 할 수준이나 기준에 이르지 못하다.'라는 의미로 쓰여 '열등함'의 의미를 나타낸다. ⑤ '뒷걸음질'은 '본디보다 뒤지거나 뒤떨어짐.'이라는 의미로 쓰여 '열등함'의 의미를 나타낸다.

395) ③

선택 비율	① 2%	② 1%	③ 94%	④ 1%	⑤ 0%

해 : ㉢은 문맥상 '어떠한 일을 이루고자 하는 마음' 을 의미하므로 '의지'로 바꾸어야 한다.

396) ③

선택 비율	① 2%	② 1%	③ 91%	④ 1%	⑤ 2%

해 : '그는 자신의 뿌리를 찾고자 노력한다.'에서 '뿌리'는 자연물 '뿌리'가 아니라 사물이나 현상을 이루는 근본을 비유적으로 이르는 말이므로 중심적 의미가 아니라 주변적 의미로 쓰인 것이다. '잡초가 다시 자라지 않도록 뿌리를 뽑았다.'에서의 '뿌리'는 자연물 자체를 드러내는 중심적 의미로 쓰였다. 그러므로 중심적 의미와 주변적 의미의 순서가 뒤바뀌었다.

[오답풀이] ① '천체 망원경으로 밤하늘의 별을 관찰했다.'에서의 '별'은 자연물 자체를 가리키는 중심적 의미로 쓰였고 '어제 물리학계의 큰 별이 졌다.'에서의 '별'은 어떤 분야에서 위대한 업적을 남긴 대가를 비유적으로 이르는 말이므로 주변적 의미로 쓰였다. ② '천둥과 번개를 동반한 비가 내렸다.'에서의 '번개'는 자연 현상 자체를 가리키는 중심적 의미로 쓰였고 '그는 도망가는 데만큼은 정말 번개야.'에서의 '번개'는 동작이 아주 빠르고 날랜 사람이나 사물을 비유적으로 이르는 말이므로 주변적 의미로 쓰였다. ④ '일출을 기다리는 우리 앞에 붉은 태양이 떠올랐다.'에서의 '태양'은 자연물 자체를 가리키는 중심적 의미로 쓰였고 '그녀는 그가 자기 마음의 태양이라고 말했다.'에서의 '태양'은 매우 소중하거나 희망을 주는 존재를 비유적으로 이르는 말이므로 주변적 의미로 쓰였다. ⑤ '들판에는 풀잎마다 이슬이 맺혔다.'에서의 '이슬'은 자연물 자체를 가리키는 중심적 의미로 쓰였고 '그녀의 두 눈에 맺힌 이슬이 뜨겁게 흘러내렸다.'에서의 '이슬'은 눈물을 비유적으로 이르는 말이므로 주변적 의미로 쓰였다.

397) ④

선택 비율	① 2%	② 2%	③ 5%	④ 86%	⑤ 3%

해 : 'ㄹ'의 첫 번째 예문을 보면 '속'이 신체에 대해 쓰였으므로, ④에서 '속'이 추상적인 대상을 가리킬 때 쓰인다는 설명은 적절하지 않다.

[오답풀이] ① 'ㄱ'을 보면 '속'과 '안'은 '건물 {속/안}으로 들어가다.'와 같이 공통적으로 쓰인다는 점에서 '사물이나 영역의 내부'라는 공통 의미를 지닌 유의어라 할 수 있다. ② 'ㄴ'을 보면 시간적 범위를 나타낼 때는 '속'이 아니라, '안'이 쓰이는 것을 확인할 수 있다. ③ 'ㄷ'처럼 사람의 마음이나 태도 등을 나타내는 관용구에는 '안'이 아니라 '속'이 쓰이는 것을 볼 수 있다. ⑤ 'ㅁ'의 첫 번째 예문에서는 '속'과 '겉'의 대립 관계를, 두 번째 예문에서는 '안'과 '바깥'의 대립 관계를 확인할 수 있으므로, '속'은 '겉'과 반의 관계를, '안'은 '바깥'과 반의 관계를 형성한다고 할 수 있다.

398) ①

선택 비율	① 94%	② 1%	③ 0%	④ 3%	⑤ 0%

해 : <보기>에서는 본래 공간과 관련된 중심적 의미를 지니고 있던 '가깝다'가 추상화되어 주변적 의미도 지니게 되었음을 설명하고 있다. ①의 '물은 낮은 곳으로 흐른다.'에서 '낮다'는 '아래에서 위까지의 높이가 기준이 되는 대상이나 보통 정도에 미치지 못하는 상태에 있다.'라는 의미로 쓰여 공간과 관련된 중심적 의미를 나타내지만, '환경에 대한 관심도가 낮다.'에서 '낮다'는 '품위, 능력, 품질 따위가 바라는 기준보다 못하거나 보통 정도에 미치지 못하는 상태에 있다.'라는 의미로 쓰여 중심적 의미가 추상화된 주변적 의미를 나타낸다.

[오답풀이] ② '크다'의 중심적 의미는 '사람이나 사물의 외형적 길이, 넓이, 높이, 부피 따위가 보통 정도를 넘다.'이다. '그는 성공할 가능성이 크다.'에서 '크다'는 '가능성 따위가 많다.'라는 주변적 의미로 쓰였으며, '힘든

만큼 기쁨이 큰 법이다.'에서의 '크다' 역시 '일의 규모, 범위, 정도, 힘 따위가 대단하거나 강하다.'라는 주변적 의미로 쓰였다. ③ '넓다'의 중심적 의미는 '면이나 바닥 따위의 면적이 크다.'이다. '두 팔을 최대한 넓게 벌렸다.'와 '도로 폭이 넓어서 좋다.'에서 '넓다'는 모두 '너비가 크다.'라는 중심적 의미로 쓰였다. ④ '좁다'의 중심적 의미는 '면이나 바닥 따위의 면적이 작다.'이다. '내 좁은 소견을 말씀드렸다.'와 '마음이 좁아서는 곤란하다.'에서 '좁다'는 모두 '마음 쓰는 것이 너그럽지 못하다.'라는 주변적 의미로 쓰였다. ⑤ '작은 힘이라도 보태고 싶다.'에서 '작다'는 '일의 규모, 범위, 정도, 중요성 따위가 비교 대상이나 보통 수준에 미치지 못하다.'라는 주변적 의미로 쓰였으며, '우리 학교는 운동장이 작다.'에서 '작다'는 '길이, 넓이, 부피 따위가 비교 대상이나 보통보다 덜하다.'라는 중심적 의미로 쓰였다.

399) ④

선택 비율	① 3%	② 1%	③ 3%	**④ 89%**	⑤ 2%

해 : ㄷ은 문맥상 소비자의 입장에서 말하는 것으로, 값을 깎아주어야 다시 구매를 하러 올 것이라는 의미로 해석된다. 그러므로 ㄷ의 '에누리'는 '값을 내리는 일'의 의미로 쓰였다고 볼 수 있다.

[오답풀이] ② '뜬금없이 그런 말'을 하는 것을 '주책이다'라고 표현한 것으로 보아 ㄴ의 '주책'은 '일정한 줏대가 없이 되는 대로 하는 짓'이라는 부정적인 의미로 쓰였다고 볼 수 있다. ③ '주책없다'와 '주책이다'는 같은 의미로 쓰인다. ⑤ '적게 팔고도 많은 이윤을 남긴다'고 했으므로 '에누리 없이 장사' 를 한다는 것은 가격을 낮추는 일이 없이 장사를 한다는 것으로 봐야한다. 그러므로 '에누리'는 '값을 내리는 일'의 의미로 쓰인 것으로 볼 수 있다.

400) ⑤

선택 비율	① 4%	② 1%	③ 1%	④ 2%	**⑤ 90%**

해 : '어머니께서 목도리를 한 코씩 떠 나가셨다.'의 '코'는 '그물이나 뜨개질한 물건의 눈마다의 매듭'을 의미하므로 소리는 같지만 중심적 의미가 다른 동음이의어 '코²'이고 ㉢에 해당한다.

[오답풀이] ① '묽은 코가 옷에 묻어 휴지로 닦았다.'의 '코'는 '코¹'의 두 번째 의미 '콧구멍에서 흘러나오는 액체'이므로 ㉠ 중심적 의미가 아니라 ㉡ 주변적 의미에 해당한다. ② '어부가 쳐 놓은 어망의 코가 끊어졌다.'의 '코'는 '그물이나 뜨개질한 물건의 눈마다의 매듭'을 의미하므로 소리는 같지만 중심적 의미가 다른 동음이의어 '코²'이고 ㉠이 아니라 ㉢에 해당한다. ③ '코끼리는 긴 코를 자유자재로 사용한다.'의 '코'는 '코¹'의 첫 번째 의미 '포유류의 얼굴 중앙에 튀어나온 부분'이므로 ㉡ 주변적 의미가 아니라 ㉠ 중심적 의미에 해당한다. ④ '동생이 갑자기 코를 다쳐서 병원에 갔다.'의 '코'는 '코¹'의 첫 번째 의미 '포유류의 얼굴 중앙에 튀어나온 부분'이므로 ㉡ 주변적 의미가 아니라 ㉠ 중심적 의미에 해당한다.

401) ③

선택 비율	① 3%	② 14%	**③ 73%**	④ 4%	⑤ 7%

해 : ㉢에서 '종소리를 듣다'의 '듣다'는 '소리를 감각 기관을 통해 알아차리다.'라는 의미이고, '잔소리로 듣다'의 '듣다'는 '어떤 것을 무엇으로 이해하거나 받아들이다.'라는 의미로, 이 둘은 다의어 관계이다. 그런데 전자는 주어와 목적어를 필수적으로 요구하는 두 자리 서술어이고, 후자는 주어, 목적어, 부사어를 필수적으로 요구하는 세 자리 서술어이다. 따라서 다의어 관계이지만 필수 성분의 개수가 다른 경우에 해당한다.

[오답풀이] ① ㉠에서 쓰인 '불'은 각각 '물질이 산소와 화합하여 높은 온도로 빛과 열을 내면서 타는 것'과 '불이 타는 듯이 열렬하고 거세게 타오르는 정열이나 감정을 비유적으로 이르는 말'의 의미를 지니며, 이 둘은 다의어 관계이다. ② ㉡에서 '가위표를 치다'의 '치다'는 '붓이나 연필 따위로 점을 찍거나 선이나 그림을 그리다.'의 뜻을 지니며, '구슬을 치다'의 '치다'는 '손이나 손에 든 물건으로 물체를 부딪게 하는 놀이나 운동을 하다.'의 뜻을 지닌다. 이 둘은 동음이의어 관계이다. ④ ㉣에서 '엷은 화장'의 '엷다'는 '빛깔이 진하지 아니하다.'의 의미이고, '엷은 잠'의 '엷다'는 '말이나 행동 따위가 깊지 아니하고 가볍다.'라는 의미로, 이 둘은 다의어 관계이다. 그러나 전자의 반의어는 '짙다', 후자의 반의어는 '깊다'로, 이 둘은 반의어가 같은 경우가 아니다. ⑤ ㉤에서 '봄이 오다'의 '오다'는 '계절 따위가 현재나 가까운 미래에 닥치다.'라는 의미이고, '노력에서 오다'의 '오다'는 '어떤 현상이 어떤 원인에서 비롯하여 생겨나다.'의 의미로, 이 둘은 다의어 관계이다. 그런데 전자는 주어만을 필수적으로 요구하는 한 자리 서술어이고, 후자는 주어와 부사어를 필수적으로 요구하는 두 자리 서술어이다. 따라서 필수 성분의 개수와 종류가 모두 동일한 경우에 해당하지 않는다.

402) ③

선택 비율	① 2%	② 2%	**③ 91%**	④ 1%	⑤ 1%

해 : 담화 상황에서 지시어의 기능을 파악할 수 있는지 확인하기 위한 질문이다. 담화 상황에서 지시어를 효과적으로 사용하면 불필요한 반복을 피하고 말하고자 하는 내용을 더욱 간결하게 전달할 수 있다. ㉢은 말하는 이인 '지수'와 듣는 이인 '성모'로부터 멀리 떨어진 장소를 가리키는 지시어이므로 적절하지 않다.

[오답풀이] ① ㉠은 듣는 이인 '지수'에게 가까이 있는 사물을 가리킬 때 사용하는 지시어로, '지수가 끼고 있는 장갑'을 가리키고 있다. ② ㉡은 말하는 이와 듣는 이, 모두에게 가까운 장소를 가리키는 말로 '성모'와 '지수'가 대화를 나누는 장소를 가리킨다. ④ ㉣은 말하는 이와 듣는 이, 모두에게서 멀리 떨어진 장소로, 대화의 장소에서는 보이지 않는 곳인 '편의점'을 가리킨다. ⑤ ㉤은 '지수'의 언니가 장갑을 산 '가게'를 가리키는 말이다.

정답 및 해설

403) ⑤

선택 비율	① 4%	② 1%	③ 2%	④ 0%	⑤ 90%

해 : ⓜ은 지완에 앞서 원세의 말에 나온 '제출할 작품'을 지칭하는 지시어이므로 ⓜ은 지완이 이미 언급했던 것이 아니라 원세의 말을 받아서 사용한 것이다.

[오답풀이] ① ㉠은 지완에게는 멀리, 원세에게는 가까이 있는 무릎 담요를 지칭하는 지시어이다. ② ㉡은 화자와 청자에게 멀리 떨어져 있지만 둘 다 보고 있는 대상을 지칭하는 '저'를 사용했는데, 이는 화자와 청자가 둘 다 보고 있다는 것을 전제로 한다. ③ ㉢은 원세의 '일기예보에서는 날이 풀린다고 하던데.'라는 문장을 받아 사용한 대용어이다. ④ ㉣은 대화의 화제를 날씨에서 제출할 작품으로 돌리기 위해 사용한 접속어이다.

404) ②

선택 비율	① 1%	② 94%	③ 2%	④ 0%	⑤ 0%

해 : 효과적인 담화를 위해 사용하는 '이', '그', '저'는 대상과 말하는 이, 듣는 이 사이의 거리에 따라 선택되는 지시·대용표현이다. ㉡은 화자인 '효준'과 청자인 '유로'에게 모두 멀리 떨어져 있는 진열대를 지칭하는 표현이고, ⓜ은 화자인 '유로'와 청자인 '효준'이 있는 장소에서는 현재 보이지 않는 □□매장을 가리키는 표현이다. 따라서 ㉡을 사용하여 '효준'이 지시한 장소는 ⓜ이 나타내는 장소와 동일하지 않다.

[오답풀이] ① ㉠은 화자인 '효준'과 청자인 '유로'에게 모두 멀리 떨어져 있는 진열대의 운동화를 가리키므로 적절한 진술이다. ③ ㉢은 화자인 '효준'에게 가까이 있는 운동화를 가리키므로 적절한 진술이다. ④ ㉣은 화자인 '유로'에게는 멀지만, 청자인 '효준'에게 가까운 운동화를 가리키는 표현이고, ㉢도 '효준'에게 가까운 운동화를 가리키는 표현이므로 적절한 진술이다. ⑤ 화자인 '유로'와 청자인 '효준'이 있는 장소에서는 현재 보이지 않는 □□매장을 가리키므로 적절한 진술이다.

405) ③

선택 비율	① 2%	② 1%	③ 87%	④ 3%	⑤ 5%

해 : ㉣은 '원장님'의 말을 높이기 위해 사용한 것이고 ⓞ은 '학생'이 자신의 말을 낮추기 위해 사용한 것이므로 적절하지 않다.

[오답풀이] ① ㉠과 ㉡은 모두 '원장님'을 높이기 위해 사용한 것이므로 적절하다. ② ㉢과 ㉦은 모두 학생과 원장님이 전화로 약속을 잡았던 날을 지칭하므로 적절하다. ④ ⓜ은 화자와 청자 모두로부터 멀리 떨어져 있는 곳을 가리키므로 적절하다. ⑤ ㉥은 현재의 담화 상황에 참여하지 않는 학생의 아버지를 지칭하므로 적절하다.

406) ③

선택 비율	① 2%	② 3%	③ 90%	④ 2%	⑤ 1%

해 : ⓜ은 물병 두 개를 가리키며, ㉥은 '물병'을 가리킨다.

[오답풀이] ① ㉡은 '버스'의 상위어로서 ㉠을 가리킨다. ② ㉢과 ㉣은 다른 단어이지만 둘 다 대화를 나누고 있는 장소를 가리킨다. ④ ㉦은 화자와 청자인 '지현'과 '경준'을 모두 포함한다. ⑤ ⓞ은 뒤에 나오는 '민재'를 가리킨다.

407) ⑤

선택 비율	① 3%	② 2%	③ 2%	④ 4%	⑤ 89%

해 : ㉥은 문구점에 갔을 때를 의미하고, ㉦은 약속 시간인 '내일 12시'를 가리키므로 ㉥은 ㉦과 같은 대상을 가리키는 것이 아니다.

[오답풀이] ① 화자와 청자를 모두 포함한다. ② '저번에 놀자고' 약속했던 것을 가리킨다. ③ ㉢은 약속 장소를 묻기 위해 사용한 표현이고, ㉣은 약속 장소인 '학교 앞 정류장'을 가리킨다. ④ 아직 정해지지 않은 대상인 '사고 싶은' 것을 가리킨다.

408) ④

선택 비율	① 3%	② 2%	③ 2%	④ 90%	⑤ 1%

해 : 아들은 '배가 너무 고파요.'라는 평서문을 사용해 상대방인 엄마에게 '제가 배가 고프니 먹을 것을 주세요.'라는 요구의 의미를 표현하고 있다

409) ⑤

선택 비율	① 4%	② 1%	③ 2%	④ 1%	⑤ 89%

해 : '뮤지컬 함께 보러 가자.'라는 화자의 발화는 청유형 어미 '-자'를 사용한 청유문으로 표현되었으며, 요청의 의미를 담고 있기 때문에 직접 발화에 해당한다.

[오답풀이] ① 반장의 발화는 평서형으로 표현되었으나, 떠드는 학생에게 조용히 하라는 지시의 뜻을 담고 있으므로 간접 발화이다. ② 엄마의 발화는 의문형으로 표현되어 있으나, 게임을 그만하라는 지시의 뜻을 담고 있으므로 간접 발화이다. ③ 시어머니의 발화는 의문형으로 표현되었으나, 우산을 들고 마중을 가는 게 어떠냐는 요청의 뜻을 담고 있으므로 간접 발화이다. ④ 사장의 발화는 의문형으로 표현되어 있으나, 실수를 하지 말라는 주의의 뜻을 담고 있으므로 간접 발화이다.

410) ③

선택 비율	① 7%	② 3%	③ 81%	④ 5%	⑤ 2%

해 : 반장은 선생님의 신발장의 신발을 치우라는 말을 책상의 책을 치우라는 이야기로 받아들이고 있기 때문에 원활한 의사소통을 하고 있다고 볼 수 없다.

[오답풀이] ① (가)는 목적어와 서술어, (나)는 주어와 목적어가 생략되었으므로 공통적으로 목적어가 생략되었다는 것은 적절한 말이다. ② 반장은 상황 맥락에 따라 (가)에서는 주어를 제외한 문장 성분을, (나)에서는 부사어와 서술어를 제외한 문장성분을 생략하고 있어 상황 맥락에 따라 생략하는 문장 성분에 차이가 생긴다고 볼 수 있다. ④ (라)의 경우 '제가'라는 주어와 '신발장을'이라는 목적어, '치울게요'라는 서술어를 생략한 것으로 볼 수 있다. ⑤ 선생님께서 신발을 치우라고 한 말의 대답이므로 문장성분을 복원

한다면, '제가 선생님께서 시키신 신발장 정리를 끝냈어요' 정도의 문장으로 표현할 수 있다.

411) ④

선택 비율	① 4%	② 6%	③ 5%	④ 72%	⑤ 10%

해 : ㉣은 언어적 맥락을 중심으로 상대방의 발화를 이해한 것이다.

[오답풀이] ① '영수'의 발화는 '조금 춥다'라는 앞선 두 사람의 발화를 상황 맥락을 중심으로 이해한 것이다. ② '철호'의 발화는 "나도 조금 추워!"라는 앞선 자신의 발화를 '영수'가 상황 맥락을 중심으로 정확히 이해했다는 것을 알려주고 있다. ③ '선희'의 발화는 "조금 춥구나!"라는 앞선 자신의 발화가 언어적 맥락을 중심으로 이해되어야 한다는 것을 밝히고 있다. ⑤ '승객 1'은 "내립시다."라는 앞선 자신의 발화를 '승객 2'가 제대로 이해하지 못하자 언어적 맥락을 중심으로 자신의 발화가 이해될 수 있도록 다시 말하였다.

412) ③

선택 비율	① 3%	② 2%	③ 89%	④ 2%	⑤ 2%

해 : ㉢은 딸의 발화 이전에 아버지가 이야기한 '저 옷이랑 같이 입으면'의 내용을 대신하여 표현하고 있는 대용 표현이다. 그러므로 '아버지가 앞에서 한 말과 관련된 세부 사항이 뒤에 추가될 것임을 나타낸다.'라는 진술은 적절하지 않다.

[오답풀이] ① '이거'는 가리키는 대상이 화자와 가깝게 위치할 때 쓰이는 지시 표현이므로 '지시하는 대상이 청자인 은주에 비해 화자인 아버지에게 가까이 있음을 나타낸다.'라는 진술은 적절하다. ② '저'는 상황 맥락 속에 존재하는 대상을 직접적으로 가리키는 지시 표현으로 아버지와 딸 사이에 진행되고 있는 대화의 맥락으로 볼 때 '지시하는 대상을 청자인 은주도 볼 수 있음을 전제로 한다.'라는 진술은 적절하다. ④ '그렇게'는 앞서 아버지가 이야기한 내용을 대신하는 대용 표현이므로 고모한테 고맙다고 전화 한 통 드리라는 말을 대신하여 담화의 중복을 피한다는 진술은 적절하다. ⑤ '그런데'는 고모한테 전화 한 통 드리라는 화제에서 영화를 보러 가자는 화제로 바꾸고 있으므로 화제를 다른 데로 돌리는 기능을 한다는 진술은 적절하다.

413) ⑤

선택 비율	① 12%	② 6%	③ 20%	④ 7%	⑤ 53%

해 : 청유형 종결 어미는 말하는 이가 듣는 이에게 같이 행동할 것을 제안하거나(예 함께 공부하자), 말하는 이의 행동 수행을 제안하기도 하지만(예 나도 한마디 하자), 말 듣는 이의 행동 수행을 촉구하기도 한다(예 표 좀 빨리 팝시다). 주어진 담화에서는 '아들'에게 '심호흡' 해 볼 것을 권하는 것이지 함께 행동할 것을 제안하는 것은 아니다.

414) ②

선택 비율	① 2%	② 84%	③ 4%	④ 4%	⑤ 3%

해 : '어제' 형이 '내일' 시험을 본다고 말한 것은 인용을 하는 화자가 말한 시점을 기준으로 할 때, 형이 '오늘' 시험을 본다는 것을 의미한다. 따라서 [자료]의 간접 인용에서의 시간 표현은 '오늘'이 적절하므로, 시간 표현 '오늘'을 '어제'로 바꿔야 한다는 설명은 적절하지 않다.

[오답풀이] ① '자기'는 앞서 언급한 '형'을 다시 가리키는 3인칭 재귀 대명사로, '나'를 '자기'로 바르게 바꿨다는 설명은 적절하다. ③ '이곳'은 인용을 하는 화자의 관점에서 먼 거리에 있는 '형'이 위치한 곳을 가리키므로, '이곳'을 '그곳'으로 바르게 바꿨다는 설명은 적절하다. ④ 평서문은 간접 인용에서 종결 어미가 '-다'로 바뀌므로, '-아'를 '-다'로 바르게 바꿨다는 설명은 적절하다. ⑤ 간접 인용에서는 조사 '고'가 쓰이므로, 직접 인용에 쓰이는 조사 '라고'를 '고'로 바꿔야 한다는 설명은 적절하다.

415) ①

선택 비율	① 72%	② 3%	③ 11%	④ 11%	⑤ 2%

해 : ㉠의 '그것'은 대용 표현으로 사용된 지시 대명사로서, 담화 맥락 안에서 '영희가 말도 없이 책을 가져갔다'는 사실을 가리키고 있다. A가 '~났더라'라고 하여 민수가 화가 많이 났음을 직접 확인했음을 말하고 있으므로 이를 사실이냐고 묻는다는 것은 어색하다.

[오답풀이] ② ㉡의 '자기'는 B가 앞서 언급한 '영희'를 도로 나타내기 위해 사용한 재귀 대명사이다. ③ ㉢의 '아무나'는 화자가 불특정 대상을 가리키기 위해 사용한 부정칭 대명사이다. ④ ㉣의 '누구'는 지시 대상을 정확히 모르고 있어서 사용한 미지칭 대명사이다. ⑤ ㉤의 '거기'는 담화 맥락상 A가 앞서 언급한 '교실'을 가리키기 위해 사용한 지시 대명사이다.

416) ⑤

선택 비율	① 2%	② 1%	③ 1%	④ 5%	⑤ 88%

해 : 대화 상황 내에 사용되는 호칭어와 지칭어를 정확하게 파악할 수 있는지를 묻는 문항이다. <보기>의 담화 상황은 엄마와 아들의 대화이기 때문에 ㉥ '누나'는 화자와 청자를 제외한 제삼자를 가리키지만 ㉧의 '영수'는 청자인 아들을 가리킨다.

[오답풀이] ① ㉠ '엄마'와 ㉥ '누나'는 모두 청자인 아들(영수)의 관점에서 지칭어를 사용한 경우이다. ② ㉦ '우리 아들'은 영수를 지칭하는 것이기 때문에, ㉠과 ㉦은 모두 현재의 담화 상황에 참여하고 있는 사람을 가리킨다. ③ ㉡과 ㉢의 '저거'는 모두 '저 옷 가게 광고판'이라는 동일한 대상을 가리킨다. ④ ㉣의 '오늘'과 ㉤의 '어제'는 모두 '2015년 12월 30일'의 동일한 날을 가리킨다.

417) ④

선택 비율	① 3%	② 2%	③ 2%	④ 89%	⑤ 1%

해 : ㉣에서 소연은, 학교에 늦은 지연에게 학교에 빨리 가라고 명령하려는 의도를 '가라'는 명령형 종결 표현을 통해 지연에게 전달하고 있으므로 화자의 의도와 종결 표현을 일치시키지 않고 있다고 진술한 것은 적절하지 않다.

정답 및 해설

418) ③

선택 비율	① 2%	② 1%	③ 93%	④ 1%	⑤ 1%

해 : '우리'는 대화 맥락에 따라 서로 다른 대상을 가리킬 수 있다. <보기>의 대화 중 ⓑ는 대화 참여자 '수빈, 나경, 세은' 모두를 포함한다. 또한, ⓔ의 '우리' 역시 머리핀을 사러 같이 갈 수 없는 '수빈'을 포함한 대화 참여자 세 명을 모두 가리킨다. 이는 전체적인 대화 맥락을 통해, 그리고 ⓑ와 함께 쓰인 '셋이', ⓔ와 함께 쓰인 '다 같이'를 통해 확인할 수 있다.

[오답풀이] ⓐ의 '우리'가 가리키는 대상은 나경 혹은 나경을 포함한 형제자매로 볼 수 있다. 마찬가지로 ⓒ의 '우리' 역시 수빈 혹은 수빈의 가족 구성원을 의미하는 것으로 볼 수 있다. 또한, ⓑ나 ⓔ와 달리, ⓓ의 '우리'가 가리키는 대상에는 청자인 수빈이 포함되지 않는다.

419) ⑤

선택 비율	① 3%	② 1%	③ 6%	④ 3%	⑤ 84%

해 : ㉧의 '저희'에는 청자인 선배는 포함되지 않는다. 화자인 후배 2가 후배 1과 자신을 함께 낮추기 위해 '저희'를 사용한 것이다.

[오답풀이] ① ㉠의 '학교에서'는 행동이 이루어지고 있는 처소를 나타내는 부사격 조사 '에서'가 결합한 부사어이고, ㉡의 '학교에서'는 단체를 나타내는 명사 뒤에 붙는 주격 조사 '에서'가 결합한 주어이다. ② 후배 2가 이전 발화에서 '저희가 선배님과 함께 제안했던'이라고 표현한 것에 비추어 볼 때, ㉢의 '우리'에는 화자인 선배와 청자인 후배 1, 후배 2가 모두 포함되어 있다. ③ '자신의 형편을 감안해 달라는 동아리가'라는 표현에서 ㉣의 '자신'은 '동아리'를 가리킨다. ④ 동아리 활동 지원 예산안에 대한 학교와 동아리 간의 입장 차이라는 대화 맥락에 비추어 볼 때, ㉥의 '서로'에는 예산안 수용 여부를 결정하는 ㉡의 '학교'와 예산안을 제안한 동아리에 소속된 ㉢의 '우리'가 모두 포함된다.

420) ②

선택 비율	① 1%	② 90%	③ 5%	④ 1%	⑤ 1%

해 : ㉡이 가리키는 대상은 '영이'와 '별이'이고, ㉤이 가리키는 대상은 '영이'와 '별이'와 '민수'이므로, ㉡이 가리키는 대상은 ㉤이 가리키는 대상에 포함된다.

[오답풀이] ① ㉠이 가리키는 대상은 '민수'와 '영이'이고, ㉡이 가리키는 대상은 '영이'와 '별이'이므로 ㉠과 ㉡이 가리키는 대상은 동일하지 않다. ③ ㉢이 가리키는 대상은 '봄이'와 '솜이'이고, ㉥이 가리키는 대상은 '민수'와 '영이'와 '봄이'이므로 ㉢이 가리키는 대상은 ㉥이 가리키는 대상에 포함되지 않는다. ④ ㉣이 가리키는 대상은 '민수'와 '봄이'와 '솜이'이고, ㉤이 가리키는 대상은 '영이'와 '별이'와 '민수'이므로 ㉣과 ㉤이 가리키는 대상은 동일하지 않다. ⑤ ㉣이 가리키는 대상은 '민수'와 '봄이'와 '솜이'이고, ㉥이 가리키는 대상은 '민수'와 '영이'와 '봄이'이므로 ㉣과 ㉥이 가리키는 대상은 동일하지 않다.

421) ④

선택 비율	① 5%	② 3%	③ 12%	④ 74%	⑤ 3%

해 : ㉥의 '왔어'는 정수가 화자인 민수가 있던 장소로 이동했음을 나타내지만 ㉧의 '왔었구나'는 정수가 화자인 희철이 있던 장소로 이동했음을 나타내지 않는다.

[오답풀이] ① ㉠의 '내일'과 ㉤의 '어제'는 둘 다 발화 시점에 따라 언제인지가 결정된다. ② ㉡의 '네 말'은 이전 발화를 가리킨데 비해 ㉢의 '저기 저'는 'OO 서점'을 가리킨다. ③ ㉣의 '정수'는 고유 명사이기 때문에 지시 대상이 고정되지만 ㉨의 '네'는 대명사이기 때문에 담화 참여자에 따라 지시 대상이 결정된다. ⑤ ㉦의 '우리'는 '민수, 희철'을 가리키고 ㉩의 '우리'는 '기영, 민수, 희철'을 가리킨다.

422) ③

선택 비율	① 4%	② 2%	③ 85%	④ 3%	⑤ 4%

해 : ㉦의 '시간'은 영화가 시작하는 시간인 6시를 뜻한다. ㉢의 '1시간 앞서'는 ㉦의 영화 시간 6시를 기준으로 하며, ㉤의 '미리'도 ㉦의 영화 시간 6시를 기준으로 그보다 앞선 때를 가리킨다.

[오답풀이] ① 영화의 시작 시간을 가리키는 ㉠과 ㉦은 같은 시간이다. ② ㉡의 '미리'는 '어제'라는 과거를 가리키지만, ㉤의 '미리'는 지혜와 평화가 영화가 시작하기 전 만나서 저녁을 먹기로 한 5시에서 6시 사이를 의미하기 때문에 미래를 가리킨다. ④ ㉣의 '가지'는 지혜와 평화가 영화관 인근에서 저녁을 먹고 영화관으로 이동하는 것을 가리킨다. ㉨의 '와'는 영민이 학교에서 상담을 마치고 영화관으로 이동하는 것을 가리킨다. 따라서 이동의 출발 장소는 서로 다르다. ⑤ 동일한 장소인 분식집이 영화관을 등지느냐, 마주보느냐에 따라 영화관을 기준으로 왼쪽에 있는가, 오른쪽에 있는가가 결정된다.

423) ⑤

선택 비율	① 2%	② 5%	③ 1%	④ 3%	⑤ 89%

해 : ㉨은 예은, 세욱을 지시하고 ㉡은 예은, 세욱, 나라를 지시하고 있어 ㉨이 지시하는 대상은 ㉡이 지시하는 대상에 포함되므로 적절하다.

424) ③

선택 비율	① 2%	② 2%	③ 92%	④ 3%	⑤ 1%

해 : ㉡이 가리키는 대상은 승준, 아영, 민찬, 서우로 ㉣이 가리키는 대상인 서우를 포함한다.

[오답풀이] ① ㉠은 발화 시점을 기준으로 과거를, ㉤은 발화 시점을 기준으로 미래를 가리킨다. ② ㉠이 가리키는 시간대는 ㉧이 가리키는 시간대보다 앞선다. ④ ㉡이 가리키는 대상은 승준, 아영, 민찬, 서우이고, ㉥이 가리키는 대상은 민찬, 승준이다. ⑤ ㉢이 가리키는 대상은 승준, 아영, 민찬으로 <보기>의 담화에 참여한 모든 사람들이지만, ㉥이 가리키는 대상은 민찬, 승준으로 <보기>의 담화 참여자 중 아영이 빠져 있다.

425) ④

선택 비율	① 4%	② 3%	③ 5%	④ 79%	⑤ 7%

해 : ④의 예문은 타다²-[2]의 예이므로 틀린 진술이다.

[오답풀이] ① 타다¹과 타다²는 둘 다 둘 이상의 의미를 가지므로 다의어이다. ② 타다¹과 타다²는 서로 다른 표제어로 실려 있고 의미상 관련이 없으며 단지 소리만 같으므로 동음이의 관계이다. ③ 타다¹-[2]와 타다²는 둘 다 【…을】이라 표시되어 있으므로 목적어를 필요로 함을 알 수 있다. ⑤ 타다²-[1]은 '받다'의 의미로 쓰이고 있으므로 반의어로는 '주다'가 가능하다.

426) ④

선택 비율	① 17%	② 2%	③ 7%	④ 70%	⑤ 1%

해 : '차다¹'은 '일정한 공간에 사람, 사물, 냄새 따위가 더 들어갈 수 없이 가득하게 되다.'라는 의미이므로 '물이 가득 차다.'라는 예문을 추가하는 것은 적절하다.

[오답풀이] ① '비다¹'의 ㉠과 ㉡은 다의 관계이다. ② '빈 수레가 요란하다.'라는 속담의 '빈'은 '차다¹' ㉠의 반의어를 활용한 것이다. ③ '차다¹'과 '비다¹'은 모두 목적어가 필요 없는 용언이다.

427) ④

선택 비율	① 4%	② 14%	③ 5%	④ 72%	⑤ 2%

해 : '국토가 산으로 되어 있다'의 '되다'는 되다¹ [2]와 같이 '어떤 재료나 성분으로 이루어지다'의 의미이다.

[오답풀이] ① 되다¹과 되다²는 형태는 같지만 사전에 각기 다른 표제어로 수록되어 있는 별개의 단어이다. ② 되다¹ [1]은 주어 이외에 보어를 필요로 하며, [2]는 필수적으로 부사어를 필요로 한다. ③ 되다¹은 동사로 사물이나 사람의 동작이나 작용을 나타내며, 되다²는 형용사로 사물이나 사람의 성질이나 상태를 나타낸다. ⑤ 되다² [2]는 '일이 힘에 벅차다'이므로 유의어로 '힘들다'를 쓸 수 있다. 따라서 유의어를 활용하여 '일이 힘들면 쉬어 가면서 해라.'와 같은 문장을 만들 수 있다.

428) ④

선택 비율	① 5%	② 1%	③ 11%	④ 75%	⑤ 5%

해 : 사전에 드러난 여러 가지 정보를 활용한다. '들다⁰¹'의 중심적 의미는 ㉠이다.

[오답풀이] ① '들다⁰¹'과 '들다⁰⁴'는 여러 주변적 의미를 가지고 있음을 <보기>에서 확인할 수 있으므로 다의어이다. ② '그가 방으로 들자 잠자던 아이가 깨어났다.'의 '들다'는 밖에서 안으로 향한 행동이므로 '들다⁰¹㉠'의 예문이다. ③ '들다⁰¹㉡'은 예문과 설명을 통해 주어와 필수적 부사어를 반드시 요구하는 두 자리 서술어임을 알 수 있으며, '들다⁰⁴㉠'은 예문과 설명을 통해 주어와 목적어, 필수적 부사어를 반드시 요구하는 세 자리 서술어임을 알 수 있다. ⑤ '들다⁰⁴㉡'의 예문을 통해 ⓐ에 들어갈 문장성분은 '…을'임을 알 수 있다.

429) ⑤

선택 비율	① 5%	② 3%	③ 2%	④ 2%	⑤ 85%

해 : '끌다[2]'는 '끌다[1]'과 달리【…에서 …을】의 문장 구조를 취하고 있으므로, 문장 구조상 부사어를 필요로 한다.

430) ②

선택 비율	① 9%	② 59%	③ 13%	④ 10%	⑤ 6%

해 : '어리다¹'은 【…에】의 문장 구조를 취하고 있으므로, 문장 구조상 '필수 부사어'를 필요로 한다.

[오답풀이] ① '어리다¹'과 '어리다²'는 각각 한 단어가 두 가지 이상의 의미를 가지고 있으므로 '다의어'이다. ③ '어리다¹'과 '어리다²'는 형태는 같지만 서로 다른 의미를 지니고 있으므로 동음이의 관계에 있다. ④ '입가에 미소가 어리다.'의 '어리다'는 '어리다¹'의 ㉡의 의미로 ⑤ '어린 소견'의 '어린'은 '어리다²'의 ㉡의 의미로 각각 사용되고 있다.

431) ⑤

선택 비율	① 10%	② 6%	③ 10%	④ 2%	⑤ 70%

해 : 국어사전에 제시된 정보에 비추어 볼 때, '없다'는 '없어, 없으니, 없는'으로 활용하고, '있다'는 '있어, 있으니, 있는'으로 활용하고 있음을 알 수 있다. 어간 '없-'과 '있-'의 형태에 변화가 없는 것으로 보아 활용할 때 어간의 형태가 불규칙적으로 변하는 단어가 아님을 알 수 있다.

[오답풀이] ① '없다'는 '[업:따]'와 같이 장음 부호(:)를 표시하여 어간이 긴소리로 발음된다는 것을 나타내고 있다. ② '있다'는 하나의 표제어 아래에 '사람이나 동물이 어느 곳에서 떠나거나 벗어나지 아니하고 머물다.'와 '사람, 동물, 물체 따위가 실제로 존재하는 상태이다.'라는 의미를 나타내고 있다. 이로 보아 '있다'는 두 가지의 뜻을 제시한 다의어이다. ③ '있다 (1)'은 '【…에】'와 같이 주어 외에 필수적으로 갖추어야 하는 문장 성분에 대한 정보를 나타내고 있다. ④ '없다'는 '사람, 동물, 물체 따위가 실제로 존재하지 않는 상태이다.'라는 의미의 형용사, '있다 (2)'는 '사람, 동물, 물체 따위가 실제로 존재하는 상태이다.'라는 의미의 형용사이다. 이로 보아 품사가 서로 같고, 의미상 반의 관계에 있음을 알 수 있다.

432) ③

선택 비율	① 3%	② 2%	③ 83%	④ 8%	⑤ 2%

해 : '빼다'는 '속에 들어 있는 것을 밖으로 나오게 하다.'의 의미이므로 무르다²의 [1]-㉠의 유의어로 적절하지 않다.

433) ②

선택 비율	① 5%	② 74%	③ 3%	④ 4%	⑤ 12%

해 : '기분이 개다.'는 '(비유적으로) 언짢거나 우울한 마음이 개운하고 홀가분해지다.'의 의미이므로 개다¹ 「2」의 용례에 해당한다.

정답 및 해설

434) ③

선택 비율	① 4%	② 4%	③ 63%	④ 11%	⑤ 16%

해 : 설명을 통해 활용정보에는 구개음화가 일어날 때의 발음이 제시된다는 것을 알 수 있으므로, '밭'의 경우 활용정보인 '밭이[바치]'를 통해 구개음화가 일어나는 것을 확인할 수 있다. 그러나 '낮'의 경우, 활용정보인 '낮이[나치]'는 연음될 때의 발음으로 구개음화가 일어나는 것을 확인할 수 없으므로 적절하지 않다.

[오답풀이] ① 설명을 통해 발음정보에는 음절의 끝소리 규칙이 일어나는 체언의 발음이 제시된다는 것을 알 수 있으므로 '낮'의 경우, 발음정보인 [낟]을 통해 음절의 끝소리 규칙이 일어나는 것을 확인할 수 있다고 한 진술은 적절하다. ② 설명을 통해 발음정보에는 자음군 단순화가 일어나는 체언의 발음이 제시된다는 것을 알 수 있으므로 '흙'의 경우, 발음정보인 [흑]을 통해 자음군 단순화가 일어나는 것을 확인할 수 있다고 한 진술은 적절하다. ④ 설명을 통해 활용정보에는 음절의 끝소리 규칙이나 자음군 단순화가 일어나는 체언이 연음될 때의 발음이 제시된다는 것을 알 수 있으므로 '밭'과 '흙'의 경우, 활용정보인 '밭을[바틀]'과 '흙이[흘기]'를 통해 연음될 때 발음 양상을 확인할 수 있다고 한 진술은 적절하다. ⑤ 설명을 통해 활용정보에는 비음화가 일어나는 경우의 발음이 제시된다는 것을 알 수 있으므로 '낮', '밭', '흙'의 경우, 활용정보인 '낮만[난만]', '밭만[반만]', '흙만[흥만]'을 통해 비음화가 일어나는 양상을 확인할 수 있다는 진술은 적절하다.

435) ④

선택 비율	① 3%	② 2%	③ 5%	④ 86%	⑤ 2%

해 : '길이가 얼마나 되는지를 재어 보아라.'는 '자, 저울 따위의 계기를 이용하여 길이, 너비, 높이, 깊이, 무게, 온도, 속도 따위의 정도를 알아보다.'의 의미이므로 재다¹-①의 용례에 해당한다.

436) ③

선택 비율	① 7%	② 5%	③ 76%	④ 3%	⑤ 7%

해 : ㉡은 '주다'의 높임말로 '드리다'[1]의 의미이고, '할머니께 말씀을 드리다.'의 '드리다'는 '윗사람에게 그 사람을 높여 말을 하다'인 '드리다'[2]의 의미로 사용되었다.

[오답풀이] ① ㉠은 '밖에서 속이나 안으로 향해 가거나 오게 하다.'의 의미로 ㉠이 포함된 문장은 '들이다'[1]의 용례라고 할 수 있다. ② ㉠은 '들이다'[1]의 의미인 '밖에서 속이나 안으로 향해 가게 하거나 오게 하다.'에 해당하므로 <보기 1>에 제시된 '들이다'[1]의 문형 정보 【…을 …에】를 참고하면 ㉠이 포함된 문장에 목적어가 생략되어 있음을 알 수 있다. 따라서 목적어 '우리를'을 추가하여 문장을 수정하였다. ④ ㉢은 '들이다'[2]의 의미인 '어떤 일에 돈, 시간, 노력, 물자 따위를 쓰다'의 의미로 쓰인 것이므로 '들여'라고 고쳐 써야 한다. ⑤ <보기 1>에 제시된 사전의 뜻풀이를 보면 '드리다'와 '들이다'는 다의어이다. 따라서 ㉠과 ㉡의 의미는 사전의 표제어 아래 제시된 여러 뜻풀이 중 하나에 해당된다.

437) ⑤

선택 비율	① 3%	② 5%	③ 6%	④ 7%	⑤ 76%

해 : '차다¹'의 '【…에】,【…으로】'를 보면 '차다¹'은 주어 이외에 부사어가 반드시 필요하다는 점을 알 수 있다. 하지만 '차다²'는 주어만 필요로 한다.

438) ③

선택 비율	① 4%	② 2%	③ 84%	④ 7%	⑤ 1%

해 : '아우는 형의 말을 비밀로 묻어 두었다.'의 '묻다'는 '일을 드러내지 아니하고 속 깊이 숨기어 감추다.'의 의미이므로, '묻다²-②'의 용례이다.

[오답풀이] ① 사전의 정보 '【…에 …을】', '【…에 …을】 / 【…을 …으로】'를 통해 주어 외에도 목적어와 부사어를 필수적으로 요구하는 서술어임을 알 수 있다. ② '묻다²'와 '묻다³'은 다른 표제어로 기술되어 있으므로 동음이의어이다. ④ '묻다³'은 '묻다²'와 달리 모음으로 시작하는 어미가 결합할 때, [물어, 물으니]와 같이 불규칙 활용이 일어난다. ⑤ '질문하다'는 '알고자 하는 바를 얻기 위해 묻다.'라는 의미이므로 '묻다³'의 '물었다'와 바꾸어 쓸 수 있다.

439) ①

선택 비율	① 84%	② 3%	③ 3%	④ 5%	⑤ 2%

해 : '그는 들려오는 소문에 신경을 썼다.'는 '쓰다³ ② 「2」'의 용례에 해당하므로 적절하지 않다.

[오답풀이] '쓰다³ ①'의 문형 정보 【…에 …을】 과 용례, '쓰다³ ②'의 문형 정보 【…에/에게 …을】 과 용례로 보아 '쓰다³ ①'과 '쓰다³ ②'는 모두 목적어와 어울려 써야 하므로 적절하다. ③ '쓰다³'과 '쓰다⁶'은 사전에 별개의 표제어로 기술되어 있는 것으로 보아 동음이의 관계이므로 적절하다. ④ '쓰다³'과 '쓰다⁶'은 각각 하나의 표제어 아래 여러 뜻을 지니는 다의어이므로 적절하다. ⑤ '쓰다⁶'은 형용사이고 '쓰다³'은 동사로, '쓰다⁶'은 '쓰다³'과 달리 성질이나 상태를 나타내는 말이므로 적절하다.

440) ③

선택 비율	① 2%	② 4%	③ 73%	④ 14%	⑤ 4%

해 : '무딘 칼을 날카롭게 갈다.'는 '갈다²-①'의 용례에 해당한다.

[오답풀이] ① '갈다¹', '갈다²', '갈다³'은 서로 글자의 음이 같으나 뜻이 다르므로 동음이의어이다. ② '갈다³'은 의미 ①과 ②를 가진 다의어이다. ④ '갈다¹'은 【…을 …으로】라는 문형 정보를 통해 부사어를 요구할 수도 있음을 확인할 수 있다. ⑤ '갈다¹', '갈다²', '갈다³'은 '가니[가니]'라는 활용 정보를 통해 '갈-'에 '-니'가 결합할 때 표기와 발음이 같음을 확인할 수 있다.

441) ⑤

선택 비율	① 3%	② 4%	③ 11%	④ 2%	⑤ 77%

해 : '마음가짐이 바르다.'는 '바르다² ②'의 용례에 해당하므로 적절하지 않다.

[오답풀이] ③ '바르다¹'의 '【…을 …에】【…을 …으로】'를 보면, '바르다¹'은 주어 이외에 목적어와 부사어가 반드시 필요하다는 점을 알 수 있다. 하지만 '바르다²'는 주어만 필요로 한다. ④ '바르다¹'의 품사는 동사이고, '바르다²'의 품사는 형용사이다.

442) ①

선택 비율	① 85%	② 3%	③ 4%	④ 5%	⑤ 4%

해 : '작다'와 '적다'처럼 혼동될 수 있는 단어를 정확히 사용하기 위해 사전에 제시된 정보를 활용할 수 있다. ㄱ은 '수효나 분량, 정도가 일정한 기준에 미치지 못하다.'의 의미에 해당하므로, '작다¹', '작다²'와 '적다²'를 고려할 때 '적다'가 적절하다. '작다²'에 사용된 화살표(→)는 '작다²'를 '적다²'로 바꾸어 쓰라는 의미이므로 그에 따라 '적다²'의 의미를 함께 참고해야 한다.

[오답풀이] ② ㄴ은 '정하여진 크기에 모자라서 맞지 아니하다.'의 의미에 해당하므로 '작다¹'의 「2」를 고려할 때 '작다'가 적절하다. ③ ㄷ은 '일의 규모, 범위, 정도, 중요성 따위가 비교 대상이나 보통 수준에 미치지 못하다.'의 의미에 해당하므로 '작다¹'의 「3」을 고려할 때 '작다'가 적절하다. ④ ㄹ은 '사람됨이나 생각 따위가 좁고 보잘것없다.'의 의미에 해당하므로 '작다¹'의 「4」를 고려할 때 '작다'가 적절하다. ⑤ ㅁ은 '수효나 분량, 정도가 일정한 기준에 미치지 못하다.'의 의미에 해당하므로 '작다¹', '작다²'와 '적다²'를 고려할 때 '적다'가 적절하다.

443) ④

선택 비율	① 5%	② 17%	③ 27%	④ 45%	⑤ 4%

해 : '이 킬로미터를 걸어라'에서 '이'는 '킬로미터'라는 단위를 나타내는 말 앞에 쓰였으므로 '이³ [2]의 용례에 해당한다.

[오답풀이] ① '모자를 쓴 이'에서 '이'는 사람을 뜻하므로 '이¹'의 용례에 해당한다. ② 다의어는 하나의 표제어에 여러 개의 뜻풀이가 있는 방식으로 사전에 제시되므로 적절한 진술이다. ③ '이보다'에서 '이'는 '보다'라는 조사와 결합하여 대명사로 쓰였으며, '이 점을'에서 '이'에는 관형사로 쓰여 조사가 붙지 않으므로 조사의 결합 가능 여부에 따라 품사를 구별한다는 진술은 적절하다. ⑤ 동음이의관계는 사전에 별개의 표제어로 기술되므로 적절한 진술이다.

444) ③

선택 비율	① 19%	② 4%	③ 66%	④ 6%	⑤ 3%

해 : '화살이 포물선을 그리며 날아간다.'에 쓰인 '그리다'는 '어떤 모양을 일정하게 나타내다.'의 의미이므로, 그리다² ①의 의미를 보여주는 예문으로 넣기에는 부적절하다.

445) ③

선택 비율	① 2%	② 4%	③ 86%	④ 3%	⑤ 2%

해 : ㉢의 '발걸음이 늦다.'는 '늦다[Ⅱ]③'의 의미에 해당하므로 적절하지 않다.

[오답풀이] ① '~시간에'와 같은 용례를 살펴볼 때, ㉠에 들어갈 말은 【…에】가 적절하다. ② 형용사는 성질이나 상태를 나타내는 말이므로 [Ⅱ]① ② ③을 볼 때 ㉡에 들어갈 말은 형용사가 적절하다. ④ ㉣에 제시된 '그는 다른 사람보다 서류 작성이 늦다.'는 '곡조, 동작 따위의 속도가 느리다.'의 의미에 해당하는 예이므로 적절하다. ⑤ '이르다'는 대중이나 기준을 잡은 때보다 앞서거나 빠르다는 의미이므로 그것의 반의어는 '늦다[Ⅱ]①'이 적절하다.

446) ②

선택 비율	① 2%	② 43%	③ 23%	④ 23%	⑤ 6%

해 : '그들의 만남은 우연적이었다.'의 '우연적'은 '아무런 인과 관계 없이 뜻하지 아니하게 일어나는 것'이라는 뜻의 명사이다. '그들의 만남은 우연적이었다.'의 '우연적'이 체언이나 체언 구실을 하는 말 뒤에 붙어 서술어 자격을 가지게 하는 격 조사인 '-이다'와 결합하고 있는 것에서도 '우연적'이 관형사가 아니라 명사에 해당한다는 것을 알 수 있다.

[오답풀이] ③ '우연하다'의 용례로 형용사 '우연하다'가 관형사형으로 바뀌어 명사 '계기'를 꾸며 준 '우연한 계기'를 추가할 수 있다.

447) ②

선택 비율	① 11%	② 72%	③ 6%	④ 6%	⑤ 4%

해 : 용례의 '벌써', '~ㄴ지 오래', '이미' 등의 시간 표지나 '-었-'의 선어말어미를 통해 그르다⁰¹이 [Ⅱ]-「1」의 의미로 사용될 경우에는 주로 과거 시제에 쓰인다는 것을 확인할 수 있다.

448) ⑤

선택 비율	① 4%	② 4%	③ 5%	④ 10%	⑤ 74%

해 : (가)의 '뿐'은 의존 명사와 조사, (나)의 '뿐'은 불완전명사(의존 명사)에 해당한다는 점에 비추어 볼 때, (가)와 (나)의 '뿐'은 모두 다른 말에 기대어 쓰이는 말로, 자립하여 쓰일 수 없다.

[오답풀이] ① (가)의 '뿐⁰¹'은 앞에 오는 말과 띄어 쓰이고 있지만, (나)의 '뿐'은 앞에 오는 말과 붙여 쓰이고 있다. ② (가)의 '뿐⁰¹'과 (나)의 '뿐'은 각각 (1)과 (2)의 두 가지 뜻을 가지고 있음을 확인할 수 있다. ③ '내가 가진 것은 이것뿐이다.'에서 '뿐'은 '그것만이고 더는 없다.'는 뜻으로 쓰이므로, (가)의 '뿐⁰²', (나)의 '뿐' (1)의 뜻에 해당한다. ④ (가)에서는 용언 뒤의 '뿐'은 의존 명사, 체언 뒤의 '뿐'은 조사로 보아 서로 다른 표제어 '뿐⁰¹', '뿐⁰²'로 등재하고 있다. 반면 (나)에서는 모두 불완전명사로 보아 하나의 표제어 '뿐'으로 등재하고 있다.

449) ④

선택 비율	① 8%	② 8%	③ 10%	④ 63%	⑤ 8%

해 : '김치가 잘 숙성되었다.'의 '숙성되다'는 '효소나 미생

물의 작용에 의하여 발효된 것이 잘 익다.'의 의미이므로, '열매나 씨가 여물다.'의 의미인 '익다①'의 유의어가 아니다.

450) ③

선택 비율	① 3%	② 2%	③ 90%	④ 1%	⑤ 1%

해 : '버스가 고장이 나 승객들이 차표를 도로 물리는 소동이 있었다.'는 물리다[1]의 용례가 아니라 물리다[3][1] 「1」의 용례에 해당하므로 적절하지 않다.

[오답풀이] ① 물리다[1], 물리다[2], 물리다[3]은 사전에 별개의 표제어로 등재되어 있는 것으로 보아 서로 동음이의 관계이므로 적절하다. ② 물리다[2]의 경우 [1], [2], 물리다[3]의 경우 [1], [2]를 보아 하나의 단어가 두 가지 이상의 뜻을 가진 다의어임을 알 수 있으므로 적절하다. ④ 물리다[2][1]의 【…에/에게 …을】, 물리다[1] 의 【…에/에게】를 볼 때 물리다[2][1]의 서술어 자릿수가 더 많다는 것을 알 수 있으므로 적절하다. ⑤ '약속 날짜를 이틀 뒤로 물리다.'라는 용례를 볼 때 '정해진 시기를 뒤로 늦추다.'가 들어가는 것은 적절하다.

451) ④

선택 비율	① 5%	② 3%	③ 5%	④ 80%	⑤ 4%

해 : ④는 '받치다[2]'의 뜻 중 '비나 햇빛과 같은 것이 통하지 못하도록 우산이나 양산을 펴 들다'의 예이다. ㉣의 적절한 예로는 '배경 음악이 그 장면을 잘 받쳐 주어서 훨씬 감동적이었다.'가 있다

452) ③

선택 비율	① 13%	② 15%	③ 56%	④ 7%	⑤ 7%

해 : '차가 경적을 울리며 멈추다.'에서 '멈추다'는 '사물의 움직임이나 동작이 그치다.'라는 의미를 지니므로 '멈추다 [1] 「1」'의 용례에 해당한다.

[오답풀이] ① '그치다 「1」'의 문형 정보와 용례를 보니, '그치다 「1」'은 자동사로도 쓰일 수 있고 타동사로도 쓰일 수 있군. ② '그치다 「2」'의 문형 정보와 용례를 보니, '그치다 「2」'는 부사어를 반드시 필요로 하는군. ③ '멈추다 [2]'의 용례로 '차가 경적을 울리며 멈추다.'를 추가할 수 있겠군. ④ '그치다'와 '멈추다'는 두 가지 이상의 의미를 지니고 있는 다의어이군. ⑤ '그치다 「1」'과 '멈추다'의 뜻풀이와 용례를 보니, 두 단어는 유의 관계에 있군.

453) ⑤

선택 비율	① 5%	② 3%	③ 7%	④ 7%	⑤ 75%

해 : '굵다1'은 '물체의 지름이 보통의 경우를 넘어 길다.'라는 의미이고 '두껍다1'은 '두께가 보통의 정도보다 크다.'라는 의미이므로, '두꺼운 손가락'은 '굵은 손가락'으로 쓰는 것이 적절하다.

[오답풀이] ① 각 단어는 모두 2개 이상의 서로 관련된 의미를 가지므로 다의어이다. ② '열차의 기적 소리가 가늘게 들려왔다.'에서 '가늘다'는 '소리의 울림이 보통에 미치지 못하고 약하다.'라는 의미이므로, 이 문장은 '가늘다2'의 용례로 볼 수 있다. ③ '그 책은 수요층이 두껍다.'에서 '두껍다'는 '층을 이루는 사물의 높이나 집단의 규모가 보통의 정도보다 크다.'라는 의미이므로, 이 문장은 '두껍다2'의 용례로 볼 수 있다. ④ '나뭇가지가 가늘다.'에서 '가늘다'는 '물체의 지름이 보통의 경우에 미치지 못하고 짧다.'라는 의미이므로, 이 문장은 '가늘다1'의 용례로 볼 수 있다.

454) ③

선택 비율	① 4%	② 3%	③ 54%	④ 4%	⑤ 32%

해 : '소금의 무게를 저울에 달아 보았다.'에서 '달다'는 '(…을 …에) 저울로 무게를 헤아리다.'는 뜻이므로, '물건을 일정한 곳에 걸거나 매어 놓다.'라는 뜻인 '달다[1]' ㉠의 용례로 추가하기에는 부적절하다.

[오답풀이] ① 동음이의어는 사전에 별개의 표제어로 등재된다. ② <보기>에 제시된 서술어의 활용 정보에 따르면, '달다[1]'과 '달다[2]'는 모두 연결 어미 '-니'가 결합되면 어간의 'ㄹ'이 탈락하면서 '다니'로 활용된다. ⑤ <보기>에 제시된 서술어가 필수적으로 요구하는 문장 성분 정보에 따르면, '달다[1]'은 주어 외에도 부사어('…에')와 목적어('…을')를 필수적으로 요구하는 서술어이고, '달다[2]'는 주어 외에 필수적으로 요구하는 문장 성분이 없는 서술어이다.

455) ①

선택 비율	① 86%	② 2%	③ 8%	④ 2%	⑤ 0%

해 : '그는 낯선 사람과 잘 사귄다.'는 낯선 사람이 사귀는 행위의 상대임을 나타내고 있으므로 ㉢에 들어가기에 적절한 예문이다. 그 예문은 ㉠의 '다른 것과 비교하거나 기준으로 삼는 대상임을 나타내는' 의미를 갖지 않는다.

[오답풀이] ② '그는 형님과 고향에 다녀왔다.'는 다름 사람과 '일 따위를 함께' 하는 뜻을 드러내므로 ㉡에 들어가기에 적절한 예문이다. ③ 1 은 모두 격 조사로서의 의미를 보인 것이다. 보조사나 접속 조사로 보기 어렵다. ④ '과'의 유의어인 '하고' 와 마찬가지로 '이랑'도 "닭{하고, 이랑} 오리는 동물이다.", "책{하고, 이랑} 연필을 가져와라."가 성립하므로 적절한 진술이다. ⑤ 앞말이 받침 있는 체언일 경우에는 '과'가 쓰이고, 앞말이 받침 없는 체언일 경우에는 '와'가 쓰인다. 곧 앞의 체언이 자음으로 끝나면 '과'가, 모음으로 끝나면 '와'가 쓰인다. 예컨대 '말과 소'에서는 '과'가 쓰이지만 '소와 말'에서는 '와'가 쓰인다.

456) ⑤

선택 비율	① 2%	② 1%	③ 3%	④ 2%	⑤ 90%

해 : '초콜릿이 순식간에 녹았다.'는 고체인 초콜릿이 열기나 습기로 말미암아 제 모습을 갖고 있지 못하고 물러지거나 물처럼 된 상태를 진술한 문장이므로 이때의 '녹다'는 '녹다 1 ㉡'의 뜻이다. 그러므로 이때에는 주어 이외의 다른 문장 성분이 필수적이지 않다. 또한 '녹다 2'의 뜻일 경우에는 '…에' 성분이 필수적으로 있어야 하지만 '순식간에'는 필수적으로 있어야

하는 성분이 아니므로 해당 문장의 '녹다'는 '녹다 ②' 일 수 없다.

[오답풀이] ① '굳다'는 동, 형을 통해 동사와 형용사로 모두 쓰일 수 있음을 알 수 있으나 '녹다'는 동을 통해 동사로만 쓰일 수 있음을 알 수 있다. ② '시멘트가 굳다' 는 '굳다 Ⅰ ㉠'의 예로 제시되어 있다. 이는 '녹다 Ⅰ ㉡'의 반의어로 제시되어 있는데, '녹다 Ⅰ ㉡'의 예시에서 '엿이 녹다'가 제시되어 있다. ③ '굳다 Ⅲ'는 흔들리거나 바뀌지 아니할 만큼 힘이나 뜻이 강하다는 뜻을 가지고 있으므로 '마음을 굳게 닫다'와 같은 용례를 추가할 수 있다. ④ '녹다 ② ㉡'은 어떤 물체나 현상 따위에 스며들거나 동화된다는 뜻을 가지고 있으므로 '글에는 글쓴이의 생각이 녹아 있다.'와 같은 용례를 추가할 수 있다.

457) ②

선택 비율	① 1%	② 71%	③ 5%	④ 21%	⑤ 0%

해 : 부사와 조사로 쓰일 수 있는 '같이'와, '같이'와 '하다'가 결합한 '같이하다'에 대한 국어사전의 내용을 정확하게 이해할 수 있는지를 묻는 문항이다. 조사로 쓰이는 '같이②'는 '얼음장같이 차갑다'처럼 '앞말의 전형적인 어떤 특징처럼(②①)'의 의미를 지니기도 하고, '새벽같이 떠나다'처럼 '앞말이 나타내는 그때를 강조'하는 의미(②②)를 지니기도 하는데, ②의 '매일같이 지하철을 타다'에 쓰인 '같이'는 후자의 의미를 지닌다.

[오답풀이] ① '같이①'은 부사로 쓰이는 경우이고, '같이②'는 부사격 조사로 쓰이는 경우이다. 이는 '부', '조'라는 국어사전의 품사 정보를 통해서도 확인할 수 있다. ③ '같이하다'의 뜻풀이에 '같이①'의 의미가 담겨 있는 것을 볼 때, '같이하다'는 '같이'와 '하다'의 복합어로 볼 수 있다. ④ 문형 정보가 【(…과) …을】로 제시되어 있음을 볼 때, '같이하다'는 '~과'의 형태로 쓰이는 부사어가 반드시 필요할 때에는 세 자리 서술어, 그렇지 않을 때에는 두 자리 서술어로 쓰일 수 있음을 알 수 있다. 예를 들어, '나는 그와 의견을 같이한다.'는 전자의 용례이며, '그들은 견해를 같이했다.'는 후자의 용례이다. 이때, 후자의 경우에는 '그들은'처럼 여럿임을 뜻하는 말이 주어로 온다. ⑤ '같이하다① = 함께하다①'의 정보를 제시하는 점을 볼 때, '평생을 같이한'과 '평생을 함께한'은 서로 바꾸어 쓸 수 있다.

458) ⑤

선택 비율	① 3%	② 6%	③ 3%	④ 4%	⑤ 82%

해 : '뻔하다'에서 '뻔-'은 의존 명사이기 때문에, '-하다02 ②'가 아니라 '-하다02④'의 용례에 해당한다.

459) ③

선택 비율	① 9%	② 6%	③ 51%	④ 29%	⑤ 2%

해 : 사전의 활용 정보를 보면, '이르다1'은 '이르러, 이르니'와 같이 활용되며, '이르다2'와 '이르다3'은 '일러, 이르니'와 같이 활용됨을 알 수 있다. 따라서 '이르다1'은 어미의 기본 형태가 달라지는 불규칙 용언임을 알 수 있고, '이르다2'와 '이르다3'은 어간의 기본 형태가 달라지는 불규칙 용언임을 알 수 있다.

460) ④

선택 비율	① 10%	② 4%	③ 11%	④ 66%	⑤ 5%

해 : <보기>의 사전 자료를 통해 '크다'[Ⅱ]는 주어만을 요구하지만 '크다'[Ⅱ]의 사동사인 '키우다'는 주어 외에도 목적어를 요구한다는 것을 알 수 있으므로, '크다'[Ⅱ]는 사동사로 바뀌면 서술어의 자릿수가 하나 늘어난다는 서술은 적절하다.

[오답풀이] ① 동음이의어는 사전에 별개의 표제어로 기술하는데, <보기>에서 '크다'[Ⅰ]과 '크다'[Ⅱ]는 하나의 표제어 안에 기술되어 있다. ② '크다'[Ⅰ] 뜻의 반의어로는 '작다'가 가능하지만, '크다'[Ⅱ] 뜻의 반의어로는 가능하지 않다. ③ '키가 몰라보게 컸구나.'에서 '컸구나'는 '동식물이 몸의 길이가 자라다.'라는 뜻으로 쓰이고 있으므로, '키가 몰라보게 컸구나.'는 '크다'[Ⅱ]의 용례에 해당한다. ⑤ <보기>를 보면 '크다'는 어미 '-어'가 결합하면 어간 '크-'의 끝의 모음이 탈락하지만 '키우다'는 어미 '-어'가 결합해도 어간 '키우-'의 끝의 모음이 탈락하지 않는다.

461) ①

선택 비율	① 89%	② 1%	③ 4%	④ 2%	⑤ 1%

해 : ㉠에서는 「10」의 뜻풀이가 새롭게 추가되었음을 확인할 수 있다. 그렇지만 중심적 의미에 대한 뜻풀이인 「1」은 개정 전과 개정 후에 변화가 없다.

[오답풀이] ② 국어사전에서 '[ ]'는 표준 발음을 나타내는 기호로 쓰이는데, 개정 전에는 [김:밥]만 인정하였다가 개정 후에는 [김:밥]과 [김:빱] 모두를 표준 발음으로 인정하는 양상을 확인할 수 있다. ③ '냄새'에 대한 뜻풀이는 개정 전후가 동일하지만 '내음'은 개정 전에는 경상도 방언으로 처리하였던 데 반해, 개정 후에는 표준어 표제어로 등재하고 새로운 뜻풀이를 제시하는 양상을 확인할 수 있다. ④ '태양계'의 개정 전후 뜻풀이에서는 '9개의 행성 → 8개의 행성'의 변화를 확인할 수 있는데, 이는 명왕성은 행성이 아니라는 과학적 정보를 새롭게 반영한 결과이다. ⑤ ㉤에서는 '스마트폰'을 표제어로 추가한 양상을 확인할 수 있는데, 이는 이전에는 없던 문물이 새롭게 등장함에 따라 이를 지칭하는 표현을 표제어로 올린 것이다.

462) ④

선택 비율	① 2%	② 9%	③ 2%	④ 80%	⑤ 3%

해 : 문맥상 '수밖에'의 '밖에'는 <보기 1>의 2의 의미로 쓰인 것으로 조사이기 때문에 체언과 붙여 써야 하므로 적절하지 않다.

[오답풀이] ① 출입문을 넘어선 복도 쪽을 지칭하는 것이므로 적절하다. ② 문맥상 '며칠 밖에 남지 않았다'는 '며칠 이외에는 시간이 남지 않았다'라는 의미이므로 조사인 '밖에'는 붙여 쓰는 것이 적절하다. ③ '뜻밖에도 아쉬움이 더 크다'라는 것은 자신의 예상과는 달리 아쉬움이 더 크다는 의미이기 때문에 '뜻밖에도'는 유의어인 '의외로'로 바꿔 쓸 수 있으므로 적절하다. ⑤ '기대 밖의 선물'에 쓰인 '밖'은 '일정한 한도나 범위에 들지 않는 나머지 다른 부분이나

일.'의 의미로 사용되었으므로 적절하다.

463) ⑤

선택 비율	① 3%	② 39%	③ 13%	④ 4%	⑤ **38%**

해 : ⓐ에는 '두 대상이나 물체의 사이가 썩 가깝게', '시간이나 길이가 아주 짧게'의 의미를 가진 다의어의 표제어가 들어가야 한다. 이러한 의미를 가진 다의어는 '바투'이다. 또한 ⓑ에는 '두 대상이나 물체의 사이가 썩 가깝게'라는 의미를 지닌 '어머니는 아들에게 바투 다가가 두 손을 움켜쥐었다.'(㉣)라는 예문이 들어가는 것이 적절하다. 그리고 ⓒ에는 '시간이나 공간이 다붙어 몹시 가깝다.'라는 의미를 지닌 '약속 날짜를 너무 밭게 잡았다.'(㉠), '서로 밭게 앉아 더위를 참기 어려웠다.'(㉡)라는 예문이 들어가는 것이 적절하다.

[오답풀이] ① '밭게'는 '밭다'의 활용형으로 표제어에 등재될 수 없다. 또한 '약속 날짜를 너무 밭게 잡았다'에서 '밭게'는 '시간이나 길이가 아주 짧게'의 의미로 ⓑ의 예가 될 수 없다. ② '밭게'는 '밭다'의 활용형으로 표제어에 등재될 수 없다. 같은 맥락으로 ㉡은 '밭다'의 활용형으로 ⓑ가 될 수 없다. ㉢의 '제출 기한을 너무 바투 잡았다'에서 '바투'는 '밭다'에서 파생된 단어로, 아예 다른 단어이기 때문에 ⓒ의 예가 될 수 없다. ③ '밭게'는 '밭다'의 활용형으로 표제어에 등재될 수 없다. 같은 맥락으로 ㉡은 '밭다'의 활용형으로 ⓑ가 될 수 없다. ㉣의 '어머니는 아들에게 바투 다가가'에서 '바투'는 '밭다'에서 파생된 단어로, 아예 다른 단어이기 때문에 ⓒ의 예가 될 수 없다. ④ ㉢의 '제출 기한을 너무 바투 잡았다'에서 '바투'는 '시간이나 길이가 아주 짧게'의 의미로 바투 [부][2]의 예에 해당한다. 따라서 ㉢은 ⓑ의 예가 될 수 없다.

464) ①

선택 비율	① **86%**	② 3%	③ 3%	④ 3%	⑤ 2%

해 : ㉠은 '-겠-' 뒤에 붙어 쓰여 의문을 나타내는 종결 어미로 사용되었다. 따라서 '-지3'에 해당하므로 적절하지 않다.

465) ②

선택 비율	① 3%	② **74%**	③ 7%	④ 9%	⑤ 5%

해 : ㉠은 수량을 나타내는 말 앞에 쓰여 '대략'의 뜻을 지닌 '한[01] [4]'이므로 관형사이고, ㉤은 조건의 뜻을 나타내는 '한[02] [2]'이므로 명사이다.

[오답풀이] ①'한 이불'을 덮고 잔다는 것은 '같은 이불'을 덮고 잔다는 의미이므로 ㉡은 '한[01] [3]'이다. ③ ㉡은 '한[01] [3]', ㉣은 '한[02] [1]'로, '한[01]'과 '한[02]'는 별개의 표제어로 기술되었으므로 동음이의 관계이다. ④ ㉢의 '한'은 뒤에 오는 체언 '걸음'에 수량의 의미를 더한 경우이므로 '한[01] [1]'에 해당한다. ⑤ '한 친구'와 '한 마을'의 '한'은 모두 '어떤'의 의미로 쓰였으므로 둘 다 '한[01] [2]'에 해당한다.

466) ②

선택 비율	① 4%	② **81%**	③ 4%	④ 4%	⑤ 4%

해 : (가)의 '대로[10]-(1)'은 '앞에 오는 말에 근거하거나 달라짐이 없다.'는 의미를 나타내고 있으며, (나)의 '대로[6]-(4)'는 '서로 구별되게 따로따로'의 의미를 나타내고 있다. 둘을 비교해 볼 때, 두 말의 쓰임은 유사하지 않다고 판단할 수 있다.

국어의 규범

467	468	469	470	471
⑤	③	⑤	⑤	⑤
472	473	474	475	476
⑤	③	④	⑤	④
477	478	479	480	481
④	③	①	④	①
482	483	484	485	486
②	⑤	①	⑤	②
487	488	489	490	491
④	①	②	⑤	①
492	493	494	495	496
③	③	②	③	②
497	498	499	500	501
②	①	①	④	④
502	503	504	505	506
②	②	⑤	①	⑤
507	508	509	510	511
④	⑤	④	①	①
512				
③				

467) ⑤

선택 비율	① 3%	② 6%	③ 5%	④ 1%	⑤ **84%**

해 : (ㄱ)의 '밖에'는 조사로 한 단어이며, (ㄴ)의 '밖에'는 명사 '밖'과 조사 '에'가 결합된 두 단어이다.

468) ③

선택 비율	① 7%	② 2%	③ **83%**	④ 5%	⑤ 2%

해 : '일찍'은 '-하다'가 붙어서 '일찍하다'가 되지 않는다. 그러므로 ㉠을 근거로 할 수 없다. 또한 부사 어근 '일찍'과 접사 '-이'로 분석되기 때문에 ㉢을 근거로 할 수 없다. 해당 예는 '일찍'에 접사 '-이'가 붙어 의미를 더하고 있는 경우이므로, ㉡에 근거하여 부사의 원형을 밝혀 적는 것이 옳은 표기이다.

469) ⑤

선택 비율	① 5%	② 3%	③ 7%	④ 9%	⑤ **74%**

해 : 나-2의 '반드시'는 '반듯-'을 어근으로 볼 경우, 여기에 '-이'가 붙어서 '꼭, 기필코' 등의 의미를 지닌 말을 만들어 낸다고 설명하기 어렵다. 따라서 '반드시'는 어휘화된 산물로 판단하여 소리 나는 대로 표기하도록 하고 있다.

470) ⑤

선택 비율	① 2%	② 1%	③ 6%	④ %7	⑤ **81%**

해 : '수'는 의존 명사이므로 앞말과 띄어 써야 한다. 그러므로 '수'를 조사로 보아 '기여할수'의 띄어쓰기가 적절하다고 판단한 것은 적절하지 않다.

471) ⑤

선택 비율	① 10%	② 3%	③ 4%	④ 5%	⑤ **75%**

해 : '윗집, 위쪽, 위층'의 자료에서 '윗-'과 '위-'의 쓰임의 차이를 확인할 수 있다. 'ㅈ'은 예사소리이고, 'ㅉ,ㅊ'은 각각 된소리와 거센소리이므로 예사소리 앞에서는 '윗-', 된소리나 거센소리 앞에서는 '위-'를 사용함을 확인할 수 있다.

[오답풀이] '윗사람'과 '웃어른'의 자료에서 '윗-'과 '웃-'의 차이를 확인할 수 있다. '아랫사람'은 사용하는 단어이나 '아랫어른'이라는 단어는 사용하지 않으므로, '윗-'과 '웃-'의 차이는 '위 아래의 대립의 유무'임을 확인할 수 있다.

472) ⑤

선택 비율	① 4%	② 5%	③ 11%	④ 8%	⑤ **69%**

해 : ⓔ는 체언 '그것'과 조사 '이'가 어울려 줄어진 경우로 ㄴ(제33항)의 규정을 적용한 적절한 사례이다.

[오답풀이] ① 체언 '무엇'과 조사 '을'이 어울려 준 대로 적은 경우로 ㄴ에 해당한다. ② 체언 '이것'과 조사 '은'이 어울려 준 대로 적은 경우로 ㄴ에 해당한다. ③ 체언이 단독으로 쓰인 경우로 ㄱ과 ㄴ 어디에도 해당하지 않는다. ④ 체언 '여기'와 조사 '에'를 구별하여 적었으므로 ㄱ에 해당한다.

473) ③

선택 비율	① 15%	② 2%	③ **50%**	④ 15%	⑤ 15%

해 : 앞말에 조사가 붙을 때 그 뒤에 오는 보조 용언은 띄어 쓴다. ⓒ '웃고만 있었다'의 본용언 '웃고'에 보조사 '만'이 붙었기 때문에 뒤에 오는 보조 용언 '있었다'를 띄어 쓴 것이다.

[오답풀이] ④ '척'은 '그럴 듯하게 꾸미는 거짓 태도나 모양'을 뜻하는 의존 명사이므로 앞말과 띄어 쓴다.

474) ④

선택 비율	① 4%	② 1%	③ 4%	④ **69%**	⑤ 19%

해 : '무심하지'는 ㉠의 규정에 따라 'ㅎ'이 다음 음절의 첫소리와 어울려 거센소리로 되는 경우이므로 '무심지'가 아니라 '무심치'로 적어야 하므로 적절하지 않다.

475) ⑤

선택 비율	① 4%	② 2%	③ 2%	④ 4%	⑤ **85%**

해 : '무엇이든지 주저하지 말고 시작해 봐.'에서의 '-든지'는 물건이나 일의 내용을 가리지 아니하다의 뜻으로 쓰였기 때문에 '제56항 2'에 따라 '무엇이든지'로 쓴다.

476) ④

선택 비율	① 3%	② 18%	③ 6%	④ **64%**	⑤ 7%

해 : '높이'의 어근 '높-'에 '-하다'나 '-거리다'가 붙을 수 없으므로, 한글 맞춤법 제23항을 적용해, '노피'를 '높이'로 정정해야겠다고 판단한 것은 적절하지 않다. '높이'는 어간 '높-'에 '-이'가 결합해 만들어진 명사이므로, 제19항을 적용하여 '노피'를 '높이'로 정정하는 것이 적절하다.

[오답풀이] ① '돌아가다'는 앞말인 '돌다'와 뒷말인 '가다'가 결합한 합성 동사로, 앞말인 '돌다'의 본뜻을 유지하고 있다. 따라서 한글 맞춤법 제15항 [붙임 1]을 적용해, '도라가다'를 '돌아가다'로 정정해야겠다고 판단한 것은 적절하다. ② '드러나다'는 두 개의 용언이 어울려 한 개의 용언이 될 적에 그 본뜻에서 멀어진 합성 동사이다. 따라서 한글 맞춤법 제15항 [붙임 1]을 적용해 '드러났다'로 표기한 것이 적절하다고 판단한 것은 적절하다. ③'얼음'은 어간 '얼-'에 '-음'이 결합해 만들어진 명사이다. 따라서 한글 맞춤법 제19항을 적용해 '얼음'으로 표기한 것이 적절하다고 판단한 것은 적절하다. ⑤ '홀쭉이'는 어근 '홀쭉-'에 '-이'가 결합해 만들어진 명사이고, 어근 '홀쭉-'에 '-하다'가 결합할 수 있다. 따라서 한글 맞춤법 제23항을 적용해 '홀쭈기'를 '홀쭉이'로 정정해야겠다고 판단한 것은 적절하다.

477) ④

선택 비율	① 15%	② **7%**	③ 7%	④ 59%	⑤ 10%

해 : '먹을 만큼'에서 '만큼'은 '먹을'이라는 용언의 관형사형 뒤에서 '앞의 내용에 상당한 수량이나 정도임을 나타내는 말'을 뜻하는 의존명사이므로 앞말과 띄어 쓴다.

[오답풀이] ① '아는대로'에서 '대로'는 '아는'이라는 용언의 관형사형 뒤에서 '어떤 모양이나 상태와 같이'를 뜻하는 의존명사이므로 앞말과 띄어 써야 한다. ② '약해질대로'에서 '대로'는 '약해질'이라는 용언의 관형사형 뒤에서 '어떤 상태가 매우 심하다는 뜻을 나타내는 말'을 뜻하는 의존명사이므로 앞말과 띄어 써야 한다. ③ '생각 대로'에서 '대로'는 '생각'이라는 체언 뒤에서 '앞에 오는 말에 근거하거나 달라짐이 없음'을 뜻하는 조사이므로 앞말에 붙여 써야 한다. ⑤ '말 만큼'에서 '만큼'은 '말'이라는 체언 뒤에서 '앞말과 비슷한 정도나 한도임'을 뜻하는 조사이므로 앞말에 붙여 써야 한다.

478) ③

선택 비율	① 3%	② 8%	③ **78%**	④ 4%	⑤ 3%

해 : '마당의 눈이 희다.'에서 '희다'는 ㉠에 따라 어간 '희-'에 어미 '-어'가 결합해 '희어'로 적는다

479) ①

선택 비율	① **36%**	② 22%	③ 20%	④ 8%	⑤ 11%

해 : '안개꽃 밖에'의 '밖에'는 조사로 한글맞춤법 제41항을 적용해 '안개꽃밖에'로 써야 한다. 따라서 제41항을 적용해 '안개꽃밖에'로 정정해야겠다는 진술은 적절하다.

480) ④

선택 비율	① 5%	② 13%	③ 32%	④ **38%**	⑤ 10%

해 : '지붕'은 명사 '집'과 접미사 '웅'이 결합하여 만들어진

말로, ㉢ 규정에 따라 명사의 원형을 밝히어 적지 않은 것이고, '마감'은 '막다'의 어간인 '막'과 접미사 '암'이 결합하여 만들어진 말로 ㉡ 규정에 따라 어간의 원형을 밝히어 적지 않은 것이다.

481) ①

선택 비율	① 76%	② 3%	③ 16%	④ 1%	⑤ 1%

해 : ㉠은 책을 두고 온 곳, 처소에 해당하는 '집' 뒤에 붙는 것이므로 처소의 부사격 조사 '에'와 보조사 '요'가 결합한 '에요'가 들어가야 한다. ㉡은 '아니다'의 어간 뒤에 붙는 것이므로 '에요'가 들어가야 한다. ㉢은 받침이 있는 체언인 '학생' 뒤에 결합하는 것이므로 '이에요'가 들어가야 한다.

482) ②

선택 비율	① 5%	② 79%	③ 9%	④ 2%	⑤ 3%

해 : ㉠, ㉡의 '보다'는 '책이나 신문 따위를 읽다'라는 의미로 쓰였으므로 동사이며, ㉠, ㉡ 중 띄어쓰기가 바르게 된 것은 ㉠이다. ㉢, ㉣의 '보다'는 '나'라는 체언에 결합하여 '~에 비해서'라는 뜻을 나타내며 조사이며 조사는 앞말에 붙여 쓰므로 ㉢, ㉣ 중 띄어쓰기가 바르게 된 것은 ㉣이다. ㉤, ㉥의 '보다'는 '어떤 수준에 비하여 한층 더'라는 의미로 쓰였으므로 부사이며, ㉤, ㉥ 중 띄어쓰기가 바르게 된 것은 ㉤이다.

483) ⑤

선택 비율	① 17%	② 3%	③ 10%	④ 8%	⑤ 59%

해 : '뻐꾸기'로 표기하는 이유는 동사나 형용사가 파생될 수 없는 어근이 접미사와 결합했기 때문이다.

484) ①

선택 비율	① 90%	② 1%	③ 5%	④ 1%	⑤ 1%

해 : '놓이어'를 '놓여'로 줄여 쓴 것은 <한글 맞춤법> 제36항에 따른 것이지 <한글 맞춤법> 제35항 [붙임 1]에 따른 것은 아니다. '놓이어'가 '놓-'로 시작되어 <한글 맞춤법> 제35항 [붙임 1] 규정을 따라야 한다고 생각할지 모르지만, 이 규정은 '놓아'가 '놔'로 줄어들 때에만 적용된다. '놓이어'를 '놓여'로 줄여 쓴 것은 '놓이-'의 'ㅣ' 뒤에 '-어'가 왔기 때문이므로, "'ㅣ' 뒤에 '-어'가 와서 'ㅕ'로 줄 적에는 준 대로 적는다.'라는 <한글 맞춤법> 제36항에 따른 결과이다.

[오답풀이] ③ '누이니'를 '뉘니'로 쓴 것은 'ㅜ'로 끝난 어간에 '-이-'가 와서 'ㅟ'로 줄 적에는 준 대로 적는다는 <한글 맞춤법> 제37항에 따른 것이다.

485) ⑤

선택 비율	① 3%	② 2%	③ 3%	④ 1%	⑤ 88%

해 : ㄴ의 '-대'는 '-다고 해'가 줄어든 말이고, ㄷ의 '-데'는 '-더라'와 같은 의미로 쓰이므로 바꾸어도 의미가 달라지지 않는다.

[오답풀이] ㄱ. '많대?'의 '-대'는 [Ⅰ]에 제시된 것처럼, '승우가 회사에서 할 일이 많다.'는 사실을 주어진 것으로 치고, 그것을 못마땅하게 여기는 뜻을 드러낸다. ㄴ. '덥대'는 [Ⅱ]에 제시된 것처럼, '덥다고 해'가 줄어든 말로, 남이 말한 내용을 간접적으로 전달하고 있다. ㄷ. '잘하데'는 '잘하더라'와 같은 의미를 전달하는 것으로, 과거에 직접 경험하여 알게된 사실을 현재로 옮겨 말하는 것이다.

486) ②

선택 비율	① 8%	② 73%	③ 1%	④ 13%	⑤ 3%

해 : '홀쭉이'는 어근인 '홀쭉'에 접미사 '-하다'가 붙을 수 있고, 이 어근에 접미사 '-이'가 붙어서 된 명사이다. 매미는 어근인 '맴' 뒤에 접미사 '-하다'가 붙을 수 없고, 접미사 '-이'가 붙어서 명사가 되었다. 따라서 ㉠과 ㉡에는 각각 홀쭉이와 매미가 적절하다.

487) ④

선택 비율	① 3%	② 3%	③ 3%	④ 85%	⑤ 3%

해 : '씩씩'은 'ㄱ' 받침 뒤에서 나는 된소리로, 같은 음절이 겹쳐 나는 경우에 해당하므로 ⓒ로 설명할 수 있다. 따라서 ⓑ에 따라 '씩씩'으로 표기한다는 것은 적절한 진술이 아니다.

[오답풀이] ① '으뜸'은 두 모음 사이에 된소리가 나므로 적절한 진술이다. ② '거꾸로'는 두 모음 사이에 된소리가 나므로 적절한 진술이다. ③ '살짝'은 'ㄹ' 받침 뒤에서 된소리가 나므로 적절한 진술이다. ⑤ '낙지'는 'ㄱ' 받침 뒤에서 된소리가 나지만, 같은 음절이나 비슷한 음절이 겹쳐나는 경우가 아니므로 된소리로 적지 않는다. 따라서 ⓒ에 따라 '낙지'로 표기하는 것은 적절한 진술이다.

488) ①

선택 비율	① 45%	② 13%	③ 7%	④ 13%	⑤ 20%

[오답풀이] ② '-든지'가, ③ '어떡해'가, ④ '바라'나 '바란다'가, ⑤ '넉넉지'가 올바른 표기이다.

489) ②

선택 비율	① 4%	② 71%	③ 12%	④ 2%	⑤ 9%

해 : '저 친구, 저러다가 큰일 한번 내겠어.'는 쉼표를 '문장 앞부분에서 조사 없이 쓰인 제시어나 주제어의 뒤에 쓰'는 예에 해당한다. ㉡의 '문장의 연결 관계를 분명히 하고자 할 때 절과 절 사이에 쓴다.'에 해당하는 예는 '콩 심은 데 콩 나고, 팥 심은 데 팥 난다.' 등이다.

490) ⑤

선택 비율	① 3%	② 9%	③ 7%	④ 11%	⑤ 67%

해 : '책을 다 읽는데만 이틀이 걸렸다.'에서 '읽는데'의 '데'는 '데1'의 「2」에 해당하므로 '읽는 데'처럼 띄어 써야 한다.

[오답풀이] ① '있는데'의 '-는데'는 어미이므로 붙여 써야 한다. ② '가는 데'의 '데'는 '데1'의 「2」에 해당하므로 띄어 써야 한다. ③ '잘하데'의 '-데'는 '-데2'에 해당하므로 붙여 써야 한다. ④ '의지할 데'의 '데'는 '데1'의 「1」에 해당하므로 띄어 써야 한다.

491) ①

선택 비율	① 45%	② 14%	③ 8%	④ 16%	⑤ 15%

㉻ : '깨끗하지 않다'에서 '하' 앞의 받침의 소리는 [ㄷ]이므로 '하'가 통째로 줄어든다. 그러므로 '깨끗지 않다'로 쓰는 것이 맞다.

[오답풀이] ② '연구하도록'에서 '하' 앞에는 받침이 없어 받침소리가 [ㄱ, ㄷ, ㅂ]이 아니므로 '하'의 'ㅎ'이 남는다. 그러므로 'ㅎ'이 'ㄷ'과 어울려 거센소리가 되어 '연구토록'으로 쓰는 것이 맞다. ③'간편하게'에서 '하' 앞의 받침의 소리는 [ㄴ]으로 [ㄱ, ㄷ, ㅂ]이 아니므로 '하'의 'ㅎ'이 남는다. 그러므로 'ㅎ'이 'ㄱ'과 어울려 거센소리가 되어 '간편케'로 쓰는 것이 맞다. ④'생각하다 못해'에서 '하' 앞의 받침의 소리는 [ㄱ]이므로 '하'가 통째로 줄어든다. 그러므로 '생각다 못해'로 쓰는 것이 맞다. ⑤'답답하지 않다'에서 '하' 앞의 받침의 소리는 [ㅂ]이므로 '하'가 통째로 줄어든다. 그러므로 '답답지 않다'로 쓰는 것이 맞다.

492) ③

선택 비율	① 4%	② 12%	③ 75%	④ 5%	⑤ 2%

㉻ : '혼삿길'은 '혼사'와 '길'의 합성어로 '젓가락'처럼 앞말이 모음으로 끝나고 뒷말의 첫소리가 된소리로 나기 때문에 사이시옷을 붙인 것이다. '섣달'은 '설'과 '달'이 결합되면서 끝소리 'ㄹ'이 'ㄷ' 소리로 나기 때문에 한글맞춤법에 따라 '설달' 대신 '섣달'로 쓴다.

493) ③

선택 비율	① 6%	② 6%	③ 77%	④ 5%	⑤ 4%

㉻ : (다)에서 '뿐' 앞에 있는 '그것'은 대명사로서 체언에 해당한다. 선생님의 설명에 의하면 '뿐' 앞에 체언이 올 경우 '뿐'은 조사로 사용된 것이어서 붙여 쓴다고 했으므로 '그것'과 '뿐'을 띄어 쓴 것은 적절하지 않다.

[오답풀이] ① '할'은 용언의 관형사형이므로 '만큼'은 의존명사로 사용된 것이어서 띄어 써야 한다. ② '나'는 대명사로서 체언에 해당하므로 '대로'는 조사로 사용된 것이어서 붙여 써야 한다. ④ '못해'는 '정도가 극에 달한 나머지'의 의미를 가진 형용사로, 하나의 단어로 사용된 것이므로 붙여 써야 한다. ⑤ '못하구나'는 '비교 대상에 미치지 아니함'의 의미를 가진 형용사로, 하나의 단어로 사용된 것이므로 붙여 써야 한다.

494) ②

선택 비율	① 1%	② 91%	③ 2%	④ 1%	⑤ 2%

㉻ : ㉠ '들어서다 / 드러서다'는 '앞 음절의 끝 자음을 모음으로 시작되는 뒤 음절의 초성으로 이어 소리를 내는' 연음 현상에 따른 발음이 표기로 잘못 이어진 사례이다. 그러나 '높이다'를 '높히다'로 잘못 적는 것은 '높다'에 결합하는 사동 접미사를 '-이-'가 아닌 '-히-'로 잘못 파악한 경우로 연음 현상에 따른 잘못된 표기의 사례가 아니다.

[오답풀이] ① ㉠의 '들어서다 / 드러서다'는 '들어서다'의 연음에 따른 발음 [드러서다]가 표기로 잘못 이어진 사례이다. ③ ㉡의 '그렇지 / 그러치'는 '그렇지'의 거센소리되기에 따른 발음 [그러치]가 표기로 잘못 이어진 사례이다. 거센소리되기는 'ㄱ, ㄷ, ㅂ, ㅈ'이 'ㅎ'과 만나 거센소리인 'ㅋ, ㅌ, ㅍ, ㅊ'으로 발음되는 현상을 가리킨다. ④ '얽혀'는 거센소리되기에 따라 [얼켜]로 발음되는데, 이를 표기에까지 반영하여 '얼켜'로 잘못 적는 것은 ㉡의 사례로 볼 수 있다. ⑤ ㉢은 '해돋이'의 구개음화에 따른 발음 [해도지]가 표기로 잘못 이어진 사례인데, '금붙이' 역시 구개음화에 따라 [금부치]로 발음되기 때문에 이를 '금부치'로 잘못 적는 것은 같은 유형의 사례로 볼 수 있다. 구개음화는 끝소리가 'ㄷ', 'ㅌ'인 형태소가 모음 'ㅣ'나 반모음 'ㅣ[y]'로 시작되는 형식 형태소와 만나면 그것이 구개음 'ㅈ', 'ㅊ'으로 발음되는 현상을 가리킨다.

495) ③

선택 비율	① 2%	② 3%	③ 90%	④ 1%	⑤ 2%

㉻ : '다만 4'에 의하면, '의무'에서 '의'는 단어의 첫음절이므로 [의]로 발음해야 한다. '무예'와 '예절'은 '다만 2'에 해당하지 않으므로 표준발음법에 따라 이중 모음으로 발음해야 한다. '다만 4'에 의해 '예의'는 [예이], '의의'는 [의이], '절의'는 [절이] → [저리]로도 발음함이 허용된다.

496) ②

선택 비율	① 5%	② 54%	③ 4%	④ 8%	⑤ 27%

㉻ : '부치다'는 '편지를 부치다.'처럼 '편지나 물건 따위를 일정한 수단이나 방법을 써서 상대에게로 보내다.'의 의미를 지니기도 하고, 제시된 용례처럼 '어떤 문제를 다른 곳이나 다른 기회로 넘기어 맡기다.'의 의미를 지닐 때에는 '안건을 회의에 부치다.', '표결에 부치다.', '재판에 부치다.', '투표에 부치다.' 등처럼 쓰인다. '부치다'와 흔히 혼동하기 쉬운 '붙이다'는 대체로 '붙다'의 사동사로 쓰여 '봉투에 우표를 붙이다.', '벽에 메모지를 붙이다.', '연탄에 불을 붙이다.', '계약에 조건을 붙이다.' 등과 같이 쓰인다.

[오답풀이] ① '어제저녁'의 준말로, '엇저녁'이 아니라 '엊저녁'으로 써야 한다. ③ '적지 않은'의 준말로, '적쟎은'이 아니라 '적잖은'으로 써야 한다. ④ 김치의 일종을 뜻하는 말로, '깍뚜기'가 아니라 '깍두기'가 바른 표기이다. ⑤ '펀펀하고 얇으면서 꽤 넓다.'의 의미를 지니는 말로, '넙적하게'가 아니라 '넓적하게'가 바른 표기이다.

497) ②

선택 비율	① 2%	② 83%	③ 3%	④ 8%	⑤ 1%

㉻ : 자음을 첫소리로 가지고 있는 음절의 'ㅢ'가 'ㅣ'로 소리 나는 경우가 있더라도, 소리 나는 대로 적지 않고 본 모양인 'ㅢ'를 밝혀 적도록 규정하였다. 따라서 각 형태소의 본 모양을 밝히어 적는 원칙인 ㉡을 확인할 수 있다.

[오답풀이] ① 'ㄷ, ㅌ'이 구개음화되어 'ㅈ, ㅊ'으로 발음되더라도, 그 기본 형태를 밝히어 'ㄷ, ㅌ'으로 적도록 규정하고 있으므로 ㉡을 확인할 수 있다. ④ 어간에

명사화 접미사 '-이'나 '-음'이 결합하여 된 단어라고 해도, 그 어간의 본뜻과 멀어진 것은 어간 형태소의 뜻이 유지되고 있지 않기 때문에 원형을 밝혀 적을 필요가 없어서 소리 나는 대로 적도록 규정하고 있으므로 ㉠을 확인할 수 있다.

498) ①

선택 비율	① 89%	② 3%	③ 2%	④ 1%	⑤ 2%

해 : 'ㅚ' 뒤에 '-어'가 붙은 형태는 'ㅙ'로 줄어질 수 있으므로 '쐬어라'는 '쐐라'로 줄어질 수 있고 표기도 그렇게 하여야 한다. 그러므로 '쐐라'는 틀린 표기이다.

[오답풀이] ② '괴-'와 '-느냐'가 결합하는 것은 'ㅚ' 뒤에 '-어'가 붙는 경우가 아니므로 'ㅙ'의 표기가 나올 수 없다. ③ 'ㅚ'와 '-어'가 'ㅙ'로 줄어지는 것이므로 '좨도'의 원래 말은 '죄어도'이고 이는 어간 '죄-'와 어미 '-어도'가 결합한 말임을 알 수 있다. ④ '뵈-'와 '-어서'의 결합인 '뵈어서'는 'ㅚ' 뒤에 '-어'가 오는 경우이므로 '봬서'로 줄어질 수 있다. ⑤ '쇠-'와 '-더라도'가 결합하는 것은 'ㅚ' 뒤에 '-어'가 붙는 경우가 아니므로 'ㅙ'의 표기가 나올 수 없다.

499) ①

선택 비율	① 89%	② 2%	③ 2%	④ 1%	⑤ 3%

해 : ㉠의 '아니요'는 '아니오'로 표기하여야 하는데, 종결형에서 사용되는 어미 '-오'는 '요'로 소리가 나더라도 '오'로 적어야 하기 때문이다. 이를 설명한 규정 ⓐ를 ㉠의 올바른 표기 과정에 적용되는 원칙으로 짝지은 ①이 정답이다.

[오답풀이] ㉡ '가지요'의 '요'는 종결 어미 '-지' 뒤에 덧붙은 보조사이다. '요'가 보조사임은 이를 뺀 '영화 구경 가지.'가 성립됨을 통해서 알 수 있다. 어미 뒤에 덧붙는 조사 '요'의 표기를 규정한 것은 ⓒ이다. ㉢ '설탕이요'의 '요'는 어떤 사물이나 사실 따위를 열거할 때 쓰이는 연결 어미이며, '이-'는 서술격 조사 '이다'의 어간이다. ⓑ의 설명을 볼 때 '이요'로 적어야 한다.

500) ④

선택 비율	① 2%	② 3%	③ 8%	④ 85%	⑤ 5%

해 : '옷소매'와 '밥알'은 모두 합성어이지만 소리 나는 대로 '옫쏘매', '바발'로 적지 않고 어법에 맞도록 적고 있기 때문이다. 즉, '옷소매'와 '밥알'은 ⓑ만 충족하는 합성어이다.

[오답풀이] ① '이파리'는 ㉠의 사례가 되지만, '얼음'은 소리 나는 대로 '어름'으로 적지 않고 어법에 맞도록 적은 파생어이다. ② '마소'는 ㉡의 사례가 되지만, '낮잠'은 소리 나는 대로 '낟짬'으로 적지 않고 어법에 맞도록 적은 합성어이다. ③ '웃음'은 ㉢의 사례가 되지만, '바가지'는 어법에 맞도록 '박아지'로 적지 않고 소리 나는 대로 적은 파생어이다. ⑤ '꿈'은 ㉤의 사례가 되지만, '사랑니'는 소리 나는 대로 적은, 즉 ⓐ만 충족하는 합성어이다.

501) ④

선택 비율	① 6%	② 11%	③ 9%	④ 65%	⑤ 6%

해 : '귀머거리'는 동사 '귀먹다'의 어간 '귀먹-'에 접미사 '-어리'가 붙어서 명사가 된 말로, 어간에 '-이'나 '-음' 이외의 모음으로 시작된 접미사가 붙어서 다른 품사로 바뀐 것은 그 어간의 원형을 밝히어 적지 아니한다는 규정 즉, ㉡의 규정을 적용한 것이다. 따라서 ㉣의 규정을 적용했다는 진술은 적절하지 않다.

[오답풀이] ① '다듬이'는 동사 '다듬다'의 어간 '다듬-'에 '-이'가 붙어서 명사가 된 말로, 그 어간의 원형을 밝혀 적은 것이므로, ㉠의 규정을 적용한 것이라는 진술은 적절하다. ② '마개'는 동사 '막다'의 어간 '막-'에 접미사 '-애'가 붙어서 명사가 된 말로, 그 어간의 원형을 밝혀 적지 않았으므로, ㉡의 규정을 적용한 것이라는 진술은 적절하다. ③ '삼발이'는 명사 '삼발' 뒤에 '-이'가 붙어서 된 말로, 그 명사의 원형을 밝혀 적었으므로, ㉢의 규정을 적용한 것이라는 진술은 적절하다. ⑤ '덮개'는 동사 '덮다'의 어간 '덮-'에 자음으로 시작된 접미사 '-개' 가 붙어서 된 말로, 그 어간의 원형을 밝혀 적었으므로, ㉤의 규정을 적용한 것이라는 진술은 적절하다.

502) ②

선택 비율	① 10%	② 67%	③ 5%	④ 6%	⑤ 10%

해 : '서울'이라는 체언과 결합하고 있다는 점과 후배가 선배에게 대답하는 말이라는 점을 고려하면, ㄴ의 밑줄친 '요'는 청자에게 존대의 뜻을 나타내는 보조사 '요' 에 해당한다고 볼 수 있다. 따라서 ㄴ의 밑줄 친 '요' 를 연결형의 '이요'로 바꾸어 적는 것은 적절하지 않다.

[오답풀이] ① 종결형에서 사용되는 어미 '-오'는 [요]로 발음할 수 있으므로, ㄴ의 '이오'는 [이요]로 발음할 수 있다. ③ 종결형에서 사용되는 어미 '-오' 는 하오체의 종결 어미이므로, ㄷ의 밑줄 친 문장은 하오체 문장에 해당한다. ④ ㄹ에는 하오체가 쓰이고 있어, ㄹ의 밑줄 친 '요'는 '-이오'가 모음으로 끝나는 체언('영화') 뒤에서 줄어 쓰인 형태에 해당한다. ⑤ ㅁ에는 해요체가 쓰이고 있어, ㅁ의 밑줄 친 '요' 는 둘 다 체언과 결합하여 청자에게 존대의 뜻을 나타내는 보조사에 해당한다고 볼 수 있다.

503) ②

선택 비율	① 12%	② 64%	③ 8%	④ 4%	⑤ 10%

해 : 본동사와 본동사는 띄어 써야 하므로 '주고 갔다'로 띄어 써야 한다.

[오답풀이] ① 어미는 어간과 붙여 써야 하므로 적절하다. ③ 형용사는 앞말과 띄어 써야 하므로 적절하다. ④ 의존 명사는 앞말과 띄어 써야 하므로 적절하다. ⑤ 조사는 앞말과 붙여 써야 하므로 적절하다.

504) ⑤

선택 비율	① 21%	② 4%	③ 4%	④ 9%	⑤ 58%

해 : 문장의 각 단어는 띄어 써야 하지만, 조사는 예외적으

로 그 앞말에 붙여 써야 한다. ㉠의 '보다'는 서로 차이가 있는 것을 비교하는 경우, 비교의 대상이 되는 말에 붙어 '~에 비해서'라는 뜻을 나타내는 격 조사이므로 앞말에 붙여 쓴다. ㉢의 '밖에'는 '그것 말고는', '그것 이외에는' 등의 뜻을 나타내는 보조사이므로 앞말에 붙여 쓴다. ㉣의 '만큼'은 앞말과 비슷한 정도나 한도임을 나타내는 격 조사이므로 앞말에 붙여 쓴다.

[오답풀이] ㉡의 '뿐'은 '다만 어떠하거나 어찌할 따름'이라는 뜻을 나타내는 의존 명사이므로 앞말과 띄어 써야 한다.

505) ①

선택 비율	① 70%	② 6%	③ 10%	④ 5%	⑤ 6%

㉱ : '멋쟁이'는 명사 '멋' 뒤에 자음으로 시작된 접미사 '-쟁이'가 붙어서 된 것이므로 ㉠에 해당한다. '굵기'는 어간 '굵-' 뒤에 자음으로 시작된 접미사 '-기'가 붙어서 된 것이므로 ㉡에 해당한다. '얄따랗다'는 '얇다'에서 '얄따랗다'가 될 때 겹받침 중 앞의 'ㄹ'만 발음되므로 ㉢에 해당한다.

[오답풀이] ② '값지다'는 명사 '값' 뒤에 자음으로 시작된 접미사 '-지다'가 붙어서 된 것이므로 ㉠에 해당한다. ④ '오뚝이'는 부사 '오뚝' 뒤에 모음으로 시작된 접미사 '-이'가 붙어서 만들어진 단어이다.

506) ⑤

선택 비율	① 7%	② 2%	③ 17%	④ 13%	⑤ 58%

㉱ : 우선적으로 ㉤을 적용한다고 하였으므로, 어간 '누-'에 '-이-'가 결합한 '누이-'가 '뉘-'로 줄고, 여기에 '-어'가 결합하여 '뉘어'의 형태가 된다. ㉣은 'ㅣ' 뒤에 '-어'가 와서 'ㅕ'로 줄 적에는 준 대로 적는다는 규정인데, '뉘-'에 쓰인 모음 'ㅟ'는 모음 'ㅣ'가 아니므로 그 뒤에 '-어'가 결합한다고 해도 'ㅕ'의 형태로 줄여 쓸 수 없다. 따라서 '누-+-이-+-어'를 '뉘여'의 형태로 적을 수 없다. 참고로, '누-+-이-+-어'에 ㉤이 아닌 ㉣을 적용하면 '이'와 그 뒤에 놓인 '-어'가 'ㅕ'로 줄어 '누여'로 적을 수 있다. 즉 '누-+-이-+-어'는 '뉘어' 혹은 '누여'의 형태로만 적을 수 있고, '뉘여'의 형태로 적을 수는 없다.

[오답풀이] ① ㉠을 적용하면, '개-+-었-+-다'는 'ㅐ' 뒤에 '-었-'이 어울려 '갰다'로 줄고, '베-+-어'는 'ㅔ' 뒤에 '-어'가 어울려 '베'로 준다. ② ㉡을 적용하면, '꼬-+-아'는 모음 'ㅗ'로 끝난 어간에 '-아'가 어울려 '꽈'로 줄고, '쑤-+-었-+-다'는 모음 'ㅜ'로 끝난 어간에 '-었-'이 어울려 '쒔다'로 준다. ③ ㉤을 적용하면, '차-+-이-'는 'ㅏ'로 끝난 어간에 '-이-'가 와서 'ㅐ'로 준다. 그 뒤에 '-었다'가 결합하면 '채었다'로 적을 수 있다. ④ 우선적으로 ㉤을 적용한다고 하였으므로, 어간 '쏘-'에 '-이-'가 결합한 '쏘이-'가 '쐬-'로 줄고, 여기에 '-어'가 결합하여 '쐬어'의 형태가 된다. 여기에 ㉢을 적용하면, 'ㅚ' 뒤에 '-어'가 어울려 'ㅙ'로 줄어 '쐐'의 형태로 적을 수 있다.

507) ④

선택 비율	① 1%	② 1%	③ 4%	④ 88%	⑤ 4%

㉱ : 한글 맞춤법 제38항에 의하여 '보이어'는 '보-' 뒤에 '-이어'가 어울려 '뵈어' 또는 '보여'로 줄어들 수 있다.

[오답풀이] ① '꼬았다'는 '꼬-'에 '-았-'이 어울려 '꽜다'로 줄어들 수 있다. ② '쇠었다'는 '쇠-'에 '-었-'이 어울려 '쇘다'로 줄어들 수 있다. ③ '괴어'는 '괴-'에 '-어'가 어울려 '괘'로 줄어들 수 있다. ⑤'트이어'는 '트-' 뒤에 '-이어'가 어울려 '틔어' 또는 '트여'로 줄어들 수 있다.

508) ⑤

선택 비율	① 1%	② 2%	③ 1%	④ 2%	⑤ 92%

㉱ : 이 문항에서는 제시된 ㉠, ㉡, ㉢의 로마자 표기 사례를 통해 로마자 표기의 원칙을 수험생들이 탐구할 수 있는지 여부를 묻고 있다. 정답은 ⑤로, ㉡'앞집'은 [압찝]으로 발음되지만 '장롱[장:농]'에서와 마찬가지로 'ㅈ'를 'j'로 적고 있음을 통해 확인할 수 있다. 다시 말해, '앞집'에서 일어나는 된소리되기(ㅈ → [ㅉ])가 로마자 표기에 반영되지 않는다는 추론이 가능하다.

[오답풀이] ① [가락]을 'garak'으로 적은 사례에서 모음 앞의 'ㄱ'과 어말의 'ㄱ'을 각각 'g'와 'k'로 다르게 적는다는 사실을 확인할 수 있다. 로마자 표기법에서는 'ㄱ, ㄷ, ㅂ'은 모음 앞에서는 'g, d, b'로, 자음 앞이나 어말에서는 'k, t, p'로 적는다고 규정하고 있다. ② '앞'의 'ㅍ'과 '집'의 'ㅂ'을 모두 'p'로 적었음을 확인할 수 있는데, 이는 로마자 표기는 국어의 표준 발음법에 따라 적는 것을 원칙으로 하기 때문이다. 즉, '앞'은 [압]으로 발음되기 때문에 종성을 'p'로 적는 것이다. ③ 장음을 표시하는 별도의 표기가 로마자 표기에 반영되지 않았다는 점을 통해 이러한 사실을 확인할 수 있다. ④ 로마자 표기법에서는 '음운 변화가 일어날 때에는 변화의 결과에 따라 적는다.'라고 규정하는데, '장롱'은 자음 동화가 일어나 [장:농]으로 발음되기 때문에 'jangnong'으로 적는 것이다. 자음 동화는 '음절 끝의 자음이 그 뒤에 오는 자음과 만날 때, 어느 한쪽이 다른 쪽을 닮아서 그와 비슷하거나 같은 소리로 바뀌기도 하고, 양쪽이 서로 닮아서 두 소리가 다 바뀌기도 하는 현상'을 가리킨다.

509) ④

선택 비율	① 3%	② 4%	③ 2%	④ 85%	⑤ 3%

㉱ : '집일'은 제29항에 따라 'ㄴ' 소리가 첨가되고, 제18항에 따라 'ㅂ'이 [ㅁ]으로 발음되어 [짐닐]로 발음된다. 따라서 '집일'을 로마자로 표기하려면 표준 발음법 제18항, 제29항에 대한 이해가 필요하다.

[오답풀이] ① '덮이다'는 제13항에 따라 [더피다]로 발음되므로, 표준 발음법 제13항에 대한 이해가 필요하다는 진술은 적절하다. ② '웃어른'은 제15항에 따라 [우더른]으로 발음되므로, 표준 발음법 제15항에 대한 이해가 필요하다는 진술은 적절하다. ③ '굳이'는 제17항에 따라 [구지]로 발음되므로, 표준 발음법 제17항에 대한 이해가 필요하다는 진술은 적절하다. ⑤ '색연필'은 제29항에 따라 'ㄴ' 소리가 첨가되고, 제18항에 따라 'ㄱ'이 [ㅇ]으로 발음되어 [생년필]로 발음되

므로, 표준 발음법 제18항, 제29항에 대한 이해가 필요하다는 진술은 적절하다.

510) ①

선택 비율	① 73%	② 5%	③ 13%	④ 4%	⑤ 3%

해 : '독립문'은 [동님문]으로, '대관령'은 [대괄령]으로 발음된다. 그러므로 표기 일람에 따라 각각 'Dongnimmun'과 'Daegwallyeong'로 적어야 한다.

511) ①

선택 비율	① 82%	② 5%	③ 6%	④ 3%	⑤ 1%

해 : ㉠에서는 끝소리가 'ㄷ', 'ㅌ'인 형태소가 모음 'ㅣ' 나 반모음 'ㅣ[j]'로 시작되는 형식 형태소와 만나면 그것이 구개음 'ㅈ', 'ㅊ'으로 변하는 구개음화가 일어나며, 이러한 음운 변동은 '땀받이[땀바지]'에서도 일어난다. 한편 구개음화는 로마자 표기에 반영되는데, 이는 '같이[가치]'를 'gati'가 아니라 'gachi'로 적은 것을 통해 확인할 수 있다.

[오답풀이] ② ㉡에서는 된소리되기가 일어나며, 이는 '삭제[삭쩨]'에서도 일어난다. 된소리되기는 로마자 표기에 반영되지 않는데, 이는 '잡다[잡따]'를 'japtta'가 아니라 'japda'로 적은 것을 통해 확인할 수 있다. ③ ㉢에서는 거센소리되기가 일어나며, '닳아[다라]'에서는 'ㅎ 탈락'이 일어난다. 용언의 활용에서의 거센소리되기는 로마자 표기에 반영되는데, 이는 '놓지[노치]'를 'nohji'가 아니라 'nochi'로 적은 것을 통해 확인할 수 있다. ④ ㉣에서는 'ㄴ 첨가'가 일어나며, 이는 '한여름[한녀름]'에서도 일어난다. 'ㄴ 첨가'는 로마자 표기에 반영되는데, 이는 '맨입[맨닙]'을 'maenip'이 아니라 'maennip'으로 적은 것을 통해 확인할 수 있다. ⑤ ㉤에서는 비음화가 일어나며, 이는 '밥물[밤물]'에서도 일어난다. 비음화는 로마자 표기에 반영되는데, 이는 '백미[뱅미]'를 'baekmi'가 아니라 'baengmi'로 적은 것을 통해 확인할 수 있다.

512) ③

선택 비율	① 7%	② 3%	③ 85%	④ 2%	⑤ 1%

해 : 프랑스의 수도를 적을 때 '파리'로 적어야 할까, '빠리'로 적어야 할까?'라는 질문은 외래어 표기에는 된소리를 원칙적으로 쓰지 않는다는 <외래어 표기법>의 '표기의 기본 원칙' 중 제4항에 따라 판단할 수 있다. '파리'로 적어야 한다. 'racket'의 발음 [t]를 받침으로 표기할 때, 'ㄷ', 'ㅅ', 'ㅌ' 중 무엇으로 적어야 할까?'라는 질문은 외래어 표기 시 받침과 관련된 규정이므로, '받침에는 'ㄱ, ㄴ, ㄹ, ㅁ, ㅂ, ㅅ, ㅇ'만을 쓴다.'라고 하는 <외래어 표기법>의 '표기의 기본 원칙' 중 제3항 따라 판단할 수 있다. 'ㅅ'으로 표기해야 한다. '[f]를 표기하기 위한 새로운 기호를 만들어야 하지 않을까요?'라는 질문은 '외래어는 국어의 현용 24 자모만으로 적는다.'라고 하는 <외래어 표기법>의 '표기의 기본 원칙' 중 제1항에 따라 판단할 수 있다.

중세 국어

513	514	515	516	517
③	①	②	③	④
518	519	520	521	522
①	①	④	②	①
523	524	525	526	527
①	①	②	②	⑤
528	529	530	531	532
③	④	②	②	②
533	534	535	536	537
①	⑤	③	⑤	④
538	539	540	541	542
③	③	⑤	①	③
543	544	545	546	547
①	③	⑤	②	①
548	549	550	551	552
①	③	④	①	②
553	554	555	556	557
②	③	①	①	④
558	559	560	561	562
③	②	①	⑤	②
563	564	565	566	567
⑤	③	④	⑤	⑤
568	569	570	571	572
④	③	②	①	①
573	574	575	576	577
⑤	⑤	③	③	①
578	579	580	581	582
①	③	①	①	⑤
583	584	585	586	587
④	①	②	③	①
588				
③				

513) ③

선택 비율	① 1%	② 2%	③ 90%	④ 2%	⑤ 3%

해 : <보기>에서 기본자에 가획을 하여 만든 것이 가획자라고 설명했다. 그러나 이체자 'ㆁ, ㄹ, ㅿ'은 각각 'ㄱ, ㄴ, ㅅ'과 소리 나는 위치는 같지만 가획의 방법에 따라 만든 글자가 아니라고 하였으므로 이체자 'ㅿ'이 가획하여 만들었다는 것은 적절하지 않다.

[오답풀이] ① <보기>의 표로 볼 때 'ㅋ'은 기본자 'ㄱ'을 가획한 것이므로 적절한 진술이다. ② <보기>의 표로 볼 때 'ㄴ'과 'ㄹ'은 같은 위치에서 소리가 나는 혓소리이므로 적절한 진술이다. ④ <보기>의 설명으로 볼 때 가획자 'ㅎ'은 기본자 'ㅇ'을 가획한 것으로 더 세게 소리가 나므로 적절한 진술이다. ⑤ <보기>의 설명으로 볼 때 자음은 발음 기관을 상형한 것이므로 적절한 진술이다.

514) ①

선택 비율	① 91%	② 2%	③ 2%	④ 2%	⑤ 0%

해 : ⓐ는 발음할 때 소리가 깊으므로 적절하지 않다.

[오답풀이] ② ⓑ는 평평한 모양이지만 ⓐ는 둥근 모양이므로 적절하다. ③ ⓒ는 혀를 오그라들지 않게 발음하지만 ⓐ는 오그라지게 해서 발음하므로 적절하다. ④ ⓐ, ⓑ, ⓒ는 가운뎃소리 열한 자의 일부이므로 적절하다. ⑤ ⓐ는 하늘을, ⓑ는 땅을, ⓒ는 사람을 각각 본뜬 모양이므로 적절하다.

515) ②

선택 비율	① 2%	② 83%	③ 6%	④ 3%	⑤ 3%

해 : 훈민정음의 초성 중에서 이[齒]의 모양을 본뜬 기본자는 잇소리 'ㅅ'이며, 여기에 '가획'의 원리에 따라 획을 더하여 만든 글자는 가획자 'ㅈ, ㅊ'이다. 중성 중에서 초출자 'ㅗ'에 기본자 'ㆍ'를 결합하여 만든 글자는 재출자 'ㅛ'이다. '상형'이나 '가획'의 원리를 적용하지 않고 별도로 만든 이체자는 'ㆁ, ㄹ, ㅿ'이다. 이러한 조건을 모두 만족하는 글자는 '쬬'이다.

516) ③

선택 비율	① 1%	② 2%	③ 83%	④ 9%	⑤ 2%

해 : 이 문항은 한글의 제자 원리에 대한 정확한 이해를 바탕으로, 제시된 학생들의 설명이 어떤 원리에 기반하고 있는지를 분류할 수 있는가를 묻고 있다. '학생3'은 한글의 자음자에서 <예사소리>-<거센소리>-<된소리> 사이의 관계를 설명하고 있는데, <예사소리>-<거센소리>의 관계를 <A>-<A에 획 추가>로 표현한 것을 통해 '나'의 '가획의 원리'를 확인할 수 있다. 또한, <예사소리>-<된소리>는 <A>-<AA>로 표현한 것을 통해 '다'의 '초성자를 나란히 써서 또 다른 초성자로 사용하였다.'라는 '병서(竝書)의 원리'를 확인할 수 있다. 예컨대, 'ㄱ-ㅋ-ㄲ'에서 거센소리 'ㅋ'은 예사소리 'ㄱ'에 가획하여 만든 글자이고, 된소리 'ㄲ'은 'ㄱ'을 나란히 이어 써서 만든 글자이다.

[오답풀이] ① '학생 1'은 자음자 중 'ㄱ'이 어떠한 모습을 형상화한 것인지를 설명하고 있는데, 이는 '가'의 '상형의 원리'에 해당한다. '가'에서 초성자와 중성자의 기본자는 상형의 원리로 만들었다고 하였는데, 초성의 기본자 'ㄱ, ㄴ, ㅁ, ㅅ, ㅇ'과 중성의 기본자 'ㆍ, ㅡ, ㅣ'는 각각 발음 기관과 천지인(天地人)을 상형하여 만든 글자이다. ② '학생 2'는 'ㆍ, ㅡ, ㅣ'의 기본자를 바탕으로 모든 모음자를 휴대 전화 자판으로 입력할 수 있음을 언급하고 있는데, 이는 '라'의 중성자의 제자 원리에 해당한다. 모음자라 불리는 중성자는 기본자 'ㆍ, ㅡ, ㅣ'를 바탕으로 'ㅡ'와 'ㆍ'를 합성하여 'ㅗ, ㅜ'를 만들고, 'ㅣ'와 'ㆍ'를 합성하여 'ㅏ, ㅓ'를 만들었다. 여기에 다시 'ㆍ'를 하나씩 더해 'ㅛ, ㅑ, ㅠ, ㅕ'를 만들어 모두 11자의 중성자(모음자)를 완성한 것이다. ③ '학생 4'는 'ㅁ'에 획을 더해 만든 자음자 'ㅂ, ㅍ'은 모두 'ㅁ' 모양을 공통적으로 지니며, 이것은 'ㅁ, ㅂ, ㅍ'의 공통된 소리 특징을 반영한다는 설명을 하고 있는데, 여기에는 '나'의 '가획의 원리'가 반영되었다. ④ '학생 5'는 종성자, 즉 받침 글자를 따로 만들지 않았다는 점을 설명하는데, 이 점은 한글이 과학적이고 경제적인 문자로 평가받는 특징 중 하나이지만 제시된 제자 원리 중에는 이 점에 대한 서술은 나타나지 않는다.

517) ④

선택 비율	① 14%	② 3%	③ 2%	④ 77%	⑤ 2%

해 : 현대 국어의 '것은'과 비교해 볼 때 근대 국어의 '거슨'은 앞 글자의 받침 'ㅅ'을 이어 적은 것에 해당하므로 적절하지 않다.

518) ①

선택 비율	① 61%	② 5%	③ 6%	④ 7%	⑤ 19%

해 : '中듕國·귁·에'의 현대어 풀이가 '중국과'인 것에 비추어 볼 때, 비교 부사격 조사로 사용된 것임을 알 수 있다. 따라서 조사 '에'가 앞말이 사건의 원인이 됨을 나타낸다는 것은 적절하지 않은 설명이다.

[오답풀이] ② 중세 국어에서 '어리다'는 현대어 풀이에 비추어 볼 때 '어리석다'라는 의미로 사용되었음을 알 수 있다. 현대 국어에서 '나이가 적다.'라는 의미로 쓰이는 '어리다'와 의미가 서로 다름을 알 수 있다. ③ '·ᄠᅳ·들'에서는 'ㅳ'과 같이 단어의 초성에 서로 다른 두 자음자를 나란히 적었음을 알 수 있다. ④ '便뼌安한·킈'에서 'ㆆ'과 같이 중세국어에서는 현대국어에서 사용되지 않는 자음자가 있었음을 알 수 있다. ⑤ 'ᄡᅮᆷ·미니·라'에서 한 음절의 종성 'ㅁ'을 다음 자의 초성에 옮겨 표기하는 방식이 활용되었음을 알 수 있다.

519) ①

선택 비율	① 58%	② 4%	③ 8%	④ 22%	⑤ 5%

해 : ㉠인 '中듕國귁에'는 현대어 풀이 '중국과'로 해석되므로, 중세 국어에서는 '에'가 비교를 의미하는 조사로 쓰였음을 알 수 있다. 따라서 앞말이 장소임을 표시하는 조사라는 진술은 적절하지 않다.

[오답풀이] ② ㉡에서 중세 국어의 '-ㄹᄊᆡ'는 현대어 풀이 '-므로'에 해당하며, 이는 앞말이 뒤에 오는 내용과 인과 관계로 연결됨을 표시하는 어미이므로 적절하다. ③ ㉢에서 중세 국어의 '-ㄴ'은 현대어 풀이 '-은'에 해당하며, 이는 앞말이 뒤에 오는 말을 수식함을 표시하는 어미이므로 적절하다. ④ ㉣에서 중세 국어의 'ㅣ'는 현대어 풀이 '가'에 해당하며, 이는 앞말이 문장의 주어임을 표시하는 조사이므로 적절하다. ⑤ ㉤에서 중세 국어의 '을'은 현대어 풀이에서 '을'에 해당하며, 이는 앞말이 문장의 목적어임을 표시하는 조사이므로 적절하다.

520) ④

선택 비율	① 6%	② 28%	③ 3%	④ 49%	⑤ 13%

해 : '가시니'는 어간 '가-'뒤에 주체 높임의 선어말 어미 '-시-'에 의해 높임 표현이 실현된 것으로 특수 어휘가 사용된 것이 아니므로 적절하지 않다.

[오답풀이] ① 'ᄣᅳ긔'는 초성에 어두 자음군 'ㅴ'가 쓰였으므로

적절하다. ② 'ᄯᅳ니믈'은 목적격 조사 '을'이 쓰였고, '자최를'은 목적격 조사 '를'이 쓰였으므로 적절하다. ③ '브리ᅀᆞᄫᅡ'의 'ᅀ, ᄫ'은 현대 국어에는 사용되지 않는 문자이므로 적절하다. ⑤ '거름, 조차'는 '걸음, 좇아'를 이어 적기한 것이므로 적절하다.

521) ②

선택 비율	① 11%	② 29%	③ 19%	④ 29%	⑤ 9%

解 : ㄱ의 '어미를'은 '어미'에 '를'이, ㄷ의 'ᄯᆞᄅᆞᆯ'은 'ᄯᆞᆯ'에 'ᄋᆞᆯ'이 결합하고 있으며 이때 '를'과 'ᄋᆞᆯ'은 현대어 풀이에서 각각 목적격 조사 '를'과 '을'에 대응하고 있으므로 조사의 형태가 서로 동일하게 사용되었다는 것은 적절하지 않다.

[오답풀이] ① ㄱ의 '羅睺羅(라후라)ㅣ'는 '羅睺羅(라후라)'에 'ㅣ'가, ㄷ의 '仙人(선인)이'는 '仙人(선인)'에 '이'가 결합하고 있으며 이때 'ㅣ'와 '이'는 현대어 풀이에서 각각 주격 조사 '가'와 '이'에 대응하고 있으므로 적절하다. ③ ㄴ의 '瞿曇(구담)ᄋᆡ'는 '瞿曇(구담)'에 'ᄋᆡ'가, ㄷ의 '南堀(남굴)'에 'ㅅ'이 결합하고 있으며 이때 'ᄋᆡ'와 'ㅅ'은 모두 현대어 풀이에서 관형격 조사 '의'에 대응하고 있으므로 적절하다. ④ ㄴ의 '深山(심산)애'는 '深山(심산)'에 '애'가 ㄷ의 '時節(시절)에'는 '時節(시절)'에 '에'가 결합하고 있으며 이때 '애'와 '에'는 현대어 풀이에서 모두 부사격 조사 '에'에 대응하고 있으므로 적절하다. ⑤ ㄴ의 '果實(과실)와'는 '果實(과실)'에 '와'가, ㄹ의 '病(병)과'는 '病(병)'에 '과'가 결합하고 있으며 이때 '와'와 '과'는 모두 현대어 풀이에서 조사 '과'에 대응하고, 각각 '果實(과실)'과 '믈', '病(병)'과 '死(사)'를 이어주고 있으므로 적절하다.

522) ①

선택 비율	① 76%	② 1%	③ 7%	④ 1%	⑤ 12%

解 : 두음법칙은 어떤 소리가 단어의 첫머리에서 발음되는 것을 꺼리는 현상으로, 본래 첫소리가 'ㄴ'이나 'ㄹ'인 한자음이 단어의 첫머리에 쓰일 때, 'ㄴ'이나 'ㄹ'이 탈락하거나 'ㄹ'이 'ㄴ'으로 바뀌어 발음되는 것이다. 그러나 '녜'는 두음법칙이 적용되지 않았으므로 적절하지 않다.

[오답풀이] ② '쁘리고'와 'ᄡᅳ며'는 현대 국어 '뿌리고'와 '쓸며'와 달리 초성에 서로 다른 두 개의 자음이 함께 쓰였으므로 적절하다. ③ '어버이를'은 현대 국어 '어버이를'과 달리 목적격 조사 '를'이 쓰였으므로 적절하다. ④ 'ᄉᆞ랑ᄒᆞ며'는 현대 국어 '사랑하며'와 달리 'ㆍ'가 표기에 사용되었으므로 적절하다. ⑤ 현대 국어 '나라를'은 체언 '나라'와 목적격 조사 '를'이 결합한 것이다. 이와 달리, '나라ᄒᆞᆯ'은 'ㅎ'을 끝소리로 가진 체언 '나라ㅎ'에 목적격 조사 'ᄋᆞᆯ'이 결합한 것이므로 적절하다.

523) ①

선택 비율	① 82%	② 6%	③ 7%	④ 3%	⑤ 2%

解 : '내ㅎ'와 '이'가 결합할 때, '이'는 모음으로 시작하는 조사이므로 '내ㅎ'와 '이'가 결합하면 'ㅎ'은 뒤따르는 모음에 이어 적어서 '내히'라고 써야 한다. '우ㅎ'와 '과'가 결합할 때, '과'는 'ㄱ'으로 시작하는 조사이므로 '우ㅎ'와 '과'가 결합하면 'ㅎ'은 뒤따르는 'ㄱ'과 어울려 'ㅋ'으로 나타나서 '우콰'라고 써야 한다. 따라서 ㉠에는 '내히'를, ㉡에는 '우콰'를 쓰는 것이 적절하다.

524) ①

선택 비율	① 70%	② 3%	③ 10%	④ 13%	⑤ 5%

解 : '바미'는 '밤'과 부사격 조사 '이'가 결합한 것으로, 현대 국어의 부사격 조사 '에'와 달리 끝음절이 양성 모음인 체언에 '이'가 사용되어 모음 조화를 따르고 있으므로 적절하지 않다.

[오답풀이] ② '조ᅀᅡ'는 현대 국어에는 존재하지 않는 'ᅀ'이 표기에 사용되었으므로 적절하다. ③ '비저'는 현대 국어에서 '빚어'로 끊어 적기 하는 것과 달리 이어 적기를 하였으므로 적절하다. ④ '醫員(의원)ᄃᆞ려'는 현대 국어의 부사격 조사 '한테'와 형태가 다른 부사격 조사 'ᄃᆞ려'가 쓰였으므로 적절하다. ⑤ 'ᄠᅳ들'은 현대 국어와 달리 어두 자음군인 'ㅳ'이 쓰였으므로 적절하다.

525) ②

선택 비율	① 3%	② 56%	③ 29%	④ 3%	⑤ 6%

解 : '선생님'의 설명을 통해 모음조화에 대해 이해를 하고, 제시된 18세기 문헌에서 모음조화가 지켜지지 않은 경우를 찾는 문항이다. ㉡ '하늘을'의 경우, 모음조화가 지켜졌다면 '하늘'이 양성 모음으로 되어 있으므로 다음에 오는 목적격 조사는 '을'이 아닌 'ᄋᆞᆯ'이 되어야 한다.

526) ②

선택 비율	① 4%	② 58%	③ 3%	④ 24%	⑤ 8%

解 : '(받ᄌᆞ온) 거시라'는 현대어 '(받은) 것이므로'로 풀이되므로, 이때의 '-라'는 종속적 연결어미임을 알 수 있다. '-라'가 평서형 종결어미로 사용된 예는 'ᄆᆞᄎᆞᆷ이니라'이다. 중세 국어에서는 평서형 종결어미로'-다'가 아닌 '-라'를 사용하였다.

[오답풀이] ① 'ᄃᆞ려'는 '에게'의 의미를 지닌 부사격 조사로 현대 국어에는 사용하지 않는 형태의 조사이다. ③ '샹히오디'는 '상하게 하지'로 풀이되므로 '-게 ᄒᆞ다'의 의미를 지니는 사동 표현이다. ④ '몸을'은 '父母를'과 비교하면 모음조화가 지켜지지 않고 있다. ⑤ '홈이'는 '호미'로 이어적지 않고 음절 단위로 끊어 적었다. 현대 국어에서도 '함이'로 표기되어 있다.

527) ⑤

선택 비율	① 10%	② 4%	③ 4%	④ 0%	⑤ 79%

解 : 부서법에 따르면 초성은 단독으로 발음되지 않고 반드시 중성을 붙여 써야 한다. 이때 중성 중 어떤 것은 초성의 아래에 붙여 쓰고, 또 어떤 것은 초성의 왼쪽이 아니라 오른쪽에 붙여 써야 한다.

[오답풀이] ㉠ 훈민정음의 초성이 발음기관의 모양을 상형하여

기본자 'ㄴ'을 만들고 기본자에 가획의 원리를 적용하여 'ㄷ', 'ㅌ'을 만든 후 예외적인 이체자 'ㄹ'을 만들었음을 보여준다. ㉡ 훈민정음의 중성이 '하늘[天], 땅[地], 사람[人]'을 상형하여 기본자를 만들고 기본자를 서로 합하는 합용의 원리를 적용하여 초출자와 재출자를 만들었음을 보여준다. ㉢ 'ㅇ'을 순음 글자인 'ㅂ, ㅁ, ㅍ, ㅃ'의 아래에 이어적어 새로운 글자인 순경음 'ㅸ, ㅱ, ㆄ, ㅹ'을 만드는 연서의 방법이다. ㉣ 두 글자를 왼쪽에서 오른쪽으로 나란히 이어쓰는 병서로, 같은 글자를 나란히 쓰는 '각자병서'(ㄲ, ㄸ, ㅃ, ㅆ, ㅉ, ㆅ)와 다른 글자를 나란히 쓰는 '합용 병서'(ㅺ, ㅳ, ㅵ)이다.

528) ③

선택 비율	① 11%	② 1%	③ **81%**	④ 2%	⑤ 1%

해 : 중세 국어에서 동사의 경우, 서술어에 시제 관련 선어말 어미가 사용되지 않으면 과거 시제라는 내용으로 보아, ㄷ이 현재 시제라고 한 것은 적절하지 않다.

[오답풀이] ① 서술어에'-다-'의 형태를 사용하면 과거 시제라는 내용으로 보아, ㄱ이 과거 시제라고 한 것은 적절하다. ② 서술어에 선어말 어미 '-ᄂᆞ-'를 사용하면 현재 시제라는 내용으로 보아, ㄴ이 현재 시제라고 한 것은 적절하다. ④ 서술어에 선어말 어미 '-더-'를 사용하면 과거 시제라는 내용으로 보아, ㄹ이 과거 시제라고 한 것은 적절하다. ⑤ 서술어에 선어말어미'(-으)리-'를 사용하면 미래 시제라는 내용으로 보아 ㅁ이 미래 시제라고 한 것은 적절하다.

529) ④

선택 비율	① 4%	② 4%	③ 7%	④ **76%**	⑤ 7%

해 : '끊어 적기'란 받침을 가진 실질 형태소가 형식 형태소와 만날 때, 실질 형태소와 형식 형태소를 구별해서 적는 방식을 일컫는 말이다. 반면 '이어 적기'란, 소리 나는 대로 적는 표음적 표기를 말한다. 예를 들어 '사람'+'이'를 '사람이'라고 표기한다면 '끊어 적기', '사라미'라고 표기한다면 '이어 적기'에 해당된다. ㉣의 '조초미'는 '조촘+이'로 분석될 수 있는데, 이를 이어 적기하여 '조초미'로 표기한 것이다. 그러므로 '끊어 적기'로 파악한 ④는 적절한 탐구 내용으로 볼 수 없다.

[오답풀이] ① ㉠ '말ᄊᆞᆷ'가 아닌 '마리'로 표기하였으므로, '이어 적기'에 해당된다. ② '두음 법칙'은 일부 소리가 단어의 첫머리에 발음되는 것을 꺼려 다른 소리로 발음되는 것으로, 'ㅣ, ㅑ, ㅕ, ㅛ, ㅠ' 앞에서의 'ㄹ'과 'ㄴ'이 'ㅇ'이 되고, 'ㅏ, ㅓ, ㅗ, ㅜ, ㅡ, ㅐ, ㅔ, ㅚ' 앞의 'ㄹ'은 'ㄴ'으로 변하는 것이다. ㉡ '닐오ᄃᆡ'는 'ㄴ'음이 'ㅣ'모음 앞에서 'ㅇ'으로 변하지 않고, 'ㄴ'을 유지하고 있으므로 '두음 법칙'이 적용되지 않았음을 알 수 있다. ③ '어딘'에 '구개음화'가 일어났다면 '어진'이라고 해야 한다. 하지만 '어딘'으로 표기된 것을 볼 때, '구개음화'가 일어나지 않았다. ⑤ ㉤ '노ᄑᆞᆫ'은 '높- + -ᄋᆞᆫ'으로 양성 모음의 어미인 '-ᄋᆞᆫ'이 사용되었으므로 '모음조화'가 지켜진 것이다. '모음조화'가 지켜지지 않았다면, '노픈'으로 표기되어야 한다.

530) ②

선택 비율	① 8%	② **71%**	③ 4%	④ 7%	⑤ 8%

해 : ㉡의 '제'는 '저+ㅣ'로 현대어 풀이를 참고하면 '자기의'와 같은 의미로 사용되었다. 따라서 'ㅣ'는 주격 조사가 아니라 관형격 조사이다.

531) ②

선택 비율	① 7%	② **75%**	③ 10%	④ 2%	⑤ 3%

해 : ㉡ '보미'는 체언 '봄'과 조사 형태를 밝혀 적지 않고 이어적기를 한 것이다.

532) ②

선택 비율	① 5%	② **80%**	③ 2%	④ 3%	⑤ 8%

해 : 중세 국어에서는 각 글자의 왼편에 점을 찍어 소리의 높낮이를 표시하였다. '아·니:뭘·씨'에서 '아'는 점이 없으므로 낮은 소리(평성), '니'와 '씨'는 점이 한 개이므로 높은 소리(거성), '뭘'은 점이 두 개이므로 처음은 낮고 나중이 높은 소리(상성)에 해당한다. 이를 고려할 때 ⓐ는 '평성-거성-상성-거성'으로 소리의 높낮이를 표시할 수 있다.

533) ①

선택 비율	① **36%**	② 9%	③ 42%	④ 7%	⑤ 3%

해 : 첫 번째 문장의 주어는 '부톄(부처가)'이므로 주어가 3인칭이다. 또 '누가, 언제' 등과 같은 물음말이 없으므로 '-가', '-ㄹ가'와 같은 '아'형 어미를 사용해야 한다. 두 번째 문장의 주어는 '네(너는)'로서 주어가 2인칭이므로 '-ㄴ다'를 사용해야 한다.

534) ⑤

선택 비율	① 11%	② 8%	③ 17%	④ 14%	⑤ **48%**

해 : ㉤은 객체 높임 선어말 어미 '-즙-'을 통해 객체 높임을 실현하였을 뿐, 현대 국어처럼 '여쭙다'라는 특수어휘를 사용하지는 않았다.

[오답풀이] ① ㉠은 '효도ᄒᆞ+옴'으로 분석되어, 현대 국어의 명사형 어미 '-(으)ㅁ'과 다른 형태임을 알 수 있다. ② ㉡의 'ㅳ'은 현대 국어에서는 사용되지 않는 어두자음군에 해당한다. ③ ㉢은 '聖孫(성손)+ᄋᆞᆯ'로 분석되어 'ᄋᆞᆯ'이 현대 국어의 목적격 조사 '을'과 다른 형태임을 알 수 있다. ④ ㉣은 문장의 주체인 '하늘'을 높이고자 현대 국어와 동일하게 주체높임 선어말 어미 '-시-'를 사용하고 있다.

535) ③

선택 비율	① 4%	② 8%	③ **39%**	④ 37%	⑤ 9%

해 : 'ᄇᆡᆼ얌'은 끝소리가 자음이므로 주격 조사 '이'가 나타난다. 따라서 'ᄇᆡᆼ얌'과 '이'가 결합하여 'ᄇᆡᆼ야미'가 된다. '불휘'는 끝소리가 반모음 'ㅣ'이므로 아무런 형태가 나타나지 않는다. 따라서 그대로 '불휘'이다. '대장부'는 'ㅣ'도 반모음 'ㅣ'도 아닌 모음으로 끝나므로, 주격 조사 'ㅣ'가 쓰인다. 따라서 '대장뷔'가 된다.

536) ⑤

선택 비율	① 12%	② 17%	③ 6%	④ 9%	⑤ **54%**

해 : ⓜ은 '어느'에 목적격 조사가 결합한 형태로, ⓜ에 사용된 '어느'는 현대 국어의 '어느 것'이라는 의미를 가진 옛말이므로 대명사이다. 이는 <보기 2>의 '어느 02'에 해당하므로 적절하지 않다.

[오답풀이] ① ㉠은 체언 '나라'를 수식하고 있으므로 관형사이다. 따라서 <보기 2>의 '어느 01'과 품사가 동일하다는 진술은 적절하다. ② ㉡은 '어느'에 주격 조사 'ㅣ'가 붙은 형태이다. ㉡에 사용된 '어느'는 현대 국어의 '어느 것'이라는 의미를 가진 옛말이므로 대명사이다. 따라서 <보기 2>의 '어느 02'에 해당하므로 적절하다. ③ ㉢은 용언인 '듣ᄌᆞ보리잇…고'를 수식하고 있으므로 부사이다. 따라서 <보기 2>의 '어느 03'으로 쓰였다는 진술은 적절하다. ④ ㉣은 용언인 '플리'를 수식하는 부사이고, <보기 2>의 '어느 01'은 관형사이므로 적절하다.

537) ④

선택 비율	① 8%	② 6%	③ 7%	④ **69%**	⑤ 8%

해 : ㉡에서 주체인 '아들'을 높이지 않으므로 적절하지 않다.

[오답풀이] ① '니르샤디'의 선어말 어미 '-샤-'를 통해 주체 높임법이 실현된 것은 확인되지만, 주체는 생략되어 드러나지 않는다. ② '묻ᄌᆞᆸ고'의 선어말 어미 '-ᄌᆞᆸ-'을 통해 객체 높임법이 실현된 것을 확인할 수 있다. ③ '오시니잇…고'의 선어말 어미 '-시-'를 통해 주체 높임법이 실현된 것을 확인할 수 있다. ⑤ '뫼ᅀᆞᆸ고'의 선어말 어미 '-ᅀᆞᆸ-'을 통해 객체인 '어마님'을 높이고 있음을 확인할 수 있다.

538) ③

선택 비율	① 9%	② 18%	③ **54%**	④ 5%	⑤ 12%

해 : '거부븨 터리 곧고'에서 '의'는 관형격 조사로 사용되었고, 앞 단어 '거붑'의 마지막 음절의 모음이 음성 모음이므로 '의'의 형태로 실현된 것이다. '바미 비취니'에서 '이'는 부사격 조사로 사용되었고, 앞 단어 '밤'의 모음이 양성 모음이므로 '이'의 형태로 실현된 것이다.

539) ③

선택 비율	① 5%	② 6%	③ **63%**	④ 10%	⑤ 15%

해 : <보기>에서 '-오-'는 어말 어미 앞에서 문법적인 기능을 하는 어미임을 알 수 있다. 그런데 ㉢의 '롱담ᄒᆞ다라'에서 '-다-'는 '-더-'가 '-오-'와 결합하여 나타난 형태이므로 적절하지 않다.

540) ⑤

선택 비율	① 6%	② 4%	③ 10%	④ 7%	⑤ **71%**

해 : '얼굴'은 중세 국어에서 '형체'라는 의미를 가지고 있었으나, 현대 국어에서는 '낯'이라는 의미로만 사용되고 있어서 중세보다 의미가 축소되었다.

[오답풀이] ① '기픈'은 어간의 받침 'ㅍ'을 어미의 첫소리로 옮겨 소리 나는 대로 표기한 것이다. ② '뭘씨'는 현대 국어에서는 사용되지 않는 단어이다. ③ '룰'은 현대 국어의 '를'과 형태가 다르다. ④ 'ᄠᅳ디면'에는 현대 국어에서 쓰이지 않는 어두자음군 'ㅄ'이 사용되었다.

541) ①

선택 비율	① **63%**	② 17%	③ 7%	④ 6%	⑤ 4%

해 : '얻논 藥(약)이 (㉠)'은 해석에 '무엇인가?'를 통해 구체적 답변을 요구하는 설명 의문문임을 알 수 있다. 그러므로 의문 보조사 '고'를 사용하여 '므스것고'가 적절하다. '이 ᄯᆞ리 너희 (㉡)'는 '예' 또는 '아니오'의 판정을 요구하는 의문문이므로 의문 보조사 '가'를 사용한다. '엇뎨 일훔이 (㉢)'은 '어찌'를 통해 설명을 요구하는 의문문이라는 것을 알 수 있고, '선야'라는 이름이 모음으로 끝나므로 의문 보조사 '오'를 사용한다.

542) ③

선택 비율	① 8%	② 9%	③ **52%**	④ 24%	⑤ 4%

해 : 현대 국어의 '살코기'는 중세 국어의 '숧'과 '고기'가 결합하여 'ㅎ 종성 체언'의 흔적이 남은 단어이다. 제시된 중세 국어 자료에 의하면, 'ㅎ 종성 체언'은 단독형으로 쓰일 때에는 'ㅎ'이 나타나지 않았으므로, '살코기'의 '살'은 중세 국어에서 단독으로 쓰일 경우 '숣'의 형태로 사용되었을 것이다.

[오답풀이] ① '안팎'은 '안'과 '밖'이 어울려 쓰인 것으로 '않'의 흔적이 남은 경우에 해당한다. ② '수캐'는 중세 국어에서 '숳'와 '개'가 어울려 쓰인 것으로 '수'의 'ㅎ' 종성이 'ㄱ'과 어울려 'ㅋ'이 되는 거센소리되기가 이루어진 것이다. ④ 중세 국어에서 '나라'는 'ㅎ 종성 체언'으로, 모음으로 시작하는 조사 '이'와 결합할 경우 'ㅎ'을 이어 적어 '나라히'와 같은 형태로 나타난다. ⑤ '암평아리'는 중세 국어에서 'ㅎ 종성 체언'인 '암ㅎ'과 '병아리'가 결합하여 '암평아리'가 된 단어로, 'ㅎ 종성 체언'의 흔적이 남은 단어이다.

543) ①

선택 비율	① **79%**	② 3%	③ 11%	④ 3%	⑤ 2%

해 : ㉠의 현대어 '가겠습니다'를 통해 ㉠은 동사의 미래 시제임을 알 수 있고 이때의 중세 국어 표현은 선어말 어미 '-리-'를 사용한 '가리이…다'이다. ㉡의 현대어 '스승이시다'를 통해 ㉡은 '체언+이다'의 현재 시제임을 알 수 있고 이때의 중세 국어 표현은 특정한 선어말 어미를 사용하지 않은 '스스이…시다'이다. ㉢의 현대어 '묻는다'를 통해 ㉢은 동사의 현재 시제임을 알 수 있고 이때의 중세 국어 표현은 선어말 어미 '-ᄂᆞ-'를 사용한 '묻ᄂᆞ다'이다.

544) ③

선택 비율	① 9%	② 7%	③ **52%**	④ 25%	⑤ 3%

해 : ㉢에서는 '선혜'를 높이는 주체 높임 선어말 어미인 '-샤-'가 사용되었음을 확인할 수 있다.

[오답풀이] ① ㉠은 현대 국어에서 '이르되'로 쓰는 것으로 보아, 중세 국어에는 두음 법칙이 적용되지 않았음을 확인할 수 있다. ② ㉡은 현대 국어에서 '좇음이'로

쓰는 것으로 보아, 중세 국어에는 이어 적기가 사용되었음을 확인할 수 있다. ④ ㉣은 현대 국어에서 '석 달을'로 쓰는 것으로 보아, 중세 국어에는 체언에 조사가 결합할 때 모음조화를 지켰음을 확인할 수 있다. ⑤ ㉤에서 'ㅿ'은 현대 국어에서 쓰이지 않는 자음임을 확인할 수 있다.

545) ⑤

선택 비율	① 4%	② 4%	③ 11%	④ 11%	⑤ **68%**

해 : ㉤에서 동사 '가던다'는 선어말어미 '-더-'를 사용하여 과거 시제를 표현하고 있으므로 아무런 선어말어미도 사용하지 않는 방식으로 과거 시제를 표현했다는 진술은 적절하지 않다.

[오답풀이] ① 동사 '닐오리라'는 선어말어미 '-리-'를 사용하여 미래 시제를 표현하고 있으므로 적절하다. ② 동사 '묻ᄂᆞ다'는 선어말어미 '-ᄂᆞ-'를 사용하여 현재 시제를 표현하고 있으므로 적절하다. ③ 형용사 '어엿브다'는 아무런 선어말어미를 쓰지 않고 현재 시제를 표현하고 있으므로 적절하다. ④ 형용사 '업더라'는 선어말어미 '-더-'를 사용하여 과거 시제를 표현하고 있으므로 적절하다.

546) ②

선택 비율	① 3%	② **51%**	③ 12%	④ 15%	⑤ 17%

해 : ㉡에서 현대 국어 '내가'는 '나'의 이형태인 '내'와 주격조사 '가'가 결합된 형태이고, 중세 국어의 '내'는 '나'와 주격조사 'ㅣ'가 결합된 형태이다. 따라서 주격조사가 생략되었다는 말은 적절하지 않다.

[오답풀이] ① 'ㆍ'가 쓰인 것으로 보아, 현대 국어에 쓰이지 않는 모음이 사용되고 있음을 확인할 수 있다. ③ 현대 국어에서 '같은가'로 쓰인 것으로 보아, 중세 국어에는 이어적기가 사용되었음을 확인할 수 있다. ④ 현대 국어에서 '이르더니'로 쓰인 것으로 보아, 중세 국어에는 두음법칙이 적용되지 않았음을 확인할 수 있다. ⑤ 현대 국어에서 '생각지'로 쓰인 것으로 보아, 중세 국어에는 구개음화가 일어나지 않았음을 확인할 수 있다.

547) ①

선택 비율	① **57%**	② 9%	③ 16%	④ 7%	⑤ 9%

해 : 'ᄇᆞᄅᆞ매'는 'ᄇᆞᄅᆞᆷ'의 양성 모음 'ㆍ'와 조사 '애'의 양성 모음 'ㅐ'가 어울려 나타나며, '·ᄲᅮ·메'는 'ᄲᅮᆷ'의 음성 모음 'ㅜ'와 조사 '에'의 음성 모음 'ㅔ'가 어울려 나타난다.

[오답풀이] ② 'ᄠᅳ·들'은 'ᄠᅳᆮ'의 음성 모음 'ㅡ'와 조사 '을'의 음성 모음 'ㅡ'가 어울려 나타난다. ③ '거부븨'는 '거붑'의 음성 모음 'ㅜ'와 조사 '의'의 음성 모음 'ㅢ'가 어울려 나타난다. ④ 'ᄆᆞᅀᆞ믈'은 'ᄆᆞᅀᆞᆷ'의 양성 모음 'ㆍ'와 조사 'ᄋᆞᆯ'의 양성 모음 'ㆍ'가 어울려 나타나며, '바ᄂᆞᄅᆞᆯ'은 '바ᄂᆞᆯ'의 양성 모음 'ㆍ'와 조사 'ᄋᆞᆯ'의 양성 모음 'ㆍ'가 어울려 나타난다. ⑤ '나ᄅᆞᆯ'은 '나'의 양성 모음 'ㅏ'와 조사 'ᄅᆞᆯ'의 양성 모음 'ㆍ'가 어울려 나타나며, '도ᄌᆞᆨ기'는 '도ᄌᆞᆨ'의 양성 모음 'ㆍ'와 조사 'ᄋᆡ'의 양성 모음 'ㆎ'가 어울려 나타난다.

548) ①

선택 비율	① **50%**	② 7%	③ 12%	④ 20%	⑤ 9%

해 : '보샤'의 '-샤-'는 주체 높임 선어말 어미로 사용되었으므로 적절하지 않다.

[오답풀이] ② '솔ᄫᆞᄃᆡ'에서 현대 국어와 달리 'ㆍ'와 'ㅸ'이 표기에 사용되었으므로 적절하다. ③ '어리오'의 '어리다'는 현대 국어와 달리 '어리석다'라는 의미로 사용되었으므로 적절하다. ④ '사ᄅᆞ미'에서 현대 국어의 관형격 조사 '의'가 양성 모음 'ㆍ' 뒤에서 '이'의 형태로 쓰이고 있으므로 적절하다. ⑤ '닙고'는 현대 국어와 달리 두음법칙이 적용되지 않았으므로 적절하다.

549) ③

선택 비율	① 3%	② 9%	③ **81%**	④ 3%	⑤ 3%

해 : ⓐ는 자음 'ㅁ'으로 끝나는 체언 'ᄆᆞᅀᆞᆷ' 뒤에 주격 조사 '이'가 나타났고, ⓒ는 자음 'ㄹ'로 끝나는 체언 '겨슬' 뒤에 주격 조사 '이'가 나타났으므로 ⓐ와 ⓒ는 ㉠에 해당한다. ⓑ는 모음 '이'로 끝나는 체언 '어미' 뒤에 주격 조사가 나타나지 않았고, ⓓ는 모음 '이'로 끝나는 체언 '줄기' 뒤에 주격 조사가 나타나지 않았으므로 ⓑ와 ⓓ는 ㉡에 해당한다. ⓔ는 모음 '이'도 반모음 'ㅣ'도 아닌 모음 'ㅗ'로 끝나는 체언 '孝道(효도)' 뒤에 주격 조사가 'ㅣ'가 나타났으므로 ㉢에 해당한다.

550) ④

선택 비율	① 7%	② 15%	③ 10%	④ **62%**	⑤ 6%

해 : '니ᄅᆞ샤ᄃᆡ'는 현대어 '이르시되'에 해당하는 것으로, 선어말 어미 '-샤-'를 사용하여 주체를 높이고 있다.

[오답풀이] ① 음절의 첫머리에 'ᄢ'처럼 자음이 연속으로 둘 이상 오는 것을 어두자음군이라고 한다. ② 'ㅅ'은 현대어 '의'에 해당하는 관형격 조사이다. ③ '사ᄅᆞ미라'는 체언 '사ᄅᆞᆷ'과 서술격 조사 '이라'가 결합한 형태로, 체언의 종성을 조사의 초성으로 이어적었다. ⑤ '모ᄅᆞᄂᆞ다'는 현대어 '모르느냐'에 해당하는 것으로, 의문형 어미 '-ㄴ다'가 사용되었다.

551) ①

선택 비율	① **60%**	② 15%	③ 17%	④ 4%	⑤ 4%

해 : ㉠은 '소ᄂᆞᆯ'로, 앞말의 모음이 양성 모음이고, 앞말에 받침이 있어 목적격 조사 'ᄋᆞᆯ'이 실현되고 이어 적기한 형태로 나타난 경우이다. ㉡은 'ᄠᅳ들'로, 앞말의 모음이 음성 모음이고, 앞말에 받침이 있어 목적격 조사 '을'이 실현되고 이어 적기한 형태로 나타난 경우이다. ㉢은 '부텨를'로, 앞말의 모음이 음성 모음이고, 앞말에 받침이 없어 목적격 조사 '를'이 실현된 경우이다.

552) ②

선택 비율	① 9%	② **69%**	③ 11%	④ 7%	⑤ 5%

해 : '아비'는 모음 '이'로 끝난 체언 뒤에서 주격 조사가

'∅(영형태)'로 실현되었으므로 적절하지 않다.

[오답풀이] ① '王薦(왕천)의'는 유정 체언인 '王薦(왕천)' 뒤에서 관형격 조사 '의'가 실현되었으므로 적절하다. ③ '아ᄃᆞ리(아들이)'는 자음 'ㄹ'로 끝난 체언 뒤에서 주격 조사 '이'가 실현되었으므로 적절하다. ④ '하ᄂᆞᇗ'은 무정 체언인 '하ᄂᆞᆯ' 뒤에서 관형격 조사 'ㅅ'이 실현되었으므로 적절하다. ⑤ '너를'은 음성 모음 'ㅓ' 뒤에서 목적격 조사 '를'이 실현되었으므로 적절하다.

553) ②

선택 비율	① 2%	② 74%	③ 10%	④ 10%	⑤ 2%

해 : ㄱ의 'ᄆᆞᅀᆞᆯ'과 'ᄀᆞᅀᆞᆯ'의 첫째 음절 'ᄆᆞ'와 'ᄀᆞ'는 현대 국어에서 각각 '마'와 '가'로 바뀌고, 둘째 음절에서 공통적으로 쓰인 'ᅀᆞᆯ'은 현대 국어에서 '을'로 바뀐다. 이를 통해 'ᄆᆞᅀᆞᆯ'과 'ᄀᆞᅀᆞᆯ' 모두 첫째 음절의 'ㆍ'는 'ㅏ'로 바뀌고, 둘째 음절의 'ㆍ'는 'ㅡ'로 바뀌었음을 확인할 수 있다. 그러므로 ㄱ에 쓰인 'ㆍ'가 현대 국어에서 첫째 음절과 둘째 음절에서 변화된 음운의 모습이 같았다는 진술은 적절하지 않다.

[오답풀이] ① ㄱ을 보면 'ᄆᆞᅀᆞᆯ'과 'ᄀᆞᅀᆞᆯ'의 'ㅿ'은 변천 과정 중에 모두 소멸하였음을 확인할 수 있다. ③ ㄴ에서 '덥다'의 어간이 모음으로 시작하는 어미 '-어'와 결합하여 '더ᄫᅥ'로 바뀐 것을 볼 때, '덥다'의 'ㅂ'이 모음으로 시작하는 어미와 결합하여 'ㅸ'으로 바뀌는 것을 알 수 있다는 진술은 적절하다. ④ '고ᄫᅡ'는 'ㅸ' 뒤에 양성 모음 'ㅏ'가 결합하여 현대 국어에서 '고와'로 변화했고, '구ᄫᅥ'는 'ㅸ' 뒤에 음성 모음 'ㅓ'가 결합하여 현대 국어에서 '구워'로 변화했다. 그러므로 'ㅸ'에 결합되는 어미의 모음에 따라 현대 국어에서의 표기가 달라졌다는 진술은 적절하다. ⑤ 'ᄆᆞᅀᆞᆯ'과 'ᄀᆞᅀᆞᆯ'은 현대 국어에서 각각 '마을'과 '가을'로, '고ᄫᅡ'와 '구ᄫᅥ'는 현대 국어에서 각각 '고와'와 '구워'로 변화한 것을 볼 때, 'ㅸ'과 'ㅿ'은 현대 국어에서 쓰이지 않음을 확인할 수 있다. 이를 통해 'ㅸ'과 'ㅿ'이 현대 국어에 표기되지 않게 되었다는 진술은 적절하다.

554) ③

선택 비율	① 2%	② 7%	③ 82%	④ 2%	⑤ 4%

해 : 이 문항은 15세기 국어의 음운과 표기의 특징을 제시한 후 사례를 통해 탐구할 수 있는 능력을 평가하고 있다. 정답은 ③으로, ㉢에서는 종성의 'ㄷ'과 'ㅅ'이 다르게 발음되었다고 진술하고 있음에 비해 ③에서는 '어엿비'의 'ㅅ'이 'ㄷ'으로 발음되었다고 진술하고 있다.

[오답풀이] ① '수ᄫᅵ'에서 오늘날에는 쓰이지 않는 자음인 'ㅸ'을 확인할 수 있다. ② ㉡의 진술에 의하면, 'ᄠᅳ들'의 'ㅲ'은 'ㅂ'과 'ㄷ'의 두 개의 자음 모두 발음되었음을 확인할 수 있다. ④ ㉣에서 방점을 찍어 성조를 구분하였다고 했는데, '히ᅇᅧ'의 '히'에는 방점 ':'가, 'ᅇᅧ'에는 방점 '·'가 쓰인 것으로 보아 두 음절의 성조가 서로 달랐음을 추론할 수 있다. ⑤ 연철 표기는 이어 적기를, 분철 표기는 끊어 적기를 의미하는데, 'ᄲᅮ메'에서는 이어 적기(연철 표기)를 확인할 수 있다.

555) ①

선택 비율	① 88%	② 4%	③ 2%	④ 3%	⑤ 1%

해 : 현대국어에서는 체언과 목적격 조사가 결합할 때 체언의 끝소리의 받침 유무에 따라 '을/를'을 구별하여 사용하고 있지만, 15세기 국어에서는 체언의 끝소리가 양성모음인지 음성모음인지도 고려하였다는 진술을 바탕으로 각 단어에 어울리는 목적격 조사를 찾는 것이다. 'ᄉᆞᄅᆞᆷ'의 'ᄅᆞᆷ'은 받침이 있고 양성모음이기 때문에 'ᄋᆞᆯ'이 오며, '천하'의 '하'는 받침이 없고 양성모음이기 때문에 'ᄅᆞᆯ'이 오며, '누'는 받침이 없고 음성모음이기 때문에 '를'이 오며, 'ᄠᅳᆮ'은 받침이 있고 음성모음이기 때문에 '을'이 온다.

556) ①

선택 비율	① 78%	② 1%	③ 16%	④ 1%	⑤ 1%

해 : 이 문항은 <보기 1>에 제시된 설명을 바탕으로 중세 국어의 관형격 조사의 특징을 파악하여 <보기 2>의 사례에 적용할 수 있는지 여부를 평가하고 있다. 정답은 ①이다. 먼저, ㉠의 '아ᄃᆞᆯ'은 높임의 대상이 아닌 사람으로 'ㆍ'가 양성 모음에 해당하기 때문에 관형격 조사로 'ᄋᆡ'를 취해야 한다. 이때, 'ㆍ'가 양성 모음임을 판단하기 위해서는 <보기 1>의 (예) 중에서 첫 번째에 제시한 'ᄂᆞᆷ'에 관형격 조사 'ᄋᆡ'가 결합하였다는 점을 확인하면 된다. 현대어 풀이를 통해 볼 때 ㉡의 '술위'는 현대 국어 '수레'에 해당하는데, 이는 사람이나 동물을 나타내는 말에 해당하지 않는다. 따라서 끝음절의 모음이 양성 모음인지 음성 모음인지 여부와 관계없이 관형격 조사 'ㅅ'을 취해야 한다. <보기 1>의 (예) 중에서 네 번째에 제시한 '나모(나무)'가 'ㅅ'을 관형격 조사로 취한 것과 같은 이치이다.

557) ④

선택 비율	① 4%	② 4%	③ 3%	④ 82%	⑤ 3%

해 : 2인칭인 '너'를 3인칭인 '그'로 바꾸면, ㄷ은 판정 의문문이므로, '모ᄅᆞ던가'로 바꾸는 것이 적절하다.

[오답풀이] ① '엇던'이 쓰이면 설명 의문문이 되므로, '죻고'로 바꾸는 것이 적절하다. ② '평안'이 쓰이면 판정 의문문이 되므로, 'ᄒᆞᆫ가'로 바꾸는 것이 적절하다. ③ ㄴ과 ㄹ은 의문사를 사용하여 설명을 요구하고 있다. ⑤ ㄷ과 ㄹ을 통해 주어가 2인칭인 경우에는 판정 의문문과 설명 의문문에 따른 구분이 없이 특수한 의문형 종결어미 '-ㄴ다'가 쓰임을 알 수 있다.

558) ③

선택 비율	① 1%	② 5%	③ 89%	④ 1%	⑤ 1%

해 : 이 문항은 중세 국어와 현대 국어를 문법적, 표기적으로 비교하여 이해할 수 있는 능력을 평가하고 있다. 이 문항을 정확하게 풀이하기 위해서는 중세 국어에 대한 의미적 이해는 물론 선지에 제시된 문법 용어들에 대한 기본적인 이해도 뒷받침되어야 한다. 현대 국어의 '걸음을'을 중세 국어에서는 '거르믈'로 표기하였는데, 이는 '어근의 원형을 밝혀 적은 것(분철)'이 아니라 '소리대로 적은 것(연철)'이다. 즉, 현대 국어는

'걸음을'로 어근의 원형을 밝혀 적고, 중세 국어는 '거르믈'로 소리대로 적었다는 차이가 있다.

[오답풀이] ① 현대 국어 '부처의'와 중세 국어 '부텻'을 비교해 보면, 현대 국어에서는 관형격 조사로 '의'가 쓰임에 비해, 중세 국어에서는 'ㅅ'이 쓰였음을 확인할 수 있다. ② 현대 국어에서는 객체인 '부처의 말씀'을 높이기 위한 선어말 어미가 쓰이지 않음에 비해, 중세 국어에서는 객체인 '부텻 말'을 높이기 위해 '-줍-'이라는 선어말 어미가 쓰였음을 확인할 수 있다. ④ 현대 국어에서는 '-시-'로, 중세 국어에서는 '-샤-'로 주체 존대 선어말 어미가 쓰임을 확인할 수 있다. ⑤ 현대 국어 '바가'와 중세 국어 '배'를 비교해 보면, 현대 국어에서는 주격 조사로 '가'가 쓰임에 비해, 중세 국어에서는 주격 조사 'ㅣ'가 모음으로 끝나는 체언 '바'에 결합되어 '배'로 나타남을 확인할 수 있다.

559) ②

선택 비율	① 4%	② 74%	③ 2%	④ 2%	⑤ 15%

해 : 어두의 'ㄴ'에 모음 'ㅣ'가 결합되었으나 'ㄴ'이 탈락하지 않고 있으므로 두음 법칙이 적용된 예라고 보기 어려우며, 오히려 현대 국어('이르시되')에서는 두음 법칙이 적용되고 있으므로 현대 국어와 차이가 있다

[오답풀이] ① 모음으로 끝나는 체언('부텨')에 주격 조사가 '가'가 아니라 'ㅣ'가 결합했다는 점에서 현대 국어와 차이가 있다. ③ '부텨' 다음에 관형격 조사로 '의'가 아니라 'ㅅ'이 쓰였다는 점에서 현대 국어와 차이가 있다. ④ 문장의 주어인 '야수'를 높이기 위해 어간에 선어말 어미 '-시-'를 결합하고 있다는 점에서 현대 국어와 공통적이다. ⑤ 문장의 목적어인 '부텨'를 높이기 위해 어간에 선어말 어미 '-숩-'를 결합하고 있다는 점에서, 객체 높임의 선어말 어미가 없는 현대 국어와 차이가 있다.

560) ①

선택 비율	① 89%	② 2%	③ 5%	④ 0%	⑤ 1%

해 : ㉠은 '나랗'과 '올'의 결합인데, 'ㅎ' 종성 체언 뒤에 모음으로 시작하는 조사 '올'이 결합되었으므로 'ㅎ'을 뒤따르는 모음에 이어 적어 '나라홀'로 써야 한다. ㉡은 '긿'과 'ㅅ'의 결합인데, 'ㅎ' 종성 체언 뒤에 관형격 조사 'ㅅ'이 결합되었으므로 'ㅎ'이 나타나지 않아 '긼'로 써야 한다. ㉢은 '않'과 '과'의 결합이고 '과'는 'ㄱ'으로 시작하는 조사인데, 'ㅎ'이 뒤따르는 'ㄱ'과 어울리면 'ㅋ'이 되므로 '안콰'로 써야 한다.

[오답풀이] ② ㉡, ㉢의 어형이 잘못 제시되었다. ③ ㉡의 어형이 잘못 제시되었다. ④ ㉠, ㉡, ㉢의 어형이 모두 잘못 제시되었다. ⑤ ㉠의 어형이 잘못 제시되었다.

561) ⑤

선택 비율	① 6%	② 3%	③ 3%	④ 4%	⑤ 82%

해 : 이 문항에서는 중세 국어와 현대 국어를 문법적으로 비교하여 이해할 수 있는지를 묻고 있다. 이 문항을 정확하게 해결하기 위해서는 중세 국어에 대한 의미적 이해는 물론 선택지에 제시된 문법 용어들에 대한 기본적인 이해도 뒷받침되어야 한다. 정답은 ⑤로, 다섯 가지 욕구[五欲]를 설명하는 각 문장의 마지막에서 반복되는 '홀 씨라'가 생략되었음을 감안하면, '먹고져'의 '-고져'는 종결 어미가 아니라 연결 어미로 쓰였음을 확인할 수 있다. 대응되는 현대어 풀이가 '먹고자 (하는 것이다)'임을 통해서도 어렵지 않게 이를 파악할 수 있다. 현대어 풀이에서 '먹고자 (하다)'의 '-고자'는 어떤 행동을 할 의도나 욕망을 가지고 있음을 나타내는 연결 어미이다.

[오답풀이] ① '五欲은'의 현대어 풀이는 '오욕은'인데, 이때의 '은'은 문장 속에서 어떠한 대상이 화제임을 나타내는 보조사이다. '이 책은 재미있다, 오늘은 모의고사를 보는 날이다' 등의 예문을 떠올려 보면 쉽게 알 수 있다. ② 현대어 풀이의 '눈에 좋은 빛'은 목적격 조사 '을'이 생략되었지만 '보고자'의 목적어임을 감안하면, '누네 됴흔 빗' 역시 '보고져'의 목적어임을 알 수 있다. ③ '귀예'의 현대어 풀이는 '귀에'인데, 이때의 '에'는 앞말이 목표나 목적 대상의 부사어임을 나타내는 격 조사이다. '몸에 좋은 음식, 감기에 잘 듣는 약' 등의 예문을 떠올려 보면 쉽게 알 수 있다. ④ 현대어 풀이의 '좋은 빛, 좋은 소리, 좋은 냄새, 좋은 맛, 좋은 옷'에서의 '좋은'이 용언 '좋다'가 관형사형으로 활용한 형태임을 감안하면, 중세 국어 '됴흔' 역시 용언 '둏다'의 관형사형임을 알 수 있다.

562) ②

선택 비율	① 4%	② 79%	③ 2%	④ 6%	⑤ 6%

해 : 현대 국어와의 비교를 통해 중세 국어의 문법적, 표기적 특징을 정확하게 파악할 수 있는지를 묻는 문항이다. ㉡ '仙人(선인)이'와 ㉦ '蓮花(연화)ㅣ'의 현대어 풀이가 '선인이'와 '연꽃이'임을 고려할 때, '이'와 'ㅣ'는 모두 주격 조사임을 확인할 수 있다. 따라서 '격 조사의 종류가 달라서'라는 ②의 기술은 타당하지 않다. 중세 국어의 주격 조사는 체언의 끝소리 종류에 따라 형태가 달리 실현되었는데, '선인'은 자음으로 끝나는 체언이어서 '이'가, '연화'는 'ㅣ' 이외의 모음으로 끝나는 체언이어서 'ㅣ'가 결합한 것이다. 중세국어에서 체언이 'ㅣ' 모음으로 끝나는 경우에는 주격 조사가 실현되지 않는다.

[오답풀이] ① 현대어 풀이가 '대사 하신 일'임을 고려할 때 ㉠의 '호샨'에는 주체 존대 선어말 어미 '-샤-'가 쓰였음을 확인할 수 있다. ③ 현대어 풀이가 '남굴의 선인'임을 고려할 때 ㉢ '남굴ㅅ선인'의 'ㅅ'이 현대 국어 관형격 조사 '의'에 대응됨을 확인할 수 있다. ④ ㉣과 ㉤에 쓰인 부사격 조사는 현대 국어로는 모두 '에'이지만 중세 국어에서는 '세간애'와 '시절에'로 달리 나타남을 확인할 수 있다. 이는 앞말의 끝모음 'ㅏ', 'ㅓ'에 따라 달리 실현되는 모음조화에 따른 결과이다. ⑤ ㉥ '쉽디'는 현대 국어에서는 '쉽지'로 실현되는데, 'ㄷ → ㅈ'의 구개음화에 따른 결과이다.

563) ⑤

선택 비율	① 4%	② 12%	③ 9%	④ 22%	⑤ 50%

해 : '미틔'의 현대어 풀이는 '밑에'이므로 '의'는 높이지 않

정답 및 해설

는 유정 명사에 결합되는 관형격 조사가 아니라 장소를 나타내는 부사격 조사이다.

[오답풀이] ① '하ᄂᆳ'의 현대어 풀이는 '하늘의'이므로 'ㅅ'은 무정 명사에 결합되는 관형격 조사임을 알 수 있다. ② '請ᄒᆞᅀᆞᄫᆞ쇼셔'의 현대어 풀이는 '청하십시오'이므로 '-ᅀᆞᄫ-'은 '부텨'를 높이기 위한 객체 높임 선어말 어미임을 알 수 있다. 자음 앞에서는 '-ᅀᆞᆸ-'이 사용되나 모음 앞에서는 '-ᅀᆞᄫ-'이 쓰였다. ③ '아라보리로소니잇가'의 현대어 풀이는 '알아보겠습니까?'이므로 '-잇가'는 판정 의문문의 '-아' 계열 의문형 어미임을 알 수 있다. '-잇가'는 의문사가 없는 의문문에 쓰인다. 반면에 의문사가 있는 의문문에는 '-잇고'가 쓰인다. '예/아니요'로 판정하여 대답할 만한 판정 의문문은 의문사 없는 의문문이므로 '-잇가'가 쓰인 것이다. ④ '내'의 현대어 풀이는 '내가'이므로 '내'가 '나'의 주격형임을 알 수 있다. 그러므로 밑줄 친 '내'는 '나+ㅣ(주격 조사)'로 분석되는데, 이때의 'ㅣ'는 모음으로 끝나는 체언 뒤에 쓰여 이중 모음을 이룬다.

564) ③

선택 비율	① 5%	② 2%	③ **29%**	④ 7%	⑤ 55%

해 : 동사는 목적어 필요 여부에 따라 타동사와 자동사로 구분된다. 우선 중세 국어의 '큰 ᄆᆞᅀᆞᄆᆞᆯ(ᄆᆞᅀᆞᆷ+ᄋᆞᆯ) 여러(열-+-어)'와 '번게 구르믈(구름+을) 흐터(흩-+-어)', 현대 국어의 '큰 마음을 열어'와 '번개가 구름을 흩어'에서 '열다'와 '흩다'의 목적어가 모두 드러나 있으므로 중세 국어와 현대 국어에서 두 동사는 모두 타동사로 쓰였음을 알 수 있다. 그리고 중세 국어의 '自然히 ᄆᆞᅀᆞ미(ᄆᆞᅀᆞᆷ+이) 여러(열-+-어)'와 '散心은 흐튼(흩-+-은) ᄆᆞᅀᆞ미라(ᄆᆞᅀᆞᆷ+-이라)'에서 '열다'와 '흩다'는 목적어를 필요로 하지 않기에 자동사임을 알 수 있다. 그러나 현대 국어의 경우 '열다'와 '흩다'는 ⓐ와 ⓑ의 첫째 번 문장에서처럼 목적어가 있을 때는 자연스럽게 쓰이지만, '자연히 마음이 열리어(열-+-리-+-어)'와 '산심은 흩어진(흩-+-어지-+-ㄴ) 마음이다.'에서처럼 목적어가 없을 경우에는 피동 표현이 결합돼 쓰이는 모습을 통해 자동사로는 쓰이지 않고 타동사로만 쓰임을 알 수 있다.

565) ④

선택 비율	① 5%	② 7%	③ 9%	④ **68%**	⑤ 8%

해 : 중세 국어에 나타나는 서술격 조사의 실현 양상을 탐구하는 문항이다. <보기 1>의 설명에 따를 때, 중세 국어에서는 서술격 조사가 앞에 결합하는 체언의 끝소리에 따라 다르게 실현되었다. 즉 (1) 체언의 끝소리가 자음일 때는 '이', (2) 체언의 끝소리가 모음 '이'이거나 반모음 'ㅣ'일 때는 아무런 형태가 나타나지 않는 '영 형태(Ø)', (3) 체언의 끝소리가 모음 '이'도, 반모음 'ㅣ'도 아닌 모음일 때는 'ㅣ'로 실현되었다. <보기 2>의 ㉮에서는 체언 '니' 뒤에 서술격 조사가 붙는 경우이므로 (2)에 해당해 형태가 실현되지 않는 '니+-라'로 쓰이고, ㉯에서는 체언 '바' 뒤에 서술격 조사가 붙는 경우이므로 (3)에 해당해 'ㅣ'로 실현되는 '바+ㅣ+-라'로 쓰인다. 그리고 ㉰에서는 체언 '다락' 뒤에 서술격 조사가 붙는 경우이므로 (1)에 해당해 '이'로 실현되는 '다락+이+-라'로 쓰인다. ㉮에는 '니라', ㉯에는 '바'의 'ㅏ'와 'ㅣ'가 결합한 형태인 '배라', ㉰에는 체언의 끝소리가 서술격 조사 '이'의 첫소리로 연음된 형태인 '다라기라'가 들어가야 적절하다.

566) ⑤

선택 비율	① 4%	② 4%	③ 9%	④ 8%	⑤ **73%**

해 : ⓜ의 'ᄅᆞᆯ'은 목적격 조사로, 모음으로 끝나는 체언과 결합했음을 알 수 있다.

[오답풀이] ③ ⓒ은 모음으로 끝나는 체언 '바'에 주격 조사 'ㅣ'가 붙은 것이다.

567) ⑤

선택 비율	① 7%	② 13%	③ 5%	④ 6%	⑤ **66%**

해 : ⓓ의 '보ᅀᆞᆸ고'에 쓰인 선어말 어미는 '-ᅀᆞᆸ-'인데, 이는 듣는 이, 즉 '세존(世尊)'을 높이기 위하여 쓰인 것이 아니라 문장의 객체, 즉 '여래(如來)'를 높이기 위해 쓰인 것이다. '보ᅀᆞᆸ고'의 현대어 풀이가 '뵙고'인 점을 통해 이를 알 수 있다.

[오답풀이] ① 중세 국어에서는 설명 의문문이냐 판정 의문문이냐에 따라 서로 다른 종결 어미가 쓰였다. ⓐ는 의문사 '무슴'을 포함하는 설명 의문문이기 때문에 '-ᄂᆞ뇨'가, ⓑ는 판정 의문문이기 때문에 '-ᄂᆞ녀'가 쓰인 것이다. ⓐ와 ⓑ의 현대어 풀이에서는 동일한 종결 어미가 나타남을 볼 때 중세 국어의 이러한 특징은 현대 국어와 대비된다. ② ⓐ의 '마ᄅᆞᆯ'에서는 목적격 조사 'ᄋᆞᆯ'이, ⓒ의 '벼를'에서는 목적격 조사 '을'이 확인된다. 'ᄋᆞᆯ'과 '을'은 선행 체언의 모음이 양성 모음이냐 음성 모음이냐에 따라 달리 선택되었기 때문에 모음조화에 따라 결정되었음을 알 수 있다. 현대어에서는 둘 모두 '을'로 실현됨을 볼 때 중세 국어의 이러한 특징은 현대 국어와 대비된다. ③ 중세 국어에서는 부르는 대상을 존칭하고자 할 때에 '世尊하, 大王하, 님금하' 등에서처럼 존칭의 호격 조사 '하'가 쓰였다. 호격 조사 '하'는 현대 국어에서는 쓰이지 않으며, ⓓ에서 '世尊하'를 '세존이시여'로 풀이하였듯이 '(이)여'와 '-시-'가 결합한 형태인 '(이)시여'가 존칭의 호격 조사로 쓰이는 경우가 있다. ④ ⓒ의 '보더시니'가 현대어로는 '보시더니'로 풀이됨을 볼 때 선어말 어미 '-시-'와 '-더-'의 결합 순서가 중세 국어와 현대 국어에서 차이가 있는 경우가 있음을 알 수 있다.

568) ④

선택 비율	① 6%	② 9%	③ 7%	④ **69%**	⑤ 6%

해 : '사ᄉᆞ미'는 체언인 '등'을 꾸며 주는 관형어로, 체언인 '사ᄉᆞᆷ'에 관형격 조사 'ᄋᆡ'를 붙인 것이다. '도ᄌᆞ기'는 체언인 '입'을 꾸며 주는 관형어로, 체언인 '도ᄌᆨ'에 관형격 조사 'ᄋᆡ'를 붙인 것이다.

[오답풀이] ① 'ᄃᆞ리'는 'ᄃᆞᆯ'에 주격 조사 '이'를 붙인 것이다. '비취요미'는 '비취욤'에 '이'를 붙인 것으로 이때 '이'는 다른 대상과 비교하는 의미를 나타내는 부사격 조사이다. ② '네'는 '너'에 주격 조사 'ㅣ'를 붙인 것이고, '부톄'는 '부텨'에 보격 조사 'ㅣ'를 붙인 것이다. ③ '부텻'은 '몸'을 꾸며 주는 관형어로 '부

텨'에 관형격 조사 'ㅅ'을 붙인 것이다. '가짓'은 '상(相)'을 꾸며 주는 관형어로 '가지'에 관형격 조사 'ㅅ'을 붙인 것이다. ⑤ '모ᄆᆞᆯ'은 '몸'에 목적격 조사 'ᄋᆞᆯ'을 붙인 것이고, '부텨를'은 '부텨'에 목적격 조사 '를'을 붙인 것으로, 형태가 다른 목적격 조사를 사용하고 있다.

569) ③

선택 비율	① 6%	② 3%	③ **76%**	④ 12%	⑤ 1%

解 : ㉠이 설명하는 예문에서 객체는 부사어 '부텻긔(부처께)'의 '부텨(부처)'이다. '왕(王)'은 주체이며, 'ᄆᆞᅀᆞᄆᆞᆯ(마음을)'은 목적어로 쓰였다. 객체인 '부텨(부처)'를 높이기 위해 '내아'가 아니라 '내ᅀᆞᄫᅡ(내- + -ᅀᆞᇦ- + -아)'가 쓰인 것이다. 한편, ㉡이 설명하는 예문에서 객체 높임 선어말 어미는 어간 '듣-'과 어미 '-ᄋᆞ며' 사이에 결합하는데, 〈보기〉에서 어간 말음이 'ㄷ'이고 뒤에 모음으로 시작하는 어미가 올 때 쓰이는 객체 높임 선어말 어미의 형태는 '-ᄌᆞᇦ-'이라고 설명하고 있다. 따라서 '듣- + -ᄌᆞᇦ- + -ᄋᆞ며'를 연철(이어적기)한 '듣ᄌᆞᄫᆞ며'가 적절하다.

[오답풀이] ① ㉠이 설명하는 예문에서 '王(왕)'은 객체 높임의 대상이 아닌, 주체이다. ② ㉠이 설명하는 예문에서 '王(왕)'은 객체 높임의 대상이 아닌, 주체이다. 한편, ㉡이 설명하는 예문에서 객체 높임 선어말 어미는 어간 '듣-'과 모음으로 시작하는 어미 '-ᄋᆞ며' 사이에 결합하기 때문에 사용해야 하는 객체 선어말 어미는 '-ᄉᆞᆸ-'이 아니라 '-ᄌᆞᇦ-'이다. ④ ㉡이 설명하는 예문에서 객체 높임 선어말 어미는 어간 '듣-'과 모음으로 시작하는 어미 '-ᄋᆞ며' 사이에 결합하기 때문에 사용해야 하는 객체 선어말 어미는 '-ᄌᆞᆸ-'이 아니라 '-ᄌᆞᇦ-'이다. ⑤ ㉠이 설명하는 예문에서 'ᄆᆞᅀᆞᆷ'은 객체 높임의 대상이 아닌, 목적어이다. 한편, ㉡이 설명하는 예문에서 객체 높임 선어말 어미는 어간 '듣-'과 모음으로 시작하는 어미 '-ᄋᆞ며' 사이에 결합하기 때문에 사용해야 하는 객체 선어말 어미는 '-ᅀᆞᇦ-'이 아니라 '-ᄌᆞᇦ-'이다.

570) ②

선택 비율	① 17%	② **65%**	③ 8%	④ 6%	⑤ 2%

解 : ㉠을 포함한 문장은 설명 의문문이기 때문에 보조사 '고'가 결합한 형태인 '므스고'가 ㉠에 들어가야 한다. ㉡과 ㉢을 포함한 문장은 둘 다 주어가 2인칭이기 때문에 종결 어미 '-ㄴ다'가 결합한 형태인 '가ᄂᆞᆫ다', '아니ᄒᆞᄂᆞᆫ다'가 각각 ㉡과 ㉢에 들어가야 한다.

571) ①

선택 비율	① **84%**	② 4%	③ 5%	④ 2%	⑤ 2%

解 : ⓐ의 '나리'는 '날 + 이'로 자음 다음에 주격 조사 '이'가 나타난 경우(㉠)이다. 마찬가지로, ⓓ의 '아ᄃᆞ리'는 '아ᄃᆞᆯ + 이'로 자음 다음에 주격 조사 '이'가 나타난 경우(㉠)이다.

[오답풀이] ⓑ의 '太子(태자)'는 주격 조사가 'ø(영형태)'로 실현되는 음운 조건이 아니므로, 음운 조건에 관계없이 주격 조사가 생략된 경우(㉢)이다. 만일 주격 조사가 생략되지 않았다면 ⓔ처럼 '太子ㅣ'로 나타났어야 한다. ⓒ의 'ᄃᆞ리'는 'ᄃᆞ리 + ø'로 모음 '이' 다음에 주격 조사가 'ø(영형태)'로 실현된 경우(㉡)이다. ⓑ의 현대어 풀이에서는 주격 조사가 생략된 것에 비해 ⓒ의 현대어 풀이에서는 주격 조사가 생략되지 않았다는 점에서 주격 조사가 'ø(영형태)'로 실현되었음을 알 수 있다. ⓔ의 '孔子ㅣ'는 모음 '이'와 반모음 'ㅣ' 이외의 모음인, '孔子(공자)'의 'ㅏ' 다음에 주격 조사 'ㅣ'가 나타난 경우이다.

572) ①

선택 비율	① **83%**	② 6%	③ 3%	④ 4%	⑤ 2%

解 : 선행 체언인 '아바님(아버님)'은 유정물이고 존칭의 대상이기 때문에 ㉠은 관형격 조사 'ㅅ'이 결합하여 '아바닚 곁'이 되어야 한다.

[오답풀이] ② 선행 체언인 '그력(기러기)'은 유정물이지만 존칭의 대상이 아니기 때문에 ㉡은 모음조화에 따라 관형격 조사 '의'가 결합하여 '그려긔 목'이 된다. ③ 선행 체언인 '아ᄃᆞᆯ(아들)'은 유정물이지만 존칭의 대상이 아니기 때문에 ㉢은 모음조화에 따라 관형격 조사 'ᄋᆡ'가 결합하여 '아ᄃᆞ리 나ᄒᆞ'가 된다. ④ 선행 체언인 '수플(수풀)'은 무정물이기 때문에 ㉣은 관형격 조사 'ㅅ'이 결합하여 '수픐 가온ᄃᆡ'가 된다. ⑤ 선행 체언인 '등잔(등잔)'은 무정물이기 때문에 ㉤은 관형격 조사 'ㅅ'이 결합하여 '등잔 기름'이 된다.

573) ⑤

선택 비율	① 11%	② 5%	③ 29%	④ 4%	⑤ **50%**

解 : '뿌메'는 '쓰- + -움 +에'로 분석되고 이때의 '-움'은 명사형 전성어미이다. '쓰-'는 '쓰다'의 어간이며 '쓰다'는 현대어 풀이를 보면 '사용하다'라는 의미를 지닌다는 것을 알 수 있다.

[오답풀이] ① '말ᄊᆞ미'는 '말ᄊᆞᆷ+ 이'로, '홇 배'의 '배'는 '바 +ㅣ'로 분석된다. 이를 통해 주격 조사의 형태가 다르다는 것을 확인할 수 있다. 중세 국어의 주격 조사로 자음 뒤에서는 '이'가, 모음 'ㅣ'나 반모음 'j'를 제외한 모음 뒤에서는 'ㅣ'가 쓰였다. ② 중세 국어 '하다'는 현대어 '많다'에 대응하며, 동사가 아닌 형용사이다. ③ 방점은 강약이 아니라 소리의 고저, 즉 성조를 표시하는 기능을 한다. 예시의 각 글자 왼편에 한 점을 찍은 것은 거성(높은 소리)을 의미한다. ④ '히뼈'와 '뼌한킈 ᄒᆞ고져'는 각각 현대어 '하여금'과 '편하게 하고자'와 대응한다. 모두 피동 표현이 아니라 사동 표현이다.

574) ⑤

解 : '이ᄅᆞᆯ'이 '이를'로 풀이된 것으로 보아, 'ᄅᆞᆯ'이 목적격 조사로 쓰인 것은 맞으나, 'ㅣ'는 양성 모음이 아니라 중성 모음이다.

[오답풀이] ① '나랏'이 '나라의'라고 풀이된 것으로 보아. 'ㅅ'이 현대 국어의 관형격 조사 '의'로 기능함을 알 수 있다. ② '배'가 '바가'로 풀이된 것으로 보아, '배'는 '바+ㅣ'로 구성되었으며 'ㅣ'는 현대어 '가'에 해당한

다. 따라서 'ㅣ'가 현대 국어의 주격 조사 '가'와 유사한 기능을 함을 알 수 있다. ③ 현대 국어는 초성에서 같은 자음 두 개를 나란히 쓰는 '각자 병서'만을 허용한다. 'ㅲ'는 서로 다른 두 개의 자음을 나란히 쓰는 '합용 병서'이다. ④ '놈'은 '사람'으로 풀이되었는데, 이는 현대 국어에서는 남자를 얕잡아 이르는 말로 의미가 축소되었다.

575) ③

선택 비율	① 3%	② 11%	③ 70%	④ 9%	⑤ 4%

해 : (가)의 '불휘라'는 '불휘 + ∅라'로 분석되는데, 체언의 끝소리가 반모음 'ㅣ'로 끝나는 이중 모음(ㅟ)이기 때문에 '∅라'가 결합한 것이다. (나)의 '이제라, 아래라'는 체언 '이제, 아래' 뒤에 조사 '∅라'가 결합한 것으로, 이를 통해 'ㅔ, ㅐ'가 반모음 'ㅣ'로 끝나는 이중 모음이었음을 알 수 있다.

[오답풀이] ① '지비라'는 '집+이라'로 체언의 끝소리가 자음일 때에 '이라'가 결합한 사례이다. ② 'ᄉᆞ시라'는 'ᄉᆞ시+∅라'로 체언의 끝소리가 단모음 '이'일 때에 '∅라'가 결합한 사례이다. ④ '젼ᄎᆡ라'는 '젼ᄎᆞ+ㅣ라'로 체언의 끝소리가 '그 밖의 모음'에 해당하는 'ᆞ'일 때에 'ㅣ라'가 결합한 사례이다. ⑤ '곡되라'는 '곡도+ㅣ라'로 체언의 끝소리가 '그 밖의 모음'에 해당하는 'ㅗ'일 때에 'ㅣ라'가 결합한 사례이다.

576) ③

선택 비율	① 6%	② 3%	③ 80%	④ 4%	⑤ 4%

해 : '니ᄅᆞ샨'을 통해 주체를 높이는 선어말 어미가 쓰였음을 확인할 수 있으나, 이때 높임의 대상은 수달이 아니라 태자이다.

[오답풀이] ① '金으로'와 '양ᄋᆞ로'를 통해, '金으로'와 '양ᄋᆞ로'에 쓰인 부사격 조사는 중세 국어에서 앞 음절 모음이 음성 모음일 때는 음성 모음으로 시작하는 조사 '으로'로, 양성 모음일 때는 양성 모음으로 시작하는 조사인 'ᄋᆞ로'로 달리 나타났음을 확인할 수 있다. ② 'ᄢᅳᆷ'을 통해 중세 국어에서는 'ᄢ'과 같이 단어 첫머리에 자음이 연속하여 올 수 있었음을 확인할 수 있다. ④ '太子ㅅ'이 '태자의'로 풀이됨을 통해 중세 국어에서는 체언 '太子'에 관형격 조사로 'ㅅ'이 결합하였음을 확인할 수 있다. ⑤ '거즛마ᄅᆞᆯ'을 통해 중세 국어에서 체언 '거즛말'에 조사 'ᄋᆞᆯ'이 결합할 때 앞말의 받침이 뒤의 초성으로 연음되는 것을 표기에 반영하는 방식인 이어적기를 하였음을 확인할 수 있다.

577) ①

선택 비율	① 70%	② 2%	③ 2%	④ 11%	⑤ 13%

해 : '불휘'에는 반모음 'ㅣ'로 끝난 체언 '불휘' 뒤에 주격 조사가 ∅영형태)로 실현되어 주격 조사의 형태가 나타나지 않고, '시미'에는 자음으로 끝난 체언 '심' 뒤에 주격 조사 '이'가 결합해 체언의 끝소리가 연음되어 나타나 있으므로 적절하지 않다.

[오답풀이] ② 'ᄇᆞᄅᆞ매'는 명사 'ᄇᆞᄅᆞᆷ'에 조사 '애'가, 'ᄀᆞᄆᆞ래'는 명사 'ᄀᆞᄆᆞᆯ'에 조사 '애'가 결합하고 있으며 이때 '애'는 현대어 풀이에서 부사격 조사 '에'에 대응하고 있으므로 적절하다. ③ '하ᄂᆞ니'는 현대어 풀이에서 '많으니'에 대응하고 있으므로 적절하다. ④ 'ᄆᆞ른'에는 명사 'ᄆᆞᆯ'의 끝소리 'ㄹ'을 조사 'ᄋᆞᆫ'의 첫소리로, '바ᄅᆞ래'에는 명사 '바ᄅᆞᆯ'의 끝소리 'ㄹ'을 조사 '애'의 첫소리로 옮겨 적는 방식이 사용되었음을 알 수 있으므로 적절하다. ⑤ '내히'에는 끝소리에 'ㅎ'을 가진 체언이 모음으로 시작하는 조사인 '이'를 만나 'ㅎ'이 연음되어 나타나 있으므로 적절하다.

578) ①

선택 비율	① 83%	② 3%	③ 7%	④ 3%	⑤ 1%

해 : 'ᄃᆞ리'는 'ᄃᆞᆯ(달) + 이'로 분석되는데, 'ᄃᆞᆯ'이 자음으로 끝난 체언이기 때문에 주격 조사 '이'가 쓰인 것이다. 따라서 'ᄃᆞ리'는 ㉠에 해당하는 예가 아니다. 중세 국어의 주격 조사로는 '이' 외에도 모음 '이'나 반모음 'ㅣ'로 끝난 체언 뒤에서 '∅'가, 그 외의 모음으로 끝난 체언 뒤에서 'ㅣ'가 일반적으로 쓰였다.

[오답풀이] ② '바ᄇᆞᆯ(=밥+ᄋᆞᆯ)'은 목적격 조사 'ᄋᆞᆯ'이 자음으로 끝나는 체언 뒤에 쓰인 것으로, ㉡에 해당하는 예이다. ③ '나못(=나모+ㅅ)'은 관형격 조사 'ㅅ'이 사물인 체언 뒤에 쓰인 것으로, ㉢에 해당하는 예이다. ④ 'ᄆᆞᆯ로(=ᄆᆞᆯ+로)'는 부사격 조사 '로'가 'ㄹ'로 끝나는 체언 뒤에 쓰인 것으로, ㉣에 해당하는 예이다. ⑤ '님금하(=님금+하)'는 호격 조사 '하'가 존대 대상인 체언 뒤에 쓰인 것으로, ㉤에 해당하는 예이다.

579) ③

선택 비율	① 5%	② 5%	③ 79%	④ 1%	⑤ 7%

해 : '從(종)ᄒᆞᅀᆞᆸ디'에서는 주체를 높이는 선어말 어미가 쓰였음을 확인할 수 없으므로 적절하지 않다.

[오답풀이] ① '부텨'에서 '부텨'에 주격 조사 'ㅣ'가 결합했음을 확인할 수 있으므로 적절하다. ② '니ᄅᆞ샤도'에서 두음 법칙이 적용되지 않았음을 확인할 수 있으므로 적절하다. ④ '어려ᄫᅳ며'에서 현대 국어에 쓰이지 않는 음운인 'ㅸ'이 존재했음을 확인할 수 있으므로 적절하다. ⑤ '사ᄅᆞᄆᆡ'에서 현대 국어와 다른 형태의 관형격 조사 'ᄋᆡ'가 사용되었음을 확인할 수 있으므로 적절하다.

580) ①

선택 비율	① 64%	② 5%	③ 7%	④ 4%	⑤ 17%

해 : '보ᅀᆞᆸ고져'에는 객체 높임의 선어말 어미 '-ᅀᆞᆸ-'이 쓰였다. 따라서 문법적 수단을 통해 객체인 '너희 스승님'을 높이는 것이다.

[오답풀이] ② '舍利弗ᄭᅴ'에는 객체 높임의 조사 'ᄭᅴ'가 쓰였다. 따라서 문법적 수단을 통해 객체인 '舍利弗(사리불)'을 높이는 것이다. ③ 조사 'ᄭᅴ'와 객체 높임의 동사 'ᄉᆞᆲ다'는 둘 다 객체인 '世尊(세존)'을 높이는 데 쓰이고 있다. ④ 조사 '께'는 '이모님'을 높이는 데 쓰이고, 동사 '모시다'는 '어머님'을 높이는 데 쓰이고 있다. ⑤ '선생님'이 주체이고, '그 아이'가 객체이기 때문에 객체 높임의 동사 '여쭈다'를 사용하는 것은

적절하지 않다.

581) ①

선택 비율	① 72%	② 10%	③ 9%	④ 3%	⑤ 3%

解 : '붇, 빡, 홁' 외에 '스ᄀᆞᄫᆞᆯ'에서도 종성 글자 'ㄹ'을 확인할 수 있다.

[오답풀이] ② ⓑ는 ㅂ 순경음의 표기에 대한 내용으로, '사ᄫᅵ, 스ᄀᆞᄫᆞᆯ'에서 'ᄫ'을 확인할 수 있다. ③ ⓒ는 초성과 종성 자리에 쓰이는 병서에 대한 내용으로, '쁘니, 빡, 홁'에서 각각 'ᄢ, ᄣ, ㄺ'을 확인할 수 있다. ④ ⓓ는 초성 글자 아래에 쓰이는 중성 글자에 대한 내용으로, '붇, 스ᄀᆞᄫᆞᆯ, 홁'에서 'ㅜ, ㅡ, ㆍ'를 확인할 수 있다. ⑤ ⓔ는 초성 글자 오른쪽에 쓰이는 중성 글자에 대한 내용으로, '쁘니, 사ᄫᅵ, 빡'에서 'ㅣ, ㅏ'를 확인할 수 있다.

582) ⑤

선택 비율	① 6%	② 6%	③ 8%	④ 10%	⑤ 67%

解 : '바ᄅᆞ래'는 체언 '바ᄅᆞᆯ'의 모음이 양성 모음으로 부사격 조사 '애'가 쓰였고, '그르세'는 체언 '그릇'의 모음이 음성 모음으로 부사격 조사 '에'가 쓰였다. 즉, 체언의 모음이 양성 모음이냐 음성 모음이냐에 따라 조사의 형태가 다르게 나타난다고 볼 수 있다.

583) ④

선택 비율	① 2%	② 3%	③ 24%	④ 62%	⑤ 7%

解 : '받ᄌᆞᄫᆞᆫ대'는 부사어가 지시하는 대상인 '대왕'을 높이기 위한 객체 높임 선어말 어미가 결합한 것이므로 적절하지 않다.

[오답풀이] ① '부텻'은 높임의 대상인 '부텨'에 관형격 조사 'ㅅ'이 결합한 형태이므로 적절하다. ② '노ᄑᆞ샤'는 '부텨'의 신체 일부인 '뎡바깃ᄲᅧ'를 높이는 간접 높임이 실현된 것이므로 적절하다. ③ 'ᄀᆞᄐᆞ실씨'는 현대 국어와 같은 형태의 주체 높임 선어말 어미 '-시-'가 결합한 형태이므로 적절하다. ⑤ '좌시다'는 높임의 의미를 갖는 특수 어휘로서 주체인 '왕'을 높이는 것이므로 적절하다.

584) ①

선택 비율	① 68%	② 12%	③ 6%	④ 9%	⑤ 3%

解 : ⓐ에서는 체언 '바ᄅᆞᆯ'에 부사격 조사 '애'가 결합한 '바ᄅᆞ래'가 부속 성분인 부사어로 쓰이고 있다. ⓑ에서는 체언 '나라ㅎ'에 관형격 조사 'ㅅ'이 결합한 '나랏'이 부속 성분인 관형어로 쓰이고 있다. 또한, 체언 '中國'에 부사격 조사 '에'가 결합한 '中國에'가 부속 성분인 부사어로 쓰이고 있다. ⓒ에서는 체언 '生人'에 관형격 조사 'ᄋᆡ'가 결합한 '生人ᄋᆡ'가 부속 성분인 관형어로 쓰이고 있다.

[오답풀이] ⓓ에서 체언과 조사가 결합한 것은 '子息이'와 '양지'인데 둘 다 주성분인 주어로 쓰이고 있다. ⓔ에서 체언과 조사가 결합한 것은 '내'와 '네'인데 둘 다 주성분인 주어로 쓰이고 있다.

585) ②

선택 비율	① 13%	② 78%	③ 5%	④ 3%	⑤ 1%

解 : ⓑ에서 'ᄋᆡ'는 '도ᄌᆞᄀᆡ'에서는 관형격 조사로, '아ᄎᆞᄆᆡ'에서는 부사격 조사로 사용되고 있으므로 적절하지 않다.

[오답풀이] ① ⓐ에서 '브르ᄂᆞ다'와 달리 선어말 어미 '-이-'가 사용된 '잇ᄂᆞ이다'는 상대를 높이고 있으므로 적절하다. ③ ⓒ에서 '님그믈'은 음성 모음이 사용된 체언 '님금'에 목적격 조사 '을'이, '오ᄉᆞᆯ'은 양성 모음이 사용된 체언 '옷'에 목적격 조사 'ᄋᆞᆯ'이 결합하여 모음조화가 지켜졌음을 알 수 있으므로 적절하다. ④ ⓓ에서 판정 의문문인 '반ᄃᆞ기 모매 잇ᄂᆞ녀'에는 종결 어미 '-녀'가, 의문사 '어듸'를 사용한 설명 의문문인'究羅帝 이제 어듸 잇ᄂᆞ뇨'에는 종결 어미 '-뇨'가 사용되어 서로 다른 종결 어미가 사용되었으므로 적절하다. ⑤ ⓔ에서 'ᄠᅳ', 'ᄣᅮᆯ'과 같이 초성에 서로 다른 자음이 함께 쓰일 수 있었음을 알 수 있으므로 적절하다.

586) ③

선택 비율	① 4%	② 7%	③ 76%	④ 8%	⑤ 4%

解 : '많다'의 '-다'를 '多'로 표기하고 '다'로 읽는 방식은 한자의 본뜻을 무시하고 음으로 읽은 경우이기 때문에 ⓒ에 해당한다.

[오답풀이] ① '불[火]'을 '火'로 표기하고 '불'로 읽는 방식은 한자의 본뜻을 유지하고 훈으로 읽은 경우이기 때문에 ㉠에 해당한다. ② '흙[土]'을 '土'로 표기하고 '흙'으로 읽는 방식은 한자의 본뜻을 유지하고 훈으로 읽은 경우이기 때문에 ㉠에 해당한다. ④ '시옷'의 '옷'을 '衣'로 표기하고 '옷'으로 읽는 방식은 한자의 본뜻을 무시하고 훈으로 읽은 경우이기 때문에 ㉡에 해당한다. ⑤ '찬물을'의 '을'을 '乙'로 표기하고 '을'로 읽는 방식은 한자의 본뜻을 무시하고 음으로 읽은 경우이기 때문에 ㉢에 해당한다.

587) ①

선택 비율	① 86%	② 4%	③ 5%	④ 1%	⑤ 4%

解 : '妙光이 녜 燈明을 돕ᄉᆞᄫᅡ 然燈ㅅ 스스이… ᄃᆞ외시고[묘광이 옛적 등명을 도와 연등의 스승이 되시고]'에서는 주체 높임의 선어말 어미 '-시-'를 통해 문장의 주체인 '妙光(묘광)'을 높이고 있다. '(妙光이) 이제 釋迦ᄅᆞᆯ 돕ᄉᆞᄫᅡ 燈明ㅅ 道ᄅᆞᆯ 니ᅀᅳ시며[(묘광이) 이제 석가를 도와 등명의 도를 이으시며]'에서는 주체 높임의 선어말 어미 '-으시-'를 통해 문장의 주체인 '妙光(묘광)'을 높이고 있다. '내 부텻긔 말ᄊᆞᆷ ᄉᆞᆯᄫᅩᄃᆡ (내가 부처께 말씀을 드리되)'에서는 객체 높임의 선어말 어미 '-ᅌᆞᆸ-'을 통해 문장의 객체인 '부텨(부처)'를 높이고 있다.

588) ③

선택 비율	① 41%	② 1%	③ 46%	④ 1%	⑤ 11%

解 : ㉠과 ㉡은 나무를 의미하는 중세 국어의 단어가 각각 조사 '마다', '와'와 결합한 것이고, ㉢과 ㉣은 하루를 의미하는 중세 국어의 단어가 조사 '도', 'ᄋᆞᆫ'과 결합

정답 및 해설

한 것이다. 이 단어들은 자음으로 시작하는 조사나 조사 '와'와 결합할 때 '나모', 'ᄒᆞᄅᆞ'의 형태로 나타나고, '와'를 제외한 모음으로 시작하는 조사와 결합할 때 '낡', 'ᄒᆞᆯㄹ'의 형태로 나타났다. 따라서 ㉠~㉣에 들어갈 말은 각각 '나모마다', '나모와', 'ᄒᆞᄅᆞ도', 'ᄒᆞᆯᄅᆞᆫ'이다.

문법 비문학

589	590	591	592	593
①	⑤	①	②	②
594	595	596	597	598
④	⑤	④	②	③
599	600	601	602	603
⑤	②	⑤	④	④
604	605	606	607	608
④	⑤	④	②	④
609	610	611	612	613
⑤	④	⑤	④	④
614	615	616	617	618
③	③	⑤	⑤	②
619	620	621	622	623
②	④	②	①	④
624	625	626	627	628
①	④	④	③	②
629	630	631	632	633
②	⑤	④	③	②
634	635	636	637	638
①	④	④	③	②
639	640	641	642	643
①	⑤	②	④	④
644	645	646	647	648
③	④	④	②	④
649	650	651	652	653
③	②	③	③	②
654	655	656	657	658
④	④	②	②	⑤
659	660	661	662	663
⑤	①	④	④	②
664	665	666	667	668
②	⑤	④	②	③
669	670	671	672	673
④	⑤	②	①	③
674	675	676	677	678
⑤	②	③	②	②
679	680	681	682	683
③	②	①	④	③
684	685	686	687	688
④	⑤	⑤	③	⑤
689	690	691	692	693
④	①	③	②	⑤
694	695	696	697	698
①	③	⑤	④	②
699	700	701	702	703
①	⑤	④	③	⑤
704	705	706	707	708
③	①	②	①	①
709	710	711	712	713
③	①	⑤	④	③
714	715	716	717	718
④	②	①	④	②
719	720	721	722	723
⑤	②	③	⑤	④

724	725	726	727	728
②	②	①	③	①
729	730	731	732	733
③	①	⑤	②	④
734	735	736	737	738
③	②	①	④	⑤
739	740	741	742	743
⑤	④	⑤	①	③
744	745	746	747	748
②	③	①	⑤	③
749	750	751	752	753
①	②	⑤	⑤	③
754	755	756	757	758
③	⑤	④	④	③
759	760	761	762	763
④	③	③	①	⑤
764	765	766	767	768
①	⑤	③	④	⑤
769	770	771	772	773
⑤	⑤	③	②	④
774	775	776	777	778
①	⑤	②	③	⑤
779	780	781	782	783
③	④	②	④	⑤
784	785	786	787	788
⑤	②	⑤	②	①
789	790	791	792	793
③	③	④	①	④
794	795	796	797	798
①	③	③	②	⑤
799	800	801	802	803
④	①	④	④	①
804	805	806	807	808
①	⑤	④	⑤	④
809	810	811	812	813
③	③	⑤	②	④
814	815	816	817	818
①	④	③	⑤	④
819	820	821	822	823
③	⑤	①	④	③
824	825	826	827	828
②	④	④	①	④
829	830	831	832	
③	⑤	⑤	④	

589) ①

선택 비율	① **58%**	② 14%	③ 13%	④ 6%	⑤ 7%

해 : 국어에서 '아니다' 앞에 조사 '이/가'를 취하여 나타나는 문장 성분을 보어라고 말한다. ㉠의 문장 중 조사 '이'는 체언인 '인물'에 붙어 보어가 되게 하는 격 조사이다. 따라서 주어의 자격을 갖게 한다는 설명은 적절하지 않다.

590) ⑤

선택 비율	① 12%	② 4%	③ 10%	④ 11%	⑤ **60%**

해 : '너는 부산에서 몇 시에 출발할 예정이냐?'에 사용된 조사 '에서'는 체언인 '부산' 뒤에 붙어서 앞말이 문장에서 부사어 자격을 갖게 한다. 그러나 '우리 학교에서 올해도 우승을 차지했다.'에 쓰인 조사 '에서'는 단체를 나타내는 명사인 '학교' 뒤에 붙어 앞말이 문장에서 주어의 자격을 갖게 한다. 따라서 ⑤의 두 문장에 쓰인 조사 '에서'는 형태는 같지만 문장에서 서로 다른 기능을 하고 있음을 알 수 있다.

[오답풀이] ① 두 문장에 쓰인 조사 '가'는 모두 앞말을 강조하는 뜻을 나타내고 있다. ② 두 문장에 쓰인 조사 '를'은 모두 체언 뒤에 붙어 앞말이 문장에서 목적어 자격을 갖게 한다. ③ 두 문장에 쓰인 조사 '에'는 모두 체언 뒤에 붙어 앞말이 문장에서 부사어 자격을 갖게 한다. ④ 두 문장에 쓰인 조사 '과'는 모두 체언 뒤에 붙어 앞말이 문장에서 부사어 자격을 갖게 한다.

591) ①

선택 비율	① **76%**	② 7%	③ 5%	④ 5%	⑤ 4%

해 : '만큼'은 관형어 '노력한'의 수식을 받는 의존 명사이므로, 앞말과 띄어 써야 한다.

[오답풀이] ② '만큼'은 체언 '형' 뒤에 붙는 조사이므로 앞말과 붙여 써야 한다. ③ '만큼'은 관형어 '몰랐던'의 수식을 받는 의존 명사이므로, 앞말과 띄어 써야 한다. ④ '만큼'은 관형어 '바랄'의 수식을 받는 의존 명사이므로 앞말과 띄어 써야 한다. ⑤ '만큼'은 체언 '고향' 뒤에 붙는 조사이므로 앞말과 붙여 써야 한다.

592) ②

선택 비율	① 11%	② **47%**	③ 18%	④ 12%	⑤ 10%

해 : 의존 명사 '만'을 수식하는 관형어는 관형사형 어미 '-(으)ㄹ'과만 결합할 수 있으므로 선행어 제약이 있다.

[오답풀이] ① 의존 명사 '바'는 '바가'와 같이 목적격 조사 이외에 다른 조사와도 결합할 수 있으므로 후행어 제약이 없다. ③ 의존 명사 '무렵'은 '무렵에'와 같이 서술격 조사 이외에 다른 조사와도 결합할 수 있으므로 후행어 제약이 없다. ④ 의존 명사 '리'는 주격 조사와만 결합할 수 있으므로 후행어 제약이 있다. ⑤ 의존 명사 '채'를 수식하는 관형어는 관형사형 어미 '-(으)ㄴ'과만 결합할 수 있으므로 선행어 제약이 있다.

593) ②

선택 비율	① 5%	② **51%**	③ 18%	④ 5%	⑤ 19%

해 : '나는 아버지보다 어머니와 닮았다.'에서의 '와'는 부사격 조사로 쓰였다.

594) ④

선택 비율	① 4%	② 14%	③ 14%	④ **61%**	⑤ 4%

해 : ㉣에 쓰인 조사 '에게'와 '로'는 모두 부사격 조사이다.

[오답풀이] ① '길을 걷다가 철수가를* 만났다.'에서 주격 조사 '가'와 목적격 조사 '를'은 서로 겹쳐 쓸 수 없다. ② '그 말을 한 것이 당신만이(당신이만*) 아니다.'에서 보조사 '만'과 보격 조사 '이'가 함께 쓰일 때는 보

격 조사가 보조사의 뒤에 쓰인다. ③ '그녀는 전원에서의(전원의에서*) 여유로운 삶을 꿈꾼다.'에서 부사격 조사는 다른 격조사와 겹쳐 쓸 때 다른 격조사의 앞에 쓰이므로, 부사격 조사 '에서'와 관형격 조사 '의'가 결합할 때 관형격 조사는 부사격 조사의 뒤에 쓰인다. ⑤ '빵만도* 먹었다.'에서 의미가 모순되는 보조사는 겹쳐 쓰기 어려우므로 '만'과 '도'는 겹쳐 쓰지 못한다.

595) ⑤

선택 비율	① 15%	② 4%	③ 5%	④ 5%	⑤ **69%**

해 : '즐거운'은 '마음에 거슬림이 없이 흐뭇하고 기쁘다.'라는 뜻을 지니는 '즐겁다'의 어간에 관형사형 어미 '-은'이 결합한 형태로, 형용사이다. 형용사는 활용을 하고 사물의 성질이나 상태를 나타낸다. ⓜ은 관형사에 대한 설명으로, 제시된 예문에서 관형사는 쓰이지 않았다.

[오답풀이] ① ㉠은 명사에 대한 설명으로, 제시된 예문에서는 '옛날, 사진, 기억'이 이에 해당한다. ② ㉡은 동사에 대한 설명으로, 제시된 예문에서는 '보니, 떠올랐다'가 이에 해당한다. ③ ㉢은 수사에 대한 설명으로, 제시된 예문에서는 '하나'가 이에 해당한다. ④ ㉣은 조사에 대한 설명으로, 제시된 예문에서는 '을, 가'가 이에 해당한다. '을'은 목적격 조사이고, '가'는 주격 조사이다.

596) ④

선택 비율	① 2%	② 2%	③ 3%	④ **87%**	⑤ 4%

해 : 마지막 문단의 '존재', '소유'와 같이 상태의 의미를 나타내는 '있다'는 형용사로 쓰인다는 설명에 따라 ⓓ의 '있다'와 '없다'는 형용사로 쓰임을 알 수 있다. '있다', '없다'의 경우 동사와 형용사로 쓰일 때 모두 관형사형 어미 '-는'과 결합할 수 있다고 하였기 때문에 예문 '돈이 있는(없는) 사람'은 '있다', '없다'가 동사로 쓰였는지, 형용사로 쓰였는지를 판별하는 기준이 되기 어렵다.

[오답풀이] ① '예쁜다'가 쓰인 문장이 비문임을 통해 현재 시제 선어말 어미 '-ㄴ/는-'은 형용사와 결합할 수 없음을 확인할 수 있다. ② '예뻐라', '예쁘자'가 쓰인 문장이 비문이기에 명령형·청유형 어미는 형용사와 결합할 수 없음을 확인할 수 있다. ③ '예쁘려고', '예쁘러'가 쓰인 문장이 비문이기에 의도나 목적을 나타내는 연결 어미 '-려고', '-러'는 형용사와 결합할 수 없음을 확인할 수 있다. ⑤ '나무가 크다.'의 '크다'와 '머리카락이 길다.'의 '길다'는 속성이나 상태를 나타내는 형용사이다. '나무가 쑥쑥 큰다.'의 '크다'와 '머리카락이 잘 긴다.'의 '길다'는 상태의 변화를 나타내는 동사이다. 후자는 선어말 어미 '-ㄴ-'과 결합할 수 있다.

597) ②

선택 비율	① 2%	② **68%**	③ 3%	④ 20%	⑤ 5%

해 : ㄱ의 '두'는 후행하는 명사 '사람'을 수식하는 관형사이다.

598) ③

선택 비율	① 3%	② 4%	③ **78%**	④ 6%	⑤ 7%

해 : 현대 국어에서 '새'는 '새 학기가 되다.'의 '새'처럼 '학기'라는 명사를 수식하는 관형사로만 쓰이고 있다. 반면 중세 국어에서 '새'는 관형사, 명사, 부사로 두루 쓰였다. '새 구스리 나며'의 '새'는 후행하는 명사를 수식하는 관형사로, '이 나래 새ᄅᆞᆯ 맛보고'의 '새'는 조사와 결합하여 '새로 나오거나 만든 것'이라는 의미를 지닌 명사로, '새 出家ᄒᆞᆫ 사ᄅᆞ미니'의 '새'는 후행하는 용언을 수식하는 부사로 두루 쓰였다.

[오답풀이] ①, ② 현대 국어에서 '이'는 대명사로도 관형사로도 쓰이고 있다. '이보다 더 좋을 수는 없다.'의 '이'는 조사와 결합하여 '말하는 이에게 가까이 있거나 말하는 이가 생각하고 있는 대상'을 가리키는 대명사로, '이 사과는 맛있다.'의 '이'는 '사과' 라는 명사를 수식하는 관형사로 쓰이고 있다. 중세 국어 '이' 또한 현대 국어와 마찬가지로 대명사와 관형사로 쓰였다. '내 이ᄅᆞᆯ 爲ᄒᆞ야'의 '이'는 조사와 결합한 대명사로, '내 이 도ᄂᆞᆯ 가져가'의 '이'는 후행하는 명사를 수식하는 관형사로 쓰였다.

599) ⑤

선택 비율	① 4%	② 9%	③ 7%	④ 13%	⑤ **64%**

해 : 2문단에서 보조 용언 '않다'는 앞에 오는 본용언의 품사를 따름을 알 수 있다. 따라서 ⓐ의 '않겠다'는 보조 형용사로, ⓒ의 '않았다'는 보조 동사로 보아야 한다. 2문단에서 보조 용언 '보다'가 어떤 일을 경험한다는 의미를 나타내는 경우에는 보조 동사이고, 앞말이 뜻하는 행동이나 상태에 대한 걱정이라는 의미를 나타내는 경우에는 보조 형용사임을 알 수 있다. 따라서 ⓑ의 '봐'는 보조 형용사로, ⓔ의 '보지'는 보조 동사로 보아야 한다. 2문단에서 보조 용언 '하다'는 앞말의 행동이나 상태에 대한 바람이라는 의미를 나타내는 경우에는 보조 동사임을 알 수 있다. 따라서 ⓓ의 '한다'는 보조 동사로 보아야 한다.

600) ②

선택 비율	① 8%	② **63%**	③ 12%	④ 9%	⑤ 6%

해 : Ⓑ의 '먹어 치우고 일어났다'는 본용언 '먹어', 보조 용언 '치우고', 본용언 '일어났다'의 순서로 연결된 경우이므로 적절하지 않다.

[오답풀이] ① Ⓐ의 '던져서 베어 버렸다'는 본용언 '던져서', 본용언 '베어', 보조 용언 '버렸다'의 순서로 연결된 경우이므로 적절하다. ③ Ⓒ의 '깨어 있어 행복했다'는 본용언 '깨어', 보조 용언 '있어', 본용언 '행복했다'의 순서로 연결된 경우이므로 적절하다. ④ Ⓓ의 '앉아 있게 생겼다'는 본용언 '앉아', 보조 용언 '있게', 보조 용언 '생겼다'의 순서로 연결된 경우이므로 적절하다. ⑤ Ⓔ의 '먹고 싶게 되었다'는 본용언 '먹고', 보조 용언 '싶게', 보조 용언 '되었다'의 순서로 연결된 경우이므로 적절하다.

601) ⑤

선택 비율	① 13%	② 11%	③ 4%	④ 4%	⑤ **66%**

해 : '캐묻다'는 '캐물어, 캐물으니'처럼 불규칙적으로 활용하는 용언이므로 ㉠을 만족하고, '엿듣다'도 '엿들어, 엿들으니'처럼 불규칙적으로 활용하는 용언이므로 ㉠을 만족한다. 또, '캐묻다'와 '엿듣다'는 모두 어간 말음인 'ㄷ'이 모음으로 시작되는 어미 앞에서 'ㄹ'로 변하는 활용을 하는 'ㄷ' 불규칙 용언이므로 활용 양상이 동일하며 ㉡ 역시 만족하는 용언의 짝이다.

[오답풀이] ① '구르다'는 '굴러, 구르니'처럼 불규칙적으로 활용하는 용언이므로 ㉠을 만족하고, '잠그다'는 '잠가, 잠그니'처럼 활용하는데 표준국어대사전 기준과 같이 불규칙적으로 활용하는 용언으로 보면 ㉠을 만족하지만, 학교 문법이나 수능 특강 기준과 같이 'ㅡ' 탈락을 규칙 활용으로 보면 ㉠을 만족하지 않는다. 한편 '구르다'는 어간의 끝음절 '르'가 어미 '-어' 앞에서 'ㄹㄹ'로 바뀌는 '르' 불규칙 활용을 하는 용언이고, '잠그다'는 표준국어대사전 기준과 같이 용언의 어간 'ㅡ'가 '아'나 '어' 앞에서 탈락하는 'ㅡ' 불규칙 활용을 하는 용언으로 보더라도 활용 양상이 동일하지 않기 때문에 ㉡은 만족하지 못한다. '잠그다'가 ㉠을 만족하는 것으로 보든 만족하지 않는 것으로 보든 이 선지는 ㉡을 만족하지 못하므로 적절하지 않다. ② '흐르다'는 '흘러, 흐르니'처럼 불규칙적으로 활용하는 용언이므로 ㉠을 만족하고, '푸르다'도 '푸르러, 푸르니'처럼 불규칙적으로 활용하는 용언이므로 ㉠을 만족하지만, '흐르다'는 어간의 끝음절 '르'가 어미 '-어' 앞에서 'ㄹㄹ'로 바뀌는 '르' 불규칙 활용을 하는 용언이고, '푸르다'는 어미의 '-어'가 '-러'로 바뀌는 활용을 하는 용언이므로 활용 양상이 동일하지 않기 때문에 ㉡은 만족하지 못한다. ③ '뒤집다'는 '뒤집어, 뒤집으니'처럼 규칙적으로 활용하는 용언이므로 ㉠을 만족하지 못하고, '껴입다'도 '껴입어, 껴입으니'처럼 규칙적으로 활용하는 용언이므로 ㉠을 만족하지 못한다. 둘 다 규칙 활용 용언이고 활용 양상이 동일하기 때문에 ㉡은 만족한다. ④ '붙잡다'는 '붙잡아, 붙잡으니'처럼 규칙적으로 활용하는 용언이므로 ㉠을 만족하지 못하고, '정답다'는 '정다워, 정다우니'처럼 불규칙적으로 활용하는 용언이므로 ㉠을 만족한다. '붙잡다'과 '정답다'는 서로 활용 양상이 다르기 때문에 ㉡도 만족하지 못한다.

602) ④

선택 비율	① 5%	② 3%	③ 4%	④ **77%**	⑤ 9%

해 : ⓓ의 '쌓으니'는 [싸으니]로 발음되므로 교체가 아니라 탈락이 나타난다. 그리고 그 결과가 표기에 반영되지는 않았다.

[오답풀이] ① ⓐ의 '서'는 '서다'의 어간 '서-'가 어미 '-어'와 결합하면서 동일 모음의 탈락이 일어나 '서'로 실현된 결과가 활용형의 표기에 반영된 것이므로, 탈락이 나타나고 그 결과가 표기에 반영되었다. ② ⓑ의 '꺼'는 '끄다'의 어간 '끄-'가 어미 '-어'와 결합하면서 어간의 'ㅡ' 모음 탈락이 일어나 '꺼'로 실현된 결과가 활용형의 표기에 반영된 것이므로, 탈락이 나타나고 그 결과가 표기에 반영되었다. ③ ⓒ의 '푸니'는 '풀다'의 어간 '풀-'이 어미 '-니'와 결합하면서 어간의 'ㄹ' 탈락이 일어나 '푸니'로 실현된 결과가 활용형의 표기에 반영된 것이므로, 탈락이 나타나고 그 결과가 표기에 반영되었다. ⑤ ⓔ의 '믿는'은 [민는]으로 발음되므로 교체가 나타나지만 그 결과가 표기에 반영되지는 않았다.

603) ④

선택 비율	① 5%	② 3%	③ 5%	④ **80%**	⑤ 5%

해 : '이다'의 활용 양상은 대체로 형용사의 활용 양상과 유사하다. 따라서 동사는 형용사에 비해 '이다'와 활용 양상이 유사하다는 것은 윗글에 대한 이해로 적절하지 않다.

[오답풀이] ① 국어 문장에서 서술어로 쓰이는 것은 동사와 형용사, 그리고 체언에 '이다'가 붙어서 이루어지는 표현이다. 따라서 동사와 형용사는 문장에서 서술어로 쓰일 수 있다는 것은 적절하다. ② 형용사가 활용할 때는 '예쁘구나'와 같이 '-구나'가 쓰이고, '예뻐라!'와 같이 '-어라'가 쓰이기도 한다. 따라서 형용사는 활용할 때 감탄형 어미와 결합할 수 있다는 것은 적절하다. ③ 용언 어간에 여러 가지 어미가 붙는 일을 활용이라 한다. 따라서 용언이 활용할 때 어간에 붙는 부분을 어미라고 한다는 것은 적절하다. ⑤ '이다'가 활용할 때는 명령형 어미 '-아라/어라', 청유형 어미 '-자'와는 결합하지 않는다. 따라서 '이다'는 활용할 때 명령형 어미나 청유형 어미와는 결합하지 않는다는 것은 적절하다.

604) ④

선택 비율	① 4%	② 4%	③ 5%	④ **79%**	⑤ 6%

해 : '열어라'는 어간 '열-'과 어미 '-어라'로 분석할 수 있다. 명령형 어미 '-아라/어라'는 동사 어간에만 결합하고 형용사 어간에는 결합할 수 없으므로, '열어라'는 어간이 명령형 어미 '-어라'와 결합한 것으로 보아 형용사가 아니라 동사이다.

[오답풀이] ① '씻는다'는 어간 '씻-'과 어미 '-는다'로 분석할 수 있다. '-는다'는 동사 활용에 쓰이는 어미이므로, '씻는다'는 어간이 '-는다'와 결합한 것으로 보아 동사이다. ② '춥구나'는 어간 '춥-'과 어미 '-구나'로 분석할 수 있다. '-구나'는 형용사 활용에 쓰이는 어미이므로, '춥구나'는 어간이 '-구나'와 결합한 것으로 보아 형용사이다. ③ '먹자'는 어간 '먹-'과 어미 '-자'로 분석할 수 있다. 청유형 어미 '-자'는 동사 어간에만 결합하고 형용사 어간에는 결합할 수 없으므로, '먹자'는 어간이 '-자'와 결합한 것으로 보아 동사이다. ⑤ '사람이냐'는 '사람이-+-냐'로 분석할 수 있다. 체언 '사람'에 '이다'가 결합한 말인 '사람이다'의 어간에 '-(으)냐'가 결합한 것이다.

605) ⑤

선택 비율	① 5%	② 4%	③ 3%	④ 5%	⑤ **81%**

해 : 선어말 어미는 어간과 어말 어미 앞에 오는 어미로,

한 용언에 두 개가 동시에 쓰일 수 있다. 예를 들어 '가신다'에는 높임을 나타내는 선어말 어미인 '-시-'와 현재 시제를 나타내는 선어말 어미인 '-ㄴ-'이 결합해 있다.

[오답풀이] ① 어미는 어간의 뒤에 결합한다. ② 어간이나 어미가 하나의 용언을 이루기 위해서는 어간과 어미가 서로 결합하여야 한다. ③ 어미는 용언이 활용할 때 형태가 변하는 부분이다. ④ 어말 어미는 용언이 활용할 때 반드시 나타나야 한다.

606) ④

선택 비율	① 4%	② 9%	③ 2%	④ **79%**	⑤ 3%

해 : '뜨는'은 어간 '뜨-'에 전성 어미 '-는'이 결합한 형태의 용언이다. 그런데 여기서 '뜨는'은 뒤에 오는 체언인 '해'를 꾸며준다. 즉, '뜨는'은 주로 용언을 수식하는 기능을 하는 단어인 부사가 아니라 체언을 수식하는 기능을 하는 단어인 관형사처럼 쓰이고 있다.

[오답풀이] ① '알다'의 어간 '알-'에 어미 '-니'가 결합할 때는 '아니'와 같이 쓰이면서 어간의 'ㄹ'이 탈락한다. ② '맛있다'의 어간은 '맛있-'이다. 또한 여기에 종결 어미 '-구나'가 결합하면서 문장을 종결하는 기능을 하고 있다. ③ '높다'의 어간은 '높-'이다. 또한 여기에 연결 어미 '-고'가 결합하면서 앞뒤 말을 연결하는 기능을 하고 있다. ⑤ '먹다'의 어간은 '먹-'이다. '먹었다'에는 단어의 끝에 오는 어미인 어말 어미 '-다'가 있으며, 선어말 어미 '-었-'이 쓰여 과거 시제를 나타내고 있다.

607) ②

선택 비율	① 4%	② **53%**	③ 11%	④ 21%	⑤ 9%

해 : '계시는'은 어간 '계시-'와 어말 어미 '-는'으로 구성되어 있으므로 ㉠의 예로 들 수 있으며, '드렸다'는 어간 '드리-', 선어말 어미 '-었-', 어말 어미 '-다'로 구성되어 있으므로 ㉡의 예로 들 수 있다.

[오답풀이] ① '끝난'은 어간 '끝나-'와 어말 어미 '-ㄴ'으로 구성되어 있고, '아니다'는 어간 '아니-'와 어말 어미 '-다'로 구성되어 있으므로 모두 ㉠의 예로 들 수 있다. ③ '가는'은 어간 '가-'와 어말 어미 '-는'으로 구성되어 있고, '알았다'는 어간 '알-', 선어말 어미 '-았-', 어말 어미 '-다'로 구성되어 있으므로 각각 ㉠과 ㉡의 예로 들 수 있다. ④ '지나고'는 어간 '지나-'와 어말 어미 '-고'로 구성되어 있고, '왔겠군'은 어간 '오-', 선어말 어미 '-았-', 선어말 어미 '-겠-', 어말 어미 '-군'으로 구성되어 있으므로 각각 ㉠과 ㉢의 예로 들 수 있다. ⑤ '있겠다'는 어간 '있-', 선어말 어미 '-겠-', 어말 어미 '-다'로 구성되어 있고, '쓰셨을'은 어간 '쓰-', 선어말 어미 '-시-', 선어말 어미 '-었-', 어말 어미 '-을'로 구성되어 있으므로 각각 ㉡과 ㉢의 예로 들 수 있다.

608) ④

선택 비율	① 7%	② 4%	③ 16%	④ **58%**	⑤ 12%

해 : ⓑ'놓여'는 '놓-', '-이-', '-어'로 구성되어 있다. (물건을) '놓다'가 (물건이) '놓이다'가 되면 필요로 하는 문장 성분이 달라지므로 이때 결합한 '-이-'는 선어말 어미가 아니라 접사로 판단할 수 있다.

[오답풀이] ① ⓐ'구겼지만'은 '구기-', '-었-', '-지만'으로 구성되어 있다. '-었-'은 과거 시제를 나타내는 선어말 어미이며 접사가 아니다. ② ⓐ에는 추측의 선어말 어미가 결합하지 않았다. ③ ⓑ에는 접사만 결합하였지 선어말 어미는 결합하지 않았다. ⑤ ⓒ '담갔다'는 '담그-', '-았-', '-다'로 구성되어 있다. '-았-'은 과거 시제를 나타내는 선어말 어미이며 접사가 아니다.

609) ⑤

선택 비율	① 8%	② 9%	③ 8%	④ 27%	⑤ **48%**

해 : ㉮ 보조적 연결 어미 '-고'는 단어와 단어를 잇는 기능을 하나, '나무가 태풍을 못 견디고 쓰러졌다.'에서 '-고'는 '나무가 태풍을 못 견뎠다.'와 '나무가 쓰러졌다.'의 문장과 문장을 이어 준다. 또, '나무가 태풍을 못 견디고서 쓰러졌다.'와 같이 '-고' 뒤에 '-서'가 붙을 수 있다. 따라서 보조적 연결 어미의 쓰임으로 적절하지 않다.

[오답풀이] ① '그가 떠나고 말았다.'에서 '-고'는 본용언 '떠나다'에 '앞말이 뜻하는 행동이 끝내 실현됨'이라는 의미를 지닌 보조 용언 '말다'를 이어 주는 기능을 한다. 또, '그가 떠나고서 말았다.'와 같이 '-고' 뒤에 '-서'가 붙을 수 없으므로 '-고'는 보조적 연결 어미로 적절하다. ② '자꾸 따지고 들지 마라.'에서 '-고 는 본용언 '따지다'에 '앞말이 뜻하는 행동을 거칠고 다그치듯이 함'이라는 의미를 지닌 보조 용언 '들다'를 이어 주는 기능을 한다. 또, '자꾸 따지고서 들지 마라.'와 같이 '-고' 뒤에 '-서'가 붙을 수 없으므로 '-고'는 보조적 연결 어미로 적절하다. ③ '너 아직도 울고 있구나.'에서 '-고'는 본용언 '울다'에 '앞말이 뜻하는 행동이 계속 진행됨'이라는 의미를 지닌 보조 용언 '있다'를 이어 주는 기능을 한다. 또, '너 아직도 울고서 있구나.'와 같이 '-고' 뒤에 '-서'가 붙을 수 없으므로 '-고'는 보조적 연결 어미로 적절하다. ④ '빨리 숙제부터 하고 나서 놀아라.'에서 '-고'는 본용언 '하다'에 '앞말이 뜻하는 행동이 끝났음'이라는 의미를 지닌 보조 용언 '나다'를 이어 주는 기능을 한다. 또, '빨리 숙제부터 하고서 나서 놀아라.'와 같이 '-고' 뒤에 '-서'가 붙을 수 없으므로 '-고'는 보조적 연결 어미로 적절하다.

610) ④

선택 비율	① 10%	② 5%	③ 9%	④ **72%**	⑤ 5%

해 : ⓒ에서 '차고'의 '차다'는 사전적 의미상 '발로 내어 지르거나 받아 올리다.'라는 뜻으로, 공을 차는 동작의 결과가 지속되지 않는다. 이에 의미 자질을 [+완결성][-지속성]으로 표시할 수 있으므로, '-고'는 시간적 순차 관계를 나타낸다. 따라서 '차고'의 '-고'는 ㉢이 아닌 ㉡에 해당하므로 적절하지 않다.

[오답풀이] ① ⓐ에서 앞뒤 절의 주어가 각각 '지호'와 '성주'로 다르며 시제 선어말 어미 '-았-'이 앞뒤 절에

모두 쓰이는 것으로 보아, '갔고'의 '-고'는 ㉠에 해당하므로 적절하다. ② ⓐ는 '성주는 보건실에 갔고, 지호는 교무실에 갔어요.'와 같이 앞뒤 절의 순서를 바꾸어 쓸 수 있으므로 적절하다. ③ ⓑ에서 '업다'는 체육 선생님이 성주를 업는 동작의 결과가 지속되는 것으로 보아, '업고'의 '-고'는 ㉢에 해당하므로 적절하다. ⑤ ⓓ에서 '확인하고'의 '확인하다'는 선생님이 '보건실에 가서' 성주의 상태를 '확인'한 사건이 끝난 후 '부모님께 연락드'리는 뒤 절의 사건이 연달아 일어나는 것으로 보아, '확인하고'의 '-고'는 ㉡에 해당하므로 적절하다.

611) ⑤

선택 비율	① 10%	② 10%	③ 32%	④ 8%	⑤ **37%**

해 : '울렸네'는 어간 '울리-'와 과거 시제 선어말 어미 '-었-', 종결 어미 '-네'가 결합하여 활용된 용언이다. 따라서 '울렸네'는 ㉡에 속하므로 적절하지 않다.

[오답풀이] ① '끝내겠습니다'는 어간 '끝내-'와 선어말 어미 '-겠-', 대화의 상대방을 높이는 기능을 하는 종결 어미 '-습니다'가 결합하여 활용된 용언이므로 적절하다. ② '준비하기'는 어간 '준비하-'와 명사형 전성 어미 '-기'가 결합하여 활용된 용언이므로 적절하다. ③ '들어가신'은 어간 '들어가-'와 문장의 주체를 높이는 기능을 하는 선어말 어미 '-시-', 어말 어미 '-ㄴ'이 결합하여 활용된 용언이므로 적절하다. ④ '계신'은 어간 '계시-'와 관형사형 전성 어미 '-ㄴ'이 결합하여 활용된 용언이므로 적절하다.

612) ④

선택 비율	① 1%	② 7%	③ 1%	④ **87%**	⑤ 0%

해 : ㉯의 '-고'는 앞 문장과 뒤 문장을 나열의 의미 관계로 이어 주는 대등적 연결 어미이다. ㉯의 '-어'와 ㉱의 '-고'는 앞 문장이 뒤 문장의 원인이라는 의미를 가지도록 이어 주는 종속적 연결 어미이다. ㉮의 '-고'와 ㉲의 '-어'는 본용언과 보조 용언을 이어 주는 보조적 연결 어미이다.

613) ④

선택 비율	① 3%	② 14%	③ 11%	④ **55%**	⑤ 17%

해 : '여기는 그저께 낮만큼 더웠다.'에 쓰인 '그저께'의 품사는 명사이고 문장 성분은 관형어이다. 한편 '꽃이 그저께 피었다.'에 쓰인 '그저께'의 품사는 부사이고 문장 성분은 부사어이다.

[오답풀이] ① '내 생일은 그저께가 아니라 어제였다.'에 쓰인 '그저께'는 명사이다. 격 조사 '가'와 결합하여 쓰인다는 점에서 이를 확인할 수 있다. '그저께 본 달은 매우 밝았다.'에 쓰인 '그저께'는 부사이다. '그는 그저께 왔다.'에서와 같이 용언을 수식하고 있다는 점에서 이를 확인할 수 있다. ② '그는 세계적으로 매우 유명하다.'에 쓰인 '세계적'은 명사이다. 격 조사 '으로'와 결합하여 쓰인다는 점에서 이를 확인할 수 있다. '그는 그저께 서둘러 여기를 떠났다.'에 쓰인 '그저께'는 부사이다. '그는 그저께 왔다.'에서와 같이 용언을 수식하고 있다는 점에서 이를 확인할 수 있다. ③ '첫눈이 그저께 왔다.'에 쓰인 '그저께'의 품사는 부사이고 문장 성분은 부사어이다. '그는 세계적 명성을 얻었다.'에 쓰인 '세계적'의 품사는 관형사이고 문장 성분은 관형어이다. ⑤ '그는 세계적인 선수이다.'에서의 '세계적인'은 명사 '세계적'에 조사 '이-'와 어미 '-ㄴ'이 결합하여 관형어로 쓰이고 있다. '그는 세계적으로 매우 유명하다.'에서의 '세계적으로'는 명사 '세계적'에 조사 '으로'가 결합하여 부사어로 쓰이고 있다.

614) ③

선택 비율	① 2%	② 16%	③ **78%**	④ 2%	⑤ 3%

해 : '바퀴'는 자립 명사와 의존 명사로 모두 쓰이기 때문에 ㉠에 해당한다. ⓒ의 '일곱 바퀴나'에서는 관형어의 수식을 받아야만 문장에 쓰일 수 있는 의존 명사로 사용되었다. 참고로 ⓑ의 '자전거 바퀴를'에 쓰인 '바퀴'는 자립 명사이다.

[오답풀이] ① '마당'은 자립 명사와 의존 명사로 모두 쓰이기 때문에 ㉠에 해당한다. ⓐ의 '급한 마당에'에서는 관형어의 수식을 받아야만 문장에 쓰일 수 있는 의존 명사로 사용되었다. 참고로 ⓒ의 '넓은 마당을'에 쓰인 '마당'은 자립 명사이다. ② '약간'은 '약간의 돈'처럼 명사로 쓰이기도 하고, '약간 피곤했다'처럼 부사로 쓰이기도 한다. 하나의 단어가 둘 이상의 품사로 사용되는 품사 통용의 경우이기 때문에 ㉠에 해당하지 않는다. ⓑ의 '약간'은 명사로 쓰인 경우이며, ⓓ의 '약간'은 부사로 쓰인 경우이다. ④ '가지다'는 본동사와 보조 동사로 모두 쓰이기 때문에 ㉡에 해당한다. ⓓ의 '껴 가지고'에서는 '앞말이 뜻하는 행동의 결과나 상태가 그대로 유지되거나, 또는 그럼으로써 뒷말의 행동이나 상태가 유발되거나 가능하게 됨을 나타내는' 보조 동사로 사용되었다. 참고로 ⓔ의 '모임을 가지고'에 쓰인 '가지다'는 본동사이다. ⑤ '버리다'는 본동사와 보조 동사로 모두 쓰이기 때문에 ㉡에 해당한다. ⓔ의 '와 버렸다'에서는 '앞말이 나타내는 행동이 이미 끝났음을 나타내는' 보조 동사로 사용되었다. 참고로 ⓐ의 '휴지통에 버렸다'에 쓰인 '버리다'는 본동사이다.

615) ③

선택 비율	① 5%	② 4%	③ **75%**	④ 6%	⑤ 8%

해 : ㉡은 명사이고, ㉣은 의존 명사이다. 명사와 의존 명사는 조사가 붙어 문장 안에서 주어, 목적어 등으로 사용되므로 적절하다.

[오답풀이] ① ㉠은 조사이기 때문에 꾸미는 말의 꾸밈을 받을 수 없으므로 적절하지 않다. ② ㉠은 조사이고 ㉣은 의존 명사이다. 조사와 의존 명사는 자립하여 쓰일 수 없지만 단어로 인정되므로 적절하지 않다. ④ ㉤은 의존 명사로 문장 안에서 홀로 사용될 수 없으므로 적절하지 않다. ⑤ 홀로 쓰일 수 있는 말에 붙어 쉽게 분리되는 특징이 있는 것은 조사이다. ㉢과 ㉤은 모두 의존 명사이기 때문에 적절하지 않다.

616) ⑤

선택 비율	① 11%	② 4%	③ 12%	④ 10%	⑤ **61%**

해 : '그츨씨'는 실질 형태소 '긏-'에 형식 형태소 '-ㄹ씨'가 결합한 단어이므로 적절하지 않다.

[오답풀이] ① '나모'는 모음으로 시작하는 조사 앞에서 '낡'으로 나타나는 실질 형태소이므로 적절하다. ② 'ᄇᆞᄅᆞ매'는 명사 'ᄇᆞᄅᆞᆷ'과 조사 '애', 'ᄀᆞᄆᆞ래'는 명사 'ᄀᆞᄆᆞᆯ'과 조사 '애'로 이루어진 말이므로 적절하다. ③ '뮐씨'는 동사 어간 '뮈-'와 어미 '-ㄹ씨'로 이루어진 말이므로 적절하다. ④ '므른'은 명사 '믈'과 조사 '은'으로 이루어진 말로, '믈'은 하나의 형태소이자 하나의 단어이므로 적절하다.

617) ⑤

선택 비율	① 6%	② 24%	③ 4%	④ 3%	⑤ **61%**

해 : 실질 형태소는 자립 형태소인 경우(사과)도 있고 의존 형태소인 경우(먹-)도 있으므로 실질 형태소가 모두 자립적인 성격을 지니는 것은 아니다.

[오답풀이] ① 형태소는 뜻을 가진 가장 작은 말의 단위(1문단)이므로 이를 쪼개면 뜻이 사라진다(2문단). ② '를'은 조사이므로 의존 형태소에 해당하며 단어이다. 또 '먹었다'는 '먹-', '-었-', '-다'라는 의존 형태소만으로 단어가 형성된 경우에 해당한다. ③ '사과', '를'은 형태소 하나가 단어 하나를 형성하는 경우이다. ④ '를', '-었-', '-다'는 문법적인 기능만 수행하는 형식 형태소이다.

618) ⑤

선택 비율	① 6%	② 13%	③ 11%	④ 20%	⑤ **48%**

해 : <보기>의 문장에서 형태소는 '그, 가, 풀, 밭, 을, 맨-, 발, 로, 뛰-, -ㄴ-, -다'로 분석할 수 있다. 형식 형태소에는 어미, 조사, 접사가 있는데(4문단), '-ㄴ-, -다'는 어미이고 '가, 을, 로'는 조사이다. '맨-'은 다른 말에 붙어서 의미를 더하는 성질을 지니는 접사이다. 따라서 형식 형태소는 모두 6개(가, 을, 맨-, 로, -ㄴ-, -다)이다.

[오답풀이] ① 다른 말을 넣어서 뜻이 달라진다면 그 단위는 뜻을 지니고 있는 것이다. 따라서 '풀', '밭'은 형태소이다. ② '맨-'의 유무로 단어의 뜻이 달라지므로 '맨-'은 형태소이다. ③ '-ㄴ-'이 현재 시제를 나타내는 문법적인 뜻이 있으므로 하나의 형태소이다. ④ 자립 형태소는 문장에서 다른 말이 없어도 쓰일 수 있는 형태소이므로(5문단), <보기> 문장에는 자립 형태소가 4개(그, 풀, 밭, 발)이다.

619) ②

선택 비율	① 4%	② **86%**	③ 4%	④ 2%	⑤ 4%

해 : '(얼굴이) 부어[부어]'에서 어간 '붓-'이 모음으로 시작하는 어미 '-어' 앞에서 어간 말 'ㅅ'이 탈락하여 '부-'라는 형태로 실현된 것은 일반적인 음운 규칙으로 설명할 수 없는 경우이므로 적절하지 않다.

[오답풀이] ① '몇'은 모음으로 시작하는 조사 앞에서는 '몇이[며치]', 비음을 제외한 자음 앞에서는 '몇도[멷또]', 비음 앞에서는 '몇만[면만]'으로 실현되어 각각 '몇', '멷', '면'이라는 형태로 나타나고, 이형태가 분포하는 환경이 서로 겹치지 않아 상보적 분포를 보이고 있으므로 적절하다. ③ '숲과[숩꽈]', '숲조차[숩쪼차]'에서 '숲'은 각각 'ㄱ', 'ㅈ'으로 시작하는 형태소 '과', '조차'와 결합하였지만 '숩'이라는 동일한 형태로 실현되었으므로 적절하다. ④ '(날씨가) 궂다[굳따]'에서 어간 '궂-'은 종성에 자음 'ㄱ, ㄴ, ㄷ, ㄹ, ㅁ, ㅂ, ㅇ'만 올 수 있다는 음운론적 제약으로 인해 '굳-'이라는 이형태로 실현되었으므로 적절하다. ⑤ '(글씨를) 적느라고[정느라고]'에서 어간 '적-'은 비음 앞에 'ㄱ, ㄷ, ㅂ'과 같은 평파열음이 연속해서 결합할 수 없다는 음운론적 제약으로 인해 '정-'이라는 이형태로 실현되었으므로 적절하다.

620) ④

선택 비율	① 2%	② 8%	③ 8%	④ **78%**	⑤ 3%

해 : '감자[감:짜]'는 '감조차[감:조차] (없다)'와 비교해 보면, 어미 '-자'가 'ㅁ' 뒤에서 교체된 것이 필연적으로 일어나는 교체가 아니라는 것을 알 수 있으므로 비자동적 교체에 해당한다. 또 '감자[감:짜]'에서 '-자'가 '-짜'로 교체되는 것은 비음으로 끝나는 어간 뒤에서 일어나는 된소리되기라는 일반적인 음운 규칙으로 설명할 수 있으므로 규칙적 교체에 해당한다.

[오답풀이] ① '고우니[고우니]'는 '(손가락이) 곱으니[고브니]'와 비교해 보면, 어간 '곱-'이 'ㅡ'와 같은 모음 앞에서 교체된 것이 필연적으로 일어나는 교체가 아니라는 것을 알 수 있으므로 비자동적 교체에 해당한다. 또 '고우니[고우니]'에서 '곱-'이 'ㅡ'와 같은 모음 앞에서 '고우-'로 교체되는 것은 일반적인 음운 규칙으로 설명할 수 없으므로 불규칙적 교체에 해당한다. ② '짚는[짐는]'은 [짐는]으로만 발음할 수 있으며, 어간 '짚-'이 '짐-'으로 교체되는 것은 종성에 자음 'ㅍ'이 올 수 없다는 음운론적 제약과 비음 앞에 평파열음이 연속해서 결합할 수 없다는 음운론적 제약으로 인해 형태소의 형태가 교체된 것이므로 자동적 교체에 해당한다. 또 '짚는[짐는]'에서 '짚-'이 '짐-'으로 교체되는 것은 음절의 끝소리 규칙과 비음화라는 일반적인 음운 규칙으로 설명할 수 있으므로 규칙적 교체에 해당한다. ③ '들어서[드러서]'는 '(땅이) 굳어서[구더서]'와 비교해 보면, 어간 '듣-'이 'ㅓ'와 같은 모음 앞에서 교체된 것이 필연적으로 일어나는 교체가 아니라는 것을 알 수 있으므로 비자동적 교체에 해당한다. 또 '들어서[드러서]'에서 '듣-'이 'ㅓ'와 같은 모음 앞에서 '들-'로 교체되는 것은 일반적인 음운 규칙으로 설명할 수 없으므로 불규칙적 교체에 해당한다. ⑤ '묻고[묻꼬]'는 [묻꼬]로만 발음할 수 있으며, 어미 '-고'가 '-꼬'로 교체되는 것은 'ㄷ'과 같은 평파열음 뒤에 예사소리가 연속해서 결합할 수 없다는 음운론적 제약으로 인해 형태소의 형태가 교체된 것이므로 자동적 교체에 해당한다. 또 '묻고[묻꼬]'에서 '-고'가 '-꼬'로 교체되는 것은 된소리되기라는 일반적인 음운 규칙으로 설명할 수 있으므로 규칙적 교체에 해당한다.

621) ②

선택 비율	① 4%	② **86%**	③ 4%	④ 1%	⑤ 2%

해 : 2문단에 따르면 '어간'은 용언 등이 활용될 때 형태가 변하지 않는 부분을 가리키는 개념이다. '높다' 는 '높고', '높지'와 같이 활용하는데, 이때 형태가 변하지 않는 부분이 바로 '높-'이다. 반면 3문단에 따르면 '어근'은 단어를 구성할 때, 실질적 의미를 나타내는 부분을 가리키는 개념이다. 또한 어근을 분석할 때에는 어간만을 대상으로 하는데, '높다'는 어간과 어근 모두 '높-'으로 동일하다.

622) ①

선택 비율	① **58%**	② 9%	③ 15%	④ 12%	⑤ 3%

해 : [자료]에서 a에 들어갈 수 있는 단어는 '자라다'이다. '자라다'의 어간과 어근 모두 '자라-'로 동일하다. b에 들어갈 수 있는 단어는 '먹히다', '치솟다', '휘감다'이다. '먹히다'의 어간은 '먹히-'이고, 어근은 '먹-'이다. '먹히-'는 어근 '먹-'에 접사 '-히-'가 결합된 단어이다. '치솟다'의 어간은 '치솟-'이고 어근은 '솟-'이다. '치솟-'은 어근 '솟-'에 접사 '치-'가 결합된 단어이다. '휘감다'의 어간은 '휘감-'이고 어근은 '감-'이다. '휘감-'은 어근 '감-'에 접사 '휘-'가 결합된 단어이다. c에 들어갈 수 있는 단어는 '검붉다'이다. '검붉다'는 어간은 '검붉-'이고 어근은 '검-', '붉-'이다. '검붉-'은 어근 '검-'과 어근 '붉-'이 결합된 단어이다.

623) ④

선택 비율	① 2%	② 2%	③ 3%	④ **89%**	⑤ 4%

해 : 복합어는 어근과 어근으로 이루어진 합성어와 어근과 접사로 이루어진 파생어를 아울러 이르는 말이며, 어근과의 결합 위치에 따라 둘로 나뉘는 것은 접사이다. 접사 중 어근 앞에 위치하는 것은 접두사, 어근 뒤에 위치하는 것은 접미사이다.

[오답풀이] ① 단일어는 하나의 어근으로만 이루어진 단어를 이르는 말이다. ② 복합어는 합성어와 파생어를 아울러 이르는 말이다. ③ 접사는 항상 다른 말과 결합하여 쓰이기에 홀로 쓰지 못함을 나타내는 붙임표(-)를 붙인다. ⑤ 접사는 단어를 구성하는 요소의 하나로, 어근과 결합하여 어근에 특정한 의미를 더하거나 어근의 의미를 제한한다.

624) ①

선택 비율	① **81%**	② 4%	③ 5%	④ 3%	⑤ 7%

해 : 직접 구성 성분 분석은 단어를 둘로 나누어 단어의 짜임을 파악하는 방법으로, 나뉜 두 부분 중 하나가 접사인지 여부가 단어 분류의 판단 기준이 된다. ①의 '볶음밥'의 직접 구성 성분은 '볶음'과 '밥'으로 볼 수 있으며, 나뉜 두 부분 모두 접사가 아니다. 따라서 '볶음밥'은 '[어근+접사]+어근'으로 분석되는 합성어로 분류한다.

[오답풀이] ② '덧버선'의 직접 구성 성분은 '덧-'과 '버선'으로 볼 수 있으며, '덧버선'은 '접사+어근'으로 분석되는 파생어로 분류한다. ③ '문단속'의 직접 구성 성분은 '문'과 '단속'으로 볼 수 있으며, '문단속'은 '어근+어근'으로 분석되는 합성어로 분류한다. ④ '들고양이'의 직접 구성 성분은 '들-'과 '고양이'로 볼 수 있으며, '들고양이'는 '접사+어근'으로 분석되는 파생어로 분류한다. ⑤ '창고지기'의 직접 구성 성분은 '창고'와 '-지기'로 볼 수 있으며, '창고지기'는 '어근+접사'로 분석되는 파생어로 분류한다.

625) ④

선택 비율	① 12%	② 12%	③ 22%	④ **45%**	⑤ 6%

해 : '깊이'의 '-이'는 어미가 아니라 파생 접사에 해당되는 예이다.

[오답풀이] ⑤ '흐르고'의 '-고'는 어간 '흐르-'에 붙어 문법적 기능을 표시하는 어미이다. 따라서 기본형인 '흐르다'가 사전에 표제어로 등재된다.

626) ④

선택 비율	① 10%	② 12%	③ 22%	④ **43%**	⑤ 10%

해 : ㉮는 어근과 결합하여 새로운 단어를 만들 때 어근의 품사를 바꾸는 지배적 접사이다. '높다랗다'는 형용사 어근 '높-'에 접미사 '-다랗-'이 붙어 이루어진 형용사로, 접미사 '-다랗-'은 품사를 바꾸지 않는 한정적 접사임을 알 수 있다.

[오답풀이] ②'찰랑거리다'는 부사인 어근 '찰랑'에 파생 접사 '-거리-'가 붙어 동사가 된 것이다. ③'좁히다'는 형용사 '좁다'의 어근 '좁-'에 파생 접사 '-히-'가 붙어 동사가 된 것이다.

627) ③

선택 비율	① 2%	② 7%	③ **70%**	④ 7%	⑤ 12%

해 : ㉠은 '피'라는 명사와 '땀'이라는 명사가 결합한 합성 명사이고, ㉣은 '송이'라는 명사 두 개가 결합한 합성 부사이므로 적절하지 않다.

[오답풀이] ① ㉠은 사람이나 동물의 혈액을 의미하는 '피'와 사람이나 동물의 피부에서 분비되는 액체를 의미하는 '땀'이 결합하여 문맥상 '노력과 수고'라는 새로운 의미로 사용된 융합 합성어이므로 적절하다. ② ㉢은 '봄'과 '비'가 결합한 합성 명사이며, 의미상 선행 어근이 후행 어근을 수식하는 종속 합성어이므로 적절하다. ④ ㉡은 대등 합성어이면서 합성 명사이고, ㉢은 종속 합성어이면서 합성 명사이므로 적절하다. ⑤ ㉡은 대등 합성어이면서 합성 명사이지만, ㉣은 대등 합성어이면서 합성 부사이므로 적절하다.

628) ②

선택 비율	① 4%	② **69%**	③ 13%	④ 6%	⑤ 6%

해 : '하루빨리'는 명사 '하루'와 부사 '빨리'가 결합한 비통사적 합성어이므로 적절하지 않다.

[오답풀이] ① '또다시'는 부사 '또'와 부사 '다시'가 결합한 통사적 합성어이므로 적절하다. ③ '첫사랑'은 관형사 '첫'과 명사 '사랑'이 결합한 통사적 합성어이므로 적절하다. ④ '붙잡다'는 용언 '붙다'와 '잡다'의 어간이 연결어미 없이 직접 결합한 비통사적 합성어이므로 적절하다. ⑤ '굳세다'는 용언 '굳다'와 '세다'

의 어간이 연결어미 없이 직접 결합한 비통사적 합성어이므로 적절하다.

629) ②

선택 비율	① 4%	② **66%**	③ 14%	④ 11%	⑤ 5%

解 : '군살'은 접사 '군-'과 어근 '살'로 이루어져 있다.
[오답풀이] ① '쌓다'와 '쌓이다'의 어근은 모두 '쌓-'으로 동일하다. ③ '헛발질'의 '헛-'은 접두사, '-질'은 접미사이다. ④ '맨손'의 어근 '손'은 '손발', '손등', '손바닥' 등에서 볼 수 있는 것처럼 다른 말과 자유롭게 결합할 수 있다. ⑤ '따뜻하다'의 어근은 '따뜻-'으로, 품사가 분명하지 않고 다른 말과의 결합에도 제약이 따르는 불규칙 어근이다.

630) ⑤

선택 비율	① 4%	② 5%	③ 5%	④ 32%	⑤ **54%**

解 : ⓐ '치솟다'는 접두사 '치-'가 어근 '솟다' 앞에 붙어, '풋사랑'은 접두사 '풋-'이 어근 '사랑' 앞에 붙어 그 의미를 제한하고 있다. ⓑ '없이'는 접미사 '-이'가 어근 '없-' 뒤에 붙어 단어의 품사를 형용사에서 부사로 바꾸고 있으며, '좁히다'는 접미사 '-히-'가 어근 '좁-' 뒤에 붙어 단어의 품사를 형용사에서 동사로 바꾸고 있다.
[오답풀이] '눈높이'는 '눈'과 '높-' 두 개의 어근과 접미사 '-이'로 이루어져 있다. '슬기롭다'는 어근 '슬기'에 접미사 '-롭-'이 붙어 단어의 품사를 명사에서 형용사로 바꾸고 있다.

631) ④

선택 비율	① 12%	② 4%	③ 5%	④ **60%**	⑤ 17%

解 : ⓐ에 조사는 '까지', '는', '을', '도'가 있으며, ⓑ에는 '께서', '로', '를'이 있다. 따라서 조사는 ⓐ에 4개, ⓑ에는 3개가 있다.
[오답풀이] ② '온갖'은 뒤에 오는 체언인 '재료'를 수식하는 수식언(관형사)이다. ⑤ 가변어는 ⓐ에 2개('모르고', '있다'), ⓑ에도 2개('곱게', '빚으셨다')가 있다. '곱게'는 용언(형용사)인 '곱다'가 '고와', '고우니'처럼 활용되는 형태이므로 가변어이다.

632) ③

선택 비율	① 4%	② 3%	③ **78%**	④ 4%	⑤ 8%

解 : '식구 모두가 여행을 떠났다.'의 '모두'는 조사 '가'와 결합하여 문장에서 주어의 기능을 하는 체언(명사)이고, '그릇에 담긴 소금을 모두 쏟았다.'의 '모두'는 용언 '쏟았다'를 수식하는 부사이다.
[오답풀이] ① 수사와 관형사(수 관형사)이다. ② 동사와 형용사이다. ④ 모두 조사이다. ⑤ 부사와 조사이다.

633) ②

선택 비율	① 3%	② **48%**	③ 2%	④ 42%	⑤ 2%

解 : ㄷ의 '사대'는 '사범'과 '대학'에서 첫 음절만 따서 형성된 경우로, 선생님의 마지막 설명 중 '인터넷'과 '강의'가 합쳐지면서 줄어든 말인 '인강'과 형성 방식이 동일하다. ㅁ의 '비빔냉면'은 용언의 활용형 '비빔'과 명사 '냉면'이 결합한 경우로, 선생님의 설명 중 '건널목, 노림수, 섞어찌개'와 형성 방식이 동일하다.
[오답풀이] ㄱ의 '선생님'을 줄여 '샘'을 만든 것은 앞말과 뒷말의 일부 음절을 딴 방식에 해당하지 않는다. ㄴ의 '개살구'는 접두사 '개-'와 명사 '살구'가 결합한 파생 명사이기 때문에 제시된 수업 대화의 사례로 보기 어렵다. ㄹ의 '점잔'은 '점잖은 태도'를 뜻하는 명사인데, 형용사 '점잖다'로부터 만들어진 말임을 확인할 수 있을 뿐 합성 명사가 아니기 때문에 제시된 수업 대화의 사례로 보기 어렵다.

634) ①

선택 비율	① **75%**	② 8%	③ 13%	④ 1%	⑤ 1%

解 : '잘못'은 명사로도 쓰이고 부사로도 쓰이는 단어인데, ①에서는 합성 명사로 쓰이고 있다. 여기에서 앞말 '잘'과 뒷말 '못'은 모두 부사이므로 ①의 '잘못'은 부사와 부사가 결합하여 합성 명사가 형성된 경우로 ㉠의 예로 적절하다.
[오답풀이] ② '새것'은 관형사 '새'와 명사 '것'이 결합하여 합성 명사가 형성된 경우로 수업 대화 중 '새색시'와 같은 형성 방식의 예이다. ③ '요사이'는 관형사 '요'와 명사 '사이'가 결합하여 합성 명사가 형성된 경우로 수업 대화 중 '새색시'와 같은 형성 방식의 예이다. ④ '오늘날'은 명사 '오늘'과 명사 '날'이 결합하여 합성 명사가 형성된 경우로 수업 대화 중 '논밭, 불고기'와 같은 형성 방식의 예이다. ⑤ '갈림길'은 용언 '갈리다'의 활용형 '갈림'과 명사 '길'이 결합하여 합성 명사가 형성된 경우로 수업 대화 중 '건널목, 노림수, 섞어찌개'와 같은 형성 방식의 예이다.

635) ④

선택 비율	① 5%	② 4%	③ 8%	④ **78%**	⑤ 3%

解 : '노ᄑᆡ'는 '나못(나무의)'이라는 관형어의 수식을 받고 있고(2문단에서 명사는 관형어의 수식을 받는다는 점을 알 수 있음.), 중세 국어의 명사 파생 접미사 '-ᅌᅵ'가 결합한 형태이다.(4문단) 즉 '노ᄑᆡ'는 '높-'에 명사 파생 접미사 '-ᅌᅵ'가 결합한 파생 명사이다. '노ᄑᆡ'는 부사 파생 접미사 '-이'의 형태를 띠고 있고(4문단), 예시에서 '나는'이라는 서술어를 수식하고 있다.(2문단에서 부사는 다른 부사어나 서술어를 수식함을 알 수 있음.) 즉, '노ᄑᆡ'는 '높-'에 부사 파생 접미사 '-이'가 결합한 파생 부사이다.
[오답분석] ① '여름'은 '열-'에 명사 파생 접미사 '-음'이 결합한 파생 명사이며 관형어 '좋은'의 수식을 받고 있고, 서술성이 없다. 반면 '여룸'은 '열-'에 명사형 전성 어미 '-움'이 결합한 동사의 명사형이며 서술성을 지니고 있다. ② '거름'은 '걷-'에 명사 파생 접미사 '-음'이 결합한 파생 명사이며 예시에서 '흔(한)'이라는 관형어의 수식을 받고 있다, '거룸'은 '걷-'에 명사형 전성 어미 '-움'이 결합한 동사의 명사형이며 서술성을 지닌다. ③ 3문단에 의하면, 중세 국어의 명사형 전성 어미는 모음조화에 따라 '-옴/-움'이 각각 결합함을 알 수 있다. 또한 4문단의 '노ᄑᆡ'에 대한 설명을 통해 '-ᅌᅵ'와 결합하는 'ㅗ'는 양성 모

음임을 알 수 있다. 따라서 중세 국어 '높-'에는 명사형 전성 어미 '-옴'이 결합한다. ⑤ 4문단 마지막 문장에 따라 중세 국어에서 부사 파생 접미사 '-이'의 결합은 모음조화의 영향을 받지 않음을 알 수 있다. 따라서 '곧다', '굳다'가 '-이'와 결합할 때 그 형태가 모음조화에 따라 달라지지 않는다는 것을 알 수 있다.

636) ④

선택 비율	① 5%	② 3%	③ 4%	④ **81%**	⑤ 4%

해 : '도움'과 '믿음'은 모두 해당 절에서 서술어로 쓰이고 있다. 또한 '믿음'은 부사어 '온전히'의 수식을 받고 있다. 따라서 '도움'과 '믿음'은 모두 동사의 명사형으로 명사형 전성 어미 '-(으)ㅁ'가 붙은 형태로, ㉠에 해당함을 알 수 있다.

[오답풀이] ① '앎'은 부사어 '많이'의 수식을 받으며 해당 절에서 서술어로 쓰이고 있으므로 ㉠에 해당하지만, '슬픔'은 관형어 '격한'의 수식을 받는 동시에 서술어로 쓰이고 있지 않으므로 명사이며, 따라서 ㉠에 해당하지 않음을 알 수 있다. ② '볶음'은 관형어 '멸치'의 수식을 받으며 서술어로 쓰이고 있지 않기 때문에 ㉠에 해당하지 않는다. '기쁨'은 부사어 '몹시'의 수식을 받으므로 ㉠에 해당하는 형용사의 명사형이다. ③ '묶음'은 관형어 '큰'의 수식을 받고 서술어로 사용되고 있기 때문에 ㉠에 해당하지 않는다. 반면 '춤'은 서술어로 쓰인다는 점에서 ㉠에 해당하는 동사의 명사형임을 알 수 있다. ⑤ '울음'은 서술어로 쓰이지 않으며 명사임을 알 수 있다. 따라서 '울음'은 ㉠에 해당하지 않는다. '웃음'은 부사어 '밝게'의 수식을 받으며 해당 절에서 서술어로 사용되고 있다는 점에서 ㉠에 해당하는 동사의 명사형임을 알 수 있다.

637) ③

선택 비율	① 3%	② 10%	③ **75%**	④ 4%	⑤ 5%

해 : ③의 '보살피다'는 '보다'의 어간 '보-'가 연결 어미 없이 용언 '살피다'에 바로 결합한 비통사적 합성어이다.

[오답풀이] ①'어깨동무'는 명사 '어깨'와 명사 '동무'가 결합한 합성 명사로 통사적 합성어이다. ②'건널목'은 용언 '건너다'의 어간과 관형사형 어미 '-ㄹ'이 결합한 용언의 관형사형이 명사 '목'과 결합한 합성 명사로 통사적 합성어이다. ④'여닫다'는 용언 '열다'와 용언 '닫다'가 연결 어미 없이 결합한 합성 동사로 비통사적 합성어이다. ⑤'검버섯'은 용언 '검다'의 어간 '검-'이 연결 어미 없이 명사 '버섯'과 바로 결합한 합성 명사로 비통사적 합성어이다.

638) ②

선택 비율	① 2%	② **79%**	③ 7%	④ 6%	⑤ 4%

해 : (나)의 '즌흙'은 '즐다(현대 국어의 '질다')'의 관형사형 '즌'이 명사 '흙'과 결합한 통사적 합성어로서 현대 국어의 '진흙'과 동일한 방법으로 합성된 것이다.

[오답풀이] ③(다)의 '아라듣다'는 용언 '알다'와 연결 어미 '-아' 그리고 용언 '듣다'가 결합한 통사적 합성어로 현대 국어의 '알아듣다'와 동일한 방법으로 합성된 것이다. ④(라)의 '솟나다'는 용언 '솟다'와 용언 '나다'가 연결 어미 없이 바로 결합한 비통사적 합성어인데 현대 국어의 '솟아나다'는 연결 어미 '-아'와 함께 결합한 통사적 합성어로 쓰이고 있으므로 현대 국어와 다르게 합성된 것이다. ⑤(라)와 (마)를 통해 현대 국어의 '솟아나다'가 중세 국어에서는 비통사적 합성어인 '솟나다'와 통사적 합성어인 '소사나다'의 두 가지 형태로 모두 쓰였을 것이라고 볼 수 있다.

639) ①

해 : '먹고살다'는 용언의 어간 '먹-'과 또 다른 용언의 어간 '살-'이 연결 어미 '-고'로 연결된 합성어이며, '새색시'는 관형사 '새'가 명사 '색시'를 수식하는 방식으로 연결된 합성어이다.

[오답풀이] ② '뛰놀다'는 용언의 어간 '뛰-'와 또 다른 용언의 어간 '놀-'이 연결 어미 없이 연결된 합성어이며, '먹거리'는 용언의 어간 '먹-'과 명사 '거리'가 관형사형 어미 없이 연결된 합성어이다. ③ '갈라서다'는 용언의 어간 '가르-'와 또 다른 용언의 어간 '서-'가 연결 어미 '-아'로 연결된 합성어이며, '척척박사'는 부사 '척척'이 명사 '박사'를 수식하는 방식으로 연결된 합성어이다. ④ '걸어오다'는 용언의 어간 '걷-'과 또 다른 용언의 어간 '오-'가 연결 어미 '어-'로 연결된 합성어이며, '큰아버지'는 용언의 관형사형 '큰(크-+-ㄴ)'이 체언 '아버지'를 수식하는 방식으로 연결된 합성어이다. ⑤ '빛나다'는 의미상 주어인 명사 '빛' 뒤에 동사인 '나다'가 서술어로 결합한 합성어, '돌다리'는 명사 '돌'이 명사 '다리'를 수식하는 방식으로 연결된 합성어이다.

640) ⑤

해 : '날아가다'는 어근 '날다'와 '가다'의 의미만으로도 그 의미를 파악할 수 있고, '가다'의 하의어이므로 종속 합성어이다.

[오답풀이] ① '막내딸'은 어근 '막내'와 '딸'의 의미만으로도 그 의미를 파악할 수 있고, '딸'의 하의어이므로 종속 합성어이다. ② '손발'은 어근 '손'과 '발'의 의미만으로도 그 의미를 파악할 수 있고, '발'의 하의어가 아니므로 대등 합성어이다. ③ '밤낮'은 어근 '밤'과 '낮'의 의미만으로도 그 의미를 파악할 수 있고, '낮'의 하의어가 아니므로 대등 합성어이다. ④ '잡아먹다'는 '경비, 시간, 자재, 노력 따위를 낭비하다'의 의미로 어근 '잡다'와 '먹다'의 의미만으로 그 의미를 파악하기 어렵고, '먹다'의 하의어가 아니므로 융합 합성어이다.

641) ②

선택 비율	① 7%	② **27%**	③ 51%	④ 5%	⑤ 7%

해 : ㉯와 ㉰를 형태소 단위까지 분석하면, 각각 '(집+안) + (싸우-+-ㅁ)'과 '(논+밭) + (갈-+-이)'로 분석되어 '(어근+어근) + (어근+접사)'의 내부 구조가 동일함을 확인할 수 있다. ㉮는 '새우 + (볶-+-음)'으로 분석되고, ㉱는 '[탈+(추-+-ㅁ)] + (놀-+-이)'로 분석되기 때문에 ㉯, ㉰와 내부 구조가 동일하지 않다.

642) ④

선택 비율	① 3%	② 3%	③ 6%	④ **81%**	⑤ 4%

해 : '입꼬리'와 '도끼눈'에서 주변적 의미를 나타내는 어근은 각각 '꼬리'와 '도끼'로, 그 위치가 서로 다르다.

[오답풀이] ① '칼잠'과 '구름바다'에서 중심적 의미를 나타내는 어근은 각각 '잠'과 '구름'으로, 그 위치가 다르다. ② '머리글'과 '물벼락'에서 중심적 의미를 나타내는 어구우 각각 '글'과 '물'로, 그 위치가 다르다, ③ '일벌레'와 '벼락공부'에서 주변적 의미를 나타내는 어근은 각각 '벌레'와 '벼락'으로, 그 위치가 다르다. ⑤ '꼬마전구'와 '꿀잠'에서 주변적 의미를 나타내는 어근은 각각 '꼬마'와 '꿀'로, 그 위치가 같다.

643) ④

선택 비율	① 49%	② 7%	③ 11%	④ **29%**	⑤ 1%

해 : '놀이방'은 직접 구성 요소가 '놀이'와 '방'이다. '놀이'는 '놀-'과 '-이'로 형태소를 나눌 수 있으며 이는 모두 의존 형태소이다. '단맛'은 직접 구성 요소가 '단'과 '맛'이다. '단'은 '달-'과 '-ㄴ'으로 형태소를 나눌 수 있으며 이는 모두 의존 형태소이다.

[오답풀이] ① '용꿈'은 직접 구성 요소가 '용'과 '꿈'이며, 이 중에서 '꿈'은 '꾸-'와 '-ㅁ'으로 형태소를 나눌 수 있으므로 한 개의 자립 형태소로 이루어진 어근이 아니다. ② '망치질'은 직접 구성 요소가 '망치'와 '-질'이며, '-질'은 접사이므로 '망치질'은 파생어이다. 그러나 '봄날'은 직접 구성 요소가 '봄', '날'이기 때문에 어근과 어근이 결합한 합성어이다. ③ '지은이'의 직접 구성 요소는 '지은'과 '이'이며, '이'는 자립 형태소이다. 그러나 '짓-+-은'으로 분석되는 '지은'에는 자립 형태소가 없다. ⑤ 의미를 고려할 때 '꽃 고무신'의 직접 구성 요소는 '꽃'과 '고무신'이다.

644) ③

선택 비율	① 3%	② 2%	③ **73%**	④ 3%	⑤ 17%

해 : '직접'과 '선거'의 첫음절끼리 결합한 '직선'은 ㉡에 해당한다. 또한, '직선'이 여러 선거 방식 중의 하나라는 점에서 '직선'은 '선거'와 상하 관계를 맺는다.

[오답풀이] ① '흰자'는 '흰자위'의 일부가 줄어들어 형성되었기 때문에 ㉠에 해당한다. 또한, '흰자'와 '흰자위'는 서로 바꾸어 써도 그 의미에 차이가 거의 없으므로 서로 유의 관계를 맺는다. ② '공격'과 '수비'의 첫음절끼리 결합한 '공수'는 ㉡에 해당한다. 또한, '공수'는 '공격과 수비를 아울러 이르는 말'이기 때문에 '공격', '수비' 각각과 상하 관계를 맺는다. ④ '민간'의 앞부분과 '투자'의 뒷부분이 결합한 '민자'는 ㉢에 해당한다. 또한, '민자'가 여러 투자 방식 중의 하나라는 점에서 '민자'는 '투자'와 상하 관계를 맺는다. ⑤ '외국'의 앞부분과 '영화'의 뒷부분이 결합한 '외화'는 ㉢에 해당한다. 또한, '외화'가 영화의 일종이라는 점에서 '외화'는 '영화'와 상하 관계를 맺는다.

645) ④

선택 비율	① 7%	② 2%	③ 1%	④ **87%**	⑤ 1%

해 : '야호'는 독립어, '우리가'는 주어, '드디어'는 부사어, '힘든'은 관형어, '관문을'은 목적어, '통과했어'는 서술어이므로 주성분에는 '우리가', '관문을', '통과했어'가, 부속 성분에는 '드디어', '힘든'이, 독립 성분에는 '야호'가 해당되므로 적절하다.

646) ④

선택 비율	① 5%	② 5%	③ 19%	④ **68%**	⑤ 1%

해 : '할아버지께서 어제 입학 선물을 주셨다.'에서 서술어 '주셨다'가 반드시 필요로 하는 부사어가 생략되었으므로 적절하지 않다.

[오답풀이] ① '그는 친구에게 보냈다.'에서 서술어 '보냈다'가 반드시 필요로 하는 목적어가 생략되었으므로 적절하다. ② '이번 일은 결코 성공해야 한다.'에서 부사어 '결코'는 서술어 '성공해야 한다'와 어울리지 않으므로 적절하다. ③ '그의 뛰어난 점은 필기를 잘한다.'에서 주어 '그의 뛰어난 점은'은 서술어 '잘한다'와 어울리지 않으므로 적절하다. ⑤ '사람들은 즐겁게 춤과 노래를 부르고 있다.'에서 목적어 '춤과 노래를'은 서술어 '부르고 있다'와 어울리지 않으므로 '사람들은 즐겁게 춤을 추고 노래를 부르고 있다.'가 적절하다.

647) ②

선택 비율	① 20%	② **64%**	③ 4%	④ 4%	⑤ 4%

해 : 품사는 단어를 의미, 형태, 기능으로 분류한 갈래를 의미한다. 현행 학교 문법에서는 단어의 품사를 명사, 대명사, 수사, 동사, 형용사, 관형사, 부사, 조사, 감탄사로 분류한다. 문장 성분은 문장을 구성하는 성분으로, 주성분에 주어, 서술어, 목적어, 보어가 있고, 부속 성분에 관형어, 부사어가 있으며, 독립 성분에 독립어가 있다. <자료>의 1문단은 관형어가 '문장을 구성하는 성분', 즉 문장 성분에 따라 분류된 것임을 밝히고, '체언 앞에서 그 뜻을 꾸며 주는 기능'을 하는 것이라고 정의하고 있다. 또한 <자료>의 5문단은 관형사에 대해 '체언 앞에서 체언의 뜻을 꾸며주는 품사'라고 정의하면서, 관형사가 품사에 따른 분류임을 밝히고 있다. 그리고 관형사의 특성으로서 조사와 결합하지 않는다는 점과 활용이 불가능하다는 점을 제시하고 있다.

648) ④

선택 비율	① 2%	② 2%	③ 2%	④ **85%**	⑤ 6%

해 : c에서 '남자의 친구'는 '성별이 남자인 이와 친구 관계에 있는 사람'을 가리키는 것으로 해석된다. 하지만 '의'를 생략하여 '남자 친구'가 되면, '성별이 남자인 친구'나 '이성 교제의 대상으로서의 남자'를 가리키는 것으로 해석되어 의미에 변화가 생긴다.

[오답풀이] ① a~d는 체언 '친구'를 꾸며 주어 어떠한 친구가 여기 있는지 구체적으로 밝혀주고 있다. ② 체언 '고향'은 관형격 조사 '의' 없이 체언 '친구'를 꾸며 주고 있으므로 관형어로 볼 수 있다. ③ '예쁜'의 기본형은 '예쁘다'로, 어간 '예쁘-'에 관형사형 어미가 결합하여 '예쁜', '예쁠' 등의 관형어를 만들 수 있다. ⑤ '옛'은 '친구'의 의미를 꾸며주면서 조사가

결합하지 않고 활용이 불가능한 단어이므로 관형사가 관형어가 된 경우로 볼 수 있다.

649) ③

선택 비율	① 13%	② 9%	③ **58%**	④ 9%	⑤ 8%

해 : ⓒ의 '듣는다'는 주어 '그들은' 이외에 목적어 '농담을'과 부사어 '진담으로'를 더 필요로 하므로 '주어 외에 두 개의 문장 성분을 필요로 한다.'는 올바른 이해이다.

[오답풀이] ① ⓐ는 주어와 목적어를 필수적으로 요구하는 두 자리 서술어이다. ② ⓑ는 주어와 목적어 외에 부사어를 필수적으로 필요로 한다. 부사어 '누나에게'를 생략할 경우 불완전한 문장이 된다. ④ ⓐ는 주어와 목적어를 필요로 하는 서술어이고, ⓓ는 주어와 부사어를 필요로 하는 서술어이므로, ⓐ와 ⓓ는 서로 다른 문장 성분을 필요로 하는 서술어이다. ⑤ ⓑ와 ⓓ는 사전적 의미가 서로 다른 동음이의어이다. ⓑ는 주어, 목적어, 부사어를 필요로 하는 세 자리 서술어이고, ⓓ는 주어, 부사어를 필요로 하는 두 자리 서술어이다.

650) ②

선택 비율	① 9%	② **66%**	③ 3%	④ 3%	⑤ 15%

해 : ①, ③, ④, ⑤에서 밑줄 친 단어의 경우 생략하였을 때 의미가 불완전한 문장이 되는 반면, ②의 '통나무로'의 경우 '만들었다'의 재료를 의미하는 부사어로서 생략하여도 문장이 성립하기 때문에 필수적 부사어라 할 수 없다.

651) ③

선택 비율	① 5%	② 11%	③ **69%**	④ 4%	⑤ 8%

해 : '뒤돌아'는 '뒤로 돌다'의 의미이기 때문에 ⓒ과 동일하게 부사어와 서술어의 관계를 보여 준다.

[오답풀이] ① '값싸게'는 '값이 싸다'의 의미이기 때문에 ㉠과 동일하게 주어와 서술어의 관계를 보여 준다. ② '눈부신'은 '눈이 부시다'의 의미이기 때문에 ㉠과 동일하게 주어와 서술어의 관계를 보여 준다. ④ '밤새워'는 '밤을 새우다'의 의미이기 때문에 ㉡과 동일하게 목적어와 서술어의 관계를 보여 준다. ⑤ '앞서서'는 '앞에 서다'의 의미이기 때문에 ⓒ과 동일하게 부사어와 서술어의 관계를 보여 준다.

652) ③

선택 비율	① 4%	② 3%	③ **78%**	④ 10%	⑤ 3%

해 : ⓒ의 '담쌓다'는 '담을 쌓다.'라는 구성 요소의 의미를 벗어나 '관계나 인연을 끊다.'라는 새로운 의미를 획득했으며, '야식과'와 같은 필수 부사어를 요구한다.

[오답풀이] ① ⓐ의 '목말라'는 '목이 마르다.(물 따위가 몹시 먹고 싶다.)'라는 구성요소의 의미를 벗어나 '어떠한 것을 간절히 원하다.'라는 새로운 의미를 획득한 경우이다. ② ⓑ의 '점찍어'는 '점을 찍다.'라는 구성 요소의 의미를 벗어나 '어떻게 될 것이라고 또는 어느 것이라고 마음속으로 정하다.'라는 새로운 의미를 획득했으며, '간식으로'와 같은 필수 부사어를 요구한다. ④ ⓓ의 '녹슬지'는 '녹이 슬다.(쇠붙이가 산화하여 빛이 변하다.)'라는 의미에서 '오랫동안 쓰지 않고 버려두어 낡거나 무디어지다.'라는 새로운 의미를 획득했으며, '그녀는 노래 실력이 녹슬지 않았다.'가 성립하는 데에서 알 수 있듯이 필수 부사어를 요구하지 않는다. ⑤ ⓔ의 '눈뜨게'는 '눈을 뜨다.(감았던 눈을 벌리다.)'라는 구성 요소의 의미를 벗어나 '잘 알지 못했던 이치나 원리 따위를 깨달아 알게 되다.'라는 새로운 의미를 획득했으며, '최신 이론에'와 같은 필수 부사어를 요구한다.

653) ②

선택 비율	① 2%	② **84%**	③ 7%	④ 3%	⑤ 2%

해 : '삼다'는 주어와 목적어, 필수적 부사어를 요구하는 세 자리 서술어인데 '선생님께서 제자로 삼으셨다.'는 주어인 '선생님께서'와 필수적 부사어인 '제자로'는 있지만 목적어가 갖추어지지 않았으므로 ㉠에 해당하는 예로 적절하다.

[오답풀이] ① '잡다'는 주어와 목적어를 요구하는 두 자리 서술어인데 '동생이 내 손을 꼭 잡았다.'는 주어인 '동생이'와 목적어인 '손을'이 모두 갖추어져 있으므로 ㉠에 해당하는 예로 적절하지 않다. ③ '쉽다'는 주어만을 요구하는 한 자리 서술어인데 '이 책의 내용은 생각보다 쉽다.'에는 주어인 '내용은'이 갖추어져 있으므로 ㉠에 해당하는 예로 적절하지 않다. ④ '만들다'는 주어와 목적어를 요구하는 두 자리 서술어인데 '나는 밤새 보고서를 겨우 만들었다.'는 주어인 '나는'과 목적어인 '보고서를'이 모두 갖추어져 있으므로 ㉠에 해당하는 예로 적절하지 않다. ⑤ '소개하다'는 주어와 목적어, 필수적 부사어를 요구하는 세 자리 서술어인데 '그는 자신의 친구에게 나를 소개했다.'는 주어인 '그는', 목적어인 '나를', 필수적 부사어인 '친구에게'가 모두 갖추어져 있으므로 ㉠에 해당하는 예로 적절하지 않다.

654) ④

선택 비율	① 3%	② 15%	③ 18%	④ **29%**	⑤ 32%

해 : ⓒ는 '어떤 직분이나 신분의 생활을 하다.'라는 의미를 고려할 때 주어와 목적어를 필요로 하는 두 자리 서술어이므로 부사어를 필수적으로 요구하지 않는다. 그리고 어떤 직분이나 신분을 의미하는 체언하고만 어울리는 선택 자질은 목적어 자리에 오는 단어에만 해당하므로 적절하지 않다.

[오답풀이] ① ⓐ는 '생명을 지니고 있다.'라는 의미를 고려할 때 주어에 '생명을 지닌 존재'를 선택하여 결합해야 서술어의 의미가 온전하게 표현되므로 적절하다. ② ⓑ는 주어와 부사어를 요구하는 두 자리 서술어이고 ⓒ는 주어와 목적어를 요구하는 두 자리 서술어이므로 필수적으로 요구하는 문장 성분의 종류는 다르지만, 요구하는 문장 성분의 개수는 2개이므로 적절하다. ③ ⓑ는 '어느 곳에 거주하거나 거처하다.'의 의미를 고려할 때 필수적으로 요구되는 부사어 자리에 '장소'를 의미하는 체언이, ⓓ는 '어떤 사람과 결혼하여 함께 생활하다.'의 의미를 고려할 때 필수적으로 요구되는 부사어 자리에 '결혼을 하여 함께 생활

하는 사람'을 의미하는 체언이 한정되므로 적절하다. ⑤ ⓔ는 '과'가 나타나지 않을 때 여럿임을 뜻하는 말이 주어로 온 문장의 서술어이므로 한 자리 서술어이고 ⓐ 또한 한 자리 서술어이므로 적절하다.

655) ④

선택 비율	① 6%	② 3%	③ 6%	④ **44%**	⑤ 39%

㉮ : 두 명사가 나란히 올 때 앞의 명사는 관형어로 쓰이지만, 관형사로 품사가 바뀌는 것은 아니다.

[오답풀이] ① 관형사는 고정된 형태로 쓰인다(3문단). ② 관형사와 관형어는 모두 체언을 꾸며 준다(1문단). ③ 관형사 외에도 관형어로 쓰일 수 있다(2문단). ⑤ 관형사형 어미가 결합한 '예쁜'의 품사는 형용사 이다(4문단).

656) ②

선택 비율	① 9%	② **60%**	③ 15%	④ 9%	⑤ 4%

㉮ : ㄴ에서 관형어는 '모든'과 '달리는'이며, 이들의 품사는 각각 관형사와 동사이다.

[오답풀이] ① ㄱ에서 관형어는 '새', '어머니의'이며 이들의 품사는 각각 관형사, 명사 + 조사이다. ③ ㄷ에서 관형어는 '친한'이며 이것의 품사는 형용사이다. ④ ㄹ에서 관형어는 '우리', '가던'이며 이들의 품사는 각각 대명사, 동사이다. ⑤ ㅁ에서 관형어는 '대부분의', '여름'이며 이들의 품사는 각각 명사+조사, 명사이다.

657) ②

선택 비율	① 5%	② **64%**	③ 7%	④ 13%	⑤ 10%

㉮ : ㉡은 명사절로 안긴문장으로, 절 전체가 명사처럼 쓰여 서술어 '알리며'의 목적어 역할을 한다.

658) ⑤

선택 비율	① 2%	② 4%	③ 3%	④ 3%	⑤ **85%**

㉮ : 앞 절인 '갑자기 문이 열리다'와 뒤 절인 '사람들이 놀랐다'가 연결 어미 '-어서'로 이어지며, 앞 절이 뒤 절에 대해 '원인'의 종속적인 의미 관계로 해석된다.

[오답풀이] ① 앞 절인 '무쇠도 갈다'와 뒤 절인 '바늘이 된다'가 연결 어미 '-면'으로 이어지며, 앞 절이 뒤 절에 대해 '조건'의 종속적인 의미 관계로 해석된다. ② 앞 절인 '하늘도 맑다'와 뒤 절인 '바람도 잠잠하다'가 연결 어미 '-고'로 이어지며, 앞 절과 뒤 절이 '나열'의 대등한 의미 관계로 해석된다. ③ 앞 절인 '나는 시험공부를 하다'와 뒤 절인 '(나는) 학교에 간다'가 연결 어미 '-러'로 이어지며, 앞 절이 뒤 절에 대해 '목적'의 종속적인 의미 관계로 해석된다. ④ 앞 절인 '함박눈이 내렸다'와 뒤 절인 '날씨가 따뜻하다'가 연결 어미 '-만'으로 이어지며, 앞 절과 뒤 절이 '대조'의 대등한 의미 관계로 해석된다.

659) ⑤

선택 비율	① 6%	② 8%	③ 5%	④ 12%	⑤ **66%**

㉮ : '여겼다'는 주어(그는), 목적어(직업을), 부사어(천직으로)를 필수적으로 요구하므로 세 자리 서술어이다.

[오답풀이] ① '되었다'는 주어(계절이), 보어(가을이)를 필수적으로 요구하므로 두 자리 서술어이다. ② '닮았다'는 주어(오빠는), 부사어(아빠와)를 필수적으로 요구하므로 두 자리 서술어이다. ③ '피었다'는 주어(장미꽃이)만을 필수적으로 요구하므로 한 자리 서술어이다. ④ '고치셨다'는 주어(아버지께서), 목적어(집을)를 필수적으로 요구하므로 두 자리 서술어이다.

660) ①

선택 비율	① **65%**	② 6%	③ 14%	④ 11%	⑤ 2%

㉮ : ㄱ에서 안은문장의 주어는 '누나는'이고, 안긴문장의 주어는 '마음이'이다.

661) ④

선택 비율	① 2%	② 5%	③ 5%	④ **74%**	⑤ 15%

㉮ : 두 번째 유형의 관형사절은 어떤 체언 앞에서든 나타날 수 있다. 따라서 관형사절 뒤에는 내용을 보충해줄 필요가 있는 체언만 올 수 있다는 서술은 적절하지 않다.

[오답풀이] ① '이것은 내가 읽은 책이다.'의 '내가 읽은'은 '책'이라는 체언을 수식하고 있다. ② '그는 우리가 학교로 돌아온 사실을 안다.'의 '우리가 학교로 돌아온'은 문장이 필요로 하는 모든 성분을 갖추고 있다. ③ '우리가 학교로 돌아왔다.'와 '우리가 학교로 돌아온'을 비교하면 서술어의 형태가 '돌아왔다'에서 '돌아온'으로 변했음을 알 수 있다. ⑤ '그는 이마에 흐르는 땀을 닦았다.'의 '이마에 흐르는'에서 '땀이'가 생략되었다.

662) ④

선택 비율	① 2%	② 35%	③ 6%	④ **50%**	⑤ 6%

㉮ : '철수가 학급 회장이 되었다.'에서 보어가 생략된 관형사절을 가정하면 '철수가 된 학급 회장'의 형태가 된다. 보어가 생략되고 주어가 '되다' 앞으로 이동하면, 원래 문장에서 주어였던 문장 성분이 더 이상 주어로 쓰이지 못하고 보어처럼 해석된다. 따라서 보어가 쓰인 문장을 관형사절로 만들 때 관형사절이 수식하는 체언이 관형사절의 보어 안에 포함되어 있으면 관형사절을 만들 수 없다.

[오답풀이] ① '철수가 학급 회장이 되었다.'가 '영희가 철수를 불렀다.'에 관형사절로 들어가면, 관형사절이 수식하는 대상인 '철수'를 포함한 관형사절의 문장 성분이 생략되어, '영희가 학급 회장이 된 철수를 불렀다.'가 된다. ② '철수가 학급 회장이 되었다.'가 '영희가 학급 회장을 불렀다.'에 관형사절로 들어가면, 관형사절이 수식하는 대상인 '학급 회장'을 포함한 관형사절의 문장 성분이 생략되어, '영희가 철수가 된 학급 회장을 불렀다.'가 된다. ③ '학급 회장이 된'에서 '학급 회장이'는 '되다' 앞에 있으므로 관형사절의 보어이다. ⑤ 학습 과정을 통해 관형사절을 만들 때 주어와는 달리 보어가 생략되면 원래 문장과 의미가 달라진다는 것을 확인할 수 있다.

663) ②

선택 비율	① 18%	② **57%**	③ 7%	④ 11%	⑤ 6%

해 : 이 글에 따르면, 직접 구성 요소로 분석되는 말이 실제로 존재해야 하고 직접 구성 요소들과 그 전체 구성의 의미가 서로 통해야 한다. '눈웃음'은 직접 구성 요소로 나누면 '눈+웃음'이 된다. 3문단에서 직접 구성 요소로 분석되는 말이 실제로 존재해야 한다고 하였는데 '눈웃다'는 존재하지 않으므로 '눈웃-+-음'으로는 분석할 수 없다. '웃음'은 '웃-+-음'으로 구성된 파생어이다. '-음'이 명사 파생 접미사이기 때문이다. 그러므로 '눈웃음'은 그 직접 구성 요소 중 하나인 '웃음'이 파생어인 합성어이다.

[오답풀이] ① '나들이옷'은 '나들이+옷'로 분석되는 합성어이다. '나들이'는 '나들-+-이(접미사)'로 분석되는 파생어이다. 그러므로 '나들이옷'은 그 직접 구성 요소 중 하나가 파생어인 합성어이다. ③ '드높이(다)'는 '드높-+-이-'로 분석된다. 그러므로 파생어이다. '드높-'은 '드-(접두사)+높-'으로 분석되는 파생어이다. 그러므로 '드높이다'는 그 직접 구성 요소 중 하나가 파생어인 파생어이다. ④ '집집이'는 '집집+-이(접미사)'로 분석되는 파생어이다. '집집'은 '집+집'으로 분석되는 합성어이다. 그러므로 '집집이'는 그 직접 구성 요소 중 하나가 합성어인 파생어이다. ⑤ '놀이터'는 '놀이+터'로 분석되는 합성어이다. '놀이'는 '놀-+-이(접미사)'로 분석되는 파생어이다. 그러므로 '놀이터'는 그 직접 구성 요소 중 하나가 파생어인 합성어이다.

664) ②

선택 비율	① 6%	② **64%**	③ 7%	④ 19%	⑤ 2%

해 : 이 글의 4문단에서 문장은 주어와 서술어(혹은 서술어를 포함한 주어 이외의 부분)로 직접 구성 요소를 분석할 수 있음을 알 수 있다. ㉡의 서술어는 '들었다'이다. '소포가'는 '들었다'의 주어가 될 수 없으므로, 직접 구성 요소를 '소포가'와 '도착했다고 들었다'로 나눌 수 없고, '들었다'의 주어가 생략된 것으로 이해하여야 한다. 즉 ㉡은 "(언니는/민수는/…) 소포가 도착했다고 들었다."와 같은 문장에서 ( )부분을 생략한 것이다. 그러므로 ㉡은 '소포가 도착했다고'와 '들었다'로 분석되어야 한다. '소포가 도착했다고'는 인용절로 안긴 절이다.

[오답풀이] ① ㉠은 문장 전체의 주어 '지희는'과 서술절 서술어 '목소리가 곱다'로 이루어진 서술절을 안은문장이므로 올바른 분석이다. ③ ㉢은 주어 '동수가'와 서술어를 포함한 나머지 부분 '미애에게 선물을 주었다'로 이루어진 문장이다. ④ ㉣은 서술어가 '밝혀졌다'이고 주어는 '그가 익명의 기부자임이'이다. ⑤ ㉤의 서술어는 '명언이다'이고 주어는 '인생은 짧고 예술은 길다는 말은'이다. 참고로 '인생은 짧고 예술은 길다는'은 '말'을 꾸며 주는 관형사절이다.

665) ⑤

선택 비율	① 10%	② 21%	③ 6%	④ 19%	⑤ **42%**

해 : ㄴ의 '소리도 없이'라는 안긴문장은 '그가 사라졌음'이라는 명사절에 안겨 있다. 그러나 ㄷ의 경우 '운동장을 달리는'이라는 안긴문장과 '발밑을 조심하'라는 안긴문장이 있으나 각각의 안긴문장 안에 또 다른 문장이 안겨 있지 않으므로 적절하지 않다.

[오답풀이] ① ㄱ은 '아이가 먹기'라는 명사절에 '에'라는 부사격 조사가 붙어 부사어로 기능하고 있으므로 적절하다. ② ㄴ은 '소리도 없이'라는 부사절이 뒤에 오는 용언을 수식하고 있으므로 적절하다. ③ '발밑을 조심하라고'에서 '고'는 간접 인용을 나타내는 조사이므로 적절하다. ④ ㄱ의 '잘 다져진'과 ㄷ의 '운동장을 달리는'은 모두 뒤에 오는 체언을 수식하는 관형절로, 주어가 생략되어 있으므로 적절하다.

666) ④

선택 비율	① 6%	② 13%	③ 8%	④ **64%**	⑤ 7%

해 : (가)의 'ᄆᆞᅀᆞᆯ히 멀면'은 현대어 풀이를 바탕으로 종속적으로 이어진 문장임을 짐작할 수 있으므로 적절하지 않다.

[오답풀이] ① (가)의 '乞食ᄒᆞ디'가 현대어 풀이의 '걸식하기'에 해당하는 것을 볼 때, '-디'에 기대어 명사절이 되었으므로 적절하다. ② (나)의 '이 東山ᄋᆞᆫ 남기 됴ᄒᆞᆯᄊᆡ'는 '이 동산은 나무가 좋으므로'라는 현대어 풀이로 볼 때 '남기 됴ᄒᆞᆯᄊᆡ'가 '이 東山ᄋᆞᆫ'의 서술어로서 기능하고 있으므로 적절하다. ③ (다)의 '곶 됴코'는 '꽃이 좋고'라는 현대어 풀이로 볼 때 대등하게 이어진 문장임을 짐작할 수 있으며 '둏다'의 어간 '둏-'에 '-고'가 붙어 있으므로 적절하다. ⑤ (나)의 '됴ᄒᆞᆯᄊᆡ'의 현대어 풀이 '좋으므로'와 (다)의 '뮐ᄊᆡ'의 현대어 풀이 '흔들리므로'를 통해 현대국어와 형태는 다르지만 문장을 종속적으로 연결해주는 '-ㄹᄊᆡ'가 사용되었음을 확인할 수 있으므로 적절하다.

667) ②

선택 비율	① 4%	② **77%**	③ 2%	④ 6%	⑤ 10%

해 : '교수님'의 소유물인 '책'을 높임으로써 높여야 할 대상인 '교수님'을 간접적으로 높이고 있다.

668) ③

선택 비율	① 7%	② 9%	③ **68%**	④ 13%	⑤ 1%

해 : 특수 어휘 '뵙다'를 사용하여 서술의 객체인 '선생님'을 높이고 있으므로 객체 높임이 실현된 것이다.

669) ④

선택 비율	① 2%	② 4%	③ 3%	④ **82%**	⑤ 8%

해 : 시간 부사 '어제'와 선어말 어미 '-았-'을 사용하여 과거 시제를 표현하고 있다.

[오답풀이] ① '잔다'에 현재 시제 선어말어미 '-ㄴ-'이 쓰였다. 현재 시제는 발화시와 사건시가 일치하는 시제이다. ② '잔다'에 현재 시제 선어말어미 '-ㄴ-'이 쓰였으나 관형사형 어미는 찾을 수 없다. ③ 시간 부사 '어제'와 '봤다'에 쓰인 과거 시제 선어말어미 '-았-'을 통해 과거 시제임을 알 수 있다. 발화시와 사건시가 일치하는 것은 현재 시제이므로 적절하지 않다. ⑤

'내리겠습니다'에 미래 시제 선어말어미 '-겠-'이 쓰였고, '곧'이라는 시간 부사로 미래 시제를 나타내고 있다. 미래 시제는 발화시보다 사건시가 나중인 시간 표현이다.

670) ⑤

선택 비율	① 16%	② 1%	③ 2%	④ 1%	⑤ 77%

해 : 과거 시제 선어말어미 '-았-/-었-'은 대체로 과거 시제를 표현하지만 반드시 그런 것은 아니다. ⑤에서와 같이 '어머니께 혼나는 일'은 아직 실현되지 않은 미래에 벌어질 일인데, 그것을 마치 이미 정해진 사실인 것처럼 확신을 가지고 표현할 때에도 과거 시제 선어말어미 '-았-/-었-'을 사용하기도 한다.

[오답풀이] ①, ②, ④ '-았-/-었-'이 과거 시제를 표현하고 있다. ③ 본문의 '-았-/-었-'이 '과거에 이루어진 어떤 상태가 현재까지 지속되는 경우'에 해당하는 문장으로 볼 수 있다.

671) ②

선택 비율	① 2%	② 66%	③ 21%	④ 5%	⑤ 3%

해 : ㉠은 동사 '내리다'에 선어말 어미 '-ㄴ-'이 결합한 '내린다'와 부사어 '지금'을 통해 현재 시제임을 알 수 있다. ㉡은 동사의 어간 '내리-'에 관형사형 어미 '-ㄹ'과 의존 명사 '것'이 결합한 '내릴 것'과 부사어 '내일'을 통해 미래 시제임을 알 수 있다. 하지만 선어말 어미를 활용한 시간 표현은 나타나지 않는다. ㉢은 동사의 어간 '찾아가'에 관형사형 어미 '-ㄴ'이 결합한 '찾아간'과 동사 '내리다'에 선어말 어미 '-었-'이 결합한 '내렸다'를 통해 과거 시제임을 알 수 있다.

672) ①

선택 비율	① 90%	② 2%	③ 1%	④ 2%	⑤ 2%

해 : '잠시 후 결과가 발표된다.'에서 선어말 어미 'ㄴ'은 미래를 나타내는 경우에 해당하며, '일찍 출발하느라 고생했겠다.'에서 선어말 어미 '겠'은 추측을 나타내는 경우에 해당한다.

[오답풀이] ② ⓐ의 선어말 어미 'ㄴ'은 미래를 나타내는 경우, ⓑ의 선어말 어미 '겠'은 완곡한 표현을 나타내는 경우에 해당한다. ⑤ ⓐ의 선어말 어미 '는'은 현재를 나타내는 경우, ⓑ의 선어말 어미 '겠'은 추측을 나타내는 경우에 해당한다.

673) ③

선택 비율	① 4%	② 5%	③ 74%	④ 11%	⑤ 3%

해 : '놓였다'는 '놓이다'의 어간 '놓이-'와 과거 시제 선어말 어미 '-었-'과 종결 어미 '-다'가 결합한 것으로 이해할 수 있다. 과거 시제 선어말 어미 '-였-'은 어간 '하-'에 결합한다.

[오답풀이] ① '먹는다'에서 선어말 어미 '-는-'은 현재 시제를 나타낸다. ② '자란다'에서 선어말 어미 '-ㄴ-'은 현재 시제를 나타낸다. ④ '입장하겠습니다'에서 선어말 어미 '-겠-'은 미래 시제를 나타낸다. ⑤ '꿨다'에서 선어말 어미 '-었-'은 과거 시제를 나타낸다.

674) ⑤

선택 비율	① 8%	② 6%	③ 5%	④ 5%	⑤ 72%

해 : ⓐ는 용언의 어간에 선어말 어미를 결합하지 않은 것이다. ⓑ는 용언의 어간에 선어말 어미 '-ᄂᆞ-'를 결합한 것이다. ⓒ는 용언의 어간에 선어말 어미 '-더-'를 결합한 것이다. ⓓ는 용언의 어간에 선어말 어미를 결합하지 않은 것이다. ⓔ는 용언의 어간에 선어말 어미 '-리-'를 결합한 것이다.

675) ②

선택 비율	① 3%	② 79%	③ 4%	④ 10%	⑤ 2%

해 : ㉡은 '안' 부정문의 주어인 '물품'이 의지를 가질 수 없는 경우에 해당하므로 '단순 부정'으로 해석해야 한다. 따라서 '단순 부정'과 '의도 부정'으로 모두 해석이 가능하다는 진술은 적절하지 않다.

676) ③

선택 비율	① 1%	② 4%	③ 82%	④ 6%	⑤ 4%

해 : ⓒ는 현대 국어에서 '못 들으며'로 해석되는 것을 통해 중세 국어에서 동작 주체의 능력 부족을 드러내는 부정문이 사용되었음을 알 수 있으므로 적절하지 않다.

677) ②

선택 비율	① 4%	② 75%	③ 4%	④ 10%	⑤ 4%

해 : '여간'은 부정문 형식의 문장에 함께 쓰여 그 문장의 의미를 강한 긍정으로 해석되게 하는 단어로서, ㄴ에서 '여간'으로 인해 문장이 의미가 '탐스럽다'를 강조하는 긍정으로 해석된다.

[오답풀이] ③ ㄷ의 '밖에'는 '이것밖에 하지 못했다'에서와 같이 부정 의미의 용언과 어울려 쓰인다. ④ '좀처럼'은 부정 의미의 용언과 어울려 쓰이는데, 부정 의미의 용언이 나타나지 않더라도 부정 의미를 내포하는 문맥에서도 쓰일 수 있다. ㄹ의 '그 아이들이 좀처럼 제 말을 듣겠습니까?'는 '그 아이들이 좀처럼 제 말을 듣지 않는다'를 뜻하므로 '좀처럼'이 쓰일 수 있다. ⑤ '옴짝달싹하다'는 부정 의미의 용언과 어울려 쓰인다. 따라서 ㅁ은 '나는 무서워서 그 자리에서 옴짝달싹하지 못했다'와 같이 수정하여야 어법에 맞는다.

678) ②

선택 비율	① 1%	② 72%	③ 15%	④ 1%	⑤ 8%

해 : ㉡의 국어사 자료의 '별로'는 긍정 의미의 용언이 나타난 문맥에서도 쓰이고, 부정 의미의 용언이 나타난 문맥에서도 쓰이고 있다. 그러나 현대 국어에서 '별로'는 부정 의미의 용언이 나타난 문맥에서만 쓰인다.

[오답풀이] ㉠의 자료를 보면, 현대 국어의 '귀찮다'는 국어사 자료 '귀치 아니컨만'에서 알 수 있듯이 '귀하지 아니하다'가 축약된 형태이다. 현대 국어 '귀찮다'는 '마음에 들지 아니하고 괴롭거나 성가시다'라는 의미로 사용되고 있다. ㉢의 자료를 보면, 현대 국어

의 '시원찮다'는 국어사 자료 '시원치 안니ᄒᆞ여'에서 알 수 있듯이 '시원하지 아니하다'가 축약된 형태이다. 현대 국어 '시원찮다'는 국어사 자료에서 확인할 수 있는 의미와 유사하게 쓰이고 있음을 알 수 있다.

679) ③

선택 비율	① 8%	② 6%	③ 54%	④ 20%	⑤ 21%

해 : ㄷ은 화자인 '형'이 조사 '께서'와 특수한 어휘 '계시다'를 사용하여 주체인 '할아버지'를 높이고 있으므로 적절하지 않다.

[오답풀이] ① ㄱ은 화자인 '회장'이 학급회의라는 공적인 상황에서 종결 어미 '하십시오체'를 사용하여 상대인 '학급 친구들'을 높이고 있으므로 적절하다. ② ㄴ은 화자인 '언니'가 특수한 어휘 '뵙다'를 사용하여 객체인 '할머니'를 높이고 있으므로 적절하다. ④ ㄹ은 화자인 '학생'이 선어말 어미 '-시-'를 사용하여 '선생님' 을 간접적으로 높이고 있으므로 적절하다. ⑤ ㅁ은 화자인 '아들'이 조사 '께'를 사용하여 객체인 '아버지'를 높이고 있으므로 적절하다.

680) ②

선택 비율	① 5%	② 68%	③ 3%	④ 14%	⑤ 7%

해 : '버려지는'은 어간 '버리-'에 어미 '-어지다'가 쓰인 피동 표현이다. 피동 접미사 '-리-'가 결합하지 않았으므로 적절하지 않다.

[오답풀이] ① '담긴'은 능동의 동사 어근 '담-'에 피동 접미사 '-기-'가 결합하여 실현된 피동 표현이므로 적절하다. ③ 명사 '구조' 뒤에 '-되다'가 결합하여 주어 '강아지들'이 '구조' 행위를 당하는 것을 표현하고 있으므로 적절하다. ④ '쓴다고'와 같이 능동 표현으로 바뀔 경우 '쓰인다고'의 주어인 '성금이'는 목적어 '성금을'로 바뀌므로 적절하다. ⑤ '열리는'은 행사를 여는 주체보다 '유기견 보호 행사'가 주어로서 강조되는 효과가 있으므로 적절하다.

681) ①

선택 비율	① 90%	② 3%	③ 2%	④ 2%	⑤ 2%

해 : 피동 표현은 행위의 대상에 초점을 맞추어 표현하는 방법이므로 피동 표현을 사용하면 행위의 주체보다 행위의 대상이 강조된다.

[오답풀이] ②, ④ 피동 표현은 행위의 대상에 초점을 맞추어 표현하는 방법이므로 객관적인 느낌을 주고자 할 때, 행위의 주체를 모르거나 설정하기 어려울 때 사용할 수 있다. ③ 주어가 자기 힘으로 동작이나 행위를 주체적으로 행하는 것을 능동, 주어가 다른 주체에 의해 동작이나 행위를 당하는 것을 피동이라 한다. ⑤ 연결 어미를 이용하여 구성된 '-아/어지다' 또는 '-게 되다'를 어간에 결합함으로써 피동의 의미를 나타낼 수 있다.

682) ④

선택 비율	① 3%	② 12%	③ 4%	④ 50%	⑤ 31%

해 : '보여진다'에서는 '-이-'와 '-어지다'를 함께 사용한 이중 피동이 나타나며, 이때 '-어지다'는 접미사가 아니다.

[오답풀이] ① 능동문의 주어인 '아버지가'가 피동문의 부사어인 '아버지에게'로 바뀌었다. ② 명사 '파악' 뒤에 '-되다'를 붙여 피동의 의미를 표현하였다. ③ '꺾이다'는 자연적인 상태 변화를 나타내기 때문에 이에 대응하는 능동문을 상정하기 어렵다. ⑤ ㄱ에서는 '안다'의 어간에 피동 접미사 '-기-'가 결합하여, ㄷ에서는 '꺾다'의 어간에 피동 접미사 '-이-'가 결합하여 피동의 의미를 표현하고 있다.

683) ③

선택 비율	① 13%	② 8%	③ 72%	④ 3%	⑤ 2%

해 : 제시문에서는 명사 '먹이'나 '넓이'는 각각 동사와 형용사의 어근에 접미사 '-이'가 붙어 형성된 단어로, '먹이'와 '넓이'의 '먹-'과 '넓-'은 서술어로 기능하지 못한다고 설명하고 있다. ⓒ에서 '놀이'는 동사의 어근 '놀-'에 접미사 '-이'가 붙어 형성된 단어에 해당하므로 서술어로 기능하지 못한다고 볼 수 있다.

[오답풀이] ① '녹이다'의 어간 '녹이-'는 '녹다'의 어간 '녹-'과 구별된다는 제시문의 내용에 비추어 볼 때, ⓐ에서 '비워'의 어간 '비우-'는 '시간이 빈다.'에서 '빈다'의 어간 '비-'와 구별됨을 알 수 있다. ② ⓑ에서 '높이'는 형용사 '높다'의 어근 '높-'에 접미사 '-이'가 붙어 형성된 단어이지만, '높이'의 품사는 명사가 아닌 부사이다. ④ 하나의 접미사가 모든 동사나 형용사에 자유롭게 결합하는 것은 아니라는 내용에 비추어 볼 때, ⓓ에서 '끓였다'의 어근인 '끓-'에 붙은 접미사 '-이-' 역시 모든 동사에 자유롭게 결합하는 것은 아니다. 예를 들어 '살다'(*살이다), '읽다'(*읽이다) 등과 같이 접미사 '-이-'가 결합하지 못하는 동사도 있다. ⑤ ⓔ에서 '오시기'는 '오-+-시-+-기'로 분석된다. 어근과 접미사 사이에는 다른 형태소가 끼어들 수 없다는 제시문의 내용에 비추어 볼 때, '-기'는 접미사가 아님을 알 수 있다. 어간 '오-'와 명사형 어미 '-기' 사이에 주체 높임의 선어말 어미 '-시-'가 끼어든 것에 해당한다. 명사형 어미가 붙은 경우 해당 단어의 품사는 바뀌지 않으므로, '오시기'의 품사는 명사가 아닌 동사이다.

684) ④

선택 비율	① 5%	② 3%	③ 6%	④ 77%	⑤ 7%

해 : 접미사가 동사나 형용사에 붙어 사동의 의미(주어가 동작을 다른 대상에게 하도록 시키는 것을 나타내는 의미)를 더한 예(㉠)와 접미사가 타동사에 붙어 피동(주어가 다른 대상에 의해 동작을 당하는 것을 나타내는 의미)의 의미를 더한 예(㉡)를 찾아야 한다. ④의 ㉠은 '보이지 않게 몸을 감추다.'라는 의미를 가진 동사 '숨다'에 접미사 '-기-'가 붙어 사동의 의미가 더해진 예에 해당하고, ㉡은 '눈꺼풀을 내려 눈동자를 덮다.'라는 의미를 가진 동사 '감다'에 접미사 '-기-'가 붙어 피동의 의미가 더해진 예에 해당한다.

[오답풀이] ① ㉠은 '기쁨, 슬픔 따위의 감정을 억누르지 못하거나 아픔을 참지 못하여 눈물을 흘리다. 또는 그렇게

눈물을 흘리면서 소리를 내다.'라는 의미를 가진 동사 '울다'에 접미사 '-리-'가 붙어 사동의 의미가 더해졌고, ㉡은 '물체가 일정한 축을 중심으로 원을 그리면서 움직이다.'라는 의미를 가진 동사 '돌다'에 접미사 '-리-'가 붙어 사동의 의미가 더해졌다. ② ㉠은 '걱정이나 근심, 긴장 따위를 잊거나 풀어 없애다.'라는 의미를 가진 동사 '놓다'에 접미사 '-이-'가 붙어 피동의 의미가 더해졌고, ㉡은 '다 쓰지 않거나 정해진 수준에 이르지 않아 나머지가 있게 되다.'라는 의미를 가진 동사 '남다'에 접미사 '-기-'가 붙어 사동의 의미가 더해졌다. ③ ㉠은 '물체의 전체 면이나 부분에 대하여 힘이나 무게를 가하다.'라는 의미를 가진 동사 '누르다'에 접미사 '-리-'가 붙어 피동의 의미가 더해졌고, ㉡은 '물체를 잡아당기어 가르다.'라는 의미를 가진 동사 '찢다'에 접미사 '-기-'가 붙어 피동의 의미가 더해졌다. ⑤ ㉠은 '공중에 떠서 어떤 위치에서 다른 위치로 움직이다.'라는 의미를 가진 동사 '날다'에 접미사 '-리-'가 붙어 사동의 의미가 더해졌고, ㉡은 '어떤 일에 대한 책임을 지고 담당하다.'라는 의미를 가진 동사 '맡다'에 접미사 '-기-'가 붙어 사동의 의미가 더해졌다.

685) ⑤

선택 비율	① 4%	② 5%	③ 5%	④ 6%	⑤ **78%**

해 : 단형 사동, 즉 주동문의 동사나 형용사 어근에 사동 접미사가 붙은 사동사에 의한 사동은 직접 사동과 간접 사동의 두 가지 의미를 모두 표현할 수 있지만 장형 사동, 즉 '-게 하다'에 의한 사동은 간접 사동의 해석만을 허용한다. <보기>에서 ㉢은 단형 사동이고 ㉣은 장형 사동이므로 ㉢은 ㉣과 달리 직접 사동과 간접 사동의 의미 모두로 해석될 수 있다.

[오답풀이] ①, ② ㉠을 '아이들이'를 주어로 삼는 단형 사동문으로 바꾸면 '아이들이 얼음 위에서 팽이를 돌린다.'가 된다. ㉠의 주어인 '팽이가'는 목적어인 '팽이를'로 바뀌었으며 서술어의 자릿수가 한 자리에서 두 자리로 바뀌었음을 알 수 있다. ③, ④ ㉡을 '선생님께서'를 주어로 삼는 단형 사동문으로 바꾸면 '선생님께서 지원이에게 그 일을 맡기셨다.'가 된다. ㉡의 주어인 '지원이가'는 부사어인 '지원이에게'로 바뀌었으며 서술어의 자릿수가 두 자리에서 세 자리로 바뀌었음을 알 수 있다.

686) ⑤

선택 비율	① 4%	② 3%	③ 3%	④ 7%	⑤ **80%**

해 : 어근 형태가 '밧-'(15세기)과 '벗-'(현대)으로 서로 다름에도 불구하고 두 어근에 결합하는 사동 접미사가 '-기-'로 동일하다는 것을 알 수 있다.

[오답풀이] ① '얼-'이라는 동일한 어근에 대해 15세기 국어에서는 사동 접미사로 '-우-'가 결합되고 현대 국어에서는 '-리-'가 결합됨을 알 수 있다. ② ㉡에서 '일케'는 현대 국어의 '잃게'에 해당한다. 그러므로 ㉡은 현대 국어의 '-게 하다'에 해당하는 15세기 국어의 '-게 ᄒᆞ다'가 쓰인 모습을 보여 준다고 말할 수 있다. ③ 어근 '앉-'과 사동 접미사 '-히-'의 결합형에 대한 표기가 15세기 국어에서는 소리 나는 대로 적은 '안치-'인 반면 현대 국어에서는 '앉히-'라는 점을 알 수 있다. ④ 현대 국어에서는 쓰이지 않는 사동 접미사 '-ᄋᆞ-'가 15세기 국어에서 쓰였음을 확인할 수 있다.

687) ③

선택 비율	① 6%	② 15%	③ **58%**	④ 10%	⑤ 7%

해 : '수식 구문'에 따른 구조적 중의성은 하나의 수식어가 둘 이상의 피수식어를 수식할 수 있는 상황에서 발생한다. 즉, 둘 이상의 수식어가 하나의 피수식어를 수식하는 상황에서는 구조적 중의성이 나타나지 않는다.

[오답풀이] ① 광고와 유머 등에서 의도적으로 중의적 표현을 사용하는 경우도 있다. ② '차'의 경우, '車'와 '茶'의 표기를 병행하여 동음이의어에 따른 중의성을 해소할 수 있다.

688) ⑤

선택 비율	① 10%	② 5%	③ 12%	④ 13%	⑤ **58%**

해 : '학생들이 컴퓨터 한 대를 사용한다.'는, '한 대의 컴퓨터를 학생들이 함께 사용한다.'는 의미도 되고, '학생들이 각각 컴퓨터 한 대씩을 사용한다.'는 의미도 되기 때문에 중의성이 발생한다. 이때, '모든'을 '학생들이' 앞에 추가한다고 해도 중의성은 해소되지 않는다.

[오답풀이] ① 다의어인 '길'을 '도로'로 바꾸면 중의성을 해소할 수 있다. ② '착한 주희의 동생을 만났다.'에서 '착한'은 '주희'와 '동생'을 모두 수식할 수 있다. 그런데 '착한'과 '주희의'의 어순을 바꾸면, '착한'이 '동생'만 수식하기 때문에 중의성을 해소할 수 있다. ③ '나는 영호와 민주를 보았다.'는 '나와 영호'가 함께 '민주'를 보았다는 의미도 되고, '나'가 '영호와 민주' 두 명을 보았다는 의미도 된다. 그런데 '나는' 뒤에 쉼표(문장 부호)를 찍으면, '나'가 '영호와 민주' 두 명을 만났다는 의미가 되어 중의성을 해소할 수 있다. ④ '회원들이 다 오지 않았다.'는 '회원들이 한 명도 오지 않았다.'는 의미도 되고, '회원들 중 일부만 왔다.'는 의미도 된다. 그런데 '회원들이 다는 오지 않았다.'처럼 보조사 '는'을 추가하면, '회원들 중 일부만 왔다.'는 의미가 되어 중의성을 해소할 수 있다.

689) ④

선택 비율	① 5%	② 3%	③ 3%	④ **84%**	⑤ 3%

해 : 'ㅘ'는 이중 모음으로 반모음 '[w]'가 단모음 'ㅏ' 앞에서 결합한 소리이다.

[오답풀이] ① 'ㅠ'는 이중 모음으로, 반모음과 단모음이 결합한 소리이다. 이중 모음은 입술 모양이나 혀의 위치가 발음 도중에 변한다. ② 'ㅐ'는 단모음으로, 발음할 때 입술 모양이나 혀의 위치가 변하지 않는다. ③ 'ㅖ'의 발음은 'ㅣ'를 짧게 발음하는 것과 유사한 소리인 반모음 '[j]' 뒤에서 'ㅔ'가 결합한 것이다. ⑤ 반모음은 홀로 쓰일 수 없는 소리이고 이중 모음의 발음은 반모음이 단모음과 결합한 것이다.

690) ①

선택 비율	① **53%**	② 15%	③ 6%	④ 17%	⑤ 7%

해 : '표준어 규정'에 따르면 'ㅚ'와 'ㅟ'는 단모음으로 발음하는 것이 원칙이지만 이중 모음으로 발음하는 것도 허용한다. 'ㅚ'를 이중 모음으로 발음할 경우에는 반모음 '[w]'와 'ㅔ' 소리를 연속하여 발음하며 이 소리는 'ㅞ'의 발음에 해당한다. 따라서 ㉠에 들어갈 발음으로 적절한 것은 [차뭬]이다. 'ㅟ'를 이중 모음으로 발음할 경우에는 반모음 '[w]'와 'ㅣ' 소리를 연속하여 발음하며 이 소리는 'ㅑ, ㅒ, ㅕ, ㅖ, ㅘ, ㅙ, ㅛ, ㅝ, ㅞ, ㅠ, ㅢ'의 발음 중에 없으므로 ㉡은 '포함되어 있지 않아'가 적절하다.

691) ③

선택 비율	① 5%	② 21%	③ **63%**	④ 7%	⑤ 1%

해 : '[밤만]'을 듣고 '밥만'을 복원했다면 비음화 규칙이 인식의 틀로 작동한 결과이겠지만, '밤만'으로 복원했다면 음운 규칙이 인식의 틀로 작동한 것이 아니다.

[오답풀이] ① 첫째 문단의 '국어는 한 음절 내에서 모음 앞이나 뒤에 각각 최대 하나의 자음을 둘 수 있지만'을 통해 '몫 → [목]'의 자음군 단순화를 추론할 수 있다. ② 둘째 문단의 '음운은 그 자체로는 뜻이 없다. 음운이 하나 이상 모여 뜻을 가지면 의미의 최소 단위인 형태소가 된다.'라는 설명을 통해 음운 'ㄹ'이 그 자체로는 뜻이 없지만 '갈 곳'의 'ㄹ'은 관형사형 전성 어미로 쓰이는 뜻의 최소 단위가 된다는 점을 추론할 수 있다. ④ 셋째 문단의 '국어의 음절 구조와 맞지 않는 소리를 듣는다면 국어의 음절 구조에 맞게 바꾸고'를 통해 영어 'spring'을 3음절 '스프링'으로 인식하는 과정에서 국어 음절 구조 인식의 틀이 작동하였음을 추론할 수 있다. ⑤ 셋째 문단의 '국어에 없는 소리를 듣는다면 국어에서 가장 가까운 음운으로 바꾸어 인식하게 된다.'를 통해 영어 'v'를 국어 'ㅂ'로 인식하는 양상을 추론할 수 있다.

692) ②

선택 비율	① 16%	② **66%**	③ 12%	④ 3%	⑤ 1%

해 : ⓐ '앞일 → [암닐]'에서는 음절 말 평파열음화, ㄴ 첨가, 비음화가 일어나는데, 음절 말 평파열음화는 '앞'이라는 형태소 내부에서 발생하고, ㄴ 첨가와 비음화는 '앞'과 '일'이라는 형태소가 만나는 경계에서 발생한다. ⓒ '넣고 → [너코]'에서는 거센소리되기가 일어나는데, '넣-'과 '-고'라는 형태소가 만나는 경계에서 발생한다. ⓔ '굳이 → [구지]'에서는 구개음화가 일어나는데, '굳-'과 '-이'라는 형태소가 만나는 경계에서 발생한다.

[오답풀이] ⓑ '장미꽃 → [장미꼳]'에서는 음절 말 평파열음화가 일어나는데, 이러한 음운 변동은 '장미'와 '꽃'이라는 형태소가 만나는 경계에서 발생하는 것이 아니라 '꽃'이라는 형태소 내부에서 발생한다. ⓓ '걱정 → [걱쩡]'에서는 된소리되기가 일어나지만, '걱정'은 단일어이므로 이러한 음운 변동이 형태소 경계에서 발생하는 것은 아니다.

693) ⑤

선택 비율	① 4%	② 5%	③ 5%	④ 19%	⑤ **64%**

해 : 셋째 문단에서 '구개음화는 끝소리 'ㄷ, ㅌ'이 모음 'ㅣ'로 시작되는 조사나 접미사 앞에서 구개음 'ㅈ, ㅊ'으로 발음되는 현상'이라고 하였다. 이때 바뀌는 음운은 'ㄷ, ㅌ'에만 해당하므로, 구개음화는 모음의 소리는 그대로인 채 자음의 소리만 바뀌는 현상이라고 할 수 있다.

[오답풀이] ① 첫째 문단에서 '음운의 동화는 인접한 두 음운 중 어느 한쪽 또는 양쪽이 서로 비슷하거나 같은 소리로 바뀌는 현상'이라고 하였으므로 적절하다. ② 비음화, 유음화, 구개음화가 일어나면 인접한 두 음운의 성격이 비슷하거나 같은 소리로 바뀐다. 다섯째 문단에서 '성격이 비슷하거나 같은 소리가 연속되면 발음할 때 힘이 덜 들게' 된다고 하였으므로 음운의 동화가 일어날 때 조음 위치나 조음 방식이 바뀌면 발음의 경제성이 높아짐을 알 수 있다. ③ 둘째 문단에서 비음화는 '비음이 아닌 'ㅂ, ㄷ, ㄱ'이 'ㅁ, ㄴ' 앞에서' 바뀌는 현상이고, 유음화는 '비음 'ㄴ'이 유음 'ㄹ'의 앞이나 뒤에서' 바뀌는 현상이라 하였으므로 비음화와 유음화가 일어나는 인접한 두 음운은 모두 자음이라는 것을 알 수 있다. ④ 셋째 문단에서 구개음화는 '모음 'ㅣ'로 시작되는 조사나 접미사 앞'에 'ㄷ, ㅌ'이 인접할 때 일어나는 현상이라고 하였으므로, 자음으로 시작하는 조사나 접미사 앞에서는 구개음화가 일어날 수 없다는 것을 알 수 있다.

694) ①

선택 비율	① **80%**	② 4%	③ 2%	④ 7%	⑤ 5%

해 : 자음 체계표를 보면 a는 파열음 'ㅂ'이 비음 'ㅁ'의 영향으로 비음 'ㅁ'으로 바뀌는 비음화의 예이고, b는 비음 'ㄴ'이 유음 'ㄹ'의 영향으로 유음 'ㄹ'로 바뀌는 유음화의 예이다. 비음화와 유음화 모두 조음 방식이 바뀌는 현상이다. 이와 달리 c는 끝소리 'ㄷ'이 접미사 'ㅣ' 앞에서 'ㅈ'으로 발음되는 구개음화의 예이다. 잇몸소리이면서 파열음인 'ㄷ'이 센입천장소리이면서 파찰음인 'ㅈ'로 바뀌었으므로 조음 위치와 조음 방식이 모두 바뀐 경우에 해당한다.

695) ③

선택 비율	① 11%	② 4%	③ **57%**	④ 4%	⑤ 21%

해 : 이 글에 제시된 음운 변동 중 ⓐ에는 거센소리되기, ⓑ에는 비음화가 일어나는 단어가 들어가야 한다. '맏형[마텽]'은 'ㄷ'과 'ㅎ'이 합쳐져 거센소리 'ㅌ'으로 발음되므로 ⓐ에 해당하고, '식물[싱물]'은 'ㄱ'이 비음 'ㅁ'의 영향을 받아 비음 'ㅇ'으로 바뀌어 발음되므로 ⓑ에 해당한다.

[오답풀이] ① '창밖[창박]'은 음절 끝의 자음 'ㄲ'이 'ㄱ'으로 발음된다. '능력[능녁]'은 비음화가 일어난다. ② '놓다[노타]'는 거센소리되기가 일어난다. '다섯[다섣]'은 음절 끝의 자음 'ㅅ'이 'ㄷ'으로 발음된다. ④ '쓰-+-어→써[써]'는 모음 탈락이, '법학[버팍]'은 거센소리되기가 일어난다. ⑤ '타-+-아라→타라[타라]'는 모

음 탈락이, '집념[짐념]'은 비음화가 일어난다.

696) ⑤

선택 비율	① 5%	② 2%	③ 11%	④ 2%	⑤ **78%**

해 : '섞는[성는]'은 음절 끝의 자음 'ㄲ'이 'ㄱ'으로 바뀐 후, 비음화가 일어나므로 ㉠의 예에 해당한다.

[오답풀이] ① '굽히지[구피지]'는 거센소리되기만 일어난다. ② '작년[장년]'은 비음화만 일어난다. ③ '않고[안코]'는 거센소리되기만 일어난다. ④ '장미꽃[장미꼳]'은 음절 끝의 자음 'ㅊ'이 'ㄷ'으로 발음되는 음운 변동만 일어난다.

697) ④

선택 비율	① 2%	② 12%	③ 2%	④ **73%**	⑤ 9%

해 : '옛이야기[옌:니야기]'는 첨가에 해당하는 'ㄴ첨가'와 교체에 해당하는 '음절의 끝소리 규칙, 비음화'가 적용되었다. 이때 음운의 개수가 늘어났으므로 적절하다.

698) ②

선택 비율	① 14%	② **63%**	③ 6%	④ 9%	⑤ 5%

해 : ㉠의 '떠'는 어간 '뜨-'의 모음 'ㅡ'가 '-아/-어'로 시작하는 어미와 결합하여 탈락하는 경우로 음운 변동이 표기에 반영된 것이고, ㉡의 '가서'는 어간 '가-'의 모음 'ㅏ'가 '-아/-어'로 시작하는 어미가 결합할 때 'ㅏ'가 탈락한 경우로 음운 변동이 표기에 반영된 것이므로 적절하지 않다.

[오답풀이] ① ㉠의 '서라'는 어간 '서'의 모음 'ㅓ'와 '-아/-어'로 시작하는 어미가 결합할 때 'ㅓ'가 탈락하는 경우로 음운 변동이 표기에 반영된 것이고, ㉡의 '끊어라' 는 어간 '끊-'의 끝소리 'ㅎ'이 모음으로 시작하는 어미 앞에서 탈락하는 경우로 음운 변동이 표기에 반영되지 않은 것이므로 적절하다. ③ ㉠의 '꺼'는 어간 '끄-'의 모음 'ㅡ'가 '-아/-어'로 시작하는 어미와 결합하여 탈락하는 경우로 음운 변동이 표기에 반영된 것이고, ㉡의 '신고'는 어간의 끝소리 'ㄴ' 뒤에서 어미의 첫소리가 된소리로 교체되는 경우로 음운 변동이 표기에 반영되지 않은 것이므로 적절하다. ④ ㉠의 '마는'은 어간 '말-'의 끝소리 'ㄹ'이 'ㄴ'으로 시작하는 어미 앞에서 탈락하는 경우로 음운 변동이 표기에 반영된 것이고, ㉡의 '쌓은'은 어간 '쌓-'의 끝소리 'ㅎ'이 모음으로 시작하는 어미 앞에서 탈락하는 경우로 음운 변동이 표기에 반영되지 않은 것이므로 적절하다. ⑤ ㉠의 '너는'은 어간 '널-'의 끝소리 'ㄹ'이 'ㄴ'으로 시작하는 어미 앞에서 탈락하는 경우로 음운 변동이 표기에 반영된 것이고, ㉡의 '담고'는 어간의 끝소리 'ㅁ' 뒤에서 어미의 첫소리가 된소리로 교체되는 경우로 음운 변동이 표기에 반영되지 않은 것이므로 적절하다.

699) ①

선택 비율	① **63%**	② 6%	③ 12%	④ 9%	⑤ 8%

해 : '(밥을) 먹다'에서 일어나는 된소리되기는 받침 'ㄱ, ㄷ, ㅂ' 뒤에 'ㄱ, ㄷ, ㅂ, ㅅ, ㅈ'이 올 때 일어나는 된소리되기로 용언에서만 일어나는 유형은 아니다.

[오답풀이] ② '밀도(密度)'에서 일어나는 된소리되기는 한자어에서 'ㄹ' 받침 뒤에 'ㄷ, ㅅ, ㅈ'이 연결될 때 일어나는 된소리되기이다. ③ '납득'에서 일어나는 된소리되기는 받침 'ㄱ, ㄷ, ㅂ' 뒤에 'ㄱ, ㄷ, ㅂ, ㅅ, ㅈ'이 올 때 일어나는 된소리되기로 예외 없이 일어나는 현상이다. ④ '솔개'에서는 'ㄹ' 뒤에 된소리되기가 일어나지 않지만 '줄 것'에서 된소리되기가 일어나는 이유는 '줄'의 '-ㄹ'이 관형사형 어미이기 때문이다. ⑤ '(고기를) 삶고'에서 일어나는 된소리되기는 용언의 어간 받침 'ㄴ(ㄵ), ㅁ(ㄻ)' 뒤에 'ㄱ, ㄷ, ㅅ, ㅈ'으로 시작하는 어미가 올 때 일어나는 현상이다.

700) ⑤

선택 비율	① 5%	② 3%	③ 5%	④ 12%	⑤ **73%**

해 : '불고기'에서는 '물고기'와 달리 된소리되기가 일어나지 않으므로 '불고기'는 중세 국어의 관형격 조사 'ㅅ'과 관련이 없다고 볼 수 있다. 따라서 '불고기'는 중세 국어에서 '불+ㅅ+고기'로 분석될 수 없다.

701) ④

선택 비율	① 3%	② 9%	③ 5%	④ **81%**	⑤ 1%

해 : 2문단에서 '오늘날에는 실제 발음에서 'ㅔ'와 'ㅐ'를 명확하게 구별하지 못하는 경우가 대부분'이라고 했는데, 오늘날 실제 발음에서 'ㅔ'와 'ㅐ'가 명확히 구별된다고 했으므로 적절하지 않다.

[오답풀이] ① 1문단에서 '표준 발음법은 한글의 표기와 발음이 일치하지 않는 경우에 올바른 발음을 알려 주는 역할을 한다.'라고 했으므로 적절하다. ② 2문단에서 '실제 발음을 모두 표준 발음으로는 인정하지 않'는다고 했으므로 적절하다. ③ 2문단에서 '발음상의 관습'을 감안한다는 '전통성'을 고려하여, '이전부터 오랜 기간 구별되어 왔으며 단어의 의미 변별에도 중요한 역할'을 한 '모음의 장단에 대해 세부적으로 규정을 해 두었다'고 했으므로 적절하다. ⑤ 3문단에서 '닭이'를 '[다기]로 발음하는 것은 합리성이 떨어지기 때문에 표준 발음으로 인정하지 않는'다고 했으므로 적절하다.

702) ③

선택 비율	① 9%	② 7%	③ **62%**	④ 6%	⑤ 15%

해 : ㉠의 '같이[가치]'와 ㉢의 '얻기[얻:끼]'는 각각 구개음화와 된소리되기가 일어난 단어로, 음운 변동의 결과가 표기에 반영되지 않아 Ⓐ에 해당하므로 적절하다.

[오답풀이] ① ㉠의 '나가서(나가-+-아서)[나가서]'와 ㉡의 '펴서(펴-+-어서)[펴서]'는 모두 모음 탈락이 일어난 단어로, 음운 변동의 결과가 표기에 반영되어 Ⓑ에 해당하므로 적절하지 않다. ② ㉠의 '높푸른[놉푸른]'은 음절의 끝소리 규칙이 일어난 단어로, 음운 변동의 결과가 표기에 반영되지 않아 Ⓐ에 해당하고, ㉡의 '바빠(바쁘-+-아)[바빠]'는 모음 탈락이 일어난 단어로, 음운 변동의 결과가 표기에 반영되어 Ⓑ에 해당하므로 적절하지 않다. ④ ㉡의 '원래[월

래]'는 유음화가 일어난 단어로, 음운 변동의 결과가 표기에 반영되지 않아 Ⓐ에 해당하고, ⓒ의 '반드시[반드시]'는 음운 변동이 일어나지 않아 Ⓐ와 Ⓑ 모두에 해당하지 않으므로 적절하지 않다. ⑤ ⓛ의 '답한[다판]'과 ⓒ의 '삶[삼:]'은 각각 거센소리되기와 자음군 단순화가 일어난 단어로, 음운 변동의 결과가 표기에 반영되지 않아 Ⓐ에 해당하므로 적절하지 않다.

703) ⑤

선택 비율	① 8%	② 11%	③ 8%	④ 11%	⑤ **59%**

해 : 현대 국어에서 표준 발음으로 인정되는 구개음화는 음절 끝소리가 'ㄷ, ㅌ'인 형태소가 단모음 'ㅣ'로 시작하는 조사나 접사 같은 형식 형태소와 결합하여 'ㅈ, ㅊ'으로 변하는 경우나, 음절 끝소리가 'ㄷ'이고 뒤에 접사 '-히-'가 올 때 'ㄷ'과 'ㅎ'이 축약되어 'ㅌ'이 되고 이것이 구개음 'ㅊ'으로 되는 경우이다. '끝인사'를 [끄친사]로 발음하지 않는 이유는 '끝' 뒤에 붙는 '인사'가 형식 형태소가 아니기 때문이다.

[오답풀이] ① '같이'를 [가치]로 발음하는 이유는 표준 발음으로 인정되는 'ㄷ-구개음화'가 일어나기 때문이다. ② '많지만'을 [만치만]으로 발음하는 이유는 자음 축약이 일어나기 때문이다. 이 경우는 현대 국어에서 표준 발음으로 인정되는 구개음화의 사례가 될 수 없다. ③ '맏이'를 [마디]로 발음하지 않는 이유는 'ㄷ-구개음화'가 일어난 [마지]가 표준 발음으로 인정되기 때문이다. ④ '곁으로'를 [겨츠로]로 발음하지 않는 이유는 연음하여 발음한 [겨트로]가 표준 발음이기 때문이다. 이 경우 현대 국어에서 표준 발음으로 인정되는 구개음화의 사례가 될 수 없다.

704) ③

선택 비율	① 6%	② 9%	③ **51%**	④ 19%	⑤ 13%

해 : '김치'의 '치'는 과거에도 초성의 자음이 'ㅊ'이었다. 그러므로 '김치'의 '치'에서 구개음화가 일어나지 않은 것은 '치'의 본래 모음이 'ㅢ'였기 때문이라는 이해는 적절하지 않다

[오답풀이] ① 피동화음이 'ㄷ, ㅌ, ㄸ'인 경우는 'ㄷ-구개음화'에 해당하므로 '딤치'가 '짐치'로 변하는 과정에서 일어난 구개음화는 'ㄷ-구개음화'에 해당한다. ② '딤치'의 '딤'이 '짐치'의 '짐'으로 변한 것이므로 '딤치'가 '짐치'로 변하는 과정에서 일어난 구개음화는 형태소 내부에서 일어났다. ④ 언중은 '짐치'를 'ㄱ-구개음화'가 일어난 형태라고 생각했기 때문에 '김치' 로 교정했을 것이다. ⑤ 'ㄷ' 뒤에 오는 모음이 원래 'ㅣ'가 아닌 다른 모음이었던 단어들에는 과거에 구개음화가 일어나지 않았다. 그러므로 '김치'의 본래 형태가 '딤치'였고 형태소 내부에서의 'ㄷ-구개음화'가 사라진 후에 'ㅢ'가 'ㅣ'로 변화했다면 구개음화는 일어나지 않았을 것이다.

705) ①

선택 비율	① **72%**	② 4%	③ 7%	④ 6%	⑤ 8%

해 : 4문단에 따르면 '믿는'의 '믿-'은 비음인 'ㄴ' 앞에 평파열음인 'ㄷ'이 올 수 없어 '민-'으로 교체되었으므로 자동적 교체에 해당한다. 5문단에 따르면 '안고'는 비음으로 끝나는 어간 '안-' 뒤에서 '-고'가 '-꼬'로 교체되는 경우로, '-고'는 비음인 'ㄴ' 뒤에 'ㄱ, ㄷ, ㅈ'과 같은 자음이 오지 못해 '-꼬'로 교체된 것이 아니므로 비자동적 교체에 해당한다.

706) ②

선택 비율	① 5%	② **52%**	③ 14%	④ 20%	⑤ 7%

해 : ⓑ의 '책'은 환경에 따라 '책이[채기]', '공책은[공채근]', '책도[책또]'에서는 '[책]'으로 '책만[챙만]'에서는 '[챙]'으로 실현된다. 따라서 '책'은 기본형을 따로 정할 필요가 없는 경우에 해당하는 것이 아니라, 이형태가 복수로 존재하여 기본형을 정해 주는 경우에 해당한다.

[오답풀이] ① ⓐ의 '닭'은 환경에 따라 '[닥]', '[당]' 등으로 실현되며 상보적 분포를 보인다. ⑤ ⓔ의 '잎'은 환경에 따라 '[입]', '[임]' 등으로 실현되므로 이들을 대표할 수 있는 형태인 '잎'을 기본형으로 설정한다.

707) ①

선택 비율	① **62%**	② 4%	③ 3%	④ 18%	⑤ 11%

해 : '쌓던'은 거센소리되기가 우선적으로 적용되어 [싸턴]으로 발음되며, 거센소리되기는 음운 변동의 유형 중 축약에 해당한다.

[오답풀이] ② '잃고'는 어간 말 'ㅎ'과 어미의 첫소리 'ㄱ'이 결합하여 'ㅋ'으로 바뀌는 거센소리되기가 일어나 [일코]로 발음된다. ③ '끓이다'는 어근 '끓-' 뒤에 접미사 '-이-'가 결합한 경우이므로, 'ㅎ'이 탈락하고 'ㄹ'이 뒤 음절의 첫소리로 연음되어 [끄리다]로 발음된다. ④ '칡하고[치카고]'는 겹받침 'ㄺ'에서 'ㄹ'이 탈락하고 'ㄱ'과 'ㅎ'이 만나 'ㅋ'으로 바뀌는 축약이 일어난다. '하찮은[하차는]'은 'ㅎ' 탈락이 일어난다. 따라서 공통적으로 일어난 음운 변동은 탈락이다. ⑤ '먹히다[머키다]'는 'ㄱ'과 'ㅎ'이 만나 'ㅋ'으로 바뀌는 축약이 일어나고, '끊고서[끈코서]'는 'ㅎ'과 'ㄱ'이 만나 'ㅋ'으로 바뀌는 축약이 일어난다. 따라서 각각 음운 변동이 한 번씩만 일어난 것이다.

708) ①

선택 비율	① **65%**	② 6%	③ 7%	④ 11%	⑤ 8%

해 : ⓐ는 받침 'ㅈ'이 'ㄷ'으로 교체되고 'ㄷ'과 'ㅎ'이 만나 거센소리 'ㅌ'으로 바뀐 것이므로 ⓛ에 따른 것이라고 할 수 있다.

[오답풀이] ② ⓑ는 'ㅈ'과 'ㅎ'이 곧바로 합쳐져 'ㅊ'으로 바뀐 것이므로 ㉠에 따른 것이라고 할 수 있다. ③ ⓒ는 겹받침 'ㄺ'에서 'ㄹ'이 탈락하고 'ㄱ'과 'ㅎ'이 만나 거센소리 'ㅋ'으로 바뀐 것이므로 ⓛ에 따른 것이라고 할 수 있다. ④ ⓓ는 받침 'ㅈ'이 'ㄷ'으로 교체되고 'ㄷ'과 'ㅎ'이 만나 'ㅌ'으로 바뀐 것이므로 ⓛ에 따른 것이라고 할 수 있다. ⑤ ⓔ는 겹받침 'ㄼ'의 'ㅂ'이 접미사 '-히-'의 'ㅎ'과 곧바로 합쳐져 'ㅍ'으로 바뀐 것이므로 ㉠에 따른 것이라고 할 수 있다.

709) ③

선택 비율	① 10%	② 10%	③ 44%	④ 12%	⑤ 21%

해 : '읊다'의 '읊'은 종성에 오는 두 자음 중 하나가 탈락하고, 남은 자음은 교체되어 '[읍]'으로 발음되므로 ㉠과 ㉡이 모두 적용되었다. 그러나 음절 유형에는 변화가 없으므로 ⓐ에 해당한다는 설명은 적절하지 않다.

[오답풀이] ① '흙화덕[흐콰덕]'은 '흙'에서 종성의 두 자음 중 하나가 탈락하여 '[흑]'으로 발음되므로 ㉠이 적용되었고, 축약으로 인해 첫 번째 음절 유형이 달라져 ⓐ에 해당하므로 적절하다. ② '낱알[나:달]'은 '낱'에서 종성이 교체되어 '[낟]'으로 발음되므로 ㉡이 적용되었고, 연음으로 모든 음절 유형이 달라져 ⓑ에 해당하므로 적절하다. ④ '솜이불[솜:니불]'은 종성에서 탈락과 교체가 일어나지 않으므로 ㉠과 ㉡ 중 어떤 것도 적용되지 않고, 'ㄴ'첨가로 두 번째 음절 유형이 달라져 ⓐ에 해당하므로 적절하다. ⑤ '훑어[훌터]'는 '훑'의 종성에서 탈락과 교체가 일어나지 않으므로 ㉠과 ㉡ 중 어떤 것도 적용되지 않고, 연음으로 두 번째 음절 유형이 달라져 ⓑ에 해당하므로 적절하다.

710) ①

선택 비율	① 65%	② 6%	③ 7%	④ 11%	⑤ 8%

해 : '삭막[상막]'은 앞 음절 종성의 공명도가 뒤 음절 초성의 공명도보다 낮으므로 앞 음절 종성 'ㄱ'이 'ㅇ'으로 바뀌어 ㉮가 일어났고, '공론[공논]'은 앞 음절 종성의 공명도가 뒤 음절 초성의 공명도보다 낮으므로 뒤 음절 초성 'ㄹ'이 'ㄴ'으로 바뀌어 ㉯가 일어났으므로 적절하다.

711) ⑤

선택 비율	① 5%	② 4%	③ 9%	④ 10%	⑤ 70%

해 : 15세기 국어에서는 양성 모음으로 끝난 어간에 붙는 연결 어미 '-아'가 'ᄒᆞ-' 뒤에서 '-야'로 바뀌었다. 현대 국어에서도 '하-' 뒤에서는 '-여'가 나타난다. 활용형을 구성하는 모음의 조합을 보면 'ᄀᆞ독ᄒᆞ야'는 모음 조화를 지키고 있으나, 현대 국어의 '가득하여'는 모음 조화를 지키고 있지 않으므로, ㉠과 ㉡을 모두 확인할 수 있는 예로 적절하지 않다.

[오답풀이] ① 15세기 국어와 현대 국어에서 용언 어간 '알-'의 모음이 양성 모음이므로 어미 '-아'가 선택된 것이다. '아라'는 '알아'를 연철 표기한 것이다. ② 15세기 국어와 현대 국어에서 용언 어간 '먹-'의 모음이 음성 모음이므로 어미 '-어'가 선택된 것이다. '머거'는 '먹어'를 연철 표기한 것이다. ③ 15세기 국어에서는 'ᄭᅵ오-'의 끝음절 모음이 양성 모음이므로 어미 '-아'가 선택된 것이고, 현대 국어에서는 '깨우-'의 끝음절 모음이 음성 모음이므로 어미 '-어'를 선택한 것이다. 따라서 모두 모음 조화를 지킨 사례로 볼 수 있다. ④ 15세기 국어에서 용언 어간 'ᄡᅳ-'의 끝음절 모음이 음성 모음이므로 어미 '-어'가 선택된 것이고, 현대 국어에서도 '쓰-'의 끝음절 모음이 음성 모음이므로 어미 '-어'가 선택된 것이다.

712) ④

선택 비율	① 6%	② 6%	③ 8%	④ 68%	⑤ 10%

해 : 주어진 글에서 조사 '와'와 '과'는 모음 조화가 적용되지 않았다고 설명하고 있다. '와'와 '과'의 모음은 'ㅘ'로 동일하므로 모음 조화가 적용되는 이형태가 아니다. 따라서 17세기에 모음 조화의 약화에 따라 조사 사용에 혼란이 있었음을 '초와'와 '파과'를 통해 확인하는 것은 적절하지 않다.

[오답풀이] ① '겨슬'의 'ㅕ'와 'ㅡ'는 음성 모음에 해당하고, 'ᄒᆞᄅᆞ'의 'ㆍ'는 양성 모음이다. 따라서 한 단어 내에서 모음 조화가 잘 지켜졌음을 확인할 수 있다. ② '오ᄉᆞᆯ'은 체언 '옷'에 목적격 조사 'ᄋᆞᆯ'이 결합한 것이고, '쥭을'은 체언 '쥭'에 목적격 조사 '을'이 결합한 것이다. '오ᄉᆞᆯ'은 양성 모음끼리 결합한 것이고, '쥭을'은 음성 모음끼리 결합한 것이므로 체언에 목적격 조사가 결합할 때 모음 조화가 지켜졌음을 확인할 수 있다. ③ 'ᄒᆞ더라'에서 '-더-'가 양성 모음을 지닌 'ᄒᆞ-' 뒤에 결합되어 있는 것으로 보아 용언 어간에 '-더-'가 결합할 때에는 모음 조화가 적용되지 않았음을 확인할 수 있다. ⑤ 'ᄂᆞᄆᆞᆶ'과 'ᄂᆞ믈'의 차이는 둘째 음절의 'ㆍ'가 'ㅡ'로 변한 것이다.

713) ③

선택 비율	① 4%	② 7%	③ 53%	④ 7%	⑤ 26%

해 : 비음화, 자음 축약(거센소리되기)과 같은 현상은 음운과 관련된 조건만으로 규칙성을 파악할 수 있다. 파열음인 예사소리 뒤에서 일어나는 된소리되기도 마찬가지이다. 그런데 용언 어간 말 비음 뒤에서 일어나는 된소리되기는 용언의 어간과 어미라는 형태소와 관련된 조건까지 필요하다. <보기>의 ⓑ는 발음될 때 파열음인 예사소리 뒤에서 일어나는 된소리되기가 일어나고 ⓒ는 자음 축약이 일어난다. 이 두 현상은 모두 음운과 관련된 조건만 필요한 음운 변동이다.

[오답풀이] ① 장애음과 비음이 이어지거나 예사소리인 파열음 뒤에 예사소리가 이어질 때에는 자연스럽게 발음하기가 어려워 예외 없이 음운 변동이 일어난다. ② 국어에서 규칙적으로 일어나는 음운 변동은 표준 발음에 반영한다. ④ 자음 축약이 일어날 때에는 형태소와 관련된 조건이 필요 없다. ⑤ '뜯기-'는 어간이며, 예사소리인 파열음 뒤에서 된소리되기가 일어난다.

714) ④

선택 비율	① 9%	② 10%	③ 11%	④ 59%	⑤ 9%

해 : 예사소리인 파열음 뒤에서 일어나는 된소리되기는 예외 없이 일어나는 음운 변동이다. 따라서 '국수'로 적더라도 발음은 [국쑤]로 하게 된다. 이 점을 고려하여 한글 맞춤법에서는 '국수, 몹시'와 같은 단어를 제5항에 '다만' 규정을 두어 발음에서 나는 된소리를 예사소리로 적게 하고 있다.

[오답풀이] ① 두 모음 사이라는 음운과 관련된 조건만으로는 된소리되기를 설명할 수 없다. 그래서 한글 맞춤법 제5항에는 뚜렷한 까닭 없이 된소리가 일어나는 조건으로 '두 모음 사이'를 제시하고 있다. ② 예사소리인 파열음 뒤에서 일어나는 된소리되기는 규칙적

인 현상이다. ③ '딱닥'으로 적어도 발음은 예외 없이 [딱딱]이 된다. 그러나 한글 맞춤법에서는 제5항의 '다만' 규정과 제13항을 두어 '딱딱'으로 적게 하고 있다. ⑤ '잔뜩'은 부사이며, 한글맞춤법 제5항에 'ㄴ, ㄹ, ㅁ, ㅇ' 받침 뒤에서 뚜렷한 까닭 없이 된소리가 나는 단어로 제시되어 있다.

715) ②

선택 비율	① 4%	② **77%**	③ 5%	④ 7%	⑤ 4%

해 : 축약이란 두 개의 음운이 합쳐져 하나의 음운으로 줄어드는 현상을 말한다. 국어에서는 'ㅎ'과 예사소리 'ㄱ, ㄷ, ㅂ, ㅈ'이 만나면 거센소리로 축약되는 현상이 일어난다. <보기>의 밑줄 친 ㉣은 그중에서도 용언의 어간 말음 'ㅎ' 뒤에 예사소리 'ㄱ, ㄷ, ㅈ'으로 시작하는 어미가 올 때 일어나는 축약을 가리키고 있다. ②에서 어간 '놓-'과 어미 '-기'가 결합하여, 용언 어간 말음의 'ㅎ'과 어미의 'ㄱ'이 거센소리로 축약되었다.

[오답풀이] ① '한몫[한목]'을 발음할 때, 종성에 있는 자음군에서 자음 하나가 탈락하므로 ㉡이 일어난다. ③ '끓지[끌치]'를 발음할 때, 용언 어간 말음의 'ㅎ'과 뒤에 오는 어미의 'ㅈ'이 'ㅊ'으로 축약되므로 ㉣이 일어난다. ④ '값할[가팔]'을 발음할 때, 종성의 자음군에서 자음 하나가 탈락하므로 ㉡이 일어난다. 'ㅂ'과 'ㅎ'의 축약이 일어나지만 용언 어간 말음 'ㅎ' 뒤에 'ㄱ, ㄷ, ㅈ'으로 시작하는 어미가 결합할 때 일어나는 축약은 아니다.

716) ①

선택 비율	① **54%**	② 16%	③ 7%	④ 11%	⑤ 9%

해 : ⓐ에서는 '하놇'에 조사 '이'가 붙어 '하놀히'로 연음되었으므로 음운의 개수에 변동이 없다. 그러나 ⓓ에서는 '하놇'의 말음인 'ㅎ'과 뒤에 오는 '도'의 'ㄷ'이 'ㅌ'으로 축약되어 '하놀토'로 나타났으므로, 음운의 개수가 줄어들었다.

[오답풀이] ② '하늜'과 '하늘' 모두 'ㅎ'은 실현되지 않았으며, '하늜'은 관형격 조사 'ㅅ'이 결합되어 있는 것이다. ③ '하늘토'에서 'ㅌ'은 '하놇'의 말음인 'ㅎ'과 뒤에 오는 조사 '도'의 'ㄷ'이 축약되어 나타난 것이므로, 'ㅎ'의 존재를 알 수 있다. ④ '하늜'은 관형격 조사 'ㅅ'이 결합한 것으로, 'ㅎ'이 실현되지 않았다. ⑤ '하놇'에 조사 '도, 과'가 결합하면 'ㅎ'과 'ㄷ, ㄱ'이 축약되어 '하놀토, 하놀콰'로 나타났다.

717) ④

선택 비율	① 1%	② 4%	③ 1%	④ **90%**	⑤ 1%

해 : '몫'은 '[목]'으로 발음되므로 발음을 기준으로 할 때 '목'과 '몫'은 '자음+모음+자음'의 같은 음절 유형에 해당한다.

[오답풀이] ① '싫증'은 싫은 생각이나 느낌을 뜻하는 말로, 실제 발음은 [실쯩]이지만 소리대로 적지 않고 '싫증'으로 표기한다. 이는 단어의 의미를 효과적으로 전달하기 위해 첫 글자인 '싫'의 형태를 고정하여 표기한 것이다. ② '북소리'의 실제 발음은 [북쏘리]이지만 '북소리'로 표기하며, '국물'의 실제 발음은 [궁물]이지만 '국물'로 표기한다. 이는 표기가 실제 발음을 그대로 드러내지 않는 경우의 예에 해당한다. ③ '나뭇잎[나문닙]'의 마지막 음절은 [닙]이고, '잎새[입쌔]'의 첫 음절은 [입]이므로, 실제 발음대로라면 '나뭇잎'의 마지막 음절과 '잎새'의 첫 음절은 같지 않다. 그런데 표기된 글자 하나하나를 '음절'이라고 인식하는 관습을 규칙으로 하여 끝말잇기가 이루어질 때는 '나뭇잎'의 '잎'과 '잎새'의 '잎'을 각각 '음절'이라고 받아들여 '나뭇잎' 뒤에 '잎새'를 연결할 수 있는 것이다. ⑤ '북어[부거]'의 음절 유형은 [부]의 경우 '자음+모음', [거]의 경우 '자음+모음'에 해당하므로, 표기 형태인 '북어'가 음절 유형을 그대로 나타내지 않는 경우의 예에 해당한다. '강변[강변]'의 음절 유형은 [강]의 경우 '자음+모음+자음', [변]의 경우 '자음+모음+자음'에 해당하므로, 표기 형태인 '강변'에 음절 유형이 그대로 나타나는 경우의 예에 해당한다.

718) ②

선택 비율	① 5%	② **76%**	③ 7%	④ 5%	⑤ 5%

해 : '옷만 → 옫만 → [온만]'에서는, 'ㅅ → ㄷ'으로 음절 구조 제약과 관련된 교체가 한 번(음절의 끝소리 규칙), 'ㄷ → ㄴ'(비음화)으로 음절 구조 제약과 무관한 교체가 한 번 일어난다.

[오답풀이] ① '굳이[구지]'에는 음절 구조 제약과 무관한 교체인 구개음화가 한 번 일어난다. ③ '물약[물략]'에는 음절 구조 제약과 무관한 첨가인 'ㄴ' 첨가가 한 번, 음절 구조 제약과 무관한 교체인 유음화가 한 번 일어난다. ④ '값도[갑또]'에는 음절 구조 제약(종성에는 둘 이상의 자음이 올 수 없다는 제약)과 관련된 탈락인 자음군 단순화가 한 번, 음절 구조 제약과 무관한 교체인 된소리되기가 한 번 일어난다. ⑤ '핥는[할른]'에는 음절 구조 제약(종성에는 둘 이상의 자음이 올 수 없다는 제약)과 관련된 탈락인 자음군 단순화가 한 번, 음절 구조 제약과 무관한 교체인 유음화가 한 번 일어난다.

719) ⑤

선택 비율	① 6%	② 2%	③ 2%	④ 1%	⑤ **86%**

해 : '부릴'의 어간은 실제 발음에서 나타나는 형태인 '부리-'를 대표 형태로 선택해 표기한 것이므로 적절하지 않다.

[오답풀이] ① '들어'의 발음은 [드러]로, 음운 변동 없이 연음된 것이므로 적절하다. ② '더운'과 '덥고'는 어간의 의미가 같지만 어간을 '더우-'와 '덥-'의 두 가지 형태로 적은 것이므로 적절하다. ③ '여름'과 '장마'는 표준어를 발음되는 대로 표기한 것이므로 적절하다. ④ '끝이'를 '끄치'로 적지 않고 '끝'이라는 대표 형태를 선택하여 표기한 것은 의미 파악을 위해 어법에 맞도록 한다는 원칙에 따라 적은 것이므로 적절하다.

720) ②

선택 비율	① 2%	② **82%**	③ 5%	④ 3%	⑤ 6%

해 : 대표 형태가 '달-'이라면 [달코]와 [달치만]을 음운 변동으로 설명할 수 없지만, 대표 형태가 '닳-'이라면 [달코]와 [달치만]을 축약으로 설명할 수 있으므로 적절하다.

721) ③

선택 비율	① 1%	② 3%	③ **91%**	④ 3%	⑤ 3%

해 : 거센소리되기의 경우, 순행적 거센소리되기와 역행적 거센소리되기 모두 표준 발음으로 인정된다.

[오답풀이] ② 자음군 단순화는 대부분의 방언에서 일어난다. ④ 'ㅚ', 'ㅟ'가 있는 단어는 표준 발음으로 발음하더라도 사람에 따라 다르게 발음할 수 있다.

722) ⑤

선택 비율	① 1%	② 3%	③ 5%	④ 4%	⑤ **88%**

해 : '읊는[음는]'은 발음할 때, 음절의 끝소리 규칙, 비음화, 자음군 단순화가 일어난다. 표준 발음법 제18항에서 받침 'ㄿ'을 명시하고 있으므로, 제18항이 적용되는 예로 '읊는[음는]'을 제시할 수 있다.

[오답풀이] ① '창밖[창박]'은 음절의 끝소리 규칙만 일어난다. ② '읽고[일꼬]'를 발음할 때, 거센소리되기는 일어나지 않는다. ③ '끊고[끈코]'는 순행적 거센소리되기가 일어난다. ④ 표준 발음법 제12항의 [붙임 1]은 역행적 거센소리되기와 관련된다.

723) ④

선택 비율	① 7%	② 4%	③ 8%	④ **78%**	⑤ 2%

해 : 3문단에 따르면 등급 반의어는 한쪽 단어의 긍정이 다른 쪽 단어의 부정을 함의하지만, 이것의 역(逆)은 성립하지 않는다. 따라서 '영수 집은 학교에서 가깝다.'에서 '가깝다'를 부정하면 '가깝지 않다'가 되는데, 이때 '가깝지 않다'고 해서 반드시 '멀다'는 것은 아니므로 '멀다'의 의미와 동일하다는 추론은 적절하지 않다.

[오답풀이] ① '좋다/나쁘다'는 등급 반의어이므로, 2문단에 근거하여 '올해는 사과의 품질이 작년보다 더 좋다.'와 같이 비교 표현을 쓸 수 있다. ② '무겁다/가볍다'는 등급 반의어이므로, 2문단에 근거하여 사람들이 생각하는 가방의 무게는 다를 수 있다. ③ '멀다/가깝다'는 등급 반의어이므로, 2문단에 근거하여 '기차역은 여기에서 아주 멀다.'와 같이 정도 부사의 수식을 받을 수 있다. ⑤ 4문단에 따르면 등급 반의어의 경우 '중간 정도'에 해당하는 부분을 나타내는 별도의 말이 존재하기도 한다. '뜨겁다/차갑다'는 등급 반의어로 중간 정도를 나타내는 별도의 말인 '미지근하다'가 존재한다.

724) ②

선택 비율	① 3%	② **71%**	③ 3%	④ 20%	⑤ 1%

해 : ⓐ, ⓑ의 '오다/가다'는 등급 반의어가 아닌 방향 반의어이다. ⓒ, ⓓ의 '크다/작다'는 등급 반의어이다. 어떤 대상의 크기에 대한 사전 지식이 없어서 대상의 '크거나 작은 정도'를 물을 때, '문학관이 작아?'보다 '문학관이 커?'와 같이 묻는 것이 일반적이다. 즉, '크다'(ⓒ)가 '작다'에 비해 언어적으로 더 일반적인 경향을 나타내는 의미로 쓰인다. ⓔ, ⓕ의 '길다/짧다'는 등급 반의어이다. 어떤 대상의 길이에 대한 사전 지식이 없어서 대상의 '길거나 짧은 정도'를 물을 때, '줄이 짧아?'보다 '줄이 길어?'와 같이 묻는 것이 일반적이다. 즉, '길다'(ⓔ)가 '짧다'에 비해 언어적으로 더 일반적인 경향을 나타내는 의미로 쓰인다.

725) ②

선택 비율	① 3%	② **75%**	③ 9%	④ 10%	⑤ 2%

해 : 1문단에서 하의어는 상의어보다 의미 성분의 수가 많다고 하였다. '조류'는 '참새', '제비', '꿩'에 대해서는 상의어이므로 '조류'는 '참새', '제비', '꿩'보다 의미 성분의 수가 적다.

[오답풀이] ① 1문단에서 하의어일수록 그 단어가 지시하는 지시 대상의 범위가 좁아진다고 하였다. '동물'은 '어류'에 대해 상의어이므로 '동물'이 지시하는 지시 대상의 범위가 '어류'보다 더 넓다. ④ 3문단에서 반의어는 나머지 의미 성분을 공유하고 단 하나의 의미 성분에 대해서만 차이를 가지는 단어라고 하였다. '아버지'와 '어머니'는 반의어이므로 '성별'이라는 의미 성분을 제외한 나머지 의미 성분을 공유하고 있다. ⑤1문단에서 상의어와 하의어의 관계는 단어에 따라 상대적이라고 하였다. '조류'는 '동물'에 대해서 하의어이고 '제비'에 대해서는 상의어이기 때문에 상하 관계의 상대성을 파악할 수 있다.

726) ①

선택 비율	① **78%**	② 12%	③ 8%	④ 1%	⑤ 1%

해 : [A]에는 '벽이나 못 따위에 어떤 물체를 떨어지지 않도록 매달아 올려놓다.'의 의미로 쓰인 '걸다'의 반의어인 '떼다'가 와야 한다. [B]에는 '자물쇠, 문고리를 채우거나 빗장을 지르다.'의 의미로 쓰인 '걸다'를 사용한 '대문에 빗장을 걸었다.'나 '문에 자물쇠를 걸지 않았다.'와 같은 예문이 와야 한다. [C]에는 '기계 장치가 작동되도록 하다.'의 의미로 쓰인 '걸다'의 반의어인 '끄다'가 와야 한다.

727) ③

선택 비율	① 4%	② 4%	③ **72%**	④ 9%	⑤ 9%

해 : 상하 관계에서는 하의어들이 상의어의 의미를 이어받아 상의어를 의미적으로 함의한다. 즉 상의어보다 의미 자질이 많은 하의어가 상의어를 의미적으로 함의한다는 것이다. 제시된 사전의 내용에 비추어 볼 때, '기구'는 '악기'의 상의어이고, '악기'는 '북'의 상의어이다. 그러므로 '악기'는 '기구'를 의미적으로 함의하고 '북'은 '악기'를 의미적으로 함의한다고 볼 수 있다.

[오답풀이] ① 상의어일수록 일반적이고 포괄적인 의미를 지니며 하의어일수록 구체적이고 한정적인 의미를 지닌다. '타악기'는 '실로폰'의 상의어로서 '실로폰'보다 포괄적인 의미를 갖는다고 볼 수 있다. ② '타악기'가 '두드려서 소리를 내는 악기'라는 의미를 가지고 있음에 비추어 볼 때, '북'은 '타악기'의 하의어에 해당하므로 [두드림]이라는 의미 자질을 가진다고 볼 수 있다. ④ 공하의어는 상의어인 어떤 단어에 대해 같은 계층에 있는 하의어를 일컫는 말이다. 제시된 사전의 내용을 통해 볼 때 '기구-악기-타악기-심벌즈'라는 상하 관계를 만들어 낼 수 있으므로, '타악기'와 '심벌즈'는 모두 '기구'의 하의어에 해당하지만

'기구'의 공하의어에는 해당하지 않는다고 볼 수 있다. ⑤ 하의어는 상의어보다 의미 자질을 더 가져 의미 자질 개수가 더 많다. '악기'의 사전 풀이에 비추어 볼 때 '현악기'와 '관악기'는 '악기'의 공하의어에 해당함을 알 수 있는데, 이를 통해 '현악기'와 '관악기'가 '악기'의 상의어인 '기구'보다 의미 자질의 개수가 더 많다고 볼 수 있다.

728) ①

선택 비율	① 69%	② 20%	③ 3%	④ 2%	⑤ 3%

해 : 비양립 관계와 상보적 반의 관계를 모두 만족시키는 단어 쌍을 찾는 문항이다. 비양립 관계와 상보적 반의 관계를 모두 만족시키기 위해서는 하나의 상의어가 같은 계층의 두 단어만을 공하의어로 포함하면서 그 두 단어들이 양립하지 않으며 반대의 의미를 나타내야 한다. <보기>의 문맥에서 '지구의 양극'이라는 표현으로 보아 '북극'과 '남극'은 '극'이라는 상의어에 대해 공하의어이다. 그리고 '북극'이면서 동시에 '남극'인 경우는 없어 비양립 관계가 성립하고, '극'이 '북극'과 '남극'만을 공하의어로 포함하면서 '북극'과 '남극'이 반대의 의미를 나타내는 상보적 반의 관계도 성립하고 있으므로 ㉠과 ㉡을 모두 만족시키는 단어 쌍에 해당한다.

[오답풀이] ② 상의어를 '계절'로 본다면 '여름'과 '겨울'은 공하의어이고, '여름'이면서 동시에 '겨울'일 수는 없어 비양립 관계가 성립한다. 하지만 '계절'에는 '봄', '가을'이라는 하의어도 있어 상보적 반의 관계에는 해당하지 않는다. ③ 상의어를 '조류'로 본다면 '펭귄'과 '갈매기'는 공하의어이고, '펭귄'이면서 동시에 '갈매기'일 수는 없어 비양립 관계가 성립한다. 하지만 '조류'에는 '닭', '오리' 등과 같은 하의어도 있어 상보적 반의 관계에는 해당하지 않는다. ④ '여름'과 '계절'은 공하의어에 해당하지 않아 비양립 관계도 성립하지 않고, 상보적 반의 관계에도 해당하지 않는다. ⑤ 상의어를 '동물'로 본다면 '개'와 '갈매기'는 공하의어이고 '개'이면서 동시에 '갈매기'일 수는 없어 비양립 관계가 성립한다. 하지만 '동물'에는 '펭귄', '닭', '오리' 등과 같은 하의어도 있어 상보적 반의 관계에는 해당하지 않는다.

729) ③

선택 비율	① 6%	② 3%	③ 72%	④ 7%	⑤ 10%

해 : '예전'의 '도야지'는 돼지의 새끼를 나타내는 개념이고, 지금의 '돼지'는 돼지 전체를 나타내는 개념이다.

[오답풀이] ① '예전'의 '도야지'에 해당하는 개념은 '돝(돼지)의 새끼'인데, 이 개념은 지금도 존재한다. ② '예전'의 '돝'은 돼지이고, '도야지'는 돼지의 새끼이기 때문에 '돝'이 '도야지'의 하의어라는 진술은 적절하지 않다. ④ '예전'에는 '돝', '도야지'가 모두 쓰였기 때문에 지금의 '어린 돼지'에 해당하는 어휘적 빈자리가 없었다. ⑤ '예전'의 '도야지'의 개념은 돼지의 새끼인데, 지금은 이를 나타내기 위해 '아기 돼지, 새끼 돼지'처럼 단어가 아닌 구를 사용한다.

730) ①

선택 비율	① 82%	② 8%	③ 4%	④ 2%	⑤ 1%

해 : ㄱ에서 학생 1이 두 번째, 세 번째 사위를 구별하여 가리키는 단어가 없어 이들을 '둘째 사위, 셋째 사위'라고 입력하는 것은 단어가 아닌 구를 만들어 어휘적 빈자리를 채우는 첫 번째 방식의 사례로 적절하다.

[오답풀이] ㄴ에는 '꿩'의 새끼를 나타내는 단어로 '꺼병이'가 존재하므로 이는 어휘적 빈자리가 존재하는 경우로 적절하지 않다. 한편 ㄷ은 '금성'의 고유어인 '개밥바라기'와 '샛별' 중 '샛별'을 택하는 내용으로, 이 역시 어휘적 빈자리를 보여주는 예로 적절하지 않다.

731) ⑤

선택 비율	① 2%	② 2%	③ 16%	④ 9%	⑤ 69%

해 : '눈'의 중심 의미는 '감각 기관'이고, '눈이 나빠지다'의 '눈'은 '시력'을 뜻하는 주변 의미이다. 3문단의 내용을 고려할 때, 주변 의미는 기존의 의미보다 추상성이 강화되는 경향이 있다고 하였다. '눈'의 기존 의미인 '감각 기관'에 비해, 확장된 주변 의미인 '시력'이라는 의미가 '더 구체적'이라는 추론은 적절하지 않다.

[오답풀이] ① 1문단에 따르면 중심 의미는 일반적으로 주변 의미보다 언어 습득의 시기가 빠르다. '별'은 중심 의미가 '천체의 일부'이고, 주변 의미가 '군인의 계급장'이기 때문에 ①은 추론 가능한 진술이다. ② 1문단에 따르면 중심 의미는 일반적으로 주변 의미보다 사용 빈도가 높다. '앉다'는 중심 의미가 '착석하다'이고, 주변 의미가 '직위나 자리를 차지하다'이기 때문에 ②는 추론 가능한 진술이다. ③ 4문단에 따르면 다의어의 중심 의미와 주변 의미는 서로 관련성을 갖는다. 그런데 '결론에 이르다'의 '이르다'와 '포기하기에는 아직 이르다'의 '이르다' 사이에는 의미적 관련성이 없기 때문에 이 둘은 중심 의미와 주변 의미의 관계로 볼 수 없다. ④ 2문단에 따르면 다의어가 주변 의미로 사용되었을 때는 문법적 제약이 나타나기도 한다. '팽이가 돌다/팽이를 돌리다'에 쓰인 '돌다'에 비해 '군침이 돌다'에 쓰인 '돌다'는 사동형 '군침을 돌리다*'가 불가능한 문법적 제약을 지닌다. 이를 감안할 때, '군침이 돌다'의 '돌다'는 주변 의미로 사용된 것이라는 추론이 가능하다.

732) ②

선택 비율	① 4%	② 58%	③ 4%	④ 15%	⑤ 17%

해 : 민수가 말한 '빚쟁이'는 '남에게 돈을 빌려준 사람'을 뜻하는 반면, 영희가 말한 '빚쟁이'는 '빚을 진 사람'을 뜻한다. 즉 다의어 '빚쟁이'의 의미들이 서로 대립적 관계를 맺고 있는 것이다. 마찬가지로, 영희가 말한 '금방'은 '말하고 있는 시점보다 바로 조금 전에'를 뜻하는 반면, 민수가 말한 '금방'은 '말하고 있는 시점부터 바로 조금 후에'를 뜻한다. 즉 다의어 '금방'의 의미들이 서로 대립적 관계를 맺고 있는 것이다.

[오답풀이] 영희가 말한 '돈'과 민수가 말한 '돈'은 둘 다 '화폐'를 뜻한다는 점에서 ㉠의 예로 적절하지 않다. 마찬가지로, '이틀 뒤에'의 '뒤'와 '발표 끝난 뒤에'의

'뒤'는 둘 다 '시간이나 순서상으로 다음이나 나중'을 뜻한다는 점에서 ㉠의 예로 적절하지 않다.

733) ④

선택 비율	① 47%	② 7%	③ 5%	④ **32%**	⑤ 6%

해 : '새해맞이'의 '새해'는 관형사 '새'가 후행 명사 '해'를 수식하는 것으로 ㉠을 충족한다. 또한 '새해맞이'는 '새해를 맞이하는 일'이라는 의미를 나타내므로 ㉡을 충족하며 단어의 구성 요소들이 의미상 목적어와 서술어의 관계를 이룬다. 한편 '한몫하다'의 '한몫'은 관형사 '한'이 후행 명사 '몫'을 수식하는 것으로 분석되어 ㉠을 충족하고, '한몫하다'는 '한몫을 하다'라는 의미를 나타내므로 단어의 구성 요소들이 의미상 목적어와 서술어의 관계를 이뤄 ㉡을 충족한다.

[오답풀이] '두말없이'의 '두말'은 관형사 '두'가 후행 명사 '말'을 수식하는 것으로 분석되어 ㉠을 충족하지만, '두말없이'는 '두말이 없이'라는 의미를 나타내므로 단어의 구성 요소들이 의미상 주어와 서술어의 관계를 이루기에 ㉡을 충족하지 않는다. '숨은그림찾기'는 '숨은그림을 찾다'라는 의미를 나타내므로 단어의 구성 요소들이 의미상 목적어와 서술어의 관계를 이뤄 ㉡을 충족하지만, '숨은그림찾기'의 '숨은그림'에서는 관형사가 아닌 동사 어간 '숨-'에 어미 '-은'이 결합한 형태의 '숨은'이 후행 명사 '그림'을 수식해 ㉠을 충족하지 않는다.

734) ③

선택 비율	① 4%	② 5%	③ **84%**	④ 3%	⑤ 2%

해 : '수세미'는 그릇을 닦을 때 쓰이기도 하던 특정 식물을 지칭하는 기존의 의미에 오늘날에는 공장에서 만들어져 나오는 일반적인 의미의 '설거지 도구'라는 새로운 의미가 더해진 사례이다. 그러나 '총각'은 '머리를 땋아 갈라서 틀어 맴'이라는 기존의 의미가 사라지고 오늘날에는 그 의미가 '결혼하지 않은 성년 남자'로 변화된 사례이다.

[오답풀이] ① 일상의 단어였던 '메주'를 사용하여 '치즈'를 '소젖메쥬'로 표현했듯이, 일상의 단어였던 '연지'를 사용하여 '립스틱'을 '입술연지'로 표현한 것이다. ② '총각, 부대찌개'에 과거의 관습과 시대의 흔적이 담겨 있듯이, '변사'에도 무성 영화가 상영되었던 당대의 시대상이 반영되어 있다. ④ '원어기-전화기'의 사례처럼 '가죽띠-허리띠'도 대상에 대한 인식이 다를 때 그것을 표현하는 단어가 달라지기도 함을 보여 주는 사례이다. ⑤ '양반'은 원래 조선 시대의 특정 신분을 가리키는 말이었다는 점에서 신분 구분이 있었던 당시의 시대상을 반영하고 있다.

735) ②

선택 비율	① 2%	② **70%**	③ 7%	④ 7%	⑤ 11%

해 : '그 책을 줘.'의 '그'는 관형사이고 '그는 여기 있다.'의 '그'는 대명사로, 두 단어는 모두 형태 변화가 없는 불변어이지만 품사가 동일하지 않으므로 적절하지 않다.

[오답풀이] ① '반드시'와 '반듯이'는 모두 [반드시]로 발음되어 소리가 같지만 표기가 다르므로 적절하다. ③ '전등을 갈다.'의 '갈다'와 '칼을 갈다.'의 '갈다'는 모두 동사로 품사가 동일하고, 모두 '갈고, 갈아, 가니, 가오'와 같이 활용하여 활용하는 양상이 언제나 동일하므로 적절하다. ④ '커튼을 걷다.'의 '걷다'는 '걷고, 걷어, 걷으니'와 같이 활용하고 '비를 맞으며 걷다.'의 '걷다'는 '걷고, 걸어, 걸으니'와 같이 활용하여, 활용하는 양상이 언제나 동일하지는 않으므로 적절하다. ⑤ '한 사람이 왔다.'의 '한'은 관형사이고, '힘이 닿는 한 돕겠다.'의 '한'은 명사로 품사가 동일하지 않으므로 적절하다.

736) ①

선택 비율	① **77%**	② 13%	③ 4%	④ 2%	⑤ 2%

해 : '누르다 1'은 동사이고 '누르니, 눌러'와 같이 활용하며, '누르다 2'는 형용사이고 '누르니, 누르러'와 같이 활용하여, 두 단어는 품사가 다르고 활용 양상이 언제나 동일하지는 않다. 또 '이르다 1'은 동사이고 '이르니, 이르러'와 같이 활용하며, '이르다 2'는 형용사이고 '이르니, 일러'와 같이 활용하므로 두 단어는 품사가 다르고 활용 양상이 언제나 동일하지는 않다. 그러나 '이르다 1'과 '이르다 3'은 모두 동사이고 '이르니, 일러'와 같이 활용하여 활용 양상이 동일하며, '바르다 1'과 '바르다 2' 또한 모두 동사이고 '바르니, 발라'와 같이 활용하여 활용 양상이 동일하다. 따라서 ㉠에 해당하는 예는 '누르다 1과 2, 이르다 1과 2'이다.

737) ④

선택 비율	① 5%	② 2%	③ 8%	④ **69%**	⑤ 14%

해 : ⓐ의 '얼마'는 대상을 알지 못함을 나타내며 명사이다. ⓑ의 '무슨'은 대상이 정해지지 않아 불분명함을 나타내며 관형사이다. ⓒ의 '언제'는 대상이 정해지지 않아 불분명함을 나타내며 부사이다. ⓓ의 '어떤'은 맥락에 따라 대상을 알지 못하거나 대상이 정해지지 않아 불분명함을 나타내며 관형사이다. 따라서 ⓑ, ⓒ는 불분명함을 나타내며 품사는 서로 다르다.

738) ⑤

선택 비율	① 13%	② 28%	③ 9%	④ 23%	⑤ **28%**

해 여보세요.'는 가족 사이에, 특히 아들에게 일반적으로 사용할 법한 표현은 아니다. ㉤에서는 아들의 생각에 주의를 주는 정도의 특수한 의도를 가지고 상황에 어울리지 않는 호칭어를 쓰고 있다.

[오답풀이] ① ㉮는 '아들'이 '엄마'를 부르는 호칭어이고, ㉱는 '아빠'가 '아내'를 부르는 호칭어이다. ㉮와 ㉱는 화자와의 관계에 따라 같은 대상에 대한 호칭어가 달라지는 사례이다. ② ㉡은 사적 관계에 있고 비격식적인 상황에서 대상을 이름이나 친족어 등으로 이르거나 부를 수 있음을 보여 주는 사례이다. ㉯와 ㉱에서 화자와 대상의 친족 관계는 각각 조카와 이모, 형부와 처제로 다르지만 동일한 친족어를 사용하여 대상을 지칭하고 있다. 그러나 ㉱는 ㉯에 접미사 '-님'이 결합된 복합적 형식이라는 점에서

㉯와 ㉲를 같은 형식으로 보기는 어렵다. ③ 제시된 상황은 가족 간의 대화 장면이므로 공적이고 격식적인 상황이라고 보기 어렵다. ④ ㉣은 공적 관계에 있고 격식적인 대화 상황에서 공적인 직위나 지위 등을 사용하여 대상을 이르거나 부를 수 있음을 보이는 사례인데, 제시된 상황은 가족 간의 대화 장면이므로 공적이고 격식적인 상황이라고 보기 어렵다. 또한 ㉱는 호칭어가 아니라 지칭어이다.

739) ⑤

선택 비율	① 3%	② 3%	③ 6%	④ 5%	⑤ **81%**

해 : ⓕ의 '거기'는 앞서 영선의 발화에 언급된 '작년에 같이 갔던 수목원'을 대신하는 대용 표현이다.

[오답풀이] ① ⓐ는 '주말 나들이 장소 정하기'라는 담화 주제에서 벗어난 내용이므로 담화의 완결성을 떨어뜨리고 있다. ② ⓑ의 '거기'는 앞서 영선의 발화에 언급된 '놀이동산'을 대신하는 대용 표현이다. ③ ⓒ의 '여기'와 ⓓ의 '거기'는 발화 간의 관련성을 높이는 형식적 장치로서, 형태는 다르지만 모두 선희가 보여 준 사진 속의 동일한 장소 '해수욕장'을 가리킨다. ④ ⓔ의 '그리고'는 앞과 뒤의 발화를 대등하게 이어 주는 접속 부사이다.

740) ④

선택 비율	① 2%	② 3%	③ 9%	④ **80%**	⑤ 4%

해 : '(할아버지께) 과일(을) 좀 드리-'의 의미를 고려할 때, '드리고'의 '드리-'는 문장의 '객체'인 할아버지를 높이고 있다.

[오답풀이] ① '할아버지께서'의 '께서'는 주체를 높이는 주격 조사로, 문장의 주체인 할아버지를 높이고 있다. ② '할아버지께서 방에 계시-'의 의미를 고려할 때, '계셨구나'의 '계시-'는 문장의 주체인 할아버지를 높이고 있다. ③ '계셨구나'의 '-구나'는 화자가 문장의 주체인 할아버지가 방에 계신다는 사실을 새롭게 알게 되었다는 점을 나타내고 있다. ⑤ '오렴'의 '-렴'은 화자가 청자에게 '할아버지께 과일을 드리고 오는 행동'을 요구하는 의도를 드러내고 있다.

741) ⑤

선택 비율	① 9%	② 4%	③ 3%	④ 6%	⑤ **76%**

해 : '그는 십 분 만에 선물 상자의 매듭을 풀었다.'에 쓰인 '풀다'의 문형 정보로 '【…을 】'이 제시된다.

[오답풀이] ① ②-「1」의 문형 정보로 '【…에 …을】'이 제시된다. ② 원칙적으로 서술어는 주어를 항상 요구하므로 문형 정보에는 주어를 제외한 필수적 문장 성분에 대한 정보가 제시된다. ③ ①-「1」의 문형 정보로 '【…을 】'이 제시되며, ②-「1」의 문형 정보로 '【…에 …을 】'이 제시된다. ④ ①-「1」과 ①-「5」의 문형 정보로 '【…을 】'이 제시된다.

742) ①

선택 비율	① **86%**	② 3%	③ 4%	④ 1%	⑤ 4%

해 : 밑줄 친 문장에서 서술어와 목적어가 호응하지 않으므로 ㉠에 들어갈 말로 적절한 것은 '목적어'이다. 국어사전에서 여기에 쓰인 '풀다'의 의미로 '액체에 다른 액체나 가루 따위를 섞다'가 제시되어 있으므로 ㉡에 들어갈 말로 적절한 것은 '액체나 가루 따위에 해당하는 말'이다.

743) ③

선택 비율	① 4%	② 3%	③ **61%**	④ 3%	⑤ 27%

해 : '수'는 의존 명사이므로 실질 형태소, '만'과 '은'은 보조사이므로 형식 형태소이다. 따라서 형태를 밝히어 적었다.

744) ②

선택 비율	① 3%	② **57%**	③ 10%	④ 14%	⑤ 12%

해 : '높이'는 용언의 어간 '높-'에 접미사 '-이'가 붙어서 부사로 된 경우이므로 ㉡의 예에 해당한다.

745) ③

선택 비율	① 11%	② 28%	③ **34%**	④ 12%	⑤ 12%

해 : '콧날'은 '코'와 '날'이 결합해 [콘날]로 발음되므로 '뒷말의 첫소리 'ㄴ, ㅁ' 앞에서 'ㄴ' 소리가 덧나는 경우'에 해당하기 때문에 적절하지 않다.

[오답풀이] ④ '우윳빛'은 한자어 '우유'와 고유어 '빛'이 결합된 형태이고, '오렌지빛'은 외래어 '오렌지'와 고유어 '빛'이 결합된 형태이다. '오렌지빛'은 '우윳빛'과 달리 '외래어가 포함된 합성어'로 사이시옷을 표기하지 않는 경우에 해당하기 때문에 적절하다. ⑤ '모래땅'은 '모래'와 '땅'이 결합된 형태로 뒷말의 첫소리가 본래 된소리이다. '모랫길'은 '모래'와 '길'이 결합하여 [모래낄/모랟낄]로 발음되므로 '뒷말의 첫소리가 된소리로 바뀌는 경우'에 해당하여 사이시옷이 표기된 것이므로 적절하다.

746) ①

선택 비율	① **73%**	② 6%	③ 17%	④ 1%	⑤ 1%

해 : '해'와 '살'이 결합할 때, 이때의 '살'은 [탐구 자료]의 '살²'에 해당하는 명사이므로 ㉠은 합성어이다. 합성어에서 뒷말의 첫소리가 된소리로 바뀌는 경우 사이 시옷을 표기하는데, '해'와 '살'이 결합할 때, 뒷말의 첫소리가 된소리로 바뀌므로 ㉠에 들어갈 말은 '햇살'이다. '해'와 '님'이 결합할 때, 이때의 '님'은 [탐구 자료]의 '-님⁴'에 해당하는 접사이므로, ㉡은 파생어이다. 합성어와 달리 접사가 결합하여 만들어진 단어인 파생어에는 사이시옷이 표기되지 않으므로 '해님'의 형태가 적절하다. 따라서 ㉡에 들어갈 말은 '해님'이고 ㉢에 들어갈 말은 '접사'이다.

747) ⑤

선택 비율	① 11%	② 3%	③ 9%	④ 3%	⑤ **72%**

해 : 어근 '믿-'과 접미사 '-음'이 결합한 '믿음'은 형태소의 본모양을 밝혀 적은 말이다. 접미사 '-음'이 비교적 여러 어근에 결합하고, 결합한 후에도 어근의 본래 뜻이 유지되기 때문이다.

748) ③

선택 비율	① 7%	② 7%	③ **77%**	④ 1%	⑤ 6%

해 : [A]에서 '지'는 어미 '-(으)ㄴ지, -(으)ㄹ지'의 일부일 때는 띄어 쓰지 않음을 확인할 수 있다. '무엇부터 해야 할 지를 모르겠다.'에서 '할 지'의 '지'는 어미 '-ㄹ지'의 일부이므로 '할지'라고 붙여 써야 한다.

[오답풀이] ① '동네 인심 한번 고약하구나.'에서 '한번'은 어떤 행동이나 상태를 강조하는 뜻을 나타내므로 '한번'이라고 써야 한다. ② '그를 만난 지도 꽤 오래되었다.'에서의 '지'는 시간의 경과를 나타내므로 앞말과 띄어 써야 한다. ④ '견우와 직녀는 일 년에 한 번 만난다.'에서 '번'이 일의 횟수를 나타내고 있으므로, '한 번'이라고 띄어 써야 한다. ⑤ '얼마나 부지런한지 세 명 몫의 일을 해낸다.'에서 '부지런한지'의 '지'는 어미 '-ㄴ지'의 일부이므로 붙여 써야 한다.

749) ①

선택 비율	① **88%**	② 2%	③ 4%	④ 2%	⑤ 1%

해 : 부엌'의 발음은 [부억]이다. 이를 소리 나는 대로 적으면 '부억'이므로 적절하지 않다.

[오답풀이] ② 2문단에서 '이는 자음이나 모음과 같은 음소를 조합하여 다양한 말소리를 그대로 기호로 나타낼 수 있는 표음 문자인 한글'을 제시하고 있으므로 적절하다. ③ '모이'는 자음 'ㅁ'과 모음 'ㅗ'로 조합된 한 음절 '모'와 'ㅣ'로 된 한 음절 '이'를 소리 나는 대로 적은 것이므로 적절하다. ④ '웃으면'은 실질 형태소 '웃-'과 형식 형태소 '-으면'의 경계가 드러나도록 어법에 맞게 표기한 경우이므로 적절하다. ⑤ '갈비탕을 시켜 먹었다'와 '갈비탕을 식혀 먹었다'를 소리 나는 대로 적으면 '시켜'와 '식혀'의 의미 구별이 어려우므로 적절하다.

750) ②

선택 비율	① 4%	② **69%**	③ 5%	④ 5%	⑤ 18%

해 : ㉠ '걷다'는 본말 '거두다'의 어간에서 끝음절의 모음 'ㅜ'가 줄어들고 자음 'ㄷ'만 남는 경우로, 자음 'ㄷ'을 앞 음절 '거'의 받침으로 적은 준말이므로 적절하다. ㉣ '갖고'는 본말 '가지고'의 어간에서 끝음절의 모음 'ㅣ'가 줄어들고 자음 'ㅈ'만 남는 경우로, 자음 'ㅈ'을 앞 음절 '가'의 받침으로 적은 준말이므로 적절하다.

[오답풀이] ㉡ '저녁놀'은 본말 '저녁노을'이 체언 '저녁'과 체언 '노을'이 결합한 말로 본말이 어간과 어미가 결합한 말이 아니므로 적절하지 않다. ㉢ '돼'는 본말 '되어'의 어간 '되-'와 어미 '-어'가 줄어든 말로 본말의 어간에서 끝모음의 모음이 줄어들고 자음만 남는 경우가 아니므로 적절하지 않다. ㉤ '엊그저께'는 본말 '어제그저께'가 체언 '어제'와 체언 '그저께'가 결합한 말로 본말이 어간과 어미가 결합한 말이 아니므로 적절하지 않다.

751) ⑤

선택 비율	① 2%	② 3%	③ 1%	④ 3%	⑤ **88%**

해 : 소리대로 적은 것은 발음 형태대로 적은 것을 의미한다. 하늘의 발음은 [하늘]로 발음 형태대로 표기한 것이므로 소리대로 적은 것에 해당한다.

752) ⑤

선택 비율	① 6%	② 7%	③ 5%	④ 13%	⑤ **67%**

해 : 제시문에서 '이[齒]'가 합성어에서 '니'로 소리가 날 경우에는 어근의 의미 유지와 관계없이 '니'로 적는다고 하였다. 따라서 합성어인 '사랑니'의 경우 어근인 이[齒]는 본래의 의미를 유지하고 있지만 이와 관계없이 [니]로 소리가 나기 때문에 '사랑니'로 적은 것이다.

753) ③

선택 비율	① 21%	② 18%	③ **37%**	④ 12%	⑤ 10%

해 : '뜯어먹다'는 '뜯어'와 '먹다' 사이에 '서'를 넣을 수 있으므로 ㉠에 해당하여 사전에 표제어로 실리지 않는다.

[오답풀이] ① '헌가방'은 '헌 내 가방'과 같이 중간에 다른 말이 끼어들 수 있으므로 ㉠에 해당하며 사전에 표제어로 실리지 않는다. ② '놓고가다'는 '놓고'와 '가다' 사이에 '서'를 넣을 수 있으므로 ㉠에 해당하며 사전에 표제어로 실리지 않는다. ④ '뜬소문'은 '근거 없이 떠도는 소문'이라는 의미로 중간에 다른 말이 끼어들면 의미가 변하므로 ㉡에 해당하여 사전에 표제어로 실린다. ⑤ '알아듣다'는 '남의 말을 듣고 그 뜻을 알다'의 의미로 구성 요소의 배열이 순차적이지 않아 ㉢에 해당하는 합성어이며, 합성어는 사전에 표제어로 실리므로 적절하다.

754) ③

선택 비율	① 18%	② 8%	③ **33%**	④ 11%	⑤ 28%

해 : '읽는데'의 '데'는 데 「의존 명사」 「2」의 '일'이나 '것'의 의미이며 '읽는'이라는 용언의 관형사형인 관형어의 수식을 받고 있는 의존 명사이므로 '읽는'과 '데' 사이를 띄어 '읽는∨데'로 써야 한다.

[오답풀이] ② '가는데'의 '데'는 뒤 절에서 비가 오기 시작한 것을 설명하기 위하여 상관되는 상황인 '학교에 가는 상황'을 미리 말하기 위해 사용한 연결 어미 '-는데'의 일부이다. 따라서 어간 '가-'에 '-는데'라는 어미가 결합한 것이므로 '가는데'로 붙여 써야 한다.

755) ⑤

선택 비율	① 2%	② 7%	③ 3%	④ 4%	⑤ **81%**

해 : 3문단에서 '둘 이상의 구성 성분으로 이루어진 표제어에는 가장 나중에 결합한 구성 성분들 사이에 붙임표가 한 번만 쓰인다.'라는 진술을 확인할 수 있다. 따라서 '논둑'과 '길'이 결합한 '논둑길'의 표제어는 '논둑-길'임을 알 수 있다. 또한 이를 통해 '논둑'과 '길'이 가장 나중에 결합했다는 정보를 확인할 수 있다.

[오답풀이] ① '맨발'에서 분석되는 접두사는 '맨-'이다. 2문단에서 접사는 언제나 다른 말과 결합해야 하므로 붙임표가 쓰여 표제어로 오른다는 점을 확인할 수 있다. ② '나만 비를 맞았다.'에서 쓰인 격 조사는 목적격 조사 '를'이다. 2문단에서 조사는 자립적으로 쓰이지 않지만 단어이므로 조사가 표제어로 오를 때에는 그 앞에 붙임표가

쓰이지 않는다는 점을 확인할 수 있다. ③ '저도 학교 앞에 삽니다.'에서 쓰인 동사는 '삽니다'이며, '삽니다'의 어간은 '살-'이다. 2문단에서 용언은 어간에 '-다'가 결합한 기본형이 표제어가 되다. 용언 어간은 자립적으로 쓰이지 않지만 용언 어간 '살-'과 어미 '-다' 사이에는 붙임표가 쓰이지 않는다는 점을 확인할 수 있다. ④ 3문단에서 복합어의 붙임표는 구성 성분들을 반드시 붙여 써야 한다는 점을 확인할 수 있다.

756) ④

선택 비율	① 2%	② 4%	③ 5%	④ **81%**	⑤ 4%

해 : 4~6문단에서는 기원적으로 두 구성 성분이 결합한 단어이지만 붙임표가 쓰이지 않는 경우를 '현대 국어에서 새로운 단어를 만들지 못하는 접미사(생산력이 낮은 접미사)가 결합한 경우'와 '단어의 의미가 어근이나 어간의 본뜻과 멀어진 경우'로 나누어 설명하고 있다. <보기>의 '자주'는 '같은 일을 잇따라 잦게'라는 뜻풀이에서도 알 수 있듯이 어원이 되는 용언 '잦다'와 의미적 연관성을 지니고 있으나 현대 국어에서 새로운 단어를 만들지 못하는 접미사 '-우(잦- + -우)'가 쓰인 경우이므로 전자에 해당한다. <보기>의 '조차', '차마', '부터'는 각각 '좇다', '참다', '붙다'의 본뜻과 의미가 멀어진 것으로, ㉠에 해당하는 단어들이다.

[오답풀이] ①, ③, ⑤, '자주'는 '같은 일을 잇따라 잦게'라는 의미를 갖는 부사이고 '잦다'는 '잇따라 자주 있다'라는 의미를 가지므로 의미상 연관성이 존재한다는 점에서 단어의 의미가 어근이나 어간의 본뜻과 멀어지지 않은 경우에 해당한다.

757) ④

선택 비율	① 7%	② 4%	③ 13%	④ **67%**	⑤ 7%

해 : '(잡초를) 베-+-었-+-다'와 '(베개를) 베-+-었-+-다'가 어울려 줄 적에는 한글 맞춤법 제34항 [붙임 1]의 적용을 받는다. 즉 어간 끝 모음 'ㅐ, ㅔ' 뒤에 '-어, -었-'이 어울려 줄 적에는 준 대로 적을 수 있다. 그러므로 준말의 형태인 '벴다'로 적어도 한글 맞춤법에 어긋나지 않는다.

758) ③

선택 비율	① 15%	② 6%	③ **69%**	④ 4%	⑤ 3%

해 : '서툴다'(←서투르다)는 모음 'ㅡ'가 줄어들고 남은 자음 'ㄹ'을 앞 음절의 받침으로 적은 준말이다. 그리고 모음 어미 '-어, -었-'이 결합된 형태의 준말의 활용형 '*서툴어, *서툴었다'는 모두 표준어로 인정되지 않는다. 또한 '머물다'(←머무르다)는 모음 'ㅡ'가 줄어들고 남은 자음 'ㄹ'을 앞 음절의 받침으로 적은 준말이다. 그리고 모음 어미 '-어, -었-'이 결합된 형태의 준말의 활용형 '*머물어, *머물었다'는 모두 표준어로 인정되지 않는다.

759) ④

선택 비율	① 6%	② 4%	③ 13%	④ **74%**	⑤ 3%

해 : '뒤집히다'는 접두사 '뒤-'와 피동 접사 '-히-'가 동시에 결합한 파생어이므로 '뒤집-히다'와 같이 피동 접사 앞에 붙임표로 분석하여 표기한다.

[오답풀이] ① '1월'과 '9월'은 사전에 '일월'과 '구월'로 표기되므로 표제어가 가나다순으로 배열된다는 원칙에 따라 '1월'보다 '9월'이 먼저 제시된다. ② '새해'는 '새'와 '해'가 합쳐진 합성어이므로 '새-해'와 같이 붙임표로 분석하여 표기한다. ③ '비웃음'은 '비웃다'에 접사 '-음'이 결합한 파생어이므로 '비웃-음'과 같이 붙임표로 분석하여 표기한다. ⑤ '기쁨'은 '기쁘다'에 명사 파생 접미사 '-ㅁ'이 결합하여 만들어진 파생어이지만 '기쁘- + -ㅁ'과 같이 구성 성분이 음절로 나누어지지 않아 붙임표를 따로 제시하지 않고 '기쁨'으로 표기한다.

760) ③

선택 비율	① 5%	② 8%	③ **80%**	④ 4%	⑤ 4%

해 : 표제어가 동음이의어일 경우 어휘 형태, 문법 형태 순으로 배열하는 것이 원칙이며, 문법 형태 중에서는 어미, 접사의 순서로 배열하는 것이 원칙이다. 따라서 사전에는 명사 '이'가 가장 먼저 수록되어 있으며, 다음으로 어미 '-이'가 수록되어 있고, 마지막 순서로 접사 '-이-'가 수록되어 있다.

[오답풀이] ①『표준국어대사전』은 흔히 쓰는 비표준어도 수록 대상으로 하고 있으며 비표준어 표제어의 경우 '→'를 활용하여 표준어의 뜻풀이를 참고하도록 안내하고 있으므로, '윗어른'은 비표준어이지만 사람들이 흔히 쓰고 있어서 선정된 표제어임을 알 수 있다. ② 표제어 배열에 있어 중성의 경우 'ㅙ, ㅟ, ㅣ'의 순서로 배열하고 있으므로 '왠지', '윗어른', '이상^결정'의 순서로 사전에 배열되어 있음을 알 수 있다. ④ 접사와 어미처럼 자립적으로 쓰이지 않고 반드시 다른 말과 결합해야 하는 표제어는 결합하는 부분에 '-'를 붙여 표시하고 있으므로, 어미 '-이'와 접사 '-이-'는 반드시 다른 말과 결합해야만 쓸 수 있는 표제어임을 알 수 있다. ⑤□표준국어대사전□에는 단어 이하의 단위만 수록하는 것이 원칙이지만 전문어의 경우 구까지도 수록하고 있으므로, '이상^결정'은 구이지만 전문어이기 때문에 표제어로 실려 있음을 알 수 있다.

761) ③

선택 비율	① 10%	② 10%	③ **61%**	④ 8%	⑤ 9%

해 : '별내'[별래]에서는 초성 위치에 있는 'ㄴ'이 'ㄹ'의 뒤에서 동일한 조음 위치의 유음인 'ㄹ'로 바뀌는 유음화가 일어난다. (나)를 고려할 때, '별내'[별래]의 로마자 표기는 'Byeollae'이다.

[오답풀이] ① '대관령'[대:괄령]의 로마자 표기는 'Daegwallyeong'이다. ② '백마'[뱅마]에서는 초성 위치가 아닌 종성 위치에서 비음화가 일어난다. ④ '삼목묘'[삼몽묘]에서는 두 종성 위치에서 비음화가 일어난다. ⑤ '물난리'[물랄리]의 로마자 표기는 'mullalli'이다.

762) ①

선택 비율	① **81%**	② 3%	③ 3%	④ 8%	⑤ 2%

해 : '곤란'[골:란]은 동화음 'ㄹ'이 피동화음 'ㄴ'에 후행하는 동화가 일어나며, 피동화음 'ㄴ'이 'ㄹ'로 바뀌어 동화음 'ㄹ'과 완전히 같아지는 동화가 일어난다. 그리고 '입문'[임문]은 동화음 'ㅁ'이 피동화음 'ㅂ'에 후행하는 동화가 일어나며, 피동화음 'ㅂ'이 'ㅁ'으로 바뀌어 동화음 'ㅁ'과 완전히 같아지는 동화가 일어난다.

763) ⑤

선택 비율	① 5%	② 5%	③ 7%	④ 12%	⑤ 69%

해 : 1문단에서 일반적인 활용 규칙에서 어긋나는 경우에는 표음주의를 채택함을 알 수 있다. ⓜ은 이에 해당하는 예로서, 어간에 어미 '-아'가 붙을 때 '갈라'와 같이 형태소의 본 모양을 밝혀 적지 않는 표음주의 표기를 하고 있으므로 적절하지 않다.

[오답풀이] ① ㉠인 '먹고'는 형태소 '먹-'과 '-고'가 합쳐진 것이고, 기본형 '먹다'는 형태소 '먹-'과 '-다'가 합쳐진 것이다. 따라서 '먹고'와 '먹다'는 각 형태소의 본 모양을 밝혀 적은 표의주의 표기를 하고 있으므로 적절하다. ② ㉡인 '좋아'는 어간인 '좋-'과 어미인 '-아'의 형태를 밝혀 적고 있는 표의주의 방식을 채택하고 있으므로 적절하다. ③ ㉢인 '사라지다'는 '살다'와 '지다'가 연결어미 '-아'에 의해 어울려 한 개의 용언이 된 합성어로, 앞말이 본뜻에서 멀어져서 원형을 밝혀 적지 않고 소리 나는 대로 적는 표음주의 표기를 하고 있으므로 적절하다. ④ ㉣인 '쉽다'는 어간에 어미 '-고'가 붙을 때는 '쉽고'와 같이 형태소의 본 모양을 밝혀 적는 표의주의 표기를 사용하고 있는데, 어간에 어미 '-으니'가 붙을 때는 '쉬우니'와 같이 형태소의 본 모양을 밝혀 적지 않는 표음주의 표기를 사용하고 있으므로 적절하다.

764) ①

선택 비율	① 61%	② 7%	③ 9%	④ 6%	⑤ 14%

해 : ⓐ인 '노피'의 경우는 '높-'과 '-이'가 결합할 때 '높-'의 끝소리인 'ㅍ'이 '-이'의 첫소리로 옮겨 적는 이어적기를 하고 있는 예이다. 그러나 ⓕ인 '놉히'의 경우는 '높이'에서 'ㅍ'을 'ㅂ'과 'ㅎ'으로 나누어 표기하는 재음소화 표기에 해당하는 예이므로 이를 거듭적기라고 한 진술은 적절하지 않다.

[오답풀이] ② ⓑ인 '므레'는 체언 '믈'에 조사 '에'가 붙은 것으로, '믈'의 끝소리인 'ㄹ'이 '에'의 첫소리로 옮겨 적은 이어적기에 해당하므로 적절하다. ③ ⓒ인 '사름이니' 는 체언 '사름'과 조사 '이니'가 결합할 때 형태소의 본 모양을 밝혀 적은 끊어적기에 해당하므로 적절하다. ④ ⓓ인 '도적글'은 '도적'의 끝소리인 'ㄱ'을 '을' 의 첫소리에도 다시 적는 거듭적기에 해당하므로 적절하다. ⑤ ⓔ인 '븕은'은 어간 '븕-'과 어미 '-은'의 형태를 밝혀 적는 끊어적기에 해당하고, ⓖ인 '드러' 는 어간 '들-'과 어미 '-어'가 결합할 때, '들-'의 끝소리 'ㄹ'이 '-어'의 첫소리로 옮겨 적은 이어적기에 해당하므로 적절하다.

765) ⑤

선택 비율	① 22%	② 8%	③ 11%	④ 2%	⑤ 55%

해 : '차다'라는 하나의 말소리가 '(발로) 차다', '(날씨가) 차다', '(명찰)을 차다' 등의 다양한 의미에 대응하는 것은 말소리와 의미의 관계가 필연적이지 않고 자의적임을 보여 주는 언어의 자의성에 해당하는 사례이다.

[오답풀이] ① 언어를 통해 연속적인 대상이나 개념을 분절적으로 인식하는 언어의 분절성에 대한 사례이므로 적절하다. ②, ④ 말소리와 의미가 관습적으로 결합되어 있어 그 결합은 개인이 함부로 바꿀 수 없는 약속임을 보여 주는 언어의 사회성에 대한 사례이므로 적절하다. ③ 말소리와 의미의 관계가 필연적이지 않음을 보여 주는 언어의 자의성에 대한 사례이므로 적절하다.

766) ③

선택 비율	① 3%	② 8%	③ 74%	④ 10%	⑤ 3%

해 : '싸다'는 '그 정도의 값어치가 있다'에서 '비용이 보통보다 낮다'로 의미가 이동했으며, 첫째 음절에서 'ㆍ'가 'ㅏ'로 바뀌어 음운의 변화로 인한 형태 변화를 겪었으므로 ㉠과 ㉡에 모두 해당한다.

[오답풀이] ① '어리다'는 의미 이동이 일어났으나 형태 변화는 일어나지 않은 단어이므로 적절하지 않다. ② '서울'은 음운의 변화로 인한 형태 변화가 일어났으나 의미가 확대된 단어이므로 적절하지 않다. ④ '마음'은 음운의 변화로 인한 형태 변화가 일어났으나 의미가 축소된 단어이므로 적절하지 않다. ⑤ '서로'는 유추에 의한 형태 변화가 일어난 단어이므로 적절하지 않다.

767) ④

선택 비율	① 8%	② 6%	③ 12%	④ 67%	⑤ 5%

해 : '員(원)의'는 '員(원)'에 관형격 조사 '의'가 결합한 형태로 관형어이고, '지븨'는 '집'에 부사격 조사 '의'가 결합한 형태로 부사어이다. 따라서 관형어가 여러개 겹쳐서 사용된 것이 아니므로 적절하지 않다.

[오답풀이] ① '기픈'은 '깊-'에 관형사형 전성 어미 '-ㄴ'이 결합한 것으로, 현대 국어와 마찬가지로 용언 어간에 관형사형 전성 어미가 결합하여 관형어로 사용되었으므로 적절하다. ② 'ᄇᆞᄅᆞ매'는 'ᄇᆞᄅᆞᆷ'과 부사격 조사 '애'가 결합한 것으로, 현대 국어와 달리 부사격 조사가 체언의 끝음절 모음이 양성인지 음성인지에 따라 서로 다른 형태가 사용되었으므로 적절하다. ③ '아니'는 부사로, 현대 국어와 마찬가지로 부사가 그 자체로 부사어로 사용되었으므로 적절하다. ⑤ '부텻'은 '부텨'에 관형격 조사 'ㅅ'이 결합한 것으로, 현대 국어와 달리 높임의 대상이 되는 유정 체언과 결합할 때는 관형격 조사 'ㅅ'이 사용되었으므로 적절하다.

768) ⑤

선택 비율	① 4%	② 12%	③ 8%	④ 4%	⑤ 70%

해 : '노력한'은 의존 명사 '만큼'을 수식하는 관형어이고, '취미로'는 서술어 '삼았다'가 필수적으로 요구하는 부사어이기 때문에 생략할 수 없으므로 각각 ㉠, ㉡에 해당하는 예이다.

[오답풀이] ① '회장으로'는 서술어 '주재하였다'가 필수적으로

요구하는 부사어가 아니므로 ⓒ에 해당하지 않는다. ② '그'는 의존 명사를 수식하는 관형어가 아니므로 ㉠에 해당하지 않는다. ③ '마당에서'는 서술어 '뛰논다'가 필수적으로 요구하는 부사어가 아니므로 ⓒ에 해당하지 않는다. ④ '나라의'는 의존 명사를 수식하는 관형어가 아니므로 ㉠에 해당하지 않는다.

769) ⑤

선택 비율	① 3%	② 4%	③ 2%	④ 11%	⑤ **77%**

해 : '이제 나무 아래에서 낮잠은 다 잤다.'는 과거 시제 선어말 어미 '-았-'을 사용하였지만, 그 의미는 '앞으로는 나무 아래에서 낮잠을 잘 수 없다.'는 의미를 나타낸다. 따라서 사건시가 발화시 이후인 미래의 의미를 나타내므로 적절하지 않다.

[오답풀이] ① '나는 묘목을 심는다.'는 선어말 어미 '-는-'을 사용한 현재형 표현이므로 적절하다. ② '묘목이 자라면 나무 아래에서 잘 수 있겠지.'는 선어말 어미 '-겠-' 을 사용하여 사건시가 발화시 이후임을 나타내므로 적절하다. ③ '나는 묘목을 심었었지.'는 선어말 어미 '-었었-'을 사용하여 시간적으로 거리가 먼 과거를 나타낸 표현이므로 적절하다. ④ '나는 나무 아래에서 자더라.'에는 선어말 어미 '-더-'가 사용되었는데, 주어가 1인칭인 경우에 '-더-'의 쓰임에 제약이 따르는 경우로 볼 수 있으므로 적절하다.

770) ⑤

선택 비율	① 12%	② 9%	③ 2%	④ 4%	⑤ **70%**

해 : (마)의 '닐오리라'는 선어말 어미 '-리-'를 사용하여 미래의 의미를 나타내고 있는데, 선어말 어미 '-리-'는 현대 국어에서도 미래를 나타내기 위해 사용되고 있으므로 적절하지 않다.

[오답풀이] ① (가)의 '명종(命終)호라'는 시제를 나타내는 선어말 어미 없이 '죽었다'라는 과거의 의미를 나타내고 있으므로 적절하다. ② (나)의 '롱담ᄒᆞ다라'에서 선어말 어미 '-다-'는 1인칭 주어 '내'와 함께 쓰여 과거의 의미를 나타내고 있으므로 적절하다. ③ (다)의 '묻ᄂᆞ다'는 선어말 어미 '-ᄂᆞ-'가 쓰여 '묻는다'라는 현재의 의미를 나타내고 있으므로 적절하다. ④ (라)의 'ᄒᆞᄂᆞ니라'는 현재형 선어말 어미 '-ᄂᆞ-'가 사용되어 '하늘이며 사람 사는 땅을 다 모아서 세계'라고 하는 보편적 사실을 나타내고 있으므로 적절하다.

771) ③

선택 비율	① 7%	② 15%	③ **62%**	④ 10%	⑤ 4%

해 : ㉠ '비가 오기'는 명사형 어미 '-기'가 붙어 만들어진 명사절로 목적격 조사와 결합하여 안은문장에서 목적어로 쓰인다. ⓒ '집에 가기'는 명사형 어미 '-기'가 붙어 만들어진 명사절로 부사격 조사 '에'와 결합하여 안은문장에서 부사어로 쓰인다. ⓒ '그는 1년 후에 돌아오기'는 명사형 어미 '-기'가 붙어 만들어진 명사절로 부사격 조사 '로'와 결합하여 안은문장에서 부사어로 쓰인다. ㉣ '어린 아이들은 병원에 가기'는 명사형 어미 '-기'가 붙어 만들어진 명사절로 안은문장에서 목적어로 쓰인다. 이때 목적격 조사는 생략되기도 한다. 따라서 ㉠과 ㉣은 안은문장에서 목적어로 쓰이는 명사절이고, ⓒ과 ⓒ은 안은문장에서 부사어로 쓰이는 명사절이다.

772) ②

선택 비율	① 15%	② **55%**	③ 10%	④ 7%	⑤ 11%

해 : 중세 국어의 명사절은 명사형 어미 '-옴 / 움, -기, -디'가 붙어 만들어졌다. 중세 국어의 명사절도 안은문장에서 주어, 목적어, 부사어 등 다양한 문장성분으로 쓰였다. ⓐ 'ᄡᅮ메'는 'ᄡᅳ+-움+-에'로 분석되며 음성 모음 아래에서 쓰이는 명사형 어미 '-움'이 결합된 명사절이다. ⓒ '부모롤 현뎌케 홈'은 양성 모음 아래에서 쓰이는 명사형 어미 '-옴'이 붙어 만들어진 명사절이다. ⓓ '본향(本鄕)애 도라옴'에서는 양성 모음 아래에서 쓰이는 명사형 어미 '-옴'이 붙어 만들어진 명사절이다. ⓔ '가져 가디'는 명사형 어미 '-디'가 붙어 만들어진 명사절로 '가져 가디'는 '어려볼씨'의 주어로 쓰였다. 그러나 ⓑ는 명사절이 나타나지 않는다.

773) ④

선택 비율	① 12%	② 4%	③ 4%	④ **75%**	⑤ 2%

해 : 중세 국어에서 앞말이 'ㅣ'모음으로 끝나면 주격 조사를 따로 표기하지 않았다. 따라서 앞말이 모음이라고 예외 없이 주격 조사 'ㅣ'가 사용되는 것은 아니다.

[오답풀이] ① 현대 국어의 주격 조사 중에는 중세 국어에서 사용하지 않았던 '가'가 있다. ② 주격 조사가 붙는 앞말이 'ㅣ' 모음으로 끝나면(음운 환경) 주격 조사를 따로 표기하지 않았다. ③ 현대 국어의 목적격 조사 형태는 '을 / 를'인데 중세 국어의 목적격 조사 형태는 '올 / 을 / 롤 / 를'이었다. ⑤ 중세 국어에서 앞말의 모음이 양성 모음일 때 목적격 조사로 '올 / 롤'을 사용하였고, 앞말이 자음으로 끝나면 '올 / 을'을 사용하였다. 따라서 앞말이 양성 모음이고 자음으로 끝났을 때 쓰이는 목적격 조사는 '올'임을 알 수 있다.

774) ①

선택 비율	① **61%**	② 7%	③ 12%	④ 15%	⑤ 3%

해 : '거붑'은 동물이고 'ㅜ'가 음성 모음이기 때문에 관형격 조사로 '의'가 붙는다. '하놀'은 사람도 아니고 동물도 아니기 때문에 관형격 조사로 'ㅅ'이 붙는다.

775) ⑤

선택 비율	① 4%	② 16%	③ 20%	④ 9%	⑤ **48%**

해 : 15세기에 'ㅐ'는 'ㅏ'와 반모음 'ǐ'가 결합한 이중 모음이었을 것으로 추정된다. 따라서 15세기 국어의 체언 '바'에 조사 '이'가 붙어 '배'로 표기된 사례에서는 조사의 단모음 'ㅣ'가 반모음 'ǐ'로 교체되는 것이지 체언의 단모음이 'ǐ'로 교체되는 것이 아니다.

[오답풀이] ① 현대 국어에서 '피어'를 [펴:]로 발음하는 반모음화의 사례는 규범상 표준 발음으로 인정된다. ② 반모음화는 반모음과 성질이 비슷한 단모음에 적용되

는 것으로 현대 국어에서 '피어'를 [펴:]로 발음할 때는 어간 'ㅣ'가 반모음 'ǐ'로 교체된다. ③ 어간이 'ㅣ, ㅚ, ㅟ'로 끝날 때 어미에 반모음 'ǐ'가 첨가되더라도 표기할 때는 음운 변동이 일어나지 않은 형태로 표기해야 한다. 따라서 '피어'로 표기해야 한다. ④ 15세기 국어에서는 'ㆎ, ㅐ, ㅔ, ㅚ, ㅢ'가 'ㅟ' 표기와 마찬가지 방식으로 이중 모음을 나타냈을 것으로 추정된다. 따라서 'ㅚ' 표기는 단모음 'ㅗ'와 반모음 'ǐ'가 결합한 이중 모음을 나타냈을 것으로 추정된다.

776) ②

선택 비율	① 10%	② **46%**	③ 23%	④ 13%	⑤ 5%

解 : ⓐ 15세기의 'ㅐ' 표기는 'ㅏ'와 반모음 'ǐ'가 결합한 이중 모음을 나타냈을 것으로 추정된다. 따라서 '나+이 → 내'의 사례는 체언 '나'에 조사 '이'가 붙을 때 조사의 'ㅣ'가 반모음 'ǐ'로 교체된 반모음화의 사례이다. ⓑ '니겨'는 어간 '니기-'에 어미 '-어'가 결합할 때 어간의 마지막 모음 'ㅣ'가 반모음 'ǐ'로 교체된 반모음화의 사례이다. 따라서 '니겨'는 밑줄 친 ㉡의 사례에 해당한다. ⓒ 15세기의 'ㅢ' 표기는 'ㅡ'와 반모음 'ǐ'가 결합한 이중 모음을 나타냈을 것으로 추정된다. 이에 따르면 '긔여'에서 어간 '긔-'는 반모음 'ǐ'로 끝나므로 '긔여'는 반모음 'ǐ' 뒤에서 반모음 'ǐ'가 첨가된 반모음 첨가의 사례이다. 따라서 '긔여'는 밑줄 친 ㉠의 사례에 해당한다. ⓓ '디여'는 어간 '디-'에 어미 '-어'가 결합할 때 어미에 반모음 'ǐ'가 첨가된 사례이다. 어간 '디-'는 'ㅣ'로 끝나므로 '디여'는 어간이 'ㅣ'로 끝나는 용언에서 일어난 반모음 첨가의 사례이다.

777) ③

선택 비율	① 3%	② 8%	③ **70%**	④ 4%	⑤ 11%

解 : ㄷ에서는 연결 어미 '-(으)면서'를 사용하여 노래를 부르는 동작이 시간의 흐름 속에서 계속 이어지고 있음을 나타내는 진행상을 표현하고 있다. 따라서 연결 어미를 통해 사건이 완료되었음을 표현한다는 진술은 적절하지 않다.

[오답풀이] ① ㄱ은 '동생'이 책을 읽는 사건이 일어난 시점인 사건시와 발화시가 일치하는 현재 시제가 나타나며 '-고 있다'를 통해 진행상을 표현하고 있으므로 적절하다. ② ㄴ은 '-어 있다'를 통해 '꽃'이 핀 후의 결과가 지속되고 있음을 나타내는 완료상이 실현되어 있으므로 적절하다. ④ ㄹ은 그는 빨간 티셔츠를 입는 중이라는 진행상으로 해석할 수도 있지만 빨간 티셔츠를 입은 채로 있다는 완료상으로도 해석할 수 있으므로 적절하다. ⑤ ㅁ에서는 '나'가 밥을 먹고 집을 나서는 사건이 일어난 시점인 사건시가 발화시보다 앞서있는 과거 시제가 나타난다. 그리고 연결 어미 '-고서'를 통해 '나'가 밥을 먹는 동작이 끝났음을 나타내는 완료상을 표현하고 있으므로 적절하다.

778) ⑤

선택 비율	① 13%	② 3%	③ 26%	④ 7%	⑤ **49%**

解 : 4문단에서 중세 국어에서는 보조적 연결 어미와 보조 용언의 결합이나 '-(으)며셔', '-고셔' 등과 같은 연결 어미를 통해 동작상이 실현되었음을 알 수 있다. ㄹ의 '시름ᄒᆞ야 잇더니'에서는 보조적 연결 어미와 보조 용언이 결합된 형태로 시간의 흐름 속에서 동작이 일어나는 양상인 동작상이 표현되어 있으나 ㅁ의 '닶고셔'에서는 연결 어미 '-고셔'로 동작상이 표현되어 있으므로, ㄹ과 ㅁ에서 보조적 연결 어미와 보조 용언이 결합된 형태로 동작상이 표현되어 있다는 진술은 적절하지 않다.

[오답풀이] ① ㄱ의 '안자 잇거늘'은 '-아 잇다'가 활용된 형태를 통해, 앉은 후의 결과가 지속되고 있음을 나타내는 완료상을 표현하고 있으므로 적절하다. ② ㄴ의 '쉬며셔'는 연결 어미 '-(으)며셔'를 통해 시간의 흐름 속에서 동작이 일어나는 양상인 동작상이 실현되어 있으므로 적절하다. ③ ㄷ의 '빨아 잇더라'에서 '-아 잇다'는 진행상을 표현하는데 현대 국어에서는 '-아 있다'가 완료상을 표현하므로 적절하다. ④ ㄷ의 '빨아 잇더라'와 달리 ㄹ의 '시름ᄒᆞ야 잇더니'에서는 보조적 연결 어미 '-아'가 'ᄒᆞ-' 뒤에서 '-야' 형태로 바뀌어 나타났으므로 적절하다.

779) ③

선택 비율	① 2%	② 3%	③ **68%**	④ 21%	⑤ 3%

解 : ㉢은 의문사 '무엇'이 포함된 의문문으로, 맥락에 따라 설명 의문문으로도, 판정 의문문으로도 쓰일 수 있다. ㉢의 경우, 청자의 반응이 '아니'이므로 판정 의문문으로 사용된 것으로 판단할 수 있으며, 의문사 '무엇'도 부정칭 대명사로 사용한 것이다. 따라서 의문사가 가리키는 내용을 설명해 달라는 의도를 드러낸 것으로 보기 어렵다.

[오답풀이] ① ㉠은 대답 '응'으로 보아 판정 의문문으로 사용된 것이므로 청자에게 긍정이나 부정의 대답을 요구하고 있다. ② ㉡은 종결 어미 '-지'를 사용하여 청자도 자신처럼 아침을 못 먹었을 것이라고 믿는 바를 확인하기 위한 판정 의문문이다. ④ ㉣은 청자의 반응에 따라 의문문의 유형이 달라질 수 있다. 청자에게 긍정이나 부정의 대답을 요구할 수도 있고, 의문사가 가리키는 내용을 설명해 주기를 요구할 수도 있다. ⑤ ㉤은 의문사 '왜'가 가리키는 내용에 대하여 청자가 설명하는 대답을 하고 있으므로 설명 의문문으로 판단할 수 있다.

780) ④

선택 비율	① 4%	② 8%	③ 14%	④ **53%**	⑤ 18%

解 : <보기>의 [탐구 결과]에 따르면, ㄱ과 ㄴ은 판정 의문문, ㄷ과 ㄹ은 설명 의문문이다. 그리고 4문단에 의하면, ㄱ의 '가'와 ㄷ의 '고'는 의문문을 만드는 보조사이고, ㄴ의 '-녀'와 ㄹ의 '-뇨'는 의문문을 만드는 종결 어미이다. 중세 국어에서는 판정 의문문에는 '아/어' 계통의 보조사나 종결 어미가 사용되었고, 설명

의문문에는 '오' 계통의 보조사나 종결 어미가 사용되었다. 따라서 <보기>의 사례들을 통해 중세 국어에서는 판정 의문문에 사용되는 보조사나 종결 어미의 형태가 설명 의문문과 달랐다고 판단할 수 있다.

781) ②

선택 비율	① 5%	② **83%**	③ 4%	④ 3%	⑤ 3%

解 : ㉡의 '친구와'는 '싸우다'가 필수적으로 요구하는 문장 성분이지만, ㉢의 '설마'는 없어도 문장의 성립에 영향을 미치지 않는 수의적 성분이므로 적절하지 않다.

[오답풀이] ① ㉠의 '에'는 '아침'과 결합하여 '시간'의 의미를 나타내며, ㉥의 '에'는 '때문'과 결합하여 '원인'의 의미를 나타낸다. 같은 형태의 부사격 조사가 서로 다른 의미로 사용되고 있으므로 적절하다. ③ ㉣의 '결코'는 문장에서 '그렇지 않아'를 수식하고 있으며, 부정 표현과 호응을 이루고 있으므로 적절하다. ④ ㉤의 '그런데'는 앞 문장과 뒤 문장을 이어주는 접속 부사어이므로 적절하다. ⑤ ㉦의 '편하게'는 어간 '편하-'에 어미 '-게'가 붙어 '대했던'을 수식하고 있으므로 적절하다.

782) ④

선택 비율	① 7%	② 4%	③ 5%	④ **76%**	⑤ 5%

解 : ⓓ에서 '터리'의 '이'는 현대 국어와 달리 비교의 의미를 가지고 있는 부사격 조사로 사용되었지만 'ㅣ'모음 뒤에서 사용된 것이 아니므로 적절하지 않다.

[오답풀이] ① ⓐ에서 '바ᄅᆞ래'의 '애'는 선행 체언 '바ᄅᆞᆯ'의 끝음절 모음이 양성 모음이기 때문에 사용된 것이므로 적절하다. ② ⓑ에서 '지븨'의 '의'는 '집'이라는 특정 체언 뒤에 붙어 장소를 나타내는 부사격 조사로 사용된 것이므로 적절하다. ③ ⓒ에서 '블라와'의 '라와'는 현대 국어와 달리 비교의 의미를 가지고 있는 부사격 조사로 사용된 것이므로 적절하다. ⑤ ⓔ에서 '저그로'의 '으로'는 현대 국어와 달리 출발점의 의미로 사용된 것이므로 적절하다.

783) ⑤

선택 비율	① 13%	② 3%	③ 5%	④ 5%	⑤ **72%**

解 : ㅁ의 주체인 '아버지'는 화자에게 높임의 대상이지만, 청자인 '할아버지'에게는 높임의 대상이 아니다. 따라서 화자는 주체인 '아버지'와 청자인 '할아버지'의 관계를 고려하여 '할아버지' 앞에서 '아버지'를 높이지 않고 있다. 한편 청자인 '할아버지'는 화자에게 높임의 대상이다. 따라서 화자는 '-습니다'를 사용하여 상대 높임을 실현하고 있다.

[오답풀이] ① ㄱ의 화자는 선생님의 소유물인 '책'에 대한 높임을 '-시-'로 실현함으로써 '선생님'을 간접적으로 높이고 있다. ② ㄴ은 방송이라는 공적 담화의 객관성을 고려해 '세종대왕'을 높이지 않고 있다. ③ ㄷ의 주체인 '어린이'는 화자에게 높임의 대상이 아니지만, 화자는 수업이라는 공적인 담화 상황을 고려하여 '어린이'에 대한 높임을 '-시-'로 실현하고 있다. ④ ㄹ의 주체인 '엄마'는 화자에게 높임의 대상이 아니지만, 청자인 '손자'에게는 높임의 대상이다. 따라서 화자는 주체인 '엄마'와 청자인 '손자'의 관계를 고려하여 '손자' 앞에서 '엄마'에 대한 높임을 '-시-'로 실현하고 있다.

784) ⑤

선택 비율	① 4%	② 13%	③ 16%	④ 5%	⑤ **59%**

解 : c의 중세 국어 '뫼셔'와 현대 국어 '모셔'에서 '뫼시다'와 '모시다'는 객체 높임에 사용되는 특수한 어휘로, 객체인 '태자'를 높이기 위해 중세 국어와 현대 국어에서 각각 사용되었다.

[오답풀이] ① a의 중세 국어 'ᄒᆞ샨'과 현대 국어 '하신'에서, '-샤-'와 '-시-'를 각각 사용하여 주체인 '대사'를 높이고 있음을 알 수 있다. ② a의 중세 국어 '거시잇고'와 현대 국어 '것입니까'를 통해, 중세 국어에서는 현대 국어에 없는 상대 높임의 선어말 어미 '-잇'을 사용하여 대화의 상대인 청자를 높이고 있음을 알 수 있다. ③ b의 중세 국어 '供養(공양)ᄒᆞᅀᆞᆸ고'와 현대 국어 '공양하고'를 통해, 중세 국어에서는 현대 국어에 없는 객체 높임의 선어말 어미 '-ᅀᆞᆸ-'을 사용하여 객체인 '어마님'을 높이고 있음을 알 수 있다. ④ c의 중세 국어 '부인ᄭᅴ'와 현대 국어 '부인께'에서, 부사격 조사 'ᄭᅴ'와 '께'를 각각 사용하여 객체인 '부인'을 높이고 있음을 알 수 있다.

785) ②

선택 비율	① 25%	② **44%**	③ 11%	④ 6%	⑤ 13%

解 : '(소리가) 작아지다'는 형용사 '작다'의 어간 '작-'에 '-아/-어지다'가 결합하여 동사화된 것으로 상태의 변화를 나타낸 것일 뿐 피동의 의미를 나타내지 않는다.

[오답풀이] ① '(물건이) 실리다'는 동사 '싣다'의 어간 '싣-'이 피동 접미사 '-리-'와 결합할 때 어간의 받침 'ㄷ'이 'ㄹ'로 바뀌는 불규칙 활용을 한 것이다. ③ '(줄이) 꼬이다'는 동사 어간 '꼬'에 피동 접미사 '-이-'가 결합하여 피동사가 되었다. ④ '경찰이 도둑을 잡다.'의 능동문이 피동문인 '도둑이 경찰에게 잡히다.'로 바뀔 때 능동문의 목적어인 '도둑을'이 피동문의 주어인 '도둑이'로 바뀌게 된다. ⑤ '(아버지와) 닮다'는 피동 접미사와 결합하여 파생어가 될 수 없는, 대칭되는 대상이 필요한 동사이다.

786) ⑤

선택 비율	① 3%	② 11%	③ 7%	④ 10%	⑤ **65%**

解 : 통사적 피동은 어간에 '-아/-어디다'가 결합하여 만들어지는 것이므로 '밧아디거늘'은 통사적 피동이다. 그러나 '박거늘'은 피동 접미사나 '-아/-어디다'가 결합하지 않고 피동의 의미를 실현하는 것이므로 통사적 피동이 아니다.

[오답풀이] ① '담겨'는 능동사 어간 '담-'에 파생 접미사 '-기-'가 결합하여 피동사가 된 것이다. ② '박거늘'은 피동 접미사가 결합하지 않고 피동의 의미가 실현된 것이다. ③ '열이고'는 동사 어간 '열'이 'ㄹ'로 끝나므로 접미사 '-이-'가 결합한 후 분철되어 표기된 것이다. ④ '밧아디거늘'은 동사 어간 '밧ᄉ-'에 보조적 연결 어미 '-아'와 보조 동사 '디다'가 결합된 '-

아디-'를 사용하여 피동의 의미를 나타내고 있다.

787) ②

선택 비율	① 8%	② **61%**	③ 13%	④ 9%	⑤ 7%

해 : 이 문항은 15세기 국어와 현대 국어의 특징을 <대화 1>, <대화 2>와 <자료>를 바탕으로 탐구해 낼 수 있는지 여부를 평가하고 있다. <자료>를 통해 볼 때, 15세기 국어의 '도ᄫᅡ'가 현대 국어에서 '도와'로 나타난 것은 'ㅸ'이 'ㅏ' 앞에서 반모음 'ㅗ̆ [w]'로 바뀐 결과이다. 따라서 'ㅸ'이 어간 끝에서 'ㅂ'으로 바뀌어 나타난 결과라고 할 수 없다.

[오답풀이] ① <대화 1>의 내용에서 현대 국어의 '돕다'는 '돕고', '도와'로 활용하고, 현대 국어의 '젓다'는 '젓고', '저어'로 활용하여 모음으로 시작하는 어미 앞에서의 활용형이 다름을 알 수 있다. 따라서 '돕다', '젓다'는 <대화 2>의 '굽다', '짓다'와 마찬가지로 어간의 형태가 달라지는 불규칙 활용을 하는 용언임을 알 수 있다. ③ <자료>에서 15세기 국어의 '젓다'는 모음으로 시작하는 어미 앞에서 어간이 '저ᇫ'으로 나타난다고 하였다. <대화 2>에서 'ㅿ'이 사라지면서 '저ᅀᅥ'가 '저어'로 활용형이 바뀌었다고 하였으므로, 15세기 국어의 '저ᅀᅥ'가 현대 국어에서 '저어'로 나타난 것은 'ㅿ'의 소실로 어간의 끝 'ㅿ'이 없어진 결과라 할 수 있다. ④ <자료>에서 15세기 국어의 '돕다'는 자음으로 시작하는 어미 앞에서 어간이 '돕-'으로 나타난다고 하였다. 현대 국어에서도 '돕다'는 자음으로 시작하는 어미 앞에서 '돕-'으로 나타나므로 이 둘은 자음으로 시작하는 어미 앞에서 어간의 모양이 달라지지 않았다고 할 수 있다. ⑤ <자료>에서 15세기 국어의 '젓다'는 자음으로 시작하는 어미 앞에서 어간이 '젓-'으로 나타난다고 하였다. 현대 국어에서도 '젓다'는 자음으로 시작하는 어미 앞에서 '젓-'으로 나타나므로 이 둘은 자음으로 시작하는 어미 앞에서 어간의 모양이 달라지지 않았다고 할 수 있다.

788) ①

선택 비율	① **44%**	② 12%	③ 24%	④ 10%	⑤ 8%

해 : 이 문항은 주어진 탐구 활동과 자료를 바탕으로 현대 국어 용언들의 15세기 중엽 이전, 17세기 초엽의 활용형을 바르게 추정할 수 있는지의 여부를 평가하고 있다. '곱다'는 '돕다'와 현대 국어의 활용 양상(ㅂ 불규칙 활용)이 유사하다. 15세기 중엽에 '돕-'은 자음으로 시작하는 어미 앞에서 '돕-'으로, 모음으로 시작하는 어미 앞에서 '도ᇦ'으로 나타났다는 점에 비추어 볼 때, '곱다'의 15세기 중엽 이전 표기는 '곱게, 고ᄫᅡ, 고ᄫᆞᆫ'으로 나타났을 것이라 추정할 수 있다. 'ㅸ'은 15세기 중엽을 넘어서며 'ㅏ' 앞에서 반모음 'ㅗ̆'로, 'ㆍ' 앞에서 'ㅗ'로 바뀌었으며, 'ㆍ'가 이어진 경우에는 모음과 결합하여 'ㅗ'로 바뀌었으므로, 17세기 초엽에는 '곱게, 고와, 고온'으로 나타났을 것이라 추정할 수 있다.

[오답풀이] ② '긋다'는 '젓다'와 현대 국어의 활용 양상(ㅅ 불규칙 활용)이 유사하다. 15세기 중엽에 '젓-'은 자음으로 시작하는 어미 앞에서 '젓-'으로, 모음으로 시작하는 어미 앞에서 '저ᇫ'으로 나타났다는 점에 비추어 볼 때, '긋다'의 15세기 중엽 이전 표기는 '긋게, 그ᅀᅥ, 그ᅀᅳᆫ'으로 나타났을 것이라 추정할 수 있다. 'ㅿ'은 16세기 중엽에 사라졌으므로, 17세기 초엽에는 '긋게, 그어, 그은'으로 나타났을 것이라 추정할 수 있다. ③ '눕다'는 '돕다'와 현대 국어의 활용 양상(ㅂ 불규칙 활용)이 유사하다. 15세기 중엽에 '돕-'은 자음으로 시작하는 어미 앞에서 '돕-'으로, 모음으로 시작하는 어미 앞에서 '도ᇦ'으로 나타났다는 점에 비추어 볼 때, '눕다'의 15세기 중엽 이전 표기는 '눕게, 누ᄫᅥ, 누ᄫᅳᆫ'으로 나타났을 것이라 추정할 수 있다. 'ㅸ'은 15세기 중엽을 넘어서며 'ㅓ' 앞에서 반모음 'ㅜ̆'로, 'ㅡ' 앞에서 'ㅜ'로 바뀌었으며, 'ㅡ'가 이어진 경우에는 모음과 결합하여 'ㅜ'로 바뀌었으므로, 17세기 초엽에는 '눕게, 누워, 누운'으로 나타났을 것이라 추정할 수 있다. ④ '빗다'는 '좁다'와 현대 국어의 활용 양상(규칙 활용)이 유사하다. 15세기 중엽에 '좁-'은 자음과 모음으로 시작하는 어미 앞에서 모두 어간이 '좁-'으로 나타났다는 점에 비추어 볼 때, '빗다'의 15세기 중엽 이전 표기는 '빗게, 비서, 비슨'으로 나타났을 것이라 추정할 수 있다. 16세기 중엽에 음절끝에서 이전과 다름없이 'ㅅ'이 나타났으므로, 17세기 초엽에도 '빗게, 비서, 비슨'으로 나타났을 것이라 추정할 수 있다. ⑤ '잡다'는 '좁다'와 현대 국어의 활용 양상(규칙 활용)이 유사하다. 15세기 중엽에 '좁-'은 자음과 모음으로 시작하는 어미 앞에서 모두 어간이 '좁-'으로 나타났다는 점에 비추어 볼 때, '잡다'의 15세기 중엽 이전 표기는 '잡게, 자바, 자ᄇᆞᆫ'으로 나타났을 것이라 추정할 수 있다. 17세기 초엽 역시 '잡게, 자바, 자ᄇᆞᆫ'으로 나타났을 것이라 추정할 수 있다.

789) ③

선택 비율	① 4%	② 3%	③ **88%**	④ 2%	⑤ 1%

해 : 'ㅎ' 종성 체언은 '술히'처럼 모음으로 시작하는 말 앞에서는 연음이 되어 나타났다는 <자료>의 진술을 통해, 모음으로 시작하는 말 앞에서 'ㅎ'이 실현되었음을 알 수 있다.

[오답풀이] ① 어두 자음군 중 맨 앞의 'ㅂ'은 당시에는 실제로 발음되었을 것으로 추정된다는 진술을 통해 알 수 있다. ② 어두 자음군 중 맨 앞의 'ㅂ'은 훗날 탈락하였다는 진술과 훗날 단일어에서는 'ㅂ'이 탈락하였다는 진술을 통해 알 수 있다. ④ 현대 국어와 달리 15세기 국어에는 어두에 두 개 이상의 서로 다른 자음이 올 수 있었다는 진술을 통해 알 수 있다. ⑤ 'ㅎ'이 뒤에 오는 'ㄱ'과 결합하여 축약됐으므로 '살코기'의 어형이 생성된 것이라는 진술을 통해 알 수 있다.

790) ③

선택 비율	① 4%	② 3%	③ **84%**	④ 2%	⑤ 5%

해 : a. '쁠다'의 어두에 있는 'ㅂ'이 앞 형태소의 받침 자리로 가서 붙어 '휩쓸다'의 어형이 생성되었을 것이라

는 점에서, ㉠에 해당하는 예로 적절하다. b. '쌀'의 어두에 있는 'ㅂ'이 앞 형태소의 받침 자리로 가서 붙어 '햅쌀'의 어형이 생성되었을 것이라는 점에서, ㉠에 해당하는 예로 적절하다. d. '안ㅎ'의 'ㅎ'이 '밖'의 'ㅂ'과 결합하여 'ㅍ'으로 축약되었을 것이라는 점에서, ㉡에 해당하는 예로 적절하다.

[오답풀이] c. '수꿩'에서 'ㅎ' 종성 체언의 'ㅎ'의 흔적을 찾을 수 없어 ㉡에 해당하는 예로 보기 어렵다. e. '들뜨다'에서 어두 자음군 맨 앞의 'ㅂ'의 흔적을 찾을 수 없어 ㉠에 해당하는 예로 보기 어렵다.

791) ④

선택 비율	① 24%	② 3%	③ 10%	④ **54%**	⑤ 8%

해 : ㉣은 서술의 객체인 '聖宗(성종)'을 높이기 위해 사용된 특수한 어휘이므로 적절하지 않다.

[오답풀이] ① ㉠에는 객체를 높이기 위해 현대 국어에서 사용하지 않는 객체 높임 선어말 어미를 사용하였으므로 적절하다. ② ㉡에는 문장의 주어인 '聖孫(성손)'을 높이기 위해 선어말 어미가 사용되었고, 현대 국어에서도 선어말 어미 '-시-'를 통해 주체 높임이 실현된다고 했으므로 적절하다. ③ ㉢에는 상대방을 높이기 위해 선어말 어미 '-이-'가 사용되었고, 현대 국어에서는 종결 표현에 의해 상대 높임이 실현된다고 했으므로 적절하다. ⑤ ㉤에는 동작의 주체와 상대방을 높이기 위해 각각 선어말 어미 '-시-'와 '-이-' 가 사용되었으므로 적절하다.

792) ①

선택 비율	① **76%**	② 5%	③ 12%	④ 2%	⑤ 3%

해 : '아버지는 허리가 아프셔서 한영이가 아버지 대신 할아버지를 뵙고 왔습니다.'에서는 '아프셔서'의 '-시-'를 통해 높여야 할 대상의 신체 일부분, 즉 '허리'를 높이는 간접 높임이 실현되었다. 또 '왔습니다'에서는 상대를 높이기 위해 '-습니다'를 사용했다. 그리고 '뵙고'는 객체를 높이기 위한 특수한 어휘이므로 객체 높임이 실현되었다.

793) ④

선택 비율	① 2%	② 2%	③ 25%	④ **68%**	⑤ 1%

해 : '깨뜨리다, 깨뜨리고, 깨뜨리니, 깨뜨리지만' 등으로 활용을 하는 양상에 비추어 볼 때, 용언의 '깨뜨리는'의 어간은 '깨뜨리-'이고, 어미는 '-는'이다.

[오답풀이] ① '나이는 많지 아니하나 기개와 체질이 굳센 사람'의 뜻을 지니는 '아기장수'는 어근 '아기'와 어근 '장수'가 결합하여 형성된 합성어이다. ② '맨손'은 '다른 것이 없는'의 뜻을 더하는 접두사 '맨-'과 어근 '손'이 결합하여 형성된 파생어이다. ③ '쌓인'의 어간은 '쌓이-'인데, 이때 '쌓-'이 어근이며, '-이-'는 피동의 의미를 더하는 접미사이다. ⑤ '모습이'에서는 체언 '모습'과 조사 '이'가 결합한 양상을 확인할 수 있다.

794) ①

선택 비율	① **61%**	② 7%	③ 2%	④ 26%	⑤ 2%

해 : [A]의 설명을 토대로 <보기>의 탐구 결과를 확인하면 미지칭의 인칭 대명사 '누'에 의문문을 만드는 보조사 '고/구'가 결합한 형태인 '누고, 누구'는 시간의 흐름에 따라 하나의 형태로 굳어졌으며, 현대 국어에서는 '누구'만 사용됨을 이해할 수 있다. 따라서 (가)의 중세 국어에서 미지칭의 인칭 대명사 형태를 '누, 누고, 누구'로 분석한 것은 적절하지 않다. 미지칭의 인칭 대명사는 '누'이며, '누고, 누구'는 '누'에 보조사 '고/구'가 결합한 형태이다.

[오답풀이] ② (나)의 근대 국어에서는 '누고 + 고, 누구 + 고'를 확인할 수 있는데 '누고, 누구'가 미지칭의 인칭 대명사로 나타난다. ③ 현대 국어인 (다)에서는 (나)에서 쓰인 '누고'는 나타나지 않으며 '누구'만 쓰임을 확인할 수 있다. ④ (가)의 '누 + 고 / 구'가 (나)의 '누고/누구 + 고'로 변화하였음을 볼 때 체언과 보조사가 결합한 형태인 '누 + 고/구'가 새로운 단어 '누고 / 누구'가 되었음을 확인할 수 있다. ⑤ (나)의 근대 국어에서는 '누고'와 '누구'가 모두 나타나지만 (다)의 현대 국어에서는 '누구'만 나타남을 확인할 수 있다.

795) ③

선택 비율	① 4%	② 4%	③ **71%**	④ 3%	⑤ 15%

해 : '보ᅀᆞᆸ고'에는 객체 높임 선어말 어미 '-ᅀᆞᆸ-'이 사용되었다. '-ᅀᆞᆸ-'은 '世尊(세존)'을 직접적으로 높이고 있으므로, '龍王(용왕)'을 간접적으로 높이고 있다는 설명은 적절하지 않다.

796) ③

선택 비율	① 3%	② 11%	③ **65%**	④ 3%	⑤ 15%

해 : ⓐ에서는 주체 높임 선어말 어미 '-시-'를 사용해 '치아'를 높임으로써 '할아버지'를 높이고 있다. ⓑ에서는 객체 높임을 나타내기 위한 특수 어휘 '모시다'를 사용해 '고모님'을 높이고 있다. ⓒ에서는 주체 높임 선어말 어미 '-시-'를 사용해 '아버지'를 높이고 있다. ⓓ에서는 주체 높임 선어말 어미 '-시-'를 사용해 '생각'을 높임으로써 '그분'을 높이고 있다. 'ⓑ'에는 객체 높임이 나타나 있고, 'ⓐ, ⓒ, ⓓ'에는 주체 높임이 나타나 있으므로, '학생2'는 객체에 해당하는 인물을 높이는가의 여부를 분류의 기준으로 삼았음을 알 수 있다.

797) ②

선택 비율	① 3%	② **67%**	③ 13%	④ 11%	⑤ 3%

해 : 글의 내용을 고려할 때, ㉠, ㉡, ㉢은 모두 'ㄹ'로 끝나는 합성어이어야 한다. 특히 ㉠은 '발가락(발+가락)'과 같이 원래의 'ㄹ'받침이 그대로 유지되는 경우, ㉡은 '소나무(솔+나무)'와 같이 'ㄹ'이 탈락하는 경우, ㉢은 '이튿날(이틀+날)'과 같이 'ㄹ'이 'ㄷ'으로 교체되는 경우이다. ㉠~㉢의 사례를 순서대로 제시하면 원래의 'ㄹ' 받침이 그대로 유지된 '솔방울(솔+방울)', 'ㄹ'이 탈락한 '푸나무(풀+나무)', 'ㄹ'이 'ㄷ'으로 교체된 '섣

달(설+달)'이 된다.

[오답풀이] ① '솔방울(솔+방울)', '무술(물+술)'은 적절하나 '낟알'은 원래 받침이 'ㄷ'일 뿐, 'ㄹ'이 'ㄷ'으로 교체된 예가 아니므로 ⓒ의 예로 적절하지 않다. ③ '무술(물+술)', '섣달(설+달)'은 적절하나 '푸나무(풀+나무)'는 'ㄹ' 받침이 그대로 유지되는 경우가 아니므로 ㉠의 예로 적절하지 않다. ④ '쌀가루(쌀+가루)', '푸나무(풀+나무)'는 적절하나 '낟알'은 원래 받침이 'ㄷ'일 뿐, 'ㄹ'이 'ㄷ'으로 교체된 예가 아니므로 ⓒ의 예로 적절하지 않다. ⑤ '쌀가루(쌀+가루)', '섣달(설+달)'은 적절하나 '솔방울(솔+방울)'은 'ㄹ'이 탈락하는 경우가 아니므로 ⓛ의 예로 적절하지 않다.

798) ⑤

선택 비율	① 9%	② 4%	③ 10%	④ 24%	⑤ **50%**

해 : [A]의 어느 부분에도 현대 국어로 오면서 'ㅅ'의 발음이 서로 달라 받침 'ㅅ'의 형태가 달라졌다는 내용은 언급되지 않았다. 따라서 '숟가락'과 '뭇사람'의 첫 글자 받침이 'ㄷ'과 'ㅅ'으로 서로 다른 이유를 발음의 측면에서 찾기는 어렵다.

[오답풀이] ① '이튿날'은 중세 국어에서 자립 명사 '이틀'과 '날'이 결합된 단어임을 [A]에서 밝히고 있다. 그리고 <보기> 중세 국어의 예인 '술 자ᄫ며 져 놓ᄂ니'를 통해 '술'과 '져'는 자립 명사임을 확인할 수 있다 그러나 현대 국어에서 '술'은 '*술로 밥을 뜨다.'의 사례와 같이 자립하여 쓰일 수 없고, '밥 한 술'의 사례처럼 다른 말 아래에 기대어 쓰이는 의존 명사에 해당한다. ② 중세 국어에서는 현대 국어와 달리 명사와 명사가 결합하여 합성어가 될 때 'ㄴ, ㄷ, ㅅ, ㅈ' 등으로 시작하는 명사 앞에서 받침 'ㄹ'이 탈락하는 규칙이 있었음을 [A]에서 언급하였다. 중세 국어의 예에 제시된 '수져(술+져)도 이에 해당하는데, 이를 통해 '술'과 '져'의 결합에서 'ㄹ'이 탈락한 합성어 '수져'가 현대 국어 '수저'로 이어졌음을 확인할 수 있다. ③ 중세 국어 '이틀'이나 '물'은 명사를 수식할 때, 모두 관형격 조사 'ㅅ'이 결합할 수 있었음을 '이틄 날', '뭀 사ᄅᆞᆷ'의 사례를 통해 확인할 수 있다. 또한 중세 국어 '술'과 '져' 역시 명사를 수식할 때, 모두 관형격 조사 'ㅅ'이 결합할 수 있었음을 '숤 귿', '졋 가락 귿'의 사례를 통해 확인할 수 있다. ④ '이틋날'을 '이튿날'로 적는 것은 '뭀 사람'을 '뭇사람'과 적는 것과 달리 국어의 변화 과정을 고려하지 않는 것임을 [A]에서 밝히고 있다. 제시된 자료를 볼 때, 근대 국어 '숫가락'은 현대 국어에 와서 '숟가락'으로 적기에, '이튿날'과 동일한 양상을 보임을 알 수 있다. 따라서 이 둘은 국어의 변화 과정을 고려한 관점에 부합하지 않는다고 할 수 있다.

799) ④

선택 비율	① 5%	② 13%	③ 9%	④ **64%**	⑤ 7%

해 : ⓜ과 ⓢ은 손아랫사람을 부를 때 쓰는 호격 조사로 그 의미가 서로 동일하다. ⓜ은 모음 뒤에만 쓰이고, ⓢ은 자음 뒤에만 쓰이므로 ⓜ과 ⓢ은 서로 상보적 분포를 보이는 음운론적 이형태 관계라고 할 수 있다. 따라서 ⓜ과 ⓢ은 형태론적 이형태 관계라고 할 수 없으므로 적절하지 않다.

800) ①

선택 비율	① **82%**	② 5%	③ 5%	④ 3%	⑤ 2%

해 : ⓐ의 앞말 모음이 '이'이므로 ⓐ에는 '예'가, ⓑ의 앞말 모음이 양성 모음이므로 ⓑ에는 '애'가, ⓒ의 앞말 모음이 음성 모음이므로 ⓒ에는 '에'가 들어가는 것이 적절하다. ⓐ~ⓒ는 모두 부사격 조사로, 앞말 모음의 성질에 따라 상보적 분포를 보이므로 음운론적 이형태의 관계라고 할 수 있다.

801) ④

선택 비율	① 7%	② 4%	③ 11%	④ **71%**	⑤ 5%

해 : ㉠ '들르다'는 '들르- + -어'가 '들러'로 나타나 '따르다'와 마찬가지로 활용할 때 어간에서 'ㅡ'가 탈락하는 규칙 활용이다. ⓛ '푸르다'는 모음으로 시작하는 어미와 결합할 때 어미 '-어'가 '-러'로 변화하는 불규칙 활용, ⓒ '묻다[問]'는 모음으로 시작하는 어미와 결합할 때 어간이 '물-'로 교체되는 불규칙 활용에 해당한다.

[오답풀이] ①, ② '잠그다'와 '다다르다'는 '잠가'와 '다다라'로 활용하므로 규칙 활용을 하는 용언이지만, ⓛ과 ⓒ이 적절하지 않다. ③, ⑤ '부르다'와 '머무르다'는 '불러'와 '머물러'로 활용하므로 불규칙 활용에 해당한다.

802) ④

선택 비율	① 6%	② 11%	③ 6%	④ **65%**	⑤ 10%

해 : 'ㅸ'은 'ㅏ' 또는 'ㅓ' 앞에서는 반모음 [w]로 변화하고, 'ㅡ'와 결합하여서는 'ㅜ'로 바뀌었으므로 '즐거ᄫᅳᆫ'은 현대 국어의 '즐거운'으로 나타난 것이다.

[오답풀이] ① '지ᅀᅥ'는 '짓다'의 어간이 모음으로 시작하는 어미 앞에서 '짓-'으로 교체된 활용형이다. ② '즐거ᄫᅳᆫ'은 '즐겁다'의 어간이 모음으로 시작하는 어미 앞에서 '즐겋-'으로 교체된 활용형이다. ③ 'ㅿ'이 소실되어 '지ᅀᅥ'는 현대 국어에서 '지어'로 나타난 것이다. ⑤ 중세 국어 '변ᄒᆞ야'와 현대 국어 '변하여'는 활용할 때 모음으로 시작하는 어미가 결합하여 어미의 기본 형태가 달라진 것에 해당한다.

803) ①

선택 비율	① **73%**	② 5%	③ 7%	④ 6%	⑤ 7%

해 : 중세 국어에서는 '애/에/예, 이/의'가 현대 국어의 '에'와 '에서'의 쓰임을 모두 지니고 있었다는 진술을 통해, 중세 국어에서 '에' 앞의 명사가 공간의 의미를 나타낼 수 있었음을 확인할 수 있다.

[오답풀이] ② (1)에서 '에' 앞에 붙은 '서울'이 '에서' 앞에 붙을 수 있음을 확인할 수 있다. 다만, 같은 명사라도 [지점]으로 인식되느냐, [공간]으로 인식되느냐에 따라 '에'와 '에서'가 달리 쓰인다. ③ 중세 국어에서 '애셔/에셔/예셔, 이셔/의셔'가 주격 조사로도 쓰인 경우가 있다는 진술을 통해 사실이 아님을 알 수 있

다. ④ '이시다'의 활용형인 '이셔'가 '에'에 결합되면서 '에셔'로 나타나는데, '이셔'의 의미상 어떤 공간 속에 있음을 전제한다는 진술을 통해 '셔'가 지점의 의미를 나타낸 것이 아님을 알 수 있다. ⑤ 지문의 마지막 문단을 통해 중세 국어 '에셔'는 현대 국어 '에서'와 마찬가지로 유정 명사 뒤에 나타나지 않는다는 것을 알 수 있다.

804) ①

선택 비율	① **53%**	② 5%	③ 4%	④ 20%	⑤ 15%

해 : '그 지역에서'는 부사어로, '에서'는 주격 조사가 아닌 부사격 조사이다.

[오답풀이] ② '정부에서'는 집단을 의미하는 주어로, '에서'는 주격 조사이다. ③ '할머니께서'는 주어이므로 '께서'는 주격 조사이다. 현대 국어의 '께서'는 높임의 유정 명사 뒤에 나타난다. ④ 현대어 풀이 중 '관청에서'가 주어로 쓰였음을 볼 때 '그위예셔' 역시 주어이며 이때의 '예셔'는 주격 조사임을 알 수 있다. ⑤ 현대어 풀이가 '부처님으로부터'이므로 '부텨씌셔'는 부사어이고, '씌셔'는 부사격 조사임을 알 수 있다. 중세 국어에서는 부사격 조사 '씌셔'가 쓰였음을 지문의 마지막 문단에서 확인할 수 있다.

805) ⑤

선택 비율	① 4%	② 6%	③ 8%	④ 16%	⑤ **63%**

해 : 수식을 받는 체언이 관형절 속의 한 성분으로 쓰일 수 있는 관형절은 관계 관형절이다. b의 '늦'이나 c의 'ᄆᆞᅀᆞᆷ'은 관형절의 수식을 받는 체언인데, 이들은 관형절 속의 한 성분으로 쓰일 수 없다.

[오답풀이] ① a의 '호ᄂᆞᆯ[ᄒᆞ+-오-+-ㄴ+ᄋᆞᆯ]'에서 조사 'ᄋᆞᆯ'이 어미 '-ㄴ' 바로 뒤에 붙어 있음을 확인할 수 있다. ② a의 '호ᄂᆞᆯ[ᄒᆞ+-오-+-ㄴ+ᄋᆞᆯ]'은 '한 것을'으로 해석된다. '-ㄴ'은 '~ㄴ 것'으로 해석되며 명사절을 이끄는 기능을 하고 있음을 확인할 수 있다. ③ b의 '비췰[비취-+-ㄹ]'에서 '-ㄹ'을 통해 발화시가 사건시보다 앞서는 미래 시제가 나타나 있음을 확인할 수 있다. ④ b에서는 '늦', c에서는 'ᄆᆞᅀᆞᆷ'이 관형절의 수식을 받는 체언임을 확인할 수 있다.

806) ④

선택 비율	① 4%	② 22%	③ 4%	④ **59%**	⑤ 8%

해 : '힘찬'(㉠)은 '함성이 힘차다.'로부터 만들어진 관계 관형절이다. 수식을 받는 체언 '함성'이 관형절 속에서 주어로 쓰일 수 있기 때문이다. '형이 조사한'(㉢)은 '형이 자료를 조사하다.'로부터 만들어진 관계 관형절이다. 수식을 받는 체언 '자료'가 관형절 속에서 목적어로 쓰일 수 있기 때문이다. '자동차가 전복된'(㉡)은 '자동차가 전복되다.'로부터 만들어진 동격 관형절이다. 그리고 관형절이 만들어지는 과정에서 원래 문장의 종결 어미가 그대로 유지되지 않는 관형절이다. '내가 그 일을 한다는'(㉣)은 '내가 그 일을 한다.'로부터 만들어진 동격 관형절이다. 그리고 관형절이 만들어지는 과정에서 원래 문장의 종결 어미가 그대로 유지되는 관형절이다.

807) ⑤

선택 비율	① 2%	② 4%	③ 2%	④ 3%	⑤ **87%**

해 : '질투의 감정'의 '의'는 '질투'라는 것이 '감정'임을 나타내고 있으므로 '의'는 두 체언을 '의미상 동격'의 관계로 연결하고 있다고 볼 수 있다. '국민의 단결'에서 '의'는 '단결'이라는 행동을 하는 주체가 '국민'임을 나타내므로 '주체-행동'의 관계로 연결하고 있다고 볼 수 있다.

[오답풀이] ① '너의 부탁'의 '의'는 '주체-행동'의 관계를, '친구의 자동차'의 '의'는 '소유주-대상'의 관계를 나타낸다. ② '자기 합리화의 함정'에서 '의'는 '의미상 동격'의 관계를, '친구의 사전'의 '의'는 '소유주-대상'의 관계를 나타낸다. ③ '회장의 칭호'의 '의'는 '의미상 동격'의 관계를, '영희의 오빠'의 '의'는 '친족적' 관계를 나타낸다. ④ '은호의 아버지'의 '의'는 '친족적' 관계를, '친구의 졸업'의 '의'는 '주체-행동'의 관계를 나타낸다.

808) ④

선택 비율	① 4%	② 13%	③ 8%	④ **60%**	⑤ 12%

해 : ⓒ의 '어머니의'는 관형격 조사 '의'에 의해 관형어가 나타난 것으로 관형절의 의미상 주어가 관형격으로 실현된 것이 아니다.

[오답풀이] ① 1문단에서 '수식을 받는 체언이 의존 명사이면 그 앞에 반드시 관형어가 와야 한다.'라고 했으므로 의존 명사 '것' 앞에 쓰인 관형어 '부텻'은 생략할 수 없다. ③ ⓐ의 '부텻'은 관형격 조사 'ㅅ'이 결합하여, ⓑ의 '시미 기픈'은 관형사형 어미가 붙어 만들어진 관형절이 관형어의 역할을 하고 있다. ⑤ ⓓ의 '저자와의'는 '체언+부사격 조사'로 이루어진 부사어에 관형격 조사 '의'가 붙어 관형어가 된 경우이다. 이는 (다)의 '前生앳'과 같은 방식으로 실현된 것이므로 중세 국어에서도 찾을 수 있는 용법임을 알 수 있다.

809) ③

선택 비율	① 6%	② 2%	③ **51%**	④ 21%	⑤ 18%

해 : ㄴ. '기리다'는 '뛰어난 업적이나 바람직한 정신, 위대한 사람 따위를 칭찬하고 기억하다.'라는 뜻을 가진 동사로, 사동 접사가 붙어 있지 않다. 반면 '날리다'는 '공중에 띄워서 어떤 위치에서 다른 위치로 움직이게 하다.'라는 뜻을 가진 동사로, 사동 접사 '-리-'가 붙어 있다. ㄹ. 특정한 상대 등을 필수적으로 요구하는 동사의 경우 사동 접사의 결합에 제약이 있기도 하다. '싸우다', '닮다'는 모두 이러한 특성을 가진 동사이다.

[오답풀이] ㄱ. '늦다'는 어간 '늦-'에 '-추-'를 결합하여 '늦추다'와 같은 파생적 사동이 가능하다. 그러나 '받다'는 주거나 받는 뜻을 가진 동사에 해당하여 사동 접사가 결합되지 못한다. ㄷ. 어간이 'ㅣ'로 끝나는 동사의 경우 사동 접사의 결합에 제약이 있기도 하다. 그 예로 '던지다'와 '견디다'를 들 수 있다.

810) ③

선택 비율	① 4%	② 3%	③ **82%**	④ 5%	⑤ 3%

해 : '들이ᄉᆞᆸ더니'는 사동 접사 '-이-'가 결합된 파생적 사동의 예이다. 이를 통사적 사동으로 바꾸어 표현하려면 어간 '듣-'에 '-게 ᄒᆞ다'를 붙이면 된다. '드데ᄒᆞ'는 잘못된 사동 형태인데, 자음 'ㄷ'으로 끝나는 어간 뒤에 '-에 ᄒᆞ-'를 붙인 것은 적절하지 않다.

811) ⑤

선택 비율	① 4%	② 2%	③ 9%	④ 8%	⑤ **74%**

해 : 중세 국어에서 '의'는 앞 체언에 붙어 관형격 조사와 부사격 조사로 쓰인다고 하였다. 따라서 중세 국어에서 체언에 조사 '의'가 붙은 말은 관형어나 부사어로 쓰였다고 이해할 수 있다.

[오답풀이] ① 현대 국어의 '책꽂이'에서 '-이'는 '…하는 데 쓰이는 도구'의 의미를 나타내는 접사이다. ② 현대 국어 '놀이'에서의 '-이'와 중세 국어 '사리'에서의 '-이'는 모두 '…하는 행위'의 의미를 나타낸다. ③ 현대 국어의 '-이'는 명사와 부사를 파생하는 접사로, 이를 통해 파생된 '길이'는 명사와 부사로 쓰인다. 그러나 중세 국어의 '-의'는 명사 파생 접사일 뿐 부사는 파생하지 않으므로, 이를 통해 파생된 '기릐'는 부사로는 쓰이지 않고 명사로만 쓰인다. ④ 중세 국어에서 접사 '-의/ᄋᆡ'는 명사만 파생하고 부사는 파생하지 않는다.

812) ②

선택 비율	① 5%	② **79%**	③ 7%	④ 5%	⑤ 2%

해 : '구븨(굽-+-의)'는 현대어 풀이에서 명사 '굽이'로 제시되어 있다. 따라서 이때 '-의'는 용언 어간에 붙어 명사를 파생하는 접사임을 알 수 있다. 음성 모음 'ㅜ'의 뒤에 결합하므로 모음 조화에 따라 '-ᄋᆡ'가 아닌 '-의'가 쓰인 것은 맞으나, 그것이 부사 파생 접사라는 진술은 적절하지 않다.

[오답풀이] ① '겨틔(곁+의)'는 현대어 풀이에서 '곁에'로 제시되어 있다. 따라서 이때 '의'는 장소를 나타내는 체언에 붙은 부사격 조사임을 알 수 있다. 음성 모음 'ㅕ'의 뒤에 결합하므로 모음 조화에 따라 'ᄋᆡ'가 아닌 '의'가 쓰인 것이다. ③ 'ᄇᆞᆯ기(ᄇᆞᆰ-+-이)'는 현대어 풀이에서 '밝히'로 제시되어 있다. 따라서 이때 '-이'는 용언 어간에 붙어 부사를 파생하는 접사임을 알 수 있다. 접사 '-이'는 중세 국어에서 'ㅣ' 모음이 양성 모음도 아니고 음성 모음도 아니어서 모음 조화와는 무관하게 결합하였다고 하였다. ④ '글지ᅀᅵ(글+지ᇫ-+-이)'는 현대어 풀이에서 '글짓기'로 제시되어 있다. 따라서 이때 '-이'는 용언 어간에 붙어 명사를 파생하는 접사임을 알 수 있다. 접사 '-이'는 중세 국어에서 'ㅣ' 모음이 양성 모음도 아니고 음성 모음도 아니어서 모음 조화와는 무관하게 결합하였다고 하였다. ⑤ 'ᄯᆞ릐(ᄯᆞᆯ+ᄋᆡ)'는 현대어 풀이에서 '딸의'로 제시되어 있다. 따라서 이때 'ᄋᆡ'는 평칭의 유정 체언에 붙은 관형격 조사임을 알 수 있다. 양성 모음 'ㆍ'의 뒤에 결합하므로 모음 조화에 따라 '의'가 아닌 'ᄋᆡ'가 쓰인 것이다.

813) ④

선택 비율	① 3%	② 13%	③ 19%	④ **58%**	⑤ 4%

해 : '앎'은 해당 절에서 서술어로 쓰인다는 점, 부사어 '많이'의 수식을 받는다는 점에서 동사의 명사형임을 알 수 있다. 따라서 '앎'의 '-ㅁ'은 명사 파생 접미사가 아니라 명사형 어미에 해당하므로, '-ㅁ'이 품사를 동사에서 명사로 바꾸었다는 서술은 적절하지 않다.

814) ①

선택 비율	① **72%**	② 7%	③ 7%	④ 7%	⑤ 4%

해 : '얼-'에 명사 파생 접미사 '-음'이 결합한 파생 명사는 '어름'으로, 명사형 어미 '-움'이 결합한 활용형은 '어룸'으로 추정할 수 있다.

[오답풀이] ②, ③ '걷-'(걸-), '열-'에 '-음'이 결합한 파생 명사는 각각 '거름', '여름'으로, '-움'이 결합한 활용형은 각각 '거룸', '여룸'으로 추정할 수 있다. ④, ⑤ '살-', 'ᄀᆞᆯ'에 '-ᄋᆞᆷ'이 결합한 파생 명사는 각각 '사ᄅᆞᆷ', 'ᄀᆞᄅᆞᆷ'으로, '-옴'이 결합한 활용형은 각각 '사롬', 'ᄀᆞ롬'으로 추정할 수 있다.

815) ④

선택 비율	① 1%	② 3%	③ 2%	④ **91%**	⑤ 1%

해 : '가방과 신발을 샀다.'에서 '과'는 '가방과 신발'을 명사구로 만드는 접속 조사로, '가방과'를 생략해도 문장이 성립된다.

[오답풀이] ① '나는 시와 음악을 좋아한다.'에서 '시와 음악을'은 접속 조사 '와'에 의해 하나의 명사구가 되어 동일한 문장 성분, 즉 목적어로 기능한다. ② '네가 벼루와 먹을 가져오너라.'에서 접속 조사와 결합한 '벼루와'를 생략하여도 문장이 성립된다. ③ '친구랑 나랑 함께 꽃밭을 만들었다.'에서 '랑'은 체언 '친구'와 '나'를 이어주는 접속 조사이다. ⑤ '수박하고 참외하고 먹자.'에서 '하고'는 자음으로 끝나는 체언 '수박', 모음으로 끝나는 체언 '참외'와 결합할 때 형태가 변하지 않았다.

816) ③

선택 비율	① 3%	② 2%	③ **59%**	④ 26%	⑤ 7%

해 : ⓒ의 접속되는 마지막 체언인 '낮'은 '과'와 결합하였다.

[오답풀이] ① ⓐ의 체언 '옷', '뵈'는 접속 조사 '와/과'에 의해 이어져서 하나의 명사구를 이루었다. ② ⓑ의'子息', '죵'은 접속 조사 '이며'에 의해 이어졌는데 이때 '이며'는 열거의 방식으로 쓰였다. ④ ⓐ의 '뵈와로'는 체언과 접속 조사가 결합한 '뵈와'에 격조사 '로'가 결합하였으며, ⓓ의 '니왜'는 체언과 접속 조사가 결합한 '니와'에 격조사 'ㅣ'가 결합하였다. ⑤ 자음으로 끝나는 체언인 '밤', '낮', '엄'은 '과'와 결합하였고, 모음으로 끝나는 체언인 '혀', '니', 그리고 'ㄹ'로 끝나는 체언인 '입시울'은 '와'와 결합하였다.

817) ⑤

선택 비율	① 1%	② 3%	③ 15%	④ 27%	⑤ **51%**

해 : 15세기 국어의 '젛-+-노라'(전노라)에서는 음절의 끝소리 규칙과 비음화가 순차적으로 일어났을 것이다. 하지만 '빛+나다'(빗나다)의 경우 음절의 끝소리 규칙만 일어나고 비음화는 일어나지 않았을 것이다.

818) ④

선택 비율	① 1%	② 1%	③ 4%	④ **90%**	⑤ 1%

해 : '겉멋만 → [건먼만]', '꽃식물 → [꼳씽물]', '낮잡는 → [낟짬는]' 모두에서 음절 끝의 자음이 'ㄷ'으로 바뀌는 음절의 끝소리 규칙이 일어났다.

819) ③

선택 비율	① 4%	② 16%	③ **67%**	④ 6%	⑤ 6%

해 : ⓒ의 '나조히 (나조ㅎ+이)'는 '저녁의'가 아니라 '저녁에'로 해석된다. 이때의 '이'는 일부 특수한 체언들과 결합하는 부사격 조사이기 때문이다.

[오답풀이] ① ㉠은 '뉘'의 끝음절 'ㅟ'에서 반모음 'ㅣ'가 확인되기 때문에 부사격 조사로 '애/에'가 아닌 '예'가 쓰인 경우이다. 참고로, 중세 국어의 'ㅐ, ㅔ, ㅚ, ㅟ'는 현대 국어와 달리 이중 모음이었다. ② ㉡의 '우ㅎ'는 모음 조화에 따라 부사격 조사 '의'가 결합하여 '우희'가 된다. ④ ㉣의 '이그에'는 관형격 조사 '이'에 '그에'가 결합되어 부사격 조사로 쓰인 경우라고 3문단에서 설명하였다. ⑤ ㉤의 '께'는 중세 국어 'ㅅ긔'가 현대 국어로 이어진 것임을 중세 국어에서 존칭의 유정 명사 '어마님'에 'ㅅ긔'가 쓰였다는 예를 통해 설명하였다. 그리고 존칭의 유정 체언에는 관형격 조사 'ㅅ'이 결합하는 원칙이 있었다는 1문단의 설명을 통해서도 '께'가 현대 국어에서 존칭 체언에 사용되는 것은 중세 국어 관형격 조사 'ㅅ'과 관련이 있음을 확인할 수 있다. 이는 평칭의 유정 체언과 결합하는 '이그에(에게)'에서 평칭의 유정 체언과 결합하는 관형격 조사 '이'가 분석되는 것과 비교가 된다.

820) ⑤

선택 비율	① 8%	② 7%	③ 7%	④ 10%	⑤ **65%**

해 : '공자의 남기신 글'은 '공자가 남기신 글'이라는 의미이므로 '孔子(공자)의'는 '기티신'의 의미상 주어이다. '孔子(공자)'가 존칭의 유정 체언이기 때문에 원칙적으로는 'ㅅ'이 결합하여야 하지만 '의'가 결합하였다. 따라서 예외적 결합이다.

[오답풀이] ① '수플'이 무정 체언이기 때문에 'ㅅ'이 결합한 것이다. ② '놈'이 평칭의 유정 체언이고 끝음절 모음(ㆍ)이 양성 모음이기 때문에 '이'가 결합한 것이다. ③ '世界(세계)ㅅ'를 '보샤'의 의미상 주어로 볼 수 없다. 또한 '世界(세계)'가 무정 체언이기 때문에 'ㅅ'이 결합한 것이어서 예외적 결합으로 볼 수도 없다. ④ '이 사ᄅᆞ미'가 '잇ᄂᆞᆫ'의 의미상 주어이기는 하지만, '사ᄅᆞᆷ'이 평칭의 유정 체언이고 끝음절 모음(ㆍ)이 양성 모음이기 때문에 '이'가 결합한 것이어서 예외적 결합이 아니다.

821) ①

선택 비율	① **77%**	② 4%	③ 9%	④ 3%	⑤ 4%

해 : '그가 모기에 안 뜯기다.'의 '뜯기다'는 어근 '뜯'과 피동 접미사 '기'가 결합된 피동사로 합성 동사가 아니다.

[오답풀이] ② '이 자동차가 안 값싸다.'의 '값싸다'는 명사 '값'과 동사 '싸다'가 결합된 합성어로, 합성어를 서술어로 사용해 짧은 '안' 부정문을 만들면 자연스럽지 않은 문장이 된다. ③ '그가 약속 시간을 안 늦추다.'의 '늦추다'는 어근 '늦'과 사동 접미사 '-추-'가 결합된 사동사로, 사동사를 서술어로 사용해 짧은 '안' 부정문을 만들 때는 제약이 없어 자연스러운 문장을 만들 수 있다. ④ '보따리가 한 손으로 안 들리다.'의 '들리다'는 어근 '들-'과 피동 접미사 '-리-'가 결합된 피동사로, 피동사를 서술어로 사용해 짧은 '안' 부정문을 만들 때는 제약이 없어 자연스러운 문장을 만들 수 있다. ⑤ '할아버지 댁 마당이 안 드넓다.'의 '드넓다'는 접두사 '드-'와 형용사 '넓다'가 결합된 파생어로, 파생어를 서술어로 사용해 짧은 '안' 부정문을 만들면 자연스럽지 않은 문장이 된다.

822) ④

선택 비율	① 2%	② 2%	③ 24%	④ **67%**	⑤ 3%

해 : ⓑ에서 부정 부사 '아니'는 관형사 '여러'를 부정하고 있지만, ⓔ에서 부정 부사 '아니'는 부사가 아닌 용언 '호리라'를 부정하고 있다.

[오답풀이] ① ⓐ에서 보조 용언 '아니ᄒᆞ다'는 용언 '노티(놓-+-디)'를, ⓒ에서 용언 '아니며', '아닐씨'는 체언인 '둘', '세'를 부정하고 있다. ② ⓐ에서는 보조용언 '아니ᄒᆞ다'가 평서문에서 부정의 의미를 나타내고 있고, ⓓ에서는 부정 부사 '아니'가 의문문에서 부정의 의미를 나타내고 있다. ③ ⓐ에서는 '노티 아니ᄒᆞ다'의 긴 부정문이, ⓔ에서는 '호리라' 앞에 '아니'를 놓은 짧은 부정문이 사용되고 있다. ⑤ ⓒ에서는 '묘법'이 둘이나 셋이 아니라는 객관적인 사실을 부정하고 있고, ⓔ에서는 시름을 하지 않겠다는 '나'의 의지에 의한 부정이 나타나고 있다.

823) ③

선택 비율	① 7%	② 1%	③ **75%**	④ 10%	⑤ 4%

해 : 의존 명사 '바'는 선행 요소로 용언의 관형사형과만 결합한다. 후행 요소로는 주격 조사, 목적격 조사, 부사격 조사, 서술격 조사 등의 다양한 격 조사와 결합하여 쓰일 수 있다. 또한 의존 명사 '바'는 후행 요소로 다양한 용언과 결합하여 쓰일 수 있다.

824) ②

선택 비율	① 6%	② **80%**	③ 4%	④ 3%	⑤ 5%

해 : ⓐ의 '줄'은 현대 국어 '줄'과 달리, 주격 조사와 결합할 수 있었고, 선행 요소로는 용언의 관형사형과 결합할 수 있었다. 중세 국어 '것'은 여러 유형의 선행 요소 및 후행 요소와 두루 결합하여 쓰였다. ⓑ의 '디'는 현대 국어 '데'와 같이, 선행 요소로 용언의 관형사형과 결합할 수 있었다. 또한 목적격 조사와 결합할 수 있었다. 중세 국어 '디'는 목적격 조사와 결합하여

쓰이지 않았다. ⓒ의 '뿐'은 현대 국어 '뿐'과 달리, 부사격 조사와 결합하여 쓰일 수 있었다.

825) ④

선택 비율	① 11%	② 15%	③ 12%	④ **40%**	⑤ 20%

解 : <초성자 용자례> 중 아음 이체자의 예시 단어는 '러울'인데, 이 단어의 초성자와 종성자의 'ㄹ'은 반설음자이다. 따라서 '러울'로 초성자의 반설음자와 종성자의 빈실음사를 메시일 수 있나.

[오답풀이] ① 초성자의 기본자 5자는 발음 기관을 본떠서 만들었지만 종성자의 기본자 3자는 하늘, 땅, 사람의 모습을 본떠서 만들었다. ② 초성자 기본자 'ㄱ, ㄴ, ㅁ, ㅅ, ㅇ' 중 'ㅇ'은 종성자에 쓰이지 않았다. 용자례에 제시된 '콩, 부헝, 남샹, 굼벙'에는 종성자로 'ㆁ'이 쓰였다. ③ 가획자는 9자인데 <초성자 용자례>에는 8자만 단어가 예시되어 있다. 단어가 예시되지 않은 가획자는 'ㆆ'으로 'ㅇ, ㅎ'과 같이 후음에 속한다. ⑤ <중성자 용자례> 중 초출자 'ㅓ'의 예시 단어는 '브섭'인데, 'ㅿ'은 반치음 이체자이지만 'ㅂ'은 순음 가획자이다.

826) ④

선택 비율	① 2%	② 5%	③ 3%	④ **84%**	⑤ 4%

解 : '거믜'(>거미)는 'ㅢ → ㅣ'의 변화가 드러날 뿐 접사가 결합하여 새로운 단어가 만들어지지는 않았다.

[오답풀이] ① '딘'(>진)에서는 '뎔'(>절)과 같이 'ㄷ → ㅈ'의 구개음화가 일어났다. ② '셔울'(>서울)에서는 '셤'(>섬)과 같이 'ㅕ→ㅓ'의 단모음화가 일어났다. ③ '플'(>풀)에서는 '믈'(>물)과 같이 'ㅡ → ㅜ'의 원순모음화가 일어났다. ⑤ '닥'(>닥나무)에서 는 'ᄀᆞᆯ'(>갈대)에서 'ᄀᆞᆯ'에 '대'가 결합한 것과 같이 '닥'에 '나무'라는 단어가 결합하여 새로운 단어가 만들어졌다.

827) ①

선택 비율	① **67%**	② 3%	③ 9%	④ 14%	⑤ 7%

解 : ㉠, ㉤은 관형사로서 뒤에 오는 체언을 꾸며 주고 조사와 결합하지 않는다.

[오답풀이] ② ㉠은 관형사이고, ㉥은 명사이다. ③ ㉡은 어간에 어미 '-는'이 결합하였고, ㉣은 어간에 어미 '-ㄴ'이 결합하였다.

828) ④

선택 비율	① 11%	② 5%	③ 26%	④ **53%**	⑤ 4%

解 : (라)에서 중세 국어의 '늘'에 조사 '올'이 결합할 수 있고, '늘'이 '날것'의 의미를 지니고 있음을 알 수 있다. 따라서 현대 국어의 접사 '날-'과 달리 명사임을 알 수 있다.

[오답풀이] ① (가)에서 중세 국어의 '어느'는 조사 'ㅣ'와 결합할 수 있다는 점에서 관형사로 쓰인 것이 아님을 알 수 있다. ② (나)에서 중세 국어의 '기피'는 '깊-'에 부사 파생 접미사 '-이'가 결합한 것으로, '노피'와 같이 부사이다.

829) ③

선택 비율	① 2%	② 13%	③ **72%**	④ 7%	⑤ 6%

解 : ㉠에서 '한 형태소가 환경에 따라 모습을 바꿀 때 바뀐 대로 적는다'는 것은 형태소의 본 모양을 밝혀 적는 것이 아니라 소리대로 적는다는 것이므로, 종성 표기를 여덟 자에 국한시킨다는 것은 종성에서 'ㄱ, ㆁ, ㄷ, ㄴ, ㅂ, ㅁ, ㅅ, ㄹ'의 여덟 자만 소리 났다는 것을 의미한다, 이를 통해 종성에 오는 자음은 여덟 개의 자음 중 하나로 소리 났음을 알 수 있다.

[오답풀이] ① 종성에서 'ㅍ'을 표기하지 않는 것으로 보아 'ㅍ'은 종성에서 소리 나지 않았음을 알 수 있다. 실제로 중세 국어에서는 종성에서 'ㅂ'과 'ㅍ'의 발음이 구별되지 않았다. ② 종성에서 'ㄷ'과 'ㅅ'이 각각 표기된 것으로 보아 발음상의 구별이 가능했다는 것을 알 수 있다. ④ 형태소의 본 모양을 밝혀 적는다는 것은 어법을 고려하는 것이다. 종성에 여덟 자의 자음을 표기하는 것은 소리대로 적는 것이므로 형태소의 본 모양을 밝혀 적는 것으로 볼 수 없다. ⑤ 여덟 자 이외의 자음을 종성에 표기할 경우 소리 나는 대로 적어야 하므로 여덟 개의 자음 중 하나로 바꾸어 표기해야 한다. 이는 환경에 따라 바뀐 모습을 바뀐 대로 적어 표기에 반영한 것이라고 볼 수 있다.

830) ⑤

선택 비율	① 10%	② 8%	③ 9%	④ 3%	⑤ **71%**

解 '닢'의 종성 'ㅍ'은 『훈민정음』 해례본에서 밝힌 여덟 개의 자음에 해당하지 않는 것으로 보아, 환경에 따라 바뀐 모습을 바뀐 대로 적지 않은 ⓐ에 해당한다. '손ᄋᆞ로'는 불청불탁의 자음인 'ㄴ'으로 끝난 체언 '손'에 조사 'ᄋᆞ로'가 와서 끊어 적기가 나타난 경우이므로 ⓑ에 해당한다. '님금미'는 'ㅁ'으로 끝난 체언 '님금'의 말음 'ㅁ'을 뒤에 이어 오는 조사 '이'의 초성에도 다시 적는 거듭 적기가 나타난 경우이므로 ⓒ에 해당한다.

[오답풀이] ① '맛고'는 여덟 개의 자음 중 하나인 'ㅅ'으로 표기하였으므로 ⓐ에 해당하지 않으며, '안아'는 용언 어간이 'ㄴ'으로 끝난 경우 끊어 적기가 된 예이므로 ⓑ에 해당하지 않는다. ② '담아'는 용언 어간이 'ㅁ'으로 끝난 경우 끊어 적기가 된 예이므로 ⓑ에 해당하지 않는다. ③ '받'은 여덟 개의 자음 중 하나인 'ㄷ'으로 표기하였으므로 ⓐ에 해당하지 않는다. '숣안해'는 ㅎ종성 체언 '안ㅎ'의 종성 'ㅎ'이 조사 '애'에 이어 적기가 된 경우이므로 ⓑ에 해당하지 않는다. ④ '사라'는 용언 어간 '살-'의 받침인 'ㄹ'을 뒤에 이어 오는 어미 '-아'의 초성에 적어 소리 나는 대로 적는 이어 적기가 나타난 것이므로 ⓒ에 해당하지 않는다.

831) ⑤

선택 비율	① 4%	② 5%	③ 4%	④ 6%	⑤ **81%**

解 : '혼자'의 중세 국어 표기는 마지막 문단의 설명을 통해 확인할 수 있다. '용비어천가'에서는 'ᄒᆞᄫᆞ사'의 형태로만 썼다고 설명하였고, '석보상절'과 '월인천강지

곡'에서는 'ᄒᆞ오ᅀᅡ'로만 썼다고 설명하였다. 따라서 세 문헌을 통틀어 세 가지가 아니라 두 가지 형태로 나타났음을 알 수 있다.

[오답풀이] ① 1문단에서 설명한 팔종성가족용은 여덟 자음자(ㄱ, ㆁ, ㄷ, ㄴ, ㅂ, ㅁ, ㅅ, ㄹ)로 모든 끝소리를 표기할 수 있다는 원리이다. 따라서 '높고', '빛'처럼 'ㅍ', 'ㅊ'으로 끝소리를 적는 것은 이러한 원리에 어긋나는 예이다. ② '오ᄂᆞᆯ + 날'에서 사잇소리가 쓰이는 자리는 울림소리 사이이다. 3문단을 통해서 '용비어천가'에서는 울림소리 사이에 사잇소리 표기로 'ㅿ'을 썼으며, '월인천강지곡'에서는 사잇소리 표기를 'ㅅ'으로 통일하여 사용하였음을 확인할 수 있다. ③ 3문단의 마지막 문장에서 설명한 내용을 바탕으로 현대 국어 '바닷물'의 사잇소리 'ㅅ' 표기는 중세 국어의 사잇소리 표기 방식에서 유래한 것임을 추론할 수 있다. ④ '석보상절'에서는 한자를 적고 이어서 그 한자의 음을 제시하였다는 4문단의 설명을 통해 '天텬'과 같이 적었을 것임을 추론할 수 있다. 그리고 '월인천강지곡'에서는 한자의 음을 적고 이어서 그 한자를 제시하였다는 설명을 통해 '텬天'과 같이 적었을 것임을 추론할 수 있다.

832) ④

선택 비율	① 2%	② 4%	③ 6%	④ 82%	⑤ 6%

해 : 고유어의 이어 적기와 끊어 적기에 대한 설명은 2문단에 제시되어 있다. '월인천강지곡'에서는 체언의 끝소리가 울림소리가 아닌 경우에는 이어 적기를 하였다는 설명을 통해 '븦 + 을'을 '부플'로 적었을 것임을 추론할 수 있다.

[오답풀이] ① '용비어천가'에서는 체언과 조사의 결합에 대해 이어 적기를 취했다는 설명을 통해 'ᄀᆞᇫ + 애'를 'ᄀᆞᅀᅢ'로 적었을 것임을 추론할 수 있다. ② '석보상절'에서는 어간과 어미의 결합에 대해 이어 적기를 취했다는 설명을 통해 '담- + -아'를 '다마'로 적었을 것임을 추론할 수 있다. ③ '월인천강지곡'에서는 체언의 끝소리가 울림소리일 경우에는 끊어 적기를 취했다는 설명을 통해 '눈 + 에'를 '눈에'로 적었을 것임을 추론할 수 있다. ⑤ '석보상절'에서는 체언의 끝소리가 'ㆁ'일 때에는 이어 적기도 하고 끊어 적기도 하였다는 설명을 통해 '스ᄼᅌ + 이'를 '스스이…'나 '스승이'로 적었을 것임을 추론할 수 있다.

매체

833	834	835	836	837
④	⑤	④	④	③
838	839	840	841	842
⑤	③	③	②	③
843	844	845	846	847
④	⑤	③	④	③
848	849	850	851	852
②	①	⑤	⑤	④
853	854	855	856	857
②	②	⑤	⑤	②
858	859	860	861	862
③	③	⑤	⑤	②
863	864	865	866	867
③	①	⑤	⑤	⑤
868	869	870	871	872
④	④	③	④	④
873	874	875	876	877
⑤	③	⑤	③	⑤
878	879	880	881	882
③	②	②	④	⑤
883	884	885	886	887
②	①	④	④	②
888	889	890	891	892
⑤	④	④	①	③
893	894	895	896	897
⑤	⑤	④	③	②
898	899	900	901	902
②	⑤	②	②	①
903	904	905	906	907
③	①	④	②	①
908	909	910	911	912
③	④	③	②	①
913	914	915	916	917
③	⑤	④	③	②
918	919	920	921	922
④	⑤	①	②	③
923	924	925	926	927
②	②	②	④	⑤
928	929	930	931	932
④	②	①	⑤	⑤
933	934	935	936	937
③	①	①	⑤	⑤
938	939	940	941	942
⑤	②	③	⑤	②
943	944	945	946	947
⑤	①	③	④	②
948	949	950	951	952
①	①	③	④	④
953	954	955	956	957
②	①	⑤	③	③

958	959	960	961	962
⑤	⑤	④	④	①
963	964	965	966	967
⑤	②	⑤	④	⑤
968	969	970	971	972
①	③	⑤	②	②
973	974	975	976	977
④	②	⑤	⑤	②
978	979	980	981	982
⑤	②	①	④	④
983	984	985	986	987
①	③	②	④	④
988	989	990	991	992
②	①	④	②	①
993	994	995	996	997
③	②	④	③	⑤
998	999	1000		
②	①	③		

833) ④

선택 비율	① 11%	② 2%	③ 78%	④ 4%	⑤ 3%

해 : (가)의 인터넷 블로그 게시글에서 작성자는 몇몇 특정 핵심 어구의 앞에 기호를 붙여 열거하고 있다. 해당 기호를 통해 정보 수용자는 전달되는 정보의 핵심 어구를 파악할 수 있다.

[오답풀이] ④ (나)는 다수의 대중에게 정보를 전달하고 있는 것이며, 다수의 대중에게 정보를 전달한다는 것은 매체로서 텔레비전의 특성이다.

834) ⑤

선택 비율	① 2%	② 6%	③ 4%	④ 3%	⑤ 82%

해 : (나)에서 진행자는 현장 상황에 대한 구체적인 설명을 기자에게 요청하고 있다. 진행자와 기자는 가뭄에 따른 피해의 상황과 심각성에 대해 공감하고 있다. 따라서 진행자와 기자는 같은 맥락 속에 있고, 문제 상황에 대한 관점이 서로 다르다고 볼 수 없다.

[오답풀이] ② (가)의 게시글에 '몽돌이'가 작성한 댓글은 그래프, 사진, 문자 등을 복합적으로 고려하여 의미를 구성한 것이다. ④ (나)의 매체 자료를 생산하는 과정에서 진행자와 기자가 가뭄의 심각성을 여러 차례 언급하고 강조한 것은 수용자와 문제의식을 공유하려는 의도를 지니고 있다는 것을 보여 준다.

835) ④

선택 비율	① 2%	② 4%	③ 4%	④ 86%	⑤ 2%

해 : '초록꿈'은 ㉡에서 블로그 게시글에 제시된 의견에 동의를 나타내고, 하이퍼링크 기능을 통해 정보를 제시하였다.

[오답풀이] ① '사랑이'가 쓴 댓글의 의문문은 블로그 게시글에 제시된 정보의 신뢰성에 의문을 제기하는 것이 아니다.

836) ④

선택 비율	① 4%	② 9%	③ 5%	④ 77%	⑤ 3%

해 : '경호'는 즉각적인 소통이 가능하고 남아 있는 대화 내용을 참고해서 의견을 나눌 수 있는 휴대 전화 메신저의 특성을 언급하며 휴대 전화 메신저를 통한 대화에 긍정적인 태도를 드러내고 있다.

[오답풀이] ① '한신'의 말에서 동영상이 게재되는 매체의 정보 유통 방식을 언급한 부분은 없다. ② '소희'가 포스터와 비교하며 새로 제작하는 동영상에서 슬로건이 잘 드러나도록 내용을 구성하자고 하지만, 표현 전략을 비교하거나 새롭게 표현하는 방법의 중요성에 대해서 언급하고 있지는 않다. ⑤ '지섭'이 이야기판 제작을 위해 대화방 구성원들에게 의견을 요청하고 있지만, 대화가 이루어지는 휴대 전화 메신저의 정보 전달 효과를 고려하며 동영상 제작의 절차와 역할 분담 방법을 제시하고 있지는 않다.

837) ③

선택 비율	① 4%	② 3%	③ 82%	④ 5%	⑤ 3%

해 : (나)의 S#4에 학교에 바라는 점을 말하는 인터뷰는 제시되어 있으나, (나)에 후보자를 지지하는 이유를 밝히는 인터뷰는 반영되어 있지 않다.

[오답풀이] ① (나)의 S#2는 소통에 관한 장면, S#3은 화합에 관한 장면이다. ② 소통에 관한 장면인 (나)의 S#2에는 후보자가 귀 옆에 양손을 가져다 대는 모습으로 경청하는 태도가, 화합에 관한 장면인 (나)의 S#3에는 세 학생이 어깨동무를 하는 모습으로 여럿이 함께 하는 모습이 제시되고 있다. ④ '학급별 소통함 제작'이라는 공약이 자막으로 제시된 (나)의 S#2와 '한마음 축제 개최'라는 공약이 자막으로 제시된 S#3에서 주의를 환기하기 위해 자막이 나올 때 효과음이 함께 제시되고 있다. ⑤ (나)의 S#2와 S#3에서 내레이션을 통해 자막 내용을 설명해 주고 있다.

838) ⑤

선택 비율	① 3%	② 3%	③ 4%	④ 4%	⑤ 84%

해 : S#5에서 자막의 내용을 힘주어 읽는 것과 공약의 실현 가능성을 인상적으로 제시하는 효과는 관계가 없다.

[오답풀이] ① 밝고 역동적인 느낌의 음악을 사용하면 후보자의 힘찬 발걸음을 부각할 수 있다. ② 자막에 '새로운 학교생활이 시작됩니다.'라는 내용을 추가하여 후보자와 함께 새로운 출발을 할 수 있다는 내용이 드러나도록 하였다. ③ 슬로건인 '소통과 화합'이라는 문구를 추가하여 슬로건을 강조할 수 있다. ④ 인터뷰의 핵심 내용을 나타내는 말을 자막으로 제시하면 내용 전달의 효과를 높일 수 있다.

839) ③

선택 비율	① 2%	② 2%	③ 89%	④ 3%	⑤ 2%

해 : 인터넷 매체인 (다)는 인쇄 매체인 (나)와 달리 실시간으로 의견을 남길 수 있는 댓글 기능을 통해 수용자의 참여를 유도할 수 있으므로 적절하다.

[오답풀이] ① (가)와 (나) 모두 글자 크기의 차이를 통해 제목과 구체적인 정보를 구분하여 내용을 전달하고 있으므로 적절하지 않다. ② (가)와 달리 (나)는 문자 언

어와 이모티콘이 함께 나타나므로 적절하지 않다. ④ (가)는 동일한 이미지의 나열이 드러나지 않으므로 적절하지 않다. ⑤ (나)와 달리 (다)는 내용을 찾아볼 수 있는 기능이 있으므로 적절하지 않다.

840) ③

선택 비율	① 1%	② 2%	③ **89%**	④ 2%	⑤ 3%

解 : 공기 청정기의 기능과 관련된 용어인 'CADR'의 의미와, 이번에 출시된 제품이 기존 제품보다 두 배 높은 CADR 수치를 보이고 있다는 기능적 특징을 제시한 부분은 사실적인 정보만 활용한 것에 해당하므로 적절하지 않다.

[오답풀이] ① (가)는, 플라스틱 빨대가 바다 생물에게 위협이 된다는 환경 문제를 제시하고 이를 해결하기 위해 플라스틱 빨대의 사용을 줄이자고 설득하는 내용을 전달하고 있으므로 적절하다. ② (나)는, 공기 청정기의 기능을 제시하여 상품의 판매가 촉진되도록 설득하는 내용을 전달하고 있으므로 적절하다. ④ (다)의 하단에는 '□□일보'라는 언론사 명칭과 '김△△'라는 기사 작성자 이름을 제시하고 있으므로 적절하다. ⑤ (다)의 '건강 기능 식품 전문 기업 ○○사, '○○헬스' 출시'는 표제, '감태 추출물 활용하여 불면증 개선에 효과적'과 '하루 한 알로 피로 회복 효과까지'는 부제, '건강 기능 식품 전문 기업 ○○사는 ~ 피로 회복 효과도 있다.'는 전문으로, (다)는 기사문의 형태를 갖추고 있으므로 적절하다.

841) ②

선택 비율	① 3%	② **52%**	③ 28%	④ 7%	⑤ 8%

解 : ㉡에서 '두 배'의 '두'는 수 관형사이므로 적절하지 않다.

[오답풀이] ① ㉠에서 '지구 환경도'의 보조사 '도'는 '살릴'의 대상을 추가적으로 제시하는 데 활용되고 있으므로 적절하다. ③ ㉢에서 '때문이다'의 의존명사 '때문'은 '감태 추출물'이 '효과'의 원인임을 드러내는 데 활용되고 있으므로 적절하다. ④ ㉣에서 접속 부사 '그래서'는 앞 문장과의 인과 관계를 드러내는 데 활용되고 있으므로 적절하다. ⑤ ㉤에서 '이를'의 대명사 '이'는 앞에서 언급한 '판매될' 제품을 지시하는 데 활용되고 있으므로 적절하다.

842) ③

선택 비율	① 3%	② 2%	③ **84%**	④ 7%	⑤ 1%

解 : [C]에서 '지혜'의 '근데 윤일이가 올린 동영상을 ~ 내용이 겹쳐.'를 보면, 지오가 올린 동영상에 어르신께서 장수 의자에 앉아 계신 모습이 담겨 있다는 것을 알 수 있으므로 적절하지 않다.

[오답풀이] ① [A]에서 '혜영'의 '그러고 보니 ~ 제작 목적에 대한 설명이구나!'를 보면, '혜영'이 올린 기사문에는 장수 의자 제작 목적에 대한 내용이 대부분임을 알 수 있으므로 적절하다. ② [B]에서 '호상'의 '사진이 너무 흐릿해서 잘 안 보여.'와, '윤일'의 '이게 원본인데 확인해 볼래?'와, '지혜'의 '이게 더 잘 보인다.'를 보면, 실시간으로 공유된 사진보다 '윤일'이 올린 장수 의자 사진의 화질이 좋지 않음을 알 수 있으므로 적절하다. ④ [D]에서 '호상'의 '그러면 편집은 내가 할게.'와, '지혜'의 '그럼 내가 너 대신~익숙할 테니까.'를 보면, '지혜'가 올린 역할 분담에는 '지혜'와 '호상'이 각각 슬라이드 제작자와 발표자로 되어 있음을 알 수 있으므로 적절하다. ⑤ [E]에서 '지혜'의 '그런데 장수 의자 홍보 그림의 출처는 못 찾았어.'와 호상의 '아, 미안해. 그 출처는 이거야. 여기 주소 보낼게. http://www.◇◇.go.kr'를 보면, '호상'이 올린 장수 의자 홍보 그림에는 인터넷 주소인 출처가 없음을 알 수 있으므로 적절하다.

843) ④

선택 비율	① 4%	② 6%	③ 11%	④ **70%**	⑤ 7%

解 : (나)에서 '윤일'의 '할아버지 말씀은 글로 ~ 있을 것 같아.'를 보면, ⓓ에서 활용되어야 할 사진 속 장수 의자에는 '무단 횡단 금지'가 '잠시 쉬어 가세요.'보다 더 크게 적혀 있어야 하는데, <보기 2>에서 실제 활용된 사진에는 '잠시 쉬어 가세요.'가 '무단 횡단 금지'보다 더 크게 적혀 있으므로 적절하지 않다.

[오답풀이] ① (나)에서 '지오'의 '우선 각 ~ 필요가 있겠어.'를 보면, 중심 화제를 이어 주는 말을 중심 화제보다 글자 크기를 작게 수정해야 하는데, 이를 반영해 <보기 2>에서 바르게 수정했으므로 적절하다. ② (나)에서 '지오'의 '더불어 중심 화제들의 ~ 좋을 것 같아.'를 보면, 제시 순서에 맞게 중심 화제에 번호를 달아야 하는데, 이를 반영해 <보기 2>에서 바르게 수정했으므로 적절하다. ③ (나)에서 '혜영'의 '그러면 윤일이가 올린 동영상을 글과 그림으로 정리해서 ~ 제시할 필요는 없잖아.'와, '윤일'의 '할아버지 말씀은 글로 정리하고'를 보면, 할아버지는 그림으로, 할아버지 말씀은 글로 정리해야 하는데, 이를 반영해 <보기 2>에서 바르게 수정했으므로 적절하다. ⑤ (나)에서 '지오'의 '그런데 개선 요구 사항이 ~ 효과적일 것 같아.'를 보면, 표로 제시된 개선 요구 사항을 원그래프로 수정해야 하는데, 이를 반영해 <보기 2>에서 바르게 수정했으므로 적절하다.

844) ⑤

선택 비율	① 2%	② 2%	③ 1%	④ 3%	⑤ **90%**

解 : 장수 의자, 어르신들의 안전과 휴식을 책임집니다.'에서 장수 의자를 통해 어르신들의 삶에서 기대할 수 있는 긍정적인 효과를, '힘겨운 기다림은 이제 그만, 편안한 기다림은 이제 시작.'에서 유사한 문장 구조가 반복된 것을 확인할 수 있으므로 적절하다.

[오답풀이] ① '나의 작은 관심, 지역의 큰 기쁨.'에서 유사한 문장 구조가 반복된 것을 확인할 수 있지만, 장수 의자를 통해 어르신들의 삶에서 기대할 수 있는 긍정적인 효과는 확인할 수 없으므로 적절하지 않다. ② '편안함을 위한 장수 의자, 안전함까지 드립니다.'에서 장수 의자를 통해 어르신들의 삶에서 기대할 수 있는 긍정적인 효과를 확인할 수 있지만, 유사한 문장 구조가 반복된 것은 확인할 수 없으므로 적절하지 않다. ③ 장수 의자를 통해 어르신들의 삶에서 기대할 수 있는 긍정적인 효과와 유사한 문장

구조가 반복된 것을 확인할 수 없으므로 적절하지 않다. ④ 유사한 문장 구조가 반복된 것을 확인할 수 없으므로 적절하지 않다.

845) ③

선택 비율	① 1%	② 2%	③ 91%	④ 2%	⑤ 1%

해 : △△군민신문의 웹 페이지에서 확인할 수 있는 기사의 하단에는 바로 가기 기능을 활용한 '관련 기사'가 제시되고 있음을 확인할 수 있다. 따라서 이를 통해 정보 수용자의 선택에 따라 다른 기사를 열람하는 등 정보를 추가로 확인할 수 있을 것이다.

[오답풀이] ① △△군민신문을 읽은 정보 수용자는 'SNS에 공유' 기능을 이용하여 기사를 누리 소통망[SNS]에 공유하는 것이 가능하다. 그러나 이를 통해 기사 내용을 직접 수정하는 것이 가능하다는 정보는 제시된 화면에서 찾을 수 없다. ② 정보 수용자는 '좋아요, 싫어요' 기능을 이용하여 기사의 내용에 대한 선호도를 표시하는 것이 가능하다. 그러나 수용자들의 선호도가 기사에 제시된 정보의 신뢰도를 검증할 수 있는 객관적인 지표라고 볼 수는 없다. 참고로 기사에 제시된 정보의 신뢰도는 기사 내에 사용된 자료가 통계 자료나 설문 조사 등 객관적인 자료일 때 검증할 수 있다. ④ △△군민신문의 기사는 문자와 사진을 활용하여 복합 양식으로 정보를 구성하고 있다. 그러나 문자와 사진은 시각 자료에 해당하므로 청각을 결합하여 기사 내용을 이해할 수 있다는 설명은 적절하지 않다. ⑤ '2021.06.02. 06:53:01 최초 작성 / 2021.06.03. 08:21:10 수정'을 통해 기사의 최초 작성 시간과 수정 시간을 확인할 수 있다. 그러나 이를 통해 다른 수용자들이 기사를 열람한 시간을 확인할 수 있는 것은 아니다.

846) ④

선택 비율	① 24%	② 2%	③ 6%	④ 59%	⑤ 6%

해 : '△△군 관광객 및 숙박 시설 수 추이' 그래프는 관광객 수는 증가하지만 숙박 시설의 수는 증가하지 않는 △△군의 실정을 드러내는 자료이고, '여행 1회당 지출액(2018년 기준)' 그래프는 관광지에서 숙박을 하는 체류형 관광이 당일 관광보다 여행비 지출이 더 많음을 보여 주는 자료이다. 따라서 두 시각 자료를 나란히 배치한 것은 체류형 관광 지출액이 증가했음을 부각하기 위한 것이 아니라, 관광객이 이용할 수 있는 숙박 시설을 조성할 필요성을 보여주기 위함이다.

[오답풀이] ① 시각 자료 앞에 배치된 기사 내용에 따르면 ☆☆마을이 관광지로서 인기를 끌고 있으나 인근에 숙박 시설이 거의 없어 체류형 관광객을 유인하는데 한계가 있음을 알 수 있다. 기사에서는 해당 내용 뒤에 관광객은 증가하는데 비해 같은 시기 숙박 시설의 수에는 변화가 없음을 보여 주는 시각 자료를 제시하여 'ㅇㅇ초등학교 시설을 △△군 특색 숙박 시설로 조성하는' 사업의 추진 배경을 부각하고 있다. ② '△△군 관광객 및 숙박 시설 수 추이' 그래프에서는 2015년부터 2019년까지 증가한 △△군 관광객의 수를 상승 곡선의 화살표 모양의 이미지와 함께 제시하여 관광객이 증가하고 있는 추세를 부각하고 있다. ③ '여행 1회당 지출액(2018년 기준)' 그래프에서는 지폐 이미지의 수량과 크기를 활용하여 '당일' 여행에 비해 '숙박' 여행이 미치는 경제적 효과가 더 큼을 부각하여 제시하고 있다. ⑤ 기사에서는 지역 경제 전문가 오□□ 박사의 말을 인용하여 ㅇㅇ초등학교를 특색 숙박 시설로 만들었을 때 지역 경제에 끼칠 긍정적 영향을 부각하고 있다. 이를 통해 해당 사업에 우호적인 의견만 선별하여 구체적으로 제시하고 있음을 알 수 있다.

847) ③

선택 비율	① 1%	② 1%	③ 92%	④ 2%	⑤ 1%

해 : 셋째 장면(#3)에서는 숙박 시설에 대한 정보를 건물 내부 공간과 외부 공간으로 나누어 각각에 조성된 구체적인 시설들을 한눈에 볼 수 있도록 항목화하여 제시하고 있다. 그러나 이는 '방문객의 동선에 따라 순차적으로 제시'하겠다는 메모의 내용이 반영된 것이 아니다.

[오답풀이] ① 첫째 장면(#1)의 스케치에서는 기사의 제목 'ㅇㅇ초등학교, 특색 있는 숙박 시설로 다시 태어난다'를 활용한 'ㅇㅇ초등학교, 폐교의 재탄생'의 문구를 ㅇㅇ초등학교의 모습 위에 나타나는 것으로 영상을 시작하고 있다. ② 둘째 장면(#2)에서는 폐교였던 ㅇㅇ초등학교의 모습에는 '무겁고 어두운 음악'을, 숙박 시설로 조성되어 '사람들이 북적이는' ㅇㅇ초등학교 모습에는 '밝고 경쾌한 음악'을 배경으로 주어 시설 조성으로 달라질 전후 상황을 시각·청각적으로 대비시켜 표현하고 있다. ④ 넷째 장면(#4)에서는 인근 관광 자원('빙어 축제, 수목원, ☆☆마을, 벚꽃 축제')과의 거리를 km 단위로 표시하여 지역 관광 거점으로서의 숙박 시설의 지리적 위치를 드러내고 있다. 또한 같은 화면에 관광 자원과의 연계로 기대되는 효과('지역 경제 활성화')를 자막으로 구성하고 있다. ⑤ 다섯째 장면(#5)에서는 기사에 달려 있던 '방랑자', '나들이'의 댓글을 반영하여 '가족 단위 관광객이 물놀이장, 캠핑장, 카페 등을 즐겁게 이용하는 모습'을 제시하고 있고, 각 그림들이 연속적으로 제시되도록 앞의 그림이 사라지면 다음 그림이 나타나도록 구성하고 있다.

848) ②

선택 비율	① 5%	② 80%	③ 3%	④ 7%	⑤ 2%

해 : [장면 1]에서 진행자는 '판매량이 급증하고 있는 제품'으로 '휴대용 선풍기'를 소개하고 있고, [장면 4]와 [장면 5]에서는 '안전성을 고려하여 제품을 선택해야'함과 'KC 마크가 부착되어 있는지 살펴보아야' 한다는 것을 알려 주고 있다. 이를 통해 (가)가 시의성 있는 정보로 구성되어 있음을 알 수 있다.

[오답풀이] ① [장면 4]의 '대형 인터넷 쇼핑몰에서 소비자를 대상으로 휴대용 선풍기 구매 기준을 설문한 결과'는 수용자가 주체적으로 구성한 뉴스의 정보가 아니라, 뉴스의 생산자가 정보를 구성하기 위해 활용한 자료이다. ③ (나)에서는 ◎◎ 휴대용 선풍기의 특징만을 드러내고 있을 뿐 주된 소비자층을 명시하고 있지

않다. ④ [장면 3]의 인터뷰 영상이 (나)의 인쇄 광고보다 정보를 현장감 있게 전달하는 것은 맞지만 (가)의 영상이 여러 소비자의 인터뷰를 다룬 것은 아니다. ⑤ (가)에 나타난 소비자들의 선풍기 구매 기준 1순위는 '제품 성능'이다. 하지만 (나)에서 ◎◎ 휴대용 선풍기의 '제품 성능'은 확인할 수 없으며, 제시되어 있는 정보의 양은 (나)보다 (가)가 더 많다.

849) ①

선택 비율	① 86%	② 2%	③ 3%	④ 2%	⑤ 6%

해 : ㉠에서 진행자는 의문형 어미 '-ㄹ까요'를 활용하고 있지만, 이를 통해 화제를 제시하고 있을 뿐 시청자에게 진행자 자신의 궁금한 점을 묻고 있는 것은 아니다.

[오답풀이] ② ㉡에서 '선풍기'와 같이 명사로 문장을 종결하여 뉴스에서 다루고자 하는 대상인 휴대용 선풍기에 주의를 집중하게 하고 있다. ③ ㉢은 화제를 앞 문장의 내용과 관련시키면서 다른 방향으로 이끌 때 사용하는 접속 부사 '그런데'와 같은 접속 표현을 사용하여 선풍기 구매 기준에 대한 설문에서 휴대용 선풍기를 선택할 때 안전성을 고려해야 한다는 뉴스의 중심 내용으로 화제를 전환하고 있다. ④ ㉣에서 박기자는 '그러면 안전성은 어떻게 확인할 수 있을까요?'와 같이 묻고 '먼저, KC 마크가 부착되어 있는지 살펴보아야 합니다.'와 같이 대답하는 방식을 통해 뉴스의 핵심 정보인 휴대용 선풍기의 안전성에 대한 정보를 제시하고 있다. ⑤ ㉤은 안전성을 고려한 제품 선택을 '현명한 선택'이라고 표현하며 '소비자들의 현명한 선택이 필요합니다.'와 같이 시청자에게 뉴스 내용에 따라 제품을 선택할 것을 기대하고 있다.

850) ⑤

선택 비율	① 3%	② 5%	③ 2%	④ 17%	⑤ 70%

해 : (나)는 유명인의 이미지를, '자료'는 제품의 이미지를 제시하고 있지만, (나)에서는 제품의 성능에 대한 정보가 제시되어 있지 않다.

[오답풀이] ① (나)는 '디자인의 새로운 바람을 일으키다'라는 문구를 바람의 움직임을 연상하게 하는 곡선의 형태로 배치하여 선풍기의 쓰임새를 떠올리게 하고 있다. ② (가)에 따르면 소비자들이 중시하는 구매 기준은 '풍력, 배터리 용량과 같은 제품 성능'이다. '자료'는 '자사 기존 제품 대비 30% 강력해진 풍력'이라는 표현을 통해 기존 제품과 광고 제품을 비교하며 해당 제품의 성능이 소비자들이 중시하는 구매 기준에 부합함을 부각하고 있다. ③ '자료'는 '안전을 보증하는 KC 인증'이라는 문구와 제품에 KC 마크가 부착되어 있는 이미지를 활용하여 제품의 안전성을 드러내고 있지만, (나)에는 이러한 정보가 드러나지 않는다. ④ (나)는 '디자인'이라는 동일한 단어를 반복하여, '자료'는 '내 손 안의 태풍'과 같은 비유적 표현을 사용하여 제품의 장점을 제시하고 있다.

851) ⑤

선택 비율	① 1%	② 1%	③ 1%	④ 1%	⑤ 93%

해 : '서영'은 소설 제목을 소개하는 부분에서 소설의 비극적인 분위기를 느낄 수 있는 배경 음악을 사용했으면 좋겠다며 다들 한번 들어 보라고 해금 연주 음악 파일을 대화 참여자에게 전송하여 자료를 공유하고 있다.

852) ④

선택 비율	① 1%	② 2%	③ 2%	④ 91%	⑤ 2%

해 : (가)에서 '진희'는 '지호'가 전송해 준 줄거리 정리 파일을 확인하고 줄거리 소개에 쓸 장면을 자신이 고르겠다고 했다. 따라서 친구들의 의견에 따라 주요 장면을 선정했다는 내용은 적절하지 않다.

[오답풀이] ① (가)에서 '서영'은 소설 제목을 소개하는 부분에서는 소설의 비극적인 분위기를 느낄 수 있는 배경 음악을 사용했으면 좋겠다는 의견을 제시했다. 이를 반영하여 (나)의 이야기판 1에 배경 음악으로 구슬픈 해금 연주가 쓰였음을 확인할 수 있다. ② (가)에서 '진희'가 영상을 만든 자신들의 이름을 넣자고 제안했고 '민수'는 영상을 해치지 않는 선에서 넣자고 언급했다. 이를 반영하여 (나)의 이야기판 1의 화면 오른쪽 하단에 만든 이 이름을 작게 넣어 소설 제목과 주인공들의 모습에 주목하는 데 방해가 되지 않도록 한 것을 확인할 수 있다. ③ (가)에서 '민수'는 인물 소개 부분에 설명하는 자막을 만들자고 제안했고 이를 반영하여 (나)의 이야기판 2에서 자막을 활용하여 등장 인물의 특징을 소개하고 있는 것을 확인할 수 있다. ⑤ (가)에서 '민수'는 인물 소개 장면에서, '지호'는 줄거리 소개 부분에서 내레이션 활용을 제안하고 있다. 이를 반영하여 (나)의 이야기판 2와 3에 내레이션이 들어가 있는 것을 확인할 수 있다.

853) ②

선택 비율	① 8%	② 77%	③ 3%	④ 3%	⑤ 7%

해 : ⓑ를 보면 인물 등장 순서에 변화가 없으므로 인물의 역할을 시각적으로 드러내기 위해 등장인물의 등장 순서를 바꾸자는 조언을 했다고 볼 수 없다.

[오답풀이] ① ⓐ를 보면 (나)의 이야기판 1과는 달리 제목 아래에 부제가 나타나 있고, 부제의 내용이 운영과 김진사가 처음 만날 때의 상황을 반영하고 있다. ③ (나)의 이야기판 2에서는 자막이 인물 그림을 가리는데, ⓒ에서는 자막이 화면 아래에 위치하여 인물 그림을 가리지 않고 있다. ④ (나)의 이야기판 3을 보면 배경 음악으로 노랫말이 있는 음악이 쓰였으나 ⓓ에서는 내레이션에 방해가 되지 않도록 가사 없는 음악을 쓰고 있다. ⑤ (나)의 이야기판 3에는 주요 장면이 3개 제시되어 있는데 ⓔ를 보면 주요 장면이 6개로 늘어났음을 확인할 수 있다.

854) ②

선택 비율	① 1%	② 88%	③ 6%	④ 2%	⑤ 0%

해 : (가)는 인터넷이라는 전달 매체 특성상 탑재 후에도 다시 수정할 수 있다. (가)의 표제 아래에 '입력' 시간

과 '최종 수정' 시간이 나와 있는 것으로도 수정이 가능함을 알 수 있다.
[오답풀이] ① 첫 번째 댓글을 쓴 매체 자료 수용자가 자신의 학생 동아리에서 동해 표기 관련된 자료를 게시하고 있다며 링크를 남긴 것을 보아 또 다른 매체 자료 생산자로서도 역할하고 있음을 알 수 있다. ③ 청취자가 누리집 게시판을 활용하여 올린 질문에 기자가 방송에서 답하는 것으로 보아 인터넷 매체를 추가하여 양방향으로 소통하고 있음을 알 수 있다. ④ 라디오는 매체 자료를 송출할 수 있는 시간이 정해져 있어 긴급 뉴스 속보 때문에 전달하지 못한 내용이 생겼으며 이를 다시 듣기 서비스로 보완하고 있음을 알 수 있다.

855) ⑤

선택 비율	① 12%	② 4%	③ 5%	④ 4%	⑤ 72%

해 : (나)의 '진행자'는 '그런데', '하지만', '따라서'와 같은 접속 표현을 사용하거나 '그것', '이런'과 같이 앞에서 언급된 내용을 대신하는 표현을 써서 담화의 응집성을 높이고 있다.
[오답풀이] ② "동해의~하는 것이다."는 큰따옴표와 직접 인용 조사 '라고'를 사용하여 직접 인용된 것이다.

856) ⑤

선택 비율	① 1%	② 1%	③ 1%	④ 3%	⑤ 92%

해 : ⓜ은 사실을 전달하는 부분이므로 주관적 의견을 표현한 내용이라는 설명과 그에 따른 반응은 적절하지 않다.
[오답풀이] ① 도표가 제시되어 있으나 출처는 나와 있지 않으므로 매체 요소인 검색창을 활용하여 출처를 확인함으로써 자료의 신뢰성을 판단하겠다는 반응은 적절하다. ② 김△△(◇◇박물관장)이 주장하는 내용이 기사에 담겨 있으므로 해당 전문가의 인터뷰 동영상의 내용을 분석하여 근거로서 타당한지 점검하겠다는 반응은 적절하다. ③ 다른 뉴스를 확인하고 비교함으로써 다양한 시각을 접하는 것은 주체적으로 사고하는 수용자의 노력으로 적절하다. ④ 청각 매체의 특성상 안내된 정보의 세부 내용을 미리 알기 어려우므로 매체의 특성에 맞게 순차적으로 제공되는 정보를 적절하게 수용하겠다는 반응은 적절하다.

857) ②

선택 비율	① 1%	② 91%	③ 1%	④ 0%	⑤ 4%

해 : (나)에서 '카드 1'과 '카드 2'는 각각 (가)에 제시된 '○○ 기관 보고서'와 '○○ 기관 통계 자료'라는 출처를 밝히지 않고 있다. 정보의 출처가 표시되지 않은 자료를 수용할 때는 제시된 정보가 신뢰할 수 있는 것인지를 확인해야 한다.
[오답풀이] ① (가)는 청소년의 사회 참여 실태를 짚어 보면서, 청소년의 사회 참여 활성화 방향을 모색하는 글로 보고서와 통계 자료, 전문가 의견 등을 제시하고 있지만, 다양한 이론을 종합하여 해결 방안을 마련하고 있다고 볼 수 없다. ③ (나)는 청소년의 사회 참여 필요성에 대한 인식과 사회 참여 활동 경험 간의 괴리를 문제 삼고, 청소년 사회 참여가 확산되기 어려운 이유와 청소년 사회 참여 활성화를 위해 나아가야 할 방향을 간략하게 제시한 카드 뉴스로, 의견이 대립하고 있는 상황을 다루고 있다고 볼 수 없다. ④ (가)와 (나)에는 청소년 사회 참여와 관련한 일정한 견해가 제시되고 있지만, 예상되는 반론에 반박하고 있다고 볼 수 없다. ⑤ (가)는 기사문으로, 보고서와 통계 자료 등 정보를 전달하고 청소년 사회 참여와 관련하여 청소년('김 모 학생') 인터뷰 및 전문가('사회학과 교수') 인터뷰 등을 싣고 있다. (가)에서 작성자('박▽▽ 기자')의 주장이 나열되고 있다고 보기는 어려우며, (가)를 바탕으로 제작된 카드 뉴스인 (나) 역시 작성자의 주장이 나열되고 있다고 보기는 어렵다.

858) ③

선택 비율	① 1%	② 1%	③ 92%	④ 2%	⑤ 2%

해 : (가)에서 청소년이 기관 중심의 사회 참여를 선호한다는 내용을 찾아볼 수 없다. '카드 3'에서 기관의 이미지를 청소년의 이미지보다 더 크게 그린 것은, 현재의 청소년 사회 참여 활동이 기관을 중심으로 운영된다는 것을 드러내기 위한 것으로 볼 수 있다.
[오답풀이] ① '카드 1'의 청소년이 말하는 이미지에는 (가)의 보고서에 담긴, 청소년 스스로가 청소년도 사회 참여가 필요하다고 인식하고 있음이 드러나 있다. ② '카드 2'의 그래프에는 (가)의 통계 자료에 따른, 사회 참여 활동 경험이 있는 청소년이 21%에 불과하다는 것이 시각적으로 드러나 있다. ④ '카드 4'의 '기관 중심의 활동'과 '청소년 주도적 활동'을 각각 표현한 두 손을 잡은 이미지에는 (가)의 청소년 사회 참여 활동의 두 가지 유형이 서로 조화를 이룸이 드러나 있다. ⑤ '카드 4'에 제시된 문구에는 (가)의 교수 인터뷰 내용 중 청소년 사회 참여 활성화의 방향에 해당하는 내용이 드러나 있다.

859) ③

선택 비율	① 0%	② 0%	③ 93%	④ 3%	⑤ 1%

해 : ⓒ은 '청소년이 주도하는 사회 참여 활동 기회가 부족하-'와 '참여가 확산되지 못하고 있-'이 연결 어미 '-여'로 이어져 있다, 여기서 앞 절의 내용은 뒤 절 내용의 '까닭이나 근거'에 해당한다.
[오답풀이] ① 의문형 종결 어미 '-ㄴ가'를 활용하여, 글의 화제(청소년 사회 참여 실태)를 드러내는 제목을 질문의 형식으로 제시하고 있다. ② 그 수가 예상보다 상당히 많음을 나타내는 부사 '무려'를 사용하여, 청소년도 사회 참여가 필요하다고 응답한 청소년의 비율이 높음을 강조하고 있다. ④ 피동 표현 '-어지다'를 활용하여, 행위의 대상인 '사회적 분위기'에 초점을 두어 서술하고 있다. ⑤ '~ 아쉬웠다고'에서 간접 인용 표현을 활용하여, 사회 참여 활동을 경험한 학생의 소감을 전달하고 있다.

860) ⑤

선택 비율	① 1%	② 1%	③ 5%	④ 1%	⑤ 90%

해 : (나)에서는 청소년이 주도적으로 사회 참여를 할 수 있는 구체적인 방법을 제시하지 않았다. 따라서 '카드 B'를 활용하여 '우리 학교 쓰레기 분리배출 캠페인'과 '우리 학교 앞 신호등 설치 건의'를 구체적인 실천 방법으로 제안할 수 있다.

[오답풀이] ① (나)에서 청소년의 사회 참여가 필요한 이유를 언급하지 않고 있기는 하지만, '카드 A'는 우리 학교 학생들이 사회 참여 활동을 하지 않는 이유에 대한 것이므로 '카드 A'를 활용하여 청소년의 사회 참여가 필요한 이유를 보여 준다는 방안은 적절하지 않다. ② (나)에서 청소년 주도의 사회 참여 기회가 부족함을 지적하고 있기는 하지만, '카드 A'는 우리 학교 학생들이 사회 참여 활동을 하지 않는 이유에 대한 것이므로 '카드 A'를 활용하여 우리 학교 학생들의 사회 참여 이유를 제시한다는 방안은 적절하지 않다. ③ (나)에서는 청소년 사회 참여 확산이 어려운 이유로 현재의 청소년 사회 참여가 기관을 중심으로 이루어지기 때문이라고 언급하고 있다. 또한 '카드 A'를 활용하여 그에 대한 우리 학교 학생들의 생각을 보여 준다는 방안도 적절하지 않다. ④ (나)에서 사회 참여가 청소년에게 미치는 영향을 강조하고 있지 않다. 또한 '카드 B'를 중심으로 우리 학교 주변의 문제를 알려 줄 수는 있겠으나, 이는 (나)의 주제를 고려할 때 적절한 보완 방안으로 볼 수 없다.

861) ⑤

선택 비율	① 1%	② 1%	③ 0%	④ 2%	⑤ 94%

해 : 누리집은 매체의 특성상 매체 자료의 생산자와 수용자 사이의 소통이 비교적 용이하게 이루어질 수 있다. 그러나 (나)에서 웹툰의 독자와 웹툰 제작자가 이미지에 담긴 의미에 대해 직접 묻고 답하는 부분은 확인할 수 없다.

[오답풀이] ① (가)의 '20□□.08.01.'의 대화는 웹툰 제작자인 웹툰 동아리 학생들이 웹툰을 제작하기 위해, 친구에게 미안한 마음을 어떻게 전할지 고민이라는 사연 신청자의 요청('어떻게 말할지 많은 독자들의 조언을 들을 수 있게 잘 그려 주세요.')을 반영할 수 있음을 '하진'의 말 등을 통해 보여 주고 있다. ② (가)의 '20□□.08.12.'의 대화는 웹툰 제작자가 (나)의 댓글이나 별점을 통해 웹툰의 독자가 보인 반응을 확인할 수 있음을 보여 주고 있다. ③ (나)는 웹툰의 독자인 '파도'와 '솜사탕'이 서로 댓글을 주고받은 것과 같이, 웹툰의 독자가 댓글로 서로 공감하며 상호 작용하고 있음을 보여 주고 있다. ④ (나)의 '아래를 클릭하면 '사연 게시판'으로 이동!'을 볼 때, 웹툰의 독자가 하이퍼링크를 클릭함으로써 웹툰 제작자가 지정한 곳('사연 게시판')으로 이동할 수 있음을 알 수 있다.

862) ②

선택 비율	① 2%	② 87%	③ 1%	④ 7%	⑤ 1%

해 : (가)에서 '하진'은 '한 달 동안 두 사람이 느꼈을 감정을 비교하기 좋게 양쪽으로 배치해 보면 어떨까?'라고 제안하였고, '우주'는 '하진'의 의견을 수용하고 있다. 이를 고려할 때, (나)에서 화면을 세로로 분할한 것은 한 달 동안 두 사람이 느꼈을 감정을 비교하기 위한 것임을 알 수 있다. 따라서 한 인물이 겪는 두 가지 사건을 비교하기 위해 화면을 세로로 분할했다는 내용은 적절하지 않다.

[오답풀이] ① 한 달이라는 시간의 경과는 장면이 세로로 이어진다는 것을 고려해서 시각적으로 표현하자는 '주혁'의 의견이 (나)의 웹툰에서 '1, 2, 15, 20, 30'이라는 숫자를 세로로 배열해 '하루, 이틀, …, 한 달'이라는 날짜 변화를 표현한 것에 반영되어 있다. ③ 멀어지는 친구 사이는 둘 사이의 간격으로 보여 주자는 '우주'의 의견이 (나)의 웹툰에서 왼쪽의 친구와 오른쪽의 사연자 사이에 여백을 두어 점차 간격이 벌어지게 표현한 것에 반영되어 있다. ④ 속마음은 표정이나 몸짓으로 드러내자는 '하진'의 의견과 사연을 보낸 학생의 속마음이 더 분명하게 표현되도록 다른 방법도 추가로 활용하자는 '주혁'의 의견이 (나)의 웹툰에서 사연자의 후회스러운 표정과 어쩔 줄 몰라 하는 몸짓뿐 아니라 '아, 후회돼.', '미안해서 어쩌지.' 등의 대사가 글로도 적힌 것에 반영되어 있다. ⑤ 많은 독자들의 조언을 유도하기 위해 마지막 부분에 말풍선과 문구를 활용하자는 '하진'의 의견이 (나)의 웹툰 마지막 부분에서 사연자 옆에 놓인 빈 말풍선과 "여러분이라면~댓글로 적어 주세요."라는 문구를 제시한 것에 반영되어 있다.

863) ③

선택 비율	① 1%	② 0%	③ 96%	④ 0%	⑤ 0%

해 : '준형'은 하이퍼링크를 활용하여 음식물 쓰레기 발생량과 그에 따른 사회적 비용에 대한 애니메이션 영상 자료를 다른 대화 참여자들에게 제공하고 있다.

[오답풀이] ① '현진'은 자신이 직접 생산한 문서 파일이 아니라, ○○고 가정 통신문을 찍은 사진 파일을 다른 대화 참여자들에게 전달하고 있다.

864) ①

선택 비율	① 96%	② 0%	③ 0%	④ 1%	⑤ 0%

해 : ㉠을 고려하여, 이미지, 그래프 등을 사용하여 카드 뉴스를 제작하고 있지만, 학생들이 선호하지 않는 급식 메뉴의 종류를 보여주는 사진은 제시하지 않았다.

[오답풀이] ② ㉠을 고려하여, 세 번째 카드에서 2018년부터 2020년까지 ○○고 급식 잔반 처리 비용을 쓰레기통 모양의 이미지와 화살표 이미지를 활용하여 변화의 추이를 한눈에 파악할 수 있도록 하였다. ③ ㉡을 고려하여, 첫 번째 카드와 마지막 카드에서 '올라갑니다'라는 글자에 위로 향하는 화살표를 결합하여 카드 내용에 대한 독자의 흥미를 끌고 있다. ④ ㉢을 고려하여, 세 번째 카드에서 우리 학교 급식

정답 및 해설

잔반 처리 비용을 제시하고 있다. ⑤ ⓒ을 고려하여, 여섯 번째 카드에서 잔반을 줄이면 ○○고 급식의 질이 올라가는 혜택이 돌아간다는 점을 부각하고 있다.

865) ⑤

선택 비율	① 0%	② 0%	③ 1%	④ 1%	⑤ 95%

해 : 수정된 네 번째 카드에서 ○○고 영양사는 잔반을 30% 줄였을 때 얻을 수 있는 효과로 약 천 명의 한 끼 식사에 해당하는 금액을 절감할 수 있다고 말하고 있다. 하지만 잔반 줄이기를 통해 큰 효과를 거둔 다른 학교의 사례를 제시하고 있지는 않다.

[오답풀이] ① 두 번째 카드의 내용은 학생들이 급식을 남기는 이유에 대한 조사 결과이다. 따라서 수정된 두 번째 카드에서 '왜 급식을 남길까?'로 제목을 수정한 것은 적절하다. ③ 수정된 두 번째 카드에서 원그래프의 여러 항목 중 큰 비중을 차지하는 두 가지의 내용을 카드의 아래쪽에 따로 정리해 주고 있으므로 적절하다.

866) ⑤

선택 비율	① 0%	② 0%	③ 2%	④ 1%	⑤ 94%

해 : [장면 6]에서는 [장면 3]의 내용 중 전문가의 시연 장면을 다시 보여 주며 보도 내용을 마무리하고 있다. 이는 보도 내용에서 다룬 여러 가지 정보를 뉴스 수용자가 효과적으로 취사선택할 수 있도록 보여 주는 화면이라고 할 수 없다.

[오답풀이] ② [장면 2]부터 [장면 5]까지의 화면 상단 한쪽에는 보도 내용과 관련한 핵심 어구를 고정하여 제시했다. 이를 통해 뉴스의 수용자는 보도 내용의 중간부터 뉴스를 시청하더라도 보도 내용이 무엇인지 짐작할 수 있다. ③ [장면 3]에서는 전문가의 시연을 통해 검색어 제안 기능을 악용하는 사례를 보여 주었다. 이는 시연을 통해 검색어 제안 기능이 악용되는 방식에 대한 수용자의 이해를 높이기 위해서이다. ④ [장면 4]에는 대가를 받고 검색어 제안 기능에 특정 업체명이 제시되도록 하여 업무 방해죄로 처벌받은 사건을 음성 언어로 설명하고 있고, 그 사건을 시각적으로 보여 주는 자료를 제시하고 있다. 관련하여 화면 구성에 방향을 나타내는 기호를 사용함으로써 수용자가 사건의 흐름을 파악할 수 있도록 돕고 있다.

867) ⑤

선택 비율	① 1%	② 2%	③ 3%	④ 2%	⑤ 91%

해 : (나)의 신문 기자는 토론회를 방청한 한 시민의 의견을 직접 인용 표현을 통해 제시하고 있다.

[오답풀이] ② ⓛ에서 기자는 미래 시제를 나타내는 표현을 사용하고 있으나 보도 내용과 관련한 기대 효과를 제시하고 있는 것은 아니다.

868) ④

선택 비율	① 1%	② 1%	③ 2%	④ 93%	⑤ 1%

해 : (나)의 뉴스 생산자가 공공의 이익을 증진할 수 있는 방안에 대해 직접 제안하고 있는 것은 아니다.

[오답풀이] ③ 뉴스 생산자는 쟁점이 되는 화제를 다룰 때 공정성 있는 태도를 지닐 필요가 있다. (나)의 기사는 검색어 제안 기능에 대한 규제를 최소화해야 한다는 입장과 규제를 강화해야 한다는 입장을 모두 보도하였으므로 공정성을 확인할 수 있는 기사로 볼 수 있다. ⑤ (가)의 뉴스 생산자는 최근에 검색어 제안 기능이 본래 목적대로 이용되고 있지 않다는 제보가 급증했다고 하고, (나)의 뉴스 생산자는 최근에 포털 사이트의 검색어 제안 기능에 대한 사회적 논의가 필요하다는 목소리가 높다고 하였다. 이는 수용자가 관심을 가질 만한 시의성 있는 정보를 선택하여 전달한 것으로 볼 수 있다.

869) ④

선택 비율	① 3%	② 1%	③ 1%	④ 91%	⑤ 1%

해 : 방송 프로그램의 진행자가 △△신문과 ○○신문의 기사 내용을 다루고 있기는 하나, 두 신문의 기사 내용을 각각 제시하고 있을 뿐 종합하고 있지 않으며, '지문 등 사전등록제'라는 화제에 대해 비판적 입장을 나타내고 있지도 않다.

[오답풀이] ① 진행자는 △△신문의 내용을 상세하게 다룬 것에 비해 □□신문의 내용은 간단히 언급만 하는 정도에 그쳤는데, 이는 이 방송 프로그램에서 □□신문의 기사보다는 △△신문의 기사에 더 비중을 두고 있음을 드러낸다. ② 프로그램의 도입 부분에서 '며칠 전' 있었던 사건을 언급한 후 그와 관련하여 '지문 등 사전등록제'라는 화제를 다룬 여러 신문 기사들을 제시하였다. 이를 통해 사회적으로 주목할 만한 사안에 대한 다양한 정보를 전달하고 있음을 알 수 있다. ③ 방송에서 △△신문 기사의 표제와 특정 문장을 선별해 화면에 확대하여 제시하고 있다. ⑤ 전문가는 지문 등록률이 저조한 이유에 대한 진행자의 질문에 답하면서 △△신문 기사의 내용에 대해 '개인 정보 유출에 대한 우려'라는 자신의 의견도 덧붙이고 있다.

870) ③

선택 비율	① 3%	② 5%	③ 48%	④ 3%	⑤ 39%

해 : ⓒ에서 보조사 '는'을 통해 '사전등록 정보'가 문장의 화제임을 보여 주고 있는 것은 맞다. 하지만 문장의 서술어가 '저장하고 있습니다'라는 능동 표현이므로, 스스로 어떠한 행위를 할 수 없는 '사전등록 정보'는 이 서술어에 대한 주어로 볼 수 없다. 참고로, '사전등록 정보는'이 문장의 주어가 되려면 서술어는 '저장되고 있습니다' 등이 되어야 한다.

[오답풀이] ① 하십시오체 종결 어미 '-ㅂ니까'는 상대편을 아주 높이는 표현으로, 진행자는 이러한 표현을 통해 상대편인 '시청자 여러분'을 높이며 방송의 시작을 알리는 인사를 하고 있다. ② 접속 부사 '그래서'는 앞의 내용이 뒤의 내용의 원인이나 근거, 조건 따위가 될 때 쓰는 표현으로, 진행자는 이러한 표현을 통해

김 군 사건에서 드러난 '지문 등 사전등록제'의 역할에 대한 내용이 뒤에 이어지는 방송의 주제에 대한 내용의 원인임을 드러내고 있다. ④ 연결 어미 '-면'은 일반적으로 분명한 사실을 어떤 일에 대한 조건으로 말할 때 쓰는 표현으로, 전문가는 이러한 표현을 통해 '아동이 18세에 도달함'이라는 앞 절의 내용이 '사전등록 정보'가 '자동 폐기'되는 조건임을 나타내고 있다. ⑤ 보조 동사 '보다'는 어떤 행동을 시험 삼아 함을 나타내는 표현으로, 진행자는 이러한 표현을 통해 '앱'을 사용하는 것이 시험 삼아 하는 행동임을 나타내고 있다.

871) ④

선택 비율	① 3%	② 1%	③ 9%	④ 83%	⑤ 2%

해 : 시청자 3과 4는 △△신문 기사의 내용과 관련하여, 지문 등 사전등록제가 각각 '누가 대상자인지 궁금했던 사람들', '이런 제도가 있다는 것을 몰랐던 사람'에게 유용할 수 있음을 점검하고 있다.

[오답풀이] ① 시청자 1은 △△신문 기사의 내용과 관련하여, 지문 등 사전등록제의 등록률에 대한 정보가 믿을 만한 것인지 의구심을 드러내면서 정보의 출처를 요구하고 있다. 하지만 시청자 2는 방송에서 '개인 정보 유출 문제'에 대해 별로 언급하지 않았음을 문제점으로 지적하고 있을 뿐 지문 등 사전등록제의 등록률에 대해서는 언급하고 있지 않다. ② 시청자 1은 △△신문 기사의 내용과 관련하여, 지문 등 사전등록제의 등록률에 대한 정보가 믿을 만한 것인지 의구심을 드러내면서 정보의 출처를 요구하고 있다. 또한 시청자 4는 지문 등 사전등록제의 존재를 몰랐던 사람에게 도움이 되는 방송이었다는 소감을 밝히고 있다. 시청자 1과 4 모두 ○○신문 기사의 내용과 관련하여, 지문 등을 사전등록하는 방법에 대한 정보의 양이 충분한지 점검하고 있지 않다. ③ 시청자 2는 △△신문 기사의 내용과 관련하여, 지문 등 사전등록의 필요성 위주로만 이야기하고 개인 정보 유출 문제에 대해서는 별로 언급하지 않음을 지적하고 있으므로 장단점을 공평하게 다루고 있는지를 점검하고 있다고 볼 수 있다. 하지만 시청자 5는 △△신문 기사의 내용과 관련하여, 인터넷에 나와 있는 정보를 근거로 전문가의 답변에 대해 의구심을 표현하고 있을 뿐 지문 등 사전등록제의 장단점에 대해서는 언급하고 있지 않다. ⑤ 시청자 3은 △△신문 기사의 내용과 관련하여, 지문 등 사전등록제의 대상자에 대한 정보를 알게 된 것에 대해 긍정적으로 반응하고 있다. 또한 시청자 5는 △△신문 기사의 내용과 관련하여, 인터넷에 나와 있는 정보를 근거로 전문가의 답변에 대해 의구심을 표현하고 있다. 따라서 시청자 5는 지문 등 사전등록제의 효과에 대한 정보가 사실인지 점검하고 있다고 볼 여지가 있으나 ○○신문 기사의 내용과 관련 지은 점검이 아니며, 시청자 3은 지문 등 사전등록제의 효과에 대한 정보가 사실인지 점검하고 있지 않다.

872) ④

선택 비율	① 2%	② 1%	③ 2%	④ 92%	⑤ 1%

해 : ⓓ에서, 잃어버린 사람을 찾는 글을 올리거나 다른 사람의 글을 확인하고 댓글을 달 수도 있다고 하였으므로, 매체 자료의 생산과 수용이 쌍방향적으로 이루어질 수 있음을 확인할 수 있다.

[오답풀이] ① ⓐ에서, 메뉴가 그림과 문자로 표현되어 있어 앱 사용자가 메뉴 화면을 한눈에 보며 손쉽게 활용할 수 있다고 하였으므로, 수용자가 화면에서 자신에게 필요한 정보를 찾아 사용할 수 있다고 볼 수 있다. 하지만 이것이 수용자가 대량의 정보를 요약하여 비선형적으로 표현할 수 있음을 뜻하는 것은 아니다. ② ⓑ에서, 대상자와 보호자의 인적 사항 등을 언제 어디서든 등록할 수 있다고 하였으므로, 시·공간의 제약 없이 정보를 생산한다고 볼 수 있다. 하지만 이것이 생산자가 등록한 정보를 수용자가 변형하여 배포할 수 있음을 뜻하는 것은 아니다. ③ ⓒ에서, 인적 사항과 사진들을 볼 수 있다고 하였으므로, 글과 이미지로 표현된 정보를 확인할 수 있다고 볼 수 있다. 하지만 이것이 수용자가 매체 자료에 접근하여 실시간으로 수정할 수 있음을 뜻하는 것은 아니다. ⑤ ⓔ에서, 지도 앱과의 연동을 통해 인근 보호소의 위치를 확인할 수 있다고 하였으므로, 서로 다른 앱을 연결하여 사용할 수 있다고 볼 수 있다. 하지만 이것이 매체 자료의 수용자가 생산자도 될 수 있음을 뜻하는 것은 아니다.

873) ⑤

선택 비율	① 3%	② 1%	③ 1%	④ 2%	⑤ 91%

해 : '숲을 지켜야 하는 이유를 알고 싶으면 이전 글 숲의 힘(☜클릭)을 참고해 주세요.'를 통해, 숲을 지켜야 하는 이유를 다룬 다른 게시물을 하이퍼링크 기능을 활용하여 안내하고 있음을 확인할 수 있다.

[오답풀이] ① (가)의 1문단에서 재생 종이가 책, 복사지 등으로 사용되고 있음을 언급하고 있지만, 글자의 굵기와 형태를 달리하여 강조하고 있지는 않다. ② (가)의 각 문단에는 중심 내용이 소제목을 통해 부각되어 있지 않다. ③ (가)의 2문단에서 종이를 만들기 위해 '엄청난 면적의 숲'이 사라지고 있다고 언급되어 있으나, 동영상 자료를 활용하고 있지는 않다. ④ (가)의 2문단에서 '일반 종이를 복사지로 사용하는 것이 가장 큰 문제'임과 '사무실에서 사용하는 복사지의 45%가 출력한 그날 버려지'고 있음을 언급하고 있으나, 사무실에서 버려지는 일반 종이의 양을 제시하지는 않았으며, 사진 자료를 사용하지도 않았다.

874) ③

선택 비율	① 6%	② 2%	③ 84%	④ 3%	⑤ 3%

해 : (가)의 2문단과 3문단에서 각각 제시한 재생 종이 사용의 필요성('숲을 지킬 수 있어요.', '환경에 유해한 물질이 덜 발생해요.')이, (나)에서는 #2와 #4에 대응한다고 볼 수 있다. 그런데 (나)의 #2에는 배경 음악

과 내레이션이 모두 포함되어 있으나, #4에는 내레이션만 포함되어 있을 뿐 배경 음악은 포함되어 있지 않다.

[오답풀이] ① (나)의 #3에서는, (가)에서 제시한 종이 생산 과정에서 발생하는 물질 외에도 생산 과정에 투입되는 에너지의 양에 대한 정보를 제시하고 있다. ② (나)의 #1에서는, (가)에서 제시한 재생 종이의 정의 중 '폐지가 40% 넘게 들어간 종이'를 시각 자료와 문자 언어를 결합한 화면으로, '폐지를 활용하여 만든 종이'를 내레이션으로 표현하고 있다. ④ (나)의 #3~#4에서는, (가)에서 제시한 일반 종이의 생산으로 발생하는 물질과 폐기물의 양을 그래프로 먼저 제시한 후, 그보다 재생 종이의 생산으로 발생하는 물질과 폐기물의 양이 적음을 나타내기 위해 그래프의 막대가 아래로 내려오는 애니메이션 효과를 주고 있다. 또한 이를 설명하는 내레이션도 포함되어 있다. ⑤ (나)의 #2에서는, (가)에서 제시한 재생 종이 사용에 따른 나무 보존에 대한 내용을 화면과 내레이션으로 표현하고 있고, 이에 어울리는 배경 음악도 사용하고 있다.

875) ⑤

선택 비율	① 3%	② 3%	③ 7%	④ 8%	⑤ 76%

해 : 제시된 텔레비전 프로그램의 진행 과정에서 김 기자가 전달한 정보와 박 기자가 전달한 정보를 진행자가 종합하여 제시하고 있는 부분은 찾을 수 없다.

[오답풀이] ④ 진행자는 김 기자가 전달한 폐기물 관리법 시행 규칙과 관련하여 그것이 매립지의 포화 시점을 늦추는 데 상당히 도움이 되겠다는 자신의 의견을 덧붙이고 있고, 박 기자가 전달한 동영상과 그에 대한 설명을 들은 후 그래도 소각 시설의 설치를 추진하는 과정에서 갈등이 적지 않았을 것이라고 생각한다는 자신의 의견을 덧붙이고 있다.

876) ③

선택 비율	① 3%	② 3%	③ 86%	④ 3%	⑤ 2%

해 : 대기 오염 농도를 통해 정보의 수용자는 수시로 바뀌는 대기 오염 물질의 농도 변화를 바로바로 확인할 수 있다. 이를 통해 '○○시 소각 시설' 앱에서 정보의 수용자는 실시간으로 변화하는 정보에 접근할 수 있다는 특징을 확인할 수 있다.

[오답풀이] ① 앱 메인 화면에서 정보의 수용자는 여러 메뉴를 한눈에 확인할 수 있다. 하지만 생산자가 미리 정해 놓은 메뉴의 순서에 따라서만 정보 탐색이 가능한 것은 아니다.

877) ⑤

선택 비율	① 2%	② 5%	③ 5%	④ 6%	⑤ 79%

해 : 시청자 2는 지역 주민들과의 갈등 해소 과정과 관련하여, 텔레비전 프로그램 내용 중 생활 폐기물을 소각하는 과정에서 생기는 대기 오염 물질을 정화하여 배출한다는 것은 알겠다고 했다. 그리고 배출되는 대기 오염 물질 농도의 구체적인 수치 및 안전과 관련한 대기 오염 물질 농도의 기준을 제시하지 않았음을 언급하였다. 시청자 3은 소각 처리 시설을 지하화하려면 지상에 짓는 것보다 비용이 더 많이 들어서 난색을 표하는 지방 자치 단체가 있다며 텔레비전 프로그램에서 균형 있게 정보를 다루어 주었으면 좋겠다고 언급하였다. 이는 방송 프로그램에서 전달한 정보가 사실인지를 점검하는 것이 아니라, 전달한 정보가 충분한지를 점검하는 것과 관련이 있다.

878) ③

선택 비율	① 3%	② 2%	③ 84%	④ 3%	⑤ 6%

해 : 직접 인용을 간접 인용으로 바꾸어 표현하면 지시 표현, 종결 표현 등에 변화가 일어난다. '주민들이 "이 지역을 위해 끝까지 맞서 싸우겠습니다."라고 성토했습니다.'를 간접 인용이 포함된 문장으로 바꿀 경우, '주민들이 그 지역을 위해 끝까지 맞서 싸우겠다고 성토했습니다.'와 같이 바꿀 수 있다.

879) ②

선택 비율	① 4%	② 86%	③ 3%	④ 2%	⑤ 2%

해 : '가람'은 온라인 화상 회의가 대면 회의를 대신하여 진행되는 것이라는 점을 들어 카메라를 켜고 회의에 참여할 것을 제안하고 있다. 이는 카메라를 활용해 온라인상에서도 서로 얼굴을 보며 소통할 수 있다는 점을 바탕으로 한 것이다. '가람'이 회의가 이루어지는 시간이 제한됨을 언급하고 있는 부분은 없다.

[오답풀이] ① '현수'는 온라인 공간에서 이루어지는 화상 회의를 편리하다며 긍정적으로 평가하고 있다. 이는 물리적인 공간이 필요한 대면 회의에 비해 온라인 화상 회의가 공간의 제약이 덜하다는 점을 바탕으로 한 것이다. ③ '준영'은 학생들에게 자신의 목소리가 잘 들리냐고 질문한 뒤 화면 속의 학생들을 살피며 음성이 잘 전달되는지를 점검하고 있다. ④ '예나'는 파일 전송 기능을 활용하여 동아리 활동 발표회 일정표를 '준영'에게 제공하고 있다. ⑤ '현수'는 '○○ 공원 사진 촬영' 행사 동영상이 담긴 자신의 화면을 공유하며 슬라이드에 사진 대신 동영상을 삽입할 것을 제안하고 있다.

880) ②

선택 비율	① 5%	② 77%	③ 5%	④ 4%	⑤ 7%

해 : (가)에서는 '사진 강연' 행사와 관련하여 슬라이드에 제시할 내용을 의논하며, 청중이 어떤 강연이었는지를 알 수 있도록 강연의 일시와 장소뿐만 아니라 강연의 주제를 제시하기로 협의하고 있다. (나)의 '슬라이드 2'에는 강연 주제에 대한 정보가 제시되어 있지 않으므로 이를 추가하는 것은 적절하다.

[오답풀이] ① (가)에서는 '○○ 공원 사진 촬영' 행사와 관련하여 슬라이드에 사진 대신 동영상을 삽입하기로 협의하고 있다. ⑤ (가)에서는 슬라이드에 담긴 설명이 너무 많아진다는 점을 고려하여 '장수 사진 봉사 활동'에서 느낀 점을 발표자가 따로 언급만 하기로 협의하고 있다. 따라서 (나)의 '슬라이드 4'에 동아리 부원들이 행사에서 느낀 점을 추가하는 것은 적절하지 않다.

881) ④

선택 비율	① 1%	② 9%	③ 2%	④ 83%	⑤ 2%

解 : (가)의 '#2'에 해당하는 (나)의 전문가의 말 중 전문가는 구체적인 수치를 활용하여 진행자가 질문한 내용에 답변하고 있지 않으므로 적절하지 않다.

[오답풀이] ① (가)의 '#1'에 해당하는 (나)의 진행자의 말 중 '우리 지역에 기반 시설이~적합하다는 말씀이시지요?'에서 진행자는 전문가가 제시한 의견을 요약하며 확인하고 있으므로 적절하다. ② (가)의 '#1'에 해당하는 (나)의 전문가의 말 중 '연구자의 입장에서~적용하기에 적합합니다.'와 '시의 입장에서도~충족시킬 수 있기 때문에'에서 전문가가 방송 화제와 관련된 내용을 두 입장을 고려하여 설명하고 있으므로 적절하다. ③ (가)의 '#2'에 해당하는 (나)의 진행자의 말 중 '사전 체험단의 만족도~9.2점이더군요.'에서 진행자는 전문가가 언급하지 않은 정보를 추가적으로 제시하고 있으므로 적절하다. ⑤ (가)의 '#3'에 해당하는 (나)의 진행자의 말 중 '마지막으로 다음~소개해 주세요.'에서 진행자가 청취자들의 예상 반응을 언급하며 이와 관련한 설명을 요청하고 있으므로 적절하다.

882) ⑤

선택 비율	① 3%	② 0%	③ 8%	④ 8%	⑤ 78%

解 : '청취자 2'는 '공원에 갈 때~편리할 것 같아요.'에서 방송에서 제시한 자율 주행 버스에 관한 내용이 유용한지 점검하고 있고, '청취자 3'은 '자율 주행 버스가~도움이 되겠네요.'에서 자율 주행 버스에 관한 내용이 유용한지 점검하고 있으므로 적절하다.

883) ②

선택 비율	① 1%	② 90%	③ 3%	④ 2%	⑤ 1%

解 : ⓒ에서 '운영된'의 피동 접사 '-되다'는 시범 사업을 운영한 주체를 드러내고 있지 않으므로 적절하지 않다.

[오답풀이] ① ㉠에서 '작년부터'의 보조사 '부터'는 자율 주행 버스 시범 사업이 시작된 시점을 드러내고 있으므로 적절하다. ③ ⓒ에서 '자율 주행 기술 수준 향상에'의 격조사 '에'는 '자율 주행 기술 수준 향상'이 데이터를 활용하는 목적임을 드러내고 있으므로 적절하다. ④ ㉣에서 '긍정적인 평가를 받은 만큼'의 의존 명사 '만큼'은 자율 주행 기술에 대한 기대감의 근거를 드러내고 있으므로 적절하다. ⑤ ㉤에서 '사전 체험단이 아니었던 주민도'의 보조사 '도'는 자율 주행 버스를 이용할 수 있는 대상이 확대될 것임을 드러내고 있으므로 적절하다.

884) ①

선택 비율	① 83%	② 1%	③ 10%	④ 2%	⑤ 2%

解 : (나)에 언급된 시범 사업 성과가 <보기>의 자막에 요약되어 있지 않으므로 적절하지 않다.

[오답풀이] ② (나)에 언급된 노선 정보가 <보기>의 노선도에 시각 기호가 표시된 지도로 보충되고 있으므로 적절하다. ③ (나)에 언급된 시청 정류장 추가에 대한 정보가 <보기>의 화면에 전문가의 비언어적 표현과 함께 제시되고 있으므로 적절하다. ④ (나)에 언급된 사전 체험단 경험에 대한 반응이 <보기>의 실시간 채팅창에 메시지로 제시되어 있으므로 적절하다. ⑤ (나)에 언급된 지난 방송 내용이 <보기>의 지난 방송 다시 보기에 하이퍼링크로 제공되고 있으므로 적절하다.

885) ④

선택 비율	① 1%	② 1%	③ 5%	④ 90%	⑤ 1%

解 : (가)에 지구의 온도 상승에 따른 자연재해 발생 건수 증가 추이를 도식화하여 나타내었으므로 적절하다.

886) ④

선택 비율	① 1%	② 3%	③ 5%	④ 85%	⑤ 3%

解 : (가)의 2문단 '인근 학교의~정책을 제안했습니다.'에 동아리의 정책 제안 활동이 제시되어 있지만 (나) '4'의 '화면 구성'에 청소년이 관련 기관에 제안한 정책에 대한 평가를 확인할 수 있는 기능은 제공하고 있지 않으므로 적절하지 않다.

[오답풀이] ① (가)의 3문단 '실내 적정~전등 끄기'에 개인의 일상적 실천 사례가 제시되어 있고, (나) '2'의 '화면 구성'에 학교에서 실천할 수 있는 체크리스트를 구성하고 있으므로 적절하다. ② (가)의 1문단 '이러한 기후 변화의~기후 행동입니다.'에 기후 행동의 개념이 제시되어 있고, (나) '1'의 '화면 구성'에 기후 위기를 보여 주는 이미지와 문구로 시작 화면을 구성하고 있으므로 적절하다. ③ (가)의 3문단 '꾸준히 실천하고~지킬 수 있을 것입니다'에 꾸준한 기후 행동의 필요성이 제시되어 있고, (나) '3'의 '화면 구성'에 자신의 성공적인 실천 결과를 누적할 수 있는 일지를 제공하고 있으므로 적절하다. ⑤ (가)의 3문단 '무엇보다 기후 행동은~가장 중요합니다.'에 기후 행동 확산의 중요성이 제시되어 있고, (나) '3'의 '화면 구성'에 자신의 실천 사례를 공유할 수 있는 기능을 제공하고 있으므로 적절하다.

887) ②

선택 비율	① 1%	② 81%	③ 12%	④ 2%	⑤ 1%

解 : ⓒ에서 '가입자 10만 명 돌파'는 기자의 발화 내용 중 '제도 실시 후~십만 명을 돌파했습니다.'를 요약 진술한 것으로 볼 수 있다. 하지만 의문형으로 표현된 '나도 가입해 볼까?'는 기자의 발화 내용을 요약 진술하여 시청자의 이해를 돕고자 한 것이라기보다는 '탄소 중립 실천 포인트 제도' 가입에 대한 시청자의 관심을 유발하고자 한 것으로 볼 수 있다.

[오답풀이] ① ㉠에서 보도의 주요 제재인 '탄소 중립 실천 포인트'를 부각하기 위해서 해당 글자를 다른 글자에 비해 더 크고 굵게 제시하였다. ③ ⓒ에서는 '전 국민 누구나'와 같이 제도에 가입 가능한 대상과 누리집 주소를 추가로 제시하여 정보의 구체성을 강화하고 있다. ④ ㉣은 관계자의 발화 내용을 자막으로 제시한 것으로, 의미를 정확하게 전달하기 위하여 '(현금이나 카드 포인트를)', '(앞으로)', '(홍보를 강화 하겠습니다.)'와 같이 관계자의 발화에서 생략된 내용을 보완하여 제시하고 있다. ⑤ ㉤은 뉴스 내용과는 관련이 없는 내용으로, 뉴스 방송이 끝난 이후

방영될 프로그램에 대한 정보를 제시한 것이다.

888) ⑤

선택 비율	① 15%	② 4%	③ 2%	④ 13%	⑤ **63%**

해 : ⓔ에 쓰인 '만큼'은 뒤에 나오는 내용의 원인이나 근거가 됨을 나타내는 의존 명사이다. ⓔ에서는 '만큼'을 통해 많은 국민이 동참해야 효과가 있는 제도라는 점이 이어지는 '참여도를 높이는 게 중요하다'라는 내용의 근거임을 표현하고 있다.

[오답풀이] ① ⓐ에서 보조 용언 '있다'는 '화제가 되고 있는'에 쓰이기 때문에 제도가 지속적으로 진행됨을 표현했다고 보기 어렵다. ② ⓑ의 '도'는 '이미 어떤 것이 포함되고 그 위에 더함의 뜻을 나타내는 보조사'이기 때문에 해당 문장에서는 '탄소 중립을 실천함'에 더해 '포인트를 받음'도 가능함을 표현하고 있다. 따라서 제도의 장단점을 아우르고자 하는 의도를 표현했다는 설명은 적절하지 않다. ③ ⓒ의 '자'는 '말이나 행동을 할 때 남의 주의를 불러일으키기 위하여 하는 감탄사'로, 누리집 가입을 재촉하려는 의도로 쓰인 것이 아니다. ④ ⓓ의 '-겠-'은 주체의 의지를 나타내는 선어말 어미이다. '-겠-'이 추측을 나타내는 데 쓰이기도 하지만 해당 문장에서는 추측의 의미가 나타나지 않는다.

889) ④

선택 비율	① 2%	② 1%	③ 6%	④ **85%**	⑤ 3%

해 : 학생 4는 누리집 접근에 어려움을 겪는 사람들도 좀 더 쉽게 가입할 수 있도록 이에 대한 방법을 제시하지 않은 것에 대한 아쉬움을 드러내고 있다. 그리고 제도의 실현 가능성 측면보다는 더 많은 사람의 동참을 이끌어 내기 위한 방법 제시 여부의 측면을 부정적으로 판단하였다.

[오답풀이] ① 학생 1은 보도에서 제시한 '세제나 화장품의 용기를 다시 채워' 쓰는 것이 탄소 배출을 줄이는 효과에 한계가 있음을 지적하면서 실효성 측면을 부정적으로 판단하였다. ② 학생 2는 '다회 용기 사용이나 전자 영수증 받기'와 같이 일상에서 쉽게 실천할 수 있는 방법을 알게 된 것에 대하여 긍정적으로 판단하였다. ③ 학생 3은 '과도한 탄소 배출 때문에 세계가 이상 기후로 몸살을 앓고 있는' 상황을 언급하면서 보도 내용이 시의적절하다고 보았다. ⑤ 학생 5는 기존의 탄소 포인트 제도에 대한 구체적인 설명이 없어 기존 제도와 새로운 제도의 차이점을 모르겠다는 점을 지적하면서 보도 내용의 충분성 측면을 부정적으로 판단하였다.

890) ④

선택 비율	① 2%	② 1%	③ 2%	④ **92%**	⑤ 1%

해 : (나)에서는 (가)에 제시된 가입자 증가 현황 이외에 증가 원인을 추가한 부분을 확인할 수 없다. 그리고 제도 가입자가 지닌 환경 의식을 표현한 내용도 확인할 수 없다.

[오답풀이] ① (나)에 제시된 '배달 음식 주문할 때 다회 용기 선택!', '세제나 화장품의 용기는 다시 채워 쓰기!', '물건 살 때 전자 영수증 받기!'는 (가)에 제시된 제도의 실천 항목 중 수용자인 청소년이 일상에서 실천할 수 있는 것을 선별하여 제시한 것으로 볼 수 있다. ② (나)는 (가)에 제시된 누리집 주소 이외에 QR코드를 함께 제시하여 수용자가 좀 더 쉽게 누리집에 접속할 수 있도록 하였다. ③ (나)는 돼지저금통과 돈의 이미지를 활용하여 탄소 중립 실천 포인트 제도에 가입하여 얻을 수 있는 경제적 혜택을 인상적으로 보여 주고 있다. ⑤ 불특정 다수의 시청자를 수용자로 삼는 (가)와 달리 (나)는 '◇◇고 친구들'로 수용자를 한정하고 있다. 또한 (나)에는 '◇◇고등학교 환경 동아리'라는 생산자가 명시되어 있다.

891) ①

선택 비율	① **91%**	② 2%	③ 2%	④ 2%	⑤ 2%

해 : 진행자의 발화 중 '필요한 꽃잎 숫자만큼 반복해야 하는데~이만큼 미리 만들어 뒀지요!'를 통해서 접속자의 흥미를 유지하기 위해 반복적인 과정을 생략하겠다는 기획 내용이 방송에 반영되었음을 확인할 수 있다. 필요한 숫자만큼 꽃잎을 만들어야 하지만 같은 과정을 반복적으로 제시할 경우 접속자들이 지루함을 느껴 이탈할 수 있다는 점을 고려한 것으로 볼 수 있다.

[오답풀이] ② 진행자의 발화 중 '혼자서 설명하고 시범까지 보이려니'를 통해서 제작진을 출연시켜 인두로 밀랍을 묻히는 과정을 함께해야겠다는 내용은 반영되지 않았음을 알 수 있다. ③ 진행자의 발화에서 마름질 과정에서 실수가 나올 것에 대비하여 미리 양해를 구하는 내용은 찾아볼 수 없다. ④ 진행자의 발화에서 방송에 대한 긍정적 평가와 고정 시청자 등록을 부탁하는 내용은 찾아볼 수 없다. ⑤ 진행자의 발화에서 마무리 인사 전에 채화 만드는 과정을 요약해서 다시 설명해 주는 내용은 찾아볼 수 없다.

892) ③

선택 비율	① 1%	② 1%	③ **91%**	④ 3%	⑤ 1%

해 : [C]에서 '꼼꼬미'는 방송에서 이미 제시된 내용을 다시 보여 줄 것을 요청하고 있다. 따라서 제시되지 않은 부분을 추가하도록 요청했다는 것은 적절하지 않다.

[오답풀이] ① [A]에서 '빛세종'은 '채화' 중 '채'의 뜻을 질문하여 진행자가 방송 내용을 보충하여 제시하도록 하고 있다. ② [B]에서 '햇살가득'은 만들 꽃을 골라 달라는 진행자의 발화에 대해 '월계화'를 만들어 달라고 밝힘으로써 진행자가 내용을 선정하는 데 관여하고 있다. ④ [D]에서 '아은맘'은 진행자가 '궁중 채화 전시회가 다음주에' 열릴 예정이라고 말한 것에 대해 '전시회 지난주에 이미 시작했어요'라는 정보를 제공하여 제시된 내용 중 잘못된 부분을 정정하도록 하고 있다. ⑤ [E]에서 '영롱이'는 '오늘 진짜 우울했는데' 방송을 보고 '기분이 좋아졌'다는 자신의 감정 변화를 제시함으로써 진행자와 정서적인 유대를 형성하고 있다.

893) ⑤

선택 비율	① 7%	② 3%	③ 2%	④ 8%	⑤ **77%**

해 : (가)는 인터넷 강연 중 실시간 채팅을 통해, (나)는 모바일 메신저를 활용한 대화를 통해 정보 생산자와 수

용자가 공간에 구애받지 않고 실시간으로 상호작용하고 있음을 확인할 수 있다. 또한 (가)와 (나) 모두 정보 생산자가 자신이 가지고 있는 정보를 수용자들과 공유하고 있으며, 수용자가 또 다른 정보 생산자가 되어 정보에 대한 자신의 의견을 제시하고 있다.

[오답풀이] ③ 특수 문자(^^)와 한글의 자음자로 된 기호(ㅎㅎ)를 사용하여 정보 생산자의 감정을 드러내고 있는 것은 (나)이다. ④ (나)는 메신저 대화방에서 대화를 나누고 있는 친구들이 5명으로 한정되어 있다.

894) ⑤

선택 비율	① 1%	② 0%	③ 1%	④ 6%	⑤ 90%

해 : (가)의 '강연자'는 피동 표현 '-되다'를 활용하여 행위의 주체가 아니라 '자극하다'의 대상인 '뇌의 인지와 감정 영역'에 초점을 두어 말하고 있다.

[오답풀이] ① '링크를 누르시면'의 종속적 연결 어미 '-면'을 통해, 앞 절의 내용이 '답'을 할 수 있는 조건임을 나타내고 있다. ② '나'는 수량이 많거나 정도를 넘거나 한도에 이르렀음을 나타내는 보조사로 지난 10년 사이 성인의 독서율 감소 정도가 크다는 것을 강조하고 있다. ④ 접속 부사 '그래서'를 활용하여 뒤 문장의 내용이 앞 문장에 이어지는 내용임을 드러냄으로써 강연 내용의 응집성을 높이고 있다.

895) ④

선택 비율	① 1%	② 1%	③ 2%	④ 94%	⑤ 0%

해 : 댓글 4는 '전공 서적을 들고 다니지 않아도' 된다며 오디오북의 장점인 휴대성을 언급하며 '진짜 편하'다고 말했다. 이를 통해 일상 속 독서 접근 기회가 높아진다는 강연 내용에 공감했다고 볼 수 있다.

[오답풀이] ① 댓글 1은 현재 오디오북으로 제공되고 있는 책의 수가 적어서 아쉬웠던 경험을 이야기하고 있다. ② 댓글 2는 운동할 때 오디오북을 들은 경험을 바탕으로 다른 일을 하면서도 독서가 가능하다는 강연 내용에 공감하며, 무료 오디오북이 제공되는 사이트를 알려 주고 있다. ③ 댓글 3은 오디오북이 지닌 편의성이 저작권 침해로 이어질 수 있으므로 이에 대한 책임 의식을 고민해 봐야 한다고 말하고 있다. ⑤ 댓글 5는 흥미 위주의 책을 읽는 경우와 공부하기 위해 책을 읽는 경우로 독서의 목적을 나누어, 오디오북을 선택적으로 활용할 것을 추천하고 있다.

896) ③

선택 비율	① 3%	② 0%	③ 93%	④ 1%	⑤ 1%

해 : '다정'은 오디오북이 독서 동기를 유발한다는 강연 내용에 대해 정확한 근거를 들어 설득력을 높이자고 말하면서, 그 근거로 오디오북 독자의 39%가 종이책이나 전자책 독서량도 늘었다는 자료를 제시하고자 한다. 이는 발표 내용의 타당성을 높이고자 하는 것이므로 발표 자료의 공정성을 고려한다는 내용은 적절하지 않다. 또한 제시하고자 하는 근거 자료가 오디오북의 장단점을 다룬 자료도 아니다.

[오답풀이] ① '수예'는 '우리 학교 학생들이 책을 많이 읽도록 도와주자'는 발표 목적과 '우리 학교 학생들'이라는 청중을 고려하여 [슬라이드 1]에 성인의 독서 저해 요인 그래프 외에 학생의 독서 저해 요인 분석 그래프를 추가로 제시하고자 한다. ② '동욱'은 [슬라이드 2]에 스마트폰이 독서에 유용하게 쓰일 수 있다는 중심 문구를 효과음과 함께 제시하여 청중의 집중을 유도하고자 한다. ④ '해찬'은 [슬라이드 4]를 영상과 문자를 활용한 복합적 양식으로 구성하고자 한다. ⑤ '형준'은 발표 자료의 청중인 '우리 학교 학생들', 즉 청소년에게 유익한 정보가 담긴 오디오북 플랫폼을 찾아 정리하여 [슬라이드 5]를 구성하려 한다. 이는 발표 자료의 효용성을 고려한 것이며, 많은 정보들 중 유용한 것을 선별하려는 것이다.

897) ②

선택 비율	① 2%	② 91%	③ 2%	④ 2%	⑤ 0%

해 : (가)의 블로그에 첨부한 파일은 과학 동아리에서 작성한 관찰 일지를 예시 자료로 제공한 것이지, 프로젝트의 결과를 요약한 것은 아니다. 또한 추가 자료도 아님을 확인할 수 있다.

[오답풀이] ① 인터넷 매체 특성상 매체 자료의 생산자와 수용자 사이의 소통이 비교적 용이하게 이루어질 수 있어 댓글 내용을 통해 생산자와 수용자가 서로 공감하며 상호작용할 수 있음을 알 수 있다. ③ 학교 숲의 사진으로 만든 동영상이 제시되어 실제 프로젝트 내용의 일부를 직접 확인할 수 있다. ④ 학교 숲 사진과 텃밭 자료를 올리는 곳으로 편리하게 이동할 수 있는 하이퍼링크가 제시되어 있다. ⑤ '이 프로젝트에 공감하신다면 '공감하기'를 눌러 주시고'에서 '공감하기' 기능을 활용하여 수용자의 반응을 확인하려 하고 있음을 알 수 있다.

898) ②

선택 비율	① 1%	② 94%	③ 1%	④ 0%	⑤ 1%

해 : 앱의 구성 요소를 수정할 때, (나)에서는 '학교 숲'과 '학교 텃밭'으로 항목을 나누고 각각 연도와 학년으로 구분하여 구성하였다. <보기>에서는 '학교 숲 사진'과 '학교 텃밭 탐구 자료'로 항목을 나누고, 각각 계절과 식물의 종류별로 구분하여 구성하였다. 수정하기 전인 (나)에서도 '학교 숲'과 '학교 텃밭' 항목은 구분되어 있었다.

[오답풀이] ① (나)의 '우리 학교 프로젝트' 앱의 제목은 수정 후, '우리 학교 숲과 텃밭의 365일을 담다!' 라는 프로젝트 제목을 활용하고 '○○고등학교' 라는 학교명을 기재하여 앱 제목을 변경하였다. ③ (나)의 학년별로 나눈 '학교 텃밭' 항목의 메뉴는 수정 후 식물의 종류로, 그 기준이 바뀌었다. ④ (나)의 연도별로 구분한 '학교 숲' 항목은 수정 후, 계절별로 메뉴를 구성하였다. ⑤ (나)의 '묻고 답하기' 항목은 '자료 더하기' 항목으로 바꾸어 자료들을 올릴 수 있도록 하였다.

899) ⑤

선택 비율	① 1%	② 1%	③ 1%	④ 1%	⑤ 94%

해 : [화면 3]에는 '버스 광고'라는 어구를 검색한 결과가 제시되어 있다. 정보의 내용 중 검색 어구가 버스 광고와 같이 눈에 띄게 표시되어 있으며, 버스 광고의

다양한 형태와 버스 광고의 장점에 대한 정보가 제시되어 있다. 따라서 검색의 결과가 버스 광고의 제작 기간을 확인하는 데 도움을 주었다는 진술은 적절하지 않다.

[오답풀이] ① ㉠은 학생이 자신이 다시 보고자 하는 내용을 선택해 별도의 목록으로 만들어 놓은 것이다. 즉, '즐겨찾기 목록'에 있는 1장과 3장은 학생이 해당 장의 내용을 다시 볼 필요가 있다고 판단하여 선택해 놓은 것으로 볼 수 있다. ② ㉡은 중요한 부분에 강조 표시를 하는 기능이다. [화면 2]에서 학생은 ㉡을 이용하여 대중교통을 이용한 광고가 효과적인 이유를 언급한 부분에 강조 표시를 하였다. ③ ㉢은 책의 내용 중 모르는 단어가 나왔을 때 이용한 사전 찾기 결과이다. 사전 찾기 결과가 본문과 한 화면에 제시되어 내용을 이해하는 데 도움을 주고 있다. ④ ㉣은 화면 배율을 조정하는 기능이다. [화면 2]에서는 '100% 화면'이 [화면 3]에서는 '120% 화면'으로 바뀌었는데, 이에 따라 글자의 크기가 커져서 읽기 편의성을 높여 주고 있다.

900) ②

선택 비율	① 5%	② 81%	③ 3%	④ 5%	⑤ 3%

해 : (나)의 [화면 2]에서는 버스 정류장 광고와 버스 내·외부 광고는 모두 대중교통을 자주 이용하는 사람에게 반복적으로 노출되는 효과가 있다고 하였다. 따라서 '메모 2'에서 정류장 광고와 버스 내·외부 광고 중 후자를 선택한 것이 반복 노출 효과의 유무라는 기준을 고려한 것이라는 진술은 적절하지 않다.

[오답풀이] ① '메모 1'에서 '청소년 문화 한마당'에 ○○구 고등학생들이 좋아할 공연 프로그램이 많이 준비되어 있음을 강조하려고 한 것은 [화면 2]의 '광고 효과를 높이기 위해서는 무엇보다 목표 수용자의 관심과 흥미에 대한 분석이 선행되어야 한다.'라는 내용을 고려한 것으로 볼 수 있다. ③ '메모 2'에서 ○○구 고등학생들이 주로 이용하는 10번이나 12번 버스를 선택한 것은 [화면 3]의 '목표 수용자들의 주 이용 노선과 같은 대중교통 이용 패턴을 분석하는 것이 필요하다.'라는 내용을 고려한 것으로 볼 수 있다. ④ '메모 3'에서 등·하교 시간에 집중적으로 광고를 하기 위해 버스 내부의 모니터 영상 광고를 이용하겠다고 한 것은 [화면 3]의 '목표 수용자의 대중교통 이용 시간대도 고려할 필요가 있다.'라는 내용을 고려한 것으로 볼 수 있다. ⑤ '메모 3'에서 도보 통학 학생들에게도 홍보하기 위해 버스 외부의 옆면과 뒷면에도 광고를 게시하려는 것은 [화면 3]의 '지하철과 달리 지상에서 운행하기 때문에 버스를 이용하지 않는 사람들 역시 버스 외부 광고의 목표 수용자가 될 수 있다'라는 내용을 고려한 것으로 볼 수 있다.

901) ②

선택 비율	① 1%	② 92%	③ 1%	④ 3%	⑤ 0%

해 : ⓑ '보이다'는 '보다'의 피동사이다. 이는 행동의 주체를 드러내지 않음으로써 말하고자 하는 대상인 '게임 광고'를 부각하고자 사용한 것으로 볼 수 있다. 따라서 이를 젊은 층의 게임 광고 수용에 대한 자발적 의지를 나타내기 위해 사용하였다는 설명은 적절하지 않다.

[오답풀이] ① '등'은 '그 밖에도 같은 종류의 것이 더 있음을 나타내는 말.'이다. ⓐ 앞에 열거된 내용을 고려할 때, ⓐ가 대중교통을 이용한 광고의 종류가 여럿임을 나타내기 위해 사용된 것이라는 설명은 적절하다. ③ ⓒ의 뒤에서 광고의 효과를 높이기 위해 분석해야 할 요소가 추가로 제시된다는 점을 고려할 때, ⓒ가 광고의 효과를 높이기 위해 분석해야 할 요소가 앞에서 제시한 것 이외에 더 존재함을 드러내기 위해 사용된 것이라는 설명은 적절하다. ④ ⓓ의 앞에는 광고의 효과를 높이기 위해 분석해야 할 요소에 대한 설명이, ⓓ의 뒤에는 버스 광고의 다양한 형태와 장점에 대한 설명이 제시되어 있다. 이를 고려할 때 ⓓ가 앞의 내용과 다른 내용으로 전환됨을 나타내기 위해 사용된 것이라는 설명은 적절하다. ⑤ '그'는 지시 대명사로서 앞에 나온 '버스 광고'를 가리킨다. 따라서 ⓔ가 앞에 나온 표현을 그대로 반복하지 않고 대신하기 위해 사용된 것이라는 설명은 적절하다.

902) ①

선택 비율	① 94%	② 1%	③ 1%	④ 1%	⑤ 0%

해 : (가)의 '시간 관계상 하나만 읽어 드릴게요.'라는 말을 고려할 때, (가)에서는 교내 방송 시간의 제약 때문에 정보의 양을 조절하고 있음을 알 수 있다.

[오답풀이] ② '불특정 다수'는 '특별히 정하지 아니한 많은 수'를 뜻한다. (나)에서는 '민지', '상우', '보미'라는 특정된 개인 사이의 소통이 이루어지고 있으므로 불특정 다수의 수용자에게 정보를 제공하고 있다는 진술은 적절하지 않다. ③ (나)에서 '민지'의 발화 중 '지금 보미랑 과제 때문에 다른 대화방에서 얘기 중인데'라는 내용을 통해 (나)에서는 (가)에서와 달리 대화 목적에 따라 또 다른 온라인 대화 공간을 설정하고 있음을 알 수 있다. ④ (가)에서 진행자는 '잔잔한 배경 음악'과 함께 청취자의 사연을 읽어 주고 있다. 이와 달리 (나)에서는 음성 언어에 음향을 결합하여 정보를 생산하고 있는 부분을 찾아볼 수 없다. ⑤ (가)와 (나)에서 모두 정보 생산자가 정보 수용자의 반응에 따라 정보 제시 순서를 바꾸는 부분은 찾아볼 수 없다.

903) ③

선택 비율	① 1%	② 1%	③ 94%	④ 1%	⑤ 0%

해 : ㉢에서 '아까 학교에 얽힌 추억을 지혜가 기억하면 좋겠다고 했으니까'는 '상우'의 이전 발화 중 '지혜가 학교에 얽힌 추억을 기억할 수 있게'를 재진술한 것이다. '민지'는 이를 바탕으로, '네가 교문과 운동장에서 카메라를 보면서 지혜랑 얘기하듯이 말해.'라는 '상우'의 의견에 대해 '운동장에서는 지혜가 날 도와줬던 그 때를 떠올리면서 지혜에게 얘기하듯이 말하면 되겠지?'와 같이 이를 효과적으로 표현하기 위한 의견을 제시하고 있다. 따라서 '상우'의 의견에 이의를 제기하고 있다는 진술은 적절하지 않다.

[오답풀이] ① ㉠의 '민지한테 얘기 다 들었어.'라는 발화 내용

을 고려할 때, 새롭게 대화에 참여한 '보미'는 '민지'를 통해 대화 맥락을 공유하고 있음을 알 수 있다. ② ㉡은 두 팔을 들어 큰 원을 만들고 있는 사람의 모습으로, 동의의 뜻을 나타내는 시각적 이미지이다. '민지'는 ㉡을 활용하여 '민지야, 네가 출연하면 어때?'라는 '상우'의 제안에 대하여 동의의 뜻을 나타내고 있다. ④ ㉣에서 '대화 내용을 다시 보니까 장면 구상이나 각자 역할은 얘기했는데'는 진행된 대화 내용을 점검한 것이고, '촬영 날짜는 안 정했네'는 영상 촬영과 관련해서 추가적으로 논의할 내용을 언급한 것이다. ⑤ ㉤에서는 '상우'가 대화 참여자들의 의견을 취합할 수 있는 투표 기능을 활용하여 대화 참여자들에게 촬영이 가능한 날짜를 선택해 달라고 요청하고 있다.

904) ①

선택 비율	① 83%	② 5%	③ 2%	④ 6%	⑤ 2%

㉮ : (나)에서는 '교문에서 운동장까지 꽤 머니까~교문과 운동장에서 각각 찍고 편집해서 이어 붙이자.'라는 '상우'의 제안에 대하여 '민지'가 동의하고 있다. 따라서 '교문에서부터 운동장까지 끊지 않고 촬영하여'는 (나)의 대화 내용을 반영한 영상 제작 계획으로 적절하지 않다.

[오답풀이] ② (나)에서 '네가 교문과 운동장에서 카메라를 보면서 지혜랑 얘기하듯이 말해.'라는 '상우'의 제안에 대하여 '민지'가 동의하고 있다. ②는 이러한 대화 내용을 반영한 것이므로 적절하다. ③ (나)에서 '상우'의 발화 중 '그 다음에 교실로 올라가서 지혜가 즐겨 보던 운동장을 찍자.'라는 내용을 반영한 것이므로 적절하다. ④ (나)에서 '보미'의 발화 중 '그럼 운동장에 ♡를 크게 그리고 ~ 우리 마음이 드러날 것 같아.'와 (가)에서 '민지'가 신청한 노래 제목 '다시 만날 우리들'을 반영한 것이므로 적절하다. ⑤ (나)에서 '마지막에 우리가 지혜에게 ~ '함께한 순간들 잊지 마.'라고 말할까?'라는 '상우'의 발화와 '그래, 우리가 세 글자씩 말하고 ~ 자막은 내가 넣을게.'라는 '보미'의 발화 내용을 반영한 것이므로 적절하다.

905) ④

선택 비율	① 0%	② 0%	③ 0%	④ 96%	⑤ 1%

㉮ : 기사 아래에는 '기사에 대한 독자 반응'이 있어, 수용자는 기사를 본 자신의 반응을 표시할 수 있고 생산자는 기사에 대한 수용자의 반응을 확인할 수 있다. 그러나 이를 바탕으로 생산자가 기사의 유통 범위를 확인할 수 있는 것은 아니다.

906) ②

선택 비율	① 1%	② 95%	③ 1%	④ 0%	⑤ 0%

㉮ : (가)에 언급된 못난이 배의 맛에 대한 정보는 (나)에 사각형 안의 문구로 제시되어 있다. (나)에는 배의 이미지가 담긴 그림이 제시되어 있으나, 이 그림에 못난이 배의 맛과 영양에 대한 정보가 드러나 있지는 않다.

[오답풀이] ① (나)에는 '○○ 온라인 알뜰 장터'가 입력된 인터넷 검색창 이미지가 제시되어 있다. 이는 수용자에게 못난이 배의 온라인 판매처를 소개하기 위한 것이다. ④ (나)에는 농민 최□□ 씨의 인터뷰 내용 중 일부가 말풍선 안의 문구로 제시되어 있다. 이는 수용자에게 못난이 배의 소비를 촉구하기 위한 것이다. ⑤ (가)에 제시된 못난이 배의 뜻은 (나)에 묻고 답하는 방식으로 제시되어 있다. 이는 수용자에게 못난이 배의 의미를 밝혀 주기 위한 것이다.

907) ①

선택 비율	① 87%	② 4%	③ 5%	④ 1%	⑤ 1%

㉮ : 격 조사 '에서'는 단체를 나타내는 명사 뒤에 붙어 앞말이 주어임을 나타낸다. ㉠에 사용된 '에서'는 격 조사로, 배 재배 농가를 지원하는 사업의 주체가 ○○군청임을 나타내는 기능을 하고 있다.

908) ③

선택 비율	① 1%	② 12%	③ 82%	④ 1%	⑤ 2%

㉮ : 뉴스에 보도된 내용을 활용하여 실험실 안전 수칙을 제대로 지키지 않아서 발생한 사고를 보여 주며, 실험을 할 때 안전 수칙을 준수하는 것의 중요성을 강조하고 있다. 따라서 뉴스에 보도된 내용을 활용하며 안전사고 유형별 대처 방안을 안내하고 있다는 설명은 적절하지 않다.

[오답풀이] ① 실험실에서 안전 장비를 제대로 착용하지 않고 실험을 하다가 부상을 입은 실제 사례의 영상과 실험실에서의 안전 수칙을 지키지 않아 일어난 폭발 사고의 실제 사례를 다룬 영상을 보여 주고 있으므로 적절하다. ② 연구소에서 조사한 통계 자료를 활용하며 학교 실험실 안전사고의 76%가 안전 불감증으로 인한 부주의에서 발생한 것임을 제시하고 있으므로 적절하다. ⑤ 연구원이 안전사고의 위험성이 있는 화학 물질을 보여 주며, 화학 물질은 아주 적은 양이라도 격렬한 화학 반응을 일으킬 수 있으니 실험할 때의 안전 수칙을 준수할 것을 당부하고 있다.

909) ④

선택 비율	① 7%	② 2%	③ 1%	④ 86%	⑤ 1%

㉮ : '성우'는 연구원이 학교 실험실 안전사고와 관련하여 제시한 자료가 충분한 조사를 통해 작성된 것인지 궁금해하며 자료가 믿을 만한지 점검하였다.

[오답풀이] ① '정민'은 방송에서 다룬 내용이 자신에게 유용한지를 점검하고 있지만, 응급 상황에서의 조치 방법이 어떤 사람에게 유용한지 점검하고 있지는 않다. ② '소희'는 연구원의 답변을 듣고 알코올램프를 사용할 때 주의를 기울여야겠다고 생각하고 있으나, 연구원의 답변 내용과 관련하여 실험할 때의 유의사항에 관한 정보가 충분한지를 점검하고 있지는 않다. ⑤ '성우'는 연구원이 언급하지 않은 내용에 대해 궁금해하고 있으나, 학생을 위주로 한 예방 대책의 장단점을 공평하게 다루고 있는지 점검하고 있지는 않다.

910) ③

선택 비율	① 1%	② 5%	③ 89%	④ 1%	⑤ 2%

해 : ⓒ는 상위 항목인 '화학 물질을 다룰 때는 주의하세요.'에 어울리지 않는 내용이므로 '슬라이드 4'로 이동하는 것이 적절하다. 따라서 '슬라이드 2'로 이동해야겠다는 수정 방안은 적절하지 않다.

[오답풀이] ① 슬라이드 2~ 4의 제목을 고려하여 발표 내용에 적합하게 ⓐ를 '안전한 실험을 위한 세 가지 수칙'으로 수정하는 것은 적절하다. ⑤ ⓔ는 실험 도구의 이미지이다. 응급 상황에 대처하는 방법을 미리 숙지하는 것과 관련이 없는 이미지이므로 내용에 어울리는 이미지로 교체할 필요가 있다.

911) ②

선택 비율	① 2%	② **90%**	③ 1%	④ 2%	⑤ 3%

해 : (가)에서는 누리집의 특정 페이지에서 제공한 정보가 충분한지에 대한 만족도 표시 기능을 활용하여 정보의 충분성에 대한 누리집 이용자들의 만족도를 확인하고 있다. 따라서 지역에 대한 만족도 표시 기능을 활용하여 지역 정책에 대한 주민들의 반응을 확인하고 있다는 것은 적절하지 않다.

[오답풀이] ① '댓글 등록' 기능을 활용하여 누리집 이용자가 제공된 정보에 대한 질문을 하고, 이에 대한 담당자의 답변을 확인할 수 있도록 하였다. ③ 누리집 하단에 '민원 서비스 메뉴'를 제공하여 주민들이 '증명서 발급'과 '주요 행정 서식'을 선택하여 관련 서비스를 이용할 수 있도록 편의를 도모하고 있다. ④ 누리집 상단에 '우리 곁에 살아 숨 쉬는 자연, ○○군'이라는 홍보 문구와 함께 ○○군의 아름다운 자연 풍경 그림을 제시하여 지역의 특성을 강조하고 있다. ⑤ 누리집 하단에 '○○군으로 놀러 오세요'에서 ○○군의 관광 명소인 '두루미 생태 공원'과 축제인 '국화 축제'의 동영상을 볼 수 있도록 하여 관광객을 유치하려 하고 있다.

912) ①

선택 비율	① **88%**	② 2%	③ 3%	④ 2%	⑤ 1%

해 : ㉠의 '우리 군에서 홍보 포스터를 모집합니다.'에 쓰인 '에서'는 단체를 나타내는 명사 뒤에 붙어 앞말이 주어임을 나타내는 격 조사이다. 여기에서는 '우리 군'이라는 단체 명사 뒤에 결합하였으며, 이를 통해 포스터 공모 주체가 '우리 군'이라는 단체임을 드러내고 있다.

[오답풀이] ② ㉠의 '모집합니다'에 상대 높임의 종결 어미 '-ㅂ니다'가 쓰였으나, 이는 기부에 동참한 기부자를 높이는 것이 아니라 (가)를 접하는 일반 독자들을 높이는 것이다. ③ ㉡의 '제한함'에 명사형 어미 '-ㅁ'이 쓰였으나, 포스터에서 제외해야 할 내용 항목을 간결하게 드러내는 것이 아니라 공모의 대상이 ○○군 주민으로 한정됨을 간결하게 드러내는 것이다. ④ ㉢의 '기부금을 내면'에 연결 어미 '-면'이 쓰였으나, 제공 혜택 중 하나를 선택하는 조건을 제시하는 것은 아니다. ⑤ ㉢의 '제공됩니다'에 피동 접사 '-되다'가 쓰였으나, 오히려 피동 표현이 쓰임으로써 혜택 제공의 주체가 명시적으로 드러나지 않는다.

913) ③

선택 비율	① 1%	② 5%	③ **91%**	④ 1%	⑤ 1%

해 : '수영'의 발화 중 '직접 말로 설명하려면 회의가 길어지니까 첨부 파일 보내 줄게.'라는 내용과 이어지는 채팅창의 내용을 고려할 때, '수영'은 회의 시간을 절약하기 위해 회의 중에 참고할 수 있는 파일을 '종서'에게 전송했다는 진술은 적절하다.

[오답풀이] ① (나)는 학생들이 온라인 화상 회의를 하는 장면으로, 회의 참가자들은 음성 언어를 통해 의사소통하고 있다. ② 회의 중간에 '해윤'은 화면 공유 기능을 활용하여 자신이 만든 그래픽 자료를 함께 보며 포스터의 구성 방식에 대한 참가자들의 의견을 구하고 있다. 따라서 참여자들의 의견을 반영하며 그래픽 자료의 오류를 수정하였다는 것은 적절하지 않다. ④ '설아'는 회의에 참석하지 못한 '나연'을 위하여 '회의를 녹화해서 나중에 보내 주려고 해.'라고 말하며 참석자들의 동의를 구한 후, 화면 녹화를 하였다. 따라서 '나연'에게 문자 메시지를 이용해 회의 내용을 실시간으로 전달하였다는 것은 적절하지 않다. ⑤ '설아'는 첫 번째 발화에서 '해윤'에게 소리가 너무 작다며 마이크 음량을 확인할 것을 요구하고 있다. 그리고 '해윤'은 '설아'의 요청에 따라 마이크 음량을 키웠다. 따라서 '설아'가 특정 참여자에게 발언권을 부여하기 위해 해당 참여자의 음량을 조절했다는 것은 적절하지 않다.

914) ⑤

선택 비율	① 0%	② 0%	③ 1%	④ 1%	⑤ **95%**

해 : '수영'의 마지막 발화에서 정부가 제공하는 세액 공제 혜택의 제시 방법에 대해 '세액 공제는 두루미가 말을 전해 주듯 설명하면 되겠다.'라고 말하였다. 그런데 포스터에는 '수영'의 이러한 의견이 반영되지 않고, 두루미가 아닌 스피커 모양의 그림에 말풍선을 제시하여 관련 정보를 안내하고 있다.

[오답풀이] ① '설아'는 제도가 활성화되려면 ~ 기부자를 가운데에 두자.'라고 말하였다. 포스터에서는 이러한 '설아'의 의견을 반영하여 기부자를 중심에 배치하였다. ② '수영'은 '화살표를 곡선으로 해서 하트 모양으로 하'자는 의견을 제시하였다. 포스터에서는 이러한 '수영'의 의견을 반영하여 기부 행위에 담긴 긍정적인 마음을 연상시키는 하트 모양을 사용하였다. ③ '종서'는 '찾아보니 인삼이 우리 지역 답례품이네. 이걸 그려 넣자.'라고 말하였다. 포스터에서는 이러한 '종서'의 의견을 반영하여 기부자가 받을 수 있는 답례품인 인삼을 그려 넣었다. ④ '해윤'은 '우리 지역은 ~ 두루미 캐릭터로 나타내 보자.'라고 말하였다. 포스터에서는 이러한 '해윤'의 의견을 반영하여 ○○군을 두루미 캐릭터로 표현하였다.

915) ④

선택 비율	① 1%	② 1%	③ 1%	④ **94%**	⑤ 0%

해 : ⓔ은 '개설 목적'과 '규칙 2'를 고려하여 언론사에서 생산한 매체 자료에 쉽게 접근할 수 있게 하도록 링크를 제시한 것으로 사건 보도 기사를 작성하는 능력을 기르게 하기 위해 링크를 제시했다고 보기는 어렵다.

[오답풀이] ① ㉠에는 카페의 활동 주체인 '□□고 동아리 매체통'과 활동 내용인 '매체 자료 비평'이 포함되어 있

다. 이는 활동 주체와 활동 내용을 밝힌 '개설 목적'을 고려한 것으로 볼 수 있다. ② ㉡은 매체 자료 유형에 따라 게시판을 체계적으로 분류하여 제시한 것으로, 이는 게시판의 성격에 맞게 매체 자료 비평 글을 올리도록 정한 '규칙 2'를 고려한 것으로 볼 수 있다. ③ ㉢에는 비평 활동 결과 제출 기한이 공지되어 있는데, 이는 활동 계획의 성실한 이행을 정한 '규칙 1'을 고려한 것으로 볼 수 있다. ⑤ ㉤에서는 욕설과 비속어를 사용했다는 사유로 관리자가 게시물을 삭제한 것을 확인할 수 있다. 이는 무례한 표현을 사용하지 않도록 한 '규칙 3'을 고려한 것으로 볼 수 있다.

916) ③

선택 비율	① 2%	② 1%	③ **92%**	④ 2%	⑤ 1%

해 : '재원'과 '민수'는 모두 1인 미디어 방송을 시청할 때 주의가 필요하다고 판단하고 있다. 그 근거로 '재원'은 1인 미디어 방송 가운데 신뢰성이 부족한 정보를 담은 방송이 늘고 있다는 것을 근거로 들었으며, '민수'는 1인 미디어 방송의 상업적 의도를 알아차린 경험을 근거로 들었다. 따라서 '재원'과 '민수' 모두 1인 미디어 방송의 상업적 의도를 알아차린 경험을 근거로 하였다는 것은 적절하지 않다.

[오답풀이] ① '재원'은 '나처럼 여행 탐험가라는 직업을 꿈꾸는 사람'이 어디서도 얻지 못했던 새로운 정보를 얻었다는 경험을 근거로 1인 미디어 방송이 유용하다고 판단하였다. ② '혜원'은 1인 미디어 방송인이 건강에 좋다고 강조했던 특성 성분이 아직 그 효과가 입증되지 않았음을 확인한 경험을 근거로 1인 미디어 방송에서 제공하는 정보에 대한 신뢰성을 점검해야 한다고 판단하였다. ④ 1인 미디어 방송의 소재에 대하여 '재원'은 '기존 매체들이 주목하지 않았던 다양한 소재들을 다루'었다고 판단하였지만, '영진'은 이와 달리 '소재가 한정적이고 다 비슷비슷하'다고 판단하였다. ⑤ '영진'은 '고정 시청자 수가 적고 어느 순간부터는 더 이상 늘지도 않더라.'라고 하면서 1인 미디어 방송의 사회적 파급력이 제한적이라고 판단하였다. 하지만 '지수'는 '독립운동가의 발자취 따라가기' 방송의 파급력을 예로 들면서 '1인 미디어 방송이 우리 사회에 큰 변화를 가져올 수 있다'고 판단하였다.

917) ②

선택 비율	① 1%	② **92%**	③ 2%	④ 2%	⑤ 1%

해 : '실시간 채팅'은 방송 참여자들이 실시간으로 소통할 수 있도록 하는 기능을 한다. 따라서 시청자의 의견을 실시간으로 보여 준다고 할 수 있지만, '실시간 채팅'에서 '샛별'이 전문가의 발언에 대해 비판적 의문을 제기하는 내용은 드러나 있지 않으므로 적절하지 않다.

918) ④

선택 비율	① 1%	② 1%	③ 3%	④ **91%**	⑤ 1%

해 : 시청자 1은 설문의 출처와 내용의 정확성에 대해 의문을 제기하였으며, 과장된 내용이 포함된 쇼트폼의 사례가 방송에서 제시되지 않은 점을 아쉽다고 언급하였다. 이로 볼 때, 시청자 1은 방송에 제시된 정보의 유용성에 대해 긍정적으로 판단하였다고 볼 수 없다. 한편, 시청자 3은 방송이 비판 의식 없이 쇼트폼을 소비하던 사람들에게 도움이 된다고 하였으며, 유의할 점을 알려 주어 의미가 있었다고 언급하였다. 따라서 시청자 1과 달리, 시청자 3은 방송에 제시된 정보의 유용성에 대해 긍정적으로 판단하였다고 볼 수 있다.

919) ⑤

선택 비율	① 2%	② 1%	③ 2%	④ 2%	⑤ **91%**

해 : 간접 인용을 나타내는 조사에는 '고'가 있다. '영상 게시물에 댓글을 남겨 주시면'에는 간접 인용을 나타내는 조사가 활용되고 있지 않다.

920) ①

선택 비율	① **86%**	② 2%	③ 2%	④ 5%	⑤ 2%

해 : (가)에서 게시물 내용에 대해 긍정적으로 평가하는 수용자의 수가 제시되었고, 이를 통해 수용자의 선호 정도를 파악할 수 있으므로 적절하다.

[오답풀이] ② (나)의 정보 생산자와 수용자가 분리되어 정보 전달이 한 방향으로 이루어진다는 내용은 적절하지 않다. ③ (가)에서는 하이퍼링크를 사용하고 있다. ④ (가), (나) 모두에서 시간 제한을 생각해서 정보량을 조절하는 내용은 없으므로 적절하지 않다. ⑤ (가)에서는 시각 자료를 사용하고 있지만 음성 언어는 사용되지 않고 있다.

921) ②

선택 비율	① 3%	② **83%**	③ 6%	④ 3%	⑤ 3%

해 : 민재는 환경 단체 체험 행사 안내도가 어떻게 구성되어 있는지 확인하고, 그 내용을 학교 체험 행사 안내도 초안과 비교했다. 이어서 아준은 환경 단체 체험 행사 안내도를 참고하여 범례를 따로 구성하자고 하였다. 이러한 내용을 고려할 때, ㉡의 구성이 어떤 식으로 되었는지 참고해서 ㉠을 개선할 방안을 마련했다는 진술은 적절하다.

922) ③

선택 비율	① 2%	② 4%	③ **87%**	④ 3%	⑤ 1%

해 : 민재는 두 번째 말에서 체험의 순서를 나타내는 화살표와 출입 방향을 나타내는 화살표를 모두 삭제하자는 의견을 냈다.

[오답풀이] ① 윤아의 마지막 말에 행사 이름과 위치에 대한 언급이 있으므로 적절하다. ② 보민은 '제작'과 '다짐'의 공간 위치를 서로 바꿀 것을 제안했으므로 적절하다. ④ 아준은 마지막 말에서 환경 단체 안내도에서 범례를 따로 둔 것처럼 학교 체험 행사 안내도에서도 범례를 따로 두자고 하였으므로 적절하다. ⑤ 윤아는 두 번째 말에서 '제작'이 활동 의미를 온전히 구현하지 못하기 때문에 '재생'으로 이름을 바꾸자고 하였으므로 적절하다.

정답 및 해설

923) ②

선택 비율	① 1%	② **94%**	③ 1%	④ 1%	⑤ 1%

해 : (가)는 ○○군 공식 블로그로 정보 생산자가 불특정 다수의 정보 수용자를 대상으로 정보를 제공하고 있고, (나)는 휴대 전화 메신저로 정보 생산자가 '우리 모둠 대화방' 참여자를 대상으로 정보를 제공하고 있으므로 적절하다.

924) ②

선택 비율	① 1%	② **94%**	③ 1%	④ 1%	⑤ 0%

해 : '수진'은 치유농업을 다룬 뉴스 동영상 링크를 공유하며 '치유농업이 인지적 기능까지도 향상시켜 준다'는 추가 정보를 제공하고 있으므로 상대방이 제시한 정보에 대한 이의를 제기하고 있다는 것은 적절하지 않다.

[오답풀이] ① '서연'은 '치유농업 홍보 영상 제작 계획서.hwp'를 공유하며 '이 계획서를 바탕으로 의견을 제시해' 달라고 하고 있으므로 대화 참여자들에게 논의의 방향을 제시하고 있다는 것은 적절하다. ③ '지훈'은 답장 기능을 활용하여 '서연'에게 '언제 이런 걸~철저한 준비성!'이라고 하며 상대방의 자료 준비 태도에 대한 평가를 드러내고 있으므로 적절하다. ④ '태준'은 '추가적인 것까지~좋은 자료네.'라고 하며 이모티콘을 활용하여 자신의 반응을 '수진'에게 드러내고 있으므로 적절하다. ⑤ '수진'은 투표 기능을 활용하여 '참여할 수 있는 시간에 투표해 줘.'라고 하며 대화 참여자들에게 의사 결정에 참여할 것을 요청하고 있으므로 적절하다.

925) ②

선택 비율	① 0%	② **93%**	③ 1%	④ 3%	⑤ 0%

해 : ㉡에서 '주면서'의 '-면서'는 두 가지 이상의 움직임이나 사태가 동시에 일어나고 있음을 나타내는 연결 어미이므로 적절하지 않다.

[오답풀이] ① ㉠에서 '드리려고'의 '-려고'는 어떤 행동을 할 의도를 가지고 있음을 나타내는 연결 어미로, 치유농업에 대한 정보를 준비한 의도를 드러내고 있으므로 적절하다. ③ ㉢에서 '지역 초등학교에서'의 '에서'는 앞말의 행동이 이루어지고 있는 처소를 나타내는 격조사로, 원예 체험 행사가 열리는 장소를 드러내고 있으므로 적절하다. ④ ㉣에서 '라고'는 직접 인용을 나타내는 격 조사로, 행사 참여자의 말을 직접적으로 인용하고 있으므로 적절하다. ⑤ ㉤에서 '몰라서'의 '-아서'는 이유나 근거를 나타내는 연결 어미로, 많은 사람들이 프로그램에 참여하지 못하는 이유를 드러내고 있으므로 적절하다.

926) ④

선택 비율	① 2%	② 14%	③ 10%	④ **71%**	⑤ 1%

해 : '지훈'의 세 번째 말을 보면 '열매가 하나씩 나올 때마다 효과음을 함께 제시하자.'라고 하였으므로 적절하지 않다.

[오답풀이] ① '지훈'의 두 번째 말을 보면 '높은 곳에서 ~ 배경음악도 삽입하자.'라고 하였으므로 적절하다. ② '수진'의 세 번째 말을 보면 '그런데 개념을 ~ 좋을 것 같아.'라고 하였으므로 적절하다. ③ '태준'의 네 번째 말을 보면 '그다음 장면으로 ~ 높아질 거야.'라고 하였으므로 적절하다. ⑤ '수진'의 네 번째 말을 보면 '마지막 장면은 ~ 없음을 드러내자.'라고 하였으므로 적절하다.

927) ⑤

선택 비율	① 1%	② 0%	③ 2%	④ 1%	⑤ **94%**

해 : ㉤에는 이용자가 자신의 선택에 따라 '최신 등록 순, 공감 순, 조회 순'으로 화면에 나타나는 게시물의 순서를 조정하는 것이지 게시물의 개수를 조정하는 것은 아니므로 적절하지 않다.

[오답풀이] ① ㉠에는 이용자가 자신의 목적에 따라 이용할 수 있도록 '정책 제안하기, 내 글 확인하기, 공지 확인하기, 자주 묻는 질문 보기'로 게시판을 분류하여 제시하고 있으므로 적절하다. ② ㉡에는 이용자가 찾고 싶은 내용을 입력하여 정보를 검색할 수 있는 검색창을 제시하고 있으므로 적절하다. ③ ㉢에는 이용자가 '□□시 청소년 정책 참여 마당' 애플리케이션 사용 중에 지정된 누리집에 접속할 수 있는 '□□시 누리집 바로 가기' 링크를 제시하고 있으므로 적절하다. ④ ㉣에는 '예술, 탄소, 진로'와 같이 이용자들의 관심도가 높은 화제를 알 수 있는 인기 검색어를 열거하고 있으므로 적절하다.

928) ④

선택 비율	① 2%	② 8%	③ 3%	④ **81%**	⑤ 2%

해 : '학생 4'는 [화면 2]의 '정책 제안 및 기대 효과'에서 '스마트 기기를 ~ 만들어 주세요'에 주목하여 댓글에서 '스마트 기기를 ~ 많이 있'다는 점에서 '실제로 청소년들의 ~ 효과가 있을 것입니다'라고 하여 정책의 실효성을 긍정적으로 판단한 것이지 스마트 기기의 기능이 향상되었다는 점에서 판단한 것이 아니므로 적절하지 않다.

[오답풀이] ① '학생 1'은 [화면 2]의 '제안 이유'에서 '요즘 청소년의 ~ 증대되고 있습니다.'에 주목하여 댓글에서 '최근 문화 예술 경험이 ~ 형성되'었다는 점에서 '시기적절한 제안이라고 생각합니다'라고 하여 정책 제안의 시의성을 긍정적으로 판단한 것이므로 적절하다. ② '학생 2'는 [화면 2]의 '현황 및 문제점'에서 '우리 지역에서 ~ 접근성이 떨어집니다'에 주목하여 댓글에서 '시내버스 말고도 셔틀버스가 운영'되고 있다는 점에서 '접근성이 떨어지지 않는 것 같'다고 하여 문제 제기의 타당성을 부정적으로 판단한 것이므로 적절하다. ③ '학생 3'은 [화면 2]의 '현황 및 문제점'에서 '우리 지역 ~ 많이 꼽았습니다.'에 주목하여 댓글에서 '출처가 없'다는 점에서 '정확한 자료라고 보기 어렵'다고 하여 정보의 신뢰성을 부정적으로 판단한 것이므로 적절하다. ⑤ '학생 5'는 [화면 2]의 '정책 제안 및 기대 효과'에서 '청소년이 주체적으로 ~ 만들어 주세요'에 주목하여 댓글에서 '자기 주도적인~도움이 될 것 같'다고 하여 정책의 유용성을 긍정적으로 판단한 것이므로 적절하다.

929) ②

선택 비율	① 2%	② **86%**	③ 2%	④ 6%	⑤ 2%

㉮ : 주로 음성 언어로 전달되는 라디오 방송의 특성상 본 방송을 중간부터 청취한 수용자는 흐름을 따라가지 못할 수 있다. 따라서 진행자는 이러한 청취자를 위하여 앞부분의 정보를 정리해서 전달하기도 한다. 하지만 (가)에서는 이러한 내용이 나타나지 않았다.

[오답풀이] ① 진행자의 두 번째 발화 '지난주부터 ~ 소개하고 있습니다. ~ 오늘은 어떤 주제인가요?'를 통해 지난 주 방송과 현재 진행되는 방송의 연관성을 제시하고 있음을 확인할 수 있다. ③ 진행자의 여섯 번째 발화 중 '나머지 등대를 소개하기에는 시간이 부족할 것 같으니 ~ 완주 기념품에 대해 이야기해 볼까요?'를 통해 시간상의 제약으로 방송에서 전달하려는 정보를 선택하여 조절하고 있음을 확인할 수 있다. ④ 진행자의 일곱 번째 발화 중 '라디오로만 들으시는 분들은 ~ 손잡이가 있습니다.'를 통해 청각적 정보만 접하는 수용자를 위해 시각적 정보를 음성 언어로 풀어서 설명하고 있음을 확인할 수 있다. ⑤ 진행자의 네 번째 발화 중 '많은 분들이 실시간 문자로 ~ 물으시네요. ~ 다시 안내해 주시겠어요?'와 다섯 번째 발화 중 '실시간 댓글로 ~ 있으시답니다. 함께 알아볼까요?'를 통해 실시간 댓글과 문자를 바탕으로 이어질 정보를 조정하고 있음을 확인할 수 있다.

930) ①

선택 비율	① **78%**	② 1%	③ 1%	④ 18%	⑤ 0%

㉮ : 여행가의 다섯 번째 발화 중 '그런데 행복도 등대나 ~ 미리 확인하시는 것이 좋겠습니다.'를 듣고 진행자는 '스탬프가 등대 주변이 아닌 다른 곳에 위치한 경우도 있다는 거군요.'라고 하였다. 따라서 행복도 등대나 기쁨항 등대에서는 스탬프를 찍을 수 없다는 글을 쓴 '새달'은 방송 내용을 잘못 이해하고 있음을 알 수 있다. '새달'이 이해한 바를 '알콩'은 등대 주변이 아닌 다른 곳에 스탬프가 있다고 들었다는 내용의 댓글로 수정해 주고 있으며, '사슴'은 스탬프가 있는 곳을 구체적으로 알려 주는 내용의 댓글로 수정해 주고 있다.

[오답풀이] ② 방송 내용에 대한 '새달'과 '알콩'의 공통된 생각과 '사슴'이 이에 동조하는 내용은 찾아볼 수 없다. ③ '새달'이 방송 내용을 잘못 이해하고 아쉬운 마음을 담아 글을 썼다고 볼 수도 있겠지만, 이러한 감정에 '알콩'과 '사슴'이 정서적인 공감을 형성하고 있다고 볼 수 없다. ④ '새달'이 방송 내용을 잘못 이해한 것을 '알콩'이 바로 잡아주고 있으며, '사슴'은 '알콩'의 말에 동조하면서 더 구체적인 정보를 제공하고 있다. ⑤ 방송 내용에 대한 '새달'과 '알콩'의 긍정적 감정은 드러나지 않으며, 따라서 긍정적 감정이 '사슴'의 댓글로 인해 부정적 감정으로 전환되는 부분도 찾아볼 수 없다.

931) ⑤

선택 비율	① 10%	② 3%	③ 10%	④ 12%	⑤ **64%**

㉮ : ⓛ은 여행가의 말 중에서 '천사의 날개와 선박을 형상화한 △△ 등대'를 가져와 제목을 달았다. 하지만 이 제목은 △△ 등대의 특징과 주소, 스탬프 위치, 볼거리, 먹을거리, 재밋거리를 다룬 ⓛ의 내용을 요약할 수 있는 제목이라고 볼 수 없다.

[오답풀이] ① ㉠에는 여행가가 말한 여행의 순서와 주의 사항이 모두 담겨 있다. 따라서 여행가가 제시한 여행의 순서와 주의 사항을 모아 하나의 슬라이드로 구성하자는 고려 내용은 적절하다. ② ㉠에는 여행가가 말한 여행 순서가 화살표를 사용하여 차례대로 표현되어 있다. 따라서 여행가가 제시한 여행 순서를 구분하고 차례가 드러나게 화살표를 사용하자는 고려 내용은 적절하다. ③ ㉠에는 여행의 순서가 글뿐만 아니라 관련된 그림으로도 제시되어 있다. 따라서 여행가가 소개한 여행의 순서와 관련된 주요 소재를 그림 자료로 보여 주자는 고려 내용은 적절하다. ④ ⓛ에는 △△등대의 특징과 주소, 스탬프 위치, 볼거리, 먹을거리, 재밋거리 등 여행에 유용한 정보가 담겨 있다. 따라서 여행가가 언급한 먹을거리 이외에도 다양한 정보를 추가하자는 고려 내용은 적절하다.

932) ⑤

선택 비율	① 1%	② 1%	③ 2%	④ 9%	⑤ **85%**

㉮ : ⓔ의 '말씀드린'에 쓰인 '말씀'은 화자인 여행가가 자신의 말을 낮추어 이르는 말이다. '선생님의 말씀을 들었습니다.'와 같이 남의 말을 높여 이를 때에도 '말씀'이 쓰이지만 ⓔ의 '말씀'은 이러한 경우가 아니다.

[오답풀이] ① ⓐ의 '시작합니다'에는 하십시오체의 종결 어미 '-ㅂ니다'가 쓰였다. 하십시오체는 상대편을 아주 높이는 상대 높임법이다. 따라서 진행자가 방송을 (보고)듣는 불특정 다수의 청자를 높이고 있음을 알 수 있다. ② ⓑ의 '모셨습니다'에는 특수 어휘 '모시다'가 쓰였는데, 이는 객체인 '여행가 안○○ 님'을 높이기 위한 것이다. ③ ⓒ의 '선택하셔서'에는 주체 높임의 선어말 어미 '-시-'가 쓰였는데, 이는 '선택'의 주체가 방송을 보고 듣는 청자들임을 고려한 높임 표현이다. ④ ⓓ의 '있으시답니다'에는 '있으시다'가 쓰였는데, 이는 높임 대상과 관련되는 '궁금증'을 높임으로써 주체인 '6789 님'을 간접적으로 높이는 표현이다.

933) ③

선택 비율	① 0%	② 1%	③ **95%**	④ 1%	⑤ 1%

㉮ : (가)의 '2. 기기 연결 방법'에서는 휴대 전화의 메뉴 중에서 선택해야 할 내용을 글자의 크기와 굵기를 다르게 표시하여 눈에 잘 띄도록 하였다. 따라서 앱에 기록할 정보(성별, 키 등)의 글자의 크기와 굵기를 다르게 표시하였다는 진술은 적절하지 않다.

[오답풀이] ① '1. 기기 구성 정보'에서는 그림 자료를 활용하여 기기의 구성 정보를 직관적으로 쉽게 파악할 수 있도록 전달하였다. ② '2. 기기 연결 방법'에서는 기기를 휴대 전화와 연결하는 방법을 단계에 따라 순서대로 안내하였다. ④ '3. 기기 기능 안내'에서는 '몸무게 측정, 개인 데이터 분석, 자동 누적 기록, 기타 기능'의 항목을 나열하여 배치하고, 궁금한 내용은 해당 기능을 클릭하여 확인할 수 있도록 하였다. ⑤ 사용 설명서의 하단에는 사용 설명서의 버전 정보와 수정 시점이 함께 제시되어 있다.

934) ①

선택 비율	① **85%**	② 3%	③ 2%	④ 3%	⑤ 4%

해 : (나)의 '2023년 4월 15일' 대화에서 '시윤'은 '할머니'에게 (가)의 내용 중 '4. 기타 안내'에 있는 '기기 연결 동영상 바로 가기'를 누르고 따라 하라고 하였다. 그리고 '2023년 5월 6일' 대화에서 '시윤'은 (가)의 내용 중 '3. 기기 기능 안내'의 '자동 누적 기록'과 관련한 기능에 대해 안내하고 있다. 따라서 (가)의 내용이 (나)를 통해 전달되는 과정에서 사용자들이 정보를 선별하여 유통할 수 있다는 진술은 적절하다.

[오답풀이] ② (나)의 '할머니'와 '시윤'이 주고받은 내용에서 (가)의 수정 과정과 관련한 정보는 확인할 수 없다. ③ (가)는 전자 문서로 된 사용 설명서이기 때문에 사용자와 소통할 수 있는 쌍방향성을 지닌 매체라고 보기 어렵다. 사용자가 필요한 정보를 질문하여 요청할 수 있는 것은 (가)가 아니라 (나)의 특성에 해당한다. ④ (가)의 '3. 기기 기능 안내(자세한 안내는 해당 기능을 클릭)'과 '4. 기타 안내'를 통해, (가)도 사용자가 하이퍼링크를 통해 외부의 정보에 접근할 수 있다는 것을 알 수 있다. ⑤ (나)의 '2023년 5월 6일' 대화를 보면 '시윤'이 '2023년 4월 15일' 대화 중 '할머니'가 쓴 글의 내용을 불러와 그 글에 '[답장]'을 다는 방식으로 메시지를 작성하여 이전 내용을 환기하였다. (가)에서는 이러한 특성을 찾아볼 수 없다.

935) ①

선택 비율	① **80%**	② 2%	③ 4%	④ 7%	⑤ 5%

해 : (가)는 사용자 참여형 인터넷 백과사전으로 문자와 이미지를 사용하고 있으므로 복합 양식적 특성을 보여 주고 있다. (나)는 라디오 대담으로 음성으로 정보를 제공하고 있으며, '시작을 알리는 음악'과 '교통 안내 방송으로 이어지는 음악'도 사용하고 있으므로 복합 양식적 특성을 보여 주고 있다고 볼 수 있다.

[오답풀이] ② (가)는 인터넷 백과사전으로 정보 제공 방식이 선조적으로 제한되지 않고 비순차적인 검색을 허용한다. ③ (나)는 대담을 진행하다가 '시내에 통제되는~ 바랍니다'는 교통 안내 방송으로 이어지고 있기 때문에 시의성을 지니는 정보를 실시간으로 제공하고 있다고 볼 수 있다. ④ (나)는 청취자의 질문을 문자 메시지나 방송국 앱을 통해 받고 있기 때문에 일방향의 소통이 아닌 쌍방향의 소통 양상을 보인다. ⑤ (나)는 라디오 방송 대담이기 때문에 정보를 가공하여 제공하는 데 시·공간적 제약을 받는다.

936) ⑤

선택 비율	① 1%	② 2%	③ 3%	④ 12%	⑤ **81%**

해 : (가)의 '라일락 님이 2시간 전에 마지막으로 편집함.'에서 최종적으로 문서가 작성·편집된 이력을 제공하고 있음을 알 수 있다. 그렇지만 이를 통해 다른 수용자들의 문서 열람 여부를 확인할 수 있는 것은 아니다.

[오답풀이] ① 정보 수용자가 문서의 내용 중 원하는 내용을 쉽게 찾을 수 있도록 '목차'가 제시되어 있다. ② 정보 수용자가 웹사이트로 이동할 수 있도록 하이퍼링크 기능이 있는 '외부 링크' 항목을 제공하고 있다. ③ 인터넷 사용자들이 정보 생산자로 참여할 수 있도록 '이 문서는 여러분이 직접 수정할 수 있습니다.'라는 안내와 '[편집]'이라는 기능을 제공하고 있다. ④ 사용자 참여형 인터넷 백과사전은 정보 생산자들이 자신이 작성한 문서에 대한 신뢰성을 확보하기 위해 문서를 작성할 때 근거로 삼은 자료의 출처를 '참고 자료' 항목에서 밝히고 있다.

937) ⑤

선택 비율	① 1%	② 5%	③ 13%	④ 1%	⑤ **78%**

해 : (나)의 전문가는 연결 어미 '-면서'를 사용하여 스마트 가로등이 공유기 역할을 하는 것과 소음 수준과 공기 오염도를 분석하는 것을 동시에 할 수 있다는 점을 나타내고 있다.

[오답풀이] ① 진행자는 의존 명사 '대로'를 사용하여 청취자에게 예고한 바와 같이 스마트 시티가 대담의 주제임을 밝히고 있다. ② 전문가는 부사격 조사 '에'를 사용하여 센서 신호를 받는 대상이 '수거 차량'임을 드러내고 있다. ③ 전문가는 피동사 '모이다'를 사용하여 행위의 주체가 아니라 행위의 대상인 '데이터'에 초점을 두어 설명하고 있다. ④ 전문가는 지시 대명사 '그것'을 사용하여 앞에서 이미 언급한 대상인 '태양광 전지판'을 가리키고 있다.

938) ⑤

선택 비율	① 5%	② 1%	③ 1%	④ 3%	⑤ **87%**

해 : 댓글 3은 '저처럼 환경에 관심이 많은 분들이 재밌게 들었겠'다고 언급했다는 점에서 특정 관심사를 지닌 청취자들에게 유용하다는 점을 밝혔다고 볼 수 있다. 그렇지만 댓글 2와 댓글 3 모두 새로 알게 된 내용을 다른 상황에 적용하고 있지는 않다.

[오답풀이] ① 댓글 1은 '보고서를 찾아보'았다는 점에서 추가로 탐색 활동을 수행했다고 볼 수 있다. 이를 통해 대부분의 소규모 도시에는 스마트 시티가 적용되지 않았다는 점을 언급하면서 '스마트 시티의 기술들이 현재 많은 도시에 적용되고 있'다는 전문가의 언급이 사실인지 여부를 점검하고 있다. ② 댓글 2는 '클라우드라는 개념도 낯설어서 알고 싶었는데'라며 자신이 원하는 정보를 대담에서 다루고 있지 않았음을 언급한 후 '그 뜻을 설명해 주실 수 있을까요?'라며 질문의 형식으로 답변을 요청하고 있다. ③ 댓글3은 '얼마만큼의 전력을 절약했는지 알 수 없어 막연하'다고 정보가 충분하지 않음을 지적하며 구체적인 수치를 밝히지 않은 점에 대한 아쉬움을 드러내고 있다. ④ 댓글 1은 '도시 간 불균형 문제도 있는데 긍정적인 측면만을 부각하'고 있다는 점을, 댓글2는 '보안 문제도 있는데 너무 좋은 점만 드러내'었다는 점을 언급하며 대담의 관점이 한쪽으로 치우쳐 공정하지 않다는 점을 지적하고 있다.

939) ②

선택 비율	① 0%	② **95%**	③ 1%	④ 0%	⑤ 1%

해 : (가)의 첫 번째 슬라이드의 그래프를 통해 10대에서 20대까지는 연령대가 높아짐에 따라 거북목 증후군 환자 중 차지하고 있는 비율이 증가하고 있음을 확인

할 수 있지만 30대부터 60대까지는 거북목 증후군 환자 중 차지하고 있는 비율이 점차 감소하고 있음을 확인할 수 있다.

[오답풀이] ① 첫 번째 슬라이드에서는 대비되는 그림 자료를 제시하여 정상목과 거북목의 차이를 보여 주고 있다. ③ 두 번째 슬라이드에서는 거북목 증후군의 증상에 대한 글과 동영상 자료를 활용해 친구들의 이해를 돕고 있다. ④ 세 번째 슬라이드에서는 '올바르게 앉은 자세', '휴식 시간', '스트레칭'의 글자의 크기와 굵기를 달리해 거북목 증후군 예방법의 중요한 정보를 부각하고 있다. ⑤ 모든 슬라이드에서는 각 슬라이드의 중심 내용을 항목화하여 거북목 증후군에 대해 친구들이 이해하기 쉽게 안내하고 있다.

940) ③

선택 비율	① 1%	② 8%	③ **87%**	④ 1%	⑤ 0%

해 : (나)에서 한비는 '거북목의 정도'를 확인할 수 있도록 3단계 척도로 표시하도록 하면 좋을 것 같다고 이야기했는데, 수정한 슬라이드에는 3단계 척도가 아닌 '예, 아니요'를 표시할 수 있도록 하였다.

[오답풀이] ① 유준이 '세 번째 슬라이드의 제목이 소제목의 내용 순서와 일치하지 않'는다고 한 것을 바탕으로 슬라이드의 제목을 '거북목 증후군 진단 방법 및 예방법'으로 수정했음을 확인할 수 있다. ② 유준이 '거북목 증후군 증상을 도식화하여 제시하면 어떨'지에 대해 이야기한 것을 바탕으로, 수정한 슬라이드에 거북목 증후군 증상을 도식화하여 제시했음을 확인할 수 있다. ④ 한비가 '두 번째 슬라이드와 형식적 통일성을 맞추기 위해 거북목 증후군 예방법의 내용도 번호를 붙여 제시하'자고 한 것을 바탕으로 수정한 슬라이드에 순서 번호를 추가했음을 확인할 수 있다. ⑤ 세헌이 '올바른 자세에 대한 시각 자료도 추가하'자고 한 것을 바탕으로 수정한 슬라이드에 시각 자료를 추가하였음을 확인할 수 있다.

941) ⑤

선택 비율	① 1%	② 0%	③ 1%	④ 0%	⑤ **95%**

해 : 학생회장의 발언 내용 중 학생회 내부 회의를 통해 사용 원칙을 마련했다는 내용이 공약 이행과 관련하여 자막으로 제시되고 있다. 그렇지만 학생회장이 화면에 대해 따로 설명하며 수용자가 요구한 정보를 강조하는 부분은 확인할 수 없다.

[오답풀이] ① 진행자는 '□□고 학생들, 안녕하세요?'라고 말하며 방송을 시작하여, 소식을 들을 수용자가 '□□고 학생들'임을 밝히고 있다. ② 진행자는 '현재 접속자 수가 253명'이라고 말하면서, '두 번째 방송보다 100명 더 입장했'다는 정보도 함께 제시하여 접속자 수 차이를 알려 주고 있다. ③ 학생회장은 실시간 대화 창에 글을 올린 학생들 중 '동주'와 '다예'라는 학생의 이름을 언급하며, 수용자의 실시간 반응을 살펴보고 있다는 것을 보여 주고 있다. ④ 학생회장은 학습실 사용과 관련한 설문 조사 결과를 정리한 표를 제시하며, 방송을 시청하는 학생들에게 구체적인 정보를 전달하고 있다.

942) ②

선택 비율	① 0%	② **94%**	③ 1%	④ 1%	⑤ 2%

해 : [B]에서 다예는 학생회가 설문 조사 결과를 바탕으로 사용 원칙을 마련했다는 학생회장의 발화에 대해, '객관적이고 합리적일 것 같아.'라는 반응을 보이며 학생회의 결정이 타당할 것 같다고 판단하고 있다.

[오답풀이] ① [A]에서 동주는 학습실의 자리를 맡느라 종례에 늦을 뻔했던 자신의 경험을 근거로 들고 있다. 하지만 이를 근거로 학생회장의 이야기가 사실에 부합하지 않는다고 판단한 것이 아니라, 학습실 이용에 불편함이 많았다는 학생회장의 이야기에 동의하는 것으로 볼 수 있다. ③ [B]에서 재호는 방송에서 제시된 설문 조사 결과를 보고 학년별로 선호하는 방법이 다른 이유에 대해 궁금해했을 뿐, 학생회의 설문 조사 결과가 잘못되었다고 판단하고 있지는 않다. ④ [C]에서 현지는 학습실 사용 원칙에 대한 학생회장의 발화를 듣고 개인적인 아쉬움을 표현했을 뿐, 발언 내용의 논리적 오류를 점검하고 있지는 않다. ⑤ [C]에서 연수는 학생회장이 말한 사용 원칙 중 제시된 자료만으로 끌어내기 어려운 원칙은 어떻게 마련했는지 질문하고 있을 뿐, 학생회가 마련한 원칙의 실행 가능성을 점검하고 있지는 않다.

943) ⑤

선택 비율	① 4%	② 9%	③ 12%	④ 8%	⑤ **64%**

해 : (나)에서 댓글 기능을 활성화한 것은 학생회의 결정에 대해 친구들이 서로 생각을 나눌 수 있도록 하기 위해서이다. 학생회에 전할 의견은 학생회 공식 카페를 통해 전달하도록 안내하며 카페로 연결하는 하이퍼링크를 제공하고 있다. 그리고 학생회장은 두 번째 발언 중, '다음 대의원회에서 안건이 통과되면 신청을 받을 계획'이라는 내용을 고려할 때 학습실 사용자들은 아직 선정되지 않은 상태라고 볼 수 있다.

[오답풀이] ① ㉠을 반영하여, 방송에서 캡처해 둔 표를 제시하면서 '요일별 구분'을 원칙으로 선택한 이유와 관련한 내용이 방송에 나오지 않은 것에 대해 아쉬움을 드러내고 있다. ② ㉠을 반영하여, 학생회장이 실시간 대화 창에서 학생회를 응원하는 '다예'의 말에는 호응하고 있지만, '연수'의 질문에는 답을 하지 않은 것에 대해 아쉬움을 드러내고 있다. ③ ㉡을 반영하여, 내부 회의뿐 아니라 설문 조사를 통해 학년별로 사용할 요일을 정하면 더 좋겠다는 의견을 드러내고 있다. ④ ㉢을 반영하여, 화면에 자막으로 제시한 카페 주소는 바로 연결하기 어려움을 고려하여 학생회 공식 카페로 연결하는 하이퍼링크를 제공하고 학생회에 의견을 전하고자 하는 경우 이를 클릭하도록 안내하고 있다.

944) ①

선택 비율	① **66%**	② 1%	③ 3%	④ 7%	⑤ 21%

해 : 학생회장이 학생들에게 '직접' 알리는 내용은 '자신의 방송 출연 사실'이 아니라 '학습실 사용 원칙을 정하겠다는 공약'에 관한 것이다.

[오답풀이] ② 이유나 근거를 나타내는 연결 어미 '-어서'를 통해 '개별 및 조별 학습이 가능하고 다양한 기자재를

쓸 수 있'다는 점이 인기가 많은 이유임을 드러내고 있다. ③ 추측의 의미를 지니는 선어말 어미 '-겠-'을 통해 학생들이 학습실 사용의 불편에 공감할 것이라는 추측을 드러내고 있다. ④ 어떤 일이나 상태 따위에 관련된 범위의 시작임을 나타내는 보조사 '부터'를 통해 '언제부터 ~ 신청할 수 있나요?'가 학습실 사용 신청의 시작 시점을 묻고 있음을 드러내고 있다. ⑤ 뒤의 사실이 실현되기 위한 조건을 나타내는 연결 어미 '-면'을 통해 '대의원회에서의 안건 통과'가 '사용 원칙에 따른 학습실 사용 신청'의 선행 조건임을 드러내고 있다.

945) ③

선택 비율	① 0%	② 0%	③ **96%**	④ 1%	⑤ 0%

해 : (가)에서는 '대출 조회/연장'이나 '대출 예약' 등과 같이 도서 이용과 관련된 여러 기능이 제공되고 있지만, (나)에서는 이러한 기능을 확인할 수 없다.

[오답풀이] ① (나)에서는 게시물에 대하여 '조회 수 53'과 같이 조회 수가 화면에 표시되지만, (가)에서는 게시물의 조회 수가 화면에 표시되지 않는다. ② (나)에서는 '수정' 버튼을 통해 게시물을 수정할 수 있는 기능을 제공하고 있지만, (가)에서는 이러한 기능을 확인할 수 없다. ④ (가)에서는 '추천 도서'와 '신간 도서'의 도서 이미지 옆에 '상태' 정보가 표시되어 있어 각각의 대출 상태를 확인할 수 있지만, (나)에서는 이러한 정보 표시를 확인할 수 없다. ⑤ (가)에서는 '통합 검색' 기능을 제공하여 도서를 검색할 수 있지만, (나)에서는 이러한 기능을 확인할 수 없다.

946) ④

선택 비율	① 1%	② 1%	③ 2%	④ **89%**	⑤ 3%

해 : (나)에서 학생은 '도서를 살펴보다가 관심 도서로 저장하는 기능도 앱에 추가'해 달라는 요청을 하였다. 이에 대해서 사서는 '관심 도서 기능은 도서 이미지의 오른쪽 하단에 있는 ♡를 눌러 사용하실 수 있'다고 답변하였다. 학생이 요청한 기능은 이미 ㉣을 통해 제공되고 있으므로, 학생이 ㉣의 기능에 새로운 기능을 추가해 줄 것을 요구하고 있다는 것은 적절하지 않다.

[오답풀이] ① 학생은 휴관 안내 설명에 휴관 날짜를 함께 안내해 달라고 요청하고 있다. ② '공지 사항'에서 '+ 더 보기'를 누르지 않고도 공지 사항을 더 많이 볼 수 있게 해달라는 학생의 요청에 대해서, 사서는 첫 화면이 너무 길어져 이용에 불편을 줄 수 있다는 이유를 들며 학생의 요청을 수용하지 않고 있다. ③ '추천 도서'가 어떻게 선정되는지 묻는 학생의 질문에 대해서, 사서는 '국립중앙도서관이 운영하는 도서관 정보나루의 자료를 토대로 우리 도서관 사서들이 의논하여 선정'한다고 답변하고 있다. ⑤ '인기 도서'가 월별 통계인지, 연도별 통계인지 궁금하다는 학생의 질문에 대해서, 사서는 '기간을 한정하지 않고 누적 대출 건수를 기준으로 제시되는 것'이라고 답변하면서 '더 보기+'를 누르면, 기간, 연령, 분야 중 하나를 선택하여 순위에 따라 배열된 도서 목록을 볼 수 있다'는 정보도 추가로 제공하고 있다.

947) ②

선택 비율	① 0%	② **96%**	③ 0%	④ 0%	⑤ 1%

해 : (가)의 방송 진행자는 수용자 이탈을 막기 위해 흥미를 유지할 필요성이 있지만, 이를 위해 사전에 제작된 자료 화면을 사용하지는 않았다.

[오답풀이] ③ (가)에서는 수용자가 실시간 채팅을 통해 떡볶이 맛을 알려 달라고 한 요구에 따라 방송 진행자가 그와 관련된 정보를 구성하여 전달하고 있다.

948) ①

선택 비율	① **93%**	② 3%	③ 1%	④ 0%	⑤ 1%

해 : '낮달'과 '별총'은 방송에서 언급된 '백송'과 관련해 추가된 정보인 '태풍'과 '어린 백송'에 대한 정보를 '뚜벅'의 댓글을 통해 얻고 있다.

[오답풀이] ⑤ '뚜벅'이 '별총'의 댓글과 관련하여 '백송'에 대한 추가적인 설명을 하였으나, '뚜벅'이 추가적인 설명을 하도록 유도하기 위해 '별총'이 더 알고 싶은 내용을 질문한 것은 아니다.

949) ①

선택 비율	① **87%**	② 3%	③ 1%	④ 5%	⑤ 1%

해 : ㉠에 탐방 경로를 한눈에 볼 수 있게 하자고 한 것은 맞지만, 이를 위해 '뚜벅 님'이 언급하지 않은 소재를 추가하여 그림 자료로 보여 주지는 않았다. ㉠에 그림 자료로 제시된 '백송', '△△ 시장', '한옥'은 모두 '뚜벅 님'이 방송에서 언급한 소재이다.

950) ③

선택 비율	① 0%	② 0%	③ **97%**	④ 0%	⑤ 0%

해 : '우선 뭐 좀 먹어야겠어요.'에 사용된 '뭐'는 정하지 않은 대상을 이르는 부정칭 대명사로, 방송 진행자가 아직 무엇을 먹을지 정하지 않은 상태임을 나타내는 것이지 수용자에게 먹거리에 대한 정보를 요청하기 위해 사용한 것은 아니다.

951) ④

선택 비율	① 0%	② 0%	③ 0%	④ **97%**	⑤ 0%

해 : (가)를 보면 '유의 사항' 아래에 '회원 가입 바로 가기'가 있으므로, 회원 가입을 하지 않은 상태에서도 유의 사항을 읽는 것이 가능함을 알 수 있다. 따라서 회원 가입 후 관리자의 승인 절차를 거친 후에만 '유의 사항'의 열람이 가능하도록 한 것은 아니다.

[오답풀이] ① (가)에서는 PDF 파일의 형태로 '사용 설명서'를 다운받을 수 있다. ② '기기 사용 안내'는 사용자가 '무인 도서 대출 및 반납기'를 사용하는 목적에 따라 '무인 도서 대출'과 '무인 도서 반납'이라는 두 항목으로 나누어 구성했다. ③ '기기 사용 안내'는 화살표를 활용하여 사용 목적에 따라 기기를 조작하는 순서가 잘 드러나도록 안내했다. ⑤ 해당 항목을 클릭하면 안내 페이지로 이동할 수 있다는 안내 문구를 통해, '기타 안내'의 각 항목은 관련 정보를 안내받을 수 있는 페이지로 이동하게 되어 있음을 알 수 있다.

952) ④

선택 비율	① 1%	② 1%	③ 1%	④ 94%	⑤ 0%

해 : (나)에서는 '20XX년 X월 15일'에 필요한 정보를 활용하기 위해 '20XX년 X월 13일'에 소통했던 과거의 이력에서 전자 사용 설명서 링크 주소를 가져왔다.

[오답풀이] ① (나)의 사용자들이 (가)에 제시된 정보를 유통하며 하이퍼링크를 활용하였으나, (가)에 제시된 내용을 수정하여 유통한 것은 아니다. ② (나)의 사용자들이 정보를 교환하고 있으나 이 과정에서 (가)에서 제시된 정보의 정확성을 점검한 것은 아니다. ③ (가)에서 정보를 수용한 사용자가 추가로 필요한 정보를 요청하는 것은 확인할 수 없다.

953) ②

선택 비율	① 10%	② 75%	③ 8%	④ 3%	⑤ 1%

해 : '진행자'는 일곱 번째 발화에서 '시청자 여러분께서 내용을 잘 파악하실 수 있도록 간략하게 말씀해 주시겠어요?'라고 말하며 '전문가'에게 시청자의 이해를 돕기 위한 정리를 부탁하고 있다. 그리고 이어지는 '전문가'의 발화에는 앞서 제시한 정보가 간략하게 정리되어 있다.

[오답풀이] ① (가)는 텔레비전의 매체적 특성상 시청자에게 정보가 일방적으로 전달되고 있으며, '진행자'는 '오늘 방송은 공식 누리집에서 언제든 다시 시청하실 수 있습니다.'라고 말하며 방송 내용을 방송 이후에 다시 시청할 수 있는 방법을 안내하고 있다. '전문가'가 방송 내용과 관련된 정보를 방송 이후에 추가적으로 확인할 수 있는 방법을 안내하는 내용은 찾아볼 수 없다. ③ (가)는 주로 '진행자'와 '전문가'가 문답의 방식을 통해 정보를 전달하고 있다. 하지만 방송의 첫머리에서 '전문가'가 주요 용어의 개념을 설명하는 내용은 찾아볼 수 없다. ④ '진행자'는 마지막 발화에서 방송을 다시 시청할 수 있는 방법을 안내하고 있을 뿐, 방송 내용을 재확인할 때 주목해야 할 부분에 대해서는 언급하지 않았다. ⑤ '진행자'의 발화에서 방송의 취지를 밝히며 방송에서 소개될 내용의 순서를 안내하는 내용은 찾아볼 수 없다.

954) ①

선택 비율	① 91%	② 1%	③ 1%	④ 3%	⑤ 2%

해 : (나)에서 게시물을 작성한 사람과 작성일은 확인할 수 있지만, 게시물 수정 이력을 확인할 수 있는 기능은 따로 확인할 수 없다.

[오답풀이] ② 게시물의 하단에 '좋아요'라는 버튼을 제공하여 게시물을 읽은 사람들이 게시물에 대하여 공감 표시를 할 수 있도록 하였다. ③ 게시물의 하단에 '누리 소통망 공유'라는 버튼을 제공하여 게시물을 누리 소통망으로 가져갈 수 있도록 하였다. ④ 누리집의 상단에 '공지 사항', '활동 자료', '생각 나눔', '사진첩' 등의 메뉴를 두어 게시물을 항목별로 작성하여 올릴 수 있도록 하였다. ⑤ 게시물의 끝에 해당 방송을 볼 수 있는 방송사 누리집의 하이퍼링크를 포함하여 동아리 부원들이 방송 내용을 시청할 수 있도록 하였다.

955) ⑤

선택 비율	① 0%	② 1%	③ 2%	④ 1%	⑤ 93%

해 : '성호'는 과거의 신문 기사를 다룬 내용에 주목하면서, 신문에서 짜장면을 사용했다는 것만으로 일상에서 널리 쓰였다고 일반화하는 것이 적절한지에 대해 문제를 제기하고 있다. 방송에서 다루는 정보가 최근의 상황을 반영하지 않았다고 판단하고 있지는 않다.

[오답풀이] ① '어문 규범을 가르치시는 교수님께서 설명해 주시니 믿음이 갔어요.'라는 내용을 통해, '단비'가 정보 전달자의 전문성에 주목하여 방송에서 다룬 내용을 신뢰할 만한 것이라고 판단하였음을 알 수 있다. ② '짜장면이 복수 표준어가 된 이유'와 '제가 본 이 내용이 동아리 부원들의 어문 규범 공부에도 도움이 될 것'이라는 내용을 통해, '단비'가 짜장면이 복수 표준어로 인정된 이유에 주목하여 방송에서 언급된 내용이 다른 사람들에게도 유용할 것이라고 판단하였음을 알 수 있다. ③ '발음 실태 조사에 대해~썼다는 것도 알았고.'와 '조사 기관이 언급되지 않아서'라는 내용을 통해, '아림'이 발음 실태 조사에 주목하여 방송에서 제시된 정보의 출처를 확인할 수 없다고 판단하였음을 알 수 있다. ④ '자장면만 표준어로 인정했던~설명해 주었다면 좋았을 거'라는 내용을 통해, '준서'가 자장면만 표준어로 인정됐던 사실에 주목하여 그 사실과 관련된 내용이 충분히 다루어지지 않았다고 판단하였음을 알 수 있다.

956) ③

선택 비율	① 1%	② 3%	③ 92%	④ 1%	⑤ 1%

해 : 보조 동사 '못하다'는 '앞말이 뜻하는 행동에 대하여 그것이 이루어지지 않거나 그것을 이룰 능력이 없음'을 나타낸다. ㉢에 쓰인 '못하다'는 반영을 하였지만 그 일이 지속될 수 없음을 나타내는 것이 아니라 반영하는 일이 이루어지지 않았음을 나타낸다.

[오답풀이] ① ㉠의 '본 적'에는 과거의 의미를 더하는 관형사형 전성 어미 '-ㄴ'이 쓰였는데, 이를 통해 '진행자'는 '한때는 자장면만 표준어로 인정됐다.'라는 '전문가'의 직전 발화와 관련된 자신의 과거 경험을 드러내고 있다. ② '(누가) 짜장면을 복수 표준어로 인정하다.'와 비교해 볼 때 '짜장면이 복수 표준어로 인정되다.'처럼 피동 접사 '-되다'를 쓰면 행위의 주체인 '(누가)'가 드러나지 않고 행위의 대상인 '짜장면'에 초점을 두게 된다. ④ ㉣에 쓰인 '-ㄹ 수 있다'는 가능성의 의미를 지닌다. '표준어가 되는 거죠.'와 비교해 보면, '표준어가 될 수 있는 거죠.'는 확정된 사실이 아닌 가능성의 의미로 해석된다. ⑤ '진행자'는 '짜장면이 표준어가 된 이유'를 전문가의 말을 듣고 난 후에 알게 되었음을 나타내기 위해 '듣고 보니'라는 표현을 사용하고 있다.

957) ③

선택 비율	① 1%	② 1%	③ 84%	④ 6%	⑤ 5%

해 : ㉢에서 '창규'는 대화 내용을 복사하는 기능이 아니라 다른 사람의 글에 답장할 수 있는 기능을 활용하여

'정호'의 첫 번째 글에 답하고 있다.

[오답풀이] ① ㉠에서 '미희'는 '오!!! 와!!!'와 같이 느낌표를 반복적으로 사용하여 '학교생활 안내 앱' 업데이트에 학생들이 요청했던 사항이 다 반영된다는 것에 대해 강한 긍정의 감정 상태를 표현하고 있다. ② ㉡에서 '진아'는 동의를 나타내는 ○표를 들고 있는 고양이 이미지를 활용하여, '가원'이 제시한 의견에 동의를 표현하고 있다. ④ ㉣에서 '미희'는 '이걸 어떻게 알려 줘야 하지? 난 단체 문자로 알려 주면 좋겠어.'와 같이 문답의 방식을 활용하여 자신의 의견을 제시하고 있다. ⑤ ㉤에서 '진아'는 줄을 바꾸는 방식으로 글을 입력하여, '요구 사항'과 '요구 사항 외 추가된 것'을 구분하여 안내하고 있다.

958) ⑤

선택 비율	① 6%	② 3%	③ 3%	④ 30%	⑤ 55%

해 : (나)에서 '미희'와 '동주'는 '검색' 메뉴에도 도움말을 넣자는 의견을 제시하고 있다. 이러한 대화를 반영하여 수정한 화면에는 '검색' 메뉴에 대한 도움말이 새로 추가되어 있다. '검색'에 대한 도움말은 (가)에 없었던 것이기 때문에 '검색'에 대한 도움말에 새로운 내용이 추가되었다는 것은 적절하지 않다.

[오답풀이] ① 수정한 화면의 '학습&활동 자료' 도움말에는 '창규'와 '정호'의 대화를 반영하여 '자율 활동, 진로 활동'에 대한 내용이 추가되었다. ② 수정한 화면의 '학습 공간 이용 예약' 도움말에는 '가원'과 '동주'의 대화를 반영하여 예약이 가능한 곳인 '도서관 자습실'과 '모둠 활동실'이 추가되었다. ③ (가)에 있었던 '공지 사항' 도움말은 '정호'와 '가원'의 의견에 따라 수정한 화면에서 삭제되었다. ④ 수정한 화면의 '게시판' 도움말은 '창규'와 '미희'의 의견을 반영하여 (가)에서와 같이 그대로 유지되었다.

959) ⑤

선택 비율	① 3%	② 2%	③ 2%	④ 6%	⑤ 87%

해 : (가)의 실시간 인터넷 방송 진행자는 많은 접속자를 혼자서 상대하고 있지만, 방송에 접속자들의 의견을 반영하는 데에 한계가 있음을 미리 안내하지는 않았다.

[오답풀이] ② (가)에서 진행자는 방송이 실시간으로 진행되니 진행이 미숙하더라도 너그럽게 봐줄 것을 바랐다. ④ (가)에서 진행자는 몇 분 동안 같은 동작을 반복할 때면 방송 진행이 더뎌진다고 나가 버리는 시청자들이 더러 있어서 경성 치즈를 미리 갈아 왔다고 하며 갈아 둔 치즈를 꺼냈다.

960) ④

선택 비율	① 2%	② 3%	③ 3%	④ 89%	⑤ 3%

해 : '냠냠'은 스파게티 면을 삶는 물이 짜면 면이 더 쫄깃해지는 이유를 진행자에게 물었고, 진행자는 소금물로 면을 삶으면 면이 그 물을 점점 머금고 나서 면속 수분이 일부 소금물로 빠져나가고 면이 쫄깃해진다고 하였다. 진행자는 '냠냠'이 궁금해하는 점에 대해 필요한 정보를 제공했다.

[오답풀이] ① '사과'는 진행자에게 조리대가 잘 안보인다는 점을 언급함으로써 방송에서 개선이 필요하다고 생각하는 점을 밝혔다. 이후 진행자는 카메라의 높이를 조절하였다. 진행자는 자신의 발화 내용에 대한 질문에 대답한 것이 아니다. ③ 진행자는 베이컨과 함께, 카르보나라의 필수 재료가 아닌 것들 중 몇 가지를 함께 볶으려고 한다며 무엇이 좋을지 시청자에게 물었다. 이에 '들판'은 자신은 표고버섯과 다진 마늘이 어우러져 나는 향이 좋다고 함으로써 방송 내용에 대한 개인적 선호를 드러냈다. 이어 진행자는 '들판'이 언급한 두 가지 재료를 베이컨과 함께 볶기로 하였는데, 이는 방송 순서를 변경하여 안내한 것이 아니다.

961) ④

선택 비율	① 1%	② 2%	③ 3%	④ 91%	⑤ 3%

해 : 진행자가 (나)에 따라 작성한 누리 소통망의 게시물에서 ㉡을 확인할 수 있다. 진행자는 누리 소통망의 게시물 중 카르보나라 요리법을 안내하는 부분에서 요리법을 그림으로 간추려 제시하고 있다. 진행자는 방송에서 말린 고추가 카르보나라의 요리 재료가 될 수 있다고 했지만, 말린 고추를 요리 과정에서 사용하지 않았다. 누리 소통망의 게시물의 ㉡에는 말린 고추가 요리 재료로 제시되어 있지 않고, 말린 고추를 재료로 사용할 때의 소요 시간도 제시되어 있지 않다.

[오답풀이] ① 진행자가 (나)에 따라 작성한 누리 소통망의 게시물에서 ㉠을 확인할 수 있다. 진행자는 누리 소통망의 게시물 중 카르보나라 재료를 안내하는 부분에서 각 재료의 분량을 구체적인 수치를 활용하여 나타내었다. 이는 요리에 처음 도전하는 구독자도 누리 소통망의 게시물을 보면 요리를 쉽게 따라할 수 있도록 돕기 위한 것으로 볼 수 있다.

962) ①

선택 비율	① 88%	② 3%	③ 4%	④ 3%	⑤ 2%

해 : ⓐ의 '대로'는 앞에 오는 말에 근거하거나 달라짐이 없음을 나타내는 보조사이다. ⓐ에서 '대로'는 이번 방송에서 만들 요리로 카르보나라를 선정한 것이 지난주 방송의 시청자 투표 결과에 근거한 것임을 나타내고 있다.

963) ⑤

선택 비율	① 2%	② 3%	③ 10%	④ 17%	⑤ 67%

해 : <보기>의 '규칙'에는 동아리 활동과 무관한 사적 정보를 드러내지 않아야 한다는 내용이 있다. ㉤에서는 지수가 댓글에 친구의 휴대 전화 연락처를 잘못 붙여 넣어 동아리 활동과 무관한 사적 정보를 드러냈었고 관리자가 아닌 댓글 작성자인 지수가 그 정보를 삭제 했음을 알 수 있다.

[오답풀이] ① <보기>의 '동아리 소개'에는 동아리의 활동 목적이 제시되어 있고, ㉠에는 동아리의 활동 목적이 간략하게 제시되면서 동아리명에 포함되는 글자가 부각되어 있다. ④ <보기>의 '규칙'에는 동아리 부원들이 동아리 활동에 적극적으로 참여해야 한다는 내용이 있고, ㉣에는 3월 셋째 주 우수 부원인 윤솔이 게

시 글을 3편, 댓글을 9번 썼음이 드러나 있다. 이는 동아리의 특정 부원의 활동 내역을 공개하여 부원들의 활동 참여를 독려하고 있는 것으로 볼 수 있다.

964) ②

선택 비율	① 2%	② 86%	③ 4%	④ 4%	⑤ 4%

해 : 댓글에서 '민승'은 자신의 주변 친구들은 OTT 업체의 요금제 체제 변화에도 구독을 해지하지 않았다는 점을 통해, 요금제 체제의 변화가 이용자 이탈로 이어질 것 같지 않고 오히려 수익 증대로 이어져 콘텐츠의 질이 올라가는 계기가 될 것 같다고 하였다. '민승'은 자신이 주변을 관찰한 바를 토대로 유료 OTT 업체의 요금제 체제 변화가 어떤 결과로 이어질지 예측한 것으로 볼 수 있다. 댓글에서 '현민'은 우리 학교 학생들이 유료 OTT를 많이 이용한다는 점을 언급하며 10대들의 유료 OTT 이용률을 궁금해하였다. '현민'은 OTT 업체의 요금제 체제 변화가 어떤 결과로 이어질지 예측하지 않았다.

965) ⑤

선택 비율	① 3%	② 1%	③ 1%	④ 3%	⑤ 92%

해 : 위 강의는 실시간 쌍방향 화상 강의로 각기 다른 공간에 있는 학생들이 공간의 제약 없이 강의에 참여하고 있으나, 학생들이 강의 중에 서로 의견을 교환하지 않고 있으므로 적절하지 않다.

[오답풀이] ① 강사는 쌍방향 강의 중에 '밀랍 랩을 사용할 때 주의할 점이 있을까요?'라는 승범의 질문에 '뜨거운 음식에는 사용하지 않는 것이 좋습니다.'라고 답변하며 정보를 제공하고 있으므로 적절하다. ② 진행자는 실시간으로 진행되는 강의 중에 '우리 학교 누리집 ~ 다시 보실 수 있습니다'라며 강의 내용을 다시 볼 수 있는 방안을 안내하고 있으므로 적절하다. ③ 강사는 화상 강의 중에 '제시된 자료 화면은 ~ 손쉽게 사용하실 수 있습니다.'라며 진행자가 공유한 화면을 보면서 설명을 하며 정보를 전달하고 있으므로 적절하다. ④ 진행자가 화상 강의 중에 '준비가 다 되면 ~ 조금 더 기다릴게요.', '모두 준비가 되셨네요.'라며 화면을 통해 학생의 상황을 점검하면서 진행 속도를 조절하고 있으므로 적절하다.

966) ④

선택 비율	① 1%	② 1%	③ 1%	④ 97%	⑤ 1%

해 : ⓐ에서는 하이퍼링크로 웹사이트 주소를 제시하고 있으나 밀랍 랩 활용 방법에 관한 추가 정보를 제공하는 것은 아니므로 적절하지 않다.

[오답풀이] ① ⓐ에서는 '공감하신다면 '좋아요' 버튼을 눌러' 달라고 요청하고 있으며, '82명이 좋아합니다'를 통해 게시물에 대한 수용자의 반응을 확인할 수 있으므로 적절하다. ② ⓐ에서는 '제가 써 본 밀랍 랩 사진이에요.'라며 밀랍 랩의 실제 사용 모습을 사진 이미지로 제시하고 있으므로 적절하다. ③ ⓐ에서는 '게시물 공유' 기능을 활용하여 게시물을 다른 사람에게 전달할 수 있도록 하고 있으므로 적절하다. ⑤ ⓐ에서는 '#밀랍랩' 등과 같이 특정 문구 앞에 '#' 기호를 붙여 해당 주제에 관심이 있는 사람들이 게시물을 쉽게 검색할 수 있도록 하고 있으므로 적절하다.

967) ⑤

선택 비율	① 1%	② 2%	③ 1%	④ 3%	⑤ 93%

해 : ⓒ에서 '있겠네요'의 선어말 어미 '-겠-'은 추측을 나타내므로, 뜨거우면 밀랍이 녹을 수 있음을 추측하는 것이지 밀랍의 단점을 보완하여 사용하고자 하는 의지를 드러내는 것이 아니므로 적절하지 않다.

[오답풀이] ① ㉠에서 '동의하신 대로'의 의존 명사 '대로'는 어떤 상태와 같다는 뜻을 나타내므로, 학생들이 사전에 동의한 바와 같이 강의가 녹화될 것임을 밝히고 있다는 것은 적절하다. ② ㉠에서 '녹화됩니다'의 접미사 '-되다'는 피동의 뜻을 더하므로, 행위의 주체를 드러내기보다 행위의 대상인 강의에 초점을 두고 있다는 것은 적절하다. ③ ㉡에서 '알았는데'의 연결어미 '-는데'는 뒤 절에서 어떤 일을 설명하기 위하여 그 대상과 상관되는 상황을 미리 말할 때 사용하므로, 밀랍 랩을 만진 느낌을 설명하기 위해 그와 관련되는 생각을 먼저 제시하고 있다는 것은 적절하다. ④ ㉡에서 '만져 보니'의 보조 동사 '보다'는 어떤 행동을 시험 삼아 함을 나타내므로, 밀랍 랩을 만진 것이 시험 삼아 한 행동임을 드러내고 있다는 것은 적절하다.

968) ①

선택 비율	① 92%	② 2%	③ 1%	④ 5%	⑤ 1%

해 : '학생 1'은 강의 내용 중 '그리고 밀랍은 국가 기관에서 ~ 인체에 대체로 안전하다'는 밀랍의 특성에 대한 강사의 설명과 관련하여 '강사님이 알려 주신 정보에 믿음이 갔어'라며 정보가 신뢰성이 있다고 판단하였으므로 적절하다.

969) ③

선택 비율	① 1%	② 1%	③ 94%	④ 3%	⑤ 1%

해 : ⓒ에서는 챗봇 상담을 제안하는 '지혁'에게 '챗봇을 이용하면 이 문제도 해결할 수 있겠'다며 답장 기능을 사용하여 상대의 의견에 동조하고 있으나 새로운 대안을 제시하고 있는 것은 아니므로 적절하지 않다.

970) ⑤

선택 비율	① 5%	② 3%	③ 2%	④ 2%	⑤ 88%

해 : '관심 있는 정보만 따로 모아 보여 주면 좋겠'다는 ⓔ에 대해 '사용자에 따른 맞춤형 정보를 함께 제공하자'는 '희성'의 의견을 반영하여, '포인트에 관심이 많은' 사용자를 고려해 '포인트 적립 내역'이라는 맞춤형 정보를 제공한 것이지 관심사 이외의 정보를 추천해 준 것이 아니므로 적절하지 않다.

[오답풀이] ① '채팅 상담 운영 시간이 짧'다는 ⓐ에 대해 '챗봇을 이용하면 운영 시간에 제한이 없'다는 '시윤'의 의견을 반영하여, '365일 24시간 상담'이 가능한 챗봇을 만든 것을 확인할 수 있으므로 적절하다. ②

'질문을 해도 답변이 너무 늦'다는 ⓑ에 대해 '챗봇을 이용하면 이 문제도 해결할 수 있겠'다는 '희성'의 의견을 반영하여, '오후 10:10'에 올린 질문에 '오후 10:10'에 즉시 답변할 수 있는 챗봇을 만든 것을 확인할 수 있으므로 적절하다. ③ '앱 화면이 너무 복잡해서 공지 사항을 못 찾겠'다는 ⓒ에 대해 '챗봇을 만들 때'에 '즐겨 찾는 메뉴는 눈에 잘 띄게 배치하자'는 '지혁'의 의견을 반영하여, '공지 사항'과 같이 사람들이 즐겨 찾는 메뉴가 상단 시작 부분에 뜨는 챗봇을 만든 것을 확인할 수 있으므로 적절하다. ④ '흔히 하는 질문도 매번 채팅 창에 입력해야 해서 번거'롭다는 ⓓ에 대해 '사람들이 자주 검색하거나 질문하는 내용을 알 수 있도록 하는 메뉴도 같이 띄우자'는 '시윤'의 의견을 반영하여, '인기 검색어', '자주 찾는 질문' 메뉴를 활용할 수 있는 챗봇을 만든 것을 확인할 수 있으므로 적절하다.

971) ②

선택 비율	① 1%	② 91%	③ 2%	④ 1%	⑤ 5%

해 : ㉠은 독도 바다사자의 이미지와 자막을, ㉡은 지도 이미지와 자막을 함께 사용하여 복합 양식의 특성을 드러내고 있다.

[오답풀이] ① ㉡은 취재 현장에서 보도하는 영상을 제시하고 있으나, ㉠은 취재 현장에서 보도하는 영상을 제시하고 있지 않다. ③ ㉢은 인터뷰 대상이 △△해양연구소의 이○○연구원이라는 정보를 제시하고 있으나, ㉡은 인터뷰 대상의 정보를 제시하고 있지 않다. ④ ㉠, ㉡, ㉢ 모두 화면의 오른쪽 상단에 일상생활에 도움이 되는 미세 먼지 관련 정보를 제시하고 있으나, 해당 정보가 보도의 주요 화제를 전환하기 위한 것은 아니다. ⑤ ㉠, ㉡, ㉢ 모두 화면의 하단에 자막이 배치되어 있으나, 자막을 통해 추가적인 정보를 제시하는 것이 아니라 보도에서 이미 다루고 있는 정보를 제시하고 있다.

972) ②

선택 비율	① 1%	② 97%	③ 1%	④ 1%	⑤ 1%

해 : '행복이'는 뉴스에서 '지역 어민 대표'가 독도 바다사자 복원에 적극 협조하겠다고 밝힌 것에 주목하여 이에 대한 고마움을 드러내고 있다. 그러나 자신이 이해한 정보가 맞는지 확인하고 있는 것은 아니다.

[오답풀이] ① '다랑이'는 뉴스에서 '전문가'가 베링해 등에서 혈연적으로 가까운 개체군을 들여오는 방식의 복원에 대해 언급한 내용에 주목하여 이러한 방식이 우리 생태계에 악영향을 줄 수 있지 않겠냐는 비판적인 시각을 드러내고 있다. ③ '강치맘'은 뉴스에서 '관계자'가 서식 환경의 적합성 면에서 독도가 바다사자 복원에 유리하다고 언급한 내용에 주목하여 지구 온난화로 인한 해수 온도의 상승을 근거로 다른 견해를 제시하고 있다. ④ '보리보리'는 뉴스에서 '기자'가 독도 바다사자가 일제 강점기 남획으로 사라졌다고 언급한 내용에 주목하여 남획을 막기 위한 대책을 세워야 한다는 의견을 제안하고 있다. ⑤ '독도사랑'은 뉴스에서 '진행자'가 독도 바다사자의 복원이 지역 사회의 비상한 관심을 끌고 있다고 언급한 내용에 주목하여 인근 주민으로서 해당 내용이 확실한지 모르겠다며 의문을 제기하고 있다.

973) ④

선택 비율	① 2%	② 1%	③ 2%	④ 91%	⑤ 4%

해 : 독도 바다사자의 복원이 유리한 이유로 '인간과의 충돌 가능성이 크지 않음.'과 '독도 지역은 서식 환경이 적합함.'을 연결 어미 '-고'를 통해 나열하고 있다.

[오답풀이] ① '독도 바다사자는'에 쓰인 '는'은 문장 속에서 어떤 대상이 화제임을 나타내는 보조사이다. ② '1900년대 초까지만 해도'의 '만'은 '하다'와 함께 쓰여 앞말이 나타내는 대상이나 내용 정도에 달함을 나타내는 보조사이다. ③ '급격히 줄다가 완전히 자취를 감추었고'에 쓰인 '-다가'는 어떤 일의 과정이 다른 일이 이루어지는 원인이나 근거 따위가 됨을 나타내는 연결 어미이다. ⑤ 피동사 '전망되다'로 인해 드러나지 않는 주체는 '전망'의 주체이지 '복원'의 주체가 아니다.

974) ②

선택 비율	① 0%	② 90%	③ 3%	④ 5%	⑤ 1%

해 : 포스터에서 상위와 하위 항목의 글자 크기와 굵기를 서로 달리하여 행사 내용을 강조하고 있지 않다. 행사 내용과 관련된 정보를 전달하는 글자 간에는 크기와 굵기의 차이가 없다.

[오답풀이] ① 포스터의 오른쪽 하단에 독도 바다사자에 대해서 알아볼 수 있는 QR 코드를 제시하여 수용자가 독도 바다사자에 대한 정보를 확인할 수 있도록 하고 있다. ③ '독도의 옛 모습을 찾기 위한 독도 바다사자 복원!!'이라는 제목을 글 상자에 넣어 포스터의 상단 중앙에 제시함으로써 캠페인의 목적을 분명히 드러내고 있다. ④ 학생 이미지 옆의 말풍선에 들어가 있는 문구를 '우리 함께합시다.'와 같이 청유형으로 마무리하여 독도 옛 모습 찾기에 동참하자는 의미를 담고 있다. ⑤ 포스터에 독도를 배경으로 헤엄치는 독도 바다사자의 이미지를 제시하여 수용자가 독도와 독도 바다사자와 함께하는 독도의 옛 모습을 떠올릴 수 있도록 하고 있다.

975) ⑤

선택 비율	① 1%	② 1%	③ 2%	④ 9%	⑤ 87%

해 : '서형'은 '영상 공유' 기능을 통해서 '슬라이드 자동 넘김'이 구현되는 모습을 친구들에게 보여 주고 있다. 이는 해당 기능이 실현 가능하다는 점을 회의 참여자들에게 보여 주기 위한 것이지, 해당 기능에 대한 회의 참여자들의 선호 정도를 확인하기 위한 것이 아니다.

[오답풀이] ① '나영'은 회의에 참석하지 못한 '수민'을 위해 회의를 녹화해서 파일로 저장하겠다며 회의 참여자들의 동의를 구하고 있다. 이어지는 채팅 기능을 통해 '나영'이 회의 녹화를 실행했음을 알 수 있다. ② '지현'은 채팅 기능을 통해 학생회 사회 관계망 서비스 게시판의 주소를 친구들에게 전송하고 있다. ③ '민진'은 게시판에 제출된 많은 의견 중 앱에 반영할

의견을 고르는 시간을 줄이기 위해 '소회의실' 개설을 제안하고 있다. ④ '은준'은 회의의 진행과는 별도로, 개인적으로 '수민'에 대한 안부를 묻기 위해 '귓속말' 기능을 통해 '나영'과 대화하고 있다.

976) ⑤

선택 비율	① 1%	② 9%	③ 2%	④ 2%	⑤ 87%

해 : 회의에서 '은준'이 발화한 내용에 따르면, '쪽지 보내기'를 통해 발신자가 쪽지를 보내면 수신자의 휴대 전화에 알림이 간다. 따라서 ⓔ를 활용하여 쪽지를 보냈다는 것을 알리기 위해 수신자의 사회 관계망 서비스에 접속할 필요가 없다.

[오답풀이] ① 회의에서 '서형'이 발화한 내용에 따르면 ⓐ는 앱에서 학교 누리집으로 바로 연결되는 메뉴임을 알 수 있다. ② 회의에서 '은준'이 발화한 내용에 따르면 ⓑ는 학생들이 자신들의 사회 관계망 서비스 주소를 직접 입력할 수 있는 메뉴에 해당한다. 또한 회의에서 '윤하'가 발화한 내용에 따르면 '친구 찾기'를 통해 친구를 검색하면 친구가 입력해 놓은 친구 계정으로 바로 이동할 수 있다. 따라서 친구가 ⓑ에 자신의 사회 관계망 서비스 주소를 입력해 놓으면, '친구 찾기'를 통해 해당 주소의 친구 계정으로 바로 이동하는 것이 가능함을 알 수 있다. ③ 회의에서 '지현'이 발화한 내용에 따르면 '나의 서재'는 간직하고 싶은 글을 저장할 수 있는 메뉴이다. 따라서 학교생활 중에 썼던 글을 ⓒ에 올려 두고 보고 싶을 때 다시 열어 보는 것이 가능함을 알 수 있다. ④ '민진'은 회의에서 시간 순서에 따라 자동으로 사진을 볼 수 있는 '슬라이드 자동 넘김' 기능을 '행사 사진' 메뉴에 적용하자고 제안하고 있다. 따라서 ⓓ를 이용하면 '슬라이드 자동 넘김' 기능을 통해 시간 순서에 따라 행사 사진들을 다시 보는 것이 가능함을 알 수 있다.

977) ②

선택 비율	① 12%	② 83%	③ 2%	④ 2%	⑤ 1%

해 : (가)에서는 본방송을 중간부터 시청한 수용자를 위해 앞부분의 내용을 요약하여 전달하고 있지 않다.

[오답풀이] ① '전문가'의 세 번째 발화 중 '지금 ~ 사진입니다.'에서 방송 내용에 대한 수용자들의 이해를 돕기 위해 자료 화면을 제공하고 있음을 확인할 수 있다. ③ '진행자'의 여섯 번째 발화 '실시간 댓글로 ~ 하셨어요.'에서 수용자의 실시간 반응을 바탕으로 방송에서 다루고 있는 화제의 예시를 제시하고 있음을 확인할 수 있다. ④ '전문가'의 네 번째 발화 중 '지난 시간에 ~ 마찬가지입니다.'에서 방송 내용 간의 연관성을 고려하여 지난주 방송 내용을 바탕으로 이번 방송 내용을 설명하고 있음을 확인할 수 있다. ⑤ '진행자'의 아홉 번째 발화 중 '방송 시청 후 ~ 남겨 두겠습니다.'에서 방송 내용이 수용자에게 미칠 영향을 고려하여 방송 내용에 대한 추가 정보를 확인하는 방법을 안내하고 있음을 확인할 수 있다.

978) ⑤

선택 비율	① 1%	② 6%	③ 1%	④ 1%	⑤ 92%

해 : '낮달'의 '방송 후에 ~ 커졌더라고요.'에서 방송 후에 관련 기사를 찾아보는 추가 탐색 활동을 진행해 정보를 얻었음을 알 수 있다. '이런 시기에 ~ 생각해요.'에서 방송 내용이 '그 당시의 사정이나 사회의 요구에 알맞은 성질'을 뜻하는 시의성이 있다고 판단하였음을 알 수 있다.

[오답풀이] ② '미소'의 '전 학생이어서 ~ 정보이군요.'에서 방송 내용에 관한 자신의 경험에 주목하며 방송 내용이 유용하다고 판단하고 있음을 알 수 있다. 하지만 이를 통해 방송 내용이 충분하지 않다고 판단한 것은 아니다. ③ '샛별'의 '전통적 방식의 ~ 기반으로 한 거죠?'라는 것에서 방송에서 전달한 정보의 출처에 주목하고 있음을 알 수 있으나, '실제로 ~ 믿기 어렵습니다.'라는 것에서 방송 내용이 신뢰할 만하지 않다고 판단하고 있음을 알 수 있다.

979) ②

선택 비율	① 1%	② 89%	③ 4%	④ 4%	⑤ 3%

해 : ㉠에서 뉴 미디어를 통한 기부의 장점을 슬라이드의 오른쪽에 제시하고 있으나, 전통적 방식의 기부와 뉴 미디어를 통한 기부의 차이를 비교해 제시하고 있지는 않다.

[오답풀이] ① ㉠에서는, (가)에서 전문가가 모금함을 통한 기부와 ARS를 통한 기부는 줄고 뉴 미디어를 통한 기부는 늘었다고 기부 방식의 변화를 언급한 내용을 그래프로 표현해 시각적으로 보여 주고 있다. ④ ㉡에서는, (가)의 '참여형 챌린지는 ~ 비판을 받기도 합니다.'라는 전문가가 언급한 참여형 챌린지에 대한 비판 내용을 바탕으로 '단, 단순히 ~ 주의하기.'라는 기부 참여 시의 유의점을 제시하고 있다. ⑤ ㉡에서는, (가)의 '세상을 바꾸는 작은 손길'이라는 전문가의 말을 활용하여 슬라이드의 내용을 포괄할 수 있는 제목을 달고 있다.

980) ①

선택 비율	① 92%	② 1%	③ 1%	④ 1%	⑤ 4%

해 : ⓐ에 사용된 '-습니까'는 의문을 나타내는 종결 어미이다. 진행자는 종결 어미 '-습니까'를 사용하여 뉴 미디어를 통한 기부 중 누리 소통망을 통한 기부부터 설명해 줄 것을 물음의 방식을 통해 요청하고 있다.

[오답풀이] ② ⓑ에 사용된 '-면'은 일반적으로 분명한 사실을 어떤 일에 대한 조건으로 말할 때 사용하는 연결 어미이다. 전문가는 연결 어미 '-면'을 사용하여 기부금 적립의 조건이 특정 행위를 수행하는 게시물을 올리는 것임을 밝히고 있다. ③ ⓒ에 사용된 '나'는 수량이 크거나 많음, 또는 정도가 높음을 강조하는 보조사이다. 전문가는 보조사 '나'를 사용하여 '런 챌린지'가 목표 모금액을 초과 달성한 정도를 강조하고 있다. ④ ⓓ에 사용된 '어떤'은 사람이나 사물의 특성, 내용, 상태, 성격이 무엇인지 물을 때 쓰는 관형사이다. 진행자는 관형사 '어떤'을 사용하여, 스마트폰 앱을 통한 기부가 이루어지는 방식에 대한

정보를 요청하고 있다. ⑤ ⓔ에 사용된 '역시'는 어떤 것을 전제로 하고 그것과 같음을 나타내는 부사이다. 전문가는 부사 '역시'를 사용하여, 앱을 통한 기부의 장점이 누리 소통망을 통한 기부의 장점과 같음을 나타내고 있다.

981) ④

선택 비율	① 1%	② 0%	③ 1%	④ 97%	⑤ 1%

解 : (나)에서 은지는 '첫 페이지에도 사진이나 그림이 포함되면 좋을 것 같'다는 태영의 제안에 파일 전송 기능을 활용하여 자신이 그린 그림을 공유했을 뿐, 다른 참가자에게 이전 회의의 내용을 전달한 것은 아니다.

[오답풀이] ③ 태영은 화면 공유 기능을 활용하여 자신의 '누리 소통망 화면'을 사례로 보여 주며 '첫 페이지에도 사진이나 그림이 포함되면 좋을 것 같'다는 자신의 의견을 뒷받침하고 있다. ⑤ 가희는 채팅 창에 '사진 강의에 대해 더 구체적으로 소개하'자는 자신의 제안과 관련된 정보인 누리집 주소를 하이퍼링크로 제공하고 있다.

982) ④

선택 비율	① 12%	② 2%	③ 2%	④ 81%	⑤ 3%

解 : (나)에서 한나가 '인화된 사진은 참가자에게만 제공되는 혜택이니까 꼭 안내하'자고 한 것을 바탕으로 (가)의 '게시물 페이지 4'에 참가자에게 사진을 인화하여 제공한다는 정보를 추가할 수 있다.

[오답풀이] ① 은지가 그린 '카메라를 든 여행객' 그림을 (가)의 '게시물 페이지 1'에 추가하기로 하였으므로, '게시물 페이지 1'에 여행지 사진을 추가한다는 수정 방안은 적절하지 않다. ② (나)에 '게시물 페이지 2'의 그림을 삭제하자는 내용은 드러나지 않는다. ③ 지가 '여행 코스를 안내할 때 여행지 사진도 제시'하자고 제안하였으므로 (가)의 '게시물 페이지3'에 여행지를 설명하는 글을 추가한다는 수정 방안은 적절하지 않다. ⑤ 성범이 '사진 강의보다 여행 코스에 대한 내용'을 먼저 제시하자고 제안하였으므로 (가)의 '게시물 페이지2'와 '게시물 페이지3'의 순서를 맞바꾸는 것이 적절하다.

983) ①

선택 비율	① 98%	② 1%	③ 1%	④ 1%	⑤ 0%

解 : '희경'은 ㉠에서 회의를 통해 '따끈따끈 소식', '사람을 만나다', '학생회 소식'의 순으로 기사 내용을 선정할 것임을 제시하여, 대화 참여자에게 회의와 관련된 정보를 알려 주고 있다.

[오답풀이] ② '한빛'은 ㉡에서 '승민'이 제안한 내용과 관련하여 자신의 의견을 밝히고 있지만, '승민'의 발화 일부를 재진술하여 자신이 이해한 내용이 맞는지 확인하고 있지는 않다. ③ '민하'는 '재환'의 의견에 동의의 뜻을 드러내며 ㉢에서 영상 링크를 전송하고 있다. 따라서 ㉢의 영상 링크가 '재환'의 의견에 반대하는 근거가 될 수 없다. ④ '희경'은 ㉣에서 물음표를 통해 추가로 논의할 사안을 제시하고 있으나, '한빛'의 의견에 의문을 표현한 것은 아니다. ⑤ '윤찬'은 ㉤에서 자신이 앞서 말한 바와 같이 '학생들이 1학기에 많이 빌린 책 목록'을 전송하고 있다. 하지만 '희경'이 이 자료를 요청하지는 않았다.

984) ③

선택 비율	① 1%	② 0%	③ 97%	④ 0%	⑤ 1%

解 : '전문 보기'는 이번 호에 제시된 기사의 전체 내용을 보는 기능이지 이전 호의 뉴스레터를 볼 수 있는 기능이 아니다.

[오답풀이] ① (나)의 제일 아랫부분에 제시된 '본 뉴스레터는 학생회 누리집에서 뉴스레터 구독을 신청했기에 발송되었습니다.'라는 내용을 통해 뉴스레터가 학생회 누리집을 통해서 수신에 동의한 구독자에게만 발송된다는 점을 알 수 있다. ② '1. 따끈따끈 소식' 위의 문장에 제시된 '매월 첫 번째 월요일마다 발송되는'이라는 내용을 통해 뉴스레터가 매월 첫 번째 월요일에 정기적으로 발송된다는 점을 알 수 있다. ④ 만족도 조사 아래에 제시된 ''제보하기'를 클릭해서 의견을 보내 주세요.'라는 내용을 통해 구독자가 '제보하기'를 통해 기사에 대한 의견을 보낼 수 있다는 점을 알 수 있다. ⑤ '3. 학생회 소식' 아래의 '이번 호는 만족했어요.', '이번 호는 불만족했어요.'를 통해 구독자가 뉴스레터에 대한 만족 여부를 표현할 수 있다는 점을 알 수 있다.

985) ②

선택 비율	① 0%	② 96%	③ 1%	④ 1%	⑤ 1%

解 : (가)에서 '정희'와 '윤찬'은 학생들이 책을 고르는 데에 도움이 될 내용에 관해 대화를 나누었는데, 이 대화 내용이 반영되어 (나)의 '1. 따끈따끈 소식'에는 '학교 도서관 인기 도서'에 관한 내용이 포함되었다. 하지만 이 대화에서 '윤찬'이 도서대출을 많이 한 학급 순위는 책을 고르는 데에 도움이 되지 않을 것 같다는 의견을 제시하였으며, (나)에도 도서 대출을 많이 한 학급 순위에 관한 내용은 포함되어 있지 않다.

[오답풀이] ① (가)에서 '승민'과 '한빛'은 학생들이 관심을 가질 만한 사항인 '운동장 야영'에 관해 다뤄 보자고 대화를 나누었는데, 이 대화 내용이 반영되어 (나)의 '1. 따끈따끈 소식'에 '운동장 야영 프로그램 신청서 작성 비결'에 관한 내용이 포함되었다. ③ (가)에서 '재환'과 '민하'는 노래 대회에서 우승한 '유○○'의 화제성에 관해 대화를 나누었는데, 이 대화 내용이 반영되어 (나)의 '2. 사람을 만나다'에 '유○○'의 노래 대회 참여 경험에 관한 내용이 포함되었다. ④ (가)에서 '범석'과 '수민'은 정년 퇴임으로 인해 9월부터는 학교에서 뵐 수 없는 '박□□ 선생님'이 '학교에 계실 때' 뵙고 얘기를 나누자며 면담 시기의 시의성에 관해 대화를 나누었는데, 이 대화 내용이 반영되어 (나)의 '2. 사람을 만나다'에 '박□□ 선생님'에 관한 내용이 포함되었다. ⑤ (가)에서 '혜정'과 '지호'는 학생회 프로그램에 대해 안내하면 학생들에게 도움이 될 거라고 대화를 나누었는데, 이 대화 내용이 반영되어 (나)의 '3. 학생회 소식'에 '학생회 주관 학습 도우미 프로그램'에 관한 내용이 포함되었다.

986) ④

선택 비율	① 1%	② 0%	③ 0%	④ 98%	⑤ 0%

해 : '준호'의 글에서는 '스마트폰을 적절히 사용하기 위한 실천 방안' 세 가지를 가운데 정렬 방식으로 제시함으로써 다른 내용과 변별하고 있다. 하지만 해당 내용이 스마트폰 사용 시 시간대별 유의 사항과 관련된 것은 아니다.

[오답풀이] ① '준호'의 글에서는 《스마트폰 사용 현황 및 분석》, 《스마트폰을 적절히 사용하기 위한 실천 방안》이라는 소제목을 활용하여 스마트폰 사용과 관련된 내용을 구분하여 제시하고 있다. ② '준호'의 글에서는 일주일간 스마트폰 사용량을 보여주는 그래프 자료를 활용하여 스마트폰 사용 시간에 대한 정보를 제시하고 있다. ③ '준호'의 글에서는 지난주 하루 평균 스마트폰 사용 시간을 표시하는 문구인 '3시간 정도'의 글자 크기와 굵기를 다른 글자들과 달리하여 제시하고 있다. ⑤ '준호'의 글에서는 화살 모양의 표지를 사용하여 그래프 내용의 일부인 토요일과 일요일에 해당하는 정보에 주목하도록 표시하고 있다.

987) ④

선택 비율	① 1%	② 3%	③ 1%	④ 94%	⑤ 1%

해 : '꿈자람'은 댓글을 통해서 스마트폰을 진로인 사진 관련 활동뿐만 아니라 취미인 전자책 읽기에도 사용하겠다고 밝히고 있다. 따라서 '꿈자람'이 진로를 고려해 스마트폰 사용 용도를 일원화해야 할 필요성을 드러낸 것으로 보기 어렵다.

[오답풀이] ① '친하리'는 댓글을 통해서 '주말엔 봉사 활동을 해서 스마트폰을 쓸 틈이 없었어요.'라며 평일보다 주말에 스마트폰 사용 시간이 적은 이유를 드러내고 있다. ② '역사랑'은 댓글을 통해서 '역사에 대해 더 알고 싶어서 이제부터 역사에 대한 영상도 볼 거예요.'라며 자신의 관심 분야에 대한 내용을 다룬 영상을 추가적으로 시청하고자 하는 의지를 드러내고 있다. ③ '역사랑'은 댓글을 통해서 '역사 공부를 좋아하는 사람들과 역사 이야기를 함께 나누면서 정보를 공유해' 보겠다며 누리 소통망으로 자신이 소통하고자 하는 대상과 화제를 드러내고 있다. ⑤ '꿈자람'은 댓글을 통해서 스마트폰으로 일지를 작성하여 '상황에 따라 촬영 방법을 잘 선택하고 있는지 분석'하겠다며 자신의 진로와 관련하여 일지를 효과적으로 활용하려는 계획을 드러내고 있다.

988) ②

선택 비율	① 1%	② 97%	③ 2%	④ 1%	⑤ 1%

해 : ㉡은 스마트폰의 사용 시간 가운데 영상 시청과 게임이 많은 부분을 차지한다는 것을 표현하기 위해 사용되었다.

[오답풀이] ① ㉠은 스마트폰을 많이 사용하는 날이 토요일과 일요일임을 표현하기 위해 사용되었다. ③ ㉢은 요리사로 진로를 정하고 영상을 보기 시작한 것이 근래의 일임을 표현하기 위해 사용되었다. ④ ㉣은 앞서 주말에 영상 시청이 많은 이유에 대해 밝힌 것에 더해 주말에 게임 시간이 많은 이유가 무엇인지 설명할 것임을 표현하기 위해 사용되었다. ⑤ ㉤은 자신이 전체 스마트폰 사용 시간에서 누리 소통망 사용 시간이 적은 부류에 속함을 드러내기 위해 사용되었다. 누리 소통망을 주변 사람과만 사용해서 사용 시간이 적은 것이 당연함을 표현하기 위해 사용한 것은 아니다.

989) ①

선택 비율	① 95%	② 1%	③ 2%	④ 1%	⑤ 1%

해 : (가)의 '진행자'는 방송을 시작하면서 시청자가 실시간 방송에 참여할 수 있는 방법을 안내하고 있을 뿐, 방송 내용의 순서를 안내하지는 않았다.

[오답풀이] ② (가)에서 '진행자'는 실시간 방송을 시청하다가 질문이 있거나 나누고 싶은 이야기가 있으면 실시간 대화창에 글을 올리면 된다고 안내하였다. ③ (가)에서 '진행자'는 자신이 폭포를 봤던 경험을 떠올리며 '여행가'가 소개한 내용에 대한 추가적인 정보를 전달하였다. ④ (가)에서 '여행가'는 주상절리 길이 총 길이 3.6km, 폭 1.5m의 잔도라고 설명함으로써 방송에서 소개하는 대상의 규모를 시청자가 가늠할 수 있도록 구체적인 수치를 제시하였다. ⑤ (가)에서 '진행자'는 '잔도'를 궁금해하는 '코코넛'의 글 내용을 '여행가'에게 전달하면서 간략하게 설명해 줄 것을 요청하였고, 이에 따라 '여행가'는 '잔도'의 개념을 설명하였다.

990) ④

선택 비율	① 2%	② 1%	③ 1%	④ 95%	⑤ 1%

해 : '산토끼'는 지역 상품권을 받아 사용했던 개인적인 경험을 언급하였다. 또한, △△도청 누리집에서 상품권 가맹점에 대한 정보를 추가적으로 알게 된 것도 언급하여 제시하고 있다.

[오답풀이] ① '귤향'은 '여행가'의 추천을 믿고 가 보겠다고 하였으나, '여행가'가 소개한 내용의 출처를 확인하지는 않았다. ② '뭉게구름'은 자신의 배경지식을 토대로 방송 내용의 적절성을 검토하지 않았다. ③ '야옹'은 개인 블로그에 올라온 방문 후기를 보았기 때문에 공신력 있는 기관의 자료를 근거로 했다고 볼 수 없다. ⑤ '하회탈'은 자신이 실제로 경험한 것을 근거로 화장실의 위치에 대한 정보가 중요하다고 강조하였다. 하지만 화장실 위치에 대한 정보는 방송에서 전달한 정보에 해당하지 않는다.

991) ②

선택 비율	① 5%	② 89%	③ 4%	④ 1%	⑤ 1%

해 : (가)에서 '여행가'는 다리에서 볼 수 있는 지질학적 특성에 따라 각각의 다리에 이름을 붙였다고 설명하면서 '화강암교'와 '현무암교'라는 구체적인 사례를 제시하였다. 그러나 (나)에서는 두 다리의 시각적 이미지를 나란히 제시한 것이 아니라, 행사 일정에 포함된 공간인 유리 전망대와 폭포의 시각적 이미지를 제시하였다.

정답 및 해설

992) ①

선택 비율	① 92%	② 2%	③ 3%	④ 2%	⑤ 1%

해 : 조사 '의'는 앞 체언이 관형어 구실을 하게 하는 격조사이다. ㉠에 있는 격 조사 '의'는 앞에 있는 체언이 뒤에 있는 체언이 나타내는 행동의 주체임을 알려 주고 있다. 이를 통해 여행자를 섭외하도록 한 주체가 시청자임을 알 수 있다.

993) ③

선택 비율	① 2%	② 3%	③ 93%	④ 2%	⑤ 1%

해 : ㉢에서 '웅범'은 답장하는 기능을 이용하여 '상준'의 말에 동조하는 자신의 의견을 드러내면서 '요청 사항' 게시판을 남기자고 건의했을 뿐, 상대방과 자신의 의견을 절충했다고 볼 수는 없다.

994) ②

선택 비율	① 2%	② 84%	③ 4%	④ 4%	⑤ 6%

해 : '지수'는 '오늘의 식단'에 중식만이 아니라 석식 식단도 함께 보여 주면 좋겠다는 의견을 제시했다. 이를 반영하여 수정된 앱 화면에서 '오늘의 식단'에 중식 식단과 석식 식단이 모두 제시되었다고 볼 수 있다. 그러나 '나리'는 식단이 월간 식단표와 달라져도 알려주지 않아서 불편하다고 했으므로, 석식 식단을 안내하는 내용을 추가하자는 의견을 제시했다고 볼 수 없다.

995) ④

선택 비율	① 1%	② 1%	③ 1%	④ 95%	⑤ 3%

해 : ㉣의 화면에서는 화면을 이등분하여 좌측에는 출연자가 설명하는 영상이, 우측에는 출연자가 준비한 '플러그와 콘센트' 유형을 보여 주는 이미지가 제시되어 있다. 따라서 실시간 방송의 출연자들이 함께 나타나도록 분할된 화면이 제시되었다는 설명은 적절하지 않다.

[오답풀이] ① '푸근'은 첫 번째 발화에서 "'푸근의 지식 창고' 채널의 푸근입니다."라고 인사하며 채널 이름과 자신을 소개하고 있다. 화면 좌측 상단에 제시된 ㉠은 실시간 방송 채널의 이름임을 알 수 있다. ② 방송에서 '오늘 나눌 이야기는 무엇인가요?'를 묻는 '푸근'의 질문에 '전선'이 '플러그와 콘센트'에 관한 이야기라고 대답하였다. 그리고 이 내용이 화면 하단인 ㉡에 자막으로 제시되어 있다. ③ '푸근'의 첫 번째 발화에서 "화면에 실시간 대화창을 띄울게요."라고 말하고 있으며, 이와 관련하여 화면의 우측인 ㉢에 실시간 대화창이 보이도록 제시되어 있다. ⑤ '푸근'의 마지막 발화에서 "지환아빠 님, 방금 올리신 질문과 관련된 자료는 실시간 대화창에 링크로 대신할게요."라고 말한 후, ㉤과 같이 실시간 대화창에 링크 주소를 제시하여 질문과 관련된 자료를 찾아볼 수 있도록 하였다.

996) ③

선택 비율	① 1%	② 1%	③ 96%	④ 1%	⑤ 2%

해 : [B]에서 '풍경'은 '국제 표준 규격을 정하는 게 생산 효율을 높이는 데 도움이 된다'라며 국제 표준 규격 제정의 효과를 언급하고 있다. 하지만 '플러그와 콘센트'의 국제 표준 규격을 제정하는 것이 가능한가에 대한 질문은 하고 있지 않으며, '플러그와 콘서트'의 국제 표준 규격을 정하기 위한 노력과 관련된 답변을 요청하고 있다.

[오답풀이] ① [A]에서 '가을비'는 '전 해외여행을 자주 가는데'라고 하며 자신의 여행 경험을 언급하면서, '갈 때마다 그 나라 콘센트에 맞는 충전기 어댑터를 챙겨야 해서 번거'롭다는 불편함을 드러내고 있다. ② [B]에서 '이침'은 ''플러그와 콘센트'도 국제 규격이 있는 걸로 알고 있는데'라고 하며 자신의 배경지식을 언급하면서, '플러그와 콘센트' 규격이 나라별로 차이가 나는 이유를 질문하고 있다. ④ [C]에서 '눈썹달'은 '220V로 전압을 높이면 전력 공급 효율이 높아진다'라고 하며 220V로 승압하는 것의 장점을 언급하면서, 그럼에도 일본이 220V로 바꾸지 않은 이유에 대해 질문하고 있다. ⑤ [C]에서 '해맑음'은 '1991년쯤, 저희 집 콘센트를 220V용으로 바꾼 기억이 나요.'라며 자신의 경험을 언급하면서, 'A형에서 C형이나 F형으로 바뀐 것'이 맞는지 확인을 요청하고 있다.

997) ⑤

선택 비율	① 2%	② 8%	③ 1%	④ 1%	⑤ 88%

해 : (나)의 작성자는 규격이 국제 표준으로 정해지지 않은 사례가 아니라 '국제 표준 규격이 널리 사용되는 사례가 궁금해서 찾아봤'다고 하며, 그 사례로 찾은 'A열 용지 국제 표준 규격 자료' 파일을 내려받을 수 있도록 하단에 첨부하였다.

[오답풀이] ① A열 용지의 국제 표준 규격에 관한 내용을, '1. A열 용지의 비율'과 '2. A열 용지의 국제 표준 규격 제정과 그 이유'라는 소제목을 사용하여 항목별로 내용을 구분하여 제시하고 있다. ② 글의 처음 부분에서 '플러그와 콘센트'에 관한 '다시 보기' 영상의 출처인 '푸근의 지식 창고' 채널 이름을 기울임 글자로 제시하여 눈에 잘 띄도록 하였다. ③ <A열 용지 국제 표준 규격> 이미지를 제시하여 A0부터 A4까지의 용지 비율에 대한 독자의 이해를 돕고 있다. ④ '플러그와 콘센트' 규격의 차이에 대한 내용을 '다시 보기' 영상 56화의 '1분 5초'부터 확인할 수 있다는 것을 안내하여, 필요한 내용을 빠르게 찾아볼 수 있도록 돕고 있다.

998) ②

선택 비율	① 3%	② 89%	③ 4%	④ 3%	⑤ 2%

해 : ⓑ에서 '나라마다 시스템을 독자적으로 구축함'과 '플러그와 콘센트의 모양이 다양해짐'은 원인과 결과의 관계이다. 이러한 관계를 나타내기 위해 앞말이 뜻하는 행동을 하는 과정에서 뒷말이 뜻하는 사실을 새로 깨닫게 되거나, 뒷말이 뜻하는 상태로 됨을 나타내는 보조 용언 구성 '-다 보다'와 앞말이 뒷말의 원인이나 근거, 전제 따위가 됨을 나타내는 연결 어미 '-니'가 쓰였다.

[오답풀이] ① ⓐ에 쓰인 '-다가'는 어떤 동작이 진행되는 중에 다른 동작이 나타남을 나타내는 연결 어미이다. '못을 박다가 손을 다쳤다.'에서처럼 '-다가'가 어떤 일을 하는 과정이 다른 일이 이루어지는 원인이나 근

거 따위가 됨을 나타내는 연결 어미로 쓰이기도 하지만 ⓐ의 '-다가'는 이에 해당하지 않는다. ⓐ에서 '일본에서 휴대 전화 충전에 어려움을 겪은 일'의 조건은 '현지 콘센트에 맞는 충전기 어댑터를 챙기지 않음'이다. ③ ⓒ의 발화가 승압 사업에 대한 부담이 큼을 드러내는 것은 맞지만 ⓒ에는 이중 부정이 쓰이지 않았다. ④ ⓓ에 쓰인 '-네'는 지금 깨달은 일을 서술하는 데 쓰이는 종결 어미이다. ⓓ에서는 앞선 발화의 내용을 청자에게 확인받는 것이 아니라 발화의 내용을 '처음 알았음'을 서술하고 있다. ⑤ ⓔ의 보조 용언 구성 '-어 두다'는 앞말이 뜻하는 행동을 끝내고 그 결과를 유지함을 나타내며, 주로 그 행동이 어떤 다른 일에 미리 대비하기 위한 것임을 보일 때 쓰인다. 또한, ⓔ의 '-겠-'은 주체의 의지를 나타내는 선어말 어미이다. 물론, '그 사실은 아이도 알겠다.'에서와 같이 '-겠-'이 가능성을 나타내는 데 쓰이기도 하지만 ⓔ에 쓰인 '-겠-'은 이에 해당하지 않는다. ⓔ에는 영상을 채널에 올려놓고, 올려놓은 결과를 유지하겠다는 주체의 의지가 담겨 있다.

999) ①

선택 비율	① 69%	② 2%	③ 17%	④ 2%	⑤ 9%

해 : (가)에서는 좌측(앞면) 상단에 '참별빛제 일정 안내'를 순서도를 통해 보여 주어, 각 행사가 언제 진행되는지에 대한 정보를 제공하고 있다. 하지만 각 행사별 진행 절차에 대한 정보는 따로 제공하고 있지 않다.

[오답풀이] ② 우측(뒷면) 하단에 '유의 사항 안내'를 표로 제시하여 행사별로 어떤 사항을 유의해야 하는지 안내하고 있다. ③ 우측(뒷면) 상단의 '동아리 부스 행사 안내'에서 부스별 활동 소개 영상을 볼 수 있도록 QR코드를 제시하고 있다. ④ 좌측(앞면) 하단의 '행사별 장소 안내'에서 각 행사를 진행하는 장소를 손가락으로 지시하는 모양의 기호인 '☞'를 활용하여 알려 주고 있다. ⑤ 우측(뒷면) 상단의 '동아리 부스 행사 안내'에서 '활동 유형별 참여 동아리'를 안내하고 있다.

1000) ③

선택 비율	① 2%	② 4%	③ 88%	④ 4%	⑤ 3%

해 : '토론 한마당'과 관련하여 '승윤'은 '진출한 팀을 알려주면 관전을 고민하는 애들한테도 도움이 될 것'이라고 하였으며, '혜린'은 '관전하러 온 애들이 많으면 본선에 진출한 애들도 좋아할 거'라면서 본선 대진표를 올려두자고 제안하였다. 두 사람의 대화를 반영하여 본선에서 겨루는 팀을 확인할 수 있는 대진표를 제시한 것은 맞지만, 본선 진출 팀의 요청 사항에 따른 것은 아니다.

[오답풀이] ① '세계 음식 체험'과 관련하여 '종우'는 '음식 이미지를 보여 주면 선택할 때 도움이 될 것 같'다는 의견을 제시하였고, '혜린'은 '음식 설명까지 해 주면 어떤 음식인지 더 잘 알 수 있을 거'라는 의견을 제시하였다. 두 사람 모두 음식 정보 제공의 유용성을 언급하고 있으며, 게시판에는 두 사람의 의견을 반영하여 음식 이미지와 설명이 제시되어 있다. ② '세계 음식 체험'과 관련하여 '승윤'은 '조리법 파일을 올려서 애들이 미리 볼 수 있게 하자'는 의견을 제시하였고, '나경'은 작년 체험에 참여했던 경험을 언급하면서 '게시판에 올려 주는 게 좋을 것 같'다는 의견을 제시하였다. 두 사람 모두 조리법 정보 제공 시기를 언급하고 있으며, 게시판에는 두 사람의 의견을 반영하여 조리법을 확인할 수 있는 파일이 올려져 있다. ④ '토론 한마당'과 관련하여 '나경'은 '우승 팀 예상 투표'를 진행하면 '토론을 많이 보러 올 거같'다는 의견을 제시하였고, '근수'는 '나경'의 의견에 찬성하며 '자기가 투표한 팀이 우승하는지 보러 많이 올 듯'하다는 의견을 제시하였다. 두 사람 모두 본선 관전 유도 방안과 관련 있는 내용을 언급하고 있으며, 게시판에는 두 사람의 의견을 반영하여 예상 우승 팀에 투표할 수 있는 기능이 구현되어 있다. ⑤ '댄스 공연'과 관련하여 '근수'는 '어떤 공연을 준비하는지 팀별 연습 영상을 올리면 애들이 좋아할 거 같'다는 의견을 제시하였고, '종우'는 '팀 소개 영상도 편집해서 올리면 공연에 대한 기대감이 더 높아질 거'라는 의견을 제시하였다. 두 사람 모두 영상 제공 효과를 언급하고 있으면, 게시판에는 두 사람의 의견을 반영하여 '팀별 소개 영상 모음'과 '팀별 연습 영상 모음' 영상이 올려져 있다.

MEMO

MEMO

MEMO

MEMO

빠른 정답

1	2	3	4	5	6	7	8	9	10
③	③	②	②	①	⑤	④	②	④	③
11	12	13	14	15	16	17	18	19	20
⑤	①	③	④	③	①	⑤	①	①	④
21	22	23	24	25	26	27	28	29	30
①	④	③	②	②	②	④	②	②	②
31	32	33	34	35	36	37	38	39	40
②	④	②	②	②	②	④	②	①	⑤
41	42	43	44	45	46	47	48	49	50
③	③	④	⑤	③	①	⑤	⑤	④	④
51	52	53	54	55	56	57	58	59	60
②	①	②	⑤	③	③	④	⑤	②	③
61	62	63	64	65	66	67	68	69	70
①	④	⑤	③	⑤	①	⑤	⑤	①	④
71	72	73	74	75	76	77	78	79	80
④	①	④	③	①	①	④	①, ③	①	④
81	82	83	84	85	86	87	88	89	90
④	③	③	②	②	③	②	②	④	①
91	92	93	94	95	96	97	98	99	100
⑤	①	②	③	④	③	⑤	②	①	①
101	102	103	104	105	106	107	108	109	110
②	②	⑤	①	④	③	②	⑤	①	④
111	112	113	114	115	116	117	118	119	120
⑤	⑤	③	②	②	①	②	②	③	④
121	122	123	124	125	126	127	128	129	130
④	⑤	④	⑤	③	①	④	④	④	①
131	132	133	134	135	136	137	138	139	140
②	②	③	④	③	①	④	⑤	②	③
141	142	143	144	145	146	147	148	149	150
①	④	①	②	②	①	④	③	⑤	①
151	152	153	154	155	156	157	158	159	160
④	①	①	②	②	①	④	①	④	④
161	162	163	164	165	166	167	168	169	170
⑤	①	⑤	②	⑤	③	⑤	②	⑤	③
171	172	173	174	175	176	177	178	179	180
⑤	⑤	②	①	③	③	①	②	②	⑤
181	182	183	184	185	186	187	188	189	190
①	②	②	②	②	②	⑤	①	①	①
191	192	193	194	195	196	197	198	199	200
②	③	④	②	⑤	④	①	③	①	③
201	202	203	204	205	206	207	208	209	210
③	④	②	⑤	①	④	⑤	③	①	②
211	212	213	214	215	216	217	218	219	220
③	④	②	③	③	②	③	①	④	②
221	222	223	224	225	226	227	228	229	230
⑤	③	②	②	⑤	④	③	①	①	①
231	232	233	234	235	236	237	238	239	240
③	⑤	②	①	⑤	①	②	②	③	⑤
241	242	243	244	245	246	247	248	249	250
①	①	④	④	③	②	⑤	④	③	①
251	252	253	254	255	256	257	258	259	260
②	①	①	③	③	①	③	④	①	①
261	262	263	264	265	266	267	268	269	270
③	④	①	④	①	④	⑤	①	④	②
271	272	273	274	275	276	277	278	279	280
②	①	①	②	④	③	⑤	⑤	⑤	①

281	282	283	284	285	286	287	288	289	290
②	①	①	⑤	①	④	③	⑤	⑤	①
291	292	293	294	295	296	297	298	299	300
④	②	①	②	⑤	①	①	④	⑤	①
301	302	303	304	305	306	307	308	309	310
①	⑤	②	④	①	①	①	③	③	②
311	312	313	314	315	316	317	318	319	320
④	③	④	①	⑤	⑤	①	①	③	②
321	322	323	324	325	326	327	328	329	330
⑤	⑤	①	⑤	①	③	②	④	④	②
331	332	333	334	335	336	337	338	339	340
④	⑤	③	④	④	①	③	③	⑤	②
341	342	343	344	345	346	347	348	349	350
④	④	⑤	②	②	③	③	⑤	③	⑤
351	352	353	354	355	356	357	358	359	360
③	⑤	④	①	①	①	②	④	①	①
361	362	363	364	365	366	367	368	369	370
④	②	④	④	①	②	③	④	①	⑤
371	372	373	374	375	376	377	378	379	380
④	③	②	①	④	③	①	①	④	④
381	382	383	384	385	386	387	388	389	390
④	③	④	④	⑤	④	④	①	①	④
391	392	393	394	395	396	397	398	399	400
①	①	①	③	③	③	④	①	④	⑤
401	402	403	404	405	406	407	408	409	410
③	③	⑤	②	③	③	⑤	④	⑤	③
411	412	413	414	415	416	417	418	419	420
④	③	⑤	②	①	⑤	④	③	⑤	②
421	422	423	424	425	426	427	428	429	430
④	③	⑤	③	④	④	④	④	⑤	②
431	432	433	434	435	436	437	438	439	440
⑤	③	②	③	④	③	⑤	③	①	③
441	442	443	444	445	446	447	448	449	450
⑤	①	④	③	③	②	②	⑤	④	③
451	452	453	454	455	456	457	458	459	460
④	③	⑤	③	①	⑤	②	⑤	③	④
461	462	463	464	465	466	467	468	469	470
①	④	⑤	①	②	②	⑤	③	⑤	⑤
471	472	473	474	475	476	477	478	479	480
⑤	⑤	③	④	⑤	④	④	③	①	④
481	482	483	484	485	486	487	488	489	490
①	②	⑤	①	⑤	②	④	①	②	⑤
491	492	493	494	495	496	497	498	499	500
①	③	③	②	③	②	②	①	①	④
501	502	503	504	505	506	507	508	509	510
④	②	②	⑤	①	⑤	④	⑤	④	①
511	512	513	514	515	516	517	518	519	520
①	③	③	①	②	③	④	①	①	④
521	522	523	524	525	526	527	528	529	530
②	①	①	①	②	②	⑤	③	④	②
531	532	533	534	535	536	537	538	539	540
②	②	①	⑤	③	⑤	④	③	③	⑤
541	542	543	544	545	546	547	548	549	550
①	③	①	③	⑤	②	①	①	③	④
551	552	553	554	555	556	557	558	559	560
①	②	②	③	①	①	④	③	②	①

빠른 정답

561	562	563	564	565	566	567	568	569	570
⑤	②	⑤	③	④	⑤	⑤	④	③	②
571	572	573	574	575	576	577	578	579	580
①	①	⑤	⑤	③	③	①	①	③	①
581	582	583	584	585	586	587	588	589	590
①	⑤	④	①	②	③	①	③	①	⑤
591	592	593	594	595	596	597	598	599	600
①	②	②	④	⑤	④	②	③	⑤	②
601	602	603	604	605	606	607	608	609	610
⑤	④	④	④	⑤	④	②	④	⑤	④
611	612	613	614	615	616	617	618	619	620
⑤	④	④	③	③	⑤	⑤	②	②	④
621	622	623	624	625	626	627	628	629	630
②	①	④	①	④	④	③	②	②	⑤
631	632	633	634	635	636	637	638	639	640
④	③	②	①	④	④	③	②	①	⑤
641	642	643	644	645	646	647	648	649	650
②	④	④	③	④	④	②	④	③	②
651	652	653	654	655	656	657	658	659	660
③	③	②	④	④	②	②	⑤	⑤	①
661	662	663	664	665	666	667	668	669	670
④	④	②	②	⑤	④	②	③	④	⑤
671	672	673	674	675	676	677	678	679	680
②	①	③	⑤	②	③	②	②	③	②
681	682	683	684	685	686	687	688	689	690
①	④	③	④	⑤	⑤	③	⑤	④	①
691	692	693	694	695	696	697	698	699	700
③	②	⑤	①	③	⑤	④	②	①	⑤
701	702	703	704	705	706	707	708	709	710
④	③	⑤	③	①	②	①	①	③	①
711	712	713	714	715	716	717	718	719	720
⑤	④	③	④	②	①	④	②	⑤	②
721	722	723	724	725	726	727	728	729	730
③	⑤	④	②	②	①	③	①	③	①
731	732	733	734	735	736	737	738	739	740
⑤	②	④	③	②	①	④	⑤	⑤	④
741	742	743	744	745	746	747	748	749	750
⑤	①	③	②	③	①	⑤	③	①	②
751	752	753	754	755	756	757	758	759	760
⑤	⑤	③	③	⑤	④	④	③	④	③
761	762	763	764	765	766	767	768	769	770
③	①	⑤	①	⑤	③	④	⑤	⑤	⑤
771	772	773	774	775	776	777	778	779	780
③	②	④	①	⑤	②	③	⑤	③	④
781	782	783	784	785	786	787	788	789	790
②	④	⑤	⑤	②	⑤	②	①	③	③
791	792	793	794	795	796	797	798	799	800
④	①	④	①	③	③	②	⑤	④	①
801	802	803	804	805	806	807	808	809	810
④	④	①	①	⑤	④	⑤	④	③	③
811	812	813	814	815	816	817	818	819	820
⑤	②	④	①	④	③	⑤	④	③	⑤
821	822	823	824	825	826	827	828	829	830
①	④	③	②	④	④	①	④	③	⑤
831	832	833	834	835	836	837	838	839	840
⑤	④	④	⑤	④	④	③	⑤	③	③

841	842	843	844	845	846	847	848	849	850
②	③	④	⑤	③	④	③	②	①	⑤
851	852	853	854	855	856	857	858	859	860
⑤	④	②	②	⑤	⑤	②	③	③	⑤
861	862	863	864	865	866	867	868	869	870
⑤	②	③	①	⑤	⑤	⑤	④	④	③
871	872	873	874	875	876	877	878	879	880
④	④	⑤	③	⑤	③	⑤	③	②	②
881	882	883	884	885	886	887	888	889	890
④	⑤	②	①	④	④	②	⑤	④	④
891	892	893	894	895	896	897	898	899	900
①	③	⑤	⑤	④	③	②	②	⑤	②
901	902	903	904	905	906	907	908	909	910
②	①	③	①	④	②	①	③	④	③
911	912	913	914	915	916	917	918	919	920
②	①	③	⑤	④	③	②	④	⑤	①
921	922	923	924	925	926	927	928	929	930
②	③	②	②	②	④	⑤	④	②	①
931	932	933	934	935	936	937	938	939	940
⑤	⑤	③	①	①	⑤	⑤	⑤	②	③
941	942	943	944	945	946	947	948	949	950
⑤	②	⑤	①	③	④	②	①	①	③
951	952	953	954	955	956	957	958	959	960
④	④	②	①	⑤	③	③	⑤	⑤	④
961	962	963	964	965	966	967	968	969	970
④	①	⑤	②	⑤	④	⑤	①	③	⑤
971	972	973	974	975	976	977	978	979	980
②	②	④	②	⑤	⑤	②	⑤	②	①
981	982	983	984	985	986	987	988	989	990
④	④	①	③	②	④	④	②	①	④
991	992	993	994	995	996	997	998	999	1000
②	①	③	②	④	③	⑤	②	①	③

언매 1000제

정답 및 해설

- 언어와 매체 고1, 고2, 고3 교육청, 평가원 기출 총망라
- 최고의 선생님들의 최고의 해설 강의 탑재
- 언어와 매체 전 영역 필수 개념 탑재
- 학습자 중심, 언어 필수 개념의 체계적 구성
- 언어와 매체 완벽 정복을 위한 30일 프로젝트

언매 1000제

솔빛국어연구소

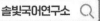

발행일 2025년
지은이 솔빛국어팀
펴낸곳 (주)솔빛국어연구소
디자인 전성은

대한민국 NO.1 국어팀

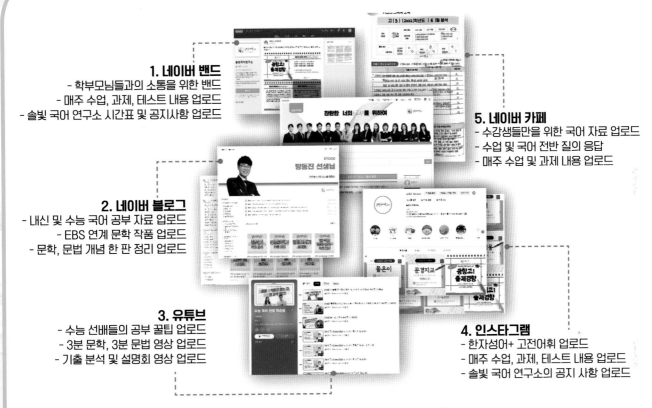

1. 네이버 밴드
- 학부모님들과의 소통을 위한 밴드
- 매주 수업, 과제, 테스트 내용 업로드
- 솔빛 국어 연구소 시간표 및 공지사항 업로드

2. 네이버 블로그
- 내신 및 수능 국어 공부 자료 업로드
- EBS 연계 문학 작품 업로드
- 문학, 문법 개념 한 판 정리 업로드

3. 유튜브
- 수능 선배들의 공부 꿀팁 업로드
- 3분 문학, 3분 문법 영상 업로드
- 기출 분석 및 설명회 영상 업로드

4. 인스타그램
- 한자성어+ 고전어휘 업로드
- 매주 수업, 과제, 테스트 내용 업로드
- 솔빛 국어 연구소의 공지 사항 업로드

5. 네이버 카페
- 수강생들만을 위한 국어 자료 업로드
- 수업 및 국어 전반 질의 응답
- 매주 수업 및 과제 내용 업로드

열정은 온도가 아니라 지속이다!

언매 1000제

정답 및 해설

- 언어와 매체 고1, 고2, 고3 교육청, 평가원 기출 총망라
- 최고의 선생님들의 최고의 해설 강의 탑재
- 언어와 매체 전 영역 필수 개념 탑재
- 학습자 중심, 언어 필수 개념의 체계적 구성
- 언어와 매체 완벽 정복을 위한 30일 프로젝트

언매 1000제

솔빛국어연구소

발행일 2025년
지은이 솔빛국어팀
펴낸곳 (주)솔빛국어연구소
디자인 전성은